嘉兴统战志

嘉兴统战志编纂委员会 编

方志出版社
Publishing House of Local Records

图书在版编目（CIP）数据

嘉兴统战志 / 嘉兴统战志编纂委员会编 . --
北京 : 方志出版社，2021.9
ISBN 978-7-5144-4547-3

Ⅰ . ①嘉… Ⅱ . ①嘉… Ⅲ . ①统一战线工作—概况—
嘉兴 Ⅳ. ①D613

中国版本图书馆 CIP 数据核字 (2021) 第 180675 号

嘉兴统战志

编　　者：嘉兴统战志编纂委员会
责任编辑：刘　珊

出 版 者：方志出版社
地址 北京市朝阳区潘家园东里 9 号（国家方志馆 4 层）
邮编 100021
网址 http://www.zgfzcb.cn
发　　行：方志出版社图书经销中心
电话（010）67110500
经　　销：各地新华书店
印　　刷：浙江正方设计印刷股份有限公司

开　　本：889 × 1194　　1/16
印　　张：47
字　　数：1293 千字
版　　次：2021 年 9 月第 1 版　　2021 年 9 月第 1 次印刷
印　　数：0001 ~ 2000 册

ISBN 978-7-5144-4547-3　　定价：180.00 元

序

盛世修志，是中华民族的优良传统。《嘉兴统战志》作为我省第一部市级统战志书，在市四套班子、相关部门领导和社会各界人士的关心支持下，终于付梓成书了。这是嘉兴统一战线历史研究的一项重要成果，是赓续统战优良传统、传承统战优秀文化的一项重要举措。

统一战线是中国共产党凝聚人心、汇聚力量的政治优势和战略方针，是夺取革命、建设、改革事业胜利的重要法宝。统一战线因党而生、伴党同行、与党共兴，统一战线的历史是党史的重要组成部分。学史修志是伟业复兴之途、是事业兴盛之要、是兴衰荣辱之鉴、是个人成长之梯。时值中国共产党成立100周年，本书的出版是全市统一战线的一件大事、喜事，也是我们向建党百年的一份珍贵献礼，必将起到以史鉴今、资政育人的重要作用。

党的十八大以来，以习近平同志为核心的党中央高度重视统一战线工作，召开一系列重要会议，出台一系列重要文件，作出一系列重大部署，科学回答了统一战线一系列重大理论和实践问题，形成了习近平总书记关于加强和改进统一战线工作的重要思想，为新时代统一战线事业发展提供了根本遵循。“以史为鉴，可以知兴替。”面对新形势、新挑战、新要求，回顾总结统一战线的历史，能够帮助我们更好地认识当下、谋划未来，站在一个新的高度审视和研判当前及今后的统战工作，这也正是这部志书的价值和意义所在。

嘉兴是党的诞生地、革命红船的起航地，同时也是统战事业的先行地，具有丰富而独特的多党合作历史资源。这部志书有以下几个显著特点：

*一是方向正确，旗帜鲜明。*全书坚持以习近平新时代中国特色社会主义思想为指导，深入贯彻落实习近平总书记关于加强和改进统一战线工作的重要思想，全面贯彻落实中央、省委关于统一战线工作的各项重大决策部署，全面展示了统一战线凝聚人心、汇聚力量、投身社会主义建设的多彩业绩，可以说是一部政治站位高、思想引领强的志书。全书如实反映嘉兴各级党委在推进统战工作、投身党的各个阶段的事业的巨大贡献，精准再现了嘉兴统战工作围绕中心、服务大局的丰功伟绩，生动展现了统战工作者长期以

来献身党的事业，对广大统战成员开展思想政治引导、做好团结联合的巨大努力。特别是1983年嘉兴撤地建市以来，全市统一战线紧紧围绕市委市政府中心工作，凝聚人心、汇聚力量，创新举措、打造亮点，推动红船旁的统战工作提质增效，为嘉兴经济社会高质量发展作出了重要贡献。

二是体例科学，编排精当。全书以志为主、以事分类、以时为序，志、述、记、图、表等多种形式并用，用8篇100余万字，第一次客观、全面、系统地反映了嘉兴统战65年（1949.5–2014.12）的发展进程，再现了嘉兴统一战线的光辉历史。从体例上来看，全书有总有分、详略得当，脉络清晰、条理分明，秩序井然、纲目细致。从编排上来看，于烟海中查灰线，于繁杂中找头绪，居功至伟；在时空中寻定位，在纷乱中定大局，于斯为俊。从结构上来看，先讲市级统战工作，再讲民主党派、工商联工作，最后讲市县统战工作，设置合理。在市级统战工作中，先总论、再分论，先事件、再人物，其中穿插图表，偶有注释，考虑周密，安排妥帖。尤其值得注意的是，志稿实事求是、因地制宜，不拘泥于固有程式，不锱铢于细枝末节，观其大者得乎上，得其精者去其粗，切合古今中外修志之本义。

三是内容丰富，意义重大。全书卷帙浩繁，细大不捐，不但涉及统战工作的各个方面，而且旁及党的政治工作、经济工作、社会工作等；不但主要论述市级统战工作，而且专门为各县（市、区）开辟专栏；不但记述了各类重大历史事件，而且记载了各类著名统战人物；不但有党的统战工作，而且有民主党派和工商联工作的专志；不但有文字的记载，而且有照片的辅弼；不但有文字的记述，而且有图表的验证。全书站在嘉兴全域历史的高度，着眼丰富党的百年统战工作案例，着眼总结嘉兴统战的光辉历程，着眼开拓嘉兴新时代统战工作的新局面，全面回顾嘉兴统战历史的各个方面、各个层面，全面记录嘉兴统战历史的人物和事件，全面再现嘉兴统战跌宕起伏、激动人心的画面，对于进一步做好嘉兴统战工作具有重要的实践和理论意义。

《嘉兴统战志》的编纂是一项浩繁复杂的系统性工程，市委统战部各届、各级领导都高度重视这一工作，专门成立了编纂工作委员会，明确分管领导和职责分工、时间进度等。大家克服人员少、经费少、经验少等问题，经过资料搜寻整理、修改审校核对、书号申请审批等层层环节，特别是统战系统的一些老领导、老同志为我们提供了大量有价值的珍贵资料和意见建议，终于公开出版。在此，谨向关心、支持、帮助《嘉兴统战志》编纂出版的各位领导、各有关单位和同志们、朋友们表示诚挚的感谢和崇高的敬意！

万物得其本者生，百事得其道者成。值得一提的是，在这次编纂《嘉兴统战志》的过程中，我们积累和收获了许多经验：坚持全面加强党对统一战线工作的集中统一领导；坚持充分发挥统战部门的工作职能；坚持围绕中心开展统一战线工作；坚持落实党的各项统战政策；坚持搞好统一战线理论学习、研究、宣传；坚持搞好自身建设等等，希望各位统战同仁要珍惜、牢记、完善、落实好，做到纪实存史、凝心励志、昭示未来。

希望全市统一战线广大成员能够用好这部继往开来、服务当代、垂鉴后世的《嘉兴统战志》，与当前的党史学习教育结合起来，自觉做到学史明理、学史增信、学史崇德、学史力行，不断砥砺初心、勇担使命，坚持唯实惟先、善作善成，为全面建设“五彩嘉兴”，奋力打造“重要窗口”中最精彩板块，加快推进蝶变跃升、跨越发展贡献统战的智慧力量，以优异成绩庆祝中国共产党成立100周年！

2021年4月

（作者系中共嘉兴市委常委、统战部部长）

1983 年 12 月，市委书记庄洪泽在市政协一届一次会议上。

1989 年 12 月，市委书记卢展工在全市多党合作研讨会上。

1992年10月，市委书记梁平波（右）在市二届政协工作先进集体和积极分子表彰大会上。

1994年4月，市委书记王国平（左）会见香港著名作家、嘉兴旅港同乡会名誉会长查良镛（金庸）先生。

2000 年 8 月，市委书记陈加元（右）在全省市（地）政协工作交流会上。

2006 年 9 月，市委书记黄坤明（中）率民主党派主委到企业考察调研。

2007 年 9 月，市委书记陈德荣（前排右二）率民主党派主委调研工作。

2011 年 7 月，市委书记李卫宁（右）陪同原浙江省政协主席李金明到嘉兴考察。

2014 年 4 月，市委书记鲁俊（中）在全市党建工作会议上。

1985年8月，市政协副主席、市委统战部部长李佃杰在市政协纪念抗日战争胜利四十周年座谈会上。

1983年12月，市政协副主席、市委统战部部长李佃杰（左）在市政协一届一次会议上。

1983年12月，市政协副主席、市委统战部部长李佃杰（右二）在各界人士迎春茶话会上。

1994 年 4 月，市政协副主席、市委统战部部长叶森强在市政协三届二次会议上。

1992 年 10 月，市政协副主席、市委统战部部长叶森强（右）在市二届政协工作先进集体和积极分子表彰会上。

1997 年 9 月，市政协副主席、市委统战部部长叶森强（右三）出席市侨联举行“寻根坊”开业典礼。

2002年10月，市政协副主席、市委统战部部长钱雪林在市各界民主党派主委联席会议上。

1998年6月，市政协副主席、市委统战部部长钱雪林（右）接待世界著名环保专家、联合国环保项目顾问、美国环保工程学院院士、美籍华人沈铎博士。

1998年11月，市政协副主席、市委统战部部长钱雪林（前排右三）视察嘉兴市区农产品批发市场。

2003 年 7 月，市政协副主席、市委统战部部长马健到民盟嘉兴市委调研党派工作。

2005 年 7 月，市政协副主席、市委统战部部长马健（左三）率各民主党派主委赴嘉兴港考察调研。

2006 年 5 月，市政协副主席、市委统战部部长马健出席褚辅成史料陈列室、金九避难处开放仪式并致辞。

2009 年 2 月，市政协副主席、市委统战部部长张兴华在市政协六届三次会议上。

2010 年 10 月，市政协副主席、市委统战部部长张兴华（右）会见参加座谈会的香港嘉兴同乡会会长周利春。

2011 年 10 月，市政协副主席、市委统战部部长张兴华为统一战线纪念辛亥革命 100 周年广场服务日活动授旗。

2013 年 2 月，市政协副主席、市委统战部部长朱静绮在全市党建工作会议上。

2014 年 2 月，市政协副主席、市委统战部部长朱静绮（正面中）在市政协七届二次会议小组讨论会上。

2014 年 9 月，市政协副主席、市委统战部部长朱静绮（中）在桐乡浙江祥隆皮革有限公司调研。

2013 年 2 月，市委召开全市党建工作会议。市政协副主席、市委统战部部长朱静绮总结 2012 年全市统战工作，就 2013 年主要任务进行部署。

全市党建工作会议会场。

2012年6月，市委统战部召开全市统战宣传工作座谈会，交流和探讨统战信息宣传工作。

2012年8月，市委召开外宣工作会议，市委统战部就全市统战外宣工作进行总结和部署。

2013年12月，市委统战部召开全市统战部部长会议，研究探讨2014年工作思路。

2012 年 9 月，市委、市政府召开市级群团组织工作例会，总结交流和研究商讨新时期群团工作。市委统战部就市级统战系统群团工作进行部署。

2013 年 5 月，市委宣传部、市委统战部举行联席会议，加强沟通协作，推进统战宣传工作。

2014 年 2 月，市委统战部召开会议，动员部署开展党的群众路线教育活动。

2014 年 5 月，市委统战部召开统战系统信息宣传调研工作例会，交流商讨理论创新和实践创新，深化统战系统调研宣传信息工作。

2013 年 3 月，市委统战部部署开展学习型机关建设活动。

2014 年 5 月，市委统战部开展“六个一”活动，在南湖革命纪念馆面对党旗庄严宣誓。

1991年5月，市委统战部在市委党校举办全市第一期民主党派骨干培训。

1998年1月，市委统战部在市委党校举办全市统战干部培训。

2003年11月，市委统战部在市委党校举办全市无党派人士培训。

2004 年 7 月，市委统战部在市社会主义学院举办全市民主党派中青年骨干培训。

2007 年 8 月，市委统战部在市社会主义学院举办全市党外干部培训。

2012 年 6 月，市委统战部举办全市基层统战干部培训。

2012 年 6 月，市委统战部举办全市基层统战干部培训，邀请市委党校教授作专题辅导。

2002 年 8 月，市政协主席徐良骥（前排正面一），市政协副主席、市委统战部部长钱雪林（前排正面二）等考察重点工程乍嘉苏高速公路建设情况。

2005 年 7 月，市委统战部部长马健（左三）率各民主党派主委赴嘉兴港考察调研并座谈。

2012 年 3 月，市委统战部部长张兴华（左三）与港澳人士座谈调研。

2012 年 9 月，市委统战部部长朱静绮（中）到企业调研。

2013 年 4 月，市委书记鲁俊（左）在市委统战部部长朱静绮（右）等陪同下，走访看望各民主党派和侨办、侨联机关。

2014 年 2 月，市委举办各民主党派负责人新春座谈会。

2011 年 3 月，市统计局聘请民主党派人士担任特约审计员。

2013 年 2 月，市委举办党外人士迎春茶话会，畅谈合作共事体会。

2013 年 4 月，市委、市政府召开政府部门与民主党派、工商联对口联系座谈会。

2003年10月，市委统战部召开市各民主党派主委联席会议。

2013年12月，市委统战部举行新型城镇化建设民主协商会，听取各民主党派意见和建议。

2014年6月，市委统战部举行民主党派、无党派人士参政议政座谈会。

2014年10月，市委统战部与各民主党派交流座谈党派工作。

2008 年 6 月，民建嘉兴市委会举办首届参政议政工作会议。

2010 年 8 月，九三学社嘉兴市委会参加市政协重点提案办理工作座谈会。

2012 年 6 月，市委统战部组织统一战线“同心·法律进社区”活动。

2012 年 11 月，致公党嘉兴市委会举行“现代农业发展”专题研讨会。

2008年4月，市委统战部组织统一战线"与你同在"纪念"五一口号"发布60周年大型广场服务日活动。

2013年8月，市委统战部举行全市统一战线纪念嘉兴撤地建市30周年暨深化"同心·建功"活动座谈会。

2014年10月，市委统战部举办民盟、民进、农工党"同心之路"书画展

2006年12月，市委召开各民主党派、工商联新一届领导班子座谈会。

2012年11月，市委统战部组织全市统一战线各界代表人士集中收看党的十八大开幕式。

2014年5月，市委统战部举行“五水共治·同心行动”暨统一战线“同心.建功”活动推进会。

市委统战部支持市区回民建立民间团体，开展民族自我管理，推进民族团结进步。图为 1987 年 7 月，市领导许国桢、范巴陵、叶森强等出席嘉兴市回族事务管理委员会第二次代表会议并与代表合影。

1995 年 2 月，嘉兴市少数民族代表马庆发在省人大八届会议上投票。

2014 年 8 月，市民宗局负责人到市区回民墓迁移办公室现场了解签约情况。

2011年9月，平湖职业中等专业学校贯彻中央关于“加快少数民族地区人才培养步伐，振兴西部少数民族地区发展”的指示精神，开设新疆内职班，并专程赴上海火车站迎接新疆内职班学生。

2011年秋季，海宁市第一中学开办的首届新疆高中班举行开学典礼。

2014年11月，嘉兴市组团参加浙江省第五届少数民族传统体育运动会（温州），图为嘉兴代表队运动员合影。

1989 年 11 月，嘉兴市举行首次宗教工作经验交流会。图为宗教界人士在交流会上。

1989 年 11 月，市委统战部、市政协社法委召开宗教界为四化服务经验交流会。

2012 年 8 月，市区少数民族群众欢度开斋节，市委统战部、市民宗局负责人到现场鼓励少数民族过好传统节日。

2012 年 8 月，市区少数民族群众欢度开斋节现场。

2010 年 5 月，市民宗局召开全市深化平安宗教活动场所创建总结表彰暨第二届宗教慈善奖颁奖大会。

2010 年 5 月，全市 46 处宗教活动场所被授予第一批“三星级平安宗教活动场所”称号。

2012 年 6 月，市民宗局举办宗教法律知识讲座，全市少数民族和宗教界代表人士参加培训。

2012 年 8 月，市民宗局召开全市宗教业务工作推进会，创新顶层设计、落实基层责任，进一步推进全市宗教业务规范化管理。

2004 年 10 月，市天主教爱国会召开第三次代表会议，选举产生天主教爱国会第三届委员会。

2009 年 4 月，市基督教三自爱国会、市基督教协会召开第五次代表会议，选举产生市基督教“两会”新一届领导班子。

2009 年 4 月，海宁市道教协会成立暨第一次代表大会召开，嘉兴市委统战部、民宗局和海宁市委统战部、民宗局负责人到会祝贺、指导工作。

2013 年 12 月，市委统战部、市民宗局负责人出席市佛协第四次代表大会，指导市佛教协会换届工作。

2005 年 1 月，市委统战部部长马健陪同市政协考察组视察全市宗教工作。

2012 年 11 月，省和谐寺观教堂考核检查组在秀洲区长虹寺检查。

2012 年 11 月，省创建和谐寺观教堂考核检查组在平湖南桥天主堂检查。

2013 年 12 月，市委统战部、市民宗局、市公安局到市区基督教活动场所检查指导圣诞节安全工作。

2005 年 2 月，市委统战部、市教育局举行台北嘉兴同乡会杨泳皋夫妇教育奖励基金成立暨优秀教师颁奖仪式。

2006 年 6 月，市台联在海盐县召开工作交流会。

2013 年 3 月，市侨办、市侨联举办“侨智聚禾”海创精英论坛启动仪式。

2014 年 6 月，“侨智聚禾”海创精英论坛在嘉兴学院举办专题讲座。

2006年6月，市政府举行“中国·嘉兴台商投资洽谈会”。

2007年7月，市台办、市国税局、市台协举办台商沙龙税务政策讲座。

2009年1月，嘉兴市海峡两岸交流协会成立。

2013年，市侨办举行海外人才工作点签约仪式。

2008年9月，省侨办、市委、市政府联合主办，市侨办、市侨联承办的首届2008"星耀南湖·人才·科技"活动在嘉兴举行。

2010年10月，市委统战部、市委组织部、市侨联等部门联合举办2010"星耀南湖"才富论坛暨风云禾商对话海外英才活动。

2012年9月，市侨办等部门举办江、浙、沪两省一市"相聚长三角"海外华侨华人专家嘉兴行项目（人才）对接洽谈会。

2011 年，市台办、市海协举办海峡两岸同胞端午裹粽友谊赛。

2012 年 7 月，市侨办、市侨联举行“嘉兴市华侨华人医疗保健康复定点医院”揭牌签约仪式。

2013 年 9 月，市侨办、市侨联等部门举办“海外侨商进区入园嘉兴行”活动。图为侨商考察海盐经济开发区。

2006 年 7 月，市台办、市教育局、市台联举办首届嘉台两地中学生夏令营。

2011 年 7 月，市台办、市台联举办首届两岸邻里节活动。图为参加活动的台湾同胞观看平湖西瓜灯制作。

2013 年 10 月，台北、高雄浙江同乡会一行到桐乡乌镇参访交流。

2011 年 1 月，市委组织部、市侨联等部门联合举办 2011“海智”与民资对接会暨迎新春恳谈会。

2012 年 7 月，“中国寻根之旅”夏令营浙江营嘉兴分营暨第三届华文之旅夏令营在嘉兴南湖国际实验学校开营。

2013 年 7 月，市台办、市人社局举办嘉台两地大学生联谊活动。

2014 年 1 月，市台办干部赴大桥村走访慰问困难群众。

2007年4月，侨台部门政协委员参加市六届政协分组讨论。

2013年2月，市台联政协委员集体考察台资企业嘉兴世合新农村有限公司。

2014年，市政协侨、台界别委员考察浙江三和机电科技有限公司。

2006年4月，嘉兴市召开全市对台工作会议，总结交流经验、研究部署工作。

2011年8月，市台办举办全市涉台干部培训班。

2011年12月，市侨联在市社会主义学院举办全市侨务干部培训班。

2013年1月，市侨办召开全市侨务工作会议，部署新一年全市侨务工作。

1994年5月，市工商联（商会）召开第二届会员代表大会。

2010年3月，市工商联召开工作例会暨参政议政工作座谈会。

2012年11月，中共嘉兴市工商联委员会召开市级行业协会商会党建工作例会。研究探讨非公有制企业党建工作。

2014年10月，市工商联召开党的群众路线教育实践活动总结会议。

2009 年 4 月，市工商联与嘉兴银行联合举办“支持中小企业发展推进会”，解决中小企业融资难问题。

2009 年 6 月，市工商联、市司法局召开“法律服务民营企业”会议，为维护民营企业合法权益提供法律服务。

2010 年 7 月，市工商联、市中级法院举办“嘉兴市民营企业法律风险防范联席会议”。

2012 年 11 月，市工商联举办嘉兴市小微企业互助成长基金宣传会。

2010年6月，市工商联举办《新禾商》理事会成立大会暨复旦大学EMBA管理前沿论坛。

2011年，市委统战部、市委组织部、市侨联、市工商联等联合主办海智与民资对接会。

2012年5月，市工商联举办“科技创新 转型升级”专题讲座，推进民营企业转型升级。

2012 年 6 月，市工商联与市科协举行支持浙商创业创新助推民营企业科技活动。

2012 年 6 月，市委统战部、市工商联举办“同心·价值观”演讲比赛。

2013 年 6 月，嘉兴市召开纪念撤地建市 30 周年暨民营企业“二次创业”大会。

2014 年 6 月，市工商联组织企业参加嘉兴市第一届浙（禾）商大会。

1998 年 5 月，市委统战部、市工商联举办第三期企业家培训。

1999 年，市工商联举办基层（行业）商会骨干培训。

2003 年 12 月，市委统战部、市工商联组织 51 名非公经济代表人士首次赴中央党校培训学习。

2012 年 5 月，市工商联举办首次商会秘书长培训。

1999 年 5 月，嘉兴市首家异地商会——嘉兴温州商会成立。

2009 年 11 月，嘉兴市第一次全市基层商会工作经验交流会在嘉善大云镇商会大厦召开。

2010 年 12 月，嘉兴市首家市外嘉兴商会——宁波市嘉兴商会成立。

2012 年 11 月，成都嘉兴商会成立。

2010年6月，全市首家村级商会——桐乡市崇福镇五丰村商会成立。

2013年10月，全省首家异地商会劳动争议调解委员会——嘉兴市温州商会劳动争议调解委员会成立。

2013年11月，全省首家行业协会劳动争议调解委员会——嘉兴市食品工商协会劳动争议调解委员会成立。

2007年8月，市工商联与上海社会工作党委、上海市社会服务局在嘉兴举办“上海市和嘉兴市两地行业协会协商交流与合作座谈会”。

2012年7月，嘉兴民营企业在福建省福州市举办嘉兴创业创新投资项目推介会。

2013年12月，嘉兴市新生代企业家联谊会成立。

1995 年 4 月，民建嘉兴市委会组织会员到嘉兴市生产资料市场对商品市场建设进行专题调研。

2004 年 10 月，民盟嘉兴市委会组织盟员考察嘉兴市高中园区。

2005 年 7 月，民革嘉兴市委会主委沈乾到海宁调研沼气建设。

2008 年 7 月，民进嘉兴市委会主委王淳带领调研小组赴上海调研文化创意产业。

2012 年 11 月，农工党嘉兴市委会赴电力局开展“智慧城市”课题现场调研。

2012 年，致公党嘉兴市委会提供的“现代农业发展”被致公党省委确定为年度重点调研课题。图为 11 月 22 日，致公党省委副主委王坚带领省委会调研组成员，在市委会主委赵如英陪同下在嘉兴考察调研现代农业发展情况。

2013 年 6 月，九三学社嘉兴市委会在南湖区“世合”现代农业园区调研。

2014 年 4 月，省政协委员、台盟嘉兴支部主委章留明（前一）暗访龙游塔石溪钱家村查看河道。

2003 年 12 月，民盟嘉兴市委会与嘉兴市司法局进行对口联系。

2005 年 12 月，民进嘉兴市委会召开纪念中国民主促进会成立 60 周年大会。

2009 年 4 月，民革嘉兴市委会举办纪念嘉兴起义 60 周年书画展。

2014 年 6 月，民建嘉兴市委会“嘉兴建华企业家协会”成立，民建省委副主委郭吉丰（前排右）、市政协副主席、市统战部部长朱静绮（前排中）为协会揭牌。

1983 年 1 月，农工党嘉兴市委会（县级）成立大会举行分组讨论。

2000 年 10 月，市人大常委会副主任范巴陵（后排中）、台盟嘉兴支部主委柯青（右二）参观考察上海松江高科技园区。

2010 年 8 月，九三学社嘉兴市委会召开纪念九三学社成立六十五周年暨学习践行社会主义核心价值体系交流会。

2012 年 11 月，致公党嘉兴市委会中心学习组专题学习中共十八大报告。

1985 年 8 月，民建嘉兴市委会与市会计学会联合开办市业余财经职业中学，为社会培养财经紧缺人才。

2008 年 4 月，民盟嘉兴市委会组织开展送医下乡活动。

2009 年 12 月，民革嘉兴市委会开展送文化下乡活动，春节免费为群众写春联。

2010 年 11 月，民进嘉兴市委会创立的社会服务平台“嘉兴开明企业家联谊会”成立。

2010 年 10 月，九三学社桐乡市基层委员会举行董家茭白“科技兴农服务基地”揭牌仪式，九三学社省委副主委盛颂恩（右三）等出席仪式。

2012 年 5 月，致公党嘉兴市委会组织党员到油车港镇开展科技下乡服务。

2014 年 9 月，台盟嘉兴支部主委章留明（右二）参加省政协组织的“五水共治”第五监督组赴兰溪、龙游、衢州民主监督。第五监督组由省政协副主席张泽熙带队。

2014 年 10 月，农工党嘉兴市委会组织党内医疗专家到嘉善姚庄丁栅社区开展义诊。

2012 年 10 月，市委统战部举办重阳节茶话会，市政协副主席、市委统战部部长朱静绮与叶森强（右三）、钱雪林（左一）、马健（右二）、张兴华（左二）四位市委统战部老部长团聚。

2014 年 9 月，市委统战部组织统战系统离退休老干部重阳节活动。

凡 例

一、本志以马克思列宁主义、毛泽东思想、邓小平理论、“三个代表”重要思想、科学发展观、习近平新时代中国特色社会主义思想为指导，坚持辩证唯物主义和历史唯物主义的立场、观点和方法，实事求是地记述中共嘉兴市(地)委统一战线工作(简称统战工作)的历史和现状，力求准确、系统、全面和思想性、科学性、资料性相统一，体现专业特色、时代特色和地方特色。

二、本志编写结构分篇、章、节、目四个层次，采用述、记、志、图、表等形式。概述和大事记总括全书，各篇记事按属性归类，横排纵述。

三、本志记述时限。上限自1949年5月嘉兴解放开始，个别内容适当上溯，下限至2014年12月，共65年。本志侧重记述1983年8月撤地建市后，中共嘉兴市委的统战工作。

四、本志记述范围为2014年嘉兴市所辖区域。鉴于嘉兴市(地)的行政区划变动情况，1983年撤地建市以前侧重记述嘉兴地区东片6个县(市)的县(市)委统战工作。

五、本志区域称谓变化。“全区”指解放后至1983年撤地建市前的嘉兴专区、嘉兴地区，“各县(市)”仅指现嘉兴市管辖的县(市)。撤地建市前，分别为嘉兴县、嘉兴市(县级)、嘉善县、平湖县、海盐县、海宁县、桐乡县(含崇德县)；撤地建市后，分别为嘉善、平湖、海宁、海盐、桐乡五县和城区、郊区。1986年11月，海宁撤县设市(县级)；1991年6月，平湖撤县设市(县级)；1993年5月，桐乡撤县建市(县级)；1993年11月，城区更名为秀城区，2005年5月，秀城区更名为南湖区；1999年6月，郊区更名为秀洲区。

志书中所称“市”即嘉兴市，“全市”即市属七县(市、区)，“市区”或“市本级”即所属二区及直属单位。海宁、平湖、桐乡三个县级市，章节中所称“市”“全市”均为上述三个县级市所辖范围，涉及嘉兴全市的记述则冠以“嘉兴全市”以示区别。所属各县(市、区)按当时名称书写。

志书中，1983年8月撤地建市前记述的嘉兴市为县级市，1983年8月后记述的嘉兴市为省辖市。

“解放后”指1949年5月嘉兴及嘉善、平湖、海宁、海盐、桐乡解放后。机构组织首次出现时用全称，括注后使用简称。文中的“省委”“地委”“市委”指中共浙江省委、中共嘉兴地委、中共嘉兴市委(1983年8月前的中共嘉兴市委为县级)。

六、本志采用记述体、语体文、简化字，标点符号用法和数字用法、计量单位，遵照国家相关规定。

七、本志资料来源于各类档案，参考部分地方志、部门志，不注出处，不作注释。

目 录

第六篇　港澳台和海外统一战线工作

第七篇　民主党派和工商联

第八篇 各县(市、区)委统战工作

概　述

嘉兴市位于浙江省东北部，东接上海，北邻苏州，西连杭州、湖州，南濒杭州湾，是长江三角洲杭嘉湖平原南翼的重要城市。陆地东西长92千米，南北宽76千米，市域面积3915平方千米，其中平原陆地和陆上水域面积3875平方千米，丘陵山地40平方千米，海域面积4650平方千米。距今7000年的马家浜文化发源于嘉兴。嘉兴南湖是中国共产党第一次全国代表大会会址之一。

1949年5月4—11日，嘉兴地区东片的嘉兴市（县级）和嘉兴、桐乡、崇德、海宁、海盐、嘉善、平湖7个县相继解放。1950年10月，中共嘉兴地委设立统一战线工作部（简称统战部）。1951年5月至1952年9月，嘉兴地区东片的8个县（市）先后建立县（市）委统战部。

1949—2014年，中共嘉兴市（地）委统战部坚决贯彻中共中央和省、市（地）委一系列统战工作方针政策，认真履行“了解情况、掌握政策、协调关系、安排人士、增进共识、加强团结”的工作职责，高举爱国主义、社会主义旗帜，坚持大团结大联合的主题，坚持正确处理一致性和多样性关系的方针，积极促进政党关系、民族关系、宗教关系、阶层关系、海内外同胞关系和谐，巩固和发展最广泛的爱国统一战线，为实现“两个一百年”奋斗目标、实现中华民族伟大复兴的中国梦服务，为维护社会和谐稳定、维护国家主权安全发展利益服务，为保持香港、澳门长期繁荣稳定，实现祖国完全统一服务。

（一）

1949年5月至1956年9月，嘉兴地区各县解放以后至社会主义过渡时期，地委统战工作迅速建立各级地方人民政权机关、协商机关，巩固新生的人民民主政权；团结各民族、各民主阶级、各民主党派、各人民团体、广大华侨、各界民主人士和其他爱国分子，恢复国民经济和发展生产，开展私营资本主义工商业的社会主义改造，为进入社会主义准备条件。

1949年9月，地委遵照《中国人民政治协商会议共同纲领》的要求和中共中央、中央人民政府政务院以及中共中央华东局统战部关于“召开各界人民代表会议”的指示精神，组织、指导各县（市）召开各界人民代表会议，选举产生县（市）各界人民代表会议协商委员会（简称协商会）和县（市）常务委员会。协商会是地方各界人民政治协商的重要平台，是中华人民共和国成立初期民主建政的主要形式。地、县（市）委按照“统筹兼顾、全面安排”的方针，做好社会各阶层爱国民主人士担任各界人民代表会议协商委员会和县常务委员会人选的基层调查（考察）、民主协商和举荐安排工作；支持社会各阶层爱国民主人士、人民团体通过各界人民代表会议及其协商委员会和常务委员会，就恢复和发展国民经济，开展土地改革、抗美援朝、镇压反革命、“三反”“五反”等运动，发表意见、民主协商，发挥参政议政、民主监督职能。1949年9月，嘉兴市一届一次各界人民代表会议召开，当选人民代表130人，其中工商界代表23人、民主人士代表6人、宗教界代表3人，占代表总数的24.62%。1950年1月，嘉兴市一届三次各界人民代表会议召开，首次选举产生各界人民代表会议协商委员会。嘉兴市各界人民代表会议协商委员会由主席、副主席和委员共17人组成，其中党外人士11人，占64.71%。1952年7月、10月，地委先后发出通知，要求各级统战部门在民主建政工作中，结合召开各界人民代表会议“作好对各阶层代表的团结，在会议中充分发扬民主精神，不能包办代替，官僚主义”，强调“必须加强政权机关和协商机关中党与非党人士之间的合作”，教育引导“知识分子、工商业界、宗教界、民主党派、民主人士在反帝反封建主义，参加镇反、抗美援朝等革命运动中发挥作用”。1950年1月至1956年3月，嘉兴市共召开二届七次各界人民代表会议协商会，党外人士任协商委员会委员共99人次，平均每届占代表总数的61.49%(市各界人民代表会议主席团常务副主席1名、市协商委员会副主席3名、副市长1名)；1949年12月至1953年5月，嘉兴县共召开一届八次各界人民代表会议，工商界、开明绅士当选人民代表共有195人次，占每届代表总数的10.02%(担任县各界人民代表会议常务委员会副主席1名)。1954年7月，嘉兴地区各县(市)实行人民代表大会制度。地委统战部遵照中共中央《关于人民代表大会制实行后统一战线组织问题的意见》《关于实行人民代表大会制时安排民主人士的意见》，指导各县(市)委统战部协助所在地党委对各阶层代表人物进行排队、调查，在广泛征求意见、民主协商基础上，对代表的比例结构和县(市)人民委员会县(市)长、副县(市)长、委员人选提出方案，经县(市)委审议后报地委审批。各县(市)在人民代表的选举产生和政府委员的安排上认真贯彻中国共产党的统一战线政策，切实体现界别的广泛性。嘉兴市选举党外人士担任市协商委员会副主席1名、副市长1名，嘉兴县选举党外人士担任县各界人民代表会议常务委员会副主席1名。1955年年初，中共浙江省委作出在市和重点县设立政协的规定，决定先在全省30个市、县组建政协。3月24日，地委批准地委统战部《关于市、县人民委员会、政治协商会议人事安排意见》，确定地区东片的嘉兴市和嘉善、海宁、桐乡、平湖5个县(市)首批设置政治协商会议(简称政协)地方委员会。3至12月，各县(市)委统战部遵照《中共中央关于市、县人民委员会中党员和非党人士的比例及市、县设置政协委员会等问题的规定》《中国人民政治协商会议章程》，就人民委员会、政治协商会议中民主人士人选、比例以及政协首届委员会人数、界别和人选等问题与各民主党派、人民团体、民主人士、少数民族等代表充分协商，并会同组织部门制定方案报告地委审批。至1956年1月，全区确定人民委员会委员305名，其中民主人士82名(文教、医务、科技49名，私营工商业资本家27名，社会人士3名，副市长、副科长、少数民族各1名)，占委员总数的26.89%。1956年3月，嘉兴市和平湖、嘉善、海宁等县相继召开首届政治协商会议，一批工商界、医卫界、教育界、文化界和无党派人士担任政协委员。3月12—15日，政协嘉兴市第一届委员会第一次会议召开，届初有委员65名，其中民主人士45名，占69.23%。

在建立各县(市)政权机关、协商机关的同时，全区恢复和发展国民经济工作全面展开。1949年5月至1950年2月，地委针对嘉兴地区各县(市)因连年战乱，加上六七月间遭遇连降暴雨自然灾害影响，社会动荡、物价暴涨，城乡经济陷入困境的现状，采取一系列措施和必要的行政手段，稳定市场、平抑物价，组织开展以恢复生产、稳定市场为中心的各项民主改革工作。1949年5月，遵照中共七届二中全会关于“没收官僚资本归人民国家所有，使社会主义性质的国营经济成为整个国民经济的领导成分”的政策，对各地官僚资本主义企业进行没收，建立全民所有制的社会主义企业和国营商业、合作社商业。同时，对私营资本主义经济实行“利用、限制”的方针，落实“公私兼顾、劳资两利、城乡互助、内外交流”的政策，所得利润，采用“四马分肥”的办法，鼓励私营经济生产自救。同年12月11日，遵照中共中央成立工商业联合会的指示，对旧商会、旧同业公会进行接收改造，协调支持成立嘉兴市(县级)工商业联合会(简称工商联)筹备委员会，发挥工商联人民团体(民间商会)的作用，协调私营经济企业、私营经济人士参与经济建设、稳定市场。至1950年2月，全区物价上涨的不利局面初步扭转。1952年8月1日，政务院第147次政务会议通过《工商业联合会组织通则》，8月16日正式公布实施。嘉兴市工商联遵照通则规定，切实履行“领导工商业者遵守共同纲领及人民政府的政策法令；指导私营工商业者在国家总的经济计划下，发展生产，改善经营；代表私营工商业者的合法利益，向人民政府或机关反映意见，提出建议，并与工会协商有关劳资关系等问题；组织工商业者进行学习、改造思想和参加各种爱国运动”四项基本任务，成为党和政府联系私营工商业者的桥梁。1953年，地委统战部在全区国民经济得到恢复以后，遵照中央和省委、地委的统一部署，在全区工商界人士中组织开展党的“过渡时期总路线”的学习、教育和培训，使工商界人士领会“过渡时期的总路线和总任务，是要在一个相当长的时期内，逐步实现国家的社会主义工业化，并逐步实现国家对农业、对手工业和对资本主义工商业的社会主义改造”的精神实质，配合各级党委、政府开展资本主义工商业的社会主义改造和全面建设社会主义。1953年6月至1954年4月，全区对手工业和资本主义工商业的社会主义改造全面展开。1953年6月，地委贯彻中央关于通过国家资本主义改造资本主义工业的指示精神，对私营工业进行调整和改造，在对私营工业进行初级国家资本主义改造的同时，选择规模较大的私营工厂开展公私合营试点。1954年年初，地委遵照中央关于对手工业、私营商业社会主义改造的指示精神，加快对全区手工业、私营商业的社会主义改造。至年底，全区掀起第一次手工业合作化高潮，手工业合作社（组）迅速发展；私营粮商、油商初步纳入国家计划轨道，私营棉布零售商的初级改造完成，私营零售商逐步成为国营商业的经销、代销店。1955年5月，地委召开全区私营工业会议，贯彻中央关于对私营工业“统筹兼顾、归口安排、按行业改造”的方针，全面推进对私营工业改造工作。同时，按照“统筹兼顾、全面安排、积极而稳步改造”的方针，对私营小批发商和私营零售商进行改造，逐步成为各种形式的国家资本主义商业。至1956年10月底，全区私营工业、手工业、私营商业的社会主义改造基本完成。

中华人民共和国成立后，加强民族团结，促进民族融合，正确对待、广泛团结民族宗教上层人士，是统一战线工作和民族宗教工作的重要任务之一。地、县（市）委统战部贯彻执行中国共产党的民族平等、团结、互助和宗教信仰自由政策，注意在政治上关心、经济上扶持、生活上照顾，维护少数民族的合法权益；按照独立自主、自办教会和自治、自养、自传的原则，支持各宗教团体建立自治组织，保护合法的宗教活动，促进民族团结、宗教和谐。嘉兴市人民政府针对市区回族群众相对集中的情况，支持和帮助回族群众发展经济，开辟就业门路，提高生活水平，并在原清真小学基础上，拨款建造嘉兴回民小学，解决回民子弟普及小学教育问题。同时，结合召开各界人民代表会议和各界人民代表会议协商委员会，举荐安排少数民族代表和宗教界人士任职人民代表、协商委员会委员，支持民族宗教界代表人士参与经济建设和国事协商。1950年1月，嘉兴市一届三次各界人民代表会议当选少数民族（回族）代表1人。1951年7月，嘉兴市一届五次各界人民代表会议协商委员会增设宗教界别，当选宗教人士协商委员会委员1人。同年12月，嘉兴市一届六次各界人民代表会议和一届六次各界人民代表会议协商委员会，分别当选少数民族代表2人、委员1人。1952年10月，地委统战部就宗教统战工作发出通知，要求各地注意僧尼生活，对老弱僧尼，由各地救济款予以照顾；对少数有名望的僧、尼、道士、阿訇等，生活有困难者，由统战部门照顾解决。1954年，全区各县（市）实行人民代表大会制度。同年7月，嘉兴市召开第一届人民代表大会，少数民族（回族）当选代表1人。1956年3月、1963年12月，嘉兴市、嘉兴县先后召开第一届政协第一次会议，均设立宗教界别，分别当选少数民族（回族）委员1人和2人，安排宗教界委员各3人。此后，历届人大、政协均有一定比例的民族、宗教界人士担任代表和委员。

（二）

1956年9月至1966年5月，大规模建设社会主义时期，地委统战工作以贯彻落实中国共产党第八次全国代表大会和中共中央批转中央统战部《一九五六年到一九六二年统一战线工作的方针》精神为中心，继续贯彻执行团结、教育、改造知识分子政策，继续加强对民族资产阶级的工作，继续团结一切爱国人士和海内外侨胞，继续加强同各民主党派和无党派人士的合作，广泛团结一切可能团结的力量，巩固和扩大以工农联盟为基础的人民民主统一战线。

1956年12月，地委贯彻中共第八次全国代表大会和八届二中全会精神，组织全区各行各业以“挖掘潜力、紧缩开支、降低成本、增加积累、精简机构”为重点，开展增产节约运动，组织开展先进生产者评选和社会主义劳动竞赛。各县(市)委统战部根据地委统战部的统一部署,会同政协、工商联发动工商界和各界民主人士积极投入增产节约运动。1957年4月,地委统战部转发《嘉兴市发动党外人士投入增产节约活动的情况报告》,介绍嘉兴市委统战部配合市委中心工作,正确贯彻中国共产党的统一战线政策,加强中国共产党与非党人士合作共事关系,化消极因素为积极因素,把政治思想工作与贯彻政策、调整关系、正确处理人民内部矛盾密切结合,重视和发挥党外人士在增产节约中的潜力和作用的经验。

1956—1957年,地、县(市)委统战部遵照地委关于侨务的方针政策、归侨侨眷的思想教育由同级党委统战部门主管、侨务工作由同级人民政府民政部门主管的分工,会同各级人民政府民政部门开展归侨侨眷基础情况调查,掌握各地侨情基数,组织开展侨务宣传教育工作。同时,贯彻中共中央关于同各民主党派"长期共存、互相监督"的方针,先后帮助建立中国民主建国会(简称民建)嘉兴市筹备委员会、九三学社杭州分社嘉兴直属小组、中国民主同盟(简称民盟)浙江省直属嘉兴支部、中国民主促进会(简称民进)杭州市委直属嘉兴小组和中国农工民主党(简称农工党)嘉兴市支部5个民主党派组织,支持各民主党派在嘉兴发展成员、建立组织、开展活动。1957年1月,嘉兴市政协一届十二次常委会议增设民盟、民建、民进、农工党和归侨5个界别,嘉兴市委统战部配合做好民主党派和归侨侨眷代表人士任职政协委员的举荐考察和安排工作,支持民主党派、归侨侨眷参与政治协商。

1957年,地委和各县(市)委遵照中共中央关于"沿海和具有对台任务的省、市,在地县两级建立相应的对台工作机构"的指示精神,建立地、县(市)委对台工作小组。对台工作小组由党委分管副书记任组长,配备专职或兼职干部,办事机构设在统战部。不设统战部的县(市)委,其工作由宣传部及有关部门承担。全区对台工作纳入各级党委统战工作范畴。

1957年6—8月,地委贯彻中共中央"关于开展反右斗争"和"民主党派、教育界、新闻界、科技界、文艺界、卫生界、工商界、工人阶级、农民阶级各阶层、手工业工人和其他城乡劳动者,都应当进行整风和社会主义教育"的指示精神,在全区开展反右斗争和全民整风运动。地、县(市)委统战部按照分工,组织统战系统相关部门(单位)开展反右整风运动。至1958年第三季度,全区整风运动和反右斗争基本结束。

1958年1月,地委贯彻中共八届三中全会和省委二届二次全会精神,在全区逐步开展"大跃进"运动。同年5月,形成学习宣传"鼓足干劲、力争上游、多快好省地建设社会主义的总路线"的热潮。此后,各地根据"总路线""大跃进"和"大办工业"的指示,掀起群众性的大造小高炉"大炼钢铁"运动。嘉兴市工商联、民建嘉兴市委按照全国工商联、民建中央《关于推动全国工商业者开展自我改造大跃进的通函》和省工商联、民建浙江省工委《组织学习中共八大二次会议文件和社会主义建设总路线的通知》精神,组织全市工商业者和民建会员参加体力劳动,开展"以政治为统帅、以企业为基地、以实践为基础"的自我教育,并协助组织成员和部分家属参加挖矿、炼焦等劳动,参与"大办工业""大炼钢铁"运动。同年6月,地委按照"取消私有""全民富裕"的指导思想,开展"人民公社"试点。12月,地委统战部、财贸部印发《关于人民公社化运动中对资改造若干政策问题处理的意见》,在公私合营工厂、商店和合作商店开展人民公社化运动,挂"人民公社"牌子,并从经济领域统战工作出发,落实人民公社化运动中的对资改造政策。

1959—1961年,国家遭遇严重的自然灾害,加上"大跃进"、人民公社化运动的左倾错误,国民经济面临严重困难。1960年11月,地委贯彻中央关于对国民经济实行"调整、巩固、充实、提高"的方针,全区开始国民经济调整。1961年10月,贯彻中央工作会议精神,全区逐步开展工业调整,建立党委领导下的厂长负责制,健全职工代表大会制度,执行民主集中制,整顿巩固工业企业。至1962年,全区国民经济开始好转。1961年6月至1963年4月,地委统战部遵照中央和省委、地委关于对1958年1月至1961年6月,在"反右倾"、整风运动等运动中,受到错误批判处分的民主党派、民主人士和知识分子进行甄别平反。同时，推荐一批有影响的党外民主人士在县政府、政协、工矿企事业单位担任领导职务；对民主人士在生活上给予照顾，享受医疗福利待遇，对年老体弱者执行请假照发工资等政策；对历次运动和政治审查中，因“海外关系”而被错误批判、处分的归侨、侨眷进行甄别平反。1965年4月，地委统战部进一步加强党外人士教育、培养和考察，落实党外人士的安排使用等工作。

1966年5月至1976年10月，“文化大革命”期间，党的统战工作受到严重干扰，地、县（市）委统战部停止工作。

（三）

1978年12月中共中央十一届三中全会后，地委统战部贯彻邓小平在全国政协五届二次会议上关于《新时期的统一战线和人民政协的任务》的重要讲话和第十四次全国统战工作会议精神，按照新时期统一战线的任务，遵照地委指示和分工，逐步开始平反纠正“文化大革命”期间涉及民主党派、政协委员以及统战对象、爱国人士的冤假错案和历史遗留问题，协调各地全面恢复统战工作。

1979—1982年，地、县（市）委统战部在积极推进落实各项统战政策的同时，统一战线各项工作有序开展。遵照中共中央批转中央组织部、中央统战部《关于在国务院各部委和地方各级人民政府中安排党外人士担任领导职务的请示报告》和省委统战部《关于各级人大常委会和政府中安排党外人士的意见》，配合各地召开人大、政协会议筹备工作，做好人大、政府、政协等方面党外人士的举荐、考察和安排工作；贯彻中国共产党“长期共存、互相监督、肝胆相照、荣辱与共”方针，帮助各民主党派、工商联恢复活动，支持各民主党派、人民团体和无党派人士参政议政；贯彻国务院副总理李先念、全国人大常委会副委员长廖承志在全国侨务会议、第二次全国归侨代表大会上的讲话精神，先后建立平湖、海宁、嘉兴、桐乡等县侨务办公室和嘉兴县归国华侨联合会，在组织上保障各地侨务工作的正常开展；贯彻中共中央《关于省、市、自治区对台工作任务和组织机构问题的通知》，进一步加强对台工作领导，健全对台工作小组及办公室，办公室设于地、县（市）委统战部；落实党的民族政策，协调成立嘉兴市回族事务管理委员会（简称“回管会”），指导回管会开展民族自我管理；落实中国共产党的宗教信仰自由政策，恢复和建立爱国宗教组织，协调解决宗教房产和宗教活动场所等问题，引导宗教活动逐步纳入正常轨道。

1983年8月，嘉兴撤地建市（省辖市）。市委统战部设对台办公室（与市委对台工作小组办公室两块牌子，一套班子）、侨务办公室（对外称市人民政府侨务办公室）、宗教民族科（对外称市人民政府民族宗教事务处），全市对台、侨务工作由市委统战部归口管理。同时，原嘉兴市（县级）工商联升格为嘉兴市（省辖市）工商联（简称市工商联），配合市委、市政府做好非公有制企业、非公有制经济人士相关工作。全市统战工作进入新的工作格局。同年10—12月，市委统战部结合市一届人大、一届政协筹备工作，按照“统筹兼顾、全面安排”的方针，在各单位推荐的基础上，开展人物调查、民主协商，做好党外人士举荐安排工作。市一届人大代表485名，其中党外人士代表219名，占45.2%；正副主任4名，其中党外副主任2名，占50%；人大常委会委员22名，其中党外委员12名，占54.5%。市一届政协委员352名，其中党外委员243名，占69.0%；正、副主席7名，其中党外副主席4名，占57.1%；政协常委37名，其中党外常委29名，占78.4%。在做好市一届人大、一届政协党外代表、委员举荐、考察和安排工作的同时，组织开展全市统战政策遗留问题调查，制定全市进一步落实统战政策的具体方案，供市委决策。

1984年1月，市委成立落实统战政策领导小组，下设落实统战、知识分子、房产政策3个办公室，办公室设在统战部。同年4月和10月，市委召开全市落实政策工作和全市落实统战政策工作会议进行部署，要求各级党委、政府加强领导，成立专门班子，明确落实政策工作实行“三定一包”（定人员、定任务、定时间，包干到底）责任制，务求彻底，不留尾巴。至1987年，全市落实统战政策工作基本结束，平反纠正错划右派967人、错定“中右”261人；区分原“三小”（小商、小贩、小手工业者）工商业者5253人，区分出劳动者3589人、资金172万元；认定起义投诚单位117个，颁发起义投诚人员证书289个（起义212个、投诚77个);复查纠正并妥善解决“文化大革命”期间冤假错案和其他历史遗留问题1875起;清理并按规定妥善处理统战对象人事档案2181名,不实材料4749件;调查处理338名四级政协委员提出的落实政策问题643个;归还“文化大革命”期间统战对象被挤占的私房产权568户50019平方米,私改遗留房归还产权480户112912平方米,腾退389户104370平方米,处理落实台属土改错处房73户8244平方米,落实宗教团体房产55处21672平方米,落实工商联团体房产2处436平方米;清退“文化大革命”期间被查抄财物的36384户,其中归还金、银及其制品的变价款157万元,各种原物13万件,财物变价款316万元;解决家属子女的户粮关系“农转非”97户149人;恢复和补发科技人员在“文化大革命”期间被取消保留工资的44人15.2万余元,补发集体所有制文艺工作者被扣减工资的129人9.8万余元。

1984—1986年,遵照中央统战部《关于民主党派组织发展问题座谈会纪要》精神,市委统战部与市级各民主党派、工商联就党派机构变更和组织发展工作进行协商,先后帮助筹建和成立民革、民盟、民建、民进、农工党和九三学社6个民主党派嘉兴市委员会,协调解决民主党派的干部配备、办公用房和活动经费等问题,并遵照中央办公厅、国务院办公厅转发中央统战部《关于帮助民主党派解决工作条件和干部待遇若干问题的意见》和中共中央批转中央统战部《关于新时期党对民主党派工作的方针任务的报告》,落实政协委员、民主党派负责人阅读文件、参加会议等知情权,各民主党派机关任职的干部享受中共市委、市政府同级干部的政治、经济待遇,并建立中共嘉兴市委与各民主党派每季度一次、市委统战部与各民主党派每月一次的定期联系(联席会议)制度,支持民主党派独立自主开展工作,支持各民主党派、工商联参政议政,履行职能。此后,各级统战部门结合民主党派班子建设、后备干部选配、届中人事考察、政治交接等工作,注重政治上引导,工作上支持,关系上协调,不断深化指导工作力度,支持民主党派加强自身队伍建设。

1984年12月、1987年11月,先后成立嘉兴市归国华侨联合会(简称“市侨联”)、嘉兴市台胞台属联谊会(简称“市台联”)。在此前后,各县(区、市)成立相应的侨联、台联组织。市、县(市、区)委统战部(侨办、台办)依托侨联、台联社会团体,团结、引导港澳台同胞、海外侨胞和归侨、侨眷积极参加国家建设,并通过他们加强与海外各类社会团体的联系,促进嘉兴对外经济文化交流,为嘉兴经济社会发展服务。

1985年1月,市委统战部召开撤地建市后首次全市宗教工作会议,学习贯彻中共中央《关于我国社会主义时期宗教问题的基本观点和基本政策》,总结中共十一届三中全会特别是撤地建市以来全市落实宗教团体房产政策,解决宗教活动场所问题和依法打击非法宗教活动等工作情况,部署进一步落实全市宗教团体房产政策,合理安排宗教活动场所,做好宗教界人士团结、教育工作,引导信教群众开展合法宗教活动,切实加强对宗教活动的领导和管理。此后,全市民族宗教工作会议每年召开,宗教工作与民族工作同步贯彻和部署,形成惯例。

1987年,市、县(市、区)两级统战部门贯彻《中共中央关于经济体制改革的决定》提出的关于“以公有制为主体,多种经济成分共同发展”的方针,鼓励和支持个体、私营企业发展经济,参与国家经济建设,全市非公有制经济领域统战工作启动。1988年3月,市委统战部、市工商联为非公有制经济企业参与各类商贸洽谈会沟通联系,组织市民生羊毛衫厂等7家企业参加华东六省一市工商联首届企业会员针(纺)织品交易会,支持非公有制企业发展外向型经济。各县(市、区)委统战部,结合各地实际,支持和鼓励个体工商户扩大经营规模,逐步发展私营工业,推进非公有制经济健康、有序发展。

20世纪90年代,全市统战部门认真贯彻《中共中央关于加强统一战线工作的通知》和江泽民总书记在第十七次全国统战工作会议上所作的《努力发展最广泛的爱国统一战线》的重要讲话精神,坚持中国共产党对统一战线的领导,发扬社会主义民主,密切联系党外各界人士,大力倡导和发扬自我教育的优良传统,坚决维护国家稳定大局,巩固和发展最广泛的爱国统一战线。

1990年2月至1991年9月,市委印发《中共嘉兴市委关于坚持和完善中国共产党领导的多党合作和政治协商制度的意见》，推出市党政主要领导与党外人士谈心交友、市政府有关部门与各民主党派、工商联建立对口联系制度和民主党派成员、无党派人士担任特约检察员、特约监察员、特约审计员和教育督导员（简称“特约四员”）等措施，进一步落实中国共产党与党外人士的合作共事，推进各级党委、政府及政府部门与各民主党派、工商联的民主协商工作制度化、规范化。1994年10月，市委组织部、市委统战部印发《关于选配党外人士担任政府及其部门领导职务的通知》，各地结合县（市、区）政府换届，充实一批党外领导干部作为副县长人选进入领导班子，并有计划有步骤地在市、县（市、区）政府部门中选配党外人士担任领导职务。1995年11月，市委印发《关于进一步完善和规范同各民主党派、工商联、无党派爱国人士合作与协商制度的意见》，对市委、市政府以及基层党组织与党外人士的合作与协商制度进行补充完善。此后，每年年初，市委、市政府制订政治协商计划，印发各民主党派、工商联和无党派代表人士，确保全市政治协商工作有计划、早准备，有步骤、早落实，全市社会主义民主政治建设进入新的历史阶段。

1991—1993年，全市统战（民宗）部门进一步规范和完善宗教组织、宗教人士工作，深化党的宗教信仰自由政策。结合市政协换届工作，广泛征求意见，认真做好宗教界委员人选的提名、推荐工作，一批有良好群众基础和较高社会声望的宗教界人士当选政协委员。遵照中国宗教独立自主自办原则，指导各宗教活动场所建立管理委员会或管理小组，制定内部管理制度；对天主教堂、基督教堂落实“三定”（定点、定人、定片）宗教活动管理措施，依法加强管理。针对部分农村滥建小庙宇问题突出的情况，印发《关于加强全市佛教活动管理的意见》，对非法滥建的小庙宇依法予以拆除、取缔，对符合条件的宗教活动场所进行登记发证。此后，宗教活动场所登记发证工作常态化。

1991年7月6日，中共中央批转中央统战部《关于工商联若干问题的请示》，明确工商联工作的主要对象是私营企业、个体工商户、“三胞”（港、澳、台同胞）投资企业和部分乡镇企业。突出工作重点是非公有制经济，开启了工商联工作的新阶段。1995年，市委统战部、市工商联贯彻中央统战部、全国工商联《关于大力推动“光彩事业”的意见》，在全市非公有制企业发起“光彩事业”活动，鼓励民营企业家参与老、少、边、穷地区的开发资源、兴办企业、培训人才等扶贫事业。1996年，全市参加“光彩事业”活动的非公有制企业31家，非公有制经济人士58人。洽谈落实扶贫帮困项目资金567万元，用于社会公益事业捐款570余万元。1998年，市委印发《关于进一步发展个体私营经济的若干意见》，提出十个方面的优惠政策和措施，鼓励扶持非公有制经济持续健康发展。1999年3—4月，市委统战部、市工商联遵照市委若干意见精神，组织430余人组成146个调查组，对全市134个乡镇（街道）及开发区的738家私营企业进行调查，掌握全市个私企业的基本情况、存在问题和困难，为市委、市政府决策提供参考。同年，市委统战部、市工商联会同市委组织部贯彻市委《关于外商投资企业党的工作的意见》《关于加强股份合作制企业党建工作的意见》《关于在改制企业中切实加强党建工作的几点意见》，在全市非公有制企业中开展党的组织建设工作。至年底，全市有492家非公有制企业建立党组织，其中建立党委4个、总支11个、支部477个。

1993—1999年，嘉兴市侨界知识分子、企业家联谊会，嘉兴海外联谊会和嘉兴市出国留学人员家属联谊会先后成立，市委统战部、市侨办（市侨联）依托联谊会平台，组织学术交流和联谊活动，加强与港澳同胞和海外侨胞的联络联谊；通过组织归侨侨眷活动，开展华文教育扩大侨务外宣；通过侨法宣传，落实各项政策，为侨排忧解难，依法维护侨胞的合法权益 。

（四）

进入21世纪，市委统战部贯彻落实中共中央《关于巩固和壮大新世纪新阶段统一战线的意见》和第十九次、第二十次全国统战工作会议精神，围绕新世纪新阶段统一战线发展目标，巩固和加强中国共产党领导的多党合作和政治协商制度，积极推进宗教事务依法管理和民族团结工作，加大港澳台和海外统战工作力度，认真做好非公有制经济代表人士工作，努力建设具有广泛凝聚力和可持续发展的爱国统一战线。全市统战工作进一步深化、细化。

多党合作和政治协商工作 2000—2001年，各地进一步完善党委、政府与各民主党派、工商联和无党派人士的协商通报、谈心交友、对口联系和特约监督员制度，进一步深化完善党外干部的培养、选拔措施和力度。市委统战部会同市委办公室、市政府办公室制定协商通报计划，建立健全多党合作和政治协商的各项制度，协调市委、市政府主要领导与各民主党派、工商联、无党派人士的谈心交友名单，协助市委召开各民主党派、工商联负责人协商（通报）会，协调政府部门开展对口联系活动，保障各民主党派、工商联、无党派人士参政议政、民主监督渠道畅通。同时，贯彻中共中央办公厅《1998—2003年全国党政领导班子建设规划纲要》和省、市培养选拔党外干部工作会议精神，市委统战部、市委组织部印发《关于做好民主推荐女后备干部、党外后备干部和经济科技类后备干部的通知》，在全市范围公开选拔县（处）级党外领导干部，一批优秀的党外人士被聘任到各级领导岗位，党外后备干部的推荐培养工作纳入各级党委的日常工作议程。2000年，市本级公开选拔、聘任县（处）级党外正职领导干部2名，全市有党外副市长、副县（市、区）长7名，配备市、县（市、区）政府部门科（局）级干部34名，确定党外人士县（处）级后备干部50名、科（局）级后备干部173名。2002年，做好浙江省公开选拔党外领导干部举荐工作，全市参加应试9名，入围面试4名。2003年，首次在市中级人民法院配备党外副院长1名，司法机关安排党外人士工作纳入议事日程。2004年1月、2005年11月、2007年8月，市委先后印发《关于进一步加强民主党派、工商联和无党派代表人士工作的意见》《关于进一步加强中国共产党领导的多党合作和政治协商制度建设的实施意见》和《关于进一步巩固和壮大新世纪新阶段统一战线的实施意见》，进一步深化和完善多党合作和政治协商的内容、形式和程序，并于2009年对各县（市、区）和市级机关有关部门贯彻落实上述3个意见的情况，开展专项督查，全面推进全市统战工作开展。2010—2012年，全市贯彻落实市委对多党合作工作的督查意见，细化和完善各项配套措施。市委统战部与各民主党派市委开展以“课题调研、民主协商、民主监督、社会服务、社会宣传”为主要内容的“五大系列”活动，围绕市委实施“三大倍增计划”（服务业、战略性新兴产业、大企业三大倍增）、推进“四大建设”，加快经济转型升级的要求，开展课题调研。市委统战部与市委组织部建立党外人士和统一战线基础工作数据库。2012年7月，首次推出定向选拔非中共党员干部竞岗副处（科）级领导干部工作，全市有非中共党员干部430名参与定向竞岗和公推直选，其中入围面试82名。是年，全市有厅级党外干部7名、县（处）级党外干部46名，安排正职和明确正县（处）长级党外干部6名、科（局）级党外干部107名（不含市本级）。市和县（市、区）人大常委会领导班子中配有党外代表人士8名，政府领导班子中配齐党外副职，政协领导班子配有党外代表人士14名；市、县（市、区）两级政府职能部门中配有党外干部69名（市本级10名）；全市法检两院领导班子中有党外干部5名（市法院、检察院各配1名）。2013年1月，市委七届五次全体会议通过《中共嘉兴市委工作规则》，将多党合作相关工作纳入党委工作规则。5月20日，市委常委会通过《关于加强新形势下党外代表人士队伍建设的实施意见》，决定在党外代表人士的培养、选拔、使用、管理环节中，实行“发现储备、综合评价、举荐推荐、教育培训、选拔任用、实践锻炼、管理服务、合作共事”8项机制。2014年，深入推动中共各级党委和民主党派的政党协商，以协商议题项目化、协商过程程序化、协商形式常态化为原则，围绕“行政审批层级一体化改革”专题，把依法治国作为建言献策的重要内容，做深做精协商民主，推动协商通报、对口联系、民主监督以及党政领导与党外人士交友谈心等各项制度常态化、规范化。中央统战部《中国统一战线》杂志专门介绍嘉兴市专题民主协商作为政党协商的一种有效模式，形成较为规范的运作程序和完善的制度保障的做法。是年，市人民代表中有党外人士118名，占代表总数的29.8%，人大常委会委员6名，占委员总数的20%，人大常委会副主任1名，占正副主任总数的12.5%；市政协委员中有党外委员282名，占64.2%，政协常委37名，占65%，副主席5名，占55.6%；党外人士任副市长1名、副县（市、区）长7名，任市政府职能部门县（处）级干部12名、县（市、区）政府职能部门科级干部73名；全市确定党外人士县（处）级后备干部44名。

民族宗教工作　2000—2002年，市委统战部、市民族宗教事务局（简称市民宗局）按照新世纪新阶段统一战线的目标任务，结合实际、务实工作，努力推进民族团结、宗教和谐。结合全市少数民族人口逐年增多的工作需要，进一步完善少数民族教育、就业和扶持民族企业发展的措施，会同公安、统计、教育等部门做好少数民族成分认定、更改和少数民族子女就学、困难少数民族帮扶等工作；妥善处理因历史、文化、教育、生活等方面差异引发的各类民族纠纷，协调公安等部门做好回民墓地迁建、清真寺周边环境整治等工作，维护少数民族的合法权益；坚持团结、进步、稳定、发展的工作原则，做好基层少数民族骨干的教育培训，落实少数民族代表人士的选拔任用，协调做好回管会班子团结，支持民族自我管理。针对新世纪宗教团体、宗教场所、宗教人士管理不断规范和完善的工作需要，开展宗教团体、宗教场所中青年教职人员及骨干基本状况调查，加强对年纪较轻、政治素质较好、在信教群众中有一定威信的中青年教职人员的重点培养，推荐担任市、县两级政协委员；做好宗教团体、宗教场所中青年教职人员及骨干的爱国爱教教育培训工作，采取与市社会主义学院联合举办宗教团体负责人培训班、输送中青年教职人员骨干到省社会主义学院培训等方式，开展社会主义宗教理论、宗教法律法规专题辅导和培训，提升宗教教职人员的政治素质、参政议政和社会活动能力；开展“清理乱建小庙、滥塑佛像”和“整治社会风气、整治居住环境”为主要内容的“双整治”活动，净化宗教场所和社会治安环境。2003—2004年，贯彻《浙江省少数民族权益保障条例》，市委统战部会同市教育局出台少数民族考生加分办法，全市少数民族小学生和初中学生免交学杂费；理顺回民自治组织关系，维护广大穆斯林群众的合法权益，回管会改建为嘉兴市清真寺民主管理委员会。同时，结合市人大、政协换届做好少数民族代表（委员）的举荐考察工作，全市少数民族人士当选人大代表2人，安排政协委员10人。2005—2006年，贯彻国务院《城市民族工作条例》《宗教事务条例》和《浙江省少数民族权益保障条例》《浙江省宗教事务条例》，印发《嘉兴市民族宗教系统法制宣传教育第五个五年规划》，组织少数民族干部、宗教团体和宗教活动场所负责人培训，在民族宗教界开展社会主义荣辱观和建设社会主义和谐社会教育；加强与宗教界代表人士的沟通联系，建立定期走访、谈心制度，组织宗教界代表人士结合嘉兴实际，就规范和推进全市宗教工作进行座谈，听取宗教界人士参政议政的诉求；市民宗局指导市佛教协会、嘉兴市清真寺、市天主教爱国会、市基督教两会在全市宗教界发起创建“平安寺院”“平安教堂”活动，倡议全市宗教场所用三年时间，通过创建活动，实现团体作用发挥、场所安全稳定、管理制度健全、治安状况良好、内部安定团结、宗教活动依法开展、场所建设规范有序、服务社会积极主动的目标。2007—2008年，全市有2批101个宗教场所分别被评为创建活动达标单位，受到市政府表彰。2009年，贯彻省民族宗教委员会（简称省民宗委）《关于开展创建“和谐寺观教堂”活动的意见》，将全省创建“和谐寺观教堂”活动与嘉兴创建“平安寺院”“平安教堂”活动相结合，印发《关于进一步深化创建“平安宗教活动场所”活动的意见》，推出争创“星级平安宗教活动场所”活动，并与省“和谐寺观教堂”的标准和要求进行全面对接和细化，制定《嘉兴市星级平安宗教活动场所达标考评制度》。是年，全市有平安宗教场所132个，占登记开放宗教活动场所的88%。2010—2012年，贯彻全国城市民族工作座谈会和中央办公厅、国务院办公厅《关于深入开展民族团结宣传教育活动的意见》以及省委宣传部、省委统战部、省民宗委《关于深入开展民族团结进步创建活动的实施意见》，全市组织开展民族团结进步宣传教育和民族团结进步创建活动。其间，被评为省级民族团结进步模范集体2个、省级民族团结进步个人1名。结合上海世博会安全保卫工作，进一步深化“平安宗教活动场所”创建工作，组织开展“宗教政策法规学习月”活动和全市宗教界政策法规知识竞赛；进一步加强宗教教职人员队伍建设，印发《嘉兴市宗教事务管理工作协作机制》《关于做好我市宗教教职人员社会保障工作的实施意见》，按照市县联动、宗教部门与宗教界联动、宗教部门与镇(街道)联动的办法，建立对宗教团体负责人、宗教场所负责人和主要教职人员的综合考评制度，推进宗教教职人员认定备案和社会保障工作。全市佛教、道教、基督教教职人员认定备案568名；采取宗教教职人员个人、宗教场所、宗教团体相结合，市财政适当补贴的方式，全市认定备案的宗教教职人员参保率99.4%。在全省“和谐寺观教堂”考核中，嘉兴市平安创建达标率和优秀率均居全省第一；嘉兴市维护宗教教职人员合法权益，落实宗教教职人员社会保障的做法，在全省宗教业务工作推进会议上推广交流。2013—2014年，进一步深化民族团结进步创建活动，印发《嘉兴市民族团结进步“三进”工作方案》，以民族团结进步“进社区、进市场、进学校”活动为载体，在外来流动少数民族人口较为集中、成分相对复杂的区域，开展民族团结进步宣传教育活动，推进民族和睦相处；协调清真寺民主管理委员会、清真寺阿訇等少数民族团体和代表人士，妥善做好城市改造中涉及的回民房屋动迁补偿、回民墓地迁建补偿等工作，维护社会和谐稳定；结合少数民族低收入群众增收帮扶工作，组织开展少数民族群众实用技术培训，提升少数民族务工人员的职业技术，开拓就业渠道。嘉兴城市民族工作的经验在国家民委相关培训会上作专题交流，市委统战部(市民宗局)被省政府授予全省民族团结进步模范集体。结合市委、市政府“平安嘉兴”创建工作，进一步加强对“平安宗教”创建工作的指导，巩固和完善省、市“平安宗教活动场所”创建活动，努力建设风正、风清、风和的和谐场所；进一步做好宗教教职人员认定备案和社会保险工作，全面落实宗教教职人员认定备案和社会保险常态化，切实维护宗教关系和谐。市委统战部(市民宗局)被市委、市政府评为2004—2013年度平安创建工作先进单位，全市被评为全国“和谐寺观教堂”先进集体5个，被评为全省“和谐寺观教堂”达标单位120个，全市省级“和谐寺观教堂”创建达标率占全市宗教活动场所总数的72%。

港澳台和海外统战工作 港澳台工作。进入21世纪，市委统战部进一步加强对港澳台同胞的联络联谊和宣传工作，积极引资引智为嘉兴经济社会发展服务。2000年起，市委统战部、市台办先后与100多家企业建立重点联系制度，加强接触，建立感情；市委统战部、侨务部门参与“浙洽会”“市洽会”“香港浙江周”“南湖之春”等活动30余次，邀请参加的港澳客商800余人次，牵线引进项目、资金、技术。2004年至2007年，嘉兴市所属五县(市)二区旅港同乡会全部成立，两地开展的联谊活动与文化、经济交流互动呈常态化。在对台工作中，加强嘉台两地经贸科技文化合作与交流，贯彻落实《中华人民共和国台湾同胞投资保护法》，努力为台商到嘉兴投资牵线搭桥，改善台商投资环境。2007年9月，市委决定，市台办不再归口市委统战部管理，市台办主管涉台事务。至2014年，先后有9名台胞获“嘉兴市荣誉市民”称号(至2010年)、5名港澳同胞获“嘉兴市荣誉市民”称号。

海外统战工作。2000—2002年，市委统战部、市侨务办公室、市归国华侨联合会(简称市侨办、市侨联)结合贯彻《中华人民共和国归侨侨眷权益保护法》，印发《关于开展“为侨资企业服务行动年”活动的实施意见》，成立“为侨资企业服务行动年”协调小组，组织专人与市区160家归侨、侨眷、侨资企业建立联系制度，落实为侨服务承诺；依托海外联谊会加强与海外社团的联系，开展组团出访，做好海外重要人士、团组到访接待，进一步扩大海外联络联谊工作。2005年，贯彻市委、市政府《关于鼓励引进海外高层次留学人才的若干意见》，全市统战、侨务部门把引进海外高层次人才纳入工作重点，建立留学生创业园2个，推进招商引资(引智)工作开展。2006年，嘉兴籍1名海外博士获浙江省“为国服务十大杰出海外留学人士”提名奖，7名海外博士获浙江省“百名海外留学英才奖”，嘉善县留学人员创业园在科创中心挂牌，成为全省第一个落户县城的省级留学人员创业园。2008—2010年，贯彻市委、市政府《关于加强创业创新领军人才队伍和创新团队建设的若干意见》《“创新嘉兴·精英引领计划”实施办法(试行)》和《嘉兴市重点创新团队遴选办法》(简称“一意见两办法”)，连续3年承办“星耀南湖”海外人才引进洽谈会，邀请11个国家200余名海外高层次人才，带着120多个科技项目，与全市100多家创业创新平台、规模企业开展项目对接，达成制造业、农业、生物医药、新能源等领域的合作意向100余个。2011—2012年，贯彻市委、市政府“双千双百”[千个村(社区)、千家企业、百个重点投资项目、百个重点科技成果转化项目]进村入企走访服务活动的决定，印发《发挥侨务优势服务我市加快转变经济发展方式的意见》，开展“进侨企、解难题、助发展”活动。先后走访侨资企业、侨属企业、海归初创企业67家，召开侨商、海归创业者座谈会4次，协调解决企业发展中存在的难题，引导海外侨胞和侨资企业在更广领域、更深层次融入嘉兴经济社会发展。2014年，市委、市政府建立全市侨商服务联盟，进一步完善和加强投资兴业侨商服务保障工作。全市入围“创新嘉兴·精英引领计划”领军人才项目的海外高层次人才323名。

经济领域统战工作　2000年，市委统战部进一步深化和完善经济领域统战工作，会同市工商联召开科研单位与民营企业合作与发展座谈会，出台服务非公有制经济发展若干措施，支持科研单位与民营企业合作，加快个私经济发展。2月，成立嘉兴市光彩事业促进会，建立和完善全市“光彩事业”活动机构，推进“光彩事业”常态化。3月，印发《全市非公有制企业党建工作计划(2000—2002年)》，进一步深化全市非公有制企业党建工作，明确在三年内50名以上职工的非公有制企业有党员，100名以上职工的非公有制企业80%建立党组织。同时，会同市工商联开展非公有制经济人士思想政治、人员构成和心态状况调查，并在全市非公有制经济人士中开展“致富思源、富而思进”主题教育活动，探索社会主义市场经济条件下做好非公有制经济人士思想政治工作的途径。2002年，市委印发《市级领导联系非公有制企业的通知》，确定15位市级主要领导联系15家非公有制企业，协调解决非公有制企业发展中遇到的实际困难，引导和支持非公有制经济在全市率先基本实现现代化和全面推进小康社会目标中发挥积极作用。2004年4月，市委、市政府召开全市民营经济工作会议，决定在全市民营经济人士中开展“争做优秀社会主义事业建设者”活动，成立由市委副书记为组长，市政府联系副市长、市委统战部部长、市工商联(总商会)会长为副组长，市委办公室、市政府办公室等市级有关部门(单位)分管负责人为成员的嘉兴市优秀社会主义事业建设者评选领导小组，对被评为“嘉兴市优秀社会主义事业建设者”的民营经济代表人士，市委、市政府予以表彰奖励，颁发荣誉证书，给予市级劳动模范的相应待遇。2005年2月19日，市委、市政府在全市三级干部大会上，对首批被评为“2003—2004年度嘉兴市优秀社会主义事业建设者”的86名民营经济代表人士进行表彰。此后，评选活动每两年一次，持续进行。2006—2007年，市委统战部、市工商联探索非公有制企业仲裁法律制度试点工作，依法开展仲裁非公有制企业民商事纠纷。此项工作获得国务院法制办公室、全国工商联重视。2007年6月，嘉兴市被国务院法制办公室、全国工商联确定为全面推行非公有制企业仲裁法律制度试点城市。2009年，贯彻市委关于“加快产业结构调整、促进转型升级”的决定，市委统战部、市工商联推出“金融服务、助推民营小企业发展，法律维权服务、为民营企业发展保驾护航，就业服务、引导民营企业履行社会责任增加就业岗位，经贸服务、帮助民营企业拓展两个市场(国内、国外市场)，信息服务、为民营企业传递发展资讯”五项举措，进一步改善对民营企业的服务与指导。同时采取市、县两级联动的方式开展“百名统战干部、成员进百企”活动，走进非公有制企业、侨港资企业和留学生创办的企业，摸实情、传政策、优服务、助发展。2010年9月16日，中共中央、国务院印发《关于加强和改进新形势下工商联工作的意见》，进一步明确工商联是“中国共产党领导的以非公有制企业和非公有制经济人士为主体的人民团体和商会组织，是党和政府联系非公有制经济人士的桥梁和纽带，是政府管理和服务非公有制经济的助手”，工作的重点是“促进非公有制经济健康发展和非公有制经济人士健康成长”。2010年7月，市委统战部、市工商联与市中级人民法院建立嘉兴市民营企业法律风险防范机制联席会议，发挥法院司法职能和工商联服务职能，帮助民营企业提高防范和化解法律风险的能力，促进民营企业创业创新发展。2011年后，全市逐步形成党委统一领导、统战部组织协调、工商联具体实施、有关方面积极参与的非公有制经济人士思想政治工作机制，全面实施非公有制经济人士的素质提升工程。2012年11月，决定成立嘉兴市新生代企业家联谊会，培育新生代企业家逐渐成为推动全市经济社会发展的一支重要新生力量。2013年，市委统战部结合“加大服务力度，助推民企转型升级”主题活动，开展民营企业融资难问题调研，协调市级协会（商会）、基层商会与金融机构签署合作协议、授信协议，为民企开展差异化服务；协调市级协会（商会）与市财政、银监、商务等部门和政协委员开展互动交流，推动政企、银企对接；履行市减轻企业负担领导小组成员单位、市纪委软环境“检测点”职责，协调金融机构优化中小微企业融资环境，并在存贷比考核、资本计量及不良贷款容忍度等方面予以倾斜。同时，根据中央统战部和全国工商联《关于组织开展非公有制经济人士理想信念教育实践活动通知》要求，在全市非公有制经济人士中组织开展理想信念教育实践活动，推出“浙商与中国梦”大讨论、非公有制经济人士回报社会专项活动、推进和谐劳动关系构建活动、开展“政企面对面”专题活动、开展助推非公有制企业发展系列服务、评选一批优秀社会主义事业建设者活动六项系列活动，激励广大非公有制经济人士把个人梦、企业梦与中国梦相结合共发展，引导民营企业及其人士进一步坚定对社会主义道路的信心。2014年，市委统战部、市工商联协调指导协会商会承接政府职能转移，支持有条件的协会（商会）承接政府职能转移，全市22个市级协会（商会）承接政府行业管理与协调、社会事务管理与服务等职能78项；探索开展法律服务商会和商会调解组织建设，会同市司法局开展“南湖先锋——律师经济社会发展专项行动”，成立嘉兴市台州商会、福建商会、安徽商会等人民调解委员会，引导和推进商会法律顾问制度建设，在全省率先实现市内异地商会法律顾问全覆盖；突出抓好党外新生代人士的培育工程，围绕市委重点人才工作，着力加强新生代企业家的教育培养，先后组织新生代企业家赴省社会主义学院、上海财经大学研修，组织新生代企业家开展北京行等经贸活动，推动全市非公有制企业和非公有制经济代表人士的代际传承。至年底，全市实有私营企业86473家，注册资金2977.04亿元；实有个体工商户213743户，注册资金158.15亿元。

大事记

（1949—2014）

1949年

5月4—11日　桐乡（4日）、崇德（5日）、嘉兴（7日）、海宁（7日）、海盐（7日）、嘉善（11日）、平湖（11日）各县相继解放。

5月上旬　中共浙江省第一地方委员会成立，机关驻地湖州。第一地方委员会由11人组成，常委会由钱敏、吕志先、汪星、胡定千、孙章禄5人组成，钱敏任书记（1949年5月至1951年7月），吕志先任第一副书记，汪星任第二副书记。委员会下设秘书处、组织部、宣传部、民运部、社会部。

5月17日　中共嘉兴市委、中共嘉兴县委和嘉兴市、嘉兴县人民政府成立。吕志先兼任中共嘉兴市委书记（1949年5月至1956年6月）；董方明任嘉兴市市长（1949年5月至7月）。杨铭任中共嘉兴县委书记（1949年5月至1956年6月）；郑寄民任嘉兴县县长（1949年5月至10月）。5月17日至6月1日，桐乡、海宁、海盐、崇德、嘉善、平湖等县县委、县人民政府先后成立。

5月21日　浙江省人民政府第一区专员公署成立，专署驻址设在湖州，专员孙章禄（1949年5—10月），副专员董方明、傅伯达。专署下设秘书、民政、人事、财政、文教5个科及公安、粮食2个局。行政区域内设嘉兴、湖州2个市及嘉兴、嘉善、平湖、海盐、海宁、桐乡、崇德、吴兴、德清、长兴10个县。

5月24日　嘉兴市军事管制委员会成立。吕志先任代主任。

6月　中共浙江省第一地方委员会成立东片临时工作委员会，加强对地区东部的嘉兴市和嘉兴、嘉善、平湖、海盐、海宁、桐乡、崇德7县的领导（同年10月撤销），吕志先兼任书记。

6—7月　嘉兴市军管会接管旧政府官办银行在嘉兴的分支机构，并成立中国人民银行嘉兴办事处。同时，派代表进驻贸易、邮政、电讯、公路、铁路等部门和官僚资本企业、官办企业实施监督，通过接管、收买等方式组建一批国营企业。

7月　张澄秋任嘉兴市市长（1949年7月至1950年5月）。

同月　嘉兴贸易总公司（国营商业，后改组为百货、土产、粮食3家分公司）成立，以调剂供求业务为主。

9月29—30日　嘉兴市一届一次各界人民代表会议召开，出席代表130人。会议听取市委书记作施政方针报告、市长作政府工作报告，并作出有关决议。会议推荐产生主席团委员会组成人员，张澄秋为主席。其中工商界宫锡凯、陈晓岚、顾速明等23名代表与会。

10月1—9日　中共嘉兴地区第一次代表会议在湖州召开，出席代表191人。钱敏作工作报告，总结全区解放以来的工作经验，提出今后4个月的工作任务。会议作出《关于四个月执行省党代会议的具体计划决议》，提出剿匪、反霸、组织农民协会、建立农民自卫队、组织群众生产救灾、建立和发展党的组织六大任务。

10月17日　嘉兴市一届一次各界人民代表会议协商委员会召开。其中工商界陈晓岚、顾速明等委员出席会议，并当选主席团成员。

10月　中共浙江省第一地方委员会、浙江省人民政府第一区专员公署改称中共嘉兴地委（简称地委）、浙江省人民政府嘉兴区专员公署（1955年5月，改称嘉兴专员公署)，地委、专署驻地迁嘉兴市。吕志先任嘉兴专员公署专员(1949年10月至1951年3月)。

12月5—9日　嘉兴县一届一次各界人民代表会议召开，出席代表222人。会议听取县长作政府工作报告，并作出有关决议。通过由董方明等27人组成的县第一届各界人民代表会议常务委员会。

12月11日　嘉兴市工商业联合会筹备委员会(简称市工商联筹委会)大会在张家弄银星电影院(现勤俭路人民剧院前身)召开，选举产生常委13人、委员41人，张兴任主任委员。同时，接管、整理、改组旧商会。

12月15日　原县商会理事长顾速明，将旧商会事务所账簿、印鉴移交给新成立的嘉兴市工商业联合会筹委会代表。是年，会员重新登记，有同业公会49个，新会员1977人。

12月31日　嘉兴市一届二次各界人民代表会议协商委员会召开。其中工商界詹少文、徐展青、杨吟槼、朱彭寿4人出席会议。

是年　嘉兴城区私营商业批发额占社会批发额的90.36%，商品零售额占83.2%。嘉兴全县城乡私营商业(包括饮食服务业)4298户，从业人员10060人。

1950年

1月18日　嘉兴市一届二次各界人民代表会议主席团召开扩大会议，确定一届三次会议议程、代表名额和有关筹备事项。

1月24—25日　嘉兴市召开一届三次各界人民代表会议，讨论通过《嘉兴市各界人民代表会议组织补充规则》《嘉兴市各界人民代表会议协商委员会组织简则》，选举产生市各界人民代表会议协商委员会主席、副主席、委员17人，金孟加为协商委员会主席(1950年1月至1950年12月)。其间，嘉兴市(县级)1名少数民族(回族)当选嘉兴市一届三次各界人民代表会议代表。

4月5—10日　中共嘉兴地区第二次代表会议在嘉兴召开。钱敏主持，吕志先传达省党代会关于形势、任务、统一战线等问题的决议精神。会议总结解放以来10个月的工作，讨论确定今后任务，并决定在秋收前做好土地改革准备工作。

5月8日　嘉兴市并入嘉兴县，张澄秋任县长(1950年5月至1951年6月)。嘉兴县、市工商联(筹)合署办公。

5月　中共嘉兴县委成立统一战线工作部，李侨任县委统战部部长(1950年5月至1951年5月)。

9月8—15日　中共嘉兴地区第三次代表会议在嘉兴召开。会议贯彻中共七届三中全会精神和中共中央《关于在全党全军开展整风运动的指示》。钱敏作《开展整风运动，反对官僚主义、命令主义》的工作报告，总结全区解放以来15个月的工作，检查地委在工作中存在的缺点和错误，提出克服的办法。会议作出《嘉兴地区第三次党员代表会议决议》。

10月26—31日　嘉兴市、嘉兴县合并后举行嘉兴县一届三次各界人民代表会议，出席代表222人，董方明为常务委员会主席。

10月30日　嘉兴完成工商业登记工作，全县(市)有同业公会62个，会员2044户。县(市)工商联直属小组及工商会员181户，非公会会员140个(迁出4个)。

10月　地委建立统一战线工作部(简称地委统战部)，部址与地委机关一起设在嘉兴。首任部长金孟加(地委委员、城市工委副书记)。

12月27—29日　嘉兴市一届四次各界人民代表会议召开，出席代表143人。会议改选市协商委员会，董方明任嘉兴市第一届协商委员会主席(1950年12月至1951年7月)。县(市)工商联筹委会副主委陈晓岚当选嘉兴市协商委员会副主席。

12月 嘉兴县(市)工商联发动全县各个行业的工商业者、摊贩、行商共4129人参加抗美援朝、保家卫国的爱国示威游行。

1951年

2月20日　嘉兴县(市)工商联筹委会贯彻国务院财经委员会关于《私营企业重估财产调整办法》和《私营企业暂行条例施行办法》，先后成立工商登记处和重估财产评审委员会，对私营商业进行资产重估和全面登记工作。

3月　汪星任嘉兴专员公署代专员(1951年3—7月)。

5月1日　恢复设立嘉兴市，下设建设、新嘉、新兴、解放、南湖5个镇公所（后改为街道办事处），沈如淙任嘉兴市市长（1951年5月至1954年11月），兼任市委统战部长（1951年5月至1956年5月）。

5月至1952年9月　平湖、海宁、桐乡、海盐、嘉善5个县陆续建立县委统战部。

6月3日　地委召开第一次统战工作会议。会议传达中央、华东局和省委对统战工作的指示，结合学习党史，部署统战政策教育工作。

6月　郑寄民任嘉兴县县长（1951年6月至1952年10月）。

同月　嘉兴县成立基督教协进会筹备会，会址设在新塍镇。

7月7—9日　地委召开第二次统战工作会议，传达省委统战工作会议精神和省委《关于执行中央协助民主党派发展与巩固组织的方针的决定》，听取各县（市）的统战工作汇报。会议提出，7月、8月两个月统战工作的重点是有计划地帮助民主党派正确地巩固与发展组织，更好地发挥民主党派的作用。

7月10—12日　嘉兴市一届五次各界人民代表会议召开，出席代表136人，选举产生市协商委员会，杨彬（女）当选嘉兴市第一届协商委员会主席（1951年7月至1951年8月）。

7月　汪星任中共嘉兴地委书记（1951年7月至1952年10月）。王子达任嘉兴专员公署专员（1951年7月至12月）。

9月　王子达（中共嘉兴地委委员、嘉兴专员公署专员、中共嘉兴专员公署党组书记）兼任中共嘉兴地委统战部部长。

10月26—29日　嘉兴市工商联筹委会在寄园剧场召开第一次全市工商界会员代表大会，工商联机构正式建立，宫锡凯当选为主任委员。11月6日 嘉兴市工商业联合会正式挂牌运作。

12月10日　嘉兴专员公署在嘉兴地专机关及直属企业部门和嘉兴、湖州两市组织开展"三反"（反贪污、反浪费、反对官僚主义）运动。嘉兴市工商界开始部署"五反"（反行贿、反偷税漏税、反盗骗国家财产、反偷工减料、反盗窃国家经济情报）运动。

12月21—23日　嘉兴市一届六次各界人民代表会议召开，到会代表182人，通过九项决议，改选协商委员会，杨铭任嘉兴市第一届各界人民代表会议协商委员会主席（1951年12月至1952年8月）。工商联代表32人出席。

同日　嘉兴市（县级）2名少数民族当选嘉兴市一届六次各界人民代表会议代表，其中1人任一届各界人民代表会议协商委员会委员。

12月　汪星任嘉兴专员公署专员（1951年12月至1952年10月）。

1952年

2月　董方明（中共嘉兴地委副书记、嘉兴专员公署第一副专员）任中共嘉兴地委统战部部长。

4月　嘉兴市（县级）成立佛教协会，会址设在精严寺。

6月7日　嘉兴地委、专署根据华东局指示精神，宣布暂停"五反"运动。

7月1—7日　嘉兴市工商联组织私营工商企业参加的嘉兴市夏季城乡物资交流会在人民广场举行。与来自浙江省、上海等地的工商企业进行经贸交流，签订一批供销合同，成交153万余元。

10月11—12日　地委召开全区统战干部会议，传达贯彻华东统战会议精神，统一思想，提高认识，增强做好统战工作的信心。

10月　地委精简机构，撤销地委统战部。

同月　马吉德任嘉兴县县长（1952年10月至1953年11月）。

同月　嘉兴市工商联组织的以零售为主的嘉兴市秋季城乡物资交流大会在市区徐家埭举行，进场交易20万人次。

11月22—26日　嘉兴市第二届第一次各界人民代表会议召开，开始代行人民代表大会的职权。会议听取市长作政府工作报告，并通过相应的决议；选举产生市人民政府委员会，选举沈如淙为市长，周学章、段书友为副市长；选举产生市第二届各界人民代表会议协商委员会主席、副主席、委员共25人，赵星当选主席（1952年11月至1953年2月）。嘉兴市第二届各界人民代表会第二次会议的协商委员会，由第一次会议的协商委员会成员担任，其任职至1956年3月政协嘉兴市委员会成立。

11月　张立信任中共嘉兴地委书记（1952年11

月至1953年2月)。董方明任嘉兴专员公署专员(1952年11月至1953年8月)。

12月18日　嘉兴县的新塍、王店等17个建制镇(集镇)成立工商联筹备会(分会)。

1953年

2月　嘉兴地委恢复地委统战部。

同月　燕明任中共嘉兴地委书记(1953年2月至1957年2月)。

5月6—8日　地委统战部召开各县(市)统战干部会议,传达贯彻中共嘉兴地委《关于进一步加强统一战线工作的指示》。地委统战部部长董方明作《关于统战工作业务范围及工作方法》的报告。

6月5日　浙江省人民政府转发政务院批复,嘉兴市改为省辖市,仍由嘉兴专署领导。

11月　浙江省最大造纸企业——嘉兴民丰造纸厂、华丰造纸厂实行公私合营。

同月　郑寄民任嘉兴县县长(1953年11月至1954年4月)。

12月22—23日　嘉兴市工商联召开工商界代表会议,177名工商界骨干参加会议。会议传达贯彻全国工商联第一次代表大会、省工商联会议和省委统战部座谈会精神,学习中央统战部部长、中央财经委员会副主任李维汉在全国工商联会议上关于国家在过渡时期总路线总任务的精神实质以及对私营工商业实行"利用、限制、改造"政策的讲话。

是年　地委印发《关于进一步加强统一战线工作的指示》,要求更好地团结与改造各民主阶级、各民主党派、民主人士、少数民族,积极争取和教育一切愿意合作的人,参加国家大规模经济建设,以发展人民民主统一战线,巩固人民民主专政。

1954年

1月　盛平任嘉兴专员公署专员(1954年1—9月)。

同月　齐克非(中共嘉兴地委委员)任中共嘉兴地委统战部部长。

4月　马吉德任嘉兴县县长(1954年4—11月)。

7月10—15日　嘉兴市一届人大一次会议召开。1名少数民族(回族)人士当选嘉兴市第一届人民代表大会代表。

7月13—18日　嘉兴县一届人大一次会议召开,县工商联代表15人参加会议。

9月8日　嘉兴市工商联召开第二次会员代表大会,鲁克成为主任委员。

9月30日至10月17日　中共嘉兴地区第四次代表会议在嘉兴召开,出席代表424名,列席101名。中共嘉兴地委副书记李焕致开幕词,中共嘉兴地委书记燕明作《关于当前工作中几个基本问题》的报告,中共嘉兴地委副书记赵星作《关于今后工作任务》的报告。会议提出当前工作要以农业合作化运动为中心,完成农业增产、粮食征购、土改扫尾、动员参军、镇压反革命和整顿党的基层组织六项任务。

9月　张澄秋主持嘉兴专员公署工作(1954年9月至1955年9月)。

11月　郑寄民任中共嘉兴地委统战部部长。

同月　武晓山任嘉兴市市长(1954年11月至1958年5月)。刘慎言任嘉兴县县长(1954年11月至1956年5月)。

12月22—23日　嘉兴市工商联召开工商界代表会议,重点就推进公私合营问题开展讨论。

12月26日　地委印发《执行中央、省委"关于开展对美蒋条约的宣传运动的指示"的补充通知》,对宣传运动作布置。通知要求地专机关在元旦前组织一次报告会,嘉兴、湖州市委统战部分别召集一次民主人士、政协委员座谈会,各县分别组织一次报告会。

1955年

3月24日　地委统战部提交《关于市、县人民委员会、政治协商会议人事安排意见》。经地委批准,在10个县市中确定嘉兴市和嘉善、海宁、桐乡、平湖、吴兴、德清7个县,首批设置政治协商会议(简称政协)地方委员会。

3月29日　召开全区统战工作会议,贯彻中央和省委关于统战工作的指示,就全区各县(市)人民委员会、政治协商会议的人选审查、确定等工作进行部署。

4月　嘉兴市二届二次各界人民代表会议协商委员会召开会议，传达省商业厅厅长李作森在省政协常委会扩大会议上作的《关于私营工商业的改造与安排》的报告。

5月　地委召开全区私营工业会议，贯彻中央关于对私营工业“统筹兼顾、归口安排、按行业改造”的方针，进一步就加强对私营工业改造的领导等问题进行部署。嘉兴市委统战部遵照地委及地委统战部的要求，会同有关部门进一步落实对私营工商业的改造，新增新嘉铁工厂、新信翻砂厂、纸筋厂、亦顺昌铸锅厂等公私合营工厂4家。

7月5日　嘉兴市二届二次各界人民代表会议协商委员会召开会议，讨论并决定成立中国人民政治协商会议嘉兴市第一届委员会筹备委员会，负责筹建市政协有关工作。

7月　嘉兴市开始政协筹建工作，中共各县(市)委以原各界人民代表会议协商委员会为基础成立政协筹备委员会，具体负责县(市)政协的筹备工作。

9月　张澄秋任嘉兴专员公署专员(1955年9月至1957年3月)。

11月9日　嘉兴县成立县工商联筹备处，由樊家禧任主任。

11月　嘉兴兴盛毛巾厂、嘉兴针织厂被批准为公私合营企业。12月，亦昌顺锅厂被批准公私合营企业。

12月22日　嘉兴市人民委员会批准，嘉兴棉布业、新药业全行业实行公私合营。

12月　各县(市)委统战部就人民委员会、政治协商会议中的民主人士人选、比例等问题会同组织部门制定方案，报地委审批。

1956年

1月18日　嘉兴市私营工商业者集体向市人民委员会申请公私合营。

1月21日　嘉兴市人民委员会宣布批准63个行业、947户私营户实行全行业公私合营。随即进行清产核资定股，对私方人员采取“量才录用、适当照顾”的办法，实行定息五厘的政策，保持高薪，做好人事安排工作。全市539名在职资方人员中，有248人被安排担任各级企业正副经理等职。同时，部分人员被安排进入政府、政协工作。

1月22日　嘉兴市人民举行欢庆社会主义改造胜利大会，工商界(包括摊贩)3000余人参加。大会向毛泽东主席致敬电，会后举行盛大庆祝游行。

3月4日　嘉兴县工商联第一次会员代表大会召开，张荣德当选为主任委员。

3月9日　嘉兴市二届二次各界人民代表会议协商委员会召开(扩大)会议，确定市政协一届委员会委员名单，通过《嘉兴市协商委员会工作报告(草案)》。

3月12—15日　嘉兴市政协第一届委员会第一次会议召开，选举产生市政协第一届委员会主席、副主席、秘书长和常委，沈如淙当选主席(1956年3月至1962年3月)。1名少数民族(回族)人士任嘉兴市第一届政协委员。

5月　地委统战部召开全区统战工作会议，传达贯彻第六次全国统战工作会议精神和中共中央批转全国统战工作会议提出的《一九五六年到一九六二年统一战线工作的方针》。

同月　樊家禧任嘉兴县县长(1956年5月至1963年12月)。

6月20日　地委印发《对执行中央统一战线工作方针指示的意见(草案)》，分析统战工作中存在的错误倾向，提出1956—1957年全区统一战线工作的任务及具体做法。

6月　沈如淙任中共嘉兴市委书记(1956年6月至1958年2月)。

同月　徐永三任中共嘉兴县委书记(1956年6月至1968年7月)。

7月10日　嘉兴市摊贩管理委员会改组为摊贩联合会，加入市工商联成为团体会员。

7月　地委统战部举办首期工商界政治讲习班。至1957年9月，举办工商界政治讲习班4期，嘉兴、湖州2市及平湖、嘉善、海宁、海盐4县986人参加学习。

8月　嘉兴市公私合营企业的清产核资工作全部完成。

10月30日　嘉兴市人民委员会撤销商业科成立商业局，市工商联主任委员鲁克成任商业局局长。

11月25—28日　嘉兴县二届人大一次会议召开，出席代表261人。会议听取和审议县长所作的县人民委员会工作报告，并通过相应的决议；选举产生县人民委员会，选举樊家禧为县长。工商联代表竺培元、沈公达、范瑞祥等18人参加会议。

11月30日至12月4日　嘉兴市二届人大一次会议召开。会议听取市委书记作形势报告，听取和审议市长所作的市人民委员会工作报告，并通过“关于全面开展增产节约运动”等决议；选举产生市人民委员会，选举武晓山为市长，周学章、姚教杏（工商联副主委）、鲁克成、陈佩珍为副市长。

是年　地委协助各民主党派在嘉兴等地发展组织。在地委、县（市）委统战部门的协助下，中国民主同盟（简称民盟）浙江省委直属嘉兴支部成立，有盟员24人；中国民主建国会（简称民建）嘉兴市筹备委员会成立，有会员39人；中国民主促进会（简称民进）杭州市委直属嘉兴小组有会员14人；九三学社嘉兴小组，有社员8人。

1957年

1月10日　中国民主促进会（简称民进）嘉兴市（县级）筹备小组成立。

1月29日　嘉兴市政协一届十二次常委会议开始增设归侨界别。

2月　李换任中共嘉兴地委书记（1957年2月至1961年5月）。

3月5日　嘉兴市工商联各行业进行整顿，由75个同业公会整合为34个，保留13个小组。

3月　陶振民任嘉兴专员公署专员（1957年3月至1962年6月）。

4月　地委统战部转发《嘉兴市发动党外人士投入增产节约活动的情况报告》，介绍嘉兴市委统战部配合市委中心工作，正确贯彻中国共产党的统一战线政策，加强党与非党人士合作共事关系，化消极因素为积极因素，把政治思想工作与贯彻政策、调整关系、正确处理人民内部矛盾密切结合，重视和发挥党外人士在增产节约中潜力和作用的经验。

5月18日　嘉兴市政协部分常务委员和市各民主党派主要负责人参加市委召开的座谈会，发表对市委工作的意见，帮助共产党整风。

7月　中国农工民主党嘉兴（县级）支部委员会成立（简称农工党嘉兴支部）。

10月11日　嘉兴设立市物价委员会，以工商联为主的行业议价核价制度淡出市场。

1958年

1月25日　省委决定中共嘉兴市委与嘉兴县委合并，统一组成嘉兴县委。嘉兴市人民委员会与嘉兴县人民委员会合署办公。行政区域仍保留嘉兴市建制，市人民代表大会单独举行。

同日　嘉兴市、县合并后，嘉兴县工商联一届执行委员会与嘉兴市工商联合署办公。

5月18日　嘉兴市政协召开市各民主党派、工商联和无党派民主人士向中国共产党“交心”大会。与会人员向中共嘉兴县委呈送“交心”决心书。

5月　丁力任嘉兴市市长（1958年5月至1959年5月）。

6月6—9日　嘉兴县三届人大一次会议召开，出席代表287人，收到代表提案311件。选举樊家禧为县长，康润仁、袁汇川、王平之为副县长。工商联代表庞锦祥、姚祝萱等15人出席会议。

9月9—11日　地委召开全区统战党员干部会议，贯彻中央四级统战干部会议精神，传达邓小平讲话，总结检查整风以来为中心服务的工作，解决指导思想、明确方法问题。各市、县统战部部长、秘书、干事，政协党组副秘书长、秘书，工商联党员秘书长和部分党、团员共47人参加会议。

10月31日　浙江省人民政府令，嘉兴、嘉善两县于11月1日起，合并为嘉兴县。两县工商联联合会合署办公。

11月　经国务院批准，撤销嘉善县建制，并入嘉兴县；撤销海盐县建制，除西塘公社并入平湖县外，其余并入海宁县；撤销崇德县建制，并入桐乡县。

12月下旬　嘉兴专员公署、中共嘉兴地委机关驻地从嘉兴迁驻湖州，地委统战部同时迁往湖州市。

12月　地委统战部、财贸部印发《关于人民公社化运动中对资改造若干政策问题处理的意见》，从经济领域统战工作出发落实人民公社化运动中的对资改造政策。

下半年　嘉兴专员公署建立宗教事务科。

1959年

2月　嘉兴市工商联、市民建会召开常委联席会议，传达中央统战部副部长徐冰宣布“五不”（定息、高薪、适当政治安排、学职学衔和根本改造不变）政策。

5月17—21日　地委统战部召开全区统战部门干部会议，重点讨论统战工作为党的中心工作服务的指导思想和工作方法问题。

5月　蔡学忠任嘉兴市市长（1959年5月至1962年3月）。

同月　嘉兴县工商联第二次会员代表大会召开，范汉荣当选主任委员。

9月7—9日　嘉兴市三届人大二次会议召开。

12月　全国工商联第三次会员代表大会在北京举行，嘉兴市工商联金守义、邓顺荣出席。

1960年

3月15日　地委统战部召开全区工商界代表会议，传达刘少奇、李维汉的报告，学习民建中央、工商联“两会”文件，历时15天。

4月15日　中国民主建国会（简称民建）嘉兴市（县级）委员会成立。

4月23日　嘉兴市工商联召开第三次会员代表大会，竺培农为主任委员 。

6月　城区设嘉兴市人民公社，5个镇的街道办事处改为市公社分社。

7月6—8日　地委统战部召开各县（市）统战干部会议，传达贯彻地委扩大会议和省委统战部对资改造会议精神，部署对资改造、知识分子、宗教、侨务和民主人士等工作。

7月　嘉兴市政协组织部分台湾人员在嘉兴的家属和社会有关人士，先后举行座谈会4次，谴责美国制造“两个中国”的阴谋。

11月9日　嘉兴市政协传达中国民主同盟、中国民主促进会、中国农工民主党、九三学社4个民主党派中央全会精神，贯彻落实“神仙会”和风细雨的方针。

12月9日　地委统战部、宣传部召开县以上人民代表和资产阶级知识分子中的上层代表性人物会议，传达全国民主党派会议精神。

是年　嘉兴县工商联进行换届选举，倪学礼任第三届主任委员。

1961年

3月　嘉兴市、县工商联、民建财务工作部门合并。

4月9日　恢复嘉善县建制。嘉兴县、嘉善县工商联建制重新分设。

5月　陈冰任中共嘉兴地委第一书记（1961年5月至1968年9月）。

6月下旬开始　各县对在1958年以来“大跃进”、“反右倾”斗争中被错误批判的党员干部进行甄别平反。

6月　嘉兴县民政科对全县归侨开展全面的普查登记，中华人民共和国成立后陆续回国的归侨人数为21人（中华人民共和国成立后未有专门的侨务机构，侨务方针政策、归侨侨眷的思想教育由同级党委统战部门主管，侨务工作由同级政府民政部门主管）。

8月　沈如淙任中共嘉兴市委书记（1961年8月至1962年7月）。

同月　撤销嘉兴市人民公社，恢复嘉兴市人民委员会。

9月1日　经浙江省人民政府批复，嘉兴县城区复称嘉兴市，隶属嘉兴县。嘉兴县、市分设工商联。

12月2日　1958年过渡到国营商业的小商贩中有150人重新恢复集体与私营体制。

1962年

3月11—18日　嘉兴市政协二届一次会议召开，选举产生政协第二届委员会主席、副主席、秘书长和常务委员。沈如淙当选主席（1962年3月至1963年12月）。市工商联竺培农当选副主席，金守义、庞锦祥、张振明、张纯之、范瑞祥为常委，有委员25名。

3月29日至4月1日　嘉兴县四届人大一次会议召开，出席代表275人，收到提案426件。会议选举樊家禧为县长，康润仁、董静、楼掌观为副县长。

工商联代表徐幼腾、何武曾、朱明诚出席会议。

3月　沈彪任嘉兴市市长(1962年3月至1963年2月)。

5月14日　地委向省委提交《关于精简国家机关行政编制的报告》。地委决定,将全区行政编制从8820人减为6007人,精简31.9%;地专机关从373人减为280人,精简25.4%。地委设组织部、宣传部、统战部、监察委员会、城镇工作领导小组和办公室,撤销工业部、财贸部、农工部、政治研究室和团委、妇联;专署设专署办公室、农业办公室、工业办公室、财贸办公室、文教办公室、卫生办公室、计委、粮食局、公安处以及法院、检察院。

6月　嘉兴市工商联向工商业者传达贯彻国务院《关于在精简工作中妥善安置资产阶级工商业者的若干规定》和《关于处理资产阶级工商业者退休问题的补充规定》。

同月　项耿任嘉兴专员公署专员(1962年6月至1968年9月)。

9月　嘉兴市工商界集资办学基金委员会成立。筹措办学基金10万余元,开办群力中学,开设中医、商业、会计等专业,接办建设中学。

1963年

1月　省人委转发国务院1962年12月22日第125次会议通过的决定,撤销嘉兴市,设置镇人民委员会,受县人民委员会领导。嘉兴城区改设嘉兴镇建制。撤销嘉兴市工商联,设嘉兴镇工商联,隶属嘉兴县工商联。

12月30日至1964年1月4日　嘉兴县五届人大一次会议召开,嘉兴县工商联代表庞锦祥、张纯之、邵寿璇等8人参加会议。

12月30日至1964年1月7日　嘉兴县政协一届一次会议召开,选举产生县政协第一届委员会主席、副主席、秘书长和常务委员25人,徐永三当选主席(1963年12月至1966年6月)。

12月30日至1964年1月7日　嘉兴县2名少数民族(回族)人士任嘉兴县第一届政协委员。

1964年

1月　嘉兴县工商联组织工商业者学习和贯彻《中共中央关于目前农村工作中若干问题的决定(草案)》和《中共中央关于农村社会主义教育运动中一些具体政策的规定》。

同月　沈如淙任嘉兴县县长(1964年1月至1966年6月)。

3月　嘉兴县工商联、民建会举行联席会议,讨论工商业者在国内外形势下的思想状况。

4月23—29日　浙江省工商联召开杭州、宁波、温州三市及嘉兴、绍兴、金华、湖州四县工商联、民建负责人座谈会,了解工商界思想情况。

6月30日　嘉兴县召开宗教界代表会议,订立全县宗教界反帝爱国公约。

1965年

1月24日　嘉兴城区内51个老牌商号更改店名。五芳斋粽子店改名人民饮食店。

3月22—25日　地委统战部召开各县统战干部座谈会,学习中共中央《农村社会主义教育运动中目前提出的一些问题》(即“二十三条”)和毛泽东主席关于统一战线的思想,交流开展社会主义教育的经验,研究统战工作为中心工作服务的问题。

4月　嘉兴县工商联、民建组织工商业者学习国际形势,进行以援越抗美为中心的爱国主义、集体主义、社会主义教育。

6月　嘉兴县工商联组织工商业者参加所在企业的社会主义教育运动。

9月13—17日　地委召开地区统战工作会议,传达贯彻中央统战部和省委统战会议精神。

12月2—5日　地委召开地区统战工作会议,传达中央和省委统战部长座谈会精神。

1966年

4月4—13日　根据地委指示,地委统战部会同吴兴、嘉兴、德清县委统战部对下届人委中有关党外人士的安排问题进行协商和部署。

5月　《中国共产党中央委员会通知》(即“五一六”通知)发出后不久,“文化大革命”在嘉兴开始,地委统战部停止工作。

6月3—7日　嘉兴县六届人大一次会议召开,出席代表349人。会议选举产生新一届县人民委员会，选举吴根生为县长（1966年6月至1968年7月），张承贤、胡成林、董静、楼掌观、章伟祥为副县长。工商联代表庞锦祥、庄敬、张纯之、邵寿璇、凌玉书、徐幼腾、何武曾等8人参加会议。

6月3—9日　嘉兴县政协二届一次会议召开，选举产生县政协第二届委员会主席、副主席、秘书长和常务委员27人，周平臣当选主席。

8月中旬　嘉兴县政协停止活动。

9月　嘉兴县工商联停止活动。

1977年

2月　地委先后恢复地委组织部、宣传部、统战部、党校及地区革委会办公室；地区革委会政工组、生产指挥组、办事组等先后撤销。张敬堂任中共嘉兴地委书记（1977年2月至1979年1月）。

10—12月　各民主党派中央和全国工商联陆续成立临时领导机构，恢复工作。

10月31日　中共浙江省委统战部邀集各民主党派、工商联负责人座谈会，提出民主党派、工商联恢复活动的方针、任务和步骤。

12月　地委统战部恢复工作。

1978年

1月2日　地委决定，地委各部、委、办建立党委，并任命党委组成成员。

4月　嘉兴县工商联根据中共中央决定对政治运动中被错划为右派分子的工商界人士进行复查改正和平反，在工作、生活上给予妥善安排。

5月11日　地委成立摘掉右派分子帽子领导小组，由地委副书记杨铭主持，组织开展错划右派分子改正工作。全区10个县（市）先后建立摘帽领导小组及办公室。

8月　嘉兴县工商联、民建联合发文，启用新制“嘉兴县工商业联合会”“中国民主建国会嘉兴县委员会”印章，并正式恢复活动。

9月　张学义任嘉兴地区行政公署专员（1978年9月至1981年2月）。

1979年

1月　省委决定，张学义任中共嘉兴地委书记（1979年1月至1983年5月）。

2月　省委决定，沈如淙任嘉兴地区行政公署副专员。

4月14日　嘉兴县委统战部作出《关于恢复县政协活动向县委的请示报告》，省委批复同意嘉兴县政协恢复活动。

5月　平湖县侨务办公室成立。

12月19日　嘉兴县委印发关于建立嘉兴县侨务办公室的通知，决定建立嘉兴县革命委员会侨务办公室。

12月　地委成立“三小”区别领导小组和办公室，在全区组织开展“三小”区别工作。

1980年

1月22—24日　嘉兴县第一次归侨侨眷代表大会召开，成立嘉兴县归国华侨联合会。杨国钧任主席。嘉兴县归国华侨联合会与嘉兴县革命委员会侨务办公室合署办公。

2月　泰国联合宝石有限公司常务董事、美籍华人余保罗与嘉兴县第二轻工业公司洽谈合办宝石加工厂，成立嘉兴第一家中外合资的侨资企业。

7月26—31日　省工商联第三届会员代表大会和省民建第一届代表大会同时召开，选举产生省工商联第三届执行委员会，嘉兴工商联代表竺培农当选副主任委员。

10月4日　嘉兴县政协委员、各民主党派和各界知名人士20人，学习邓小平在中央政治局扩大会议上所作的“关于党和国家体制改革”的讲话。

12月　中国民主同盟嘉兴县委员会成立（简称民盟嘉兴县委员会）。

1981年

1月14日　国务院决定撤销嘉兴县建制，建立嘉兴市（县级）。

2月　周洪昌任嘉兴地区行政公署专员（1981年2月至1983年8月）。

3月31日　嘉兴市人民政府成立，隶属嘉兴地区行政公署领导。李佃杰任代理市长（1981年3月至1982年1月）。

3月　朱孔宇任中共嘉兴市委书记（1981年3

月至1983年10月)。

4月7—9日　嘉兴市(县级)工商联召开第四次会员代表大会,金守义任主委。

4月10日　嘉兴市(县级)工商联、民建嘉兴市委决定,市工商联与民建嘉兴市委合署办公,设立联合办公室。

5月　嘉兴县革命委员会侨务办公室改名为嘉兴市人民政府侨务办公室。

6月2日　地委常委会听取地委统战部关于省委宗教工作会议和全省统战部长会议精神的汇报,部署落实中国共产党的宗教政策,解决宗教房产历史遗留问题、恢复和建立宗教爱国组织、加强对宗教界人士和信教群众的教育等工作。

7月14日　嘉兴市工商联、民建嘉兴市委遵照中共中央统战部、组织部印发《关于原工商业者安排使用中几个问题的通知》精神,在调查研究基础上提出"安排使用"的有关建议。

11月　九三学社嘉兴(县级)支社成立(1982年12月改为分社)。

12月29日　嘉兴市委(县级)邀请各民主党派、人民团体负责人和无党派人士,通报协商市政协第三届委员会候选人名单。

是年　嘉兴市(县级)落实原工商业者归还"文化大革命"时被查抄财物、解冻银行存款、补发利息、补发被减发的工资、腾退被挤占的住房、改正错划右派以及落实安排使用、区分"三小"等政策。

1982年

1月4—11日　嘉兴市(县级)政协三届一次会议召开,选举产生市政协第三届委员会主席、副主席、秘书长和常务委员35人,李侨当选主席(1982年1月至1983年12月)。工商界代表金守义当选为副主席,庞锦祥、马庆发、王信成、姚祝萱当选常委。

1月5—10日　嘉兴市(县级)五届人大一次会议召开。会议选举产生市五届人大常委会,孙镜秋为主任,李佃杰任嘉兴市市长(1982年1月至1983年12月)。

1月　嘉兴市政协第三届委员会不再设归侨界别,增设侨联界别。

3月2—4日　地委召开各市、县对台工作会议,研究部署全区对台工作。各市、县对台工作组组长、对台办公室主任、统战部部长出席会议。

5月11—12日　地委统战部召开地区统战工作座谈会,传达全省统战工作会议精神,学习胡耀邦等中央领导在全国统战工作会议上的讲话和省委书记王芳在全省统战工作会议上的讲话,部署1982年全区统战工作。

7月30日　市政协召集各民主党派和工商联负责人学习《人民日报》刊发的7月24日《廖承志致蒋经国先生信》座谈会。

8月31日　地委转发地委统战部《关于检查全区贯彻中央〔1982〕19号文件,落实党的宗教政策的情况和今后工作意见的报告》,要求各县、市对宗教问题进行一次研究、分析和讨论,检查督促落实宗教政策工作。

8月　根据嘉兴市编制委员会《关于市侨办和市侨联合署办公的通知》,市人民政府侨务办公室和市归国华侨联合会对内合署办公,对外仍为两个机构,挂两块牌子,原职级、性质、任务不变。

10月23日　嘉兴市委(县级)举行报告会,传达中共十二大精神,在市区的政协委员和各民主党派、人民团体负责人参加。

12月　嘉兴市(县级)成立基督教三自爱国运动委员会。

1983年

4月10日　嘉兴地区第一个乡镇(街道)级侨联组织在海盐县澉浦镇成立。

5月9—11日　地委、地区行政公署召开全区宗教工作会议,部署依法取缔非法宗教活动工作。

7月27日　经国务院批准,撤销嘉兴地区行政公署,嘉兴市和湖州市为省辖市建制,实行市管县新体制。嘉兴市辖嘉善、平湖、海宁、桐乡、海盐5个县和城区、郊区2个区。

8月26日　民进嘉兴市(省辖市)委员会成立。

同月　庄洪泽任中共嘉兴市委书记(1983年8月至1989年9月)。

同月　民盟嘉兴市(县级)委员会升格为民盟嘉兴市(省辖市)委员会;民建嘉兴市(县级)委员会升格为民建嘉兴市(省辖市)委员会;农工党嘉兴市

（县级）委员会升格为农工党嘉兴市（省辖市）委员会；九三学社嘉兴（县级）分社升格为九三学社嘉兴市（省辖市）委员会。

同月　嘉兴市（县级）工商联升格为嘉兴市（省辖市）工商联。

9月20日　浙江省人民政府通知：嘉兴市市区设城区人民政府，辖建设、新嘉、东门、解放、南湖、新兴6个街道和塘汇、嘉北、南湖、东栅、秀水5个公社；建立郊区人民政府，辖田乐、南汇、荷花、澄溪、双桥、虹阳、桃园、新农、高照、洛东、八字、洪合、蚂桥、建设、王店、余新、曹庄、凤桥、新篁、竹林、净乡、新丰、步云、大桥、栖真、七星26个公社和新塍、王店2个镇。

9月30日　市政协、市委统战部、市侨办联合举行嘉兴撤地建市后首次国庆茶话会。此后，国庆（中秋）茶话会每年举行，形成惯例。

10月9日　嘉兴市城区、郊区人民政府正式办公。

10月　市委统战部按照“统筹兼顾、全面安排”的方针开展人物调查，做好市一届人大、一届政协党外人事举荐安排工作。

同月　中共嘉兴市委机关宣传统战支部成立，由市委宣传部、市委统战部和职教办组成。

同月　市委统战部组建嘉兴市归国华侨联合会机关，筹建市归国华侨联合会。

同月　市委统战部、市民族宗教事务处组织对全市落实宗教房产政策情况进行调查。

同月　嘉兴市（省辖市）基督教三自爱国筹备委员会成立。

同月　市委统战部、市侨办开展全市台胞、台属、归侨、侨眷基本情况调查。

11月　李佃杰（市政协副主席兼秘书长、党组副书记）任中共嘉兴市委统战部部长。

12月15—20日　市一届人大一次会议召开，市工商联庞锦祥等3名代表出席会议，蒋泳清、潘光煦当选市人大常委会委员。

同日　市政协一届一次会议召开，沈如淙当选主席（1983年12月至1988年6月）。工商界委员25人（包括其他界别）出席会议。市工商联主委金守义当选市政协副主席，姚教杏、马庆发、姚祝萱、王信成为常委，姚祝萱任副秘书长。

12月　市一届一次人民代表会议通过周洪昌任嘉兴市市长（1983年12月至1991年3月）。

1984年

1月13日　市委成立落实统战政策领导小组，下设落实统战政策、知识分子政策、房产政策3个办公室，办公室设在统战部。

同日　城区、郊区各人民公社改称为乡人民政府。

2月6日　市委统战部设立侨务科。

3月9日　市委建立对台工作小组，同时设立对台工作小组办公室，办公室设在市委统战部。

4月2—6日　中共嘉兴市第一次代表大会召开，出席代表334名，列席代表57名。市委副书记贝品明致开幕词，市委书记庄洪泽代表中共嘉兴市委作题为《坚持和改善党的领导，努力开创嘉兴市各项工作的新局面》的工作报告。会议审议中共嘉兴市纪律检查委员会关于《开创纪检工作新局面，尽快实现党风根本好转》的工作报告，通过《关于市委工作报告的决议》和《关于中共嘉兴市纪律检查委员会工作报告的决议》，选举产生中共嘉兴市第一届委员会和纪律检查委员会。

4月6—7日　市委召开全市落实政策工作会议。会议确定，落实政策工作实行“三定一包”（定人员、定任务、定时间，包干到底），一年为期，基本解决问题。

5月23日　市委统战部与市委办公室商定，市委办公室印发文件，对担任领导职务的党外人士阅读和听取传达中共党内文件及有关资料享受同等待遇。

6月16日　中国国民党革命委员会嘉兴小组成立（简称民革嘉兴小组）。

7月　市民族宗教事务处、市文化局决定对市区觉海寺进行修缮。

8月　中共嘉兴市委统战部支部委员会成立，吴家杰任书记，有党员12名（统战部5名、对台办2名、民宗科2名、侨办2名、工商联1名）。

9月27日　市政府成立嘉兴市侨务办公室（简称市侨办），列为市政府工作部门。

9月至1985年7月　市本级统战系统(市委统战部、市台办、市民宗科、市侨办、市工商联)机关开展整党活动。

10月27日　市委召开全市落实统战政策工作会议,专题部署统战系统、统战对象落实政策工作。

11月26日　市政府批转市民族宗教事务处《关于进一步落实宗教团体房产政策的报告》,要求各地认真贯彻国务院1980年批转宗教事务局、国家建委等单位《关于落实宗教团体房产政策等问题的报告》精神,落实宗教团体房产政策,妥善解决宗教团体自养和宗教职业者经济生活等问题。

11月29日至12月5日　市委落实政策领导小组组织部分市政协委员和落实政策办公室工作人员共32人,分组检查市、区两级125名政协委员、统战对象政策落实情况。

12月6—8日　嘉兴市第一次归侨侨眷代表大会召开,成立市归国华侨联合会(简称市侨联)。出席代表127名,选举产生市侨联第一届委员会,郑奋义当选市侨联主席。

是年　嘉兴市工商联第一次代表大会筹备委员会成立,金守义任主任。

1985年

1月6日　市政协、民盟嘉兴市委举行纪念沈钧儒100周年诞辰会议,60余人参加。

1月15—17日　市委统战部召开全市首次宗教工作会议,传达贯彻中共中央《关于我国社会主义时期宗教工作的基本观点和基本政策》,研究部署落实宗教团体房产政策等工作。

2月5日　市政协、市委统战部举行迎春茶话会。此后,迎春茶话会每年举行,市委、市人大常委会、市政府、市政协主要负责人出席,形成惯例。

3月　嘉兴市第一个行业协会——嘉兴市食品工业协会成立。

6月　叶森强(市委委员、市政协副主席)任中共嘉兴市委统战部部长。

同月　市侨办召开市级机关、市属单位和城区归侨、侨眷会议,80余人参加。市委、市人大常委会、市政府和市委统战部领导到会并讲话。

7月　海宁县侨联成立。

8月26日　市工商联、民建嘉兴市委、市会计学会学校联合创办的嘉兴市业余财经职业中学举行开学典礼。该学校学制两年,首批入学111人,均为在职财会人员。

10月　桐乡、平湖两县侨联成立。

11月24日　著名数学家陈省身应邀在市政府大礼堂(中山路原市政府大院)作"近代数学与中等教育"专题讲座。全市教育、科技界500余人听取讲座。是年,到嘉兴讲学的还有桥梁专家朱光汉、经济学家吴一鸣。

11月下旬至12月11日　市委统战部会同市政协、市各民主党派组成检查组,对全市各县(市、区)落实政协委员政策情况进行检查验收。

11月　嘉善县侨联、海盐县侨联成立。

1986年

1月29日　市政协、市委统战部举行迎春茶话会。

3月11—13日　市委统战部召开全市统战工作会议,学习贯彻胡耀邦1985年12月视察浙江时的讲话,总结1985年工作,部署1986年统战工作主要任务。

4月22日　民革嘉兴市委员会成立。

4月23日　市委统战部、市政协为出席民革嘉兴市委员会第一次党员大会、民建嘉兴市委员会第四次会员大会的全体成员举行茶话会。

6月16日　市委统战部举行黄埔军校建校62周年纪念会,全市黄埔同学40余人参加会议。

6月　嘉兴市天主教爱国会、天主教教务委员会筹备委员会成立。

7月4日　市委统战部创刊《嘉兴统战信息》,分普刊和增刊两类。普刊为市、县(市、区)委统战部日常工作信息,增刊为全市重要的、具有指导意义的统战工作动态信息、经验介绍以及党外人士的意见、建议等。

7月5日　市委统战部印发《关于建立全市统战信息网络的意见》,建立由各县(市、区)委统战部、各民主党派、侨办、有关团体(单位)参加的全市统战信息网络。

7月7—14日　省人民政府宗教局局长杨志林

到嘉兴检查指导宗教工作，先后赴郊区、海宁、海盐、桐乡听取宗教工作情况汇报。

7月上旬　市侨办在嘉善召开全市落实侨务政策工作会议，传达贯彻省侨办落实侨务政策工作会议精神，部署开展全市落实侨务房产、归侨（侨眷）冤假错案等有关政策。

7月11日　市委统战部召开各民主党派负责人会议，学习中共中央和中央领导对统战工作的重要指示，并就全市党派工作进行座谈。

7月18日　市委统战部召开全市落实台属政策遗留问题工作会议，传达贯彻省委统战部落实台属政策遗留问题会议精神，部署开展落实台属政策遗留问题工作。

7月30—31日　市委统战部召开全市首次统战理论工作会议。会议决定成立嘉兴市统一战线理论学会（简称市统战理论学会），选举产生理事31人，贝品明任会长，叶森强、吴家杰、戚耀祖、柳松、潘家驹等任副会长。

8月9日　市委决定市委、县（市、区）委对台工作小组办公室对外同时使用市、县（市、区）人民政府台湾事务办公室的名称（简称对台办）。

8月26日　市委统战部、市政协党组召开会议，学习中共中央办公厅、国务院办公厅转发《关于充分发挥经济特区和沿海开放城市人民政协、各民主党派和工商联作用的意见》的通知、中央办公厅转发中央统战部《关于海外统战工作座谈会情况的报告》的通知，商讨服务改革开放，开展海外统战工作事宜。

9月4日　市委召开市级各民主党派负责人会议，传达贯彻中共中央批转中央统战部《关于新时期党对民主党派工作的方针任务的报告》的通知，市委副书记许国桢到会并讲话。会议决定建立市委与各民主党派每季度一次联系制度。

9月6日　市委召开市委常委会学习中共中央批转中央统战部《关于新时期党对民主党派工作的方针任务的报告》的通知，并听取市委统战部、市政协党组工作汇报，部署贯彻中央文件。要求各级党委进一步肃清“左”的思想影响，牢固树立统战观念，形成全党抓统战格局，把统战工作纳入党委议事日程。

9月17日　市委统战部召开各县（市、区）统战部长会议，传达全省地（市）统战部长座谈会精神，交流各地贯彻中共中央批转中央统战部《关于新时期党对民主党派工作的方针任务的报告》的通知、中央办公厅转发中央统战部《关于海外统战工作座谈会情况的报告》的通知的情况，就进一步贯彻好两个文件，协助民主党派搞好发展等工作进行研究。

9月29日　市委召开传达贯彻中共中央批转中央统战部《关于新时期党对民主党派工作的方针任务的报告》的通知、中央办公厅转发中央统战部《关于海外统战工作座谈会情况的报告》的通知专题会议，市委副书记许国桢到会并作《认真贯彻中央文件，切实加强新时期统战工作》的报告。市级（包括城、郊两区）机关党员干部、市属单位党组负责人、统战委员、各民主党派和有关团体负责人参加会议。

同日　市委决定市对台办公室为副局级机构。各地对台办公室归口市、县（市、区）委统战部。

9月　市委统战部、市对台办、市侨办、市侨联举办归侨、侨眷、台胞、台属中秋茶话会，市委、市人大常委会、市政府、市政协领导到会并讲话。此后，市委统战部、市政协等部门举办的各界人士中秋茶话会每年举行，形成惯例。

10月17—18日　市工商联、民建嘉兴市委召开为“四化”服务经验交流会，市委统战部部长叶森强到会并讲话。

11月20日　市委召开市级各民主党派、工商联负责人会议，商讨贯彻落实中共十二届六中全会通过的《关于社会主义精神文明建设指导方针的决议》的具体措施。市委副书记许国桢，市政协主席沈如淙，市政协副主席、市委统战部部长叶森强出席会议并讲话，市委统战部、市委宣传部负责人参加会议。

11月至1987年3月　开展全市侨、台情调查。经统计，全市有华侨6761人、外籍华人5656人、港澳同胞8241人、去台人员11451人。

1987年

1月14日　市委统战部召开各县（区）委统战部长会议，传达贯彻中央一号文件、全国统战工作会议精神和习仲勋在全国统战工作会议上的讲话，研究部署1987年全市统战工作主要任务。

1月　市工商联吸收新会员试点工作在全市铺开。

2月4日　市委统战部召开部务会议，学习《人民日报》2月2日社论《把反对资产阶级自由化的斗争持续、健康地开展下去》，决定在市级机关统战系统开展学习社论专题活动，把反对资产阶级自由化的斗争作为当前头等大事来抓，坚持政治原则和政治方向，在思想上、行动上与中共中央保持一致。

2月21日　市政协、市委统战部举行民主党派和有关团体负责人座谈会，听取对政协、统战工作的意见和建议，畅谈撤地建市以来政协、统战工作所取得的成绩。

2月25日　市委统战部召开全市首次统战信息工作会议。会议总结全市统战信息工作开展情况，部署进一步提高信息质量、重视信息运用、发挥信息作用。此后，全市统战信息工作会议每年召开一次，形成制度。

3月29日　市委常委会议听取市委统战部关于全国、全省统战工作会议精神和1986年工作总结、1987年工作思路的汇报，要求全市统战部门认真贯彻落实两个会议精神，抓好统战理论再教育，做好同民主党派和党外人士的合作共事等各项统战工作。

4月1日　市政府召开城区区政府、民政局和市计委、市城建局、市文化局、宗教处等部门负责人会议，研究开放市区觉海寺有关问题。会议由市长周洪昌主持，副市长徐良骥等出席会议。

4月16日　市委召开会议传达省委党建工作、全省统战工作、全省政协工作3个会议精神，市级机关各部门分管党群工作的负责人、市属单位党组织副书记和统战委员250余人参加会议。市委副书记许国桢到会并讲话。

4月29—30日　市天主教爱国会、天主教教务委员会（简称市天主教两会）第一次代表会议召开，选举产生市天主教两会第一届委员会，成立市天主教两会，址设市区天主堂。

5月25—26日　市委统战部、市对台办公室召开全市台胞会议，传达全省统战、政协工作会议精神，通报全国对台形势和全市台胞工作情况。

6月4日　市委统战部举行民主党派、工商联负责人座谈会，传达中央统战部《关于当前民主党派工作若干问题的意见》，通报市委召开的县（市、区）委负责人会议精神，就全市经济建设、统战工作进行座谈。

6月10日　市统战理论学会召开第一次理事会议，传达贯彻省统战理论学会第二次理事扩大会议精神，回顾市统战理论学会成立以来的工作，研究部署1987年全市统战理论研究重点和主要课题。

6月22—24日　市委统战部召开全市统战部长会议，传达全国统战部长座谈会和全省统战部长会议精神，研究部署下半年工作。

7月22日　市委统战部举行各民主党派负责人座谈会，学习中央统战部《关于当前民主党派工作若干问题的意见》，商讨民主党派组织建设等事宜。

8月19日　旅日留学人员冯坤范到嘉兴讲学，就引进环境生态生物技术应用于嘉兴市农业、畜业、环保生活水产领域问题与市科协、农林、水产、环保等部门的领导与专家进行交流。

9月4日　市委统战部召开各县（市、区）委统战部长会议，总结全市取缔“呼喊派”非法宗教活动情况，通报郊区、平湖、嘉善、海盐等地基督教活动现状，部署认真贯彻中国共产党的宗教信仰自由政策，依法管理宗教事务。

10月9日　民盟浙江省委在嘉兴召开全省民盟咨询服务工作会议，总结交流全省民盟开展咨询服务工作情况，其中嘉兴民盟承担社会服务项目60余个。

10月17日　市委召开市委常委会听取全省对台工作会议汇报，学习中央领导关于做好到祖国大陆探亲、旅游台胞接待工作的指示，部署全市贯彻落实全省对台工作会议精神。

10月26日　市委对台工作小组召开第四次（扩大）会议，讨论接待回大陆探亲台胞事宜。市委统战部、市财税局、人事局、劳动局、文化局、城建局、外经委、外办、机关事务管理局、侨办、侨联、中国银行等单位负责人列席会议。

同日　市委召开对台形势报告会。市委对台工作小组副组长吴家杰主持会议，市委常委、宣传部部长李旭峥作对台形势报告。

10月26—27日　市委召开对台工作会议，传达省委对台工作会议精神，部署做好接待回大陆探亲台胞工作。市委统战部部长、市对台办公室主任、各县（市、区）委分管副书记参加会议。

11月12日　市委召开民主党派负责人会议，中共十三大代表、市委书记庄洪泽向市各民主党派传达中共十三大会议精神。

11月25—27日　嘉兴市召开第一次台胞、台属代表大会，120名台胞、台属代表参加会议。市委、市人大常委会、市政府、市政协、市委统战部、各民主党派、有关团体以及省委对台办相关负责人等到会祝贺。会议决定成立嘉兴市台胞台属联谊会（简称市台联）。俞佩菁当选市台联会长。

11月　嘉兴市基督教三自爱国运动委员会、基督教协会（简称市基督教两会）第一次代表会议召开，选举产生市基督教两会第一届委员会，成立市基督教两会。

12月16日　上海黄埔军校同学会浙江省分会嘉兴市联络组成立，地址设在市区吉杨路66号原民主党派办公楼2楼，有黄埔同学19人。

12月21—22日　市对台办在桐乡召开全市对台工作会议，总结交流1987年全市对台工作，研究部署1988年全市对台工作任务。

是年　市工商联第一批吸收新会员，153个工厂、商业单位和乡镇企业加入工商联组织。

1988年

1月4日　市委统战部受市委委托举行省六届政协嘉兴籍委员座谈会。市委副书记许国桢出席会议并介绍政治体制改革的主要内容，希望各位省政协委员围绕改革开放，广泛听取各阶层人士意见，积极向省政协提案建议。省六届政协嘉兴籍委员22名，其中新委员13名。

1月5—7日　市侨办召开全市侨务工作会议，总结交流1987年全市侨务工作，研究部署1988年全市侨务工作任务。

1月8日　市委召开党外人士通报会。市委副书记许国桢向各民主党派、有关团体负责人通报1988年政治体制改革的主要内容。市政协、市委统战部负责人出席会议。

1月7—9日　市侨联召开全委（扩大）会议，研究探讨1988年全市侨联工作任务。

1月11—14日　市委统战部在桐乡召开全市统战部长会议，学习贯彻中共十三大精神，部署1988年全市统战工作主要任务。

1月27—28日　市委统战部举行各民主党派、有关团体负责人座谈会，介绍对市二届政协委员安排的初步打算和市人大代表的推荐意见，商讨市二届人大、政协换届的人事安排工作，听取对改革开放和完善多党合作制度的意见建议。

2月11日　市委统战部召开市二届政协委员推荐提名工作会议，市级机关各部、委、办、局负责人参加会议。

3月3日　市委统战部召开市本级统战工作会议。市级机关、市直属单位分管统战工作的负责人和统战委员160余人参加会议。

4月16日　市委统战部召开各民主党派、工商联市委委员和所属市区基层支部主任会议，传达关于《社会主义初级阶段与统一战线》的讲话。

4月26—28日　市委统战部在郊区首次召开全市统战工作为经济建设服务研讨会。各县（市、区）委统战部部长、市侨办、市台办、市侨联、市工商联等部门负责人参加研讨会。其间，与会人员参观嘉兴市标准件总厂、嘉兴图钉厂、步云工艺帽子厂、中华化工厂4家外向型企业。

4月　市委办公室印发《关于市级机关有关单位与民主党派建立对口联系制度的通知》，决定建立市级机关有关单位与市各民主党派对口联系制度。

5月12日　市委举行民主党派负责人座谈会，通报市二届人大常委会、市政府、市政协领导班子设职名额和进出领导班子年龄杠子等情况，要求各民主党派遵照干部“四化”条件向市委提出推荐名单。市委副书记许国桢出席座谈会通报情况，听取意见。

5月23日　市委举行民主党派、有关团体负责人座谈会，就市委扩大会议关于对市人大常委会、市政府、市政协领导班子成员建议推荐名单征求意见。市委书记庄洪泽、市委组织部部长陈莉贤出席座谈会通报情况，听取意见。

5月23—27日　省委统战部部长吴尧民一行3人到嘉兴、桐乡、海宁调研统一战线为经济工作服务等课题。

6月9—18日　嘉兴市二届人大一次会议和市政协二届一次会议召开。贝品明当选市政协主席(1988年6月至1993年5月)。市工商联蒋泳清当选市人大常委会副主任,潘光熙、潘燕飞当选市人大常委会委员;市工商联主委金守义当选市政协副主席,蒋泳清、胡镇堃、周麟章、马庆发、姚祝萱、王信成等当选嘉兴市政协常委。

6月20—23日　市委、市政府组织有关部门对市区嘉兴绢纺厂、民丰造纸厂、市食品公司等8个单位的民族工作执行情况进行检查。

6月24—25日　市委统战部召开各民主党派、工商联负责人和所属市区支部主任会议,就统战工作为经济建设服务和加强民主党派自身建设等事宜进行专题座谈。

7月5—7日　市侨办召开全市侨务工作会议,传达贯彻国务院侨办新制定的侨务工作基本方针和任务,交流侨务工作经验。

8—10月　按照市委统一部署,市委统战部机关开展"两清"(清查、清理)工作。副处以上领导干部参加市委举办的学习班进行自我总结提高,其他党员干部在各自党小组开展交流总结。

9月10日　市委统战部举行各民主党派、工商联负责人座谈会。市委副书记许国桢通报市委提前换届、新一届市委和市纪委委员、常委名额以及委员推荐程序等情况,座谈并听取与会人士的意见和建议。

9月23—24日　市委统战部召开全市统战部长会议,传达全省地(市)委统战部长会议精神。

10月6日　市委统战部举行形势报告会,市委书记庄洪泽围绕稳定经济、深化改革主题作形势报告,全市各民主党派负责人和各界人士260余人参加会议。

11月3日　市委统战部与各民主党派、工商联负责人举行第一次例会。经商定,市委统战部以每月第一个星期三为联系日,实行每月一次例会制度,互通情况、共商大事。

11月8日　市委召开市委常委会议,听取市政协主席贝品明,市政协副主席、市委统战部部长叶森强关于市政协、统战工作的情况汇报。

11月9日　市委、市政府举行民主党派、党外代表人士协商对话会,围绕"治理经济环境、整顿经济秩序、全面深化改革"等议题进行商讨座谈。市委书记庄洪泽主持会议,副市长赵冰,市政协正、副主席,市委统战部正、副部长,市计委、市工商局、市物价局、市商业局等部门负责人以及各民主党派、工商联负责人和无党派人士代表参加对话会。

12月7—8日　市委举行全市基层统战工作研讨会,重点探讨基层统战工作的地位和作用。市委副书记卢展工到会并就实行和完善多党合作制度,进一步加强基层统战工作等提出意见和要求。各县(市、区)委统战部、部分市属单位、乡镇党委分管统战工作的负责人及各民主党派市委、基层支部(支社)和有关团体负责人160余人参加会议。

12月　嘉兴市工商联与民建市委结束合署办公。

1989年

2月18—20日　市委召开全市统战部长会议,重点就抓好多党合作、党外干部培养考察和经济领域统战工作等进行部署。市委书记庄洪泽、市委副书记卢展工到会并讲话。

2月22日　市委常委讨论统战工作。听取市委统战部1988年工作总结和1989年工作要点汇报,并作出新一年全市统战工作的常委决定。

2月25日　市委统战部举行形势报告会,听取市长周洪昌作全市经济形势报告。各民主党派市委、市侨联、市台联、市工商联及各县(市、区)民主党派负责人参加会议。

3月10—11日　省政协委员、市政协副主席、市委统战部部长叶森强组织在嘉兴的部分省政协委员,并率市政协社会法制委员会委员,专题视察全市贯彻执行《中华人民共和国中外合资经营企业法》的情况。

3月23日　市委常委会听取市委统战部关于全省地(市)统战部长会议情况汇报。市委书记庄洪泽就坚持中国共产党领导的多党合作制度,重视做好党外人士在政府部门的实职安排等问题提出具体要求。

4月7日　市委召开通报会，向各民主党派、有关团体负责人和无党派知名人士通报市第二届党代会有关人事安排原则等情况。

4月8日　全国政协常委、民革中央副主席贾亦斌到嘉兴考察，并以祖国统一为主题作工作报告。

4月15日　市委、市政府召开座谈会，就市政府工作报告（讨论稿）征求党外人士意见。市委副书记、市长周洪昌，副市长杜云昌到会听取意见。

4月22日　市委召开加强多党合作专题会议，传达贯彻全国、全省统战部长会议精神，部署落实两个会议精神，加强多党合作。市委副书记卢展工到会并就新形势下加强多党合作工作讲话。各县（市、区）委副书记，组织部部长，统战部部长，市级机关有关部、委、办、局和市属有关单位党组织负责人参加会议。

6月7日　撤地建市后，市工商联第一次会员代表大会在市区秀城饭店召开，选举产生第一届执委42人，蒋泳清任主任委员。

6月16—17日　黄埔军校同学会嘉兴联络组召开会议，通报省黄埔军校同学会成立情况，市委统战部副部长吴家杰传达中共十三届四中全会公报和邓小平重要讲话，要求黄埔同学继续发扬黄埔精神，向海外亲友做好宣传，为稳定大局、统一祖国作出积极努力。全市黄埔同学50余人参加会议。

6月28日　市侨办、市侨联举行学习中共十三届四中全会公报和邓小平重要讲话座谈会。全市归侨、侨眷和港澳亲属20余人参加座谈。

7月8日　市委举行党外人士座谈会，传达邓小平重要讲话和江泽民在中共十三届四中全会上的重要讲话精神，市委书记庄洪泽、市委副书记卢展工参加座谈。

7月　市工商联吸收第一批新会员143家（国营企业会员73家、集体企业会员27家、乡镇企业会员42家、私营企业会员1家），市个体劳协等团体会员3家，并邀请经济界知名人士12人为个人会员。

8月2日　市委统战部举行学习贯彻中共十三届四中全会精神报告会。市委副书记卢展工作报告。市区各民主党派成员、有关团体负责人300余人参加会议。

8月23日　市委统战部召开市属单位党组织分管统战工作的负责人座谈会，传达贯彻全省地（市）统战部长会议精神，就做好民主党派工作听取基层党组织意见。

8月24日　市委统战部召开各民主党派、工商联负责人座谈会，通报全省地（市）统战部长会议精神，就加强民主党派组织建设、提升成员素质等问题进行座谈。

9月4—5日　市委统战部召开全市统战部长会议，传达贯彻全省地（市）统战部长会议精神，市委副书记卢展工到会并讲话。

9月19日　市委办公室转发市委统战部《关于改进党外人士阅读党内文件办法的意见》，进一步完善党外人士阅读和听取传达党内文件的规定，为党外人士参政议政“知情”“出力”创造条件。

9月26日　市委统战部召开市级机关有关部门、市直属单位党组织统战委员会议，传达贯彻全省地（市）统战部长会议精神，通报市区统战工作，商讨部署年内工作。

9月　卢展工主持中共嘉兴市委工作（1989年9—12月）。

同月　市委对台工作由党委转为政府，对台办公室成为政府主管台湾事务的职能部门。

10月12日　市监察工作咨询委员会成立。经市政府同意，市监察工作咨询委员会首批受聘咨询委员8人。同日，市监察局聘任民主党派、工商联特约监察员6人。

10月13日　市委决定组建中共嘉兴市工商联（商会）党组，由蒋泳清、胡镇堃、张寿生3人组成，蒋泳清任党组书记，胡镇堃任副书记。

11月6—7日　全国人大常委会副委员长、民革中央主席朱学范到嘉兴考察工作。

11月13—14日　市民宗处召开全市首次宗教界为“四化”建设服务经验交流会，要求宗教界人士要继续高举爱国主义旗帜，积极投入“两个文明”建设，推进宗教与社会主义社会相适应。全市13位宗教界人士作经验交流。

12月27—29日　市委统战部举行全市多党合作研讨会，围绕合作共事、参政议政、自身建设以及重点人物工作等进行交流。市委（主持全面工作）

副书记卢展工到会并讲话，各县（市、区）委分管副书记、统战部部长、基层党委负责人，各县（市、区）对台办公室负责人，市民主党派及其所属基层支部负责人等150余人参加会议。

1990年

1月23日　市委常委会听取市委统战部关于1989年全市统战工作和1990年工作思路的汇报。市委书记卢展工，市委副书记周洪昌、许国桢先后就全市统战工作讲话。

1月　卢展工任中共嘉兴市委书记（1990年1月至1991年2月）

2月1日　市委举行各民主党派、工商联负责人和无党派代表人士座谈会，传达贯彻《中共中央关于坚持和完善中国共产党领导的多党合作和政治协商制度的意见》，围绕坚持和完善中国共产党领导的多党合作和政治协商制度进行座谈。

2月6日　市委统战部召开市级机关、市属单位党组分管统战工作负责人会议，传达贯彻《中共中央关于坚持和完善中国共产党领导的多党合作和政治协商制度的意见》，部署进一步完善多党合作和政治协商制度。

2月7日　市委统战部邀请各民主党派、工商联主要负责人，有关团体副秘书长以上干部和无党派代表人士学习座谈贯彻落实《中共中央关于坚持和完善中国共产党领导的多党合作和政治协商制度的意见》。

2月6—9日　市政协主席贝品明，市政协副主席、市委统战部部长叶森强等15名省政协委员，考察嘉兴市农业生产、水利建设和县级政协工作情况。

2月26—28日　市委召开全市统战部长会议，交流贯彻《中共中央关于坚持和完善中国共产党领导的多党合作和政治协商制度的意见》情况，商讨和部署1990年全市统战工作。

4月3日　市委举行民主协商会，邀请各民主党派、工商联和有关团体负责人就贯彻中共十三届六中全会精神，《中共中央关于坚持和完善中国共产党领导的多党合作和政治协商制度的意见》和市人大常委会、政协人事安排以及市委贯彻《中共中央关于坚持和完善中国共产党领导的多党合作和政治协商制度的意见》的实施意见（讨论稿）等事宜进行座谈协商。

4月9日　全国人大常委会副委员长、民盟中央主席费孝通到嘉兴考察工作。

4月27日　市委、市政府、市人大常委会、市政协负责人卢展工、周洪昌、邵传统、李佃杰等到市清真寺祝贺开斋节。

5月14日　市委举行各民主党派、工商联负责人和无党派代表人士座谈会，就市委贯彻《中共中央关于加强党同人民群众联系的决定》，进一步加强党和人民群众联系的具体措施，听取意见和建议。

5月18日　市委印发《中共嘉兴市委关于坚持和完善中国共产党领导的多党合作和政治协商制度的意见》，决定建立市党政领导与党外人士谈心交友制度。

6月15日　市委统战部邀请各民主党派和有关团体负责人学习座谈江泽民就解决台湾问题重要讲话。

7月2日　市编制委员会批复：市民革、民盟、民建、民进、农工党、九三学社6个民主党派下设办公室，市工商联下设办公室、工商经济科。

7月7日　市政协祖国统一联谊委员会、市台办、市台联联合举行“嘉兴外商台商投资区”推介会。

7月26—28日　市委统战部在海盐召开全市统战部长会议，传达学习《中共中央关于加强统一战线工作的通知》、江泽民在全国统战工作会议上的两次重要讲话和省委统战部部长吴尧民在全省统战部长会议上的讲话精神，各县（市、区）交流贯彻落实《中共中央关于坚持和完善中国共产党领导的多党合作和政治协商制度的意见》情况和加强宗教行政管理的经验，市侨办、市台办、市民宗处分别就相关工作进行部署。

8月1日　市委统战部召开各民主党派、工商联负责人会议，传达贯彻江泽民在全国统战工作会议上的讲话、《中共中央关于加强统一战线工作的通知》和省委《关于坚持和完善中国共产党领导的多党合作和政治协商制度的若干意见》。

8月16日　市委统战部召开部分市属单位党组织分管统战工作负责人会议，传达贯彻全国统战工作会议精神，交流商讨基层单位多党合作工作。

10月8—20日　市委统战部、市委党校举办全市首期民主党派骨干培训班，城、郊两区民主党派基层骨干37人参加培训。

10月10—13日　市政协副主席兼社会法制委员会主任、市委统战部部长叶森强率社会法制委员会民族宗教组，到海盐县、嘉善县、桐乡县专题调研宗教工作。

10月　应市长周洪昌邀请，海外华侨、华人、香港同胞33人回乡观潮。

11月8日　市委召开常委扩大会议听取市委统战部关于全省统战工作会议精神和全市统战工作情况的汇报。市委书记卢展工，市委副书记、市人大常委会主任许国桢，市委常委、组织部部长张孝琳，市委常委、常务副市长杜云昌分别就统战工作讲话。

11月22日　上海黄埔军校同学会浙江省分会嘉兴市联络组更名为嘉兴市黄埔军校同学会。

11月27—28日　市委召开市区统战工作会议，传达贯彻省委统战工作会议精神。市委书记卢展工到会并作《提高认识、明确任务，扎扎实实地做好我市统战工作》的报告，市委组织部副部长奚佩荪就选配党外人士担任领导职务等事宜讲话。

12月7日　嘉兴旅港同乡会成立大会暨第一届理(监)事会就职典礼在香港九龙尖沙咀新世界中心海城大酒楼举行。经选举，袁培元任会长。聘请查济民为名誉会长，徐起超、朱伯衡、万春先等15人为名誉顾问。周洪昌应邀率市政府代表团到会祝贺。1997年，嘉兴旅港同乡会更名为香港嘉兴同乡会。

12月10—13日　市政协副主席兼社会法制委员会主任、市委统战部部长叶森强率社会法制委员会民族宗教组，到海盐县、嘉善县、桐乡县专题调研宗教工作。

12月21—22日　市民宗处召开全市宗教工作会议。

1991年

1月7—9日　第四次东南沿海伊斯兰教文史座谈会领导小组会议在嘉兴召开。上海、山东、江苏、浙江、福建等省、市伊斯兰教协会负责人参加会议，市委常委、副市长杜云昌，市政协主席贝品明，市政协副主席李怀思，市政协副主席、市委统战部部长叶森强等到会看望与会代表。

1月30—31日　市委、市政府召开《嘉兴市国民经济和社会发展十年规划和“八五”计划(草案)》征求意见会，市政协常委、各民主党派负责人参加会议。

1月　市委统战部召开市区38个重点部门(单位)党组负责人会议，学习贯彻《中共中央关于坚持和完善中国共产党领导的多党合作和政治协商制度的意见》《中共中央关于加强统一战线工作的通知》和全国、全省统战工作会议精神，总结交流经验，研究部署进一步加强统一战线工作。

2月　梁平波任中共嘉兴市委书记(1991年2月至1993年4月)。

3月16日　市委举行各民主党派、有关团体负责人和无党派代表人士座谈会，通报市委提出的市政府重要人事安排的建议和增补市二届政协人选的建议，征求意见、民主协商。

3月18日　杜云昌任嘉兴市代理市长(1991年3—4月)。

3月28日　市委书记梁平波会见各民主党派、有关团体负责人和无党派代表人士。

4月5日　市委邀请各民主党派、有关团体负责人和无党派代表人士就市人大常委会、市政府的人事安排等事宜进行民主协商。

同日　杜云昌任嘉兴市市长(1991年4月至1996年3月)。

4月16日　市委书记梁平波、市长杜云昌以及市人大常委会、市政协和市委统战部领导到市清真寺祝贺开斋节。

4月20日　市委统战部举行统一战线报告会，传达全国统战工作座谈会精神，部署开展全市统战工作检查。市级机关各部门、市属各单位党组织分管统战工作负责人和市本级各民主党派市委委员、支部主任等180余人参加会议。

5月2—11日　市委统战部、市委党校举办第二期民主党派骨干培训班，全市民主党派基层骨干38人参加培训。此后，民主党派骨干培训班每年举行，纳入民主党派队伍建设工作日程。

5月13—18日　市委统战部会同市政协、市委办公室、市委组织部对市区14个重点单位和嘉善、桐乡两县开展统战工作检查。

5月14—17日　省委统战工作检查组到嘉兴检查统战工作，听取市委关于统战工作的汇报，召开各民主党派负责人、无党派代表人士和市属单位非党局级干部座谈会，并到嘉善、桐乡两县实地检查。

6月3日　嘉兴籍国际著名数学家、美国国家科学院院士陈省身偕夫人郑士宁到母校嘉兴秀州中学与500余名学生见面并作演讲。

6月19—21日　市委统战部在桐乡召开全市统战部长会议，研究部署进一步贯彻落实全国、全省统战工作会议精神，总结交流各县(市、区)上半年工作情况。

7月10日　市委召开党外代表人士“灾情”通报会。通报江泽民和田纪云考察慰问嘉兴洪涝灾区、指导抗洪救灾时的重要讲话。各民主党派、工商联负责人和无党派代表人士参加通报会。

7月19日　市委常委会听取市委统战部关于对市区14个重点单位统战工作检查情况和下半年工作意见汇报。

7月22日　市政府邀请各民主党派和有关团体负责人参加市政府全体会议，通报全市上半年工业生产、财政收支、对外贸易等情况和下半年工作安排。

7月25日　市委召开座谈会，就市委加强全市经济发展战略研究、进一步改进机关作风、提高办事效率等问题，听取各民主党派负责人和部分党外人士意见。

7月　市委统战部举行全市经济形势、任务和统一战线理论讲座，市区各民主党派和党外各界人士等900余人参加讲座。

8月15日　市委决定，市委对台工作小组改名为市委台湾工作办公室(简称市台办)，仍与市政府台湾事务办公室实行一套班子、两块牌子。

9月　市政府印发《关于市政府有关部门同市民主党派建立对口联系的通知》，市政府有关部门与市级各民主党派、工商联建立对口联系制度。

同月　市委统战部召开市区统战工作经验交流会，围绕贯彻落实“两文两会”(《中共中央关于坚持和完善中国共产党领导的多党合作和政治协商制度的意见》《中共中央关于加强统一战线工作的通知》和全国、全省统战工作会议)精神进行总结交流。

10月9日　市委统战部组织宗教界人士学习省委书记李泽民在省委读书班上的讲话，围绕加强宗教工作进行座谈。市本级佛教、伊斯兰教、天主教、基督教等宗教团体负责人参加座谈。

11月28日　市委常委会听取市委统战部关于1992年全市统战工作思路的汇报。

11月28—30日　省委统战部部长耿典华到嘉兴以及郊区、海盐、桐乡调研统战工作。

12月3—5日　嘉兴市第二次归侨侨眷代表大会召开，出席大会代表176名，郑奋义当选市侨联主席。

1992年

1月4日　市委常委会听取市委统战部关于全省宗教工作会议精神和市区宗教情况调查的汇报。市委书记梁平波就贯彻全省宗教工作会议精神，全面准确估价宗教形势，建立正常宗教活动场所，切实落实宗教房产政策，坚决取缔非法宗教活动，依法管理宗教事务等工作提出要求。

1月24日　市委举行党外代表人士情况通报会。市委副书记丁师尹通报市委二届五次全会扩大会议精神，介绍1991年全市工农业生产、精神文明建设情况和1992年工作指导思想及主要任务。

2月15日　市委统战部举行形势任务报告会。市委副书记丁师尹作国际、国内形势报告。市区各民主党派成员、有关团体负责人和各县(市、区)民主党派、有关团体负责人340余人参加会议。

2月17日　受市委委托，市委统战部召开市级机关7个部门协调会议，专题研究贯彻落实《中共中央批转中央统战部〈关于工商联若干问题的请示〉的通知》精神，做好非公有制经济人士思想政治工作、会员吸收以及加强党对工商联的领导等问题。

2月25—26日　市委、市政府召开市区宗教工作会议，通报市委统战部、市委宣传部、城区区委宣传部对城区6个街道、5个乡宗教现状的调查情况，分析形势、部署工作，强调要广泛宣传《浙江省宗教活动管理规定》，加强领导，依法管理。市委副书记丁师尹到会并讲话。市级机关有关部门、市属有关单位、城区有关部门和重点乡镇（街道）、村（居委会）负责人100余人参加会议。

3月5日　市委召开党外代表人士座谈会。市委常委、秘书长毛雪龙向各民主党派、市工商联秘书长以上干部传达《中共中央关于传达学习邓小平重要讲话的通知》精神，并就进一步振兴嘉兴经济听取大家的意见和建议。

3月10日　市政府召开党外代表人士座谈会，征求对政府工作报告（征求意见稿）的意见。与会党外人士围绕九年制义务教育、企业改革、城市建设、卫生保健等问题进行座谈，提出意见和建议。

3月19日　市委召开党外代表人士通报会。就市人大常委会增选人选的推荐意见进行通报和协商。市委统战部、市委组织部、各民主党派、有关团体负责人和无党派代表人士参加会议。

3月　市民宗处召开全市宗教工作会议，传达贯彻全国、全省宗教工作会议精神，结合嘉兴实际，部署1992年全市宗教工作。

4月5日　市委统战部召开全市统战部长会议，传达贯彻《中共中央关于传达学习邓小平重要讲话的通知》精神，部署进一步抓好党外人事安排、落实全省宗教工作会议精神。

4月17—20日　台胞张子良一行访问嘉兴。其间，举行嘉兴高等专科学校张子良教学楼奠基典礼（张子良捐款建造），成立张磻溪文教基金总会。1993年4月28日，嘉兴高等专科学院张子良教学楼落成。

4月　市委批转市委统战部、市工商联、市工商局等7个部门《关于贯彻落实中发〔1991〕15号文件协调会议纪要》，鼓励非公有制经济人士积极发展个私经济，走共同致富道路。

5月5日　市委召开党外代表人士通报会。市委书记梁平波传达省委扩大会议精神和全省经济发展思路，通报“发挥优势，拓展外向，开发乍浦，双线联动，接轨浦东，服务全省”加快嘉兴市改革开放步伐的经济工作思路。

5月20日　市委统战部举办加强民主党派机关建设研讨会。

6月11日　市委召开党外代表人士座谈会。市委副书记丁师尹就市政府人事安排等问题进行说明和通报。

6月16—17日　市委统战部在平湖召开全市统战部长会议，传达贯彻全省统战部长会议精神，部署进一步学习贯彻《中共中央关于传达学习邓小平重要讲话的通知》。

6月　省委统战部、省工商联在嘉兴市峰佳吉晨实业有限公司召开全省部分私营企业代表人士座谈会。

7月28—29日　省政府宗教事务局副局长严紫娟一行3人到嘉兴考察宗教工作。市委副书记丁师尹，市委统战部部长叶森强、副部长周玉洁，郊区区委副书记潘虹良等向考察组介绍全市和郊区宗教工作情况，并陪同考察。

7月　市政府台湾事务办公室挂市委台湾工作办公室牌子（正处级），一套机构、两块牌子，人员编制从统战部划转。

8月11—12日　市委统战部在桐乡召开全市统战信息工作会议，传达全省信息调研工作座谈会精神，部署加强信息调研和信息刊物领导，提高信息质量、拓宽信息渠道、健全信息网络、加强横向联系以及突出中心，及时收集反映统战工作为经济建设服务的信息等工作。

8月26日　市委统战部召开全市统战部长会议，贯彻省委、市委换届选举工作会议精神，部署1993年市政协换届人事安排等工作。

8月　市侨联机关和市侨办合署办公，对外仍旧为两个机构，挂两块牌子，原职级、性质不变。

9月12日　市委统战部召开各民主党派、有关团体主要负责人会议，传达贯彻省委、市委换届选举工作会议精神，就1993年市政协换届选举工作进行座谈，听取意见。

9月　市委统战部举荐10名民主党派骨干担任市监察工作咨询委员会委员和特约监察员。

10月14日　市委统战部邀请市级各民主党派、工商联负责人学习座谈中共十四大精神。

11月2—9日　市委统战部、市委党校举办首期市级机关、市属单位统战委员培训班，开展统战理论、统战政策和统战业务培训，市本级32名统战委员参加培训。

11月12日　市委邀请各民主党派、工商联、总工会、共青团、文联等团体负责人，协商省八届人大代表候选人名单。市委副书记丁师尹主持会议，市委常委、组织部部长张汉臣代表市委介绍代表候选人情况。

11月13—14日　市佛教协会第一次代表会议召开，选举产生市佛协第一届理事会，成立嘉兴市佛教协会。

12月2日　查良镛（金庸）捐资建造的金庸图书馆在嘉兴高等专科学校动工，建筑面积2300平方米。1994年4月建成使用。

12月3日　查良镛参加嘉兴第一中学九十周年校庆并设立嘉兴第一中学"金庸奖学金"。

12月4日　市委听取市委统战部关于1992年工作回顾和1993年工作思路的汇报。市委书记梁平波，市委副书记许国桢、高明光、丁师尹等到会听取汇报，要求全市统战部门进一步发挥民主党派在经济建设中的作用，认真做好港澳台同胞和海外侨胞工作，为振兴嘉兴经济作出更大努力。

12月　全市私营企业第一次代表大会和个体劳动者第二次代表大会在海宁召开。

1993年

2月5日　市委举行党外代表人士座谈会听取对市委1992年工作的意见。市级各民主党派负责人参加座谈。

2月12—13日　市委统战部在桐乡召开全市统战部长会议，贯彻落实市委关于"以发展外向型经济为龙头，推动嘉兴经济超常规发展"的决策意见，研究部署1993年全市统战工作。

2月15日　市委统战部举行全市经济形势报告会。市委副书记丁师尹作报告。市区各民主党派、有关团体负责人、部分市级机关和市属单位分管统战工作负责人，各县（市、区）委统战部、民主党派、工商联负责人等500余人参加会议。

3月3日　市委统战部、市工商联、市侨办、市台办联合召开侨资、台资企业中方代表座谈会，就进一步扶持侨、台资企业发展问题进行座谈。市委副书记丁师尹到会并讲话。

3月26日　市工商联完成恢复市本级老字号名录选报程序，省工商联核准嘉兴老字号15家，分别为民丰造纸厂、嘉兴绢纺厂、中丝一厂、春华园、嘉兴蜜饯厂、嘉兴化工商店、天真照相馆、杨九牧药酒店、童天成、兰台药局、震泰副食品店、五芳斋粽子公司、嘉兴电池厂、陆稿荐酱鸭店、正春和布店。

4月12日　市政府举行党外代表人士座谈会，听取对政府工作报告（征求意见稿）的修改意见。市长杜云昌，副市长赵冰、徐良骥、傅阿五、赵友六、杨荣华等到会听取意见。

4月27—28日　市民宗处召开全市宗教工作会议，部署整治农村滥建小庙宇问题。

4月28日　市委举行各民主党派和有关团体负责人座谈会，协商三届人大常委会、政府、政协领导班子人选。原市委书记梁平波、市委书记王国平、市委副书记丁师尹参加座谈听取意见和建议。

4月　王国平任中共嘉兴市委书记（1993年4月至1998年3月）。

5月10—16日　嘉兴市三届人大一次会议和市政协三届一次会议召开，贝品明当选政协主席（1993年5月至1998年4月）。

5月28日　嘉兴市侨界知识分子企业家联谊会成立。经选举，周玉洁为会长，查良镛、袁培元、朱伯衡、魏永康为顾问，聘请王国平（市委书记）、杜云昌（市长）、贝品明（市政协主席）、赵友六（副市长）、叶森强（市委统战部部长）为名誉会长。

7—9月　受市委委托，市委统战部组织对各级党委、政府及其所属单位贯彻落实《中共中央关于坚持和完善中国共产党领导的多党合作和政治协商制度的意见》情况进行检查，并召开市区贯彻落实中共中央文件经验交流会。

8月16日　市委统战部召开全市统战部长会议，学习贯彻中央统战部有关民主党派组织发展工作的意见，通报市委统战部与各民主党派负责人就民主党派组织发展工作达成的协商意见，研究部署全市民主党派组织发展工作。

8月24—31日　根据省委办公厅、市委办公室要求，市委统战部组织对市级卫生、教育、经委3个系统的12个单位进行贯彻落实《中共中央关于坚持和完善中国共产党领导的多党合作和政治协商制度的意见》情况检查。

9月20日　市台联召开第二次代表大会，出席代表100人。会议选举产生第二届理事会理事30人，俞佩菁当选市台联会长。

9月24日　市委统战部召开市区统战工作会议，总结交流各单位贯彻落实《中共中央关于坚持和完善中国共产党领导的多党合作和政治协商制度的意见》情况。市级机关、市属单位分管统战工作的负责人、各民主党派市委和有关团体负责人等90余人参加会议。

9月下旬　省政协副主席张克健率省政协社会法制委员会部分委员，到嘉兴专题考察宗教工作。

10月16日　全国人大常委会副委员长、民盟中央主席费孝通到海宁考察。

11月18日　市委、市政府印发《关于进一步加强佛教寺庙管理工作的意见》，就落实党的宗教政策，逐步批准开放佛教活动场所，进一步加强佛教寺庙管理工作提出意见。

11月24日　市委听取市委统战部关于全市统战工作情况的汇报。市委书记王国平，市委副书记童炽昌、夏益昌等听取汇报并分别讲话。

11月26日　市委召开各民主党派、工商联主要负责人座谈会，听取各单位1993年工作情况和1994年工作思路的汇报。市委书记王国平，市委副书记童炽昌、夏益昌，市委秘书长徐良骥，市委统战部部长叶森强、副部长周玉洁等出席座谈，听取汇报。

12月2日　市委统战部召开全市统战部部长会议，传达贯彻全国统战工作会议精神，总结回顾1993年工作，分析统战工作面临的新形势、新任务，研究部署1994年全市统战工作主要任务。

1994年

1月3日　市委举行各民主党派、工商联负责人座谈会，听取对市委工作的意见和建议。

3月3日　市委统战部举行形势报告会。市委副书记童炽昌作国际形势和全市经济形势报告。市级机关、市属有关单位党组织分管统战工作的负责人，市和各县(市、区)民主党派、有关团体负责人400余人参加会议。

3月24日　市委举行各民主党派、工商联负责人和无党派人士座谈会，通报并听取对市委工作报告(征求意见稿)的意见。市委副书记童炽昌、夏益昌，市委常委、秘书长徐良骥到会听取意见。

3月　嘉兴市政府授予查良镛“嘉兴市荣誉市民”称号及“嘉兴市人民政府高级顾问”职务。

5月12—13日　嘉兴市工商联召开第二次会员代表大会，选举产生第二届执委46人，蒋泳清当选会长。市委书记王国平到会祝贺并为“嘉兴市商会”授牌。

6月13—16日　市委统战部、市工商联在市委党校举办首期非公有制经济人士市场经济研讨班，贯彻中共十四届三中全会精神和全国工商联七大会议精神。

6月13日、26日　市委书记王国平，市委常委、组织部部长张汉臣，分别走访民主党派、工商联负责人，就全市组织、统战和民主党派工作听取意见。

6月16日　嘉兴市商会正式成立。嘉兴市工商联同时挂嘉兴市商会牌子，实行“两块牌子、一套班子”体制。

6月20日至7月6日　市侨办对所辖五县(市)、城郊区和部分“三资”企业引进，利用华侨、华人、港澳同胞资金、技术等方面情况进行调查。

6月20—21日　市委统战部举行黄埔军校建校70周年纪念会，市台办主任姚允树介绍全市海峡两岸交流情况，市政协主席贝品明、市委统战部部长叶森强到会并讲话，全市黄埔军校同学、各县(市、区)委统战部负责人参加会议。

7月22日　市委常委会听取市委统战部关于全省统战工作会议精神和贯彻意见的汇报。市委书记王国平，市委副书记杜云昌、童炽昌、夏益昌，市委常委、组织部部长张汉臣，市人大常委会主任许国桢等参加会议并先后讲话。

8月1日　市委举行各民主党派、工商联负责人座谈会，听取《嘉兴市1994—2000年社会主义精神文明建设规划(征求稿)》的意见。

8月4日　中国致公党浙江省直属嘉兴市支部成立。

8月12—13日　市委召开全市统战工作会议，

传达贯彻全国、全省统战工作会议精神，研究部署今后一个时期全市统战工作任务。市委书记王国平到会并讲话。各县（市、区）委书记、分管副书记、组织部部长、统战部部长，市级机关有关部门和市属有关单位分管统战工作负责人、统战委员，各民主党派、市工商联主要负责人等140余人参加会议。

8月24日　市委统战部召开各民主党派、工商联负责人座谈会，围绕参政议政、组织发展和党派自身建设等情况进行座谈交流。

9月29日　嘉兴市第一家乡镇工商联（商会）在平湖乍浦镇挂牌成立。

9月　嘉兴市华侨贸易公司外商投资咨询服务部举办1994嘉兴沙龙国际外商投资咨询会，开拓民间招商渠道。

10月10日　市委召开市级各民主党派、工商联负责人座谈会，传达中共十四届四中全会精神。

10月25日　市委组织部、市委统战部印发《关于选配党外人士担任政府及其部门领导职务的通知》，要求各地结合县（市、区）政府换届，做好党外人士担任政府及其部门领导干部的选配工作。

11月　市委印发《关于进一步加强政协工作的决定》，就坚持和完善政治协商、民主监督制度，充分发挥人民政协在政治、经济和社会生活中的作用等工作提出具体要求。

12月5—6日　市委统战部民宗科在桐乡召开全市宗教工作会议，传达贯彻全省宗教民族工作研讨会精神，总结交流1994年工作，研究部署1995年任务。

1995年

1月3日　市委常委会听取市委统战部关于1994年全市统战工作总结和1995年工作思路的汇报。

2月　市委统战部在《嘉兴日报》“理论与实践”栏目开辟“统一战线园地”。

5月16日　市委统战部召开全市统战宣传信息工作会议，总结交流经验，研究部署统战宣传信息工作重点。

6月　市委统战部举办统战委员培训班，市级机关、企事业单位、乡镇（街道）80个单位的91名统战干部参加培训。

同月　市工商联办公大楼嘉兴市商会大厦建成。办公大楼位于市区姚家埭2号，集商贸、俱乐部、办公于一体，主建筑面积1500平方米，辅助设施200平方米。

7月17—18日　市委统战部召开全市统战部长会议，总结交流上半年工作，研究探讨下半年工作思路。市委副书记夏益昌到会并讲话。各县（市、区）委统战部正、副部长参加会议，市侨办、市台办、市侨联、市工商联等负责人列席会议。

7月21—22日　市民宗处在郊区召开全市宗教工作会议，交流各地宗教工作情况，探讨宗教工作出现的新情况、新问题。副市长赵友六、省民宗委副主任严紫娟到会并讲话。

7月　市台联出版《嘉兴台联》刊物。

9月26日　市委副书记夏益昌专门听取各民主党派市委、市工商联就环境保护、青少年教育和外来人口管理3个课题的调研情况汇报。

9月27日　市委举行统战、政协工作座谈会，征求对《嘉兴市“九五”计划和1995—2010年规划建议（草案）》的意见。市委书记王国平、市委副书记夏益昌出席座谈并讲话。市委统战部、市政协和各民主党派市委、市工商联、市侨联等部门的负责人参加会议。

10月21—25日　省工商联和杭州市工商联共同主办的浙江省首届民营企业商品展交会在杭州举行。市工商联组织数十家民营企业会员参加。

11月23日　市委、市政府就嘉兴市市级机关“三定”（定职能、定机构、定编制）工作作出部署。“三定”的范围是市委工作部门、办事机构、派出机构，市纪委机关，市政府工作部门、办事机构、派出机构、驻外地办事（联络）处，议事协调机构的办事机构，市人大常委会、政协、法院、检察院机关；各人民团体、民主党派和工商联机关，市委、市政府直属事业机构。

11月27日至12月1日　市委统战部、市委组织部举办全市非中共科（局）级干部培训班，学习中共十四届五中全会精神、党的统一战线知识，交流任职中的经验和体会。市委副书记夏益昌出席结业典礼并讲话。各县（市、区）非中共科（局）级干部36人参加培训。

11月　市委印发《中共嘉兴市委关于进一步完善和规范同各民主党派、工商联、无党派爱国人士合作与协商制度的意见》。

1996年

1月29日　市委统战部、组织部举行市本级非中共县（处）级干部座谈会，围绕贯彻落实中国共产党领导的多党合作和政治协商制度进行座谈交流。

2月11日　市委常委会听取市委统战部关于全国、全省统战部长会议精神和全市贯彻意见的汇报。市委书记王国平就贯彻好两个会议精神作重点讲话。

2月26日　市委统战部召开统战系统市级机关全体干部会议，传达全省统战部长会议精神。

3月4日　市委统战部举行"看'八五'、干'九五'"形势报告会。市委副书记夏益昌作形势报告。各县（市、区）委统战部、市级机关各部门、市属有关单位党组、各乡（镇、街道）分管统战工作的负责人和各民主党派、有关团体负责人等近300人参加会议。

3月6日　市委统战部召开各民主党派主委会议，研究部署各民主党派换届过程中做好新老交替和培养选拔后备干部等工作。

3月21日　市委统战部召开全市统战工作经验交流会。各县（市、区）委统战部正、副部长，市级机关各部门、市属有关单位、秀城区各乡（镇、街道）党委分管统战工作的负责人，各民主党派、工商联和有关团体负责人共150人参加会议。

3月　夏益昌任嘉兴市代理市长。

4月20—21日　市委统战部组织开展全市制止非法建造寺观教堂专项整治检查，分4个检查组对各县（市、区）进行实地检查。经检查，全市非法建造寺观教堂486处，清理476处。

4月　夏益昌任嘉兴市市长（1996年4月至1999年3月）。

5月7—9日　全省统战信息工作会议在嘉兴召开。会议总结、交流和部署全省统战信息工作，宁波、嘉兴、慈溪市委统战部介绍做好统战信息工作的经验。

5月27日　市委举行通报协商会。通报联合开发乍浦和南湖综合开发区规划拓展及建设情况，对建设中的一些工作进行座谈协商。市政协和各民主党派、工商联负责人参加会议，市委书记王国平、市委副书记徐良骥、副市长赵友六到会通报情况并听取意见。

6月14日　市委召开科技工作座谈会，邀请各民主党派、工商联负责人就"实施科教兴市战略，加速科技进步的若干意见"和市本级"鼓励新产品、高新技术开发若干扶持政策"等重大政策性决定进行座谈，征求意见和建议。市委书记王国平到会听取意见。

7月2—3日　市委统战部召开全市统战部长会议，传达贯彻全省统战部长会议精神，总结交流上半年工作，研究部署下半年主要工作任务。市委副书记徐良骥到会并讲话。

7月18日　市委统战部组织县（市、区）委统战部部分干部赴上海市徐汇区学习取经，听取徐汇区统战部关于贯彻落实多党合作制度的经验介绍。

8月　市级机关机构改革，市政府台湾事务办公室转为市委工作部门，编制列入市委。

9月11日　市委统战部召开全市统战宣传信息工作会议，传达全省统战宣传信息工作会议精神，总结上半年工作，部署下半年任务。

9月20日　市府办公室、市民宗局召开全市宗教工作会议，部署开展全市宗教活动场所登记、年检工作。

9月23—26日　市政协邀请6名港澳界委员到嘉兴视察经济开发区。

9月26日　市委统战部、市政协"三胞"联谊委员会、市侨办、市侨联、市台办、市台联等联合举行欢度中秋佳节联谊会，并组织归侨、侨眷、台胞、港澳同胞亲属参观上海浦东新区。

11月19—20日　省委统战部副部长兼省民族宗教事务委员会主任茅临生到嘉兴检查统战工作，并实地走访郊区、海宁了解情况。市委副书记徐良骥、郊区区委副书记吴德孚、海宁市委副书记陆致远分别陪同检查。

12月24—25日　市委统战部召开全市统战部长会议，总结1996年全市统战工作，研究部署1997

年工作任务，市委副书记徐良骥出席会议并讲话。

1997年

1月6—7日　市民宗局举办宗教法规、政策学习班。学习国务院、省政府有关宗教法规和政策，部署宗教活动场所登记与年检工作。市区佛教、伊斯兰教、天主教、基督教界人士30人参加学习。

1月14日　市委召开常委会集体研究统战工作。听取市委统战部1996年全市统战工作总结和1997年工作思路的汇报，就围绕中心、抓住机遇、突出重点，创建嘉兴统战工作新特色、新气候、新局面进行研究和部署。

1月19日　市委统战部、市委组织部召开担任实职的部分党外领导干部座谈会，交流合作共事的经验和体会，就进一步加强党外干部工作进行研讨座谈。

1月21日　市委书记王国平邀请党外朋友蒋泳清（民建成员、市工商联主委）、费康（市民建名誉主委）进行交谈。

同日　市委统战部、市委组织部举行全市党外干部座谈会，畅谈各地贯彻落实《中共中央关于坚持和完善中国共产党领导的多党合作和政治协商制度的意见》精神，为党外人士从政、参政创造良好的政治环境等情况。市委副书记徐良骥，市委常委、组织部部长吕毅强，市政协副主席、市委统战部部长叶森强参加座谈。

1月24日　市民宗局召开市区宗教工作会议，学习国务院《宗教活动场所登记办法》，部署市区宗教活动场所依法登记换证及年检工作。

2月1日　嘉兴市首次少数民族迎春联欢会在杭百大4楼歌舞厅举行。联欢会由市民族宗教事务局、市回族事务管理委员会联合主办，25个少数民族代表近400人参加。

2月27日　市委统战部举行形势报告会，市委书记王国平作国际国内形势报告。市级机关各部门党委（党组）、市属有关单位党委、各县（市、区）委统战部、市各民主党派、工商联、各人民团体负责人共400余人听取报告。

4月16日　市委统战部协助市委召开市领导与新一届各民主党派班子成员见面会。市委书记王国平，市委副书记徐良骥、贝品明等参加见面会。

4月18日　市委统战部召开市区统战工作会议，传达贯彻全国、全省统战部长会议精神，总结交流市区统战工作，研究部署1997年主要任务。市委副书记徐良骥到会并讲话。市级机关各部门党委（党组），市属有关单位党委，秀城区各乡、街道党委分管领导，市级各民主党派、工商联负责人等100余人参加会议。

5月22—23日　市政协副主席兼经济委员会主任丁慰慈率经济委员会有关委员，会同市工商联、民建嘉兴市委调研秀城区个体经济发展情况。

5月30日　市台办接待到嘉兴采访的台湾10家新闻媒体的14名记者。

5月　市委统战部召开市区基层单位党组织统战工作会议，交流基层工作经验，部署认真做好新时期统一战线工作。

6月29日　市佛教协会在觉海寺举行“欢庆香港回归，祈祷世界和平”水陆法会，11名僧人和数百名佛教信徒参加祈祷。同日，市基督教两会举行“庆回归，谈感想”座谈会。

6—7月　市委统战部、市委宣传部、市侨联、市侨办联合举办形势报告会、座谈会、演讲比赛、图片展等系列活动，宣传“和平统一、一国两制”政策，庆祝香港回归。

7月24日　市委举行各民主党派、工商联负责人座谈会，就党性党风教育中需要着力解决的合力兴工、县以上领导干部违反住房规定、干部队伍建设、制止奢侈浪费、改善市民饮用水质、完善市级机关与秀城区合署等问题听取意见和建议。

8月6—7日　市侨联召开第三次归侨侨眷代表大会，夏松当选市侨联主席，聘请市二届侨联主席郑奋义、泰国乌汶商会主席马保文和乌汶慈善机构董事长庄舜鹏为市三届侨联顾问。

8月12—13日　市工商联（商会）召开第三次会员代表大会，选举产生第二届执委45人，蒋泳清当选会长。

8月19日　市民宗局召开全市“依法制止非法宗教活动”专项斗争总结表彰会议，总结全市开展“依法制止非法宗教活动”专项斗争情况，通报表彰在专项斗争中作出显著成绩的嘉善、海宁、桐乡3个单位。市委副书记徐良骥到会并讲话。

同日　旅日留学生冯坤应市侨联邀请到嘉兴讲学，就引进环境生态微生物技术如何应用于嘉兴市农业、畜产、环保生活水产领域与市科委、科协、农林、水产、环保等部门的领导与专家进行学术交流。市委副书记徐良骥，市政协副主席、市委统战部部长叶森强等会见冯坤。

8—10月　市侨办、市侨联组织开展全市新移民基层基础情况调查，进一步开发侨务工作新资源、拓宽侨务工作新领域。

9月8—9日　市基督教两会召开第三次代表会议，出席代表90余人，选举市基督教两会第三届委员会和市基督教三自爱国会主席、市基督教协会会长。

9月10日　市委统战部、市侨办、市台办、市侨联等8个单位联合举办以"喜看嘉兴新变化、迎接党的'十五大'"为主题的1997年侨界及港台界中秋联谊活动。全市近70名归侨、侨眷、港台同胞的眷属参加活动。

9月17日　受市委委托，市委统战部邀请各民主党派、工商联负责人、无党派代表人士学习座谈中共十五大精神。市委副书记毛雪龙到会并讲话。

9—11月　根据市委统一部署，市委统战部开展以"三讲"(讲学习、讲政治、讲正气)为主要内容的党性党风教育活动。

10月19日　嘉兴基督教堂举行复堂仪式，市政协副主席、市委统战部部长叶森强等到场祝贺并讲话。

10月　市委统战部、市政协组织各民主党派退任老主委和党外兼职政协副主席赴海南参观考察。

11月10—11日　市天主教两会召开第二次代表会议，出席代表40余人，选举市天主教两会第二届委员会和市天主教两会主任。

12月8日　嘉兴市社会主义学院在市委党校挂牌成立。嘉兴市社会主义学院是以培养各民主党派、工商联、无党派代表人士及非公有制经济代表人士和统战干部，进一步巩固壮大爱国统一战线为宗旨的培训学校。

同日　市委统战部、市社会主义学院举办首期党外代表人士学习班。嘉善、平湖、海盐、海宁、桐乡及郊区有关部门(单位)担任领导职务的党外代表人士37人参加培训。

12月19日　市委统战部举行省政协第八届委员座谈会。新一届省政协委员肩负着嘉兴328万人民重托和市委信任，围绕如何以经济建设为中心，选准角度、深入调研，为即将召开的省政协八届一次会议作好准备进行座谈。市委书记王国平、市委副书记毛雪龙等出席座谈会并讲话。

1998年

1月5日　市委统战部召开全市统战部长会议，回顾总结1997年全市统战工作，研究部署1998年工作任务。市委书记王国平到会并结合市委、市政府确定的新一年全市经济8个方面工作和党建工作4个方面主要任务，进一步坚持和完善中国共产党领导的多党合作和政治协商制度，协助做好市人大、市政协的换届工作，认真贯彻党的民族宗教政策、维护社会稳定，全面推进统一战线各个方面工作，努力开创全市统战工作新局面讲话。

3月5日　市委统战部举行纪念周恩来100周年诞辰座谈会。市委副书记徐良骥出席会议并讲话。市各民主党派、工商联负责人和无党派人士代表、各宗教团体负责人、"三胞"亲属代表等40余人参加会议。

3月6日　陈加元任中共嘉兴市委书记(1998年3月至2003年2月)。

3月25日　市委统战部举行形势报告会，市委副书记徐良骥作国际、国内和全市政治经济形势报告。市各民主党派、工商联、有关人民团体负责人，市区三届政协委员，市级机关、各县(市、区)委统战部、有关部门负责人等300余人参加会议。

3月27日　市委召开常委会听取市委统战部关于全省统战部长会议精神和贯彻实施意见的汇报。

4月1日　市政府邀请各民主党派、工商联负责人和无党派人士座谈，征求对政府工作报告(征求意见稿)的意见和建议。市委副书记、市长夏益昌参加座谈。

4月17—22日　政协嘉兴市第四届委员会召开第一次会议，徐良骥当选市政协主席(1998年4月至2003年4月)。

4月　钱雪林(市委委员、市政协副主席)任中共嘉兴市委统战部部长。

同月　市委举行党外代表人士民主协商会，通报拟向市人大四届一次会议推荐的市人大常委会、市政府领导班子成员、市中级人民法院院长、市人民检察院检察长人选和向市政协四届一次会议推荐的市政协人员人选名单，并商讨座谈。市委书记陈加元、市委副书记毛雪龙到会介绍人事安排情况并听取意见，杨荣华、徐良骥、吕毅强等出席会议。

5月13日　市委办公室转发市委统战部、市委宣传部、市对外宣传办公室《关于大力加强统一战线宣传工作的意见》，就全党全社会重视统战宣传工作，巩固、壮大新时期爱国统一战线提出意见。

同日　市委统战部召开各县（市、区）委统战部长会议，就抓好新形势下统一战线理论、方针、政策宣传，多层次、多渠道发现、考察、推荐和培养党外干部，充分发挥党外人士在人大、政协中的作用，支持民主党派加强自身建设等工作进行研究和部署。

5月15日　市委、市政府在海宁许村召开全市个体私营企业经济工作会议。会议提出，把个体私营等非公有制经济作为推动地方经济发展的一项重要举措继续加以鼓励和引导。

5月18—20日　市委统战部、市工商联、市社会主义学院联合举办第三期非公有制经济代表人士培训班学习中共十五大文件精神、经济形势、企业管理和统战知识。市委副书记杨荣华，市政协副主席、市委统战部部长钱雪林出席开学典礼并讲话。

5月26日　市委统战部召开市区统战工作会议，传达贯彻全国、全省统战部长会议精神，研究部署市区各项统战工作。市委副书记杨荣华、市政协主席徐良骥到会并讲话。

6月2日　市委统战部、市外经委、市工商联联合召开全市个私经济外经外贸座谈会，市属及各县（市、区）非公有制经济人士及有关方面负责人30人参加会议。市政协副主席、市委统战部部长钱雪林出席会议并讲话。

6月10—11日　全国人大常委会副委员长、民盟中央主席丁石孙，全国政协常委、民盟中央副主席吴修平，全国人大常委会委员、民进中央副主席楚庄，全国政协副秘书长、民革中央副主席李赣骝应邀到嘉兴参加沈钧儒纪念馆开馆暨《沈钧儒画册》首发式活动。市政协副主席、市委统战部部长钱雪林，副部长周玉洁等前往嘉兴宾馆拜访，并介绍嘉兴统战工作和党派工作情况。

6月11日　沈钧儒纪念馆开馆。江泽民为纪念馆题写馆名。全国人大常委会副委员长、民盟中央主席丁石孙，全国政协副主席钱伟长、钱正英，浙江省委原书记铁瑛，省委常委、宣传部部长梁平波等出席沈钧儒纪念馆开馆仪式。

6月24日　市委统战部召开市统战理论学会会员代表会议，通过《嘉兴市统战理论学会章程》，选举新一届理事会，由钱雪林、周玉洁、王士官、万勇、李持真、肖敬民、费晓滨、娄新生8人组成，钱雪林为会长，周玉洁、王士官为副会长，万勇为秘书长。

6月29日　市委统战部、市侨办举行庆祝香港回归祖国一周年座谈会。市领导杨荣华、徐良骥、范巴陵、钱雪林出席会议，全市部分归侨、“三胞”亲属、留学生亲属及各民主党派、工商联、台联、民族宗教团体等100余人参加座谈。

6月30日　市侨联、市政协法制和“三胞”委员会举行“喜庆香港回归祖国一周年”座谈会。市政协主席徐良骥、副主席杨有金到会讲话。全市归侨侨眷、留学人员家属等50余人参加座谈，香港在嘉兴最大的独资企业东方钢帘线公司总经理董拾作专题发言。当晚，在杭百大广场举行“迎七一庆香港回归祖国一周年”文艺晚会。

6月30日至7月4日　市委统战部、市民宗局、市社会主义学院联合举办首期民族宗教界人士培训班，全市五县（市）两区的民族宗教界人士42人参加培训。

7月14日　市侨办在桐乡召开全市侨务工作会议，总结交流上半年工作，部署下半年主要任务。

7月31日　市委召开全市统战工作会议，传达贯彻全省统战工作座谈会精神，交流上半年工作，分析形势，研究部署下半年工作。市委副书记杨荣华到会并讲话，要求各级党委和统战部门遵照中共中央《关于在全党深入学习邓小平理论的通知》精神，迅速掀起学习邓小平理论的高潮；进一步坚持和完善共产党领导的多党合作和政治协商制度，不断推进民主政治建设；以全市新一轮经济发展为契机，重视做好非公有制经济代表人士工作，发挥其应有作用；抓紧建立“海外联谊会”，努力拓展海外统战工作新领域，促进祖国和平统一；落实民族宗教机构执法主体，认真贯彻党的民族宗教政策，依法加强对民族宗教工作的管理。

7月　中共嘉兴市委统战部党支部改建为总支委员会，周玉洁任书记，万勇任副书记。

7—9月　根据市委统一部署，市委统战部组织开展县处以上领导干部和全体机关干部思想作风纪律教育整顿活动。

8月20日　市委邀请各民主党派、工商联负责人举行形势通报会，市委副书记杨荣华通报国际国内形势和嘉兴改革开放20年取得的主要成就。

9月8日　市台联召开第三次代表大会，出席代表100人。会议选举产生第三届理事会，理事25人，俞佩菁当选市台联会长。

9月11日　市统战系统举行中共十五大精神和邓小平理论学习交流会。市委统战部、市侨办、市台办、市侨联、市各民主党派、工商联等负责人出席会议。

9月14日　嘉兴市民族宗教事务局经市机构编制委员会批准建立，挂靠市委统战部。

9月18日　嘉兴市海外联谊会举行成立大会，并召开第一届理事会。市委书记陈加元，市委副书记毛雪龙、杨荣华，市政协主席徐良骥，市人大常委会副主任范巴陵，副市长赵友六，市政协副主席杨有金等出席成立大会。首届理事会有理事88名，其中常务理事24名，市委统战部部长钱雪林当选会长。

9月24—25日　市第三次台胞台属代表大会召开。市领导杨荣华、范巴陵、赵友六、杨有金、钱雪林、裘樟鑫、黄济华和省台办副主任石静如出席会议并讲话。

9月26日　市委统战部、市政协“三胞”联谊委员会、市侨办、市台办、市侨联、市台联等联合举行中秋联谊会，并组织归侨、侨眷、台胞、港澳同胞亲属参观上海浦东新区。

10月14日　市委邀请各民主党派、工商联、无党派代表人士举行座谈会，征求对第四次党代会市委工作报告（征求意见稿）的意见。市委书记陈加元、副书记杨荣华、市政协主席徐良骥等出席座谈会并讲话。

10月20日　市委统战部、市工商联、市劳动局联合召开全市非公有制经济人士参与再就业会议。市委副书记杨荣华，市政协副主席、市委统战部部长钱雪林出席会议并讲话。

同日　嘉兴市天主教神父方法全当选为浙江省杭州教区教区长。杭州教区所属范围内嘉兴、金华、湖州、杭州、衢州5个地市的神父、修女及信徒代表28人参加选举会议。

10月21日　市四届人大常委会第五次会议通过《授予“嘉兴市荣誉市民”称号暂行办法》。嘉兴市先后获此荣誉称号的有查良镛、查济民、袁培元、曹其铣、周利春、陈亮、沈华、李形、于江涛、曹元、汪维佳（女）、袁于民。

10月23日　市委统战部召开全市统战部长座谈会，分析统战工作面临的新情况、新问题，研究1999年统战工作各项主要任务。

10月28日　市委举行各民主党派、工商联、无党派代表人士座谈会，通报中共嘉兴市第四届委员会、市纪律检查委员会组成人员候选人预备人选和出席省第十次党代会代表候选人预备人选等情况。市委书记陈加元，市委副书记夏益昌、毛雪龙、杨荣华，市委常委徐士珍等参加会议。

11月9—14日　市委统战部、市社会主义学院举办第三期统战干部培训班。市委副书记扬荣华出席开学典礼并讲话。市级机关有关部门、市直属有关单位、秀城区有关乡、街道党委分管统战工作的负责人参加培训。

12月1日　市委统战部、市侨办、市台办、市工商联、市侨联召开联席会议，商讨研究1999年工作思路。

12月9—10日　市委统战部组织中层以上干部赴上海市委统战部考察学习。上海市委统战部秘书长季晓东介绍上海市委统战部开展统战工作的情况和经验。

12月11日　市委统战部在海盐召开全市统战部长例会，研究部署1999年全市统战工作任务。市政协副主席、市委统战部部长钱雪林到会并讲话。

12月24—25日　全市民族宗教工作会议在海宁召开。会议总结交流1998年宗教工作情况，研究部署1999年全市宗教工作主要任务。

1999年

1月5日　市委召开常委会听取市委统战部关于1998年全市统战工作概况和1999年工作思路的汇报。市委常委会原则同意市委统战部的工作汇报,并就1999年全市统战工作提出五点要求。

1月12日　全市侨务工作会议在海宁召开。会议传达贯彻全省地(市)侨办主任会议精神,研究部署1999年全市侨务工作。副市长赵友六到会并讲话。

1月14日　市委统战部、市委宣传部、市外宣办召开统战宣传工作通报例会,总结1998年全市统战宣传工作,分析形势,研究部署1999年工作。市政协副主席、市委统战部部长钱雪林到会并讲话。

1—4月　市委统战部、市工商联围绕市委、市政府年初提出的工作目标和任务,先后组织430余人146个调查组,对全市134个乡镇(街道)738家私营企业进行调查,并形成专题报告,为市委、市政府召开全市个私经济工作会议提供参考意见。

3月8日　市委统战部召开全市统战部长会议,传达全国统战部长会议和全省非公有制经济代表人士座谈会精神,研究部署全市非公有制经济代表人士工作。各县(市、区)委统战部长参加会议,市委副书记、代市长杨荣华,市政协副主席、市委统战部部长钱雪林出席会议并讲话。

3月8—17日　应台北市新闻业职业工会的邀请,经国务院台办批准,由中共嘉兴市委常委、宣传部部长沈子松为团长的浙江省嘉兴市新闻工作者协会访问团一行8人赴台考察。

3月9—10日　全省统战调研宣传信息工作座谈会在嘉兴郊区召开。会议总结交流全省统战调研宣传信息工,研究部署1999年工作任务。省委统战部副部长周健出席会议作工作部署。市委副书记杨荣华,市政协副主席、市委统战部部长钱雪林到会看望与会代表并讲话。

3月10日　市委统战部、市工商联召开全市非公有制经济发展座谈会,贯彻落实全市三级干部会议精神,研究探讨加快全市非公有制经济发展目标任务。市政协副主席、市委统战部部长钱雪林出席会议。

3月17日　市政府举行各民主党派、工商联、无党派人士代表座谈会,征求政府工作报告(征求意见稿)意见和建议。市委副书记、代市长杨荣华,副市长赵友六,市政协副主席、市委统战部部长钱雪林参加座谈听取意见。

同日　市政协、市委统战部联合举行形势报告会,市委副书记、代市长杨荣华作《关于当前国际、国内形势及全市社会经济发展情况》的报告。市政协主席徐良骥主持会议,市政协副主席、市委统战部部长钱雪林出席会议,市各民主党派、工商联、有关人民团体负责人,市区的市政协委员,市级机关企事业单位党委和各县(市、区)统战系统有关部门负责人等300余人参加会议。

3月22日　市委统战部召开市各民主党派主委联席会议,研究商讨市级各民主党派机关建设问题。市政协副主席、市委统战部部长钱雪林到会作会议小结。

3月　杨荣华任嘉兴市代理市长(1999年3—4月)。

4月6—7日　市级各民主党派联合召开机关建设工作会议,就如何加强党派机关建设、树立新时期民主党派形象进行讨论。市政协副主席、市委统战部部长钱雪林到会并讲话。

4月22日　全国人大常委会副委员长成思危等一行到嘉兴考察,并参观南湖革命纪念馆。

4月　市委转发市委组织部、统战部《关于进一步做好培养选拔党外干部担任政府及其部门领导职务工作意见的报告》,就党外干部担任政府、政府部门、司法机关领导职务等工作提出具体意见。

同月　杨荣华任嘉兴市市长(1999年4月至2002年3月)。

同月　市侨联与香港贸易发展局合作,组织侨属企业、合资企业和部分大中型企业参加在上海举办的“香港博览会”和“千禧时装展”。

5月5日　市委统战部、市民宗局在中信广场举行“庆祝嘉兴解放50周年民族大联欢”活动,市领导陈加元、杨荣华、许国桢、徐良骥等和为嘉兴解放做出贡献的老红军、老干部以及市级有关部门和少数民族代表400余人出席活动。

5月9日　市台胞台属联谊会与台北嘉兴同乡

会在秀城饭店举办第四期“亲情孝道”征文获奖作者颁奖暨座谈会。

5月11日　市委统战部、市工商联召开全市私营企业调查工作汇报交流会，通报全市私营企业的现状、特点，私营企业发展中面临的主要问题和困难，交流发展全市非公有制经济的对策和建议。各县（市、区）委统战部副部长、工商联专职副会长、秀城区委办公室主任等参加会议。市政协副主席、市委统战部部长钱雪林到会并讲话。

5月31日至6月4日　市委统战部、市委组织部、市社会主义学院举办全市统战工作重点乡镇（街道）分管负责人培训班，系统学习新时期统一战线理论、侨务工作、对台工作、民族宗教工作和非公有制经济代表人士政治引导工作等业务。各县（市、区）统战工作重点乡镇党委分管副书记、统战委员30余人参加培训。

6月5日　台湾民主自治同盟浙江省委嘉兴直属小组（简称台盟嘉兴直属小组）成立。

6月18日　嘉兴市内首家商会——嘉兴市温州商会成立。

6月25日　市委组织部、统战部召开全市组织、统战两部部长会议，研究贯彻落实市委《关于进一步做好培养选拔党外干部担任政府及其部门领导职务工作的意见》，商议全市培养选拔党外干部工作。

6月29日　嘉兴市出国留学人员家属联谊会在秀城饭店举行成立大会，通过《嘉兴市出国留学人员家属联谊会章程》，选举首届市留联会理事、常务理事。有会员160余名，夏松任会长。

6月　市委印发《关于进一步做好培养选拔党外干部担任政府及其部门领导职务工作的意见》。

同月　嘉兴遭遇百年未遇特大洪涝灾害，全市统战系统各部门遵照市委、市政府的统一部署，深入乡镇（街道）、非公有制企业、侨资台资企业、少数民族居住区、侨（台）属居民家等了解灾情、指导抗洪抢险工作。其间，捐款38740元，捐方便面100箱。

7月15日　市委统战部召开全市统战部长会议，学习贯彻市委办公室、市政府办公室《关于加强民族宗教行政执法主体建设有关问题的通知》精神，部署开展全市民宗部门工作人员执法资格培训等工作。

7月29日　市基督教两会培训中心暨南门堂建设工程竣工。

7月　市委办公室、市政府办公室印发《关于加强民族宗教行政执法主体建设有关问题的通知》。市民宗局、市法制局组织全市民宗干部开展行政执法、法律公共科目培训，落实民宗部门工作人员执法资格。

8月12日　市委、市政府成立市宗教工作协调小组，进一步落实宗教遗留房产等政策。协调小组由市委、市政府14个部、委、办、局负责人组成，市委副书记李立定任组长，副市长赵友六、市委统战部部长钱雪林任副组长。协调小组下设办公室，市民宗局副局长李持真兼任办公室主任。

8月18日　市委统战部召开全市非公有制经济代表人士座谈会，传达市委常委、副市长陈德荣对发展全市个私经济的五点意见，围绕解放思想、抓住机遇、进一步促进全市个私经济发展进行座谈。

8月31日　市委统战部召开1999嘉兴市非公有制经济发展座谈会，分析非公有制经济发展面临的新情况、新问题，开展研讨，寻求对策。

9月14日　市政府召开全市侨务工作会议，贯彻全国、全省侨务工作会议精神，总结全市侨务工作经验，部署下一阶段全市侨务工作任务。市委副书记、市长杨永华到会并讲话，省侨办副主任方士荣、市人大常委会副主任范巴陵、市政协副主席江最新、市政府秘书长周志迪等出席会议，各县（市、区）政府分管领导等80余人参加会议。

9月27日　市委举行市各民主党派、工商联代表和无党派人士代表座谈会，通报中共十五届四中全会精神。市委常委、市委秘书长寿剑刚通报江泽民在十五届四中全会上的重要讲话，市政协副主席、市委统战部部长钱雪林通报十五届四中全会的主要精神。

10月　应市长杨荣华的邀请，香港同乡会会长袁培元率团回乡观光考察。

10—12月　根据市委统一部署，市级统战系统（市委统战部、市侨办、市民宗局、市侨联、市工商联）领导班子和领导干部，继续开展以“讲学习、讲政治、讲正气”为主要内容的党性党风教育。

11月6—7日　出国留学人员、加拿大渥太华华人社团联合会副主席、国家海洋局高级工程师曹亚林应邀到嘉兴与嘉兴市教委、嘉兴学院协商，初步达成校际合作、互派教师进修和学术交流等意向。

12月11日　市侨务部门组织侨界新闻界联谊访问团访问澳门，在澳门拜访澳门归侨总会、澳门日报社和新华社澳门分社，参加澳门迎回归“百万行”大型活动，与澳门各界人士一起迎庆回归。

12月14日　市委统战部、市工商联举行百家私营企业联谊会，庆祝澳门回归，喜迎新千禧年。

12月24日　市委举行纪念《中共中央关于坚持和完善中国共产党领导的多党合作和政治协商制度的意见》发表10周年座谈会。市委副书记李立定主持会议，市委书记陈加元到会并讲话。市级各民主党派、工商联负责人，市级机关、企事业有关部门党委分管统战工作的负责人参加座谈会。

12月31日　市委统战部批复同意成立嘉兴市光彩事业促进会筹备组。筹备组由7人组成，市政协副主席、市委统战部部长钱雪林任组长。

2000年

1月11日　市委召开全市培养选拔女干部、党外干部工作会议，就贯彻落实《1998—2003年全国党政领导班子建设规划纲要》《关于在地方政府机构改革中做好党外干部安排工作的通知》和1999年10月全省培养选拔女干部、党外干部工作座谈会精神，实现2003年培养选拔女干部、党外干部工作目标任务进行部署。市委常委、组织部部长徐士珍主持会议，市委副书记毛雪龙到会并讲话。各县(市、区)委分管副书记，市和各县(市、区)委组织部、统战部部长、分管副部长，市级有关单位的分管领导参加会议。

1月18日　市台办召开各县(市、区)台办主任会议，总结交流1999年工作，研究部署2000年全市对台工作。

1月20日　市侨办召开全市侨务工作会议，总结交流1999年工作，探讨2000年工作思路。

1月26日　市委统战部召开全市党外副县(市、区)长座谈会，交流参政议政心得体会，探讨进一步加强党外干部培养选拔工作。

2月13日　市委召开常委会议听取市委统战部关于全国、全省统战部长会议精神和1999年工作总结，2000年工作思路的汇报。

2月29日　嘉兴市光彩事业促进会成立，全市120名非公经济人士代表参加成立大会。首届常务理事27人，选举市政协副主席、市委统战部部长钱雪林为会长，市委统战部副部长周玉洁、市工商联副会长范华枝及5名非公有制经济人士为副会长，肖敬民为秘书长。

2—12月　市委统战部机关开展以“创优良服务、优良作风、优美环境，当人民满意公仆”为主要内容的创建文明机关活动。

3月1日　市委统战部举行《一个中国的原则与台湾问题》白皮书座谈会，市各民主党派、工商联和有关人民团体负责人参加座谈。

3月10日　市委统战部、市政协举行形势报告会，市委副书记、市长杨荣华作国际、国内形势和全市经济社会发展情况的报告。市政协主席徐良骥主持会议。

3月17日　市政府召开党外代表人士座谈会，听取对政府工作报告(征求意见稿)的意见和建议。市委副书记、市长杨荣华到会听取意见。

3月　市委统战部遵照省委《关于加强非公有制企业党建工作的若干意见》精神，印发《全市非公有制企业党建工作计划(2000—2002年)》，确定在3年内50名以上职工的非公有制企业有党员，100名以上职工的非公有制企业80%建立党组织。

4月5日　全国政协委员、全国政协文史委员会副主任、中央统战部原副部长、中央社会主义学院原党组书记宋堃到嘉兴考察并瞻仰中共一大会址。省政协副主席、省委统战部部长李青陪同考察。市委副书记李立定、市政协副主席杨有金、市委统战部副部长王士官等接待并汇报嘉兴统战有关工作。

4月14日　市委召开全市统战工作会议，传达贯彻全国、全省统战部长会议精神，总结1999年工作，部署2000年任务。市委副书记李立定出席会议并讲话，提出“认清形势、明确任务，进一步增强统战工作的荣誉感、使命感和责任感；突出重点、开拓创新，进一步开创全市统战工作新局面；党委重视、政府支持，进一步加强党对统战工作的领导”三点意见。

4月28日　市委统战部、市政协举行报告会，邀请浙江省当代国际问题研究会常务副会长、杭州电子工业学院教授李仁德作关于中国加入世贸组织的专题报告。

6月6日　市委统战部召开全市民主党派工作会议，传达贯彻全国、全省民主党派工作会议精神，总结交流全市民主党派工作，就进一步完善中国共产党领导的多党合作和政治协商制度、加强民主党派自身建设、建立一支高素质的民主党派后备干部队伍等工作进行探讨和座谈。

7月11日　市委统战部在嘉善召开全市统战部长会议，总结上半年工作，研究部署下半年主要任务。

7月12—14日　市四届人大常委会第二十次会议审议决定授予查济民、袁培元“嘉兴市荣誉市民”称号。

7月18日　市委、市政府召开市各民主党派、工商联负责人和无党派代表人士座谈会，听取《关于促进个私经济发展的若干政策意见（征求意见稿）》的意见和建议。市委常委、副市长沈雪康到会听取意见。

8月4日　市委、市政府召开全市个体私营经济工作会议，研究部署全市个私经济发展的政策措施和工作任务，提出到2002年全市个私经济发展的主要目标。

9月8日　市委统战部、市政协社会法制和“三胞”委员会、市侨办、市侨联、市台办等联合举办市区归侨、“三胞”及其亲属中秋联谊会。

9月22日　市委统战部、市工商联召开全市基层商会工作经验交流会。市政协副主席、市委统战部部长钱雪林出席会议并讲话。

9月28日　市基督教界在基督教培训中心举行三自爱国运动50周年庆祝大会。

10—11月　市委统战部在统战系统党员干部中组织开展警示教育活动。

11月13日　市委举行市各民主党派、工商联负责人和无党派代表人士座谈会，听取《中共嘉兴市委关于嘉兴市国民经济和社会发展第十个五年计划的建议（草案）》的意见。市委书记陈加元，市委副书记李立定，市委常委、市委秘书长寿剑刚，市政协副主席、市委统战部部长钱雪林等参加座谈听取意见。

11月21日　市委统战部会同各民主党派在秀城饭店召开市各民主党派基层工作经验交流暨表彰大会。市委副书记李立定，市政协副主席、市委统战部部长钱雪林等参加会议并讲话。

12月3日　香港嘉兴同乡会成立10周年庆典大会在香港举行，市长杨荣华到会祝贺。

12月21日　市委统战部召开全市统战部长会议，学习贯彻江泽民在全国统战工作会议上的重要讲话精神，总结2000年工作，研究部署2001年主要任务。市政协副主席、市委统战部部长钱雪林到会并讲话。

12月　浙江省第一家县级光彩事业促进会——桐乡市光彩事业促进会成立大会暨百户结对扶贫工程启动仪式在桐乡举行。

2001年

1月3日　市委召开常委会议听取市委统战部关于全国、全省统战工作会议精神和贯彻意见的汇报。

1月11日　市侨办召开全市侨务工作会议，传达贯彻全省侨办主任座谈会精神，总结交流2000年工作，研究部署2001年主要任务。副市长赵友六到会并讲话。

1月16日　市委统战部、组织部召开全市党外领导干部座谈会，交流从政心得体会，就党外干部的培养选拔、台阶的设立、培训以及党外干部轮岗交流等工作进行座谈。各县（市、区）党外副县（市、区）长、市级机关副处以上党外领导干部参加座谈。

2月27日　市委召开全市统战工作会议，传达贯彻全国、全省统战工作会议精神，回顾总结2000年全市统战工作，研究部署2001年工作任务。市委副书记李立定主持会议，市委书记陈加元到会并作《发挥优势、凝聚人心，努力开创新时期统战工作新局面》的讲话。

3月1日　市政府召开党外代表人士座谈会，

征求对《关于嘉兴市国民经济和社会发展第十个五年计划纲要的报告(征求意见稿)》的意见。市委副书记、市长杨荣华,副市长赵友六、王洪涛,市政协副主席、市委统战部部长钱雪林参加座谈听取意见。

3月2日 受市委委托,市委统战部向市各民主党派、无党派人士代表通报全市统战工作会议精神。

3月13日 市政协、市委统战部举行形势报告会,市委副书记、市长杨荣华作关于"九五"期间全市经济和社会发展情况的报告。

3月14日 市委统战部、市政协、民建嘉兴市委邀请上海市政协常委、民建上海市委副主委、华东师范大学兼职教授彭镇秋作关于做好参政议政工作讲座。

4月9日 市委统战部召开全市统战部长会议。各县(市、区)委统战部就贯彻落实全国、全省、全市统战工作会议精神和做好培养、选拔、使用党外干部工作的情况进行交流。市政协副主席、市委统战部部长钱雪林到会并讲话。

4月25日 市民宗局召开全市宗教工作会议,传达贯彻全国、全省、全市统战工作会议和省民族宗教负责人会议精神,部署全市宗教工作。市政协副主席、市委统战部部长钱雪林,市委统战副部长宋家聪到会并讲话。

4—5月 根据市委统一部署,市委统战部组织开展思想作风纪律教育整顿活动。

5月29日 市委统战部举行全市"心连心,纪念中国共产党建党80周年"统一战线知识竞赛活动。各县(市、区)统战部门、市级民主党派共9个队参加活动。

5月30日 市委统战部召开全市非公有制经济代表人士工作会议,传达贯彻省非公有制经济代表人士工作会议精神,总结交流各县(市、区)非公有制经济代表人士开展"心连心、献爱心,扶贫帮困送温暖"活动情况,部署全市非公有制经济领域统战工作。各县(市、区)委统战部、工商联负责人参加会议。

5月 嘉兴市行业协会商会委员会成立。

6月25日 市委统战部召开市各民主党派、工商联负责人和无党派人士代表纪念中国共产党建党80周年座谈会,回顾与中国共产党风雨同舟走过80年的光辉历程,并在南湖之畔的"春园"内共建由市委书记陈加元题写碑名的"同舟园",表达各民主党派与中国共产党肝胆相照、荣辱与共、风雨同舟的决心。市委、市人大常委会、市政府、市政协及市委统战部领导,各民主党派负责人和部分基层组织代表100余人出席揭碑仪式。

7月2日 市委统战部举行统一战线各界人士座谈会,学习座谈江泽民在庆祝中国共产党成立80周年大会上的重要讲话。各民主党派、工商联负责人和无党派代表人士、宗教界人士等参加座谈会。

7月12日 市委召开全市培养选拔年轻干部、女干部和党外干部工作会议。市委副书记毛雪龙,市政协副主席、市委统战部部长钱雪林出席会议并讲话。

7月18—19日 市委统战部在海盐召开全市统战部长会议,总结上半年全市统战工作情况,交流下半年工作计划。市政协副主席、市委统战部部长钱雪林到会并讲话。

7月23—24日 省人大常委会副主任孙优贤率省人大民侨委副主任金庆明、省台办副主任陈华珊以及省人大、省台办、省外经贸厅等有关部门负责人组成联合检查组,到嘉兴检查《浙江省台湾同胞投资保障条例》和其他涉台法规的贯彻执行情况。

7月 市工商联与市人才市场联合举办2002年嘉兴市个私企业人才、劳动力招聘大会。

8月7—9日 市委统战部、市社会主义学院举办全市基层商会骨干培训班。市政协副主席、市委统战部部长钱雪林到会并讲话。

8月16日 市工商联与嘉兴中明会计事务所和浙江君胜律师事务所共同组建的嘉兴市民营企业维权服务中心挂牌成立。

9月24—25日 市委统战部、市工商联在海宁召开全市民营企业文化建设经验交流会。各县(市、区)委统战部、工商联和民营企业的代表以及有关邀请单位代表共150余人参加会议。

9月24—25日 国务院台办在桐乡市召开全国台资企业协会会长会议。

9月30日 市委统战部、市政协社会法制和"三胞"联谊会等部门联合举行"喜迎国庆,欢度中秋"茶话会。

10月6日　全国政协副主席、全国工商联主席经叔平到海宁考察。省委统战部副部长、省工商联党组书记夏益昌，市政协主席徐良骥，市委副书记李立定，市委统战部副部长、市工商联党组书记宋家聪等陪同考察。

10月下旬至11月中旬　市委统战部指导、协调市本级6个民主党派换届工作。换届后，6个民主党派共选出市委委员75人，平均年龄44.8岁。其中新进31人，占委员总数的41.33%；大专以上71人，占94.67%；具有高中级职称的63人，占84%。

11月9日　市委书记陈加元到市级统战系统各部门就加强民主政治建设、切实转变工作作风等课题进行调研。市委副书记李立定、王传良，副市长钱满程等参加调研，市政协副主席、市委统战部部长钱雪林等陪同调研。

11月15日　宁波市政协副主席、市委统战部部长卓祥驰率宁波市各县（市、区）委统战部长到嘉兴市委统战部交流统战工作。

11月21—24日　市政协副主席、市委统战部部长钱雪林率各县（市、区）委统战部长赴绍兴、金华、衢州学习考察统战工作。

11月　嘉兴市机构改革方案确定市人民政府侨务办公室、市民族宗教事务局、市归国华侨联合会机关与市委统战部合署办公，市委统战部是市委主管统一战线工作的职能部门，同时承担市政府主管侨务、民族与宗教等直属机构的职能。

12月7—24日　市级统战系统（市委统战部、市侨办、市民宗局、市侨联机关、市台办、市工商联机关）进行机构改革。市侨办、市侨联机关、市民宗局与市委统战部合署办公，合署后的市委统战部（市侨办、市民宗局、市侨联机关）内设办公室、党派处（党外知识分子处）、宗教管理处、侨政联络处、联谊处、经济处6个职能处室。同时引入竞争机制，在统战系统内进行中层干部竞聘上岗，有16名干部参加14个岗位的竞争。经自荐、资格审查、民主测评、竞职演说等程序，1名普通科员走上副科级领导岗位，3名副科升为正科，2名正科降为副科。这次统战系统机构改革迈出实质性步伐，市级大统战的格局基本形成。

12月11日　市委召开市各民主党派新一届领导成员座谈会。市委、市人大常委会、市政府、市政协主要领导陈加元、杨荣华、毛雪龙、李立定、寿剑刚、钱满程、钱雪林等参加座谈。《嘉兴日报》、嘉兴电视台、嘉兴广播电台作专题报道。

2002年

1月7日　市委统战部召开全市统战部长会议，总结2001年全市统战工作，部署新一年工作任务。市政协副主席、市委统战部部长钱雪林到会并讲话。

1月31日　市委统战部、市委组织部举行党外干部座谈会，交流工作体会，就加大全市党外干部培养选拔工作力度等问题开展座谈。市委常委、组织部部长徐士珍，市政协副主席、市委统战部部长钱雪林到会并讲话。

2月5日　市委统战部、市民宗局举行民族宗教界人士座谈会，学习贯彻全国宗教工作会议精神，交流座谈宗教工作情况。市政协副主席、市委统战部部长钱雪林参加座谈。

2月7日　全国政协常委、全国工商联副主席黄孟复，全国政协常委、浙江省工商联会长钮守章，到嘉兴调研基层工商联和行业商会工作。

3月12日　市委统战部、市政协举行形势报告会，市委书记陈加元作《审时度势，与时俱进，全面推进建设新嘉兴伟大事业》的形势报告。

3月24—26日　应嘉兴海外联谊会邀请，丹麦籍华人、丹麦奥尔堡大学国际发展与公共关系中心博士李形率丹麦奥尔堡经贸考察团专程到嘉兴考察访问。

3月　陈德荣任嘉兴市代理市长（2002年3—4月）。

4月18日　市民宗局召开全市民宗局长会议，传达中央统战部、国家宗教局有关文件精神，部署加强佛教寺院规范化管理工作。

4月18—28日　市委统战部、市社会主义学院举办市级民主党派市委委员培训班，全市民主党派骨干41人参加培训。

4月　陈德荣任嘉兴市市长（2002年4月至2007年9月）。

5月9日　市委批复嘉兴市商会更名为嘉兴市总商会。

同日　嘉兴市工商联(总商会)与秀洲区人才交流服务中心联合举办嘉兴市“三资”企业网上人才、劳动力招聘活动。

5月10日　市委统战部召开全市统战调研宣传信息工作会议,总结2001年工作,表彰2001年度全市统战调研宣传优秀成果和信息工作先进集体、先进个人,部署2002年任务。市政协副主席、市委统战部部长钱雪林为获得荣誉的先进集体、先进个人颁奖。

6月4—6日　全国工商联八届十次常委会在嘉兴召开。全国人大常委会副委员长、全国工商联名誉主席王光英,全国政协副主席、全国工商联主席经叔平,浙江省委副书记周国富,副省长巴音朝鲁,省政协副主席李青,市委书记陈加元,市委副书记、代市长陈德荣,市人大常委会主任许国桢,市政协主席徐良骥,市委副书记李立定,全国工商联常委及有关人士出席会议。

6月21日　市委、市政府召开全市宗教工作会议,传达贯彻全国、全省宗教工作会议精神,研究部署全市宗教工作。本次会议是嘉兴撤地建市后,全省11个市(地)中首次举办的高规格、大规模的宗教工作专题会议,市委书记陈加元到会并讲话。

7月4日　市政府召开党外代表人士座谈会,通报全市开放型经济工作。副市长钱满程代表市委、市政府作上半年全市开放型经济工作情况介绍。

7月15日　市工商联(总商会)首个直属行业商会——嘉兴市餐饮业商会成立。

7月17—18日　市工商联召开第四次会员代表大会,选举产生第二届执委79人,吕士林为会长、宋家聪等12人为副会长、万勇为秘书长。市人大常委会副主任林大椿、浙江省工商联副会长汤为平为全国人大常委会副委员长王光英提写的“嘉兴市总商会”揭牌。

7月18日　嘉兴市第一个民营企业科技工业园——浙江正原科技园首期工程落成。

7月22日　市委统战部在平湖召开全市统战部长会议,交流各地贯彻全省统战、宗教工作会议情况和招商引资工作所取得的成绩、面临的困难及对策,部署下半年工作。市委副书记李立定,市政协副主席、市委统战部部长钱雪林到会并讲话。

8月5日　市委统战部印发《关于建立部领导与非公有制经济代表人士联系交友制度的通知》。

8月9日　市委邀请国家宗教事务局局长叶小文在市行政中心报告厅作《“三个代表”与马克思主义宗教观》专题讲座。

9月4日　市委印发《嘉兴市级领导广交党外朋友的实施意见》,提出市党政领导广交、深交党外朋友要把握以诚相见、平等待人、求同存异、坚持原则、排忧解难、持之以恒6个方面办事原则,并采取建立定期联系制度、开展联谊活动、邀请党外朋友参与调研或参观、考察等形式,推进联系交友工作的落实。

9月19日　市委统战部、市政协社会法制和“三胞”联谊会、市侨办、市台办、市侨联等联合举行归侨、“三胞”及其亲属“喜迎国庆,欢度中秋”茶话会。

9月　市委、市政府遵照中央和省委提出的办好西藏班的要求,在嘉兴市秀州中学开设西藏班开始招收西藏学生。

10月16—17日　省委统战工作督察组到嘉兴督察统战工作,并分别召开市级机关有关部门负责人和党外人士座谈会,听取有关培养、选拔党外干部,多党合作和政治协商制度贯彻落实情况。市委副书记李立定代表市委作工作汇报。

10月29日　市委统战部召开市各民主党派主委联席会议,总结交流工作,分析研究下一阶段任务。市政协副主席、市委统战部部长钱雪林到会并讲话。

10月　精严寺迁至湘家荡旅游区重建的一期、二期工程通过方案设计、论证、勘查、公开招投标,土建工程启动。

同月　市民宗局接待新疆维吾尔自治区29名毛拉到嘉兴考察。

11月11日　市委统战部、市委组织部举行县(市、区)领导班子换届选举工作培训会。市政协副主席、市委统战部部长钱雪林就切实做好市、县(市、区)两级政协换届人事安排工作进行部署。

11月26—30日　市委统战部、组织部和市社会主义学院联合在市委党校举办乡镇、街道统战工作分管领导培训班,学员来自全市32个统战工作重点乡镇(街道)。

11月　加拿大籍华人、留学生詹建龙投资1500万美元与秀洲区政府共同创办全市第一家由留学生回国创办的工业园——加拿大嘉兴科学工业园。

12月20日　《浙江省少数民族权益保障条例》发布，自2003年2月1日起施行。

12月27日　市台办在海宁召开全市台办主任会议，总结2002年对台工作，研究2003年工作思路。

2003年

1月9日　市委统战部召开全市统战部长会议，学习贯彻中共十六大精神，总结2002年工作，部署2003年主要任务。

1月11日　市政协、市委统战部、市委组织部举行新当选的嘉兴市省九届政协委员座谈会。省政协委员、市政协主席徐良骥到会介绍省政协八届二十五次常委会情况，并与新当选的省政协委员座谈。

1月　市工商联（总商会）与交行嘉兴分行举行银企合作座谈会，签署银企合作协议，促成部分会员企业与银行建立信贷关系。

2月　黄坤明任中共嘉兴市委书记（2003年2月至2007年9月）。

3月13日　市委统战部举行《肝胆相照、共铸辉煌》首发式。该书收集了1997—2002年5年间各民主党派、非公有制经济代表人士、无党派人士，围绕市委、市政府中心工作开展课题调研形成的调研材料。副省长、原嘉兴市委书记陈加元题写书名，市委副书记、市长陈德荣致贺词，市委副书记李立定题词。

3月18日　市委召开党外人士和有关团体负责人座谈会征求对中共嘉兴市第五次党代会市委工作报告（征求意见稿）的意见，市委副书记李立定参加座谈听取意见。

4月10日　市委统战部、市政协联合举行形势报告会，市委书记黄坤明通报市第五次党代会的筹备情况、市委工作报告的主要内容，市长陈德荣作当前国际、国内形势和全市经济社会发展情况的报告。

4月24—30日　市政协五届一次会议召开，选举产生市政协第五届委员会主席、副主席、秘书长、常务委员55人，徐良骥当选市政协主席（2003年4月至2007年4月）。

5月　马健任市政协副主席、市委统战部部长。

6月13日　市委统战部召开全市统战部长会议，结合市、县（市、区）两级统战部领导班子调整，交流各地工作情况。市政协副主席、市委统战部部长马健到会并讲话。

7月8日　嘉兴市台资企业协会首届会员大会在世茂花园大酒店召开。

7月8—9日　市政府主办，市台办承办的"中国·嘉兴台商投资洽谈会"（简称台洽会）召开。台洽会是2003年嘉兴市重大招商活动之一，也是嘉兴市历年规模最大的对台经贸活动。

7月10日　市委统战部举行全市学习贯彻中共十六大精神报告会。中共十六大代表、市政协副主席、市委统战部部长马健结合胡锦涛"七一"重要讲话、中共十六大报告和中央统战部关于"三增强四热爱"（增强对中国共产党"三个代表"重要思想的认识、增强对社会主义制度优越性的认识、增强中华民族凝聚力，热爱中国共产党、热爱祖国、热爱社会主义、热爱人民）的要求，作题为《在新时期建功立业》的主题报告。市各民主党派负责人，各民主党派支部主任以上人员，市工商联执委以上人员，市统战系统各部门全体人员共200余人参加会议。

8月　市工商联（总商会）与工商银行嘉兴市分行，举行民营企业与工商银行合作座谈会，签署银企合作协议，工行嘉兴市分行给予市工商联（总商会）会员企业2亿元授信贷款额度。

9月1—3日　省政协副主席、省委统战部部长李青率省宗教工作督查组到嘉兴督查宗教工作。副市长钱满程代表市委、市政府作嘉兴市贯彻落实全省宗教工作会议精神情况的汇报，市委副书记寿剑刚、市政协副主席朱立乔以及市委、市政府有关部门负责人参加汇报会。

9月4—5日　省委副书记梁平波到嘉兴检查指导统战工作，看望市委统战部、市各民主党派机关工作人员，并召开统战工作座谈会。市委副书记寿剑刚、市政协主席徐良骥，市政协副主席、市委统战部部长马健等陪同。

9月5—6日　嘉兴市第四次归侨侨眷代表大会召开，许农当选主席。

9月10日　市委统战部、市政协“三胞”联谊会、市侨办、市台办、市侨联联合举行归侨、“三胞”亲属中秋茶话会。

10月7—9日　国际著名数学家、中科院外籍院士、嘉兴学院名誉院长陈省身回故乡嘉兴，分别到母校秀洲中学和嘉兴学院与师生见面并作报告。

10月10日　市委常委会专题听取市委统战部“关于坚持和完善中国共产党领导的多党合作和政治协商制度，加强民主党派、工商联、无党派代表人士工作”的汇报，市委书记黄坤明、副书记寿剑刚听取汇报并讲话。

同日　市委常委会调整市委对台工作领导小组，市委书记黄坤明任组长。

10月12日　市台办组织全市台办系统人员和台商参加在深圳举办的“长三角嘉兴经贸科技合作推介会”。

10月24日　市委召开非公有制企业党建工作会议，贯彻落实全省非公有制企业党建工作座谈会精神，部署全市非公有制企业党建工作任务。市委副书记徐士珍到会并讲话。市委常委、组织部部长朱伟出席会议，市政协副主席、市委统战部部长马健主持会议。

10月29日　能仁寺举行建寺1500周年暨大雄宝殿落成庆典活动。

11月5日　福严禅寺举行建寺1500周年庆典活动。该活动是桐乡市第五届中国桐乡菊花节暨撤县建市10周年庆典活动之一。

11月8—9日　全国政协常委、全国政协教科文卫体委员会副主任、民进中央副主席蔡睿贤一行到嘉兴调研高校建设情况。

12月3—8日　市委统战部、市工商联（总商会）组织民营企业（非公有制经济）代表人士61人参加中央党校培训学习。此后，组织非公有制经济代表人士参加中央党校培训形成制度，每年组织，每期50~60人。

12月9—10日　嘉兴市基督教第四次代表大会在市基督教培训中心召开。会议选举由35名委员组成的嘉兴市基督教第四届委员会。

12月19日　市委组织部、市委统战部印发《关于中共嘉兴市委组织部、市委统战部建立联席会议制度的实施意见》。

2004年

1月7日　市委统战部、市政协举行形势报告会，市委书记黄坤明作关于当前国际国内形势和全市经济社会发展情况的报告。市级机关各部门、市直属有关单位党委（党组）分管统战工作的负责人，在市区的省政协委员、市政协委员、市政协联谊会会员，市及各县（市、区）委统战部、各民主党派、工商联、侨联、台联、宗教团体负责人等参加会议。

1月　市委印发《关于进一步加强民主党派、工商联和无党派代表人士工作的意见》，就进一步加强与党外人士合作共事，支持民主党派、工商联加强自身建设等工作提出要求，系统提出建立协商会、通报会、谈心交友、特约人员、对口联系、重要内外事活动6项制度，并就党外代表人士在人大、政协以及政府部门、司法机关担任领导职务作出规定。

2月17日　市委统战部、市工商联（总商会）举办全市民营经济新飞跃座谈会。浙江茉织华集团、浙江卡森集团、浙江天通电子股份有限公司和浙江桐昆集团等30多家企业高管参加座谈。副市长蒋仁欢，市政协副主席、市委统战部部长马健到会并讲话。

3月11日　市委统战部在海宁召开全市统战部长会议，传达贯彻海外统战工作和全省宗教局长会议精神。

3月16日　市委召开全市统战工作会议，回顾总结2003年全市统战工作，研究部署2004年主要工作任务。市委副书记寿剑刚、副市长钱满程，市政协副主席、市委统战部部长马健出席会议并讲话。

3月23日　嘉兴市侨联法律维权中心在阳光大酒店揭牌。

3—12月　根据市委、市政府统一部署，市级统战系统开展“效能建设年”活动。

4月7日　市委、市政府印发《关于促进民营经济新飞跃的若干意见》，提出指导思想和目标任务，放宽民营经济市场准入条件，提升民营经济产业层次，支持发展外向型民营经济，加大民营经济发展支撑体系建设力度和优化民营企业发展环境等6个方面的意见。

4月8日　市委、市政府召开全市民营经济工作会议。市委书记黄坤明发表讲话，市委、市政府印发《关于促进民营经济发展的若干意见》，民丰特种纸股份有限公司等全市18家民营企业发起“争做优秀社会主义事业建设者”倡议。同日，市委办公室、市府办公室转发市委统战部、市工商联《关于在全市民营经济人士中开展“争做优秀社会主义事业建设者”活动的通知》，由市委统战部、市工商联具体组织实施。

4月21日　国际著名数学家、中科院外籍院士、嘉兴学院名誉院长陈省身发起的首届西湖青年数学家论坛在嘉兴举行。20多名中外优秀青年数学家会聚禾城探讨数学发展核心问题。

4月30日　市委统战部召开全市首次经济统战工作会议，传达贯彻全省统战部经济处长会议精神，结合嘉兴实际，就如何做好经济领域统战工作进行交流和部署。

6月4日　市政府召开有关部门与民主党派、工商联对口联系工作座谈会，建立健全领导走访、征求意见和工作走访3项制度。

6月11日　市委常委会议听取市委统战部、市民宗局关于全省宗教工作座谈会精神及贯彻意见的汇报。市委常委会议原则同意市委统战部、市民宗局的贯彻意见，切实解决好市、县（市、区）民宗局的机构设置、人员编制和工作经费等问题。

同日　市委办公室、市府办公室印发《关于建立嘉兴市优秀社会主义事业建设者领导小组办公室的通知》，市委副书记寿剑刚任领导小组组长，副市长钱满程，市政协副主席、市委统战部部长马健，市工商联（总商会）会长吕士林任副组长。领导小组下设办公室，办公室设在市工商联，市委统战部副部长、市工商联（总商会）党组书记黄时龙兼任办公室主任。

6月27日　市委统战部在平湖召开全市统战部长会议，贯彻落实全省宗教工作座谈会精神，研究部署全市开展“争做优秀社会主义事业建设者”活动。

6月28日　全市工商联（商会）工作会议在桐乡市梧桐大酒店召开，研究部署下半年工作和全市民营经济人士中开展“争做优秀社会主义事业建设者”活动。

7月9日　市委、市政府召开全市宗教工作座谈会，传达贯彻全省宗教工作座谈会精神，总结全市宗教工作情况，就进一步做好宗教工作进行部署。市委副书记寿剑刚到会并讲话。市人大常委会副主任杨永乐，副市长钱满程，市政协副主席朱立乔，市政协副主席、市委统战部部长马健等出席会议，各县（市、区）主要领导、分管领导、统战部部长、民宗局局长及市级有关部门负责人等80余人参加会议。

7月10日　市台办、市台协在嘉兴世茂花园大酒店举办“海峡两岸（嘉兴）经贸恳谈会”。

同日　市优秀社会主义事业建设者评选领导小组办公室组织100余名民营经济人士中的新老党员和企业家、个体工商户，参观南湖纪念馆。副市长蒋仁欢，市政协副主席、市委统战部部长马健参加活动并讲话。

8月19日　市政府印发《嘉兴市促进行业协会改革发展若干意见的通知》，成立由市工商联、市经贸委牵头，市民政、劳动保障、人事、财税等部门参加的市行业协会商会改革发展协调小组，统筹指导全市行业协会商会的总体规划、布局调整、政策制定和协调管理。

8月　市人大、市委统战部（民宗局）组织开展《浙江省少数民族权益保障条例》贯彻执行情况检查。经征求原嘉兴市回族事务管理委员会和广大穆斯林群众意见，撤销嘉兴市回族事务管理委员会，成立嘉兴市清真寺民主管理委员会。8月17日，嘉兴市清真寺民主管理委员会成立，成员9人，唐相如任主任，为嘉兴市清真寺法定代表人。

9月27日　市委统战部举行民主党派、工商联负责人和无党派代表人士座谈会，学习座谈中共十六届四中全会精神和《中共中央关于加强党的执政能力建设的决定》。市政协副主席、市委统战部部长马健参加座谈。

10月30—31日　嘉兴市天主教第三次代表会议在市区文苑宾馆召开，出席会议代表42人，选举嘉兴市天主教爱国会第三届委员会。

11月3日　中国侨联副主席李祖沛到嘉兴考察。省侨联主席周慧兰、副主席陈遇龙，市委副书记寿剑刚，市政协副主席、市委统战部部长马健等陪同考察。

11月4日　市委统战部在嘉善召开全市统战部长会议，总结交流各地统战工作情况。市政协副主席、市委统战部部长马健到会并讲话。

11月20日　由市优秀社会主义事业建设者评选领导小组牵头，市委统战部、市工商联（总商会）等部门组织实施的民营经济企业及民营经济人士扶贫助学签约仪式在市行政中心举行。

11月26日　市台联召开第四次代表大会，出席代表100人，黄济华当选市台联会长。

12月23日　市委统战部在海盐召开全市统战部长会议，总结2004年工作，探讨工作中存在的主要问题及对策，部署2005年工作思路。市政协副主席、市委统战部长马健到会并讲话。

同日　精严讲寺一期迁建工程通过竣工验收。

12月　经过各县（市、区）、嘉兴经济开发区、嘉兴港区推荐，市优秀社会主义事业建设者评选领导小组核审，市委、市政府审定，《嘉兴日报》公示，评选丁国强等87名民营经济代表人士为首届（2003—2004年度）“嘉兴市优秀社会主义事业建设者”。

2005年

1月12日　浙江桐昆集团董事长陈士良、浙江卡森集团董事长朱张金、浙江嘉欣丝绸集团董事长周国建和浙江多凌集团董事长张余林4人，被评为嘉兴市首届浙江省优秀中国特色社会主义事业建设者。

1月　市台办网站正式开通。

1—6月　根据市委统一部署，市委统战部组织全体党员开展以学习实践“三个代表”重要思想为主要内容的保持共产党员先进性教育活动。

2月19日　市委、市政府召开全市三级干部大会，表彰87名荣获2003—2004年度“嘉兴市优秀社会主义事业建设者”的民营经济人士和个体工商户。

3月25日　市委召开全市统战工作座谈会，专题部署统战工作。市委副书记寿剑刚出席会议并讲话。市政协副主席、市委统战部部长马健主持会议。

3月29日《嘉兴市促进行业协会发展办法》经市政府第二十次常务会议讨论通过，4月1日起施行。

3月　中共嘉兴市委统战部总支委员会改建为中共嘉兴市委统战部机关委员会。

5月11日　市民宗局印发《关于在宗教界开展“平安寺院”“平安教会”创建活动的通知》，在全市宗教界开展“平安宗教场所”创建活动。

6月2日　市委召开学习贯彻《中共中央关于进一步加强中国共产党领导的多党合作和政治协商制度建设的意见》专题座谈会，市委副书记寿剑刚主持会议并讲话，市政协副主席、市委统战部部长马健参加座谈。市各民主党派负责人、无党派代表人士，各县（市、区）委分管统战工作的副书记和统战部部长，市级机关有关部门及市属有关单位负责人等参加座谈会。

6月20日　省委统战部部长王培民率省委统战部调研组到嘉兴调研构建和谐社会、党外干部培养等课题。市委副书记寿剑刚作工作介绍，市政协副主席、市委统战部部长马健陪同调研。

7月11日　市委宣传部、市台办在中山影城举行台湾问题和海峡两岸形势报告会。

7月下旬　市委中心组（扩大）会议，邀请中央统战部领导作贯彻落实《中共中央关于进一步加强中国共产党领导的多党合作和政治协商制度建设的意见》精神辅导。各县（市、区）委主要领导，市级机关各部门、市直属各单位负责人及各民主党派、无党派代表人士等300余人参加会议。

7月　市工商联（总商会）内部刊物《嘉兴商会》创刊。

8月16日　嘉兴实验小学与荷兰中华才艺学校结为姐妹学校，签订合作协议。

8月18日　市侨联创办的嘉兴市华侨幼儿园开园。

8月18—29日　市人大常委会副主任黄济华、市教育局副局长李水根率领嘉兴市教育系统德育校长交流团到台湾考察。该团组是嘉兴市教育界首个到台湾考察的专业团组。

8月　市民宗局联合市佛教协会、嘉兴市清真寺、市天主教爱国会、市基督教两会、向全市宗教界发起创建“平安寺院”“平安教会”活动。

9月1日　市行业协会改革发展协调小组召开全市行业协会（商会）秘书长第一次会议，传达全市行业协会改革发展工作会议精神，通报全市行业协会工作情况，讨论《嘉兴市行业协会（商会）工作手册（征求意见稿）》。市政府副秘书长来永胜到会并讲话。

9月13日　市委统战部召开全市经济领域统战工作会议，传达全省经济领域统战工作会议精神和省委统战部部长王培民在全省非公有制企业统战工作现场会上的讲话，部署全市经济领域统战工作。

9月28日　市委统战部在桐乡召开全市统战部长联谊会，就贯彻落实《中共中央关于进一步加强中国共产党领导的多党合作和政治协商制度建设的意见》《中共浙江省委关于进一步加强中国共产党领导的多党合作和政治协商制度建设的实施意见》和全省侨务工作会议精神，加强全市统战信息工作等进行研究和部署。市政协副主席、市委统战部部长马健到会并讲话。

10月14日　全省首次工商联行业商会工作会议在嘉兴召开。会议总结全省行业商会发展情况，就新形势下培育和发展行业商会进行研究和部署。全国工商联副主席孙晓华、副省长金德水出席会议并讲话。市委副书记、市长陈德荣代表市委、市政府致贺词，副市长蒋仁欢介绍嘉兴市行业协会工作情况。省、市、县（市、区）三级工商联负责人和部分行业商会代表180余人参加会议。

10月18日　市委常委会听取市委统战部关于贯彻《中共中央关于进一步加强中国共产党领导的多党合作和政治协商制度建设的意见》《中共浙江省委关于进一步加强中国共产党领导的多党合作和政治协商制度建设的实施意见》情况的汇报。市委常委会原则同意市委统战部提出的贯彻建议，要求全市有关部门根据会议讨论意见抓好落实。

10月29日　市台办、市台协和海盐县政府联合举办的“台商看嘉兴——海盐行”活动在海盐举行。

11月3日　市委印发《中共嘉兴市委关于进一步加强中国共产党领导的多党合作和政治协商制度建设的实施意见》。提出进一步完善政治协商的内容、形式和程序，发挥民主党派和无党派代表人士的参政议政、民主监督作用，加强中国共产党同党外人士合作共事，支持民主党派加强自身建设，加强和改善中国共产党对多党合作和政治协商的领导等7个方面意见。

11月17日　省委统战部副部长方德根率省委督查组到嘉兴督查《中共浙江省委关于进一步加强中国共产党领导的多党合作和政治协商制度建设的实施意见》贯彻情况。听取嘉兴市委汇报，并召开市各民主党派、工商联负责人座谈。市委副书记寿剑刚就贯彻《中共浙江省委关于进一步加强中国共产党领导的多党合作和政治协商制度建设的实施意见》，加强多党合作，支持民主党派加强自身建设，发挥民主党派作用等工作进行介绍，市政协副主席、市委统战部部长马健受市委委托，汇报全市贯彻落实《中共浙江省委关于进一步加强中国共产党领导的多党合作和政治协商制度建设的实施意见》情况。

12月3日　香港嘉兴同乡会会成立15周年暨换届大会召开。会议选举以周利春为会长的新一届领导班子，查济民、查良镛、沈觉人、徐起超、朱经武、袁培元为名誉会长。市委副书记寿剑刚率代表团到会祝贺。

12月11—20日　应台湾僧伽林基金会的邀请，嘉兴市佛教协会组团（13人）赴台进行为期10天的交流考察。这是嘉兴市佛教界首次赴台交流。

12月15日　市政府举行各民主党派、工商联负责人和无党派人士代表座谈会，征求对嘉兴市“十一五”规划纲要（草案）的意见建议。市委常委、常务副市长王洪涛参加座谈。

同日　市政府举行全市民营企业负责人座谈会，传达中共十六届五中全会和中央经济工作会议精神，学习《中共中央关于制定国民经济和社会发展第十一个五年规划的建议》，并围绕经济增长方式的做法和经验等进行座谈。副市长蒋仁欢，市政协副主席、市委统战部部长马健参加座谈。

2006年

2月28日　中央先进性教育活动领导小组成员、中央统战部常务副部长朱维群到嘉兴调研先进性教育活动。听取嘉兴市经济发展情况和市先进性教育活动情况汇报，考察南湖区余新镇金星村，并与村干部、党员及群众座谈。市委书记黄坤明，市委副书记徐士珍，市委常委、组织部部长朱伟，市政协副主席、市委统战部长马健等陪同调研。

同日　市行业协会改革发展协调小组召开扩大会议，总结2005年市行业协会（商会）工作，讨论修订《嘉兴市行业协会、商会设立指引（试行）》，研究部署2006年市行业协会、商会改革发展工作。市银监分局、市规划与建设局、市科技局、市国资委、市供销社等25个部门有关负责人参加会议。

3月14日　市委统战部在海宁召开全市统战部长会议，总结交流基层统战工作、合理引导民间信仰、拓展海外联谊渠道等工作。市政协副主席、市委统战部部长马健到会并讲话。

3月29日　市委、市政府召开全市统战工作会议。市委副书记寿剑刚主持会议并讲话；副市长钱满程、蒋仁欢分别就民族宗教、侨务工作作专题讲话；市政协副主席、市委统战部部长马健就多党合作、宗教工作、非公有制经济统战工作等进行部署。

3月　市委统战部、市侨办、市侨联，遵照省委统战部、省侨联关于在全省开展侨情调查工作的统一部署，开始在全市范围组织开展侨情调查工作。

4月5日　市人大组织部分代表对市区贯彻《浙江省少数民族权益保障条例》执行情况进行检查。听取市委统战部关于全市少数民族工作情况的介绍，视察清真寺、荷花堤清真牛羊肉供应店和秀洲中学西藏班。市人大常委会副主任黄济华参加检查。

5月13—14日　全省台资企业协会会长会议在嘉兴市海盐县召开。

5月18日　市政协召开提案办理座谈会，专题就民建嘉兴市委的《发展循环经济，建设节约型社会》重点提案进行座谈。

5月20日　《陈省身与嘉兴》画册首发式在嘉兴学院举行。陈省身先生的女婿、著名物理学家、香港科技大学校长朱经武应邀参加首发式，并作超导知识演讲。秀州中学师生代表500余人参加会议。首发式后，举行陈省身铜像揭幕暨陈省身纪念馆开馆仪式。

5月20日　嘉兴旅台同乡联谊总会成立。

5月　市委统战部、市委宣传部召开统战宣传工作座谈会，传达贯彻全国统战工作会议作出的统战宣传任务，通报统战工作的形势、宣传报道的重点和注意事项，研究部署全市统战宣传工作，市级各新闻单位负责人参加会议。

6月2日　市民宗局召开全市民宗局长会议，总结交流各地民宗工作情况，研究部署组织开展《浙江省宗教事务条例》宣传、宗教活动场所登记换证和宗教界开展“平安创建”活动等工作。

6月9—10日　市政府主办、市台办等单位承办的第二届“中国·嘉兴台商投资洽谈会”（简称“台洽会”）在市区博雅酒店举行，参会台商417名，签约项目15个，总投资额8.025亿美元，合同台资3.16亿美元，分别比首届台洽会增加71%和51%。

6月　《嘉兴市统战理论调研文选（2006年版）》出版。该文选收集了2003—2005年全市各级统战部门和统战理论研究人员，开展调查研究形成的调研文章20篇。

7月8日　省政协常委、提案工作委员会副主任夏益昌在嘉兴主持召开部分民营龙头企业负责人座谈会，征求对民营经济发展的意见和建议。嘉兴民丰特种纸股份有限公司董事长吕士林、桐昆集团股份有限公司董事长陈士良等10家市民营龙头企业负责人提出的“营造民营经济发展环境”“加快构建科技创新体系”“加快构建信用体系”“加快构建中介服务体系”“推进循环经济发展”等建设性意见，获市委书记黄坤明、市长陈德荣批示肯定。

7月22日　市委中心组举行（扩大）学习会，集中学习《中共中央关于进一步加强中国共产党领导的多党合作和政治协商制度建设的意见》。中央统战部一局助理调研员、文件起草小组成员孙凌雁作文件出台的时代背景、过程和文件涉及的新理论观点、政策措施及主要内容等主题讲座。市委中心组全体成员参加会议。各县（市、区）委书记、政协主席、分管副书记，统战部部长、分管副部长，市级机关各部门、市直属各单位负责人，市纪委、市委办、市人大办公室、市政协办公室、市委组织部、宣传部、统战部副科以上干部，各民主党派市委委员以上人员、无党派人士和工商联代表等列席会议。

7月24—29日　市台办、市教育局、市台联举办“学子情”嘉台两地中学生夏令营活动。台湾台北卫理女子中学、永平高中和清水高中的30名师生与嘉兴8所中学近500名师生参加夏令营。这是嘉兴首次举办两地中学生交流活动。

7月28日　嘉善县留学人员创业园在科创中心挂牌，成为全省第一个落户县城的省级留学人员创业园。

7月　市侨办、市对外友协、《南湖晚报》举办“我们都是好朋友——中外儿童大联欢”活动，来自美国、日本、丹麦等国家的海外华人子女100余人参加活动。

同月　市委统战部组织开展贯彻胡锦涛在第二十次全国统战工作会议上的重要讲话精神集中学习。

同月　市委、市政府遵照党和国家关于加快少数民族地区人才培养步伐，振兴西部少数民族地区发展，在内地开设新疆高中班的决定，在市区秀州中学开设“新疆内高班”。

8月3日　市委统战部、市台办举行港澳嘉兴籍学生座谈会。来自香港理工大学、香港中文大学和澳门科技大学的30名嘉兴籍学生参加座谈。市政协副主席、市委统战部部长马健到会并讲话。

8月23日　市委统战部举行中心组理论学习会，学习《中共中央关于巩固和壮大新世纪新阶段统一战线的意见》。市政协副主席、市委统战部部长马健主持学习会并讲话。

8月　市委、市政府召开全市建设社会主义现代化新农村工作会议。市工商联（总商会）会同全市18家龙头民营企业向全市民营企业及非公有制经济人士发出倡议，号召积极参与“产业新发展、构筑新环境、建设新社区、培育新农民、树立新风尚、构建新体制”为目标的全市社会主义现代新农村建设。

同月　嘉兴教育系统德育校长交流团赴台，参访台北、台南5所中小学，拜会台湾中华海峡两岸经贸文化协会等社会团体，与台教育界就海峡两岸教学管理、教学模式、课程设置、中华优良传统、促进德育教育、举办夏令营等方面展开交流、探讨。

9月初　市委中心组（扩大）举行学习第二十次全国统战工作会议精神讲座，听取中央统战部政策研究室副主任张献生作“第二十次全国统战工作会议主要精神”专题讲座。市委书记黄坤明等市领导、市级机关各部门、市直属各单位党委（党组）主要负责人，各县（市、区）委、政府主要负责人听取讲座。

9月15日　市委宣传部、市台办、市台联在嘉兴图书馆举办“台湾局势与两岸关系走势”报告会，上海市台湾研究所副所长、全国台湾研究会常务理事、特约研究员严安林作主题报告。各县（市、区）台办系统干部、台联理事、台胞台属代表、市级机关党员干部、企业职工、学校教师等300余人参加会议。

10月20日　市台办举行全市对台工作座谈会，围绕“服务祖国统一、服务经济建设”，扩大嘉台两地交流交往，提升嘉台经贸交流与合作等议题进行座谈。

10月24日　市委统战部、市民宗局在海宁召开全市民宗局长暨宗教活动场所换证工作现场会，传达贯彻全省民宗局长会议精神，交流宗教活动场所换证工作经验，部署下一阶段宗教活动场所换证工作。

10—11月　市民革、民盟、民建、民进、农工党、九三学社6个民主党派和市工商联按照各自章程完成市委换届。在当选的7名民主党派主委和工商联会长中，新进的有5名；新一届班子中主委、会长在政府部门任职的5名，其中副市长1名、副区长2名、市级部门正、副局长各1名；正副主委、会长和秘书长28人中，留任14人，新进14人；具有大学以上学历的22人，其中研究生6人；具有高级技术职称的21人；各组班子成员平均年龄46.4岁。

11月16日　市工商联（总商会）召开第五次会员代表大会，选举产生第五届执委115人，薛佳平当选市工商联、市总商会会长。

11月　市委统战部、市工商联举行《和谐创业——嘉兴市优秀社会主义事业建设者》一书首发式。该书收集了2003—2004年度嘉兴市86名优秀社会主义事业建设者的先进事迹。市委书记黄坤明为该书题写书名，市长陈德荣作序。

12月8日　市委召开新一届市级各民主党派、工商联领导班子座谈会，市主要领导、市政府分管副市长出席座谈会。市委副书记、市长陈德荣主持会议，市委书记黄坤明到会并讲话。

12月13日　市委常委、副市长李锋到市民宗局、市属宗教活动场所调研。市政协副主席、市委统战部部长马健等陪同调研。

12月15日　市侨联举行庆祝中国侨联成立50周年座谈会。会议为27名归国40年以上归侨颁发“报效桑梓奖”，为10名为侨联工作10年以上侨联工作者颁发“为侨奉献奖”。全市归侨侨眷、侨联工作者代表40余人参加座谈会，市政协副主席、市委统战部部长马健等出席座谈会。

2007年

1月16日　市委常委会听取市委统战部关于全省统战工作会议精神汇报，研究部署全市贯彻意见。市委书记黄坤明到会并讲话。

1月26日　台资企业晋亿实业（601002）在上海证券交易所挂牌上市。

3月20—31日　嘉兴市台联交流团一行10人到台湾交流访问，向台北嘉兴同乡会介绍家乡发展变化情况，看望台湾乡亲。该团组是嘉兴历史上首个到台湾交流访问的台联交流团，团组成员以台属企业家为主。

3—12月　根据市委统一部署，市级统战系统开展“作风建设年”活动。

4月2日　市工商联召开市本级行业协会与行政机关脱钩工作会议，部署全市所有行业协会于9月底前完成与行政机关脱钩工作。

4月7—14日　市政协六届一次会议召开。刘冬生当选政协主席（2007年4月起）。

4月　张兴华（市政协副主席）任中共嘉兴市委统战部部长。

5月16日　市民宗局在市行政中心召开2006年度嘉兴市创建“平安寺院、平安教堂”活动总结表彰大会，第一批43所“平安寺院、平安教堂”被授牌。

5月21—27日　全国第二届爱心小学校长培训班在平湖举办。中国侨联公益事业管理服务中心主任、中国华侨经济文化基金会副理事长竺心原到会并作《爱心小学校长的责任》的讲课。全国23个省、市、自治区的71名爱心校长参加培训。

5月28日至6月4日　嘉兴旅台同乡联谊总会会长朱鼎华为团长的嘉兴籍台胞访问团一行28人应邀回嘉兴参观考察，访问团人员年龄最大的90多岁，最小仅8岁，很多人是60年来首次回乡。此次活动是各县（市）旅台同乡会首次集体来访。

6月13日　全市民宗局长会议在秀洲区召开。会议传达全省民宗局长会议精神，部署下半年工作。市政协副主席、市委统战部部长张兴华到会并讲话。

6月27日　市台胞台属联谊会举行《续写吴越春秋的男人们》首发式。副市长蒋仁欢、市台胞台属联谊会会长黄济华、省台办领导等出席首发式。

6月29日　市委召开全市统战工作会议，回顾总结2001年以来全市统战工作，研究部署今后5年的目标任务。市委副书记朱伟主持会议，省委常委、市委书记黄坤明到会并讲话，市委副书记、市长陈德荣，市人大常委会主任徐士珍，市政协主席刘冬生，市委常委、市纪委书记冯志礼等出席会议。

7月10日　浙江中房置业股份有限公司董事长朱兴福、浙江景兴纸业股份有限公司董事长朱在龙、巨石集团有限公司董事长兼总裁张毓强、浙江宏达经编股份有限公司董事长沈国甫4人，被评为嘉兴市“浙江省第二届优秀中国特色社会主义事业建设者”。

7月12—18日　嘉兴南湖高级中学副校长汤良为团长的嘉兴市中学生夏令营交流团到台湾交流考察。该团组是嘉兴市历史上首个到台湾交流的中学生夏令营交流团，团组成员由嘉兴南湖高级中学、嘉兴三中、嘉兴四中的37名师生组成。

8月10日　市委统战部在南湖区召开全市统战部长会议，总结交流上半年工作，研究部署下半年主要任务。市政协副主席、市委统战部部长张兴华到会并讲话。

同日　市委宣传部、市台办、市台联在嘉兴图书馆举办“分析台海形势 关注两岸未来”报告会，400余人参加。

8月17日　市侨联在海盐召开全市基层侨联组织规范化建设现场会。会议总结上半年工作，部署下半年主要任务，现场参观海盐澉浦镇侨联规范化建设。海盐县侨联、海盐澉浦镇侨联、平湖朝阳路社区侨联等基层侨联组织作规范化建设经验交流。市政协副主席、市委统战部部长张兴华到会并讲话。

8月28日　市工商联与上海市社会工作党委、上海市社会服务局在嘉兴共同举办“促进上海市和嘉兴市两地行业协会商会交流与合作活动”。其间，两地行业协会(商会)签约建立友好合作关系。市委副书记朱伟、副市长蒋仁欢等出席活动。

8月30日　国务院台湾事务办公室常务副主任郑立中、国台办经济局局长徐莽到嘉兴市、嘉善县考察调研。省委常委、宣传部部长、嘉兴市委书记黄坤明，省台办主任裘小玲，嘉兴市委副书记、市长陈德荣，市委副书记朱伟等陪同调研。

8月　市委印发《关于进一步巩固和壮大新世纪新阶段统一战线的实施意见》，对新世纪新阶段巩固和壮大统一战线，全面贯彻落实统一战线各领域的方针政策，加强党外代表人士队伍建设，加强和改善党对统一战线工作的领导作出部署。

同月　市侨办建立并开通嘉兴侨网。该网站设侨办概况、政策法规、侨务动态、乡贤俊杰、侨企之窗、今日嘉兴等栏目。

9月　陈德荣任中共嘉兴市委书记(2007年9月至2010年9月)。李卫宁任嘉兴市代理市长(2007年9—11月)。

同月　市委研究决定，市台办设立办务会议，不再归口市委统战部，嘉兴市人民政府台湾事务办公室是涉台事务的主管单位。

10月28日　中国国民党副主席江丙坤一行到嘉兴访问，市领导陈德荣、朱伟等会见江丙坤一行。

10月29—31日　长三角十五城市民营经济和商会工作合作与交流机制第五次会议在嘉兴举行。上海市、江苏省、浙江省工商联、商会和长三角各城市的工商联、总商会负责人，部分民营企业和行业协会、商会负责人近200人参加会议。市委书记陈德荣，市委副书记、代市长李卫宁，市政协主席刘冬生，市人大常委会副主任周楚兴，副市长蒋仁欢等应邀出席会议。

11月5日　市委统战部、市民宗局举办“宗教与和谐社会”论坛。全市宗教界政协委员、各宗教团体负责人、宗教教职人员代表等80余人参加论坛。市委副书记朱伟，市政协副主席、市委统战部部长张兴华出席论坛并讲话。

11月21日　市委统战部、市工商联召开依法开展仲裁非公有制企业民商事纠纷试点工作会议。会议印发《嘉兴仲裁委员会暂行规则》。嘉兴市是国务院法制办公室、全国工商联确定的在非公有制企业中全面推行仲裁法律制度的试点城市。副市长张志伟到会并讲话。

11月　李卫宁任嘉兴市市长(2007年11至2010年12月)。

12月10日　嘉兴市举行民营企业与大中专院校贫困生结对助学签约仪式，23家民营企业与128名大中专贫困生签约，资助金额61.8万元。

12月26日　市委、市政府召开第二届优秀社会主义事业建设者表彰大会，25名非公有制经济代表人士受表彰。

2008年

1月9日　市政协、市委统战部举行形势报告会，邀请市委副书记、市长李卫宁作关于国际、国内形势以及嘉兴市经济社会发展基本情况的报告会。

1月28日　市民宗局召开全市民宗局长会议，传达贯彻全省民宗局长会议精神，总结交流2007年工作，研究部署2008年主要任务。市政协副主席、市委统战部部长张兴华到会并讲话。

2月1日　市侨办召开全市侨务工作会议，总结交流2007年工作，研究部署2008年主要任务。

2月13日　市委书记陈德荣看望市各民主党派、工商联负责人并进行座谈，共谋新一年发展大计。

2月22日　嘉兴市台商权益保障联席会议成立。

3月1日　市委组织部转发省委组织部《关于全省各级工商联班子成员称谓变更的通知》，从2008年2月1日起，省、市、县三级工商联会长、副会长称谓统一变更为主席、副主席。

同日　富士康集团嘉善科技园举行开工奠基仪式，省委书记赵洪祝出席并会见富士康集团总裁郭台铭。国台办常务副主任郑立中，省领导李强、钟山，嘉兴市领导陈德荣、李卫宁、蒋唯民、蒋仁欢等出席仪式。

3月22日　市委组织部、市委人才工作领导小组办公室印发《2008“星耀南湖”人才创业创新系列活动责任方案》。

4月18—19日　上海市侨办主任崔明华率世界500强企业和跨国公司驻华(沪)机构的华侨华人经理等一行20人到嘉兴、平湖、海盐、杭州湾跨海大桥等地参观考察，并与嘉兴市外经贸局、经济开发区等有关部门进行座谈交流。市长李卫宁、副市长蒋仁欢等会见考察团一行。

4月22日　市委统战部、市委宣传部召开全市统战宣传工作会议，就进一步加强新形势下统一战线和多党合作宣传工作进行交流、研讨和部署。市委统战部、宣传部和市各民主党派、工商联以及嘉兴报社、电视台、电台、《南湖晚报》主要负责人参加会议，市委常委、宣传部部长武亮靓，市政协副主席、市委统战部部长张兴华出席会议并讲话。

4月23日　市委统战部召开全市统战部长会议，回顾总结2007年全市统战工作，部署2008年主要任务。市委副书记朱伟出席会议并讲话，市政协副主席、市委统战部部长张兴华作工作总结和部署。

4—12月　市级统战系统开展"创业服务年、创新推进年"暨创建"五型"（学习型、创新型、服务型、效能型、廉洁型）机关活动。

5月8日　市委统战部举行纪念中共中央发布"五一口号"60周年座谈会，市各民主党派主委参加座谈，市政协副主席、市委统战部长张兴华到会并讲话。

5月9日　市委举行纪念中共中央发布"五一口号"60周年暨政治交接学习教育活动报告会。市政协副主席、市委统战部部长张兴华主持会议，市委副书记朱伟作主题报告。市各民主党派主委、市委会成员，无党派代表人士和市级机关、市直单位有关部门负责人近300人参加报告会。

5月12日　四川汶川发生特大地震，全市统一战线系统各部门迅速行动，通过各种途径，积极捐款捐物，以实际行动投入抗震救灾工作。至5月26日，全市统战系统捐款3521.76万元。

5月23日　嘉兴市秀城实验教育集团钧儒小学与意大利普拉托华人华侨联谊会中文学校结对。

同日　嘉兴市秀城实验教育集团钧儒小学被省侨办、省教育厅授予"浙江省华文教育基地"铜牌，被列为第二批省华文教育基地。

5月27日　市委统战部、市民宗局在市行政中心举行"平安宗教活动场所"总结表彰会，全市58个"平安宗教活动场所"受表彰。市政协副主席、市委统战部部长张兴华主持会议，市人大常委会副主任王新民、副市长张志伟、省民宗委宗教处处长周勇辉、市政法委副书记（市平安办主任）宋家聪等出席会议，各县（市、区）委统战部部长、民宗干部，市级宗教团体负责人以及全市各宗教活动场所负责人等近200人参加会议。

5月　市工商联、市总商会主办，中国网通嘉兴分公司技术支撑的市工商联（总商会）网站开通运行。

6月19日　市委统战部在桐乡召开全市统战部长会议，总结交流维稳工作，部署下半年主要任务。市政协副主席、市委统战部部长张兴华到会并讲话。

6月28日　嘉兴居民赴台旅游正式启动。

7月　浙江省民营企业参与新农村建设经验交流暨表彰会议在杭州召开。嘉兴市的浙江拳王实业有限公司、平湖新成达制衣有限公司、嘉兴博莱特纸业有限公司、桐昆集团股份有限公司、浙江卡森实业有限公司、嘉兴市中华化工有限公司、台华特种纺织（嘉兴）有限公司、浙江五芳斋集团8家非公有制企业获"参与社会主义新农村建设贡献奖"称号。

8月4—5日　省工商联九届二次常委会议在嘉兴市南湖区召开。总结全省工商联上半年工作，部署下半年主要任务。省政协副主席、省工商联主席徐冠巨，省委统战部副部长、省工商联党组书记汤为平出席会议并讲话。市委副书记、市长李卫宁，副市长蒋仁欢，市政协副主席、市委统战部部长张兴华，南湖区委书记魏建明等应邀出席会议。

8月5日　嘉兴市留学人员家属联谊会（简称留联会）换届，更名为"嘉兴市留学人员和家属联谊会"，并相应修订章程，工作重点从国内的留学生家属工作向海外留学人员拓展，成为与海外高层次人才联络联谊的新载体。会议选举第二届理事会，许农当选会长，浦金英、查艺、张珏良、蒋加伟、贺星燕、薛莲、龚海当选副会长。

8月　市委宣传部、市台办、市台联在嘉兴图书馆举行"当前台海局势与未来走势"报告会，全市台胞台属300余人参加报告会。

9月25日　嘉兴市佛教协会第三次代表会议在沙龙宾馆召开，出席代表79人，选举嘉兴市佛教协会第三届理事会。

9月28日　市委统战部在海宁召开全市统战

部长会议,研究部署浙江省少数民族低收入群众增收帮扶工作。市政协副主席、市委统战部部长张兴华部署帮扶工作。

9月　市委人才办、市侨办、市工商联(总商会)举行“江浙沪两省一市海外高层次专业人才科技项目推介和对接活动”,全市70余家民营企业的130余人参加有关活动,达成项目引进和项目合作开发意向29个。

10月10日　嘉兴市党外知识分子联谊会(简称知联会)成立。召开第一次会员大会,审议通过市知联会章程,选举首届理事会及会长,市科技局局长邢海华任会长。省委统战部副部长黄永通,市委副书记朱伟,副市长王新民、张志伟,市政协副主席、市委统战部部长张兴华出席开幕式。首批知联会成员由无党派人士中的中高级知识分子、无党派县处级领导干部、中介组织从业人员、自由职业人员和非公有制经济人士组成。

10月20日　经公安部批准,嘉兴出入境管理局即日起可以直接为台湾居民换(补)发台胞证。

10月30日　全国工商联在北京举行全国工商联系统首次先进表彰活动,嘉兴市工商联(总商会)获“全国工商联系统先进单位”称号。

10月　嘉兴市建立金融与上市工作领导小组,工商联(总商会)作为成员单位,在浙江省工商联系统属首创。

同月　市委统战部印发《关于开展少数民族低收入群众增收帮扶结对工作的通知》,组织各县(市、区)委统战部分别与温州市文成县7个畲族村开展结对帮扶活动。

11月3日　市委统战部举行民主党派对口联系工作座谈会,总结交流对口联系制度建设及工作开展情况。市政协副主席、市委统战部部长张兴华主持座谈会,市本级18个与民主党派建立对口联系的政府职能部门负责人参加座谈。

11月7日　全国政协副主席、全国工商联主席黄孟复到嘉兴调研。

11月10—12日　中华佛教宝典《嘉兴藏》300年重归故里庆典仪式暨圆成大会在精严讲寺举行。中国出版者工作协会名誉主席、原国家新闻出版总署署长、《嘉兴藏》整理出版委员会主任宋木文,省民宗委副主任邢越生,嘉兴市领导刘冬生、裘樟鑫、吴亮靓、金成胜、金锦根、张兴华,省佛教协会副会长、宁波奉化雪窦寺方丈怡藏法师,江苏省佛教协会副会长、金山寺方丈心澄法师,香港虚云和尚纪念堂方丈济平长老等出席庆典活动。

11月21日　市委统战部召开全市统战部长会议,专题研究2009年工作思路。市政协副主席、市委统战部部长张兴华到会并讲话。

12月10日　美国嘉兴联谊会在美国亚特兰大成立,嘉兴市海外联谊会会长张兴华前往祝贺。顾菊林当选会长,并在成立当天与嘉兴海外联谊会签署合作协议。

12月17—18日　全省侨办主任会议在嘉兴召开。总结交流2008年全省侨务工作,探讨研究2009年工作思路。省侨办主任王晓峰,副主任余长年、邱国栋、刘芸,副巡视员戴小迅出席会议。

12月27日　市政协副主席、市委统战部部长张兴华率7个县(市、区)委统战部部长赴温州市文成县,参加“和谐之旅民族行暨中国畲族旅游发展论坛”,并与文成县7个少数民族村签订结对帮扶协议。

12月　市工商联在全国工商联举行的非公有制企业民商事纠纷仲裁工作试点经验交流暨仲裁知识培训班上,作工商联系统运用非诉讼手段解决企业纠纷的技能等经验交流。

2009年

1月6日　市委统战部在平湖召开全市统战部长会议,传达贯彻全省第四次市委统战部部长工作例会精神,研究部署进一步落实省少数民族低收入群众增收帮扶工作。市政协副主席、市委统战部长张兴华到会并讲话。

2月1日　市委书记陈德荣,市委副书记、市长李卫宁,市委常委、市委秘书长蒋唯民,市政协副主席、市委统战部部长张兴华看望市各民主党派、工商联负责人并座谈。

3月3日　嘉兴市侨商会成立,曹其镛当选会长。省侨办副主任余长年,市领导王新民、蒋仁欢、张兴华等到会祝贺。

3—8月　根据市委统一部署,市委统战部组织开展以“同舟共济创发展,五大关系共和谐”为载体的深入学习实践科学发展观活动。

4月8日　市委常委会听取市委统战部关于全省统战部长会议、全省民族宗教工作会议及全省宗教工作座谈会精神的汇报，研究部署全市统战工作。市委书记陈德荣到会并讲话。

4月21日　市委办公室、市政府办公室印发《关于建立市领导联系行业协会商会制度的通知》，建立市委、市人大常委会、市政府、市政协领导联系行业协会商会制度。

同日　市委、市政府召开会议，表彰第三届嘉兴市优秀社会主义事业建设者。

4月23日　市委、市政府召开全市统战工作会议，贯彻全省统战部长会议、全省民族宗教工作会议和全省宗教工作座谈会精神，部署2009年主要任务。市委副书记鲁俊，副市长张志伟，市政协副主席、市委统战部部长张兴华出席会议并讲话。

4月27日　市委统战部、市商业银行、市工商联（总商会）举办“应对国际金融危机、推进企业转变发展方式，实现转型升级”报告会。

4月　市工商联（总商会）、市商业银行举行“嘉兴市支持中小企业发展推进会”，缓解全市民营企业融资难问题。

同月　海宁市道教协会召开第一次代表会议，选举海宁市道教协会第一届理事会，成立海宁市道教协会。

5月20—21日　省委统战部常务副部长陈金彪到嘉兴调研基层统战工作，先后听取嘉兴、平湖、海盐三地统战工作汇报，与平湖市新仓镇、海盐县百步镇基层统战干部交流座谈，并实地走访海盐县百步镇。市政协副主席、市委统战部部长张兴华陪同调研。

6月3—4日　嘉兴市第五次归侨侨眷代表大会召开，出席代表200名（包括特邀代表），许农当选市侨联主席（2010年3月，许农因工作调动，陆建中任侨联主席）。

6月17日　市委统战部、市民宗局召开全市“创建平安宗教活动场所”总结表彰会，贯彻落实省民宗委“和谐寺观教堂”创建活动精神，总结表彰全市第一轮“平安创建”工作，部署“星级平安宗教活动场”所达标考评工作。市人大常委会副主任王新民，副市长张志伟，市政协副主席、市委统战部部长张兴华出席会议并讲话。

6月26日　市委常委会议听取市工商联关于全省工商联工作会议精神及贯彻意见的汇报，并作专题研究。

6月　市工商联、市司法局、市法学会召开“法律服务民营企业”工作会议，签订“法律服务民营企业”合作协议，商讨建立全市各级司法局、工商联“法律服务民营企业”长效协作机制，并启动嘉兴市法律服务民营企业百场讲座活动。

7月10日　省侨联主席王成云率考核组到桐乡市梧桐街道进行“省示范性基层侨联”考核验收。

7月13—14日　全国工商联副主席沈建国率非公有制企业仲裁工作调研组到嘉兴调研非公有制企业民商事纠纷仲裁试点工作。

7月14日　全国八次侨代会在北京召开。浦金英被授予“全国侨联系统先进个人”称号，李震鸣、赵荣华被授予“全国归侨侨眷先进个人”称号。

8月28日　嘉兴市侨商会会长曹其铳、香港同乡会会长周利春被授予“嘉兴市荣誉市民”称号。

8月31日　市委统战部在海盐召开全市统战部长会议，总结交流半年度工作，部署下半年主要任务。市政协副主席、市委统战部部长张兴华到会并讲话。

9月18日　市委统战部举行庆祝中华人民共和国成立60周年和多党合作制度确立60周年座谈会。市政协副主席、市委统战部部长张兴华主持会议，市委副书记鲁俊、市人大常委会副主任钱满程、市政协副主席金锦根出席会议并讲话。市各民主党派、工商联负责人，市委统战部历任老部长、市各民主党派老主委、工商联老会长，无党派人士代表，民族宗教界人士代表，归侨侨眷和港澳台同胞、海外侨胞、归国留学人员，侨、港商代表等参加座谈。

9月23日　市委统战部、市工商局、市工商联成立嘉兴市非公有制企业学习实践科学发展观活动指导小组。

同日　市委副书记、市长李卫宁邀请市温州商会、市台州商会负责人举行座谈会。

11月18日　全市基层商会工作经验交流会在嘉善县大云镇商会召开。各县（市、区）工商联、总商会党组书记、会长以及全市65家基层商会的会长参加会议。

11月19日　嘉善县西塘钱塘人家饭店经理丁国强、浙江五芳斋集团股份有限公司董事长厉建平、嘉兴中达集团有限责任公司董事长金惠明被评为“第三届浙江省优秀中国特色社会主义事业建设者”。

11月　嘉兴市海峡两岸交流协会成立。

12月4日　市委、市政府印发《中共嘉兴市委、嘉兴市人民政府关于加强创业创新领军人才队伍和创新团队建设的若干意见》，市委办公室、市政府办公室印发《“创新嘉兴精英引领计划”实施办法（施行）》和《嘉兴市重点创新团队遴选办法》，推出“创业创新支持”“学术活动资助”“安居及购房补助”“医疗服务”“妥善安排家属就业子女就学”“畅通人才引进绿色通道”六方面规定、19条扶持政策。

12月4—6日　市委、市政府举行2009“星耀南湖”人才科技对接交流会，省侨联主席吴晶，上海浦东新区侨联副主席、张江高科技园区侨联分会主席程东及70余名海外高层次人才应邀出席会议。

12月11日　市委统战部召开全市统战部长务虚会，研讨2010年工作思路。

12月14日　市民宗局召开全市民宗局长会议，传达学习中共中央政治局常委、全国政协主席贾庆林考察浙江时的重要讲话精神和全省民宗局长会议精神，研讨2010年工作思路。

12月15日　市台联召开第五次代表大会，出席代表200人。黄济华代表第四届理事会作工作报告。会议选举第五届理事会理事48人，黄济华当选市台联会长。

2010年

1月23日　市工商联、市广电集团、市总商会举办《新禾商》杂志发行仪式。《新禾商》是嘉兴市唯一公开发行刊号的财经期刊。

2月5日　长三角海创俱乐部（嘉兴）（简称海创俱乐部）在南湖国际俱乐部举行揭牌成立仪式。市领导杨立平、王新民、翁可雄、张兴华等出席揭牌仪式。海创俱乐部由在嘉兴创业的归国留学人员发起建立。

2月7日　全国政协副主席、全国工商联主席黄孟复到嘉兴考察，并参观南湖革命纪念馆，瞻仰南湖红船。

2月20日　市委举行市各民主党派、工商联、无党派代表人士座谈会，市领导陈德荣、李卫宁、刘冬生、鲁俊、蒋唯民、杨立平、张兴华等参加座谈。

4月1日　市委、市政府召开全市统战工作会议，贯彻落实全省统战部长会议和全省民族宗教工作会议精神，总结2009年工作，研究部署2010年主要任务。市委副书记鲁俊、副市长张志伟出席会议并讲话。

4月9日　市委组织部、统战部召开新社会组织党建工作推进会。市委常委、组织部部长杨立平到会并讲话。

4月12日　嘉兴市侨商会刊物《嘉兴侨商》创刊。

4月28日　市工商联（总商会）在平湖市新埭镇召开全市基层商会工作现场交流会，总结交流平湖市新埭镇等基层商会工作经验，对南湖区新兴街道商会等12个市级先进基层商会进行表彰。

5月4—9日　市工商联（总商会）组织全市首批40名民营经济人士到香港理工大学学习国际化经营管理知识。

5月17日　市委统战部、市民宗局召开深化“平安宗教活动场所”创建总结表彰暨第二届宗教慈善奖颁奖大会。省委统战部副部长、省民宗委主任王毅，市委副书记鲁俊、市人大常委会副主任王新民，副市长张志伟，市政协副主席、市委统战部部长张兴华等出席会议。

同日　中共嘉兴市行业协会（商会）委员会成立，陈兴隆任书记。

5—11月　根据市委统一部署，市委统战部开展学习践行社会主义核心价值体系活动。

6月4日　市委统战部在嘉善召开全市统战部长工作例会，交流研讨各地基层统战工作面临的热点、难点问题及对策，研究部署下半年主要任务。市政协副主席、市委统战部部长张兴华到会并讲话。

6月　市工商联、市环保局印发《关于印发嘉兴市组织引导环境学会和行业协会联合参与环保管理试点工作方案的通知》，加快推动全市政府职能向社会组织的转移。

7月27日　市工商联、市中级法院召开第一次联席会议，决定建立嘉兴市民营企业法律风险防范机制。

同日　市侨务部门举办首届为期7天的“华文之旅”海外青少年夏令营活动。

8月19—20日　省委统战部部长汤黎路、常务副部长陈金彪一行到嘉兴、嘉善、桐乡等地调研基层统战工作。

9月18日　英国浙江联谊会嘉兴分会在英国伦敦漂亮酒店举行成立仪式，李雪林当选为分会长，市侨联主席陆建中前往祝贺。

9月27—28日　省侨联青年总会2010年年会在嘉兴举行。全球32个国家和地区的120余名海外侨领参加会议。省人大常委会副主任吴国华，中国侨联副主席董中原，市领导鲁俊、王新民、蒋仁欢、金锦根、张兴华等出席会议。

10月18日　市工商联(总商会)网站改版暨禾商网开通。

10月20日　市委统战部召开中心组理论学习(扩大)会，组织学习中共中央、国务院《关于加强和改进新形势下工商联工作的意见》。市政协副主席、市委统战部部长张兴华参加理论学习会并讲话。

10月25—29日　市委、市政府举行2010“星耀南湖”人才科技对接交流会，达成合作意向41个，意向申请“创新嘉兴·精英引领计划”人才33人。

10月26日　市委组织部、市侨联等部门联合举行2010“星耀南湖”才富论坛暨风云禾商对话海外英才活动。该活动获市政协2010年创新工作进步奖，被省侨联选入2010年各地侨联十件大事。

10月28日　市佛教协会举办首届汉传佛教讲经交流会。各县(市、区)民宗局、佛协嘉宾、信众300余人参加会议。省民宗委副主任陈振华，市政协副主席、市委统战部部长张兴华到会祝贺并讲话。

10月　市总商会组织民营企业经贸考察团赴四川参加第十一届西部国际博览会，并就参加西部大开发的项目达成部分投资或合作意向。

同月　市工商联、市发改委、市物价局印发《关于联合开展“价格服务进行业协会(商会)”活动工作方案的通知》，推动行业协会(商会)参与改进市场价格监管，深化价格公共服务，规范行业价格行为，强化行业价格自律。

11月2日　市委统战部、市工商联在市行政中心召开市级行业协会商会党建工作暨创先争优活动推进会。市政协副主席、市委统战部长张兴华到会并讲话。

11月8日　市侨办举办“开放、合作、创新、共赢”为主题的“2010长三角·嘉兴投资洽谈会(嘉洽会)”，世界20多个国家和地区的400余位客商参加洽谈会，市领导李卫宁、徐士珍、刘冬生、鲁俊、蒋仁欢等出席会议。

11月10日　市委统战部举办社会主义核心价值体系学习报告会，省委党校教授曹文彪作辅导报告。市级统战系统机关全体干部、各民主党派市委委员、市工商联常委、市党外知识分子联谊会会员、市侨联委员、市留联会会员、市侨商会员、市级宗教团体负责人等参加会议。

11月22—25日　第四届浙江省少数民族传统运动会在丽水举行，嘉兴市代表团获1金、3银、3铜共7枚奖牌。

11月23日　市委举行市各民主党派、工商联负责人和无党派人士代表座谈会，就《中共嘉兴市委关于制定嘉兴市国民经济和社会发展第十二个五年规划的建议(草案)》征求意见。市委副书记、市长李卫宁主持会议。

11月27日　香港嘉兴同乡会成立20周年庆典仪式在香港名都酒店举行。市委副书记鲁俊，市政协副主席金锦根，市政协副主席、市委统战部部长张兴华率党政代表团到会祝贺。

12月9日　全国政协副主席、全国工商联主席黄孟复到嘉兴、海宁考察。

12月11日　嘉兴市第一家外埠异地商会——宁波市嘉兴商会成立。市委副书记鲁俊，市人大常委会副主任周楚兴，市政协副主席、市委统战部部长张兴华，市政协副主席、市工商联主席薛佳平等出席成立大会。

12月16日　市总商会与市招商银行小企业信贷中心联合举行银企战略合作协议仪式，为全市小企业打造“金融安居工程”。

12月29日　市侨联、市政协港澳台侨委、市留学人员和家属联谊会(简称市留联会)合作编著的《嘉兴海外英才》(第一册)举行首发式。该书记录30位嘉兴籍海外学子在海外奋斗的历程和学术成就。

12月30日　嘉兴学院侨联成立。

同日　市工商联撰写的《嘉兴市行业协会商会改革和发展体制机制创新的研究》,被收录到《中国商会发展报告》。

同日　全市民宗局长会议在秀洲区召开,传达全省民宗局长会议精神,总结交流2010年工作,研究部署2011年主要任务。

12月　李卫宁任中共嘉兴市委书记(2010年12月至2013年3月)。鲁俊任嘉兴市代理市长(2010年12月至2011年2月)。

同月　《嘉兴商会志》编纂出版。该书全面记载了嘉兴商会108年、嘉兴工商联60年发展的历程。

2011年

1月7日　市委统战部在秀洲区召开全市统战部长会议,总结交流2010年工作,研究部署2011年任务。市政协副主席、市委统战部部长张兴华到会并讲话。

2月24日　市行业协会改革发展协调小组召开工作会议,对行业协会(商会)评价细则进行修订和完善。同时,揭晓2010年度市行业协会(商会)工作评价结果。

2月　鲁俊任嘉兴市市长(2011年2月至2013年3月)。

3月8日　褚辅成史料陈列室揭牌成立。市委常委、市委秘书长孙贤龙,市政协副主席、市委统战部部长张兴华以及市政协副主席、九三学社嘉兴市委主委马玉华等出席揭牌仪式。褚辅成史料陈列室为全省首批民主党派优良传统实践教育基地之一。

3月18日　市委印发《中共嘉兴市委关于同意将嘉兴市工商业联合会党组改建为嘉兴市工商业联合会(嘉兴市总商会)党委的批复》。

3月27日　嘉兴科技城侨联成立。

3月30日　全市侨务工作会议在秀洲区召开,传达省侨办有关会议精神,研究部署2011年主要工作。

4月11日　市委召开全市统战工作会议,贯彻落实全省统战部长会议和全省民族宗教工作会议精神,总结2010年全市统战工作,研究部署2011年主要任务。市委副书记冯志礼、副市长张志伟,市政协副主席、市委统战部部长张兴华出席会议并讲话。

4月19日　市委办公室、市政府办公室印发《嘉兴市创业创新领军人才“生活绿卡”制度暂行办法》。

5月17—18日　市工商联在宁波市象山县召开工作例会暨全市基层商会工作总结表彰大会。市委统战部副部长、市工商联(总商会)领导及各县(市、区)工商联主席、党组书记、分管组织工作的副主席,嘉兴经济开发区党工委政治处负责人等40人参加会议。

5月24日　全国政协副主席、全国工商联主席黄孟复一行到嘉兴,就民营企业加快进入垄断领域问题进行调研。省政协副主席、省工商联主席徐冠巨,市委书记李卫宁、市政协主席刘冬生等陪同。

6月14日　市委组织部、统战部召开深化创先争优活动推进会暨新经济与新社会组织党建工作现场会,传达贯彻全省深化创先争优活动推进会精神,总结交流全市创先争优活动情况。市委常委、组织部部长杨立平到会并讲话。

6月16日　市政府印发《关于公布2011年嘉兴市科学技术奖获奖人员和项目的通知》,市工商联系统获自主创新重大贡献奖2名,自主创新贡献奖6名,科学技术进步奖93项(一等奖5项、二等奖19项、三等奖69项)。

6月　市政府组团赴台举办嘉兴服务业发展恳谈会。

7月29日　全市侨务工作会议在桐乡召开,总结交流上半年工作,研究部署下半年任务。

8月16日　市工商联(总商会)、桐乡市光彩事业促进会举办2011年度结对助学座谈会。11位民营企业家与12位考上大学的学生结对,资助每人每学年5000元,直至大学毕业。

9月26日　市级统战系统召开机关党员大会,公推直选产生新一届市委统战部机关党委、纪委。市政协副主席、市委统战部部长张兴华,市委副秘书长、市直机关工委书记干安宁到会并讲话。

10月25日　市委统战部召开全市统战部长(扩

大)会议，专题研究党风廉政建设工作。市政协副主席、市委统战部部长张兴华到会并讲话。

10月28日　市委、市政府印发《关于加强和改进新形势下工商联工作的实施意见》，提出加强和改进新形势下工商联工作的13项具体措施。该文件由市工商联参与起，全市工商联工作进入新的发展时期。

同日　市侨联组织海创俱乐部(嘉兴)会员赴秀洲区油车港进行“深入基层、助推新农村建设”考察活动。

11月8日　市行业协会(商会)团工委成立。

11月　市台联代表团赴台访问，拜会嘉兴同乡会、浙江同乡会，探望亲朋好友。

12月14—15日　市工商联(总商会)第六次会员代表大会在嘉兴沙龙国际宾馆召开。薛佳平当选新一届市工商联主席、市总商会会长，市工商联副主席、市总商会副会长22人。

12月29日　新西兰嘉兴联谊会成立揭牌仪式在新西兰奥克兰的中国城大厅举行，沈晓栋当选会长。

2012年

1月29日　市委举行市各民主党派、工商联新一届领导班子成员座谈会，听取对市委、市政府工作的意见和建议，共商全市经济社会改革发展大事。市委副书记冯志礼主持会议，市委书记李卫宁出席座谈会并讲话。市长鲁俊，市人大常委会主任徐士珍，市政协主席刘冬生，市委常委、组织部部长杨立平，市政协副主席、市委统战部部长张兴华等出席座谈会。

2月2日　遵照中共中央《关于加强新形势下党外代表人士队伍建设的意见》精神，市委统战部、组织部开展党外人士专题调研，并在调研基础上建立健全党外人士和统一战线基础工作数据库。

2月4日　海创俱乐部(嘉兴)召开理事会议，确定孟凡国任会长，新增理事7名。

2月16日　市委举行各民主党派、工商联、群众团体负责人和无党派代表人士通报会，通报新一届市委、市纪委领导人事安排情况。市委书记李卫宁、副书记冯志礼，市委常委、组织部部长杨立平等出席会议，市政协副主席、市委统战部部长张兴华主持会议。

2月　中共嘉兴市第七次代表大会召开。市工商联首次划入市直机关选举单位参加党代表推选工作。经过推荐、考察、选举，市优秀共产党员、温州商会党支部书记朱克友当选市第七次党代会代表。

3月15日　市委召开全市统战工作会议，总结2011年全市统战工作，研究部署2012年工作任务，并对2011年度全市统一战线工作创新项目、2011年度全市统战理论、宣传和信息工作先进单位、先进个人进行表彰。市政协副主席、市委统战部部长张兴华主持会议总结和部署工作，市委副书记冯志礼到会并讲话。

3月19日　市委统战部召开市党外知识分子联谊会和新一届无党派界别市政协委员学习会，学习中共十七届六中全会和市第七次党代会精神。市政协副主席、市委统战部部长张兴华出席会议并讲话。

3月　编撰出版《嘉兴市统战理论调研文选(2012年版)》。该文选收集2006—2011年市、县(市、区)两级统战部门开展统战理论调研的调研文章32篇。

4月　朱静绮(女，市政协副主席)任中共嘉兴市委统战部部长。

5月30—31日　市工商联在市委党校举办市级行业协会(商会)、异地商会秘书长培训班。

7月13日　省侨联主席吴晶率省委督查组到嘉兴督查省委办公厅《关于加强新时期侨联工作的意见》贯彻落实情况。副市长盛全生向督查组汇报工作并陪同督查。

7月15日　市委举行民主协商会，就全国城市文明程度指数测评暨国家卫生城市迎检工作向各民主党派通报情况并征求意见。市政协副主席、市委统战部部长朱静绮主持会议，市领导冯志礼、陈越强、柴永强、张仁贵出席座谈会听取意见。

7—12月　全市统战系统开展“同心·建功”活动。这是全市统一战线贯彻省、市党代会精神，强化“政治上同心同德，目标上同心同向，行动上同心同行”，把智慧和力量凝聚到科学发展主题，加快经济发展方式转变的专题活动。

8月2日　市委统战部举行各民主党派、工商联负责人和无党派代表人士座谈会，学习座谈胡锦涛

"7·23"重要讲话。市政协副主席、市委统战部部长朱静绮出席座谈会。

8月14日　市发改委、市财政局、市民政局、市合作交流办、市工商联印发《关于建立嘉兴市异地商会工作评价体系的意见(试行)》,规范和完善异地商会建设。

9月23—25日　省侨办、市政府联合举办2012"相聚长三角"海外华侨华人专家嘉兴行活动。美国、加拿大、英国等8个国家的38位海外华侨华人专家到嘉兴考察访问,寻求合作商机。省侨办副主任王通林,省委人才办副主任徐晓光,副市长盛全生,市政协副主席、市委统战部部长朱静绮等出席活动。

10月19日　市工商联、市中级人民法院举办"法官走进食品工业协会"主题活动。

10月22—23日　全省侨联主席工作会议在桐乡召开。会议总结交流各地侨联工作,研究探讨2013年工作思路。省侨联主席吴晶、省侨联党组书记岑国荣出席会议并讲话,副市长盛全生致欢迎辞。

10月25日　全省统战调研宣传工作会议(北片)在嘉兴召开。学习研讨中央统战部关于调研和宣传工作的主要精神,总结交流经验,研究部署下一步主要任务。省委统战部副部长蒋学基,市政协副主席、市委统战部部长朱静绮出席会议并讲话。

11月26日　嘉兴市首个省外商会,成都嘉兴商会在成都成立。

12月19日　市工商联召开《新禾商》杂志创刊3周年暨改版座谈会。

12月25日　市侨商会在嘉兴市奥林匹克大酒店举行换届大会,出席会员120余人。会议选举新一届市侨商会,浙江南湖国际俱乐部董事长陈亮任会长。

12月28日　市委统战部举行统一战线学习中共十八大精神辅导报告会,邀请浙江大学博士生导师、中国统一战线理论研究会理事段治文作"中国特色社会主义新征程——党的十八大精神与统一战线"专题讲座。市政协副主席、市委统战部部长朱静绮出席会议并讲话。

2013年

1月5日　市委办公室、市政府办公室印发《关于进一步加强市领导与党外人士交友联系的通知》,进一步完善和规范市领导与党外人士联系交友的形式和要求。

1月6日　市工商联举行六届二次执委(扩大)会议,学习贯彻中共十八大和全国工商联第十一次会员代表大会精神。市委书记李卫宁到会并讲话。市领导鲁俊、刘冬生、高玲慧、周楚兴、盛全生、薛佳平、朱静绮等出席会议。

1月10日　市委七届五次全体会议通过《中共嘉兴市委工作规则》。市委工作规则将多党合作相关工作机制纳入党委工作规则,明确"根据工作需要,就全市经济社会发展重大事项和重要人事安排与各民主党派、工商联及有关方面进行协商通报""市委主要领导开展重大调研活动原则上应邀请一位市民主党派主要负责人同行"。

1月15日　市委统战部、市民宗局举行少数民族和宗教界代表人士座谈会。副市长祝亚伟,市政协副主席、市委统战部部长朱静绮参加座谈并讲话。

1月17日　市政协副主席、市委统战部部长朱静绮赴嘉善调研,对接省委统战部助推嘉善县域科学发展观示范点建设工作。

同日　市委统战部召开各民主党派主委、工商联主席、党外知识分子联谊会会长联席会议,传达学习各民主党派中央、全国工商联换届大会主要精神,交流2012年工作和2013年工作思路,协商相关工作。

1月　市工商联会同市发改委、经信委、财政局、民政局、合作交流办等有关部门组成评价工作小组,开展对协会、商会工作评价。经考核评价,全市16家行业协会商会和6家异地商会获奖。

同月　根据中共中央《关于改进工作作风密切联系群众的规定》有关精简文件简报的精神,《嘉兴统战》停办,保留《嘉兴市统战信息专报》。

2月16日　市委、市政府举行党外代表人士新春座谈会,市各民主党派、工商联负责人和无党派代表人士参加座谈会,市领导李卫宁、刘冬生、高玲慧、孙贤龙、连小敏出席座谈会,市政协副主席、市委统战部长朱静绮主持座谈会。

2月28日　市委召开全市党建工作会议，学习贯彻中共十八大和全国、全省组织、宣传、统战工作会议精神，总结成绩，表彰先进，研究部署2013年全市组织、宣传、统战工作各项任务。市委书记李卫宁出席会议，并就全市宣传、组织、统战工作讲话。市政协副主席、市委统战部部长朱静绮出席会议总结2012年全市统战工作，部署2013年全市统战工作主要任务。

2月　市委办公室、市政府办公室印发《关于调整市领导联系非公有制企业的通知》，确定市委、市政府的16名领导联系32家非公有制企业。

同月　《嘉兴侨商》2013年第一期（总第二期）刊发，暂定为季刊。

3月13日　吉林市委常委、统战部部长李福才一行到嘉兴考察交流统战工作。

3月21日　市委、市政府召开民族宗教工作协调领导小组（扩大）会议，回顾总结2012年工作，研究部署2013年全市民族宗教工作任务。市委副书记高玲慧，副市长祝亚伟，市政协副主席、市委统战部部长朱静绮出席会议。

3月23日　全省统一战线助推嘉善“县域科学发展示范点”建设活动启动仪式及省统一战线助推嘉善“县域科学发展示范点”座谈会在嘉善举行。省政协副主席、省委统战部部长汤黎路，省各民主党派主委和嘉兴市、县领导鲁俊、连小敏、朱静绮、姚高员、许晴、郑明、冯伟、滕根林等出席启动仪式和座谈会。

3月25日　嘉兴市侨联五届八次全委（扩大）会议暨留联会二届五次理事会在市委党校召开，市侨办、市侨联成立“侨智聚禾”海创精英论坛正式启动。市委副书记高玲慧，市政协副主席、市委统战部部长朱静绮出席会议。爱因斯坦医学院博士、浙江长三角研究院生物技术与医药研究所副所长、市侨联副主席孟凡国作“学习十八大精神解读生态文明建设”的首期讲座。

3月　鲁俊任中共嘉兴市委书记（2013年3月起）。肖培生任嘉兴市代理市长（2013年3月至2014年1月）。

4月6—7日　省委统战部副部长、省民宗委主任冯志礼、副主任陈振华及《人民日报》海外版、《浙江民族与宗教》记者等到嘉兴调研民间信仰活动情况。市政协副主席、市委统战部部长朱静绮，市民宗局长陈国华等陪同调研。

4月10日　市委书记鲁俊到市委统战部调研，分别走访民革、民盟、民建、民进、农工党、致公党、九三学社市委，并与各民主党派市委班子座谈。

4月22日　安徽省蚌埠市政协副主席、市委统战部部长何洪江一行到嘉兴考察交流统战工作。

4月28日　市委、市政府举行市政府部门与各民主党派、工商联对口联系工作会议。市委副书记高玲慧，市委常委、常务副市长梁群，市政协副主席、市委统战部部长朱静绮出席会议。市各民主党派主委、工商联主席参加会议。

5月9日　市委宣传部、统战部召开两部联席会议，商讨全市统战宣传工作。市各民主党派、工商联和市级各新闻媒体负责人参加会议。

5月16日　市委统战部召开全市调研宣传信息工作会议，总结交流工作，研究部署主要任务。

5月20日　市委常委会通过《关于加强新形势下党外代表人士队伍建设的实施意见》，决定在党外代表人士培养、选拔、使用、管理环节中，实行“发现储备、综合评价、举荐推荐、教育培训、选拔任用、实践锻炼、管理服务、合作共事”8项机制，并就党外后备干部队伍建设作出明确规定。

5月25日　举行纪念褚辅成先生140周年诞辰学术研讨会。全国政协常委、九三学社中央常务副主席邵鸿，市政协主席刘冬生，市委副书记高玲慧出席会议。

5月29日　市委常委会听取市委统战部、市工商联关于第二届世界浙商大会筹备工作暨“十万浙商进百区”活动部署情况汇报。市委书记鲁俊听取汇报并讲话。

同日　市民宗局召开全市民宗局长会议，传达有关文件精神，总结交流半年度工作，研究部署下半年任务。

6月8日　市委统战部、市工商联召开专题会议，部署全市开展以“禾商中国梦”为主题的非公有制经济人士理想信念教育实践活动。强调要结合民营企业二次创业和“十万浙商进百区”工作开展活动。

6月11日　举行纪念沈钧儒逝世50周年学术研讨会。民盟中央副主席徐辉、民盟省委专职副主委徐向东，市领导梁群、王淳、李水根、马玉华、薛佳平、邢海华以及沈钧儒家属代表、研讨会论文作者、嘉兴市沈钧儒研究会会员等100余人出席开幕仪式。

7月9日　市工商联在秀洲区行政中心举办异地商会秘书长联谊会，12个嘉兴市级异地商会秘书长参加会议。

7月12日　市工商联召开“十万浙商进百区”活动专题工作会议，部署市级嘉兴异地商会进园区暨项目签约仪式活动。

7月25日　市侨办、市侨联举办2013年“中国寻根之旅”夏令营浙北营嘉兴分营暨第四届华文之旅夏令营活动。本次夏令营活动在凤桥梅花洲景区开营。

8月9日　市委统战部举行纪念嘉兴撤地建市30周年暨深化“同心·建功”活动座谈会。市委副书记高玲慧出席会议并讲话。

9月8日　澳大利亚嘉兴联谊会在悉尼成立，会员50余人，大会选举万亚丁任会长。

9月9日　省政协副主席、省委统战部部长汤黎路到嘉兴、桐乡调研。强调统一战线要将党委政府所急、人民群众所盼、统战系统所能三者有机结合。

9月17日　市工商联（总商会）举行嘉兴市异地商会负责人座谈，交流介绍异地商会发展情况，就如何进一步发挥商会作用助推嘉兴经济社会发展进行座谈。嘉兴市温州商会、嘉兴市台州商会、嘉兴市安徽商会等异地商会负责人在会上作交流发言，市委书记鲁俊出席座谈并讲话。

9月　市政府印发《关于加快政府部分职能向行业协会商会转移的实施意见（试行）》（简称《实施意见（试行）》。《实施意见（试行）》划定职能转移的范围和方式，确定职能承接条件，要求将能够委托给社会和市场办理的职能及工作事项从政府部门逐步分离出来，有计划地转移给行业协会承担。

10月14日　市委统战部、市侨办召开全市基本侨情调查工作动员部署会议。按照省侨情调查工作办公室的统一部署，全市基本侨情调查统计时间为2013年10月至2014年10月，调查标准时间点为2013年12月1日零时起。经调查，全市涉侨人数为88622人（包括旅居海外华侨、华人和港澳同胞共计32363人，居住在全市的归侨、侨眷和港澳同胞眷属共计14726人，归国留学人员、海外留学生及其眷属共计41533人）；全市共有侨资企业670家、海创企业327家；海外侨（社）团22个。

10月22日　市委统战部、市工商联在新疆维吾尔自治区沙雅县举行“红船助学金”发放仪式，向当地200名贫困学生发放助学金20万元。

10月26—27日　第二届世界浙商大会在杭州举行。其间，嘉兴市签约项目8个，金额119.2亿元。

10—12月　根据市委统一部署，市委统战部机关参加第二批党的群众路线教育实践活动。

11月19日　市委统战部组织全市40余名新生代企业家赴北京中央社会主义学院参加政治理论培训。

12月6日　嘉兴市新生代企业家联谊会（又称嘉兴创二代商会）成立大会暨第一次会员代表大会，在南湖区同济大学浙江学院报告厅举行。

12月27日　北京嘉兴企业商会成立大会在北京举行。北京嘉兴企业商会是嘉兴籍在北京经商办企业的单位自愿组成的非营利性社会团体。乌镇旅游股份有限公司、北京古北水镇旅游有限公司总裁陈向宏当选商会会长。

2014年

1月10日　市委举行市各民主党派、人民团体负责人和无党派代表人士民主协商会，通报嘉兴市第七届人大常委会主任、嘉兴市人民政府市长、政协嘉兴市七届委员会主席候选人建议名单。市委书记鲁俊到会并讲话。

1月22日　市工商联（总商会）举行市外异地商会联谊会，杭州、成都、新疆等市外异地商会负责人参加联谊会，市委副书记高玲慧出席会议并讲话。

1月　肖培生任嘉兴市市长（2014年1月起）。

2月18日　省政协副主席、省委统战部部长孙文友到嘉兴调研嘉善县域科学发展示范点建设和基层统战工作。市委副书记、市政协主席高玲慧，市政协副主席、市委统战部部长朱静绮，嘉善县委书记姚高员，嘉善县委副书记、县长许晴，嘉善县政协主席冯伟等陪同调研和座谈。

同日　遵照省委统战部的统一部署，市委统战部印发《嘉兴市无党派人士、党外知识分子坚持和发展中国特色社会主义学习实践活动实施方案》，决定2013年12月至2017年10月，分3个阶段组织全市无党派人士、党外知识分子开展坚持和发展中国特色社会主义学习实践活动。

2月19日　市委统战部印发《关于扎实开展党的群众路线教育实践活动的实施方案》，成立部党的群众路线教育实践活动领导小组，以部机关领导班子和县处以上领导干部为重点开展教育实践活动。教育实践活动自2月至9月，为期8个月，围绕活动部署、征求意见、查摆问题、专题民主生活会、整改落实5个环节展开。

同日　市侨办、市侨联在沙龙宾馆举行第二期"侨智聚禾"海创精英论坛，来自葡萄牙的侨商陈坚作"全面深化改革是凝聚侨商力量，感召浙商回归的原动力"主题报告。此后，分别于5月5日、6月5日、7月5日和11月25日举办第三至六期"侨智聚禾"海创精英论坛。

2—10月　根据市委统一部署，市委统战部机关继续开展党的群众路线教育实践活动。

3月18日　市委常委会听取市委统战部关于全省统战部长会议精神及嘉兴市贯彻建议的汇报。市委原则同意市委统战部提出的贯彻建议和2014年全市统战工作思路，要求统战部门积极推进多党合作事业，支持民主党派开展工作，不断提高民族宗教事务工作水平。市委副书记、市长肖培生受市委书记鲁俊委托主持会议。

4月10日　市委召开全市党建工作会议，学习贯彻中共十八大、十八届三中全会和全省组织、宣传、统战工作会议精神，总结成绩，表彰先进，研究部署2014年全市组织、宣传、统战工作各项任务。市委书记鲁俊出席会议并讲话。市政协副主席、市委统战部部长朱静绮总结2013年全市统战工作，部署2014年统战工作主要任务。

4月11日　市侨办、市侨联、浙江信汇实业股份有限公司在秀洲区举行"嘉兴市海外留学人员归国创业创新基地"授牌仪式，为海外留学人员归国实践、创业提供平台。

4月25日　市工商联（总商会）召开全市行业协会商会、异地商会工作会议，商讨研究进一步加强行业协会商会、异地商会工作。市行业协会改革发展协调小组成员单位、市异地商会评价领导小组成员单位负责人，市级行业协会商会、异地商会会长、秘书长近100人参加会议。

5月14日　"幸福回嘉、共筑梦想"为主题的嘉兴市第一届浙（禾）商大会召开。

7月15日　市侨办、侨联与湖州市侨办、侨联在平湖澳多奇农庄举办2014年"中国寻根之旅"夏令营浙北分营活动。"中国寻根之旅"夏令营活动在嘉兴连续举办五届，近20个国家和地区的150余名海外华裔及中国港澳地区的青少年参加此项活动。

9月13日　全省首家市级侨苑书画社——嘉兴市侨苑书画社在运河画苑成立。

9月24日　市七届人大常委会第二十一次会议决定授予于江涛、曹元、汪维佳、袁于民4名侨界归国创业人员"嘉兴市荣誉市民"称号。

10月21日　省委统战部常务副部长金长征到嘉兴调研统战工作，并实地考察嘉兴市知联会海创分会、桐乡市知联会活动点和平湖市乍浦镇宗教活动场所。

10月30日　市委办公室、市政府办公室印发《嘉兴市非公有制经济人士优秀中国特色社会主义事业建设者评选表彰管理办法》。

10月　秀洲区新城街道亚都社区、嘉善县西塘社区获国务院侨办"侨法宣传角"荣誉称号，平湖市当湖街道朝阳路社区获国务院侨办全国"明星社区"称号。

12月4日　市委召开市各民主党派、工商联负责人和无党派人士民主协商会，通报全市"推进法制政府和服务型政府建设""深化行政审批层级一体化改革"工作进展情况，并座谈征求意见。市委副书记、常务副市长梁群到会并讲话。

12月15日　市侨商服务联盟正式成立。市侨商服务联盟整合35个部门力量，成为政策集成、资源集约、服务集中、高效联动的侨商服务综合平台。

是年　市委统战部、市工商联组织2013年度市、县（市、区）优秀社会主义事业建设者和民营经济代表人士赴北京中共中央党校和社会主义学院学习培训班。

同年　市委统战部、市工商联引导和推进商会法律顾问制度建设，嘉兴市台州商会、嘉兴市福建商会、嘉兴市安徽商会等成立人民调解委员会，在全省率先实现市内异地商会法律顾问全覆盖。

2015年1月9日　市委统战部召开全市统战部长会议，总结2014年全市统战工作，研讨2015年统战工作思路。市政协副主席、市委统战部部长朱静绮到会并讲话。

第一篇　机构队伍

统战部是党委主管统一战线工作的职能部门。加强统战部门自身建设，是做好统战工作的重要前提。本篇通过机构、队伍两个章节，重点记述中共嘉兴市（地）委统战工作机构的设置、主要工作职责以及统战干部队伍建设的历史和工作情况。

第一章　机　构

1949年5月9日，中共浙江省第一地方委员会（简称地委）在湖州成立，辖嘉兴、嘉善、平湖、海盐、海宁、崇德、桐乡、吴兴、长兴、德清10个县和嘉兴、湖州2个市（地辖市）。为加强对地区东部的嘉兴市和嘉兴、嘉善、平湖、海宁、海盐、桐乡、崇德8个县（市）的领导，地委建立东片临时工作委员会。同年10月，地委机关由湖州迁至嘉兴，中共浙江省第一地方委员会更名为中共浙江省嘉兴地方委员会，同时撤销东片临时工作委员会。1950年10月，地委设立统一战线工作部（简称统战部）。1983年8月，经国务院批准，撤销嘉兴地区，建立省辖嘉兴市、湖州市，实行市管县的领导体制，嘉兴市管辖城区、郊区2个区和嘉善、平湖、海宁、海盐、桐乡5个县。中共嘉兴市委员会（省辖市）同时建立。

第一节　中共嘉兴地委统战机构（1950—1983年）

【机构沿革和职能】

机构沿革　1950年10月，地委建立统一战线工作部（简称地委统战部），部址与地委机关一起设在嘉兴市（1958年12月，地委统战部随地委机关由嘉兴市迁往湖州市），首任部长金孟加（地委委员、城市工委副书记兼任），先后配专职秘书和工作人员各1人。1952年10月，地委精简机构，统战部随地委原12个部、委、处、室一起撤销。1953年2月，地委恢复设立统战部。1959年5月，地委批转地委组织部、统战部《关于统战部门组织机构问题的报告》，决定嘉兴县委（嘉善县并入嘉兴县）统战部配正副部长各1人、干事3人，海宁县委统战部配专职部长1人、干事4人，平湖、桐乡县委统战部各配专职部长1人、干事各2人。“文化大革命”期间，地委统战部被取消，业务归革命委员会政工组管理，工作基本停止。1977年2月，恢复地委统战部。1983年8月，经国务院批准，撤销嘉兴地区建制，地委统战部随地委及其工作机构一起撤销。

工作职能　地委统战部是中共嘉兴地委主管统一战线工作的职能部门。20世纪50年代，统战工作的基本职能是协助地委“了解情况、掌握政策、调整关系、安排人事”（简称“十六字”职能），主要工作对象是民族资产阶级和民主党派、爱国知识分子、少数民族、宗教和华侨代表人士，工作重点是团结、教育、组织各民主阶层、各人民团体和各界人民，恢复和发展国民经济。中共十一届三中全会后，地委统战部根据中共中央提出的“长期共存、互相监督、肝胆相照、荣辱与共”的方针，广泛吸收各民主党派、各人民团体和无党派爱国人士参政议政，改进和发展中国共产党领导的多党合作与政治协商制度。同时，围绕以经济建设为中心，进一步发展党的统一战线工作。

【历任部长简介】

金孟加　1915年11月出生，浙江省吴兴县人，1936年2月参加革命，1939年3月加入中国共产党。1936年2月至1949年7月，先后任晋察冀边区冀中区党委秘书，河北省深泽县青救会主任，冀中军区情报处参谋，冀西一地委宣传干事，察哈尔省怀安县委宣传部部长，天镇、阳原、怀安工委书记兼西进支队政委，察南地委党校副校长、地委秘书长。1949年8月至1952年1月，任中共嘉兴地委（中共浙江省第一地方委员会）委员、地委秘书长，嘉兴专员公署副专员。其间，先后兼任嘉兴地委青年工作委员会书记，嘉兴市委（县级）书记，地委统战部部长，地委城市工作委员会副书记、书记等职务。1952年2月至1983年11月，调杭州市先后任浙江大学党委书记，浙江农学院党委书记、副院长、院长，浙江农业大学党委副书记、副校长，浙江省农业厅副厅长、厅长、党组书记，浙江省革委会生产指挥组副组长、农办副主任、党组副书记，浙江省农业科学院副院长、党委书记等职。1983年12月，离职休养。2013年10月22日病逝。

王子达　1913年出生，浙江省宁波市北仑区大碶扎马村人。1937年参加八路军。1938年春加入中国共产党，后奉命回浙江组织中共浙西特委，在沦陷区从事地下工作。先后任中共浙西特委书记、政工队长，中共吴兴、安吉县委书记。1941年，调至苏南太湖、滆湖游击区，先后任宜兴、武进县委书记，苏南特委组织部长等职。解放战争时期，奉命留守江南，先后在苏浙皖边区任县特派员，太滆工委书记、路南工委书记等职。1949年5月至1951年12月，任中共嘉兴地委（中共浙江省第一地方委员会）委员。其间，1950年3月至1951年9月，兼任地委城市工作委员会副书记。1951年7月，任嘉兴专员公署专员。1951年10—12月，任中共嘉兴专员公署党组书记。1951年9—12月，兼任地委统战部部长。1951年12月，调杭州市工作，先后任杭州市工业部部长，杭州市委副书记、书记、市长，浙江省委常委。1977年年初至1984年7月，任广西壮族自治区梧州市委副书记、副市长。1992年1月病逝。

董方明　1912年出生，山东省潍坊市寒亭区人。1932年参加工作。1935年5月加入中国共产党。1932—1933年，先后加入反帝大同盟和共产主义青年团。1933年3月，任共青团北京西区区委宣传部部长。1934年8月，进入陕北苏区参加红军，先后任红三团青年先锋连指导员、陕北省委宣传干事、巡视员、宣传科科长。1935年8月，先后任陕北省委军事部独立团政委，任米脂、横山、靖边三县军分区政委。1938年4月，参加抗日军政大学学习，后派往晋军六十一军做“友军”工作，先后任政治处教育科长、军官训练班政治主任。1939年6月，任山西政治保卫队第二支队四大队教导员；9月，任晋西支队政治部民运科科长。1943年春至1948年9月，先后任中共郯城县委书记，中共江苏省赣榆县委副书记、县长，山东省滨海专署副专员。1949年5月至1952年11月，任中共嘉兴地委委员、嘉兴专员公署副专员。其间，先后兼任中共浙江省第一地方委员会东片临时工作委员会委员、嘉兴市委（县级）常委、嘉兴县委第一副书记、嘉兴县委统战部部长、嘉兴县委城市工作委员会书记、地委财政经济委员会书记、地委统战部部长等职务。1952年11月至1953年8月，任中共嘉兴地委副书记、嘉兴专员公署专员。其间，先后兼任地委统战部部长，地委城市工作委员会副书记、书记等职务。1953年9月至1961年8月，先后任浙江省粮食厅厅长，浙江省人民委员会副秘书长，浙江省地质局局长，浙江工学院院长，浙江大学党委副书记、副校长。1964年8月，离休。1998年11月29日病逝。

齐克非　江苏盱眙人。1949年5月至1951年6月，任中共平湖县委委员、宣传部部长（1949年11月至1950年6月，兼任平湖县委青年工作委员会书记）。1951年12月至1952年1月，任中共嘉兴地委干校负责人。1952年4月至1953年11月，任湖州市市长。1953年6月至1954年1月，任中共嘉兴地委宣传部副部长。1954年1月至4月，任中共嘉兴地委委员、统战部部长。1954年4月至1983年3月，先后任国营第四一〇厂副厂长，航空工业部011基地中共核心领导小组组长，贵州省第三机械工业局党组书记。1983年11月，离职休养。

郑寄民 1912年10月出生，曾用名郑思经，江苏省盱眙县人，中学学历。1940年4月参加工作，1942年9月加入中国共产党。1940年4月至1942年4月，先后任江苏省盱眙县地方财委会审核干事，盱眙县政府财政科办事员、科员、副科长。1942年5月至1944年2月，先后任江苏省盱眙县政府粮食局总务主任、盱眙县政府财粮科副科长、盱眙县财政科副科长。1944年2—8月，中共淮南党校财经干部整风班学习（班长、支委）。1944年9月至1946年12月，先后任盱眙县政府财粮科科长、盱眙县政府财粮局局长、中共淮南区党委运河线上支前运粮队队长、中共淮南区党委财经审查小组组员。1947年1—3月，山东省财经干校学习。1947年3月至1948年10月，先后任华东财委财经调查小组组员、副组长，中共江苏省滨海地委调研室工作员、滨海地委工作团基点乡副支书。1948年11月至1949年4月，中共华东局党校南下工作队学习。1949年5月至1954年4月，任浙江省嘉兴县人民政府县长、中共嘉兴县委书记。1954年4—10月，任中共嘉兴地委商改办公室主任。1954年11月至1960年4月，任中共嘉兴地委统战部部长。

袁　浩 1915年5月出生，曾用名袁秀冬，山东省沂南县人，初中学历。1939年6月加入中国共产党。1935—1937年，任山东省沂水县八角汪小学教员。1938年至1944年2月，先后任山东省沂南县界湖乡动委会主任、独墅乡乡长、东平区区长。1944年2—11月，中共鲁中区党校学习。1944年11月至1949年2月，任山东省沂南县政府文教科长、秘书、副县长。1949年2—5月，渡江南下任中队长。1949年5月至1954年4月，先后任浙江省余杭县县长、中共余杭县委书记。1954年4月至1955年8月，中共华东局党校学习。1955年8月至1958年11月，任中共浙江省嘉善县委书记。1958年11月至1959年7月，任中共浙江省嘉兴县委书记处书记。1959年7月至1961年4月，先后任浙江省农业厅农机处处长、党组委员、办公室主任。1961年4月至1962年8月，中共浙江省嘉善县委书记。1962年6月至1968年9月，任中共嘉兴地委统战部部长。

中共嘉兴地委统战部历任正、副部长一览表

表1-1-1

姓　名	职　务	任职时间	备　注
金孟加	部　长	1950.10—1951.09	兼任
王子达	部　长	1951.09—1951.12	兼任
董方明	部　长	1952.02—1952.10 1953.03—1953.08	兼任，1952.10—1953.02地委统战部撤销
齐克非	部　长	1954.01—1954.04	
郑寄民	部　长	1954.11—1960.04	
袁　浩	部　长	1962.06—1968.09	
王　震	副部长	1956.05—1958.03	
王绪贵	副部长	1960.02—1963.02	1960.04—1962.06主持工作
赵均环	副部长	1977.12—1979.12	1977.12—1978.04主持工作
任泮芳	副部长	1978.04—1983.08	主持工作
李　明	副部长	1979.12—1983.08	
汪立福	副部长	1982.02—1983.08	

第二节　中共嘉兴市委统战机构（1983—2014年）

【机构沿革和职能】

机构沿革　1983年10月，市委建立统战部，部址设市区中山路原市委、市政府大院6号楼，2001年搬迁至市区广场路嘉兴市行政中心一号楼4楼，首任部长李佃杰。1984年9月和1986年8月，侨务办公室、对台办纳入政府序列，仍归口统战部（详见本节“内设机构”）。1989年9月，对台工作由政府管辖。2001年11月，嘉兴市机构改革方案确定市委统战部与市人民政府侨务办公室、市民族宗教事务局、市归国华侨联合会机关合署办公。

工作职能　市委统战部是中共嘉兴市委主管统一战线工作的职能部门。主要职责是：在市委领导下，开展统一战线理论、政策教育，了解情况，掌握政策，协调关系，安排人士；落实共产党领导的多党合作的有关措施；做好非党知识分子工作；贯彻执行党的宗教、民族政策；开展海外统战工作和经济领域的统战工作，为“四化”建设和统一祖国服务。

2001年11月，《中共嘉兴市委办公室、嘉兴市人民政府办公室关于印发〈中共嘉兴市委统一战线工作部（市人民政府侨务办公室、市民族宗教事务局、市归国华侨联合会机关）职能配置、内设机构和人员编制方案〉的通知》，确定市委统战部是市委主管统一战线工作的职能部门，同时承担市政府主管侨务、民族与宗教事务等直属机构的职能；在市委领导下，承担党和政府联系全市归侨、侨眷和海外侨胞的职能。主要工作职责是：组织贯彻执行党的统一战线方针、政策、指示、决议；负责对市级统战系统活动进行协调，并对贯彻落实各项统战方针、政策进行督促检查；向市委反映党外各界人士的意见和建议，协助做好思想政治工作；负责联系各民主党派和无党派代表人士；协助市委贯彻党领导的多党合作和政治协商制度以及对民主党派的方针、政策，发挥市级各民主党派参政议政和民主监督作用；支持帮助市级各民主党派开展工作，加强自身建设；负责贯彻党和国家关于民族、宗教工作的方针、政策和法律、法规；协调全市宗教专项工作；联系少数民族和宗教界的代表人物；协助有关部门做好少数民族干部的培养和举荐工作；负责贯彻党和国家关于侨务工作的方针、政策和法律、法规；开展以祖国统一为重点的港澳台和海外统战工作；联系港澳和海外有关社团及代表人士；做好归侨、侨眷有关工作；负责台湾在野党派及各界人士的联络工作；做好台胞、台属的有关工作；负责党外人士的政治安排，会同有关部门做好培养、选拔、推荐党外人士担任政府和司法机关领导职务的工作；做好党外后备干部和新的代表人物队伍的建设工作，协助民主党派市委（总支、支部）、工商联等做好干部管理工作；负责开展经济领域的统战工作；受市委委托领导工商联党组，指导工商联工作；调查、研究并反映我市非公有制经济代表人士的情况，协调关系，提出政策建议；联系非公有制经济代表人士，做好思想政治工作；掌握党外知识分子情况，反映意见，协调关系，提出政策建议；联系并培养党外知识分子代表人物，会同有关部门做好政治、生活待遇的安排；协同有关部门开展海内外统一战线的宣传工作；管理嘉兴海外联谊会、统战理论学会、中国光彩事业促进会和出国留学人员家属联谊会；代管市台联、黄埔军校同学会等有关社团；负责指导县（市、区）党委统战部门工作，协调各部门的统战工作；联系、指导市社会主义学院的有关工作；按干部管理权限，负责市级统战系统各部门机关干部管理工作；完成市委、市政府交办的其他任务。

【历任部长简介】

李佃杰　1926年9月出生，山东省寿光县人（市委组织部履历记载为山东寿光人，《嘉兴市政协志》记载为山东东营人），小学学历。1945年2月加入中国共产党。1945年8月至1949年2月，先后任山东省垦利县民丰区公所干事、县政府民政科科员、县秘书股股长、民政科副科长。1949年2月至1953年1月，先后任南下干部八中队小队指导员，浙江省缙云县新建区区委书记、省委党校学习小组组长，浙江省卫生厅组宣股股长、人事科副科长。1953年1

月至1975年11月，先后任浙江省建筑工程局政治处宣传科科长，浙江省建筑公司工会副主席，浙江省城市设计院副院长，浙江省工业设计院党委办公室主任、党委副书记，浙江省人事厅科技干部处副处长、党组成员。1975年11月至1983年12月，任中共嘉兴县委副书记、县革命委员会副主任，中共嘉兴市（县级）委副书记、代市长、市长。1983年12月至1985年6月，任嘉兴市（省辖市）政协副主席兼秘书长、党组成员、党组副书记，市委统战部部长（市委统战部部长自1983年11月起任职）。1985年6月至1993年5月，任嘉兴市政协副主席。1993年12月离休。

叶森强　1937年7月出生，安徽省歙县人，专科一年学历。1952年12月参加工作，1955年10月加入中国共产党。1952年12月至1962年4月，先后任浙江省孝丰县工商联、税务局、县委组织部办事员，《孝丰日报》《杭嘉湖报》编辑、记者。1962年4月至1978年9月，先后任中共嘉兴地委办公室、嘉兴专署办公室秘书，中共嘉兴地委办公室副主任、主任。1978年9月至1983年11月，任中共嘉兴地委常委、秘书长。1983年11月至1985年6月，任嘉兴民丰造纸厂党委书记。1985年6月至1988年6月，任中共嘉兴市委统战部部长。1988年6月至1998年4月，任嘉兴市政协副主席、市委委员、市委统战部部长。

钱雪林　1943年10月出生，浙江省嘉善县人，专科学历。1962年5月参加工作。1970年5月加入中国共产党。1962年5月至1964年6月，嘉善县干窑公社南宙大队下乡知青。1964年6月至1983年9月，先后任嘉善县干窑人民公社南宙大队团支部书记、党支部副书记，嘉善县干窑公社党委副书记、革委会副主任，中共嘉善县委副书记、副县长。1983年9月至1985年3月，南京农业大学农业管理专业学员。1985年3月至1992年12月，任中共嘉兴市委农村工作委员会副书记、中共嘉兴市郊区区委书记。1992年12月至1998年4月，先后任中共嘉兴市委副秘书长，嘉兴市政府副秘书长、市农经委主任、党组书记、市委农工委书记，1998年4月至2003年5月，任嘉兴市政协副主席、市委统战部部长。浙江省第八次党代会代表，浙江省五届人民代表、浙江省八届政协委员、中共嘉兴市第二届、第三届委员会委员。

马　健　1947年11月出生，浙江省海宁市人，本科学历。1966年5月参加工作。1985年3月加入中国共产党。1966年5月至1984年4月，先后任海宁县袁花公社民生大队下乡知青、合作医疗站赤脚医生，海宁县袁花镇中学教师、教导主任（1979年2月至1982年7月，在浙江电大电子专业大专班学习）。1984年4月至1993年6月，任浙江电大嘉兴分校副校长、校长、党总支书记。1993年6月至1998年9月，任嘉兴市教委主任、党委副书记兼电大校长、党总支书记、党委书记。1998年9月至2001年1月，任嘉兴市教委主任、党委书记兼电大校长、党委书记。2001年1—7月，任嘉兴市教委主任、市委教工委书记兼电大校长、党委书记。2001年7—9月，任嘉兴市教委主任、市委教工委书记。2001年9月至2002年3月，任嘉兴市教育局局长、市委教工委书记。2002年3—4月，任嘉兴市教育局局长、市委教工委书记、市政协副秘书长、文教卫体委主任。2002年4月至2003年5月，先后任嘉兴市政协副秘书长、党组成员，文教卫体委主任，市教育局局长，市委教工委书记，嘉兴市政协副秘书长、党组成员，文教卫体委主任，市教育局局长，政协浙江省第九届委员会委员，嘉兴市政协副主席、党组成员，市教育局局长。2003年5—6月，任嘉兴市政协副主席、党组成员、市教育局局长，市委统战部部长。2003年6月至2007年4月，任嘉兴市政协副主席、党组成员，市委统战部部长。

张兴华　1953年11月出生，山东省淄博市人，研究生学历。1972年12月参加工作。1979年1月加入中国共产党。1972年12月至1983年9月，先后任嘉兴地区电力局工人，嘉兴地委党校理论班学员，嘉兴地区电力局党委秘书、宣传干事、团委副书记。1983年9月至1985年6月，浙江省委党校党建专业本科理论班学员。1985年6月至2000年2月，先后任嘉兴市委党校教师、科社教研室副主任、办公室副主任，嘉兴市委党校教务科长、校委委员（1992年2—6月在杭州大学政治系硕士学位课程进修班脱产学习），嘉兴市委党校副校长、校委委员，嘉兴市委党校副校长，市行政学院副院长、校委委员(1997年9月至1999年12月在浙江省委党校经济学专业研究生班学习)。2000年2月至2002年2月,先后任嘉兴市委宣传部副部长、市文明办主任(正县处长级)。2002年2月至2007年4月,先后任嘉兴市委组织部副部长(正县处长级)、嘉兴市委组织部常务副部长。2007年4—5月,任嘉兴市政协党组成员、市委统战部部长、市委组织部常务副部长。2007年5月至2012年4月,先后任嘉兴市政协党组成员、市委统战部部长,嘉兴市政协副主席、党组成员、市委统战部部长。

朱静绮　女,汉族,1963年9月出生,浙江海宁人,本科学历。1981年8月参加工作。1986年1月加入中国共产党。1978年10月至1984年5月,先后在嘉兴卫校护士专业学习、桐乡第一医院护士。1984年5月至1990年5月,任桐乡县县级机关团委书记、共青团桐乡县(市)委常委。1990年5月至1995年7月,任桐乡市级机关党工委委员、副书记。1995年7月至1997年12月,任桐乡市濮院镇党委副书记、人大主席,桐乡市濮院镇党委书记、人大主席。1997年12月至2002年11月,任平湖市委常委、市委组织部部长。2002年11月至2007年5月,任嘉兴市委组织部副部长(2000年8月至2002年12月在中央党校函授学院行政管理专业本科班学习)。2007年5月至2012年3月,任嘉兴市委组织部副部长(常务,正县处长级)。2012年3月起,任嘉兴市政协副主席、市委组织部副部长(常务)。2012年4月起,任嘉兴市政协副主席、党组成员,市委统战部部长。

中共嘉兴市委统战部历任正、副部长一览表

表1-1-2

姓　名	职　务	任职时间	备　注
李佃杰	部　长	1983.11—1985.06	市政协副主席
叶森强	部　长	1985.06—1998.04	市政协副主席
钱雪林	部　长	1998.04—2003.05	市政协副主席
马　健	部　长	2003.05—2007.04	市政协副主席
张兴华	部　长	2007.04—2012.04	市政协副主席
朱静绮(女)	部　长	2012.04—2017.03	市政协副主席
吴家杰	副部长	1983.10—1991.09	
周玉洁	副部长	1991.09—2001.02	
宋金良	副部长	1996.01—1998.06	
王士官	副部长	1998.02—2000.08	
宋家聪	副部长	2001.03—2003.03	
许　农	副部长	2001.03—2010.01	
黄时龙	副部长	2002.12—2008.02	
陈振华	副部长	2004.04—2011.01	
陈兴隆	副部长	2008.07—2014.11	
陆建中	副部长	2010.01—2011.09	
张颖杰	副部长	2011.04—	2012年6月起任常务副部长
陈国华	副部长	2012.05—2018.12	
浦金英(女)	副部长	2012.05—2015.08	
叶伟达	副部长	2014.12—	

【部务会议】

1983年10月，市委统战部实行部长领导下的部务会议制度。部务会议由部长、副部长和市委任命的部务会议成员组成。会议由部长主持并确定议题。

2014年，部务会议由部长朱静绮（女），副部长张颖杰、陈兴隆、陈国华、浦金英（女）和办公室主任王静（女）组成。

部务会议制度：

1.部务会议由部长、副部长、部务会议成员出席。凡涉及侨务、民族宗教工作议题的，侨办副主任、侨联副主席或民宗局副局长列席会议。

2.会议主要研究贯彻执行上级党委和上级统战部门的指示和决定；讨论决定统战工作中的重大问题；讨论拟报省委统战部、市委、市政府审定的重要事项；讨论决定统战系统各部门中层干部任免、党外政协委员的协商、推荐和有关群众团体负责人人选的审定问题；听取机关党委、工会、共青团、妇委会的工作汇报；其他凡明确须由集体研究讨论的、本系统各部门提请的需经部务会议协调的、部领导认为需要提请部务会议讨论审议的事项。

3.各民主党派、工商联机关需提交部务会议研究决定的事项，一般应提前十天告知部办公室，由部办公室汇总提交部长审定。部门负责人需要向部务会议汇报并提出处理的意见建议。

4.统战部及其合署部门需经部务会议讨论决定的事项，由本部及合署部门职能处室负责人汇报并提出处理的意见建议。涉及侨办、侨联或民族宗教工作的事项，事先须经侨办侨联工作会议或民宗局局务会议研究后提出。

5.在部务会议成员充分发表个人意见的基础上，经多数同意，形成部务会议决定。如遇重大分歧，可暂缓作出决定，待进一步调查研究，充分论证后，下次会议再行决定。凡决定的事项，由分管领导负责落实督办。

中共嘉兴市委统战部部务会议成员一览表

表1-1-3

姓　名	任职时间	备　注
汪立福	1984.02—1985.08	1985年8月离休
胡镇堃	1984.02—1988.03	
朱锡扬	1985.09—1992.06	1988年3月起任副部长级巡视员
陆诗勋	1985.09—1993.12	
姚允树	1993.08—1997.09	1997年9月起任台办巡视员
邵水根	1999.01—2002.02	
浦金英（女）	2011.10—2012.05	2012年5月起任副部长
王　静（女）	2012.05—	

说明：本表所录部务会议成员系由市委任命的人员，部长、副部长见表1-1-2

【内设机构及工作职责】

内设机构　1983年10月，市委统战部设办公室、对台办公室（与市委对台工作小组办公室两块牌子、一个单位）、侨务办公室（对外称市人民政府侨务办公室）、宗教民族科（对外称市人民政府民族宗教事务处）4个职能科室。1984年3月，市委办公室发文建立市委对台工作小组，同时设立对台工作小组办公室，办公室设在市委统战部。9月，成立嘉兴市侨务办公室，列为市人民政府工作部门，统战部机关不再设侨务办公室。侨务办公室纳入政府序列后，仍归口统战部。12月，成立市归国华侨联合会，为群团组织，单独设立。1985年5月，增设党派工商科。1986年8月，市委对台工作小组办公室使用市政府台湾事务办公室名称（副县级，简称对台办），对台办纳入政府序列后，仍归口统战部。

1989年9月，对台工作由政府管辖。1992年7月，市人民政府台湾事务办公室挂中共嘉兴市委台湾工作办公室牌子（正县级），一套机构、两块牌子，人员编制从统战部划转。同年8月，市委研究决定，市人民政府侨务办公室和市归国华侨联合会对内合署办公，对外仍为两个机构，挂两块牌子。1996年8月，遵照市委、市政府《嘉兴市市级机关“三定”工作实施意见》，部内设机构调整，撤销工商党派科，设立工商经济科、党派干部科；宗教民族科改称为民族宗教事务局。调整后，部机关设办公室、工商经济科、党派干部科、民族宗教事务管理局4个职能科室。同年9月，工商经济科、党派干部科更名为工商经济处、党派干部处。1997年8月，建立市本级统战系统退休干部职工管理委员会。2001年11月，市委、市政府决定，根据嘉兴市机构改革方案设置中共嘉兴市委统战部，市人民政府侨务办公室、市民族宗教事务局、市归国华侨联合会机关与市委统战部合署办公。内设办公室、党派处（党外知识分子处）、宗教管理处、侨政联络处、联谊处、经济处6个职能处室。2005年6月，民族宗教事务局宗教管理处分设为民宗一处、民宗二处。2007年9月，经市委研究，设立市台办办务会议，市台办不再归口市委统战部管理。2009年7月，民宗一处增挂行政审批处牌子，承担民宗局全部审批职能。2014年，市委统战部（市侨办、市民宗局、市侨联机关）设办公室、党派处（党外知识分子处）、民宗一处、民宗二处、侨政联络处、联谊处、经济处7个职能处室。

工作职责

办公室 负责部内外的联系和综合协调工作；负责协调统战系统的宣传工作；组织协调统一战线理论研究和政策调研；规划、协调统一战线党内外干部关于统一战线理论、政策的培训；负责市级统战系统人事管理和部机关文书处理、信息督查、综合文字及会务、信访、档案、财务、接待、保卫、保密等行政事务工作。

党派处（党外知识分子处） 负责联系各民主党派，贯彻执行党对民主党派的方针、政策；对有关坚持、完善和发展党领导的多党合作制度和民主党派工作中的重大问题进行调研并提出意见；协调有关部门落实民主党派参政议政、民主监督的各项措施；协助民主党派加强自身建设；负责党外代表人士的政治安排和担任政府及司法机关领导职务的党外人士的选拔、培养、考察、推荐等工作；做好党外后备干部和新的代表人物队伍建设工作；协助市级各民主党派进行干部管理；管理党外人士的档案资料；负责联系各界党外知识分子代表人物；调查了解党外知识分子的情况，反映动态；提出有关制定党外知识分子政策的意见和建议，督促检查贯彻落实情况；负责科教文卫、国有大中型企业和知识密集型社会中介组织中的党外知识分子的统战工作；负责联系无党派人士工作。

民宗一处 负责联系佛教、伊斯兰教等宗教界人士和少数民族人士，负责与省民族宗教事务委员会宗教一处、民族处及市政府有关部门、各县（市、区）民宗局沟通、联系、协调；贯彻党和国家关于民族、宗教工作的方针政策、法律法规，开展民族及涉及佛教、伊斯兰教等宗教问题的调研，配合有关部门对民族宗教政策、法律法规的贯彻实施情况进行监督；做好少数民族干部和佛教、伊斯兰教教职人员的培养、教育和使用工作，做好全市少数民族、涉及佛教、伊斯兰教宗教工作干部的培训工作；依法管理佛教、伊斯兰教等宗教团体和佛教、伊斯兰教等宗教活动场所，协助其开展正常的宗教活动，办理需由政府机关协助或协调的各项事务；处理好涉及佛教、伊斯兰教等方面及民族问题的突发性事件和影响社会稳定的问题；负责联系指导市佛教协会、清真寺管理委员会。

民宗二处 负责民宗局机关日常工作；负责联系天主教、基督教等宗教界人士，负责与省民宗委宗教二处、法规处及市政府有关部门、各县（市、区）民宗局沟通、联系、协调；贯彻党和国家关于宗教工作的方针政策、法律法规，开展涉及天主教、基督教等宗教问题的调研，配合有关部门对有关宗教政策、法律法规的贯彻情况进行监督；做好天主教、基督教教职人员的培养、教育和使用工作，做好全市涉及天主教、基督教宗教工作干部的培训工作；依法管理天主教、基督教等宗教团体和天主教、基督教宗教活动场所，协助其开展正常的宗教活动，办理需由政府机关协助或协调的各项事务；处理好涉及天主教、基督教等方面的突发性事件和影响社会稳定的问题，配合有关部门做好抵御境外敌对势力利用宗教进行渗透活动；负责联系指导天主教爱国会、基督教两会。

侨政联络处 负责起草涉侨文件和综合性材料，并对涉侨法律、法规和政策执行情况进行监督检查；依法保护归侨、侨眷的合法权益；负责华侨华人、香港和澳门特别行政区同胞捐赠审批和管理工作；负责华侨回国安置和香港、澳门特别行政区同胞回内地定居及其在内地眷属的工作；确认华侨、归侨、侨眷身份；配合有关部门开展新移民的眷属工作和归侨扶贫救济工作；统筹协调全市涉侨重点人士的工作；承办有关部门拟聘请担任社团荣誉职务、授予荣誉称号的审核报批工作；负责推动引进华人华侨、香港和澳门特别行政区同胞资金、技术、人才工作并提出相应的政策建议；依法保护华人华侨、香港和澳门特别行政区同胞在嘉兴市投资的合法权益；联系国(境)外工商界、科技界重点社团和重点人士，并建立相应的"信息库"；研究提出并组织实施对华人华侨、香港和澳门特别行政区同胞文化交流和华文教育工作的方案；做好回乡香港、澳门特别行政区同胞，台湾同胞和海外侨胞的接待服务工作；负责组织和指导华裔青少年夏(冬)令营等活动。

联谊处 负责开展与市内外归侨、侨眷和香港、澳门特别行政区同胞、海外侨胞及其社团的各种群众性联谊活动；做好市人大、市政协中归侨、侨眷代表、委员候选人的推荐工作；负责指导县(市、区)侨联的联络联谊工作；接受各地侨联组织、归侨、侨眷和香港、澳门特别行政区同胞、海外侨胞的法律咨询及其他来信来访；为海外侨胞、香港和澳门特别行政区同胞、台湾同胞及社团提供咨询服务，促进海内外及海峡两岸民间交流交往，增进友谊；指导各地侨联办好经济实体，扶持归侨、侨眷兴办企业；负责管理海外联谊会、出国人员留学生家属联谊会，联系市台联、黄埔军校同学会。

经济处 负责联系指导市工商联工作；开展对经济领域统战工作方针政策的调研并提出政策性建议；联系非公有制经济代表人士，了解他们的思想动态，做好团结、帮助、教育、引导工作；加强非公有制经济代表人士队伍建设，推荐非公有制经济代表人士参政议政；联系有关部门对贫困地区的扶贫和"光彩事业"工作，负责联系市光彩事业促进会。

退休干部职工管理委员会 管理委员会主任为沈继祥，副主任为胡镇堃、骆文泉。负责做好市本级统战系统离退休干部职工的服务工作。

第二章　队伍建设

政治路线确定之后，干部就是决定因素。中共嘉兴市(地)委统战部遵照中共中央、省委、市(地)委不同历史时期的工作重心，加强政治思想教育和党风廉政建设，加强统战理论调研和信息宣传，加强机关党建和机关创建，不断完善自身建设，努力打造一支"政治坚定、业务精湛、作风过硬、精神振奋"的统战干部队伍。本章重点记述嘉兴撤地建市以后的情况。

第一节　政治思想教育和党风廉政建设

【政治思想教育】

嘉兴撤地建市后，市委统战部结合中共中央和省委、市委不同阶段的工作部署，组织统战系统(市侨办、市民宗局、市侨联、市工商联)开展政治思想教育等各类专项活动，依托部理论学习中心组平台，采取集中学习(座谈)、召开民主生活会、邀请专家(学者)辅导讲课等方式，开展政治理论学习，加强干部队伍建设。

1983—1985年，围绕建设有中国特色的社会主义，组织学习社会主义初级阶段理论，学习《邓小平文选》和中国共产党的方针、政策，坚持实事求是的思想路线，以继续落实中国共产党的各项统战政策为重点，通过彻底否定“文化大革命”清除统战工作“左”的思想影响，加强思想政治工作，推进干部队伍的思想建设。

1987年，开展“双争”（争创先进党支部、争做优秀党员）和经得起“两个考验”（执政的考验、改革开放的考验）活动。组织学习中共十三大、十三届三中全会精神和《人民日报》关于“把反对资产阶级自由化的斗争持续、健康地开展下去”的社论，增强全体党员干部对反对资产阶级自由化斗争重要性、迫切性的认识，旗帜鲜明地反对资产阶级自由化，坚持在政治原则和政治方向问题上与中共中央保持一致，推动统战干部严于律己，廉洁为政，讲求实效、扎实工作的作风。

1988年8—10月，根据市委的统一部署，市委统战部开展“两清”（清查、清理）工作，统一对“两清”工作的指导思想，明确“两清”工作的范围、重点和方法，确定分管领导和专职人员，并制订学习计划，列出专题分组讨论。其间，采取面上学习与内部分析排队相结合、清查和清理相结合的方式，重点提高对“两清”工作重要性、必要性的认识，引导全体党员干部联系思想实际，认真清理自己。副处以上领导干部参加市委举办的学习班进行自我总结提高，其他党员干部在各自党小组开展交流总结。

1991年，组织学习中共十三届七中、八中全会文件、江泽民纪念中国共产党建党70周年讲话和中央、省委有关统战工作的文件、会议精神，结合国际、国内形势教育，进行思想作风整顿，开展反和平演变斗争和统战工作为“四个服务”的讨论，增强事业心和责任感。

1992年，结合学习中共十四大精神，开展“解放思想，转变观念，抓住时机，发挥优势，服务经济”大讨论，进一步树立新时期统战工作为经济建设服务的思想。

1997年9—11月，开展以“三讲”（讲学习、讲政治、讲正气）为主要内容的党性党风教育活动。活动分为准备发动、学习教育、分析评议、整改提高4个阶段。先后组织党员干部集中学习邓小平理论和《中国共产党章程》《中国共产党党员领导干部廉洁从政若干准则（试行）》《中国共产党纪律处分条例》《讲学习、讲政治、讲正气读本》《敬爱的邓小平同志永远活在我们心中》等有关资料，观看大型文献纪录片《邓小平》、电视片《以案论纪》和反腐倡廉图片展等。县处以上领导干部结合学习和工作实际撰写心得体会，并对照党章、廉政准则、条例联系思想实际，进行自我检查剖析，写出党性分析材料，通过召开座谈会、民主生活会等方式听取和征求群众意见。针对学习讨论、党性分析和民主评议中反映的问题及薄弱环节，组织集中讨论，结合统战工作实际，制定整改措施，逐项予以落实。

1998年7—9月，组织开展县处以上领导干部和全体机关干部思想作风纪律教育整顿活动。活动分为学习自查、学习讨论、整顿提高3个阶段。分别组织县处以上领导干部参加市委组织的动员大会，副科以上干部参加嘉兴改革开放20周年成就和形势报告会，全体机关干部学习邓小平理论、中共十五大精神以及《中国共产党章程》《中国共产党党员领导干部廉洁从政若干准则（试行）》《中国共产党纪律处分条例》等资料。在此基础上，围绕嘉兴全面发展和后劲的13个重大课题和项目，组织开展“机关干部应树立什么样的形象？”“需要解决什么问题？”等议题的大讨论，进一步树立党政机关、机关干部“高效、廉洁、开拓、务实”的形象，增强责任意识、奉献意识；围绕市委提出的“一弘扬、五反对”（弘扬“敢为人先、和衷共济、负重拼搏、敬业奉献、振兴嘉兴”的精神，反对思想僵化、因循守旧，反对部门利益至上、各自为政，反对萎靡不振、消极畏难，反对脱离群众、铺张浪费，反对软弱涣散、内耗力量）议题，进行对照检查，建立健全各项规章制度，进一步加强机关内部管理，推动思想、作风、纪律教育整顿取得成果。

1999年10—12月，市级统战系统（市委统战部、市侨办、市民宗局、市侨联、市工商联）领导班子和领导干部，继续开展以“讲学习、讲政治、讲正气”为主要内容的党性党风教育。以整风精神开展“三讲”教育，是中国共产党为迎接新世纪、完成新时期历史任务所作的重要思想准备和组织准备，也是中国共产党加强自身建设而进行的新的探索。“三讲”教育分为“思想发动、学习提高”“自我剖析、听取意见”“交流思想、开展批评”“认真整改、巩固成果”4个阶段，以讲政治为核心，重点围绕理想信念、全局观念、民主集中、宗旨观念、廉洁自律5个方面展开。其间，部机关全体党员干部分层次组织开展自学和集中封闭式学习。同时，采取设立意见箱、专线电话、发放征求意见表、召开民主生活会、座谈会等多种形式和渠道，征求群众意见和建议；市级统战系统领导班子7名党员领导按照高标准、严要求，查摆问题不怕丑、不怕痛、不怕刺的要求，结合工作实际进行个人剖析；部务会议贯彻边整边改的精神，对查摆出的问题，结合工作实际，落实整改。2000年2月，印发《中共嘉兴市委统战部关于进一步加强领导班子建设的意见》，根据“三讲”教育中排查出的主要问题，按照市委加强自身建设的要求，就部务会领导班子进一步加强理论学习、提高政治修养，坚持求真务实、改进工作作风，坚持民主集中制，增强全局观念等具体措施进行规范。4月，按照中央、省、市委关于做好“三讲”教育“回头看”的指示，召开部机关和民主党派负责人座谈会，听取对“三讲”教育整改的意见和建议，巩固教育的成果。

2000年2月，市委统战部印发《关于进一步健全市委统战部理论学习中心组学习制度的意见》。进一步健全统战部理论学习中心组的组织架构、学习形式和考核办法，明确每年应当制定学习计划和主要内容，全年集中学习的时间不少于12天，并于次年1月作出总结报市委。6月，开展以“全心全意为人民服务的宗旨教育，实事求是的思想路线教育和严格、公正、文明执法的法制教育”为主要内容的“三项教育”活动。

2005年1—6月，组织全体党员开展以学习实践“三个代表”重要思想为主要内容的保持共产党员先进性教育活动。先进性教育活动是中共十六大和十六届四中全会作出的重大决策和部署，是坚持用“三个代表”重要思想武装全党的重要举措，是提高党的执政能力、巩固党的执政基础、完成党的执政使命的重要举措，是实现全面建设小康社会宏伟目标、推进中国特色社会主义伟大事业的重要举措。开展先进性教育活动的目的是，使党员受到教育、群众感到满意、工作得到促进。活动分为学习动员、分析评议、整改提高3个阶段。其间，市级统战系统各部门、党支部突出“真”学抓好集中学习，并开展“三个代表”重要思想在党的诞生地、先锋形象大讨论，每名党员结合实际写出学习心得。同时，注意抓好征求意见、对照检查、党性分析、民主评议等环节的工作，采取召开各民主党派、工商联机关代表和离退休老干部座谈会、问卷征求各县（市区）委统战部和党员群众意见和建议等形式，发出征求意见函165份，召开各类座谈会5次，征集到对领导班子的意见建议22条、领导班子成员个人的意见建议8条、党员个人的意见建议76条、机关党组织的意见建议3条，及时梳理归类，制定整改措施和方案，按照“整改一批、承诺一批、解释一批、联动一批”，和“一事一议一办一复”的要求，向群众公布整改情况。通过对市级统战系统在职党员群众、民主党派人士、离退休党员、服务对象和各县（市、区）统战部门群众的测评，市级统战系统先进性教育活动的满意和比较满意达88%。2006年3月，结合先进性教育和纪念中国共产党成立85周年，统战系统干部、职工开展以“八荣八耻”为主要内容的社会主义荣辱观教育活动，组织集中学习讨论，并邀请市委党校教授做专题讲座，把树立社会主义荣辱观作为加强统战系统思想、作风建设的一项基础性工作。

2009年3—8月，开展以“同舟共济创发展，五大关系共和谐”为载体的深入学习实践科学发展观活动。活动分为学习调研、分析检查、整改落实3个阶段。其间，市本级统战系统各部门与市各民主党派、各县（市、区）委统战部围绕统一战线服务科学发展和实现自身科学发展，联动开展“解放思想、凝聚共识”专题大讨论、“保增促调助推发展”专题调研、“百名统战干部、成员进百企”、“我为应对国际金融危机献一策”、大型广场咨询服务和“百篇征文聚共识”“百场演讲展风采”等一系列活动，市委统战部还牵头政府有关部门、金融单位搭建“银会”“银企”合作和“政企沟通服务”平台，开展“三服务”（服务发展、服务群众、服务基层）专项行动。全市各级统战部门发挥统一战线服务经济发展的独特优势，支持各民主党派、工商联和无党派人士，围绕经济社会发展的热点、难点问题开展调研，建言献策，共提交议案、提案3000余件，调研报告300余篇；参与相聚长三角海外投资发展服务周、海外高层次人才嘉兴行等活动，配合政府和有关部门引荐港澳台和海外项目70余项，引进项目投资4亿元；引导非公有制经济人士参与“光彩事业”、扶贫开发、新农村建设等社会公益事业，全市近5000家非公有制企业与500多个行政村结对，投资3亿元扶持农村兴办企业36家，安置农村劳动力59300余人。同时，针对分析检查阶段群众提、班子查和年度目标、重点工作四条渠道以及召开座谈会、设立意见箱、发放征求意见函等形式，确定突出问题12个，提出整改措施20余条，明确责任领导、责任部门和处室予以落实。通过6个月的学习实践活动，全市统一战线贯彻落实科学发展观的自觉性更加坚定，统一战线服务科学发展和实现自身科学发展的思路更加清晰，统一战线各领域工作特别是阶段性重点工作成效显著，基本实现“党员干部受教育、科学发展上水平、人民群众得实惠”的目标。

2010年5—11月，开展学习践行社会主义核心价值体系活动。邀请省委党校教授曹文彪围绕“什么是社会主义核心价值体系、提出社会主义核心价值体系的目的是什么、社会主义核心价值体系转化的可能性和艰巨性、社会主义核心价值体系转化的途径”4个方面进行辅导，并印发《关于在民主党派、工商联和无党派人士中树立和践行社会主义核心价值体系的指导意见》，努力把社会主义核心价值体系体现到领导干部教育管理全过程，融入日常工作、学习和生活中，以领导干部的模范带头作用推动市级统战系统机关学习践行社会主义核心价值体系，推动各民主党派和无党派人士学习践行社会主义核心价值体系。同时，结合“同舟共济创发展、五大关系共和谐”为总载体的“红船先锋”创先争优活动，以“三服务、两提升”（服务科学发展、服务社会和谐、服务人民群众，提升能力素质、提升党建水平）为目标，进一步提升服务理念、拓展服务功能、增强服务能力、显现服务成效，切实解决影响和制约科学发展的突出问题、建立健全促进科学发展的长效机制。

2013年10—12月，根据市委部署，部机关参加第二批党的群众路线教育实践活动。活动的重点是贯彻中共中央“八项规定”、省“28条办法”和“六个严禁”、市“28条办法”，实行同步学习、同步整改、同步督查，做好调研、教育、走访、服务、整改、督查、宣传“七个先行”。调研先行，开展“四风”问题大摸底；教育先行，开展党的群众路线集中学习；走访先行，开展“进村入企”解困服务活动；服务先行，落实党员干部一员双岗制度；整改先行，开展正风肃纪自查自纠；督查先行，开展重点工作专项检查；宣传先行，开展“同心·建功”先进典型宣传。活动由部务会议牵头，部机关党委负责落实。

2014年2—10月，继续开展党的群众路线教育实践活动。活动以部机关领导班子和县处以上领导干部为重点，以“照镜子、正衣冠、洗洗澡、治治病”为总要求，以为民务实清廉为主题，通过学习和查摆问题，着力解决统一战线成员及基层统战部门反映强烈的突出问题，提高做好新形势下统一战线工作和群众工作的能力，使党员、干部的理想信念进一步坚定、群众观点进一步增强、工作作风进一步转变，党群干群关系进一步密切，为民务实清廉形象进一步树立，基层基础进一步夯实。其间，结合《嘉兴市统一战线开展坚持和发展中国特色社会主义学习实践活动的实施意见》，坚持时间、精力、人员三集中，原原本本研读必读书目，学习习近平总书记系列重要讲话精神，并组织上党课、观看教育片，开展“重温六个一”“重读焦裕禄”“向身边典型学习”等系列活动，提升全体党员干部的世界观、人生观、价值观。部务会制定《征求意见方案》，集中开展征求意见。先后向统一战线代表人士、各县（市、区）委统战部、市直统战系统单位发“问卷提纲”40余份，书面征求意见；分别召开民主党派、工商联和无党派人士代表，各县（市、区）委统战部负责人，市委统战部离退休老干部座谈会和谈心活动25次，征求对部领导班子和县处级领导干部“四风”问题的意见，征求对本部门开展好教育实践活动的建议；结合“三联三解”（联村、联户、联企业，解民情、解民忧、解民困）大走访，按照“五个必听”（联系村的意见必听，统战成员的意见必听，困难矛盾突出地方的意见必听，部机关离退休老同志的意见必听，基层党员干部群众的意见必听）要求，听取结对村（社区）、基层群众和民主党派、无党派人士、非公有制企业以及侨港资企业、宗教教职人员等意见建议。经梳理，收到意见建议和找到问题196条（211

条次)。其中反映“四风”方面的问题167条(对领导班子的意见建议26条,对领导干部个人的意见建议141条)、反映工作层面问题29条(44条次)。对征求到的群众意见、对照检查查摆的突出问题、专题民主生活会上提出的批评意见以及督导组点明的问题,部务会坚持件件有回应,能改的立即改,改一件成一件;一时难以解决的,排出时间表、任务书、责任人等细化清单,做到目标明确、措施具体、责任明晰。同时,修订完善部中心组理论学习、部务会议议事规则、机关办文办会、来信来访接待等规章制度14项,下放行政许可和行政确认事项8项,进一步简化对县(市、区)考核办法,梳理侨办、民宗等政府部门权力清单,巩固党的群众路线教育实践活动成果。

【党风廉政建设】

20世纪80—90年代,统战系统各部门遵照中共中央《关于党内政治生活的若干准则》等有关规定,在党组织和党员中开展党的优良作风教育,加强干部队伍的党风廉政建设。中共嘉兴市委统战部支部(总支)委员会设纪检委员,在部务会领导下配合做好市本级统战系统党风廉政宣传教育工作。2005年3月,市委统战部建立机关纪律检查委员会,监督、指导统战系统各部门开展党性、党风、党纪教育和党风廉政建设。

1984年9月至1985年7月,开展整党。市本级统战系统(市委统战部、市台办、市宗民科、市侨办、市工商联)机关,按照“统一思想,整顿作风,加强纪律,纯洁组织”的指导思想和“先领导干部、后党员群众”的工作步骤开展整党。整党工作分为学习提高、对照检查、边整边改、党员登记4个阶段进行。统一思想,进一步实现全党思想上政治上的高度一致,纠正一切违反四项基本原则、违反中共十一届三中全会以来党的路线的“左”的和右的错误倾向;整顿作风,发扬全心全意为人民服务的革命精神,纠正各种利用职权谋取私利的行为,反对对党对人民不负责任的官僚主义;加强纪律,坚持民主集中制的组织原则,反对无组织无纪律的家长制、派性、无政府主义、自由主义,改变党组织的软弱涣散状况;纯洁组织,按照党章规定,把坚持反对党、危害党的分子清理出来,开除出党。其间,部机关集中组织全体党员学习中央规定的整党必读文件,组织开展彻底否定“文化大革命”教育,提高党员干部对开展整党必要性、紧迫性、重要性的认识,增强党性,克服派性残余,加强团结。在此基础上,采取部委集体对照检查和党员个人对照检查的方式,开展批评与自我批评,检查统战工作中“左”的思想影响,提高贯彻中共十一届三中全会以来党的路线、方针、政策的自觉性,进一步端正统一战线工作的业务指导思想。同时,分别举办各民主党派、有关人民团体负责人座谈会,就整党和经济建设中的问题,听取党外人士的意见,及时进行整改或转请有关单位处理。1985年7月,部机关14名党员全部通过党员资格审查,并按规定重新履行党员登记手续。

1997年4—6月,组织学习《中国共产党纪律处分条例(试行)》及党风党纪相关文件和指示,围绕党风廉政建设进行党课教育,并采取观看录像、参观反腐图片展等方式,开展正反事例教育,增强党员、干部遵纪守法的自觉性。9—11月,结合以“三讲”(讲学习、讲政治、讲正气)为主要内容的党性党风教育活动,组织党员干部集中学习《中国共产党党员领导干部廉洁从政若干准则(试行)》(简称《准则》),对照《准则》要求就廉洁自律进行自我检查。县处级以上领导干部参加由市委统一组织的党性党风纪律教育活动。

2000年10—11月,在党员干部中开展警示教育活动。部务会制订活动计划,明确分管领导和责任处室,统战系统各部门集中学习邓小平关于反腐倡廉和廉洁自律的重要指示、江泽民关于“三个代表”重要思想和从严治党论述以及《中国共产党党员领导干部廉洁从政若干准则(试行)》等法律法规。同时,组织开展“五个一”(参加一次从严治党专题辅导报告、观看一次专题教育片、过好一次组织生活会、搞好一次党风廉政知识测验、写好一篇学习体会文章)教育活动,加强对党员干部的教育、管理和监督,使党员干部牢固树立正确的世界观、人生观、价值观,努力践行“三个代表”重要思想,坚持全心全意为人民服务的宗旨,保持和发扬艰苦奋斗的优良传统和作风。

2001年4—5月,开展思想作风纪律教育整顿活动。市级统战系统各部门机关以学习“三个代表”

重要思想为指导，以“学马健事迹、强敬业意识、转思想作风、促工作落实”为主题，结合学习贯彻全国、全省、全市统战工作会议精神，开展“心连心·纪念建党八十周年”活动、招商引资和党政机关机构改革等工作进行。活动分为学习讨论、对照检查、整改提高3个阶段。通过学先进，找差距，进一步完善本部门有关思想政治、组织纪律、党风廉政等制度建设；进一步转变机关作风，振奋精神、树立信心、形成合力，为服务改革、发展、稳定大局，开创全市统战工作新局面打好思想基础。10—12月，开展“整顿作风、整顿环境”（“双整顿”）活动。活动分为“思想发动、学习教育”“调查研究、查摆问题”“整改提高、完善制度”3个阶段。市级统战系统各部门机关以学习贯彻中共十五届六中全会精神和江泽民“七一”讲话为指针，按照“三个代表”重要思想和“八个坚持、八个反对”的要求，结合实际谈学习、谈认识、谈体会，查摆问题、分析原因、制定对策、落实整改措施，以作风整顿带动环境整顿，切实解决思想作风、工作作风、领导作风、学风和干部生活作风等方面存在的突出问题，努力塑造干净干事、勤政廉政的统战系统机关干部新形象。

2008—2012年，开展惩治和预防腐败体系建设。2008年，印发《中共嘉兴市委统战部建立健全惩治和预防腐败体系2008—2012年工作规划》，从体制、机制上就统战系统建立健全惩治和预防腐败体系作出规划，按步骤、分阶段推进惩防体系建设和廉政风险排查与防范工作。2009年8—12月，进一步深化惩治和预防腐败体系建设，印发《中共嘉兴市委统战部（市侨办、市民宗局、市侨联）岗位廉政风险防控工作实施方案》，在市级统战系统各部门开展岗位廉政风险防控体系建设。岗位廉政风险防控体系建设，分计划查找、措施防控、督查落实、评估优化4个阶段进行。其间，成立由市政协副主席、市委统战部部长张兴华为组长的市级统战系统廉政风险防范管理领导小组，在宣传发动基础上，有组织有计划地开展廉政风险排查。市级统战系统各部门全体党员、干部结合工作实际，填写《岗位廉政风险排查表》，建立岗位廉政风险信息档案库。对查找出来的岗位廉政风险点，进行汇总梳理，制定廉政风险防控措施，并明确任务、责任到人，形成以岗位为点、以程序为线、以制度为面的岗位廉政风险防控机制。同时，对防控措施落实情况进行监控，及时查纠出现的问题；对岗位廉政风险防控体系建设及运行质量、效果进行评估，根据评估情况对岗位廉政风险防控体系作进一步优化。2010年，部理论学习中心组结合《中国共产党党员领导干部廉洁从政若干准则》正式发布实施，召开专题学习会，组织学习党内监督条例、廉洁从政若干准则等法律法规，收看“新时期党员干部典范”“社会主义核心价值体系学与行——先进事迹报告会”等，增强全体机关干部的廉政风险意识、廉政勤政意识，自觉把思想统一到参与廉政风险排查、构建防范机制中来。2011年，印发《中共嘉兴市委统战部关于在全市统战系统开展党风廉政建设主题月活动的实施意见》，进一步深化党风廉政建设责任制建设。部务会议与处级以上领导干部签订2011年度《党风廉政建设责任制目标管理责任书》，将党风廉政建设责任分解落实到各部门，明确各部门负责人为部门第一责任人，部机关纪委协助部务会议抓具体落实。部党政一把手坚持讲廉政党课制度，把党风廉政建设、惩防体系建设作为部务会议中心组理论学习计划的重要内容，结合“红船先锋”创先争优活动和廉政准则以及中纪委、中组部制定的有关规定，加大教育的针对性，做到责任经常讲、增强服务意识，问题经常讲、增加危机意识，政策经常讲、增强规范意识，纪律经常讲、增强自律意识，营造风清气正的机关环境。2012年，坚持标本兼治、综合治理、惩防并举、注重预防的工作方针，部务会议将廉政教育、风险防范管理纳入主要目标工作任务，结合年初工作部署同布置、同推进、同落实。在广泛开展主题教育、警示教育和作风建设专题教育的同时，在市级统战系统组织开展以“同心·创廉”为主题的“廉政文化进统一战线”活动，继续推进“争做廉洁高效先锋”“为民服务·对标创标”等活动，努力打造统一战线廉政建设软环境。2010—2012年，每年作出“市级统战系统推进惩防体系建设暨落实党风廉政建设责任制工作报告”，对照本部《建立健全惩治和预防腐败体系2008—2012年工作规划》和市纪委《关于开展岗位廉政风险防控体系机制建设“回头看”的通知》要求，围绕权力运行和监督情况，从思想认识、制度机制、岗位职责、工作流程和外部环境5个方面，对机关干部岗位廉政风险防控机制建设进行自查，组织“回头看”，查找可能存在的岗位廉政风险点，全面推进统一战线各领域工作。

2013—2014年，继续开展惩治和预防腐败体系建设，分别印发市委统战部2013年、2014年《党风廉政建设和惩防体系建设实施意见》和《中共嘉兴市委统战部建立健全惩治和预防腐败体系2013—2017年实施方案》。进一步规范党风廉政建设“三书两报告”(《责任分工报告书》《牵头任务函书》《落实责任制建议书》和《牵头单位专项工作落实情况报告》《负责领导专项任务落实情况报告》)制度，进一步明确党风廉政建设和惩防体系建设的目标和任务，就全面落实党风廉政建设和惩防体系建设，扎实推进“五型机关”创建活动，深入开展党的纯洁性教育、廉洁从政教育和廉政文化建设，提出具体意见。《中共嘉兴市委统战部建立健全惩治和预防腐败体系2013—2017年实施方案》明确五年内的工作目标是，统战部门“四风”问题得到有效治理，党风政风作风有新的好转，领导干部廉洁从政意识和拒腐防变能力进一步增强，反腐败体制机制更加健全，权力运行的制约监督更加有效，具有统战特色的惩治和预防腐败体系进一步完善，形成风清气正、廉洁高效的党的统战工作领导班子和干部队伍。

第二节　统战理论调研和信息宣传工作

【理论调研工作】

统战理论调研工作是统战工作的重要任务之一。统战理论调研既是党的理论建设的重要组成部分，也是开展统战工作的现实需要。

20世纪80年代初，嘉兴撤地建市，市委统战部以掌握全市统战系统基层基础工作情况为重点，结合市一届人大、一届政协筹备和人事安排等工作展开基础调查。同时，对全市落实统战政策遗留问题、民主党派组织建设以及民族宗教、港澳台和侨务等方面工作开展摸底调查，理顺关系，推进工作。1985年10月，市委召开全市统战理论报告会。市委书记庄洪泽、市委副书记贝品明到会并讲话，就新时期加强统战理论调研，巩固和发展爱国统一战线，服务经济建设中心转移等工作进行部署。会后，市委统战部举办市级机关、市直属单位党委(党支部)，城、郊区各乡、镇、街道党组织统战委员统战理论学习班，指导市本级统战系统各单位开展统战理论学习和统战基础工作调研。

1986年3月，遵照中共中央办公厅转发中央统战部《关于统一战线理论座谈会和开展统一战线理论研究的设想的报告》和省委统战部《浙江省一九八六年统战理论规划》精神，就全市统战系统各部门加强新时期统一战线理论、方针、政策学习，围绕改革开放和社会主义精神文明建设开展统战理论调研提出工作意见，并列出年度调研和重点研究课题，启动全市统战系统理论调研工作。此后，每年年初转发省委统战部理论政策研究课题，结合嘉兴实际提出具体调研计划和课题，形成制度。7月30—31日，召开中华人民共和国成立以来全市首次由党内外干部共同参与的统战理论会议。会议印发统战理论、基层统战工作、宗教等方面的研讨材料和论文26篇，15位与会代表就“海外统战工作在新时期中的地位”“小城镇的统一战线工作”“中国共产党领导下的多党派合作”“宗教与宗教信仰”等问题作了专题发言。会议决定成立嘉兴市统一战线理论学会(简称市统战理论学会)，选举产生理事31人，贝品明任会长，叶森强、吴家杰、戚耀祖、柳松、潘家驹等任副会长。学会的基本任务是宣传贯彻党的统一阵线理论和方针政策，研究、探讨新时期统战工作中的新情况、新问题。学会每年举办研讨会1次。1987年6月，市统战理论学会召开第二次理事会议，传达学习省统战理论学会第二次理事扩大会议精神，回顾学会成立以来的工作，商讨新一年统战理论研究和主要课题。1988年12月，召开基层统战工作研讨会，8个单位就基层统战工作进行研讨交流。1989年12月，召开多党合作研讨会。结合全市民主党派基层组织和成员发展情况，就加强中共与各民主党派基层组织的多党合作问题开展探讨。1986—1989年，市统战理论学会先后有研讨材料12篇被省统战理论学会录用，在省统战理论学会刊物刊登。至1990年，全市有统战理论学会会员98人。

1998年6月，落实市统战理论学会机构设置，在市民政局依法办理社会团体法人注册登记。同时，召开会员代表会议，通过《嘉兴市统战理论学会章程》，选举产生新一届理事会，由钱雪林、周玉洁、王士官、万勇、李持真、肖敬民、费晓滨、娄新生8人组成，钱雪林为会长，周玉洁、王士官为副会长，万勇为秘书长。

1994—2000年，进一步规范统战理论调研工作，注意加强应用研究和成果转化。部务会把统战理论政策研究工作列入统战部门目标考核内容，明确分管领导和责任处室，并建立调研例会、督促检查和考核奖励三项制度。每年年初召开全市统战调研工作会议，具体部署调研任务；年中对各县（市、区）进行工作调研，督促检查调研课题落实情况；年末对成绩突出的单位和个人予以表彰和奖励。同时，建立全市统战部门和市级机关有关部门（企事业单位）2支50名专兼职统战调研员队伍，加强培训、指导调研。7年间，全市统战部门共撰写理论文章和调研报告112篇，其中钱雪林带队的课题组《嘉兴市乡镇街道统战工作调查》一文，被评为全省统战理论政策研究优秀成果二等奖，《嘉兴日报》统一战线专栏转登，一批具有较高质量的调研成果被市委、市政府采纳。1999年，市、县两级统战部和全市统战系统各部门开展“统战工作调研年”活动，首次推出全市统战优秀调研成果评比表彰工作，全市有500余人参加调研活动，撰写调查报告和论文23篇。市委统战部获全省统战理论政策研究优秀成果组织奖，全市统战系统获全省统战理论政策研究优秀成果二等奖1篇、三等奖1篇、优秀奖1篇，获全省统战宣传优秀成果二等奖1篇、三等奖1篇。

2003年3月13日，编撰出版《肝胆相照、共铸辉煌》专题调研文选，由副省长、嘉兴市委原书记陈加元题写书名，市长陈德荣、市委副书记李立定题贺词。此书收集1997—2002年5年间，全市各民主党派、非公有制经济代表人士和无党派人士围绕市委、市政府中心工作，选择群众关心，党委、政府重视的课题，深入调研，撰写的调研报告。调研报告中提出的许多具有建设性的意见和建议，有的转化为市委、市政府文件，有的纳入领导决策，成为制定政策措施的参考依据。5月，印发《全市统战优秀调研成果评选办法》，进一步规范统战优秀调研成果的评选程序和办法，推进评选表彰工作有序开展。

2006年6月，编撰出版《嘉兴市统战理论调研文选（2006年版）》。文选收集2003—2005年全市各级统战部门和统战理论研究人员，贯彻中央和省、市委关于统一战线工作的方针和部署，围绕事关统一战线发展的全局性、战略性、前瞻性重大问题，联系嘉兴实际，开展调查研究形成的调研文章20篇（包括综合类4篇、多党合作3篇、民族宗教5篇、非公有制经济4篇、侨务和海外统战4篇）。其中市委统战部课题组撰写的《新世纪新阶段统一战线与增强中华民族凝聚力问题研究》，是中央统战部面向全国各省、市征集的调研课题，获中央统战部调研征文三等奖；《关于农村小庙小庵问题的调查与思考》获省委、省政府2005年度党政系统优秀调研成果奖、省委统战部统战理论研究优秀成果一等奖。调研文章为省、市委，省、市政府制定有关方针政策提供了重要参考，为党的理论研究工作积累了有益成果。

2007年5月，在平湖召开全市统战调研、宣传和信息工作会议，总结2006年度全市统战调研、宣传和信息工作，评选出市级统战理论调研文章一、二、三等奖14篇，予以表彰。2005—2009年，嘉兴统战理论研究连续5年获评全省一等奖，市委统战部连续4次获调研工作优秀组织奖。

2010年4月，全市统战系统开展“我与统战工作”征文活动，进一步激发各级统战干部结合工作实际开展理论调研的积极性，推进理论调研为统战中心工作服务。

2012年3月，编撰出版《嘉兴市统战理论调研文选（2012年版）》，文选收集2006—2011年，市、县（市、区）两级统战部门开展统战理论调研的调研文章32篇（包括新时期统战理论及实践4篇、多党合作5篇、民族宗教9篇、经济领域统战工作9篇、港澳台和海外统战5篇）。6年间，全市统战系统撰写上报的26篇调研报告，分别获全国统战理论研究成果一等奖1个，全省统战理论政策研究一、二、三等或优秀奖20个，中国统一战线研究会非公有制经济人士统战工作理论浙江研究基地优秀研究成果2个，全省民宗系统优秀调研成果1个，获嘉兴市党政系统优秀调研成果二、三等或优秀奖7个。其中市委统战部牵头调研的“嘉兴市关于新居民统战工作研究”为2011年省委统战部、省社科联招标课题，调研成果被省委统战部采纳，并获全国统战理论研究成果一等奖。

2013年3月，印发《关于加强统一战线调查研究工作的意见》，就紧紧围绕转型升级提速、发展环境优化、民生福祉增进“三大行动”的思路目标，开展战略性调研；紧紧围绕市委、市政府的重大决策和中心工作，开展专题性调研；紧紧围绕统一战线各领域工作职责和任务，开展创新性调研；紧紧围绕市委、市政府关注和群众关心的热点难点问题，开展针对性调研等4个方面重点提出意见，并就健全领导干部调查研究制度、建立健全调查研究工作平台、建立健全课题目标管理责任制、完善相关激励机制作出部署。5月，市政协副主席、市委统战部部长朱静绮牵头的“统一战线如何正确处理一致性和多样性关系”调研课题，在省委统战部、省社会科学界联合会、省统一战线理论研究会联合开展的2013年度招标课题中中标。调研报告以大量翔实的事例和数据，对统一战线一致性和多样性关系的现状、发展趋势进行全面系统分析和研判，并对统一战线正确处理一致性和多样性提出对策建议，为全省统战理论研究工作提供参考。9月，市委统战部围绕市委、市政府“关于推进新型城镇化建设”工作主题，以“统筹城乡背景下推进新型城镇化的思考和研究”为课题，首次联合市民革、民盟、民建、民进、农工党、致公党、九三学社等民主党派，分成7个课题组开展专题调研。12月，在市委、市政府举办的“统筹城乡背景下推进新型城镇化建设”专题民主协商会上，课题组提交《嘉兴市各民主党派关于“统筹城乡背景下推进我市新型城镇化建设”专项民主协商建议书》，从加大宣传力度、积极营造氛围，争取获得国家层面的新农村改革试验区；强化统筹协调、突出规划引领，完善新型城镇化建设的规划布局；培育产业集群、完善配套政策，推进工业园区二次创业和转型升级；创新金融供给，拓宽融资渠道，撬动社会资本参与新型城镇化建设；优化资源配置，破除要素制约，稳妥推进农村土地经营权流转；完善社保体系、弘扬生态文化，进一步强化历史文化遗产保护；强化新社区管理、优化公共服务，促进农民生活方式和思想观念向现代化和市民化转变；立足根本，以工促农，坚定不移地发展粮食生产等8个方面提出建议。市委专门就《专项民主协商建议书》发了答复函。是年，全市统战系统评出理论研究成果优秀篇目一等奖6篇、二等奖8篇、三等奖10篇，对获得优异成绩的单位和个人予以通报表彰。

2014年5月，印发《2014年度全市统一战线理论研究课题计划》，就深化全市统战理论研究，推进调研课题创新进行部署。提出全市统一战线要紧密联系学习贯彻中共十八大和十八届二中、三中全会精神，紧密联系党的群众路线教育实践活动，在全面学习领会习近平关于坚持和发展中国特色社会主义、关于实现中华民族伟大复兴的中国梦、关于统一战线等一系列重要论述的基础上，把党委政府所思、社会发展所重、代表人士所需、统战部门所能的难点工作，作为理论研究的重点加以突破和创新，使理论研究成为统战工作的亮点和特点，为全市统战工作迈上新台阶提供基础保障。

【信息宣传工作】

统战信息宣传工作是提供各级领导了解情况、做好决策的重要渠道，是推动统战工作开展的重要手段和载体。

1986年6月，遵照中央统战部、省委统战部关于加强统战信息工作的通知和建立全国、全省统战信息网络的意见，部务会议决定创办统战信息刊物，并印发《关于建立全市统战信息网络的意见》，由部办公室牵头，落实各县（市、区）委统战部、各民主党派及本系统各部门、科室信息员17名，建立全市统战系统信息员队伍和上下联结、左右沟通的统战信息网络。7月4日，《嘉兴统战信息》创刊，分为普刊和增刊两类。普刊为市、县（市、区）委统战部日常工作信息，增刊为全市重要的、具有指导意义的统战工作动态信息、经验介绍以及党外人士的意见、建议等。《嘉兴统战信息》属简报性刊物，一般每月编发1期，以普刊为主。

1987年2月25日，召开全市首次统战信息工作会议。会议总结全市统战信息工作开展情况，就进一步提高信息质量、重视信息运用、发挥信息作用进行部署，要求统战系统各级领导加强对信息工作的领导，为信息员创造必要的工作条件，在阅读文件、参加会议等方面给予方便。全市统战信息工作会议每年召开一次，对评选出的信息工作先进集体、先进个人和优秀作品予以表彰，形成惯例。

1988年起，《嘉兴统战信息》按照“适当压缩普刊，增加增刊，提高质量”的要求，适当增加增刊数。是年，全市统战系统上报信息被国务院《宗教工作通讯》、省委统战部录用8篇。全市统战系统上报的各类信息，1989年被省委统战部录用12篇，1991年被省委统战部录用22篇、被市委录用10篇，其中转报中央办公厅1篇，转省委办公厅2篇。此后，全市统战系统每年均有部分上报信息被中央、省委统战部或省、市委录用。

1992年8月11—12日、8月20日，分别在桐乡、嘉兴召开各县（市、区）委统战部，市本级各民主党派、工商联统战信息工作会议。传达全省信息调研工作座谈会精神，就加强信息调研和信息刊物领导，提高信息质量、拓宽信息渠道、健全信息网络、加强横向联系以及突出中心，及时收集反映统战工作为经济建设服务的信息等工作进行部署。

1995年2月，市委统战部会同嘉兴日报社，在《嘉兴日报》的“理论与实践”栏目中，开辟“统一战线园地”，加强统战工作宣传，促进社会各界对统战工作的了解和支持。1995年2月至1996年4月，“统一战线园地”刊登各类统战信息25期34篇。至1996年，全市统战系统有信息员46名。

1998年3月，贯彻省委统战部《关于进一步加强全省统战信息工作的通知》和市委《关于进一步加强信息工作的意见》精神，印发《嘉兴市统战系统信息工作要求和考核评比办法》，进一步明确全市统战信息网络和信息员队伍建设的职责、任务和工作要求；进一步规范全市统战信息编报工作，并将信息工作纳入各县（市、区）委统战部和市本级有关部门的考核内容。6月，市委转发市委统战部、宣传部、对外宣传办公室《关于大力加强统一战线宣传工作的意见》，就加强新时期统战宣传工作领导，把握统战宣传舆论导向，严格遵守统战宣传纪律，开展统战宣传教育，活跃统战宣传工作局面提出具体意见，并建立市委统战部、宣传部、外宣办统战宣传工作通报例会制度。1998—1999年2年间，省、市报刊、电台、电视台和《中国统一战线》《情系中华》等新闻媒体刊登和报道全市统一战线为“两个文明”建设服务的稿件280余篇；《嘉兴日报》“统一战线”专栏刊登统战理论研究、经验总结、调查报告26篇；市委统战部举办统战宣传工作培训班6期、统战宣传工作会议3次，通报表彰全市统战宣传工作先进集体7个、先进个人11名；建有全市统战系统和市级机关有关部门、企事业单位统战宣传员队伍2支50余人。

2001年5月，增编《统战情况反映》，专题编报处置统战系统突发事件情况。是年，编报《统战情况反映》2期。2002年起，《嘉兴统战信息》改称《嘉兴统战》，并根据全市统战工作实际需要将《统战情况反映》改编为《嘉兴市统战信息专报》，重点刊登全市统战部门专项工作、专题调研以及统一战线突发事件、社情民意等信息。2003年5月，印发《嘉兴市统战信息工作考核评比办法》，进一步完善全市统战信息工作考评奖励制度。

2006年6月，市委统战部、市委宣传部召开统战宣传工作座谈会，《嘉兴日报》、《南湖晚报》、嘉兴广电总台负责人参加。会议专题研究进一步健全统战宣传工作机制事宜。市委常委、宣传部部长裘东耀，市政协副主席、市委统战部部长马健到会并讲话。裘东耀就统一思想、提高认识，统筹规划、加强合作，把握分寸、严格纪律，强化创新、积极探索，建立健全规范的统战宣传工作联系制度和宣传报道协调机制，推进统战宣传工作出精品、出名品提出要求。马健就1998年以来全市统战宣传工作情况进行总结，要求各级统战部门更加主动地加强与宣传、外宣、各新闻单位的联系，主动提供宣传报道的信息，协助新闻单位把好业务关，推动全市统战宣传工作再上台阶。11月，市委统战部、市优秀社会主义事业建设者评选领导小组办公室、市工商联编写出版《和谐创业——嘉兴市优秀社会主义事业建设者之歌》一书。该书由市委书记黄坤明题写书名，市长陈德荣作序，全面反映2003—2004年度87名嘉兴市优秀社会主义事业建设者的创业故事和成长经历。

2007年5月，召开全市统战调研、宣传和信息工作会议。总结回顾2006年以来全市统战理论调研和信息宣传工作，部署新一年工作。对评选出的2006年度全市统战信息工作先进集体16个、先进个人7名、优秀作品3件予以表彰。海宁和平湖统战部分别介绍开展信息工作的经验和体会。是年，全市上报信息被中央统战部录用4篇、省委统战部录用26篇、市委办录用18篇，其中市领导批示2篇。2008年，全市上报信息被中央统战部录用2篇、省委统战部录用19篇、市委办公室录用25篇，其中市领导批示5篇。

2011年12月，印发《关于推进全市统战信息工作考核的实施意见》。进一步提高信息报送质量，建立健全全市统战信息工作考核激励机制，及时挖掘全市统战工作亮点，推进信息工作规范化、制度化。从加强组织领导、提高信息质量、健全考核制度、强化阵地建设等方面提出意见。2012年12月至2013年11月，全市统战系统提供的各类信息被中央统战部采用2条（篇）；被省委统战部采用61条（篇），省侨办、省侨联浙江侨网、省侨联网站采用63条（篇），省民宗局网站采用123条（篇）；被市委办公室《近日动态》《情况反映》采用28条（篇），市委统战部《专报信息》《嘉兴统战工作》、嘉兴统战网站采用629条（篇）。

2013年1月，遵照《中共中央政治局关于改进工作作风密切联系群众的规定》（简称“八项规定”）有关精简文件简报的要求，《嘉兴统战》停办，保留《嘉兴市统战信息专报》。12月，印发《关于加强全市统战信息工作考核的实施意见》，就提高信息质量，健全统战信息工作考核激励机制，及时挖掘统战工作亮点，推进信息工作规范化、制度化，作出规定。

2014年2月，对全市统战宣传、信息工作先进单位和个人进行通报表彰。市侨联、平湖市委统战部、民盟市委、九三学社市委获2013年度重大宣传活动创意奖，桐乡市委统战部、市工商联、市民宗局二处获2013年度信息工作一等奖，海宁市委统战部、平湖市委统战部、九三学社市委、农工党市委、市民宗局一处、市委统战部办公室获2013年度信息工作二等奖，李博文、李晓玮、马亮春、沈琴林、吴燕、姜燕凤6人被评为2013年度信息工作先进个人。2013年12月至2014年11月，全市统战系统提供的各类信息被中央统战部采用4条（篇），被省委统战部采用46条（篇），被市委办公室《近日动态》《情况反映》采用25条（篇），市委统战部《专报信息》、嘉兴统战网站采用496条（篇）。

1986—2014年嘉兴市统战信息采编情况一览表

表1-2-1

年 份	总 数（期）	其中		采编信息（篇、条）	信息专报（期）
		普 刊	增 刊		
1986	19	12	7	131	—
1987	32	22	10	315	—
1988	34	15	19	230	—
1989	33	14	19	162	—
1990	42	12	30	174	—
1991	38	12	26	157	—
1992	31	12	19	159	—
1993	29	21	8	94	—
1994	24	9	15	98	—
1995	14	8	6	62	—
1996	19	15	4	103	—
1997	23	15	8	99	—

续表1-2-1

年　份	总　数（期）	其中		采编信息（篇、条）	信息专报（期）
		普　刊	增　刊		
1998	33	28	5	157	—
1999	37	32	5	267	—
2000	31	30	1	261	—
2001	29	25	4	187	—
2002	25	16	—	130	9
2003	41	16	10	183	15
2004	118	21	4	208	93
2005	109	24	2	285	83
2006	205	23	3	356	179
2007	208	33	1	383	174
2008	153	30	1	400	122
2009	80	26	4	442	50
2010	95	21	2	356	72
2011	800	20	—	271	60
2012	52	20	1	221	31
2013	132	—	—	—	132
2014	102	—	—	—	102

第三节　机关党建工作和机关创建活动

【机关党建工作】

组织机构　1983年10月，中共嘉兴市委机关委员会成立宣统支部，由市委宣传部、市委统战部和市职教办组成。朱恩仁（市委宣传部副部长）任书记，吴家杰（市委统战部副部长）、张冕（市职教办主任）为支部委员，有党员23名（宣传部12名、统战部9名、职教办2名）。

1984年8月31日，根据市级机关党委《关于建立中共嘉兴市委统战部支部委员会及组成人员的批复》，成立中共嘉兴市委统战部支部委员会，吴家杰任书记，胡镇堃、俞厚民为支部委员，有党员12名（统战部5名、对台办2名、民宗2名、侨办2名、工商联1名）。

1998年7月30日，根据市级机关党工委《关于同意市委统战部党支部改建为党总支部的批复》，中共嘉兴市委统战部党支部改建为总支委员会。经全体党员大会选举产生中共嘉兴市委统战部总支委员会。总支委员会由周玉洁等7人组成，周玉洁任书记，万勇任副书记，俞厚民、袁加林、朱建英、许嘉伦、殷跃华为委员，有党员42名。总支委员会下设党支部6个：第一支部（统战部、民宗），由万勇、李持真、娄新生、肖敬民4人组成，万勇为书记（有党员12名）；第二支部（侨办），袁加林为书记（有党员7名）；第三支部（侨联），朱建英为书记（有党员3名）；第四支部（台办），俞厚民为书记（有党员7名）；第五支部（工商联），许嘉伦为书记（有党员9名）；第六支部（民主党派机关），殷跃华为书记（有党员4名）。2001年3月，许农兼任部机关党总支书记

2005年3月21日，根据市级机关党工委《关于同意建立中共嘉兴市委统战部机关委员会的批

复》,中共嘉兴市委统战部总支委员会改建为中共嘉兴市委统战部机关委员会,根据《中国共产党党和国家机关基层组织工作条例》第二章第九条要求,同时成立中共嘉兴市委统战部机关纪律检查委员会。7月,选举产生中共嘉兴市委统战部机关委员会,由万勇、许农、许嘉伦、朱建英、杨祝安、袁加林、殷跃华7人组成,任期4年,许农为书记,许嘉伦为副书记(专职)兼组织委员,万勇为副书记兼中共嘉兴市委统战部机关纪律检查委员会书记。

2009年,成立部机关离退休支部,王洪元为书记。

2011年9月,部机关党委(纪委)换届。按照"五好"(支部班子好、党员队伍好、制度建设好、思想工作好、发挥作用好)条件和公推直选的方式,选举产生新一届部机关党委委员9名,张颖杰为书记,许嘉伦为副书记(专职)兼组织委员,陈林根为副书记兼部纪委书记,王静为副书记。换届后,部机关党委下设党支部4个:第一支部(统战部、民宗),马继宁为书记;第二支部(侨办、侨联),陈林根为书记;第三支部(离退休),王洪元为书记;第四支部(工商联),王国荣为书记。2012年年底,市统战系统(统战部、侨办、民宗、侨联、工商联及民主党派机关)有党员63名。

2014年,部机关党委、纪委仍在任期中。

党建工作　20世纪80年代中期,部机关党支部配合部务会围绕中国特色社会主义发展道路理论体系建设,组织统战系统党员学习社会主义初级阶段理论,学习《邓小平文选》和党的方针、政策,拨乱反正,彻底清除"文化大革命""左"的思想影响,配合做好整党工作,加强党的组织建设。

20世纪90年代,机关党建工作逐步规范。1996年7月,贯彻全市党建工作会议精神,市直机关党工委、市委统战部部务会、市委统战部机关党支部制定《联手共建机关党支部工作责任书》。责任书明确市委统战部部务会、市直机关党工委、部机关党支部工作责任,即部务会重视部机关党支部工作,加强对部机关党支部工作的指导,选配好部机关党支部班子,关心、支持部机关党支部履行好职责,团结、带领全体党员开展组织活动,并在经费、时间等安排上创造必要条件;市直机关党工委在市委授权下对部机关党支部工作实行领导,会同市委统战部部务委按照"互相尊重、互相支持、联手协调"的原则,指导部机关党支部开展日常工作,共同推进机关党建工作的深入开展;部机关党支部在市直机关党工委、市委统战部部务会的领导下,按照党章规定,结合部门实际,组织好部机关党支部的日常活动。1997年,结合统战工作实际,部机关党支部注重抓好四个重点、四个建设、四个提高,推进党建工作。具体为:以抓学习为重点,加强思想政治建设,进一步提高党员的整体素质;以抓联手共建、争创先进党小组、完善"三会一课"制度为重点,加强组织建设,进一步提高党支部的战斗力和凝聚力;以抓反腐倡廉为重点,加强作风建设,进一步提高党员干部遵纪守法的自觉性;以抓创建文明机关,做人民满意的公务员活动为重点,加强精神文明建设,进一步提高党员干部的自身形象,不断推进支部工作规范化、制度化。

进入21世纪,部机关党总支(党委),结合新时期机关创建活动,进一步完善党的组织生活,健全制度、规范建设。

2003年,遵照市委关于"建设学习型机关,培养学习型干部"的总体要求,党总支借助部务会中心组理论学习小组平台,采取学习会、座谈会、党课辅导等形式,组织学习中共十六大报告、"三个代表"重要思想,推进统战系统党员干部队伍建设。

2006年3月,召开党建工作会议,结合"八荣八耻"学习教育活动,提出"深入学习贯彻党章,进一步促进党员干部的思想政治建设;巩固先进性教育成果,进一步加强党委的先进性建设;增强党组织的凝聚力,进一步加强和改进党的基层组织建设;转变机关作风,进一步加强机关党风廉政建设"四个方面意见,引导机关党员干部凝聚力量和智慧,开创统战工作新局面。

2009年,抓好部机关党委工作机制、党员发展、党员管理和政治思想工作的规范化建设,进一步落实谈心谈话、党内关爱机制,严格"三会一课"制度,推进党内民主建设,做好党务公开。参与"新农村共建"活动,部机关党委与油车港镇、栖镇村党总支结成共建对子,开展交流活动,并选派一名中层干部到油车港镇挂职担任副镇长。

2010年6—7月，组织市级统战系统各部门、机关各党支部开展“党员干部读书周”和“我与统战工作”征文活动，参与系列读书讲座、红色宣讲团巡回宣讲，重点学习《马克思主义经典理论原著选读》《科学发展观与统一战线学习读本》《统一战线工作政策须知》，并邀请省委党校教授作“社会主义核心价值体系”辅导。

2011—2013年，开展“创建学习型党组织和学习型机关”活动。作为党建工作的重要内容，每年印发《关于推进学习型党组织和学习型机关建设的意见》，对年度创建工作进行部署。2011年，印发《关于深入实施“党建引领计划”全面开展“双强争先”活动的实施意见》《关于推行党务政务公开工作的实施意见》，以“红船先锋”创先争优活动为契机，深入实施“党建引领计划”，开展以争做“廉洁高效先锋”、争创“效能强、党建强”先进单位为主要内容的“双强争先”活动；围绕“三服务、两提升”目标，推出党组织和党员先锋承诺、闪光点评议和党员志愿服务等活动，每名党员结合岗位职责、年度工作目标，作出先锋承诺，通过机关公告栏、实名上网等形式进行公布，做到承诺全覆盖、亮诺有督查、践诺有点评；围绕党员领导干部参加双重组织生活和“三会一课”制度，创新学习方法，健全学习制度，建立“学习型党组织、学习型机关”长效机制；围绕权力运行和监督，从思想认识、制度机制、岗位职责、工作流程和外部环境5个方面进行对照自查，落实党风廉政建设责任制，开展全市统战系统党风廉政建设主题教育月活动，教育引导党员干部增强廉政风险防范的意识和能力。是年，部机关党委被市委评为党建工作先进单位。2012年，遵照市委关于“进一步加强和改进领导干部理论学习、深化学习型党组织和学习型领导班子建设”的要求，部机关党委坚持“工作学习化，学习工作化”理念，结合迎接中共十八大召开学习教育和中共十八大精神学习活动，充分发挥党委中心组理论学习、机关干部学习会、市级统战系统青年理论学习小组3个平台作用，将学习贯穿于工作全过程，努力将统战系统各部门打造成为学习力、文化力、创新力、领导力较强的学习型党组织和学习型机关。2013年，签订党风廉政建设责任书和承诺书，以加强党的执政能力、先进性和纯洁性建设为主线，以开展群众路线教育实践活动“三同步（同步学习、同步整改、同步督查）、七个先行（调研先行、教育先行、走访先行、服务先行、整改先行、督查先行、宣传先行）”为抓手，以深化“五型机关”（学习型、创新型、服务型、效能型、廉洁型）创建为目标，以服务中心、建设队伍为重点，加强机关党的思想、组织、作风、反腐倡廉和制度建设，发挥机关党组织推动发展、服务群众、凝聚人心、促进和谐的作用，不断提高机关党建科学水平。2013年，按照全市党建工作会议部署，印发《2013年市级统战系统创建学习型党组织和学习型机关实施方案》，并与“廉政文化进机关”活动相结合，签订党风廉政建设责任书和承诺书，以加强党的执政能力、先进性和纯洁性建设为主线，以开展群众路线教育实践活动“三同步、七个先行”为抓手，以深化“五型机关”创建为目标，以服务中心、建设队伍为重点，加强机关党的思想、组织、作风、反腐倡廉和制度建设，发挥机关党组织推动发展、服务群众、凝聚人心、促进和谐的作用，不断提高机关党建科学水平。2008—2012年，部机关党委连续5年被市直机关工委评为先进基层党组织，市委统战部被评为2009—2011年党建工作“三好”先进集体。

2014年，印发《2014年市委统战部学习型党组织和学习型机关建设的意见》，继续开展“创建学习型党组织和学习型机关”活动。部机关党员干部全面落实省委、市委《关于进一步加强和改进县以上党委（党组）中心组学习的意见》，重点学习《马克思主义哲学十讲》《毛泽东著作专题摘编》《中国特色社会主义学习读本》《科学发展观学习纲要》《世界社会主义五百年》《中国共产党历史二十八讲》《社会主义法治理念读本》等文选。在确保学习时间和质量的基础上，坚持理论联系实际，严格按照中央、省委和市委关于领导干部改进工作作风、密切联系群众的要求，把调查研究贯穿于学习全过程，推动解决实际问题；进一步完善和推进领导干部讲学、评学、述学、考学制度，抓好学习效果的自我评估。是年，市级统战系统机关被市直机关党工委评为2013—3014年度先进党支部1个、优秀共产党员2人、优秀党务工作者1人。

【机关创建活动】

1990年6月，中共嘉兴市委、市政府决定在全市范围开展“我为南湖增光辉”活动，通过这一活动，集资兴建南湖革命纪念馆新馆。1991年6月25日，浙江省庆祝中国共产党成立70周年大会暨嘉兴南湖革命纪念馆新馆落成典礼在嘉兴举行，中共中央政治局常委宋平、浙江省委书记李泽民、嘉兴市委书记梁平波为纪念馆落成剪彩。自此，“我为南湖增光辉”活动成为全市党政机关践行“红船精神”，推进“两个文明”建设的一项重要内容，各类机关创建活动逐渐发展延伸。

1994年3月，市级统战系统开展“我为嘉兴添锦绣”活动。“我为嘉兴添锦绣”活动是“我为南湖增光辉”活动的延续和发展，部委会结合统战系统工作实际，提出在本系统开展“夺杯评优”竞赛活动。活动设“安定杯”“同心杯”“鹊桥杯”三杯。“安定杯”以民族宗教部门为主，推进党的民族宗教政策贯彻落实，维护民族宗教安定团结；“同心杯”以各民主党派、工商联为主，推进中国共产党领导的多党合作，支持参政议政，为全市“两个文明”建设献计出力；“鹊桥杯”以侨、台部门为主，发挥优势、牵线搭桥、招商引资，推进全市经济社会发展。“夺杯评优”竞赛活动立足服从、服务中心，增强竞争意识，充分发挥新时期统一战线的法宝作用，为改革、发展、稳定服务，为实现嘉兴经济新飞跃和精神文明建设上新水平多做贡献。

1998年4月，市级统战系统开展“创三优（优美环境、优良秩序、优质服务）机关，当满意公仆”活动。通过抓好思想道德、党风廉政、统战业务、环境秩序四项建设，做到与讲学习、讲政治、讲正气的“三讲”活动，提高党员、干部素质相结合；与完善和落实机关各方面规章制度，强化纪律和法制教育相结合；与机关的中心任务、统战业务工作紧密结合；与开展争先创优活动、发现和树立典型紧密结合，使统战系统市级机关的思想政治工作进一步加强，业务水平、工作质量显著提升，环境优美、秩序优良、服务规范、讲究效率的办公文明程度不断提高。

2000年2—12月，统战部机关开展以“创优良服务、优良作风、优美环境，当人民满意公仆”为主要内容的“创建文明机关”活动。活动以“奉献社会、服务人民”为宗旨，坚持党的基本路线，坚持“两手抓，两手都要硬”的方针，结合落实本部工作目标和参与创建文明城市竞赛活动的要求，着重加强机关党的建设、思想道德建设、文化建设和环境秩序建设，使机关广大党员、干部成为政治合格、业务过硬、作风优良、言行文明的公务员；把机关建设成为服务优、作风正、环境美，适应社会主义市场经济的需要，开拓求实，廉洁高效的文明机关。

2004年3—12月，市级统战系统开展“效能建设年”活动。活动以邓小平理论和“三个代表”重要思想为指导，以创建服务型机关为目标，以提高行政效率为中心，以提升素质、能力为根本，以突出思想教育、加强建章立制、严格考核和奖惩为抓手，规范机关管理行为，改善机关运作方式，切实解决机关效能中存在的突出问题。其间，部务会结合实际，推出抓队伍、建制度、求实效、转作风、抓载体5项举措，推进统战系统各部门效能建设年活动落到实处。

2007年3—12月，市级统战系统开展“作风建设年”活动。活动以邓小平理论和“三个代表”重要思想为指导，按照胡锦涛在中纪委七次全会上倡导的八个方面良好风气的要求，通过开展“作风建设年”和“树新形象、创新业绩”主题实践活动以及“走进矛盾、破解难点”、创建“学习型机关”“群众满意机关”等活动，努力建设一支勤奋学习、作风民主、求真务实、廉洁自律、团结奉献、开拓创新的机关干部队伍，使领导班子战斗力更强，机关整体形象更佳，各项工作业绩更优，人民群众满意度更高。同时，结合市纪委《关于开展“作风建设年”活动专题警示教育的通知》精神，在统战系统党员干部中开展警示教育，深刻查找领导班子和领导干部廉洁自律和思想作风建设中存在的问题，完善整改措施，形成长效机制，进一步增强党员领导干部反腐倡廉意识和改进作风的自觉性，推动“作风建设年”活动深入开展。

2008年4—12月，市级统战系统开展“两年”（创业服务年、创新推进年）暨创建“五型”（学习型、创新型、服务型、效能型、廉洁型）机关活动。活动要求市级统战系统各部门牢固树立“创业立身、创新兴部”的理念，统筹开展各项工作，推进统战系统创业创新进程；要高举旗帜，加强科学理论武装，进一步巩固共同的思想政治基础；要围绕中心，加强服务大局工作，为创业创新献计出力；要协调关系，做好化解矛盾工作，为创业创新营造和谐稳定的社会环境。同时，切实加强自身建设，以创建“五型”机关为重点，全面提高工作能力和水平，促进统战系统各部门争优创先。

2010—2011年，市级统战系统开展“红船先锋”创先争优活动。活动以“同舟共济创发展、五大关系共和谐”为总载体，以“三服务、两提升”（服务科学发展、服务社会和谐、服务人民群众，提升能力素质、提升党建水平）为目标，深化“作风、效能和执行力建设”、创建“五型机关”活动，进一步提升服务理念、拓展服务功能、增强服务能力、显现服务成效，切实解决影响和制约统战工作科学发展的突出问题，建立健全促进科学发展的长效机制。深化“作风、效能和执行力建设”活动：突出建设服务型党组织，开展“为民服务·对标创标”活动，努力在提高机关党建上下功夫，在推进统一战线科学发展上下功夫；紧紧围绕服务发展、服务基层、服务群众主题，以“主动、高效、优质、廉洁”为目标，建立服务团队、创建服务品牌，努力提高服务中心工作的能力；坚持“两手抓、两不误、两促进”，坚持用工作实效来衡量和检验作风效能建设的成效，通过开展强化执行力、优化服务力、提升公信力三大行动，统筹推进统一战线各领域工作；把作风效能建设作为“五型机关”创建的重要内容，强化对机关干部的教育、管理和监督，着力把统战部门打造成为理想信念坚定、政策水平高、行政能力强、工作作风实、公仆形象好的为民、务实、廉洁机关。深化创建“五型”机关活动：进一步健全部党委理论学习中心组学习制度，深入学习贯彻中共十七大、十七届四中全会精神，开展社会主义核心价值体系学习教育，努力把社会主义核心价值体系体现到领导干部教育管理全过程，融入日常工作、学习和生活中，推进学习型机关建设；以改革创新精神探索新社会组织党建工作，建立非公有制企业法律服务新机制，构建海内外联谊工作新平台，拓展宗教界人士参与宗教慈善和宗教文化新渠道，推进创新型机关建设；围绕党委、政府工作大局，组织实施“创新嘉兴·精英引领计划”和“星耀南湖”海外人才引进交流洽谈会、才富论坛暨风云禾商对话海外英才等活动，以全面实施“223工作计划”为抓手，在非公有制经济企业中开展“强化服务宗旨、丰富服务内容、提升服务水平”的专项行动，送政策、优服务、解难事，围绕市统筹城乡综合配套改革“两新”工程，发挥统战优势，吸引相关产业的侨商前来投资现代农业和服务业，推进服务型机关建设；践行统战工作五大关系和谐主题，深化多党合作上台阶，确保民族宗教领域和谐和睦，增强知联会组织在新社会阶层人士中的凝聚力，加强和改进非公有制经济人士思想政治工作，提升海外统战工作凝聚力，推进效能型机关建设；结合统战工作实际，进一步建立健全机关各项规章制度和党风廉政建设责任制，落实部务会议定期研究党风廉政建设工作机制，推进廉洁型机关建设。

2012年，先后印发《2012年全市统一战线“创先争优活动”的意见》《全市统战系统开展“统战干部、成员进企业入村社”活动实施方案》《关于以加强领导班子思想政治建设为重点开展领导干部“创先争优示范行动”的实施方案》和《关于组织开展统一战线“同心·建功”活动的通知》，在全市统战系统统筹开展“创先争优”“双千双百”进村入企走访、领导干部“创先争优示范行动”和“同心·建功”活动。各项活动相互交融、共同推进。开展“创先争优活动”，以“同舟共济创发展、五大关系共和谐”为载体，围绕科学发展、富民强市工作重心，实施“红船领航·聚力同心”“红船领航·助推转型”“红船领航·共创和谐”“红船领航·党建引领”等“红船领航”系列行动，全面推进服务型基层党组织建设，着力抓好领导班子和领导干部创先争优，以党内创先争优引领统战系统创先争优、指导非公有制经济组织创先争优，组织和动员广大统一战线成员在推动中心工作、履行岗位职责、服务人民群众中做出新的贡献。开展“统战干部、成员进企业入村社”活动，通过走访联系村、结对社区，开展“同心·送温暖”活动；深入“千企百会”，开展“同心·解难题”活动；联系重点项目，开展“同心·助发展”活动；调处化解矛盾，开展“同心·促和谐”活动，进一步深化和拓展“三服务”（服务发展、服务基层、服务群众）工作。开展领导干部“创先争优示范行动”，着眼群众满意，突出示范引领，推进“对标创标”和领导干部素质能力提升年活动，推动领导班子和领导干部创先争优。开展“同心·建功”活动，旨在动员全市统一战线成员，践行“同心”理念，在参与改革开放和社会主义现代化建设实践中建功立业，把统一战线各界人士的积极性和创造性凝聚到市第七次党代会确立的“三城一市”建设目标、投身到贯彻省第十三次党代会提出的“两富”奋斗目标的实践中去，以优异成绩迎接中共十八大召开。

2013—2014年，围绕市级统战系统《深化“双千双百”进村入企走访服务活动实施意见》和《关于深化统一战线“同心·建功”活动的意见》，进一步深化与村（社区）结对共建，扶持经济薄弱村，扶持低收入家庭以及服务民营企业“二次创业”，为侨（港）资企业解难帮困，推动“同心·助发展”活动。“同心·建功”活动包括“同心·共识”“同心·聚力”“同心·惠民”三项行动。实施“同心·共识”行动，通过开展共识教育、联谊交友、主题实践等活动，健全教育培养长效机制，同向同行巩固基础；实施“同心·聚力”行动，通过为深化改革献计献策、投身浙商回归、开展进千企入百会走访服务等活动以及嘉善县域科学发展示范点建设，合心合力推进发展；实施“同心·惠民”行动，通过统筹“同心”服务品牌、组织感恩行动、光彩事业以及组织创建和谐宗教、平安宗教等活动，共建共享促进和谐。

第二篇　统战工作会议和落实统战政策

坚持围绕中心、服务大局是统一战线工作的原则之一。本篇通过统战工作会议、落实统战政策两个章节，着重记述中共嘉兴市(地)委统战部贯彻执行中央、省委和市(地)委中心任务，部署落实统一战线工作、落实统战政策的历史和工作情况。

第一章　统战工作会议

统战工作会议主要包括工作会议、专题会议和部长会议(例会)。统战工作会议由市(地)委决定或批准召开，总结、部署全局性工作；专题会议由市(地)委或统战部部务会议决定召开，研究部署专项性工作；部长会议由部务会议决定召开，属例会性质，交流、研究和部署阶段性工作。本章重点记述具有指导性、全局性统战工作的部分会议，以市(地)统战工作会议为主。2013年起，市委贯彻中央"八项规定"关于"精简会议、改进会风"的要求，市委宣传部、组织部、统战部三个部门的工作会议合并召开，统称党建工作会议。

第一节　中共嘉兴地委统战工作会议（1951—1983年）

【1951年第一次统战工作会议】

1951年6月3日，地委召开第一次统战工作会议。会议传达中央、华东局和省委对统战工作的指示，结合学习党史，部署全区统战政策教育工作。

【1951年第二次统战工作会议】

1951年7月7—9日　地委召开第二次统战工作会议，传达省委统战工作会议精神和省委《关于执行中央协助民主党派发展与巩固组织的方针的决定》，听取各县(市)的统战工作汇报。会议提出7月、8月两个月统战工作的重点是有计划地帮助民主党派正确地巩固与发展组织，更好地发挥民主党派的作用。

【1952年全区统战干部会议】

1952年10月11—12日，地委召开全区统战干部会议，各县、市统战部专职干部共12人参加会议。会议传达贯彻华东统战会议精神、谭震林(时任中共浙江省委书记、省人民政府主席)在华东统战会议上的讲话和沙文汉(时任中共浙江省委宣传部部长兼统战部部长，1954年12月任浙江省省长兼省委统战部部长)关于全省统战工作的指示，听取各县(市)统战工作情况汇报，并就民主建政中统战工作如何掌握政策、安排人事问题，如何对待资产阶级并做好排队摸底问题等进行讨论、研究和部署。会议的重点是通过传达学习和讨论，统一思想，纠正不愿做统战工作和对统战工作的错误看法，解决统战工作做什么、怎么做的问题，增强做好统战工作的信心。

【1953年全区统战干部会议】

1953年5月6—8日　经地委批准，地委统战部召开各县（市）统战干部会议。会议传达贯彻中共嘉兴地委《关于进一步加强统一战线工作的指示》。指出，1953年全区统一战线工作的主要任务是：必须向干部讲清楚加强统一战线工作的理由，各级党委宣传部门要注意关于统一战线工作的宣传教育；积极争取知识分子、工商界、宗教界、民主党派、民主人士，吸引他们参加经济建设，并加以教育；进行资产阶级代表人物的排队摸底工作，加强对工商联合会的领导；发展民主党派组织；加强人民代表大会、政权机关和协商机关中党与非党人士之间的合作；注意文教界、科技界、宗教界及少数民族的统战工作。地委统战部部长董方明作"关于统战工作业务范围及工作方法"的报告。中共浙江省委统战部派人到会，并就人物鉴定工作、工商统战工作等进行指导。

【1956年全区统战工作会议】

1956年5月，经地委批准，地委统战部召开全区统战工作会议。会议传达贯彻第六次全国统战工作会议精神和中共中央批转全国统战工作会议提出的《一九五六年到一九六二年统一战线工作的方针》（简称"七年方针"）。"七年方针"提出统战工作的基本任务，包括资产阶级分子的改造问题，与民主党派、民主人士的关系问题，教育工作问题，民族工作问题等。明确把教育工作提到首要地位，经过工作实践教育和政治理论的学习，帮助资产阶级分子、高级知识分子和民主人士进行思想改造，逐步做到同他们已经变化和正在变化的政治地位和社会地位相适应，为社会主义建设服务，为最终实现生产资料私有制的国有化作好思想上的准备。会议要求各级党委在党内继续加强统一战线政策的教育，加强对统一战线工作的领导，及时纠正"左"的或右的思想。会议还就人物鉴定工作的有关问题进行讨论，明确各级统战部门要继续扩大与巩固人民民主统一战线的工作方针，切实做好对民主人士的鉴定工作。

【1959年全区统战部门干部会议】

1959年5月17—21日，经地委批准，地委统战部召开全区统战部门干部会议。各县（市）统战部长及统战干部共22人出席会议。会议着重讨论统战工作为党的中心工作服务的指导思想和工作方法问题。会议认为，全区各地统战部门在党委领导下，坚定贯彻"改造与服务相结合"的方针和"一张一弛"的工作策略，通过工商界社会主义、共产主义教育运动和学校整校，发动各阶层知识分子积极服务、加强改造，献计献技、贡献才能，为党的中心工作服务发挥了积极作用。要求各地在指导思想和工作方法上，进一步明确统战工作必须紧密地为党的中心工作服务，统战干部不仅要研究业务，而且要学习工农商业生产经营和自然科学知识；进一步明确统战业务工作必须与党的中心工作密切结合，点面结合、上下结合、内外结合、服从整体，在搞好中心工作的同时做好业务工作；进一步明确贯彻政策与政治思想工作必须两条腿走路，在调动各阶层知识分子为社会主义建设服务的同时，要有计划、有系统地掌握思想动向，加强政治思想教育。会议强调统战部门要紧密联系党的中心工作，积极发挥党委助手作用。统战干部必须切实改变工作作风，深入下去，踏踏实实地开展工作，和党外人士交朋友，了解他们的脉搏。会议还就积极投入增产节约运动，继续贯彻以"弛"为主的精神，调动各阶层知识分子为工农业"大跃进"、保证完成1959年国民经济计划和文化技术革命服务等工作作出部署。

【1960年各县统战干部会议】

1960年7月6—8日，经地委批准，地委统战部召开各县（市）统战干部会议。会议传达贯彻地委扩大会议和省委统战部对资改造会议精神，并在分析全区阶级斗争形势，讨论加强干部阶级斗争观念，检查批判右倾麻痹思想，进一步提高认识的基础上，就对资改造工作、知识分子工作、宗教工作、侨务工作和民主人士工作等进行部署。会议指出：对资改造工作，在党委统一领导下，做好摸底排队，了解掌握资产阶级分子的情况、特点和思想动态。加强教育改造，"三反"运动要改造阶级，严厉打击少数不法资产阶级分子的猖狂进攻。研究政策问题，从“三反”运动暴露出来的问题，总结经验教训，研究区别对待的策略，对既定政策必须严肃执行。知识分子工作，深入重点学校、医院、工厂调查研究知识分子改造与服务的基本状况和存在问题。参加文卫系统“三反”，改造落后，开展教学改革运动。继续贯彻党对知识分子的团结教育改造政策，调动他们的积极性，投入技术革命和教育革命。宗教工作，结合中心工作在教徒群众中进行社会主义、爱国主义和科学知识教育。继续打击和肃清宗教内部利用宗教进行破坏的反革命分子和坏分子及非法活动。通过政协组织，组织宗教上层学习，参加生产劳动，培养进步骨干，进一步加强和控制对宗教的领导权。侨务工作举办侨眷归侨座谈会，加强社会主义教育，贯彻侨汇政策，争取完成侨汇任务。民主人士工作按照省委批转省委统战部关于民主人士鉴定工作报告精神，如期完成对五类民主人士的审查鉴定工作。

【1965年地区统战工作会议】

1965年9月13—17日，地委召开地区统战工作会议。会前、会中，地委负责人听取地委统战部的汇报并作出指示。会议学习毛泽东关于阶级斗争和统一战线的理论，学习周恩来政府工作报告等有关文件，联系思想实际，本着“有什么改什么”的精神，讨论检查统战工作中的主要问题。会议在解决认识问题的基础上，研究全区统战工作。会议提出，各级统战部门要围绕党的中心工作，组织好学习教育。组织各界民主人士开展社会主义、国际主义教育和形势教育、备战教育。对上层民主人士，各县可采取集中短期学习的方式，学习毛泽东著作和周恩来报告，并在“开门学习”中组织参观本县或附近地区的社会主义建设成就。积极投入“四清”运动（又称“社教运动”）。海宁、平湖、海盐是地区先行开展“四清”运动的县，统战干部重点深入一个镇、一个大队了解运动情况，对有关政策问题进行调查研究。在三县开展社教运动的适当时候，组织各县上层民主人士参观学习。抓活思想，抓阶级动向。采取召开座谈会、学习会等形式，抓好民主人士对社教运动中各个重大事件以及卫生、文教界人士下乡，工商界定息等问题的思想反映。组织力量，做好各县第六届人大、政协会议的人事安排工作。参加社教运动后，统战干部力量减少，各地按照中央组织部的规定，抽调基层党员干部，定期完成民主人士的举荐安排工作。

【1982年地区统战工作座谈会议】

1982年5月11—12日，经地委同意，地委统战部召开地区统战工作座谈会。地区机关各部、委、办和地属党委（组）负责人参加会议。会议传达全省统战工作会议精神，学习胡耀邦等中央领导在全国统战工作会议上的讲话和省委书记王芳在全省统战工作会议上的讲话。地委副书记杨逸梅主持会议并讲话，地委统战部副部长汪立福回顾总结三年来全区统战工作情况，就下一步工作提出意见。会议认为，1979年全国统战工作会议以来，全区统战工作贯彻中共十一届三中全会精神，各项工作逐步恢复，为“四化”建设和祖国统一做了大量工作，取得显著成绩。主要表现在，各级党委加强对统战工作的领导，在党内广泛地开展统战政策的再教育。集中精力，狠抓各项统战政策的落实。贯彻中央、省委指示精神，抓好党外人士安排和合作共事工作。加强统战部门自身建设，组织机构、干部配置得到完善和充实。会议指出，1982年全区统战工作的主要任务是，坚决贯彻执行中共十一届三中全会以来的路线、方针、政策，认真落实全国、全省统战工作会议精神，加强党对统一战线工作的领导，在党内深入进行统一战线理论、政策的宣传教育，继续肃清“左”的思想，切实落实各项统战政策，进一步发展和壮大爱国统一战线，团结一切可以团结的力量，调动一切积极因素，为建设社会主义物质文明和精神文明，为和平统一祖国做出新的成绩。重点抓好五个方面工作，一是大力宣传新时期统一战线的理论和政策，提高广大干部，特别是领导干部，对新时期统一战线工作重要性的认识。二是加强对台统战工作，做好侨务工作，发挥海外侨胞、港澳同胞、台湾同胞和外籍华人在对台统战工作中的桥梁作用和“四化”建设中的积极作用。三是妥善安排党外人士，做好合作共事。按照《中共中央关于转发〈全国统战工作会议纪要〉的通知》精神，凡属县一级的单位，均应安排党外人士担任领导职务，其他有条件的科局、学校、科研和医卫等部门也要安排真才实学的知识分子担任领导职务。安排党外人士担任领导职务，由各单位党委提出意见，按干部管理范围办理报批手续。四是切实落实各项统战政策，善始善终抓好各方面冤假错案和历史遗留问题，做到发现一个解决一个，不留尾巴。五是加强对统战工作的领导。要按照中央要求，把统战工作列入各级党委的议事日程，有布置、有检查，切实抓出成效。

第二节 中共嘉兴市委统战工作会议（1983—2014年）

【1986年全市统战工作会议】

1986年3月11—13日，经市委批准，市委统战部召开全市统战工作会议。市和各县（区）委统战部部长，对台办、侨办主任，城区区委宣传部分管统战工作负责人等参加会议。会议学习贯彻胡耀邦1985年12月视察浙江时的讲话，市委统战部部长叶森强回顾总结1985年工作，就1986年工作任务进行部署，海宁县委统战部向大会作了“做好有影响的知名人士工作”的经验介绍。会议认为，1985年全市统战部门进行统一战线基础知识和方针、政策的宣传教育，广大干部、群众对新时期统战工作重要性、长期性的认识进一步提高；抓好各项统战政策的落实，全市统战政策方面的重大问题和以四级政协委员为主的重点人物的问题，基本得到解决；努力为民主党派开展工作创造条件，民主党派在智力扩散、科学技术咨询和精神文明建设方面的作用进一步发挥；加强党的对台、侨务方针、政策宣传，全市统战、侨务部门配合做好“穿针引线、铺路搭桥”，海外统战工作进一步深入；进一步贯彻落实党的民族宗教政策，促进各民族团结，宗教生活逐步纳入正常轨道；统战系统经过整党，加强自身建设，工作作风有了转变、工作效率有所提高。会议要求，1986年全市统战工作按照1月24日市委常委讨论统战工作时作出的部署，进一步加强统战理论和方针、政策的宣传教育；善始善终抓紧落实各项统战政策；继续支持和协助各民主党派、工商联和党外朋友开展为振兴嘉兴经济、统一祖国服务的各项工作；加强非党知识分子工作；做好非党人士安排工作；解放思想、放开手脚，继续开展海外、港澳台统战工作；加强民族宗教工作；加强基层单位和小城镇统战工作，进一步抓好统战部门自身建设。会议指出，海宁县委统战部在县委领导下，做好有影响的知名人士工作的经验，对全市统战工作很有启发。统战工作实质上是做人的工作，各地要学习海宁经验，开展宣传、联络感情、落实政策，团结有影响的知名人士为统一祖国大业发挥积极作用。

【1987年全市统战部长会议】

1987年1月14日，经市委批准，市委统战部召开各县（区）统战部长会议。会议传达贯彻全国统战工作会议精神和习仲勋在全国统战工作会议上的讲话，就1987年全市统战工作进行部署。

【1988年全市统战部长会议】

1988年1月11—14日，经市委批准，市委统战部召开全市统战部长会议。市和各县（市、区）委统战部部长、城区区委宣传部分管统战工作负责人参加会议。市委统战部部长叶森强作主题报告。会议学习贯彻中共十三大精神，总结回顾1987年工作，分析面临的新形势，围绕统战工作如何服务经济建设等问题展开讨论，并就做好1988年工作进行部署。会议认为，统战工作与经济工作是相辅相成的，符合中国社会主义初级阶段基本路线，符合各行各业为“一个中心”服务的精神。统战工作作为中国共产党侧重做党外人士工作、做团结各界人士工作的职能部门，也是一个间接为经济工作服务的部门，通过广交朋友、联络感情、增进友谊、发挥才智以及帮助各界人士（包括华侨和港澳台同胞）解决某些合理要求，调动一切积极因素，为振兴经济、统一祖国服务。会议要求各级统战部门认真学习中共十三大文件，领会社会主义初级阶段理论和党的基本路线，把思想统一到中共十三大精神上来；

继续做好市人大、政协和市工商联的换届人事安排工作，会同组织人事部门选拔符合条件的党外中青年干部担任领导职务；充分发挥统战系统各部门、各民主党派和有关团体的作用，深入开展海外联谊工作，重点做好“两查”（查济民、查良镛）、“两校”（嘉兴一中、秀州中学校友会）工作，逐步在港澳台等地建立民间联谊组织；进一步完善多党合作制度，支持各民主党派独立地开展活动；抓紧处理落实统战政策的遗留问题；继续做好民族宗教工作，推进民族宗教和谐稳定发展。

【1988年全市基层统战工作研讨会】

1988年12月7—8日，市委召开全市基层统战工作研讨会。各县（市、区）委统战部领导、党派工作干部，部分镇党委分管领导；各县（市、区）民主党派负责人，侨联、台联、工商联主要负责人；各民主党派市委正、副主委及秘书长，市侨联、台联、工商联正、副主席（主委、会长）及秘书长，市属有关单位分管统战工作领导共160余人参加会议。会议以中共十三大精神为指针，重点探讨基层统战工作的地位和作用。中共郊区王店镇委、嘉兴绢纺厂党委、嘉善三中党支部和民主党派5个基层组织介绍合作共事、为“两个文明”建设服务的经验。市政协主席贝品明，市政协副主席、市委委员、市委统战部部长叶森强出席会议。市委副书记卢展工到会并讲话。会议指出，基层统战工作是整个统战工作的重要基础。广交朋友、落实政策、接待来访、安置定居以及海外统战工作“一国两制”方针的实施都要依靠基层去具体实施，在社会主义民主政治建设方面最终也要落实到基层。因此，做好基层统战工作，一要进一步加强统战政策理论的宣传教育。二要有必要的组织保证。三要坚持经常做有代表性、有一定影响的统战对象的工作。四要善于运用社会力量开展工作。五要注重基层统战工作的制度建设。会议要求全市统战系统各部门以中共十三大精神为指导，充分认识实行和完善多党合作制的重要性。切实抓好基层党组织和党派基层组织之间的协作：一是互相信任，真诚合作。二是建立制度，协商对话。三是互相监督，肝胆相照。四是积极帮助和支持各民主党派加强思想建设和组织建设。

【1989年全市统战部长会议】

1989年2月18—20日，市委召开全市统战部长会议。市和各县（市、区）委统战部长、城区区委宣传部分管统战工作负责人参加会议。市政协副主席、市委委员、统战部部长叶森强主持会议。市委书记庄洪泽、副书记卢展工到会并讲话。会议指出，统战部门要积极支持各民主党派和有关团体深入探索为经济建设服务的新路子，为振兴嘉兴献计出力。要求1989年重点抓好三项工作，一要坚持中国共产党领导的多党合作制。大力宣传贯彻党的“长期共存、互相监督”“肝胆相照、荣辱与共”的方针，为民主党派创造知情出力的条件，推进“政治协商、民主监督”经常化、制度化。二要做好党外干部的培养、考察、推荐工作。年内，市、县（市、区）要在监察、农业、文化、科技、教育、卫生6个部门，至少配备党外干部1名；落实市本级民主党派、工商联负责人到政府有关职能部门挂职参政。三要积极开展经济统战工作。支持帮助各民主党派和有关团体开展经济技术咨询服务、专业培训，兴办经济实体，扶持“三胞”亲属勤劳致富；切实做好重点人和事的工作，积极为引进外资、台资，发展经济服务。

【1990年全市统战部长会议】

1990年2月26—28日，市委召开全市统战部长会议。市和各县（市、区）委统战部长、城区区委宣传部分管统战工作负责人参加会议。会议交流贯彻1989年《中共中央关于坚持和完善中国共产党领导的多党合作和政治协商制度的意见》的情况，商讨部署1990年工作。市政协副主席、市委委员、统战部部长叶森强主持会议，市委书记卢展工到会并讲话，指出：《中共中央关于坚持和完善中国共产党领导的多党合作和政治协商制度的意见》是历史性的重要文件，在中国当前和今后的政治生活中都将占重要的作用。贯彻这个文件是全党的大事，要靠各方努力，特别是中共各级领导干部要领会文件精神，进一步提高对统战工作的认识，各级统战部门要把贯彻学习文件作为工作的重点，切实抓紧抓好。要经过扎扎实实的工作，使文件精神落到实处。卢展工还就选拔、任用党外干部事宜提出意见。强调必须坚持德才兼备标准和干部“四化”条件,要结合县(市、区)换届工作,把真正优秀的人才选拔到人大常委会、政府、政协的领导班子中来,统战部门要关心支持民主党派加强自身建设,更好地发挥参政党的作用。

【1990年市区统战工作会议】

1990年11月27—28日,市委召开市区统战工作会议。市委、市人大常委会、市政府、市政协领导,市级机关各部、委、办、局(包括公司、行、社)主要负责人,市属单位党委(总支、支部)书记或分管统战工作的负责人等140余人参加会议。会议传达贯彻省委统战工作会议精神,部署当前统战工作。会议由市委副书记许国桢,市委常委、市委秘书长毛雪龙分别主持,市委书记卢展工到会并作《提高认识、明确任务,扎扎实实地做好我市统战工作》的报告,市委常委、宣传部部长李旭峥,市委组织部、市委统战部、市卫生局、嘉兴民丰造纸厂、嘉兴绢纺厂党委和嘉兴中医院党支部负责人在会上发言。会议提出,一要充分认识统战工作的重要性、必要性、长期性,不断提高做好统战工作的自觉性。认真贯彻落实《中共中央关于加强统一战线工作的通知》精神,在加强党的建设的同时,巩固和发展最广泛的爱国统一战线。二要坚持“四个服务”,突出工作重点,采取有效措施,狠抓具体落实。坚持“德才兼备”选配党外干部的原则,有计划有步骤地做好党外人士的实职安排和党外后备干部的培养考察工作;帮助民主党派加强自身建设,提高成员素质,加强班子建设,搞好新老交替,帮助他们解决工作中的一些具体困难,增强民主党派的参政议政能力;依法加强对宗教工作的行政管理,坚定不移地贯彻执行宗教信仰自由的基本政策,加强正面教育,实行综合治理;进一步开展海外统战工作和经济统战工作,大力开展对外联谊工作,广交朋友、联络感情、牵线搭桥、引资引才,努力为扩大对外开放、发展外向型经济做出贡献。三要认真贯彻全党做统战工作的方针,进一步加强党对统战工作的领导;进一步深入开展统战理论和方针政策的宣传教育,切实把统战工作列入党组织的重要议事日程,及时检查督促统战方针政策的贯彻落实情况;四要按照“了解情况,掌握政策,调整关系,安排人事”的基本职能,在市委的统一领导下,切实担负起归口协调和监督检查本地区统战工作的责任,认真贯彻执行好党的各项统战政策,积极当好党委的助手和参谋。

【1992年全市统战部长会议】

1992年4月5日,经市委批准,市委统战部召开全市统战部长会议。会议就贯彻落实中共中央关于统战工作为经济建设服务,进一步抓好人事安排、落实全省宗教工作会议精神进行部署,各县(市、区)委统战部就统战工作为经济建设服务、党外人士实职安排和全省宗教工作会议贯彻情况开展交流。会议要求全市统战系统各部门组织广大干部和有关人士认真学习邓小平关于建设有中国特色社会主义的一系列重要论述,解放思想、转变观念、注重实干,抓好各项工作落实;要支持、鼓励民主党派、无党派人士积极参政议政,为振兴嘉兴出谋献策;要发挥侨务、对台工作优势,充分利用各种海外关系,为“三引进”穿针引线;努力做好非公有制经济代表人士工作,充分发挥他们在活跃市场、繁荣经济中的作用;帮助民主党派和有关团体加强自身建设,做好非党知识分子工作,动员他们在本职岗位上多做贡献;根据条件,适当兴办经济实体,作为对内对外联系的窗口,创造较好的经济和社会效益。

【1993年全市统战部长会议】

1993年2月12—13日,经市委批准,市委统战部召开全市统战部长会议。会议围绕市委关于“以发展外向型经济为龙头,推动嘉兴经济超常规发展”主题,结合全市统战工作实际开展讨论。会议认为,切实落实为发展外向型经济服务,统战部门具有不可替代的作用。进一步解放思想,广交朋友;善于捕捉信息,在实践中逐步学会经济工作。同时,自觉遵守外事纪律,注意廉政建设,为振兴嘉兴经济做出更大贡献。市政协副主席、市委统战部部长叶森强出席会议,并就新形势下统战工作面临的任务,进一步做好统战工作,更好地为党的中心工作服务等事项讲了话。市委副书记丁师尹到会并讲话。市委统战部副部长周玉洁就做好1993年工作进行部署。

【1993年全市统战部长会议】

1993年12月2日，经市委批准，市委统战部召开全市统战部长会议。会议座谈全国统战工作会议精神，回顾1993年工作，探讨统战工作面临的新形势和新任务，就1994年工作进行部署。会议指出，1994年的工作要点是：一、协助市委进一步完善中国共产党领导的多党合作和政治协商制度。坚持重大问题协商制度，逐步实现协商于决策之前，促进决策的民主化和科学化；建立健全政府职能部门与民主党派的对口联系制度；建立和完善市、县（市、区）党政领导和党外人士的交友联系制度。二、关于人事安排工作。结合市、县两级人大、政协换届，做好增补工作。凡未配备党外副县（市、区）长的，要补选1名。条件暂不具备的，可铺设架梯，先安排为科（局）级干部或县（市、区）长助理；未配备人大常委会党外副主任的，要同时配齐。继续做好党外干部担任政府部门领导工作。积极向党委推荐符合德才兼备条件，在两个文明建设中做出贡献，在党外人士中有一定影响的党外优秀分子，并建立党外后备干部名单。三、拓宽海外统战工作渠道，广泛开展经济领域统战工作。高举爱国主义旗帜，广交朋友、联络友谊、宣传政策、争取人心，加大海外统战工作为经济建设服务的力度，多办实事，注重实效；充分发挥侨联、台联、工商联和民主党派等组织与海内外联系广泛的优势，继续为引进资金、人才、设备，当好红娘，做好跟踪服务工作；继续贯彻中共中央批转中央统战部《关于工商联若干问题的请示》的通知和全国工商联七大精神，充分发挥工商联的民间商会作用。积极协助工商联开展非公有制经济代表人士的政治思想工作，反映他们的合理意见和要求；协助政府贯彻落实有关促进非公有制经济发展的方针政策，使私营经济真正成为嘉兴经济发展新的增长点。四、支持民主党派、工商联加强自身建设。培训骨干工作，会同市委党校、各民主党派市委联合举办民主党派骨干和非公有制经济代表人士培训班；认真贯彻执行中央统战部《关于民主党派组织发展的若干规定》。坚持巩固与发展相结合的方针，指导民主党派有计划地做好组织发展工作，提高民主党派的整体素质；重视做好向民主党派推荐人选工作。有意识地把一些优秀的党外知识分子代表人物，推荐给民主党派，充实到民主党派领导班子，逐步实现新老交替。五、做好宗教民族工作。继续全面宣传贯彻党的宗教政策，积极引导宗教界人士与社会主义社会相适应；加强对爱国宗教界人士的思想教育，帮助宗教界建立健全学习制度；制止地方乱建小庙问题，协助地方党政领导做好工作；维护宗教团体的合法利益，按照党的有关政策，落实宗教房产遗留问题；密切注意境外宗教敌对势力的渗透活动，依法打击违法宗教活动；进行党的民族政策教育，尊重少数民族风俗习惯，维护少数民族合法权益，支持发展民族经济，加强对已兴办的宗教民族自养企业的领导。六、加强统战部门的自身建设。根据市委统一部署，组织本系统干部学习《邓小平文选》，学习中共十四届三中全会、全国统战工作会议精神和反腐倡廉有关文件；领会新时期爱国统一战线的基本职能、重要原则和方式方法，领导干部带头学习、带头联系实际，转变作风，加强调研；充分调动广大干部的积极性，尽力做好各项统战工作，为振兴嘉兴做出新贡献。

【1994年全市统战工作会议】

1994年8月12—13日，市委召开全市统战工作会议。各县（市、区）委书记、党群副书记、组织部部长、统战部部长、市级机关有关部门和市属有关单位分管统战工作负责人和统战委员、各民主党派、市工商联主要负责人等140余人参加会议。会议学习贯彻全国、全省统战工作会议精神，部署今后一个时期全市统战工作。桐乡市委、嘉善县委、郊区区委统战部和市卫生局党委分别就选配党外干部、整治滥建小庙小庵、发挥党外人士作用为经济建设服务、促进卫生事业发展等工作进行交流介绍。市政协副主席、市委统战部部长叶森强主持会议，市委书记王国平到会并讲话。会议指出，提高各级干部对统战工作的认识，是做好新形势下统战工作的关键。当前和今后一段时间内全市统战工作要着重抓好四方面工作。第一，继续坚持和完善中国共产党领导的多党合作和政治协商制度，充分发挥统一战线在民主政治建设中的作用。第二，正确处理人民内部矛盾，充分发挥统一战线在维护稳定中的作用。第三，做好党外代表人士的工作，发挥统一战线为改革开放和经济建设服务的作用。第四，积极主动开展海外统战工作，充分发挥统一战线在和平统一祖国中的作用。

【1996年全市统战部长会议】

1996年12月24—25日，经市委批准，市委统战部召开全市统战部长会议。各县(市、区)委统战部正、副部长，市侨办、台办、工商联、侨联及本部处室负责人参加会议。市政协副主席、市委统战部部长叶森强主持会议。会议回顾1996年工作，研究部署1997年工作任务。会议要求，全市统战工作要围绕一个中心，服从服务于改革开放、经济建设。抓住香港回归和中共十五大召开两个机遇，推动各项工作开展。突出三个重点，结合香港回归，重点宣传“一国两制、和平统一祖国”的方针；围绕1998年人大、政协换届，重点做好党外人士举荐安排准备工作；围绕中共十五大召开，重点做好民族宗教工作，创造安定团结的社会环境。市委副书记徐良骥到会并讲话。会议要求，新的一年，各级统战部门要多形式、多手段地向党外广大干部群众进行统一战线的再宣传、再教育，逐步形成全党办统战，全社会重视统战工作的良好氛围；把全市统战工作同党的中心工作结合起来，把统战工作的基本点放在促进社会安定团结和“两个文明”建设上，协助市委、市政府做好各项工作；切实加强领导，把统战工作摆到党委的重要议事日程，每年至少研究统战工作2次。各县(市、区)以及统战任务较重的单位，党委要有1名副书记分管；各乡、镇党委要有兼管副书记，定期研究工作、解决问题，帮助统战部门解决实际困难，推进全市统战工作再上新台阶。

【1998年全市统战部长会议】

1998年1月5日，经市委批准，市委统战部召开全市统战部长会议。市政协副主席、市委统战部部长叶森强主持会议。会议总结回顾1997年全市统战工作，研究部署1998年工作任务，重点就进一步加强统战宣传教育工作，加强党外干部的物色、培养和使用，协调解决侨、台和民族宗教部门行政执法的体制问题以及重视民营经济、做好非公有制经济代表人士思想政治工作和海外联谊中广交、深交朋友等方面所面临的新情况、新问题进行探讨和研究。市委书记王国平到会并讲话。王国平结合市委、市政府确定的新一年全市8个方面经济工作和党建工作4个方面的主要任务，就全市统战工作提出要求。海宁、桐乡、平湖、海盐、郊区等县(市、区)委统战部部长和有关部门负责人，围绕各地开展统战工作的情况和新一年工作打算，进行交流。

【1998年全市统战工作会议】

1998年7月31日，市委召开全市统战工作会议。各县(市、区)委分管统战工作的副书记、统战部正副部长，市侨办、市台办、市侨联、市工商联负责人参加会议。会议传达贯彻全省统战工作座谈会精神，交流上半年各地统战工作情况，分析新形势下统战工作新情况、新问题，部署下半年工作。会议指出，上半年全市各级党委和统战部门围绕全党大局和全市工作中心，重点做好市、县(市、区)人大、政府、政协换届中党外人士的政治安排和实职安排工作，全市党外干部担任县(处)级以上领导职务有15人，其中市长助理1人、副县(市、区)长5人；进一步完善协商通报会、交友、对口联系、“特约四员”等制度，共产党领导的多党合作和政治协商制度日趋规范化、制度化；认真贯彻党的各项民族宗教政策，依法强化对民族宗教工作的管理，切实维护社会稳定；进一步做好以海外嘉兴同乡会、“三胞”为重点的海外联谊工作，全市各级统战部门上半年接待华侨华人、“三胞”500余人次，协助引进项目10个，引进外资3341万美元；支持非公有制经济发展，做好非公有制经济代表人士的思想政治工作；切实加强统战宣传教育工作。市政协副主席、市委统战部部长钱雪林主持会议，并传达了省委统战工作座谈会精神。市委副书记杨荣华到会并讲话。会议要求各级党委和统战部门要紧紧围绕十五大主题，深入学习邓小平理论，遵照中央《关于在全党深入学习邓小平理论的通知》精神，迅速掀起学习邓小平理论的高潮。进一步坚持和完善中共共产党领导的多党合作和政治协商制度，不断推进民主政治建设。扎实做好各项统战工作，以全市新一轮经济发展为契机，重视做好非公有制经济代表人士工作，发挥其应有作用；抓紧建立"海外联谊会"，努力拓展海外统战工作新领域，促进祖国和平统一；落实民族宗教机构执法主体，认真贯彻党的民族宗教政策，依法加强对民族宗教工作的管理。

【1999年全市统战部长会议】

1999年3月8日，经市委批准，市委统战部召开全市统战部长会议。各县（市、区）委统战部部长、分管非公有制经济统战工作的副部长及职能科室负责人，市、县（市、区）工商联专职会长（或副会长）参加会议。会议传达贯彻全国统战部长会议和全省非公有制经济统战工作座谈会精神，交流各县（市、区）非公有制经济统战工作情况，就落实全年统战工作任务，更好地服务全市中心工作进行部署。市政协副主席、市委统战部部长钱雪林主持会议。市委副书记杨荣华到会并讲话。会议指出，在新形势下，各级统战部门要紧紧围绕市委提出的"环境建设年"的任务和要求，切实加强自身队伍建设，进一步统一思想，提高认识，履行职责，深入基层，深入群众，准确反映党外人士的意见和建议，主动协调统一战线各方面的关系和工作，充分发挥党委的参谋助手作用。统战干部加强学习，努力提高理论业务水平，增强党性，增强全局观念，牢固树立正确的世界观、人生观、价值观；学习统战知识和经济、科技、法律、历史等方面的知识，不断提高整体素质，努力造就一支政治坚定、业务精通、作风过硬、纪律严明的高素质的统战干部队伍。

【2000年全市统战工作会议】

2000年4月14日，市委召开全市统战工作会议。市级机关有关部门、市直属有关单位、各县（市、区）委统战部负责人参加会议，各民主党派、有关人民团体负责人列席会议。会议传达贯彻全国、全省统战部长会议精神，总结1999年工作，部署新一年任务。会议由市委统战部副部长周玉洁主持。市委副书记李立定，市政协副主席、市委统战部部长钱雪林出席会议并讲话。会议结合嘉兴工作实际提出三点意见。一、各级党委要充分发挥统一战线协调关系、沟通思想、理顺情绪、化解矛盾的作用，巩固和发展团结、稳定、和谐的社会政治局面；各级党政领导要增强对统战工作的认识，带头积极探索新形势下加强统战工作的新思路、新经验，找准切入点，全面推进统战工作的开展。二、进一步推进多党合作的规范化、制度化建设，支持、协助民主党派进一步搞好政治交接，切实履行参政议政、民主监督的职能；全面贯彻党的民族宗教政策，加强马克思主义宗教观教育，认真解决宗教房产遗留问题，积极引导宗教与社会主义社会相适应；进一步做好少数民族干部的培养选拔工作，不断巩固平等、团结、互助的社会主义民族关系，促进共同发展和繁荣；进一步做好非公有制经济代表人士的思想政治工作，着力培养一支坚决拥护党的领导的积极分子队伍，促进全市非公有制经济健康、快速发展；进一步加强对台和海外联谊工作，在为促进香港、澳门繁荣稳定和祖国统一大业服务的同时，积极为全市进一步扩大改革开放和经济发展服务。三、按照中央和省委、市委《关于进一步加强新时期政协和统战工作的意见》的要求，进一步加强和改善对统战工作的领导，把统战工作列入重要议事日程，作为党委的一项重要工作来抓。各级党委要积极支持统战部充分履行职能，统战系统各部门要树立"大统战"观念，加强协调、形成合力，不断提升统战工作水平。

【2001年全市统战工作会议】

2001年2月27日，市委召开全市统战工作会议。会议贯彻落实全国、全省统战工作会议精神，回顾总结2000年全市统战工作，研究部署2001年工作任务。会议由市委副书记李立定主持，市政协副主席、市委统战部部长钱雪林作工作报告，市人大常委会主任许国桢、市政协主席徐良骥、副市长赵友六出席会议，各县（市、区）委分管副书记、统战部部长，市级机关各部门、市直属各单位负责人参加会议。市委书记陈加元作《发挥优势、凝聚人心，努力开创新时期统战工作新局面》的讲话。会议指出，各级党委和统战部门要认清形势，坚定信心，进一步增强做好新时期统战工作的责任感和使命感。

全市统战工作一定要按照中央和省委提出的根本任务和基本要求，围绕市委、市政府的工作中心，发挥优势，为全市率先基本实现现代化服务。发挥团结、民主优势，积极推进多党合作和政治协商制度的规范化、制度化；充分发挥统一战线人才荟萃优势，努力为全市的改革开放和经济发展服务；充分发挥统一战线协调关系、化解矛盾的优势，积极做好民族宗教工作；充分发挥统一战线海外“三胞”众多、联系广泛的优势，大力发展开放型经济。各级党委要从讲政治的高度，按照“三个代表‘重要思想的要求，进一步加强对统战工作的领导，落实工作责任，关心和支持统战部门搞好自身建设。发扬党的统战工作优良传统，认真总结经验，不断探索创新，开创全市统战工作新局面。各县（市、区）委及市教委、市卫生局、嘉兴学院党委就如何做好新时期统战工作进行经验交流。

【2002年全市统战部长会议】

2002年1月7日，经市委批准，市委统战部召开全市统战部长会议。会议总结2001年全市统战工作，部署新一年工作任务。各县（市、区）委统战部长分别就贯彻全国、全省和全市统战工作会议情况和新一年工作思路安排作总结交流。市政协副主席、市委统战部部长钱雪林主持会议并讲话。钱雪林简要回顾2001年市本级各民主党派换届、全市统战系统纪念建党80周年系列活动、民族宗教工作、海外统战工作以及本部机构改革五个方面工作，就2002年全市统战工作的指导思想、主要任务进行部署。指出，市、县（市、区）委两级统战部门干部要结合市委创导的“建设学习型机关，培养学习型干部”的精神，切实转变作风，兴起学习之风，调查研究之风和工作落实之风，提高素质，在办实事上作文章。各级统战部在干部的思想上、组织上、管理措施上坚持大统战格局，抓重点工作，抓薄弱环节，创造新一年全市统战工作新业绩。

【2003年全市统战部长会议】

2003年1月9日，经市委批准，市委统战部召开全市统战部长学习贯彻中共十六大精神座谈会暨全市统战工作会议。各县（市、区）委统战部正副部长、嘉兴学院党委统战部长、市级统战系统有关部门负责人参加会议。会议进一步学习领会中共十六大精神，总结2002年全市统战工作，交流各地经验，部署2003年主要任务。会议由市委统战部副部长宋家聪主持。市政协副主席、市委统战部部长钱雪林出席会议并讲话。会议要求全市各级统战部门要创新、创优，突出八个“新”（十六大精神的学习达到新水平，坚持和完善中国共产党领导的多党合作有新进展，培养选拔党外干部工作有新突破，党外知识分子工作走出新路子，维护民族团结、宗教和谐、社会稳定工作取得新成绩，港澳台和海外统战工作迈出新步伐，非公有制经济代表人士的思想政治工作有新成效，统战调研宣传信息工作有新气象），切实把中共十六大精神化为行动，落到实处，取得新成果，实现新进展，作出新成就，为全面建设小康社会、率先基本实现现代化凝聚智慧和力量。

【2004年全市统战工作会议】

2004年3月16日，市委召开全市统战工作会议。各县（市、区）委分管统战工作的副书记，嘉兴经济开发区、嘉兴港区管委会、嘉兴学院、嘉兴职业技术学院负责人，各县（市、区）委统战部部长及市级机关有关部门负责人参加会议。会议回顾总结2003年全市统战工作，研究部署2004年主要工作任务。市政协副主席、市委统战部部长马健介绍全市统一战线的基本情况，对2004年全市统战四项重点工作提出意见。市委副书记寿剑刚、副市长钱满程出席会议并讲话。会议要求，各级党委必须按照中央的要求，把统战工作放在大局中来考虑，思想上重视、制度上落实、工作上到位，为统战部门创造良好的工作条件。进一步做好中国共产党领导的多党合作工作，切实发挥民主党派、无党派代表人士的作用；切实加强宗教工作，以团结宗教界人士和信教群众为根本任务，以维护社会稳定为基本前提，进一步争取掌握新形势下宗教工作的主动权；高度重视港澳台和海外统战工作，全面贯彻“一国两制”方针，不断壮大和培养爱国爱港力量，维护香港的长期繁荣稳定。广泛团结和联合港澳同胞、台湾同胞、海外侨胞，共同反对台独，反对分裂，推动祖国统一进程；切实做好非公有制经济代表人士工作。鼓励和支持创业者，在全社会营造尊重创业者的良好氛围，保障非公有制经济人士合法权益。

【2005年全市统战工作座谈会】

2005年3月25日，市委召开全市统战工作座谈会，专题部署统战工作。各县(市、区)委分管统战工作的副书记，统战部长、副部长及侨办、台办、民宗局、侨联、工商联负责人，市级机关有关部门、市直属有关单位负责人参加会议。会议由市政协副主席、市委统战部部长马健主持。市委副书记寿剑刚出席会议并讲话。会议提出，新形势下，各级党委和统战部门要落实三个到位：思想认识到位。对统战工作的重要性、必要性要有足够的认识；自身素质到位。广大统战干部要有满腔的工作热情和纯熟的工作技巧，牢固树立“有作为才能有地位”的工作理念；保障制度到位。各级党委要进一步支持和关心统战工作，关心统战干部的成长，为统战工作创造良好的条件和氛围。会议表彰2004年度全市统战调研、宣传优秀成果和统战信息工作先进单位和个人。

【2006年全市统战工作会议】

2006年3月29日，市委、市政府召开全市统战工作会议。副市长钱满程、蒋仁欢分别就民族、侨务工作作专题部署。市政协副主席、市委统战部部长马健对全市多党合作工作、宗教工作和非公有制经济统战工作进行部署。市委副书记寿剑刚主持会议并讲话。会议要求，各级党委、政府要切实加强对统战工作的领导，做到思想上重视，工作上支持，成长上关心，使统战部门在出成绩、出业绩的同时，也能出干部、出人才。

【2007年全市统战工作会议】

2007年6月29日，市委召开全市统战工作会议。回顾总结2001年以来全市统战工作，研究部署今后5年的目标任务。市委书记黄坤明，市委副书记、市长陈德荣，市人大常委会主任徐士珍，市政协主席刘冬生，市委常委、市纪委书记冯志礼出席会议。各县(市、区)委书记，党委、政府分管领导，统战部部长，市级机关各部门、市直属各单位党委(党组)负责人200余人参加会议。会议由市委副书记朱伟主持。会议要求全市统战部门紧紧围绕“十一五”规划和市第六次党代会、市“两会”确定的奋斗目标，充分发挥统一战线人才荟萃、智力密集的优势，为推进经济社会又好又快发展作贡献；充分发挥统一战线政治协商、民主监督的优势，为发展社会主义政治文明做贡献；充分发挥统一战线内涵丰富、资源众多的优势，为打造“人文嘉兴”做贡献；充分发挥统一战线协调关系、化解矛盾的优势，为构建“和谐嘉兴”做贡献；充分发挥统一战线联谊聚心、联系广泛的优势，为推进祖国和平统一大业做贡献。

【2008年全市统战部长会议】

2008年4月23日，经市委批准，市委统战部召开全市统战部长会议。市政协副主席、市委统战部部长张兴华回顾2007年工作，对2008年主要任务进行部署。市委副书记朱伟到会并讲话。会议要求全市统一战线结合开展“我为创业创新作贡献”活动，进一步贯彻落实中央、省委和市委关于加强多党合作和政治协商制度建设、正确处理和把握政党、民族、宗教、阶层、海内外同胞“五大关系”，以统一战线的和谐促进整个社会的和谐；继续加强工商联的民间商会职能建设，引导广大非公有制经济人士成为全市自主创新的生力军，争做具有社会责任的合格的中国特色社会主义事业建设者；以凝聚侨心、吸引侨资、发挥侨力为目标，以扩大经贸、科技合作和弘扬中华文化为纽带，大力吸引海外高层次专业人才到嘉兴创业，推动海外侨胞同全市的经济、科技、文化等方面的交流与合作。

【2009年全市统战工作会议】

2009年4月23日，市委、市政府召开全市统战工作会议。会议贯彻落实全省统战部长会议、全省民族宗教工作会议和全省宗教工作座谈会精神，研究部署2009年主要任务。会议由市政府副秘书长陈树庆主持，市政协副主席、市委统战部部长张兴华作工作报告。平湖、海宁、桐乡市委、市政府分别向大会作工作交流。市有关领导，市委、市政府分管秘书长，市级机关各部门、市直属各单位负责人，各县(市、区)委分管统战工作的副书记、分管民族宗教工作的副县长,县(市、区)委统战部部长、副部长以及受表彰的先进集体和个人代表参加会议。市委副书记鲁俊、市政府副市长张志伟到会并讲话。张志伟代表市政府就做好全市民族宗教工作,实现"宗教和谐、民族团结"工作目标提出具体要求。会议对28名第三届嘉兴市优秀社会主义事业建设者、16个嘉兴市宗教工作先进集体、25名嘉兴市宗教工作先进个人进行表彰。

【2010年全市统战工作会议】

2010年4月1日,市委、市政府召开全市统战工作会议。会议贯彻落实全省统战部长会议和全省民族宗教工作会议精神,研究部署2010年主要任务。会议由市委副秘书长汪政旭主持,市政协副主席、市委统战部部长张兴华作工作报告。市有关领导,市委、市政府分管副秘书长,市级机关各部门、市直属各单位负责人,各县(市、区)委分管统战工作的副书记、分管民族宗教工作的副县长,县(市、区)委统战部部长、副部长,嘉兴经济开发区、嘉兴港区分管统战工作负责人以及受表彰的先进集体和个人代表参加会议。市委副书记鲁俊、副市长张志伟到会并讲话。会议要求各级党委增强统战意识,建立健全党委统一领导、统战部牵头协调、各有关部门和人民团体各负其职的领导体制和工作机制;统战干部着力提高统战工作的科学化水平,提高交朋友、做工作的本领,把握平等待人、求同存异的原则,切实关心关照党外人士的工作、生活,主动协调解决,多做雪中送炭的工作。张志伟代表市政府就做好全市民族宗教工作作专题讲话并提出具体要求。

【2011年全市统战工作会议】

2011年4月11日,市委召开全市统战工作会议。会议贯彻落实全省统战部长会议和全省民族宗教工作会议精神,总结2010年全市统战工作,研究部署2011年主要任务。市政协副主席、市委统战部部长张兴华作工作报告。市级有关领导,市委、市政府分管副秘书长,市级机关各部门、市直属各单位党委(党组)负责人,各县(市、区)委分管统战工作的副书记、分管民族宗教工作的副县(市、区)长,县(市、区)委统战部长、副部长,嘉兴经济开发区、嘉兴港区分管统战工作负责人参加会议。市委副书记冯志礼、副市长张志伟到会并讲话。冯志礼要求全市统战部门认清形势,把握规律,不断推进统战工作的理念创新。副市长张志伟就2011年全市民族宗教工作提出意见和要求。

【2012年全市统战工作会议】

2012年3月15日,市委召开全市统战工作会议。会议总结2011年全市统战工作,研究部署2012年工作任务,并对2011年度全市统一战线工作创新项目、2011年度全市统战理论、宣传和信息工作先进单位、先进个人进行表彰。会议由市委统战部副部长张颖杰主持,市政协副主席、市委统战部部长张兴华作工作报告,市委副书记冯志礼到会并讲话。会议对桐乡市"发挥统战功能优势,探索服务新居民新模式"、海宁市"开展'民族和谐之家'创建活动"、平湖市"创新'三位一体'培养模式,加强党外代表人士队伍建设"、海盐县"建立宗教重点村制度,夯实基层工作基础"、秀洲区"开展行业协会(商会)和基层商会评介工作,促进民营经济健康有序发展"、南湖区"创新工商联信息宣传工作载体"、嘉善县"深入实施'精英人才嘉善行'系列活动"等工作予以肯定,确定为"2011年度全市统一战线工作创新项目"并予以表彰。

【2013年全市党建工作会议】

2013年2月28日,市委召开全市党建工作会议。会议学习贯彻中共十八大和全国、全省组织、宣传、统战工作会议精神,总结成绩,表彰先进,研究部署2013年全市组织、宣传、统战工作各项任务。各县(市、区)委书记、副书记、组织部部长、宣传部部长、统战部部长,各县(市、区)委组织部、宣传部、统战部副部长,各县(市、区)"两新"工委书记,各县(市、区)文明办主任,各县(市、区)民宗局局长、侨办(侨联)主任(主席),嘉兴经济技术开发区(国际商务区)党工委副书记,嘉兴港区党工委书记、副书记;市级机关各部门(单位)党委(党组)主要负责人;市级各民主党派专职副主委;市委组织部、宣传部、统战部中层以上干部以及市党代会代表10人、市人大代表5人参加会议。市委书记李卫宁，市委副书记、政法委书记高玲慧，市委常委、秘书长孙贤龙等出席会议。市委常委、宣传部部长陈越强，市委常委、组织部部长连小敏分别就全市宣传、组织工作进行总结和部署。市政协副主席、统战部部长朱静绮回顾过2012年的统战工作，就2013年统战工作进行具体部署。市委书记李卫宁到会，并就全市宣传、组织、统战工作讲话。

【2014年全市党建工作会议】

2014年4月10日，市委召开全市党建工作会议。会议学习贯彻中共十八大、十八届三中全会和全省组织、宣传、统战工作会议精神，总结成绩，表彰先进，研究部署2014年全市组织、宣传、统战工作各项任务。各县(市、区)委书记、组织部部长、宣传部部长、统战部部长，各县(市、区)委组织部、宣传部、统战部副部长，老干部局局长，嘉兴经济技术开发区(国际商务区)管委会主任、党工委分管副书记，嘉兴港区党工委书记、分管副书记；市级机关各部门(单位)党委(党组)主要负责人；市级各民主党派专职副主委；市委组织部、宣传部、统战部中层以上干部参加会议。市委书记鲁俊，市委副书记、政法委书记胡海峰，市委常委、秘书长孙贤龙，市委常委、市纪委书记陈刚出席会议。市委常委、宣传部部长陈越强，市委常委、组织部部长连小敏分别就全市宣传、组织工作进行总结和部署。市政协副主席、市委统战部部长朱静绮总结2013年全市统战工作，要求2014年全市统战部门围绕党委、政府中心工作，发挥经济统战优势、人才智力优势、协调整合优势，全面深化改革；发挥统一战线协商民主重要作用，推进多党合作事业；健全民族宗教事务社会管理体系，促进社会和睦和谐；探索新的阶层人士统战工作新思路，促进两个健康发展；深化港澳和海外统战工作，拓展联络联谊渠道；加强统战部门自身建设，努力夯实基层基础等六个方面要求。市委书记鲁俊到会，并就全市宣传、组织、统战工作讲话。

第二章　落实统战政策

1979—1983年，中共嘉兴地委贯彻中央、省委关于落实“文化大革命”及历史遗留问题等一系列政策，有步骤地组织全区开展落实统一战线各项政策工作。地区东片的嘉兴、嘉善、平湖、海宁、海盐、桐乡等市(县)委统战部遵照省委、地委的统一部署，落实统战政策工作同步展开。

1983年8月，嘉兴撤地建市，中共嘉兴市委承接原地委落实统战政策各项工作。同年10—12月，市委统战部对全市统战政策遗留问题开展调查，制定全市进一步落实各项统战政策的具体方案。1984年1月，市委成立落实统战政策领导小组，下设落实统战、知识分子、房产政策三个办公室，办公室设在统战部。同年4月6—7日，市委召开全市落实政策工作会议，就落实干部政策、知识分子政策、统战政策、侨务政策以及“文化大革命”中被查抄财物、被挤占私房等政策进行部署。会议要求各级党委政府，要不断清除“左”的思想影响，加强领导，成立专门班子，实行“三定一包”(定人员、定任务、定时间，包干到底)责任制，用最大的务实精神，最大的魄力，抓好落实政策工作，务求彻底，不留尾巴。10月27日，市委召开全市落实统战政策工作会议，专题就落实统战系统各项政策进行部署。

全市(地区)落实统战政策工作在各级党委领导下，经过8年多时间的艰苦工作，至1987年基本结束。8年间，全市落实统战政策重点解决：为被错划为右派的967人和错定为中右的261人全部平反纠正；对原工商业者5253人进行“三小”区分，区分出劳动者3589人，资金172万元；认定起义投诚单位117个，颁发起义投诚人员证书289名(起义212名、投诚77名)；复查纠正“文化大革命”中的冤假错案和其他历史遗留问题1875起，并妥善解决善后问题；对2181名统战对象的人事档案进行清理，清除掉有不实之词的材料4749件，并按规定作妥善处理；对338名四级政协委员提出的643个政策问题，逐个调查处理，落实率98%；优先解决统战对象的房屋政策，其中归还“文化大革命”中被挤占的房产权568户50019平方米，私改遗留房归还产权480户112912平方米，腾退389户104370平方米，处理落实台属土改错处房73户8244平方米，落实宗教团体房产55处21672平方米，落实工商联团体房产2处436平方米；清退“文化大革命”期间被查抄的36384户的财物，其中归还金、银及其制品的变价款157万元，各种原物13万件，财物变价款316万元；解决家属子女的户粮关系和农转非97户149人；恢复和补发44名科技人员在“文化大革命”中被取消的保留工资15.2万余元，补发6个集体所有制文艺团体129名文艺工作者被扣减的工资9.8万余元等十个方面的问题。

第一节　工作部署

【市委落实统战政策办公室】

1984年1月13日，市委决定成立落实统战政策领导小组，由许国桢任组长，沈如淙、李佃杰、周兆熊任副组长，朱恩仁、吴家杰、费金华、周和生、于广俊、沈明道、汪立福、李振民、王关琪、高树春、张福康、徐士珍、许鑫鸿、胡镇堃、王东河为成员。下设办公室，由吴家杰兼任主任，于广俊、汪立福兼任副主任。同年3月5日，市委统战部抽调统战系统有关部门朱烈、周淦成、张振明、黄孝和、陆诗勋、孙敬人、李明扬、戴勤男8人到落实统战政策办公室协助工作。

【全市落实政策工作会议】

1984年4月6—7日，市委召开全市落实政策工作会议。各县（区）委书记，分管党群工作的副书记，政协主席，县（区）委办公室主任，组织部、宣传部、统战部部长，城建局局长，信访办主任；市级机关部、委、办、局负责人；市直属企事业单位和市机关局所属企事业单位负责人，共300余人参加会议。会议由市委常委、组织部部长陈莉贤主持，市委副书记贝品明作关于认真落实党的政策的报告，市委书记庄洪泽到会并讲话。会议传达中央领导关于落实政策的指示。海宁、桐乡、平湖县委统战部和嘉兴民丰造纸厂党委在会上发言。

会议对1987年，特别是中共十一届三中全会以来，全市各级党委根据中央和省委关于落实政策的有关规定，在落实干部政策、统战政策、知识分子政策、私房政策以及“文化大革命”中查抄物资、扣发工资等方面工作的进展情况进行了总结，对全市政策遗留问题的现状以及落实政策过程中存在的问题，进行了分析。会议要求：各级党、政领导必须进一步提高对这项工作重要性和紧迫性的认识，不断清除“左”的思想影响，以最大的务实精神、最大的魄力和最大的决心，善始善终做好落实政策工作；要加强领导，建立专门班子。市委成立落实统战、知识分子政策领导小组，下设落实统战、知识分子、房产政策3个办公室。各县（区）委、市直属单位党委和落实政策任务重的市级有关部门也要成立领导小组，建立专门班子配备足够力量。要把落实政策工作列入党委议事日程。各县（区）、各系统领导小组要组织力量，调查摸底，了解情况，制订计划，抓好落实，务求彻底，不留尾巴；落实政策工作实行“三定一包”，一年为期，基本解决问题。

会议分别对落实“文化大革命”中查抄物资清退问题、房产问题、统战政策、知识分子政策、干部政策等提出具体要求，作出工作部署。

【全市落实统战政策工作会议】

1984年10月27日，市委在市区中山路原市政府机关会堂召开全市落实统战政策工作会议。各县（区）委分管落实政策的副书记、政协主席、统战部部长、城区区委宣传部部长，市级机关有落实“文化大革命”查抄物资政策任务的部、委、办、局负责人，市直属企事业单位党委（党组）分管落实政策负责人等参加会议。会议传达贯彻中共中央办公厅转发中央统战部、全国政协机关党组《关于妥善处理“文化大革命”中查抄财物遗留问题的意见》的通知和省委办公厅《关于抓紧处理“文化大革命”查抄财物遗留问题的通知》，就贯彻落实市委于4月6—7

日召开的全市落实政策工作会议精神进行专题部署。市委副书记贝品明到会并讲话。会议根据市委意见，决定全市处理“文化大革命”查抄财物遗留问题工作由市委统战部负责，提出处理意见，抓好督促检查。各地、各单位（部门）应按照市委统战部的处理意见办理，需要向市委报告决定的，由市委统战部统一向市委提出。清退查抄财物工作年内完成。

第二节　具体措施

【落实错划“右派分子”政策】

1957—1958年，在全国反右派斗争和“整风补课”运动中，嘉兴全区被错划为“右派分子”1865人，其中地区东片6个县划定“右派分子”920人。1959—1964年以及1972年，根据中央指示，全区分5批摘掉“右派分子”帽子1122人。“文化大革命”期间，一些地方部分摘帽人员又重新戴上“右派分子”帽子。

1978年5月11日，地委贯彻《中共中央批准中央统战部、公安部〈关于全部摘掉右派分子帽子的请示报告〉的通知》精神和省委部署，成立“摘掉右派分子帽子领导小组”（简称摘帽领导小组），由地委副书记杨铭主持，在全区范围开展落实错划右派改正工作。当月，全区10个县先后建立摘帽领导小组及办公室，并配备专门力量，组织开展右派摘帽改正工作。6月1—2日，摘帽领导小组召开全区第一次右派摘帽工作会议，地委和地区专员公署各部、办负责人、部分地直单位、各县摘帽办公室负责人和统战工作干部参加。会议学习贯彻《中共中央批准中央统战部、公安部〈关于全部摘掉右派分子帽子的请示报告〉的通知》和中央统战部《关于安置摘掉右派分子帽子人员的实施方案》，交流前一段工作，并就建立健全摘帽工作机构，做好调查试点和摘帽人员的安置等工作进行部署。10月20—22日，地委摘帽领导小组再次召开会议，传达贯彻中共中央批准中央组织部、中央宣传部、中央统战部、公安部、民政部《贯彻关于全部摘掉“右派分子”帽子决定的实施方案》和省委贯彻意见，要求各级领导做好中央文件和省委贯彻意见的传达和宣传工作，正确对待摘帽人员，健全、加强和充实工作机构。同年12月，地委在县委书记会议上就贯彻中共中央批准中央组织部、中央宣传部、中央统战部、公安部、民政部《贯彻关于全部摘掉右派分子帽子决定的实施方案》再次作出部署，强调要求将落实中央决定，作为贯彻中共十一届三中全会精神，顺利实现党的工作重点转移的一件大事来抓。其间，各地本着“解放思想、实事求是”“有反必肃、有错必纠”的原则，对原右派人员进行全面复查，实事求是作出结论，并妥善做好改正人员的安置和善后工作。地委常委两次集体听取摘帽工作进展情况汇报，研究解决改正工作中的问题。嘉兴、嘉善、平湖、海宁、海盐、桐乡等县（市）委都落实一名书记或副书记亲自抓“摘帽”工作。1979年12月，中共嘉兴地委右派摘帽办公室、嘉兴地区劳动局印发《关于下达安置因划为“中右分子”“反社会主义分子”失去公职的人员和因“右派”问题株连失去公职的家属的全民劳动指标的通知》（简称《通知》），各县委右派摘帽办、劳动局遵照《通知》精神，逐一予以落实。至1980年3月，全区查明原划“右派分子”1881人，经复查批准改正1817人，占96.6%；决定不予改正46人，占2.45%；未定案18人。在此基础上，开展对摘帽改正人员的安置和善后工作。安置工作：采取安置与专长相结合的办法进行，对原在职但安排不当或不利于发挥专长的，作出调整；对原担任领导工作，表现较好或确有专长的，安排各级领导职务（共41人）；对部分年老体弱，失去工作能力的，分别予以办理退休、退职，或由民政部门给予社会救济（共17人）。据统计，全区原“右派分子”1881人中：机关工作人员440人，占23.39%；知识分子958人（各类专业技术干部220人，中小学教员590人，大学生24人，医生、文艺工作者等其他知识分子124人），占50.93%；其他人员（工商业者、工人、民警等）483人，占25.68%。除历年死亡254人和改正前在职的785人，全区安置967人（部分为外地转入错划右派改正人员），其中安置到集体单位84人。善后工作：对改正人员的党籍问题、工资问题、家属子女就业和户籍问题等善后工作与安置工作同步展开。落实党籍问题，全区改正人员中原为党员的197人，予以恢复党籍167人，预备党员转正11人，因其他错误不符合党员条件不予恢复党籍8人，取消预备党员11人。落实工资问题，除因其他错误不予恢复工资的17人外，其他人员全部恢复原工资。落实家属子女政策问题，安排工作11人，批准回城33人。同时，按政策补发已死亡原右派人员抚恤金91人，经群众讨论、组织批准给予生活困难补助48人16530元。对于决定不予改正的人员，各地认真对照原划右派材料，听取本人申诉，并通过知情人核实，慎重定案，切实做好政治思想工作，落实党的有关政策；对有技术专长或生活确有困难的，作出适当安置或给予生活出路。鉴于各项工作到位，全区确定不予改正的46人中，申诉的仅有2人。至1983年年初，全区错划右派改正、安置和善后处理工作告一段落。

1983年10月，中共嘉兴市委统战部根据省委〔1983〕19号文件精神，组织对全市错划右派改正结论“回头看”，对其中留有“尾巴”的约400人进行复查，重新作出结论；对确有严重错误的10人，维持原改正结论。同时，对错划右派改正后均恢复原工资，对其中部分在改正前已增加过工资的人员，在恢复原工资的基础上已增加的部分予以保留，对生活确有困难的人员，作个别处理解决；对随父母下放到农村子女的户粮问题，根据省委组织部、省委统战部、省公安厅、省粮食局、省人事局、省劳动局《关于因错划右派问题受株连的家属子女户粮问题的处理意见》精神，在全部解决未婚子女户粮关系的同时，对已婚子女的处理提出建设性意见，妥善予以处置。至1984年11月，全市错划右派967人、错定中右261人，全部平反纠正，全市落实错划右派改正结论“回头看”工作结束。

【落实党外知识分子政策】

1978年5月，地委贯彻中共中央《批准中央统战部、公安部〈关于全部摘掉右派分子帽子的请示报告〉的通知》和中央组织部《关于落实党的知识分子政策的几点意见》，对1957年反右派斗争以及后来若干年在知识分子问题上的“左”的错误，在政治上进行全面拨乱反正，并结合落实错划“右派分子”政策工作，对占全区原划“右派分子”半数以上的知识分子全面进行平反和纠正。至1980年3月，全区平反、纠正右派知识分子958人（各类专业技术干部220人、中小学教员590人、大学生24人、医师文艺工作者等其他知识分子124人），占全区原划“右派分子”总数1881人的50.93%。这些知识分子中，大专以上专业技术人员181人，占18.89%；教授、讲师、副总工程师、工程师、副研究员9人，占0.94%。在安置工作中，各地遵照中央关于“对知识分子要充分信任，放手使用，使他们有职、有权、有责；政治上要关心知识分子，努力改善知识分子的工作条件和生活条件，更好地发挥他们的作用”的精神，注意落实政策与发挥专长相结合，解决学非所用问题。对原来在职，但安排不当或不利于发挥专长的，作出调整；对原来担任领导、确有专长的予以安排相应领导职务。嘉兴县委在改正、安置错划右派工作中，结合落实知识分子政策，选拔、提升一部分知识分子到各级领导岗位任职，并在套改晋升技术职称、改善工作生活条件等具体工作中予以落实。至1980年10月，全县技术人员套改、晋升工程师10人、助理工程师417人、技师4人。嘉兴毛纺总厂，提拔技术人员任分厂副书记、副厂长4人（非党技术人员2人），任总厂、分厂科室干部7人（非党4人），非党车间副主任4人，优先解决科技人员住房问题12人，增加工资29人。嘉兴第一医院，晋升业务骨干为主治医师12人，提拔正、副科室主任7人（非党5人），吸收入党2人，属于调资范围的主治医师18人，全部增加工资。1982年年初，地委统战部根据省委“关于开展对落实知识分子政策情况进行调查”的部署，选择一所学校、一个医院就知识分子的共事关系、学非所用、夫妻分居等问题开展调查，并向地委作出专题报告。5月21日，地委召开地区机关、地属单位统战工作座谈会，传达全省统战工作会议精神，就进一步落实知识分子政策、抓好安排使用等问题进行部署。会议提出对非党知识分子（特别是中、高级知识分子），政治上要充分信任、工作上要大胆放手、生活上要关心照顾，并就部分高级知识分子的助手配备、减少兼职、参加会议、阅读文件等问题作出规定，将保护老专家，“抢救”和继承他们的知识财富提上议事日程。嘉兴市第二医院副院长王重九，在长期从事外科医疗工作中，通过对2400例切脾手术的研究，创造出一种“逆行切除法”，使手术时间缩短，安全度提高、死亡率减少，解决国内外关于广流血管性粘连脾脏切除手术的难题，先后发表论文12篇、译文3篇，引起国际医学界的关注。对此，地委统战部转发嘉兴市委统战部《关于党外人士为四化献策的情况》，对王重九的学术成就进行典型通报，鼓励知识分子在“四化”建设中，为实现新时期总任务贡献力量。至年底，全区各地、各部门对知识分子的信任度普遍提高，知识分子用非所学的问题基本解决，合作共事关系以及工作条件、生活条件等问题明显改善。

1984年2月，市委落实知识分子政策办公室，对撤地建市前各地、各部门落实知识分子政策情况开展检查，要求各地、各部门在开展自查的基础上，按照全市落实政策工作会议确定的“一年为期，基本解决问题”的要求，抓好落实知识分子政策工作。至年底，全市完成科技人员技术职称评定8500人；选拔知识分子进市、县两级领导班子98人，进企业领导班子71人；恢复和补发科技人员在“文化大革命”中被取消的保留工资44人15.2万余元，补发“文化大革命”中6个文艺团体129个文艺工作者被扣减工资9.8万余元。1978—1983年，全市吸收知识分子入党675人。市教育局承接原嘉兴市教育局移交的尚未完全落实的政策问题155件，及时予以解决148件，提出解决意见7件。至1984年年底，全市落实知识分子政策工作结束。

【落实原国民党起义、投诚人员政策】

1979年1月，地委贯彻中共中央批转中央统战部、中央调查部、最高人民法院、公安部、民政部、总政治部《关于落实对国民党起义、投诚人员政策的请示报告》，成立由地委常委和宣传、统战、公安、法院、民政、人武等部门负责人组成的落实起义、投诚人员政策领导小组和办公室，组织开展全区原国民党起义、投诚人员的调查和落实政策工作。各县（市）委根据地委统一部署，相继成立落实起义、投诚人员政策领导小组或办事机构。通过摸底调查、查阅档案、函调取证等方式，摸清全区有原国民党起义、投诚人员242人（校官35人、尉官84人、士兵123人）。在摸清底数、调查核实的基础上，各地对需要从政治上落实政策的对象，在确认起义、投诚人员，取得证明后，首先予以落实；对于因追究历史问题戴帽、判刑、关押劳教、管制的人员，经查确属起义、投诚人员后，提交原处理单位复查，由人民法院进一步核实，实事求是的作出结论；对于需要恢复工作或退职退休人员，会同劳动和组织人事部门给予妥善安置；对于需要经济补助的人员，会同财政、民政部门予以妥善解决。1980年2月，地委落实起义、投诚人员政策领导小组办公室、嘉兴地区劳动局印发《关于下达安置起义、投诚人员全民所有制劳动指标的通知》，下达全民所有制单位安置因追究历史问题而失去公职的原国民党起义、投诚人员指标15个（嘉兴1个、嘉善1个、桐乡1个、海宁2个、平湖1个、安吉1个、德清5个、地区3个）。同年4月，地委统战部印发《关于进一步落实中央〔1979〕6号文件的几点意见》，就进一步提高思想认识，集中精力、集中时间，善始善终做好原国民党起义、投诚人员的政策落实工作进行部署。至1980年10月，全区起义、投诚人员242人中，因追究历史问题需要落实政策的65人，已落实64人，占应落实政策人数的98.46%；因生活困难予以经济补助的87人（长期性经济补助19人、一次性经济补助68人），占起义、投诚人员总数的35.95%。对于因证明材料不足或因原国民党地方游杂部队收编后是否属起义、投诚等遗留问题，地委指示各地按照实事求是的原则，继续开展调查，做到善始善终，不留尾巴。1982年8—10月，中共嘉兴市委（县级）组织专门人员对解放前原国民党嘉兴县部分乡镇自卫队、伪警察起义参加中共吴嘉工委领导的中国人民解放军江南挺进纵队吴嘉湖独立团的起义投诚人员进行调查，并于同年12月向地委作出报告。1983年4月2日，地委批复嘉兴市委，认定“原吴嘉湖独立团是我地下党吴嘉工委领导的革命武装（以后编为独立大队，独立营）”，并指示“对于其中一部分属于原国民党嘉兴县乡镇自卫队起义人员，应按照党的政策作起义人员对待。凡是因追究历史问题受到处理的人员，都应按中央、省委对起义人员政策的规定，认真落实其有关政策。”

1983年10—12月，中共嘉兴市委统战部承接原地委统战部相关落实政策工作，对全市落实原国民党起义、投诚人员政策情况进行调查。1984年1月6日，向省委统战部作出专题汇报。全市原有起义、投诚人员122人（城、郊区33人，嘉善14人，海宁56人，平湖14人，桐乡5人），应落实政策的56人（城、郊区18人，嘉善10人，海宁15人，平湖8人，桐乡5人）中，已落实55人（撤销原处分恢复工作13人，恢复工资级别18人，恢复干部待遇1人，撤销原判决和审查结论14人，经济补助9人），落实率98.24%；正在落实1人（城区）。1984年6月12日，市委落实统战、知识分子政策领导小组就落实原吴嘉湖独立团起义人员政策问题召开专题座谈会，形成统一意见。明确：1.对已查明的起义人员103人（涉及城、郊两区14个乡镇和市属单位），统一由市委统战部发文，明确起义人员身份，恢复政治名誉；今后如有新发现的起义人员，有关部门仍应认真负责，调查落实。2.在执行剿匪、侦察和反对独立三营叛变时牺牲的5人，追认为烈士，由郊区统战部提供调查材料，城、郊两区政府联合报市政府、省政府审批。3.对起义人员中被判刑、管制的32人、镇压的7人，按行政区域，由城、郊两区人民法院复查，其中属市级单位的，由市委统战部负责，交主管局复查，复查后，报城区人民法院办理法律手续。复查后，确认错杀、错判的，予以平反，恢复名誉，做好善后工作。“文化大革命”中被查抄的财物和被侵占的房屋，由当地政府和所在单位落实。4.对居住在农村，年老体弱，丧失劳动能力，生活比较困难的，作一次性补助。关于定期补助问题，符合五保户条件的，由所在地政府负责给予五保；没有条件列入五保户的，由所在地政府提出名单报市委统战部，市委统战部与城、郊两区民政局商定给予长期补助。5.对受株连子女的工作安排和从外省调回嘉兴的问题，由统战部提出意见，与市劳动局商定解决。此后，各有关责任部门根据上述意见，分别对原吴嘉湖独立团起义人员予以落实政策，对城、郊两区原吴嘉湖独立团6名因战牺牲的战士追认为革命烈士，其家属享受烈属待遇。1985年2月，市委统战部贯彻省委统战部《关于贯彻中央办公厅中办发〔1984〕17号文件的意见》，在全市组织开展起义、投诚人员颁发“起义、投诚人员证明书”工作。其间，市、县（市、区）两级统战部门按照“分级审定、统一发证，发证工作与落实政策相结合”的原则，开展审核登记和发证工作。同年5月底，全市上报起义投诚人员306人（起义180人、投诚126人），经核准由本市发证224人（起义人员161人、投诚人员63人），暂不发证6人（审定工作未结束4人、待研究1人、绝户1人），否定身份1人，转外地发证75人。上报的起义、投诚人员306人中，需要落实政策的131人，已落实107人，占81.68%；后续核实处理的24人（郊区18名、桐乡5名、嘉善1名），占18.32%。此后，各地陆续查证一些起义、投诚人员，至1988年12月，全市累计上报起义投诚人员323人，经核准发证289人（起义人员212人、投诚人员77人），按起义人员对待34人；需落实政策153人，已落实153人，落实率100%。全市落实原国民党起义、投诚人员政策工作结束。

1985年6月1日嘉兴市起义投诚人员发证情况表

表2-2-1　　　　单位：人

单位	上报人数	其中		核发实数	其中		暂不发证人数	其中			否定身份人数	转外地发证数
		起义	投诚		起义	投诚		尚未定审	绝户人数	待研究数		
市属	23	20	3	18	15	3	4	3	—	1	1	—
城区	8	7	1	7	6	1	1	—	1	—	—	—
郊区	70	68	2	69	68	1	—	—	—	—	—	1
嘉善	15	13	2	15	13	2	—	—	—	—	—	—
平湖	14	13	1	13	12	1	1	1	—	—	—	—
海盐	8	7	1	8	7	1	—	—	—	—	—	—
海宁	38	35	3	35	33	2	—	—	—	—	—	3

续表2-2-1

单位	上报人数	其中		核发实数	其中		暂不发证人数	其中			否定身份人数	转外地发证数
		起义	投诚		起义	投诚		尚未定审	绝户人数	待研究数		
桐乡	130	17	113	59	7	52	—	—	—	—	—	71
合计	306	180	126	224	161	63	6	4	1	1	1	75

说明：本表摘自市委统战部《关于起义、投诚人员发证工作的情况汇报》附件

1988年12月25日嘉兴市起义投诚人员证书颁发及落实政策情况表

表2-2-2　　单位：人

项目 / 单位	起义投诚人员				需落实政策			起义后因历史问题判管制
	总数	其中			总数	已落实政策数	未落实政策数	
		已发起义证书	已发投诚证书	按起义人员政策对待				
市本级	29	23	6	—	11	11	—	6
城　区	14	11	3	—	10	10	—	3
郊　区	114	90	—	24	44	44	—	25
嘉　善	17	14	2	1	6	6	—	3
平　湖	17	16	1	1	6	6	—	5
海　盐	11	10	1	—	1	1	—	1
海　宁	37	34	2	—	11	11	—	2
桐　乡	84	14	62	8	64	64	—	60
合　计	323	212	77	34	153	153	—	105

说明：本表摘自市委统战部1988年12月25日报省委统战部材料

【落实原工商业者政策】

1978年4月，中共中央决定对尚未摘帽的“右派分子”全部摘帽。市工商联对政治运动中被错划为“右派分子”的工商界人士进行复查改正给予平反，在工作、生活上给予妥善安排。1979年年初，嘉兴县工商联恢复组织活动，工商界生活互助金得到解冻。

1979年12月，地委贯彻中共中央批转中央统战部等六个部门《关于把原工商业者中的劳动者区别出来问题的请示报告》，成立“三小”（小商、小贩、小手工业者）区别领导小组和办公室，组织各县（市）委主要领导学习讨论，并就全区开展区别工作进行部署。此后，各县（市）委陆续成立区别领导小组和办公室，并确定一名副书记或常委分管这项工作。区别工作分为组织试点、全面铺开、上报审批和检查验收四个阶段，由统战部牵头，各有关部门参加，组成专门工作班子，制订计划、组织实施。各主管局、各单位，均落实一名分管领导，并将区别工作列为党委阶段性重要任务。其间，各县（市）委遵照中央和省、地委关于区别工作的标准和“实事求是，从宽了结，简便易行”的原则，做好调查登记和汇总上报工作。同时，根据中共中央批转中央统战部等五个部门《关于对原工商业者的若干具体政策的规定》，注意做好不区别为劳动者的原工商业者的思想工作，解除他们的顾虑，使他们感到：“区别出来的劳动者光荣，不能区别出来的原工商业者，前途同样是光明的。”地委区别领导小组结合不同阶段的工作进展情况，先后召开区别工作专题座谈会4次，听取汇报、研究问题、总结经验、督促落实。

根据中央、省委有关“区别范围”的规定，经调查核实，嘉兴地区1956年社会主义高潮期间和以前参加国营、公私合营企业，1958年前后由合作组织转入国营、公私合营企业，称为“私方人员”，按“资

产阶级工商业者”对待的原工商业者共8214人，资金总额10833686元(包括退休、在农村和死亡的，不包括“在岸”股东，已转为合作企业拿股息和过去已作为职工对待的)。经过区别，全区确认属于劳动者的有5416人，占65.94%，资金额2642813元，占24.39%；维持原工商业者成分的有2751人，占33.49%，资金额8190873元，占75.61%；正在审批(吴兴县)47人，占0.57%。1958年秋冬，工商界交心运动中，一些工商业者被错划“右派分子”。1979年4月，地委统战部按照党的“实事求是”原则，对错划为“右派分子”的原工商业者(私方人员)全部落实政策，予以摘帽改正。至1980年8月，全区区别工作基本结束。

1984年，市委统战部对各县(区)“三小”区别工作进行统计，全市原工商业者共5253人，区分出劳动者3589人，资金172万元。

1984年11月嘉兴市区落实原工商业者“文化大革命”遗留问题政策情况表

表2-2-3

项目 / 区名	查抄财物				扣减工资			
	查抄户数(户)	估价金额(元)	发还户数(户)	发还金额(元)	扣减人数(人)	扣减金额(元)	恢复和补发人数	恢复和补发金额(元)
城区	31	84080	31	84080	24	53116	24	53116
郊区	40	15048	40	15048	5	3533	3	1574
合计	71	99128	71	99128	29	56649	27	54690

项目 / 区名	查抄存款		占用、没收私房					
	查抄金额(元)	发还金额(元)	被占户数(户)	被占面积(平方米)	归还产权		归还使用权	
					户数(户)	面积(平方米)	户数(户)	面积(平方米)
城区	87132	87132	22	895	22	895	16	658
郊区	30459	30459	23	1563	23	1563	18	1284.56
合计	117591	117591	45	2458	45	2458	34	1942.56

1988年，嘉兴市工商界互助金补助额增至47660元。主要用于对工商业者及家属的节日慰问、组织参观、召开茶话会、赠阅学习资料等。

1991年，贯彻中共中央批转中央统战部《关于工商联若干问题的请示》精神，按照“充分尊重、广泛联系、加强团结、热情帮助、积极引导”的方针，会同市工商联开展非公有制经济企业、非公有制经济人士基本情况调查。1992年4月，市委批转市委统战部、市工商联、市工商局等7个部门《关于贯彻落实中发〔1991〕15号文件协调会议纪要》，鼓励非公有制经济人士在发展自己的同时，带动周围的非公有制经济人士，走共同致富道路。

【落实政协委员政策】

1983年10月至1984年3月，市委落实统战政策领导小组办公室组织对全市落实全国和省、市、县四级政协委员政策情况调查，并先后2次召开“屏山协调会议”，就落实政协委员政策问题进行专题研究和部署。1984年4月，市委召开各县(区)委、市级机关和直属单位党委负责人会议，进一步传达贯彻中央落实政策会议精神和中央领导关于落实政策问题的重要指示，统一思想，部署落实四级政协委员政策问题。随后，各县(区)委相继召开类似会议，排除落实政策的思想阻力。市政协、市委统战部遵照中央和省、市委关于“在落实政策中，要首先落实好全国、省、市、县四级政协委员和知名人士政策”的指示精神，成立落实四级政协委员政策专门班子，对各级政协委员提出的有关落实政策问题进行梳理，指导各地根据落实政策中的不同情况采取“按人立户、按事记账、逐件落实”的办法，逐人逐项予以落实，并明确凡按照政策规定可以解决的，解决一件、勾销一件；对有些不属于落实政策范围的要求，逐个作出解释。至6月，市本级政协委员和各界知名人士中提出要求落实政策的共77人（全国人大代表1人、省政协委员4人、市政协委员49人、各界知名人士23人），涉及问题138件，已解决70件，占50.72%。遵照市委落实政策工作实行“三定一包”（定人员、定任务、定时间，包落实）的要求，1984年5月、12月和1986年1月，市委统战部分别组织党外政协委员、各民主党派负责人89人次，对市属有关单位和五县两区落实政协委员政策情况开展督查，实施党外监督。1985年12月，市政协、市委统战部组织各民主党派、部分政协委员，以省、市政协委员的政策落实情况为重点，对四级政协委员落实政策工作情况进行检查验收。经验收，截至1986年4月，全市共有全国、省、市、县四级政协委员1022人，提出要求落实政策的委员共334人，涉及各类问题639件，基本得到落实或提出解决办法。其中平反纠正历次政治运动中遗留的冤假错案和错误结论79人85件，占98.84%，正在复查办理1人1件，占1.16%；纠正“文化大革命”中冤假错案及清理“文化大革命”期间被迫所写的检查交待材料136人137件，处理率100%；归还“文化大革命”期间被挤占房屋产权42人3321.25平方米，落实率100%；落实私房社会主义改造期间历史遗留问题产权政策76人，占92.68%，协商外地落实历史遗留问题产权政策6人，占7.32%；退还“文化大革命”期间被查抄财物或发还变价款182人，占97.85%，协助查找失散字、画、书籍、照片等4人，占2.15%；补发“文化大革命”期间被扣减工资的44人，补发率100%；解决因政治历史问题和冤假错案而影响本人及家属子女工作安排、户粮关系、工资待遇、职称职务等问题的99人103件，政策落实率100%，个别不属于落实政策范围或难以办到的，均向本人作出解释（上述落实政策数据含一人多件）。1987年，各地又陆续受理和落实政协委员4人各类遗留问题4件（详见表2-2-3）。至此，全市集中性办理四级政协委员落实政策工作告一段落。

1988年5月19日嘉兴市四级政协委员政策落实情况表

表2-2-4　　单位：人、件

类别＼级别	提出问题委员人数（人）	需要解决问题总数（件）	已经解决问题总数（件）	“文化大革命”期间查抄财物		房产问题		历史老案		“文化大革命”期间冤假错案		“文化大革命”期间扣减工资		其他问题		政策落实率（%）
				提出（件）	解决（件）	提出（件）	解决（件）	提出（件）	解决（件）	提出（件）	解决（件）	提出（件）	解决（件）	提出（件）	解决（件）	
全国	1	1	1	—	—	—	—	1	1	—	—	—	—	—	—	100
省级	10	20	20	5	5	5	5	1	1	5	5	2	2	2	2	100
市级	123	241	236	57	55	39	36	34	34	41	41	26	26	44	44	97.93
县级	204	381	376	—												98.69
合计	338	643	633													98.45

资料来源：市委统战部“落实四级政协委员、统战人士各类政策统计表”

【处理“文化大革命”中查抄财物遗留问题】

1984年10月27日，市委贯彻中共中央办公厅转发中央统战部、全国政协机关党组《关于妥善处理“文化大革命”中查抄财物遗留问题的意见》和省委办公厅《关于抓紧处理“文化大革命”中查抄财物遗留问题的通知》，召开各县（区）委和市属单位党组负责人会议，部署开展处理“文化大革命”中查抄财物遗留问题工作。会议明确了处理“文化大革命”中查抄财物遗留问题，按照被查抄人在哪个单位（街道）由哪个单位（街道）负责核查、清退处理的原则进行。同时，明确各地、各部门在开展调查、摸清底数的基础上，要抓紧做好将现存的“文化大革命”查抄财物实物进行“开仓还主”；财政部门对当年收缴入库的查抄财物变价款，按原上缴单位或被查抄者户名全部退库发还；文化、博物馆部门对保存的查抄图书、字画、工艺品等进行公开展览认领等三项工作。此后，各县（区）委成立专门班子，组织基层单位（街道）对"文化大革命"中被抄家的对象逐个进行调查，对之前已清退尚有遗留问题的，组织访问、查阅资料，予以协商处理。是年12月1—31日，市博物馆举办清退"文化大革命"查抄财物实物公开"认领会"，将原嘉兴县移交的文物29件、玉翠102件、瓷器101件、图书49.5千克、书画11.75千克等库存无主物品公开展出，进行"认领"。市广播电台、市电视台通过广播、电视配合做好"认领"工作的通告和宣传工作。至1985年12月，全市清退现存查抄原物（字画、石章、瓷器等工艺品）4300余件，折价发还金额3094053.60元，实物清退率92.40%（详见表2-2-4）；市财税局将收到的"文化大革命"查抄财物变价款301户1014051.86元，除无主认领的38364.12元暂未发还外，由相关单位领取后发还975687.74元，发还率96.22%；市区（原嘉兴县）清退归还图书11354册、字画793件（张）、瓷器7件、邮票1467枚、什品30件。至此，全市绝大部分"文化大革命"被查抄户得到处理，现存财物清退工作基本完成。

在处理现存查抄原物清退发还和无主物品公开展出"认领"工作的同时，市委落实统战政策领导小组对"文化大革命"期间部分查抄物品被上海市工艺品进出口公司收购的问题向省委作出汇报，请省委协调处理。1985年6月，中央统战部在济南召开清退"文化大革命"查抄财物座谈会，对"文化大革命"期间上海市工艺品进出口公司在各地收购的字画、工艺品清退问题进行协调，并达成由各地赴上海市工艺品进出口公司认领的共识。11月14—16日，上海市委统战部邀请浙江、江苏、安徽、江西四省省委统战部负责人，到上海市工艺品进出口公司协商具体认领办法。12月，省委办公厅、省委统战部召开有关市、地委办公室、统战部负责人会议，研究赴上海市工艺品进出口公司认领工作。1986年1月6—20日，省委统战部统一组织，市委统战部、市博物馆及各县文化局等，第一次集中赴上海市工艺品进出口公司认领字画、瓷器共2173件。1986年3月至1987年2月，各县（区）根据"文化大革命"期间被查抄的重点户所提出的要求，对照上海市工艺品进出口公司提供的索引，在市委统战部协调下，又先后三次赴上海认领字画4403件、印章293枚（见表2-2-5）。1988年12月29日，市委统战部根据省委办公厅《关于无人认领的"文化大革命"查抄财物的处理意见》精神，会同市委宣传部、市文化局、市博物馆对市区无人认领的"文化大革命"查抄财物的处理问题进行研究，决定除落实遗留问题需要由统战部保管的字画99件外，其余字画735件、石章146件、瓷器10件全部移交市博物馆收藏和处理。全市清退处理"文化大革命"中查抄财物遗留问题工作结束。

1985年12月22日嘉兴市清退处理"文化大革命"期间被查抄财物情况表

表2-2-5　　单位：户、%

项目 地区	被查抄户数	清退处理户数	清退率
城　区	795	781	98.24
郊　区	8416	8394	99.20
嘉　善	4924	4924	100.00
平　湖	4866	4833	99.32
海　盐	4105	4060	98.90
海　宁	6118	6099	99.69
桐　乡	7489	4833	64.53
合　计	36713	33924	92.40

说明：本表依据1985年12月22日市委落实统战政策领导小组办公室关于"清退处理'文化大革命'中被查抄财物的有关情况汇报"制作

1986年1月至1987年2月嘉兴市认领上海市工艺品进出口公司"文化大革命"期间收购的字画、工艺品情况表

表2-2-6　　单位:个

认领情况 县区	第一次认领(1986.1.20)				第二至四次认领(1986.3—1987.2)		第一至四次认领总数		
	省分配数	各地自认数		实际认领总数	字画	印章	字画	印章	瓷器
		字画	瓷器						
市　区	-65	475	10	420	766	146	1176	146	10
嘉　善	439	13	—	452	1581	147	2033	147	—
平　湖	193	17	4	214	311	—	521	—	4
海　盐	70	—	—	70	—	—	70	—	—
海　宁	731	1	—	732	1242	—	1974	—	—
桐　乡	14	271	—	285	503	—	788	—	—
合　计	1382	777	14	2173	4403	293	6562	293	14

说明:省分配数系根据上海市工艺品进出口公司库存实际分配给嘉兴市的安排数;各地自认数为上海市工艺品进出口公司库存中,由各地查证确认为当地"文化大革命"查抄物品的数据;海盐县未参加第一次认领,由市区从自认数中划拨65件,另分配5件,合计70件;经中央统战部协商,认领单位以每件1.50元计价向上海市工艺品进出口公司结算

第三篇　多党合作和政治协商工作

中国共产党领导的多党合作和政治协商制度是中国的一项基本政治制度。中国共产党同各民主党派实行“长期共存、互相监督、肝胆相照、荣辱与共”的基本方针。本篇通过人民政协工作、民主党派和无党派人士工作、党外知识分子和新的社会阶层人士工作三个章节，记述中共嘉兴市（地）委统战部按照规定程序开展工作，支持民主党派和无党派人士参与人大协商、政府协商、政协协商及其他方面的协商；支持民主党派和无党派人士在坚持四项基本原则的基础上，通过提出意见、批评、建议等方式对中国共产党进行政治监督。

第一章　人民政协工作

人民政协工作是党的统一战线的一个重要部分。统战部是党委主管统战工作的重要职能部门，在政协工作中，主要职责是“了解情况、掌握政策、协调关系、安排人事、增进共识、加强团结”。本章重点记述中共嘉兴市（地）委统战部根据《中国人民政治协商会议章程》的规定，做好嘉兴人民政协的成立、历届政协界别设置等工作。

第一节　政协组织沿革

【政协组织的建立】

中国人民政治协商会议是中国人民爱国统一战线组织，是中国共产党领导的多党合作和政治协商的重要机构。1949年5月7日，嘉兴县解放。5月上旬，中共浙江省第一地方委员会在湖州成立。10月，中共浙江省第一地方委员会更名为中共浙江省嘉兴地方委员会（简称地委）。9月7日，地委遵照中共中央、中央人民政府政务院和中共浙江省委关于召开各界人民代表会议的有关指示精神，在《关于发动群众、剿匪建武、财粮工作的报告》中提出“关于召开各界人民代表会议的意见”。9月、10月，先后召开嘉兴市各界人民代表会议第一届一次、二次会议（原称谓：嘉兴市第一届各界临时人民代表会议、二届各界临时人民代表会议）。1950年1月，嘉兴市一届三次各界人民代表会议选举产生嘉兴市各界人民代表会议协商委员会（简称协商会）。协商委员会具有全市各界人民政治协商性质，是各界人民代表会议闭会期间的常设机构。1950年10月，地委设立统战部。1954年7月，嘉兴市第一届人民代表大会召开后，市各界人民代表会议协商委员会作为代行职权工作即告结束，但在市政协未正式成立以前，市各界人民代表大会协商委员会作为统一战线组织，仍继续发挥作用。1954年12月25日，全国政协第二届委员会第一次会议通过《中国人民政治协商会议章程》，明确规定人民政协作为“团结全国各民族、各民主阶级、各民主党派、各人民团体、国外华侨和其他爱国民主人士的人民民主统一战线的组织”，行使政治协商职能。章程同时规定在市和有必要的县建立政治协商会议地方委员会。其组成根据当地情况，参照全国委员会的组成决定。

1955年，中共浙江省委作出在市和重点县设立政协的规定，先在全省30个市、县组建政协。3月24日，地委统战部提交《中共嘉兴地委统战部关于市、县人民委员会、政治协商会议人事安排意见》，经地委批准，在10个县（市）中确定嘉兴市和嘉善、海宁、桐乡、平湖（吴兴、德清）等7个县（市），首批设置政治协商会议（简称政协）地方委员会。29日，地委统战部召开全区统战工作会议，贯彻中央和省委关于统战工作的指示，就全区各县（市）人民委员会、政治协商会议人选审查、确定等工作进行部署。7月，嘉兴市开始政协的筹建工作，以原各界人民代表会议协商委员会为基础，成立政协筹备委员会，具体负责政协的筹备工作。至12月，各县（市）委统战部按照《中共中央关于市、县人民委员会中党员和非党人士的比例及市、县设置政协委员会等问题的规定》《中国人民政治协商会议章程》的规定，就人民委员会、政治协商会议中民主人士人选、比例等问题会同组织部门制定方案，并报告地委审批。1956年年初，各县（市）委分别召开政协筹备会议，经省委批复同意后，举行首次会议。3月12—15日，政协嘉兴市第一届委员会第一次会议召开，宣告嘉兴的政协组织成立。3月中旬，嘉善县、海宁县和平湖县相继召开政协一届一次会议，正式成立县（市）政协（嘉兴地区除桐乡、海盐、长兴、安吉外，其他各市、县首届委员会第一次会议普遍召开）。各级统战部门及时做好安排党外人士的工作，特别是安排好有真才实学的知识分子代表人物，覆盖各个方面，团结各个阶层，安排好一个人，带动一大批。

【政协组织的发展】

1963年2月，撤销嘉兴市建制，原市区改设嘉兴镇，隶属嘉兴县。1963年12月30日至1964年1月7日，召开政协嘉兴县第一届委员会第一次会议，首次建立嘉兴县政协地方组织。1966年6月，政协嘉兴县第二届委员会第一次会议召开。由于“文化大革命”开始，政协嘉兴县第二届委员会虽然名义上仍然存在，但是，从8月以后停止一切活动。

1979年4月，经中共浙江省委批准，同意恢复嘉兴县政协组织。1981年1月，国务院发文批准撤销嘉兴县，设嘉兴市（县级）。3月，县政协更名为市政协。1982年1月，召开政协嘉兴市第三届委员会第一次会议。这是恢复政协活动后，嘉兴市政协首次举行的换届会议。其届次与1963年2月终止的市二届政协相衔接。

1983年8月，嘉兴撤地建市（地级）。11月20日，市（县级）三届政协停止办公。11月23日，市委发出建立政协嘉兴市第一届委员会筹备小组的通知，12月15—20日，市政协一届一次会议在市工人文化宫大礼堂召开，建立政协嘉兴市第一届委员会。按照1982年12月《中国人民政治协商会议章程》规定：“地方委员会每届任期五年”，政协嘉兴市第一届至第四届委员会的任期均为5年，第五届委员会因提前换届，任期为4年。2007年4月，市政协六届一次会议提前一年召开，建立嘉兴市第六届委员会。2012年3月24—30日，市政协第七届一次会议召开。

第二节　政协委员的产生

【政协委员条件】

政协委员是各个领域、各个界别有代表性和有社会影响、有参政议政能力的人物，以协商推荐方式产生。

1949年9月7日，地委在“关于召开各界人民代表会议的意见”中提出参会代表的条件是：(1)在群众中有一些威信并能联系一部分群众。(2)能忠实地反映群众的意见，又能把决议传达下去。(3)正当的工商业人士、较公正的人物。(4)工、农、青代表除上述条件外，要进步的、有培养前途的。关于代表产生方式，地委提出：工、农、青代表由团体选举，不经选举的其他代表由政府聘请；由县（市）委指定一定的部门负责产生各界代表，动员全体党员推荐代表。各界人民代表会议是中华人民共和国成立初期民主建政的主要形式，代表具备的条件、产生方式等为地方政治协商会议的建立提供必要的条件。1954年，《中国人民政治协商会议章程》颁布。1955年3月24日，地委统战部根据《中国人民政治协商会议章程》，提出关于市、县人民委员会、政治协商会议人事安排意见，明确首届政协委员的产生方式是与各民主党派、人民团体、民主人士、少数民族等代表协商确定政协委员会人数、界别和人选，然后报地委和省委，经省委批复同意后确定。1956年，嘉兴、平湖、海宁、嘉善等县（市）先后召开首届政治协商会议，统战部及时举荐一批工商界、医疗界、教育界、文化界和无党派知名人士担任政协委员。

1983年8月，嘉兴撤地建市（地级）。11月10日，市委统战部发出《关于中国人民政治协商会议浙江省嘉兴市第一届委员会委员分配方案》。提出，政协委员的产生采取由民主党派、各系统（主管局）提名与基层提名相结合，党内提名与党外提名相结合，经过综合平衡后，召开政协筹备委员会和各民主党派负责人联席会议，充分协商、讨论确定，报市委批准。11月23日，市委发出建立政协嘉兴市第一届委员会筹备小组的通知，决定12月召开第一届全体会议。12月13日，嘉兴市委邀请各民主党派、各人民团体、各界、各方面的代表举行民主协商会议。经嘉兴市委提议，通过反复协商，确定市政协首届委员会的人数、界别和人选。

1988年1月25日，市委统战部按《中国人民政治协商会议章程》的要求结合嘉兴市情况，就市一届政协基本情况，市二届政协委员、常委的名额和党内外比例，委员进退年龄界限和原则，新进政协委员的主要对象和条件，委员名额分配和人选的协商程序等方面向嘉兴市委提交《关于嘉兴市第二届政协人事安排意见的报告》。2月3日，嘉兴市委批转市委统战部的报告。各届委员人选由各民主党派、人民团体、主管局以及有关方面推荐提名，经市委组织部、统战部会同政协党组综合平衡，拟定名单草案，报请市委邀请各方面人士进行协商，充分听取意见，提出调整名单草案，经上届委员会主席会议审议同意后，由政协常务委员会协商决定。

【政协委员产生程序】

政协委员产生的具体运作步骤均按《中国人民政治协商会议章程》的要求，结合嘉兴市情况，通过提名推荐、协商确定建议名单、审议通过、发证公布的程序产生。

提名推荐。政协委员的中共界别人选由市委组织部提名，其他界别人选由市委统战部与有关方面协商提名，各县（市、区）委统战部牵头负责各县（市、区）政协委员的推荐工作。推荐方式由推荐人选的单位党委（党组）先酝酿、沟通，对照市委提出的政协委员提名对象、条件、任职和年龄界限，严格考察、严格把关。在坚持走群众路线、广泛听取意见、反复酝酿、充分协商的基础上，经集体讨论提出推荐人选名单。其中，党政领导干部听取纪检、监察部门的意见；非公有制经济人士听取公安、工商、税务、银行、劳动、计生等部门的意见；会计师、律师等新社会阶层人士听取行业主管部门和行业协会的意见；对于跨地区经商、工作的异地安排人选，须征得人选原所在地区和部门党委（党组）同意。推荐人选名单分别报市委组织部、市委统战部。

协商确定建议名单。市委统战部、市委组织部结合市政协推荐的留任委员人选，与各界别牵头单位进行协调，及时解决在推荐过程中出现的问题，经反复沟通协商，综合平衡后（考虑民族、地域、界别、年龄、性别及历史等情况），分别提出党内、党外初步人选名单，市委统战部再进行汇总。市委统战部受市委委托召开民主党派、工商联组织负责人及无党派代表人士等参加的民主协商会，就初步人选名单进行协商。并进一步征求市委组织部、市政协党组意见，形成人选建议名单草案，报市委审定，确定人选建议名单。

审议通过。市委确定人选建议名单后，按政协章程规定的程序，提交市政协党组会讨论并经市政协主席会议审议，提请市政协常委会议协商决定。

发证公布。经市政协常委会通过的市政协委员，由市政协办公室分别通知推荐单位和委员个人，向委员发出邀请书和颁发委员证，并通过新闻媒体向社会公布。每届委员会任期内，如有必要增加或者变更参加单位、委员名额和决定人选，经本届委员会主席会议审议同意后，由常务委员会协商决定。

第三节　政协委员的构成

政协委员是在确定界别设置及名额的基础上，以界别为单位构成。市（地）委统战部根据《中国人民政治协商会议章程》规定，参照省政协的界别设置，结合嘉兴实际，对历届政协的界别设置与委员名额，提出初步方案，经征询有关方面意见，商政协党组按规定程序提交政协主席会议审议同意后，由政协常务委员会协商决定。

【政协嘉兴市、县委员会（撤地建市前）】

市第一届委员会（1956年3月至1962年3月） 市政协第一届委员会由17个界别构成：中国共产党、新民主主义青年团、总工会、农民、妇联、民主青年联合会、合作社、劳动者协会、工商联、文艺界、科技界、教育界、医卫界、中苏友好协会、少数民族、宗教界、特邀人士。1957年1月，市政协一届十二次常委会议增设中国民主同盟、中国民主建国会、中国民主促进会、中国农工民主党和归侨5个界别，减少劳动者协会1个界别，界别总数21个。

届初有委员65名，其中，中共党员13名，占20%；有非党员的劳动人民7名，占10.77%；民主人士45名，占69.23%。

市第二届委员会（1962年3月至1963年2月） 市政协第二届委员会由20个界别构成：中共、民盟、民建、民进、农工党、九三学社、共青团、总工会、农民、妇联、合作社、工商联、文艺界、科技界、教育界、医药卫生界、少数民族界、归国华侨、宗教界、特邀人士。

届初有委员108名，其中，中共党员31名，占28.7%；非党劳动人民5名，占4.63%；民主人士72名，占66.67%（民主党派29名，26.85%）；妇女15名，占13.89%；上届留任49名，占45.37%；新进委员59名，占54.63%。

县第一届委员会（1963年12月至1966年6月） 政协嘉兴县第一届委员会有20个界别：中共、民盟、民建、民进、农工党、九三学社、共青团、总工会、妇联、工商联、合作社、人民公社、科技界、教育界、医药卫生界、文艺界、少数民族界、宗教界、归侨、特邀人士。

届初有委员145名，其中，中共党员37名，占25.52%；非党劳动人民20名，占13.79%；民主人士88名，占60.69%（民主党派31名，21.38%）；妇女25名，占17.24%。

县第二届委员会（1966年6月至1968年7月） 政协嘉兴县第二届委员会有20个界别：中共、民盟、民建、民进、农工党、九三学社、共青团、总工会、妇联、工商联、合作社、人民公社、科技界、教育界、医药卫生界、文艺界、少数民族界、宗教界、归侨、特邀人士。

届初有委员140名，其中，中共党员39名，占27.86%；非党劳动人民20名，占14.29%；民主人士81名，占57.85%（民主党派28名，20%）；妇女23名，占16.43%。

市第三届委员会（1982年1月至1983年12月） 政协嘉兴市第三届委员会有21个界别：中共、民盟、民建、民进、农工党、九三学社、共青团、总工会、妇联、工商联、农民、科技界、教育界、医药卫生界、文艺界、少数民族界、宗教界、侨联、体育界、社会福利、特邀人士。

届初有委员206名，其中，中共党员55名，占26.7%；党外人士151名，占73.3%（民主党派31名，15.05%）；妇女35名，占16.99%；港澳同胞、台湾同胞、国外华侨的眷属和归国华侨50名，占24.27%；有起义人员3名、宽大释放的原国民党县团以上人员2名。委员最大年龄85岁，最小年龄20岁。

【政协嘉兴市委员会】

第一届委员会（1983年12月至1988年6月） 市政协第一届委员会由24个界别构成：中共、民盟、民建、民进、农工党、九三学社、总工会、共青团、妇联、工商联、侨联、文艺界、科技界、社科界、农林界、教育界、新闻出版界、医药卫生界、体育界、社会福利界、对外友好、少数民族界、宗教界、特邀人士。1984年10月，经市政协一届四次常委会议审议通过，增设中国国民党革命委员会界别，界别总数25个。

届初有委员352名，其中，中共党员109名，占31.0%；民主党派成员和无党派人士243名，占69%。女委员70名，占19.9%；少数民族7名，占2.0%；大专以上文化程度145名，占41.2%；中专文化38名，占10.8%；高中文化36名，占10.2%；初中和初中以下文化133名，占37.8%。委员平均年龄52.4岁，最大年龄85岁，最小年龄20岁。

此届5年期间，增补委员59名，辞去委员职务2名，因病去世委员13名，届末有委员395名。

第二届委员会（1988年6月至1993年5月） 市政协第二届委员会由27个界别构成：中共、民革、民盟、民建、民进、农工党、九三学社、总工会、共青团、妇联、工商联、侨联、台联、青联、文艺界、科技界、社科界、农林界、教育界、新闻出版界、医药卫生界、体育界、经济界、社会福利界、少数民族界、宗教界、特邀人士。与上届相比，减设对外友好团体1个界别，新设台联、青联、经济界3个界别。

届初有委员414名，其中，中共党员139名，占33.6%；民主党派成员和无党派人士275名，占66.4%。女委员74名，占17.9%；少数民族8名，占1.93%；大专以上文化程度215名，占51.9%；中专文化52名，占12.6%；高中文化52名，占12.6%；初中和初中以下文化95名，占22.9%；高级技术职称46名，占11.1%；中级技术职称109名，占26.3%；初级技术职称22名，占5.3%；上届委员留任180名，占43.5%；新进委员234名，占56.5%。委员平均年龄51.1岁，较上届下降1.3岁。

5年期间，增补委员14名，辞去委员职务7名，因病去世委员5名，届末有委员416名。

第三届委员会（1993年5月至1998年4月） 市政协第三届委员会由29个界别构成。与上届相比，新设科协、港澳同胞2个界别。

届初有委员413名，其中，中共党员134名，占32.4%；民主党派成员和无党派人士279名，占67.6%。女委员83名，占20.1%；少数民族9名，占2.2%；大专以上文化程度247名，占59.8%；中专和高中文化99名，占24.0%；初中和初中以下文化67名，占16.2%；高级技术职称102名，占24.7%；中级技术职称139名，占33.7%；上届委员留任210名，占50.8%；新进委员203名，占49.2%。委员平均年龄50.5岁，较上届下降0.6岁。

5年期间，增补委员22名，辞去委员职务2名，撤销委员资格3名，因病去世委员8名，届末有委员422名。

第四届委员会（1998年4月至2003年4月） 市政协第四届委员会由28个界别构成。由于香港已回归祖国，故本届政协不设“港澳同胞”界别，香港特别行政区委员安排在特邀人士界别。上届的“农林界”改名为“农业界”。

届初有委员401名，其中，中共党员157名，占39.15%；民主党派成员和无党派人士244名，占60.85%。女委员83名，占20.59%；少数民族9名，占2.23%；大专以上文化程度261名，占64.76%；中级、高级技术职称236名，占58.56%；上届委员留任145名，占36.16%；新进委员256名，占63.84%。委员平均年龄47.1岁，较上届下降3.4岁，特邀人士中有6名委员来自香港特别行政区。

5年期间，增补委员34名，辞去委员职务3名，撤销委员资格8名，因病去世委员2名，届末有委员422名。

第五届委员会（2003年4月至2007年4月） 市政协第五届委员会由29个界别构成。与上届相比新设无党派人士界别；“社会福利界”改为“社会福利与社会保障界”。

届初有委员410名，其中，中共党员152名，占37.1%；民主党派成员和无党派人士258名，占62.9%。女委员102名，占24.9%；少数民族10名，占2.4%；研究生学历17名，占4.1%；大学本科学历174名，占42.4%；大专学历126名，占30.7%；中级、高级技术职称249名，占60.7%；上届委员留任148名，占36.1%；新进委员262名，占63.9%。委员平均年龄45.4岁，较上届下降1.7岁。

4年期间，增补委员16名，辞去委员职务5名，撤销委员资格1名，因病去世委员1名，届末有委员419名。

第六届委员会（2007年4月至2012年3月） 市政协第六届委员会由29个界别构成。界别数、界别名称都与第五届委员会相同。

届初有委员415名，其中，中共党员153名，占36.9%；民主党派成员和无党派人士262名，占63.1%。女委员111名，占26.7%；少数民族7名，占1.7%；博士10名，占2.4%；硕士研究生41名，占9.9%；大学本科学历205名，占49.4%；大专学历93

名，占22.4%；中专和高中以下学历66名，占15.9%；有中级、高级技术职称218名，占52.5%；上届委员留任197名，占47.5%；新进委员218名，占52.5%。委员平均年龄45.7岁，较上届增加0.3岁。

届末，增补委员19名，辞去委员职务7名，免去委员资格1名，撤销委员资格4名，因病去世委员1名，委员421名。

第七届委员会（2012年3月—　） 市政协第七届委员会由30个界别构成。与上届相比增设致公党界别。

届初有委员434名，其中，中共党员151名，占34.8%；民主党派成员和无党派人士283名，占65.2%。女委员124名，占28.6%；少数民族7名，占1.6%；博士14名，占3.2%；硕士研究生73名，占16.8%；大学本科学历230名，占53%；大专学历74名，占17.1%；大专以下学历43名，占9.9%；上届委员留任208名，占47.9%；新进委员226名，占52.1%。委员平均年龄46.5岁，较上届增加0.8岁。

1950年1月至1956年3月嘉兴市各界人民代表会议协商委员会构成一览表

表3-1-1　　单位：人

界别＼届次	市一届三次各界人民代表会议协商委员会	市一届四次各界人民代表会议协商委员会	市一届五次各界人民代表会议协商委员会	市一届六次各界人民代表会议协商委员会	市二届一次各界人民代表会议协商委员会
中共嘉兴市委	1	1	1	1	2
市人民政府	2	4	3	3	2
职工界	4	4	4	5	4
工商界	4	4	4	4	5
民主人士	2	1	—	—	—
妇女界	1	2	2	2	2
青年界	1	1	2	1	1
农民	1	—	—	—	—
文教界	1	1	2	2	2
特邀	—	2	2	2	2
部队	—	1	1	1	1
青年团	—	—	1	1	1
宗教界	—	—	1	1	—
少数民族	—	—	—	1	1
居民	—	—	—	1	1
医卫界	—	—	—		2
委员总数	17	21	23	25	25

1956年3月至1983年12月政协嘉兴市、县委员会界别与委员构成一览表（撤地建市前）

表3-1-2　　单位：人

界别＼届次	市第一届委员会	市第二届委员会	县第一届委员会	县第二届委员会	市第三届委员会
中国共产党	4	5	10	10	13
中国民主同盟	—	3	3	3	5
中国民主建国会	—	3	3	3	5
中国民主促进会	—	1	1	1	3

续表3-1-2

界别＼届次	市第一届委员会	市第二届委员会	县第一届委员会	县第二届委员会	市第三届委员会
中国农工民主党	—	2	2	2	3
九三学社	—	1	1	1	2
青年团	1	3	6	6	8
总工会	4	5	10	10	15
人民公社	—	—	7	7	—
农民	1	3	—	—	9
妇女联合会	3	3	6	5	7
民主青年联合会	1	—	—	—	—
合作社	1	2	6	6	
劳动者协会	1	—	—	—	—
工商联	10	10	13	10	10
文艺界	2	5	6	6	8
科技界	3	7	8	8	15
教育界	6	9	13	10	15
医卫界	6	9	10	10	14
体育界	—	—	—	—	4
少数民族	1	2	2	2	4
归国华侨	—	2	2	2	10
社会福利团体	—	—	—	—	2
中苏友好协会	1	—	—	—	—
宗教界	3	4	3	3	3
特邀人士	17	29	33	35	51
委员总数	65	108	145	140	206

1983年12月至2012年3月嘉兴市政协第一届至第七届委员会界别与委员构成一览表

表3-1-3　　单位:人

界别＼届次	第一届	第二届	第三届	第四届	第五届	第六届	第七届
中国共产党	12	13	13	17	19	19	18
中国国民党革命委员会	—	6	6	6	7	8	9
中国民主同盟	6	12	12	12	12	12	12
中国民主建国会	6	12	12	12	12	12	12
中国民主促进会	5	12	12	12	12	12	12
中国农工民主党	6	12	12	12	12	12	12
致公党	—	—	—	—	—	—	5
九三学社	6	11	12	12	12	12	12

续表3-1-3

界别＼届次	第一届	第二届	第三届	第四届	第五届	第六届	第七届
嘉兴市工商业联合会	13	13	17	19	25	26	30
无党派人士	—	—	—	—	5	5	9
嘉兴市总工会	16	15	16	16	14	13	14
中国共产主义青年团	9	9	9	9	9	9	9
嘉兴市妇女联合会	12	12	11	12	11	11	11
嘉兴市青年联合会	—	5	5	6	6	6	6
嘉兴市科学技术协会	—	—	19	12	15	13	14
嘉兴市归国华侨联合会	11	13	13	12	12	13	13
嘉兴市台胞台属联谊会	—	10	13	13	10	13	12
文学艺术界	19	19	15	15	16	15	15
科学技术界	48	54	37	30	26	26	26
社会科学界	7	8	6	7	11	11	12
经济界	—	18	25	38	37	33	33
农业(农林)界	31	27	26	22	23	23	24
新闻出版界	2	4	4	5	4	6	6
体育界	7	7	6	5	5	5	6
教育界	41	39	38	31	26	25	25
医药卫生界	29	26	24	22	17	15	16
港澳同胞	—	—	3	—	—	—	—
社会福利与社会保障界	2	3	4	5	6	7	9
少数民族界	5	6	6	7	6	6	6
宗教界	8	10	12	10	10	10	10
对外友好	2	—	—	—	—	—	—
特别邀请人士	49	38	25	22	30	37	36
委员总数	352	414	413	401	410	415	434

第二章　民主党派和无党派人士工作

民主党派是接受中国共产党领导、同中国共产党通力合作的亲密友党，是中国特色社会主义参政党。

无党派人士是指没有参加任何政党、有参政议政愿望和能力、对社会有积极贡献和一定影响的人士，其主要是知识分子。

20世纪50—60年代，地委统战部遵照中国共产党与各民主党派“长期共存、互相监督”的方针，推荐安排党外人士担任职务，团结协调党外人士合作共事，支持民主党派、工商联、无党派人士履行参政议政、民主监督职能。

“文化大革命”期间，中国共产党领导的多党合作和政治协商制度受到严重冲击，民主党派和无党派人士工作被迫停止。

中共十一届三中全会以后，地(市)委统战部拨乱反正，认真落实党的各项统战政策，按照新时期党对民主党派工作的方针任务，协调民主党派组织建设、支持民主党派履行职务、落实党外人士举荐安排，进一步加强和完善中国共产党领导的多党合作和政治协商制度。

第一节 贯彻统战工作方针政策

中华人民共和国成立初期，地委统战部遵循“了解情况，掌握政策，协调关系，安排人事”的统战工作职责，落实中国共产党领导的多党合作和政治协商制度，团结各民主阶层、民主党派、人民团体、少数民族和其他爱国民主人士，共商国是，共同参与恢复和发展国民经济。

1949年9月至1954年7月，地委遵照《中国人民政治协商会议共同纲领》和中央人民政府委员会《各界人民代表会议组织通则》，组织、指导各县(市)召开各界人民代表会议，选举产生各界人民代表会议协商委员会(主席团委员会)和县各界人民代表会议常务委员会。地、县(市)委统战部就民主人士参与各界人民代表会议协商委员会和县各界人民代表会议常务委员会的人选事宜，配合做好调查、民主协商和举荐安排工作。1953年，地委印发《关于进一步加强统一战线工作的指示》，明确各级党委要更好地团结与改造各民主阶级、各民主党派、民主人士、少数民族，积极争取和教育一切愿意合作的人，参加国家大规模经济建设，以发展人民民主统一战线，巩固人民民主专政。提出1953年统一战线工作的主要任务是，必须向干部讲清楚加强统一战线工作的理由，各级党委宣传部门注意关于统一战线工作的宣传教育；积极争取知识分子、工商界、宗教界、民主党派、民主人士，吸引他们参加经济建设，并加以教育；进行资产阶级代表人物的排队摸底工作，加强对工商联合会的领导；发展民主党派组织；加强人民代表大会、政权机关和协商机关中党与非党人士之间的合作；注意文教界、科技界、宗教界及少数民族的统战工作。5月6—8日，地委统战部召开各县(市)统战干部会议，贯彻中央、省委和地委指示，就团结社会各界人士，调动各方面积极因素，推进社会主义改造和社会主义建设以及统战工作的业务范围及工作方法进行部署。1954年7月，全区各县(市)普遍实行人民代表大会制度。地委统战部遵照中共中央批转中央统战部《关于人民代表大会制实行后统一战线组织问题的意见》《关于实行人民代表大会制时安排民主人士的意见》，在各县(市)酝酿召开人民代表大会期间，配合地委就民主人士的安排事宜开展调查、提出意见。1955年3月，地委遵照《中国人民政治协商会议章程》关于“在市和有必要的县建立政治协商会议地方委员会”的规定和省委指示，确定嘉兴市和嘉善、海宁、平湖等7个县首批设置政协地方委员会，并批转地委统战部《关于市、县人民委员会、政治协商会议人事安排意见》。地、县(市)委统战部配合各级党委，以原各界人民代表会议协商委员会为基础，开展县(市)政协的筹备工作。其间，地、县(市)委统战部贯彻中共中央《关于统一战线工作的指示》和省委《关于执行中央〈关于统一战线工作的指示〉的指示》，针对党内在统一战线问题上存在的对待民主人士和党与非党联盟问题上严重的关门倾向以及在机关内不敢或不愿意安排民主人士，存在宁“左”勿右思想等问题，结合省、市、县人民委员会及协商会议的党外人士安排工作，组织镇委以上党员干部开展统一战线的思想、政策教育，并对党外民主人士安排、使用、团结、教育、改造等情况进行检查。1956年3月，嘉兴市、嘉善县、海宁县和平湖县相继召开政协第一届委员会第一次会议，选举产生各县(市)政协一届常务委员会(详见本章第四节“举荐党外代表人士任职”)。5月，地委统战部召开全区统战工作会议，学习中共中央批转全国统战工作会议提出的《一九五六年到一九六二年统一战线工作的方针》，就进一步加强统一战线政策教育，加强对统一战线工作的领导，纠正“左”的或右的错误倾向，做好人物鉴定工作，扩大与巩固人民民主统一战线进行讨论和研究。之后，各县（市）委统战部对党外人士开展全面鉴定、登记造册、建立档案，为加强管理和政治安排，进一步发挥党外人士在社会主义建设中的作用奠定组织基础和工作基础。1959年2月、6月，地委统战部结合各地合并大县的实际，先后印发《一九五九年上半年统战工作意见》《在当前审查、鉴定工作中应注意的几点意见》，就合并大县后原有政协的合并扩大和民主党派、工商联改组，做好党外干部管理，民主人士审查、鉴定工作，做好四届县人民代表大会安排和政协委员安排等作出部署，强调对民主人士的审查、鉴定和排队工作应结合中心，在党委统一领导下进行；明确鉴定工作必须坚持实事求是原则，材料真实、观点明确、分析确切，对事实既不扩大，又不缩小，保证材料的完全确切性。1965年4月，地委统战部印发《关于对五类民主人士重新进行一次政治排队的通知》，就进一步加强对党外人士的教育改造、开展全面考察、正确政治排队、落实党外人士的安排使用等工作作出安排。

“文化大革命”期间，党的统战工作受到严重干扰，地、县（市）委统战部被迫停止工作。

1977年2月，地委统战部恢复工作，遵照地委指示和分工，全区逐步开始平反“文化大革命”中涉及统战对象、爱国人士的冤假错案，落实统一战线各项政策（详见第二篇第二章“落实统战政策”）。中共十一届三中全会后，地委统战部贯彻中央指示和第十四次全国统战工作会议精神，按照新时期统一战线的任务，团结一切可以团结的力量，搞好党与非党的合作共事关系，帮助和推动各方面的党外人士在社会主义现代化建设中发挥作用。1979—1982年，地、县（市）委统战部结合各地人大、政协恢复工作以及筹备召开人大、政协会议的党外代表、委员人选等事宜，遵照中共中央批转中央组织部、统战部《关于在国务院各部委和地方各级人民政府中安排党外人士担任领导职务的请示报告》，省委统战部《关于各级人大常委会和政府中安排党外人士的意见》，按照新形势和新任务的需要，克服清一色思想，配合做好对党外人士，特别是具有业务和技术专长的党外人士的安排工作，并和他们真诚合作，共同把国家的事办好。1982年2月，地委统战部印发《关于进一步搞好人物调查工作的通知》，就进一步扩大爱国统一战线，做好各级人大、政府、政协等方面的人事安排作出具体规定。

1983年8月，嘉兴撤地建市。市委统战部贯彻中国共产党与各民主党派“长期共存、互相监督、肝胆相照、荣辱与共”的方针，进一步落实多党合作和政治协商制度。10月，结合市一届人大、一届政协的筹备，按照“统筹兼顾、全面安排”的方针，在各单位内部推荐的基础上，开展人物调查、民主协商，集中精力做好人事安排工作。1986年8月，贯彻中共中央批转中央统战部《关于新时期党对民主党派工作的方针任务的报告》和省委《关于学习贯彻中发〔1986〕19号文件的通知》，市委召开常委会议学习中共中央批转中央统战部《关于新时期党对民主党派工作的方针任务的报告》，听取市委统战部、政协党组工作汇报，并就贯彻中央文件进行部署，要求各级党委进一步肃清“左”的影响，牢固树立统战观念，形成全党抓统战，把统战工作提到党委议事日程。同时，市委决定每年至少讨论二次统战工作，县委也要讨论一至两次。1987年3月29日，市委常委听取全国、全省统战工作会议精神和市委统战部1986年工作汇报，就继续抓好统战理论政策的再教育，搞好与各民主党派和党外人士合作共事等工作进行研究，并作出具体安排。统战部与各民主党派、工商联秘书长建立每月一次的联席会议制度，互通情况，交流经验。1988年4月，市委办公室印发《关于市级机关有关单位与民主党派建立对口联系制度的通知》，将市级机关与各民主党派的民主协商工作制度化，进一步完善多党合作与政治协商制度。10月，市委统战部转发省委统战部《转发中央统战部〈关于在改革中加强基层统战工作的意见〉的通知》，就政治体制改革、党政职能分开过程中，加强对基层统战工作的领导，重视基层统战组织建设以及党政领导带头结交党外朋友等工作提出意见和要求。1989年12月30日，《中共中央关于坚持和完善中国共产党领导的多党合作和政治协商制度的意见》印发后，市委统战迅速组织市委统战部机关和各县（市、区）委统战部部长学习贯彻。1990年4月3日、5月14日，市委两次召开各民主党派、工商联和无党派代表人士座谈会，就市委贯彻《中共中央关于加强同人民群众联系的决定》协商征求意见。5月18日，市委印发《中共嘉兴市委关于坚持和完善中国共产党领导的多党合作和政治协商制度的意见》，召开各民主党派、工商联、无党派人士会议传达学习，并建立党政主要领导与党外人士谈心交友制度。市委统战部配合市委分别召开全市统战部长会议和部分市级机关、市属单位党组织分管统战工作负责人会议，做好《中共中央关于坚持和完善中国共产党领导的多党合作和政治协商制度的意见》和全国统战工作会议精神的学习贯彻工作。1991年9月，市政府印发《关于市政府有关部门同市民主党派建立对口联系的通知》，确定市政府有关部门与市级各民主党派建立对口联系制度，深化社会主义民主政治建设。1994年10月，市委组织部、统战部印发《关于选配党外人士担任政府及其部门领导职务的通知》，各地结合县(市、区)政府换届，充实一批党外领导干部作为副县长人选进入领导班子，并有计划、有步骤地在市、县(市、区)政府部门中选配党外人士担任领导职务，实行党与党外人士合作共事，加强和完善中国共产党领导的多党合作制度。11月，市委印发《关于进一步加强政协工作的决定》，就坚持和完善政治协商、民主监督制度，充分发挥人民政协在政治、经济和社会生活中的作用等提出要求。1995年11月，市委印发《中共嘉兴市委关于进一步完善和规范同各民主党派、工商联、无党派爱国人士合作与协商制度的意见》，对市委、市政府以及基层党组织与党外人士的合作与协商制度进行补充完善。此后，每年年初，市委、市政府制订政治协商计划，印发各民主党派、工商联和无党派代表人士，确保全市政治协商工作有计划、早准备，有步骤、早落实，形成惯例。

进入21世纪，全市统战工作的各项制度进一步完善和深化。2000年1月，遵照中共中央办公厅《1998—2003年全国党政领导班子建设规划纲要》和省、市培养选拔女干部、党外干部工作会议精神，市委组织部、统战部、市妇联印发《关于做好民主推荐女后备干部、党外后备干部和经济科技类后备干部的通知》，在全市范围开展民主推荐女后备干部、党外后备干部和经济科技类后备干部工作。2002年9月，市委印发《嘉兴市级领导广交党外朋友的实施意见》，明确市党政领导与党外人士联系交友的具体要求。2003年12月，市委组织部、市委统战部印发《关于建立联席会议制度的实施意见》，建立两部之间加强党外干部担任政府及其部门领导职务，担任人大、政协领导职务和后备干部培养选拔等方面的共同研究机制。2004年1月，市委印发《关于进一步加强民主党派、工商联和无党派代表人士工作的意见》，就进一步加强与党外人士合作共事，支持民主党派、工商联加强自身建设等工作提出要求，系统提出建立"协商会、通报会、谈心交友、特约人员、对口联系、重要内外事活动"6项制度，并就党外人士在人大、政协以及政府部门、司法机关担任领导职务作出明确规定。同年6月4日，市政府召开有关部门与各民主党派和工商联对口联系工作座谈会，推出"领导走访""征求意见"和"工作走访"3项对口联系工作制度，量化、细化政府有关部门开展对口联系工作。2005年11月，市委印发《关于进一步加强中国共产党领导的多党合作和政治协商制度建设的实施意见》，提出进一步提高对中国共产党领导的多党合作和政治协商制度重要性的认识，进一步完善政治协商的内容、形式和程序，充分发挥民主党派和无党派人士的参政议政作用，充分发挥民主党派的民主监督作用，加强中国共产党同党外人士合作共事，进一步支持民主党派加强自身建设，加强和改善中国共产党对多党合作和政治协商的领导等7个方面意见，明确市委新世纪新阶段的多党合作和民主党派、无党派人士工作。2006年，市委对各县(市、区)和市级机关有关部门贯彻落实《中共嘉兴市委关于进一步加强中国共产

2013年4月28日，市政府有关部门与各民主党派、工商联举行对口联系工作座谈会

党领导的多党合作和政治协商制度建设的实施意见》情况，开展专项督查。2007年8月，市委印发《关于进一步巩固和壮大新世纪新阶段统一战线的实施意见》，对新世纪新阶段巩固和壮大统一战线，全面贯彻落实统一战线各领域的方针政策，加强党外代表人士队伍建设，加强和改善党对统一战线工作的领导作出部署。2008年，市委将统战工作纳入县(市、区)目标责任考核。各地、各部门进一步健全协商、通报、谈心交友、对口联系、特约人员及重要内外事活动等配套措施，巩固和发展多党合作与政治协商制度。2009年，组织对各县(市、区)、市级机关有关部门贯彻《中共中央关于进一步加强中国共产党领导的多党合作和政治协商制度建设的意见》和省委、市委实施意见以及《中共嘉兴市委关于进一步巩固和壮大新世纪新阶段统一战线的实施意见》等落实情况专项督查，重点检查党外干部培养使用选拔、党外代表人士政治安排、基层统战部门自身建设等，查找薄弱环节、明确改进方向、抓好工作落实。2010年，全市贯彻落实市委对多党合作工作的督查意见，细化和完善各项配套制度。2012年，贯彻落实中共中央《关于加强新形势下党外代表人士队伍建设的意见》，市委统战部、市委组织部开展党外人士专题调查研究，并以此为基础建立健全党外人士和统一战线基础工作数据库。2013年1月10日，市委七届五次全体会议通过《中共嘉兴市委工作规则》，将多党合作相关工作机制纳入党委工作规则，明确"根据工作需要，就全市经济社会发展重大事项和重要人事安排与各民主党派、工商联及有关方面进行协商通报""市委主要领导开展重大调研活动原则上应邀请一位市民主党派主要负责人同行"。5月20日，市委常委会通过《关于加强新形势下党外代表人士队伍建设的实施意见》，决定在党外代表人士培养、选拔、使用和管理环节中，实行"发现储备、综合评价、举荐推荐、教育培训、选拔任用、实践锻炼、管理服务、合作共事"8项机制，并就党外后备干部队伍建设作出明确规定。

2014年，市、县(市、区)两级统战部门深入贯彻中共十八大，十八届三中、四中全会精神和习近平系列讲话，围绕党委中心工作，突出抓好"同心"实践，进一步完善协商民主，以教育引导聚人心，以协商民主聚智慧，以创业创新促发展，巩固和推进全市多党合作和政治协商工作常态化。

第二节　协助党派组织建设

中华人民共和国成立初期，嘉兴仅有中国民主同盟(简称"民盟")盟员14人在活动。20世纪50年代初，因工作调动，从外地调入嘉兴中国农工民主党(简称"农工党")党员3人，调入嘉善中国民主促进会(简称"民进")会员1人、中国民主同盟(简称"民盟")盟员3人、中国国民党革命委员会(简称"民革")党员1人，但均不属组织调派，其党派活动均回原籍参加。1956年，地、县(市)委统战部贯彻《中国人民政治协商会议共同纲领》和中共中央关于同各民主党派"长期共存、互相监督"的方针，协助、支持各民主党派建立组织、发展成员，共同参与恢复和发展国民经济。是年，帮助建立中国民主建国会(简称"民建")嘉兴市筹备委员会，有会员39人；九三学社杭州分社嘉兴直属小组，有社员6人；中国民主同盟(简称"民盟")浙江省直属嘉兴支部，有盟员24人；中国民主促进会(简称"民进")杭州市委直属嘉兴小组，有会员14人。1957年，贯彻中共八大精神和毛泽东关于"我们必须加强各民族、各民主阶级、各民主党派、各人民团体的团结，继续巩固和扩大我们的人民民主统一战线"的指示，帮助建立农工党嘉兴市支部，有党员29人。

"文化大革命"期间，各级统战部及统战部门协助各民主党派的组织建设工作被迫停止。

中共十一届三中全会以后，地委、地委统战部贯彻邓小平在全国政协五届二次会议上关于《新时期的统一战线和人民政协的任务》的重要讲话精神，纠正在民主党派工作中存在的"左"倾错误，支持各民主党派恢复组织活动，发展成员。1980年，帮助民盟成立嘉兴市(县级)委员会。1982年，帮助九三学社成立嘉兴分社。

1983年11月，市委统战部结合撤地建市后民主党派组织发展需要，遵照中央统战部关于继续贯彻《关于民主党派组织发展问题座谈会纪要》的通知精神，与市级各民主党派、工商联就党派机构变更和组织发展工作进行协商，帮助落实办公用房和业务经费，并协助解决原嘉兴市政协、民进、工商联被长期占用的办公用房。1984—1986年，先后帮助筹建和成立民革、民盟、民建、民进、农工党和九三学社6个民主党派嘉兴市委员会，解决民主党派的干部配备、办公用房和活动经费等问题，并在政治待遇、经济待遇等问题上，遵照中央办公厅、国务院办公厅转发中央统战部《关于帮助民主党派解决工作条件和干部待遇若干问题的意见》和中共中央批转中央统战部《关于新时期党对民主党派工作的方针任务的报告》，凡发给县、团级的有关文件，同时发给各民主党派，解决政协委员、民主党派负责人阅读文件、参加会议等知情权问题；给民主党派配备专职干部，安排专职干部的住房，增加经费；各民主党派机关任职的干部享受中共市委、市人民政府同级干部的政治、经济待遇。同时，专题召开民主党派负责人和组织委员会议，就民主党派向各县（区）发展成员、建立组织等问题进行协商，支持各民主党派独立自主开展工作，支持各民主党派向县（市、区）发展基层组织。1987年，贯彻“巩固为主、巩固与发展相结合”的方针，协助做好各民主党派组织发展工作，帮助引进新人，解决各民主党派后继有人问题，落实新老合作，增强民主党派活力。是年，协助农工党、九三学社两个民主党派做好换届前的人选安排工作，进一步改善民主党派工作条件，为市级6个民主党派配备专职干部，为民革市委会、九三学社市委会各调入专职干部1名。1988年，协助各民主党派加强队伍思想建设，传达和学习中共十三届三中全会和民盟、民进、农工党、民建、工商联全国代表会议精神；支持各民主党派加强组织建设，建立总支1个、支部10个，发展成员174名；协助民盟、民进市委会换届，引进年轻骨干13名充实领导班子，平均年龄从上届的56.9岁下降到54.4岁，退下来的5位老领导安排担任顾问4人。1990年年初，市委统战部结合各民主党派学习贯彻中共中央《关于坚持和完善中国共产党领导的多党合作和政治协商制度的意见》，支持各民主党派开展调研，总结交流参政议政的经验，商讨进一步坚持和完善中国共产党领导的多党合作和政治协商制度，坚定与中国共产党长期合作的信念。10月，市委统战部、市委党校举办全市第一期民主党派骨干培训班，组织城郊两区各民主党派骨干37名学习社会主义初级阶段理论、党的基本路线、统一战线基本知识、中国共产党领导的多党合作和海外统战工作等，支持民主党派加强自身建设。此后，民主党派骨干培训班每年举办，形成惯例。是年，全市民主党派建有市委会6个、县委会2个、总支3个、支部79个，小组32个，成员1257名。1991—1992年，结合换届工作，协助各民主党派解决新老交替问题，改善班子结构。经过换届选举，6个民主党派市委会选举委员73名，其中具有大专学历的占74.3%，高级职称的占44.6%。1995年，采取滚动式新老交替方式，充实各民主党派市委会领导班子，解决年龄老化问题，并支持各民主党派加强机关建设，建立每月一次民主党派、工商联秘书长联席会议，健全各项规章制度。是年，新推选民主党派副主委2名，充实民主党派市委会委员3名，发展新成员90名。1996—1997年，协助6个民主党派市委会、致公党嘉兴支部和市工商联做好新一届领导班子的换届工作，支持各民主党派、工商联按照各自章程，独立自主加强组织建设。1997年12月，成立嘉兴市社会主义学院，进一步做好对各民主党派、工商联、无党派人士及非公有制经济代表人士和统战干部的培训工作。1998年，针对换届后，领导班子中新成员占比50%，缺乏对统一战线和多党合作传统的系统了解，缺乏实践锻炼和政治考验的现状，会同市社会主义学院举办读书班、研讨班等，开展民主党派骨干培训，增强各民主党派政治协商、民主监督、参政议政能力，推动领导班子的政治交接。1999年，指导民主党派学习贯彻《各民主党派中央关于加强自身建设若干问题座谈会纪要》，采取统战部领导参加民主党派主委联席会议、秘书长联席会议、党派市委会会议和重大活动，协助各民主党派开展党派自身建设研讨、拟定民主党派组织发展工作程序、建立完善民主党派市委会和机关各项规章制度，帮助各民主党派加强后备干部队伍建设，支持各民主党派对后备干部进行培训、教育等方式，支持和帮助各民主党派加强自身建设。是年，全市有民主党派市委会6个、省属支部1个，成员1876名。

进入21世纪，全市统战部门进一步深化指导、协调工作力度，规范和加强民主党派自身队伍建设。2001年，市委统战部印发《关于协助市各民主党派做好2001年换届工作意见》，支持各民主党派市委会加强与各自省级组织的沟通协商，协助做好换届工作。至年底，市级6个民主党派和致公党嘉兴支部完成换届工作。6个民主党派选出市委会委员75人，平均年龄44.8岁，其中新进人员31人，占委员总数的41%；大专以上学历71人，占委员总数的95%；有高中级技术职称的63人，占委员总数的84%；女性18人，占委员总数的24%。正副主委、秘书长25人中，留任11人，新进14人、占56%；具有大专以上学历的23人，占92%，其中研究生5人；具有有高中级技术职称的20人，占80%，其中高级12人；平均年龄47岁，比上届领导班子平均年龄下降7.9岁，其中新进14人，平均年龄43.2岁；女性5人，占20%，比上届换届时所占比例上升11%。2004年，市委统战部、市委组织部加强与各党派主委沟通、协商，以发现、培养和举荐工作为重点，按照“重培养、打基础、保选拔”的工作思路，支持各民主党派市委会对班子成员及后备干部情况进行届中考察。2005—2006年，围绕新一轮民主党派、工商联领导班子换届工作，按照“政治交接、优化结构、健全机制”的要求，充分尊重民主党派、工商联的意愿，配合做好领导班子人选的选拔工作，协助和指导民主党派、工商联按照各自的章程和组织程序完成换届工作，实现政治交接。换届后，6个民主党派市委会、工商联领导班子中，新进主委4名、会长1名；正副主委、会长和秘书长28人中，留任14人，新进14人，各占50%；具有大学以上学历的22人，占78.5%，其中研究生6人，占21%，有高级技术职称的21人，占75%，各组织班子成员平均年龄46.4岁，比上一届下降6岁。同时，协助民主党派建立年龄结构合理的后备人才库，配合做好年青优秀代表人士的物色、选拔和推荐工作。2007—2008年，着重从政治上引导、工作上支持，关系上协调，协助民主党派和无党派人士，开展以坚持走中国特色社会主义政治发展道路为主题的政治交接学习教育活动，交流情况、推广经验，建立长效机制，巩固和发展中国共产党领导的与各民主党派、无党派人士合作共事的思想政治基础。2009年，协助和推动各民主党派、无党派人士学习贯彻科学发展观，以纪念中华人民共和国成立60周年、多党合作制度确立60周年为契机，通过召开座谈会，开展书画展、征文、文艺演出、广场咨询等形式，引导统一战线各界人士传承和发扬与中国共产党长期团结合作的信念和传统。2010年，开展对市级民主党派领导班子建设、基层队伍建设情况综合分析，推进全市各民主党派组织健康、稳定发展。至年底，全市有民主党派委员会8个（市本级6个，嘉善、平湖各1个），民主党派总支（支部）99个，成员2677名。2011年，市委统战部结合民主党派、工商联地方组织和基层组织换届，进一步加强民主党派领导班子建设，各民主党派市委会班子均增加一名副主委职数，协调配齐各民主党派专职副主委。同年12月，协助成立致公党嘉兴市委会。2012年1月，市委统战部遵照市委书记李卫宁关于“在党委、政府工作中积极吸纳（民主党派意见），对民主党派建设中的工作条件问题，可给予适当安排”的批示精神，作出进一步支持民主党派加强自身组织建设，搞好政治交接教育培训，加大党外干部培养力度，推动落实民主党派经费、人员编制等四点实施意见。同时，根据《2010—2020年党外代表人士教育培训改革和发展纲要》，将2012年确定为统一战线“同心”培训年，以参政党与执政党“同心”为目标，组织开展社会主义核心价值观讨论，引导党外人士树立和践行社会主义核心价值体系。市委转发市委统战部、市社会主义学院《关于加强党外代表人士教育培训的意见》，推出“专题式”集中办班、“菜单式”课程安排、“互动式”情景模拟3项党外干部培训新模式，先后在中央社会主义学院、香港理工大学、上海浦东区委党校、市社会主义学院举办各类培训班15期，培训民主党派骨干、市工商联会员和各级优秀社会主义事业建设者、各宗教团体负责人、宗教教职人员等1500余人（次）。是年，各民主党派在县（市、区）及市直属单位中，共有基层组织89个，成员2960名。2013年，指导各民主党派加强自身思想、组织、制度建设，协助党派机关抓好日常管理，并在人员、编制、经费等方面加强协调，为党派开展工作创造条件。

2014年，市委统战部推出中国特色社会主义理论学习“统战大讲堂”，引导各民主党派、工商联和市党外知识分子联谊会，探索开展符合自身特色、成员特点的中国特色社会主义学习实践活动，并与重庆中国民主党派历史陈列馆联合在南湖革命纪念馆举办“中国民主党派历史陈列暨嘉兴多党合作事业发展回顾”，进一步坚定“三个自信”，增强服务全面深化改革的责任感与使命感，发挥参政党作用，推进各民主党派、工商联自身队伍建设稳定、健康发展。至年底，全市民主党派建有民革、民盟、民建、民进、农工党、致公党、九三学社等嘉兴市委会及台盟嘉兴市支部，建有基层组织185个，成员3271名。

第三节　支持民主党派、无党派人士履职

中华人民共和国成立初期，地、县(市)委统战部遵照《中国人民政治协商会议共同纲领》的要求，支持社会各阶层爱国民主人士、人民团体通过各界人民代表会议及其协商委员会，就恢复和发展国民经济，开展土地改革、抗美援朝、镇压反革命、“三反”(反贪污、反浪费、反官僚主义)、“五反”(反行贿、反偷税漏税、反盗骗国家财产、反偷工减料、反盗窃国家经济情报)等运动，发表意见、民主协商。1952年7月，地委在批复海宁县委“关于统一战线性质、范围问题的请示”时指出，必须“加强政权机关和协商机关中党与非党人士之间的合作”，教育引导“知识分子、工商业界、宗教界、民主党派、民主人士在反帝反封建主义，参加镇反、抗美援朝等革命运动中发挥作用”。10月，地委统战部印发《关于十、十一、十二三个月工作的意见》，要求各级统战部门在搞好民主建政工作中，结合召开各界人民代表会议“作好对各阶层代表的团结，在会议中充分发扬民主精神，不能包办代替，官僚主义”，充分听取党外人士的意见建议。1953年4月，地委转发地委统战部《关于统战政策执行情况的检查及今后工作意见的报告》，进一步强调“对民主人士参加政府工作应该是有职有权，不能是形式地挂名”，并提出“应加强对各阶层代表人物的联系和教育，对党外人士应有职有权，帮助他们做出成绩，发挥他们的作用，并适时召开座谈会或进行个别访问等活动，以经常了解情况，听取反映，讲通政策，善于发挥各界人民代表会议协商会、常委会等统战组织的作用，积极争取并动员他们参加各项政治社会活动和国家大规模经济建设，以锻炼和提高他们爱国主义的政治觉悟”，支持民主人士履行职务。1956年，各县(市)政协成立后，各县(市)委统战部积极巩固和扩大人民民主统一战线，努力调动各方面积极因素，充分发扬民主协商精神，团结推动各界人民贯彻执行社会主义建设总路线和国家方针政策，向政府机关反映群众的意见建议，为完成社会主义改造和进行社会主义建设发挥作用。

“文化大革命”期间，人民政协、各民主党派被迫停止活动。

中共十一届三中全会以后，国家进入社会主义现代化建设新时期。1977—1983年，地委、县(市)委统战部拨乱反正，落实党的统战政策，全面贯彻党的“长期共存、互相监督、肝胆相照、荣辱与共”方针，帮助各民主党派、工商联恢复活动，广泛吸收各民主党派、人民团体和无党派人士参政议政，中国共产党领导的多党合作与政治协商制度得到改进和发展。

1983年10—12月，市委统战部结合撤地建市后市一届人大、一届政协筹备工作，开展全市统战政策遗留问题调查，进一步落实各项统战政策，协调解决政协委员、各民主党派负责人阅读文件、参加会议等知情权。1984年5月，市委统战部与市委办公室商定并印发文件，对担任领导职务的党外人士阅读和听取传达中共党内文件及有关资料作出规定，进一步确立党外人士的知情权问题，支持各民主党派参加市委有关会议和政协活动，对国家大事和全市重要事项进行政治协商和民主监督。1985年，市委统战部结合整党活动，召开各民主党派、有关人民团体负责人座谈会，就整党和经济建设等问题，听取党外人士意见。5月，建立党派工商科，并建立统战部与各民主党派每月一次的定期联系(联席会议)制度，保持与党派的联系，支持民主党派履职。1986年9月，贯彻中共中央批转中央统战部《关于新时期对民主党派工作的方针任务的报告》和省委《关于学习贯彻中发〔1986〕19号文件的通知》精神，召开各民主党派负责人会议，传达学习中央和省委文件，支持民主党派独立自主地开展工作。市

委副书记许国桢参加会议并讲话，决定建立市委与各民主党派每季度一次的联系制度。各县（区）委也相继建立与民主党派和非党人士的联系制度，在重大决策、重要人事安排时与党外人士沟通协商。1987年，进一步完善市委、市委统战部与各民主党派的联系（联席会议）制度，凡全市性重大措施和重要人事安排，都由市委主要领导与政协、民主党派负责人协商。是年，市委召开联席会议7次，向各民主党派通报中共十三大会议精神和中央、省委重大方针政策，听取对全市“两个文明”建设和改革开放措施的意见建议，商讨加强和改进党对统战工作的领导等问题。1988年，市委统战部配合市委就市二届人大、二届政协换届的人事安排事宜，先后5次与民主党派沟通协商。11月，市委统战部建立与各民主党派秘书长每月一次例会制度。1989年，全市首次推出民主党派人士参加市监察工作咨询委员会、担任市监察局特邀监察员措施，支持民主党派履行民主监督职能。是年，有8名民主党派负责人参加市监察工作咨询委员会、6名民主党派干部担任监察局特邀监察员。各县（市）安排部分民主党派人士担任廉政、执法监督员，参与当地治理整顿检查。1990年，全市各级党委、政府贯彻《中共中央关于坚持和完善中国共产党领导的多党合作和政治协商制度的意见》，市、县（市、区）委统战部配合党委、政府建立党政主要领导与党外人士的谈心交友制度，落实与各民主党派、工商联和无党派人士的民主协商、意见征求和情况通报工作；建立党委、政府部门与各民主党派、工商联的对口联系制度，推进和完善与民主党派、工商联、无党派代表人士的合作共事、民主协商制度；实施民主党派成员、无党派人士担任特约检察员、特约监察员、特约审计员和教育督导员（简称“特约四员”）制度，在研究、决策重大问题时邀请参加、听取意见，发挥民主党派成员、无党派人士的民主监督作用。1991年，市委、市政府举行民主党派参加的通报会、协商会13次，市委、市政府12位主要领导与21名民主党派、党外人士开展谈心交友，市政府10个部门（市教委、文化局、卫生局、医药局、建委、科委、台办、侨办、商业局、供销社）分别与6个民主党派市委会和市工商联建立对口联系；政府部门聘请民主党派成员、无党派人士担任“特约四员”73名；民主党派、无党派人士参政议政，为市政府及有关部门提供各类报告、提案和意见建议214件，其中被采纳124件。各县（市、区）党委、政府及政府部门也相继开展谈心交友和对口联系活动。此后，各级党委、政府举办的各种协商会、通报会、座谈会以及邀请民主党派、工商联负责人和无党派人士参与调研活动常态化；党政主要领导与党外人士的谈心交友制度，每年结合工作实际和领导变动等情况，作适当调整，监督落实。至1994年，全市两级党委、政府有79位领导与140位民主党派负责人、党外领导干部开展谈心交友，有37个政府职能部门与民主党派进行对口联系。1995年，各民主党派以组织或个人名义提出提案、建议536件，完成调研报告40篇。九三学社嘉兴市委会配合省政协九三学社界别组，围绕农业机械化专题开展调研，撰写《关于农业机械化问题的调查报告》，引起中共浙江省委的关注，省委书记李泽民批示转农业厅研究。民建嘉兴市委会“关于加强菜篮子工程”的调查建议材料，被市委采纳。1996年，配合市委、市政府召开南湖、乍浦两个开发区建设规划协商通报会，各民主党派、工商联提出进一步理顺管理体制等5条建设性意见，被采纳并由有关部门研究落实。1998年，全市开展行风评议活动，土管、城建、交通等部门聘请民主党派、工商联、无党派人士以及人大代表、政协委员220名担任行风评议员，各地“特约四员”增加到136名，参与评议、实施监督。1999年10月，市委统战部就贯彻《中共中央关于坚持和完善中国共产党领导的多党合作和政治协商制度的意见》10周年进行总结。10年间，市委、市政府召开或委托市委统战部等部门召开的协商会、座谈会、通报会60余次，政治协商不断加强；全市审计、监察、检察、教育部门聘请民主党派、无党派人士担任“特约四员”315人，民主党派、无党派人大代表、政协委员被聘为“行风评议员”“执法监督员”等400余人，民主监督不断完善；民主党派、工商联、无党派人士知情出力，献计献策，就全市改革开放、经济建设和民主与法制建设等重大事项提出提案、议案或建议700余件（条），参政议政不断深化。

进入21世纪，全市各级统战部门进一步完善党委、政府与各民主党派、工商联和无党派人士的协商通报、谈心交友、对口联系和“特约四员”、行风监督员制度，支持民主党派、工商联和无党派人士参政议政、民主监督，依法履职。2000—2001年，市委统战部会同市委办公室、市政府办公室制定协商通报计划，建立健全多党合作和政治协商的各项制度，协调调整市委、市政府主要领导与各民主党派、工商联、无党派人士谈心交友名单，协助市委召开各民主党派、工商联负责人协商会、座谈会、通报会，指导政府部门开展对口联系活动，保障各民主党派、工商联、无党派人士参政议政、民主监督的渠道畅通。2年间，各民主党派、工商联履行参政议政职能，在市、县（市、区）两级人大、政协全会上提交提案、建议1253件。2002年，市委、市政府印发《市级领导广交党外朋友实施意见》和《进一步加强市政府有关部门与民主党派、工商联对口联系工作》，进一步规范党委、政府领导及政府有关部门与民主党派、工商联的协商通报、谈心交友、对口联系等制度，并将对口联系工作纳入对政府有关部门的年度目标责任制考核。2003年3月，市委统战部将全市各民主党派、工商联自1998年以来的67篇参政议政优秀调研报告和成果汇编成《肝胆相照、共铸辉煌》专刊，鼓励各民主党派、工商联和无党派人士围绕科技自主创新、和谐社会发展、新农村建设等课题参与调研，建言立论，献计献策。2004—2005年，市委统战部贯彻《中共嘉兴市委关于进一步加强民主党派、工商联和无党派代表人士工作的意见》，结合市级机关效能建设活动，聘请民主党派、工商联和无党派代表人士为效能建设监督员，组织6个民主党派市委负责人到中西部地区考察，并组织开展对各县（市、区）委和市级机关有关部门贯彻市委意见情况督察，推进参政议政、合作共事各项制度落实。2007年10月，市委统战部结合市领导人事变动和工作需要，以市委办公室名义印发《关于调整党政领导与党外人士、宗教界代表人士交友联系安排的通知》，完善党政领导与党外人士交友制度，规范和细化联系交友的原则、方式和要求。2009年，市委统战部以纪念中华人民共和国成立60周年、多党合作制度确立60周年为契机，进一步完善民主党派、工商联参政议政、民主监督平台，按照“党委出题、党派调研、政府采纳、部门落实”的工作模式，搭建民主党派市委会主委、市工商联主席参与中共嘉兴市委主要领导调研活动的新机制，推动民主党派、工商联在更高层面参与中心工作，拓宽党外人士知情知政的新渠道。是年，市各民主党派主委、工商联主席先后随同市委书记陈德荣赴各县（市、区），就全市经济社会发展现状、农业农村工作等，开展综合调研13次。在市“两会”期间，市各民主党派、工商联围绕市委保增长、促转型、抓统筹、重民生的总体部署，开展调研、参政议政，提交提案、议案和社情民意372件，撰写调研报告22篇。2011年6月，市委统战部贯彻省委统战部《关于协助民主党派开展“五大系列”活动的通知》精神，与各民主党派市委会充分协商，协助市各民主党派开展以“课题调研、民主协商、民主监督、社会服务、社会宣传”为主要内容的“五大系列”活动。协助各民主党派市委会围绕中共嘉兴市委实施“三大倍增计划”、推进“四大建设”，加快经济转型升级步伐的要求，组织开展有关河道生态整治对策及建议等6个重点课题调研；就创建全国文明城市工作中，涉及市容市貌、市政设施建设和交通、环境、卫生等方面存在的问题和困难开展专题民主协商；将市区“菜篮子”蔬菜基地、市区公交优先发展等2011年市区十大民生工程建设，作为专项民主监督主题，确定相关特约人员对口开展民主监督；组建3个服务团，举办“统一战线与你同在”大型广场咨询服务，开展科技、文化、医卫“三下乡”等活动，抓好系列社会服务；就“五大系列”活动开展情况，树立和践行社会主义核心价值体系，纪念中国共产党建党90周年和辛亥革命100周年活动以及

2012年9月5日，市委副书记高玲慧（右一）在市委统战部部长朱静绮（中）陪同下走访各民主党派机关。图为走访民建市委会机关

各民主党派、工商联换届工作等进行全方位报道，做好社会宣传。2011—2013年，市级6个民主党派主委每年随市委书记赴基层调研1~2次，围绕经济、社会、文化、生态等方面内容，提出针对性建议（调研成果）30余件，被党委、政府采纳10余件。

2014年，全市各级统战部门深入推动中共党委和民主党派的政党协商，以协商议题项目化、协商过程程序化、协商形式常态化为原则，围绕“行政审批层级一体化改革”专题，把依法治国作为建言献策的重要内容，将协商民主做深做精，推动协商通报、对口联系、民主监督以及党政领导与党外人士交友谈等各项制度常态化、规范化。嘉兴市专题民主协商作为政党协商的一种有效模式，形成较为规范的运作程序和完善的制度保障，得到市委和各民主党派的认同，中央统战部《中国统一战线》杂志专门介绍嘉兴的做法。

第四节　举荐党外代表人士任职

党外代表人士的实职安排、政治安排工作是我国基本政治制度的重要组成部分之一。中华人民共和国成立以后，地委、县（市）委各级统战部门按照“统筹兼顾、全面安排”的方针，配合党委、政府做好党外代表人士的举荐、考察、安排工作。

1949年9月至1954年7月，全区各县（市）遵照《中国人民政治协商会议共同纲领》和中央人民政府委员会《各界人民代表会议组织通则》以及华东局统战部意见，先后召开各界人民代表会议，选举县（市）各界人民代表会议协商委员会和县（市）各界人民代表会议常务委员会。地委统战部配合地委推荐安排一定比例的党外人士担任副主席、副主任、委员，团结协调党外代表人士参政议政、合作共事。1950年1月至1956年3月，嘉兴市共召开二届七次各界人民代表会议协商会议，党外代表人士共有99人次担任协商委员会委员，平均每届占委员总数的61.49%（市主席团委员会常务副主席1名、市协商委员会副主席3名、副市长1名）；1949年12月至1953年5月，嘉兴县共召开一届八次各界人民代表会议，工商界、开明绅士当选人民代表共有195人次，占每届代表总数的10.02%（担任县各界人民代表会议常务委员会副主席1名）。1954年7月，全区各县（市）实行人民代表大会制度。地委统战部遵照中共中央《关于人民代表大会制实行后统一战线组织问题的意见》《关于实行人民代表大会制时安排民主人士的意见》，指导县（市）委统战部协助所在地党委对各阶层代表人物进行排队、调查，在广泛征求意见、民主协商基础上，对代表的比例结构和县（市）人民委员会县（市）长、副县（市）长、委员人选提出方案，经县（市）委审议后报地委审批。各县（市）在人民代表的选举中和政府委员的安排上较好地贯彻了党的统一战线政策，体现界别的广泛性。嘉兴市选举党外代表人士担任市各界人民代表会议协商委员会副主席1名、副市长1名，嘉兴县选举党外代表人士担任县各界人民代表会议常务委员会副主席1名。平湖县第一、二届人民代表大会代表中，文教、卫生、科技、工商、宗教等方面的党外人士分别占代表总数的6.2%和15.5%；在第一届县人民委员会组成人员中，有党外代表人士8名，占委员总数的57%；第二届人民委员会组成人员中，党外代表人士增加到10名，并选举医务界党外人士担任副县长1名。1955年3月，地委批准地委统战部《关于市、县人民委员会、政治协商会议人事安排意见》，确定地区东片的嘉兴市和嘉善、海宁、平湖等县首批设置政协地方委员会。3月29日，地委统战部召开全区统战工作会议，贯彻中央、省委和地委关于统战工作的指示，并就各县（市）人民委员会、政治协商会议人选审查、确定等工作进行部署。3—12月，各县（市）委统战部遵照《中共中央关于市、县人民委员会等问题的规定》《中国人民政治协商会议章程》，就人民委员会、政治协商会议中民主人士人选、比例以及政协首届委员会人数、界别和人选等问题与各民主党派、人民团体、民主人士、少数民族等代表充分协商，并会同组织部门制定方案报告地委审批。至1956年1月，全区确定人民委员会委员305名，其中民主人士82名（文教、医务、科技49名，私营工商业资本家27名，社会人士3名，副市长、副科长、少数民族各1名），占委员总数的26.89%。同年3月，嘉兴市和平湖、嘉善、海宁等县相继召开首届政治协商会议，安排一批工商界、医卫界、教育界、文化界和无党派人士担任政协委员。嘉兴市政协第一届委员会第一次会议选举产生市政协一届常务委员会21名，其中主席1名、副主席3名、秘书长1名、常务委员16名。成员中，中共党员6名，占28.6%；非党人士2名，占9.5%；民主人士13名，占61.9%。1963年，撤销嘉兴市建制，设置嘉兴镇，归嘉兴县领导。是年12月，选举民主人士担任嘉兴县副县长1名。

“文化大革命”期间，党的统一战线工作受到严重冲击，全区各地政府被夺权，人大、政协被迫停止工作。

中共十一届三中全会以后，党的统一战线工作逐步恢复。地、县（市）委统战部落实党的统一战线政策，根据新时期“四化”建设的需要推荐安排优秀的党外代表人士到各级领导岗位上任职，特别是做好具有业务和技术专长的党外人士的安排工作，与党外人士真诚合作，搞好党与非党的合作共事关系。1982年1月，地区各市、县普遍召开人民代表大会，并开始设立人民代表大会常务委员会。地委统战部遵照中央、省委对党外代表人士安排的指示，协调做好各级人大常委会和政府中安排党外代表人士担任领导职务的工作。是年，全区10个市、县共有人大代表3589名，其中党外代表1048名，占29.2%；人大常委会委员182名，其中党外人士50名，占27.5%；正副主任59名，其中党外副主任10名，占16.9%。正副县长61名，其中党外副县长3名（海宁、海盐、嘉善各1名）。政协委员共789名，其中党外委员570名，占72.2%；政协常委161名，其中党外常委95名，占59.0%；正副主席38名，其中党外副主席19名，占50%（详见附表）。选举党外代表人士为省人大代表5名，推荐党外人士为全国政协委员1名、省政协委员4名。各地、各单位还安排一批党外代表人士、知识分子、原工商业者、起义投诚人员、归侨、台胞等担任各级领导职务。

1982年嘉兴地区各市、县人大、政府、政协党外人士安排一览表

表3-2-1　　单位：人

单位	人大								政府		政协					
	常委会委员	其中		正副主任		人民代表			正副市县长	其中党外	正副主席		常委		委员	
		党外	占%	总数	党外	总数	党外	占%			总数	党外	总数	党外	总数	党外
嘉兴市	27	8	29.6	9	1	499	158	31.7	7	—	10	6	35	21	206	151
湖州市	27	9	33.3	6	2	498	186	37.3	7	—	12	6	41	24	240	168
嘉善县	15	5	33.3	5	1	235	50	21.3	5	1	6	3	24	12	111	70
平湖县	15	5	33.3	5	1	249	55	22.1	6	—	5	2	28	18	91	65
海宁县	15	5	33.3	5	1	391	106	27.1	6	1	5	2	33	20	141	116
海盐县	15	3	20	6	1	252	54	21.4	6	1	—	—	—	—	—	—
桐乡县	19	5	26.3	6	1	494	157	31.8	6	—	—	—	—	—	—	—
德清县	17	4	23.5	5	1	239	72	30.1	5	—	—	—	—	—	—	—
安吉县	15	4	26.7	5	0	237	51	21.5	6	—	—	—	—	—	—	—
长兴县	17	2	11.8	7	1	495	159	32.1	7	—	—	—	—	—	—	—
合计	182	50	27.5	59	10	3589	1048	29.2	61	3	38	19	161	95	789	570

1950年1月至1956年3月嘉兴市（县级）各界人民代表会议协商委员会党外委员一览表

表3-2-2　　单位：人

届次	届期	委员总数	其中	
			党外人士委员	占%
一届三次	1950.01—1950.12	17	11	64.71
一届四次	1950.12—1951.07	21	13	61.90

续表3-2-2

届　次	届　期	委员总数	其中	
			党外人士委员	占%
一届五次	1951.07—1951.12	23	15	65.22
一届六次	1951.12—1952.08	25	15	60.00
一届七次	1952.08—1952.11	25	15	60.00
二届一次	1952.11—1953.09	25	15	60.00
一届二次	1953..09—1956.03	25	15	60.00
合　计		161	99	61.49

1949年12月至1953年5月嘉兴县各界人民代表会议工商界、开明绅士当选代表一览表

表3-2-3　　单位：人

届　次	会议时间	代表总数	其中		
			工商界代表	开明绅士代表	占%
一届一次	1949.12.05—09	222	13	14	12.16
一届二次	1950.03.31—04.02	173	11	9	11.56
一届三次	1950.10.26—31	247	13	9	8.90
一届四次	1951.04.01—04	247	13	9	8.90
一届五次	1951.10.28—11.02	213	10	8	8.45
一届六次	1952.04.09—11	287	23	8	10.80
一届七次	1952.10.09—11	257	19	7	10.12
一届八次	1953.05.25—27	300	22	7	9.67
合　计		1946	124	71	10.02

1983年8月，嘉兴撤地建市。10—12月，市委统战部配合市委开展市一届人大、一届政协筹备工作，按照“统筹兼顾、全面安排”的方针，在各单位推荐的基础上，开展人物调查、民主协商，做好举荐选配党外代表人士任职工作。是年12月，市一届人大、一届政协召开。市一届人大代表共485名，其中党外代表人士代表219名，占45.2%；正副主任4名，其中党外副主任2名，占50%；人大常委会委员22名，其中党外委员12名，占54.5%。市一届政协委员共352名，其中党外委员243名，占69.0%；正副主席7名（秘书长由一名副主席兼任），其中党外副主席4名，占57.1%；政协常委37名，其中党外常委29名，占78.4%。此后，在历届市人大、政协的人事安排中，市委统战部配合市委按照事前民主协商的工作原则，做好党外代表人士举荐安排工作，并在届中结合工作实际予以增补调整。1984年，市本级增补市政协委员23名，增补市政协副秘书长3名（民盟、民进、农工各1名）。各县统战部会同组织部进行人大、政协换届工作。5个县共安排县政协委员644名，比上届增加96名，其中党外委员466名，知识分子名额占50%以上，归侨、侨眷、港澳同胞、台湾同胞的亲属任职县政协委员增长。1987年，市委针对县（市、区）人大、政协换届工作，明确要求各县（市、区）委认真贯彻中央关于搞好党外代表人士安排的指示，在报审三套班子时，党外代表人士的比例应当符合规定，并对党外代表人士任职政协副主席、政府副县（市、区）长的职数提出意见。同时，规定党外代表人士的推荐、考察、管理以统战部为主；安排党外代表人士担任领导职务的工作，由统战部牵头，组织部等单位配合。具体工作实行“统一部署、统一考察、统一安排”。是年6月，全市五县（市）两区人大和五县（市）政协完成换届。五县（市）两区

共选出人民代表1863名，其中党外代表424名，占22.76%；人大常委124名，其中党外常委24名，占19.35%；正副主任28名，其中党外副主任6名，占21.43%。五县（市）政协共安排委员771名，其中党外委员491名，占63.68%；常委148名，其中党外常委98名，占66.22%；正副主席32名，其中党外副主席17名，占53.13%（详见表3-2-4）。同时，做好省六届政协委员的推荐、考察和了解工作，经市委常委讨论确定全市共推荐省政协委员22名。为市政协港澳人士提出人选，确定对象7名。1988年1—4月，市委统战部配合市委就市人大、市政协换届工作，召开民主党派负责人联席会议通报情况，并反复多次就党外人士安排事宜与民主党派协商，征求意见。同时，遵照省委指示精神，结合嘉兴实际，提出培养教育和安排使用党外干部的实施意见。是年6月，市人大、市政协完成换届。市二届人大代表共459名，其中民主党派和无党派人士61名，占13.3%；人大常委会委员31名，党外人士6名，占19.4%；正副主任6名，党外人士1名，占16.7%。市二届政协委员共415名，其中民主党派和无党派人士112名，占27.0%，非党群众163名，占39.3%；政协常委52名，其中党外人士34名，占65.4%；正副主席8名，其中党外人士4名，占50%。1990年，各地在做好党外代表人士任职人大代表、政协委员的同时，全面落实党外代表人士在政府和政府部门担任领导职务工作，并加强对党外后备干部的培养和选拔。是年，全市五县（市）两区人大常委会均有党外副主任1名；五县（市）政府均有党外副县长1名；县级政协正副主席中有党外代表人士19名，占54.5%。县（市、区）政府部门配备科（局）级非党干部13名；党外代表人士担任市级机关局（处）长干部5名。1991年，市委统战部贯彻市委《关于坚持和完善中国共产党领导的多党合作和政治协商制度的意见》，进一步加强党外代表人士的举荐、考察和安排工作，党外代表人士当选市人大常委会委员1名，担任市政协常委会委员1名、委员6名，任用市政府部门副局级实职2名，举荐并列为县（处）级党外后备干部10名，科（局）级36名。1993年，结合市政协换届，对市三届政协的委员和新拟任常委的人选进行考察，提出建议名单，吸收一批在经济界、科技界有一定影响的党外代表人士和非公有制经济代表人士进入政协。市三届政协委员共413名，其中党外代表人士279名，占67.6%；常委54名，其中党外代表人士35名，占64.8%；副主席9名，其中党外代表人士5名，占55.6%。同时，向全国人大推荐党外代表候选人2名，向省人大推荐党外代表候选人7名，向省政协推荐安排党外委员19名。1994年10月，市委组织部、市委统战部印发《关于选配党外代表人士担任政府及其部门领导职务的通知》，各地结合县（市、区）政府换届，充实一批党外领导干部作为副县长人选进入领导班子，并有计划有步骤地在市、县（市、区）政府部门中选配党外代表人士担任领导职务。1994—1995年，全市安排党外人士任政府部门科（局）级干部22名。1996年，市委统战部遵照市委部署，创新思路、大胆任用，突破历年政府部门领导班子仅选配实职副职的工作模式，选配党外代表人士任职市政府职能部门实职正职2名。至年底，市、县两级人大、政协领导班子中有党外代表人士29名；市、县（市、区）两级政府均配党外人士副职或助理1名；全市选配党外代表人士任市、县（市、区）两级政府部门县（处）级以上领导职务23名，其中正职2名；科（局）级干部252名。1997年，探索选拔任用干部“双推双考”（民主推荐、组织推荐和考试、考察相结合的选拔干部方式）工作模式。支持优秀党外知识分子参加县（处）级领导干部“双推双考”，民建嘉兴市委一名成员被择优选聘为嘉兴高等专科学校副校长。平湖、郊区2名原党外人士县（区）长助理当选为副县（区）长。1998年，全市统战部门结合省、市、县（市、区）三级人大、政协换届，做好党外代表人士的举荐安排工作。是年，党外代表人士当选全国人大代表1名、省人大代表11名；市四届人大代表共375名，党外人士87名，占23.2%；常委33名，党外人士5名，占15.2%，其中副主任1名。县（市、区）人大代表共1556名，党外人士330名，占21.2%；常委110名，党外人士15名，占13.6%，其中副主任7名。市、县（市、区）两级政府及政府部门中党外代表人士担任领导职务55名，其中市长助理1名、副县（市、区）长6名（民主党派成员4名）、市政府职能部门县（处）级干部7名、县（市、区）政府职能部门科（局）级干部41名。县（处）级后备干部共342名，党外代表人士31名，占9.1%；科（局）级后备干部共1316名，党外代表人士289名，占22%。省政协嘉兴籍委员共22名，其中党外代表人士17名，占77.27%，省政协常委1名；市四届政协委员共401名，其中党外委员244名，占60.8%；常委58名，其中党外代表人士38名，占65.5%；副主席8名，其中党外代表人士5名，占62.50%。县（市、区）政协委员共880名，其中党外代表人士532名，占60.5%；常委156名，其中党外代表人士102名，占65.4%；五县（市）政协副主席中党外代表人士各有2名。

1983—1987年嘉兴市各县（市、区）人大、政府、政协党外人士安排一览表

表3-2-4　　　　单位：人

	人大									政府		政协								
	常委会委员	其中		正副主任			代表			县市长	党外	正副主席			常委			委员		
		党外	%	总数	党外	%	总数	党外	%			总数	党外	%	总数	党外	%	总数	党外	%
海宁市	19	3	15.8	5	2	40	299	64	21.4	13	1	7	4	57.1	35	23	65.8	220	134	60.9
嘉善县	18	4	22.2	4	1	25	247	60	24.3	12	1	7	4	57.1	27	18	66.7	137	84	61.3
平湖县	15	2	13.3	5	1	20	265	80	30.2	11	—	6	3	50	29	20	69	137	87	63.5
海盐县	17	6	35.3	4	1	25	247	68	27.5	11	—	5	2	40	24	15	62.5	128	84	65.6
桐乡县	19	3	15.8	3	—	—	296	51	17.2	9	1	7	4	57.1	33	22	66.7	149	102	68.4
城　区	17	4	23.5	4	1	25	232	54	23.3	4	—	—	—	—	—	—	—	—	—	—
郊　区	19	2	10.5	3	—	—	277	47	17	6	—	—	—	—	—	—	—	—	—	—
合　计	124	24	19.4	28	6	21.4	1863	424	22.8	66	3	32	17	53.1	148	98	66.2	771	491	63.7

进入21世纪，党外干部的培养、选拔力度进一步加强，一批优秀的党外人士被聘任到各级领导岗位，全市干部队伍的整体素质得到增强。2000年1月，市委贯彻中共中央办公厅《1998—2003年全国党政领导班子建设规划纲要》，专题召开全市培养选拔党外干部工作会议进行部署。是年，市委创新举措，公开选拔县（处）级党外领导干部，2名党外代表人士分别被聘任市科委、市职业技术学院筹委会主任。全市有党外副市长、副县（市、区）长7名，配备市、县（市、区）政府部门科（局）级干部34名，确定党外代表人士县（处）级后备干部50名，科（局）级后备干部173名。2002年，对党外干部实行动态管理，并举荐参加省公开选拔党外领导干部工作，全市党外干部参加应试9名，入围面试4名。2003年，党外代表人士的安排工作向司法系统延伸，首次在市中级人民法院配备党外副院长1名。2004年2月，市委统战部、市委组织部建立联席会议制度，推动党外干部培养、选拔和任用工作制度化。至年底，市政府职能部门、市直机关、直属事业单位、司法机关领导班子配有党外干部11名；县（市、区）人大常委会、政府、政协领导班子配备党外干部26名，其中7个县（市、区）政府领导班子党外干部配备率100%，县（市、区）政府职能部门共配备党外干部50名。市级机关县处级后备干部共221名，其中党外干部44名，占19.9%；县（市、区）县处级后备干部共179名，其中党外干部22名，占12.3%。2005年，市、县（市、区）两级法院、检察院领导班子中党外领导干部增加到3名。同时，为进一步培养和增强党外干部的任职能力，全市提拔和交流使用党外干部4名。此后，交流使用党外干部常态化。2006年，市委着眼于市人大、市政协换届工作的人才储备和党外代表人士队伍的长远发展需要，组织实施“155党外后备干部工程”[党外后备干部队伍的常数，市级10名以上、县（处）级50名以上、科（局）级500名以上]。至2008年，“155党外后备干部工程”确定党外后备干部占全市副县（处）级后备干部总数的11.2%。是年，全市提拔、交流党外副县（处）级领导干部6名，市、县（市、区）已配有党外领导干部101名，其中市政府职能部门配有党外领导干部10名。2012年7月，全市首次推出定向选拔非中共干部竞岗副处

(科)级领导干部工作,全市共有非中共干部430名参与定向竞岗和公推直选,其中入围面试82名。是年,全市有厅级党外干部7名,县(处)级党外干部46名,安排正职和明确正县(处)长级党外干部6名,科(局)级党外干部107名(不含市本级)。市和县(市、区)人大常委会领导班子中配有党外代表人士8名,政府领导班子中配齐党外副职,政协领导班子配有党外代表人士14名;市、县(市、区)两级政府职能部门中配有党外干部69名(市本级10名);全市法、检两院领导班子中有党外干部5名(市法、检两院各配1名)。嘉兴学院安排党外副处级干部21名,其中在市有关民主党派和市党外知识分子联谊会中担任职务的10名。市、县人大代表中有党外代表人士391名,其中市本级118名;人大常委会中有党外代表人士24名,其中市本级6名。市、县政协委员中有党外代表人士1227名,其中市本级283名;政协常委中有党外代表人士191名,其中市本级38名;政协专业委员会中有专兼职党外代表人士8名。2013年,市委印发《关于加强新形势下党外代表人士队伍建设的实施意见》,进一步明确目标,细化举措,明确在实施"优苗选育工程",建立"535"试管后备干部储备资源库过程中,党外后备干部的比例不少于15%;集中选派干部挂职锻炼时,党外干部所占比例不少于15%;对经过一定阶段锻炼,政治坚定、作风过硬、能力突出、实践证明特别优秀的党外干部,要大胆及时选拔任用;在领导班子调整配备时,同等条件下要优先提拔党外干部;组织部门对应配而未按要求配备党外干部的单位,如一时没有合适的人选,要通过上级选派或轮岗交流等途径解决。是年,全市党外领导干部安排力度明显加大。市政府34个部门中,有9个部门配备党外领导干部,县(市、区)政府工作部门均不少于8名,其中桐乡市、南湖区、秀洲区安排党外干部10名以上;全市党外干部正职安排人数达21人,其中市本级3名、海宁市5名。全市法、检两院领导班子配备党外干部达到6名。海盐县、海宁市、桐乡市有三分之一的镇政府(街道办事处)领导班子中配有党外干部,其余各县(市、区)也均配备一定比例的党外干部;市、县两级政协机关中安排党外代表人士担任各专委会负责人有8名,桐乡市配备党外代表人士担任政协专职副秘书长1名;市、县(市、区)党外后备干部平均不低于总数的15%;党外干部挂职锻炼总数占比超过15%。

2014年,市人民代表中有党外代表人士118名,占代表总数的29.8%,人大常委会委员6名,占委员总数的20%,人大常委会副主任1名,占正副主任总数的12.5%;市政协委员中有党外委员282名,占64.2%,政协常委37名,占65%,副主席5名,占55.6%;党外代表人士任市政府副市长1名、副县(市、区)长7名,任市政府职能部门县(处)级干部12名、县(市、区)政府职能部门科级干部73名;全市确定党外人士县(处)级后备干部44名。

1983—2012年民主党派、无党派人士担任市人大代表、政协委员一览表

表3-2-5　　单位:人

届别	人大			政协		
	代表总数(人)	民主党派、无党派人士(人)	占%	委员总数(人)	民主党派、党派人士(人)	占%
第一届(1983.12—1988.06)	485	219	45.2	352	243	69.0
第二届(1988.06—1993.05)	459	151	32.9	414	275	66.4
第三届(1993.05—1998.04)	417	112	26.9	413	279	67.6
第四届(1998.04—2003.04)	375	87	23.2	401	244	60.8

续表3-2-5

届 别	人 大			政 协		
	代表总数（人）	民主党派、无党派人士（人）	占%	委员总数（人）	民主党派、党派人士（人）	占%
第五届（2003.04—2007.04）	377	98	26.0	410	258	62.9
第六届（2007.04—2012.03）	394	105	26.6	415	262	63.1
第七届（2012.03—　）	395	118	29.9	434	283	65.2

第三章　党外知识分子和新的社会阶层人士工作

党外知识分子工作是统一战线的基础性工作。加强思想引导，支持发挥作用，组织党外知识分子参加统一战线工作和活动，历来是统战部门的一项重要任务。随着改革开放政策的深入，把新的社会阶层人士工作纳入统战部门的工作职责，体现了统一战线成员发展变化的特点，是顺应时代发展变化的需要。

第一节　党外知识分子工作

党外知识分子包括具有高级职称的党外知识分子，学术带头人或者重要业务骨干中的党外知识分子，担任国家机关、高等学校、科研院所、大中型国有企业中层以上领导职务的党外知识分子，其他有成就、有影响的党外知识分子。

1949年9月，全区各县（市）建立各界人民代表会议。中共嘉兴地委遵照《中国人民政治协商会议共同纲领》规定，确定各界人民代表会议的代表包括“进步的、有培养前途的青年知识分子”，重视和支持知识分子，特别是上层知识分子在各界人民代表会议中发挥作用。1954年，各地实行人民代表大会制度，人民代表包括文教、卫生、工程技术人员等知识分子。1956年，各地召开县（市）政治协商会议，成立政协地方委员会。政协地方委员会委员包括工商联、文艺界、科技界、教育界、医卫界等界别中的党外知识分子。其间，地委统战部履行“了解情况，掌握政策，协调关系，安排人事”的工作职责，指导各县（市）委统战部做好包括党外知识分子在内的党外人大代表、政协委员的提名考察工作，团结、教育、组织各民主阶级、各人民团体和各界人民，恢复和发展国民经济，有计划地开展对农业、手工业和资本主义工商业的社会主义改造。此后，历届人大、政协中党外知识分子代表、委员均占一定比例。1957年，全区各级统战部门贯彻“团结、教育、改造知识分子”的方针，开展各界知识分子情况调查，组织各界知识分子进行整风学习，检查落实党的知识分子政策。是年，嘉兴市共安排人民代表大会代表133名、人民委员会委员21名、政协委员65名、政协常委21名，共安排民主人士65名（不含重复），其中文教、医务、科技界知识分子24人，占民主人士的36.9%。1957年下半年至1958年3月，全区文教、卫生、工商界开展反右派斗争。“反右”斗争的严重扩大化，一批爱国的知识分子被错划为“右派分子”，给党的统一战线工作造成严重后果。1962年，地委统战部贯彻周恩来《政府工作报告》关于“广大知识分子已经是劳动人民知识分子，资产阶级分子中有一部分已经成为自觉的社会主义劳动者"的讲话精神，对学校、医院、工矿企业等单位的知识分子进行调查，并会同地委宣传部召开全区落实知识分子政策会议，疏通关系、增进团结，调动各界知识分子的积极性，推进爱国统一战线的稳定。

"文化大革命"期间，统战部被迫停止工作，知识分子被打成"臭老九"批斗，党的统一战线工作遭到严重破坏。

中共十一届三中全会以后，地委、地委统战部组织党内外干部学习、贯彻中央关于统战工作的文件、领导讲话以及全国、全省统战工作会议精神，拨乱反正、调整关系，全面落实各项统战政策。1979—1983年，遵照中央和省委、地委落实知识分子政策的有关规定，地委统战部组织对各界知识分子中的冤假错案和历史遗留问题全面调查、平反纠正。同时，结合各县（市）人大、政协恢复活动，对各界代表人物特别是知识分子代表人物进行调查考察，做好提名安排工作。

撤地建市以后，市委统战部遵照新时期党的统一战线总任务，围绕市委中心工作，有计划、有步骤推进包括党外知识分子工作在内的统一战线各领域工作。1983年10月至1984年，按照"统筹兼顾、全面安排"的方针，集中做好市一届人大、一届政协筹备工作中全市党外代表人士（党外知识分子）的调查摸底和提名考察工作。1984年，开展全市十个方面统战对象调查，掌握全市统战对象78334名，其中非党知识分子19305名。做好落实知识分子政策工作，全市选拔知识分子进市、县两级领导班子98人，进企业领导班子71人；恢复和补发科技人员在"文化大革命"中被取消的保留工资44人15.2万余元，补发"文化大革命"中6个文艺团体129名文艺工作者被扣减工资9.8万余元；1978—1983年，吸收知识分子入党675名。各县人大、政协换届中，5个县共安排政协委员644名，其中非党委员466名、知识分子名额占50%以上。1996年，遵照全省培养选拔党外干部工作座谈会精神，开展对全市科以上党外干部和党外中高级知识分子调查，建立党外后备干部数据库，加大对党外干部的培养选拔力度。1996—1999年，全市安排党外县（处）级领导级岗6名、科（局）级岗位38名。

进入21世纪，全市进一步完善和规范党外知识分子工作。2000年，市委按照公开、平等、竞争、择优的原则，公开选拔任用党外知识分子干部4名（海宁市副市长、市教育局副局长，市科技局局长、职业技术学院筹委会主任），并面向全市开展党外后备干部专项推荐工作。2001年11月，市级机构改革，市委统战部设立党外知识分子处（挂靠党派处），进一步规范和完善全市党外知识分子工作。是年，面向全国公开选拔副处级后备干部，经笔试、面试、考察录用40名，其中党外后备干部6名（研究生2名），占后备干部总数的15%。2002年4—9月，市委统战部遵照江泽民在全国统战工作会议上关于"要进一步落实和改善党的知识分子政策，着重做好培养人才、用好人次、吸引人才的工作"的讲话精神和省委统战部部署，对市级部分重点部门、企（事）业单位、大专院校及全市中介组织中的律师、注册会计师、资产评估师等党外知识分子（自由择业知识分子）队伍现状进行调查摸底并建立信息库，掌握一批年龄在45岁以下的党外知识分子797名，其中教学人员身份的370名，占46.5%，技术人员身份的347名，占43.5%，社会中介组织专业人士80名，占10%；具有研究生以上学历或高级专业技术职称的136人，占17.6%。在此基础上经过筛选，确定无党派知识分子重点对象20余名。2003年，面向全国公开选拔副处级、副科级领导干部和市管后备干部，规定党外名额不少于10%，经笔试、面试、考察，入选市管后备干部9名。2004年，市委印发《关于进一步加强民主党派、工商联和无党派人士工作的意见》，进一步扩大无党派代表人士（党外知识分子）的知情范围和参与程度。市委、市政府召开无党派代表人士通报会、协商会、座谈会时邀请党外知识分子参加；市领导开展联系交友活动中，党外知识分子纳入活动范围；市、县（市区）两级党委、政府聘请特约监督员中有党外知识分子400余名；市委统战部、市委组织部举办县处级领导干部和中青班培训，安排党外知识分子参加，并根据党外知识分子任职情况，适当安排轮岗交流、上挂下派，加强岗位培养。同时，结合嘉兴学院由专科学校升格为本科院校，引进一批高层次的党外知识分子，指导学院党委统战部有针对性地开展工作，进一步推进学院党外知识分子工作。是年，全市党外知识分子中有全国人大代表1名、省人大代表5名、省政协委员5名。2006年，实施“155党外后备干部工程”，开展全市科级党外干部基本情况调查，建立党外代表人士（党外知识分子）人才储备库。2007年8月，市委印发《关于进一步巩固和壮大新世纪新阶段统一战线的实施意见》，指出要全面贯彻尊重劳动、尊重知识、尊重人才、尊重创造的方针，按照培养、吸引、用好人才的要求，为党外知识分子从事教育、科研等工作创造条件，帮助他们解决实际困难；要积极探索掌握新形势下党外知识分子工作的特点和规律，及时了解和反映党外知识分子的思想动态，不断创新做好党外知识分子工作的方式方法。是年，结合市政协换届工作，提名推荐一批思想素质好、参政议政能力强，年龄和知识结构合理的人士充实到市政协。市六届政协届初委员415名，其中非党委员262名，占63.1%；大专以上学历350名，占84.3%。2008年10月，成立嘉兴市党外知识分子联谊会（简称市知联会），首届知联会成员中，既有无党派人士中的中高级知识分子、无党派县处级领导干部，又有中介组织从业人员、自由职业人员和非公有制经济人士，具有广泛的代表性，且绝大多数是中青年知识分子。市委统战部注意发挥知联会作用，组织开展各类活动，增强活力，使知联会成为联系新的社会阶层代表人士的桥梁和纽带。2009年，推进各县（市、区）建立知联会。至年底，全市各县（市、区）除南湖区外均成立知联会，共有会员390人（市本级62人、秀洲53人、嘉善56人、平湖51人、海盐50人、海宁67人、桐乡51人）。2012年，贯彻落实中共中央《关于加强新形势下党外代表人士队伍建设的意见》，会同市委组织部开展党外人士调查研究工作，进一步完善党外人士基础数据库。2013年，加强新的社会阶层人士载体建设，在探索新社会组织和民主党派新成员、企业家新生代、网络新媒体、新侨领、新居民群体代表人士等工作的同时，组建覆盖全市的市、县两级新生代企业家联谊会，组建市知联会海创分会和新阶层分会，进一步扩大知联会在自由择业的党外知识分子中的组织覆盖面。是年，全市新生代企业家联谊会共有会员661名，其中非公有制企业二代传人占80%。

2014年，组织全市知联会成员开展符合自身特点、成员特色的“中国特色社会主义学习实践活动”，进一步坚定“三个自信”，增强服务全面深化改革的责任感与使命感；结合市知联会换届工作，进一步优化组织架构、扩充人员规模，吸纳更多的党外优秀精英进入知联会；指导市知联会分别成立海外留学回国创业人员、新的社会阶层、网络界人士联谊分会，推进党外知识分子工作向专业化发展，并以知联会、新联会为平台不断推进和完善党外新生代人士培育工程。

第二节　新的社会阶层人士工作

新的社会阶层人士主要包括民营企业和外商投资企业的管理人员和技术人员、中介组织和社会组织从业人员、自由职业人员、新媒体从业人员等，主要由自由择业的知识分子组成，集中分布在新经济组织、新社会组织（简称“两新”组织）中。2002年11月，中共十六大提出“在社会变革中出现的民营科技企业的创业人员和技术人员、受聘于外资企业的中方管理技术人员、个体户、私营企业主、中介组织的从业人员、自由职业人员等社会阶层，都是中国特色社会主义事业建设者”。

2002年4—9月，市委统战部结合市级机关、企（事）业单位、大专院校党外知识分子队伍现状调查，对全市中介组织中的律师、注册会计师、资产评估师等自由择业知识分子情况进行调查，掌握全市社会中介组织专业人士80名，开启新的社会阶层人士工作，并纳入各级统战部门党外知识分子工作的议事日程。2007年8月，市委印发《关于进一步巩固和壮大新世纪新阶段统一战线的实施意见》，明确要在党委统一领导下，建立由统战部门牵头、党政有关部门参加、社会有关团体参与的联席会议制度，形成开展新的社会阶层人士统战工作的合力。指出，各级党委组织部门、统战部门要把新的社会阶层代表人士的培养选拔纳入党外代表人士队伍建设的总体规划，按照有较高政治素质、有较大社会贡献、有较强参政议政能力、在所联系阶层中有较大影响的标准，有重点地培养选拔，建立代表人士队伍；要建立和完善新的社会阶层代表人士的综合评价体系，逐步建立起代表人士信息库和个人综合档案，并提出加强“两新”组织中党的建设，新的社会阶层中的优秀分子可以加入中国共产党。是年，市委统战部把新的社会阶层人士工作作为全市统战工作新的着力点，按照“充分尊重、广泛联系、加强团结、热情帮助、积极引导”的工作方针，会同有关部门，对新经济组织和新社会组织中的党外人士开展基础数据调研，建立相应的工作档案、个人档案和滚动资料库；在各级政协换届人事安排中，适当增加新的社会阶层代表人士的数量，并积极向各级人大和有关人民团体推荐提名。在调查摸底的基础上，筹建无党派人士联谊沙龙和党外知识分子联谊会。2008年，贯彻省委统战部《关于“新的社会阶层人士（自由择业知识分子）统战工作网络建设行动计划”的实施意见》和《关于开展新的社会阶层代表人士（自由择业知识分子）综合评价工作的意见》，在全市开展新的社会阶层人士（自由择业知识分子）统战工作网络建设和综合评价工作，牵头协调以联席会议机制为保障，以党建为核心，以综合评价为先导，以社团为纽带，以社区为依托，以网络为媒介，以活动为抓手的覆盖全市各类、各层面新的社会阶层人士群体的统战工作网络体系，延伸统战工作触角，扩大党的基层工作覆盖面。同时，建立科学规范的评价指标体系和评价办法，形成反应及时、动态运作的培养考察、选拔推荐和安排使用新的社会阶层人士（自由择业知识分子）的工作机制。鼓励中介组织从业人员、自由职业人员加入“市党外知识分子联谊会”，参与知联会活动，发挥特长、服务社会。2010年，进一步完善评价体系和知联会工作机制，结合社会主义核心价值体系建设和第四届优秀建设者评选工作，引导党外知识分子做合格的中国特色社会主义事业建设者，全市新社会阶层代表人士（自由择业知识分子）的培养选拔，纳入党外代表人士队伍建设的总体规划。

2013—2014年，鼓励网络新媒体等新的社会阶层人士成立市知联会新阶层分会，引导新的社会阶层人士参与“中国特色社会主义学习实践活动”，不断完善和规范全市新的社会阶层人士工作。

第三节　党外知识分子联谊会

党外知识分子联谊会是党外中高级知识分子中以无党派人士为主自愿组成的具有统战性、知识性、联谊性的社会团体，是党委、政府联系党外知识分子的桥梁和纽带，也是广大党外知识分子交流信息、联络感情、建言献策、服务社会的平台。

嘉兴市党外知识分子联谊会（简称市知联会）成立以后，遵循“加强知识界人士之间以及与海内外有关社团之间的联系，为科教兴市、人才强市、促进嘉兴的经济和社会发展服务”的宗旨，立足自身特点和优势，团结凝聚广大党外知识分子，主动建言献策、热忱服务社会、注重自身建设，各项工作稳步发展。

【组织机构】

2008年10月10日，成立市知联会，共有会员62人。市知联会的执行机构为理事会，由会员大会选举产生，每届任期五年。理事会设会长1名、副会长若干名，秘书长1名、副秘书长若干名。大会闭会期间，理事会负责日常工作，下设科技、经济、教育、社会四个组，由副会长任组长，结合各组实际开展小组活动。2006年1月至2011年8月，各县（市、区）先后成立知联会。2012年，海宁市知联会在各镇（街道）试点设立知联会基层分会。此后，各地逐步建立知联会基层镇（街道）分会。2014年9月20日，市知联会设海外留学回国创业人员联谊分会、新的社会阶层联谊分会和网络界人士联谊分会等3个分会。是年，全市建有市本级，嘉善、平湖、海盐、海宁、桐乡及南湖区、秀洲区等市、县（市、区）知联会8个，会员1184人；基层镇（街道）知联会分会64个，会员1606人。

2015年4月嘉兴市党外知识分子联谊会组织机构及会员一览表

表3-3-1　　单位：个、人

项目＼地区		市本级	南湖	秀洲	嘉善	平湖	海盐	海宁	桐乡	合计
知联会	机构数	1	1	1	1	1	1	1	1	8
	会员数	125	285	55	87	61	60	449	62	1184
基层分会	机构数	—	11	1	9	8	9	14	12	64
	会员数	—	243	35	203	170	260	428	267	1606

说明：因上级知联会兼任基层分会负责人，基层分会会员数存在交叉

【代表大会】

第一次会员大会　2008年10月10日，召开第一次会员大会，应到会员62人，实到62人。会议听取市委统战部副部长陈兴隆作市知联会筹备工作报告，审议并通过市知联会章程，选举产生市知联会第一届理事会。第一届理事会有理事29名，邢海华任会长，薛佳平、俞红平（女）、章芸（女）、薛莲（女）、孟凡国、富世平、唐松华、濮文斌任副会长，俞红平（女）兼任秘书长；聘请张兴华为名誉会长，沈建华、敖考权、陈兴隆为顾问。省委统战部副部长黄永通，市领导王新民、张志伟、张兴华等出席开幕式。市委副书记朱伟到会并讲话。

第二次会员大会　2014年12月5日，召开第二次会员大会，应到会员123人，实到90人。会议听取市委统战部常务副部长张颖杰作有关换届筹备工作和理事安排的说明，听取并审议市知联会第一届理事会所作的工作报告，选举产生市知联会第二届理事会及领导班子。市领导胡海峰、张志伟、柴永强、朱静绮及各民主党派主委、工商联主席出席会议。第二届理事会有理事49名，邢海华任会长，张颖杰兼任常务副会长，张永红、俞红平（女）、章芸（女）、朱军、孟凡国、富世平、薛莲（女）、唐松华、濮文斌、杨卫东、王勇峰任副会长，俞红平（女）兼任秘书长。

【主要活动】

2008年10月至2009年5月，开展“知识回报社会”活动，组织工程技术人员为企业义务技术诊断，排忧解难；组织知识中介人员为企业提供税务、法律等咨询服务；组织创业创新成功企业家为困难企业提供智力支持。2009年12月8日，成立嘉兴市党外知识分子联谊会服务中心，址设市科创中心3号楼。这是市知联会开展“知识回报社会”专项活动搭建的新平台，也是市知联会发挥组织作用的新载体。每月10日，安排科研人员、企业家、律师、会计师、税务师等到服务中心办公，为企业提供技术诊断、企业管理、法律、会计、税务等方面咨询服务。2010—2012年，开展调查研究，为服务经济发展建言献策。先后完成“如何营造科学引才、用才的良好环境”“我市民营企业上市的现状和出路”“嘉兴市高校毕业生就业机制建设”“新农村建设中农民科学素质的调研与思考”调研课题4项，为市委、市政府提供决策参考。2012年12月8日，在省知识界人士联谊会组织的“与党同心、庆祝十八大——全省党外知识分子书画摄影作品展”活动中，市知联会获组织奖。2013年，会员人大代表、政协委员开展调研，形成《引进培育创业创新人才支撑嘉兴经济转型升级的思考》等调研报告和《关于低效厂房改造利用的建议》《关于推广鲜肉冷藏销售的建议》政协提案2个，建言献策，发挥参政议政作用。2014年3月起，组织开展无党派人士、党外知识分子“坚持和发展中国特色社会主义学习实践活动”。活动以市、县（市、区）及基层党外知识分子联谊会、新生代企业家联谊会、海创会领导班子成员和各级已作政治安排的无党派人士、党外知识分子为主要对象，重点围绕统一战线“同心·建功”实践载体，组织开展知识回报社会、服务社会专项行动和争当知联之星、新联之星等实践活动，引导全市无党派人士不断增强对中国特色社会主义的道路自信、理论自

信和制度自信。9月20日，市知联会设海外留学回国创业人员、新的社会阶层、网络界人士3个联谊分会联，发挥海外留学生、新的社会阶层、网络界人士在经济社会中的作用。以分会模式组建这三个分会，并吸收新的会员，既是优化知联会结构的现实需要，也是拓展知联会工作的创新之举。是年，员中有省政协委员、人大代表3名，市人大代表2名、政协委员30名。

参政议政、民主监督 引导党外知识分子围绕构建社会主义和谐社会，促进教育、文化、科技、卫生等社会事业发展，推进资源节约型和环境友好型社会建设等方面，开展调查研究，提出意见建议。2008—2014年6年间，会员中的省（市）人大表、政协委员共提交省、市“两会”议案、提案117件。其中《加强嘉兴内河水域危险化学货物安全保障的建议》被评为优秀提案，《关于加强嘉兴轨道交通规划建设步伐的建议》《以上海自贸区建设为契机，嘉兴实施新一轮融入上海战略的建议》《加大对在外禾商的服务引导，助推我市浙商回归工作的建议》等被列为重点提案；通过会员累计邀请国内外知名专家、学者100名（院士7名），到嘉兴与企业开展技术对接合作，走访企业200余家，提出对策建议70余项，达成合作意向30余项；推荐会员担任特约监察员、民主监督员、特约审计员27名，采取听汇报、查台账、明察暗访等方式，参与行风监察，实事求是地就党风廉政建设、机关效能建设以及“五水共治”等重大决策部署提出意见和建议，发挥民主监督作用。

服务经济、回报社会 利用智力密集、专业广泛优势，开展“知识回报社会”“同心·建功”活动，发起《坚持道路、同舟共济、服务大局、传承进步》和《同心共襄、五水共治》倡议。2008—2014年6年间，组织技术专家为企业把脉，提供服务5000家次；组织律师、会计师、税务师为企业应对危机出谋划策，提供咨询服务300家次；举办各类讲座、培训160场次，培训人员15000余名；征集高校“五水共治”领域科技成果56项，促成中科院、省科技厅、市政府签署《关于支持推进浙江省“五水共治”战略合作协议书》，在嘉兴建设“五水共治”示范区150平方千米，由中科院组织的《水环境治理与生态修复多技术综合集成与示范应用项目》在嘉兴实施。

健全组织、培养人才 完善市知联会的工作制度、组织发展制度、宣传工作规则和重大会务事项报告制度，拓宽会员发展领域，注重会员的理论学习、实践锻炼和人才培养，立足岗位建功立业。2008—2014年6年间，全市各镇（街道）建立知联会分会或小组，基本实现基层知联会组织全覆盖，秀洲区知联会洪合分会被评为浙江省优秀基层知联会；市知联会发挥党外优秀人才蓄水池、智囊库作用，先后推荐处级后备干部2名、副处级后备干部4名，输送优秀会员4名；全市知联会会员获省委统战部“知联之星”11名，获嘉兴市统一战线建功立业先进个人、积极分子5名，孟凡国获浙江省五一劳动奖章、嘉兴市科技进步二等奖，冯海泓获中国科学技术协会“全国优秀科技工作者”、十佳浙江省科技工作者称号和中国科学院院地合作先进个人一等奖，富世平入选浙江省“新世纪151人才工程”培养人选、浙江省高校中青年学科带头人、浙江省之江青年社科人才，陈中文被评为浙江省感动疾控十大人物、嘉兴市自主创新贡献奖。

第四篇 民族宗教工作

中国是一个统一的多民族国家，五大宗教信教群众众多。正确对待和处理民族宗教问题，是中国共产党统一战线工作的重要组成部分。

中华人民共和国成立以后，中共嘉兴地委、地区专员公署认真贯彻落实党的民族政策和宗教信仰自由政策，正确对待、广泛团结民族宗教界人士，努力促进各民族共同繁荣进步，积极维护社会稳定，巩固和发展国民经济。

撤地建市以后，中共嘉兴市委、市政府贯彻落实党和国家民族宗教方针政策，以团结、进步、稳定、发展为主题，围绕全面建设小康社会宏伟目标，加强服务、创新管理，推进民族宗教工作有序开展，为全市经济发展和社会稳定服务。

第一章 民族工作

嘉兴的民族构成以汉族为主，是少数民族散居地区。境内没有专门的民族乡（镇）、村，历史形成的少数民族人口呈大散居、小聚居分布。

20世纪90年代以后，随着经济快速发展和城镇化建设推进，外来人口流入增多，境内少数民族和人口持续快速增长，呈现人口规模扩大化、民族成分多样化、内部结构复杂化趋势，成为少数民族成分较多的地级市。

第一节 民族构成和区域分布

【民族构成】

嘉兴的民族构成以汉族为主，中华人民共和国成立前境内少数民族仅有回族。中华人民共和国成立以后，因工作、经商、学习、婚姻等原因，其他少数民族陆续增加。1953年调查，境内有回、满、苗、壮等少数民族4个563人。1982年调查，少数民族增至13个1288人，分别为回、满、苗、壮、畲、蒙古、布依、白、朝鲜、傣、达斡尔、京、高山等民族。1990—2010年，境内少数民族和少数民族人口呈逐年提增态势。20年间，境内少数民族增加23个，平均每年增加1.15个；少数民族人口增加5.69万人，平均每年增加2800余人；少数民族人口占全市总人口的比例由0.088%上升到1.326%，年均提升0.066%。1990年，境内少数民族中，回族人口居多，占少数民族总人口的55.98%，属唯一超千人的少数民族。2010年，境内少数民族按人口计算，土家族和苗族人口过万，合计占比超过50%；人口数超过1000人的少数民族有9个，比1990年增加8个，且有2个少数民族人口首次突破万人（详见表4-1-2）。

第一次人口普查 遵照国务院决定，1953年6月30日24时为登记标准时间开展第一次全国人口普查，嘉兴地区各县(市)在各级选举委员会下设人口调查登记办公室。调查登记以户为单位，凡家庭成员在一起居住者，作为一户；独身居住者，作为一户；凡居住在机关、团体、学校、工厂、矿山、农场、合作社、公司、工地、作坊、商店、医院、托儿所、收容所、寺院、教堂、船舶等单位内之人口，各以其单位为一户。但上述单位内居住的家庭，均分别立户。根据《全国人口调查登记办法》，以常住人口计算，调查项目包括姓名、与户主关系、性别、年龄、民族5项。通过调查登记，嘉兴境内共有490006户1896255人，其中男性980322人、女性915933人；汉族1895684人，占人口总数的99.97%；少数民族4个563人；另有其他未识别民族8人，占人口总数的0.03%。

第二次人口普查 遵照国务院决定，1964年6月30日24时为登记标准时间开展第二次全国人口普查，全区各县(市)开展普查登记工作。经普查登记，嘉兴境内共有547033户2333497人，其中男性1197235，女性1136262人；汉族2332453人，占人口总数的99.96%；少数民族4个1021人，占人口总数的0.04%；外国人加入中国籍的1人。

第三次人口普查 遵照国务院决定，1982年7月1日零时为登记标准时间开展第三次全国人口普查，全区各县(市)开展普查登记工作。经普查登记，嘉兴境内共有732686户2958753人，其中男性1507596人、女性1451157人；汉族2957465人，占人口总数的99.96%；少数民族13个1287人；民族不详的1人，占人口总数的0.04%。

第四次人口普查 遵照国务院决定，1990年7月1日零时为登记标准时间开展第四次全国人口普查。据统计：全市共有民族27个，总人口3163080人(男1604603人、女1558477人)。其中汉族3160295人(男1603493人、女1556802人)，占全市总人口的99.91%；少数民族26个2785人(男1110人、女1675人)，占全市总人口的0.09%，分别为回族、壮族、满族、土家族、苗族、彝族、畲族、蒙古族、布依族、瑶族、白族、朝鲜族、傣族、藏族、东乡族、达斡尔族、京族、哈尼族、高山族、黎族、傈僳族、佤族、独龙族、纳西族、土族、侗族。其中回族1559人，占全市少数民族总人数的55.98%，为市域境内唯一超过千人的少数民族。

第五次人口普查 遵照国务院决定，2000年11月1日零时为登记标准时间开展第五次全国人口普查。据统计：全市共有民族42个，总人口3582996人(男1796646人、女1786350人)。其中汉族3567646人(男1789502人、女1778144人)，占全市总人口的99.57%；少数民族41个15348人(男7143人、女8205人)，占全市总人口的0.43%；外国人加入中国籍2人(男1人、女1人)。少数民族个数较1990年第四次人口普查时，减少1个，为独龙族；增加16个，分别为维吾尔族、哈萨克族、拉祜族、水族、仫佬族、羌族、布朗族、撒拉族、毛南族、仡佬族、锡伯族、普米族、怒族、俄罗斯族、裕固族、基诺族。其中人数超过千人的少数民族发展为3个，依次为土家族4590人、回族1985人、壮族1539人，合计占全市少数民族总人数的52.87%，回族人数退居全市少数民族的第二位。

全国1%人口抽样调查 2005年开展全国1%人口抽样调查，嘉兴境内少数民族人口增加到3.61万人，占全市总人口的0.9%。其中千人以上的少数民族依次为土家族、苗族、回族、壮族4个。

第六次人口普查 遵照国务院决定，2010年11月1日零时为登记标准时间开展第六次全国人口普查。据统计：全市共有50个民族，总人口4501657人(男2269227人、女2230430人)。其中汉族4441972人(男2238961人、女2203011人)，占全市总人口的98.67%；少数民族49个59685人(男30266人、女29419人)，占全市总人口的1.33%。少数民族个数较2000年第五次人口普查时，减少1个，为基诺族；增加9个，分别为乌孜别克族、塔吉克族、柯尔克孜族、景颇族、赫哲族、鄂温克族、鄂伦春族、德昂族、阿昌族。全市少数民族中，人数超过1万人的2个，依次为土家族17494人、苗族12507人；人数在万人以下、千人以上的7个，依次为壮族6907人、彝族5458人、回族4056人、布依族2107人、侗族1743人、仡佬族1106人、满族1065人。千人以上少数民族9个，合计占全市少数民族总人数的87.866%。

第一至第三次全国人口普查时嘉兴地区东片6县(市)各民族人口情况表

表4-1-1　　单位:人

民　族	1953年	1964年	1982年	民　族	1953年	1964年	1982年
合　计	1896255	2333497	2958753	傣　族	—	—	1
汉族人口	1895684	2332453	2957465	藏　族	—	—	—
少数民族	563	1021	1288	东乡族	—	—	—
回　族	547	960	1174	达斡尔族	—	—	5
壮　族	1	13	22	京　族	—	—	2
满　族	12	40	43	哈尼族	—	—	—
土家族	—	—	—	高山族	—	—	1
苗　族	3	8	6	黎　族	—	—	—
彝　族	—	—	—	傈僳族	—	—	—
畲　族	—	—	7	佤　族	—	—	—
蒙古族	—	—	5	独龙族	—	—	—
布依族	—	—	2	纳西族	—	—	—
瑶　族	—	—	—	土　族	—	—	—
白　族	—	—	5	其他未识	8	—	1
朝鲜族	—	—	14	差　数	—	23	—

说明:地区东片6县(市)指嘉兴县(市)、嘉善县、平湖县、海宁县、海盐县、桐乡县

资料来源:《嘉兴市志》《嘉兴公安志》

第四至第六次全国人口普查时嘉兴市各民族人口情况表

表4-1-2　　单位:人

民　族	1990年	2000年	2010年	民　族	1990年	2000年	2010年
合　计	3163080	3582996	4501657	傣　族	11	20	166
汉族人口	3160295	3567646	4441972	藏　族	7	50	132
少数民族	2785	15348	59685	东乡族	8	8	21
回　族	1559	1985	4056	达斡尔族	8	13	41
壮　族	410	1539	6907	京　族	2	3	14
满　族	209	408	1065	哈尼族	6	18	283
土家族	150	4590	17494	高山族	5	7	5
苗　族	90	3111	12507	黎　族	4	174	351
彝　族	70	954	5458	傈僳族	2	5	69
畲　族	45	164	505	佤　族	2	7	94
蒙古族	35	135	727	独龙族	2	—	—
布依族	22	544	2107	纳西族	2	4	16
瑶　族	28	218	894	土　族	14	45	577
白　族	26	145	745	侗　族	23	413	1743
朝鲜族	28	146	918	维吾尔族	—	55	439

续表4-1-2

民　族	1990年	2000年	2010年	民　族	1990年	2000年	2010年
哈萨克族	—	2	66	裕固族	—	1	1
拉祜族	—	4	60	基诺族	—	1	—
水　族	—	46	216	乌孜别克族	—	—	1
仫佬族	—	19	78	塔吉克族	—	—	4
羌　族	—	4	54	柯尔克孜族	—	—	101
布朗族	—	1	5	景颇族	—	—	17
撒拉族	—	1	39	赫哲族	—	—	2
毛南族	—	23	114	鄂温克族	—	—	4
仡佬族	—	145	1106	鄂伦春族	—	—	3
锡伯族	—	8	18	德昂族	—	—	6
普米族	—	2	2	阿昌族	—	—	9
怒　族	—	1	9				
俄罗斯族	—	2	4	其他未识别的民族	17	327	432

说明：2000年数据中另有外国人加入中国籍2人

资料来源：《嘉兴市志》，以及嘉兴市统计局、嘉兴市第五第六次人口普查办公室

【区域分布】

中华人民共和国成立前，地区东片6县少数民族主要为回族，集中居住在嘉兴城内。据《浙江新志》记载，境内共有回族169人。其中居住在嘉兴城内128人，占76%，其余居住在海宁16人、平湖20人、嘉善4人、海盐1人。1964年第二、1982年第三次人口普查时，少数民族大部分仍居住在嘉兴城内，居住各县均不足百人。1990年，全市少数民族2785人中，居住在嘉兴城区1482人，占53.2%；嘉兴郊区98人，占3.5%；嘉善121人，占4.3%；平湖85人，占3.1%；海宁343人，占12.3%；海盐241人，占8.7%；桐乡415人，占14.9%。

进入21世纪，随着沿海地区经济发展，中西部地区少数民族迁居嘉兴增多。2000年，全市少数民族发展到41个15348人，在全市7个县(市、区)均有分布，以分散居住为主。分别为南湖区2432人、秀洲区2311人、嘉善县1567人、平湖市1026人、海宁市2333人、海盐县686人、桐乡县4993人。2010年，全市有少数民族49个59685人。按少数民族人口总数排位，秀洲区最多，为1.43万人；桐乡市其次，为1.15万人；第三至第七位分别是嘉善县0.97万人、海宁市0.89万人、平湖市0.77万人、南湖区0.52万人、海盐县0.23万人。按辖区内少数民族数量排位，秀洲区46个，南湖区、嘉善县、海宁市均为39个，平湖市、桐乡市各为38个，海盐县33个。按居住区域分布，少数民族居住在城镇的人口为3.66万人，占全部少数民族人口的61.3%；居住在农村的人口为2.31万人，占全部少数民族人口的38.7%。境内虽然没有专门的少数民族乡(镇)、村，但是部分地区少数民族人口相对集中。如：土家族主要集中在秀洲区(5796人，占境内土家族人口的33.13%)和桐乡市(4290人，占境内土家族人口的24.52%)，回族主要聚居在南湖区(1663人，占境内回族人口的41%)，彝族主要集中在海宁市(2200人，占境内彝族人口的40.31%)，“小聚居”特征明显(详见表4-1-4)。

境内少数民族来源相对集中。据第六次人口普查统计，境内外来少数民族常住人口5.23万人中，来自黔、滇、渝、湘、桂五省(市、自治区)的占84.8%。其中贵州省为主要来源地，共1.90万人，占全部流入少数民族常住人口的36.33%，其次外来少数民族常住人口分别为云南省0.80万人，占15.30%；重庆市0.74万人，占14.15%；湖南省0.63万人，占12.05%；广西壮族自治区0.36万人，占6.88%。

按民族分类，土家族主要来自贵州省、重庆市，占土家族外来常住人口的75.3%；苗族主要来自贵州省、湖南省和云南省，占苗族外来常住人口的81.9%；壮族主要来自广西壮族自治区和云南省，占壮族外来常住人口的97.6%。此外，彝族主要来自贵州省、云南省，回族主要来自河南省、安徽省，布依族主要来自贵州省，侗族主要来自贵州省、湖南省，仡佬族主要来自贵州省。

第二至第六次全国人口普查时嘉兴市民族人口区域分布及比例一览表

表4-1-3　　单位：人

民族和地区		1964年		1982年		1990年		2000年		2010年	
		人数	占%	人数	占%	人数	占%	人数	占%	人数	占%
全市		2333497	100	2958753	100	3163080	100	3582996	100	4501657	100
汉族		2332453	99.96	2957465	99.96	3160295	99.91	3567646	99.57	4441972	98.67
少数民族		1021	0.044	1288	0.044	2785	0.088	15348	0.428	59685	1.326
其中	南湖区	868	0.037	1016	0.034	1482	0.047	2432	0.068	5240	0.116
	秀洲区			45	0.002	98	0.003	2311	0.064	14306	0.318
	嘉善县	29	0.001	42	0.001	121	0.004	1567	0.044	9659	0.214
	平湖市	44	0.002	60	0.002	85	0.003	1026	0.029	7724	0.172
	海宁市	53	0.002	88	0.003	343	0.011	2333	0.065	8897	0.198
	海盐县	—	—	15	0.001	241	0.008	686	0.019	2336	0.052
	桐乡市	27	0.001	22	0.001	415	0.013	4993	0.139	11523	0.256

说明：1964年少数民族人口统计差数23人，2000年数据中另有外国人加入中国籍2人

资料来源：《嘉兴市志》、嘉兴市统计局、嘉兴市第五第六次人口普查办公室

2010年嘉兴市百人以上少数民族区域分布一览表

表4-1-4　　单位：人

民族	全市	南湖区	秀洲区	嘉善县	海盐县	海宁市	平湖市	桐乡市
土家族	17494	523	5796	2730	529	950	2676	4290
苗族	12507	641	2271	3115	569	1555	1328	3028
壮族	6907	323	1682	526	146	1731	1120	1379
彝族	5458	310	784	808	204	2200	350	802
回族	4056	1663	707	331	200	440	416	299
布依族	2107	187	458	231	103	410	435	283
侗族	1743	180	277	543	44	163	220	316
仡佬族	1106	34	287	396	43	42	214	90
满族	1065	341	151	70	165	92	124	122
朝鲜族	918	278	340	47	9	107	82	55
瑶族	894	55	293	115	13	155	88	175
白族	745	39	111	103	29	200	182	81
蒙古族	727	165	82	67	70	168	78	97
土族	577	50	159	145	37	61	33	92

续表4-1-4

民　族	全　市	南湖区	秀洲区	嘉善县	海盐县	海宁市	平湖市	桐乡市
畲　族	505	148	102	35	29	74	37	80
维吾尔族	436	30	248	3	—	103	10	42
黎　族	351	29	82	47	12	61	43	77
哈尼族	283	29	61	76	26	31	22	38
水　族	216	23	57	25	11	57	13	30
傣　族	166	15	23	51	5	26	24	22
藏　族	132	23	21	29	5	19	21	14
毛南族	114	3	7	30	—	2	65	7
柯尔克孜族	101	1	7	—	—	93	—	—

资料来源：嘉兴市统计局、嘉兴市第六次人口普查办公室

2010年全市主要少数民族户籍地构成一览表

表4-1-5　　　　单位：人

	2010年少数民族人口(人)				比2000年±%				主要少数民族占比(%)		省外户口占比(%)	
	合计	本地户口	外地户口		合计	本地户口	外地户口		2010年	比2000±%	2010年	比2000±%
			省内其他	省外其他			省内其他	省外其他				
合　计	59685	5941	435	51920	14.5	4.9	17.5	16.7	100.0	0.0	87.0	14.5
土家族	17494	846	14	16245	14.3	7.5	16.7	14.9	29.3	-0.6	92.9	4.5
苗　族	12507	507	23	11616	14.9	6.6	27.7	15.7	21.0	0.7	92.9	5.9
壮　族	6907	695	20	6031	16.2	3.0	—	19.6	11.6	1.5	87.3	21.8
彝　族	5458	232	9	5010	19.1	9.7	11.6	20.2	9.1	2.9	91.8	8.4
回　族	4056	1524	50	2441	7.4	0.0	13.6	19.3	6.8	-6.1	60.2	39.1
布依族	2107	148	10	1897	14.5	8.2	25.9	15.7	3.5	0.0	90.0	8.6
侗　族	1743	159	3	1555	15.5	8.6	—	16.5	2.9	0.2	89.2	7.1
仡佬族	1106	30	1	1054	22.5	9.6	—	24.4	1.9	0.9	95.3	13.2
满　族	1065	552	19	474	10.1	5.7	14.3	18.9	1.8	-0.9	44.5	23.9
朝鲜族	918	374	4	534	20.2	27.9	—	16.8	1.5	0.6	58.2	-19.2
其　他	6324	874	282	5063	15.4	9.5	16.9	17.1	10.6	0.7	80.1	11.1

资料来源：嘉兴市统计局、嘉兴市第六次人口普查办公室

第二节　民族政策和工作措施

【维护少数民族合法权益】

中华人民共和国成立后，地委贯彻党的民族平等、团结、互助政策，注意在政治上关心、经济上扶持、生活上照顾，维护少数民族的合法权益。1950年10月，地委成立统战部，针对嘉兴市区回族群众相对集中的情况，支持和帮助回族发展经济，开辟就业门路，提高生活水平。嘉兴市人民政府在原清真小学基础上，拨款建造嘉兴回民小学，解决回民子弟普及小学教育问题。1959年，嘉兴市委统战部遵照地委部署，组织开展当地群众与回民关系共建，检查落实民族平等政策，增进民族团结。1980年10月，协调成立嘉兴市回族事务管理委员会（简称“回管会”），指导回管会开展民族自我管理。回管会设正副主任委员和秘书长，委员均为兼职，主要职责是宣传党的民族政策，反映回民群众的意见要求，沟通回民群众与政府的联系，处理回民内部事务，协助政府调解民族纠纷，促进民族团结，维护社会稳定。

1983年8月，嘉兴撤地建市，市委统战部开展少数民族基础调查，协助市区回民解决生活上的实际困难，安排好回民生活。1984年，会同市教育局等部门完善和发展民族教育、体育事业，落实回民子弟普及初中教育。是年5月，支持回族群众发展经济、改善生活，兴办城镇集体性质的嘉兴民族旅社，由回管会主管。同年10月，协助成立民族企业公司（安排回族待业青年9人），兴办由回族群众经营管理的饮食茶馆、牛羊屠宰、汽车运输、汽车摩托修理、针织加工等企业，发挥民族企业在搞活经济、推进民族工作中的作用。1987年，协调指导回管会换届，选举产生第二届回管会委员23人，其中正副主任委员6人、秘书长1人。同时，在协助兴办回民企业的基础上，指导回民企业完善管理制度，调动经营积极性，提高经济效益。1984—1988年5年间，民族企业公司为市区清真寺提供经费4万余元，给回民在校学生建立奖学金制度，解决回民大、中、小学学生奖学金387人次1.8万余元，积累资产10万余元；兴办的牛羊屠宰、汽车运输、针织加工等企业，在保障市区少数民族的牛羊肉供应、解决就业等方面发挥了积极作用，被评为省民族团结进步先进集体2个、先进个人3名。1988年、1989年，市政府、省宗教局先后拨款3次8万元，对市区清真寺进行全面维修。1991—1992年，贯彻全省民族工作会议精神，开展全市少数民族基本结构、生活状况调查，结合嘉兴市区回族人数相对较多、居住相对集中的实际，对回民经济予以重点扶持，落实扶贫工作。1993年，召开少数民族人士座谈会，就国家制定《全国散居少数民族权益保障法》征求民族代表人士的意见，并做好各类民族矛盾的疏导化解工作，协调关系、维护权益，增进民族团结。1994年，会同市教委开展民族教育、就学率、升学率调查，进一步落实少数民族子女普及初中教育工作。1996年，协调指导回管会换届，健全班子建设，增强回管会在民族事务方面的自我管理作用。经选举，第三届回管会委员17人，其中主任委员1人、副主任委员4人、秘书长1人（兼）。1995—1998年，市区旧城改造，针对嘉兴市区老环城东路回族居民的动迁问题，市委统战部（市民宗局）按照市委、市政府“政策倾斜、工作关怀、化解矛盾、妥善安排”的原则，注意在动迁过程中兼顾回民的合法权益。搬迁后，100余户回族居民的人均居住面积从原来不到8平方米提高到12平方米，居住环境得到改善。

进入21世纪，市委统战部（市民宗局）适应经济快速发展和城镇化建设过程中全市少数民族和人口增多的工作需要，进一步加大维护少数民族权益工作的力度，完善少数民族教育、就业和扶持民族企业发展的措施。2001年，组织对《浙江省少数民族权益保障条例》初稿座谈讨论，征求意见；针对少数民族人口逐年增加的实际，会同公安、统计、教育等部门开展调研，协调开展政策咨询、少数民族成分确认、更改、子女就学以及困难少数民族帮扶等问题；协调公安等部门做好回民出国朝觐、嘉兴一中建设中的回民墓地问题、清真寺周边环境整治等工作。2003年，贯彻《浙江省少数民族权益保障条例》，在组织各界少数民族代表人士及有关人大代表、政协委员学习座谈的基础上，就涉及少数民族权益问题进行梳理和研究，出台少数民族考生加分办法，协调解决清真寺阿訇子女就学借读费等问题，并于2004年起全市少数民族中、小学生全面实行减免学杂费。2004年8月，会同市人大开展《浙江省少数民族权益保障条例》贯彻执行情况检查，为理顺关系、促进团结，切实维护广大穆斯林群众的合法权益，经征求原回族事务管理委员会和广大穆斯林群众意见，撤销嘉兴市回族事务管理委员会，成立嘉兴市清真寺民主管理委员会。2005年，贯彻落实全国民族工作会议精神，对全市少数民族基本情况、民族工作开展情况进行调研，会同市教育局出台少数民族减免学杂费和升学加分等具体政策，细化少数民族教育优惠政策；印发《嘉兴市涉及民族宗教方面突发事件的应急方案》，推进民族维稳工作常态化。是年，稳妥处理各类影响社会稳定的事件（纠纷）10余起。2007—2008年，进一步深化《城市民族工作条例》《浙江省少数民族权益保障条例》等法律法规的学习与贯彻，依法保障少数民族在经济、教育、医疗、就业、养老等方面的合法权益，落实少数民族低收入群众增收帮扶工作，指导向新疆等西部地区招收少数民族女工的民营企业，加强内部管理，尊重民族习俗，保障平等权利。2010年，针对外来少数民族务工人员增多的情况，结合新居民管理工作，指导用工单位（企业）尊重少数民族习俗，落实服务和管理工作，及时排查化解涉及民族因素的矛盾纠纷，依法维护少数民族务工人员的合法权益；引导外来少数民族群众参与当地文明建设，巩固和发展平等、团结、互助、和谐的社会主义新型民族关系。2011年，贯彻落实全国城市民族工作座谈会精神，为少数民族群众发展经济提供积极支持，推进全市少数民族经济加快发展、创新发展和科学发展。2013年，组织开展民族团结进步创建活动，以市场、学校为试点，探索在外来流动少数民族人口较为集中、成分相对复杂的区域，推进各民族和睦相处，维护社会和谐稳定；协调清真寺民主管理委员会、清真寺阿訇等少数民族团体和代表人士，做好市区禾兴路拓宽改造、火车站南北广场征地动迁回民的思想工作，保障回族群众的正当权益，妥善解决动迁房屋的征收补偿问题；结合少数民族低收入群众增收帮扶工作，组织开展少数民族群众实用技术培训，提升少数民族务工人员的职业技术，开拓就业渠道。是年，举办少数民族实用技术培训班2期80人次。

2014年，贯彻中央民族工作会议精神，探索适应嘉兴实际的城市民族工作新路子，进一步深化民族团结进步创建活动，引导外来流动少数民族自觉遵守国家法律和城市管理规定。同时，在走访了解、征求意见的基础上，稳妥组织清真寺民主管理委员会换届工作，选举产生新一届清真寺民主管理委员会。是年，嘉兴城市民族工作的经验在全国民委相关培训会上作专题交流，市委统战部（市民宗局）被省政府授予全省民族团结进步模范集体。

2010年嘉兴市主要少数民族受教育程度状况一览表

表4-1-6

	6岁及以上人口受教育程度构成(%)							平均受教育年限			大专及以上占比(%)		
	未上过学	小学	初中	高中	大专	本科	研究生	2010年	2000年	±%	2010年	2000年	±%
全部	7.43	30.55	41.06	12.37	4.60	3.30	0.14	8.31	7.16	16.0	8.04	2.37	5.67
少数民族	3.22	32.39	52.10	7.61	2.03	2.47	0.18	8.28	7.65	8.2	4.68	3.59	1.08
土家族	3.47	35.83	52.92	5.83	0.93	0.95	0.08	7.92	7.30	8.5	1.96	1.44	0.52
苗族	4.04	36.90	52.49	4.95	0.80	0.77	0.04	7.78	6.74	15.4	1.62	1.22	0.39
壮族	1.73	33.30	57.32	5.57	1.01	0.98	0.08	8.15	7.71	5.7	2.08	1.27	0.80
彝族	3.84	39.73	51.16	4.11	0.61	0.55	0.00	7.66	7.09	8.0	1.17	0.24	0.92
回族	4.11	21.22	47.70	15.52	5.73	5.34	0.39	9.22	8.53	8.0	11.46	5.55	5.91
布依族	2.19	31.58	59.15	5.52	0.78	0.73	0.05	8.12	7.13	14.0	1.56	0.43	1.13

续表4-1-6

	6岁及以上人口受教育程度构成(%)							平均受教育年限			大专及以上占比(%)		
	未上过学	小学	初中	高中	大专	本科	研究生	2010年	2000年	±%	2010年	2000年	±%
侗族	2.66	23.30	63.47	6.67	1.92	1.98	0.00	8.52	8.10	5.1	3.89	5.57	-1.68
仡佬族	5.36	39.23	48.76	4.87	0.89	0.89	0.00	7.60	7.22	5.3	1.79	3.51	-1.72
满族	0.93	10.58	26.35	16.39	16.39	26.66	2.70	12.21	11.23	8.7	45.75	28.98	16.77
瑶族	2.31	26.21	57.89	8.25	2.55	2.67	0.12	8.61	8.47	1.6	5.34	3.74	1.60
朝鲜族	0.24	8.26	18.10	31.71	16.40	23.82	1.46	12.48	11.78	5.9	41.68	34.31	7.37
其他	2.54	23.54	49.88	14.77	3.44	5.47	0.35	9.13	7.89	15.8	9.26	6.45	2.82

资料来源：嘉兴市统计局、嘉兴市第六次人口普查办公室

【尊重少数民族风俗习惯】

20世纪50年代，嘉兴地区少数民族主要集中在东片的嘉兴等几个县，且以回族为主。各地党委统战部门贯彻党的民族政策，尊重回族群众的宗教信仰和风俗习惯，鼓励增强民族团结。

20世纪80年代，各地统战（民宗）部门注重解决回族群众生活起居、饮食习惯等方面的一些具体问题。1984年，市委统战部（市政府民族宗教事务处）根据回族风俗习惯，协调市食品公司帮助解决牛羊肉定量供应问题。同年5月，市委统战部、市劳动局、市财税局印发《关于解决回族等职工伙食补贴问题的通知》，要求回族等少数民族集中的单位，设立清真专灶；对只有个别少数民族的单位，配备专门灶具，以解决少数民族的膳食问题；对不具备设立清真专灶或专门灶具的单位，对回族等少数民族每人每月补助伙食费5元。1988年6月20—23日，市委统战部会同市人大、市政协、市经委、市财办等部门，对市区回族等少数民族较集中的毛纺总厂、绢纺厂、冶金机械厂、民丰造纸厂、电控厂、南湖布厂、食品公司、饮服公司、烟糖公司9个单位进行民族政策执行情况检查，推进相关单位落实党的民族政策，政治上关心、生活上照顾，充分尊重少数民族风俗习惯，保证少数民族职工享有平等权利。同年9月，市委统战部、市劳动局、市人事局印发《关于回汉通婚后，配偶的汉族一方享受主要副食品价格补贴标准的补充规定》。是年，落实回汉通婚后的副食品补贴160余人。1989年，市政府批准，决定由食品公司的回族职工集体承包经营牛羊肉，实行自负盈亏，政府给予一定补贴，解决回民的牛羊肉供应问题。1991—1992年，市委统战部（市民宗局）协调市食品公司将发给居民的肉票凡回民持有的可换成供应鲜蛋，支持开办回民清真馆——伊斯兰花园饭店，在设计、选址以及财税、经费等方面给予政策倾斜。1997年，结合宣传贯彻《城市少数民族工作条例》，协助安排好开斋节等活动，保障回民的宗教生活正常开展。在回民群众的传统重要节日，市领导都到场祝贺。

进入21世纪，市委统战部（市民宗局）组织对全市各少数民族基本情况、民族工作开展情况专题调研，进一步落实党的民族政策，尊重少数民族的风俗习惯和穆斯林群众的宗教信仰，配合市委、市政府中心工作做好涉及少数民族切身利益的协调工作，引导鼓励信仰伊斯兰教的少数民族过好开斋节、古尔邦节等民族传统节日。2000年11月，

2012年8月19日，市区少数民族群众欢度开斋节

开展对回族土葬坟地的测量工作，全市核实回民土葬用地共16块，约4公顷(60亩)。2005年，协调解决穆斯林群众清真牛羊肉定点屠宰、供应以及少数民族群众生活困难等问题，并启动新回民公墓规划建设。2006年，制定新的回民公墓建设管理方案。

2014年，回民墓地迁建列入市政府年度民生工程，市委、市政府成立市民宗局和南湖区组成的迁建工作领导小组，多次分层召开情况通报会、回民党员和“两代表一委员”参加的座谈会，出台回民墓地迁建补偿办法、回民公墓一期工程建设意见等规定，推进回民墓地迁建工作平稳有序进行。

【加强少数民族代表人士队伍建设】

中华人民共和国成立初期，地委重视在人民政权建设中举荐安排少数民族代表人士，培养少数民族基层干部，支持少数民族代表人士参政、议政，参与国家恢复和发展国民经济。1950年1月，嘉兴市一届三次各界人民代表会议安排少数民族(回族)代表1人。是年10月，地委成立统战部，推进政权统战工作。1951年12月，嘉兴市一届六次各界人民代表会议安排少数民族代表2人，并在一届六次各界人民代表会议协商委员会中安排少数民族委员1人。1952年10月，地委统战部印发《关于十、十一、十二月工作的意见》，就“县人民政府委员之人数和比例”等政权统战工作中，明确“嘉兴市应考虑安排少数民族委员1人”。1954年，地区各县(市)实行人民代表大会制度。是年7月，嘉兴市召开第一届人民代表大会，选举产生少数民族(回族)代表1人。1955年1月，地委统战部印发《关于检查和总结统一战线工作的初步意见》，就进一步贯彻党的统一战线政策，扩大民主、扩大团结，为社会主义建设和社会主义改造服务，提出统战工作必须是在巩固工人阶级领导和工农联盟的基础上与加强党的领导核心作用的前提下，广泛团结各民族各阶层。要求各地在开展统战工作检查中，包括民族政策的执行情况。1956年3月、1963年12月，嘉兴市、嘉兴县先后召开第一届政协会议，一届委员会分别安排少数民族(回族)委员1人和2人。此后，历届人大、政协均举荐安排一定比例的少数民族代表和委员。

“文化大革命”期间，党的民族工作受到冲击，民族人士的统战工作被迫停止。

中共十一届三中全会以后，民族工作逐步恢复。1983年8月，嘉兴撤地建市。市委统战部贯彻落实党的民族政策，加强政策宣传和培训，完善队伍管理和建设，举荐、安排少数民族代表人士担任人大代表、政协委员，支持少数民族代表人士参政、议政，注意培养少数民族基层干部，充分发挥少数民族代表人士在促进全市经济社会发展、构建和谐社会中的积极作用。是年，嘉兴市首届人大、政协分别有少数民族代表4人、委员7人。此后，历届人大、政协均安排一定比例的少数民族代表和委员(详见附表)。1984年，市委统战部开展全市少数民族基础调查，指导少数民族用工单位重视民族工作，在入党、入团、提干等方面落实政治上一律平等原则。至1988年，市区一些重要企业(公司)在培养使用少数民族骨干上成效明显。民丰造纸厂有少数民族职工82人，其中党团员和生产骨干32人，占39%；绢纺厂有少数民族职工37人，其中党团员和生产骨干6人，占16.2%；电控厂有少数民族职工26人，其中党团员和生产骨干12人，占46.1%；南湖布厂有少数民族职工11人，其中党团员和生产骨干5人，占45.45%；食品公司有少数民族职工15人，其中党团员和生产骨干6人，占40%；饮服公司在召开职工代表大会时，安排少数民族正式代表2人、列席代表3人。1990年，全市少数民族代表人士中有省人大代表1人、市人大代表4人、市政协委员7人、国家干部33人；少数民族职工中有科技人员8人，具有中级以上技术职称6人，其中高级职称1人。1998年，召开少数民族人大代表、政协委员《城市民族工作条例》(简称《条例》)颁布五周年座谈会，以“团结、进步、稳定、发展”为主题，畅谈改革开放以来全市少数民族在政治、文化、生活等方面的巨大变化，各县(市、区)民宗部门通过以会代训等形式，组织学习《条例》。

进入21世纪，全市统战系统各部门按照新世纪统战工作的形势和任务，进一步关注重视民族工作，加强对基层少数民族骨干的教育培训，落实对少数民族代表人士的选拔和任用。2000年，贯彻第十九次全国统战工作会议和全省统战工作会议精神，以团结、进步、稳定、发展为主题，做好少数民族思想政治工作。2003年,《浙江省少数民族权益保障条例》颁布施行,组织少数民族代表人士、人大代表、政协委员学习座谈,结合市人大、政协换届做好少数民族代表(委员)的举荐考察工作。换届后,全市少数民族人士当选人大代表2人,推荐安排政协委员10人。2005—2006年,贯彻全国民族工作会议精神,制定《嘉兴市民族宗教系统法制宣传教育第五个五年规划》,成立"五五"普法宣传教育工作领导小组,组织各级少数民族干部进行《城市民族工作条例》《浙江省少数民族权益保障条例》等有关法律法规的学习培训。同时,注重对少数民族代表人士的培养工作,选派一名优秀少数民族干部参加省级培训班。2008年12月,市委统战部转发《中共中央统战部、国家民委〈关于学习贯彻胡锦涛同志有关民族团结重要批示精神的通知〉的通知》,组织少数民族干部、民族界人士学习胡锦涛关于"民族团结是国家长治久安、兴旺发达的保证""促进民族团结、实现共同进步是民族工作的根本任务"以及"大力宣传民族团结的先进典型,进一步构建平等、团结、进步、和谐的民族关系"等重要批示,提升少数民族干部的思想素质,推进少数民族干部队伍建设。2012年,指导清真寺民主管理委员会充分吸纳回族群众的意见和建议,协调和引导市区回族代表人士加强与回族群众之间的沟通联系,做好阿訇的遴选聘任工作,发挥少数民族团体和少数民族骨干在协调内部矛盾、增进和睦团结中的作用。同年3月,结合市人大、市政协换届工作,认真做好少数民族代表、委员的举荐安排工作,少数民族人大代表占代表总数的1.52%;市政协继续保留少数民族界别,少数民族委员占委员总数的1.38%。至2014年,市人大、市政协的少数民族代表、委员名额保持稳定。

嘉兴市少数民族、宗教界人士任人大代表、政协委员一览表

表4-1-7　　单位:人

届别＼代表、委员	人大代表			政协委员				
	代表总数	少数民族	占%	委员总数	少数民族	占%	宗教人士	占%
第一届(1983.12—1988.06)	485	4	0.82	352	7	1.99	8	2.27
第二届(1988.06—1993.05)	459	2	0.44	414	8	1.93	10	2.42
第三届(1993.05—1998.04)	417	2	0.48	413	9	2.18	12	2.91
第四届(1998.04—2003.04)	375	1	0.27	401	9	2.24	10	2.49
第五届(2003.04—2007.04)	377	2	0.53	410	10	2.44	10	2.44
第六届(2007.04—2012.03)	394	6	1.52	415	7	1.69	10	2.41
第七届(2012.03—　)	395	6	1.52	434	6	1.38	10	2.30

【增进民族团结进步和谐稳定】

20世纪80年代,随着全市少数民族人口的逐年增多,组织引导少数民族参与全国、全省少数民族传统体育运动会,参与地方各类文艺联欢活动,丰富少数民族文化娱乐生活,协调和推进民族团结进步和谐稳定各项工作,逐步纳入各级统战部门的议事日程。1980年,嘉兴市委(县级)统战部注意发挥回民群众爱好习武的特长,协调成立嘉兴回民武术队。1981年5月,回民武术队参加在沈阳举办的全国武术观摩大会,回民李青山获大刀武术表演金牌。1982年、1986年,在全国少数民族传统体育运动会上，嘉兴回族运动员表演传统项目“斗牛”，李青山表演的大刀还应邀拍摄电影。1989年10月，市委统战部（市民宗局）结合中华人民共和国成立40周年庆祝活动，协调回管会举办“民族大团结联欢会”，表演具有民族特色的文艺、武术节目，讴歌党的伟大、弘扬各民族大团结，并组织民族文艺团体到工厂、学校、机关、部队进行慰问演出。1990年，组织参加浙江省第二届少数民族传统体育运动会，市回族事务管理委员会被评为先进集体，先进个人3名。1991年、1995年，分别组队参加第四届、第五届全国少数民族传统体育运动会，促进全市少数民族体育发展，丰富少数民族群众文化生活。1997年春节，围绕“民族团结、进步、繁荣”主题，举办少数民族迎春联欢会，全市25个少数民族近400名代表参加，演出了舞蹈、合唱、独唱、小品以及回族武术队、少体校回族学员的查拳、少儿集体功力拳等节目。市委、市人大、市政府、市政协领导到会祝贺，西泠印社副社长、中国美院教授刘江等应邀参加，并书写“团结兴国”“社稷巍巍高奏文明曲，民族融融同唱团结歌”等条幅赠送联欢会主办部门。春节后，协调嘉兴电视台《今晚8点》节目进行专题采访，系列播出嘉兴少数民族的生活习惯和状况，增进各民族之间的相互了解。1999年，举行“庆祝嘉兴解放50周年民族大联欢”活动，营造全市各民族大团结的浓厚氛围，市领导陈加元、杨荣华、许国桢、徐良骥以及曾为嘉兴解放做出贡献的老红军、老干部和32个少数民族的代表等400余人出席。活动围绕“嘉兴人民庆解放”主题展开，上影剧团知名演员舒适、陈述、梁波罗、向梅等合作演出短剧《嘉兴解放的那一刻》，全市各地的蒙古族、回族、俄罗斯族等少数民族演员分别表演具有各自民族特色的节目。

进入21世纪，进一步活跃民族文化体育活动，推进民族团结进步和谐。2002年11月，组织嘉兴学院少数民族学生以及全市11个少数民族的26名运动员、教练员参加浙江省少数民族传统体育项目选拔赛，获得优秀组织奖、体育道德风尚奖、珍珠球第3名、蹴球双人第3名和2个单项第8名。2005年11月，组队参加浙江省少数民族传统体育项目友谊赛，嘉兴市代表队派出运动员29名，获得团体项目珍珠球比赛第二名、健身操比赛第四名，个人项目押加55千克级第一名、80千克以上级第一名、80千克级第三名以及优秀组织奖、体育道德风尚奖，为嘉兴体育运动代表队历史以来最好成绩。2006年11月，组织参加浙江省第三届少数民族传统体育运动会，嘉兴市36名运动员获得押加项目55千克级和96千克以上级两枚金牌、76千克级一枚银牌和55千克级一枚铜牌，并在女子珍珠球项目上夺得一枚铜牌。2007年11月，嘉兴市派出2名运动员与宁波、台州、景宁等市（县）组成押加队，代表浙江省参加全国第八届少数民族传统体育运动会，获得3个项目第八名，其中嘉兴籍蒙古族运动员获得押加项目95千克以上级第八名。2010年，组织开展民族团结进步创建活动，被评为省级民族团结进步模范集体2家、省级民族团结进步个人1名。同年11月，组队参加浙江省第四届少数民族传统体育运动会，获得1金、3银、3铜7枚奖牌，团体总分列全省第五名。2011年，贯彻中办、国办《关于深入开展民族团结宣传教育活动的意见》和省委宣传部、省委统战部、省民宗委《关于深入开展民族团结进步创建活动的实施意见》，结合庆祝中国共产党建党90周年系列活动，成立嘉兴市创建活动领导小组，组织开展民族团结进步宣传教育和民族团结进步创建活动。

2013—2014年，以贯彻落实《城市民族工作条例》为主线，以城市民族工作“三进”（进社区、进市场、进学校）活动为载体，印发《嘉兴市民族团结进步“三进”工作方案》，指导开展民族团结进步创建活动示范点建设，探索在外来流动少数民族人口较为集中的社区，推进民族和睦相处，维护社会和谐稳定。2014年，组队参加全省第五届少数民族传统体育运动会，嘉兴代表队获得民族竞技体育两个单项第一名。

【支持少数民族地区工作】

开展与温州文成畲族村“帮扶结对”活动　2008年10月，市委统战部印发《关于开展少数民族低收入群众增收帮扶结对工作的通知》，部署各县（市、区）委统战部门分别牵头与温州市文成县7个畲族村结对，落实民族地区帮扶工作。其间，市、县（市、区)两级党委统战部门成立领导小组,制定结对帮扶计划,明确工作职责,落实南湖区与温州市文成县周山畲族乡双新村、秀洲区与温州市文成县西坑畲族镇旁边垟村、嘉善县与温州市文成县金星乡洪地村、平湖市与温州市文成县富岙乡培头村、海盐县与温州市文成县西坑畲族镇江山村、海宁市与温州市文成县黄坦镇新康村、桐乡市与温州市文成县百丈漈镇长龚村的结对工作,并与帮扶村一对一签订结对帮扶协议。为落实帮扶计划,市委统战部组织各县(市、区)委统战部分赴温州市文成县,参加"2009和谐之旅民族行暨中国畲族旅游发展论坛""2010畲族风情旅游节"等活动,并深入畲族乡村实地考察,结合帮扶村的具体困难和人民群众急需解决的问题,确定村民饮水工程(双新村、新康村、长龚村、旁边垟村、洪地村)、水库大坝加固工程(长龚村、江山村)、村庄道路建设(江山村)、獭兔养殖(双新村)、村党支部活动阵地建设(培头村)、路灯照明工程(旁边垟村)等11个项目。同时,为增强被帮扶畲族村的自身发展能力,先后邀请7个帮扶村的班子成员来嘉兴参观考察新农村建设和皮革、毛衫市场等,与嘉兴的镇、村干部座谈交流,帮助他们理清发展思路,提供各类信息,使"输血"与"造血"有机结合起来,推进共同发展。至2010年,全市落实到位帮扶资金70万元,平均每个村10万元。

开办"西藏班""新疆内高班"　2002年秋季,市委、市政府按照中央和省委提出的办好西藏班的要求,在嘉兴市秀州中学开始招收西藏学生。作为内地支持西部地区教育发展事业的一项政治任务,秀州中学把办好西藏班以及落实西藏学生的学习和生活纳入学校工作的重点,专门成立西藏学生教育管理工作小组,为西藏学生德智体全面发展提供最优越的条件,并号召全体师生从思想、学习、生活等各个方面全力关心这些远离家乡的西藏孩子。2002—2004年,接受西藏学生36名。2005年7月,首届西藏班学生6名毕业,经参加全国高考全部考取重点大学。2006年7月,西藏班学生10名毕业,经参加全国高考均达到本科录取分数线,其中被重点大学录取9名。2006年,贯彻党和国家关于加快少数民族地区人才培养步伐,振兴西部少数民族地区发展,在内地开设新疆高中班(简称内高班)的决定,嘉兴市秀州中学开设"新疆内高班"。是年7月,常务副市长王洪涛主持召开新疆内高班管理领导小组会议,专题就内高班的办学经费、学校安全与卫生防疫、学校内部管理以及校舍建设等问题进行研究,逐一予以落实。其间,秀州中学对新疆内高班学生以"爱"为主旋律,严格贯彻"爱、严、细"的教育原则,从思想、学习、生活、心理、健康等各方面关心、爱护他们,致力于培养一批拥护党的领导,维护国家统一和民族团结,适应新疆稳定和发展的"德才兼备、民汉兼通"的少数民族人才。至2010年,秀州中学共招收新疆内高班学生832名,2009—2010年,新疆内高班学生参加全国高考后,大专以上入学率连续两年达100%。

2011年,全市新疆内高班的规模进一步扩大,市委统战部(市民宗局)深入承担新疆"内高班"教学任务的学校开展调研,并协调公安、教育等部门完善内部管理制度,加强新疆"内高班"安全防范,推进新疆"内高班"安全有序运行。至2012年,全市承担新疆班学生教学任务的学校有4所,共有在校学生879人,其中高中班719人,职业中专班61人,其他类班99人;全市完成高中段教学任务的新疆学生300余名,高考上线率达95%,居全省同类学校前列,得到上级部门肯定和新疆学生家长的好评。

支持鼓励民营企业到中西部少数民族地区创办企业　遵照中央和省委关于支持西部地区发展经济的号召,各地党委统战部门协调做好民营企业参与西部大开发战略。2000年,海宁卡森集团公司配合甘肃省西部大开发战略,投资2.5亿元率先在甘肃省白银市合作创立白银卡森皮革有限公司,年产皮革170万张,成为国内制革行业在西部开发规模最大的企业。2002年8月,卡森公司投资8000万元,在新疆伊犁市创建伊犁霍尔果斯皮革有限公司,成为伊犁市的骨干企业和创利大户。2003年初,卡森公司分别在新疆维吾尔自治区克孜勒苏市和甘肃省白银市,创办新蓉皮革有限公司和白利斯皮革有限公司,积极推动西部地区工业发展。同时,分别为白银市解决残疾人工作岗位102个,为伊犁市解决下岗职工再就业800余人,为希望工程捐款620万元,在西部欠发达地区援建希望小学10所。

开展与西部欠发达地区对口帮扶工作 1994年、1996年，遵照党中央、国务院关于东部沿海省、市对口帮扶西部欠发达地区等重大决策和浙江省委、省政府的安排，市委、市政府决定分别与重庆市涪陵区、四川省广元市开展结对帮扶工作。其间，市委统战部、市民宗处(1996年8月改为市民宗局)参与协调和落实具体帮扶措施。至2005年，先后援建希望小学23所，捐赠资金和物品(折合现金)2425余万元，资助失学儿童和特困学生1446人和大学生完成学业32人，修建微水池11260口，建立示范村20个，帮助改善医疗设备条件乡村卫生所20个；协调两地经济项目59项，投资435万元，推进两个县(区)实现脱贫目标。

开展新一轮“少数民族低收入群众增收帮扶行动” 2013年，遵照省委统战部“新一轮少数民族低收入群众增收帮扶计划”中有关2013—2017年，对全省人均年收入低于4600元和集体经济年收入万元以下的100个民族村，开展为期5年的结对帮扶活动的要求，市委统战部结对帮扶兰溪县永昌街道洪畈朱畲族村，各县(市、区)委统战部采取每年轮流结对帮扶的形式，对金华兰溪、武义等5个少数民族村开展结对帮扶工作。2013年，平湖、海盐、海宁、桐乡统战部分别帮扶武义县桃溪镇大路村、武义县柳城畲族镇白马下村、武义县柳城畲族镇青坑村、兰溪县水亭畲族乡柳塘章民族村。2014年，平湖、南湖、秀洲、嘉善统战部分别帮扶武义县桃溪镇大路村、武义县柳城畲族镇白马下村、武义县柳城畲族镇青坑村、兰溪县水亭畲族乡柳塘章民族村。每年给予每个民族村帮扶资金各10万元，用于村级集体经济发展壮大和少数民族低收入群众增收项目。其间，市委统战部和各县(市、区)委统战部成立由部长挂帅的帮扶工作领导小组，落实工作职责，明确专人负责，并由分管部长带队赴4个帮扶村逐一对接，调研各少数民族村的经济社会发展现状，了解当地群众急需解决、最为关注的问题，落实帮扶项目。同时，邀请兰溪、武义两县统战部带队，组织4个民族村的负责人与嘉兴村级经济发展较好的村镇座谈交流，实地参观。至2014年年底，到位帮扶资金100万元，落实和参与帮扶项目7个，尚未完成的帮扶项目正在抓紧落实。

2010—2015年嘉兴市秀州中学新疆班学生历年高考录取情况表

表4-1-8　　单位：人

届别	毕业生总数	录取情况		
		本科	专科	未上线
2010	148	139	9	—
2011	152	140	12	—
2012	148	136	9	3
2013	154	149	5	—
2014	155	148	7	—
2015	139	129	9	1
合计	896	841	51	4

第二章　宗教工作

嘉兴境内有佛教、道教、伊斯兰教、天主教、基督教五大宗教，群众信仰以佛教居多，是全省宗教和宗教工作重点地区之一。

中华人民共和国成立以后，地委、地区专员公署贯彻中国共产党的宗教信仰自由政策，按照独立自主、自办教会和自治、自养、自传的原则，保护一切合法的宗教活动。

“文化大革命”期间，一些寺院、教堂被拆毁或占用，党的宗教政策受到严重干扰，宗教工作被迫停止。

中共十一届三中全会以后，各地落实党的宗教政策，恢复各级党委、政府宗教工作机构，协调建立各级宗教团体，支持开展合法宗教活动，依法管理宗教事务，引导宗教与社会主义相适应，人民群众的宗教信仰需求得到基本满足。

第一节　宗教沿革和宗教团体

【宗教沿革】

宗教在嘉兴流传久远。境内佛教始自东晋、兴于五代、盛于南宋，是江南佛教流传最早的地区之一。道教可追溯到汉代，各地历代均建有宫观道院，民国时期，嘉兴、海宁成立道教会，中华人民共和国成立后道教活动逐渐停止。基督教早在宋元时期已在嘉兴传播，天主教也于明万历年间传入嘉兴。宋元时阿拉伯商人到海盐澉浦等港开展贸易，传入伊斯兰教。

中华人民共和国成立后，国家实行宗教信仰自由政策，合法宗教活动得到国家保护。

“文化大革命”期间，除伊斯兰教尚有宗教活动外，其他宗教活动停止。

中共十一届三中全会后，地委指导各县（市）落实党的宗教政策，宗教活动逐步恢复。

撤地建市后，市委统战部（市民宗处）全面贯彻党的宗教信仰信自由政策，依法管理宗教事务，坚持独立自主自办原则，引导宗教与社会主义社会相适应，人民群众的宗教信仰需求得到基本满足。1995年，全市有佛教、伊斯兰教、天主教、基督教四大宗教；宗教教职人员233人，其中佛教51人（比丘44人、比丘尼7人）、伊斯兰教6人（阿訇4人、满拉2人）、天主教8人（神甫4人、修女4人）、基督教168人（牧师14人、长老88人、传道员66人）；可统计信徒（不包括佛教）约4.11万人。其中伊斯兰教穆斯林0.18万人，天主教教徒0.76万人，基督教受洗信徒2万人、慕道友1.17万人。2005年起，全市宗教界开展“平安宗教活动场所”创建活动，促进宗教活动场所制度化、规范化建设，宗教团体和宗教活动场所的自我管理能力逐步增强。2009年，在继续开展“平安宗教活动场所”创建活动的基础上，推出“星级平安宗教活动场所”达标考评制度，对各宗教场所的功能设施、建筑布局，管理设备、环境整治，依法管理、安全有序等方面进行规范，并与省级“和谐寺观教堂”的标准和要求对接和细化。是年4月，海宁成立嘉兴境内首家道教协会，制定《关于散居正一派道士管理暂行办法》等规章制度，组织散居的道教信众依法开展宗教活动，推进道教活动有序进行。2010年，全市有佛教、道教、伊斯兰教、天主教、基督教五大宗教，宗教教职人员722名。其中佛教453人、道教6人、伊斯兰教阿訇2人、天主教16人、基督教245人；可统计信徒（不包括佛教）7.2万余人，其中伊斯兰教穆斯林2000余人，天主教教徒近1万人，基督教受洗信徒3.5万余人、慕道友2.5万余人；信仰佛道教的群众相对较多，分布较广。是年，全市“平安宗教活动场所”占已登记开放场所的92%，首批46处宗教活动场所获“三星级平安宗教活动场所”称号，占已登记开放总数的30%，并全部被推荐为省级达标“和谐寺观教堂”。其中10处被推荐为省级优秀“和谐寺观教堂”。

2014年，全市有佛教、道教、伊斯兰教、天主教、基督教五大宗教，宗教教职人员722人。其中佛教453人、道教6人、伊斯兰教阿訇2人、天主教16人、基督教245人；可统计信徒（不包括佛教）7.2万余人。其中伊斯兰教穆斯林2000余人，天主教教徒近1万人，基督教受洗信徒3.5万余人、慕道友2.5万余人。

【宗教团体】

民国36年（1947），嘉兴、海宁两县分别建立道教会，其中嘉兴县有道教会会员133人、海宁县有道教会会员521人。中华人民共和国成立以后，各地贯彻党的宗教信仰自由政策，遵照我国宗教团体独立自主、自办教会的方针，支持各宗教团体建立组织，依法开展活动。20世纪50年代，嘉兴县（市）建立基督教协进会筹备会、佛教协会等宗教团体。

“文化大革命”期间，宗教团体停止活动。

中共十一届三中全会后，落实党的宗教政策，宗教团体逐步恢复。

撤地建市后，嘉兴市先后成立基督教三自爱国运动委员会、基督教协会，天主教爱国会、天主教教务委员会和佛教协会。此后，各县（市、区）相继成立佛教、基督教、天主教等宗教团体，市、县（市、区）两级宗教组织逐步完善。2004年，市天主教第三次代表会议决定，不再设立市天主教教务委员会。2009年，新增海宁市道教协会。

2014年，境内有佛教协会、天主教爱国会、基督教三自爱国运动委员会和基督教协会等市级宗教团体4个。各县（市、区）宗教团体的设置不统一，其中佛教协会各地均设，基督教两会除海盐县外其他县（市、区）均设，天主教爱国会平湖、海宁两地设立，道教协会海宁市设立。

佛教协会　佛教协会是民间佛教徒联合的爱国宗教团体和教务组织。1952年4月，嘉兴市（县级）成立佛教协会，精严寺住持僧严森任会长。“文化大革命”期间，佛教协会停止活动。1982年，嘉兴市（县级）佛教协会恢复工作，僧青云任会长，协会会址仍设在精严寺旧址。

1991年11月，市佛教协会（简称市佛协）成立筹备组，由释雪相等7人组成，址设市区觉海寺。1992年11月，召开市佛协第一次代表会议，全市出席代表60人，选举产生市佛协第一届理事会，释雪相任会长。市佛协成立后，配合各级政府贯彻落实宗教政策，加强佛教自身建设，维护佛教合法权益，努力与社会主义相适应。2000年1月，召开市佛协第二次代表会议，全市出席代表59人，选举产生市佛协第二届理事会，释性空任会长。2001年，市佛协迁至净莲精舍。2005年12月，应台湾“僧伽林基金会”邀请，市佛协组团赴台交流考察，走访名刹寺院4处，拜访台湾知名僧人星云法师和台湾佛教界有关人士，增进两地佛教界的相互了解和友谊。2008年9月，召开市佛协第三次代表会议，全市出席代表79人，选举产生第三届佛协理事会，释贤崇当选会长。2010年10月，市佛教协会举办首届汉传佛教讲经交流会，全市各开放寺院的7位中青年法师在会上讲经交流，各县（市、区）佛教信众300余人参加。自2012年起，市佛教协会每年都举办汉传佛教讲经交流会。2013年12月，市佛教协会召开第四次代表会议，选举产生第四届佛协理事会，释贤崇当选会长。

1993—2009年，各县（市、区）先后成立佛教协会。

2014年，市、县（市、区）两级均建有佛教协会。

道教协会　道教协会是民间道教徒联合的爱国宗教团体。中华人民共和国成立以后，嘉兴境内没有道教团体，道教活动逐渐停止。2007年春，盐官城隍庙登记开放，海宁市成立道教协会筹备小组。2009年4月，海宁市道教协会召开第一次代表会议，出席代表41人，通过《海宁市道教协会章程》《海宁市道教散居正一派道士管理暂行办法》，选举海宁市道教协会第一届理事会，海宁盐官城隍庙监院薛兰刚道长当选为会长，中国道教协会副秘书长、省道教协会会长高信一道长聘为顾问。海宁市道教协会成立后，先后在盐官镇举办城隍天尊神像开光仪式、观音天尊神像开光典礼和五方土帝六十甲子等神像开光仪式。2010年8月，平湖市筹建城隍庙。2011年1月，平湖城隍庙登记开放。

2014年，境内仅海宁市建有道教团体，有盐官城隍庙、平湖城隍庙道教活动场所2处，海宁有登记在册的道士及皈依弟子1千余人。

天主教爱国会、天主教教务委员会　中国天主教爱国会是中国的一个区域性宗教组织，其宗旨是团结全国神长教友，在党和政府领导下，高举爱国主义旗帜，协助党和政府贯彻宗教信仰自由政策，协助教会贯彻"独立自主、自办教会"原则，维护教会合法权益，发挥党和政府联系信教群众桥梁作用，开展社会服务、兴办自养企业和社会公益事业，推动天主教人士参加"两个文明"建设，开展国际间友好交往，推进祖国统一和世界和平；天主教教务委员会是天主教的教务机构，其宗旨是协助党和政府贯彻宗教信仰自由政策，发扬天主教传统，坚持"独立自主、自办教会"和"民主办教"原则，推进教区建设，开展对外友好交往。

1986年6月，市委统战部印发《关于筹建市天主教爱国组织的通知》，建立市天主教爱国会、天主教教务委员会筹备委员会。1987年4月，召开嘉兴市天主教爱国会、天主教教务委员会（简称市天主教两会）第一次代表会议，全市出席代表40余人，审议通过嘉兴市天主教两会章程，选举产生市天主教两会第一届委员会，裘理圣任市天主教爱国会主任，杨应时任市天主教教务委员会主任，址设市区天主堂。1997年11月，召开市天主教两会第二次代表会议，全市出席代表40余人，审议市天主教两会第一届委员会工作报告、市天主教两会章程，选举产生由13人组成的市天主教两会第二届委员会，方法全任市天主教两会主任。1998年10月20日，浙江省天主教杭州教区召开神父、修女、信徒代表会议，市天主教神父方法全当选浙江省天主教杭州教区（杭州、嘉兴、湖州、金华、衢州）教区长。2004年10月，召开市天主教两会第三次代表会议，全市出席代表42人，修改并通过市天主教爱国会章程，选举产生由19人组成的市天主教爱国会第三届委员会，徐贵根任主任。会议决定嘉兴市不再设立天主教教务委员会。

1996年7月、1999年6月，海宁市、平湖市先后成立天主教爱国会（详见各县、市"宗教工作"）。

2014年，市天主教爱国会第三届委员会以及海宁市、平湖市天主教爱国会（县级）仍在任期中。

基督教三自爱国运动委员会、基督教协会　中国基督教三自爱国运动委员会是中国基督教（新教）教徒成立的爱国组织，其宗旨是团结、教育基督教徒，热爱祖国，遵守国家法令，参加社会主义建设，坚持"自治、自传、自养"原则，独立自主办好中国的基督教会；基督教协会是基督教徒的教会自治团体和教务组织，其主要工作是为教会及教徒提供服务，对基督教采用的制度、礼仪等进行探讨，教育教徒在基督教信仰上互相尊重，加强团结。基督教三自爱国会与基督教协会一般每届任期5年。

1950年9月，中国基督教开展三自（自治、自传、自养）爱国运动，嘉兴基督徒签名拥护。1951年6月，嘉兴县基督教协进会筹备会在新塍成立，组织嘉兴基督教徒进行宗教活动。"文化大革命"期间，基督教活动停止。中共十一届三中全会后基督教活动恢复。1982年12月，成立嘉兴市（县级）基督教三自爱国会（撤地建市后，原嘉兴市分为城区、郊区，1990年6月郊区成立基督教三自爱国会，2001年12月秀城区成立基督教三自爱国会）。

1983年10月，撤地建市后，成立嘉兴市基督教三自爱国筹备委员会，樊启忠任主任。1987年11月，召开嘉兴市基督教三自爱国运动委员会、基督教协会（简称"市基督教两会"）第一次代表会议，全市出席代表122人，选举产生市基督教两会第一届委员会，樊启忠任市基督教三自爱国会名誉主席、廖美光任主席，叶瑞山任市基督教协会名誉会长，廖美光任会长。1992年5月，召开市基督教两会第二次代表会议，全市出席代表116人，审议通过市基督教两会章程修改案，选举产生市基督教两会第二届委员会，廖美光任市基督教三自爱国会主席、市基督教协会会长，叶瑞山任市基督教协会名誉会长。1997年9月，召开市基督教两会第三次代表会议，全市出席代表90余人，选举产生市基督教两会第三届委员会，廖美光任市基督教三自爱国会主席、市基督教协会会长。1999年7月，位于市区禾兴路122弄16号的市基督教两会培训中心暨南门堂竣工，是一所集活动、培训等多种功能于一体的教堂，建筑面积772.95平方米。2000年9月28日，市基督教界举行三自爱国运动50周年庆祝大会，市政协、市民宗局领导及省、市基督教两会负责人、全市基督教信徒代表等100余人参加。2003年12月，召开市基督教两会第四次代表会议，全市出席代表97人，修改并通过《嘉兴市基督教“三自”爱国运动委员会章程》《嘉兴市基督教协会章程》，选举产生市基督教两会第四届委员会，吴世春当选市基督教三自爱国会主席，李成义当选市基督教协会会长。2009年4月，召开市基督教两会第五次代表大会，全市103名代表和列席人员参加。会议修改并通过嘉兴市基督教两会章程，选举产生新一届领导班子，吴世春当选市基督教三自爱国会主席，李成义当选市基督教协会会长。2010年，全市完成基督教教职人员的认定培训工作。

1981—2003年，各县（市、区）先后成立基督教三自爱国会、基督教协会。

2014年，市、县（市、区）两级均建有基督教两会，市基督教两会第五届委员会仍在任期中。

第二节　落实宗教政策和依法管理宗教事务

【落实宗教政策】

1978年10月21日，中共中央转发中央统战部《关于当前宗教工作中急需解决的两个政策性问题的请示报告》，明确要“认真地、全面地贯彻宪法所规定的宗教信仰自由政策。尊重信教群众的正当宗教生活，开放少量寺庙教堂。杜绝秘密的地下宗教活动”“严格区分两类不同性质的矛盾，加强对宗教活动的管理”。同年12月1日，中央统战部召开全国宗教工作座谈会，就贯彻中央宗教信仰自由政策、妥善安排宗教活动场所、恢复和健全宗教工作机构、恢复各宗教团体活动等问题提出意见和要求。会后，中共中央转发了这次会议的纪要。1980年7月16日，国务院批转宗教事务局、国家建委等单位《关于落实宗教团体房产政策等问题的报告》，1982年3月31日，中共中央印发《关于我国社会主义时期宗教问题的基本观点和基本政策》，进一步明确落实党的宗教政策的重要意义和解决宗教遗留问题的具体政策，全区各地落实宗教政策工作逐步展开。

解决宗教房产历史遗留问题　1981年6月2日，地委常委会听取省委宗教工作会议和全省统战部长会议精神，就落实党的宗教政策、解决宗教房产历史遗留问题、恢复和建立宗教爱国组织、加强对宗教界人士和信教群众的教育等工作进行研究和部署。决定嘉兴、湖州、平湖、海宁先走一步，然后在全区总结推广。1982年8月31日，地委转发地委统战部《关于检查全区贯彻中央〔1982〕19号文件，落实党的宗教政策的情况和今后工作意见的报告》，要求各县、市对宗教问题进行一次研究、分析和讨论，督促和检查有关政策的落实；明确切实解决正常宗教活动场所问题，是落实宗教政策的重点，各地抓紧贯彻《国务院批转宗教事务局、国家建委等单位关于落实宗教团体房产政策等问题的报告》，落实好宗教团体房产政策，以解决宗教活动场所和宗教团体自养经费等问题；恢复和建立爱国宗教组织，已建立爱国宗教组织的县、市要加强领导，没有建立的县、市要尽快建立起来，以有利于党的政策的贯彻和落实。其间，地委于1982年3月、9月，先后转发海宁县委统战部《关于落实宗教政策的体会》《关于对基督教堂加强领导的意见》和桐乡县委统战部贯彻《中共中央关于我国社会主义时期宗教问题的基本观点和基本政策的通知》，恢复基督教三自爱国会，开放3个教堂3个活动点的经验，推进全区落实宗教政策工作全面开展。至年底，全区有3个县恢复和建立基督教三自爱国会，2个县成立筹备组织。海宁、安吉、桐乡3个县的宗教活动初步纳入正常轨道。

撤地建市后，市委统战部、市宗教民族事务处在贯彻落实党的宗教信仰自由政策，解决宗教遗留问题上加大力度，对历史原因以及“文化大革命”期间占用的寺观教堂及其附属房屋，按照有关政策，协调相关单位，逐步退还宗教团体。1983年10月至1984年7月，市委统战部、市宗教民族事务处对全市落实宗教房产政策情况进行调查。经查，嘉兴市区、桐乡、嘉善、平湖、海盐5个县（区）原有天主教、基督教房产（不包括佛教房产）31处，其中“文化大革命”前被占或拆除10处3833平方米，“文化大革命”中被占或拆除21处7085平方米，1981年以后已落实产权21处5853平方米。1984年7月，市宗教民族事务处、市文化局经与市佛教协会协商，印发《关于维修保护管理觉海寺的通知》，决定由市文化局（文物主管部门）负责对觉海寺进行维修、保护和管理。8月，市宗教民族事务处向市政府提交《关于进一步落实宗教团体房产政策的报告》，就坚决贯彻《国务院批转宗教事务局、国家建委等单位关于落实宗教团体房产政策等问题的报告》精神，落实宗教团体房产政策，妥善解决宗教团体自养和宗教职业者经济生活问题等工作提出意见。同年11月，市政府批转市民族宗教事务处上述报告，要求各地从政治上着眼，将落实宗教团体房产政策作为特殊问题来处理，加强检查、抓紧落实。同时，明确对"文化大革命"期间占用的寺观教堂及其附属房产，应在彻底否定"文化大革命"的前提下，一律退还宗教团体；凡使用宗教房产的，应根按房管部门房租标准，与宗教团体结算租金，一次付清。至1985年，全市落实宗教房产27处8143平方米。1994年，市委、市政府就嘉兴文生修道院房产遗留问题进行专题研究，协调落实现存部分房屋的产权归属，解决嘉兴航运公司以租赁方式使用文生修道院房产的过渡问题及免税措施。至12月，文生修道院房产政策初步得到解决，在承认天主教产权的前提下，对历年拖欠的房租作了妥善处理，共落实房租12.43万元。1995年6月，经市委统战部、市民宗处协调，并报告市政府同意，市区建国南路82~86号所有房产腾退归还市基督教协会。同年11月，嘉兴文生修道院房屋所有权证交由市天主教爱国会管理，核定面积6076.6平方米。是年，全市新增落实宗教房产11处33891平方米。1996年4月30日，市长办公会议专题研究嘉兴基督教堂（简称嘉北堂）翻建和落实天后宫房产政策遗留问题，同意原地翻建嘉北堂，翻建中的税收予以减免；天后宫拆除房产1098平方米，按每平方米150元补偿。1999年8月，市委、市政府成立由市委副书记李立定任组长，副市长赵友六、市委统战部部长钱雪林任副组长，14个政府部门负责人组成的市宗教工作协调小组，进一步落实宗教遗留房产等政策，并对各地落实宗教遗留房产的进展情况开展监督检查。2001—2009年，市委、市政府先后召开市委书记办公会议、市长办公会议和市政府专题会议6次，就市区天主教文生修道院、天主教堂、基督教嘉北堂等宗教遗留房产以及单位、居民占用房清退、腾迁、修缮和经费补偿等问题进行研究，并多次与天主教杭州教区协商沟通，征求意见，本着"尊重历史，面对现实，宜粗不宜细"的原则，逐步推进问题解决，增强天主教会等宗教团体自办自养能力。2010年，市区天主教文生修道院、天主教堂片区的修缮保护和开发利用，被纳入嘉兴市保护历史文化遗迹，建设江南水乡文化名城的总体规划。

2010年，市区天主堂区块的修缮保护和开发利用，被纳入嘉兴市保护历史文化遗迹，建设江南水乡文化名城的总体规划

2014年，按照嘉兴中心城区建设的总体规划，市区天主教堂周边的第一医院、省荣军医院等单位完成搬迁。

办理人大政协议案提案　撤地建市后，市委统战部（市民宗处）实事求是受理人大、政协有关宗教方面议案、提案，结合解决宗教房产历史遗留问题、合理安排宗教活动场所等工作，组织协调、及时答复，妥善落实宗教界关切的问题。1985年，市委统战部（市民宗处）受理市政协一届二次会议涉及宗教方面的提案6件，其中涉及落实宗教团体房产政策问题2件、修缮庙宇（桐乡福严寺）、清真寺问题2件、市基督教三自爱国会工作和依法取缔非法宗教问题各1件，遵照《国务院批准宗教事务局、国家建委等单位关于落实宗教团体房产政策等问题的报告》《中共中央关于我国社会主义时期宗教问题的基本观点和基本政策的通知》精神，配合市委、市政府开展调查和协商，妥善作出安排，并及时予以回复。1988—1990年,受理政协二届会议涉及宗教方面的提案18件,其中一次会议7件、二次会议5件、三次会议6件;受理人大二届一次会议涉及宗教方面的议案件2件。按照市政府1988年7月28日召开的人大代表、政协委员议案、提案处理工作会议精神,召开有关主管部门、责任单位负责人会议,对市区天主教、基督教、佛教等宗教房产遗留问题进行协调,就产权确认、租金结算、经济补偿以及腾退居民占用寺庙房屋等问题,妥善作出处理;涉及县(市)的政协提案,及时转相关县(市)协商处理。1992年、1993年,受理涉及宗教方面的人大议案、政协提案各1件,本着尊重和保护宗教历史文化遗产,结合宗教活动场所的现状和条件,分别对有关"拆除天主堂给第一医院使用""举办觉海寺庙会"两项议案、提案,作出客观实际地解释和答复。1995—1998年,受理涉及宗教方面的人大议案4件、政协提案11件,办理来信18件,接待来访人员463人次,先后协调落实"影印出版《大藏经》""加强基层干部宗教宣传教育"和嘉善大通基督教堂遗留房产等一批宗教遗留问题,对来访人员按照有关方针政策,做好疏导教育,化解矛盾。

进入21世纪,随着落实宗教工作的深入,人大、政协涉及宗教方面的议案、提案减少,相关工作常态化。2001—2010年,受理有关宗教方面的人大议案、政协提案68件,内容涉及宗教事务管理、宗教资源保护与开发、寺观教堂修缮与扩建等多个方面。市委统战部(市民宗局)按照党和国家的有关政策,加强沟通协调,对有条件办结的议案、提案,注意抓好落实;对暂不具备办结条件的议案、提案,力争做出恰当解释和说明,保证每件议案、提案的答复质量。人大议案、政协提案办理满意率和基本满意率97%。2011—2014年,针对人大议案、政协提案中涉及的2处宗教场所历史遗留问题,密切与省民宗委协调沟通,工作取得积极进展。嘉兴文生修道院的修缮、租赁等问题,与天主教杭州教区达成协议;嘉兴天主堂的修缮和恢复使用问题,结合城市有机更新工作,纳入城市建设整体规划。

【依法管理宗教事务】

引导规范宗教场所和宗教活动 中华人民共和国成立以后,国家实行宗教信仰自由政策,宗教场所和正常的宗教活动得到保护。1952年10月,地委对宗教工作进行分工,天主教、基督教由宣传部负责,佛教、道教、伊斯兰教由统战部负责。地委统战部按照分工,指导各地对佛教、道教、伊斯兰教徒的人数、政治态度、经济生活、宗教活动等情况进行调研摸底。明确要注意防止破坏寺庙、佛像、经典和宗教信仰自由的事情,对名胜古迹、著名的寺庙、尼庵、道观要加以保护。1959年3月,地委统战部召开全区宗教工作专业会议,研究宗教制度改革和合并教堂、寺庙等问题,强调要继续贯彻宗教信仰自由政策,对强迫退教、没收"圣经"等违法现象要检查纠正。

"文化大革命"期间,宗教活动被迫停止。

中共十一届三中全会以后,各地结合落实宗教政策工作,陆续批准开放一批宗教活动场所,宗教活动逐步恢复。1981年6月2日,地委召开常委会听取地委统战部关于省委宗教工作会议和全省统战部长会议精神的汇报,就落实党的宗教政策、解决宗教房产历史遗留问题、恢复和建立宗教爱国组织、加强对宗教界人士和信教群众的教育等工作进行研究和部署。同时,要求各地建立宗教工作机构,配备必要的干部,加强党对宗教工作的领导。1982年8月,地委转发地委统战部《关于检查全区贯彻执行〈中共中央关于我国社会主义时期宗教问题的基本观点和基本政策的通知〉,落实党的宗教政策的情况和今后工作意见的报告》,进一步明确要提高对社会主义时期党对宗教问题的基本观点和基本政策的认识,督促、检查有关宗教政策的落实,有计划地解决宗教活动场所,把信教群众的宗教活动引导到经批准开放的宗教场所内进行,逐步将宗教活动纳入正常轨道。1983年7—9月,地委针对嘉兴、湖州、海盐、嘉善、平湖、海宁、安吉、德清等市、县出现非法宗教活动的情况,遵照中央和省委会议精神,在全区组织开展依法取缔非法宗教专项工作。其间,各县、市成立领导小组,抽调干部105人组织调查组25个开展调查。同年8月,地委统战部转发海盐县在依法取缔非法宗教工作中的经验,推进全区依法取缔非法宗教工作开展。

撤地建市后，市委统战部（市民宗处）结合落实统战政策工作，对全市宗教工作现状、宗教历史遗留问题等工作开展调查。1983年8月，市委统战部（市民宗处）注意做好信教群众的团结、教育工作，帮助家庭聚会点骨干解决一些实际困难，协调办好堂务委员会，引导家庭聚会点信徒到教堂过宗教生活，并向省委统战部、市委、市政府作出报告。1985年1月，召开全市宗教工作会议，进一步学习贯彻中共中央《关于我国社会主义时期宗教问题的基本观点和基本政策》，就全市落实宗教团体房产政策、合理安排宗教活动场所、建立健全爱国宗教组织、做好宗教界人士团结教育工作、发动和支持宗教团体兴办社会公益事业等工作进行交流、总结和部署。郊区步云乡党委，海盐、桐乡、平湖、嘉善、海宁县委统战部和海宁县长安镇党委分别就落实宗教政策、加强对宗教活动管理、做好宗教界人士团结教育工作、引导信教群众在经批准的场所过宗教生活、发动和支持宗教团体兴办社会公益事业等方面的经验进行交流。至年底，全市批准开放教堂和指定宗教活动点47个，初步解决信教群众的宗教活动需求。

20世纪90年代，全市统战（民宗）部门进一步深化党的宗教信仰自由政策，依法管理宗教事务，保障合法宗教活动，坚决打击一切在宗教外衣掩盖下的违法犯罪以及各种不属于宗教范围的危害国家利益和人民生命财产的迷信活动，引导宗教与社会主义社会相适应。1991年，各地遵照中国宗教独立自主自办原则，指导各宗教活动场所建立管理委员会或管理小组，制定内部管理制度；对天主教堂、基督教堂落实“三定”（定点、定人、定片）宗教活动管理措施，依法加强管理。1993年，针对部分农村滥建小庙宇问题突出的情况，印发《关于加强全市佛教活动管理的意见》，按照浙江省人民政府第25号令，对滥建的非法小庙宇依法予以拆除、取缔，对符合条件的宗教活动场所进行登记发证。是年，全市完成登记发证91处，其中佛教12处、伊斯兰教1处、天主教8处、基督教70处。1997年起，全市实行宗教活动场所年检制度，从制度上进一步规范宗教活动场所管理。是年，检查验收宗教活动场所106处，其中佛教15处、伊斯兰教1处、天主教11处、基督教79处。1998年，印发《宗教活动场所年度检查要求及办法》，宗教活动场所年检工作常态化，每年进行。同年，全市开展“制止非法宗教活动”专项斗争，依法训诫、教育非法聚会点负责人39名、骨干65名，制止和取缔非法宗教活动场所86处，收缴非法宗教宣传品160多份。2000—2004年，全市先后开展“清理乱建小庙、滥塑佛像”和以“整治社会风气、整治居住环境”为主要内容的“双整治”活动。5年间，全市依法拆除或改作它用非法小庙小庵1347处，清理整顿封建迷信活动场所1400余处。2005年，市委统战部（市民宗局）组织开展全市宗教活动场所基本情况、农村小庙小庵问题、青少年宗教信仰状况、基督教私设聚会点问题等专题调研。是年5月，市民宗局指导市佛教协会、市天主教爱国会、市基督教两会、嘉兴市清真寺向全市宗教界发起创建“平安寺院”“平安教会”活动。倡议全市宗教场所用三年时间，通过“创建”活动实现团体作用发挥、场所安全稳定、管理制度健全、治安状况良好、内部安定团结、宗教活动依法开展、场所建设规范有序、服务社会积极主动的目标。2006年，贯彻国家宗教局《宗教活动场所设立审批和登记办法》、省民宗委《关于开展全省宗教活动场所登记证换发工作的通知》，各地结合登记换证和创建“平安寺院”“平安教会”活动，建立场所档案、完善管理制度，并按照属地管理原则，县（市、区）政府与各镇（乡）政府签订依法管理宗教事务工作目标责任，宗教活动场所原年检制度不再进行，实行民主管理、依法管理。2007年5月，在市行政中心召开2006年度全市创建“平安寺院”“平安教堂”活动总结表彰大会，第一批43家“平安寺院”“平安教堂”被授牌。2008年5月，召开2007年度全市创建“平安宗教活动场所”总结表彰大会，对第二批58家达标场所进行表彰、授牌，全市创建活动达标率67.7%，基本实现两年创建达标计划。2009年，贯彻省民宗委《关于开展创建“和谐寺观教堂”活动的意见》，将全省创建“和谐寺观教堂”活动嘉兴创建“平安寺院”“平安教堂”活动相结合，印发《关于进一步深化创建“平安宗教活动场所”活动的意见》，推出争创“星级平安宗教活动场所”活动，并与省“和谐寺观教堂”的标准和要求进行全面对接和细化，制定《嘉兴市星级平安宗教活动场所达标考评制度》。是年，全市有平安宗教场所132家，占登记开放宗教活动场所的88%。2010年，结合上海世博会安全保卫工作，制定《嘉兴市宗教管理工作协作机制》，建立全市宗教系统世博会"环沪护城河"安保领导小组，并与各宗教活动场所签订安保工作责任书，全市宗教界未发生影响社会和谐稳定的事件。是年，全市"平安宗教活动场所"达标率占登记开放场所的92%，首批46个宗教活动场所获"三星级平安宗教活动场所"称号，并被评为省级达标"和谐寺观教堂"，其中10个被评为省级优秀"和谐寺观教堂"。在全省"和谐寺观教堂"考核中，嘉兴市平安创建达标率和优秀率均居第一。嘉善龙庄讲寺、嘉兴精严讲寺、平湖钟埭基督教堂、海宁硖石基督教堂、平湖天主教爱国会被评为首届全国创建"和谐寺观教堂"先进集体。2011年，进一步深化平安宗教活动场所创建工作，星级平安宗教活动场所增至76个，占登记开放宗教场所的46.6%。2012年，在巩固"和谐寺观教堂"创建活动的基础上，有序推进宗教活动场所财务监督管理，对162个登记开放场所的民主理财、收支情况、审批程序、实物管理四个方面13项内容进行全面检查，规范各项经费收支行为，提高监督管理效能。是年，全市被评为省级"和谐寺观教堂"77家、市级"平安宗教活动场所"155个，分别占全市登记开放宗教活动场所总数的47.5%和95.6%。2013年，突出"教风年"和谐寺观教堂建设主题，加强宗教基础工作；指导各宗教活动场所落实安全责任制，依法开展宗教活动，努力建设风正、风清、风和的和谐场所。是年，全市被评为全国"和谐寺观教堂"先进集体5个，被评为全省"和谐寺观教堂"达标单位120个。

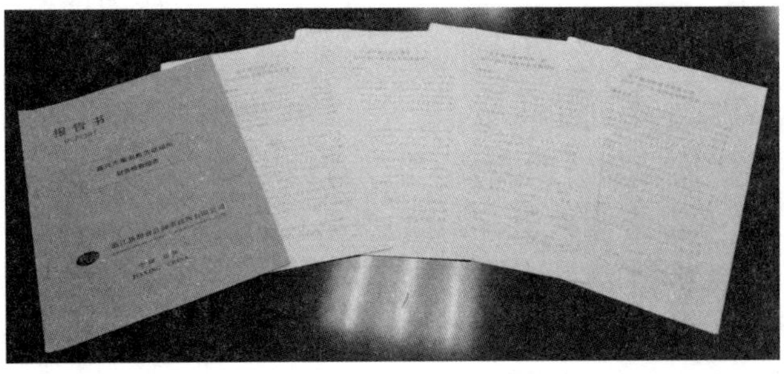

2012年8月，市民宗局结合平安宗教场所创建活动，进一步规范宗教场所财务监督管理，对162个登记开放的宗教场所进行民主理财、收支情况检查。图为检查登记表

2014年，各地结合市委、市政府"平安嘉兴"创建工作，进一步加强对"平安宗教"创建工作的指导，巩固和完善省级"和谐寺观教堂"和市级"平安宗教活动场所"创建活动。同时，根据《浙江省民宗委信息化建设工作方案》《关于做好浙江省宗教信息管理系统建设工作的通知》精神，全市民宗部门完成宗教信息管理系统建设，市、县两级26个宗教团体、161个宗教活动场所、500余名宗教教职人员和753个民间信仰活动场所的信息全部录入系统，全市宗教工作信息化、规范化管理初现成效。是年，市委统战部（市民宗局）被市委、市政府评为2004—2013年度平安创建工作先进单位，全市省级"和谐寺观教堂"创建达标率占全市宗教活动场所总数的72%。

加强宗教组织建设和代表人士培养工作 嘉兴地区各县解放以后，各县（市）委统战工作遵照党的宗教信仰自由政策，注意保护宗教僧尼的合法权益，按照"自治、自传、自养"和"独立自主、自办教会"的原则，协调建立宗教自治组织。同时，在政权建设中重视安排宗教界人士，支持宗教界人士参政议政，参与地方经济建设。1951年6月，嘉兴县委统战部结合基督教在全国开展的三自爱国运动，协调和帮助建立嘉兴县基督教协进会筹备会（会址：新塍镇），引导辖区基督教徒进行正常宗教活动。同年7月，嘉兴市委（县级）统战部遵照市委的统一部署，在嘉兴市一届五次各界人民代表会议协商委员会增设宗教界别，安排宗教人士1名任协商委员会成员。1952年4月，协调成立嘉兴市（县级）佛教协会，引导信教群众在宗教场所进行佛事活动。1952年10月14日，地委统战部印发《嘉兴地委统战部关于十、十一、十二三个月工作的意见》，要求各地在宗教统战工作中注意僧尼生活，对老弱僧尼由各地救济款予以照顾，对少数有名望的僧、尼、道士、阿訇等，生活有困难者，由统战部门照顾解决。1955年5月，地委统战部印发《关于人士安排工作情况简报》，再次提出在人民委员会、政治协商会的人事安排上要注意将"有代表性、有影响、作用大的宗教界上层人士安排到县人民委员会中来"。1956年3月，政协嘉兴市（县级）一届委员会和1963年12月，政协嘉兴县一届委员会设立宗教界别。此后，县、市历届政协均设宗教界别，安排宗教人士任政协委员3~4名。

“文化大革命”期间，地委和各县(市)委统战部被取消，宗教工作停止。

1977年12月，地委统战部恢复工作。遵照中央、省委一系列落实宗教政策工作的文件、指示精神，指导各县(市)委统战部结合落实宗教团体房产政策，及时协调和恢复宗教团体活动，落实宗教界人士的举荐、考察和安排工作。1981年，嘉兴市委(县级)统战部配合市委做好政协组织恢复后的人事安排工作。1982年1月，政协嘉兴市(县级)三届一次会议安排宗教界人士3名。是年，先后协调嘉兴市(县级)佛教协会恢复工作，协调成立嘉兴市(县级)基督教三自爱国会。

撤地建市后，市、县(市、区)两级统战部、民族宗教部门重视宗教团体建设，注意发挥宗教团体、宗教界人士的参政议政作用，市、县(市、区)两级政协均设置宗教界别，推荐宗教界人士担任政协委员，听取和受理宗教界人士的意见、提案，协调解决宗教界人士和信教群众关心的问题。1983年12月，政协嘉兴市一届委员会有委员352名，宗教人士8名，占委员总数的2.27%。此后，历届市政协宗教界别委员数保持稳定，略有增加。1987年4月、11月，先后批复成立嘉兴市基督教两会和嘉兴市天主教两会。

20世纪90年代，全市进一步完善宗教组织建设和宗教界人士的政治安排工作。1991年11月，批准成立市佛教协会。1993年5月，市委统战部结合市政协换届工作，广泛征求意见建议，开展宗教界委员人选的提名、推荐工作，一批有良好群众基础和较高社会声望的宗教界人士当选政协委员。1994年，协助市佛协班子调整，成立桐乡、郊区佛协和嘉善天主教管理小组。1995年起，各地重视年轻神职人员的培养和使用，协助市佛协充实副会长2名，市基督教三自爱国会充实委员2名。海宁市委统战部对学成归来的5名神职人员，大胆使用，充实宗教团体领导班子。1997—2000年，指导市、县(市、区)两级宗教团体换届工作，协调推荐具有一定政治觉悟的年轻神职人员充实进宗教团体，推进宗教团体领导班子年轻化，逐步实现新老交替。换届后，市基督教两会班子平均年龄比上届下降10.6岁，市天主教两会班子平均年龄由上届的60岁下降为48岁。2001—2003年，开展全市宗教团体、宗教场所有关青年教职人员及骨干的基本状况调查，将一些年纪较轻、政治素质较好、在信教群众中有一定威信的青年教职人员作为重点培养对象，推荐担任市、县两级政协委员。2005年，贯彻全国、全省宗教工作座谈会精神和国务院《宗教事务条例》，加强与宗教界代表人士的沟通联系，建立定期走访、谈心制度，组织宗教界代表人士结合嘉兴实际，就探索和推进全市宗教工作进行座谈，听取宗教界人士参政议政的诉求。2007年8月，市委印发《关于进一步巩固和壮大新世纪新阶段统一战线的实施意见》，提出：“坚持独立自主自办的原则，切实加强爱国宗教团体和宗教教职人员队伍建设，努力培养政治上靠得住、学识上有造诣、品德上能服众的宗教界代表人士；积极引导宗教与社会主义社会相适应，鼓励和支持宗教界发扬爱国爱教、团结进步、服务社会的优良传统，促进宗教为社会和谐发挥积极作用。”遵照市委实施意见精神，市委统战部结合各宗教团体新老交替的现状，进一步加强对宗教界中青年代表人士的教育培养，在市佛协、市基督教两会换届中予以充实调整。2008—2009年，支持各爱国宗教团体加强自身建设，分别指导市佛协、市基督教两会完成换届，建立健全各项规章制度，并协助海宁市成立全市首个道教协会。2010—2011年，全市进一步加强宗教教职人员队伍建设，积极推进宗教教职人员认定备案和社会保障工作，先后制定印发《嘉兴市宗教事务管理工作协作机制》《关于做好我市宗教教职人员社会保障工作的实施意见》，按照市县联动、宗教部门与宗教界联动、宗教部门与镇(街道)联动的办法，建立对宗教团体负责人、宗教场所负责人和主要教职人员的综合考评制度，全市佛教、道教、基督教教职人员认定备案568名。2012年，全面实施宗教教职人员社会保障工作，以宗教场所为基本单位，实行个人、宗教场所、宗教团体相结合，市财政适当补贴的形式，全市通过认定备案的教职人员参保率99.4%。嘉兴市维护宗教教职人员合法权益，落实宗教教职人员社会保障的做法和经验，在全省宗教业务工作推进会议上推广交流。

2014年，全市各级统战(民宗)部门，全面贯彻党的宗教信仰自由政策，切实维护宗教关系和谐，按照独立自主自办原则，指导宗教团体加强自身建设和宗教教职人员队伍建设，注意发挥宗教界人士和信教群众在促进经济社会发展中的积极作用，宗教教职人员的认定备案和社会保险工作常态化。

开展宗教政策宣传和宗教人士培训工作 中华人民共和国成立以后，地委统战部针对境外敌对势力加紧利用宗教问题对中国实施西化和分化的政治战略，宣传贯彻党的宗教信仰自由政策，组织全区宗教界开展反对和抵制宗教渗透斗争。1951年，全区各县(市)委统战部根据宗教渗透与反宗教渗透斗争需要，组织对宗教界进行社会主义、爱国主义教育。开展三自爱国运动，摆脱基督教、天主教受境外敌对势力控制的影响，在佛教中铲除封建迷信的糟粕，在伊斯兰教中废除封建特权和封建压迫制度，引导宗教人士和信教群众，在宪法规定的范围内开展正常的宗教活动。1959年，地委统战部举办“专区宗教训练班”，组织神职教牧人员、教徒学习《中华人民共和国宪法》和党的宗教政策，开展社会主义、共产主义教育。1964年，嘉兴县召开宗教界代表会议，订立全县宗教界反帝爱国公约，推动全县宗教活动纳入正规。

“文化大革命”期间，宗教政策宣传和宗教人士培训工作停止。

1977年12月，地委、县(市)委统战部恢复，宗教政策宣传与宗教人士培训工作逐步恢复。1981年6月，地委常委会专题研究贯彻落实省委宗教工作会议和全省统战工作会议精神，指示各县(市)委进行宗教政策再教育，统一各级干部特别是领导干部对宗教问题的认识；加强对宗教界人士和信教群众形势教育、爱国守法和民族自尊心教育，推动宗教和谐稳定。1982年，全区统一战线各部门组织学习中共中央《关于我国社会主义时期宗教问题的基本观点和基本政策》。同年8月，地委转发地委统战部《关于检查全区贯彻执行〈关于我国社会主义时期宗教问题的基本观点和基本政策的通知〉，落实党的宗教政策的情况和今后工作意见的报告》，要求各地结合落实宗教政策工作，加大党的宗教政策的宣传力度，增强贯彻中央宗教政策的自觉性。

1983年10—12月，市委统战部(市民宗处)结合撤地建市后全市落实宗教政策工作，对城区教牧人员进行广泛接触，宣传党的宗教政策，做好取缔“呼喊派”的巩固工作，团结教育信教群众到合法宗教场所活动。1984年，市区、平湖两地统战(民宗)部门针对取缔“呼喊派”后，部分受蒙骗群众准备恢复家庭聚会的动向，采取耐心教育、团结争取的方法，进行爱国守法教育，做好疏导工作，防止“呼喊派”死灰复燃。1985年9月，市委统战部印发《关于落实市委领导批示，切实加强宗教工作的意见》，要求全市统战系统切实加强党的宗教政策宣传和教育培训。1988年，市委统战部探索宗教界人士培训工作，协助市基督教三自爱国会对全市五县(市)两区35名义工，开展为期20天的培训，为推进全市宗教教育培训工作，提高宗教教职人员的政策水平和神学水平进行尝试。此后，宗教培训工作逐步深入。1991年，市、县两级统战部门贯彻全国、全省统战工作会议精神，组织宗教界人士进行爱国主义教育和法制教育，推进宗教领域和谐稳定。1992—1994年，开展党的宗教政策宣传，传达全国、全省宗教工作会议精神，印发《宗教政策汇编》《浙江省宗教活动管理规定》《佛教知识问答》等，引导信教群众正确区分正常宗教活动与封建迷信的界限。1997年，组织宗教界人士、乡镇(街道)干部学习党的宗教政策和国家有关法律法规，并结合香港回归祖国，举办“欢庆香港回归，祈祷世界和平”水陆法会和“庆回归、谈感想”座谈会等活动，鼓励和支持宗教界以多种形式祈祷祖国繁荣富强。1998年6月30日至7月4日，市委统战部(市民宗局)会同市社会主义学院举办全市首期民族宗教界人士培训班(少数民族8人，佛教寺庙、市天主教两会、市基督教两会等宗教界人士共28人)，采取集中辅导、参观考察、座谈交流等形式，进行爱国主义、社会主义和民主法制教育，提升宗教教职人员爱国爱教和贯彻宗教政策的水平。1997—2000年，全市围绕贯彻《浙江省宗教事务条例》，组织宗教界代表人士和宗教团体负责人，举办各类培训班、座谈会42次600余人次。同时，组织宗教界学习《中国天主教“一会一团”严正声明》和《人民日报》社论，开展反渗透、反颠覆，依法处置“法轮功”邪教活动等爱国爱教座谈。

进入21世纪，各地围绕宗教工作面临的新形势、新情况、新问题，进一步加强宗教领域、宗教界人士爱国爱教教育培训工作。2001—2003年，市委统战部（市民宗局）开展全市宗教团体、宗教场所中青年教职人员及骨干的教育、培养、管理问题调研，采取与市社会主义学院联合举办宗教团体负责人培训班、输送中青年教职人员骨干到省社会主义学院培训等方式，开展社会主义宗教理论、宗教法律法规专题辅导和培训，提升宗教教职人员的政治素质、参政议政能力和社会活动能力。其间，选派宗教团体负责人3名参加省社会主义学院培训。2004年，贯彻全国、全省宗教工作座谈会精神，组织宗教界代表人士结合嘉兴实际，就探索和推进全市宗教工作进行座谈，并对宗教团体、宗教活动场所负责人及教职人员进行培训。2005—2006年，贯彻国务院《宗教事务条例》和修订颁布的《浙江省宗教事务条例》，制定《嘉兴市民族宗教系统法制宣传教育第五个五年规划》，成立“五五”普法宣传教育工作领导小组，分别举办宗教团体和宗教活动场所负责人培训、佛教僧人道风建设培训、基督教义工培训，并在宗教界开展社会主义荣辱观和建设社会主义和谐社会教育，倡导宗教界发扬爱国爱教、团结进步、服务社会的传统。其间，全市培训宗教界人士2068名。2007—2008年，围绕学习贯彻中共十七大精神、国务院《宗教事务条例》《浙江省宗教事务条例》及国务院宗教局3号令、4号令，宣传党的宗教政策和国家有关法律法规；支持宗教团体开展以爱国主义教育和法律法规培训为重点的各类学习培训活动。2009年，围绕庆祝中华人民共和国成立60周年，组织开展“促进宗教和谐、维护民族团结”为主题的群众性爱国主义教育活动和宗教工作“三支队伍”教育培训，举办各类宗教界人士培训班28期2661人次。2010年，制定《嘉兴市宗教管理工作协作机制》，市、县（市、区）两级共举办宗教教职人员培训班25期2000余人次。2012年，开展“宗教政策法规学习月”活动和全市宗教界政策法规知识竞赛，组织宗教教职人员、信教群众进行党的宗教政策、法律法规教育和宗教政策法规知识竞赛，全市宗教团体、宗教场所管理成员1382人参与学习竞赛，参赛率93.1%。

2014年，以深入开展“宗教政策法规学习月”活动为抓手，加大宗教知识与宗教政策宣传教育力度，在市委党校县处级干部班、中青年干部班安排宗教政策专题授课辅导，在宗教教职人员和信教群众中进行政策法规教和培训。是年，全市举办基层民宗工作培训班15期312人次，宗教界人士培训班17期1398人次。

支持鼓励宗教界慈善捐助活动　市委统战部（市民宗局）部门鼓励和支持宗教界发扬爱国爱教、团结进步和服务社会的优良传统，支持宗教界爱国进步人士根据新的历史条件，努力挖掘和弘扬宗教教义、宗教道德、宗教文化中有利于社会发展、时代进步和健康文明的内容，鼓励宗教界多做善行善举、有益于社会发展的公益慈善活动。1998年长江流域发生特大洪灾，1999年嘉兴发生“6·30”特大洪涝灾害，全市宗教界开展规模空前的赈灾募捐活动，共捐款13.5万元，支援抗洪救灾。2001—2002年，全市宗教界开展“情系西部献爱心”活动，累计为西藏、云贵等地建设希望小学和献爱心活动捐款13万余元，结对资助贫困学生1万余元。2003年开展“抗击非典，奉献爱心”捐赠活动，宗教团体和宗教活动场所捐款1.86万余元。2004—2007年，先后开展“情系民族兄弟，为灾区重建作贡献”“扶贫帮困”等社会公益事业活动，4年累计捐款119.78万元。2008年，参与“5·12”汶川大地震抗震救灾，为灾区捐款130余万元。2009—2010年，全市开展“百家场所百万情，心系社会献爱心”宗教慈善活动，共捐款257.8万元。2013年，开展宗教界“慈善周”活动，各宗教团体、宗教场所累计捐款203万元，用于各项慈善扶贫事业。

第三节　宗教场所

境内宗教场所随着宗教活动的传入而兴起，历史源远流长。海盐金粟寺始建于三国吴赤乌四年（241），是江南最早的佛教寺院；澄真道院建于汉代，是嘉兴境内最早的道教活动场所；嘉兴清真寺建于明万历三十年（1602），是境内唯一的伊斯兰教清真寺；嘉北耶稣堂建于清光绪二十六年(1900)，是境内第一座基督教活动场所；海宁车辐浜圣母玫瑰堂建于清同治十一年(1872)，是境内最早的天主堂。全盛时期，嘉兴各县(清末)共有道观54座，其中嘉兴10座；佛教寺院141座、庵118座。据《嘉兴市志》记载，民国20年(1931)，嘉兴县尚有寺院13座、庵51座；民国34年(1945)，嘉兴县有耶稣堂21所、嘉兴各县共有天主教堂42所。

中华人民共和国成立后，国家实行宗教信仰自由政策，宗教场所得到尊重和保护。

“文化大革命”期间，一些寺院教堂被拆毁或占用，宗教活动停止。

中共十一届三中全会后，各县(市)贯彻落实党的宗教政策，从解决宗教团体自养和宗教职业者经济生活问题入手，对历史原因以及“文化大革命”期间占用的寺观教堂及其附属房屋，通过协调腾退归还宗教团体。1981年6月，地委统战部按照地委常委会议关于“在落实宗教政策工作中，按照‘因地制宜、因陋就简、方便群众、有利生产’的原则，落实一些必要的宗教活动场所，以逐步解决信教群众宗教信仰需求”的指示精神，指导各县(市)委统战部结合落实宗教房产政策工作，在开展调查的基础上，逐步批准开放一些宗教活动场所。至1982年年底，全区批准开放天主教堂3处，基督教堂12个、活动点12个。

撤地建市后，市委统战部、市政府民族宗教事务处遵照中共中央《关于我国社会主义时期宗教问题的基本观点和基本政策》，关于“合理安排宗教活动场所，是落实党的宗教政策，使宗教活动正常化的重要物质保证”的指示和省政府宗教事务处《关于转告省政府办公厅〈关于寺观开放问题的复函〉的函》，下放寺观教堂批准开放权限，由各县(区)人民政府审批，报省、市人民政府和宗教事务处(科)备案。各县(区)委统战部(民宗科)在落实宗教政策工作中，从实际出发，按照“因教制宜、因地制宜、因陋就简，合理安排宗教活动场所”的原则，逐步批准开放一批宗教活动场所，解决信教群众正常的宗教生活需求，引导宗教活动进入正常轨道。1985年，全市开放宗教活动场所47个，其中佛教1个、伊斯兰教1个、天主教10个、基督教35个。1986年以后，各地进一步落实宗教团体房产政策，一些历史悠久的佛教寺院得到修缮、重建和开放，符合条件的宗教活动场所逐年增加。至1995年，全市登记开放宗教活动场所107个，其中佛教17个、伊斯兰教1个、天主教10个、基督教79个。2000年，全市进一步完善宗教活动场所基础设施，迁建和修缮一批重点宗教活动场所。市本级觉海寺行政划拨土地2300平方米，扩建工程于12月底动工兴建；海宁惠力寺、嘉善圆觉寺、海盐天宁寺、平湖报本寺、桐乡福严寺、梧桐基督教堂等相继进行修缮。2004年，针对全市宗教活动场所数量偏少的实际，各地进行专题调查，实事求是对待群众的呼声，作出合理布局、新增宗教活动场所40个的总体规划，逐年予以落实。2012年，协调市本级宗教活动场所建设，基督教嘉兴中心堂暨基督教两会培训中心和嘉北堂迁建选址、规划用地及教堂设计等有序推进。

2014年，全市有登记开放的宗教活动场所163处，其中佛教75处、道教2处、伊斯兰教1处、天主教12处、基督教(不含聚会点)73处。

2014年嘉兴市登记开放佛教场所一览表

表4-2-1

辖区场所	场所名称	地　　址
市本级 (2处)	精严讲寺	南湖区七星街道
	觉海寺	市区斜西街
南湖区 (10处)	血印禅寺	市区三塔路
	冷仙亭	市区秀州路
	大曹王寺	南湖区余新镇
	黎林寺	南湖区新丰镇

续表4-2-1

辖区场所	场 所 名 称	地　　址
南湖区（10处）	小普陀禅寺	市区徐王路
	石佛寺	南湖区凤桥镇
	真实禅寺	南湖区新丰镇
	广福庵	南湖区大桥镇
	太平禅寺	南湖区新篁镇
	普光禅寺	南湖区余新镇
秀洲区（4处）	能仁寺	秀洲区新塍镇
	长虹寺	秀洲区王江泾镇
	栖真寺	秀洲区油车港镇栖真集镇
	永昌寺	秀洲区油车港镇
嘉善县（12处）	龙庄讲寺	嘉善县干窑镇
	圆觉禅寺	嘉善县陶庄镇
	大云禅寺	嘉善县大云镇
	地藏禅院	嘉善县城西李家浜
	古药师禅寺	嘉善县西塘镇
	莲花禅寺	嘉善县姚庄镇
	长寿禅寺	嘉善县干窑镇
	云台禅寺	嘉善县陶庄镇
	礼庙禅寺	嘉善县西塘镇
	东岳净寺	嘉善县天凝镇
	杨庙禅寺	嘉善县天凝镇(原杨庙镇)
	朝尊寺	嘉善县天凝镇(原洪溪镇)
平湖市（9处）	报本禅寺	平湖市当湖街道
	法华禅寺 俗称“法华庵”	平湖市新仓镇
	小普陀观音禅院	平湖市乍浦镇
	萃贞庵	平湖市新埭镇
	钱皇寺	平湖市林埭镇
	海林寺	平湖市全塘镇
	普照寺	平湖市广陈镇
	圆通禅寺	平湖市钟埭镇
	祝圣禅寺	平湖市独山港镇
海宁市（16处）	安国寺	海宁市盐官镇
	广福寺	海宁市硖石街道
	惠力禅寺	海宁市硖石街道
	荐福寺	海宁市许村镇
	小普陀禅寺	海宁市盐官镇

续表4-2-1

辖区场所	场所名称	地　　址
海宁市（16处）	崇教寺	海宁市袁花镇
	药师禅寺	海宁市许村镇
	桧林寺	海宁市盐官镇
	觉皇寺	海宁市长安镇
	史山寺	海宁市海昌街道
	太平寺	海宁市丁桥镇
	观音寺	海宁市黄湾镇
	林海寺	海宁市斜桥镇
	仲济禅寺	海宁市斜桥镇
	万寿寺	海宁市长安镇
	兴福寺	海宁市长安镇
海盐县（10处）	天宁禅寺	海盐县武原街道
	云岫庵	海盐县南北湖景区
	惠泉寺	海盐县南北湖景区
	法喜禅寺	海盐县通元镇
	金粟寺	海盐县澉浦镇
	觉林寺	海盐县秦山街道
	金观音寺	海盐县开发区
	禅悦寺	海盐县澉浦镇
	灵野寺	海盐县武原街道
	相国寺	海盐县于城镇
桐乡市（12处）	福严禅寺	桐乡市凤鸣街道
	凤鸣寺	桐乡市梧桐街道
	演教禅寺	桐乡市高桥镇
	慈云禅寺（密印寺）	桐乡市乌镇镇
	石佛禅寺（福田寺）	桐乡市乌镇镇
	香海禅寺	桐乡市濮院镇
	双庆禅寺（顺庆寺）	桐乡市洲泉镇
	寂照寺	桐乡市屠甸镇
	龙翔禅寺	桐乡市炉头镇（今龙翔街道）
	德政禅寺	桐乡市大麻镇
	崇庆禅寺	桐乡市河山镇
	祇园寺	桐乡市洲泉镇

2014年嘉兴市登记开放天主教场所一览表(不含聚会点)

表4-2-2

辖区场所	场所名称	地址
市本级(1处)	嘉兴市天主教堂	市区紫阳街
秀洲区(1处)	王江泾天主教堂	秀洲区王江泾镇
嘉善县(1处)	嘉善天主堂	嘉善县罗星街道
平湖市(2处)	城西天主教堂	平湖市钟埭街道
	南桥天主堂	平湖市新埭镇
海宁市(4处)	硖石天主教堂	海宁市硖石街道
	长安天主教堂	海宁市长安镇
	车辐浜天主教堂	海宁市海昌街道
	谈桥天主教堂	海宁市袁花镇
桐乡市(2处)	梧桐天主教堂	桐乡市梧桐街道
	桐乡天主教堂	桐乡市濮院镇
港区(1处)	总管弄天主教堂	嘉兴港区乍浦镇

2014年嘉兴市登记开放基督教场所一览表(不含聚会点)

表4-2-3

辖区场所	场所名称	地址
市本级(2处)	嘉兴市基督教堂	市区姚庄路
	嘉兴市基督教南门堂	市区禾兴南路
南湖区(14处)	新篁基督教堂	南湖区新篁集镇
	凤桥基督教堂	南湖区凤桥镇
	曹庄基督教堂	南湖区曹庄集镇
	新丰基督教堂	南湖区新丰镇
	步云基督教堂	南湖区大桥镇(步云)
	东栅基督教堂	南湖区东栅街道
	大桥基督教堂	南湖区大桥镇
	余新基督教堂	南湖区余新镇
	八里村基督教堂	南湖区大桥镇
	七星基督教堂	南湖区七星街道
	七里店基督教堂	南湖区七星街道
	新善寺基督教堂	南湖区凤桥镇
	角里街基督教堂	南湖区南湖街道
	三水湾基督教堂	南湖区南湖街道
秀洲区(8处)	新塍基督教堂	秀洲区新塍镇
	王店基督教堂	秀洲区王店镇
	锦堂浜基督教堂	秀洲区洪合镇

续表4-2-3

辖区场所	场 所 名 称	地　　址
秀洲区（8处）	洪恩基督教堂	秀洲区洪合镇
	八字基督教堂	秀洲区新塍镇
	王江泾基督教堂	秀洲区王江泾镇
	栖真基督教堂	秀洲区油车港镇
	高照基督教堂	秀洲区新乐路
嘉善县（13处）	魏塘基督教堂	嘉善县罗星街道
	天凝基督教堂	嘉善县天凝镇
	西塘基督教堂	嘉善县西塘镇
	下甸庙基督教堂	嘉善县西塘镇(原下甸庙镇)
	干窑基督教堂	嘉善县干窑镇
	大云基督教堂	嘉善县大云镇
	大通基督教堂	嘉善县惠民街道(原大通镇)
	丁栅基督教堂	嘉善县姚庄镇(原丁栅镇)
	杨庙基督教堂	嘉善县天凝镇(原杨庙镇)
	洪溪基督教堂	嘉善县天凝镇(原洪溪镇)
	俞汇基督教堂	嘉善县姚庄镇(原俞汇镇)
	范泾基督教堂	嘉善县干窑镇(原范泾镇)
	陶庄基督教堂	嘉善县陶庄镇
平湖市（6处）	城关耶稣堂	平湖市当湖街道
	钟埭耶稣堂	平湖市钟埭街道
	新埭耶稣堂	平湖市新埭镇
	新仓耶稣堂	平湖市新仓镇
	全塘耶稣堂	平湖市全塘镇
	独山港镇天恩堂	平湖市独山港镇
海宁市（12处）	硖石基督教堂	海宁市硖石街道
	长安基督教堂	海宁市长安镇
	盐官基督教堂	海宁市盐官镇
	袁花基督教堂	海宁市袁花镇
	斜桥基督教堂	海宁市斜桥镇
	许村基督教堂	海宁市许村镇
	翁埠基督教堂	海宁市许村镇
	花园基督教堂	海宁市许村镇
	周镇基督教堂	海宁市周王庙镇
	冯桥基督教堂	海宁市斜桥镇
	丁桥基督教堂	海宁市丁桥镇
	前进基督教堂	海宁市许村镇

续表4-2-3

辖区场所	场所名称	地址
海盐县 （4处）	海盐基督教堂	海盐县武原街道
	沈荡基督教堂	海盐县沈荡镇
	澉浦基督教堂	海盐县澉浦镇
	横港基督教堂	海盐县百步镇
桐乡市 （11处）	桐乡基督教堂	桐乡市梧桐街道
	崇福基督教堂	桐乡市崇福镇
	亭桥基督教堂	桐乡市高桥镇
	炉头基督教堂	桐乡市龙翔街道
	乌镇基督教堂	桐乡市乌镇镇
	濮院基督教堂	桐乡市濮院镇
	周家兜基督教堂	桐乡市濮院镇
	屠甸基督教堂	桐乡市屠甸镇
	新生基督教堂	桐乡市濮院镇
	洲泉基督教堂	桐乡市洲泉镇
	大麻基督教堂	桐乡市大麻镇
开发区 （2处）	乘堂桥督教堂	开发区城南街道
	府南督教堂	开发区长水街道
港区（1处）	黄山督教堂	港区乍浦镇（黄山村）

【佛教寺院】

精严讲寺　位于南湖区七星街道湘家荡旅游度假区。始建于东晋咸康六年（340），时名“灵光寺”。吴越文穆王时（932—941）立山门，掘得一石龟，界甲分明，尾长绕身，实为珍奇，遂更名为“灵龟寺”。宋大中祥符二十八年（1010）御赐匾额“精严寺”。精严寺历代御赐匾额，收藏文物甚为丰富，与杭州灵隐、宁波天童寺并称浙江三大丛林，为嘉兴八寺之首。在唐、宋、明、清四代皆甚为鼎盛，一度成为江南佛教文化中心。精严寺藏经阁，世代积累、藏经万余，内藏乾隆版《大藏经》，堪为佛门至宝。清光绪二十年（1894），同治、光绪两代帝师、户部尚书翁同龢亲书“龙藏”匾额。精严寺寺院戒律森严，学风鼎盛，高僧辈出。唐有西域僧伽、法相、浩端，宋有洪敏、允湛、道欢，清有济延、桂芩、愿新等，皆堪为佛门宗匠。民国8年（1919），弘一法师莅寺阅藏讲经，点校《大藏经》。1992年，中国佛教协会前会长赵朴初亲笔题赠“精严讲寺”牌匾。1996年，因寺院原址仅存的建筑破旧狭小，活动场地受限，由市区勤俭路搬迁至花园桥堍重建。1997年10月，重建后的精严寺举办首次水陆法会暨三圣殿佛像开光仪式，正式对外开放。2002年，为适应城市建设规划和寺院发展需要，再次易地重建于湘家荡旅游度假区，并更名为精严讲寺。2004年12月，精严讲寺一期迁建工程竣工，建有山门、天王殿、大雄宝殿、法堂、三圣殿、塔院、伽蓝殿、祖师殿、观音阁、念佛堂、安养堂、瑞应堂、钟楼、轮藏、法物流通处、僧寮房16个建筑单体，占地2.8公顷，建筑面积7500平方米。2014年，寺院有监院1人、常住僧人20人。

觉海寺　位于市区斜西街435号，原名报忠寺。始建于南宋淳祐九年（1249），由朝散大夫赵汝俳舍宅为观；十一年（1251）朝廷赐名“报忠观”。元至正二十五年（1365）改为“报忠寺”。清雍正十一年（1733）拨款重建报忠寺，下旨改名“觉海寺”。次年，雍正亲书“觉海寺”匾额，并赐檀香观音雕像一尊（一说白玉观音）。清咸丰十年（1860），觉海寺毁于战乱，同治年间（1862—1874）重建。自雍正敕建该寺后，嘉兴府县为皇帝祝寿等官方典礼都在该寺举行。由于历史原因，至20世纪80年代初，觉海寺尚存明代建筑楠木三圣殿一座，完好无损。1981年10月，公布为嘉兴市级重点文物保护单位。1983年，嘉兴市政府拨款维修。1986年，经省政府批准为对外开放的佛教活动场所。1987年9月16日，时任中国佛教协会会长赵朴初题写寺额。此后，重建天王殿、大雄宝殿，翻修三圣殿。1999年1月，市政府决定觉海寺向东西两边拓展，新增土地4300余平方米。2000—2002年，先后兴建西山门、钟楼、西厢房、地藏殿等建筑。觉海寺历来为江南古刹之一，历史上高僧辈出，在海内外有一定影响，是嘉兴名胜古迹之一，也是嘉兴市区唯一一座未遭损毁、在原址延续至今的古老名刹，为市级重点文物保护单位。2014年，寺院有住持（亦称方丈）1人、常住僧人15人。

血印禅寺 位于南湖区三塔路，原名血印禅院，俗称“血印和尚庙”。寺院门前有石牌坊一座，上有司宪字样，系明正德年间（1506一1521）立，原在城内碧漪坊，后移至此地重建，牌坊西柱为花岗岩，上有一红褐色图形若僧影，经世不退，人称“血印柱”。据清康熙《嘉兴府志·血印禅师传》载：秀水三塔寺旁旧有岳鄂王祠，祠之守僧失名。相传清顺治二年（1645），清兵破城，掠妇女数十人囚于庙中，嘱僧严守，后被僧妙谛全数放还，清兵怒极，缚僧于司宪牌坊石柱上，乱箭射杀，血沁入石，宛若僧影，至今弥显。清代中期，俞樾等人所著的小说中，又将故事背景写成在明嘉靖年间（1522—1566）倭寇扰犯时。据考证，柱上“血印”实系花岗岩中红褐色天然纹理，偶似僧人侧影。血沁不灭的故事，系由此附会流传。20世纪初，有人在血印柱旁搭草棚，置塑像，奉祀血印僧。民国14年（1925），嘉兴知事危道丰创建血印禅院，并把血印和尚故事勒之于碑，以激扬民气。至1949年嘉兴解放，血印禅院香火不断。“文化大革命”期间，血印禅院大殿成为嘉北公社企业加工场，但血印柱旁常有香火祭祀。1981年，血印柱被列入嘉兴市级文物保护单位。1983年，血印禅院对外开放。1991年，遵照原汁原味、修旧如旧的原则，修复寺院。其间，先后进行4次修缮，东西扩容，建成垣墙。2001年，血印禅院更名血印禅寺。2009年，重建大雄宝殿，新建观音阁和西边厢房，重塑法相。2011年，新建二层楼的观音阁，从福建请来生漆脱胎彩绘的千手观音以及文殊、普贤菩萨宝像；专门从西藏请来技师，用唐卡彩画彩绘技艺，装璜观音阁四周和穹顶，用24K金箔给宝像、柱联和匾额贴金，整个工程花了一年多时间。2013年，市政府基于弘扬古运河历史文化传承的整体思路，在三塔路原烈士陵园搬迁后的苗圃地块上重建岳王祠，委托血印禅寺管理，推进血印禅寺和岳王祠的有序发展，缓解三塔路一带的停车和交通压力。至2014年，血印禅寺及其周围的三塔、状元牌坊、岳王祠等名胜古迹，已初步构成古运河沿线的美丽景观。血印禅寺以悠久的忠义故事传说和寺前著名古迹“血印柱”而闻名，香客日均二三百人，每逢初一、十五和菩萨圣诞，香客三四千人，还有江浙沪、广东等地的香客远道而来。

石佛寺 位于南湖区凤桥镇梅花洲。始建于唐至德二年（757），因在该地掘得石佛4尊，遂建寺名石佛院。又因寺院被小河环绕，所处之地形如梅花，故名梅花洲。据北宋宰相蒋之奇的《日录》记述：“宝圣石佛院在嘉兴县东南，唐至德二年于寺基掘石佛四躯，至今见存，天圣中赐名保圣，人但呼‘石佛寺’。”因此，有学术界人士认为，既然“寺基掘石佛四躯”，则至德二年之前这里可能已有寺院。宋天圣元年（1023）御赐石佛院为“保圣院”。元朝末年，因嘉兴一带战火频仍，石佛寺遭受毁灭性破坏。明洪武十五年（1382），石佛寺被朝廷定名为“石佛教寺”。明正统年间（1436—1449），僧子敬重建石佛寺，并开辟金刚桧、菩提树、一鉴泉、四佛石、梅花洲、青莲池、香花桥、白云丘8个景点。从此，石佛寺游人众多，香火旺盛，成为嘉兴著名寺院之一。明朝晚期，石佛寺僧人允冲新建禅堂，重修大殿、廊房、大悲殿、伽蓝殿，并重建藏经阁，储藏《嘉兴藏》。明末清初，石佛寺又一次遭受破坏。后经多次重修和重建，石佛寺寺院建筑基本保持。20世纪20年代，石佛寺大殿及一些建筑毁于大火。2005年11月，政府有关部门批准重建石佛寺。2007年11月28日，石佛寺遗址举行“古寺重光”奠基仪式。2010年5月，正式对外开放。石佛寺周围有千年古银杏、三步二爿桥、冯氏古宅和新建亭阁园林、拱桥民宅，是南湖区唯一AAAA级旅游景区。2014年，寺院有监院1人、常住僧人6人。

太平禅寺　位于南湖区凤桥镇新篁社区，原名报恩寺。始建于南宋绍兴三年(1133)，因宋高宗曾避难于寺中，故名"报恩寺"。元初寺院被毁，明弘治年间(1488—1505)重建，为仿杭州灵隐寺建筑，有天王殿、大雄宝殿、方丈殿三大殿，左右为纯阳殿、罗汉殿、钟楼、鼓楼、汲古亭等。相传明弘治七年(1494)重建时，正值瘟疫流行，凡饮用寺中井水者皆无恙，四乡村民纷纷前来求水，保得平安，遂改称"太平寺"，又称"太平禅院"。清康熙年间(1662—1722)，寺院出了绍升、隐然、莲洁、尘飞四位奇僧，绍升，夜越十七僧而出家，暗合十八罗汉之数；莲洁，为百姓治病有奇效；尘飞，入定朝普陀，真身离躯壳。最值得一提的是高僧隐然和尚，为独门伞拳创始者，被世人称为活佛。从此，太平古井、独门伞拳、楠木大殿、无字碑石被誉为"太平寺四绝"。楠木大殿高7.8米，占地200平方米，民国27年(1938)日军入侵时焚烧新篁镇，太平寺未逃厄运，唯独楠木大殿屹立于战火后的废墟中，1949年后大殿作为国家粮库，存放粮食，从不霉变虫蛀，成为一大奇迹；无字碑石现存楠木大殿内，长2.85米，厚宽均为0.25米，墨黑、平滑，有冬暖夏凉、久卧健身之奇效；独门伞拳国内尚有传人；太平古井，虽屡经倾圮，依然贡献着甘泉。前人有诗："太平古寺美园东，几杵钟声日未红，记得书楼惊晓梦，馀音袅袅扬春风。"表述了古寺当年的盛况。1992年，太平禅寺修复并对外开放。寺院建有山门、大雄宝殿、天王殿、金刚殿、观音殿、地藏宝殿、五百罗汉堂、钟鼓楼、舍利塔和客房、大寮、净舍等建筑，占地约3000平方米。观音殿内供奉缅甸汉白玉卧佛一尊，长5.8米、高1.8米、重18吨，为浙北之最。寺内文物众多，著名的有"太平晓钟"和"古井寒泉"，并有清嘉庆举人新篁张延济等留下的匾额及诗、书、画等墨宝。《中国佛教2000年》将太平寺列为中国名寺。每月逢八、初一、十五为太平禅寺佛期，每年七月初一至三十念《地藏经》，附近乡民相约前来参拜，香火旺盛。南湖区佛教协会现设于太平寺。2014年，寺院有监院1人、常驻僧人3人。

能仁寺　位于秀洲区新塍镇。始建于南朝梁天监二年(503)。唐时，佛教兴盛，德宗时翰林学士陆贽舍宅筑基，名福业院。唐太和二年(828)，僧文盛昭律经始称能仁寺。五代后晋开运二年(945)改称报国院。北宋大中祥符元年(1008)改称承天院。政和七年(1117)改能仁寺院。元至正十六年(1356)寺院毁于兵战。明洪武二十四年(1391)，改称能仁教寺。正统二年(1437)，再次重修。清乾隆二年(1737)，兴建方丈室，始称能仁禅寺。民国27年(1938)6月10日被侵华日军焚毁。1997年12月24日，秀洲区人民政府批准能仁寺原地修复并对外开放，寺院占地45亩。1999年11月28日，举行大雄宝殿奠基仪式，重建能仁寺。此后，陆续建成大雄宝殿、三圣殿、玉佛殿、伽蓝殿、祖师殿、厢房、厨房等寺院建筑。2003年10月29日，能仁寺举行建寺1500周年暨大雄宝殿落成庆典。中国佛教协会副会长、浙江省佛教协会会长戒忍法师参加庆典并发表贺词。应邀来华的美国华人协会总会长邹作雄等来宾和佛教信众近千人参加庆典。2014年，寺院有监院1人、常住僧人13人。

长虹古寺　位于秀洲区王江泾镇长虹桥西堍，原名一粟庵，又称一宿庵，始建年代不详，至今已有1200余年历史。相传唐代金陵(今南京)牛首山(亦称牛头山)天宝寺国一大觉禅师(法号"法钦")，自金陵牛首来往杭州径山，路过王江泾时，在茅庵住了一宿。后来，庵中住持多次梦见这位高僧，便请人将高僧肖像画下，悬挂于庵中膜拜；又传乾隆皇帝下江南时也曾在此庵留宿一晚，故将庵名改为"一宿庵"。清咸丰十年(1860)，庵院被太平军焚毁。清同治年间(1862—1874)，重建三椽，后又颓圮。清光绪十九年(1893)，无锡的邹寿祺与当地沈景修等乡绅，募资重建大殿、山门，新建五桂轩、晚霞阁等殿宇，并在大殿东侧南北各建僧舍一间。"文化大革命"期间，古庵被毁，仅存正殿及几间僧房。1992年8月，郊区政府为满足当地群众的信教需求，批准重建一宿庵，对外开放，成为郊区第一家对外开放的佛教活动场所。2000年，因古庵与长虹桥接壤，更名为长虹古寺。此后，寺院先后建成城隍殿(俗称娘舅庙)、地藏殿(即一宿古庵)、观音殿、大雄宝殿、三圣殿、五观堂、天王殿、僧舍等殿宇，占地面积约1980平方米，建筑面积1926平方米。寺门石碑楼上方铸有“佛光普照”“长虹古寺”8个金色大字，两侧刻有“钟声鼓声磬声声声如壮，山色水色景色色色皆空”对联一幅，对联两肩上方各刻有“法界蒙勋”“同登彼岸”4个金粉大字，左右两侧伫立石狮子一对，栩栩如生；寺门外西侧的荷塘里耸立着一尊石雕观音像，给宁静的寺庙平添了一份安祥。整个寺院庄严瑰丽，飞甍相望。2014年，寺院有监院1人，常住僧人5人。

栖真寺　位于秀洲区油车港镇栖真集镇。始建于北宋开宝二年(969)。相传，宋代高僧宝月大师云游途经此地，见这里虽村落无几，人烟稀少，但树茂水清，物广地灵，宜于禅，便在此讲说佛法，信众渐夥，遂募集资金，筹建寺院。栖真一地，唐时属麒麟乡、思贤乡。麒麟乡得名于麟湖。古时麟湖有东西之别，东麟湖即塘汇、杨庙交界的六百亩荡；西麟湖即今栖真千亩荡，而千亩荡又有“东千亩”“西千亩”之称。清代末，因栖真寺名闻四乡，居民四附，沿路商铺林立，形成集镇，更名栖真。清末《闻川志稿》记载：“有寺名栖真，创于大宋，地广境幽，绝无尘迹，足可栖真养道，故受此称，盖福地也”。元至正二十八年(1368)，寺院毁于战火。明洪武三十一年(1398)，海宁盐官慧律寺僧慧海发起募捐，重建栖真寺。明隆庆二年(1568)，高僧法寅建禅堂于殿右。明万历四十五年(1617)，名僧憨山大师曾至栖真寺凭吊先师云谷禅师灵塔。明天启年间(1621—1627)，寺院破敝，如山上人重修大雄宝殿等殿宇，寺院逐步扩大，鼎盛时有大小殿宇10余座，占地面积达32亩，另有寺田48亩，僧众100余人。清乾隆九年(1744)，重修寺院，四十三年(1778)再修。清光绪二十八年(1902)，重修大雄宝殿、千佛阁、西方殿。清宣统元年(1909)，重修地藏殿、阎王殿、斗母殿，装塑诸佛像，寺院金碧辉煌。民国20年(1931)，重建藏经阁等。此时，栖真寺规模宏大，香火旺盛。日军侵华战争爆发后，寺院因战乱逐渐衰败。1945年9月，寺院被作为“嘉兴日本徒手官兵管理处”押俘场所。中华人民共和国成立前夕，寺院仅剩部分殿堂和两棵明万历年间(1573—1620)普陀和尚所栽的古银杏，高20多米、直径1.34米，占地约2000平方米。1994年8月23日，郊区政府批准重修殿舍，对外开放。1995年，原属寺庙的土地逐步归还。2002年，重建山门。2007年，重建大雄宝殿。2008年，新建天王殿、玉佛殿。2009年，建造南厢房、斋堂、伽蓝殿。此后，又先后修建三圣殿、弥陀塔、惜真亭、北厢房等，寺院占地面积34.6亩，建筑面积6000平方米。两棵距今400余年的古银杏被列为嘉兴市古树名木予以保护。2014年，寺院有监院1人、常住僧人2人。

圆觉禅寺　位于嘉善县陶庄镇。始建于南宋景定三年(1262)。相传宋代杭州灵隐古寺僧人如照来到柳溪，见此地钟灵毓秀，气象非凡，遂结茅而居，号卢名“圆觉”。几年后，圆觉卢扩建成禅院，因如照禅师及其弟子常持圆觉经，故将禅院定名为“圆觉禅院”，寺名沿用至今。圆觉禅寺在明清两代曾盛极一时，有殿宇百余间，占地36亩。禅寺的中殿为嘉兴市辖区内仅有的最完整的宋代风格的寺院建筑，有明赐玺，回文诗《荷雨轩记》记载：寺内建有“净池春晓，圆觉谈经，松枫为伴，荷叶生声”四景。元代诗人杨维桢有诗曰：“圆觉招提隔市暄，潮音满座自晨昏。雨来宝地天香匝，风动珠林贝叶翻。供养奇花凭白鹿，齐分珠果伙黄猿。从今结集渊明社，净土修持礼法门”。清乾隆年间(1736—1795)重修。中华人民共和国成立初期，禅寺尚保存山门、前殿、后殿和僧舍。“文化大革命”期间，寺宇主殿被拆，经像法物毁损遗失，寺院建筑仅剩中殿(天王殿)、偏殿(诸天殿)。1985年，圆觉禅寺被确定为县级重点文物保护单位。1993年10月，县政府批准重修古殿，先后置大雄宝殿、幽冥钟及法鼓，彩画天王殿四大金刚天王像，新建山门、放生池，新铸殿前圆觉宝鼎和铁香炉，打通“阴阳古井”，正式对外开放。1997年，新建自在楼、功德堂、自在观音殿客堂、库房、客房等。1998年，又增建三宾楼，上层表佛“千佛阁”，中层表法“藏经楼”，底层表僧“迎宾室”，内置佛教字画；塑缅甸玉释迦说法像，毗卢遮那庄严像及两千余尊小金像；恢复斋堂，香积厨；改建放生池，设假山石鹤、植入荷花。1999年，启建和平报恩塔，铸造千佛阁宝鼎，新制铜香炉。2000年，再建居士齐堂、五观堂、上客堂等设施，塑新大殿十八罗汉像、文殊菩萨、普贤菩萨等。2001—2006年，重建大雄宝殿，先后建成大光明殿、药师殿、香积厨、云水堂、财神殿、弘法楼(罗汉堂)、女众别院、居士寮、大放生池、大牌坊、停车场、大放生池长廊、亭台等相关设施。2008年5月，始建万佛塔，高九层46.8米，塔壁内外塑一万尊佛像。2014年11月2日，园觉禅寺举行山门落成暨天王殿前堂佛像开光法会，中国佛教协会咨议委员会副主席、上海佛教协会名誉会长、上海佛学院名誉院长、真如禅寺老方丈妙灵长老、湖州市佛教协会副会长、长兴县佛教协会会长、寿圣寺方丈界隆大和尚、杭州灵隐寺监院义广大和尚等到会致贺。嘉兴市佛教协会副会长、县佛教协会会长本义大和尚主法。是年，圆觉禅寺有殿堂等僧房近200间，建筑面积9630平方米，占地11300平方米，有方丈1人、僧人30余人、居士20余人。

龙庄讲寺　位于嘉善县干窑镇。据《嘉善县志》记载寺始建于明成化二年(1466)，名龙庄庵。清康熙四年(1665)僧御宾募建大殿，清嘉庆二年(1791)邑人屠丹桂设功德堂。后几度兴衰，至中华人民共和国成立初期寺院毁坏殆尽、移作他用。1988年，民间募资重建龙庄庵，有山门、中殿，两层后殿和辅助用房等700余平方米。2002年8月，经嘉善县人民政府批准对外开放，改名龙庄讲寺，时占地4亩。后经逐年扩建，形成了以碑楼、天王殿、大雄宝殿、法堂、潮音楼、藏经楼等殿堂为主的礼佛区；以觉苑、随苑、学苑等场馆为主的文化展示区和以月川精舍为中心的修持生活区。建筑面积1.5万平方米，占地近40亩。环境以园林式建筑风格布置，小巧典雅、一步一景。各殿佛像以金、木、水、火、土五种天然材质为原料，微妙庄严。寺院定期举办讲经法会，每月四次。2003年，创立志莲慈济会，资助贫困大、中学生和孤寡老人。2010年，被评为首批“全国和谐寺院”；2012年，被评为全省首批10个“五星级寺院”之一；2013年通过市级考核评估，确定为嘉兴市佛教重点寺院。2014年，寺院有监院1人、常住僧人30人。

大云禅寺　位于嘉善县大云镇西庄街。源于唐朝，《中国通史简编》记载：“公元690年，僧法明等十人伪造《大云经》四卷，说武则天乃弥勒佛下生，当代唐作天子。武则天颁布《大云经》令诸州都建大云寺。”《嘉善县志》记载：“北宋乾德二年(964)，蓉溪绅士李德荣献地15.37亩，由净宗法师开山建寺，始名净众寺，开宝八年(975)寺院建成，治平二年(1065)改名大云寺。宋朝年间，大云寺香客如云，寺前渐聚成市、成净道街，后成大云镇。明永乐元年(1403)，云谷禅师重建大云寺。嘉靖年间(1522—1566)增建禅堂、净室，大云寺殿宇雄伟、造型壮观，酷似名刹杭州灵隐寺。民国24年(1935)蓉溪地名更名为大云镇。”古刹大云寺四周环河，出入必经山门前的香火桥，中间依次建有天王殿、大雄宝殿、大悲殿，东侧建有施王殿、三宫殿、客堂等，西侧建有朱天殿、关帝庙、财神殿、斋房等；寺内有东南西北四房和尚，僧人百余。明代朝廷命官、著名画家姚绶晚年隐居大云寺东南厢房。大云寺持修净土宗，历经兴衰。元朝时，屡经兵扰，寺院衰弱；明弘治八年(1495)，大云寺遭雷击被毁，香火减退；隆庆六年(1572)云谷禅师住持大云寺，法式复兴，香火如故；清乾隆年间(1736—1795)，御僧穆如、居士张震相继募修大云寺，梵音远播，咸丰年间渐形萧条；民国时期勒僧回俗，香火衰竭。民国27年(1938)，遭日军火焚，残存头山门、施王殿、天王殿等。中华人民共和国成立后，殿宇失修始坍。1954年，政府为防大殿倒坍伤人而拆为他用。“文化大革命”期间，经藏和佛像被烧毁，经像法物毁损殆尽，仅剩西南厢房。2001年12月，经省民族宗教事务局批准恢复开放，原址重建大云寺。至2007年5月，大云寺建成天王殿、大雄宝殿、观音殿、财神殿、厢房等，占地面积2.67万平方米。2014年，大云禅寺占地4.67万平方米、建筑面积0.19万平方米。是年10月11日，大云禅寺举办万盏明灯供观音祈福法会，江浙沪近300名信徒参加。

报本禅寺　位于平湖市当湖街道东南鹦鹉洲。始建于明嘉靖四十二年(1563)，邑人陆公应众提议为点缀湖山秀境，在鹦鹉洲建报本塔院，历经四载而成，塔名取“报本”。报本禅寺，又称宝塔圩，四面环湖(东湖)，悠悠立湖心，宛如湖心一片绿洲。岛上古塔(报本塔)耸立，风铃叮当，钟声回响，香火缭绕，置身其间，如临蓬莱仙境。1992年，平湖市人民政府批准恢复建设报本禅寺。1993年1月，大悲阁正式落成对外开放。1997年，建成大雄宝殿。2002年，寺院建设全面启动，至2006年，建成有九龙壁、山门、钟鼓楼、天王殿、圆通殿、大雄宝殿、三圣殿(含藏经楼)及东西两侧配殿等建筑组成，总面积7500多平方米。2010年11月5日，报本禅寺举行广能方丈升座庆典法会。释广能是中华人民共和国成立以来嘉兴市按中国佛教协会的有关规定升座的首位方丈。2014年，寺院有住持1人、监院1人、常住僧人23人。

法华禅寺 位于平湖市新仓镇，俗称“法华庵”。始建于明崇祯年间（1628—1644），禅寺四面临河，占地10余亩，西河较深，供僧人日常用水。内建有前后两殿，正院偏西南有一座石板桥，供进出；正门上书有“法华禅寺”四字，两边墙上写有“南无阿弥陀佛”6个大字；正门两侧有“二抱”以上银杏古树2棵，东北河埠两边也有一大一小银杏树2棵，大的有“三抱”以上；正门内山门中间供弥陀菩萨1尊，背面供韦陀菩萨，两旁排列四大金刚；中间大天井比地面低，有石级台阶，西边走廊进入大殿有落地长窗，中间供有如来佛，背面上面匾额上书有“鹿苑重开”四字，落款为松江杨翰林，两旁有十八罗汉，中间后侧有面北小佛像几尊；走廊中间向西是诸天君菩萨殿。民国35年（1946），新仓镇成衣业、理发业发起轩辕，罗佛像共座于后墙西南。该寺雄壮宽广，夏季镇上居民常去纳凉休息，舒适清静。1954年，寺院拆除。1999年，经平湖市人民政府批准，法华禅寺逐步重建并正式开放。重建的法华禅寺，坐落于眉家路，占地58亩。建有三门殿、天王殿、济公殿等建筑，供有弥勒菩萨、韦陀菩萨、四大天王、药师佛、地藏菩萨、济公活佛、朱天菩萨、伽蓝菩萨、西方三圣等各一尊。2008年，重建大雄宝殿、钟楼、鼓楼、斋堂、弥陀宫、洗浴间和僧寮，并配置寺庙供电房。2014年，寺院有监院1人、常住僧人25人。

惠力禅寺 位于海宁市硖石西山南麓，俗称西寺。始建于东晋宁康年间（373—375），尚书张延广受佛教布施之感召，舍宅改建为寺，初名志愿寺。唐乾元元年（758）重修，唐末兵毁。北宋乾德二年（964）复建，宋大中祥符二年（1009）御赐额得名“惠力寺”，“惠力”二字谓佛陀教化惠施众生之力，能令离苦得乐，终成菩提；寺内设舍利阁、禅堂、伏魔殿、韦陀堂、关帝阁、大士殿，环山上下有七十二僧房，屋宇栉比。南宋初又毁，淳熙四年（1177）重建。宋末复毁，元至正二年（1342）重建。明洪武二十四年（1391）拓为丛林，“常住僧人五百余众”，曾名贯东南。嘉靖年间（1522—1566）罹倭寇患毁，三十七年（1558）重建。清顺治十八年（1661），僧慧幢更新之。清咸丰十年（1860）八月，毁于兵燹，唯存山门。民国15年（1926）清明，山门外民屋失火，延及寺院山门等建筑被毁，幸大雄宝殿未被殃及；大雄宝殿内塑如来、观音佛像；为纪念尚书张延广当年舍宅建寺，故大殿后墙矗立的石柱上书有“地极庄严本是尚书故宅，天开兜率近连太傅名祠”楹联。1984年，修缮大雄宝殿。1999年3月，经海宁市人民政府批准，寺院对外开放。同年12月，礼请时任浙江省佛教协会副会长、奉化雪窦寺住持的怡藏大和尚为本寺方丈。此后，又相继修复天王殿、钟鼓楼、东西厢房以及珈蓝殿、客堂、祖师殿、济公殿、寮房等，寺院建筑面积约5000平方米，规划占地13亩。“惠力寺”3个大字由书法家沙孟海题。2014年，寺院有方丈1人、常住僧人12人。

广福寺 位于海宁市硖石西山南坡山腰，紧邻惠力寺。始建于唐元和年间（806—820），邑人宋坦舍宅建寺，名为西山广福院。宋熙宁年间（106—1077），赐额寿圣。宋隆兴年间（1163—1164），赐殿名泗洲。宋末毁于兵燹。之后，曾数度兴废。元至元元年（1264），僧大德募化集资复建广福寺。明永乐年间（1403—1424）进行修缮。清嘉庆年间（1796—1820），僧道源募资对殿宇再次修缮。历史上，广福寺建有天王殿、泗洲殿和配殿等建筑，泗洲殿内一口大钟遗存至今。中华人民共和国成立后，广福寺寺院建筑完整，为海宁少有的保存完整的寺院。1991年8月，经海宁市人民政府批准，广福寺作为海宁第一处佛教活动场所，正式对外开放。1992年4月，礼请杭州市临安县卧龙寺僧益方（海宁人，1964年皈依佛门，1983年正式出家）入驻广福寺，主持寺内事务。2014年，寺院建有天王殿、大雄宝殿、东西配殿、千佛塔等建筑，总建筑面积1500余平方米，有监院1人、常住僧人10人。

金粟寺 位于海盐县澉浦镇茶院村金粟山下，是“浙江省有佛之始”，号称“江南第一古刹”。始建于三国吴赤乌年间（238—251）。据清雍正《浙江通志》记载：“当吴之时，佛法虽至中国，大江以南尚无佛寺。赤乌中康居沙门僧会为吴大帝（孙权）祈释迦文佛真身舍利，始建三寺，一是金陵（南京）之保宁（寺），一为（安徽当涂）太平之万寿（寺），一为海盐之金粟(寺)。”金粟寺的建造,开创了东南沿海建寺之纪元。南唐开宝二年(969),武肃王钱镠亲至金粟寺施茶,赐号“施茶院”。宋大中祥符元年(1008),宋真宗赵恒亲为金粟寺赐名“金粟广慧禅寺”。明太祖朱元璋遣使到金粟寺进香,把他在打天下时所获的战鼓“独桑鼓”赐给金粟寺珍藏(独桑鼓,高三尺,围一丈一尺六寸,独木所成,相传系孙权时物,每暮鼓之,其声甚宏)。被誉为“鉴真第二”的隐元隆奇在金粟寺出道,后东渡日本,建万福寺,创“黄檗文化”,对日本近世文化影响深远。金粟寺全盛时寺院前后有七进,以次为山门、天王殿、古山门、大雄宝殿、法堂、藏经阁、方丈,而左右各种附着建筑足有数百幢,排列有序,僧侣上千人,建筑占地22.6亩,总面积98亩。清咸丰十一年,金粟寺在战乱中焚毁。后几经兴衰,至民国24年(1935)仅存山门、一殿、两院。1974年,残留的山门、一殿、两院全部拆除,在金粟寺遗址上,仅存明正统年间礼部尚书胡滢撰《重建金粟广慧禅寺记》石碑一通和寺基上出土的“为国筹边”玉印一方,石碑于1987年建碑亭在原地保护,玉印现藏海盐博物馆。2004年,县政府批准重建金粟寺。2007年9月,建成临时佛堂,立佛像三尊。2008年11月4日,举行重建金粟寺奠基祈福法会,着手重建大悲阁、选佛场、韦驮坛等庙宇建筑。2009年5月,正式对外开放。2011年10月,寺院建有大悲阁、选佛场、戒台、韦驮坛等,建筑面积2436平方米。2013—2014年,增建僧寮、方丈楼、法师堂、钟鼓楼等,建筑面积3300平方米。2014年,寺院有监院1人、常住僧人5人、寺工4人。

天宁禅寺　位于海盐县武原街道海滨西路。相传始建于汉代,初名“禅悦院”。宋崇宁四年(1105)敕赐“天宁永祚禅寺”,又称天宁寺。唐代起,寺院相继建起山门殿、天王殿、大雄宝殿、圆通殿、千佛阁、镇海塔等建筑,占地3万平方米,香火极盛,庙会远近闻名。明崇祯元年(1628),重建千佛阁,整个布局基本形成。后多次重修。民国时期,天宁寺开始衰落。抗战期间,日军两次炮轰县城,天宁寺镇海塔中弹重损。20世纪50—60年代,镇海塔遭台风侵袭,塔顶坍落,天王殿佛像被毁。“文化大革命”期间,天王殿、大雄宝殿被拆除,仅存千佛阁用作粮仓。1985年,经省政府批准,千佛阁为省级文保单位,省文物局、县政府拨款30万元对千佛阁进行全面整修,1988年竣工。1996年8月,县人民政府批准,天宁寺对外开放为佛教活动场所。1998年10月,重建大雄宝殿、天王殿,修复镇海塔,至2006年竣工,建筑面积540平方米。1999—2001年,日本佛教界人士40余人到天宁寺访问,寻访楚石梵琦的遗迹。县宗教界与县博物馆在千佛阁二楼成立楚石梵琦禅师纪念室。2008年,天宁禅寺建设东院工程。历经6年,建成华严殿、观音殿、药师殿、伽蓝殿、财神殿、藏经楼、吉祥楼、楚石大师纪念馆和现任中国佛教协会会长传印长老墨宝陈列馆,建筑面积7000余平方米,占地45亩。2014年4月,天宁禅寺举行东院殿堂落成典礼暨圣像开光法会。是年,寺院有监院1人、常住僧人9人。

云岫庵　位于海盐县南北湖风景区的鹰窠顶山腰,始建于宋建隆年间(960—963),庵名取自东晋陶渊明《归去来辞》中“云无心以出岫,鸟倦飞而知还”之句。一千多年来五废五兴,至今香火旺盛。1983年,县政府公布云岫庵为县级文物保护单位,并拨款重修,1992年对外开放,由县博物馆管理(后由南北湖风景区管理委员会管理)。1986年,清理庵场时出土明代残碑一块,上刻《饭云岫庵》诗一首。1993年,省宗教事务局批准为宗教活动场所,殿宇增加到68间,建筑面积1500平方米,庵基占地12亩,庵外有松林、茶园、板栗等山地和蔬菜地20亩。2004年,云岫庵由南北湖风景区管委会移交给佛教界管理。2005年1月1日,比丘尼(普文法师)接管云岫庵事务。同年,省政府公布云岫庵为第五批省级文物保护单位。云岫庵庵门北偏东30度,庵名由中国佛教协会会长赵朴初题额。照壁上,有明正统元年石刻“海上名山”4个楷书大字。庵前有明代银杏树一株,庵内有一泉,名“雪窦泉”,经年不竭。殿宇依山而筑,横向布局。殿堂区第一进是金刚殿,中塑弥勒和韦驮,两旁塑四大天王(金刚)。第二进是大殿,题额“观音宝殿”,殿内塑毗卢观音坐像,高3米多。大殿两侧,有东西配殿。东配殿内塑送子观音和鳌鱼观音。西配殿内塑观世音菩萨三十二应身像和三十二化身像,系根据佛经《观世音菩萨萨普门品》而作。大殿后为一庭院,有清代石佛一尊,然后地形突然升高5米多,一座雕刻精美的清代木结构古建筑飞架其上，为云岫庵第三进——“藏经阁”（系从金华整座移来），内供木雕鳌鱼观音像，高5米多。云岫庵集佛教、文物和旅游胜地于一处。旧时，云岫庵庙会习惯为农历九月三十夜，在云岫庵宿山者成百上千，其中不少是从沪杭等地远道赶来，第二天清晨上鹰窠顶看“日月并升”。云岫庵第二个热闹的日子是清明节踏青，近年来人数更众。每年清明期间，到云岫庵踏青、进香人数约有1.2万人。

福严禅寺 位于桐乡市凤鸣街道（原同福乡），旧属崇德县（清代为石门县）。始建于南朝梁天监二年（503），历来被视为南朝四百八十寺之一，民间有“先有福严后有灵隐”之说。唐乾符三年（876）敕额千乘禅院，宋大中祥符元年（1008）始易今名。几经兴衰，清顺治十四年（1657），费隐禅师（僧通容）住歇福严，殿堂寮舍，百废俱修，故尊其为中兴福严祖师。清道光二十二年（1842）净念上人（名悟善）住福严，募金重建罗汉堂、地藏殿等。民国初，古华大师两渡南洋募款，重修大殿，增建厢房，塑金五百罗汉等，使福严古刹重辉往日光彩。日军侵华后，福严禅寺建筑及佛像遭受严重破坏。1990年6月，嘉兴市人民政府批准修复福严寺，为全市首个对外开放的佛教活动场所，时任中国佛教协会会长赵朴初为福严寺重建的六和殿题词。福严寺建有山门、天王殿、大雄宝殿、圆通宝殿、西方三圣殿、六和堂、钟鼓楼、东西厢房等，占地63亩。福严寺历史悠久，名僧辈出，留下了许多文物古玩，如阴阳镜、绉云石、石补钟等。2003年11月5日，福严禅寺举行建寺1500周年庆典活动，省佛教协会副会长、奉化雪窦寺方丈怡藏大和尚出席庆典并讲话，浙江省佛教协会秘书长徐明仁、教务长性一法师，嘉兴市佛教协会会长性空法师以及佛教界信众数千人参加庆典活动。庆典活动结束后举行佛舍利开瞻供奉仪式和福严历史文化馆开馆仪式。2010年，先后重修天王殿、大雄宝殿、圆通宝殿、五百罗汉堂及斋堂等。2014年，福严寺有殿宇僧舍等320余间，寺院有常住比丘20人、居士10余人、寺工10余人。

凤鸣寺 位于桐乡市梧桐街道。始建于后周广顺二年（952），由汉南王在梧桐镇西门康泾塘东岸（现凤鸣路）购地建殿堂、楼阁、桥梁等，相传曾有凤凰自东南飞来，于西街梧桐树上停歇，飞至惠云桥上鸣叫三声而去，故取名凤鸣院。元末张士诚婿潘元绍与徐武宁战于皂林，元绍败匿于桐民庐，僧院尽遭兵燹。是时，驻禾郡天宁寺僧旸谷闻之，募资重建。明洪武十三年（1380），奏请改院为寺称凤鸣寺。二十四年（1391），赐额“惠云寺”。同年，天集禅师又建双塔于大殿前东西两侧，并凿两潭池，俗称龙眼池。祖师殿后凿“集公井”一眼，旁建雪佛堂、鹫香阁等。归并邑区内通济、积福、华严等数十庵院为丛林，辖十三房，号“桐溪第一山”。明万历二十九年（1601），僧梵魁修大殿及大士殿。明崇祯元年（1628），僧智元修葺大士殿与禅堂。禅堂幽雅绝俗，乡间文士常结社雅集于此，名“凤鸣社”。清康熙四十六年（1707），僧严洁建“华严藏经阁”，藏经5048卷，聘本邑名儒汪文柏撰文镌碑记之。清乾隆三十四年（1769），僧际遇翻修大殿、钟楼、方丈室、客堂。清嘉庆三年（1798），僧显松重修“鹫香阁”，邑区名士常临此品茗吟咏。僧序贤撰有《凤鸣禅寺志》。清咸丰十年（1860），桐乡遭战乱，本邑学官、古刹悉被战火所损。除大士殿和钟楼幸免外，所有建筑损毁殆尽。至20世纪30代，凤鸣禅寺仅存大士殿、钟楼、惠云桥，天集禅师所建双塔亦仅存一塔，塔顶坍塌。1958年，桐乡、崇德两县合并时，在凤鸣寺原址上拆除仅存大士殿和钟楼，建造县政府办公大楼。1995年9月，市政府批准开放为佛教活动场所，易址梧桐街道校场东路与世纪大道交叉口原幸福村秦皇庙地基重建，称凤鸣禅寺，时任中国佛教协会会长赵朴初为新建凤鸣禅寺题额，并逐渐恢复原有规模。2008年11月16日，凤鸣禅寺举行大雄宝殿释伽牟尼佛、药师佛、阿弥陀佛三尊大佛开光暨天王殿落成法会。市委统战部、市民宗局领导到会，中国佛教协会常务理事、江苏省佛教协会副会长、镇江市焦山定慧寺方丈心澄大和尚，中国佛教协会理事、浙江省佛教协会副会长、宁波七塔禅寺方丈可祥法师和信众等近4000人参加法会。2010—2014年，寺院先后建成山门、大雄宝殿、因果城、钟鼓楼、兜率殿、观音殿及多处偏殿、禅房等近百间，建筑面积7882.92平方米，占地约40亩，成为信众礼佛、百姓休闲的清静场所。

慈云禅寺（密印寺） 位于桐乡市乌镇望佛桥

北。始建于梁天监二年(503),相传初为梁昭明太子读书处,舍宅改建为寺,名吴德寺(又名贤德寺)。唐会昌年间(841—846)寺废。唐咸通年间(860—873),有如纵禅师复兴此寺,以如纵为悟空禅师弟子,敕赐“悟空禅院”。唐乾宁三年(896),张雄兵过境,寺又遭毁。南唐僖宗时(862—888)重建,吴越王钱镠(907—932)改寺名为“吴兴禅院”。宋庆历年间(1041—1048),密印寺僧如宾建宝阁寺,初名华严宝阁,系密印寺之藏经阁。宋熙宁二年(1069),延请晋水法师讲华严经,盛极一时。宋大中祥符元年(1084)敕赐“密印寺”匾额,始有此名。宋淳祐年间(1241—1252),中使卢御药奏赐慈云寺。藏经阁于元至正年间(1341—1368)毁于兵燹。明洪武三年(1370)可观和尚募建,又复旧观。洪武十七年(1384),僧智深重修,未复旧观。明天顺八年(1464)僧隆祖庭重建华严宝阁、普光明殿、头山门、金刚殿。至明成化年间(1465—1487)始与密印寺分离,另立山门,额“宝阁寺”。明弘治年间(1488—1505),有名僧应召祈祷有应,钦赐金襕袈裟。清康熙年间(1662—1722),僧斯明精通疡医,从此传为世业,求治者众,诊资随缘乐助,悉充香金。其时,两次重光,僧超言又募建观音殿。清雍正十三年(1735)重建金刚殿,并在殿旁辟一小巷(即今石家弄),迤北通“长林石径”。清道光二年(1822),僧洪声徒慈云募铸悬钟一架,重可4觔。清咸丰十年(1860),宝阁寺又遭焚。清同治十二年(1873),僧方谷自积医金建前后殿宇,并购置寺旁民宅以为庙产。为防火灾,殿宇之间均有围墙间隔,异于一般庙宇建筑。迨后,僧云泉、清华均师承行医。自清华后医术不传。民国后,佛像深藏,宝阁寺房舍租赁给商会等民间社团,商会更将临街房屋改建西式门堂。抗战胜利后,又作为小学和镇公所用房。至中华人民共和国成立时,仅剩殿堂三间,先后作农会、生产大队办公室等。1976—1986年,乌镇拓建新华路,千年宝刹全部拆除。20世纪90年代,民间募资回购老殿,重建大雄宝殿、地藏殿及斋堂、客房等。1999年6月,经桐乡市人民政府批准对外开放为佛教活动场所。2005年起,先后重建天王殿、观音阁、僧舍斋堂等殿堂僧房。至2014年,寺院建有天王殿、观音殿、西方殿、大雄宝殿、观音塔、文殊塔、东僚房、西僚房、僧僚、斋堂等,建筑面积4987.17平方米。寺院有常住僧人12人、居士5人、寺工2人。

石佛禅寺(福田寺) 位于桐乡市乌镇镇。始建于梁天监二年(503),因大殿内有石佛三尊,各高二丈,镌凿工巧,造型生动,佛相庄严,石质细腻,故称“石佛寺”,佛经中所谓“吴中石像”盖指此。石佛禅寺建筑规模宏大,气宇轩昂,主轴建筑为五间三进,即头山门、大殿、观音殿。大殿前广场宽阔,东西有庑廊,旧为听经信众侍坐之处。另有僧寮及庖湢,沿河水阁为祝圣放生之所。曾与杭州灵隐寺、崇德福严禅寺并称为江南三大名刹。元末寺院毁于战乱。明洪武年间(1368—1398)重建,石佛仅剩弥陀、大士、势至三尊。明嘉靖末年,寺荒而不治多年。观音殿、僧舍、庖湢、水阁尽废,仅山门、大殿及周围数弓之地。明万历元年(1573),里人重修。万历三十三年(1605),有僧如登募化再修。万历三十八年(1610),都宪唐世济劝建毗卢阁。清康熙三十八年(1699),大殿失火,幸石佛无恙。清雍正年间(1723—1735),僧方内嵩募化重建。庚申战乱寺院又全毁,石佛屹露于殿基,甚为凄凉。清同治年间(1862—1874),僧道林发志募化,昼夜鸣木鱼、诵佛号,寒暑无间。历十年,资足,始复修山门、两庑及大殿,并重光石佛。清光绪二年(1876),觉悟法师设寺门石刻及福田寺匾额。光绪中,一石像坍损,鸠工修复。至中华人民共和国成立时,寺庙已毁坏,石佛被确定为国家三级文物。“文化大革命”时期,石佛被毁。20世纪90年代初,群众自发募资重建大殿及石佛,新塑弥勒佛、韦陀及四大天王。1998年,又募建观音殿及禅房馆舍,塑四面千手观音像,逐步恢复原来面貌。1999年6月,经桐乡市人民政府批准对外开放为佛教活动场所。至2014年,寺院建有石佛宝殿、观音殿、财神殿、天王殿、达摩殿、地藏、禅堂、斋堂、东僧寮、西客房等,占地面积37.5亩。寺院有僧人15人,寺工6人。

香海禅寺 位于桐乡市濮院镇。原址位于濮院镇庙桥河北。相传始建于元至大年间(1308—1311),由濮凤九世孙濮鉴舍宅施建。清康熙六十一年(1722),敕赐香海禅寺额。全盛时,香海禅寺规模宏伟,禅林胜境,引无数名人雅士观景吟诗作画。元代书法家赵孟頫曾为大雄宝殿题梁,清代庄亲王曾为大悲阁题“花台止水”匾。清咸丰十年(1860),古寺在战火中全毁。民国时期,寺基办过绸厂,后又辟为梅泾公园。民国36年(1947),建梅泾中学,后改称桐乡市第三中学。2003年,经桐乡市人民政府批准开放为佛教活动场所,并易址濮院镇北杨家桥重建。先后建成山门殿、观音殿、财神殿、万佛殿、禅房、斋堂、居士楼等,总建筑面积8922.12平方米,占地161.6亩。其中万佛殿独具风格,台基高3.8米,正面左右设无障碍坡道。基上大殿有三重檐,面积1600平方米,总高36.8米,殿内设三面主佛,高18米,由加拿大桧木所雕,本色描金,端祥庄严。寺内广场开阔,古树遍植,绿荫抚疏。2012年,香海禅寺西侧筹建融办公、禅修、生活为一体的禅修中心,建筑总面积21000平方米,至2014年年底基本竣工。

【道观】

盐官城隍庙 位于海宁市盐官镇。始建于宋天圣元年(1023),是浙北地区创建最早的邑庙。相传此庙城隍姓罗名俊,杭州转塘人,在任金坛令时因擅自开仓赈济受灾百姓而获罪捐躯,死后被奉为城隍,深受百姓爱戴。在近千年的风霜岁月中,盐官城隍庙曾多次遭受毁坏。2002年,浙江钱江潮旅游开发有限公司筹资,在残存的1间正殿庙基上恢复重建,总占地4000平方米,建筑面积1133.6平方米,庙内供奉有城隍爷、文昌君、财神爷、火神、雷神,两侧偏殿供奉十殿阎罗并塑有地狱场景,山门后有明式戏台。2006年年初,省道教协会委派薛兰刚道长到盐官城隍庙主持庙务。2007年,经海宁市政府批准,登记对外开放。2014年,庙内有登记备案的全真教道士5人。

平湖城隍庙 位于平湖市当湖街道解放东路。始建于明宣德五年(1430),知县王简在县治东一百五十步处选地始建,奉汤武元帅子履为平湖城隍老爷。明成化十六年(1480)知县李智以所藏钱买地,广三丈许,直南为神路,重建堂庑门额。明嘉靖年间(1522—1566)知县顾廷对建轩棚三楹,以便谒拜,殿前古柏枝干苍老,相传植自宋时。明万历二十一年(1593)知县黄熠重修。清末以后,道教逐渐衰落。受旧时战火,至中华人民共和国成立前,城隍庙仅存正殿,是平湖境内现存年代最早、价值最高的一座砖木结构传统建筑。1985年11月,城隍庙正殿被列为平湖市文物保护单位。2010年秋,平湖市政府在原址划地重建城隍庙,正殿按文物修复。2011年,竣工对外开放。2014年,城隍庙建有山门、灵官殿、正殿(正殿为原物,两侧设有厢房)、大雄宝殿、天帝殿、钟鼓楼等建筑。全市有道教道士7人。

【清真寺】

嘉兴市清真寺 位于嘉兴市区环城东路469号,为嘉兴市重点文物保护单位。始建于明万历三十年(1602),占地4.5亩,建筑面积1500多平方米,有门楼、大殿、讲堂、水房、清泉亭、照壁等几个主要部分组成,布局匀称,结构严谨,颇具明代江南庭院风格。寺大门为典型的明代“五门一照”,门楼两层三开间,底层中间为过道,两侧偏房,大门对面的照壁墙上雕刻“天方咫尺”4个大字,寓意着伊斯兰圣地麦加天房就在穆斯林身边。礼拜大殿内有四根围径1米的楠木立柱力擎穹顶,燧宇崇丽,梁柱上六处雕刻着阿拉伯文《古兰经》文,正中悬挂着名家墨宝大匾,“认主独一”非常雄伟。大殿右侧讲堂,后墙正中悬挂阿拉伯文壁毯《古兰经》文,左右墙上挂着名家墨宝,“真哉唯清”和“清真为本”两块大匾,堂内古式桌椅,别具一格。古色古香的清泉亭,五披下水,斗拱重檐,亭中古井,雕石护圈,今天仍能汲取嘉禾甘泉,井侧立有“一石两朝碑”弥足珍贵,它是嘉兴清真寺悠久历史的写照。碑的一面镌刻《嘉兴府建真教寺碑记》,系万历三十年所立,称“万历碑”;另一面刻《重修嘉兴府礼拜寺碑记》,系清乾隆十一年(1746)和三十九年(1774)两度重修。清真寺从始建起,多次进行修缮、扩建和重建。乾隆十一年,州司马沙大成出资整修,并在原大殿旁新建讲堂。乾隆三十九年,沙大成的外甥、国子生郭载汾捐资再度整修和重建。清真寺从清乾隆三十九年到中华人民共和国成立的170余年间,寺院建筑被风雨侵蚀,战火祸害,日趋破残。1953年,首次整修。2005年,又局部整修,清真寺面貌有所改观,功能得到恢复。2004年8月,成立嘉兴市清真寺民主管理委员会,逐步建立健全各项规章制度,宗教活动正常有序开展,每日五拜从未间断,主麻日有

400人左右参加礼拜，开斋节有4000~5000人参加会礼。2014年，清真寺有阿訇1人、实习阿訇1人、当地信徒2000余人。

【天主教堂和修道院】

嘉兴天主堂　位于嘉兴市区紫阳街51号。始建于民国6年(1917)，民国19年(1930)12月竣工，罗马哥特式建筑风格。天主堂前有大喷水圆池，堂内有十二小天使与二十大天神，均为石膏雕塑，圣母台与大堂穹顶有精美彩色绘画，长椅与跪凳整齐排列在大堂与两边侧堂，建筑规模当时为中国天主教最大教堂，属嘉兴市区标志性建筑之一。天主堂的堂名为圣母显灵堂，又称圣母堂、仁爱堂。整座教堂区原占地约3.4万平方米，教堂建筑面积1360平方米，其中大堂建筑面积990.5平方米，堂前两座钟楼高45米。天主堂落成后，法国巴黎天主教遣使会向中国嘉兴圣母堂的法籍田法服主教赠送合金铸大钟二口，钟高1.10米，底部直径1.10米，总重657千克，其中一口现保存在天主堂内。天主堂除主体建筑外，西侧与大堂相接处，建有一小圣堂名为耶稣圣心堂，大堂东侧建有一座神父楼，为神职人员生活住宅处，神父楼北侧有二座两层住宅楼，专为男女教友研习教理及住宿之用。“文化大革命”期间，教堂损毁严重，曾办过五金厂等。1982年，落实宗教政策，天主教堂房产陆续归还天主教会，对外开放。2005年3月，被列为省级文物保护单位。

王江泾天主教堂　位于秀洲区王江泾镇小桥港。民国18年(1929)，由天主教信徒周云仙主持在王江泾镇陶家浜南侧兴建教堂，占地7.1亩，主楼及附属用房建筑面积约1200平方米，名为圣女德肋撒堂。教堂建成后，参加活动的信徒有近百名。其中近三分之一的信徒来自比邻的江苏省盛泽镇，活动延续到中华人民共和国成立后。此后，参加活动的信徒逐步减少。“文化大革命”期间，教堂被拆除，土地被电厂征用。1992年，落实宗教政策，由秀洲区政府划拨土地0.7亩，在现址重建教堂，为单层瓦房7间，建筑面积约350平方米。2008年8月，教堂扩建，占地面积300平方米，建筑面积796.8平方米。2009年5月，竣工投入使用。2014年，教堂有负责人1人，在册信徒120人。

嘉善县天主堂　位于嘉善县魏塘镇车站南路482号。嘉善天主教始于清光绪年间(1875—1908)，光绪三十四年(1908)，由意籍神父韩日禄在魏塘花园路96号置地建房14间作教堂。民国8年(1919)本籍神父吴法邦奉派驻嘉善天主堂。民国12年(1923)，吴法邦神父建造天主教堂圣楼一座及修女楼等附属用房。“文化大革命”期间，教堂停止活动。1989年，经嘉善县人民政府批准对外开放。1991年，县政府划拨土地1999.62平方米，经费36万元，选址于魏塘车站南路重建天主教堂，占地面积1999.62平方米，教堂建筑面积493.29平方米，神父楼586.8平方米，修女楼272.6平方米。1994年11月，新天主堂落成，恢复宗教活动。2001年，县政府再次划拨土地扩建，建成自养房757.54平方米。2014年，教堂有神父1人，信众近2000人。

平湖市城西天主教堂　位于平湖市钟埭街道兴平路37号。天主教传入平湖始于明朝后期。民国18年(1929)，启建了平湖第一座教堂和办公楼。“文化大革命”期间，教堂被毁。20世纪80年代初，落实7间房作为教堂。1987年，修建修女宿舍等生活设施。1999年，募集资金60万元重建天主教堂，占地面积3322.5平方米，建筑面积1623平方米。2014年，教堂有神父1人，修女2人，信众约3500人。

海宁市硖石天主教堂　位于海宁市硖石街道河东路2号。始建于清末光绪三十一年前后(1905年前后)，原址位于硖石北关桥东北堍，有大小教堂各一座，附属用房数十间，占地约10亩，建筑面积约3130平方米，常住神父、修女。“文化大革命”期间，天主堂的经堂被学校使用。1967年，天主堂菜地1250平方米，划拨给商业局所属食品公司建屠宰场。20世纪70年代末，因市河拓宽，教堂大部分房屋被拆除，土地被征用。20世纪80年代中期，落实宗教政策，经堂和部分附属房屋归还。1992年，经海宁市人民政府批准，教堂为宗教活动场所对外开放。2007年，教堂因年久失修，属危房。经海宁市人民政府批准，选址硖石街道河东路2号易地建设新堂，占地面积5043平方米。2009年2月，新堂开工建设。2010年10月，新堂落成开放，总建筑面积2749.93平方米。2014年，教堂有教职人员3人(神父1人、修女2人),在册信徒和慕道友近200人。

桐乡天主教堂 位于桐乡市濮院镇梅泾小区咏梅路。清光绪二十八年(1902),天主教意籍传教士韩日禄在濮院镇石条街购得沈姓民房一所,设立天主堂。当时,由于入会人数极少,至民国时期逐渐冷落,信徒陆续转到其他地方活动。"文化大革命"期间停止活动。1984年,濮院一些天主教友在位于濮院镇梅泾小区咏梅路,建造简易房屋作教堂开展活动。因桐乡地区的教友相对集中在濮院活动,习惯上将濮院天主教堂称为桐乡天主教堂。1995年2月,经批准登记开放为宗教活动场所,命名桐乡市天主教堂,属天主教杭州教区。1999年,原址翻建主礼拜堂,为二层砖混结构楼房,建筑面积493平方米。教堂无住堂神父,宗教活动由天主教杭州教区指派,有教友约450人。

嘉兴文生修道院 位于嘉兴市区光明街153号。清光绪二十八年(1902)起兴建,清光绪二十九年(1903)竣工,法式建筑,当时为法国天主教遣使会在中国培养神职人员的高等学府。修道院占地约47.47亩,原建筑面积6600余平方米,为西式建筑群,有教堂和欧式环楼,建筑群左右对称分布,坐东朝西,东西两翼各十二开间,院内有百年树龄的香樟树近百棵。文生修道院是中国近代史上规模最大、功能齐全的天主教堂之一。据史载,光绪二十九年至三十四年(1903—1908),嘉兴文生修道院为天主教中国遣使会唯一的神哲学院,又称总修院、总会院,原规划吸纳全国有志于服务教会的青年来此进修、研习教理。后因北方修生不服江南水土,乃于清宣统元年(1909)在北京大栅栏另建一座遣使会修道院,嘉兴文生修道院就成为南方遣使会教区培养神职人员的高等学府。光绪三十一年(1905)至民国37年(1948),培养12年制神父160名,派往全国各地教堂。中华人民共和国成立前,文生修道院隶属于上海仁爱会总院。民国37年(1948),文生修道院停办。中华人民共和国成立初期,由中国人民解放军嘉兴军分区接管,后分别为嘉兴地区疗养院、嘉兴市航运总公司所使用。1995年11月,文生修道院房产归还天主教会。2005年3月,被列为省级文物保护单位。2013年5月,被列入第七批全国重点文物保护单位。

【基督教堂】

嘉兴市基督教堂 位于市区姚庄路10号,原名嘉北耶稣教堂。清光绪二十六年(1900),美国南长老会差派传教士花第生在嘉兴城北望吴桥一带购地数十亩,建起一座教堂和一所医院(福音医院,今第二医院前身)。当时的教堂为欧美建筑风格,布局呈一完整十字架形状,教堂面积400平方米。教堂门朝北,另有一钟楼。日军侵华占领嘉兴时期,教堂被侵占,被迫停止礼拜,抗战胜利后恢复礼拜。中华人民共和国成立后,长老会樊启忠牧师带领信徒走三自爱国道路,割断与差会的关系。1958年,实行联合礼拜,由长老会、使徒信道会、聚会处、真耶稣教会四教派联合组成,改名嘉兴市基督教堂。"文化大革命"期间,教堂被占用,停止宗教活动。1983年1月2日,举行复堂典礼,礼拜活动恢复正常。1996年1月起,教堂原地重建施工,1997年8月竣工。新堂分五层,底层车库、一楼辅堂、二楼主堂、三楼为中空半楼,总建筑面积1600平方米。1997年11月18日,举行新堂落成典礼与感恩礼拜。嘉兴市基督教堂是全市最大的基督教开放活动场所,教堂建有堂管会班子,由教职人员和信教群众13人组成。2014年,教堂有牧师3人、长老5人,在册信徒2000余人,平时礼拜人数约1300人(不包括幕道友),圣诞节有3000人左右。

新篁基督教堂 位于南湖区新篁集镇青龙路143号。始建于民国2年(1913),原名"内地会"。初时,堂址位于新篁胡庵村马经桥。民国35年(1946),抗战胜利后,堂址迁至新篁集镇(仓基),改称"耶酥堂"。1950年,成立基督教三自爱国运动委员会,称中国基督教。"文化大革命"期间,教堂停止活动。1981年,修缮(仓基)教堂,恢复宗教活动。1994年,更名为"基督教堂"。2002年,因教堂年久失修成危房,经当地政府同意,易地新篁集镇青龙路(姚家场)143号,新建教堂。2004年12月,新教堂落成,占地面积1988平方米,建筑面积1063平方米。2014年,教堂有负责人1人,在册信徒250人。

新塍镇基督教堂 位于秀洲区新塍镇新晖路51号。据《新塍镇志》记载,清光绪元年(1875),美国老会派美藉传教士文渊博牧师到新塍镇蔡厅弄设堂传教，后会堂设在镇东寺后门桥南堍。教堂建立后，信徒稳定，活动正常，历经清末期和民国，直到中华人民共和国成立仍有活动。“文化大革命”期间活动停止，教堂原址由政府管理。1987年，落实宗教政策，经郊区政府同意易址在新塍镇人民东路135号新建新塍基督教堂，占地121.36平方米。是年，教堂建立堂务委员会，由7人组成。1999年，因人民路扩建，原教堂拆除，在现址新建教堂。新教堂内设礼拜堂、食堂、牧师宿舍等，占地面积1481.67平方米，建筑面积909.66平方米。2014年，教堂有负责人1人，在册信徒480人。

嘉善县魏塘基督教堂　位于嘉善县魏塘镇城南小区。始建于清咸丰四年(1854)12月，由伦敦会、嘉善福音堂、长老会和西门耶稣堂合并而成，基督教驻上海英籍教士戴德生和艾德根到嘉善布道，并逐步发展。1958年，停止宗教活动。1983年11月，经嘉善县人民政府批准，租用原曹家埭2号房管所公房恢复活动，对外开放，定名为嘉善县魏塘基督教堂。1991年年底，县政府在城南小区划拨土地2.2亩并拨款15万元易地新建魏塘基督教堂，1992年12月底，新堂落成对外开放，其中礼拜堂建筑面积400平方米，附属用房建筑面积254平方米。2014年，教堂占地面积1300平方米，其中礼拜堂645平方米、附属用房245平方米；教堂建有堂管会，有牧师1人、长老3人，重大节日礼拜人数约2000人。

平湖市城关耶酥堂　位于平湖市城关镇松枫小区，原名黄家弄福音堂，也称城西耶稣堂。始建于清光绪三十一年(1905)，上海基督教伦敦派英籍牧师沈松林到平湖城关原黄家弄传教。在黄家弄建平房5间，占地500平方米。民国9年(1920)，建立平湖基督教福音堂。民国18年(1929)，改为中华基督教会。1983年10月，经平湖市人民政府批准，对外开放。1993年，教堂迁建至百花社区，占地900平方米。1995年，教堂再次迁建至松枫小区，建筑面积1590.64平方米，占地2038平方米。2004年9月，专辟一会议室作为国际礼拜堂，供外籍信徒宗教活动。2014年，教堂有牧师1人、长老1人、信众1000余人。

海宁市硖石基督教堂　位于硖石街道海昌南路119号。清光绪二十六年(1900)，桐乡总堂教士毕来恩和葛庆馀至海宁硖石镇传道，先在硖石镇西山租用西寺边屋一间，作为传道所，后在河西街购三开间楼房四幢和后面边屋(占地474平方米)设耶稣堂。光绪三十一年(1905)，开始做礼拜。民国2年(1913)，成立硖石堂会。民国16年(1927)加入中华基督教会。“文化大革命”期间，宗教活动停止。1982年，教堂正式恢复宗教活动。1988年，教堂改建，拆除部分危房，建起新礼拜堂及二层楼的附属用房140平方米。1994年，教堂由河西路84号原址易地塘桥南新建，宗教活动在农丰桥租房过渡。1995年8月，新教堂竣工，主堂建筑面积644平方米，食堂等附属用房326平方米，占地1271平方米。2002年1月，堂务委员会改组，新堂务委员会由12人组成。2007年1月，硖石耶稣堂更名为硖石基督教堂。2010年1月，堂务委员会换届，新一届堂务委员会由9人组成。2014年，教堂建有堂务委员会，有教职人员7人(牧师3人、长老4人)，在册信徒和慕道友近2000人。

海盐县基督教堂　原址位于武原街道海滨西路，1998年年末搬迁至河南东路48号至今。清光绪二十九年(1903)，中华基督教会(长老会)嘉兴区会派美籍传教士查理·花乔其(到中国后改名花第生)及范桂方到海盐武原镇传教，设布道所于董家弄。后在原武原镇西大街(现武原街道海滨西路320号)建海盐耶稣堂。民国16年(1927)后，从萧山迁至武原一带(属城郊乡)定居的农民中，有基督教内地教派教徒三四十人，在北桥设点聚会。民国33年(1944)，城郊乡北桥基督教聚会点加入长老会，隶属海盐耶稣堂管理。20世纪50年代初，全县有基督教徒200余人，在海盐、沈荡、澉浦三处教堂活动。1958年后，基督教活动停止，海盐教堂房屋改作他用。1983年6月，经县政府批准，海盐耶稣堂修缮并对外开放为宗教活动场所。1985年，成立堂务委员会，张耀宗牧师主持教务。1997年，在河南东路48号建造新堂。1998年年末，新教堂竣工，总建筑面积1228平方米，其中主堂建筑800余平方米，占地2.834亩，可同时容纳1000人做礼拜。2007年7月，海盐耶稣堂更名为海盐基督教堂。2014年，教堂建有堂务委员会，有牧师2名，在册信徒1400余人。

桐乡基督教堂　位于桐乡市梧桐街道。清光绪十九年(1893),基督教美国南长老会传教士毕来斯(又称毕来恩)到桐乡传教,将当时的县城梧桐镇买花厅改建为教堂,后造楼5间和钟楼,第一任基督教传教士为马维善。民国26年(1937),桐乡县城沦陷,教堂被日军占用。抗战胜利后,陆续恢复宗教活动。"文化大革命"期间,教堂停止活动。1982年,经桐乡县政府批准,教堂恢复宗教活动,对外开放,并将煤机厂的一间房屋作为教堂房产划拨教堂,王利生长老为主要传道人。1997年,因市政工程教堂易地迁建。2000年,在市区茅盾东路66号新建教堂,建筑面积848.8平方米,2001年5月竣工使用。2014年,教堂建有堂务委员会,有在册信徒近1000人。

附一:重印《嘉兴藏》

2008年11月10日,嘉兴精严讲寺举行"中华佛教宝典——《嘉兴藏》三百年重归故里庆典"活动。活动由《嘉兴藏》三百年重归故里庆典活动组委会和《嘉兴藏》整理出版委员会主办,嘉兴精严讲寺和北京慈航经典《嘉兴藏》编辑顾问中心承办,嘉善龙庄讲寺、桐乡香海禅寺协办。活动主要有《嘉兴藏》三百年重归故里庆典仪式暨圆成法会、《嘉兴藏》重辑出版学术高层论坛、宝典墨缘·佛教书画展览、《嘉兴藏》三百年重归故里庆典活动纪念首日封暨嘉兴佛教寺院个性化邮票首发式等,全国出版界、新闻界、海内外学者、高僧大德及信众万余人出席盛会,新华社、《人民日报》、《浙江日报》、浙江卫视等20多家新闻媒体采访报道。

《嘉兴藏》,又称《径山藏》《楞严寺藏》《万历藏》等,由一代名僧紫柏真可(1543—1603)主持刊刻的中国历史上第一部汉文佛教方册大藏经。紫柏真可,俗姓沈,字达观,17岁出家于苏州虎丘,20岁从讲师受具足戒,初名柳溪和尚,因慈圣圣母赐予紫衣袈裟,晚号紫柏,为明末四大高僧之一。《嘉兴藏》也是由民间发起并组织刊刻的藏经,刊刻完成时间长达200年。因刻印方册大藏首倡、酝酿、发缘、决策在嘉兴,全部大藏终刻、印制、流通又在嘉兴楞严寺,故此得名为《嘉兴藏》。

明万历元年(1573),嘉善进士袁了凡(1533—1606,原名袁黄,字坤仪,号了凡,世居嘉善县陶庄镇陶东村袁家埭,明万历初嘉兴三名家之一),首倡募刻方册本大藏设想。十年后,募刻大藏经进入实质性实施阶段。

从发起、筹划到开刻,紫柏真可、密藏道开和幻予法本是三位核心人物。紫柏真可去世后,密藏道开退出刻经隐身离去,幻予法本病故。万历二十九年(1601),刻经大业由念云兴勤法师主持。此后,陆续主持刻经大业的还有瞻居法师、按指法师、白法法师、彻微印开法师、巨彻法师以及寂暹法师等。其中,贵州利根法师在刻经大业的经费筹措和刷印、流通中,有显著的作用。

《嘉兴藏》的刊刻主要完成于明万历十七年(1589)到康熙五十年(1711)间,可分为三个阶段:

山西五台山时期的刻藏 明万历十七年冬十月初八,大藏经在山西五台山紫霞谷妙德庵正式开刻。第一位施资人是"巡按山西监察御史、聊城傅光宅",首刻的第一部经籍是120卷本的《华严经合论》。五台山妙德庵时期的刻藏是《嘉兴藏》全部刻藏历程中最辉煌的时期。在前后不足4年(万历十七年至二十年夏)的时间里,共雕刻了40余种550卷左右正、续藏典籍。

浙江径山时期的刻藏 由于五台山严寒的气候环境和北方偏远的地理位置,四年之后,《嘉兴藏》南迁至浙江余杭的径山寺继续其刻藏事业。径山位于浙江余杭县城西北50里处,从万历二十一年至二十五年(1593—1597)的4年间,刻经之地在径山主寺。万历二十六年(1598)刻经地址迁移到"寺北五峰之背"的别院寂照庵,之后至万历四十年(1612)的15年间,方册大藏的刻造一直在寂照庵进行。这一时期是方册大藏的刊刻环境最为稳定、进展最快的时期,奠定了方册大藏的基础。万历四十一年(1613)至崇祯初年的约20年间,刻藏地由寂照庵搬到了位于"径山之东麓"化城寺。

嘉兴楞严寺时期的刻藏 明崇祯六年(1633)前后至刻藏最后完成,国家处于农民起义和清朝建立的大动荡年代,方册大藏的刻造事业受到影响。据"浙江嘉兴府楞严寺般若堂本年坊赀刻"的题记记载,这一时期方册大藏的主刻场已由径山转移到嘉兴楞严寺,楞严寺不仅是装订流通的中心,而且成了新的刻经地。

2008年11月10日，嘉兴精严讲寺举行“中华佛教宝典——《嘉兴藏》三百年重归故里庆典活动”

史学家一般认为，《嘉兴藏》刻藏完成在清康熙四十七年至五十一年(1708—1712)，历经一百二三十年。也有学者发现，直到清嘉庆年间(1796—1820)，还有一些经卷刻入《嘉兴藏》，最后刻印完成的《嘉兴藏》历时200年，历经两个世纪的两个朝代。

《嘉兴藏》是佛教传入中国1800多年历史中一部工程浩大的佛教经典。全藏分正藏、续藏和又续藏3个部分。其中正藏210函，续藏90函，又续藏43函，共2090部、12600余卷。在续藏和又续藏中收集了大量的藏外著述，内容包括疏释、忏仪、语录等，堪称中国佛教史上规模最为巨大、内容最为丰富的第一部方册佛教典籍，被海内外佛学研究者誉为“佛教史料宝库”。

《嘉兴藏》经历岁月沧桑和战火摧残，刻板全毁，原刻经书在嘉兴基本散佚，嘉兴市图书馆仅存旧《嘉兴藏》约200卷。

1999年秋，姜锡慈(吉林省长春人)，因祖辈发愿要重辑大藏经，先后走访故宫博物院、首都图书馆等大陆及台湾地区20余个珍存《嘉兴藏》的图书馆和40多个佛教寺庙。2002年在北京注册成立北京慈航《径山藏》(嘉兴藏)研究中心(2004年改为北京慈航经典《嘉兴藏》编辑顾问中心)，与民族出版社合作发掘整理出版《嘉兴藏》。2003年1月15日，国家新闻出版总署批准重辑影印出版《嘉兴藏》。同年8月，全国古籍整理出版规划领导小组决定，将《嘉兴藏》纳入“国家古籍整理出版‘十五’重点规划项目”。2004年12月24日，《嘉兴藏》整理出版委员会成立。2008年，历经九年的抢救性发掘和整理，《嘉兴藏》最终以足本全书形式重新问世。重辑的《嘉兴藏》，正藏211函、1676种；续藏、又续藏、补遗计167函、570种。全藏总计378函、2246种、2652册，收录经书12000多卷。

重辑《嘉兴藏》得到有关领导、各界专家学者及海内外佛教人士的关怀和支持。国家民委主任李德洙为重辑《嘉兴藏》题词“民族瑰宝，流芳百世”；中央统战部常务副部长朱维群为重辑《嘉兴藏》题词“汇佛教典籍，扬中华文化”；国家宗教事务局局长叶小文为重辑《嘉兴藏》题词“正藏续藏一切藏，官修民修历代修”。中国佛教协会会长、副会长任《嘉兴藏》整理出版委员会主任、副主任，并负责监制。香港佛教联合会会长觉光、香港菩提学会会长永惺、澳门佛教总会会长健钊等也出任《嘉兴藏》整理出版委员会副主任。国内20多位著名佛学专家、学者，参与出版委员会工作。

《嘉兴藏》自康熙末年在嘉兴完成正藏刊印，流通至东南亚、日本等国家和地区，迄今已有三百年。嘉兴作为《嘉兴藏》刊刻和流通的发源地，隆重迎接这部佛教宝典重归故里，不仅是中国佛学界的一件盛事，也是弘扬中华文化和促进海内外文化交流的一件大事。

附二：民间信仰

嘉兴的民间信仰活动，具有一定历史传承、地方特征明显，其信仰活动往往与年节习俗中所标记的时间节点结合。主要表现形式为祭祀，内容庞杂，崇拜对象纷繁复杂，崇拜目的功利性强。以崇拜对象分类，主要可分为源于自然崇拜的民间信仰，崇拜行业神的民间信仰，源于祖先和名人先师、先贤崇拜的民间信仰以及与佛道教相融合的民间信仰。

主要信仰活动

源于自然崇拜的民间信仰　自然崇拜是现代民间信仰中最古老的信仰类型，主要是对土地、海潮、山川等自然神及图腾崇拜。在民间，端午节期间被百姓普遍认同的挂菖蒲、大蒜、艾叶，燃熏苍术、白芷等以驱除邪气；妇女用丝绸制成小人、老虎、蜈蚣、蛇等形状的发饰，插在头上，谓之“健符”，以辟邪健身；给孩子戴老虎帽，穿老虎头鞋，写“王”字，寓意虎虎生威，不可侵犯以及秀洲区大曹王庙庙会市上有泥捏的泥猫、泥老虎出售，不少人购买泥猫，以求养蚕平安等民间风俗，都是图腾崇拜的一种延续，嘉兴各县(市)区均有各自主要的民间崇拜对象。

平湖、海盐一带农村兴盛对土地神的崇拜，有“做社”习俗。社为传说中的土地之神，祭社是对土地的自然崇拜，自夏代即已流传，至春秋时，各地都于立春、立秋后第五个戊日举行祭祀，每逢社日，四邻结社祭祀社神，占卜来岁丰歉，伴以歌舞，并一起聚餐。此俗称做社，亦名结社。结社一般以自然村为单位，七八户至二三十户结合，各户轮值为社主，亦称当社，负责置祭品、酒礼、祃幛(即神像，有36尊之多，混杂孔子、玉帝、观音、关公、财神等，唯无佛像)、香箔等，社日抬着奏乐至附近社庙祭拜，次日分享酒肉斋品。在此日，以社主家为聚会所进行活动，以太保先生为赞神人。致祭中，太保领路，领众行礼，唱“请符官”请神，中间由太保(在社主家)“唱锣鼓书”娱众。平湖四乡出产生姜，秋天姜熟时亦做社，称“青姜社”。春社在农历正月初二至正月十五举行，称“元宵社”“牛社”“春苗社”等；秋社在七月初七起至七月二十，也称“秋苗社”“太平社”。解放后，庙宇多废毁，做社仪式改在社主家举行。做社时少则七八户，多则六七十户结社，轮流当社主，地点一般设在社主家中的厅堂里，做社一次大约一天一夜。仪式特点是以古老的宗教职业者“太保先生”为赞礼人，通过安排筵席、排列神码、请神、接神、唱社书、送神等程序和方式祭拜供奉当地的民间保护神。20世纪60年代一度停止，80年代后，做社之风又起，以做春社为主。

嘉善县西塘、天凝、姚庄都建有东岳庙。西塘镇华联村的东岳庙，崇拜对象为东岳大帝，即道教奉泰山神，相传为名将黄飞虎，死后封神，称“东岳大帝”。明正德十年(1515)，县丞倪玑始建庙堂，祀八蜡，故更名“八蜡祠”，后又复旧名。民国13年(1924)重建，占地13.6亩。解放后，仅存山头门及正殿一栋。1989年各界集资修缮，2010年大修，庙宇香火逐年增多。庙中附祀城隍，每年农历三月二十九为迎神赛会日，当地民众请城隍出巡全镇，翌日演戏文以娱神灵，预祝五谷丰登。每年大年初一、三月二十九、四月初三举行庙会。参与人数每年有近10万人。海宁、平湖、秀洲区均建有此类供奉山神的东岳庙。

海宁沿海百姓普遍信仰潮神。海神庙中除伍子胥、钱镠外，还有许多被封为海神、水神加以祭祀的，仅盐官海神庙内供奉的海神就多达21位。每逢潮神生日，沿钱江百姓上海塘，面向江面拜揖；潮来前，点香烛候潮；潮来时，将香烛投入潮中祭祀潮神，祈求平安。凡从事与潮水有关生计的，在开工前常举行“请潮水”仪式、渔民出海捕鱼举行“请顺风”仪式等，祈求潮神保佑。海宁沿海除筑塘、敬神之外，民间信奉水牛克水，以牛治水，能镇海避灾，使怒潮不再成祸害，故有镇海铁牛景观。铁牛始铸于清雍正八年(1730)，乾隆四十九年(1784)，铸六座，置于范公塘一带。每只重达1.5吨，“文化大革命”时被毁。1986年6月恢复“镇海铁牛”，重新铸造一对铁牛，分别置于占鳌塔东西两侧，铁牛上仍旧保留铁牛铭文“唯金克木蛟龙藏，唯土制水鬼蛇降，铸犀作镇奠宁塘，安澜永庆报圣恩。”桐乡海华村也有海神庙，每年9月，村民自发组织一次“拜斗”，也称“拜斗坛”活动，“拜斗”就是交米在祠里面吃素斋、烧香、念经，纪念的是斗姆娘娘，崇拜的是海神“孙权”。海华村历史上称海卸，其地名的由来据说是杭州湾钱塘水倒灌，至海卸一带泻开，需海神的庇护。加上三国时孙权曾在此屯田、休养生息，海华村的海神便成孙权的化身。

崇拜行业神的民间信仰 嘉兴对行业神的崇拜属小众信仰类型，但也是民间信仰的主要内容和特色之一。有教师业尊崇孔子，蚕桑地区敬奉“蚕神”，沿海地区的渔民敬奉“妈祖”等。

桐乡崇福镇的孔庙供奉孔子也称文庙，始建于北宋元丰八年(1085)，是浙北地区现存最大、嘉兴市唯一的一座孔庙。起初建于县城市河西面，元至正二十一年(1361)搬迁到万岁桥河东。现存的孔庙大成殿是清同治四年(1865)重建，有殿堂三间计307平方米。是崇德历代读书人及文人墨客对孔子朝圣的殿堂。解放后曾改作它用并被损坏。1985年修复,2006年重新修缮,重筑孔子石雕像和泥塑雕像。建成后的孔庙占地2500平方米。2007年,当地政府设立“崇文奖”每年颁奖一次,奖励在当年度中考高考中取得优异成绩的学生。

嘉兴各地农村养蚕业普遍信奉蚕神。蚕神在古代有蚕女、马头娘、马明王、马明菩萨、蚕花娘娘、蚕丝仙姑、蚕皇老太等多种称呼。如嘉善民间把一个骑在马背上的姑娘的神像供奉在庙里,称之为“马鸣王菩萨”“马头娘”。桐乡洲泉镇屈家浜村李家桥组的富墩庙和马鸣村的马鸣庙等,都供奉马鸣王菩萨。富墩庙建筑面积600多平方米,土木结构。民间相传,起源于南宋时期,南宋定都临安之后,为激励蚕农栽桑养蚕,封蚕神马鸣王为“马鸣大士”。附近村庄3000多名村民隔若干年举行一次重大祭祀活动。平时逢初一、十五,有信众到庙中念佛。洲泉地方举行的蚕花庙会(双庙渚蚕花水会)以及乌镇香市期间的民俗活动之一“祭蚕娘”,即分别源于信奉蚕神马鸣王、蚕娘,祈求蚕神、蚕娘保佑养蚕丰收。桐乡、平湖、海盐、秀洲、嘉善等地都视马鸣王为保护神,各处都建有娘娘庙、马鸣庙等。

平湖、海盐沿海地区的渔民敬奉妈祖。妈祖被视为海上运输、捕鱼业的庇佑之神。平湖市祝圣禅寺,原址地处海边(现处于平湖市独山港镇小营头村),当地村民以海上捕鱼为生,崇拜妈祖。2005年下半年重建妈祖殿,佛教文化也逐步融入。2009年,本地居士、百姓及上海的居士筹资新建观音殿、边殿、大寮、办公室等,逐步形成一定规模。平时农历每月初一、十五,前来烧香拜佛的十分热闹。每年农历三月二十三的庙会极为兴盛,达30000余人。海盐的澉浦镇历史上曾是对外贸易的重要港口,从事海上贸易者信仰、崇拜妈祖,出海者希望一帆风顺,望海者祈求一路平安。南城门外还保存有妈祖庙,时有前往烧香上供者。乍浦港区和平湖市独山镇,有不少以妈祖为主要崇拜对象的民间信仰活动场所。

源于祖先和名人先师、先贤崇拜的民间信仰 此类民间信仰有祖先家神崇拜,祈求“家神”赐福禳灾。最普遍的如民间清明的扫墓、七月十五(中元节)及冬至的祭祖,即源于对家庭、祖先尊崇的体现。

小庙小庵大多由家祠演变而来。海盐澉浦镇吴越王庙(俗称吴王庙)规模较大。唐朝末年,钱镠封王以后,江浙富庶盛于东南,宋崇宁年间(1102—1106),百姓为纪念吴越王钱镠而建。相传农历的八月十一是吴越王生辰,附近就会办庙会,会期三天。解放后吴越王庙一度被拆除,1998年,在原址重建,占地62.7亩,建筑面积2020平方米 ,吸引海内外旅游者和钱王后裔20余万人次,被海内外钱氏后裔誉为临安钱王陵、西湖钱王祠后第三大钱氏后裔祭祖寻根之地。平湖市林埭镇徐埭村西的钱皇寺(前身称钱庙),俗称钱郡王庙,和杭州钱王祠同为一宗。“钱王”(即吴越王钱镠)在位期间广做善事,故百姓修建“钱庙”纪念。咸丰十一年(1861)间毁于太平天国战火。清同治十二年(1873)重修,“文化大革命”时期损毁严重。2003年,当地信众重修殿堂,占地6亩左右。每年农历三月十六钱王出巡(寺院内)、农历六月二十一钱王娘娘圣诞和农历八月十六钱王圣诞,都举办祭祀活动,参加人数在200人左右。海宁许村镇的祖三真庙(“三真”为:真心、真信、真诚),相传建于五代十国时期,张、许二姓在海宁一带有功,钱王下旨封为“张、许二明王”。此后在康乐拱园石桥(现许巷大桥)东建造许巷祖三真庙纪念张、许二神及夫人,早期即是比较典型的张、许2个姓氏的家庙。海宁的徐鲁王庙是徐、鲁2个姓氏的家庙。桐乡市崇福镇有北庙和南庙,是解放前陈氏家族(北庙)和平氏家族(南庙)供奉祖先陈大幂王、平大幂王牌位的庙宇,“文化大革命”期间被毁。2002年,群众自发筹资重建后,除陈、平姓外,附近姓氏也参与供奉瞻仰。

各地民间信仰中以崇拜先贤、圣人等具有超凡“仁、智、勇”品格的人物较普遍,认为能驱邪镇恶。而具有地方特色的对英烈贤达的崇拜,其信仰点与信众较多。

嘉善庙会活动中,民间敬仰的是以地方神“老爷”为主。人们供奉的所谓“老爷”,都是一些历史上或传说中的有益于人民的官吏、名人,有些“老爷”因救人民于苦难之中,被百姓立庙供奉,历经几百年的民间崇拜和神化,成为地方的尊神。嘉善民间祭祀的“刘王老爷”,传说不仅是驱蝗的“刘猛将”,也是一聪慧过人的神童“刘阿大”,因其聪慧,嘉善一带的人们将初生的幼儿过继给刘王的非常多，并且平时称呼时在名字前加刘姓，算是刘王的孩子，以免夭折之类的灾祸。嘉善县城内及干窑、丁栅均有供奉地方守护神的城隍庙，在镇(街道)很多庙宇内也设城隍殿或塑城隍像供奉。嘉善县西塘镇塔湾的护国随粮庙(七老爷庙)，供奉随粮王神像。始建于明末，清初搬迁至现址，占地约10亩。信奉者多为西塘镇居民和附近农民，每年农历四月初三(即随粮王生日)举行盛大护国随粮王庙会，祭奠明末放粮救民的随粮王七老爷。

平湖有许多供奉“干亲神”的庙宇，如猛将干爹、施皇干爹、杨寄爹、关公干爹、三国寄爹、杨寄伯等(在嘉兴方言中，“寄”就是认干亲的意思)。平湖新埭镇星光村的新浜庙，供奉的就是“知府大人”(也叫杨干爹)。各地供奉有施老爷、二老爷、杨老爷等的小庙有多处，在平湖、嘉善等地区十分风靡。

海宁斜桥镇路仲村有“路、仲、毛”三恩神传说。唐代，路仲地区大灾，押粮官放粮救灾获罪致死，路仲人造社庙三王庙纪念。此庙几毁几建，香火不断。还有海宁许村的新吴王庙供奉东汉末年吴王孙权和翁埠村一带五月十五、十六的元帅庙会祭拜元帅菩萨(即传为救百姓生命以投井献身证明井水有毒的南宋一位进士)。

秀洲区王江泾镇的刘王庙(刘承忠纪念馆)，始建于南宋景定年间(1260—1264)，祭祀驱蝗有功的刘姓将军(历代说法不一，依次为刘猛、刘锜、刘锐、刘宰和刘承忠)。清朝开始，每年清明、农历八月十四(相传是刘王诞辰)、春节前后为刘王庙庙会，也称“网船会”，江浙沪的各种商船、丝网船、渔船、驳船等汇聚于莲泗荡，祭祀刘承忠将军，祈求风调雨顺、出入平安、农渔丰收。每年游客、香客25万余人次，仅“江南网船会”期间，就达10万人。供奉刘王的在嘉善有把刘王老爷、驱蝗神刘猛将作为地方神加以崇拜，平湖市新埭镇鱼圻塘村有刘公祠也供奉刘王。南宋初年，抗金名将刘锜受命驻守秀州鱼圻塘塞(即现今的鱼圻塘集镇)，平定匪患，地方安宁。鱼圻塘民众醵资在刘将军当年的军营故址“即宅为祠”，尊以“刘千岁”，并塑像视其为保护神。民国35年(1946)，上海商人赠送一对重达150千克的大蜡烛，遂称刘公祠为“大蜡烛庙”。2004年，有香客赠送一对大蜡烛重达1257千克，载入世界吉尼斯纪录。每年的春节、重阳两个重大节日期间，当地百姓都要用大蜡烛祭奠刘将军，举办庙会活动。每年农历九月初九前后，各地香客、游客，赏巨烛游客数达10余万人次。南湖区的曹王庙供奉北宋大将曹彬，据传曹彬在平定浙江时，宁可自杀以谢天下而不枉杀一人，百姓感其恩德，建造曹王祠祭祀，庙的正名为曹武惠王庙。小曹王庙坐落在南湖大桥边，占地面积7亩左右；大曹王庙在余新曹王村，2001年重建后改名大曹王寺，占地面积42亩，建筑面积1500平方米。平时清静，农历初一和十五是传统烧香的日子，有近千人，到春节、清明、曹王生日，举行庙会，达上万人。海盐武原街道红益村尚胥庙供奉伍子胥，坐落于红益村(胥溪片)。据传为春秋战国时期当地群众为纪念伍子胥而建，后成为纪念、祭祀忠臣义士、英雄贤人的祠堂。始建于元大德三年(1299)，明嘉靖十八年(1539)重修，清咸丰年间(1851—1861)被战火焚毁，后于同治年间(1862—1874)重建，土改、“文化大革命”时期遭破坏。2010年，当地村民筹集资金进行维修。每年农历三月初八为大的活动，每月农历二十为庙会，规模在400~500人左右。

各地供奉历代名人先贤的庙宇建有多处。海宁长安镇的褚墩庙，始建于三国，供奉元帅关公(关羽)。桐乡崇福镇的龙图殿建于明朝，纪念包龙图。还有平湖广陈镇的海瑞寺纪念海瑞、海盐武原镇的太子庙纪念朱元璋、秦山镇的秦始皇庙纪念秦始皇等。此外，桐乡市炉头的宗阳庙供奉崇拜抗倭名将宗礼；海宁许村的新吴王庙供奉东汉末年吴王孙权和翁埠村一带五月十五、十六的元帅庙会祭拜元帅菩萨(即传为救百姓生命以投井献身证明井水有毒的南宋一位杨进士)以及黄湾的周都庙供奉的是位下级军官等都属此类。

与佛道教相融合的民间信仰 佛、道两教信仰与民间信仰融合的类型在嘉兴各地比较突出，信众较多，在民间信仰活动场所中占比较高。在供奉佛教如来佛、观音菩萨等的同时还供奉太上老君、文武判官、财神、西方三圣、土地神、关公等，常常是佛教菩萨、道家真人、山神土地、先贤先圣共处一堂。嘉善天凝镇洪福村神堂庙供奉诸天菩萨、施老爷、二老爷、杨老爷，正厅内供奉如来菩萨、观世音菩萨、关老爷、三观菩萨、禅化菩萨，两边偏厅供奉各种菩萨。该庙建于清嘉庆年间，占地10多亩，太平天国时，大部分被毁，1958年前后庙宇基本被毁。此后在神堂庙原址烧香的人数逐年增多，每月初一、十五、二老爷生日、观世音菩萨生日，上香人数在几百人左右，每年九月初九庙会上香的达5000人以上。桐乡崇福镇南阳村南阳庙建于明朝以前，占地3亩，建筑面积近1700平方米，既设有观音殿又有土地殿。每月初一、十五烧香念佛不断，逢观音菩萨生日、老爷菩萨生日时参加祭拜活动的达500多人。海宁许村镇的新吴王庙也既供奉土地神又供奉观音菩萨等。海宁许村镇的新吴王庙既供奉土地神又供奉观音菩萨等。坐落在嘉兴港区雅山村的瓦山寺，供奉有包大人、关公、海老爷、如来及众多菩萨。南湖区曹王庙除供奉曹王爷外新增供奉斗姆元君和星宿以及东华大帝、东华娘娘等道家神仙、菩萨等。

活动场所及管理

嘉兴的民间信仰活动场所以庙宇及庙会居多，分布散乱。各县(市、区)均有一些规模与影响力相对较大的民间信仰活动和场所，而带有民间信仰成分的小庙则分布面广量多，由于管理上的原因往往存在各种安全隐患。20世纪90年代始至2004年各地进行多次整治(1500多处)。2005年调查显示，全市985个行政村均有1~2处小庙小庵，少数村甚至有3~4处。2013年，嘉兴市民族宗教事务局课题组在全市范围内对民间信仰活动场所(实体)的规模及分布、始建年代、信仰类型、管理组织、参与人数等进行摸底调查，据统计，全市小庙小庵仍有750多处，是登记开放宗教活动场所的4.4倍。其中，具典型民间信仰成分的有160余处，佛道教为主的民间信仰500余处。(见表4-2-4)

嘉兴市民间信仰(小庙小庵)基本情况表

表4-2-4

场所分布	数量	信仰神灵种类(个)						场所建筑面积(平方米)					始建年代				
		自然崇拜	行业神崇拜	祖先崇拜	先贤崇拜	宗教崇拜	其他	50以内	50~100	100~200	200~500	500以上	民国以前	民国至1949年	1949年—1978年	1978年—2014年	不明
南湖区	60	—	—	—	11	17	32	41	10	5	3	1	6	1	1	6	46
秀洲区	104	5	2	—	30	28	39	39	28	21	7	9	35	3	—	1	65
嘉善县	108	1	—	—	39	25	43	64	19	13	3	9	40	4	4	6	54
平湖市	200	7	1	2	24	74	92	122	47	13	12	6	43	29	12	6	110
海宁市	71	8	—	2	7	29	25	4	7	11	16	33	41	6	1	8	15
海盐县	97	2	—	1	13	55	26	30	32	17	13	5	25	5	7	11	49
桐乡市	94	—	3	1	5	76	9	9	22	21	27	15	20	21	—	1	52
港区	19	2	—	—	1	15	1	4	7	1	4	—	5	6	1	—	7
合计	753	25	6	6	130	319	267	313	172	105	85	78	215	75	26	39	398

说明：此处的“宗教崇拜”指供奉场所没有宗教教职人员主持；“其他”一栏即以佛道教与民间信仰融合为主，“宗教崇拜”亦可归入佛道教与民间信仰融合类型

民间信仰的服务管理对象主要为民间信仰场所，重点为群众性集会(一般表现为庙会)。民间信仰活动特别是小庙小庵，存在较多管理难题。1996年，各地民族宗教部门根据中共中央办公厅关于“对近几年来建成的为数众多的小庙小庵，要在调查研究的基础上，区别对待。对属于当地民间信仰的小庙，应当由当地党委、政府组织有关部门认真调查研究，采取切实可行的解决办法”的

指示精神，按照“属地管理”的原则，将管理的主要职能落实到乡镇（街道）政府，由乡镇（街道）政府指导、督促各民间信仰场所，建立管理组织，健全管理制度，落实管理措施。2005年、2010年市委统战部课题组及2013年嘉兴市民族宗教事务局课题组在对民间信仰活动基本情况调查的基础上在创新管理上进行探讨。2013年，市委统战部、民宗局提出“教管并举、疏堵结合、上下联动”的工作新思路。既保障群众的信仰自由，又规范民间信仰活动。

2014年9月，《浙江省人民政府办公厅关于加强民间信仰事务管理的意见》出台，浙江省民宗委配套下发《浙江省民间信仰活动场所登记编号管理办法》，标志着浙江省民间信仰事务管理工作正式纳入政府管理范畴。市民宗工作部门第一时间组织民宗工作干部开展业务学习，按省民宗委工作要求，把“综合整治”贯穿始终，严格“调查摸底、受理审核、材料报送、组织核实、信息录入、发放证书、反馈情况”等工作程序，分三批（第一批178处、第二批105处、第三批46处）顺利完成全市民间信仰活动场所登记编号工作。

各县、（市）区根据本地情况均开展调研，采取相应的服务管理措施，并在实践中逐步改进完善，具体方式主要有：

民宗部门登记备案具体指导 《宗教事务条例》规定，县级以上人民政府宗教事务部门依法对涉及国家利益和社会公共利益的宗教事务进行行政管理。2005—2014年，各县（市）区政府先后将下辖的几所影响较大的民间信仰场所委托给民宗部门管理。市民宗局对南湖区的曹王庙、横塘庙以及海盐县的5处民间信仰活动场所进行登记备案。登记备案后，这些民间信仰场所同全市169个宗教活动场所一样接受民宗部门的管理，民宗部门定期对场所的消防、治安、卫生防疫等方面进行检查指导，对场所负责人进行培训，并在进行重大活动时派出工作人员全程参与指导，实行规范化管理。

设置民间信仰点实行分级负责 海宁市与海盐县、嘉善县等采用设置民间信仰点的方式实行分级负责、管理。制定设置民间信仰点的基本原则，即只设置有利于引导社会伦理道德正确方向，又具有代表性的民间信仰点；以信众需求的强弱程度为主要依据，在镇（街道）区域内相对均衡地分布，以方便信众；不搞行政推动，政府不主动参与设置安排，由民间信众组织筹备，成熟一个，开放一个。如，海盐县武原街道红益村尚胥庙，由一名退休的原村干部担任负责人，制定安全、财务等相关制度，完善管理组织。武原街道有关部门进行检查验收，经武原街道同意，县民宗局备案，尚胥庙才作为民间信仰点正式开放。海盐县设置5个比较规范的民间信仰点。海宁市在设置民间信仰点时，则采用建章立制形成网络管理的方式。2005年，海宁市民宗局出台《海宁市民间信仰活动管理暂行办法》，用制度对民间信仰点的管理进行引导与规范。具体内容主要包括人员、财务、消防、治安、财物、卫生等制度，以此作为管理民间信仰活动的主要依据。凡区域内有批准设立民间信仰点的镇（街道）成立由党群书记、统战委员、政法、消防和民间信仰点所在村支部主要负责人等组成的民间信仰活动领导小组，负责对信仰点的管理。海宁市设置的19个信仰点所在镇政府（街道办事处）、村委会（居委会）、信仰点、海宁市民宗局四方须签订《民间信仰点规范管理目标责任书》。各民间信仰点在此基础上，根据各自的实际情况，以“自主管理”为原则，实行自治、自养、自我管理。2005年11月，海宁市民族宗教事务局印发《海宁市民间信仰活动管理暂行办法》，同时颁发3个附件，即《设立民间信仰点的操作程序》《民间信仰点规范管理目标责任书》《民间信仰点规章制度》。2011年，嘉善县民宗局许可设立朝尊寺、金山寺和袁公寺3个佛教民间信仰点。市民宗局每年组织一次年检，把全市宗教场所和民间信仰点的动态置于视野之内。

集中挂靠由寺院代管 有选择地把寺院周围小庙小庵中的菩萨、神仙、老爷集中挂靠到正式开放的寺院，由寺院集中统一代管。海宁市长安镇的佛教寺院觉皇寺，2004年迁移重建时，在觉皇寺边上另建约60平方米房屋，将12尊原先在周围四五个村的小庙小庵中分散供奉的神像集中在一起，取名“长安庙”。海宁许村镇的祖三真庙最初是比较典型的家庙。该庙初为木结构，历史上曾被焚烧过一次，民国36年(1947)用火墙重建二殿四厢房、戏台襟楼七间等。1949年后改为公用，1978年被拆。90年代后建拆多次，2008年再建时占地8000余平方米，建筑面积1600余平方米，庙宇坐南朝北，此时正中间为土地殿，供奉张、许两姓先祖及夫人，东殿就供有如来、普贤、观音、弥勒佛等；西殿是济公像，东脚靠墙一侧有关羽塑像及十殿阎王、黑白无常等；西侧设计为观音殿，最西边是财神殿，供五路财神等。并把庙宇东侧原有的长林庵也纳入祖三真庙整体规划内。2009年，嘉兴经济开发区管委会在区域内有700年历史的佛教寺庙圆通古寺迁建时，在市民宗局指导下多次召集圆通古寺代表和当地民间信仰信众代表协商，签订符合政策法律、促进公序良俗协议。共有16处民间信仰场所搬迁到圆通古寺内，在圆通古寺内建3座本坊神殿，收请原先供奉在小庙小庵、有不同信众的施王老爷、七老爷、胡真神、武财神、大小杨老爷等15尊本坊神像，统一建殿、统一重塑神像、统一供奉规则。嘉善县的省五星级寺院——龙庄寺院将周边民间信仰场所的神灵迎请到寺院中以及南湖区血印禅寺边重建的岳王庙均由寺院统一代管。

与传统文化娱乐活动(民间习俗)结合　秀洲区王江泾镇涟泗荡刘王庙，影响遍及江浙沪三地。历史上刘王庙祭祀活动就和“网船会”民俗活动结合在一起。20世纪80年代重建后，规模不断扩大。90年代当地政府先后投入700多万元，规划成旅游景点来开发，修建祭祀大殿、刘承忠纪念馆、刘公塔，改建网船、渔船停靠河埠。刘承忠纪念馆纳入嘉兴市莲泗荡风景区开发有限公司管理。1996年5月30日，嘉兴市郊区人民政府批准开放刘承忠纪念馆，归口区政府宗教科管理。2009年，王江泾政府主办中华人民共和国成立60年间最大的“江南网船会”。高峰时，每天有15000多名香客与游客。又如平湖市新埭镇刘公祠的鱼圻塘庙会。1997年，刘公祠修建鱼乡戏苑，邀请浙江京剧团以及越剧名角王文娟来演出，观众达3万人次。大蜡烛庙会期间，主要活动有请烛、迎烛、绘画题词、点烛、祭拜和演大戏。庙会已不仅是一种祭拜仪式，更是成为当地百姓看戏娱乐，丰富生活的重要场所。2001年6月，嘉善县结合具体情况，对西塘七老爷庙、天凝东公园、杨庙杨公园等民间信仰点，采取以纪念性雕塑、公园等形式予以保留。海宁许村镇的海王村，小庙小庵较多，后由村民自行集资，把3个小庙小庵集中改建并登记开放。除3个正殿供奉各路神像外，其他改建为农民公园，外设牌楼、小桥亭台，内辟戏台、茶席、村民小组会议室等，还经常举行群众性文体活动。县民宗局制定《嘉善县民间信仰活动管理暂行办法》，重新规划，实行“属地管理”。

这类民间信仰活动和民俗文化娱乐结合在一起突出民间信仰的民俗性，宗教色彩被淡化的方式逐渐增多。

第五篇　经济领域统一战线工作

经济领域统一战线工作是中国共产党的统一战线工作的重要内容。中共嘉兴市(地)委统战部,市、县工商业联合会,在中华人民共和国成立后的各个历史发展阶段,认真贯彻党的总路线、总任务。在国民经济恢复时期,合理调整工商业,推动工商业者开展物资交流、发展生产、繁荣市场;在"一化三改造"(国家的社会主义工业化和对农业、手工业、资本主义工商业实行社会主义改造)时期,教育、引导工商界人士积极投身资本主义工商业的社会主义改造;在全面建设社会主义时期,引导、调动工商界人士积极投入参与各项政治活动,建设社会主义。

中共十一届三中全会后,市委统战部、全市各级工商业联合会(总商会)广泛团结工商界人士,充分发挥在思想政治工作中的引导作用、充分发挥在参与国家政治生活和社会事务中的重要作用、充分发挥在政府管理和服务非公有制经济中的助手作用、充分发挥在行业协会商会改革发展中的促进作用、充分发挥在非公有制经济组织党建中的协调作用、充分发挥在构建和谐劳动关系中的积极作用,促进全市(区)经济社会健康发展。2007,嘉兴市工商业联合会(总商会)被评为"浙江省工商联系统先进单位"称号。2008年,获"全国工商联系统先进单位"称号。2010年至2014年,连续四年被评为全省工商联系统先进单位和工作创新奖。2012年至2014年连续三年获"支持浙商创业创新"考核一等奖。

第一章　恢复和发展国民经济

1949年4—5月,嘉兴地区各县(市)陆续解放,进入国民经济恢复时期。

1950年10月,中共嘉兴地委统战部成立。1951年10月,嘉兴市工商联组织正式建立。嘉兴地委统战部、工商联全面贯彻地委指示,进一步巩固与发展人民民主统一战线,团结一切可以团结的力量,支持多种经济成分协调发展,合理调整工商业,促进国民经济的恢复和发展。

第一节　组建国营经济恢复发展生产

1949年6—7月,嘉兴市军管会接管中央合作金库、中国银行、农民银行、交通银行、浙江省银行等官办银行在嘉兴的分支机构,并成立中国人民银行嘉兴办事处(后改为嘉兴支行),对贸易、邮政、电讯、公路、铁路等部门和官僚资本企业、官办企业,派代表进行监督,继续生产。其间,接管嘉兴第一实验绢纺厂(后改为国营嘉兴绢纺厂);接管杜锦记铁工厂,成立嘉兴铁工厂(后改为嘉兴冶金机械厂);接管几家报社印刷厂,成立新华印刷厂(后改为嘉兴印刷厂)、成为嘉兴首批国营企业。其他各县也通过接管,收买等方式,组建一批国营企业。嘉善县通过没收官僚资本和接收私营企业,创建公营新民砖瓦厂、合作油脂加工厂和合作第二加工厂、第三加工厂、民利碾米厂等国营企业。

在组建国营工业企业的同时，建立国营商业。1949年7月，成立嘉兴贸易总公司（后改组为百货、土产、粮食3家分公司），以调剂供求业务为主。同时，建立煤建、油脂、盐业等公司。1951年，成立医药公司、石油公司、花纱布办事处和酒类专卖事业处。

在发展国营经济的同时，对私营工商企业实行以尽快恢复生产为第一要务加以保护。按照“发展生产、繁荣经济、公私兼顾、劳资两利”的方针，通过提供原料、加工订货、收购产品、贷款、调低税率等措施，支持其恢复和发展生产。至1952年，地区东片233家主要工业企业中，国营企业42家，占18%；公私合营企业5家，占2.1%；合作经营企业18家，占7.7%。手工业有生产合作小组10个、合作社17个、联营工场9个，还有私营手工业场（户）4796家。在工业总产值中，私营占62.8%，国营及公私合营、合作经营占37.2%。

第二节　合理调整工商业

1949年年初至1950年2月，嘉兴地区农业受灾，工业减产，物资匮乏，加上投机倒把活动猖獗等原因出现四次物价猛涨风。针对物价猛涨风，嘉兴地区各级党委、政府采取一系列措施和必要的行政手段，稳定市场、平抑物价。

1950年3月，地委、地区专员公署贯彻中央《关于统一国家财政经济工作的决定》，在全区实行财政收支、粮政、税制、金融、编制、贸易6个方面的统一政策。财政收支统一，重点是统一财政收入，国家实行高度统一的统收统支体制；粮政统一，各县遵照政务院《关于统一国家公粮收支、保管、调度的决定》，在原粮食局内设立粮政科（股），统筹公粮征收、保管、调度业务；税制统一，按照《全国税政实施要则》，对全区税种、税目、税率进行统一，并统一全区各县财政、粮政、税收组织机构；金融统一，遵照政务院《关于实行国家机关现金管理的决定》，实施统一现金管理制度，专署设立中国人民银行嘉兴中心支行现金管理课，并设立地区、县两级金库，加强对现金管理；编制统一，地、县机关按照精简原则，确定编制、减少机构，并按照整编后的实有人数及供给标准核发经费；贸易统一，遵照政务院《统一全国国营贸易实施办法的决定》，粮食、土产、盐业、油脂、煤建、百货六大国营公司的资金、业务计划、商品调度，统一由中央贸易部掌握，专署和各县成立仓库物资清理调配委员会（分会），进行物资清理，清理出的粮食、布匹等，统一上交，由国营公司销售，作为财政收入。

全区财经统一后，物价趋向稳定，为恢复经济、发展生产创造了有利条件。但由于过去的通货膨胀和投机倒把形成的虚假购买力造成的商品供不应求，物价飞涨，转变为暂时的供大于求，物价下跌，私营企业面临巨大困难，出现停工歇业现象。4月，嘉兴县400余家中有70多家歇业，嘉兴工厂和商店关停歇业总数已超过30%，失业职工约占职工总数的三分之一。6月起，工商行政部门贯彻中央调整商业的政策，采取调整商品批零差价、合理安排地区差价，收缩国营、供销社商业经营品种和经营范围，鼓励私商收购国家不收购的农副产品；对税收、运输给予优惠使其稳定向前发展。7月，根据浙江省人民政府的部署，嘉兴全区普遍对工商业进行一次调整，突出调整公私关系、劳资关系、产销关系三个环节。调整公私关系主要是帮助私营工商业恢复生产经营，并在经济上给予支持。1949年6月至1951年，嘉兴城区由人民银行发放贷款119万元帮助解决资金周转问题；由国营企业提供原料，收购全部或部分产品。在此期间，国营企业向私营企业供货额达141万元，收购产品额23万元，使私营企业很快克服困难，顺利地开展生产经营活动；由工商行政管理部门经营办理加工订货，到1951年，嘉兴城区支付工缴费639万元。此外，在商业上调整各种差价和经营范围，全区先后扩大粮油、纱布、百货、文化用品的批零差率，并对粮食、纱、布、油、糖、盐6种主要商品作多次调整，其中，粮食的批零差率由6.25%扩大到8.25%。调整劳资关系主要是按照“劳资两利”原则，本着“既要保障劳动者的合法权益，又要使资方获得正当利润”的精神，做好耐心细致的教育、疏导和协调工作。要求资方确认工人的民主权利，积极改善经营管理；劳方为维持市场，可暂时降低工资福利，轮流歇工，共渡难关。劳资纠纷双方协商解决，协商不成由政府仲裁。调整产销关系主要是克服生产中的无政府状态，根据统筹兼顾的方针，引导私营工商业加强生产、经营的计划性，使之逐步做到以销定产，产销平衡。崇福县批准50余户无发展前途的私商转变经营项目，克服经营上的盲目性。经过调整，城乡经济日趋正常，市场物价有所回升，私营工商业的生产经营有明显好转。

1952年7月1—7日，嘉兴地委、专员公署在全区部署开展城乡物资交流活动以扭转市场出现呆滞的状态。嘉兴市、县夏季城乡物资交流会在人民广场举行，市、县工商联积极组织私营工商企业参加，与来自本省、上海等地的工商企业进行经贸交流，销出市内滞销商品，购入外地紧俏商品，并签订一批供销合同，共成交153万余元。10月初，以零售为主的嘉兴市秋季城乡物资交流大会在徐家埭举行，进场交易达20万人次。市、县工商联组织各类企业到省外参加各地的城乡物资交流会，帮助企业解决库存积压商品，购进生产原辅料，恢复产能，拓展销售网络。但也带来一些问题，私营商业在公私经营中的比重逐步减少导致失业人员增加，影响城乡的交流和广大人民的生计等。11月26日，嘉兴地委、地区专员公署召开税务、合作总社及国营公司等部门负责人参加的紧急会议，研究贯彻执行中央和省委关于调整商业的指示，制定本地区重点市场（嘉兴城区）调整商业的计划和步骤，并成立专职办公室。调整主要内容：合理调整差价，嘉兴城区大米的批零差率由4%调到5%至7%，起批点缩小到100千克，对45种标准商品安排地区差价；适当调整经营范围，国营商业以贯彻批发为主的经营方针，让出一部分与国计民生关系不大的次要商品给私商经营。土产公司原经营102种商品，调整后让出62种土产品给私商经营。百货公司将经营的火柴、肥皂、香烟、热水瓶等5种商品，只做批发，零售全部让给私商经营；改进市场管理，嘉兴市工商科取消私商出市采购均由工商科批准的规定。除棉花、外茶、茧丝仍限制采购，牛皮、木材、原钢仍使用证照外，其余均废除采购证照制度及除对国家统一管制的物质仍予报批核价外，一般采取自觉议价，加强检查制度，不使投机取巧现象发生。

统一国家财政经济各项政策的落实及对工商业的两次调整，嘉兴地区逐步出现市场复苏、物价稳定、财政收入增长的新局面。全区属中央财政收入的货物税和直接税收入，1950年6—12月比1949年同期增长1.32倍。地区东片各县的工商业纳税户数由1949年年底的1.67万户增加到1950年的1.99万户。1950—1952年，全区经过三年国民经济的恢复，各县工农业总产值递增16.85%，其中农业年递增13.2%，工业递增29.23%。为恢复和发展国民经济创造良好条件。

第三节　联合经营恢复经济

1950年6月17日，《人民日报》发表题为《私营工商业应当力求改造》的文章，指出在经营方针方面必须面向农村面向人民，在改善经营方法方面必须精简节约、降低成本、实行联营。嘉兴市工商联（筹）着手帮助私营企业改善经营管理。举办簿记学习班，培养一批财会人员，使大中型企业加强财会核算制度，推动各行业采取联购分销降低成本，实行同业议价稳定市场。并对全市200余家粮店根据各粮店分布地区，以集资合伙形式，形成6个粮食农产品联营社，按中粮公司规定的业务手续，进行粮食和农产品的运销、收购、供应等业务，切实掌握粮食市场管理。对11家食油业动员联营，全行业11户，除4家榨油坊外，余均为中间批发商，资本雄厚，于1950年秋以集资参加省柏油联购处，在全市设立柏油、菜油联合供销处作过渡。6月，政府采取合营或改建为地方国营工厂的办法来接收破产或扶助濒临破产的私营工厂渡过难关。

1950—1953年，地委统战部、市工商联以中共七届二中全会提出的关于对“私人资本主义经济，必须既利用又限制的政策”鼓励私营企业在自愿基础上联合经营。55家鲜肉店联营为华丰鲜肉店，15家砖灰行联合为嘉兴建筑材料行，11家油业联合为嘉兴植物油料公司，26家肥壅商联营为嘉兴肥壅公司，14家磁麻席商店联营为嘉兴磁麻席锅公司，22家腌腊店联营为嘉兴腌腊腿蛋水产公司，5家腌腊批发行联营为建中腌腊火腿水产公司，7家轮船行联营为嘉兴合营轮船行，9家煤炭店联营为禾联煤球厂，4家衣庄联营为大方服装店，5家百货店联营为二联百货店和新联百货店、高公陞等3家酱园的酿酒工场联合组成土烧加工场，2家翻砂厂联营为新信铁工厂，3家铁工厂和一家钢铁店联营为新嘉铁工厂，10家袜厂联营为嘉兴针织厂，由洽和煤油号吴致远发起集资组成嘉兴土特产公司（有些批发商转营工业）。1951年，正式成立组建市植物油料股份有限公司，资产28万元，下设4家油厂；对腌腊、鲜肉、煤炭、机器翻砂、轮船等行业也相继组织私私联营。同时引导私营批发商震泰甡木行转业铸锅厂、同源福煤油号转业电池厂做好试点。其间，市工商联为协助政府完成工商登记，广泛开展宣传教育，推动各业企业认真做好重估资产。在自报互审的基础上，如期完成工商重新登记和发证工作，共登记2152家企业，总资金额为1929.472万元，资方人数3087人，职工人数8035人。是年，地委、专署在恢复和发展国民经济工作中，支持手工业者恢复和发展生产，把组织合作经济作为扶持手工业生产的一项措施，引导手工业者走合作化道路。4—11月，地区东片的平湖、海宁、海盐、桐乡、嘉善和嘉兴市等，先后建立生产合作社（合作小组、工场）等第一批手工业合作组织。1952年9月，同源福煤油香烟号转业同源福电池厂，兴盛百货店转业兴盛毛巾厂，震泰甡木行转业亦昌顺铸锅厂。通过联营或由商转工，多数企业改善了经营管理和劳资关系，促进企业生产经营。

政府对私营工业逐步扩大加工订货，对私营商业逐步扩大代购代销，帮助资本主义工商业克服市场经营中的困难，改善经营管理，逐步加强社会主义国营企业与资本主义工商业之间的联系，从外部改变私营企业生产、经营、销售方面传统条件，初步变成对私营企业的利用、限制，对资本主义工商业实现国家资本主义的初步改造，为资本主义工商业的社会主义改造奠定良好基础。

第二章　手工业和资本主义工商业的社会主义改造

1953年9月，中共中央向全国公布党在过渡时期的总路线，指出“从中华人民共和国成立，到社会主义改造基本完成，这是一个过渡时期。党在这个过渡时期的总路线和总任务，是要在一个相当长的时期内，逐步实现国家的社会主义工业化，并逐步实现国家对农业、对手工业和对资本主义工商业的社会主义改造”。中共嘉兴地委统战部、各级工商联按照中央和省委、地委的统一部署，在全区工商界（包括手工业）人士中组织开展党的过渡时期总路线的学习、教育和培训，增强工商界人士对社会主义改造必要性、重要性的认识，引导工商界人士积极投身资本主义工商业的社会主义改造。1956年年底，全区对手工业和资本主义工商业的社会主义改造基本完成。

第一节　学习贯彻过渡时期总路线

1953年11月中旬，地委召开第二十三次扩大会议，传达中央关于党在过渡时期的总路线总任务。各县（市）委统战部会同工商联等相关部门迅速组织工商界人士开展过渡时期总路线的学习。12月22—23日，市工商联召开工商界代表会议，传达学习全国工商联第一次代表大会、省工商联会议和省委统战部座谈会精神，学习中央统战部部长、中央财经委副主任李维汉对私营工商业实行“利用、限制、改造”政策的讲话。

1954年1—5月，地委、各县（市）委统战部继续组织工商界人士学习过渡时期总路线，消除悲观情绪，澄清部分工商业者“消灭资产阶级也要和地主一样处理”的错误认识，鼓励私商“积极经营，争取改造”，参加城乡物资交流。4—6月，嘉兴市委统战部组织工商联执常委、工商界中的市人民代表、同业公会主委和主要行业的工商界骨干等310余人，学习过渡时期总路线，结合中丝一厂、民丰造纸厂、永明电灯公司等企业公私合营后显示的优越性，消除私营工商业主的思想顾虑，树立改造信心，培养部分骨干。1953年11月至1954年6月，嘉兴市委统战部、市工商联先后组织学习小组25个、工商界人士394人，按照每周学习2~3次，每次两小时的方式，学习、讨论过渡时期总路线。此后，全区大张旗鼓的过渡时期总路线学习宣传告一段落，对农业、手工业、资本主义工商业的社会主义改造全面展开。

第二节　手工业的社会主义改造

1953年，全国各地大规模的经济建设开始，各方面对手工业产品的需求大量增加，分散、落后的个体手工业生产与国民经济发展需要之间的矛盾日益突出。1954年年初，地委、专署贯彻中华全国合作总社第三次全国手工业生产合作会议精神，逐步加快对全区手工业的社会主义改造。遵照中央精神，手工业社会主义改造的方针是积极领导，稳步推进。是年，全区掀起第一个手工业合作化高潮，手工业合作社（组）迅速发展。全区东片各县（市）手工业合作社（组）增加到208个，从业人员4058人，社（组）员3766人，其中嘉兴市和嘉兴县新建手工业合作社（组）46个，社（组）员1105人。1955年上半年，地委、专署贯彻中央精神，采取发动群众制定手工业合作社章程，健全理、监事会集体领导和内部民主监督制度，加强合作社（组）内部管理；在发展手工业合作社的同时，统筹安排个体手工业生产，克服供、产、销不平衡现象，解决个体手工业户与合作社之间的矛盾；贯彻执行为农业服务的方针等措施，加强对手工业合作社的整顿和对手工业生产的领导。是年12月，地委制定《关于嘉兴地区实现对手工业社会主义改造初步规划》，提出手工业合作社化运动必须与发展农业合作化相适应，根据“全面规划、加强领导”的指示，按照“统筹兼顾、全面安排、积极领导、稳步推进”的方针，运用说服、示范与国家援助的方法，掌握低级到高级发展规律，坚持自愿互利原则，在第一个五年计划内全面实现手工业合作化。1956年，在农业合作化高潮和手工业社会主义改造规划的推动下，全区手工业社会主义改造掀起第二次高潮。是年春，地区东片各县（市）组建手工业合作社（组）496个，社（组）员近1.51万人，其中手工业生产合作社326个，社员1.3万人；供销生产合作社10个，社员391人；生产合作小组160个，组员1696人。至10月底，全区有个体手工业人员4.11万名，其中参加手工业生产合作社（组）的有3.91万余人，占人员总数的95%，组成手工业合作社（组）1210个，全区手工业的合作化工作基本实现。

第三节　私营工业的社会主义改造

1953年6月，地委贯彻中央关于通过国家资本主义改造资本主义工业的精神，对私营工业进行调整和改造，在对私营工业进行初级国家资本主义改造的同时，选择规模较大的私营工厂开展公私合营试点。至年底，地区东片的各县（市）有公私合营工厂10家。其中嘉兴市共有私营工厂44家，实行公私合营工的厂5家（民丰造纸厂、中丝一厂、嘉兴电厂、南湖布厂、嘉兴榨油厂）。1954年4月，地委召开全区扩展公私合营计划及整顿现有公私合营工厂会议。6月，嘉兴市委成立国家资本主义办公室，下设工业、商业、交通运输3个组，各国营公司、合作社设立专门小组，开展调查、制定方案，有重点地开展对资改造工作。嘉兴市委统战部会同财委及有关单位，组织力量对已公私合营的南湖布厂、嘉兴电厂、嘉兴榨油厂进行整顿巩固工作，对清产定股中偏高或偏低的问题，以公平合理、实事求是的精神进行整顿；对合营以后的盈余，按照上级指示精神进行分配；对资方人员的实职安排，做出适当调整并建立健全董事会。同时，对本市的私营工厂进行调查摸底，对较大的6家私营工厂派出驻厂干部5人，对永昌、良机、新华铁工厂及赵有记钢铁店进行私私联营,加强对私营厂的领导。是年9月,资本主义工商业的社会主义改造全面展开。10月,全区公私合营工厂的整顿工作完成。1954年12月22—23日,嘉兴市工商联召开工商界代表会议,重点就推进公私合营问题开展讨论。

1955年5月,地委召开全区私营工业会议,贯彻中央关于对私营工业"统筹兼顾、归口安排、按行业改造"的方针,进一步就加强对私营工业改造的领导等问题进行部署。嘉兴市委统战部遵照地委及地委统战部的要求,会同有关部门进一步落实对私营工商业的改造,新增新嘉铁工厂、新信翻砂厂、纸筋厂、亦顺昌铸锅厂等公私合营工厂4家。9月,新兴铁工厂被批准为公私合营。11月,兴盛毛巾厂、嘉兴针织厂被批准为公私合营。12月,亦昌顺锅厂被批准公私合营。至此,全区有公私合营工厂41家,职工9806人,产值5511万元,占全区工业总产值的28.37%。

1956年年初,全区私营工业公私合营形成高潮。地委统战部根据地委部署先后举办工商界政治讲习班4期,组织嘉兴、湖州两市及嘉兴、平湖、嘉善、海宁、海盐等县的工商界人士986人学习《工商界政治常识课本》和企业改革基本知识,联系实际改造思想,提高参加社会主义改造和建设的积极性。各县(市)委统战部充分发挥统战对象在实现过渡时期总任务中的积极作用,通过召开代表会议、家属座谈会等形式,加强对工商界人士的教育,动员各行业申请公私合营,接受社会主义改造。在统一思想的基础上,全区各地对私营工商业实行全行业公私合营。公私合营后,根据"公平合理、实事求是"的原则进行清产核资定股,对私方人员实行定息5厘政策;对1953—1955年应分未分的盈余,按照"四马分肥"(即按照国家所得税、企业公积金、职工福利奖金和资本家的股息红利)原则分配。各地统战、组织等部门根据"量才使用、适当照顾"的原则,全面做好人事安排工作。至10月底,全区466家私营厂矿中,实行公私合营的451家、占私营工业总数的96.78%,尚未合营的15家,占3.22%;交通运输系统共有木帆船2851艘,参加运输合作社或运输小组的2776艘,占97.37%。全区私营工业的社会主义改造基本完成。

第四节　私营商业的社会主义改造

1953年,全区有私营商业34765户,其中批发商1326户,零售商33439户,从业人员55355人。

1954年4月,地委贯彻中共中央《关于实行粮食的计划收购与计划供应的决议》(简称"统购统销",后统购统销的范围又扩大到棉花、纱布和食油)精神,设立商业改造办公室,加强对私营商业社会主义改造工作的领导。其中,私营粮商、油商由供销社归口安排给予经销、代销或吸收使用、安排转业。4—6月,市工商联组织私营工商业者分批深入学习总路线,联系已经公私合营的中丝一厂、民丰造纸厂、永明电灯公司等企业,一致拥护国家对私营企业改造的途径和政策,推动私营工商业逐步走上社会主义道路。各同业公会委员和棉布百货等18个主要行业的310余人参加。8月,地委印发《对私营棉布零售商改造的工作方案(草案)》,对全区591户棉布零售商,采取维持、吸收、转业三种形式进行全行业改造。是年,嘉兴市委统战部会同商改办公室贯彻省财委关于商业工作的五项措施,全面开展对私营商业的社会主义改造。在实际操作中,协调国营、合作社采取调整批零差,适当提高起批点,让出部分品种,减少门市部,放宽供应热门货等措施,稳定私商情绪,为私商改造创造条件;对粮食代销商适当调整手续费,提高其收入,树立零售商与国营代销商的榜样,吸引私营商业逐步纳入国家计划轨道;对棉布业、鲜肉业等零售商进行商改政策教育,批准其为经销零售商,协调平衡挂牌价,树立零售商与国营公司经销零售的旗帜;对木业、新药、颜料、皮毛、卷烟、茶叶、南北货、土纸、国药、磁麻席、油脂、盐业12个行业的21户批发商,根据商改政策进行安排与处理,其中转业纸筋厂、化工厂3户,处理18户,并对处理歇业后的18户批发商的资金、人员进行妥善安排。至年底,全区共组织私营粮商代销206户469人,转业242户,吸收使用58人,粮、油初步纳入国家计划轨道;安排棉布零售坐商经销293户,代销10户,转业38户,放弃兼营68户,歇业9户,其他6户,私营棉布零售商的初级改造完成。粮、油、棉的统购统销及由此带动对私商的初步改造,使整个市场关系发生根本性变化,私营批发商经营范围逐渐缩小,货源大部分为国营、合作社商业所掌控,私营零售商逐步成为国营商业的经销、代销店。

1955年,地委贯彻"统筹兼顾、全面安排、积极而稳步改造"的方针,开展对私营小批发商和私营零售商的改造,逐步成为各种形式的国家资本主义商业。改造中,各地对私营批发商,主要由国营商业代替;对私营零售商,运用经销及少数代销的形式加以改造。4月,市工商联召开二届六次执委会扩大会议,传达中央领导陈云所作《关于私营工商业逐步实现社会主义改造问题》等重要讲话。轮船行合营、元盛小猪行转入公私合营嘉兴畜牧场,4家猪羊行直接过渡到国营食品公司。11月,中共中央印发《关于资本主义工商业改造问题的决议(草案)》,确定把对私营工商业的社会主义改造从个别企业的公私合营推进到全行业的公私合营,实行定息制度。12月22日,嘉兴市最早实现全行业社会主义改造的两个行业,棉布、新药两个商业批准为全行业公私合营。

1956年1月,地委印发《嘉兴地区对私营商业进行社会主义改造的规划》,要求各地根据中央、省委关于加速社会主义改造的指示精神,争取于3月底前,基本完成对私营商业半社会主义的改造;二、三季度在保证收购供应的前提下,进行整顿提高;年内结合私商改造,有计划地将私商从业人员分批过渡为国营、合营企业职工。1月17日,市工商联召开常委扩大会议,决定在2天内提出全行业公私合营的申请。43位同业公会主委先后发言,要求全行业公私合营。1月18日,副主委姚教杏带领各同业公会委员,在市人民政府广场受到市委书记沈如淙、市长武晓山接见,代表全市工商界宣读申请书,各同业公会主任递呈全行业公私合营申请书。1月21日,政府宣布全市63个行业947户私营工商业实行全行业公私合营,任命第一批国营专业公司经理副经理名单。1月22日,全市人民举行欢庆社会主义改造胜利大会,工商界(包括摊贩)有3000余人参加。

至1956年10月底,全区33871户私营商业中,直接过渡910户,占2.39%;实行公私合营的1995户,占5.89%;参加合作商店(组)的18619户,占54.97%;为国营商业和合作商业执行代购代销的个体商贩12347户,占36.45%。嘉兴市国营、合作社商业批发销售额比重上升到98.7%,社会商品零售额比重占98.67%。

第三章　引导全面建设社会主义

1956年年底,社会主义改造基本完成之后,中共八大作出工作重心转移到经济建设方面来的重大战略决策,进入全面建设社会主义时期。本章主要记述地(市、县)委统战部、工商联(市、县),在全区资本主义工商业改造完成之后,对工商界人士实行"量才使用、适当照顾"的原则,引导、调动工商界人士积极投入参与全面建设社会主义事业;在国民经济暂时困难时期,调整商业体制、改进购销政策和制度,促进国民经济的恢复和发展。

第一节　增产节约运动

1956年12月,全区资本主义工商业的社会主义改造基本完成以后,地委贯彻中共第八次全国代表大会和八届二中全会精神,印发《关于开展增产节约运动的意见》,就开展增产节约运动的意义、工作方针和步骤、方法作出部署。要求全区各地在把工作重心转移到社会主义建设的同时,组织工业、基建、农业、手工业、商业、交通运输业以及文教卫生等机关、企(事)业单位开展增产节约运动,并采取挖掘潜力、紧缩开支、降低成本、增加积累以及精简机构、开展先进生产者运动和社会主义劳动竞赛等一系列措施推进增产节约。各县(市)委统战部根据地委统战部的统一部署,会同政协、工商联发动工商界和各界民主人士积极投入增产节约运动。

在各级党组织的领导下,全区工厂企业采取召开职工大会,开展宣传教育,组织工程技术人员和管理干部深入调查摸底,献计献策,挖掘增产节约潜力,并通过总结评比1956年度先进生产者、开展增产节约竞赛活动,全区增产节约运动取得积极成果。1957年上半年,全区工业总产值完成任务的101.62%(占1957年全年计划的49.76%),比上年同期增长29.68%,手工业增长10.6%,商业的社会零售总额增长17.27%;管理费用比原计划降低11.13%,工商业利润大幅超过预定计划。

第二节　调整恢复发展国民经济

【量才使用适当照顾】

在对资本主义工商业改造的整个过程中,除了在经济上实行赎买政策的方法外,采取对企业改造和对人改造相结合的方式,对资方在职人员和资方代理人实行“包下来”政策和“量才使用、适当照顾”的原则,政治上适当安排,工作上发挥作用,生活上妥善照顾,引导工商界人士投入全面建设社会主义事业。地委、统战部重视对工商业者代表人物和进步人士在政治上的安排。在政府和社会职务方面,嘉兴电厂私方工程师沈公达任地区工业局副局长;嘉兴市工商联副主委、建华药房私方经理姚教杏任副市长;批发商转业铸锅的来介眉任市工业局副局长;民丰造纸厂私方厂长竺培农被选为市政协副主席、省政协委员;市工商联副主委金守义被选为省人民代表;市食品公司副经理庞锦祥被选为市政协常委;中百公司周麟章等10人被选为市政协委员;张纯之等5人被选为嘉兴市人民代表等。

1956年1月,嘉兴基本实现公私合营之后,在搞好生产经营的前提下,有计划、有步骤地进行清产核资工作。至8月,嘉兴新的公私合营企业的清产核资工作基本结束。在清产核资过程中,地委统战部、嘉兴市工商联多次召开私方人员座谈会,宣传清产核资政策,了解私方人员的困难,及时向政府部门反映他们的意见和合理要求。对私方人员实行定息五厘政策,保持高薪;在539个在职资方人员中,先后安排248人担任各级企业正副经理及其他行政职务,全面做好人事安排工作。12月,全国工商联第二次会员代表大会通过《工商界生活互助暂行方案》,市工商联决定工商业者发扬团结精神,在自愿量力、逐步开展的前提下,成立工商界互助金管理委员会,推选张纯之为主任,开展工商界互助金工作,帮助少数工商业者克服生活上的暂时困难。

1956年7月至1957年9月,地委统战部根据地委部署先后举办工商界政治讲习班4期,组织嘉兴、湖州两市及嘉兴、平湖、嘉善、海宁、海盐等县的工商界人士986人学习《工商界政治常识课本》和企业改革基本知识,联系实际改造思想。

1959年2月,地委统战部、嘉兴市工商联、市民建召开联席会议,传达中共中央统战部副部长徐冰宣布“五不变”(定息、高薪、适当政治安排、学职学衔和根本改造不变)政策。市政府任命一批私方人员担任各级领导职务。属于工业交通系统的有董事长3人、副局长1人、厂长经理22人、股长主任11人;属于商业供销系统的有公司经理、副经理11人、股长3人、商店经理104人、门市部主任93人。1961—1965年,先后6批工商业者进校接受政治理论教育和形势教育,坚定走社会主义道路的信念。1962年8月,市工商联向工商业者传达、贯彻国务院《关于在精简工作中安置资产阶级工商业者的若干规定》和《关于处理资产阶级工商业者退休问题的补充规定》,体现对工商业者既一视同仁,又适当照顾的精神,提高他们投入全面建设社会主义的积极性。

【工商业的初步调整】

1958年9月,地委召开全区统战党员干部会议,传达邓小平、李维汉报告,要求把工作转到经济建设上来。1959—1962年,地委统战部、市工商联贯彻中央和省委指示,在调整国民经济中采取一些措施纠正“左”的错误。

针对市场统的过死、商业网点减少、小商品和副食品供应严重短缺等问题，地委着重整顿商业、手工业，下放一部分权力，加强市场工作指导。除成立经济工作领导小组外，成立城镇工作办公室，专门管理有关市场的各项工作以进一步安排好市场。同时，加强商业工作，充实商业部门骨干力量，调整商业网；扩大服务性行业的经营范围。1959年7月，嘉兴城内恢复商店、摊位116个，小商品经营扩大到5059种，猪禽蛋上市量增加，名店名菜开始恢复。一部分被转业、调离、下放的商业和手工业人员重新归队。8月，市工商联贯彻中共中央、国务院《关于农村集市贸易的指示》，恢复和建立一批初级市场。至1960年，先后在嘉北乡、塘汇公社、真如塔边举办3家畜牧场，所积猪肥直接供给当地生产队。真如畜牧场并入嘉兴县委畜牧场，嘉北和塘汇两个畜牧场移交当地生产队，为嘉兴发展生猪生产起到积极推动作用。

1961年6月19日，中共中央通知试行《关于改进商业工作的若干规定（试行草案）》（简称商业"四十条"），规定国营商业、供销合作社商业和农村集市贸易，是中国现阶段商品流通的3条渠道。9月，地委召开各县财贸工作会议，调整商业体制，从国营商业中划出商贩1.34万人（占全地区小商贩46.0%），分行业组成合作商店738个、合作小组728个，全区恢复和增设供销社243个比1959年增加147个。是年12月，嘉兴市、县工商联对1958年过渡到国合商业的小商贩中150人重新恢复集体与私营体制。1962年，嘉兴县境的无证商贩达1015户，嘉兴地区110个基层社按经济区划建设原则调整为61个。地区级的嘉兴土产、畜业、农业生产资料、副食品采购批发站重新划归供销系统建制，重现供销社的经营特点和购销活力。

在调整商业体制的同时，改进购销政策和制度。1961年5月，根据中共中央和省委的指示精神，地委决定对棉花、蚕桑、菜籽等16种农产品实行粮食奖励，指标分配到各县；烤烟等3种农产品，由各地根据国家规定的奖励定额给予粮食奖励。6月，在全区范围内根据等价交换的原则对国家统购、派购的农产品实行奖售的办法，供应一定比例的市场紧俏的食糖、卷烟、黄酒、白酒、肥皂、胶鞋、化肥等工业品。10月开始，在全区试行农村生产队与国家签订农副产品购销合同制度，国家在对主要农产品实行计划收购的同时，按国家牌价向生产队和社员供应一定数量的生产、生活资料。社员向商业部门出售畜禽可换购一定数量的紧俏工业品。1962年2月，议价销售，恢复农贸市场。至此，全区恢复建立农村集市贸易市场，形成国营商业、供销合作社、农村集市贸易3条商品流通渠道。

1964年，全区工业开始回升，地区东片的嘉兴等6个县工业总产值比1963年增长10.06%，1965年又比1964年增长10.9%。1965年，市场商品增多，1965年与1961年相比，东片各县的社会商品零售总额增长41.6%，其中嘉兴县增长30.6%。

第四章　改革开放后非公有制经济领域统一战线工作

1978年，中共十一届三中全会后，党的工作重心重新转移到经济建设上来，也为非公有制经济恢复发展创造了良好环境。1980年8月，中共中央转发《进一步做好城镇劳动就业工作》的文件指出，个体经济是"从事法律许可范围内的，不剥削他人的个体劳动。这种个体经济是社会主义公有制的不可缺少的补充，在今后一个相当长的历史时期内都将发挥积极作用"。1997年9月，中共十五大确立"以公有制为主体，多种所有制经济共同发展，是中国社会主义初级阶段的一项基本制度"，确认"非公有制经济是中国社会主义市场经济的重要组成部分。对个体、私营等非公有制经济要继续鼓励、引导，使之健康发展"。1999年3月，九届全国人大二次会议通过的宪法修正案，正式把社会主义的基本经济制度确定为"公有制为主体、多种所有制经济共同发展"；把非公经济地位由原来"补充"确定为"重要组成部分"，非公有制经济正式成为市场竞争的主体。2005年，国务院下发《关于鼓励支持和引导个体私营等非公有制经济发展的若干意见》。鼓励支持和引导非公有制经济发展成为经济领域统一战线工作的一项重要内容。

市委统战部、市工商联根据中共中央、国务院关于发展非公有制经济的一系列指示、要求，对非公有制经济在政策扶持、金融服务、贸易交流、人才培训、组织建设等方面给予大力支持，促进全市非公有制经济健康发展，非公有制经济人士健康成长。

第一节　政策扶持

20世纪80年代，市委、市政府召开3次“海宁会议”，推动嘉兴乡镇企业大发展。其间，市委统战部贯彻《中共中央关于经济体制改革的决定》提出的关于“以公有制为主体，多种经济成分共同发展”的方针和“海宁会议”精神，鼓励、支持个体、私营企业发展经济，参与国家经济建设。1988年，全市非公有制经济工作逐步纳入统战工作范围。

1991年，市委统战部会同市工商联开展非公有制经济企业、非公有制经济人士基本情况调查。1993年，市委统战部支持市工商联组织全市非公有制经济企业参加华东六省一市商品交易会。1995年，市委统战部、市工商联开展调研，帮助私营企业解决用地、用电、贷款、人才引进等困难，协调市工商银行采取“资金抵押”方式，解决企业短期资金周转问题。1998年5月15日，全市个体私营企业经济工作会议在海宁许村召开。会议提出，把个体私营等非公有制经济作为推动地方经济发展的一项重要举措继续加以鼓励和引导。同年，市委印发《关于进一步发展个体私营经济的若干意见》，提出十个方面的优惠政策和措施，鼓励扶持非公有制经济持续健康发展。是年，全市有个体工商户和私营企业131102家，其中私营企业6426家；从业人员289433人，注册资金47.23亿元，其中私营企业29.35亿元，平均注册资金45.52万元；工业总产值452.6亿元，占全市工业总产值的44.7%。1999年上半年，市委统战部、市工商联组织430余人组成146个调查组，对全市134个乡镇（街道）及开发区的738户私营企业进行调查，并将全市个私企业的基本情况、存在的主要问题和困难进行分析、论证。同年8月31日，市委统战部召开1999嘉兴市非公有制经济发展座谈会，分析非公有制经济发展面临的新情况、新问题，寻求对策。

进入21世纪，非公有制经济工作进一步深化和完善。2000年8月4日，市委、市政府召开全市个体私营经济工作会议，研究部署个私经济进一步发展的政策措施和工作任务，提出到2002年全市个私经济发展的主要目标。是年，市委统战部、市工商联召开科研单位与民营企业合作与发展座谈会，并出台进一步服务非公有制经济发展若干措施，支持科研单位与民营企业合作，加快个私经济发展。2001年，市委统战部、市工商联结合非公有制经济代表人士工作和“光彩事业”活动开展调研，及时反映非公有制经济代表人士的思想工作状况、企业经营情况和遇到的困难等问题，为市委、市政府决策服务。2002年，印发《市级领导联系非公有制企业的通知》，确定15名市级领导与15家非公有制企业建立联系制度，从制度层面落实市级领导联系非公有制企业，支持非公有制企业健康稳定发展。2004年4月7日，市委、市政府出台《关于促进民营经济新飞跃的若干意见》提出指导思想和目标任务、放宽民营经济市场准入条件、提升民营经济产业层次、支持发展外向型民营经济、加大民营经济发展支撑体系力度、优化民营企业发展环境等6个方面的意见。4月30日，市委统战部召开全市首次经济统战工作会议，强调新时期新阶段统战工作要树立经济领域统战工作与整个统一战线工作一盘棋观念，坚持“团结、帮助、引导、教育”方针，促进非公有制企业健康发展、非公有制经济代表人士健康成长。是年，全市非公有制企业效益和规模不断扩大，实现粗放型向规模型、松散型向密集型转变，发展水平和竞争力逐步提高，民营经济逐渐从工业经济的“配角”转为“主角”。全市有各类民营企业18.98万家，其中注册登记的个体工商户11.6万户，注册资本23.36亿元，民营企业21371家、注册资本140.28亿元，民营企业数占全市企业总数的99.5%以上；全市规模以上工业企业中，有民营企业2006家，销售收入800亿元，分别占80%、73.7%，其中年销售收入超亿元的民营工业企业115家，实现工业增加值77.72亿元，分别占全市超亿元企业的61.5%、55.5%。民营经济推动海宁的皮革业、嘉善的木业以及洪合、濮院等乡镇的羊毛衫加工业的崛起。2006—2007年，市委统战部、市工商联探索非公有制企业仲裁法律制度试点工作，印发《嘉兴仲裁委员会暂行规则》，依法开展仲裁非公有制企业民商事纠纷。两年间，全市共办理非公有制企业民商事仲裁案件743件，涉案标的额6.48亿元。2007年6月，国务院法制办公室、全国工商联确定嘉兴、南京、济南、广州等全国14个城市，为全面推行非公有制企业仲裁法律制度试点城市，嘉兴是浙江省唯一的试点城市。2009年，市委统战部（市侨办）、市工商联贯彻市委关于"加快产业结构调整、促进转型升级"的决定，进一步改善对民营企业的服务与指导。市工商联开展"加大服务力度、助推民企转型升级"活动，推出"金融服务，助推民营小企业发展；法律维权服务，为民营企业发展保驾护航；就业服务，引导民营企业履行社会责任增加就业岗位；经贸服务，帮助民营企业拓展两个市场（国内、国外市场）；信息服务，为民营企业传递发展资讯"5项举措。市委统战部（市侨办）、市工商联采取市、县两级联动的方式开展"百名统战干部、成员进百企"活动，走进非公有制企业、侨港资企业和留学生创办的企业，摸实情、传政策、优服务、助发展。

2011年，市委、市政府出台《关于加强和改进新形势下工商联工作的实施意见》。至2012年，全市个体私营等非公有制企业数量占各类市场主体总数的99.5%，民营经济总量占全市经济总量的四分之三，民间投资占全社会固定资产投资60%以上，民营企业从业人员占全市就业人员总数的90%以上，非公有制经济成为全市国民经济的重要支柱。

2013年2月，《中共嘉兴市委办公室 嘉兴市人民政府办公室关于调整市领导联系非公有制企业的通知》下发，市委、市政府的16名领导联系32家非公有制企业。是年，市委统战部结合"加大服务力度，助推民企转型升级"主题活动，围绕民营企业融资难等问题，开展调研，为政府出台相关政策建言献策；协调市级协会商会、基层商会与市工行、中行、建行、招行、邮储和嘉兴银行等10余家金融机构签署合作协议、授信协议，为民企开展差异化服务；组织协会商会参加市财政局、银监分局、商务局、政协委员的互动交流活动，推动政企、银企对接；组织民企外出学习取经，交流探讨企业之间联保、互保等形式的贷款担保模式；履行市减轻企业负担领导小组成员单位、市纪委软环境"检测点"职责，协调金融机构优化中小微企业融资环境，减轻额外负担，并在存贷比考核、资本计量及不良贷款容忍度等方面予以倾斜。

2014年，全市新设立私营企业15219家、注册资金830亿元；新设立个体工商户41923户，注册资金44.54亿元。至年底，全市实有私营企业86473家，注册资金2977.04亿元；实有个体工商户213743户，注册资金158.15亿元。

第二节　金融服务

1994—1997年，市委统战部协调市工商联加强与金融机构的联系，为银行与个体工商户和私营企业搭起合作桥梁，帮助会员企业争取到银行贷款200余万元。

1997—2001年，全市各级工商联通过银行或中小企业贷款担保中心，为216家会员企业融资贷款18610万元。1999年，在市委统战部、市工商联建议下，嘉兴市成立中小企业贷款担保中心，面向个体、私营等中小企业开展贷款担保服务。中心成立当年，为市工商联推荐的20多个会员企业解决贷款担保问题。是年，市工商联建立与中信实业银行、建设银行的联系制度，举办银企合作座谈会，及时为50多个会员企业融资贷款做好推荐服务。

2003年1月，市工商联与交行嘉兴分行举行银企合作座谈会，签署银企合作协议，促成部分会员企业与银行建立信贷关系。8月，市工商联与工商银行嘉兴市分行，举行"民营企业与工商银行合作座谈会"，签署银企合作协议，工行嘉兴市分行给予市工商联会员企业2亿元授信贷款额度。2007年5月，市工商联与建行嘉兴市分行联合举办"合作签约暨金融产品说明会"。其间，市工商联与建行嘉兴分行签订全面合作框架协议，建行嘉兴市分行分别向嘉兴市安装行业协会、嘉兴市飞朗胜毛衫制衣厂等行业协会商会及中小企业授信金额达1亿多元。2009年4月，市委统战部、市工商联、市商业银行联合举行“嘉兴市支持中小企业发展推进会”，签署系列《支持嘉兴市中小企业发展合作协议》。是年，全市各级工商联、总商会与金融机构举行各种形式银企合作洽谈活动48次，银行授信中小企业320家，贷款总额8.9亿元，缓解民营企业融资难的问题。

2010年12月，市总商会与招商银行小企业信贷中心联合在嘉兴举行“银企战略合作协议仪式”，签署银企战略合作协议，正式启动“伙伴工程”，搭建贷款融资、互助成长、诚信守约、政治咨询、教育培训五大服务平台，为全市小企业精心打造“金融安居工程”。2011年后，继续深化与嘉兴银行“支持中小企业发展”活动。会同市银监分局、市银行业协会举办“嘉兴市银行业与异地商会联谊座谈会”，17家银行与8家异地商会建立银会合作绿色通道；支持嘉兴市福建商会与市工商银行建立工银商友俱乐部福建商会分部。2012年，举办“银会合作助推实体经济发展融资签约仪式”，与邮储银行嘉兴分行签署合作框架协议；银行与6家小微企业代表签订授信协议，授信额度达3000万元。是年，组织31家协会商会代表和30多家企业代表参加嘉兴市小微企业金融服务宣传月活动暨银企对接仪式。

2013—2014年，嘉兴市本级建立中小企业互助成长基金、成立嘉兴市小微企业互助合作促进会，为民营企业解决融资8亿多元。2013年，全市统战部门协调银会、银企合作活动215场，为中小民营企业4500余家解决融资23亿元。

2014年，全国工商联党组书记全哲洙到嘉兴调研市微小企业发展情况，并共同探讨如何着力破解企业资金等问题。

第三节　经贸交流服务

1981年4月，市委统战部、市工商联积极发动一些学有专长的退休会员，为企业提供咨询服务，解决社办企业和街道办企业发展较快而技术和经营管理经验相对薄弱的矛盾。是年，市工商联推荐单国杰会员去南湖街道原毛厂给予技术指导；推荐熟悉化工业务的会员卢兆森、朱鹤年，帮助向阳公社油脂厂扩充简易设备，制定生产工艺，使项目很快上马，取得较好经济效益。1984年10月，经嘉兴市政府批准，市工商联创办嘉兴市工商联经济咨询服务部，为市内外工商企业穿针引线，牵线搭桥，从外部引进本市紧缺商品和原材料，为地方产品开辟新的流通渠道。是年，市工商联创办“嘉兴市工商经济服务公司”和“嘉兴市永丰贸易公司”。各县（市）工商联结合当地实际，共创办会办企业8家，利用原工商业者的经营管理经验和工商联的组织网络优势，拾遗补缺，为当地工商企业牵线搭桥，组织原料，推销产品，取得一定的社会效益和经济效益。1985年5月，市工商联腾出部分办公用房，由庞锦祥、邵寿璇、凌玉书、陈人和等4位原工商业者，创办“经济信息茶座”，为市内外中小企业交流信息、洽谈业务提供场所。《浙江日报》以《四位月下老人》为题专门报道。1986年，市工商联以会员冯栋成为主创办的《市场信息》半月刊，向企业提供市场供求动向预测、商品流通余缺和进销客户意见等信息，《经济生活报》《上海物资市场报》《浙江日报》和嘉兴广播电台等媒体对此作转载、转播。1987年12月，全国工商联在河北石家庄举办全国各地工商联首届企业商品展览交易会，市工商联组织自办企业和会员企业参加浙江省代表团交易会。是年，组织会员企业参加上海市工商联举办的会员企业“名特优新产品展销会”。1988年3—4月，市委统战部、市工商联组织会员企业，民生羊毛衫厂等7家企业数百种名特优新产品，参加华东六省一市工商联首届企业会员针（纺）织品交易会，洽谈生意37笔，商品购销总额84.5万元。

1989—1990年，市工商联先后组织全市147家企业323人次参加全国和华东六省一市商品交易会，购销金额达2735万元人民币、25万美元。1989年12月，嘉兴市企业组团参与由浙江省工商联主办的华东六省一市工商联第三届会员企业交易会，扩大影响，拓宽商路。1990年9月，市工商联组团参加浙江省工商联代表团，赴南京参加全国工商联企业会员名优特新产品博览会。博览会期间，桐乡制鞋工业公司、足佳鞋厂等10家企业参展，成交购销额600万元；购入棉纱200万吨，玉米、豆粕2000万吨。1993年9月起，市工商联组织会员企业备足货源参加华东六省一市工商联在南京、杭州、福州、济南、合肥、南昌等城市举办的历届会员企业商品交易会。

2002年后，市委统战部、市工商联每年组织会员企业赴国内有关城市进行投资考察、贸易洽谈和接待来自国内有关省、市政府、工商联经贸考察团，协办招商说明会、投资洽谈会，为非公有制企业发展牵线搭桥。如2002年，多次组织会员企业赴安徽、湖北等地开展经贸洽谈和投资考察，达成投资项目投资额3.2亿多万元；2004年，组织民营企业考察团赴沈阳、长春、通化，开展投资考察和经贸洽谈，促成合作项目5个，涉及金额1.5亿元；2005年，参与承办嘉兴市首届家居用品博览会；2007年，举办嘉兴市第二届婚庆博览会。

2008年8月，嘉兴市和宁波市两地工商联、总商会牵线，嘉兴工业园区在宁波举办首次投资说明会。其间，宁波企业落户嘉兴工业园区的3个投资项目签约成功。2010年10月，市委统战部、市总商会组织民营企业经贸考察团赴四川参加第十一届西部国际博览会，并就参加西部大开发的项目达成部分投资或合作意向。2011年，组织代表团赴新疆沙雅，开展经贸投资考察活动，邀请190多家市级行业协会商会代表以及民营企业参加新疆沙雅·嘉兴经贸洽谈会，洽谈会现场签约项目8个，协议投资总额达42.5亿元。2012年，组织企业赴丹麦、芬兰进行商务考察。2013年，组织200多家民营企业参加2013“星耀南湖”精英峰会，并组织4批企业家分别赴国(境)外考察，了解国际市场信息和有关市场准入门槛及交易规则。与此同时，接待来自美国、澳大利亚、韩国、英国、南非等国家和地区的工商社团和外国驻沪使馆到嘉兴开展的相关活动。

2013—2014年，市委统战部召开专题工作推进会，对全市扎实做好“十万浙商进百区”活动提出要求。建立工商联、合作交流办、侨办3个牵头部门定期联席会议制度；建立对各县(市、区)活动的督导制度；建立重大活动集体商议制度。2年间，举办市外浙商嘉兴行、嘉兴市百家民企进园区、“携手商会·走进秀洲”等活动155场(次)，参与浙商人数达12843人，签约项目248个，投资额为1475亿元，其中签订投资合同项目144个，投资额为271亿元；签订投资意向项目104个，投资额为1204亿元。其间，组织18名优秀民营企业家参加第二届世界浙商大会，在浙商创业创新项目签约仪式上，签约项目8个，签约总额为120.92亿元，项目数、签约资金数位列全省第一；在优秀浙商颁奖典礼上，天通控股股份有限公司董事长潘建清等4人获创业创新奖，嘉善县人民政府获创业创新组织奖；在浙商创业创新大赛总决赛中，全市5个项目进入10强。

第四节　科技人才服务

1991年，中共中央批转《关于工商联若干问题的请示》，提出调整工商联职能，丰富工商联功能。协助做好科技和人才服务成为工商联工作的一项新职能。

1994—1997年，市工商联的职能新增参与评定非公有制企业人员专业技术资格(职称)等内容。其间，市工商联参加市专业技术资格(职称)评审委员会对非公有制企业人员专业技术资格(职称)的评审。为会员企业引进各类专业技术人员14人，接受非公有制企业人员申报各类专业技术资格(职称)31人。

1998—2002年，市工商联为非公有制企业450人办理、审报初、中级财会专业技术职称资格考试工作，参与市专业技术资格(职称)评审委员会对非公有制企业人员专业技术资格(职称)评审1966人。此后，市工商联(总商会)作为嘉兴市民营科技企业评审委员会成员单位，每年组织、参加对全市民营企业申报嘉兴市民营科技企业的评审工作。

1999年，经嘉兴市劳动和社会保障局批准，市工商联(总商会)成立嘉兴市商会职业介绍所。会同市有关部门、秀洲区劳动人事部门和嘉兴市商会职业介绍所共举办3场民营企业人才、劳动力招聘会，共组织213家民营企业推出各类技术岗位2630个，有1300多名各类人才与招聘企业达成应聘意向。是年，市工商联与市科委等部门帮助5家会员企业引进8项技术项目。2000年，市工商联组织全市73家会员企业赴金华参加由浙江省科委、省工商联联合举办的“全省民营企业科技洽谈会”。会议期间，会员企业达成科技合作项目6个，金额1700万元。海宁市工商联会同有关部门为9家非公有制企业，招聘各类专业技术人才17人。2002年7月18日，嘉兴市第一个民营企业科技工业园——浙江正原科技园首期工程落成。同年，秀洲区工商联（总商会）会同区经贸局、区科技局，一起引进嘉兴学院二级学院和系的教授、专家10人；与60家民营企业开展科企项目对接，促成11个高校科研项目落户秀洲区民营企业，促进“产学联姻”行动的深入开展。

2003—2010年，全市各级工商联（总商会）会同人事部门、高校单位，共为民营企业举办42场人才招聘活动，组织4300多家民营企业推出25000多个技术岗位，达成8500多名各类人才应聘签约。2003年开始，市工商联每年会同市劳动保障部门举办一次“百家民企招聘技工活动”，会同市人事部门举办一次民企招聘人才活动，并根据民营企业需求，定期不定期的举办各类专业人才招聘活动。2005年，市工商联（总商会）会同浙江清华长三角研究院，联合为本市民营企业举办科企合作推进会。浙江清华长三角研究院推出84项各类科研成果，并促成28家民营企业达成科研成果转让和合作开发协议。

2008—2010年，市委统战部、市工商联共组织150家民营企业参加第二、三次江浙沪两省一市海外高层次专业人才科技项目推介和对接活动，共达成科技项目引进和项目合作开发意向42个。

2011年，市委统战部、市工商联发出关于组织企业做好2011年度国家级火炬计划项目、星火计划项目组织申报工作的通知。同年，嘉兴市人民政府公布2011年嘉兴市科学技术奖获奖人员和项目名单，其中，自主创新重大贡献奖获奖人员中有工商联会员2人。

2012—2013年，市工商联组织“海外华侨华人专家嘉兴行”的参会会员12家和参加“星耀南湖·海外清华学子浙江行嘉兴对接会”的民营企业人员，实现科技与民企的无缝对接。2013年，引导协会商会、民营企业与嘉兴市职业技术学院等高等院校加强合作，共同培养造就一大批企业紧缺人才（如市模具行业协会委托嘉兴市职业技术学院培养模具行业技术工人100名）。进一步会同有关大专院校、科研机构等单位联合为全市协会商会、民营企业举办“科研机构与民营企业项目推介对接活动”等科企合作活动。

2014年，根据省委、省政府有关“机器换人”工作部署，市工商联与市经信委为主要责任部门组建实施“机器换人”指导组，各县（市）区成立重点行业协会指导组。平湖为服装、箱包行业，海宁市为太阳能行业，桐乡市为毛衫、皮革、化纤行业，海盐县是紧固件行业，嘉善县是木业、轴承、纽扣行业，秀洲区是集成吊顶、小家电行业作为重点，实施“1718”“机器换人”工程（力争三年内完成技术改造投资1700亿元，实施“机器换人”技术改造项目1000项，总投资800亿元）。是年，完成“机器换人”技术改造投资560亿元，培育“机器换人”示范企业365家，实施“机器换人”技术改造项目730个，淘汰落后设备7300台。全市工业投资中，技术改造投资占比达60%，设备投资占工业投资比重达60%，规模以上工业企业现代化技术改造面达到60%以上，其中省工业强县（市、区）建设试点单位、省级以上高新园区达70%以上；规模以上工业企业亿元工业增加值从业人员数比2012年下降12%，人均产值提高12%以上，如期完成“十二五”节能减排目标任务。

第五节　协会商会建设

【行业协会商会】

1985年3月，嘉兴市政府有关部门组建嘉兴市第一家行业协会——嘉兴市食品工业协会。此后，非公有制企业行业组织建设成为市委统战部、市工商联支持非公有制经济发展的一项重要工作。1987年，市工商联开展吸收新会员试点工作，会员包括国营、集体、乡镇、私营、“三资”等企业会员和个体劳动者协会、私营企业家协会等团体会员。1988年7月，贯彻国务院《中华人民共和国私营企业暂行条例》，鼓励私营企业为繁荣社会主义有计划商品经济服务，市工商联吸收新会员工作加快。同年7月，市工商联吸收第一批新会员143户。其中国营企业会员73户，集体企业会员27户，乡镇企业会员42户，私营企业会员1户，市个体劳协等团体会员3户，并邀请与工商联企业有密切关系的经济界人士12人为个人会员。

1991年，海宁、嘉善等县（市、区）工商联先后组建海宁皮革城商会、嘉善胶合板商会等行业商会。同年7月，贯彻中共中央批转中央统战部《关于工商联若干问题的请示》精神，对工商联会员结构作出调整，推进多种经济成分的工商企业、经济团体及企业经营者加入工商联，会员对象除原工商业者外，重点吸收私营企业、个体工商户、“三胞”投资企业和部分乡镇企业会员。个体劳协、私营企业协会、乡镇企业协会和外商投资企业协会作为团体会员自愿参加工商联。至1992年，全市共吸收非公有制企业会员225户（私营企业56户、个体商户158户、乡镇企业9户、“三资”企业2户），已收到入会申请37户（私营企业17户、个体商120户）。此后，市工商联组织进一步推进各县（市）工商联会员结构调整。至1993年年底，全市工商联会员1400户，其中非公有制经济企业会员占三分之一以上，个协等团体会员17户。

进入21世纪，全市工商联会员加大非公有制企业会员比重。2000年，市委统战部、市工商联召开全市基层商会工作经验交流会，推进乡镇、行业商会等基层组织网络建设。市工商联（总商会）贯彻“稳步发展、调整结构、提高质量”的方针，积极发展会员，壮大会员队伍，建立基层组织，健全商会网络。2001年5月，嘉兴市行业协会商会委员会成立。2002年7月15日，市工商联成立首个以非公有制企业为主体的直属行业商会嘉兴市餐饮业商会。至年底，全市工商联会员发展到2773户、团体会员6户，其中非公有制企业会员比例大幅上升，共有会员1670户，占会员总数的60.22%。同时，全市镇、街道商会和行业商会有40个，其中嘉善县乡镇商会组建率达80%。2004年8月，市政府出台《嘉兴市促进行业协会商会改革发展的若干意见》。明确“成立由市工商联、经贸委牵头，市民政、劳动保障、人事、财政、税务等部门参加的市行业协会改革发展协调小组，负责全市行业协会的总体规划、布局调整、政策制订和协调管理。进一步加快行业协会的改革步伐，逐步将牵头协调等职能移交给总商会”。11月，嘉兴市建立行业协会商会改革发展协调小组，负责全市行业协会商会的总体规划、布局调整、政策制定和协调管理。协调小组下设办公室，办公室设在市工商联。是年，全市登记在册的各级行业协会商会93个，其中市本级行业协会商会35个。2005年3月，嘉兴市政府正式授权“市总商会（市工商联）为市行业协会的业务主管单位”。行业协会商会进入快速发展期。在此基础上，市工商联协助嘉兴市政府召开全市行业协会改革发展工作会议，制定并实施一系列行业协会商会的工作制度，加强对行业协会商会的管理和服务。市工商联共批复建立行业协会商会61家。嘉兴市行业协会商会进一步明确行业服务、行业自律、行业代表、行业协调的基本职能。市行业协会商会改革发展协调小组制定出台《2006—2010年嘉兴市行业协会商会设立指引》，重点鼓励和支持在优势行业、新兴行业、特色行业以及受中国加入世贸组织影响较大需要加强的领域中，培育和发展一批市场化运作、功能齐全、行为规范、服务有效的行业协会商会。新型行业协会商会管理体制的形成和行业协会商会设立指引的出台，有力地推动全市行业协会商会的改革发展。2007年8月28日，市委统战部、市工商联与上海市社会工作党委、上海市社会服务局在嘉兴共同举办“促进上海市和嘉兴市两地行业协会商会交流与合作活动”。2008年1月10日，在全市行业协会改革发展协调小组工作会议上，研究讨论嘉兴市行业协会考核评价体系。5月，召开全市行业协会商会工作会议，传达市政府办公室转发的《关于建立嘉兴市行业协会（商会）工作评价体系的意见（试行）的通知）》，并提出贯彻落实的意见。是年，市工商联加强基层商会组织网络建设确定“三年两目标”。“三年”：2008—2011年。“两目标”：一是全市所有镇、街道全部建立商会组织；二是全市60%以上基层商会进入先进基层商会行列。2009年2月26日，通过市级行业协会（商会）工作自评，市行业协会改革发展协调小组组成的评价小组进行抽查初评，最终审定：嘉兴市紧固件进出口企业协会获得一等奖，嘉兴市汽车行业商会等2家行业商会获得二等奖，嘉兴市食品工业协会等3家行业协会获得三等奖，嘉兴市保险行业协会等6家行业协会获得促进奖。4月21日，市委、市政府出台《中共嘉兴市委办公室、嘉兴市人民政府办公室关于建立市领导联系行业协会商会制度的通知》，建立市委、市人大常委会、市政府、市政协领导联系行业协会商会制度。

2010年6月，市工商联会同市环保局联合下发《关于印发嘉兴市组织引导环境学会和行业协会联合参与环保管理试点工作方案的通知》，加快推动市政府职能向社会组织的转移。

10月，市工商联会同市发改委、市物价局联合下发《关于联合开展“价格服务进行业协会商会”活动工作方案的通知》，推动行业协会商会参与改进市场价格监管，深化价格公共服务，规范行业价格行为，强化行业价格自律。是年，根据市政府《关于扶持和促进社会组织发展的若干意见》等有关文件精神，在市级行业协会商会中组织开展“规范化建设年”活动。在市级60家市级行业协会商会分为5个活动小组，各自组织开展相应的活动，以提供资源共享、优势互补、合作共赢的互动平台。至年底，全市工商联（总商会）有会员10972个。其中非公有制企业会员占90%以上；各级行业协会商会120个、异地商会19个、镇（街道）商会73个、村级商会5个，其中市本级各类行业协会商会60个。2011年，《中共嘉兴市委、嘉兴市人民政府关于加强和改进新形势下工商联工作的实施意见》指出，工商联要切实履行经济类行业协会商会业务主管单位的职责。2012年，嘉兴市支持浙商创业创新促进嘉兴发展工作开展后，通过指导培育、开展评价等方式不断提升市内异地商会的建设水平的同时，加快市外、省外嘉兴商会的建设，通过市内外异地商会的积极行动，引荐许多带动力强、导向性好、技术含量高的优质项目，在市浙商回归和招商引资工作中发挥重要作用。2013年1月，市工商联会同市发改委、经信委、财政局、民政局、合作交流办等有关部门组成评价工作小组，开展对协会、商会工作评价。9月，嘉兴市出台《关于加快政府部分职能向行业协会商会转移的实施意见（试行）》，划定职能范围，规定职能转移方式，确定职能承接条件，要求将能够委托给社会和市场办理的职能及工作事项从政府部门逐步分离出来，有计划地转移给行业协会承担。是年12月6日，嘉兴市新生代企业家联谊会成立，全市共62名青年企业家成为第一届联谊会会员，宏达控股集团总经理沈珺当选为第一届理事会会长。

2013年12月6日，嘉兴市新生代企业家联谊会成立，副市长祝亚伟（左一）为联谊会授牌

2014年，市委统战部、市工商联推动有条件的协会商会承接政府职能转移工作，在调研基础上，汇编协会商会承接政府职能的典型案例，梳理已转移、能承接的“能力清单”，为加快推动社会组织承接政府职能转移创造条件。全市有22家市级协会商会承接政府行业管理与协调、社会事务管理与服务等职能78项。2014年年底，市工商联业务主管的市级经济类行业协会、商会44家，全市各级会员19188户。

2014年嘉兴市市级行业协会（商会）一览表

表5-4-1

协会商会名称	会　长	协会商会名称	会　长
嘉兴市餐饮行业协会	盛富林	嘉兴市互联网协会	万晓东
嘉兴市净水剂行业协会	陆建龙	嘉兴市电子商务行业协会	叶海峰
嘉兴市建筑设备租赁协会	陈志飞	嘉兴市保健行业协会	殳跃飞
嘉兴市医药行业协会	张志东	嘉兴市娱乐行业协会	苗满山
嘉兴市汽车行业商会	姚骏琪	嘉兴市危险化学品行业协会	马国林

续表5-4-1

协会商会名称	会　长	协会商会名称	会　长
嘉兴市眼镜行业协会	沈　伟	嘉兴市咨询服务行业协会	成黎明
嘉兴市互联网上网服务营业场所行业协会	孙伟宏	嘉兴市特钢行业协会	刘晓亚
嘉兴市纸业商会	朱在龙	嘉兴市五金机电行业协会	吕文理
嘉兴市港口协会	刘孟继	嘉兴市丝绸行业协会	周国建
嘉兴市家居装饰装修协会	沈明豪	嘉兴市足疗保健行业协会	杨德喜
嘉兴市医疗器械行业协会	鲍　忆	嘉兴市公共交通协会	杨德泉
嘉兴市模具行业协会	宋永泉	嘉兴市物联网行业协会	张汉良
嘉兴市家具行业商会	汝才良	嘉兴市物流与供应链协会	赵　斌
嘉兴市民族建筑与风景园林行业协会	沈建平	嘉兴市LED半导体照明行业协会	潘建清
嘉兴市船舶行业协会	朱建华	嘉兴市食品流通商会	陈魏凯
嘉兴市照相婚庆行业商会	冯月明	嘉兴市绿色建筑与建筑节能协会	董发根
嘉兴市防水保温协会	陈家标	嘉兴市美容美发行业协会	胡久龙
嘉兴市营销协会	陈　刚	嘉兴市光伏行业协会	李仙寿
嘉兴市太阳能行业协会	冯　磊	嘉兴市箱包行业协会	施继红
嘉兴市再生资源利用行业协会	苏启祥	嘉兴市拍卖行业协会	孙玲玲
嘉兴市集成吊顶行业协会	时沈祥	嘉兴市服务外包协会	余志明
嘉兴市通讯产业协会	张学政	嘉兴市快递行业协会	钱嘉明

【嘉兴市异地商会】

1999年，市内首个异地商会——嘉兴温州商会成立。之后，市内异地商会和会员企业不断发展，先后组建嘉兴市台州商会、安徽商会、金华商会、福建商会、江西商会、四川商会、湖南商会、山东商会、河南商会、湖北商会、江苏商会、绍兴商会等一批异地商会。

2012年，市工商联与市发改委、财政局、民政局、合作交流办联合制定下发《关于建立嘉兴市异地商会工作评价体系的意见(试行)》，并制定《嘉兴市异地商会工作评价细则》，从组织机构、制度建设、平台建设、履行职能、工作创新5个方面进行评价。2012年起，市委统战部、市工商联(总商会)开始对成立时间一年(含)以上的市级异地商会和在市外、省外的嘉兴商会进行工作评价。

2014年4月，随着嘉兴市金华商会和台州商会两家异地商会法律顾问的成功签约，12家市级异地商会实现法律顾问全覆盖。全市共有10家律师事务所15名律师为异地商会提供法律服务。8月19日，市委统战部、市工商联召开全市异地商会工作会议，13个市级异地商会会长和秘书长，市发改委、市财政局、市民政局、市合作交流办等市级有关部门领导以及市工商联相关处室负责人参加会议。会议征求各商会对市内异地商会工作评价办法的修订意见，各异地商会就各自的特色工作进行交流，市级有关部门就商会发展提出相关意见和建议。是年，嘉兴市绍兴商会成立，市内异地商会达13家。

2014年嘉兴市内异地商会一览表

表5-4-2

名　称	成立时间	会　长
嘉兴市温州商会	1999.06.18	浙江罗卡芙家纺有限公司董事长吴真生
嘉兴市台州商会	2005.10.19	嘉善海山安全玻璃有限公司董事长蒋定飞

续表5-4-2

名　称	成立时间	会　　长
嘉兴市安徽商会	2009.09.14	嘉兴市徽商贸易有限公司董事长张保全
嘉兴市金华商会	2010.08.28	嘉兴市中正投资有限公司总裁吕富中
嘉兴市福建商会	2010.12.26	嘉兴中安市场管理有限公司董事长郑用贵
嘉兴市江西商会	2011.02.26	浙江禾众汽车企业管理集团有限公司董事长刘洪
嘉兴市四川商会	2011.03.19	嘉兴市中邦建筑劳务有限公司董事长杨易才
嘉兴市湖南商会	2011.05.08	利展纺织(浙江)有限公司董事长刘剑锋
嘉兴市山东商会	2011.09.25	浙江允源毛纺原料有限公司董事长张庆允
嘉兴市河南商会	2012.10.28	威蒂威建筑五金(嘉兴)有限公司董事长赵培源
嘉兴市湖北商会	2012.12.27	浙江亚特电气有限公司董事长陈勇
嘉兴市江苏商会	2012.12.28	浙江宏泰构件有限公司董事长严法明
嘉兴市绍兴商会	2014.06.21	浙江中成实业有限公司董事长董利华

【基层商会】

基层商会是乡镇(街道)、行政村等区域范围内从事工商业的企业、团体和个人自愿组成的非营利性民间组织,包括镇(街道)商会、开发区商会、村级商会、社区商会等。嘉兴市镇(街道)商会的建立始于1994年的乍浦镇。至2010年,全市镇(街道)商会实现全覆盖,共70家。1997年、2010年开始组建市场商会和村商会,截至2014年,分别为2家和20家。

2008年8月,市委统战部、市工商联组织市部分乡镇、街道等基层商会负责人,召开《建立嘉兴市基层商会工作评价体系》征求意见座谈会。2009年11月,全市基层商会工作经验交流会在嘉善县大云镇商会召开。2010年4月28日,市工商联(总商会)在平湖市新埭镇召开全市基层商会工作现场交流会。年底,第70个基层商会嘉兴经济技术开发区城南街道商会正式成立,标志着基层商会已在嘉兴所有市镇和街道建立,成为全省率先实现基层商会全覆盖的地市。

2014年嘉兴市基层商会一览表

表5-4-3

县市区	街道商会	镇商会	县市区	街道商会	镇商会
南湖区	建设街道	新丰镇	平湖市	当湖街道	乍浦镇
	新兴街道	余新镇		钟埭街道	新埭镇
	新嘉街道	凤桥镇		曹桥街道	新仓镇
	南湖街道	大桥镇		经济开发区	独山港镇
	解放街道	七星镇		—	广陈镇
	东栅街道			—	林埭镇
秀洲区	新城街道	王江泾镇	嘉善县	魏塘街道	天凝镇
	高照街道	新塍镇		罗星街道	陶庄镇
	经济开发区	油车港镇		惠民街道	干窑镇
	—	洪合镇		国家开发区	姚庄镇
	—	王店镇		—	大云镇

续表5-4-3

县市区	街道商会	镇商会	县市区	街道商会	镇商会
桐乡市	梧桐街道	乌镇镇	海宁市	硖石街道	丁桥镇
	凤鸣街道	濮院镇		海洲街道	许村镇
	龙翔街道	屠甸镇		海昌街道	长安镇
	经济开发区	石门镇		马桥街道	盐官镇
	—	河山镇		经济开发区	斜桥镇
	—	洲泉镇		—	袁花镇
	—	大麻镇		—	周王庙镇
	—	崇福镇		—	黄湾镇尖山新区
	—	高桥镇		—	—
海盐县	武原街道	沈荡镇	国家经济技术开发区嘉兴国际商务区	城南街道	—
	元通街道	百步镇		嘉北街道	—
	西塘桥街道	于城镇		塘汇街道	—
	秦山街道	澉浦镇		长水街道	—
	—	通元镇		—	—

【市外嘉兴商会】

2010年12月，首家市外嘉兴商会宁波市嘉兴商会在甬成立，宁波创绿园林建设有限公司总经理王桂林当选为首任会长。2012年11月，成都嘉兴商会成立，成为嘉兴首个省外商会。至2014年，市外嘉兴商会达9家。

2014年1月，市工商联制定出台《嘉兴市市外嘉兴商会考核办法》，在全省属第一家。同年，在嘉兴市第一届浙(禾)商大会上，举办以“聚力、协作、共赢、发展”为主题的“中国·嘉兴商会发展高端论坛”，杭州市嘉兴商会等6家市外异地商会被授予“浙商回归投资联络站”称号。

2014年嘉兴市外嘉兴商会一览表

表5-4-4

名　称	成立时间	会　　长
宁波市嘉兴商会	2010.12.11	首任由宁波创绿园林有限公司总经理王桂林担任。现任张磊明，宁波海越电器制造有限公司董事长
杭州市嘉兴商会	2012.07.07	浙江瑞柏特金融服务外包有限公司董事长余志明
成都嘉兴商会	2012.11.26	四川中昇地产(集团)有限公司董事长谢培杰
新疆嘉兴商会	2012.12.22	新疆嘉兴饭店董事长钱云
上海嘉兴商会	2013.12.09	红杉资本中国基金总裁沈南鹏
北京嘉兴企业商会	2013.12.27	北京古北水镇旅游有限公司总经理陈向宏
南京市嘉兴商会	2014.12.24	博瑞德净化技术(南京)公司董事长严月根
兰州市嘉兴商会	2014.12.26	甘肃荣芳实业集团董事长潘林荣
郑州市嘉兴商会	2014.12.29	郑州美之美商贸有限公司总经理高森龙

第五章　非公有制经济人士队伍建设

加强对非公有制经济人士的统战工作，是新时期统一战线的重要组成部分。本章记述中共嘉兴市(地)委统战部、工商联依法维护非公有制经济人士合法权益；加强思想政治工作，开展理想信念教育，引导非公有制经济人士增强对中国特色社会主义的信念；引导非公有制经济人士依法诚信经营，了解反映其诉求，帮助其依照法定程序维护合法权益；畅通非公有制经济人士有序政治参与渠道，帮助提高议政建言水平等方面工作，促进非公有制经济人士健康成长，做合格的中国特色社会主义事业建设者。

第一节　维护权益

1988年，全国工商联六大修改并通过的《中国工商业联合会章程》，将代表会员的合法权益作为工商联的主要职能之一。市工商联将反映个体、私营等非公有制经济的诉求、维护非公有制企业合法权益作为重要工作内容，摆上重要位置。每年深入非公有制企业开展调研，听取非公有制经济人士的意见，积极向党和政府及有关部门反映，切实维护非公有制企业和非公有制经济人士的合法权益。

1992年，市委统战部、市工商联组织开展非公有制企业工作调研，形成《有关我市部分私营企业的调查汇报》和《关于私营企业发展中几个问题的调查资料》调研报告，并提交市委、市政府，得到市委、市政府的重视和有关部门的采纳。1993年，嘉兴市区建国路拆迁改造中，部分私营企业、个体工商户涉及搬迁安置经营问题，市工商联及时进行调查研究，并与市建委加强沟通，使涉及私营企业、个体工商户得到妥善安置。1998年，市工商联与嘉兴君和律师事务所建立合作关系，为个私企业提供免费法律咨询，低标准收费，开展法律诉讼服务，更好地维护个私企业的合法权益。海宁老地方超市在申请安装自来水遇到自来水公司高收费问题、桐乡市白蚁防治部门对私营企业收取高额白蚁防治药费问题等，嘉兴市工商联都及时向市有关部门作反映，得到及时协调处理。

2001年，市工商联(总商会)会同嘉兴君和律师事务所、嘉兴中明会计师事务所成立嘉兴市民营企业法律维权中心，各县(市、区)工商联(总商会)也相继成立民营企业法律服务中心等法律维权机构。机构成立后，聘请法律顾问，开展法律培训和法律咨询，受托参加相关法律诉讼和其他法律事务，协助有关部门开展“打假”工作，进一步维护民营企业的合法权益。2001—2003年，全市各级工商联(总商会)维权机构帮助民营企业调处各种经济纠纷、案件122起，帮助有关民营企业挽回经济损失1125万元。2005年，国务院法制办、全国工商联发出《关于依法做好非公有制企业民商事纠纷仲裁工作的意见》，使仲裁法律制度在非公有制企业中得以实行。市工商联会同市政府法制办联合转发国务院法制办和全国工商联的相关文件，要求全市各级工商联(总商会)、行业协会商会、基层商会组织引导广大非公有制企业在开展民商事活动中积极推行仲裁法律制度。2007年，国务院法制办、全国工商联在嘉兴、长春等15个城市进行全国在非公有制企业中做好民商事纠纷仲裁工作试点工作。2008年7月，市工商联与市公安局联合建立防范经济犯罪工作机制，服务市委“创业富民、创新强市”战略，为非公有制经济营造良好发展环境。是年，市政府召开嘉兴市在非公有制企业中推行仲裁法律制度工作会议，制定出台《嘉兴市做好非公有制企业民商事纠纷仲裁试点工作的通知》，建立嘉兴市非公有制企业民商事纠纷仲裁试点工作领导小组，领导小组办公室设在市工商联，全面推进本市非公有制企业纠纷仲裁试点工作。同年，成立嘉兴仲裁委员会工商联、总商会办事处，建立嘉兴仲裁委员会非公有制经济人士仲裁员队伍，在全市非公有制企业中积极推进民商事仲裁工作。试点工作两年间，受理非公有制企业仲裁案件352件，涉案标的3.75亿元。2009年6月，市工商联与市司法局、市法学会联合召开"法律服务民营企业"工作会议，与市司法局签订开展"法律服务民营企业"合作协议，在全市各级司法局、工商联组织开展"法律服务民营企业"长效协作机制，并启动嘉兴市法律服务民营企业百场讲座。7月，全国工商联副主席沈建国率全国非公有制企业仲裁工作调研组到嘉兴调研检查，对嘉兴市依法开展仲裁非公有制企业民商事仲裁试点工作情况作充分肯定，并安排嘉兴市在国务院法制办、全国工商联在京联合召开的"全国非公有制企业民商事纠纷仲裁工作试点经验交流会"上作交流发言。是年，全市各级司法局、工商联、法学会为全市民营企业联合举办105场"送法律到企业、用法律保增长"实用法律知识讲座活动，免费发放《企业经营管理法律风险提示与建议100条》等法律宣传资料2000多份。

2010年7月，市委统战部、市工商联与市中级法院建立嘉兴市民营企业法律风险防范机制联席会议，发挥法院司法职能和工商联服务职能，帮助民营企业提高防范和化解法律风险的能力。联席会议建立后，市工商联和市中级法院每年定期召开民营企业、行业协会商会、异地商会负责人会议，听取民营企业和行业协会商会、异地商会对司法保障服务工作的意见和建议，宣传有关法律、法规，引导增强法律意识，提高防范法律风险和化解纠纷的能力。2011年，市工商联、市中级法院，向民营企业下发《企业防范法律风险提示》，并通过网站、工商联信息等渠道加大有关法律、法规和防范提示的宣传，得到广大民营企业的欢迎。是年，与市审计局联合建立推进民营企业内部审计工作联席会议制度，推动民营企业内部审计试点工作开展。2013年，健全与法院、司法局、审计局、仲裁委等的合作机制，与司法局签订《禾商律师服务团战略合作框架协议》，进一步深化民营企业风险防范机制。在《新禾商》杂志新增"以案说法"栏目，引导民营企业提高防范和化解法律风险的能力。

2014年，市工商联与司法局启动"南湖先锋——律师经济社会发展专项行动"，并推动成立嘉兴市台州商会、福建商会、安徽商会等人民调解委员会，创新商会法律顾问制度建设。

第二节　思想政治工作

【宣传教育】

嘉兴市（地）委统战部、市工商联成立后，在工商界开展以爱国守法，走社会主义道路为核心内容的思想政治工作。

1950年7月，嘉兴市工商联（筹）帮助工商界提高认识，举办多次专题学习班，投身到抗美援朝、保家卫国运动中。12月，发动全市各个行业的工商业者、摊贩、行商共4129人参加抗美援朝、保家卫国的爱国示威游行。1951年6月，抗美援朝总会发出"关于推行爱国公约、捐献飞机、大炮和优待烈军属"的号召。至10月，嘉兴工商界认捐飞机3架；组织会员到车站码头迎送志愿军伤员到南浔疗养；组建"文工团"，多次到中国人民解放军驻嘉兴部队和伤病员中进行慰问演出。是年，国家在全国城镇发行胜利折实公债，市工商联（筹）成立全市工商界胜利折实公债推销委员会，做好工商界的宣传教育工作，积极认购胜利折实公债。共购买胜利折实公债121400份，占全市推销胜利折实公债总额的87%。

1951年年底至1952年年初，全国先后开展"三反""五反"运动。嘉兴市工商联配合市委、市政府，组织开展爱国主义教育活动，教育、推动工商业者，端正态度，投入运动。

1953年6月，中共中央提出过渡时期的总路线和总任务。10月23—30日，中共浙江省委统战部召开全省私营工商业者及民主党派代表座谈会，学习党在过渡时期总路线。会后，地委统战部、市工商联召开工商界大会，传达过渡时期总路线的内容和座谈会情况。12月22—23日，市工商联召开工商界代表会议，向工商业者广泛进行过渡时期总路线和社会主义改造的宣传教育。先后举办批发商转业学习班、新公私合营厂和上海转业到嘉兴的私方人员学习班，脱产学习对资本主义工商业社会主义改造的方针政策。是年，市工商联在市妇联、市青联的支持和帮助下，加强对工商界家属和业内青年的工作，成立工商界妇女工作委员会和青年工作委员会，开展各种宣传教育活动。1955年11月，市委统战部、市工商联在全市工商界骨干分子大会上，传达毛泽东"认清社会发展规律，掌握自己的命运"讲话和中央领导的指示精神，要求在私营工商业的社会主义改造中起模范带头作用，在嘉兴工商界中掀起接受社会主义改造的热潮。

1956年7月至1957年9月，市工商联在地委、市委和市政协的领导下，举办工商界政治讲习班4期。1958年五六月间，市工商联发动工商业者制定社会主义竞赛决心书，参加自我改造誓师大会，开展向党交心，在企业增产节约、技术革新中献计出力。1959年12月16日至1960年2月21日，全国工商联第三届会员代表大会在北京召开。嘉兴市工商联根据会议精神，在国民经济遇到较大困难时期积极协助市委、市政府加强思想政治工作，帮助全市工商业者提高认识，端正态度，和全国人民同心同德共渡难关。1961—1965年，嘉兴市、县工商联组织工商业者分批进入市政协政治学校和结合自办政治研讨班学习，接受理论和形势教育。

改革开放后，市委统战部、市工商联切实加强对非公有制经济人士的思想政治引导，贯彻落实"团结、帮助、引导、教育"八字方针，引导广大会员坚持党的领导，坚持走社会主义道路，并向社会各界大力宣传非公有制经济人士"爱国、敬业、诚信、守法、贡献"的先进典型和先进事迹，积极促进非公有制人士健康成长。

1978年，嘉兴市工商联恢复组织活动后，即与民建市委会恢复联办《工作简报》(简报创刊于1949年，至1966年9月，每月一期，共刊出204期。"文化大革命"期间停刊)，作为开展宣传教育的重要载体。1988年，市工商联与民建市委会结束合署办公历史，《工作简报》由市工商联主办。

1991年7月6日，中共中央批转中央统战部《关于工商联若干问题的请示》，文件明确工作重点由原来工商业者转向非公有制经济人士。市各级工商联组织遵照批示精神，积极探索对非公有制经济人士开展思想政治工作的新路子，促进非公有制经济健康发展、促进非公有制人士健康成长。是年，嘉兴市工商联《工作简报》改为《商会信息》，除做好宣传教育外增加为会员提供服务内容。1994—1998年，市委统战部遵循"团结、帮助、引导、教育"的方针，选送一批非公有制经济人士到省社会主义学院学习，并与市委党校、市社会主义学院举办"非公有制经济代表人士学习班"。非公有制经济人士培训工作形成制度，每年进行。

进入21世纪后，深入开展中国特色社会主义理论体系学习教育，引导非公有制经济人士把握中国特色社会主义共同理想，在中国共产党的领导下坚定走中国特色社会主义道路，并逐步形成党委统一领导，市委统战部组织协调，工商联具体实施，有关方面积极参与的非公有制经济人士思想政治工作机制。

2002—2014年，全市工商联、总商会与国内外有关高校联办各类工商管理培训班共13期，参加培训学习的非公有制企业高级管理人员700多人；与国内外有关高校、科研机构、外国驻华商务机构和本市外办、外经贸局、科技局等部门、单位联合举办各类经济、科技、法律论坛、讲座120余场，非公有制经济人士参加各种进修15000余人。

2003年12月2—8日，市委统战部、市工商联(总商会)组织第一期非公经济代表人士61人赴北京参加中央党校和社会主义学院培训，并形成制度(每年一期)。2005年，市工商联《商会信息》更名为《嘉兴总商会信息》。是年，创办《嘉兴商会》，以"传递政策、反映诉求、规范行为、提供服务"为办刊宗旨，以引导全市民营经济健康发展和民营经济人士健康成长为己任，宣传报道党和政府的方针政策、法律法规，宣传弘扬民营企业、民营经济人士创业、创新的先进事迹，介绍国内外企业经营管理知识，为本市促进民营经济新的飞跃，引导民营经济人士争做优秀社会主义事业建设者做出贡献。

2005年11月，市委统战部、市经贸委、市劳动保障局、市地税局、市环保局、市工商局、市质监局、市人民银行、市总工会、市工商联10个部门联合印发《关于开展非公有制经济代表人士综合评价试点工作的通知》，成立试点工作领导小组，建立相应工作班子，组织开展非公有制经济代表人士综合评价体系试点工作，形成正确导向。2006年11月，市工商联汇编《和谐创业——嘉兴市优秀社会主义事业建设者》一书，记录2003—2004年度87位嘉兴市优秀社会主义事业建设者先进事迹。是年，组织全市非公有制企业高级管理人士赴清华大学参加培训学习。2007年，全面推进非公有制经济人士综合评价工作，对市级以上人大代表、政协委员，市工商联执常委以上人员，市级以上优秀建设者等，从思想政治表现、企业经营管理状况、履行社会责任表现、个人道德修养等方面开展综合评价，巩固和完善非公有制经济人士队伍建设。建立健全"优秀社会主义事业建设者"评选长效机制，引导全市非公有制经济人士参与"光彩事业"，在扶贫帮困、助学结对等公益事业活动中承担社会责任。2008年，市委统战部、市工商联加大对非公有制经济人士的培养力度，先后举办中小企业创业创新论坛，邀请清华大学、复旦大学教授作专题讲座，组织赴国(境)外和省外开展国际化经营培训和商务考察等活动50批次，4500余人次，提高非公有制经济人士的综合素养。是年5月，以嘉兴市工商联、嘉兴市总商会主办，中国网通嘉兴分公司作技术支撑的嘉兴市工商联、嘉兴市总商会网站开通运行。网站以"展示风采、服务会员、交流经验、指导工作"为主旨，积极宣传中心工作，报道工作动态，交流工作经验，开展网上服务，提供信息交换。

2009年，在全市非公有制经济人士中组织开展中国特色社会主义理论体系教育、科学发展观教育和改革开放教育，从制度建设、教育培训、安排使用、平台建设和表彰宣传5个方面入手，引导非公有制经济人士拥护中国共产党的领导，坚定不移走中国特色社会主义道路，建立起一支以各级人大代表、政协委员、工商联执委、行业协会商会和镇街道商会会长为主体，企业实力强、自身素质高、社会形象好的高素质非公有制经济代表人士队伍。是年3月，市工商联会同嘉兴市广电集团，整合《嘉兴商会》会刊，改版为《新禾商》杂志(试刊)。2010年1月23日，嘉兴市工商联、嘉兴市广电集团、嘉兴市总商会联办的《新禾商》杂志正式发行。《新禾商》月刊杂志是嘉兴市唯一一本有公开发行刊号的财经期刊，《新禾商》坚持立足嘉兴面向长三角，聚焦嘉兴经济体制变革与现代化发展进程，为展现新一代禾商新理念、新实践和新形象搭起一个全新的展示平台。10月18日，市委统战部、市工商联、市总商会将嘉兴市工商联、嘉兴市总商会网站改版升级为嘉兴市工商联、嘉兴市总商会网站暨禾商网站。通过《新禾商》发行和网站的改版升级，市委统战部、市工商联、市总商会进一步传递党和政府的方针政策、法律法规，宣传报道工商联、总商会、行业协会商会、异地商会、民营企业及其人士的工作、经验、先进事迹，提供各项服务，促进本市非公有制经济健康发展和非公有制经济人士健康成长。同年，《嘉兴总商会信息》更新为《工商联信息》。是年，中共中央、国务院颁布《关于加强和改进新形势下工商联工作的意见》提出，团结、服务、引导、教育的工作方针。思想政治工作进入一个新的历史阶段。

2011年后，以禾商网、《新禾商》杂志、《工商联信息》《行业协会商会动态》、QQ群短信平台等载体，广泛收集政策、法律、法规、科技、市场、产品、供求、合作、人力资源等信息，服务会员企业。2011年，编纂出版《嘉兴商会志》，全面记载嘉兴商会108年及嘉兴工商联60年发展历程，为了解历史、总结经验、传承发展提供翔实史料。2012年，市工商联(总商会)承办"浙江商会论坛——走进嘉兴"活动，邀请浙江省工商联主席、正泰集团董事长南存辉作《科技创新与民营企业转型升级》专题报告；联合华东理工大学商学院共同举办《当前宏观经济形势分析及企业应对之策》专题讲座，参加活动的企业家260多人；主办"同心·价值观""我们的价值观"演讲比赛等主题教育活动。是年至2014年，连续三年获支持浙商创业创新考核一等奖。2013年，建立分级分层培训制度，根据市"三名"(名企、名品、名家)工程建设总要求，突出"名家"培育工程，以企业法人、企业高级管理人士、新生代企业家为主要对象，开展针对性教育培训活动。市委统战部、市工商联根据中央统战部和全国工商联《关于组织开展非公有制经济人士理想信念教育实践活动通知》要求，成立活动领导小组，制定《嘉兴市组织开展非公有制经济人士理想信念教育实践活动实施意见》，召开动员大会部署活动任务并结合实际，推出六大系列活动("浙商与中国梦"大讨论、非公有制经济人士回报社会专项活动、推进和谐劳动关系构建活动、开展“政企面对面”专题活动、开展助推非公有制企业发展系列服务、评选一批优秀社会主义事业建设者活动），激励非公有制经济人士把个人梦、企业梦与中国梦相结合，共发展，引导民营企业及其人士进一步坚定对社会主义道路的信心。全市31个行业协会商会、异地商会党组织中有26个支部制定《教育实践实施方案》，覆盖面达80%。

2014年，市委统战部、市工商联组织非公有制经济人士参加第12期中央社会主义学院培训教育45人，参加第5期香港理工大学研习班的民营企业高级管理人员47人。是年，在2013年“三信”（信仰、信念、信心）教育基础上，全面部署以“增强对中国特色社会主义的信念、对党和政府的信任、对企业发展的信心、对社会的信誉”（即“四信”）为主要内容的理想信念教育实践活动，通过市、县、协会商会三级联动，实现活动广覆盖、有创新、见成效。市工商联与嘉报集团等单位开设弘扬新时期禾商精神的“对话禾商”专栏；利用《新禾商》、工商联门户网站，加强对优秀非公有制经济人士的宣传报道。全年，在《中华工商时报》《浙江工商》《嘉兴日报》等国家、省、市媒体上进行宣传报道16篇。开展各种形式的教育实践活动150场，宣讲29次。

【评选优秀社会主义事业建设者】

2004年4月，嘉兴市委办公室、市政府办公室转发《市委统战部、市工商联关于在全市民营经济人士中开展“争做优秀社会主义事业建设者”活动的方案》的通知。通知指出：从今年起，在全市民营经济人士中开展“争做优秀社会主义事业建设者”活动，今后每两年评比一次。4月8日，在市委、市政府召开的全市民营经济工作会议上，浙江中房置业股份有限公司董事长朱兴福、浙江嘉欣丝绸股份有限公司董事长周国建等18位民营经济代表人士向全市广大民营经济代表人士发出《嘉兴市民营经济人士争做优秀社会主义事业建设者倡议书》。同年12月，嘉兴市开展评选2003—2004年度嘉兴市优秀社会主义事业建设者活动，丁国强等86名民营经济代表人士为首届（2003—2004年度）“嘉兴市优秀社会主义事业建设者”。2005年2月19日，市委、市政府在全市三级干部大会上予以表彰。2007年、2009年、2011年，嘉兴市分别评出金惠明等25人、徐金良等28人和孙连清等民营经济代表人士30人为第二、三、四届“嘉兴市优秀社会主义事业建设者”。

2009年4月21日，市政府召开会议表彰第三届优秀中国特色社会主义事业建设者

至2014年，全市评选优秀社会主义事业建设者活动10年间，产生国家级优秀社会主义事业建设者1人（浙江蓝特光股份有限公司董事长徐云明为第四届优秀中国特色社会主义事业建设者），省级13人（第一届浙江省优秀中国特色社会主义事业建设者：浙江桐昆集团股份有限公司董事长陈士良、浙江卡森实业有限公司董事长朱张金、浙江嘉欣丝绸集团董事长周国建、浙江多凌控股集团有限公司董事长张余林；第二届浙江省优秀中国特色社会主义事业建设者：浙江宏达经编股份有限公司董事长沈国甫、浙江巨石集团有限公司董事长兼总裁张毓强、浙江中房置业股份有限公司董事长朱兴福、浙江景兴纸业股份有限公司董事长朱在龙；第三届浙江省优秀中国特色社会主义事业建设者：浙江嘉兴中达集团有限责任公司董事长金惠明、嘉兴市嘉善县西塘镇钱塘人家饭店经理丁国强、浙江五芳斋集团股份有限公司董事长厉建平；第四届浙江省优秀中国特色社会主义事业建设者：天通控股股份有限公司董事长潘建清、新凤鸣集团股份有限公司董事长庄奎龙），市级169人。

第一届嘉兴市优秀社会主义事业建设者（2003—2004年度，86人）　丁国强、王泉平、尤源、厉建平、叶宁（女）、吕玉新、朱水良、朱在龙、朱兴观、朱兴福、朱伟利、朱启丰、朱张金、朱春富、朱胜良、朱贵法、朱福观、朱善忠、朱墨农(女)、任大为、任维明、刘勇、庄凤翔、庄奎龙、许瑞坤、杨卫东、吴小弟、吴其法、陈凤(女)、陈士良、陈大魁、陈永清、陈国良、肖连观、陆永泉、岳姚祥、张华、张群(女)、张文芳、张余林、张保根、张祥林、张锦芳、张毓强、何秀珍(女)、宋爱萍(女)、沈圣龙、沈金木、沈金荣、沈国甫、沈锦坤、沈建华、沈培林、沈耿亮、周发土、周国建、范娟花(女)、郑卫国、郑龙根、柳文祥、赵其法、费永华、柏志荣、俞荣中、姚岳良、姚海滨、姜为民、殷根华、徐永法、徐建良、徐建昌、徐瑞根、高月仙(女)、梅正祥、黄明泉、黄德荣、崔和根、章阿明、蒋林娜(女)、程乾坤、鲍忆(女)、陶卫忠、陶有福、董文松、蔡光圻、潘广通

第二届嘉兴市优秀社会主义事业建设者(2005—2006年度,25人) 王震、张茂水、盛富林、徐鸿、姚武强、沈建华、王增林、沈肖荫(女)、张华明、许水林、汝兴龙、俞菊新、李仙寿、李志华、金惠明、顾卫平、徐孝康、高树彪、李光裕、李玉观、尤健明、吕耀能、沈锦祥、张丽萍(女)、高伟

第三届嘉兴市优秀社会主义事业建设者(2007—2008年度,28人) 徐金良、李有福、崔明刚、严龙飞、徐福祥、张建荣、卢福全、沈卫锋、阮洪良、徐云明、包淑良、陈金奎、董元龙、李百生、孙付今、马雪明、陈正良、马建平、陆重驰、叶雪康、钱志达、高利民、吕德坤、吴应发、陈国良、陈雪华、刘根喜、王国平

第四届嘉兴市优秀社会主义事业建设者(2009—2010年度,30人) 孙连清、王爱华、章锡根、鲍康荣、叶海峰、陈勇、卫飞翔、张学正、唐国海、朱雪林、陈正财、莫国平、葛建利(女)、周引春、俞天明、徐仿其、施继红、许明曙、朱忠明、时沈祥、张敏华(女)、唐德林、应利康、钱怡松、莫炳荣、杨良如、朱文清、沙兴宝(女)、顾火根、张诗团

第三节 参政议政

【"两会"代表】

1949年9月、10月,嘉兴市各界人民代表会议第一届一次、二次会议召开(原称谓:嘉兴市第一届各界临时人民代表会议、二届各界临时人民代表会议)。1950年1月,嘉兴市一届三次各界人民代表会议选举产生嘉兴市各界人民代表会议协商委员会(简称协商会)。1954年7月,嘉兴县第一届人民代表大会召开后,协商委员会作为代行职权工作即告结束,但在市政协未正式成立以前,协商委员会作为统一战线组织,仍继续发挥作用。其间,工商界均选派代表参加,并参加此后历届人大、政协会议。工商界人大代表、政协委员以提交议案、提案的方式积极参政议政。

1956年3月12—15日,政协嘉兴市第一届委员会第一次会议召开,宣告嘉兴的政协组织成立。从此开始,市委统战部、市工商联通过对工商界(非公有制经济)人士的综合评价,积极推荐优秀私营经济人士担任省、市各级的人大代表和政协委员参政议政。

1983年撤地建市后,工商联代表人士担任人大代表、政协委员的数量和质量逐年提升。1998年,全市非公有制经济代表人士当选各级人大代表、政协委员152人,其中,省人大代表3人、市人大代表17人、县(市、区)人大代表35人,市政协委员20人、县(市、区)政协委员77人;进入各级工商联班子169人,其中省工商联执常委4人,市工商联执常委26人,县(市、区)工商联执常委139人。2002年,省人大代表、政协委员3人,市人大代表21人,市政协委员25人。2012年,推荐工商联执委担任市"两代表一委员"(党代会代表、人大代表,政协委员)72人,占市工商联执委总数的一半。其中,36人是工商联企业家副主席、副会长,占企业家副主席、副会长总数的80%。

至2014年,担任市工商联执委以上非公有制经济人士129人,担任市党代会代表10人,市人大代表29人,市政协委员33人,占比达55.81%。在工商联(总商会)的副主席、副会长以上的非公有制经济人士43人中担任"两代表一委员"的有36人,占比达83.72%。市工商联界别的政协委员,由第五届的25人扩大至第六届的30人。委员围绕经济社会热点,组织开展10余次工商联界别政协委员小组活动,不断提高非公有制经济人士参政议政能力。

嘉兴参加市(县)各界人民代表会议(协商委员会)情况表

表5-5-1　　单位:人

时　间	届　次	代表数	委员数	常委	副主席
1949.9—1952.11	市各界人民代表会议第一届协商委员会	53	13	—	2
1952.11—1954.7	市各界人民代表会议第二届协商委员会	34	6	—	1
1949.12—1954.7	嘉兴县各界人民代表会议	25	—	5	1

嘉兴工商界人士担任人大、政协委员情况表

表5-5-2　　单位:人

代表、委员 \ 时间		撤地建市前(1954.7—1983.12)	撤地建市后(1983.12—2014)	备注
全国人大	代表	—	1	—
省人大	常委	1	1	—
	代表	6	15	—
市人大	常委	15	21	—
	代表	112	176	—
省政协	常委	—	1	—
	委员	4	10	—
市政协	常委	20	33	包括副主席
	委员	113	257	—
合计人次		271	515	—

嘉兴担任全国工商联代表大会代表、省工商联执委情况表

表5-5-3　　单位:人

代表、委员 \ 时间		1952—2014年	备注
全国工商联代表大会	代表	16	包括执委
省工商联执行委员会	常委	37	—
	执委	84	—
合计人次		137	—

【提案议案】

1949年9月,嘉兴市第一届各界临时人民代表会议第一次会议至1966年"两会"期间,市工商界人士和市工商联及其人大代表、政协委员参加各次会议、各项活动,踊跃发言,提出意见和建议。

1978年,中共十一届三中全会以后,市委统战部鼓励、支持市工商联及其会员中的人大代表、政协委员就嘉兴两个文明建设发表意见,提出议案、提案、建议等,积极参政议政。

1998年,市工商联针对发展个私经济中思想认识上不够统一、政策措施的落实上不够到位等状况,在市政协四届一次会议上作题为"发挥优势、大胆开拓、进一步推动全市个私经济发展"的大会发言,得到市委、市政府的高度重视和采纳,促成建立个私经济投诉中心。2002年,市工商联在市政协四

届五次会议上提交《建立信用体系，打造信用嘉兴》的团体提案，被市政协四届五次会议列为一号提案，得到市政府高度重视和采纳，促成市建设信用嘉兴领导小组出台具体政策措施。

2003—2006年，嘉兴市五届人大和嘉兴市五届政协会议期间，市工商联及工商界人大代表、政协委员在市“两会”上作大会发言8篇，提交团体提案11件，个人议案、提案、建议198件。2004年，市工商联在嘉兴市政协五届二次会议上作《关于完善社会主义市场经济体制、全面促进我市民营经济大发展大提高的建议》的大会发言，得到嘉兴市委、市政府领导和广大委员好评。市工商联将发言主要内容转化为团体提案后，被市政协列为当年重点提案，由政协主席徐良骥亲自督办，市政府分管副市长领办，有关部门予以落实。该发言和团体提案促成全市首次民营经济千人大会，并助推《嘉兴市关于促进民营经济新飞跃的若干意见》文件的形成和出台。

2007—2010年，行业协会商会认真调研，集思广益向市工商联提供行业发展、建议34份。2007年开始，市工商联每年召开行业协会商会参政议政座谈会，听取行业协会商会的意见，发动行业协会商会开展行业发展调研，为市工商联的团体提案提供信息和意见，市工商联从中整理、提炼成团体提案15件。2007年，市工商联提交的《关于建立“以民引外”工程，促进民营经济又好又快发展的建议》团体提案，促成市外经贸局与市工商联、市总商会联合制定《关于开展支持和鼓励民营企业实施“走出去、引进来”发展系列活动的实施意见》的形成。2008年，市工商联在市政协六届二次会议期间提交的《关于抓住资本市场发展的历史机遇，积极推动我市企业改制上市融资的建议》团体提案，得到市政府的高度重视和采纳。市政府专门成立金融上市工作领导小组，吸纳市工商联为成员单位。

2013年10月11日，市政府召开工商联重点提案办理座谈会

2014年，市工商联界别组被评为市政协优秀界别组。

嘉兴市工商界(代表)在历届市政协历次会议上大会发言情况表

表5-5-4

届　次	题　　目	发言单位或个人
一届三次会议	为普及九年制义务教育，现在就要做好准备	徐幼腾
	立足服务、沟通信息、搞活经济	邵寿璇
	对生猪生产经营管理的看法和建议	金伯寿
一届四次会议	目前生猪存栏结构不合理，对生猪生产的前景不能掉以轻心的几点意见	金伯寿
	呼吁迅速控制肝炎流行	倪学礼
	关于落实郊区房屋政策的问题	徐幼腾
	(1)发挥政协委员职能作用，参与市场物价监督 (2)关于职工物价监督问题	黎东白
二届一次会议	生猪生产必须两条腿走路	金伯寿
二届三次会议	原工商业者的退休待遇问题应予解决	郭桂福
二届四次会议	因地制宜，兴利除弊，引导家庭织机业稳定和健康发展	书面
二届五次会议	为完成党赋予工商联的新任务做出贡献	工商联 蒋永清

续表5-5-4

届　次	题　　目	发言单位或个人
三届一次会议	积极鼓励、正确引导个体经济和私营经济健康发展	工商联 周麟章
三届二次会议	发挥商会作用,促进经济发展	工商联 范华枝
三届三次会议	让新兴的羊毛衫市场经久不衰	范剑平
三届四次会议	健康发展私营个体经济,促进社会共同富裕	缪音多
	关于嘉兴市扭亏增盈工作的几点意见建议	市政协企业家研究会 俞祥林
三届五次会议	加强非公有制经济人士思想政治工作,促进全市两个文明建设	工商联 范华枝
四届一次会议	发挥优势,大胆开拓,进一步推动嘉兴市个体私营经济的发展	工商联 魏善镛
四届二次会议	积极培育和发展乡镇商会、行业商会,充分发挥中介组织作用,促进嘉兴市个私经济发展	工商联 范华枝
	发展经济,匹夫有责——大力发展嘉兴市个私经济	魏善镛
四届三次会议	重视做好非公有制经济代表人士思想政治工作,进一步促进个私经济健康发展	工商联 范华枝
	发挥商会优势,促进行业自律	江康培
四届四次会议	进一步支持和促进个私外向型经济发展	工商联 尤源
四届五次会议	关于加快建立健全嘉兴市民营企业服务体系的建议	工商联 魏善镛
	推进民营企业文化建设,促进民营企业健康发展	工商联 范华枝
五届一次会议	优化社会大环境,促进民营经济大发展	工商联 万勇
	搭建新平台,提高新水平,实现新突破	书面
	大力发展民营经济,促进嘉兴市就业再就业工作	书面
五届二次会议	充分发挥行业商会独特作用,促进地方经济健康发展	工商联 许德骏
	消除民营经济发展的体制障碍,全面促进嘉兴市民营经济大发展、大提高	书面
五届三次会议	改善投资环境,实现科学发展	书面
五届四次会议	树立与落实科学发展观,加大企业自主创新力度,着力推进嘉兴市民营企业转变经济增长方式	工商联 许德骏
六届一次会议	贯彻落实非公经济政策,推进嘉兴市民营经济又好又快发展	工商联 万勇
六届二次会议	引导民营企业承担社会责任,积极构建社会主义和谐社会	工商联 鲍忆
六届三次会议	关于进一步优化政府服务,促进企业发展的建议	工商联 万勇
六届四次会议	关于促进嘉兴市民营经济加快转型升级实现科学发展的建议	书面
六届五次会议	关于进一步培育扶持大企业大集团发展的建议	工商联 杨卫东

说明:指1983年撤地建市后历届市政协会议

嘉兴市工商界(代表)在历届市政协历次会议上被评为重点提案情况表

表5-5-5

届　次	提案者	案　　由
五届二次会议	工商联	关于完善社会主义市场经济体系,全面促进嘉兴市民营经济大发展、大提高
六届一次会议	工商联	制定鼓励、支持和引导非公有制经济发展的实施意见,推进嘉兴民营经济又好又快发展

续表5-5-5

届　次	提案者	案　　由
六届二次会议	万　勇	关于抓着资本市场发展的历史机遇，积极推动全市企业改制上市融资的建议
六届五次会议	工商联	关于进一步培育扶持大企业大集团发展的建议
七届三次会议	工商联	关于进一步加快推进民营企业技术创新的建议

说明：1995年4月，市政协三届三次会议开始每年选择若干提案为重点提案，开展调研，跟踪督办

嘉兴市工商界（代表）在历届市政协历次会议上被评为优秀提案情况表

表5-5-6

届　次	提案者	案　　由
三届一、二次会议	工商联	建议制定个体、私营经济长期共同发展的方针政策
三届五次会议	缪音多等3人	做好嘉兴市公有制经济代表人士人事档案
四届五次会议	工商联	建立信用体系，打造信用嘉兴
五届二次会议	工商联	关于完善社会主义市场经济体系，全面促进嘉兴市民营经济大发展、大提高
六届一次会议	工商联	制定鼓励、支持和引导非公有制经济发展的实施意见，推进嘉兴民营经济又好又快发展
六届二次会议	工商联	关于引导民营企业承担社会责任，积极构建社会主义和谐社会的建议
	万　勇	关于抓着资本市场发展的历史机遇，积极推动全市企业改制上市融资的建议
六届三次会议	工商联	关于进一步优化政府服务，促进企业发展的建议
六届四次会议	万　勇	关于建立民营企业法律风险防范机制的建议
七届三次会议	卢卫伟	关于发挥物联网产业资源优势促进嘉兴智慧城市建议

说明：1993年，市政协第三届委员会开始评选优秀提案

【调查研究与建言献策】

1985年，市工商联组织会员深入农村，对农民养猪积极性、保障市场供应、肉类加工厂等问题开展调查研究，形成《对我市生猪放开后仍须加强生产经营管理的建议》专题调研报告。市领导对此高度重视，召集有关部门、企业进行研究处理，稳定生猪饲养、经营与市场供应。1990年，市工商联代表在参加嘉兴市委、市政府召开的民主协商会、情况通报会、交友谈心会上，就治理经济环境、整顿经济秩序、加强社会主义精神文明建设、全面深化改革、党代会和全委会工作报告、政府工作报告、重要人事安排等重大问题、重要工作，坦诚提出意见和建议。1998年，市工商联组织机关干部对全市个私经济发展状况进行深入调研，调研组走访7个县（市、区）工商联和40多家各行各业个体企业，召开12个座谈会，广泛听取意见建议，形成《关于我市个私企业生产、经营、技术、管理和当前个私经济发展中存在的有关问题》专题报告。其中许多意见被纳入在不久后市委、市政府出台的《关于进一步发展个体私营经济的若干意见》文件。

2003年，市委统战部、市工商联深入各县（市、区）工商联和大中型民营企业，开展调查研究，认真听取民营企业的意见和建议，形成《关于我市民营龙头企业对适应宏观调控，实现新飞跃的九条建议》专题报告，引导民营企业适应国家经济宏观调控形势，保持民营经济平稳较快发展。市有关部门多次与市工商联沟通、研究，形成贯彻国家经济宏观调控政策，促进全市民营企业平稳较快发展的具体措施。2004年，市工商联会同市经贸委组成联合调研组，深入市、县（市、区）两级行业协会商会调研，形成《嘉兴市促进行业协会商会发展和改革调研报告》，助推《嘉兴市促进行业协会改革发展若干意见》文件的出台。2005年，市工商联根据市政府

的意见，组成调研组，就嘉兴市促进行业协会发展问题开展专题调查研究，形成《嘉兴市促进行业协会商会发展办法》（代拟稿），经五届市政府第二十次常务会议通过，以市政府的名义印发全市执行。2006年，市工商联就全市民营企业和民营经济人士开展工业反哺农业、参与农村村庄整治建设等情况作深入调研，形成《民企联村送项目，共建现代新农村——嘉兴市工商联（总商会）组织和引导民营企业参与社会主义新农村建设的调查》调研报告，得到市委、市政府的重视和采纳。是年，在全市建设社会主义现代新农村工作会议上，市工商联（总商会）会同18家各行业龙头民营企业，向全市民营企业发出“积极参与社会主义现代新农村建设的倡议”。2007年，市工商联鼓励、支持和引导民营经济发展的调研报告《关于着力推进我市民营企业转变经济增长方式的思考》得到市政府的重视和采纳。2008年下半年，市工商联针对国际金融危机对企业运行产生的冲击，深入调研，提出进一步优化政策措施，促进企业平稳较快发展的调研报告《消除制约民营经济发展的体制障碍，全面促进我市民营经济大发展、大提高》与《树信心，促调整，谋发展，全力助推民营企业实施“两创”战略》得到嘉兴市委、市政府的重视与好评。

2010年，市工商联的调研报告《嘉兴市行业协会商会改革和发展体制机制创新的研究》，被录入《中国商会发展报告》。2011年10月28日，市工商联参与起草的《中共嘉兴市委、嘉兴市人民政府关于加强和改进新形势下工商联工作的实施意见》，提出加强和改进新形势下工商联工作的13项县体措施，标志着工商联工作进入一个崭新发展时期。是年，市工商联组成3个调研组赴各县（市、区）进行调研，形成《嘉兴市中小企业发展报告》。在全市三级联动开展“提信心、稳增长、促转型”专项活动中围绕嘉兴市在“十二五”期间民营企业如何做大做强主题，对110家规模民营企业调研，形成《进一步优化发展环境，促进我市民营经济转型升级》调研报告。2012年，市工商联履行减轻企业负担领导小组成员单位职责，向市政府减负办反映减负工作情况。是年，召开民营经济调研情况座谈会，形成《我市民营企业发展的十大难题及转型解困的对策建议》等3篇提案。2013年，开展上规模民营企业调研、民营企业参与“光彩事业”调研、民营企业就业问卷调查、民营企业走出去服务需求调查等工作，首次发布《嘉兴市民营经济发展报告》。

2014年，市工商联编印《助推民营企业转型升级政策汇编》。走访91家市级协会商会和107家工商联常执委企业。与嘉兴海关、市交通运输局、市科协等单位深入嘉兴港区开展“进企解困”专项行动。《关于嘉兴民营企业劳动关系状况调查与研究》获2013年度全市统战理论研究优秀成果二等奖；《行业协会商会承接政府职能转移的实践与思考》一文分别在《浙江工商》《新嘉兴》《嘉兴社会科学》上发表，并在嘉兴市党建理论研究会评奖中获得二等奖；《进一步加强异地商会建设，支持浙商创业创新促进嘉兴发展》获2013年度全市统战理论研究优秀成果三等奖。是年，市工商联参与市政协有关推进统筹城乡发展，建设新型城镇化，促进城乡一体化课题的调研，并在政协七届十一次常委会上作《关于加快推进我市新型工业化与新型城镇化互动发展的建议》大会发言。全年，以社情民意的形式反映行业协会商会承接政府职能和推进“两化”（工业化、城镇化）深度融合建议2篇。

第六章　非公有制经济组织党（团）建

党的建设和统一战线二者关系紧密、息息相关，是中国共产党的三大法宝之一。本章记述市委统战部、市工商联参与、支持、配合非公有制经济组织党（团）建工作，支持、配合做好会员企业、各类商会党组织组建工作，推动成立行业性党组织，充分发挥非公有制经济企业、行业协会商会党组织的先锋模范作用。

第一节　非公有制企业党建

1999年，市委统战部、市工商联贯彻市委《关于外商投资企业党的工作的意见》《关于加强股份合作制企业党建工作的意见》《关于在改制企业中切实加强党建工作的几点意见》，会同市委组织部在全市非公有制企业中指导开展党建工作。至年底，全市有492家非公有制企业建立党组织，其中建立党委4个、总支11个、支部477个。

2000年3月，贯彻省委《关于加强非公有制企业党建工作的若干意见》，确定全市非公有制企业党建工作（2000—2002年）计划，明确在三年内50名以上职工的非公有制企业有党员，100名以上职工的非公有制企业80%建立党组织。其间，市、县（市、区）、乡镇三级分别建立非公有制企业党建领导小组或联席会议（两个或两个以上非公有制企业联合建立党组织的党建工作联建制度），建立领导干部联系非公有制企业制度，开展非公有制企业主和党务工作者培训工作。全年培训党组织负责人1230人、业主及经营管理者2764人，新建非公有制企业党支部54个，发展新党员444人。2001年，继续推行非公有制企业党建工作联建制度，全市非公有制企业建立党组织1465个，其中100名以上职工的非公有制企业党组织单独组建率77.37%。全市非公有制企业党员15229人，占非公有制企业从业人员总数的3.94%。2002年，建立非公有制企业党建工作通报制度，全市非公有制企业党建工作三年目标基本实现。是年，全市非公企业新发展党员2096人，50名以上职工的非公有制企业党员拥有率99.2%，100名以上职工的非公有制企业党组织单独组建率88.3%。至2003年，外资企业建立党组织239个，有党员2820人，全市非公企业党建工作机制基本形成。

2004—2005年，贯彻落实《浙江省非公有制企业党组织工作暂行规定》，结合全市外资企业发展实际，会同市委组织部协调外资企业党建工作，实现外商投资企业党建工作全覆盖。2007年，配合市委组织部举办非公有制企业党务工作者培训班50期，培训党组织负责人1519人次、党员业主842人次。全市2153家规模以上非公有制企业全部建立党组织，实现党组织全覆盖。2011年，全市有党员的非公有制企业全部实现组织覆盖，没有党员的非公有制企业全部实现党的工作覆盖。

第二节　协会商会党建

2009年，市委统战部、市工商联开展行业协会商会、异地商会调研，探索以行业结构、产业布局和党员从业情况来设置党组织。在市委统战部、市工商联指导下温州商会成立党支部，成为全市第一家协会商会党组织。

2010年，市委统战部、市工商联以市政府授权归口管理行业协会商会为契机，探索建立“协会商会+党组织”的新模式，成立市行业协会商会党委，牵头负责行业协会商会、异地商会等新社会组织党建工作。是年，照相婚庆商会、安徽商会、电子商务协会、保健品协会、金华商会、互联网协会、医疗器械、福建商会8个行业协会商会建立党支部。2011年，贯彻市委、市政府《关于加强和改进新形势下工商联工作的实施意见》，结合市工商联党组改建党委工作，进一步加强新社会组织、新经济组织（简称“两新”组织）党建工作，市级行业商会、异地商会建立党组织22个，组建率30%。“协会商会+党组织”的党建工作模式，带动行业协会商会团组织建设和会员企业工会、妇联组织建设的开展。市工商联党委制定《规范化党支部实施细则》《党建工作例会制度》，建立四川商会、粮食协会、山东商会、湖南商会、印刷协会、食品工业协会、五金工具协会、江西商会8个协会商会党支部。积极稳妥做好发展党员工作，全年参加市直机关入党积极分子培训班19人。是年，组织开展纪念中共建党90周年重温入党宣誓、主题演讲、征文比赛、红色之旅、唱红歌、看发展“六个一”系列活动。2012年2月，嘉兴市第七次党代会召开。市工商联首次划入市直机关选举单位参加党代表推选工作。经过推荐、考察、选举，嘉兴市优秀共产党员、温州商会党支部书记朱克友当选为市第七次党代会代表。是年，定期召开季度党建工作例会，建立党务会务联席会议制度，各行业协会商会党支部申报培养入党积极分子20人。建立餐饮协会、会议展览协会、河南商会、食品流通商会、银行业协会、娱乐网吧协会、光伏行业协会、江苏商会、湖北商会9个协会商会党支部。

2013年，组织25名会员参加市直机关党工委入党积极分子培训班；组织新党员参加“七一”入党宣誓活动22人；建立太阳能协会、咨询协会、LED照明协会、旅行社协会4个协会商会党支部。至此，连同台州商会、紧固件和进出口商会、保险协会、建筑业协会4个非工商系统的党支部，市级协会商会党支部达34个。是年，根据《中国共产党章程》要求，指导嘉兴市温州商会等基层党组织做好换届选举工作。以协会、商会开展的党建工作带动非公有制经济组织党建。全市行业协会商会、异地商会建立党组织达31个。同时，通过协会、商会平台，推进非公有制经济人士的理想信念教育活动，深化“中国梦”主题教育活动。市委统战部、市工商联还组成联合课题组，就嘉兴市行业协会、商会的党建工作现状分析与对策研究作专项课题，下基层进行联合调研。

2014年，市工商联党委进一步深化协会商会的党建工作，制定《协会商会党支部开展党的群众路线教育实践活动的指导方案》，建立工商联机关党员领导干部联系协会商会党支部制度。编制《党建工作手册》，从党组织的基本职责、党务工作者工作职责、党建指导员工作职责、发展党员工作流程及“三会一课”（定期召开支部党员大会、支部委员会、党小组会，按时上好党课）、党组织活动等方面指导党建工作。对新党章进行辅导讲座。指导食品工业协会党支部等4个基层党组织按期换届改选，发展预备党员11人，组织22名入党积极分子参加市直机关的培训班。

中共嘉兴市行业协会商会委员会历任党委书记：陈兴隆（2010.05—2011.05）、万勇（2011.05—2011.11）、许德骏（2011.12—2016.05）。

第三节　共青团建设

2011年11月，嘉兴市行业协会商会举行团工委成立大会。作为共青团嘉兴市委的派出机构，市工商联印惠丽首任团工委书记。

2012年5月，抓好“推优入党”工作，5位优秀团员青年参加嘉兴市直机关入党积极分子培训班，并列入考察对象。团工委建立QQ群，加快信息传递、交流速度，保证开展专题讨论，收集对团工作建议，及时了解和掌握各团支部每月活动开展情况以及团员青年的思想动态。是年，相继成立嘉兴市照相婚庆商会团总支、嘉兴市四川商会团支部、嘉兴市安徽商会团支部和嘉兴市温州商会团支部，共计团员143人。2013年，嘉兴市餐饮行业协会团支部、嘉兴市电子商务行业协会团支部、嘉兴市河南商会团支部以及嘉兴市台州商会团支部4个团支部成立。至2014年年底，团工委下属有11个团支部（包括一个总支），其中行业协会团支部4个（照相婚庆、互联网、餐饮、电子商务），异地商会团支部7个（四川、山东、温州、台州、安徽、河南、福建团支部）。

第七章　社会公益活动和光彩事业

引导鼓励非公有制经济企业和非公有制经济人士积极承担社会责任，弘扬中华民族传统美德，致富思源、富而思进，发扬互帮互助精神，开展公益活动，促进社会繁荣稳定和谐发展，是统战部门的一项重要工作。本章通过促进社会就业再就业、支持社会主义新农村建设、投身社会慈善活动和光彩事业4个方面，记述市委统战部、市工商联（总商会）引导鼓励非公有制经济企业和非公有制经济人士参与社会公益事业的历史和工作情况。

第一节　促进就业再就业

20世纪80年代，市各级工商联开展经济咨询服务，创建会办企业，安置下乡回城知识青年和城镇待业青年超过1000人。1981年，会员虞启祥受聘到南湖乡办纸品厂，负责对外加工业务，同职工一起艰苦创业，把一家仅有10多工人的小厂，发展成为职工190多人的企业。会员陶君皓去塘汇张家圩村红旗家用电器厂担任技术顾问，帮助生产电热毯，产品达到标准上市。会员钱逸梅协助新嘉街道创办秀水香厂，生产卫生香、蚊香，产品销往省内外。1984年后，全市各级工商联陆续办起经济咨询服务部、贸易公司、汽修厂等11家会办企业。

20世纪90年代，市委统战部、市各级工商联组织贯彻落实中央和省、市有关再就业工作精神，积极配合国有企业改革、改制、改组和加强管理，引导和组织广大非公有制企业参与国有和集体企业下岗职工再就业工作。各级工商联、总商会进一步发动和组织广大非公有制企业腾出工作岗位，积极吸纳城镇待业人员、大中专毕业生和农村富余劳动力就业，为改善民生、构建和谐社会做贡献。1998年，召开全市个私经济外经外贸工作座谈会，全市非公有制经济人士参与再就业工作会议，鼓励非公有制经济人士向全市12万家非公有制企业发起《积极投身再就业工程，为国有集体企业下岗职工作再就业作贡献》倡议书。1998年和1999年，全市各级工商联动员和组织非公有制经济人士参与再就业工程中共吸纳、安置下岗职工达22430人。

进入21世纪，随着中国改革开放的深入，越来越多的中西部农民工到沿海发达地区务工，本地农村富裕劳动力也逐步转向城市务工、就业。同时，随着教育体制的改革，每年毕业需就业的大中专毕业生也越来越多，社会就业形势严峻。全市各级工商联（总商会）充分发挥密切联系非公有制企业的特点和优势，引导和组织广大非公有制经济人士腾出就业岗位，促进社会就业，切实维护全市改革、发展、稳定大局。2001年，浙江正原电器股份有限公司、海宁老地方等非公有制企业吸纳下岗职工200余人。2002年3月，举行第一次会员企业劳动力招聘大会，57家市工商联（总商会）直属会员企业和秀洲区、南湖区工商联（总商会）会员企业推出400多个就业岗位，吸引2000多名各类待业人员进场应聘，其中1015名待业人员现场与招聘企业达成就业意向。12月，市工商联（总商会）建立嘉兴市商会职业介绍所，运用商会组织优势和网络优势，定期举办工商联（总商会）会员企业劳动力、人才招聘活动，收集发布职业供求信息，开展职业指导、咨询服务。

2002—2010年，全市各级工商联、总商会会同劳动保障、人事、共青团、妇联等部门、单位举办45场会员企业劳动力、人才招聘活动，组织5300余个民营企业，推出28500个就业岗位，9500多名应聘人员与招聘单位达成应聘协议。

2011年，市工商联分别与市人力资源和社会保障局、妇联等联合举办两场大型人力资源招聘会，参加招聘活动的企业328家，10000多人进场求职，3000多人达成求职意向。2012年，嘉兴市工商联举办“提信心、兴实体、稳增长、促转型”大型人力资源招聘会，145个民营企业设摊招聘，提供就业岗位近6000个。举办“支持浙商创业创新·助推民营企业科技创新”活动，并开展企业质量法律风险规避与应对的辅导。2013年，市工商联与人社局等部门加强合作，共同联办嘉兴市民营企业“聚才兴企、推动转型”大型人力资源招聘会，140个民营企业进场招聘，提供5200多个就业岗位，7000多名求职者应聘，3000多人达成工作意向。

2014年，市工商联会同市人社局连续第7年共同举办助推民企“二次创业”专场人力资源招聘会，145个企业提供就业岗位5289个。

第二节　支持新农村建设

20世纪80年代，市委统战部、市各级工商联引导和组织个体、私营等非公有制企业、非公有制经济人士支持农业、农村发展，提高农民的生活保障水平，开展乡镇、村的助学助教活动。

20世纪90年代，随着粮食购销市场化改革，市委统战部、市各级工商联引导和组织广大非公有制企业开展工业反哺农业，投资效益农业，带动农业、农村发展。

进入21世纪，中共中央、国务院发出建设社会主义新农村的号召。市委统战部会同市各级工商联（总商会）、农办、农经局等部门，引导和组织广大非公有制企业、非公有制经济人士积极参与新农村建设。2006年8月，在市委、市政府召开全市建设社会主义现代化新农村建设工作会上，市工商联（总商会）会同全市18家各行业龙头民营企业向全市民营企业及人士发出倡议，积极响应建设社会主义现代新农村建设号召，积极参与到以"产业新发展、构筑新环境、建设新社区、培育新农民、树立新风尚、构建新体制"为目标的嘉兴市社会主义现代新农村建设中去。是年，全市有近5000家民营企业与500个行政村结对共建，公益捐款近亿元，扶持主办企业36家，投资额3亿元，安置农村劳动力近6万人，民营企业主担任农村经济顾问400多人。2007年6月，全市各级工商联、总商会引导和组织近4030个民营企业参与530个行政村结对共建现代新农村，扶持农村兴办企业36家，投资额3亿多元，安置农村富余劳动力59330人，现代新农村建设公益捐款近1亿元，民营企业家担任农村经济顾问392人。2008年7月，浙江省民营企业参与新农村建设经验交流暨表彰会议在杭州召开。嘉兴市的浙江拳王实业有限公司、平湖新成达制衣有限公司、嘉兴博莱特纸业有限公司、桐昆集团股份有限公司、浙江卡森实业有限公司、嘉兴市中华化工有限公司、台华特种纺织（嘉兴）有限公司、浙江五芳斋集团8家非公有制企业获"参与社会主义新农村建设贡献奖"称号。是年，5000多家民营企业和808个村建立结对共建关系，覆盖率为93.1%，共捐款2.7亿元。2009—2010年，组织非公有制企业参与新农村建设，投资效益农业等8亿多元。

2009年后，市委统战部指导全市各级工商联、总商会结合嘉兴市实施浙江省统筹城乡综合发展配套改革试点工作，进一步引导和组织全市民营企业及其人士在全面参与和长效机制上下功夫，使参与社会主义现代新农村建设工作取得新进展。2010年，全市868个行政村中，市各级工商联、总商会组织8100多个民营企业与843个行政村结对共建，村企结对覆盖率达97.1%；民营企业为新农村建设公益捐款3亿多元，扶持农村兴办企业66家，投资额5亿多元；民营企业家担任农村经济顾问650人，为全市社会主义现代新农村建设、推进统筹城乡综合发展做出积极贡献。2011—2013年，全市有7900多家企业与843个行政村结对共建，公益捐款累计2.7亿元，扶持农村兴办企业66个，投资额4亿多元，安置农村富余劳动力89330个。

2013年"七一"前夕，市工商联到结对帮扶的秀洲区王江泾镇莫家甸村，走访慰问老党员

2014年，市工商联认真贯彻落实市委、市政府"五水共治"（治污水、防洪水、排涝水、保供水、抓节水）决策部署，发出"百企联百村，合力治污水"的动员令。是年，全市有1万余家民营企业捐助、投资"五水共治"金额达3.1亿元；有323家民营企业与323个行政村结对治污，参与认领治理河道2925条；技术支持、认建治污净化环境项目26个，投入资金达1.7亿元。

第三节　社会慈善活动

20世纪80年代中期，全市涌现出一批个体、私营等非公有制企业。各级工商联在吸收他们作为企业会员并对他们进行党的方针、政策宣传和进行爱国、敬业、守法教育的同时，推动和组织他们热心社会公益事业，开展扶贫帮困、助学助教等社会公益活动。

1994—1996年，陈阿金、俞祥林、缪音多、范剑平、俞荣中等23位非公有制经济人士捐助社会公益事业资金1060万元，主要用于当地筑桥铺路、扶贫济困、发展乡村教育和文化、体育等社会公益事业。1997年，市工商联执委、郊区工商联副会长、嘉兴市荣中实业有限公司总经理俞荣中捐资100万元，在郊区蚂桥乡修筑方便村民交通的"荣中路"，省、市多家新闻媒体对嘉兴第一位个人捐资，用于家乡社会公益事业的非公有制经济人士的事迹作专题报道。1998年，嘉兴市各级工商联积极动员和组织非公有制经济人士抗洪救灾，捐款捐物总价值500多万元，海盐诚诚实业有限公司董事长蒋琏珍被评为全省非公有制经济人士抗洪救灾先进个人。

1997—2000年，全市各级工商联动员和组织非公有制经济人士捐资、出资1.1亿元用于各类社会公益事业。桐乡浙江天女集团有限公司出资2400万元，桐乡市振大托运有限公司出资1000万元与桐乡市教委共同建造桐乡"茅盾中学"。嘉兴建城集团有限公司总经理张长木出资700万元，为秀洲区余新镇建设文化中心、幼儿园。2000年开始，市工商联每年暑期专门下发文件，发动非公有制经济人士捐资助学。至2011年，95名企业家与106名贫困大学生结对，资助295人次。

2001年后，随着全市各级工商联引导和组织非公有制经济人士参与社会公益事业长效机制的逐步建立，非公有制经济人士热心和参与社会公益事业的形式日趋多种多样。2003年年初，市工商联组织市餐饮业商会和10家会员单位负责人与秀城区余新镇黎明村10位残障人士开展助残帮扶活动，扶持残障人士兴办黑豚养殖场，签订养殖劳务和产品收购协议，用"造血"式助残方式帮助他们脱贫致富。2004年，海宁市工商联副会长、浙江卡森实业股份有限公司董事长朱张金在邓小平100周年诞辰之际，向邓小平倡仪成立的中国青少年科技创业奖励基金会捐款1000万元，是当时该基金会成立后收到的最大一笔捐款。朱张金以1123万元的社会公益捐款名列中国慈善榜第9位，居年度浙江上榜企业家首位。

2006—2010年，全市各级工商联、总商会、行业协会商会、乡镇街道商会和广大非公有制企业与经济人士开展扶贫帮困、助学助教、修桥铺路、赈灾捐助等社会公益事业捐款、捐物达6.2亿元。

2008年5月，四川汶川发生特大地震后，市工商联、市总商会于次日发出《关于为四川地震灾区抗震救灾开展赈灾捐助的紧急通知》，发动全市各级工商联、总商会基层商会和广大非公有制企业、非公有制经济人士积极投入赈灾捐助活动，全市各级工商联、总商会、基层商会和非公有制企业及经济人士的赈灾捐款、捐物总计达1.05亿元。

2011—2013年，市工商联组织民营企业家开展"同心·送温暖"活动，累计有140家民营企业参加送温暖，帮助"三老"对象（老干部、老党员、老模范）及困难家庭1000户，56名企业家与216名贫困学生结对助学。2011年1月，嘉兴市温州商会向市党员关爱专项资金捐赠20万元。2012年，工商联所属商协会党支部相继设立"爱心基金"，帮助商会所属企业中有家庭困难、重大疾病的困扰或者交通事故等员工，为福利院提供物资和资金的援助。2013年，雅安发生地震，各商协会第一时间捐款捐物超过1000万元。

2012—2014年，市工商联牵头浙商公益捐赠统计工作。嘉兴市在全省同档城市中浙商公益捐赠项目及到位资金率连续三年列第一，全市浙商捐赠额达3亿元。

2014年，市工商联牵头在新疆阿克苏地区沙雅县设立红船助学金，连续三年开展"红船助学"活动，组织11个民营企业联合出资60万元，帮助沙雅县200个困难家庭，解决子女就学资金问题。嘉兴市内异地商会也踊跃参与"红船教育关爱活动"，捐资15万元助学新疆沙雅贫困学生。

第四节　光彩事业

1994年4月，全国工商联第七届常委会第二次全体会议期间，10位非公有制经济代表人士发出《让我们投身到扶贫的光彩事业中来》的倡议，引起广大非公有制经济人士的热烈响应。中央统战部和全国工商联下发《关于大力推动光彩事业的意见》，成立中国光彩事业促进会，并采取一系列措施，推动"光彩事业"在全国各地开展。"光彩事业"

是以非公有制经济人士为参与主体，以开发资源、兴办企业、培训人才为主要内容的面向“老、少、边、穷”地区的扶贫事业。

1996年，市委统战部、市工商联将非公有制经济代表人士“爱国、敬业、守法”教育与“光彩事业”活动结合开展，组织民营企业家积极参与老、少、边、穷地区的开发资源、兴办企业、培训人才为主要内容的扶贫事业。市工商联主委、嘉善酒厂副厂长、高级工程师蒋泳清获各民主党派中央、全国工商联支援老、少、边、穷地区发展经济先进个人称号。浙江卡森实业有限公司在甘肃白银市投资8000万元建设皮革制造企业，在新疆维吾尔自治区伊利市霍尔果斯口岸地区征地600亩建设皮革工业产业园区。桐乡巨石集团有限公司出资10多亿元分别在四川、江西等中西部地区建设玻纤工业产业园和玻纤制造企业。浙江景兴纸业集团公司出资近10亿元在重庆、安徽、四川、江西等地建设纸业企业。浙江茉织华集团公司在四川投资亿元建设彩印企业，带动当地相关产业的发展。浙江五芳斋集团有限公司分别在四川、黑龙江建设区域生产基地和建立大米原料供应基地，带动当地广大农民致富。浙江禾欣集团有限公司投资上亿元在河北收购当地破产倒闭企业，并重新恢复、扩大企业销售等。至年底，全市参加“光彩事业”活动的单位31个，非公有制经济人士58人，洽谈落实以扶贫帮困为主要内容的项目资金567万元，用于社会公益事业捐赠570余万元。1997—1999年，广大非公有制经济人士积极投身“为社会办好事”“扶贫帮困”为主题的“光彩事业”活动，向社会公益事业和洪涝灾害受灾地区捐款捐物，折合人民币2434余万元。

2000年2月，嘉兴市光彩事业促进会成立。时任市政协副主席、市委统战部部长钱雪林担任会长。成立大会上，160家非公有制企业签约落实“光彩”事业项目33个，到位资金4000万元。会后，又有15位民营企业家与80名贫困学生结成扶贫助学对子。12月，浙江省第一家县级光彩事业促进会——桐乡市光彩事业促进会成立大会暨百户结对扶贫工程启动仪式在桐乡举行。2002年后，全市各县（市、区）统战部、工商联采取多种形式、多种渠道，积极组织广大非公有制经济人士赴“老、少、边、穷”地区和中西部地区考察，了解情况，结合非公有制企业自身发展的需求，通过参与开展资源、兴办企业、发展贸易、培训人才和协助劳务输出等形式，积极参与当地的合作开发，为贫困地区的脱贫致富作出努力。截至2010年年底，740多名非公有制经济人士开展光彩事业项目960多个，投资总额超过100亿元。

2000年2月28日，嘉兴市光彩事业促进会成立

2013年，市委统战部、市工商联启动“光彩事业帮扶村”活动，分别确定一个集体经济薄弱村为帮扶对象，通过道路桥梁建设、土地流转、村庄整治、盘活资产、兴建项目等举措，推进行政村社会、经济效益的提升。

2014年，市工商联组织推荐非公有制经济人士代表参评浙江省首届最具社会责任感企业、省光彩事业先进评选活动。

第六篇　港澳台和海外统一战线工作

港澳台和海外统战工作是中国共产党统一战线工作的重要组成部分。嘉兴市(地)委统战部、侨务部门和对台办公室,围绕发展大局,发挥自身优势,团结联系港澳台同胞和海外侨胞,创新工作思路,努力探索工作规律,拓展新载体,寻找新途径,促进海内外同胞关系和谐发展,有效发挥港澳台和海外统战工作争取人心、服务发展作用,有效扩大港澳台和海外统战工作社会影响力,为完成祖国统一大业、为全面建设社会主义现代化国家、实现中华民族伟大复兴,提供最广泛的力量支持。

第一章　港澳事务和侨务工作

1949—2014年,中共嘉兴市(地)委统战部及侨务部门始终围绕各个历史时期党和政府的中心任务开展侨情和港澳同胞情况调研、进行宣传教育、加强联络联谊、依法维护权益等工作,发挥港澳和海外爱国力量优势,为嘉兴经济社会发展服务。

2010年、2012年,嘉兴市人民政府侨务办公室获"全省侨办系统先进集体"称号;嘉兴市归国华侨联合会继1999年获"浙江省侨务工作先进集体"称号后,2010年、2011年、2012年,连续三年获"全省侨联系统先进集体"称号;2013年,嘉兴市归国华侨联合会获"全国侨联系统先进集体"称号。

第一节　侨务机构和涉侨团体

【侨务办公室】

1949—1979年,嘉兴市未有专门的侨务机构,侨务方针政策、归侨侨眷的思想教育由同级党委统战部门主管。侨务工作由同级政府民政部门主管(民政科于1949年5月建立,12月改设民政处。1950年4月,恢复为民政科。1952年10月,并入政法组。1954年4月,恢复民政科。1961年撤销。1978年11月,恢复民政局)。

1978年12月22日中共十一届三中全会闭幕当天,全国侨务会议、第二次全国归侨代表大会在北京召开,国务院副总理李先念致词,全国人大常委会副委员长廖承志作题为《认真落实党的侨务政策,为建设现代化的社会主义强国而奋斗!》的报告。1979年2月3日,中共中央转发李先念、廖承志的致词和报告,并在全国范围内进行传达、贯彻。归侨、侨眷的合法权益得到保护,海外联谊逐步开展,侨务工作服务经济社会发展的步伐启动。

1979年5月,平湖县侨务办公室成立。9月,海宁县侨务办公室成立。12月19日,中共嘉兴县委发文建立嘉兴县革命委员会侨务办公室。1981年5月,嘉兴撤县建市(县级市),改名为嘉兴市政府侨务办公室。1982年11月,桐乡县侨务办公室成立。

1983年8月,撤销县级嘉兴市设立省辖嘉兴市。1984年2月6日,市委统战部根据中共嘉兴市委办公室文件《关于成立市委统战部侨务科(对外称嘉兴市人民政府侨务办公室)》,设立侨务科。9月27日,嘉兴市人民政府发文《关于成立嘉兴市侨务办公室的通知》,同意成立嘉兴市侨务办公室(简称市侨办),被列为市人民政府工作部门。嘉兴市人民政府侨务办公室是主管侨务工作的机构,对各县(市、区)侨务工作进行业务上的指导。

1992年8月,根据嘉兴市编制委员会《关于市侨办和市侨联合署办公的通知》,市人民政府侨务办公室和市归国华侨联合会对内合署办公,对外仍为两个机构,挂两块牌子,原职级、性质、任务不变。1997年,政府机构改革,市侨办为市政府分管侨务工作的职能部门,内设侨政秘书处、经济联络处。2001年11月,根据中共嘉兴市委办公室、嘉兴市人民政府办公室关于印发《中共嘉兴市委统一战线工作部(市人民政府侨务办公室、市民族宗教事务局、市归国华侨联合会机关)职能配置内设机构和人员编制方案》的通知,市侨办与市委统战部合署办公,市侨办内设侨政联络处。

嘉兴市各县(市、区)侨办建立时间一览表

表6-1-1

名　称	建立时间	说　明
南湖区	2000.05	成立时为秀城区侨务办公室。 2005年,更名为南湖区侨务办公室
秀洲区	1993.03	成立时为郊区侨务办公室。 1999年,更名为秀洲区侨务办公室
嘉善县	1984.03	—
平湖市	1979.05	成立时为县革命委员会侨务办公室
海盐县	1984.03	—
海宁市	1979.09	成立时为县革命委员会侨务办公室
桐乡市	1982.11	成立时为桐乡县侨务办公室

机构负责人　1979年12月19日,建立嘉兴县革命委员会侨务办公室,骆文泉任主任。1981年5月,嘉兴撤县建市(县级),任命骆文泉为市侨办主任。1983年8月,撤销县级嘉兴市设立省辖嘉兴市。1984年2月6日,中共嘉兴市委统战部设立侨务科(对外称嘉兴市人民政府侨务办公室)骆文泉为侨务科科长(嘉兴市侨务办公室副主任)。9月27日,嘉兴市侨务办公室被列为市人民政府工作部门。1985年1月19日,嘉兴市一届人大常委会第七次会议任命郑奋义为市侨办主任。此后,历任侨办主任的分别是吴家杰、周玉洁(女)、许农、陆建中、浦金英(女)。

嘉兴市历任市侨办主任一览表

表6-1-2

机　构	姓　名	职　务	任　期
嘉兴市人民政府侨务办公室	骆文泉	主　任	1979.12—1985.01
	郑奋义	主　任	1985.01—1987.08
	吴家杰	主　任	1987.08—1991.09
	周玉洁(女)	主　任	1991.09—2001.03
	许　农	主　任	2001.03—2010.02
	陆建中	主　任	2010.02—2011.11
	浦金英(女)	主　任	2011.11—

【归国华侨联合会】

历届侨代会及历任负责人　1979年12月25日，嘉兴县革命委员会侨务办公室向中共嘉兴县委提交《关于拟在1980年1月上中旬召开全县第一届归侨、侨眷（属）、港澳同胞亲属代表大会的请示报告》，经中共嘉兴县委同意，1980年1月22—24日召开嘉兴县第一届归侨、侨眷、港澳同胞亲属代表大会，出席大会代表113人，杨国钧任主席，骆文泉、宋波南、戴劲男担任副主席（主席、副主席均不脱产）。嘉兴县归国华侨联合会与嘉兴县革命委员会侨务办公室合署办公。

1983年10月，市委统战部组建嘉兴市归国华侨联合会机关，筹建归国华侨联合会。1984年2月6日，市委统战部设立侨务科（对外称嘉兴市人民政府侨务办公室）开始协助筹建嘉兴市第一届归侨、侨眷代表大会。12月6—8日，召开成立大会，选举产生嘉兴市第一届归国华侨联合会。嘉兴市归国华侨联合会（简称市侨联），是由全市归侨、侨眷组成的人民团体，是市委、市政府联系广大归侨、侨眷和海外侨胞的桥梁与纽带。市侨联机关内设机构联谊处，其主要工作职责是及时掌握了解侨情，做好侨界群众工作；拓宽海内外联谊渠道；参政议政；学习、宣传侨法，依法维护侨益；利用侨务资源优势，为地方经济社会建设服务。

1992年8月，市侨办和市侨联机关对内合署办公。1997年，市侨联机关内设综合联络处。2001年11月，市侨办、市侨联机关与市委统战部合署办公，市侨联机关内设联谊处。

嘉兴市归国华侨联合会先后经历5届。

市第一次归侨侨眷代表大会　1984年12月6—8日，嘉兴市第一次归侨侨眷代表大会在嘉兴召开。大会代表127人。主要议程：讨论通过市侨联工作细则的几点设想；选举产生市侨联第一届委员会及领导机构。郑奋义当选为主席，柯青（女）为副主席。

市第二次归侨侨眷代表大会　1991年12月3—5日，嘉兴市第二次归侨侨眷代表大会在嘉兴召开。大会代表176人。大会听取和审议市侨联第一届委员会的工作报告；讨论修改侨联工作细则；选举产生由23名委员组成的市侨联第二届委员会，郑奋义当选为主席，柯青为副主席（兼秘书长）。

市第三次归侨侨眷代表大会　1997年8月6—7日，嘉兴市第三次归侨侨眷代表大会在嘉兴召开。大会代表160人。大会讨论通过郑奋义主席代表二届委员会所作《把握机遇、发挥优势，为加快我市现代化建设作出新贡献》的工作报告。选举产生由25名委员组成的市侨联第三届委员会，夏松当选为主席，柯青（女）、伍重球（女）、吴龙骧为副主席，施强为秘书长。同时，聘请二届侨联主席郑奋义、泰国乌汶商会主席马保文和乌汶慈善机构董事长庄舜鹏先生为市三届侨联顾问。

市第四次归侨侨眷代表大会　2003年9月5—6日，嘉兴市第四次归侨侨眷代表大会在嘉兴召开。大会代表180人。特邀市级有关部门、有关单位和海外重点联系社团负责人。大会深入学习全国和省市统战各种会议和侨务工作会议精神；总结、审议通过市侨联第三届委员会的工作报告；选举由34名委员组成的市侨联第四届委员会，许农当选为主席，浦金英（女）、章一川、雷鸥、黄德荣、蒋嘉平为副主席，浦金英（女）兼秘书长。

市第五次归侨侨眷代表大会　2009年6月3—4日，嘉兴市第五次归侨侨眷代表大会在嘉兴召开。大会代表200人（包括特邀代表）。另邀请15名海外人选和40名有关方面人员作为列席代表大会的特邀嘉宾。大会审议通过嘉兴市侨联第四届委员会工作报告；选举产生嘉兴市侨联第五届委员会；审议通过《嘉兴归国华侨联合会工作细则》；表彰嘉兴市归侨侨眷先进个人，嘉兴市侨联工作先进集体、先进个人。选举产生由39名委员组成的市侨联第四届委员会，许农当选为主席，浦金英（女）、陈林根、章一川、黄德荣、蒋嘉平、袁沅、陈亮、贺星燕（女）为副主席，娄新生（女）为秘书长。2010年3月，召开市侨联五届三次全会，许农因工作调动，陆建中当选侨联主席。2011年11月，召开市侨联五届六次全会，陆建中因工作调动，浦金英（女）当选市侨联主席。2012年9月，召开市侨联五届六次全会，增补孟凡国、钟富根、娄新生（女）为副主席，何风华（女）任秘书长。

基层侨联组织　1980年1月，嘉兴县成立侨联组织。1985年7月至1988年12月，先后成立海宁、平湖、海盐、嘉善、秀洲区5个侨联组织。2001年11月，南湖区成立侨联组织。至2014年，全市有县(市、区)侨联组织7个。

嘉兴市、县(市、区)侨联组织情况表

表6-1-3

名　称		成立时间	说　明
嘉兴市	嘉兴县侨联	1980.01	1981年更名市侨联(县级)
	南湖区侨联	2001.11	成立时为秀城区侨联。2005年更名为南湖区侨联
	秀洲区侨联	1988.12	成立时为嘉兴市郊区侨联。1999年更名为秀洲区侨联
	嘉善县侨联	1985.11	—
	平湖市侨联	1985.10	成立时为平湖县侨联。1991年6月更名为平湖市侨联
	海盐县侨联	1985.11	—
	海宁市侨联	1985.07	成立时为海宁县侨联。1987年2月更名为海宁市侨联
	桐乡市侨联	1985.10	成立时为桐乡县侨联。1993年3月更名为桐乡市侨联

乡镇(街道)基层侨联　1983年4月，海盐县澉浦镇成立首个乡镇(街道)级侨联组织。2013年，桐乡濮院镇锦苑社区成立首个社区侨务工作站。至2014年，全市建有18个乡镇(街道)侨联。

嘉兴市各县(市、区)乡镇街道侨联建立时间一览表

表6-1-4

时　间	名　称	时　间	名　称
2007.12	南湖区新嘉街道侨联	2007.12	平湖市当湖街道侨联
2013.06	南湖区南湖街道侨联	1983.04	海盐县澉浦镇侨联
2013.10	南湖区建设街道侨联	2005.12	海盐县武原镇侨(台)联
2013.11	南湖区新兴街道侨联	2012.12	海宁市海洲街道侨联
1986.09	秀洲区油车港镇侨联	2012.12	海宁市硖石街道侨联
1986.09	秀洲区王店镇侨联	2010.01	海宁市袁花镇侨联
1986.09	秀洲区洪合镇侨联	2007.12	桐乡市濮院镇侨联
1986.09	秀洲区新塍镇侨联	—	桐乡市梧桐街道侨联
1987.03	秀洲区王江泾镇侨台联	—	—
2008.10	嘉善县魏塘镇侨联	—	—

【联谊组织】

嘉兴市侨界知识分子、企业家联谊会　1993年5月28日，嘉兴市侨界知识分子、企业家联谊会(简称联谊会)正式成立。出席大会的会员和有关单位领导共130余人。联谊会是以归侨、侨眷、港澳同胞亲属中的知识分子和侨界企业家为主体，自愿参加的群众性联谊团体。其主管部门是嘉兴市人民政府侨务办公室。联谊会的宗旨是:团结和组织侨界知识分子、企业家，充分发挥“侨”“知”优势，加强国内外社会团体，各界人士的联系，共同为振兴嘉兴经济、统一祖国大业做出贡献。

会议通过产生33人组成的理事会，选举周玉洁(侨办主任)为会长，孔宪正、冯肇华、沈光良、张伯良、柯青、俞祥林、徐福伟、殷华智8人为副会长，夏建清为监事长，秘书长钱志群。联谊会聘请嘉兴旅港同乡会会长袁培元，同乡会名誉会长朱伯衡，加拿大籍华人、高分子专家魏永康为顾问，聘请市委书记王国平、市长杜云昌、副市长赵友六、政协主席贝品明、统战部部长叶森强等领导为名誉会长。联谊会内设“三委一室”（组织宣传、科技经贸、联络服务工作委员会和办公室）。大会制定章程共7章24条，联谊会任期三年。

联谊会成立至1996年年底，创办有育才培训中心，设立15个联谊小组，发展有团体会员25个，会员111人。会员中具有高级职称知识分子56人，企业厂长、经理34人。其间，举办3次年会和多次联谊活动，牵线搭桥，引资引智，为嘉兴经济建设服务。1997年后，随着“三资”（中外合资、中外合作、外商独资）企业和海外留学归国人员创业企业的发展，建立起各类相应的联谊组织，联谊会逐渐淡出。

嘉兴海外联谊会 1998年9月18日，嘉兴海外联谊会成立，并召开第一届理事会。嘉兴海外联谊会由市委统战部主办，具有独立法人地位的社会团体。由市有关领导和部门负责人以及海内外知名人士或企业家约80人组成。以加强嘉兴与海内外同胞的联系和交往，促进祖国统一，振兴中华为宗旨。

市委书记陈加元，市委副书记毛雪龙、杨荣华、市政协主席徐良骥，市人大常委会副主任范巴陵，市政府副市长赵友六，市政协副主席杨有金、市政协副主席、市委统战部长钱雪林等出席会议。香港中国基建集团公司执行主席周光晖、美国金海湾集团公司懂事长王克平、香港嘉兴同乡会长袁培元、泰国乌汶府商会主席马保文等知名人士参加成立大会。成立大会由市委统战部副部长周玉洁主持，市委副书记毛雪龙宣读市委《关于同意成立嘉兴海外联谊会的批复》，市委书记陈加元、市政协主席徐良骥为联谊会揭牌。市委副书记杨荣华代表市委、市政府对嘉兴海外联谊会成立表示祝贺并讲话。

浙江海外联谊会领导和香港、台湾及海外华侨华人社团代表袁培元、徐洪兴、马保文分别致贺词。市委统战部副部长王士官作嘉兴海外联谊会筹备工作情况说明。首届理事会审议并通过《嘉兴海外联谊会章程》，推举产生领导机构，确定工作指导思想和基本工作思路。

第一届理事会会议推选市委副书记杨荣华为嘉兴海外联谊会第一会长，市政协副主席、市委统战部部长钱雪林为会长；聘请陈加元、夏益昌、许国桢、徐良骥、查济民、查良镛、周光晖、陈省身、王克平 为名誉会长；聘请范巴陵、赵友六、杨有金、叶森强、蒋泳清、查懋声、万春先、潘明中、沈铎、魏永康、马保文、庄舜鹏、顾志恒为嘉兴海外联谊会顾问。副会长为周玉洁、王士官、邵水根、朱恩仁、夏松、袁培元、江九思、冯肇华、朱崇渊、曹亚林、刘秀松，秘书长为肖敬民。首届理事会理事88人。大会推举出常务理事24人。

嘉兴海外联谊会成立后为发展全市对外经贸合作和文化、科技交流，传递信息，宣传嘉兴，牵线搭桥，作出积极努力，为促进全市经济和社会发展做出很大贡献。

嘉兴市出国留学人员和家属联谊会 1999年6月29日，嘉兴市出国留学人员家属联谊会在秀城饭店举行成立大会。全市留学人员家属代表、海外留学生代表、市各有关部门领导等150余人参加大会。市领导徐士珍、范巴陵、杨有金、钱雪林和省侨联、省留联会负责人赵向前出席大会。美中文经贸协会主席王克平、美国金海湾国际集团执行总裁金惠荣、日本霞光株式会社社长丁如霞、电器工程师叶刚、香港中基集团驻乍浦港首席代表周国明、全德国华侨华人联合总会主席林一器等应邀到会。大会收到来自海外华侨华人社团、侨界代表人物、留学生和国内有关单位贺电贺信80余件。大会通过《嘉兴市出国留学人员家属联谊会章程》；选举首届市留联会理事、常务理事。夏松任会长，柯青（女）、陶润福、陆建中、车健民、葛跃新任副会长，朱建英（女）任秘书长。

2008年8月5日，嘉兴市留学人员家属联谊会换届（第二次会员代表大会），更名为“嘉兴市留学人员和家属联谊会”（简称留联会），并相应修订章程，其宗旨是：遵守《中华人民共和国宪法》及有关法律、法规和政策，努力维护会员的合法权益，积极倡导会员遵守社会道德风尚；高举社会主义、爱国主义旗帜，团结和组织全市留学人员及其家属，加强联系、交流信息、增进友谊，为弘扬民族文化、早日实现祖国统一、促进家乡和祖国繁荣昌盛做出贡献。工作重点从国内的留学生家属工作向海外留学人员拓展，成为与海外高层次人才联络联谊的新载体。大会选举产生第二届理事会，许农当选为会长，浦金英（女）、查艺、张珏良、蒋加伟、贺星燕（女）、薛莲（女）、龚海当选为副会长，娄新生（女）当选为秘书长。2010年3月8日，召开市侨联五届三次全会（扩大）暨市留联会二届一次理事会，许农因工作调动，陆建中当选为留联会会长。

2008年8月5日，嘉兴市留学人员家属联谊会二届会员代表大会召开

2011年11月30日，召开市侨联五届六次全会（扩大）暨市留联会二届三次理事会，陆建中因工作调动，浦金英当选市留联会二届理事会会长。2012年9月4日，召开市侨联五届六次全会暨市留联会二届四次理事会，市留联会二届四次理事会增补钟富根、娄新生、徐勇为副会长，副会长为钟富根、娄新生、查艺、张珏良、蒋加伟、贺星燕、薛莲、龚海、冯水祥、季加平、徐勇，李勇军为秘书长。

2014年11月25日，市留学人员和家属联谊会第三次会员代表大会（换届）在嘉兴沙龙宾馆召开，浙江省侨联副主席、嘉兴市委常委、市委组织部部长连小敏，嘉兴市政协副主席、市委统战部部长朱静绮到会祝贺并致辞。各县（市、区）委统战部、嘉兴学院统战部、嘉兴经济开技术发区、嘉兴港区分管领导及嘉兴市侨商会、嘉兴海创俱乐部、嘉兴侨苑书画社相关社团负责人180余人参加。大会选举产生第三届理事会，浦金英任会长，副会长为娄新生、蒋加伟、贺星燕、薛莲、龚海、顾旭东、王玉龙、胡亦夫，李勇军为秘书长。

留联会成立后，围绕党委、政府工作大局，在健全基层组织，搭建招才引智平台，拓展海外联谊等方面形成自己的工作特色，充分发挥其党和政府联系留学人员及其家属的桥梁和纽带作用。

嘉兴市侨商会　2009年3月3日，嘉兴市侨商会成立。嘉兴市侨商会是由海外华侨华人、港澳同胞以及市内归侨、侨眷（含港澳眷属、留学生及其家属）投资兴办的企事业单位，个人共同自愿组成的自主管理、自筹经费、自我发展的非营利性的社会团体。康龙纺织有限公司董事长曹其铳任侨商会首任会长，陈亮等13人为副会长。嘉兴市政府副市长蒋仁欢，嘉兴市政协副主席、市委统战部部长张兴华任侨商会名誉会长，秘书长袁加林。其业务主管单位为嘉兴市人民政府侨务办公室。成立时有会员72人，分别来自美国、法国、巴西、澳大利亚、日本等十多个国家和中国香港地区。侨商会的宗旨是：遵守《中华人民共和国宪法》和有关法律、法规，维护海外华侨华人、港澳同胞以及归侨、侨眷（含港澳眷属、留学生及其家属）在嘉兴投资企业的合法权益，倡导侨商遵守国家宪法、法律、法规和政策，依法经营，帮助侨商协调与有关部门的关系，广泛联系海内外工商企业及经济组织，通过开展交流、咨询、培训等活动，促进侨商企业的发展和侨商之间的交流，提高企业管理水平和技术进步，构筑广大侨商联谊互动、合作发展的有效平台，在推动嘉兴经济和社会事业发展中发挥积极作用。2010年，反映侨商会活动开展情况的《嘉兴侨商》创刊。

2009年3月3日，嘉兴市侨商会成立

2012年12月25日，嘉兴市侨商会在嘉兴市奥林匹克大酒店举行换届大会，120多位市侨商会会员出席。会议选举浙江南湖国际俱乐部董事长陈亮为会长，嘉兴市委统战部副部长、市侨办主任浦金英为执行会长，万亚丁等15人为常务会长，叶瑜斌等19人为副会长，钟富根当选为秘书长(兼)。大会对章程进行修改并选举产生新一届理事会、监事会，戴其丰为监事长、蒋嘉平为副监事长。会议聘请嘉兴市委副书记高玲慧，市委组织部长连小敏，嘉兴市人大常委会副主任张志伟，嘉兴市政协副主席、市委统战部部长朱静绮及首任会长曹其铳等为名誉会长，印度尼西亚侨领洪仁贵等41人为顾问，聘请浙江子城律师事务所8名律师为侨商会法律顾问。会议建立《嘉兴侨商》杂志编辑指导委员会，《嘉兴侨商》暂定为季刊。

2014年7月31日，侨商会召开第二届理事会、监事会第二次会议，浙江依爱夫纺织有限公司董事长汪维佳当选市侨商会执行会长，常务会会长蒋加伟兼任秘书长，决定聘任《嘉兴侨商》主编鲍志华兼任常务副秘书长；会议聘任市侨办主任、市侨联主席浦金英和市侨办副主任、市侨联副主席娄新生为侨商会顾问。9月27日，侨商会召开第二届理事会、监事会第三次会议，会议选举中润控股集团有限公司董事局主席戴其丰为市侨商会会长，嘉兴众恒汽车部件有限公司董事长蔡国伟为监事长，会议聘请陈亮为名誉会长。

侨商会的成立为加快嘉兴海外人才集聚，经济转型升级，社会公益事业发展做出重要贡献。

长三角海创俱乐部(嘉兴)　2010年2月5日，长三角海创俱乐部(嘉兴)(简称海创俱乐部)在南湖国际俱乐部由市侨联委员、嘉兴市维高精工有限公司董事长龚海宣布正式揭牌成立。海创俱乐部由在嘉兴创业的归国留学人员孟凡国、陈亮、龚海、沈华、顾旭东、常东亮、袁开红、蔡光复8人发起建立。其宗旨是：遵守宪法、法律、法规和国家政策，遵守社会道德风尚，汇聚海创资源，链接海内外，服务社会，共同发展；加强海外留学归国人员之间的交流互动，动员社会力量援助、辅助海归人士以多种形式创业；组织会员互助，为海归创业者搭建综合、实效、多元、个性的创业平台服务。市领导杨立平、王新民、翁可雄、张兴华，市侨联主席许农、副主席浦金英等参加揭牌仪式。海创俱乐部是全市200多名海归人才互相交流学习、推进产学研沟通的平台。2012年2月4日，海创俱乐部(嘉兴)召开理事会议，确定孟凡国担任会长，副会长陈亮、龚海、沈华、顾旭东、常东亮、袁开红等，监事袁于民，秘书长龚海，新增理事7名。2014年7月17日，召开2014年第一次理事会议，会议确定新一届理事会领导班子，执行理事长孟凡国，理事陈亮、龚海、沈华、顾旭东、常东亮、袁开红，新增理事11人，会议增设秘书处处理日常工作，选举陈美英担任秘书长。

海创俱乐部成立后，发挥在资金、技术、智力等方面的组合优势为海外留学回国创业人士提供多元化、多角度的信息、资源服务，为高端人才提供了相互学习交流的有效渠道和广阔平台。

【港澳和海外侨社团】

香港嘉兴同乡会(简称同乡会)　1989年4月20日，香港知名人士、实业家等59人，其中，明报社社长查良镛、原纬纶沙厂主席吴中一、东方纱厂有限公司总经理万春先、南龙公司总经理袁培元、永兴实业有限公司经理周利春、利达厨具制品有限公司总经理胡雅娟、捷讯证券投资公司经理陈应礼、渥太华皮革行老板陈志耀和湖州同乡会秘书长沈吉诚(桐乡乌镇人)等，就筹建嘉兴旅港同乡会进行磋商并达成一致意见。28日，举行筹备会议，出席会议20多人。会议一致推荐朱伯衡、徐星海为负责人，侯志成、盛余泳为具体联络工作人员。会议宣告嘉兴旅港同乡会筹备会成立。

1990年12月7日，嘉兴旅港同乡会成立大会暨第一届理监就职典礼假座香港九龙尖沙咀新世界中心海城大酒楼隆重举行。参加成立大会的嘉兴籍香港人士有医学、教育、法律、文艺界的知名人士以及大量工商界人士等共500余人。市长周洪昌应邀率政府代表团前往祝贺。经推荐协商产生嘉兴旅港同乡会第一届理事52人，会长袁培元，查懋声、陈钋、戴宝奎、周利春、徐星海、沈申庚、朱小龙、尤引生、张宜振、钟志杰10人为副会长，名誉会长查济民、徐起超、朱伯衡、万春先，名誉顾问吴中一、王剑伟、周伯英、张世云、邓忠人、詹金源、陈志耀、俞祖华、金展程、沈吉诚、姚正安，监事长汪达夫，叶善林为秘书长。同乡会宗旨为：组织同乡之间团结互助，谋求福利，增进乡谊，交流经验，倾叙乡情。同乡会的成立，使旅港乡亲有自己的组织，有利于团结乡亲，增进友谊，开展交流互助，是促进家乡联谊，互通信息，沟通情况的重要平台。1995年3月，嘉兴旅港同乡会换届，增选席如松、耿梅波为副会长。1997年，嘉兴旅港同乡会更名为香港嘉兴同乡会。

2005年12月3日，香港嘉兴同乡会成立15周年暨换届大会召开，在港乡亲200多人出席会议。会议产生以周利春为会长，袁沅、甘成、朱小龙、耿梅波（女）为副会长的新一届理事会。查济民、查良镛、沈觉人、徐起超、朱经武、袁培元为名誉会长，朱崇渊、沈学溥、陈钇（女）、陈逸敏、唐舜千、席如松、潘明中为名誉顾问。

同乡会成立后，不断壮大，影响力逐渐上升，会员达1400多人。两地开展的联谊活动与文化、经济交流互动呈常态化。

美国嘉兴联谊会　2008年12月10日，美国嘉兴联谊会在美国亚特兰大宣告成立，顾菊林当选会长，并在成立当天在亚特兰大市政府办公室与嘉兴海外联谊会签署合作协议。宗旨是：推动嘉兴和美国之间的经贸、科技、人才、投资、文化和教育等领域的交流与合作，团结在美国工作学习的嘉兴籍人。亚特兰大市外办主任参加成立仪式，嘉兴海外联谊会会长张兴华率代表团前往祝贺。

英国嘉兴联谊会　2010年9月18日，英国嘉兴联谊会在英国伦敦漂亮酒店举行成立仪式，李雪琳当选为分会长，30多位在英嘉兴籍人士参加成立大会。市侨办主任陆建中率代表团前往祝贺。联谊会以促进嘉兴与海外华侨华人、留学人员的相互合作，推动英国与嘉兴在文化、科技、信息、经贸等方面的合作与交流为目的。英国嘉兴联谊会成为嘉兴与英华侨华人、留学人员合作交流相互联系沟通的平台。

新西兰嘉兴联谊会　2011年12月29日下午，新西兰嘉兴联谊会成立揭牌仪式在新西兰第一大城市奥克兰的中国城大厅举行，沈晓栋当选会长。中国驻奥克兰总领事馆副总领事黎永传、领事杨毅刚，新西兰嘉兴籍华侨华人、留学生40余人参加。嘉兴市人大常委会副主任金成胜、市侨办副主任陈林根等一行6人组成侨务访问团到会祝贺。新西兰嘉兴联谊会宗旨是联络联谊、交流合作、情系嘉兴、服务家乡。

澳大利亚嘉兴联谊会　2013年9月8日，澳大利亚嘉兴联谊会在悉尼成立。联谊会由50多位嘉兴澳侨发起，大会选举万亚丁任会长。墨尔本、布里斯班、佩斯以及悉尼各区的嘉兴同乡40余人参加成立大会，嘉兴市侨办副主任、侨联副主席钟富根率团到会祝贺。澳大利亚嘉兴联谊会以立足澳洲、联络联谊、交流合作、服务会员、情系嘉兴为宗旨，为在澳嘉兴籍华侨华人、留学人员搭建联系沟通，促进嘉兴与澳大利亚在文化、科技、信息、经贸等方面合作与交流的平台。澳大利亚嘉兴联谊会下设悉尼分会、墨尔本分会和布里斯班分会。嘉兴市南湖区、海盐县、桐乡市分别在澳大利亚成立有联谊会。

第二节　基本侨港澳情况

【基本侨情】

19世纪中叶后，境内陆续有少数人移居海外，其中较集中的是海盐澉浦人。中华人民共和国成立初，县（市）归侨仅有几人。20世纪50年代后，有一部分去台湾的嘉兴籍或原境内人士，自台湾移居海外，成为侨胞。

1956年，对归侨侨眷情况进行调查摸底。经统计，全市在海外的华侨19人（不包括随行家属），归侨11人，分布在美国7人、日本3人、印度尼西亚2人、越南1人、新加坡1人、泰国1人、柬埔寨1人、马来西亚1人、菲律宾1人、南洋1人，其中留学生5人（有4人得到博士学位），职员5人（内有工程师、教授、华侨中学校长等），经商4人，手工业3人，医师2人。

1961年6月，嘉兴县民政科对全县归侨作一次全面的普查登记。经统计，中华人民共和国成立后，陆续回国的归侨人数为21人。1964年，嘉兴县委对台工作组对海外华侨的人员情况统计结果为246人(含外省籍原属嘉兴的人士),分布在20个国家。1980年有1149人,分布在30个国家。

1966年"文化大革命"开展前,嘉兴县在海外的华侨有593人,分布在20多个国家。

1980年,嘉兴县委对台工作组、嘉兴县侨务办公室查证海外华侨人员1149人,分布在30个国家。

1985年9月至1986年4月,全市展开侨情调查。据统计,全市在外人员4997户、20658人,分布在56个国家和地区。其中,华侨2997户、12417人;市本级在外人员3115户、14054人,分布在39个国家和地区。其中华侨2091户、9426人。全市有归侨、侨眷等4421户、16559人。其中市本级2555户、10001人。

1987年,全市海外华侨、外籍华人有3454户、14519人,分布于54个国家和地区(亚洲18个、大洋洲2个、欧洲16个、美洲12个、非洲6个)。市区有华侨、外籍华人9784人,分布在42个国家和地区,大多数海外侨胞已加入外籍,成为外籍华人。许多华侨华人在当地已取得事业上的成就,其中政治上有地位、经济上有实力、社会上有影响或学业上有造诣的有1251人,占侨胞总数8.61%。市区同类人士有851人,占总数8.9%。如,数学家陈省身(嘉兴城区人)、电子学家潘文渊(郊区荷花乡人)、环保学家沈铎(郊区余新镇人)等均系在美国知名的或蜚声国际的学者、专家。全市有侨眷2293户、8878人;归侨49户、179人,归侨中自海外直接回归的除海盐籍归侨5人,平湖籍归侨1人外,均系于1955年分别由日本归来。部分归侨系分配的大专院校毕业生和由外地调入或直接到嘉兴市定居的。

1987年嘉兴市旅居海外华侨、归国华侨、侨眷(属)情况表

表6-1-5

地区	华侨		归国华侨		侨眷	
	户	人	户	人	户	人
合计	3454	14519	49	179	2293	8878
市城	1879	8578	28	92	1130	5061
郊区	268	1206	1	4	378	1043
嘉善县	218	931	4	16	133	656
平湖县	265	1030	4	19	166	609
海盐县	71	357	6	23	63	281
海宁市	480	1601	3	17	219	828
桐乡县	273	816	3	8	204	400

1994年6月20日至7月6日,市侨办对所辖五县(市)、城郊区和部分"三资"(中外合资、中外合营、外商独资)企业引进、利用华侨华人资金、技术等方面情况进行调查。据统计,有华侨华人19075人。分布在世界56个国家和地区:亚洲共4135人,分布在日本、新加坡、马来西亚、印度尼西亚、泰国、菲律宾、柬埔寨、缅甸、沙特、文莱、越南、巴基斯坦、印度、斯里兰卡、土耳其、韩国、伊朗;美洲(大洋洲)共13220人,分布在美国、加拿大、巴西、多米尼加、秘鲁、澳大利亚、新西兰、玻利维亚、危地马拉、乌拉圭、阿根廷;欧洲共1411人,分布在法国、比利时、英国、挪威、丹麦、荷兰、德国、意大利、瑞典、瑞士、俄罗斯、西班牙、匈牙利、奥地利;非洲共309人,分布在尼日利亚、赞比亚、喀麦隆、毛里求斯、加纳、科特迪瓦、也门。1995年,对全市40户归侨家庭(子女)作社会调查,了解掌握归侨第二、三代的侨情动态,为继续做好新一代华侨工作打基础。

1997年8—10月,成立新移民调查工作班子,下发《嘉兴市开展新移民调查实施方案》及宣传提纲和调查表开展侨情调查。据统计,嘉兴全市新移民560人,主要分布在美国、加拿大、日本、印度尼西亚、澳大利亚等国家和地区。

2001年，对全市归侨进行调查摸底，为36名归侨颁发《归侨证》。2005年，侨情调查以在嘉兴市投资的华商企业、出国留学人员为重点。有归侨34人，侨眷侨属4500户，嘉兴籍留学生有1200余人。2006年，按照省委统战部和省侨联联合在全省开展侨情调查工作的统一部署，在全市范围内开展侨情调查。从3月开始，经过4个多月的侨情调查，查明嘉兴有留学人员1423人，遍及五大洲，由原来分布在56个国家和地区扩展到63个。新华侨华人在嘉兴市海外侨胞中所占比重逐渐增大，1990年以后出国的华侨华人达40.4%。

2009—2010年，侨情调查统计结果显示嘉兴市旅居海外的华侨华人有20000余人，大多数侨民已成为外籍华人。嘉兴全市有归侨31户，侨眷10000人。嘉兴籍海外留学生4204人，分布在63个国家和地区，其中86.5 %的人集中在亚洲和美洲，分布最多的国家是美国，90%以上出生于60-70年代，30%获得博士以上学位。

2013年，省委、省政府决定在全省开展一次全面、系统、科学的基本侨情调查。根据省侨情调查工作办公室的统一部署，嘉兴市成立调查工作领导小组和嘉兴市基本侨情调查办公室，由市侨办（市侨联）牵头，会同市统计局组织实施，市委人才办、市委宣传部、市司法局、市工商局等17家单位共同配合在全市范围内开展调查统计。调查时间为2013年10月至2014年10月，历时1年（详情见表6-1-7、表6-1-8、表6-1-9）。

【港澳同胞基本情况】

1956年，嘉兴市委统战部对港澳情况进行调查摸底。经统计，有港澳同胞62人。1964年，嘉兴县定居港澳地区的同胞722人。1966年“文化大革命”开展前，统计资料显示嘉兴县在港澳的同胞1219人。

1981年，全市开展港澳台同胞及其亲友的普查工作，全市有港澳同胞621户、2229人。1982年，港澳亲属538户、2351人，港澳同胞614户、1251人。通信通汇的约占80%。

1985年9月至1986年4月，全市展开港澳情况调查。据统计有港澳同胞1024户、4628人。属于重点工作对象的有697人。

1986年11月中旬至1987年3月底，市委统战部对市本级和城区范围内的港澳情况重新进行全面调查，调查结果显示有港澳同胞2050户、8241人。

1987年嘉兴市旅居港澳地区同胞及其亲属情况表

表6-1-6

地区	港澳同胞		港澳同胞亲属	
	户	人	户	人
合计	2202	8585	2149	7778
市城	852	3940	804	3429
郊区	185	823	284	648
嘉善县	196	814	180	789
平湖县	173	538	181	682
海盐县	103	535	104	450
海宁市	448	1129	318	1184
桐乡县	245	806	278	596

1994年6月20日至7月6日，市委统战部对所辖五县（市）、城郊区和部分港澳同胞资金、技术等方面情况进行调查。2009—2010年，嘉兴市旅居港澳地区的同胞有5593人。2013年10月至2014年10月，调查统计结果显示嘉兴市港澳同胞4172人，港澳同胞眷属2456人。

2014年嘉兴各县(市、区)涉侨对象分类一览表

表6-1-7 单位:户、人

市名称	户数	华侨	华人	其他涉侨人员	归侨	侨眷	归国留学人员	海外留学人员	留学生眷属
南湖区	2465	3753	2244	111	33	2615	692	2616	8603
秀洲区	1103	1326	1179	14	0	970	466	1109	3941
嘉善县	934	1748	970	12	7	1328	373	884	3588
海盐县	852	2328	1245	12	0	1483	256	604	1988
海宁市	1280	2589	1631	2	4	1607	478	1010	4033
平湖市	1637	3105	2023	36	23	2241	656	1346	4271
桐乡市	1277	2281	1580	1	9	1951	876	800	2942
总数	9548	17129	10873	189	76	12194	3798	8368	29367

2014年嘉兴各县(市、区)涉侨对象学历情况表

表6-1-8

	学　历	占比(%)		学　历	占比(%)
海外涉侨人员	博士	8.46	归国留学人员	博士	5.01
	硕士	20.21		硕士	38.72
	本科	32.94		本科	47.52
	大专	5.39		大专	6.46
	高中	9.98		高中	1.17
	初中及以下	13.46		初中及以下	0.72
	其它(学历不详)	9.56		其他(学历不详)	0.40
	合计	100		合计	100

2014年嘉兴海外涉侨、归国留学人员就业情况表

表6-1-9

职　业　分　类	海外涉侨人员占比(%)	归国留学人员占比(%)
企业负责人(个体)	10.56	18.52
住宿、餐饮服务人员	5.93	2.53
经济业务人员(金融业、批发和零售业)	16.68	27.78
法律专业人员	1.38	1.53
社会、居民服务人员(租赁和商务服务业)	1.67	0.87
服装、鞋革等加工制作人员	5.13	5.33
教学人员	8.56	8.93
文艺工作人员	0.55	0.47
新闻工作人员	0.47	1.40
科学研究人员	9.26	3.26

续表6-1-9

职　业　分　类	海外涉侨人员占比(%)	归国留学人员占比(%)
卫生专业技术人员	5.77	1.60
工程技术人员(信息传输、计算机服务和软件业)	15.43	7.06
国家机关、党团体工作人员	1.78	3.53
其他人员(电力、环境、水的生产和供应、婚庆、设计、翻译、贵金属回收等)	19.56	19.45

【调查研究】

中华人民共和国成立初至1960年,嘉兴地(市、县)委统战部、市(县)民政科的侨情调研工作多以座谈会的方式开展。如1961年,县民政科对全县归侨、侨眷及海外亲属作全面普查的基础上,摸清归侨、侨眷历年来侨汇往来等情况,并具体分析侨汇变化原因及规律,形成《关于贯彻全省侨务工作会议精神的工作意见》的调研汇报材料。

1985年,港澳、侨情调研逐步成为侨务部门的一项重要工作。

1994年,市侨办向上级提交《关于华侨、华人、港澳同胞爱国、爱乡关心嘉兴经济和社会事业发展的情况调查》的调研报告。1998年,市侨务部门开始对侨资企业开展深入调研,形成《"三资"企业改制中要注意维护外商的合法权益》调查报告并向政府部门提出服务侨企发展的相关建议。市侨办撰写的《邓小平侨务思想研讨》获浙江省侨办论文评比二等奖。

2000—2014年,市侨务部门加大调研工作力度,调研报告中有10余篇被列入政协提案并作大会发言。

2003年,市侨务部门对全市回国留学人员创业及在嘉兴投资的港澳台同胞和华侨华人企业情况进行调研,完成8个课题,形成调研报告7篇。

2005年,市委、市政府出台《关于鼓励引进海外高层次留学人才的若干意见》,市委统战部、市侨务部门把如何引进海外高层次人才列入侨务工作重点。2008年,中共中央办公厅转发《关于实施海外高层次人才引进计划的意见》,留学人员回国创业活动日趋活跃。2009年,市委统部部长张兴华与市侨联人员对全市留学人员回国创业情况进行调研,形成《吸引海外高层次人才回国创业工作》调研报告,并以提案形式提交省政协。是年12月,市委、市政府出台《关于加强创业创新领军人才队伍和创新团队建设的若干意见》《"创新嘉兴.精英引领计划"实施办法(试行)》《嘉兴市重点创新团队遴选办法》(简称"一意见两办法")后,海外留学归国创业人员已发展形成新社会阶层的重要组成部分,成为统一战线工作新的着力点。

2010年,市侨办、市侨联在调研基础上完成的《关于引进海外高层次人才长效机制研究》《归国留学人员创业现状及对策研究》《我市新侨基本状况及对策研究》3篇调研报告归纳汇总形成的意见建议,得到中央、省、市领导的肯定并有重要批示。是年,市侨办完成《以大人才观吸引海外高层次人才服务嘉兴的机制构建研究》等调研报告。

2012年7月13日,市委统战部、市侨办(市侨联)举行侨联工作汇报会,探讨交流加强新时期侨联工作

2013年,市委统战部、市侨联机关组织人员对"2010—2012年海外高层次人才来禾创业状况"进行专题调研,走访一批海外高层次人才、领军人才企业、"创新嘉兴·精英引领计划"专项办公室,形成《海外高层次人才来禾创业状况调查与思考》调研报告,被浙江省委统战部评为统战理论创新三等

奖、嘉兴市党政系统优秀调研成果奖。

2014年,市委统战部、市侨联申报并承担省委统战部"新社会阶层人士分众化统战研究子课题",组成以市侨联为主的"海外留学归国创业人员统战工作研究"课题组。课题组通过问卷调查(发放调研问卷165份,回收有效问卷126份),走访市项目推进办公室、市人才办公室、市科技局、海创俱乐部等政府机构和社团组织及16家海创人员企业,召开4次座谈会、专访10位典型海外留学归国创业人员等实证方式,探索开展海外留学归国创业人员统战工作的有效途径,用时6个月完成该项课题。形成的《嘉兴市海外留学归国创业人员统战工作研究》材料为上级部门提供决策依据,被评为浙江省统战理论政策研究创新一等奖。

第三节　交流交往

【联络接待】

实行对外开放后,华侨、港澳同胞和海外华人回国回乡探亲访友、恰谈商务,进行科学、技术、文化交流、旅游观光者日增。市委统战部依照"热情接待,多做工作"的精神,认真做好联络接待工作。

接待海外华侨华人　1984—1990年,侨务部门先后接待的有国际著名数学家陈省身,实业家潘盘新,航天专家冯绥安,著名电脑专家潘文渊(1991年6月回乡),电子专家邱开甲,环保专家沈铎,油脂专家韦人骝,桥梁专家朱光汉,经济学家吴一鸣,金融专家陆康德,缅甸侨领王维中和新加坡社会活动、实业家黄望青等知名人士。1984—1990年共接待的华侨华人619人。

1991—1996年,接待的知名人士与重点人物有陈省身、潘文渊、沈铎、魏永康、陈华、周铁人等。联络、接待的知名人士与重点人物并保持友好交往的还有泰国乌汶商会主席马保文和乌汶慈善机构董事长庄舜鹏,美国布莱迪公司总经理雷平女士,美国金海湾国际集团董事长王克平,留美物理博士俞志明,丹麦奥尔堡大学教授李彤,印度尼西亚著名华人社会活动家企业家蒋蕴华女士,意大利佛罗论萨、米兰侨领胡光利,印度尼西亚著名侨领洪贵仁,新加坡美国大通银行副总裁洪嘉平及著名企业家周颖南,荷兰华人青年联合会会长傅旭敏,荷兰华人经济技术发展中心谢华实,嘉兴籍旅美华侨、亚特兰大中华专业人士协会会长顾菊林等。1997年,接待的主要社团、团组有旅法华侨俱乐部春节贺岁代表团,美国纽约浙江温州工商会考察团,澳大利亚澳华国际商会,美国华人环保专家考察交流团,泰国华商集团国际有限公司代表团等。

进入21世纪,联络、交往更趋频繁。2001—2014年,接待的重要团组有奥地利华人商会,丹麦奥尔堡大学中国中心访问团,美国中文教师团,美国北加洲上海联谊会,意大利米兰华侨华人商会,奥地利华侨商会,美国杰出华裔企业家代表访华团,德国创新经济协会,意中交流协会,美国南加州华人联合总会,美国浙江商会考察团,法国法华工商联合会,加拿大经贸总商会,南非华人华侨社团,亚特兰大中华专业人士协会等。重要人士有陈省身、杨振宁、沈铎、魏永康、邱开甲、陈有为、洪贵仁、李彤、卢焕章、周颖南、顾菊林、李雪琳、曹亚林、朱经武、胡瑞雄、杨仁德、林尔良、李阮春、沈晓栋、陈意子等。

1984—1990年侨务部门接待华侨华人、外国人情况表

表6-1-10　　单位:人

年份	合计	华侨华人	外国人
1984	46	46	—
1985	81	81	—
1986	76	68	8
1987	62	54	8
1988	76	75	1

续表6-1-10

年份	合计	华侨华人	外国人
1989	82	80	2
1990	216	215	1
总计	639	619	20

接待港澳同胞 1984—1990年，全市先后接待的港澳同胞有香港实业家查济民，嘉兴旅港同乡会名誉会长朱伯衡、万春先等，共接待的港澳同胞有1018人(见表6-1-11)。

1991—1996年，接待的知名人士与重点人物有朱伯衡、万春先、袁培元、查良镛等。联络、接待的知名人士与重点人物并保持友好交往的还有香港中国基建集团公司执行主席周光晖，港事顾问博士何钟泰，香港立法局议员临时立法会议员周梁淑怡女士，香港大屿山宝莲寺首座大和尚愿炯，著名企业集团香港九龙电缆有限公司董事长孙福林等。

联络、接待并保持友好交往和联系的重要社团、团组有嘉兴市旅港同乡会，香港华侨华人总会，香港侨友社，澳门归侨总会，澳门苏浙沪同乡会等。

1997年，香港回归。是年，接待的主要社团、团组有香港嘉兴同乡会等。1999年10月，应市长杨荣华邀请，袁培元组团回乡观光考察。12月20日，澳门回归，全年，接待港澳同胞433人次，知名人士10余人。

进入21世纪，联络、交往更趋频繁。接待的主要团组有香港中华厂商联合会，澳门苏浙沪同乡会，香港苏浙同乡会属校师生夏令营团，香港海宁同乡会，香港嘉兴同乡会，澳门苏浙沪同乡会等。重要人物有查济民、袁培元、查良镛等。

1984—1990年侨务部门接待港澳同胞情况表

表6-1-11 单位：人

年份	港澳同胞	年份	港澳同胞
1984	39	1988	125
1985	166	1989	187
1986	99	1990	313
1987	89	—	—

【文化交流】

1972年9月27—30日，陈省身携夫人到嘉兴、杭州访问讲学。1983—1990年，市侨务部门邀请陈省身、沈铎、吴一鸣、朱光汉、冯奎安等专家教授分别到家乡讲学，传播数学、环保、经济学、桥梁建设、金属电子学等方面的新知识、新信息，听讲者2000余人。1983年9月，美籍华人、著名环保专家沈铎受联合国开发署派遣和环保部的邀请第一次来华，先后在中国科学院、北大、清华、复旦等大学讲学。9月30日至10月5日，沈铎到嘉兴探亲期间，在嘉兴民丰纸厂讲学并对造纸污水治理问题进行探讨，提供处理污水技术资料(至1992年，沈铎先后5次到嘉兴探亲讲学并与环保部门和相关企业就环境保护及治理问题进行指导)。1985年11月24日，陈省身在市政府大礼堂为嘉兴市教育、科技界作“近代数学与中等教育”专题讲座，500余人参加。是年，到嘉兴讲学的还有桥梁专家朱光汉、经济学家吴一鸣。

1997年8月19日，旅日留学人员冯坤范到嘉兴讲学，就引进环境生态生物技术应用于农业、畜业、环保生活水产领域与市科协、农林、水产、环保等部门的领导和专家进行交流；在嘉善就绿色农业采用微生物生态技术问题进行学术讲座与考察，并和有关部门就嘉兴市城市供水及河流淡水富营养化、城市垃圾生物处理等关键项目及微生物生态技术应用计划达成合作意向。是年,美籍华人、环保专家王抗曝率领考察交流团到嘉兴与市环保部门进行学术交流。1998年,电脑软件专家周铁人应邀到嘉兴高等专科学校讲学、交流。沈铎再次到嘉兴,在市环保局为全市30余名环保工作者作"可持续发展理论和实施"专题学术报告,并前往市环境保护科学研究所进行考察与技术交流,被聘请为嘉兴市环保局高级顾问。

1999年6月29日,市出国留学人员家属联谊会成立大会暨海外高新技术与信息交流会在秀城饭店召开。当日下午,召开海外高新技术与信息交流会,浙江省部分高校、嘉兴市有关学科的高校、科研工作者与到嘉兴出席嘉兴市出国留学人员和家属联谊会的留学人员一起进行交流。会议期间,举行市留学人员高新技术创业园揭牌仪式;南湖开发区高新技术创业园分别与美国海湾国际集团、日本霞光株式会社签订项目进园协议。9月27日,市侨联等主办的长篇小说《船月》首发式在嘉兴中山影城隆重举行。《船月》由本市侨眷作家夏挚生创作,全文40万字,描述韩国开国元勋金九在30年代流亡嘉兴的一段鲜为人知的经历。省侨联、省作协、省文学院、浙江大学韩国研究所、人民文学出版社和市领导出席大会。2000年10月18日,应秦山核电站外国专家组邀请,市侨联组织的长篇小说《船月》创作交流会在海盐举行,侨眷作家夏挚生对长篇小说《船月》作主题发言。是年,市侨务部门先后邀请陈省身、魏永康等10名海外人士到嘉兴讲学及参加各种技术交流活动。

2001年,丹麦奥尔堡大学中国中心主任李形应邀到嘉兴作中国加入世界贸易组织(WTO)知识专题报告。美国哈佛大学生物研究所研究员钟涛为医卫、科技、教育界人士作生物基因科技讲座。2004年,陈省身发起的首届西湖青年数学家论坛在嘉兴举行,20多名中外优秀青年数学家参加探讨交流。沈铎在嘉兴学院作"二十一世纪环境问题与技术发展"学术报告。国际外交评论家、美国"华府中国论坛"社长陈有为为嘉兴学院师生和秀州中学校友会作"中国崛起与世界格局"时事报告。2005年,市侨联与李形就促进丹麦斯特林市与嘉兴市教育文化的合作与发展及与嘉兴学院师资交流等方面进行探讨。2006年,邀请香港科技大学校长朱经武、丹麦奥尔堡大学环境工程博士杨维晓、李形及陈有为等8位海外专业人士到嘉兴学院、秀州中学等院校,就高温超导技术、水环境保护、中国经济发展问题、国际关系等作学术报告进行学术交流。2007年,著名地质学家卢焕章等6名华侨华人专家学者先后到嘉兴讲学、学术交流。

2010年,应邀到嘉兴进行讲学交流的有:新加坡国立大学生物科学系终身教授兼新加坡政府科学顾问丘才良为海创俱乐部会员讲授关于新加坡生命科学的发展以及人才的吸纳培养。旅英植物基因博士张玉华为乡镇介绍国外综合素质教育与环保工作。美国新泽西医科牙科大学医学信息专家、美国平湖同乡会副会长张颖婷为乡镇教师作专题讲座。环保专家屈明波、太阳能专家平迩宣等为民营企业作现场技术指导。2012年,海宁市和海盐县举办海外博士论坛,建立海外博士为家乡讲学交流平台。2013年3月5日,嘉兴市侨联五届八次全委(扩大)会议暨留联会二届五次理事会在市委党校召开,市侨办、市侨联联合成立"侨智聚禾"海创精英论坛。来自浙江长三角研究院生物技术与医药研究所副所长、市侨联副主席孟凡国作"学习十八大精神解读生态文明建设"的首期讲座。是年,协助新西兰嘉兴联谊会邀请新西兰曼纽考风笛乐队举办"走进嘉兴,风笛悠扬同赏月"文化交流活动。

2014年2月19日,第二期"侨智聚禾"海创精英论坛由来自葡萄牙的侨商陈坚在沙龙宾馆作"全面深化改革是凝聚侨商力量,感召浙商回归的原动力"主题报告,130余人参加论坛活动。5月5日,在嘉兴学院举行第三期"侨智聚禾"海创精英论坛,日本长崎综合大学工学研究科电子信息学专业教授、博士生导师刘震作《福祉工学:研究现状与展望》的学术交流报告,嘉兴学院数学与信息、机电工程、医学康复、医疗机械等相关专业200余名师生参加。6月5日,第四期"侨智聚禾"海创精英论坛在嘉兴学院举办,李形从不同层次和角度分析当今时代背景下,中国梦的世界性、必然性的学术报告,嘉兴学院相关教师、教授50余人参加。7月5日，嘉兴市侨联与嘉兴市卫生局在嘉兴第一医院报告厅联合举办第五期“侨智聚禾”海创精英论坛，嘉兴籍旅美医学博士冯武威作《脑中风的治疗、预防、康复新进展》学术报告，全市二级医疗机构神经内科、神经外科医生及相关专业护理人员近150人参加。9月13日，浙江省市级首家侨苑书画“嘉兴市侨苑书画社”在运河画苑内成立，澳籍华人、知名画家姚迪雄和著名书法家童亚辉现场合作书画与嘉兴书画界人士交流切磋。9月27日，市侨联邀请美国佐治亚理工学院、北京大学、东南大学、哈尔滨工业大学组成的中美水环境治理专家团到嘉兴实地考察秀洲区油车港污水处理厂、嘉善县洪溪污水处理厂，就“五水共治”（治污水、防洪水、排涝水、保供水、抓节水）工作提出改进意见建议。10月20日，世界著名物理学家朱经武在嘉兴学院作题为“一个生命没有梦想，是非常黯然的”励志演讲。11月25日，嘉兴市留联会第三次会员代表大会召开，大会第二阶段举行第六期“侨智聚禾”海创精英论坛，日本亚洲通讯社社长徐静波作“留学梦·家乡情”主题演讲。

【联谊活动】

1984—1986年，联谊活动以主动邀请、登门拜访、陪同参观、介绍嘉兴风土人情及社会经济发展状况等为主的方式开展。逢年过节，除向港澳同胞亲属、侨属侨眷和归侨拜访慰问外，还向港澳和海外发送贺卡1000余件，赠送《嘉兴画册》110册。

海外联谊　1987年，市侨办促成嘉兴市与日本厉木县氏家町进行多次互访。应氏家町政府邀请嘉兴市选派人员前往日本接受农技培训。市侨联与市农工民主党前进补习学校联合开设室内“英语角”，举办嘉兴市第一次青年英语演讲竞赛。

1993年，成立嘉兴市侨界知识分子、企业家联谊会，加强与侨界知识分子、企业界的联络联谊。1998年，联谊会建立留学生家长（属）联谊小组。2000年，成立联谊会下属新移民、留学生家长分会，加强与新移民留学生的沟通联系。

2002年，促成美国德克萨斯州副州务卿康吉夫带团与市外经贸局、市经济开发区、市乍浦港区、市教育局等的交流，促进两城市友好往来。2004年，嘉兴市出国留学人员和家属联谊会组织会员到二十一世纪外国语学校、平湖等地开展联谊活动。

2005年，中国侨联确定为“文化交流年”。年末，市侨办、市侨联、南湖晚报社，联合策划举办大型规模的“嘉兴海外留学人员暨家属新年联谊会”活动，40多位留学人员、100多位海外留学人员家属、50多位领导、侨务干部和媒体界朋友共190余人参加。

2006年，市侨务部门以百家（名）侨团（侨领），百名华侨华人，百名留学人员和海外专业人士，百家侨资侨属和留学生企业，百名归侨、侨眷为重点工作对象，建立联系制度，储备侨务工作资源。2008年，来自世界500强企业和跨国公司驻华（沪）机构的华侨、华人、经理人等一行到嘉兴参观考察，并与南湖区、秀洲区、市外经贸局、经济开发区等部门座谈交流，市长李卫宁会见考察团。是年，侨务部门促成嘉兴学院与加州理工学院建立友好关系。

2010年9月27日，省侨联主办、市侨联承办的浙江省侨联青年总会2010年年会在嘉兴举行，32个国家和地区的120多名海外侨领在嘉兴会聚。

2012年，市委统战部、侨务部门举办2012“聚智汇侨、携手共进、融合发展”新年酒会，市领导、各县(市)区分管侨务工作的领导和侨商会、长三角海创俱乐部（嘉兴）会员、顾问单位代表等170余人参加。

2013年，新西兰嘉兴联谊会先后组织会员参加新西兰政府、中国驻奥克兰总领事馆主办的“印象奥克兰摄影大赛”“奥克兰第一届华人社团文艺会演”“中国年”等活动，促成嘉兴市南湖区和奥克兰市豪维克区结为姐妹城市，协助嘉兴海华武术馆落户奥克兰。

2014年9月27日，嘉兴市侨务工作者与侨商在浙江依爱夫游戏装文化产业有限公司会议室举行国庆联谊会。市侨务部门领导、市侨商会理事、监事及各县（市）区侨办、侨联的侨务工作者50余人参加。是年，市侨务部门牵线中阿文化艺术交流、海创新春音乐会、中外儿童大联合、“万马奔腾耀南湖”侨界艺术家书画展等“友好中华”主题活动。成立市侨苑书画社、市侨界名媛会、市侨界青年会3个涉侨社团组织，为侨界人士提供交往交流新平台。至2014年，陈亮、沈华、李彤、于江涛、曹元、汪维佳（女）、袁于民获“嘉兴荣誉市民”称号。

港澳联谊 1990年，市委统战部组织港澳同胞中的知名学者、科技人员、实业家和新老朋友13人回乡观潮。市侨联配合有关部门接待实业界查济民、朱伯衡、费菊辰、谢金穆等共10批24人。是年12月7日，嘉兴旅港同乡会成立大会暨第一届理监就职典礼假座九龙尖沙咀新世界中心海城大酒楼隆重举行，市长周洪昌应邀率政府代表团前往祝贺。1991年，会同对台办、市侨联，邀请同乡会名誉会长朱伯衡、会长袁培元率团一行21人到嘉兴观光、交流，市委、市政府举行隆重的欢迎仪式和大型联谊、座谈。1996年，以香港回归为契机，两次组团拜访旅港乡亲、好友170余人。组团参加嘉兴旅港同乡会成立5周年庆典活动及参加全省《中华人民共和国香港特别行政区基本法》培训班赴香港交流。1997年，致电祝贺香港嘉兴同乡会成立6周年，并组团出席庆典活动。1998年，市委统战部与市侨办联合举办庆祝香港回归一周年座谈会，袁培元与60余名归侨侨眷、留学生家长参加。1999年12月11日，澳门回归前夕，组织新闻界联谊访问团拜访澳门归侨总会，《澳门日报》社和新华社澳门分社，参加澳门迎回归“百万行”大型活动。2000年5月，市侨办、市侨联组织嘉兴一中教师赴香港参观考察香港苏浙同乡会下属苏浙公学学校。10月，苏浙公学正副校长到嘉兴回访，与嘉兴一中结为姐妹学校，双方就组织师生交流，互换教材，交流教育信息等长期合作事宜进行商讨。12月3日，香港嘉兴同乡会成立10周年庆典大会在香港举行，市长杨荣华到会祝贺。2001年，引荐并促成桐乡高级中学与澳门培正中学建立友好校际关系。2002年，香港潮商教师团到嘉兴开展座谈、交流，观摩教学示范课等活动。是年，促成苏浙公学师生团在嘉兴开营。其间，再度与嘉兴一中就教学体制、教学成果及校园生活等进行切磋交流，并商定教师间交流计划。2004年，苏浙公学师生到嘉兴与嘉兴一中、桐乡求是实验学校开展夏令营活动。嘉兴一中师生赴香港与苏浙公学学生结对联谊，双方互访、交流成为惯例。2005年12月3日，香港嘉兴同乡会成立15周年暨换届大会召开，市委副书记寿剑刚率代表团到会祝贺。

2006年6月3日，香港同乡会嘉善分会在香港成立。当月，香港嘉兴同乡会网站正式开通。2007年6月29日至7月5日，市海外联谊会会长张兴华率秀洲区、平湖、海宁代表团赴香港，与香港嘉兴同乡会共贺香港回归祖国10周年。9月22日，香港嘉兴同乡会秀洲分会在香港隆重成立。至此，嘉兴市所属五县（市）同乡会全部成立。2008年7月21—25日，市委统战部、市侨办，会同香港嘉兴同乡会组织市青少年学生30人赴港澳参观、交流。2009年，秀洲实验小学与香港沪江小学完成结对。2010年11月27日，香港嘉兴同乡会成立20周年庆典仪式在香港名都酒店举行，市委副书记鲁俊率党政代表团到会祝贺。2011年，香港大专校友团应邀到海盐秦山核电基地参观。香港海盐同乡会组织80多位旅港乡亲赴广州开展联谊活动。香港嘉兴同乡会在深圳举行联谊活动。2012年，侨务部门多次组团或随团赴香港与香港乡贤联谊。举办“澳门——嘉兴联合邮展。是年，香港嘉兴同乡会青年会成立。至2014年，先后有查良镛、查济民、袁培元、曹其铳、周利春获“嘉兴荣誉市民”称号。

第四节 宣传教育

【学习与活动】

中华人民共和国成立后，市（地）委统战部与主管侨务工作的政府民政部门定期不定期的组织归侨侨眷时政学习、座谈。如1960年，嘉兴县民政科以召开侨界代表人士会议的形式贯彻党的政策与思想教育和有关侨务政策，先后召开3次归侨、侨眷代表会议，参加的代表有93人次，会议主要内容为传达中央有关文件、总结侨务工作成绩、稳定和调动归侨、侨眷思想与工作积极性。

改革开放后，市（地）委统战部和侨务部门逢年过节举办茶话会加强交流、走访慰问、组织形式多样的活动凝聚侨心、集聚侨力，形成惯例。1981年

9月4—5日，市(县级)侨联举行第六次全体委员扩大会议(扩大到侨眷联络员)。会议邀请市计委、财办、商业局、人民银行等部门负责人参加，出席会议共50人。1982年，市(县级)侨务部门组织归侨侨眷和“三属”学习讨论各个时期的重要时事、中共十二大文献、宪法以及廖承志致蒋经国的信等。市侨联组织归侨、台胞和部分“三属”观看《西安事变》电影，并组织部分人员座谈。全年召开3次侨务工作会议，表彰先进侨眷联络员8人。

1985年6月，市侨办召开市级机关、市属单位和城区归侨、侨眷会议，强调侨务工作的重要作用、地位和侨务工作方针政策，消除部分归侨侨眷的思想顾虑，80余人参加。1986年2月，市侨联召开市区80余名侨眷联络员座谈会，要求在1986年、1987年两年内处理好有关归侨、侨眷的历史遗留案件。会议邀请市外经委、中旅社、中国银行、公安局相关人员，分别介绍对外经济贸易、外币、出入境等有关政策和情况。1987年，市侨联组织归侨、侨眷及联络员学习中共十三大文件并开展座谈讨论。1988年3月和9月，市侨联分别组织市区侨联小组长、联络员80余人学习中央和省的有关侨务方针政策及全国侨联关于发展侨属企业的指示精神。是年，中共十三届三中全会召开后，市侨联组织50余名归侨、侨眷进行学习座谈。

1991年，受表彰的有全国归侨先进工作者何水兴、全国侨联工作积极分子朱烈及先进侨眷联络员27人、侨联小组3个。

1992—1996年，市侨务部门编发侨法汇编1745份。召开学习、座谈会30余次，参加人员1000余人次。1992年，举行嘉兴市侨界先进集体、个人表彰暨魏永康奖金授予仪式，表彰先进集体7个、先进个人33人。1993年，在开展“三个一”(写好一封信、提供一条信息、引进一个项目)评比活动中，被评为省级先进15人、先进集体2个，市级侨界先进24人，先进集体1个。1994年，受省侨联表彰的有先进个人15人、先进集体2个，受到全国侨联表彰的先进个人2人。

1997年，市侨联举办80多名归侨侨眷参加“迎新年、盼回归”茶话会与近70名眷属参加1997侨界中秋联谊活动和“百名归侨侨眷看嘉兴”“归侨侨眷喜看禾城新变化”“迎回归、庆七一”黑板报优秀板面展评、“喜迎回归，尽抒情怀”征文比赛等活动。1998年，市侨联发出《认真学习贯彻十五大精神，做文明侨户，努力为嘉兴经济建设架金桥做贡献》倡议，组织侨界人大代表政协委员、侨联委员、侨联干部、归侨侨眷4个层次150余名人员参加，采取听、议、座谈、书面考核方法开展理论学习活动，获省侨联系统理论学习竞赛组织一等奖。

1999年，伍重球被授予“全国归侨侨眷先进个人”称号。柯青、王达钟、胡鑫镛被授予“全省归侨侨眷先进个人”称号。

2000年，市侨务部门先后组织三批归侨侨眷赴萧山、无锡、宜兴、江阴等地学习、参观。组织留学生与出国留学人员的家属，赴舟山嵊泗列岛举办“海岛之旅——渔家乐”夏令营活动。2004年，桐乡市侨联副主席居奇雄被授予“全国归侨侨眷先进个人”称号。

2005年，市侨务部门组织留学人员家属参与“为国教子以德育人”“绿盛杯”十佳家庭、十佳家长“双十佳”评选活动。平湖沈培忠家庭和桐乡居强家长分获浙江省“绿盛杯”优秀家庭和优秀家长称号。秀洲区莫德廉和海宁市赵青山2个家庭，秀洲区李震鸣、海盐县王元华和陈一鸣、海宁市周永泉4位家长，分获浙江省“绿盛杯”“双十佳”入围奖。2006年，中国侨联成立50周年，全市归侨侨眷、侨联工作者代表共40余人参加座谈交流。市侨联组织侨务干部和归侨参与省侨联组织的“为侨奉献奖”和“报效桑梓奖”评选活动，从事侨联工作10年以上的赵荣华等10人获省“为侨奉献奖”，归国40年以上的鲍少娥等27人获省“报效桑梓奖”。是年，从事侨联工作20年以上的郑奋义等10人获中国侨联颁发的荣誉证书。2007年，海盐澉浦镇侨联被命名为“省示范性基层侨联组织”。2009年，全国八次侨代会上，浦金英被授予“全国侨联系统先进个人”称号。李震鸣、赵荣华被授予“全国归侨侨眷先进个人”称号。省八次侨代会上，赵荣华、许农、张元卿分别被授予全省侨界“十杰”提名奖和“全省侨联系统先进工作者”“全省归侨侨眷先进个人”称号。平湖市当湖街道、桐乡市梧桐街道侨联获“省示范性基层侨联组织”称号。是年，组织市区归侨赴嘉兴港区、跨海大桥、九龙山旅游度假区等地参观考察。

2010年，市侨办、市侨联组织“参与世博、分享世博”活动10余次。组织开展医疗义诊、法律咨询、科技服务、“华文之旅”海外青少年夏令营、侨界迎新联欢会等活动。2011年，市委统战部及系统各部门与市侨联联合举行嘉兴市统一战线纪念辛亥革命100周年广场咨询服务活动，宣传侨务政策法规，展示侨务部门服务大局、服务侨界群众的成果。在市行政中心举办辛亥革命100周年图片展，活动期间邀请40名专家为市民送去义诊和卫生、教育、科技等方面的咨询服务，免费发放药品。2012年，市侨联协助党委、政府做好侨界“帮扶济困”工作，实施“归侨侨眷关爱工程”，开展“迎重阳·送关爱”活动，举办欢度重阳晚宴，为市本级30多名归侨侨眷老人集体祝寿，并组织考察湘家荡旅游度假区。2013年，举办第二届“迎重阳·送关爱”活动；组织全市归侨开展“温暖满侨情、健康送桑榆”归侨免费体检等活动。是年，嘉兴市侨联、桐乡市侨联分别获全国侨联系统先进集体和省侨联系统先进集体称号。浦金英获“全国侨联系统先进个人”，蒋嘉平、周虹获“全国归侨侨眷先进个人”，李勇军、杨美芳获“全省侨联系统先进工作者”称号。蒋嘉伟被全国检察院系统选为“寻找最美检察官”活动的“百人定评”评委。陈坚获第二届世界浙商大会创业奖。桐乡郑梓翔、平湖朱补根家庭、海宁赵青山、海盐王济汶被省侨联、省留联会评为“为国教子、以德育人“双十佳”；顾旭东、王增林分获嘉兴市第二届“十大科技创新风云人物”“十大民企风云人物”奖。

2014年9月29日，市委统战部、市侨办、市侨联领导陪同市归侨侨眷赴桐乡市杨园村红杉郫旅游景区杨园故里参观，并在景区内组织开展归侨侨眷老朋友“迎重阳·送关爱”集体祝寿活动。全年走访慰问侨界群众300余人，开展“侨助微心愿”等活动，发放慰问金10余万元。

嘉兴侨联系统获全国性和省级集体荣誉称号情况表

表6-1-12

年份	单　位	名　　称	授予单位
1998	市侨联	浙江省侨务工作先进集体	浙江省侨办、侨联
2004	平湖市侨联	浙江省侨联工作先进集体	浙江省侨联
2007	海盐澉浦镇侨联	浙江省示范性基层侨联组织	浙江省侨联
2009	平湖市侨联	浙江省侨联系统先进集体	浙江省侨联
2009	平湖市当湖街道侨联	浙江省示范性基层侨联组织	浙江省侨联
2009	桐乡市梧桐街道侨联	浙江省示范性基层侨联组织	浙江省侨联
2011	嘉兴市侨联	浙江省侨联系统先进集体	浙江省侨联
2012	嘉兴市侨联	浙江省侨联系统先进集体	浙江省侨联
2012	桐乡市侨联	浙江省侨联系统先进集体	浙江省侨联
2012	平湖市侨联	浙江省侨联系统先进集体	浙江省侨联
2013	嘉兴市侨联	全国侨联系统先进集体	全国九次侨代会
2013	桐乡市侨联	浙江省侨联系统先进集体	浙江省侨联

嘉兴侨联系统获全国性荣誉称号人员一览表

表6-1-13

姓　名	荣誉称号	年份	授予单位
何水兴	全国归侨先进工作者	1982	全国侨联
朱　烈	全国侨联工作积极分子	1986	全国侨联
赵荣华	全国“五一”劳动奖章、优秀经营管理者	1988	中华全国总工会
伍重球	全国归侨侨眷先进个人	1999	全国六次侨代会
居奇雄	全国归侨侨眷先进个人	2004	全国七次侨代会
浦金英	全国侨联系统先进个人	2009	全国八次侨代会
李震鸣	全国归侨侨眷先进个人	2009	全国八次侨代会
赵荣华	全国归侨侨眷先进个人	2009	全国八次侨代会
浦金英	全国侨联系统先进个人	2013	全国九次侨代会
蒋嘉平	全国归侨侨眷先进个人	2013	全国九次侨代会

【宣传工作】

港澳宣传工作　1996年，在延续采用联络联谊等常规宣传方式的同时，开拓网络、刊物等载体开展宣传工作。侨务部门制作的《嘉兴市侨港资企业巡礼》录像入编市对外宣传办公室编制的《变化中的中国——来自嘉兴的报导》宣传录像片。1997年，在《嘉兴日报》推出专栏，介绍在香港的嘉兴籍人士查济民、查良镛、朱伯衡、万春先、袁培元等人士及香港嘉兴同乡会事迹。与嘉兴电视台联合拍摄香港知名人士在嘉兴投资办企业的短视片，协助嘉兴电视台、嘉兴日报社摄制组采访同乡会正副会长袁培元、周利春、朱小龙、耿梅波等拍摄“嘉兴之子”特写。举办图片展、座谈会、演讲比赛、知识竞赛等活动70余次，直接受教育及参与者10万余人。开辟“统战园地”栏目扩大宣传范围。是年，举办《中华人民共和国香港特别行政区基本法》讲座180余次，3000余人次参加。与联谊会联合拍摄反映嘉兴港资企业生产经营情况为主题的《锦绣前程》专题录像片，再度编入《变化中的中国——来自嘉兴的报道》。1998—2004年，组织开展嘉兴电视台实况演播的“迎澳门回归祖国知识竞赛”“拓展外向型经济”活动和“喜庆香港回归祖国一周年”座谈会、杭百大广场“迎七一庆香港回归祖国一周年”文艺晚会、“赤子情深话当年”老照片征文比赛与图片巡回展等形式开展宣传工作。2006年，协助南湖晚报联络采访嘉兴籍旅港乡亲，编辑《十年回眸庆回归》专题报道。

海外侨务宣传　1997年、1998年，在“浙江旅外乡贤聚会”活动上开辟《侨务之窗》展台，提供宣传资料300余份。1999年9月28日，举行著名数学家陈省身铜像落成典礼和陈省身出生地纪念标志揭幕仪式，陈省身被聘请为浙江工商学院名誉院长和高级顾问(后改名为嘉兴学院)。2003年，邀请海外华文新闻媒体参观采访宣传嘉兴市的资源、区位优势，赠送相关资料近20000份。2005年，嘉兴电视台、南湖晚报社对嘉兴籍在海外留学人员的学习、工作、生活及回国创业情况作专访报道。2006年5月20日，《陈省身与嘉兴》画册首发式在嘉兴学院举行，并举行陈省身铜像揭幕暨陈省身纪念馆开馆仪式。是年，开通嘉兴侨网，开辟海外频道，开设侨务宣传栏目，网站日总浏览量达50000余次。市侨办撰写的《嘉兴侨界畅谈十七大感受——群众受益最广》等10余篇文章被国务院侨办与省侨办采用。2008年，嘉兴侨网与嘉兴人网·海外频道共同举办《嘉兴人在海外》网络视频等访谈节目，聘请12位海外留学人员为对外交流联络员，滚动更新嘉兴侨网信息80余条。有82篇侨务信息在国侨办、中国侨网、《浙江侨声报》等省级以上刊物(网络)刊登。2009年，《侨务简报》嘉兴侨网、嘉兴人网·海外频道

(简称"一刊二网",《侨务简报》1984年创办),在中国侨网、中国网、《浙江侨声》等刊物、网站上刊登宣传稿100余篇。2010年,侨商会《嘉兴侨商》创刊号首发成功。记录60位嘉兴籍海外学子(博士)的《嘉兴海外英才》首发。2011年,继续运用"一刊二网"并结合《浙江侨声报》《钱江侨音》等媒体宣传嘉兴市侨务工作和侨界先进典型。

2012年,侨务部门组织成立长三角海创俱乐部(嘉兴)沙龙,举办"精神漫谈""今天我们如何做家长"等主题讲座,与在嘉兴创业的归国人员一起切磋交流。会同市中信银行嘉兴分行共同举办"我的留学生活"主题活动,共收到来自美国、英国、日本等十多个国家的留学生稿件65篇,并组织评奖,获奖作品进行汇编成册进行宣传。开展宣传嘉兴籍海外留学生学习、生活、创业的征文和图片巡展等系列子活动。邀请参加国侨办第八期海外华文媒体高级研修班成员,欧洲商报、英中时报、美洲商报等五大洲20个国家近40家海外华文媒体的社长及总编辑等44位代表到嘉兴考察,通过他们的报道宣传嘉兴市经济社会发展成就。市侨办借助主流媒体加大侨务对外宣传力度,开展"2012相聚长三角"海外华侨华人专家嘉兴行活动。嘉兴电视台、电台、《嘉兴日报》《南湖晚报》、嘉兴在线等陆续报道活动进展情况,突出侨界重点人士的宣传。是年,《嘉兴海外英才》(第二册)出版发行。侨务部门继续巩固"一刊二网"的侨务宣传阵地建设,会同嘉兴人网·海外频道对市侨网站进行改版,设置侨务工作动态等7个栏目。

2013年,在嘉兴日报"江南周末"版开辟"嘉兴人在海外"专栏,系列报道嘉兴学子在海外就学、创业等相关信息。是年,《嘉兴侨商》杂志改版为季刊并设置专题要闻、侨企风采、名流会客厅等9个专栏。侨务部门出台侨务信息宣传工作考核实施意见,落实专人负责每日关注嘉兴侨网信息及有关宣传稿件的审核和加载。再次会同市中信银行嘉兴分行共同举办"我的留学生活"主题活动,收到征文65篇,宣传网页的点击率达7.5万人次。

2014年,市侨联完成编印介绍部分嘉兴籍海外优秀留学人员学习、生活、工作情况的《海外逐梦的嘉兴学子》刊物。市侨办借承接上级侨务部门引荐的海外代表人士国情研修班学员、2014海外红烛故乡行"完美"浙江之旅代表团和法国华人经贸协会会长团等到嘉兴参观考察机会宣传嘉兴的历史文化与社会经济发展情况。

【中文教育】

20世纪末21世纪初,海外中文教育发展迅猛。市侨务部门从师资、教材、教法三方面开展与海外教育机构的合作交流。

1999年11月6—7日,出国留学人员、加拿大渥太华华人社团联合会副主席、国家海洋局高级工程师曹亚林应邀到嘉兴与嘉兴市教委、嘉兴学院初步达成校际合作、互派教师进修和学术交流等意向。

2000—2001年,向泰国乌汶华侨公学及其他海外华文学校寄送华语教材;引荐并促成嘉兴秀州中学与丹麦司德林高级中学建立友好校际关系。2002年,邀请美国中文教师团到嘉兴就华文教育开展座谈、交流,观摩教学示范课。是年,接受海外教师到嘉兴实践2人,外派教师3人。2004年,嘉兴职业技术学院、秀州中学分别与国外院校建立友好交流关系,嘉兴学院、嘉兴一中、南湖高级中学引进外籍教师6人。此后,互访、交流成为惯例。2005年8月16日,嘉兴实验小学与荷兰中华才艺学校在杭州金川宾馆正式签定合作协议结为姐妹学校。

2006—2010年,市侨办、市侨联连续5年会同市对外友协与《南湖晚报》等部门共同举办"我们都是好朋友 ——中外儿童大联欢"活动,美国、日本、丹麦等国的海外华人子女400余人次参加。2006年,组织嘉兴籍华裔青少年参加在北京进行的寻根之旅夏令营活动。在嘉兴二十一世纪外国语学校举办华裔青少年暑期中英文学习班。市秀城实验教育集团的钧儒小学与意大利普拉托华人华侨联谊会中文学校成功结对。是年,市侨联积极响应省侨联倡议的"文澜侨心书库"工程建设,即在3~5年内为50所海外华文学校捐建每个配备300本图书的"文澜侨心书库",提供给浙江省海外华裔青少年免费阅读,帮助其学习中文,了解中华文化,增强民族认同感并在年内完成一所结对海外华校的书库建设。同年,钧儒小学被省侨办、省教育厅授予"浙江省华文教育基地”铜牌，被列为第二批省华文教育基地。2009年，支持嘉兴学院与丹麦奥尔堡大学互派交流生，帮助嘉兴学院聘请国际一流科学家为名誉院长。

2010年7月，市侨办、市侨联会同南湖国际教育集团举办首届为期7天的“华文之旅”海外青少年夏令营活动。2011年7月20日，市侨联主办，南湖国际教育集团承办的第二届“华文之旅”海外青少年夏令营活动开营，法国、加拿大等国家和地区的华裔青少年20多人参加，为期一周。是年，市侨办、市侨联组织嘉兴籍海外华裔青少年参加省“2011年，‘中国寻根之旅·快乐浙江行’”海外青少年大联欢会活动。2012年，市侨务部门会同南湖国际教育集团举办中国寻根之旅夏令营浙江营嘉兴分营暨第三届“华文之旅”活动，为期10天，25位华裔青少年参加，学习语言、书法、武术、国画、剪纸等富有中华特色的课程，并先后到月河古街、海盐张乐平纪念馆、平湖莫氏庄园、李叔同纪念馆等参观学习。是年，会同市友协、《南湖晚报》等共同举办第六届百名中外儿童大联欢活动。在嘉善县举办中小学专场“我和外教交朋友，争做世界小公民”主题英语沙龙活动。2013年5月，市侨办、市侨联协助菲律宾圣弗朗西斯集团与嘉兴秀洲现代学校建立友好合作关系，开展校际交流互访，首次选派3名优秀幼儿园教师赴菲律宾华文学校任教。7月25日，市侨办、市侨联共同举办的2013年“中国寻根之旅”夏令营浙北营嘉兴分营暨第四届华文之旅夏令营在凤桥梅花洲景区开营，并授予梅花洲景区“嘉兴海外华裔青少年培训基地”称号。来自美国、英国、瑞典、加拿大的近30名华裔青少年举行为期12天的汉语、书法、武术、珠算等传统文化学习，游览嘉兴的名胜古镇，观看民间艺术表演，参观考察秀洲、桐乡、平湖等地。是年，帮助嘉兴南湖国际教育集团获得英国剑桥大学考试委员会的A-LEVEL课程（英国高中课程，是英国全民课程体系，英国普通中等教育证书考试高级水平课程，也是英国学生的大学入学考试课程。）考点授权并落户嘉兴。

2014年7月15日，市侨办、市侨联与湖州市侨办、市侨联共同举办的2014年“中国寻根之旅”夏令营浙北分营在平湖澳多奇农庄开营。

第五节　参政议政

【“两会”代表】

1956—2014年，市（地）委统战部鼓励支持侨界组织和代表人士积极参政议政、建言献策。其间，当选人大代表的归侨、侨眷及港澳同胞中被选入人大常委委员的3人次，被选举、任命为市人民政府组成人员的6人次；担任政协委员的104人次，被列入政协常委的6人次。

1956年市（县级）政协第一届委员会至2012年市政协第七届委员会，侨界代表一直列入政协委员会界别之一。港澳同胞代表于1982年1月召开的市第三届委员会（县级）开始参加政协会议。1993年，港澳同胞界别被列入市政协第三届委员会。1997年香港回归和1999年澳门回归祖国后，港澳同胞代表安排到“特别邀请人士”界别参加历届政协会议。2014年，市侨联活动组获嘉兴市第七届政协优秀界别活动组。市政协委员宓伟毅、浦金英、蒋加伟、蒋嘉平获“嘉兴市第七届政协优秀委员”称号。

历届侨港澳政协委员一览表

表6-1-14

时　间	会　议	委员名单	备　注
1956.03—1962.03	市第一届委员会	徐金印	（撤地建市前）归侨界别
1962.03—1963.02	市第二届委员会	肖汝韫、柯春财	归国华侨界别
1963.12—1966.06	县第一届委员会	肖汝韫、杨国钧	归国华侨界别
1966.06—1968.07	县第二届委员会	肖汝韫、杨国钧	归国华侨界别

续表6-1-14

时　间	会　议	委员名单	备　注
1982.01—1983.12	市第三届委员会	沈起予、黄褚湘、浦国意、韩夬(女)、郑锦山、王蕴华(女)、孙炟、骆文泉、宋波南、徐永福	归国华侨联合会界别
1983.12—1988.06	一届委员会	黄褚湘、陆起凤、朱彦、林水章、沈孟雄、应镇浙、吴福猷、宋波南、柯青、郑锦山、骆文泉	归国华侨联合会界别
1988.06—1993.05	二届委员会	韦人骥、朱彦、孙炟、李兴华、沈公鹤、吴颂光、宋波南、郑奋义、郑锦山、周利昌、林水章、骆文泉、钱旋	归国华侨联合会界别
1993.05—1998.04	三届委员会	韦人骥、朱彦、孙炟、李兴华、沈公鹤、吴颂光、张伯良、郑奋义、周利昌、费秉阳、顾再生、钱旋、殷华智	归国华侨联合会界别
		朱小龙、陈钇(女)、袁培元	港澳同胞界别
1998.04—2003.04	四届委员会	韦宁宗、伍重球(女)、许云骑、李仁珠(女)、李兴华、沈湘、陆有德、陈尔容、周利昌、钟麟、施强、夏松	归国华侨联合会界别
2003.04—2007.04	五届委员会	王嘉德、许农、许嘉伦、李仁珠(女)、李其凤(女)、沈中华、陆有德、陈尔容、查美寅、浦金英(女)、黄蓁(女)、章志健	归国华侨联合会界别
2007.04—2012.03	六届委员会	丁旭初、王嘉德、朱德明、肖敬民、张元卿、季加平、庞乐明、浦金英(女)、黄蓁(女)、龚海、章志健、蒋嘉平、裴秀敏(女)	归国华侨联合会界别
2012.03—	七届委员会	丁旭初、万亚丁、王亚明、宓伟毅、浦金英(女)、顾旭东、倪庆一、黄蓁(女)、曹晓铭、龚海、蒋嘉平、裴秀敏(女)、戴其丰	归国华侨联合会界别

【提案议案】

侨界人大代表、政协委员围绕各个时期经济、教育、社会发展等热点和群众关注的问题，开展调研，向历届市人大、市政协提交提(议)案与意见建议1735件，其中，在市一届至七届政协历次大会上发言(包括书面)的提案38件，被评为市重点、优秀提案16件，市人大代表柯青等提交的议案，有2件列入市人大大会议程议案。1998年，侨界代表、委员，人均提(议)案参与率超过100%，获浙江省侨联涉侨提(议)案组织奖及优秀奖。2000年，团体提案《实施科教兴国战略，开创留学人员为国服务工作新局面》被省政协评为优秀提案。2006年，市政协委员章志健《把〈中华人民共和国归侨侨眷权益保护法〉列入市"五五"普法》提案，被省侨联评为优秀提(议)案。2009年，有3项提案被评为2007年度、2008年度全省侨界优秀提案。2011年，在省侨联八届三次全委会上市侨联《关于我市积极引进海外留学人员为家乡服务的建议》《关于大力发展我市职业技术教育的对策建议》提案获2009年度、2010年度侨界优秀提(议)案称号。

政协嘉兴市第一届至七届历次会议委员大会发言(书面)目录一览表

表6-1-15

会议 序号	会议 届	会议 次	发言人	案　由	身 份	时 间
1	一	二	骆文泉	充分发挥侨务工作优势，为振兴经济服务	委员	1984.10
2		三	柯青	在"联"字上下功夫，做好侨联台联工作	市侨联	1985.07

续表6-1-15

会议			发言人	案　　由	身份	时间
序号	届	次				
3	一	四	宋波南	希望市政府重视旅游事业	市侨联	1986.05
4		五	王兆熊	不失时机地做好祖国统一工作	市侨联	1987.05
5		五	骆文泉	“三胞”政策落实的调查	委员	1987.05
6	二	二	郑奋义	要求切实解决嘉兴市各县(市、区)侨联待遇、编制、经费问题	市侨联	1989.05
7	三	一	郑奋义	加强侨联工作,促进嘉兴市外向型经济发展	市侨联	1993.05
8		一	殷华智	抓住机遇,发挥侨务优势,为振兴嘉兴经济贡献力量	市侨联	1999.03
9		二	郑奋义	关于嘉兴市“三资”企业发展情况的视察调查	市侨联	1994.04
10		三	郑奋义	开展大侨务,为经济建设服务	市侨联	1995.04
11		三	张伯良	必须重视“三资”企业的环境保护和劳动保护	市侨联	1995.04
12		四	郑奋义	贯彻执行《归侨侨眷权益保护法》,为嘉兴市经济建设服务	市侨联	1996.04
13		五	张伯良	海新发展靠什么	市侨联	1997.03
14		五	郑奋义	发挥侨联组织优势,为经济建设服务,为和平统一祖国服务	市侨联	1997.03
15	四	一	夏松	做好新迁移居国外人员及其家属工作 进一步推动嘉兴市改革开放的深入发展	市侨联	1998.04
16		一	沈湘	专业技术人员流失与技术工人力量的断层已成为企业发展中的难点,必须引起高度重视	市侨联	1998.04
17		一	施强	发挥“侨”字优势,为发展外向型经济服务	委员	1998.04
18		二	夏松	发挥留学人员在科教兴市战略中的独特作用	市侨联	1999.03
19		二	施强	拓宽个体、私营经济发展新思路	委员	1999.03
20		三	夏松	在实施科教兴市战略中积极开创留学人员为国服务新局面	市侨联	2000.03
21		三	施强	关于发展中小企业的思考	委员	2000.03
22		四	李兴华	关于加强出国留学人员工作的见点建议	市侨联	2001.03
23		四	施强	加快嘉兴城市化进程的几点建议	委员	2001.03
24		五	夏松	进一步改善与优化吸引海外留学人员来嘉兴市的创业环境	市侨联	2002.04
25	五	一	侨联	加大对海外宣传力度,为嘉兴市经济发展服务	市侨联	2003.04
26		二	侨联	拓展海外民间文化交流,推动江南水乡历史文化名城建设	市侨联	2004.02
27		三	侨联	法律服务要为嘉兴市招商引资和实现经济跨越式发展提供保障	市侨联	2005.01
28		三	李仁珠	应加大对农民进城就业的“充电”力度	委员	2005.01
29		四	浦金英	关于嘉兴市侨港资企业、留学人员企业发展中的一些问题及思考	市侨联	2006.01
30	六	一	浦金英	积极吸引留学人员回国创业,努力促进嘉兴经济快速发展	市侨联	2007.04
31		二	侨联	对新形势下侨企继续发展的思考	市侨联	2008.01
32		二	张元卿 刘惠娟	关于平衡贸易顺差的若干思考和建议	市侨联	2008.01

续表6-1-15

会议			发言人	案由	身份	时间
序号	届	次				
33	六	三	侨联	着力打造特色职业教育城市，抢占"长三角"人才战略高地	市侨联	2009.02
34		四	侨联	关于嘉兴市城乡一体化新社区规划建设的思考与建议	市侨联	2010.01
35		五	浦金英	关于嘉兴市实施文化兴市战略要高度重视对嘉兴籍名人资源的保护、开发和利用的建议	市侨联	2011.02
36	七	一	侨联	创新融资方式 缓解中小企业融资难	市侨联	2012.03
37		二	侨联	关于在我市主城区有机更新中植入文化旅游要素的建议	市侨联	2013.02
38		三	侨联	进一步加大海外高层次人才来禾创业的服务力度	市侨联	2014.02

嘉兴市历届人大议案和政协重点、优秀提案一览表

表6-1-16

会议		议案、提案提出人	案由	说明	时间
届	次				
四届人大	一	柯青、杨祖云、姚嘉琪等50名	关于加强大气污染治理，提高城市环境质量	列入大会议程议案	1998.04
四届人大	五	柯青、朱金松等23名	要求进一步健全和完善我市社会保障体系	列入大会议程议案	2002.04
三届政协	三	市侨联	改善投资软环境，为三资企业排忧解难，加强法制管理，树立嘉兴市新形象	优秀提案	1995.04
三届政协	四	张伯良	发展市场经济必须保护生态环境	优秀提案	1996.04
三届政协	四	戴劲男	建议嘉兴电视台在《星期话题》中增加有关"好婆媳"的内容	优秀提案	1996.04
三届政协	四	韦人骥	从速整顿斜西街存在市容、环境、交通脏乱差状况	优秀提案	1996.04
四届政协	二	夏松等5人	把南湖景区建设作为嘉兴市旅游规划、建设的重中之重	优秀提案	1999.03
四届政协	二	施强	关于运用民间资金建设北京路的建议	优秀提案	1999.03
四届政协	三	夏松	加强城市社区建设，完善社区服务，提高群众生活质量	重点、优秀提案	2000.03
四届政协	四	夏松	尽快把农产品安全性问题摆上重要议事日程	重点、优秀提案	2001.03
四届政协	五	夏松	关于扶助社会贫困弱势群体的建议	重点提案	2002.04
六届政协	三	市侨联	关于大力发展嘉兴市职业技术教育的对策建议	优秀提案	2009.02
七届政协	一	市侨联	关于加强我市农产品质量安全监管的建议	重点提案	2012.03
七届政协	一	市侨联	关于建立我市生物医药实验公共服务平台的建议	重点提案	2012.03
七届政协	二	市侨联、台联	关于推进城市有机更新，注重提升城市品质内涵的建议	优秀提案	2013.02
七届政协	二	市侨联	加强城市社区治理，推进嘉兴和谐社会建设	优秀提案	2013.02

说明：1995年4月，市政协三届三次会议开始每年选择若干提案为重点提案，开展调研，跟踪督办

第六节　依法维护权益

【涉侨法律法规宣传】

1990—1991年，《中华人民共和国归侨侨眷权益保护法》（简称《归侨侨眷权益保护法》）颁布、实施后，侨务部门组织归侨、侨眷2000多人次进行多种形式的学习座谈，提高对保护法的认识。

1990年9月7日，第七届全国人民代表大会常务委员会通过颁布《归侨侨眷权益保护法》》。市侨办召开《归侨侨眷权益保护法》学习会、座谈会，归侨、侨眷600余人参加。1991年1月1日，《归侨侨眷权益保护法》的施行和省政府制定的《中华人民共和国归侨侨眷权益保护法实施办法》征求意见稿下发后，全市举行各种形式会议17次，组织学习、座谈1690人次。

1993年，《中华人民共和国归侨侨眷权益保护法实施办法》（简称《实施办法》）和《浙江省实施〈中华人民共和国归侨侨眷权益保护法〉办法》颁布，市侨办发出关于学习贯彻《实施办法》的意见、通知，组织开展一系列的侨法宣传活动。组织归侨侨眷1589人次参加学习，印发侨法汇编1745份。1995年，《归侨侨眷权益保护法》颁布5周年，《实施办法》颁布2周年，市侨务部门配合市人大开展“爱侨胞、护侨益、引侨心”系列活动，组织300余人参加《归侨侨眷权益保护法》专题座谈会、知识竞赛、侨务成果展览、优秀归侨、侨眷先进事迹宣讲等活动。

2000年，市委统战部、市侨务部门组织以纪念《归侨侨眷权益保护法》颁布10周年为主题的大型宣传咨询活动，宣传侨务法律法规与涉侨知识。10月31日，第九届全国人大常委会第十八次会议对《归侨侨眷权益保护法》进行修改。市侨办会同市人大教科文卫委、市政协“三胞”委联合开展深入宣传贯彻《归侨侨眷权益保护法》为主题的系列活动，为市民、侨眷人士解答有关涉侨政策法规30人次。2001年，开展新修订《归侨侨眷权益保护法》和《浙江省实施〈中华人民共和国归侨侨眷权益保护法〉办法》系列宣传活动。举办专题报告会、座谈会，分发《归侨侨眷权益保护法》及辅导资料100余份；在《嘉兴日报》上开辟专栏，刊登系列宣传文章。2003年，举办各县（市、区）统战部分管侨务工作的各级领导、专职干部，侨界人大代表、政协委员，市四届侨联委员共35人参加培训班，系统学习侨务工作法律法规。2004年7月1日，《中华人民共和国归侨侨眷权益保护法实施办法》（简称《实施办法》）颁布施行，组织开展“侨法宣传月活动”，编印侨法宣传册2000余份。市本级、平湖、海宁等先后举行《实施办法》辅导报告会5场，1000余人次参加。

2005—2009年，市委统战部、市侨务部门配合市人大教科文卫民侨委对《归侨侨眷权益保护法》贯彻实施情况开展执法检查，针对存在的问题提出意见建议。围绕省侨办提出的“四进”主题（侨法进社区、进侨乡、进党校、进侨企），开展宣传活动20余次，编发《侨务政策法规宣传手册》3000余份。开展有626人参加的《嘉兴市侨务政策法规知识竞赛》问卷活动。在侨眷较为集中的南湖区新嘉街道设立“侨法宣传角”。

2010年，市侨办、市侨联联合下发《关于开展侨法宣传教育系列活动的实施方案》，发送《侨务政策法规宣传手册》2000余本，先后举办侨法咨询、培训讲座等主题活动40余场次，刊出社区侨法宣传墙报60余篇、宣传图版46块，组织700余人参加侨法知识竞赛。2011年，各级侨联通过举办维护侨益讲座、开展法律咨询等活动，利用侨刊、乡讯，广泛深入开展法制宣传教育，积极营造学法、用法的氛围。共组织开展侨法宣传活动47场次，参加侨法宣传活动9290人，开展侨法培训10场次、2165人。

2011—2014年，市委统战部与侨务部门开展“侨法宣传角”建设。统战、侨务干部深入基层走访侨界群众，宣传涉侨法律法规。

2012年，侨务部门以“六五”普法为重点，进一步深化侨法宣传教育，推动侨法贯彻落实。继续开展涉侨法律法规进学校、社区、党校、侨企的“四进”主题活动，组织开展 侨法宣传活动11场次，426人参加，开展侨法培训9场次，受训人员322人。配合人大开展《归侨侨眷权益保护法》执法调研，加大涉侨信访办理力度，受理海外侨胞和归侨侨眷来信来访24件次，做到件件有回应，事事有落实。

2014年，平湖当湖街道朝阳社区、桐乡濮院镇锦苑社区获得国家级“侨法宣传角”称号。10月，秀洲新城街道亚都社区和嘉善西塘社区再创国侨办“侨法宣传角”。平湖当湖街道朝阳路社区获国侨办全国“明星社区”称号。

【维护权益】

1954年3月，中央发布《关于处理回国华侨就业问题的指示》对归侨的安置作具体规定。1956年，中央转发中央统战部《关于国内侨务工作的方针任务及若干政策问题的意见》。各级统战部门根据中央文件要求，在党委领导下做好安排侨界人士的工作，调动他们参加社会主义建设的积极性。1956年，市委统战部先后安置从日本及印度尼西亚归国的华侨11人。其中成年人7人，少儿3人，回国就学学生1人。除因为身体条件限制不能参加工作的外均安排工作，少儿就学由政府发放生活费及甲等助学金，家属生活费由省、市民政部门及工作单位补助，生活水平不低于本市居民。1960年，嘉兴县民政科对归侨、侨眷进行重点访问，发现思想问题及时解决，生活困难的及时作适当补助，救济归侨3人65元，解决问题与教育相结合，调动积极性。是年，有6名归侨被评为县级和基层先进人物。

1978年起，国家放宽归侨、侨眷出国探亲定居的政策，对申请出境探亲定居的归侨、侨眷，政府侨务部门均予以关心和协助。1979年后，侨务部门配合有关单位，按照“一视同仁，适当照顾”的原则，照顾解决许多归侨、侨眷(属)夫妻分居、子女升学、就业、住房分配和工作调动、工作调整等问题。对归侨、侨眷中的知识分子，按政策和实际可能，予以从优照顾。1984年起，市委统战部、市侨务部门、市公安、法院等部门密切配合，落实侨房政策314户、30964平方米，受理来信来访1097人(件)。在处理政治遗留问题上，对不实不当之词的材料发还本人，或当众销毁，或加以改正。平反冤假错案48起，其中属历史老案38起，“文化大革命”期间10起，并处理好善后工作。在落实侨房政策方面，采取对历史上被错误归公或代管的房屋归还原主，或发还产权，无法发还的折价补偿。对“文化大革命”中被挤占的房屋，首先发还，同时动员住户腾退。全市落实各类侨房401户、44207平方米，其中属土改错没收的29户、7350平方米。解决“文化大革命”期间被挤占的207户、15225平方米。解决私房社会主义改造遗留的问题158户、16680平方米。解决错判“反革命”被没收的1户、941平方米及无主代管侨房6户、4011平方米。

至1987年年底嘉兴市落实侨房政策情况表

表6-1-17

地区	合计		地区	合计	
	户	平方米		户	平方米
合计	401	44207	平湖县	72	9336
城区	59	4735	海盐县	2	352
郊区	45	4738	海宁市	90	9613
嘉善县	74	4770	桐乡县	59	10663

1985—1989年，市和各县(市、区)用于落实侨房政策经费156.48万元，其中用于处理土改没收侨房和对私改造遗留房57076万元。对“文化大革命”前精简下放农村的1户归侨收回城镇安排办理退休。1986年3月，市侨联召开市区归侨座谈会，对会上部分归侨提出的要求落实历史遗留问题给与高度重视，就归侨郑锦山、林圣淡的历史问题和“文化大革命”中被扣工资等情况向市侨办反映，市政府和市委统战部了解情况后及时给与妥善处理。1987年后，主要解决处理一些个案及改善安

置工作。

90年代起，市委统战部、市侨务部门坚持重大节日走访慰问制度（每年走访不少于200户），落实侨务政策，及时妥善处理来信来访，通过提供行政、法律服务等方式为侨服务、为侨办实事，维护其合法权益。

1990—1998年，提供法律服务，落实侨务政策主要涉及“农转非”（指由农业人口转为非农业人口）、历史遗留的侨房产权、侨资企业的经济纠纷以及为侨办实事等。其间，落实历史遗留侨房23户、4658.48平方米。如魏永康在市区有祖房3处、941平方米，由于历史原因一直没有处理彻底，市侨办会同城区法院深入调查，经多方努力，给予落实。1990年，商请教育部门对侨眷子女接受初等教育的入学给予适当照顾、商请人事部门对侨眷工作需要从外地调入嘉兴市的给予落实、商请有关部门酌情解决归侨侨眷住房困难户等。1991年，为归侨、侨眷知识分子改善住房条件254户。1995年，《归侨侨眷权益保护法》颁布5周年，《实施办法》颁布2周年，市侨务部门配合市人大有关部门落实23名工龄30年以上退休归侨职工生活补贴。1996年，制定《关于进一步做好对全市归侨服务工作的若干规定》，在归侨就业、搬迁等方面实行优惠，并建立归侨生病住院探望制度。1997年，组织“送温暖”活动，走访慰问侨户3419户，协助有关部门落实政策69件，为归国华侨办实事674件。如落实归侨工龄满三十年以上退休职工享受原工资100%待遇；协助处理诉讼案5件。1998年，帮助解决归侨、侨眷住房、就业和子女升学等困难13件，帮助解决侨资企业经济纠纷多起。如省侨属企业嘉兴中日合资阳湖制衣有限公司被地方法院裁定破产引发争议。市侨联及时协助案情调查，经四个多月的对话、协调和沟通，最终经地方法院终审裁定和解解决这起全市首家中外合资企业破产纠纷案，公司1400万元银行资金得到保全，1000多名企业职工和担保单位平湖中侨公司的合法权益得到保障。阳湖公司将“依法护侨、恩重如山”的锦旗赠送给市侨联表示感谢。

1999年，市侨办与市劳动局联合发出关于转发省侨办、省劳动厅《关于做好归侨侨眷职工下岗和安置工作的通知》的通知，并相继出台归侨就医、归侨职工退休后待遇以及归侨侨眷下岗再就业、困难补助、体检等方面给予优惠的一系列规定和政策。如安排市第一医院为市区归侨每2年进行一次免费体检；侨眷刘俭、王家祥下岗后给予适当的工作、生活安置；旅居比利时的华侨王新华来信来访政府有关部门，提出其祖屋拆迁过程中为其90余岁的母亲提供方便等诉求，市侨务部门及时给予妥善解决，受到国务院侨办、省侨办表扬。

2001—2003年，开展“侨心联心”“维护侨益年”“群众工作年”等活动，协助处理涉侨案12件。走访慰问归侨侨眷110余户，对近10户困难低保户发放一次性生活补贴。在新兴街道社区成立市首家归侨侨眷医疗服务中心。2002年，市侨办、市侨联会同市人大教科文卫委对全市贯彻执行检查，召开归侨侨眷、侨属企业代表和涉侨部门负责人座谈会。全市各级侨联受理来信30余件，接待来访60余人次，协助处理涉侨案件12件；为归侨侨眷办理子女就学、住房拆迁、出国（境）探亲、落实工资待遇等实事50余件。市侨办、市侨联在市区和160多个归侨侨眷、侨属企业落实机关专人联系制度。

2004年3月23日，市侨联与浙江子城律师事务所合作成立侨联法律维权中心，为侨眷和海外侨胞解决房屋拆迁与住房政策落实等问题，免费为侨资、侨属企业解决多起经济、劳资纠纷。2005年8月18日，嘉兴市侨联创办的华侨国际教育集团注册成立，嘉兴市华侨幼儿园正式开园，该园实行中英文双语教育。

2006—2010年，市侨务部门组织开展“送温暖、送健康、送文化、送法律、送服务”的“五送”活动。通过网络、电话和邮寄近4000份贺年卡等形式向海外的乡亲和留学人员拜年。编发《侨务政策法规宣传手册》3万份，协助解决侨资、侨属企业经济纠纷6起。

2006年3月28—29日，浙江省为侨资企业服务律师顾问团到嘉兴开展巡回服务活动，市侨办配合律师顾问团先后走访锡顿金属制品（嘉兴）有限公司、桐乡华兴工艺制品有限公司等侨资企业，对一些企业涉及的案例进行专门辅导咨询，对企业遇到的侵权行为及需要帮助解决的法律问题提供服务。

对已经进入法律程序的案件进行专门咨询辅导。认真听取并解答企业在生产经营中碰到的与合同法有关条款的实际应用、操作等法律实务问题。如专利产品的注册，劳动合同的签订，案件的执行难等。2007年，召开座谈会3次，走访侨资企业100多家。组织相关部门与律师一起，走访侨资企业，解决实际问题16个，依法处理涉侨信访3件，协调处理涉侨经济纠纷6件。2008年，协调处理涉及侨房拆迁、工程款纠纷、拆迁补偿、福利待遇等政策性问题12件。2009年，开展"送法律到企业、用法律保增长"活动，与市法学会、市司法局等联合举办105场次的实用法律知识讲座，发送《企业经营管理法律风险提示语建议100条》手册。2010年，聘请8名律师担任市侨商会法律顾问。发送法律服务手册3万余份，帮助企业协调难事、解决难题13起，发放慰问补助金6万余元，为侨办实事40余件。

2011年，开展为华侨华人、留学人员等提供优先安排、优质服务和优惠服务的"三优服务"。2012年7月4日，市侨联和嘉兴市第二人民医院举行"嘉兴市华侨华人医疗保健康复定点医院"挂牌签约仪式，嘉兴侨商、海外高层次人才回国创业人员及归侨侨眷40余人参加。是年，侨务部门开展"进侨企、解难题、助发展"活动，走访侨资企业、侨属企业、海归初创企业67家，召开侨商、海归创业者座谈交流会4次。通过蹲点调研、上门走访，收集梳理企业生产经营中遇到的问题和困难13件，及时向政府相关部门反映，并帮助基层解决实际困难2件。2013年，嘉兴市第二人民医院正式挂牌设立"嘉兴市华侨华人医疗保健康复定点医院"。是年，市侨务部门与民政局联合下发《关于开展我市社区侨务工作的实施意见》，举办全市社区侨务工作现场会，把侨界民生工程推进基层社区，各县(市、区)均建立1~2个"社区侨务工作站"。

2014年，市委统战部、侨务部门协调华侨子女就学20余起，协调侨企发展受困案例8起，解决侨界群众生产生活难事10余起。

第七节　服务地方经济

【海外招商引资】

20世纪50年代起，各县、市贯彻执行国家保护侨汇(民政)政策，不断改进和加强侨汇工作吸引侨汇，支援国家经济建设。1977—1983年，各县、市侨眷(属)收到赡家、建筑侨汇折人民币21.66万元，多数由香港汇入。

20世纪80年代，各县、市的侨务部门积极支持侨眷(属)投资创办企业。1980年2月，泰国联合宝石有限公司常务董事、美籍华人余保罗到嘉兴探亲之际，与嘉兴县第二轻工业公司洽谈合办的宝石加工厂，成为第一家中外合资的侨资企业。

1983年市侨办、市侨联成立至1990年，遵照中共中央、国务院《关于加强利用外资工作的指示》提出的"利用外资，引进先进技术，对加快我国社会主义现代化建设具有重要的战略意义"的指示精神，积极联络侨商介绍乡情，洽谈商务。这一时期的侨务工作重点是以引进侨资兴办企业、创办侨眷(属)企业和吸收侨汇为主。

1984—1990年，侨属企业总产值(经营额)8837.4万元，创汇1.9万美元，上缴税金558.9万元，获利660.1万元。

1985年，全市接待侨商等300余人，组织参观市区10家企业，并组织4次较大规模的技术、资金、设备引进活动。1988年，推荐联络旅美工商界、实业家47人，出席浙江省在美国新泽西州摩利立大学举行的"浙江省出口商品展览会"。

1990年，市侨办牵线搭桥，开展洽谈引资工作。是年创办中外合资、侨资企业19个，总投资1188万美元，注册资金968.9万美元，其中外资418万美元，实际利用侨资347万美元。至年底，全市有侨属集体企业17个，集资98.23万元，职工226人。

1984—1990年嘉兴市赡家、建筑侨汇数一览表

表6-1-18　　单位:万元

地区	合计	1984年	1985年	1986年	1987年	1988年	1989年	1990年
全市合计	695.10	54.61	77.97	96.58	115.41	119.45	61.89	169.19
市区	150.65	23.63	21.25	33.12	30.90	35.80	3.65	2.30
嘉善	34.64	7.20	4.38	6.53	5.71	5.12	1.84	3.86
平湖	44.56	1.08	7.36	14.02	7.73	7.73	2.92	3.72
海盐	35.0	2.92	5.12	7.65	6.10	6.10	4.64	2.47
海宁	369.19	13.80	26.05	29.52	58.73	58.46	34.76	147.87
桐乡	61.06	5.98	13.81	5.74	6.24	6.24	14.08	8.97

1991年,牵线介绍项目意向28项,成功4项,引进侨资近50万美元。创办中外合资侨资企业30家,总投资2155万美元,利用外资631.85万美元,创汇1435.6万美元。

1992—1996年,经市侨联牵线搭桥合资成功的项目有嘉兴伟建房地产有限公司、嘉兴吉运染料化工有限公司、嘉兴市星辰电焊设备有限公司、海宁市布莱迪皮革制件有限公司、嘉兴泰兴制衣有限公司、嘉兴吉运染料化工有限公司、嘉兴丰诚美龄皮件有限公司、嘉兴吉洪漂染有限公司、嘉兴昌辰化工制革有限公司、嘉兴东南亚化工香料有限公司、嘉兴浙安电子工程有限公司等。

1995年,侨务部门支持侨眷胡鑫镛创办嘉兴市二十一世纪外国语学校。

1997年,市侨务部门开展“三个一”活动(联络一个亲友、提供一条信息、介绍一个项目),牵线引进美国保点公司先进技术与先进管理经验应用于超市管理与防窃系统建设。

1998年,协助中华化工集团在泰国投资60万美元开设贸易窗口,拓展外销渠道。

1999年9月14日,市政府召开全市侨务工作会议,各县(市、区)政府分管领导等80余人参加。会议提出侨务工作者要围绕经济建设中心,进一步开拓进取,扎实工作,开创新世纪侨务工作新局面。是年,侨务部门在“1999浙江投资贸易洽谈会”与“1999嘉兴接轨上海大型系列活动”两次招商活动中,共引荐海内外客商70余人次。成功落实嘉兴东进瓜果蔬菜种苗公司与以色列思华公司培育名优瓜果的合作项目。全年引荐海内外客商150余人次。2000年,落实匈牙利温州同乡会、匈牙利华人国际投资集团在嘉兴市旧城改造项目。在南湖综合开发区高新技术园区引进高科技项目2个。

2001年,市委统战部、市侨联(参与)接待省委统战部、省工商联、省侨联邀请的“百名海外博士浙江行——嘉湖分团”对嘉兴的考察访问(有13名嘉兴籍海外博士)。市侨联组织28家民营企业赴杭州参加“百名博士浙江行”新世纪浙江发展论坛和高科技项目对接洽谈会,对接3个高科技项目。同年,促成日本霞光株式会社与市环保局签订“嘉兴市广域水质自动化温测系统工程”项目,工程于年底完成,并申报国家重大科技成果。2001年“浙江投资贸易洽谈会”“嘉兴市投资洽谈会”期间,共邀请来自美国、法国、瑞典、奥地利等国客商80余人,介绍投资项目10余个,促成2个。是年,侨眷徐燊在湘家荡、汾湖投资建立观光植物园。旅日光导通信专家潘德荣投资的光导纤维加工与光开关项目浙江光基科技有限公司在桐乡市正式揭牌。

2002年,市侨联委员蒋加平邀请海外朋友来访投资,共促成4个项目落户乍浦港区,其中,茂友木业浙江有限公司和三味厨具嘉兴有限公司正式启动。是年,牵线引进日本留学人员为主的日本卡司米国际株式会社与市环保局合作开发的广域水质适时在线监检系统项目,投入1600万元建立50个监测点。嘉兴征宜工贸公司在嘉兴工业园区落户。2003年,美国阳光科技股份有限公司在

嘉善建立高亮度LED及激光器件生产基地。西班牙博尔玛（中国）有限公司在秀洲区建立箱包、服装生产基地和输欧商品集散周转中心。印度尼西亚芝加朗有限公司与秀城区签定创办工业园项目等。

2004年6月20—26日，市侨办、市侨联承办江浙沪“相聚‘长三角’——海外投资发展服务活动周”浙江段首站活动，来自澳大利亚、比利时、德国、法国、荷兰、加拿大、美国等17个国家的侨商共70余人参加，签约项目10个，其中6个项目落户嘉兴。2006年，美国杰明克国际控股投资集团与南湖区七星镇政府签订共同开发外籍人士居住休闲基地项目。2008年9月8日，加拿大华人经贸总商会会长李玮携夫人陈樱到嘉兴，进行4天的经贸考察。是年，浙江嘉瑞电器有限公司项目签约落户王店嘉兴现代物流园。嘉兴奥林匹克大酒店成功开业。

2009—2014年，全市侨务部门组织举行和参与地方经贸活动30多次，牵线引进海外侨人才、技术、资金项目300多个，资金10多亿元。

2010年，邀请50余名侨商参加浙洽会、市洽会。在宁波举行“中加服务外包与人才智力合资洽谈会”，促成嘉兴经济技术开发区与侨企中国黄河集团合作。组织邀请客商近500人次参加各类经贸活动，引进项目意向10余个，合同利用外资7500余万元。

2011年，市侨办、市侨联在浙洽会、市洽会、消博会期间，主动参与海外华侨华人专业人士新兴产业投资合作对接会等活动。组织38批次579名海外客商和海外人才到嘉兴进行投资考察，引进项目15个，合同利用外资近4亿美元。2012年，在市侨务部门的协调下，侨商投资的中润·嘉兴中心城市综合体、嘉兴国际毛衫城、晶辉国际广场等重大项目落户嘉兴。2013年，市侨办邀请马来西亚工商联合会、中国留德学者计算机学会代表团、意大利顶级时尚服装品牌的设计师访问团及由16个国家组成的海外温籍侨商考察团等海外侨商到嘉兴市进行投资考察。市侨联在“2013海外侨商进区入园嘉兴行”活动中，邀请来自瑞典、捷克、乌克兰等20多个国家和地区的50多位侨商到嘉兴考察洽谈并组织赴海盐、海宁、嘉善等地开展项目推介、对接活动，促成瑞典工商联合总会与市工商联合会签订战略合作框架协议。牵线北大青岛百亿商办项目落户嘉兴国际商务区。全年，侨务部门组织举行和参与地方经贸活动30多次，邀请客商近1000人次，牵线引进项目意向40多个，合同利用外资8000多万元。

2014年，市侨办、市侨联推进“浙商回归”战略，组织侨商代表参加“浙洽会”、海外华商贸易投资洽谈会、第一届禾商大会、“嘉洽会”等经贸活动。是年，接待海外侨商赴产业集聚区和经济、工业功能区考察洽谈，寻求产业项目对接，促成一批项目签约。

【港澳招商引资】

20世纪80年代，各县、市的侨务部门积极支持港澳同胞亲属投资创办企业。1985年9月29日，市侨务部门成功引进第一家港资企业——嘉兴禾港电子有限公司。

1986年，第一家由市侨办参与引进港资的是香港知名实业家查济民回乡投资港币100万元与海宁市投资人民币110万元创办的海宁市袁花纺织有限公司。1988年4月，市侨务部门牵线31家港商公司参加市政府在深圳召开的“嘉兴市来料加工洽谈会”。查济民、刘璧如夫妇等24人专程赶到深圳参加洽谈会，谈成53个项目，签订9项合同和20份意向书，成交金额168万美元。6月，查济民又从香港运入一万锭纺织机械设备，投资人民币715万元。8月23日，联络推荐查济民、查良镛、朱伯衡、万春先、吴中一、袁培元等13名实业家参加“浙江省香港经济贸易研讨会”。

1992年，“1992中国嘉兴时装节”期间，嘉兴旅港同乡会会长袁培元与嘉兴丝绸公司合资兴办同兴丝绸制衣有限公司。香港汇发整染有限公司董事长朱伯衡投资140万美元，独资兴办天华纺织有限公司。1993年，在香港举办“1993浙江省嘉兴市工艺品、轻纺产品暨投资贸易洽谈会”。1994年，举办“1994嘉兴沙龙国际外商投资咨询会”“1994香港嘉兴经贸洽谈会”，共接待港澳和外国客商1000余人，贸易成交2804.67万美元。香港东方纱厂有限公司董事长万春先5次到嘉兴考察，独资兴办嘉善宝丽化妆品有限公司。1995年，查济民创办海宁纺织综合企业有限公司。朱伯衡在“天华”增资扩大再生产。

1998年12月11日，嘉兴海外联谊会、市侨办、市侨联与省侨联共同牵线引资，促成香港中国基建集团公司与乍浦开发集团正式签约，合资建设乍浦港石油化工与多功能码头项目，总投资8亿元人民币，推进嘉兴成为上海南翼的港口工贸城市的进程。是年，参与引进资金、技术、人才（简称“三引进”）为主要内容的“兴国利侨”活动。

1999年，侨务部门与香港贸易发展局合作，组织合资企业和部分大中型企业参加在上海举办的“香港博览会”和“千禧时装展”。2000年，查济民在海宁创办新高纤维有限公司。

2002—2003年，香港永新制衣控股公司就南非、深圳两家公司迁移至嘉兴项目签约。

2004年，参与“浙洽会”“市洽谈会”“香港浙江周”“南湖之春”等活动20余次，邀请参加的客商300余人次。2005年，查济民在海宁创办新能纺织有限公司。2010年，参与市政府举办的“2010浙江嘉兴市服务业项目（香港）推介会活动”。

【招才引智】

20世纪90年代初，招才引智工作开始上轨道。1993年5月28日，嘉兴市侨界知识分子、企业家联谊会成立。至1996年年底，先后在会员中开展“我为拓展外向牵一线、献一计”和“三个一”活动，牵线办成合资企业8家，引进外资203万美元，为企业引（贷）资金4000多万元。创办育才培训中心，为社会培养各种专业人才240余人。

1998年，市侨办制定“兴国利侨”活动实施方案，初步建立起新移民留学生重点人士档案。向留学生家长（家属）联谊小组分发《嘉兴市出国留学生来禾工作若干规定》与招才引智资料100余份。此后，留学人员回国回乡创业陆续增多。留美学生徐晓东回平湖投资创办华威服装有限公司；留美博士周铁人与有关部门合资创办嘉兴首家软件开发公司等。是年，先后邀请10多个国家和地区的100余人到嘉兴考察和洽谈项目。1999年，市侨办配合市“环境建设年”活动，实施“一二三五”工程。年底全部落实到位（见表6-1-19）。

嘉兴市侨办实施“一二三五”工程一览表

表6-1-19

单　位	“一”（侨、港澳属企业）	“二”（侨、港澳资企业）	“三”（侨胞、港澳同胞）	“五”（新移民）
嘉兴市侨办	嘉兴市二十一世纪外国语学校，嘉兴中国旅行社	神龙海绵服饰制品公司（港），华年电机有限公司（新），天华纺织有限公司（港），佳利电子有限公司（港）	查济民、查良镛、袁培元、朱崇渊（港）、陈省身（美）、魏永康（加）、方守义（新）、肖英（日）	张真、周雯（女）、马培明、蔡沁（女）、褚燕敏（女）、许田（美）、王海拉（法）、王勇（日）、曹亚林（加）张红毅（英）
嘉善县侨办	嘉善拍卖行	嘉善众文塑料有限公司（港），东龙羊毛衫厂（美）	顾志恒、居恩慈（美）、陈钇（港）	顾善洪、张永康、朱海权、朱昕（美）、李新元（日）、秦益明（英）
平湖市侨办	中侨服装有限公司，侨台企业公司	福克斯时装有限公司（港），金晖塑料制品有限公司（港），华威制衣有限公司（港）	陈意子（女）、周祖涵（美）、杨继宗、沈申庚（港）	徐晓东、徐利军（女）、徐云军（女）、马红（女）、钱标（加）、俞军（瑞典）徐维（女、阿联酋）
海盐县侨办	嘉兴市宏达制衣有限公司，海盐运动衣厂	海盐威康纺织工业有限公司（新），浙江柏丽印染服装有限公司（港），嘉兴绿安制衣有限公司（日）	周永嘉、徐忠伟、步仁甫、耿梅波（女）（港）	赵晓青、尹亦重、赵惠民、陆赵良（美）、王健（日）、卢焕章、徐海清（加）

续表6-1-19

单　位	“一”(侨、港澳属企业)	“二”(侨、港澳资企业)	“三”(侨胞、港澳同胞)	“五”(新移民)
海宁市侨办	—	海新纺织有限公司(港),海宁司必林糖果有限公司(港),海宁永宁娱乐有限公司(港)	查济民、查良镛、周利春、查忠慧(港)	陈新华、储吉明、查强中、马学强、凌敏夫、高杨(美)、查浩民(日)
桐乡市侨办	桐乡华达塑料厂,桐乡濮院低压电厂	桐乡双箭胶带有限公司(港),嘉兴三珍斋食品有限公司(日),嘉兴得福制衣有限公司(港)	潘明中、甘成(港)、夏克定、叶国庆(美)	郑彪、马有志、郑坚(美)、厉良(加)、高晓东(日)、姚翔飞(澳)、程俊佩(女、德)
秀洲区侨办	建设砖瓦厂	大桥中华化工集团公司(港),建设龙源绢麻纺织有限公司(港),伟创时装有限公司(港)	邱开甲、沈铎(美)、蒋建中(英)	徐秀芳、张文斌、李仁根、周治人(美)、朱松明(比利时)、李彤(丹)
总计	10	21	30	50

2001年10月18日,“百名海外博士浙江行”嘉兴分团的11位博士到嘉兴考察,并与部分企业达成一批科技开发合作项目。2002年,市本级、桐乡市先后创办留学人员创业园。加拿大籍华人、留学生詹建龙投资1500万美元与秀洲区政府共同创办加拿大嘉兴科学工业园。全年,归国留学人员20余人,创办企业7家。2003年,对全市回国留学人员创业及在嘉兴投资的华侨华人企业情况进行分析调研。2004年,组织留学人员回国参加省、市、县(市、区)各种研讨会和联谊活动10余次。全年,回国创业留学人员30余人,创办企业20家。

2005年,市委、市政府出台《关于鼓励引进海外高层次留学人才的若干意见》。市侨办把引进海外高层次人才列入侨务工作重点,对留学人才回国创业提供政策支持与明确的优惠措施。2006年,1名嘉兴籍海外留学人士获浙江省“为国服务十大杰出海外留学人士”提名奖。7名嘉兴籍海外留学人员获浙江省“百名海外留学英才奖”,其中4人参加市侨联组织的回乡考察和服务活动。是年,嘉善县留学人员创业园在科创中心挂牌,成为全省第一个落户县城的省级留学人员创业园。

2008—2010年,市侨办、市侨联连续3年承办“星耀南湖”海外人才引进洽谈会,邀请11个国家200余名海外高层次人才,带着120多个科技项目,与嘉兴市100多个创业创新平台、规模企业开展项目对接,达成制造业、农业、生物医药、新能源等领域的合作意向100余个。2008年,配合政府和有关部门招商引资、招才引智,组织参与各种经贸活动16次,邀请客商490余人次。

2009年12月,市委、市政府出台《关于加强创业创新领军人才队伍和创新团队建设的若干意见》《“创新嘉兴·精英引领计划”实施办法(试行)》《嘉兴市重点创新团队遴选办法》(简称“一意见两办法”)。市侨联利用海外资源优势,以侨引侨,确定专人进行联系,向海外多个专业协会转发“一意见两办法”,通过电话、网络、信函及现场咨询等形式,与海内外高层次人才联络,为引进人才、技术、资金牵线搭桥。

2010—2014年,“创新嘉兴·精英引领计划”实施期间,共有2458名海外高层次人才,携带2492个项目到嘉兴市与主要创业创新平台、规模企业开展项目对接,注册落户的海归创业企业200余家。2010—2013年,全市四批入选“创新嘉兴·精英引领计划”领军人才的417个项目中,有海外留学归国高层次人才323人,占77%。

2010年,邀请市外经贸局、经济开发区等部门向120余名青年侨领推介嘉兴投资环境和政策。市侨务部门组织海外华侨华人专业协会会长嘉兴行“创新嘉兴·精英引领计划”科技平台推介会,并向海外人才介绍引才政策,获市组织工作推进奖;举办海外人才引进交流洽谈会，120余名海外人才与嘉兴市主要创业创新平台、规模企业开展项目对接，达成合作意向41个；组织海创俱乐部会员参与并指导海创俱乐部与禾商促进会签定合作协议，活动获市政协2010年创新工作进步奖、省侨联选入2010年各地侨联十件大事；举办海外华侨华人专业协会会长嘉兴行暨“创新嘉兴·精英引领计划”人才政策和科技平台推介会。全年召开座谈会12次，向海外人才宣传引才政策160人次。全市入选第一批“创新嘉兴·精英引领计划”领军人才的78个项目中，有海外留学归国高层次人才70人，占89.7%。

2011年，市委统战部、市侨务部门加大招才引智工作力度，开展五大项工作：市委统战部、市侨联与市委组织部、市工商联等联合主办“海智”与民资对接会，促进海外高层次人才与本土企业及企业家的融合；长三角海创俱乐部(嘉兴)与禾商促进会签订合作备忘录；召开嘉兴学院生化学院与市药企合作座谈会，探索建立产学研结合的有效机制；随市政府代表团出访欧洲，并举行“嘉兴市海外高层次人才恳谈会”，宣传推介嘉兴创业环境和人才政策；通过电话、网络等途径，以美国、英国联谊会为平台，邀请海外高层次人才参与市第二批“创业嘉兴·精英引领计划”，申报电子信息、生物医药等项目达40余个。是年，市侨联牵头举办第二届“星耀南湖”精英峰会暨才富论坛，以创业创新、融合发展为主题，180余人参加。

2012年9月23—25日，来自美国、加拿大、英国等8个国家的38位海外华侨华人专家携带48个高科技项目与市相关部门和企业达成合作意向39个，意向投资金额4.1亿元。12月17日，市侨务部门配合市委、市政府做好2012年的“星耀南湖”精英峰会暨人才合作交流大会，推进“创新嘉兴精英引领计划”的实施。136名海外高层次人才和50多名嘉兴市创业创新领军人才携高新项目及56个平台和企业参加大会，有37名海外高层次人才与创业创新平台达成初步合作意向，有13位海外高层次人才、嘉兴市创业创新领军人才与企业达成技术合作意向，有41名海外高层次人才计划申报第四批“创新嘉兴·精英引领计划”。至年底，入围第三批“创新嘉兴·精英引领计划”领军人才项目的海外高层次人才84人，占全市入围总数的75.6%。是年，市侨办协同有关部门完成2012“相聚长三角”海外华侨华人专家嘉兴行活动。

2013年，侨务部门出台《关于建立嘉兴市海外引才引资工作站(点)的实施意见》和相关配套管理细则。配合全市招商工作会议提出的“招大引强选优”做好世界500强公司和跨国公司地区总部及功能性机构的引进工作。在美国硅谷、加拿大、新西兰、澳大利亚、法国等地建立起海外引才工作站(点)(简称1站8点)，并在2013“星耀南湖”精英峰会上与站点进行签约授牌仪式。首批海外人才工作站点邀请来自美国、英国、德国等国家和地区的100多位海外高层次人才参加“星耀南湖”精英峰会，牵线引荐合作项目20多个。市留联会与桐昆集团、茉织华实业、汇信实业等8家知名企业沟通协商，建立首批“嘉兴市留学人员回国实践基地”并授牌，英国、加拿大、法国等留学生与企业签约十余人。全年，全市各级侨务部门配合参与国家、省、市各类引才活动30多次，入围第四批“创新嘉兴·精英引领计划”领军人才项目的海外高层次人才80人，占全市入围总数的64.6%。是年，市侨联海外人才工作建站布点工作获“2013年度全省侨联系统最具影响力工作”创新奖。

2013年9月23日，市委统战部、市侨办、市侨联举行海外侨商进区入园嘉兴行活动开幕式

2014年12月15日，根据市委、市政府两办联合印发的《关于建立我市侨商服务联盟的通知》(市侨办起草)，嘉兴市侨商服务联盟正式成立。该联盟主要联合嘉兴市35个市级机关部门，共同服务落户

嘉兴市、具有一定规模和实力,且在生产经营中诚信守法的侨资企业、侨商企业。服务内容涵盖引进侨商企业过程中有关工商登记、财政税务、融资以及社会保障、子女教育、海关商检、签证和出入境等各个领域,进一步做好到嘉兴市投资兴业侨商的服务保障工作。侨商服务联盟的成立在全省乃至全国属首创,是嘉兴侨务工作的又一创新和突破。是年,市侨务部门通过海外人才站(点),组织近20个海外高层次人才团组500余人,携带400多个高新项目到嘉兴考察交流。在入围全市“创新嘉兴.精英引领计划”领军人才130余个项目中有三分之二来自海外人才工作站点的推荐。

第二章　对台工作

对台工作历来是统战工作的重要组成部分。本章侧重记述市(地)委统战部、对台工作办公室在1957—2010年期间,贯彻执行中共对台工作大政方针,坚持一个中国原则,反对“台独”分裂活动,广泛团结台湾同胞,维护台属台胞合法权益、密切交流交往、加强扩大两地经贸合作等工作,发展壮大台湾爱国统一力量,不断推进祖国和平统一进程,同心实现中华民族伟大复兴。

2006年,市委台湾工作办公室、市政府台湾事务办公室被省台办授予“全省对台工作先进单位”称号。2007年,市委台湾工作办公室、市政府台湾事务办公室被省台办授予“全省对台工作综合先进单位”和“信息工作先进单位”称号。2008年,市委台湾工作办公室、市政府台湾事务办公室被授予全省对台工作综合先进单位和市级机关先进党支部称号。2009年,市委台湾工作办公室、市政府台湾事务办公室再度荣获“浙江省对台工作综合先进单位”称号。2010年,获“全省对台经贸、交流工作先进单位”称号。

第一节　对台工作机构与涉台团体

【对台工作机构】

1957年,地委和各县(市)委遵照中共中央关于“沿海和具有对台任务的省、市,在地县两级建立相应的对台工作机构”的指示,地委和所辖各县(市)委均建立对台工作小组,由党委分管副书记任组长,配备专职或兼职干部,办事机构设在统战部。不设统战部的县(市),其工作由宣传部及有关部门承担。1980年,地委和各县(市)委贯彻中共中央《关于省、市、自治区对台工作任务和组织机构问题的通知》精神,进一步加强对台工作领导,健全对台工作小组及办公室,办公室序列设于地、县(市)委统战部。这种架构机制一直延续到改革开放初期。

1983年8月,撤销县级嘉兴市,设立省辖嘉兴市。1984年3月9日,市委办公室发文建立嘉兴市委对台工作小组,贝品明(市委副书记)任组长,张树和、吴家杰任副组长,同时设立对台工作小组办公室,办公室设在市委统战部,吴家杰(统战部副部长)兼办公室主任。至2010年,历任办公室主任的分别为吴家杰、陆诗勋、姚允树、邵水根、程建华。

1986年8月9日,对台工作小组办公室对外同时使用市、县(市)人民政府台湾事务办公室的名称(简称对台办)。9月29日,市委决定对台办为副局级机构,归口市委、县(市、区)委统战部。

1989年9月,对台工作由党委转为政府,成为政府主管台湾事务的职能部门。1990年,市委对台办和市政府台办合并。1991年8月15日,市委发文将市委对台工作小组办公室改名为市委台湾工作办公室,仍与市政府台湾事务办公室实行一套班子、两块牌子。1992年7月,市政府台湾事务办公室挂市委台湾工作办公室牌子(正处级),一套机构、两块牌子,人员编制从统战部划转。1996年8月,市级机关机构改革，市政府台湾事务办公室转为市委工作部门，编制列入市委。

1998年8月16日，市委、市政府重新调整嘉兴市对台工作小组，由市委副书记杨荣华任组长。2003年10月10日，市委常委会确定调整市委对台工作领导小组，嘉兴市委书记黄坤明担任组长。2004年，市委充实市委对台工作小组，组建对台宣传、经贸两个协调小组。2007年9月，经市委研究设立市台办办务会议，市台办不再归口市委统战部管理（由于港、澳、台统战工作的关联和延续性，本章侧重记述1957—2010年期间的对台工作情况）。

中共嘉兴市委台湾工作办公室、嘉兴市人民政府台湾事务办公室是涉台事务的主管单位（简称市台办）。2010年，市台办内设机构有综合处、经济处。

嘉兴市各县（市）区台办成立情况表

表6-2-1

县（市）区	成立时间	备　注
南湖区	2000.05	—
秀洲区	1991.09	1987年11月成立对台工作办公室
嘉善县	1997.05	1993年9月成立联络科
平湖市	1991.09	1959年1月成立对台工作领导小组
海盐县	1986.08	1983年1月县台湾同胞接待站设立
海宁市	1997.05	1959年4月成立对台工作组
桐乡市	1991.11	1959年7月成立对台工作组

【涉台团体】

县（市）区台胞台属联谊会（简称台联）　1986年4月，海宁县召开台胞台属联谊会，选举产生第一届县台联，成为全市首家县级台联。1988年7月，平湖县台联成立。此后，其余县（市）区台联相继成立。至2010年，南湖区、秀洲区、嘉善县、平湖市、海盐县、海宁市、桐乡市7个县（市、区）均设有台联。

嘉兴市各县（市）区台联成立情况表

表6-2-2

县（市）区	成立时间	会长	备　注
南湖区	2001.12	沈季林	成立时为秀城区
秀洲区	1988.12	沈季林	成立时为郊区
嘉善县	1989.01	施善堃	—
平湖市	1988.07	李福中	成立时为平湖县
海盐县	1988.12	韦君嘉	—
海宁市	1986.04	蒋祖康	成立时为海宁县
桐乡市	1988.05	朱其成	成立时为桐乡县

台北嘉兴同乡会　1986年，台北嘉兴籍同胞在王梓良联络下组织成立台北嘉兴同乡会。台北同乡会经市台联将信息传递给张子良（台湾实业家）并取得联系后，张欣然支持同乡会活动，并捐款新

台币100万元资助同乡会，捐款20万元资助办起《嘉兴同乡通讯》。嘉善、平湖、海盐、海宁、桐乡籍旅台人士，也建有同乡会。海宁同乡会办有《海宁同乡会通讯录》。随着海峡两岸联系的扩大，同乡会成员不断增加。

嘉兴市台湾同胞投资企业协会(简称市台协) 2002年12月11日，市台办批准同意筹备成立嘉兴市台湾同胞投资企业协会，并成立市台办有关人员和15名发起人参加的嘉兴市台湾同胞投资企业协会筹备组，蔡清东任组长，蔡永龙、李茂春、杨视安任副组长，姚艺权任秘书长。12月9日，发起人向市台办递交《关于筹备成立"嘉兴市台湾同胞投资企业协会"的申请》。2003年7月8日上午，嘉兴市台资企业协会首届会员大会在世茂花园大酒店召开，参加会员128人。会议审议通过《嘉兴市台湾同胞投资企业协会章程》《嘉兴市台湾同胞投资企业协会会员入会办法》《嘉兴市台湾同胞投资企业协会首届理、监事选举办法》。选举产生首届理、监事25名。首届理、监事会第一次全体会议选举东明实业(嘉兴)有限公司董事长蔡清东为会长，晋亿实业有限公司董事长蔡永龙为常务副会长；嘉兴市台办副主任杨视安、益群木业(嘉善)有限公司董事长李茂春、伊诺华橡胶(平湖)有限公司总经理黄长发、浙江鑫红机械有限公司总经理蔡金坤、嘉兴宏麟皮化有限公司董事长周忠达为副会长；嘉兴市台办综合处处长姚艺权为秘书长；常务理、监事13人。11月，嘉善县台资企业协会成立。此后，各县(市、区)、嘉兴经济开发区分别成立台协联谊会。2007年4月，嘉兴市台协加入全国台湾同胞投资企业联谊会(简称"台企联")，市台协会长黄瓘杰当选台企联首届理事。历任会长为蔡清东、黄瓘杰、李茂春。2010年4月，台企联换届，台资企业台升集团董事长郭山辉当选第二届会长。

嘉兴旅台同乡联谊总会 2006年5月20日，在市台办、市台联和嘉兴市属县市台北同乡会的共同努力下，嘉兴旅台同乡联谊总会正式成立。其宗旨是整合嘉兴市属县市台北同乡会的资源，充分发挥各同乡会在促进嘉台两地联络、交流的桥梁作用。朱鼎华当选为首任会长，盛庆琜任名誉会长，徐洪兴任秘书长。

第二节 台胞台属

1949—1990年，全市留居台湾的人员有14597人，其中市区8315人(去台人员)。去台人员多数是在中华人民共和国成立前夕去台或经香港、澳门转往。少数是1945年台湾光复后，去台工作滞留定居，其中一部分人移居港澳和国外。至80年代末，去台人员的第二代、第三代已占多数。境内去台人员，不乏政治上有影响、学术文化上有成就的知名人士。如市区的方怀时(台湾"中央研究院"院士、台大医学院教授)、陆志鸿(曾任台湾大学校长、著名工程材料学家、教授)、盛庆琜(主持过台湾交通大学工作，曾任该校工学院院长、博士)、康宝煌(曾任台北电信局局长、总工程师、教授)、戚启勋(气象学家、台湾气象事务主管部门顾问、教授)、王滨(著名建筑师)；海宁的蒋复璁(曾任台北故宫博物院院长、著名学者)、许问渊(曾任台湾《中华日报》董事长)；海盐的陈大齐(曾任台湾政治大学校长，著名学者、教授)；桐乡的毛树青(著名新闻评论家、教授)、毛炳圻(糖尿病专家)；嘉善的黄永武(台湾中兴大学文学院院长、教授)等；平湖的奚复一(台湾中医师)，被列入美国《华人百杰》。

在经济界的著名人士，有市区的张子良(创建台湾东南碱业公司的实业家)、王建姝(台湾亚大工程公司董事长)、徐巽华(曾任台湾人寿保险公司董事长)、海盐的陈耀生(曾任中国石油公司董事长)、朱书麟(曾任台湾电力公司总经理，电力专家)等。

跻身于台湾政界的不下140多人，有市区的许静芝、徐杭忠、徐忠国；海宁的查良鉴、查竞传等。

1986年11月中旬至1987年3月底，市委统战部对市本级和城区范围内的侨、台情进行全面调查。调查结果显示：去台人员1945户、6971人，对台工作对象96人。台湾党、政、军中的中上层人士223人，分布在21个国家和地区，台属1503户。全市去台人员3532户、11451人。台属3371户，14586人。对台工作对象147人，在台湾的中上层人士345人。

至1990年，全市去台人员留居嘉兴的亲属有

3760户、15970人(台属)。其中市区有2039户、8358人。定居在嘉兴的台湾籍同胞全市有33户、116人,其中市区11户、37人(台胞)。内有高山族台胞1户、4人。其中,最早的是抗战前到嘉兴落户,部分是50年代自日本到嘉兴定居,也有自台湾返回定居。

截至1990年嘉兴市去台人员、台属、台胞情况表

表6-2-3　　　　单位:户、人

项目／地区	去台人员		台属		台湾籍同胞	
	户数	人数	户数	人数	户数	人数
合计	4093	14597	3760	15970	33	116
市区	2005	7211	1563	6454	11	37
郊区	385	1104	476	1904	7	21
嘉善	324	1078	331	1585	1	4
平湖	427	1654	417	1727	1	4
海盐	152	500	175	700	1	4
海宁	452	2000	448	2000	7	28
桐乡	348	1050	350	1600	5	18

1997年,市政府台湾事务办公室再次对去台人员、台属、台胞作确认。据统计,全市有去台人员14597人(市本级8315人),有嘉兴、平湖、海盐、海宁、桐乡6个同乡会。台胞在全市的亲属有15970人(市本级8358人)。去台人员中,中上层人士140多人。台湾籍同胞落户于嘉兴的有33户,116人(市本级11户、37人),内有高山族1户、4人。

2005年5月21日起,市台联在全市范围内开展台胞、台属基本情况普查。普查对象主要有:1949年10月1日前去台的嘉兴籍人士及其亲属;1949年10月1日至2004年12月31日回家乡定居的嘉兴籍同胞;1987年10月至2004年12月31日涉台婚姻中的男女双方人士;台湾省籍同胞其子女在嘉兴定居人员;在台人员在禾亲属等。重点突出以在台嘉兴籍人士的第二代、第三代和涉台婚姻情况为主。此次普查历时5个月,分宣传动员、全面普查、汇总上报3个阶段。全市共有定居台胞16户、16人,在嘉兴亲属47人;台湾省籍同胞18户、42人,在嘉兴亲属70人;在台同胞1362户、3886人(含1949年10月1日前到台湾的嘉兴籍人士1194户、3378人,涉台婚姻168户、508人);在台同胞在嘉兴亲属1734户、8192人。

2006年,市台办对全市台属企业进行全面调查。截至年底,全市共有台属企业23家,注册资金总额7741.9万元,经营规模总量107732万元。其中经营规模1000万元以上14家,超亿元企业3家,年利税总额9247万元,企业职工总数4906人。

2010年,全市有台属1.5万户,在台亲属1.5万多人。台湾省籍同胞(改革开放前即居住在嘉兴)41户、100多人。是年,全市涉台婚姻200多对,成为新台属。

第三节　维护台胞台属权益

1978年后十余年,全市落实台胞台属政策902户、1463个事项。其中,在“文化大革命”中被迫害致死,给予平反昭雪的19人;政治上冤屈给予平反的145人;被错误处理,重新安排工作或作退职、退休待遇的51人;被下放农村,收回户粮关系的52人;补发“文化大革命”被扣工资的55户,计69673元;发还“文化大革命”查抄财物的287户,原物1414件,作价补偿534906元。落实房产政策的369户、35608平方米;清理台属档案中不实之词材料1599

份;给台属困难补助194户。省、市、县财政共拨款135.74万元(不包括乡镇等基层单位自筹的补偿补助款)落实上述政策。同时对台属、台胞子女升学、就业以及住房困难等给予妥善解决。对代表性的台属,被推荐为省、市、县人大代表和政协委员,有的被选为全国人大代表。1982年2月,嘉兴地委召开对台工作会议,部署落实台胞台属政策。会后,地、县(市)委分别建立落实政策办公室,各县(市)抽调347名干部,深入乡村、街道宣传教育,登门访问,逐户逐项进行政策落实;召开各种会议477次,受教育人数达24130人次。到当年11月底,基本完成落实政策任务。

1983年后,陆续处理300多件来信来访的政策遗留问题。1985年开始,少数台属申请赴台探亲、奔丧、定居等,台办帮助妥善解决。1986年5月,海盐县武原镇83岁孤寡老人王杏珍接到其子甘克诚自阿根廷来信。来信提出:“请哪位阅信的好心人,设法让我们母子今年7月于香港团聚。”县人民政府和台办十分重视,及时帮助办妥出境手续,于7月14日派车派人送到上海转乘火车至深圳出境。7月30日,甘克诚来信表示真诚感谢。是年,市台办对城镇土改时被错误处理的台属同胞房产进行甄别处理。

20世纪80年代开始,台胞代表进政协参政议政。1988年,嘉兴市台胞台属联谊会被列入嘉兴政协第二届委员会界别。至1994年,全市共有350人次被选为各级人大代表和政协委员,有根据本人要求被吸收为中共党员,有担任政府和部门的重要职务。

1994年3月5日,第八届全国人民代表大会常务委员会第六次会议通过《中华人民共和国台湾同胞投资保护法》(简称《台湾同胞投资保护法》)。1997年6月28日,浙江省八届人大第37次会议通过的《浙江省台湾同胞投资保障条例》(简称《保障条例》),市人大、市台办认真贯彻落实《台湾同胞投资保护法》和《保障条例》,开展一系列维护台属台胞权益工作。1998年,市人大常委会组织《台湾同胞投资保护法》《保障条例》首次执法检查,督促有关部门纠正乱收费、乱罚款,落实台企、台商享受内资企业同等政策待遇,及时处理相关投诉案件。先后发行单行本400余份,并通过台北嘉兴同乡会在台湾《嘉兴同乡通讯》中全文刊登。5月,根据省人大的通知,市台办会同市人大教科文卫委员会组成检查组开展为期6个月的《保障条例》执法检查。检查分自查和重点抽查两个阶段。走访部分台资企业,召开台资企业代表座谈会和重点部门自查情况汇报会。对执法检查中暴露的问题,要求有关部门作整改,依法保障台商的正当权益。

2001年7月23—24日,省人大常委会副主任孙优贤带领省人大民侨委副主任金庆明、省台办副主任陈华珊以及省人大、省台办、省外经贸厅等有关部门负责人组成联合检查组,到嘉兴检查贯彻执行《浙江省台湾同胞投资保障条例》和其他涉台法规的情况。检查组认为,嘉兴市贯彻落实《保障条例》等有关涉台法规做了大量工作,对台招商,以法护“台”成绩显著,在全省非常突出。2002年,市台办在互联网“嘉兴市政府在线”上开设主页。全市受理各类涉台投诉案件19起,依法维护台商的合法权益。

2003—2010年,全市共受理台企台胞投诉求助369起,解决348起。

2003年,市委统战部、市台办认真贯彻《台湾同胞投资保护法》,依法保护台商合法权益。5月,配合市人大对《保障条例》执行情况进行检查。6月,参与省人大民侨委员会有关人员到嘉兴调研台资工作情况。市、县两级台办多次帮助台资企业和台胞协调解决用工纠纷、工程纠纷、生产经营困难等诸多问题。据统计,全市台办系统受理台资企业、台胞的投诉和求助144起,办结135起,其中仅市台办受理47起,并办结41起。2003—2004年,两级台办到基层走访台资企业,了解检查台资企业预防“非典”措施,建议指导台资企业实施预防“非典”的具体办法,协调解决台资企业从疫区来人安装调试设备问题,并向全市台资企业发放《关于抗击非典给台资企业的公开信》。

2004年始,举办台商“沙龙”,搭建交流服务平台。市公安、海关、税务等部门介绍有关政策法规,现场回答台商关心的问题,提供咨询服务。4月、7月、10月、12月,市台办分别与嘉兴市海关、民革嘉兴市委员会、嘉兴市公安局、嘉兴市国家税务局、嘉兴市地方税务局等单位联合举办4次嘉兴台商沙龙活动,台商代表累计出席400人次。台商沙龙分别以“海关法规知识”“民事法律及诉讼知识”“公安法规（交通、出入境、治安）”“税务法规知识”为主题内容，进行有关知识和政策法规介绍及咨询。全年，市台办受理投诉和求助42起，办结37起，帮助企业协调解决用工、工程案件纠纷、人员出入境及生活等诸多问题。2005年，市台办继续开展“嘉兴台商沙龙”活动，联合市台协、市国税局、市劳动局和嘉兴电力局等单位，举办税务政策、劳动法规、企业用电讲座；元宵节前举办台商新春恳谈会。5月，结合省市人大执法检查召开部分台商座谈会，将台商意见建议汇总上报市委、市政府领导，并将有关部门答复意见后反馈给台商；指导市台协开展换届和庆典活动，帮助近20名台商春节搭乘包机返乡，为嘉兴市台湾同胞投资企业协会成员企业的100多名员工春节返乡包车订票。年内，加强台协基层组织建设，成立秀洲区和嘉兴经济开发区台协联谊会；市台办和市台协共协助处理交通违规事件12次，协助会员（台湾同胞投资企业中的台湾管理人员）换考大陆驾驶证21人次。联系定点医院体检8人次，协助办理台胞证延期、多签、台商子女入学手续等30多项次。2006年，建立市涉台突发公共事件应急组织指挥体系，对2004年制定的《嘉兴市涉台突发事件处置工作预案》进行修改完善，重新制定《嘉兴市涉台突发公共事件应急预案》，在全省率先制定《突发事件应急指挥部办公室内部工作规则》。2007年，市台办受理45起台商投诉和求助，办结41起。推荐市政协六届委员会台联界委员13人，并提交提案15件，完成《关于进一步加大引进台资的力度——嘉兴台商投资现状分析和对策建议》调研报告。

2008年2月22日，成立嘉兴市台商权益保障联席会议，副市长蒋仁欢担任组长。排查涉台投诉求助案件，并妥善解决5起长期未结案件。联席会议由31个市级涉台部门单位组成，主要职责是贯彻落实党中央、国务院对台工作方针政策，完成上级台办和市委、市政府领导交办的相关台商权益保障工作，协调处理跨地区、跨部门及重大的台商权益保障事项。6月27日，台商葛珊宝投资纠纷投诉案（台商葛珊宝投资纠纷投诉案源自1996年）经过市、县和市台办领导历时一年多时间不懈的调解，双方当事人终于达成一致。在调解协议签字仪式上嘉善某镇政府当场将104.5万元欠款及利息一次性支付给葛珊宝儿子，该积案终于得以妥善解决。8月20日，国台办中国台湾网以《嘉兴十项举措积极做好台商投诉协调工作》为题对此作报道。是年，经公安部批准，10月20日起，嘉兴出入境管理局可以直接为台湾居民换补发台胞证。按照该规定，在嘉兴市工作、学习、居住的台湾居民换补发台胞证，由台胞单位所在地的县（市）公安局出入境管理部门受理、市公安局出入境管理局审批；在外省（市）工作、居住的台湾居民在嘉兴市申请换补发台胞证，由嘉兴出入境管理局直接受理和审批。市台办举办《中华人民共和国企业所得税法》和相关法律专题讲座、“台商沙龙”举办《中华人民共和国劳动合同法》“消防知识”“出口信用保险”“两岸多角贸易咨询研讨会”“合同能源管理台商专场对接会”等讲座和活动。

至2010年，举办台商沙龙20多次，参加2000多人次。

第四节　交流交往

【联络接待】

1979年元旦《告台湾同胞书》发表后，1980年即有嘉兴、桐乡去台人员各1人转道秘密回乡探亲。1981—1990年，全市台属到日本、中国香港、美国等地会亲217人次。除少数因在台任现职不能回大陆者外，一般均可回乡探亲。1983年，各县、市回乡探亲的已有21人，受到当地政府及其亲属的热情接待。

1984—1990年，市台办接待的台胞达606人。1987年11月2日，台湾当局开放民众赴大陆探亲。市、县（市、区）专门召开会议，要求做好接待工作。1988年，台北嘉兴同乡会常务监事、原国民党嘉兴县党部书记、县长王梓良夫妇，偕同乡会常务理事、台“中央气象局”顾问戚启勋回乡探亲。市委、市政府主要领导、市各级对台工作机构本着“爱国一家”均给予热情真诚的接待。

1980—1990年嘉兴市探亲、旅游、洽谈经贸的台胞一览表

表6-2-4 单位:人

年份 县(市)区	1980	1981	1982	1983	1984	1985	1986	1987	1988	1989	1990
市直属	1	1	—	9	8	10	15	40	245	239	459
城区	—	—	—	—	—	—	—	1	40	38	51
郊区	—	1	—	2	2	—	2	9	126	128	102
嘉善	—	—	—	—	2	—	4	7	83	120	130
平湖	—	—	1	—	3	6	—	11	95	113	170
海盐	—	—	2	—	2	1	5	6	77	84	102
海宁	—	—	—	1	9	9	20	16	126	518	2210
桐乡	1	1	—	1	4	1	3	5	124	131	220
合计	2	3	3	13	30	27	49	95	916	1371	3444

说明:1987年数字中,11月2日台湾当局开放民众赴大陆探亲后来者29人;1980—1987年11月2日前来探亲者共计193人

1991—2010年,两地交往交流人数达125.5万人次。其中入台交流446批2788人次,探亲旅游16.9万人次,到嘉兴台胞108.3万人次。全市1991年有3625人,1992年有4243人,1993年有5743人。1980—1993年共19564人。其中1991—1993年13611人。到海宁观潮人数分别为:1990年1951人,1991年1974人,1992年2030人,1993年2100人。1993年,台湾商工统一促进会主席、《雷声》杂志发行人雷渝齐一行到嘉兴进行友好访问。

台湾到大陆探亲、旅游始于20世纪90年代中后期,嘉台两地的交流交往逐步由单向变为双向。1997年,到嘉兴探亲、旅游、洽谈经贸的台胞2490人次,比上年增加243%。

1998年,嘉台之间交往日益增多。5月,台湾当局经济主管部门前负责人赵耀东、海基会副秘书长石齐平等到嘉兴考察访问。11月8—15日,应市长夏益昌邀请,由台北嘉兴同乡会理事长江九思为团长的考察团一行19人回家乡考察。是年,台胞到嘉探亲、旅游、经商及学术交流的达2483人次。1999年,中国国民党中央委员刘政鸿率团到嘉兴参观访问。

2000年,到嘉兴探亲、旅游和经贸考察的台胞人员明显增加,全年接待台胞累计1282人次,由市政府出面接待的有6团组227人次。2001年,两地交流交往快速发展。全年到嘉兴旅游的台胞约6.6万人次,其中到西塘旅游的台胞达6万人次、乌镇5000多人次。2002年9月,台湾当局防务主管部门负责人蒋仲苓等来访。10月,台湾著名法学家黄静加一行到嘉兴考察访问,与同行进行学术交流。

2003年9月,中国国民党副主席蒋孝严等到嘉兴参观访问。是年,两级台办接待到嘉兴观光探亲、投资经商的台湾同胞1556人次。接待的重要团组有台湾大学生精英交流团、上海市台资企业协会会长叶惠德率领的考察团、昆山市台资企业协会名义会长戚道阜率领的考察团等。2004年12月,中国国民党中常委沈庆京一行访问嘉兴。2005年6月,台湾当局前外事主管部门负责人丁懋时携夫人到嘉兴观光访问。2006年,台胞到嘉兴旅游达117676人次,比2005年增长7.2%。

2007年3月,台湾当局顾问李清波等到嘉兴参观。5月28日至6月4日,嘉兴旅台同乡联谊总会会长朱鼎华为团长的嘉兴籍台胞访问团一行28人应邀到嘉兴参观考察。此次活动是嘉兴在2006年6个县级同乡会联合后的首次集体行动,访问团人员年龄最大的90多岁,最小仅8岁,不少人是60年首次回乡。市领导朱伟、金成胜、蒋仁欢、金锦根会见访问团全体成员。在为期8天的考察行程中,嘉兴籍台胞访问团一行到嘉兴各县(市、区)参观考察,重

温故乡人文风情，实地感受嘉兴的变化。10月28日，中国国民党副主席江丙坤一行到嘉兴访问，市领导陈德荣、朱伟等会见江丙坤一行。市台协、嘉善县在浙江世博大酒店举行欢迎晚宴，在嘉兴投资创业的400多名台商出席晚宴。双方在发展两岸经贸交流和支持、鼓励台商及台湾民众到大陆投资兴业等问题上达成共识。是年，接待到嘉兴考察、旅游、探亲的台胞约13.8万人次，比2006年增长17.3%。全年接待到嘉兴旅游、探亲、商务考察的台湾同胞达92338人次。

2010年3月，中国国民党政策委员会访问团访问嘉兴。4月，台湾云林县参访团到嘉兴参访。5月，中国国民党荣誉主席吴伯雄一行到嘉兴访问。8月，台湾海基会大陆华东台商访问团及媒体参访团到嘉兴考察访问。9月，台湾彰化县两岸经贸文化参访团到嘉兴考察，双方就经贸文化方面进行友好交流。10月，中国国民党中常委洪秀柱一行访问嘉兴。11月，高雄农业参访团到嘉兴考察、交流嘉台两地农业发展情况。是年，台胞到嘉兴16万多人次。

2001—2010年嘉兴台湾两地人员往来一览表

表6-2-5　　　　单位：人次

年 份	公职人员赴台	非公人员赴台	赴台探亲旅游	台胞来禾经商旅游探亲
2001	116	0	130	70782
2002	341	17	113	106484
2003	167	14	60	57309
2004	227	15	87	84423
2005	179	22	92	109809
2006	215	31	84	117676
2007	236	30	78	138013
2008	156	33	658	92338
2009	202	116	6665	105143
2010	334	160	8363	166744

说明：嘉兴居民赴台旅游自2008年6月28日正式启动

【联谊交流】

20世纪80年代前后，从做好去台人员及台北同乡会的工作入手，广交朋友，联络感情，逐步建立和增进互信和共识。开展对台联谊，激发去台人员对家乡的热爱。

1988年，台湾实业家张子良首次回乡探亲、扫墓。此后，张子良20多次到嘉兴交流交往。1990年中秋节，市台办以市台联和市长周洪昌的名义，向嘉兴、海宁等6个旅台同乡会和知名人士发出邀请，请他们回乡观潮、观光。是年，台北嘉兴同乡会总干事江九思应邀率团到嘉兴，由市长周洪昌陪同，观看天下奇观海宁潮，并分赴各县参观工厂、农村，通过参观，增进友谊。代表们回台后，来信来电，称“乡情深意，永鉴难忘”“对家乡的各项进步，尤感快慰，极思为乡里略献薄力”。12月，香港嘉兴同乡会成立，市长周洪昌率市人民政府代表团赴香港祝贺。旅台嘉兴、海宁、海盐同乡会，分别由理事长盛庆琜等率团赴港。香港、台湾、嘉兴三地同乡欢聚香港，气氛热烈融洽。

1991年4月，市政府再次邀请在台的嘉兴亲属同乡会回乡观光，台北嘉兴同乡会会长张子良率团到嘉兴，代市长杜云昌陪同参观，联谊获得圆满成功。至此，两次应邀返乡台胞58人。是年，桐乡《青桐印社》和《印证小集》、香港《友声印社》，在桐乡君匋艺术院举办海峡两岸三地篆刻联展，开展民间文化交流。

1992年12月,香港嘉兴同乡会成立2周年,市政府由市长杜云昌率团前往祝贺,台北同乡会由张子良率团至港祝贺,三地同乡会再次聚首共商家乡建设大计。是年,应台湾岳氏宗亲会邀请,市著名画家岳石尘父子作画30幅,参加岳飞后裔画展。1994年,嘉兴"嘉丝联"金三塔时装表演队25人应邀赴台演出,首次入台进行文化交流。1995年10月,浙江电视台和台湾中视文化公司主办的"大陆双百老人百幅书画精品展"在台北孙中山纪念馆展出,桐乡岳石尘与湖州谭建丞(两位百岁老人)的百幅精品画受到观众好评。1999年3月,嘉兴市新闻工作者协会访问团一行8人赴台考察。5月9日,市台胞台属联谊会与台北嘉兴同乡会在秀城饭店举办第四期"亲情孝道"征文获奖作者颁奖暨座谈会,活动征得来自嘉台两地作者的征文35篇,有9篇征文获奖。是年,开展涉台信息调研和征文活动,及时向上级机关提供涉台信息63篇。其中被中台办采用8篇,省委采用2篇,省台办采用27篇,市台办当年被省台办评为1999年度涉台信息工作先进单位。全年,台湾同胞到嘉兴交流累计达2176人次。

2000年观潮节期间,海宁市邀请台北市"台湾老年之友协会"访问团等5批45名台胞参加"观潮节"。是年,台北嘉兴同乡会自1990年在故乡嘉兴设立教育奖励基金后,累计发放4.5万元,有85名小学优秀教师和优秀教育工作者受到奖励。台北嘉兴同乡会常务理事王滨,在市三水湾中学设立"校园亲情奖",倡导为社会公益事业服务。台北嘉兴同乡会与市台胞台属联谊会在市区举行第五次《孝道》一书发行仪式。

2001年9月28—29日,中国针织工业协会主办,海宁市经编协会和台湾经编联谊会共同承办的首届海峡两岸经编产业发展研讨会在海宁召开,这是两岸行业协会的一次高层次、高规格的盛会。台湾经编联谊会代表29人,国家、省、市领导30人,海宁经编协会代表58人及新华社、中央电视台等媒体记者23人参加会议。嘉兴市常务副市长陈德荣出席开幕式并致词。《人民日报》(海外版)、中央电视台、《经济日报》、《解放日报》、《浙江日报》等20多家媒体刊发相关报道70余篇。2002年5月30日,台北嘉兴同乡会理事长盛庆珠应母校嘉兴一中邀请,参加浙大"新经济条件下的环境与中华文化国际学术研讨会",并作《人生与价值》演讲(盛庆珠于1919年7月生于嘉兴,毕业于上海交通大学,为英国爱丁堡大学电机工程博士,曾任台湾大学电机系教授、系主任,美国洛杉矶州立大学客座教授,加拿大渥太华大学教授,台湾"国立交通大学"工学院院长,加拿大"加京中华文化协会"首任会长,台湾"中国电机工程学会"理事长,国际电机电子工程学会"中华民国分会"首任会长等职)。全年,台胞到嘉兴经商、交流、旅游、探亲首次突破10万人次。2003年3月,台湾财团法人——爱心第二春文教基金会出资120万美元与平湖市教育发展有限公司合作创办平湖新华爱心高级中学,台湾当局财政主管部门负责人王建煊出任董事长。9月18—19日,第二届海峡两岸经编产业发展研讨会在海宁召开。2004年8月,桐乡市文联副主席叶瑜荪等7人组团赴台湾云林举办"丰子恺漫画艺术展",展出丰子恺"古诗新画""儿童相""社会相""自然相"四大类作品68件,台湾《联合报》等媒体报道展览盛况。是年,海宁市对外文化交流协会会长颜伟光等一行7人应台湾山艺文教基金会邀请,携47盏海宁硖石灯彩赴高雄参加2004年元宵灯展;嘉善科技教育界、摄影界人士赴台考察等民间文化交流活动。全年到台文化交流团组4个、26人次。同年,市台办指导各县(市)相继成立台协联谊会,健全组织网络。2005年8月18—29日,市人大常委会副主任黄济华、市教育局副局长李水根率领"嘉兴市教育系统德育校长交流团"到台湾考察。该团组是嘉兴市教育界首个到台湾考察的专业团组,团组成员由嘉兴一中、嘉兴三中、嘉兴四中、嘉兴五中、嘉兴南湖高级中学、浙江科技工程学校、嘉兴建筑工业学校7所学校从事德育教育的校长等教育界专业人士组成。访台期间,交流团参观台北市立南湖高中、石牌中学、叙高工,台南市立亿载小学、屏北高中等学校,拜会中华海峡两岸经贸文化协会等社会团体,与台湾教育界同行就两岸教学管理、教学模式、课程设置等方面展开交流,两岸教育界同行还就运用中华优良传统促进德育教育、举办夏令营等进行探讨,为推进两地教育界互访交流合作打基础。10月29日，市台办、市台协和海盐县政府联合举办的“台商看嘉兴——海盐行”活动在海盐举行，“让台商了解当地、感受当地、融入当地”为宗旨的“台商看嘉兴”活动正式拉开序幕。在嘉兴投资、工作、生活的台商以及眷属子女136人参加“台商看嘉兴”活动。平湖、桐乡也相继举办“平湖行”“桐乡行”等系列活动。12月，嘉兴佛教协会首次组织精严寺、血印寺、天宁寺、报本寺、地藏寺、觉皇寺6所寺院的住持、监院、副监院及嘉兴、平湖市的民族宗教局干部等13人赴台，参观考察台湾佛教名刹寺院——法鼓山、佛光山、宜兰别院、中台禅寺、慈济精舍、指南宫等；拜会星云法师，介绍嘉兴佛教界情况及具有较高佛学和学术研究价值的《嘉兴藏》等。嘉兴各寺院与台湾僧伽林基金会建立联系交流渠道。此后，组织3批31人次赴台进行宗教交流。年内，市台联先后召开纪念江泽民对台八项主张发表10周年座谈会、市区台湾省籍同胞座谈会，举办台湾问题和两岸形势报告会、台胞台属迎新联欢会、台胞台属迎中秋茶话会等；定期召开台联会长会议、理事会议，做到年初有计划，每月有活动；恢复《嘉兴台联》刊物，全年出刊4期；组织台联理事到丽水学习考察；先后接待浙江省旅台同乡联谊总会、台北浙江同乡会、台北嘉兴同乡会等参观访问团。是年，促成教育、文化、新闻记者、宗教人士、民间艺术5个团组56人次到台交流。平湖选送西瓜灯参加台北元宵灯会展出，引起台湾观众的极大兴趣。2006年7月24—29日，来自台湾岛内的台北卫理女子中学、永平高中和清水高中的30名师生到嘉兴，与嘉兴8所中学近500名师生开展夏令营活动，市人大常委会副主任、市台联会会长黄济华，副市长蒋仁欢等出席开营仪式。8月，嘉兴教育系统德育校长交流团赴台，参访台北、台南5所中小学，拜会中华海峡两岸经贸文化协会等社会团体，与台湾教育界就两岸教学管理、教学模式、课程设置、中华优良传统促进德育教育、举办夏令营等方面展开交流、探讨。8月2—6日，嘉兴市举办“浙台旅游业高峰论坛”，来自台湾旅游界的200名代表与浙江省旅游同行共同探讨两岸旅游业的合作。先后举行台胞台属迎新春联欢会、迎元宵涉台知识进社区灯谜竞猜活动、台胞台属迎中秋茶话会等。接待嘉兴旅台同乡联谊总会朱鼎华会长等嘉兴籍台胞近50人。是年，组织台联理事赴东阳学习考察，完成全市台属企业调查工作；编撰记录部分嘉兴市台资、台属企业家创业经历的《续写吴越春秋的男人们》一书；出刊《嘉兴台联》4期。年内，先后举办台北嘉兴同乡会杨詠皋夫妇教育奖励基金、三水湾中学王滨“校园亲情奖”和实验小学陆廷贤园丁奖的颁奖仪式；卫生、气象、教育、宗教人士、台联等团组相继赴台交流；成功举办首次“学子情深·嘉台两地中学生夏令营”活动；台湾“两岸休闲农业交流访问团”、嘉兴青年中学旅台校友会等多个团组应邀到嘉兴参访。

2007年3月20—31日，市台办主任助理、市台联会副会长章建琴为团长的嘉兴市台联交流团一行10人到台湾交流访问。该团组是嘉兴历史上首个到台湾交流访问的台联交流团，团组成员以台属企业家为主。在台期间，交流团访问中华税务代理人协会、新丰多媒体彩色印刷有限公司、威翔实业股份有限公司、东徽企业股份有限公司和艾格玛科技股份有限公司，拜会浙江省旅台湾同乡联谊总会会长胡李世美、嘉兴市旅台湾同乡联谊总会会长朱鼎华等。6月27日下午，市台胞台属联谊会举行《续写吴越春秋的男人们》首发式，《续写吴越春秋的男人们》由嘉兴市台胞台属联谊会编辑，约12万字，百余幅照片，真实地反映8名台资、台属企业家在嘉兴投资创业、为家乡贡献智慧的事迹。7月12—18日，嘉兴市中学生夏令营交流团到台湾交流考察，该团组是嘉兴市历史上首个到台湾交流的中学生夏令营交流团，由嘉兴南湖高级中学、嘉兴三中及嘉兴四中的37名师生组成。在台期间，交流团拜会台北文化交流发展协会，参观台北县立永平高级中学和台北县立樟树中学，并与两所中学的师生进行座谈交流。是年，邀请嘉兴籍台胞到嘉兴参访，开展“嘉兴籍台胞故乡行”“嘉台两地民间系列交流活动”；嘉兴实验小学与台湾龙安小学初步达成校际交流结对意向；组织218盏海宁灯彩参加“2007高雄元宵灯会”上举办的“艺漾灯彩——硖石灯彩、光的动感”主题展；邀请台湾港都妈妈慈爱协会到嘉兴开展艺文交流；接待苗栗县总工会代表团到嘉兴开展对口交流；嘉兴市台胞台属联谊会先后举办“蔚蓝·澳洲花园”杯嘉兴市台胞台属迎新春联欢会、台胞台属迎中秋茶话会、台胞朱巨勋捐赠史料等活动。同年，召开理事会议、市（县、区）台联会长会议，组织台联负责人到绍兴、诸暨对口学习考察，开展台属企业调研。召开全市台属企业工作座谈会，慰问台胞台属。举办2007年台北嘉兴同乡会“杨詠皋夫妇教育奖励基金”、第二届“陆廷贤园丁奖”和“校园亲情奖”颁奖仪式。

2008—2010年，市台办连续举办三届端午民俗文化交流活动。该项目被列为浙江省对台重点交流项目。

2008年9月，台湾嘉义市观光协会到嘉兴考察，与市旅游协会签署两地旅游合作协议。12月，平湖市稚川实验中学与台北市龙门中学建立校际交流合作关系。是年，先后组织举办“海峡两岸粽文化交流系列活动”“迎奥运首届台资企业运动会”及台湾乡亲返乡参加国际钱江观潮节等一系列涉台交流活动。平湖西瓜灯还到台湾参加“吴越天工——浙江民间艺术展”。台湾旅行社首次组团到嘉兴推出“杭州—嘉兴—跨海大桥”的旅游新线路。同年，共组织29个团组194人次到台湾交流，内容从经贸交流扩展至新闻、教育、文化等领域。2009年11月，嘉兴书画艺术交流团赴台举办“嘉兴书画展”。同年，平湖市组团在高雄琢璞艺术中心举办李叔同故里——平湖书画展。

2010年6月，嘉兴市组团赴台参加“2010台湾·浙江经济文化合作交流活动”。嘉兴职业技术学院组团赴台交流考察，与南台科技大学达成合作交流意向。嘉兴浙江国傲律师事务所与台湾华通国际法律事务所在嘉兴签署合作备忘录，并得到政府相关部门的确认，成为浙江省第一家与台湾地区律师事务所合作的律师事务所。8月，嘉兴市实验小学与台北龙安小学结成姐妹学校。是年，成功举办五届“学子情深”两岸中学生夏令营。“2010中国·嘉兴端午民俗文化节”期间，举办“两岸端午民俗文化”系列活动，百名台胞参加。其间，台湾元智大学国际语文中心主任王润华参加中国端午习俗国际学术研讨会，开展学术交流。

第五节　经贸合作

【招商引资和贸易往来】

1987年，嘉善县创办首家台资企业“中兴木业”。至1999年年底，台商投资木业规模较大企业16家，总投资3765万美元。在台资企业带动下，在全县形成以台资为主的胶合板产业。此后，市、县（市、区）政府组织有关部门到福建厦门、广东东莞、佛山、江苏、上海以及杭州、宁波等地蹲点招商，走访台协、台企，举办投资洽谈会、说明会、恳谈会，收集投资信息，引进项目。

1991—2010年，全市累计批准台资项目1233个，总投资97.82亿美元，合同利用台资63.04亿美元。台资占外资的比例达20%左右，连续10年居全省第二位。行业涉及机械、木业、电子、化工、轻纺、商贸、农业、教育、房地产等多个领域，已形成嘉善的木业、家具制造和电子、五金机械，海宁的经编纺织业，平湖的特种纺织业，市区的精密机械制造和汽车配件等台商集聚产业。投资千万美元以上的台资企业超过100家，1亿美元以上项目7家。嘉善县引进台资居全市各县（市、区）之首，设有“省级台商投资区”。

1997年，全市新批台资企业18家，项目总投资2041万美元，协议利用台资1879万美元。至年底，全市有台资企业196家，项目总投资为36103万美元，协议利用台资26531万美元，在全省11个地市中均名列第三。

嘉兴对台贸易始于20世纪90年代后期。1998年6月8—17日，副市长王洪涛为团长的嘉兴市食品工业访问团一行10人应台湾“中小企业发展协进会”邀请，赴台进行经贸考察（该团是嘉兴市第一个入岛交流的团组），重点考察食品工业外还举办“海峡两岸食品工业研讨会”，先后与200多家厂商进行交流。是年，全市新增台资企业18家，项目总投资6236.4万美元，比上一年增长206%；协议利用台资4080.6万美元，比上一年增长117%。截至年底，两地贸易总额6178万美元；全市累计台资企业达214家，项目总投资4.23亿美元，协议利用台资3.06亿美元，上述三项指数，在全省地市中均位居第三。

1999年，全市新建台资企业18家，增资台资企业6家，项目总投资4544.64万美元，协议利用台资3227.12万美元。至年底，全市累计台资企业312家，项目总投资5.8亿美元，协议利用台资4.14亿美元，全市引进外资中台资约占20%，成为台商投资的重点地区之一。是年，嘉兴经济开发区兴建“台资禾欣工业园区”，晋亿、东明、宜泰等一批台资企业被市政府授予“行业明星企业”“出口创汇先进企业”称号。

2000年3月23—25日，应市政府邀请，由台湾峰和实业股份有限公司董事长林胜如等130余名台商组成的台湾彰滨、芳苑工业区投资考察团到嘉兴投资考察。4月11—12日，台湾米谷公会一行38人在理事长李东来的带领下，到嘉兴进行经贸考察和海峡两岸粮油领域的信息交流。6月9日，台湾中小企业经贸考察团一行12人在新任理事长陈良助的带领下到嘉兴经济开发区、海宁开发区和嘉善开发区考察和商讨嘉台两地今后的交流计划。9月21—23日，以台北浙江同乡会理事长斯孝坤为团长的浙江在台各县府同乡会一行27人组团到嘉兴访问，先后到海宁、桐乡、市区、平湖、乍浦开发区、嘉善开发区考察。台商李带丰率团到嘉北工业园区考察，达成投资35万美元的项目。全市新建台资企业57家，总投资1.76亿美元，协议利用台资1.71亿美元。新建台资企业数、总投资数和协议利用台资数，分别比上年增长275%、438%和344%，使全市引进台资首次超过其他外资。新建台资企业数和增长幅度均名列全省前茅。到年底，全市台资企业累计达288家、总投资6.42亿美元，协议利用台资5.08亿美元，台资占整个外资份额从上年的20%跃升到45%。海宁顺利园饭店和平湖市凯宇集团2家台属企业被评为浙江优秀台属企业。是年，以副市长赵友六为团长的浙江省经贸考察团、海盐县赴台交流考察团、嘉善县经济开发区经贸考察团、嘉兴经济开发区考察团、平湖市经贸考察团、秀洲区经贸考察团6个考察团49人次赴台交流。全年对台贸易突破1亿美元。2001年，到嘉兴探亲、洽谈经贸的台胞有4955人次。是年，合同利用台资4.09亿美元，合同利用台资占全市合同利用外资的46%；全市新批台资企业96家，增资8家，新批台资企业数和合同利用台资数分别比上年增长68%和140%，新建台资企业数和增长幅度名列全省第二。至年底，全市有台资企业344家，协议利用台资9.45亿美元，列全省第三位。2002年3月28日，台湾工业总会大陆经贸考察团一行19人到嘉兴参观考察嘉兴经济开发区。是年上半年海宁市组团赴台后，就落实一次性签约的薛永兴氨纶项目8700万美元。全年合同利用台资10亿美元，比上年增长146%，创全市合同利用台资历史最高水平，在全省11个地级市中位居第二。市台办年内落实引资项目2个，东明房地产项目总投资1280万美元，注册资金500万美元，东港石油项目总投资100万美元，注册资金70万美元。全市新批台商投资企业134家，比上年增长43%。至年底，全市累计台资企业478家，合同利用台资19.47亿美元。

2003年7月8—9日，由嘉兴市人民政府主办，市台办承办的“中国·嘉兴台商投资洽谈会”（简称台洽会）召开，台洽会是2003年嘉兴市重大招商活动之一，也是嘉兴市历年规模最大的对台经贸活动，邀请台商200人，实际到会台商近300人。台湾知名人士王建煊及上海、昆山、杭州、宁波、温州、绍兴等兄弟城市台协会长和统一集团，永丰余、华一银行等知名台资企业的有关人士到会。市领导出席并向到会台商介绍嘉兴的投资环境。台洽会期间，实际签约20个项目，投资总额4.7亿美元，合同台资2.1亿美元，项目规模平均金额超过2000万美元，涉及电子信息、机械制造、建材家具、纺织服装等行业。10月12日，市台办组织全市台办系统人员和台商（40人）参加在深圳举办的“长三角嘉兴经贸科技合作推介会”。是年，促成“昆山—嘉兴—杭州—澳门—台湾”的陆空联运航线开通。市、县（市）两级台办全年引荐台商投资项目41个，成功5个，合同利用台资810万美元。其中市台办引荐介绍项目10个，成功2个，总投资600万美元，实到台资284万美元。东南亚最大的造纸企业永丰余集团到嘉兴投资1000万美元，设立永丰余纸业（嘉兴）有限公司，11月动工建设。至年底，全市新批准台商投资企业153家，总投资11.03亿美元，合同台资6.13亿美元，创历史新高，居全省第二。全市累计台资企业648家，总投资31.76亿美元，合同台资25亿美元。2004年7月10日，市台办、市台协联合在嘉兴世茂花园大酒店举办“海峡两岸（嘉兴）经贸恳谈会”，深圳、上海、东莞、佛山等近20个城市的台协会长、副会长、理监事和台商代表共60多人应邀出席。恳谈会详细介绍嘉兴市独特战略区位、优越交通条件、良好基础设施等投资优势，重点介绍台商在嘉兴的基本情况和发展前景。嘉兴经济开发区、嘉兴出口加工区、秀城工业区、秀洲工业区也在会上分别介绍各自投资环境特色和优势。是年，全市赴台团组28个209人次，与台湾工商界团体建起联系渠道，吸引台商到嘉兴考察、投资。年内，市台办向各开发区、工业区直接引荐项目14个，引荐成功项目5个，引进合同台资208万美元，实际引资235万美元。批准台资项目124个，总投资11.5亿美元，合同台资6.6亿美元，合同台资再创历史新高，名列全省第二。至年底，全市累计批准台资企业772家，合同台资32亿美元。2005年4月，市台办组织在厦门举办“嘉兴—厦门台商恳谈会”，厦门市、漳州市、泉州市的台协领导及数十名重要台商应邀出席。6月，利用浙洽会客商云集的机会，在宁波邀请台湾工商建研会代表团举行“嘉台经贸交流恳谈会”。此外，协办“2005长三角嘉兴投资洽谈会”“长三角信息产业发展论坛”“中外人士中秋联谊会”“浙江投资贸易洽谈会”和“海峡两岸农业展销会”等活动。年内，市台办制定《全市对台工作目标管理考核意见（试行）》《嘉兴市台办系统信息工作考评实施办法》以及市台办内部的《赴台交流团组内部操作程序办法》《招商引资目标任务分解及奖励办法》。是年，市台办向各县（市、区）、开发区引荐有实质性投资意向的外商10批，涉及投资项目12个，其中1个为超过3亿美元的重大项目。全市共批准台资项目76个，总投资6.5亿美元，合同台资3.7亿美元，台资项目数、总投资、合同台资数继续排在全省第二。至年底，全市累计有台资企业848个，总投资49.8亿美元，合同台资35.3亿美元。

2006年6月9—10日，由嘉兴市人民政府主办、市台办等单位承办的第二届“中国·嘉兴台商投资洽谈会”在嘉兴博雅酒店成功举行，417名台商参会，签约15个项目，总投资额高达8.025亿美元，合同台资3.16亿美元，分别比首届台洽会增加71%和51%。《中国经济时报》、浙江电视台、《香港商报》、香港《文汇报》、香港《大公报》及其他媒体相继报道此届台洽会盛况。是年，先后举办“嘉兴（泉州）投资环境说明会”“国家（嘉兴）机电元件产业园东莞招商推介会”“嘉兴（昆山）投资环境说明会”；组织台资企业参加“厦门海峡两岸农业合作成果展”等一系列对台招商活动，扩大嘉兴与台湾的经贸交流合作。年内，全市新批台资项目85个，总投资11.2亿美元，合同台资5.96亿美元，合同台资比上年增长59%。累计批准台资项目1022个，总投资61亿美元，合同台资41.24亿美元，继续在全省地级市中位居第二。

2007年，嘉兴与台湾经贸交流合作向高新技术产业、现代服务业、农业拓展。都市置业（中国）“世界500强企业国际科技园”项目与嘉兴科技城签约，成为引进更多跨国科技公司的基础平台。南仁湖集团高速公路服务区项目、国泰人寿保险等项目的引进促进嘉兴相关服务业水准的提升。荣成纸业、扬明实业、富士康科技、薛永兴氨纶增资等项目加快建设。全市共新批台资项目75个，总投资11.54亿美元，合同台资5.93亿美元，合同台资位居全省第二。是年，累计批准台资项目1097个，总投资74亿美元，合同台资48亿美元。

2008年11月4日，海协会会长陈云林与海基会董事长江丙坤在台北签署《海峡两岸海运协议》，确定海峡两岸现阶段相互开放74个港口。12月10日，交通部发布2008年第38号公告：自12月15日起，63个大陆港口列为海峡两岸海上直航港口。嘉兴港名列其中。嘉兴港对台直航后，嘉兴到台湾的航程缩短约350海里（648.2千米），可节省航行时间约1.5天。全年，克服金融危机的影响，新批台资项目44个，总投资5.7亿美元，合同台资4.1亿美元，对台招商连续9年居浙江省第二。到年底，全市累计批准台资项目1141个，总投资79.7亿美元，合同台资52.5亿美元。是年，市、县两级台办坚持服务地方经济建设，除协助各级政府举办招商活动外，先后到台湾、东莞、吴江、厦门、漳州等地直接举办招商活动,牵线引进台资项目8个,合同台资3505万美元。

2009年3月31日,台湾协荣行业股份有限公司所属“协荣11号”货轮抵达嘉兴港,嘉兴对台贸易实现首次“直通”。全年,嘉兴港靠泊直航船舶19艘,接卸货物6.7万吨。两地贸易总额达9.06亿美元,其中对台出口3.49亿美元,进口5.57亿美元。6月,年产300万台液晶显示器的一期项目开工,总投资4.6亿美元。是年,赴台湾开展经贸文化交流20批次。

“2010台湾·浙江经济文化交流活动”期间,嘉兴在台中举行“嘉兴世合新农村开发项目对接活动”,台中市市长胡志强、台湾“中央贸易开发集团”总裁丁广铉及台湾工商界人士100多人出席。嘉兴世合新农村开发有限公司,在南湖区投资4988万美元创办农民创业园,其中500亩为有机农业示范区,“现代农民学苑”获评全省两家“浙台农业合作培训基地”之一。浙江新嘉联电子股份有限公司赴台投资10万美元,并在台湾设立办事处,成为浙江首批获准入台湾投资的5家民营企业之一。是年,新批台资项目企业57个,总投资11.13亿元,合同台资6.2亿元,引进台资全省第一。

【服务台资台属企业】

1987—1993年,市台办支持创办台属企业173家、台资企业152家。此后,市台办为促进台属、台资企业健康发展,提供多方面的支持和服务。1997—1998年,协调推动中信银行嘉兴支行、中国银行嘉兴支行分别与东明公司、晋亿公司签订“银企合作协议”,一次性授信1.66亿元和2.6亿元人民币额度,帮助台企解决融资难。

2000年,与100多家企业建立重点联系制度,加强接触。是年,确定16家台资企业为重点联系点,定期走访,专题调研,先后撰写调研报告5份,其中以台联名义撰写的《加强精神文明建设,改善我市台商投资环境》一文作为提案递交市政协四届一次会议;以《强化服务功能,加大引资力度》为题,在全省对台经济工作会议上作典型发言。2001年9月24—25日,由国务院台办召开的全国台资企业协会会长会议在桐乡市举行。参加座谈会的有来自在全国各地投资的台资企业协会会长、秘书长及有关省、市、区台办负责人100余人。2003年,为开通“昆山—嘉兴—杭州—澳门—台湾”的陆空联运航线做好联系沟通工作。2004年7月,台协召开首届二次会员大会,举办周年庆典活动,先后举办3次专题知识讲座,400多人次参加。2005年,着重做好涉台人员交通违规事故处理,台资企业管理人员换考大陆汽车驾驶证,落实体检定点医院、办理台胞证延期、多签、台商子女入学等服务工作。是年起,嘉兴市每年举办“嘉兴台商新春恳谈会”,广泛听取台商意见建议,就台商关注的创业创新、产业调整、节能降耗、人才引进、企业融资等问题交流探讨。同时,利用端午、中秋等传统节日活动,加强与台商的联系和沟通,及时了解台商需求。

2006—2007年,市台办协助申请到国家开发银行台资企业项目专项资金2.7亿元,帮助嘉善晋亿实业在上海证券交易所成功上市,募集资金8.95亿元,成为全省首家上市台资企业。同时,多次举办台企大型招聘会,为企业解决专业人才、员工紧缺困难,帮助台商解决子女入学、就医等问题。

2006年5月13—14日,全省台资企业协会会长会议在嘉兴市海盐县召开,全省9个台资企业协会的会长、副会长和省台办、市台办的有关领导50余人参加会议。8月3日,台湾吉祥建材集团与秀洲区签约,在秀洲区油车港镇投资生产特种金属材料,总投资1亿美元,合同利用6000万美元的一期项目嘉兴吉祥金属科技有限公司获取营业执照,年内开工兴建。10月28日,总投资为2.4亿美元的嘉兴永鹏实业有限公司奠基仪式在嘉善经济开发区举行,浙江省政府副秘书长楼小东、市委书记黄坤明等领导参加奠基仪式[嘉兴永鹏实业有限公司是台资企业振兴集团在中国内地投资兴建的第7家工厂,主要生产铁制木质家具及配套产品。该公司计划占地面积64.47公顷,规划建筑面积61万平方米。投产后,年产木质家具240万台(套),铁制家具360万台套,五金配件5000万件,木材加工5万立方米]。是年,召开“台商新春恳谈会”;举办“台商看嘉兴——平湖行、桐乡行”“端午粽香两岸情——百名台商包粽子大赛”、台商眷属“欢乐农家游”、台商滨海新区考察等一系列活动,营造良好的亲“商”

氛围。认真受理台商的投诉和求助，全年共受理35起，办结34起。鼓励和支持台资企业多渠道融资，嘉兴台资企业东明实业等3家台资企业获得国家开发银行浙江省分行专项贷款2.2亿元。市台协成功举办嘉兴市台资企业协会（简称“台协”）成立三周年庆典，国台办、省台办、市领导和外地40多个台协的会长出席。是年，市人大常委会开始对为嘉兴经济社会发展做出突出贡献的台商、台胞授予“嘉兴市荣誉市民”称号。经过市台办推荐、市政府提名，市人大常委会首次授予平湖市新华爱心高级中学董事长王建煊、东明实业（嘉兴）有限公司董事长蔡清东、晋亿实业股份有限公司董事长蔡永龙3位台胞“嘉兴市荣誉市民”称号。2007年1月26日，大陆台资企业龙头晋亿实业（601002）正式在上海证券交易所挂牌上市。帮助台资企业融资，申请到国家开发银行台资企业专项贷款5000万美元，市政府企业信息化专项补助10万元。是年，指导嘉兴市台湾同胞投资企业协会（市台协）及各县、市（区）联谊会换届，建议市台协副会长以上人数从10人增加到20人得到落实。组织台商参加国台办、省台办举办的会长会议和联谊活动，推动市台协加入全国台湾同胞投资企业联谊会（全国台企联）；指导市台协举办庆典、迎春尾牙（联谊会）、中秋联谊等大型活动，组织近千人次台商参加“嘉兴台商沙龙”和“台商看嘉兴”等活动。协助台湾电机电子工业同业公会（台湾电电公会）对大陆城市投资环境

2006年4月26日，市台联在嘉兴沙龙宾馆举行全市台属企业工作座谈会，切实落实服务台资台属企业工作

的调查，全市有105家台资企业参加问卷调查。推荐3名台商代表（市台协名誉会长蔡清东、会长黄瓘杰和副会长刘荣达）旁听市人代会。

2008年3月1日，作为台商投资大项目的富士康集团嘉善科技园举行开工奠基仪式（富士康集团嘉善科技园首期占地116.67公顷，主要从事电脑、通信产品、消费性电子、汽车电子及各类精密模具等相关产品的生产与研发）。3—5月，市台办在全市集中开展“台商服务月”活动，活动以“走进台企、服务台商”为主题，对全市609家正常经营的台资企业进行“地毯式”分级走访。市台办主任程建华带队到台资集中的省级开发区秀洲工业园区蹲点调研，了解台商的生产经营状况，实地为企业解决实际困难10多件，撰写的调研报告《台资企业的司法纠纷问题不容忽视》被省政府办公厅《专报信息》第694期刊登，并得到副省长钟山的批示。4月8—12日，省台办主任裘小玲一行到嘉善开展蹲点调研。其间，调研组一行走访台资企业10多家，考察特色农业点10多个，举办台海形势报告会1场，召开座谈会6场，并就进一步服务好台商和台资企业、推动与台湾农业交流合作、发挥基层对台工作优势等问题广泛听取意见和建议。市台办召开元宵节“嘉兴台商新春恳谈会”；组织“台商看嘉兴”海盐大桥行、秀洲行、南湖行等活动3次，便于台商融入“第二故乡”；组织“嘉兴台商沙龙——税务讲座、法律讲座和劳动法规讲座”；建立台商权益保障工作联席会议制度，开展“台商服务月”活动，市台办主要领导带队“蹲点调研，破解难题”，帮助台企解决实际困难；开展全市涉台投诉案件大排查，基本解决查出的5件未结案件。全年，市台办受理台商投诉求助45起，办结40起。市台办“创新工作机制、保障台商权益”的做法被评为市级机关“做满意公仆十佳事例”，嘉兴市被列入全国涉台仲裁工作试点城市。是年，国税部门公布，全市纳税大于500万元的405家企业中，台资企业占49家，其纳税额合计7亿元。

至2010年，先后有王建煊、蔡清东、蔡永龙、李茂春、阮连坤、杨景铭、黄长发、刘荣达、秦荣华9名台胞获“嘉兴市荣誉市民”称号。

第六节　嘉兴市台胞台属联谊会

【组织机构】

台胞台属联谊会(简称台联)是台胞、台属及热爱对台工作的有关单位和人员自愿组织的民间团体,是中国共产党和人民政府联系广大台胞、台属及台湾、海外亲属的桥梁,也是台胞、台属进行交流、联谊的平台。1987年11月,召开第一次台胞、台属代表大会,成立嘉兴市台胞台属联谊会(简称市台联)。大会通过市台联章程,选举产生第一届理事会及会长、副会长和秘书长。在此前后,郊区和嘉善、平湖、海盐、海宁、桐乡等地相继成立台联会。

1987—2010年,市台联召开台胞台属代表大会5次,选举产生相对应的各届理事会。理事会每届任期5年,是代表大会的执行机构,负责闭会期间的日常工作。2010年,全市有南湖区、秀洲区、嘉善县、平湖市、海盐县、海宁市、桐乡市7个县(市、区)台联,2个镇台联。

【代表大会】

第一次代表大会　1987年11月25日召开,嘉兴市台联选举产生第一届理事会,俞佩菁当选市台联会长。

第二次代表大会　1993年9月20日召开,出席代表100人。俞佩菁代表第一届市台联作工作报告。会议选举产生第二届理事会,理事30人。俞佩菁当选市台联会长。

第三次代表大会　1998年9月8日召开,出席代表100人。俞佩菁代表第二届市台联作工作报告。会议选举产生第三届理事会,理事25人。俞佩菁当选市台联会长。

第四次代表大会　2004年11月26日召开,出席代表100人。俞佩菁代表第三届市台联作工作报告。会议选举产生第四届理事会,理事29人。黄济华当选市台联会长。

第五次代表大会　2009年12月15日召开,出席代表200人。会议听取黄济华代表第四届理事会作工作报告。选举产生第五届理事会,理事48人。黄济华当选市台联会长。

2009年12月15日,市台办在嘉兴文华园宾馆召开嘉兴市第五次台胞台属代表大会并进行表彰

嘉兴市台胞台属联谊会历届代表大会情况表

表6-2-6

届 次	召开时间	出席人数	理事(人)	会 长	副 会 长	秘书长
第一次	1987.11.25	120	24	俞佩菁	朱烈、张西峰、柯青、王兆熊、张孝政	张孝政
第二次	1993.09.20	100	30	俞佩菁	陆诗勋、朱烈	陆诗勋
第三次	1998.09.08	100	25	俞佩菁	姚艺权、葛永兴、郑伟业、金圭成	姚艺权
第四次	2004.11.26	100	29	黄济华	章建琴、葛永兴、赵荣华、涂志清、郑伟业、章留明、卢玲、许文激	姚艺权
第五次	2009.12.15	200	48	黄济华	章建琴、章留明、崔宇文、姜东、曾宪纲、朱海伦、黄颖、沈萍、陈建宏、涂志清、柯卫明、赵荣华、金明浩、吴晓平	胡莲敏

【台胞奖学金】

张碡溪奖学金 1988年,台胞张子良在嘉兴设立首个台胞奖学金。1992年4月17—20日,张子良一行访问嘉兴期间,举行嘉兴高专张子良教学楼奠基典礼(张子良资助50万元建造,1993年4月28日落成),成立张碡溪文教基金总会。1993年6月,张氏病故,奖学金发放至2003年12月。

海宁故乡子弟奖学金 1993年,由台北海宁同乡会设立。至2010年,奖励学生600多人,奖学金40多万元。

台北平湖同乡会奖学金 1994年,由台北平湖同乡会在平湖实验小学设立。至2002年,有1040名学生获奖,颁发奖学金及慈善捐款14.5万元。

杨诒皋夫妇教育奖励基金 由台胞杨昌烈以其父亲名字命名。2001—2010年,奖励350人,17多万元。

校园亲情奖 2002年,由台北嘉兴同乡会常务理事、著名建筑师王滨设立。至2010年,共奖励学生182人、教职工298人、学生家庭95户,奖金9.5万元。

陆廷贤园丁奖 陆廷贤曾任集贤小学(嘉兴实验小学前身)校长,去台后在台北龙安小学任教。陆氏无嗣,她的义女凌浮生及其丈夫沈国桢(《浙江月刊》编辑),以陆廷贤名义在嘉兴实验小学设立"陆廷贤园丁奖"。每年奖励该校12位老师,2006—2010年共奖励老师60人,3万元。嘉兴实验小学与台北龙安小学结为姐妹学校。

【联谊交往】

1987—1990年,市、县(市)两级台联为台北《嘉兴同乡通讯》《海宁同乡会讯》提供家乡资讯,向台北嘉兴同乡会提供家乡去台人员名单,协助同乡会发展会员、海峡两岸寻亲,沟通联系亲人260户;平湖、桐乡两地台联与在台人士协调,促成平湖、桐乡旅台同乡会成立。

20世纪90年代起,各级台联与台北同乡会的交往以及组团入岛、民间交流等活动日趋频繁。

1991—2010年,走访慰问台胞、台属1000多人次。此外,推荐台胞台属代表参加市委、市政府组织的"嘉兴中外人士中秋、新春联谊会"等活动。

1991年4月,台北嘉兴同乡会及嘉属县同乡会组团39人到嘉兴观光,参加有关商贸活动。1992年10月,市台联提请周洪昌、杜云昌两任市长先后邀请台北嘉兴同乡会及各县台北同乡会到嘉兴观光联谊、参加商贸活动,并参加张子良捐款建造的嘉兴一中图书馆落成典礼。此后,市长夏益昌邀请同乡会回乡观光,参加有关经贸活动。市台联帮助家乡沟通联系亲人280多户。张子良、江九思、朱巨勋、王滨等多次回乡参观访问。1995年春节,台北海宁同乡会在台北举办"海峡两岸当代海宁书画家作品展",海基会副董事长兼秘书长焦仁和、台湾知名人士蒋彦士为书画展剪彩。展出书画51幅,其中有硖石八十九岁老人李鸿祥的书法《家乡在何处,出生在海边,何必分彼此,同是一片天》;朱屏的《海潮图》《朝看越地千山色,夜听浙江万里涛,最是人间留不住,诗魂应恋月中潮》,以及海宁书法大师张宗祥女儿张珏的作品和台湾画家冯慕娴(海宁人)的国画《猫》等。同时展出反映改革开放中"海宁巨变"的照片18幅,硖石花灯及介绍海宁投资环境的书籍画册等。同年9月,在硖石举办"两岸海宁人爱我家乡书画展",台北海宁同乡会理事查竞传、理事包容专程前往,海峡两岸交流协会会长汪道涵应邀参加。汪老为书画展题词:"书画为舟,载谊两岸"。1995年7月,出刊《嘉兴台联》。1997年,平湖市在台北举办"平湖乡亲书画展",展出作品33件。

2002年5月,台北嘉兴同乡会理事长盛庆琜到母校嘉兴一中访问,并在嘉兴一中作《人生与价值》的演讲。2004年1月,硖石灯彩到台湾高雄展出,灯展吸引10万多名台湾民众观看,被当地媒体誉为:兼具古典美及传统特色,享誉国际,硖石灯彩,史博馆放光芒。

2005—2007年,先后联络浙江省旅台同乡联谊会、嘉兴青年中学旅台校友会组织的"校园文化之旅""纪念嘉兴青年中学建校60周年同学会"以及台北嘉属六县同乡会联合组织的"嘉兴籍台胞故乡行"到嘉兴等地活动,并举办"两岸中学生夏令营"3届、"两岸邻里节"2届,促成台北嘉属六县同乡联谊总会成立。2005年9月,浙江省旅台同乡联谊会"校园文化之旅"一行36人到嘉兴访问;10月,台北浙江同乡会一行70人到桐乡、海宁参访。是年，先后有教育、文化、新闻记者、宗教人士、民间艺术5个团组56人次到台交流考察。平湖西瓜灯参加台北元宵灯会展出，精湛的手工技艺引起台湾观众的极大兴趣。2006年，接待嘉兴旅台同乡联谊总会会长朱鼎华等嘉兴籍台胞近50人。是年，开始向台北浙江同乡会寄送《嘉兴日报》《南湖晚报》。2007年3月，市台联首次组团赴台交流，向台北嘉兴同乡会介绍家乡发展变化情况，看望台湾乡亲。5月，嘉兴籍台胞访问团一行28人应邀到嘉兴参观考察，此次活动是各县（市）同乡会的首次集体到访。2008年7月，台湾26家旅游社负责人应邀到嘉兴“踩线”考察南湖景区，加深两地交往。

2009年4月，海盐澉浦镇台联探亲旅游团赴台，介绍杭州湾跨海大桥、南北湖风景区等家乡的风貌和发展变化。11月，参与发起成立嘉兴市海峡两岸交流协会。

2010年，《嘉兴台联》出刊50多期。

【参政议政】

1988年6月，市政协二届委员会增设台联界别，市台联有政协委员10人。此后，历届市政协均设台联界别，政协台联委员稳定在10人以上。成为全市台胞台属参政议政、建言献策、反映社情民意的重要平台。

1988—2010年，有59名台胞台属分别担任第二至第六届政协委员，市台联每年组织台胞台属界政协委员调查研究，准备市政协会议提案和大会发言，先后完成多篇调研报告。在市政协历次会议上发言17次（含书面），提交提案和社情民意1200余件，内容涉及对台工作、涉台教育、促进嘉台两地交流、嘉兴台属企业发展的现状及对策建议等。

政协嘉兴市委员会历届台联委员情况表

表6-2-7

市政协届次	台联政协委员人数（人）	市台联政协委员
第二届（1988.06—1993.05）	10	王兆熊、孔繁俊、宋晓红（女）、沈季林、邹道际、张云忠、张西峰、高继玉（女）、徐以杭、鲍其昌
第三届（1993.05—1998.04）	13	王祖良、孔繁俊、何哲珩（女）、宋晓红（女）、沈季林、邹道际、张西峰、陈树森（女）、赵贵生、高继玉（女）、徐以杭、徐洪泉、葛永兴
第四届（1998.04—2003.04）	13	王祖良、朱　彦、刘林森、吴晓弟、沈季林、邵水根、金圭成、郑伟业、赵荣华、柯建德、徐以杭、章留明、葛永兴
第五届（2003.04—2007.04）	10	江玉勤、沈玉亭、郑伟业、赵荣华、柯建德、姚艺权、陶炳煜、章留明、葛永兴、程建华
第六届（2007.04—2012.03）	13	朱莉韵（女）、江玉勤、沈　萍（女）、张　森、陈建宏、郑伟业、赵荣华、查　艺、姚艺权、曹龙官、章留明、葛永兴、程建华

说明：市政协二届委员会起增设台联界别

政协嘉兴市委员会历届会议台联发言一览表

表6-2-8

市政协届次	发言人	题　目
一届二次（1984.10.21—26）	陆诗勋	大家都来做对台工作，创嘉兴市对台工作新局面
二届一次（1988.06.09—15）	俞佩菁	祖国统一工作要落到实处（民革）

续表6-2-8

市政协届次	发言人	题　　目
二届三次(1990.04.05—10)	张西峰	文史资料工作在新的历史时期要为社会主义建设服务
	俞佩菁	开展海外联谊工作,促进祖国和平统一(民革)
二届五次(1992.04.01—06)	俞佩菁	对进一步搞好祖国统一工作的几点建议(民革)
三届一次(1993.05.10—16)	俞佩菁	更好地发挥台胞、台属作用,为进一步拓展嘉兴市的外向型经济服务(民革)
三届二次(1994.04.25—29)	俞佩菁	对嘉兴市引进台资工作问题的探索和建议(民革)
三届三次(1995.04.07—11)	张西峰	两岸人民携手,促进祖国统一
	俞佩菁	为台胞投资者提供切实可行的法律保护(民革)
三届四次(1996.04.02—07)	俞佩菁	改善台商投资环境的几点思考(民革)
四届一次(1998.04.17—22)	俞佩菁	加强精神文明建设,改善嘉兴市台商投资软环境
四届三次(2000.03.27—31)	姚艺权	加大吸引台资力度,促进嘉兴市经济发展
四届四次(2001.03.26—30)	姚艺权	抓住机遇,乘势而上,再创嘉兴市引进台资工作新局面
五届一次(2003.04.24—29)	姚艺权	抢抓机遇,东引台资,把嘉兴市建设成全省开放型经济的前沿阵地
六届二次(2008.01.23—27)	书　面	进一步加大引进台资力度——嘉兴利用台资现状分析和对策建议
六届三次(2009.02.11—15)	书　面	新形势下进一步发展壮大台资企业的几点思考和建议
六届四次(2010.01.18—21)	书　面	关于统筹城乡公共图书馆发展,构建嘉兴城乡一体化新型公共图书馆服务体系的几点建议

【协助台资台属企业】

1987年,市台联支持台属自愿集资,创办全市首家台属企业嘉兴市台联民生企业有限公司。各县(市、区)台联,也相继创办自己的工厂、企业。1988年7月,海宁市去台人员葛珊宝投资20.26万美元,在硖石兴办顺利园饭店,成为全市第一家台资合资企业。

1991—2010年,经市台联牵线搭桥引进台资项目62个,合同利用台资1亿美元。

1992年,南湖区台属沈季林,与其兄台胞沈忠华投资30万美元,合作创办大华包装有限公司,发展成资产超亿元的集团公司。至1993年,全市有台属企业173家,就业人员2500人,产值(营业额)1.53亿元,创税利1350万元;有台资企业152家(市本级53家、嘉善16家、平湖16家、海盐16家、海宁28家、桐乡23家),总投资13781.1万美元,利用台资6541.6万美元,创利305.6万元,税收50.4万元。同时,涌现出一批优秀企业和企业家,平湖神州保健用品厂、桐乡云翔针织厂、海宁顺利园饭店被省台办评为1992年先进台属企业;海盐特种纤维织造厂厂长赵荣华,被评为台属企业优秀厂长。

进入21世纪,全市两级台联进一步加强服务台属企业工作。邀请人大、政协视察、调研台属企业,帮助解决经营中遇到的困难;召开台属企业交流座谈会,请相关经济部门领导作经济形势报告,增强台属企业信心;在《嘉兴台联通讯》中开辟"台属企业""台属企业家风采"栏目,介绍优秀台属企业的经验和做法。同时,各级台联和台属牵线搭桥,邀请台商参加经贸活动,做好引进台资工作。

2006年,全市共有台属企业23家,其中,经营规模1000万元以上14家,超亿元企业3家,注册资金总额7741.9万元,年利税总额9247万元,企业职工4906人。2007年6月27日,举行《续写吴越春秋的男人们》首发式。该书约12万字,百余幅照片,记述8名台资、台属企业家在嘉兴投资创业、为家乡贡献智慧的先进事迹。

2008年美国发生金融危机时,召开台属企业座谈会，邀请相关领导作经济形势报告，增强企业的信心，在《嘉兴台联通讯》中开辟“台属企业”“台属企业家风采录”栏目，介绍优秀台属企业的经验和做法。是年，台属企业家赵荣华获“嘉兴市职工创业十佳”“浙江省职工创业十佳”“全国优秀经营管理者”“浙江省优秀星火企业家”称号和“全国五一劳动奖章”等。嘉兴藤王绅士服有限公司被评为“浙江省模范职工之家”称号。2009年12月，嘉兴市第五次台联代表大会表彰台联工作先进集体、先进个人和十佳台属企业。

2010年5月和11月，在嘉兴职业技术学院连续举办2届台资企业专业人员、技工专场招聘会，80多家台资企业参加招聘活动，吸引4000多人前来应聘。至年底，全市有一定规模的台属企业35家，总投资5.6亿元人民币，注册资本3.22亿元人民币。引进台资项目62个，合同利用台资1亿美元。台属企业家赵荣华，先后引进台资企业6家落户海盐，合同利用台资500万美元，获2008年“嘉兴市职工创业十佳”“浙江省职工创业十佳”称号和“全国五一劳动奖章”等。台属企业嘉兴藤王绅士服有限公司被评为“浙江省模范职工之家”等。南湖区台属沈季林，促成其台胞兄弟沈忠华于1992年投资30万美元与当地合作创办大华包装有限公司，至2010年发展成资产过亿的集团公司。

第七节　黄埔军校同学会

黄埔军校是国共两党第一次合作的产物，1924年6月16日在广州黄埔长洲岛开学，校名为陆军军官学校，简称黄埔军校。至1949年年底，黄埔军校在大陆共举办23期，包括各分校及训练班毕业学生计23万余人。

黄埔军校同学会是由黄埔军校同学组成的爱国群众团体。1984年6月16日，经中共中央批准在北京成立，徐向前任会长，聂荣臻、许德珩为顾问。宗旨是：发扬黄埔精神，联络同学感情，促进祖国统一，致力振兴中华。主要任务是：宣传“和平统一、一国两制”的对台方针政策，团结祖国大陆的黄埔同学，联络台湾、港澳和海外的黄埔同学和黄埔组织，弘扬爱国革命的黄埔精神，发挥桥梁和纽带作用，为促进海峡两岸交流交往，推进祖国和平统一事业和中华民族的繁荣进步做出应有的贡献。

1985年3月，上海黄埔军校同学会成立。遵照中央统战部《关于筹建地区黄埔同学会若干问题的补充通知》规定，上海黄埔军校同学会负责上海、浙江、福建，分设浙江、福建两个组。同年9月2日，上海黄埔军校同学会浙江组成立。

【组织机构】

1985年5月6日，市委统战部遵照浙江省委统战部《关于上海黄埔军校同学会有关事项的通知》精神，印发《关于调查黄埔军校同学的通知》，组织开展全市黄埔军校同学分布状况和人员基本情况调查。1987年11月20日，市委统战部批复同意设立上海黄埔军校同学会浙江省分会嘉兴市联络组（简称黄埔军校同学会嘉兴市联络组），组长金柏源。同年12月16日，黄埔军校同学会嘉兴市联络组成立，址设市区吉杨路66号民主党派办公楼2楼，有黄埔同学（联络组发起人）19人。1990年11月22日，黄埔军校同学会嘉兴市联络组更名为嘉兴市黄埔军校同学会（简称市黄埔军校同学会）。同时，召开第一次全体会员大会，审议通过《嘉兴市黄埔军校同学会章程（草案）》，选举产生第一届理事会及会长、副会长。是年，全市有黄埔同学59人。市黄埔军校同学会理事会每届任期3年，1990—2009年，共产生6届理事会。2009年10月以后，随着全市黄埔同学整体年龄进入高龄、行动不便，加之正副会长相继去世，出于安全考虑，理事会不再选举和活动。市黄埔军校同学会的日常事务及联络等工作，转由叶祖钧等黄埔同学子女代理。2014年，全市有健在的黄埔同学5人。

【主要活动】

中共嘉兴市委统战部关心、支持嘉兴籍黄埔军校同学成立组织、开展活动。1987—1990年，市黄埔军校同学会（联络组）成立初期，市委统战部协助加强自身建设，指导开展政治学习，每年结合“黄埔军校建校周年纪念活动”举办座谈会，鼓励全市黄埔同学发扬黄埔精神，开展对外联谊，为统一祖国、振兴中华做贡献，形成惯例。同时，在办公场所、活动经费等方面给予支持，协调解决办公经费纳入市财政拨款，逐年增加。1998年4月，举荐市黄埔军校同学会会长沈国丞任市政协四届委员，并连任市政协五、六届委员，支持黄埔同学发挥作用、参政议政。2000—2004年，全市黄埔同学任市、县（市）政协委员3人，向市、县（市）政协提交提案、反映社情民意35件，其中沈国丞关于“加大对嘉兴市基础教育的投资力度”的政协提案被评为优秀提案。2000年6月至2003年6月，市黄埔军校同学会扩大与台湾及海内外同学的交流交往。3年间，共寄出信件（贺卡）235件，收到信件（贺卡）219件，互通电话26次。2002—2003年，各地统战部门逢重阳节、春节组织看望黄埔同学、送慰问金，形成制度、每年进行。2004年1月29日，春节后的第一个工作日，市委书记黄坤明、市委副书记徐士珍、政协主席徐良骥以及政协副主席、统战部部长马健等到市黄埔军校同学会看望黄埔同学，祝愿他们健康长寿。是年，全市黄埔同学获得各地政府按年或按月生活补助。2005年6月，市委统战部组织对全市黄埔同学生活情况调查。2006年起，遵照省委统战部、省人事厅、省财政厅、省民政厅《关于给部分黄埔军校同学生活困难补助的通知》精神，除各地政府按年或按月生活补助外，市财政每年拨款4万元，用于全市无固定收入的黄埔同学生活困难补助。2009年7月，市财政又给市本级6名黄埔同学一次性生活困难补助3万元。2010—2014年，市委统战部决定市黄埔军校同学会的日常工作由叶祖钧负责，保持与黄埔同学的沟通与联系，配合市委统战部做好慰问黄埔同学等工作。

嘉兴市黄埔军校同学会历届理事会情况表

表6-2-9　　单位：人

届次	成立（换届）时间	理事会	常务理事	会（组）长	副会（组）长	秘书长	副秘书长	备注
	1987.11.20	—	—	金柏源	沈国丞	—	—	上海黄埔军校同学会浙江省分会嘉兴市联络组
第一届	1990.11.22			金柏源	沈国丞	—	—	
第二届	1995.06.22	9	3	沈国丞	杨之飞 张　明	张　明	—	金柏源为名誉会长；1996年7月，增选张明为副会长，1997年1月12日，因病去世
第三届	1998.06.16	9	3	沈国丞	杨之飞	—	杨俊良	金柏源为名誉会长
第四届	2001.06.05	7	3	沈国丞	杨之飞 陆恺均	—	杨俊良	金柏源为名誉会长；2002年10月9日，因病去世
第五届	2004.06.16	9	—	沈国丞	陆恺均	杨俊良	—	
第六届	2007.06.16	9	—	沈国丞	陆恺均	杨俊良	—	2009年4月8日，陆恺均因病去世；2009年10月14日，沈国丞因病去世

说明：上海黄埔军校同学会浙江省分会嘉兴市联络组成立时间为统战部批复同意之日（召开成立大会时间为12月17日），第一届理事会换届时间为统战部批复同意嘉兴市联络组改为嘉兴市黄埔军校同学会之日（首次会员大会的召开时间无资料考证）

嘉兴市黄埔军校同学人员变化及区域分布一览表

表6-2-10　　单位：人

区域 年份	全市总数	市区	嘉善	平湖	海宁	海盐	桐乡
1987.12	19	14	1	2	1	—	1
1990.10	59	18	2	13	17	4	5
1997.06	65	19	2	14	17	6	7
2001.06	40	11	2	9	11	4	3
2004.06	31	9	2	7	8	3	2
2006.05	26	7	3	5	6	3	2
2014.09	5	1	1	—	2	1	—

说明：1.本表数据依黄埔军校同学会总结报告、通讯录等现存资料核对编制；
2.全市黄埔同学数自联络组筹建起经相互联系逐步增加，后随年老病故逐年减少；
3.2014年健在的5位黄埔同学如下：
费彬华1931.02.15（嘉兴·黄埔23期），郁长军1918.08.27（嘉善·黄埔17期），
徐大榕1920.10.（海盐·黄埔14期），张一鸣1920.11（海宁·黄埔18期），
邱寿庆（宗英）1921.06（海宁·黄埔17期）

附：

上海黄埔军校同学会浙江省分会嘉兴市联络组人员名单

（1987年7月8日）

金柏源（嘉兴·黄埔10期）、林振江（海宁·黄埔12期）、施祖斌（嘉兴·黄埔15期）、于叙达（嘉兴·黄埔15期）、沈国丞（嘉兴·黄埔16期）、姚德三（嘉兴·黄埔16期）、徐希霖（嘉善·黄埔16期）、蒋安之（嘉兴·黄埔17期）、高子明（嘉兴·黄埔17期）、杨之飞（桐乡·黄埔17期）、钱济中（嘉兴·黄埔18期）、杜其松（嘉兴·黄埔18期）、杨俊良（嘉兴·黄埔18期）、刘德义（平湖·黄埔18期）、费彬华（嘉兴·黄埔23期）、蒋士坤（嘉兴·军训班8期）、吴文奎（嘉兴·军训班10期）、郭玉鑫（嘉兴·军训班10期）、施宗鹈（平湖·军训班11期）。

资料来源：市黄埔军校同学会会长沈国丞之子沈宁提供的上海黄埔军校同学会浙江省分会嘉兴市联络组成立前夕的成员签名照片。

嘉兴市黄埔军校同学会章程

（嘉兴市黄埔军校同学会全体成员大会1994年6月20日通过）

一、嘉兴市黄埔军校同学会，是由嘉兴市黄埔军校同学组成的爱国群众团体。

二、本同学会宗旨是："发扬黄埔精神，联络同学感情，促进祖国统一，致力振兴中华"。

三、凡承认本会章程的黄埔军校同学，自愿申请入会者，经同学会常务理事会审核批准后，均可成为本会会员。

四、会员的权力和义务：

1.会员有选举权和被选举权；

2.有参加本会组织的各项活动的权力；

3.有对本会工作提出意见、建议和批评的权力；

4.遵守本会宗旨，关心本会工作，广泛联系国内外黄埔军校同学，增进共识，为促进祖国和平统一和两个文明建设贡献力量；

5.遵守本会章程，按期交纳会费。

五、本会会员有退会自由。会员若有严重违反

本会章程行为者，经批评教育无效，则取消其会员资格。

六、本会全体会员大会为同学会最高权力机构。大会职权是：听取和审议理事会工作报告；修改会章，选举或改选理事会；讨论和决定其他重要问题。

七、本会设会长1人，副会长1至2人，秘书长1人，理事若干人，组成理事会，集体领导本会工作。理事会聘请顾问1至2人；选举会长、副会长组成常务理事会。理事会每半年召开一至二次，讨论年度工作计划和总结等重大事宜。理事会闭会期间，由常务理事会负责执行理事会决议。常务理事会每月召开一次，集体讨论和处理本会会务工作。

八、理事会每届任期三年，任期届满时，召开全体会员大会，民主选举产生下届理事会。必要时可提前或延期改选理事会。理事会各理事在换届选举时，可连选连任。

九、本会会址设在嘉兴市吉杨路66号民主党派办公楼2楼。

十、本章程自全体会员大会通过之日起生效。如需修改时，由理事会集体研究后提交全体会员大会审议通过。本章程解释权属本同学会的理事会。

第七篇　民主党派和工商联

20世纪50年代中期，嘉兴地区建有中国民主建国会（简称“民建”）嘉兴市委员会、九三学社杭州分社嘉兴直属小组、中国民主同盟（简称“民盟”）浙江省直属嘉兴支部、中国民主促进会（简称“民进”）杭州市委直属嘉兴小组、中国农工民主党（简称“农工党”）嘉兴市支部5个民主党派组织和嘉兴市（县）工商联。

“文化大革命”期间，各民主党派、工商联停止活动。

中共十一届三中全会以后，各民主党派、工商联逐步恢复活动。1978年8月，嘉兴市（县）工商联恢复工作。1983年8月，嘉兴撤地建市，原嘉兴市（县）工商联自然升格为嘉兴市（省辖市）工商联。1984—1986年，先后建立民革、民盟、民建、民进、农工党和九三学社6个民主党派嘉兴市委员会。1994年8月，成立中国致公党浙江省直属嘉兴市支部。2003年6月，成立台盟嘉兴支部。

各民主党派坚持中国共产党领导的多党合作和政治协商制度，贯彻执行“长期共存、互相监督、肝胆相照、荣辱与共”方针，认真履行参政党职能，发挥自身优势，积极参政议政。市工商联（总商会）指导各县（市、区）工商联（商会），发挥人民团体职能，教育、引导非公有制企业和非公经济人士依法经营，创新创业；依法维护非公有制企业合法权益，促进非公有制经济健康发展。2014年，全市有民革、民盟、民建、民进、农工党、九三学社、致公党7个民主党派嘉兴市委员会、台盟嘉兴支部和嘉兴市工商联（总商会）。

第一章　中国国民党革命委员会嘉兴市委员会

1986年4月，中国国民党革命委员会（简称“民革”）嘉兴市委员会成立后，认真履行参政议政、民主监督职能，加强自身建设，在服务祖国和平统一和社会经济发展等方面作出积极努力。

第一节　组织机构

20世纪50年代，民革在嘉兴开始有党员活动，分别为居住在平湖县、嘉善县的2名省民革党员和1961年11月因工作关系由杭州调嘉兴工作的1名省民革党员等，但尚未建立民革组织。

1984年6月16日，成立民革嘉兴小组，有党员3人，陈毓祥任组长。1985年4月17日，成立民革嘉兴市筹备委员会，刘先正、陈毓祥、陶志明、卢存廉、金伯源为委员。至年底，全市有民革党员26人。1986年4月22日，成立民革嘉兴市委员会（简称“民革市委会”）。内设办公室，负责民革市委会日常工作。同年5月，建立祖国统一工作组和“四化”服务工作组。是年，全市有民革党员35人。1988年7月28日，民革市委会成立直属支部4个。第一支部以原军政界党员为主，第二支部以经济、科技界党员为主，第三支部以医卫界党员为主，第四支部以教育界党员为主。同年9月14日，成立民革桐乡县临时小组。11月，成立民革嘉兴市委会妇女工作组。1989年6月10日，成立民革桐乡县支部。同年6月

29日，成立民革新塍临时小组。1991年2月22日，民革新塍临时小组更名为民革嘉兴郊区小组。是年，民革市委会内设祖国统一工作委员会、"四化"服务工作委员会、妇女工作委员会。1992年，民革嘉兴市委会二届三次扩大会议决定，民革嘉兴郊区小组组建民革嘉兴市郊区支部。2002年，民革市委会增设老龄工作委员会、经济与社会工作委员会。2003年8月15日，成立民革秀城区支部。是年，全市有直属支部4个和秀城区、桐乡市2个支部。2007年，民革市委会内设学习宣传、参政议政、祖国统一、社会服务、妇女工作和老龄工作等专门工作委员会6个。同年11月30日，民革桐乡市支部升格为民革桐乡市总支部，下设支部3个，共有民革党员25人。2008年1月11日，成立民革嘉兴学院支部，有民革党员8人。同年12月20日，民革南湖区支部升格为民革南湖区总支部，下设支部3个，有民革党员25人。2010年12月，成立民革嘉善县支部，有民革党员5人。

2014年，民革市委会内设办公室和学习宣传、调查研究（参政议政）、祖国统一、社会服务、妇女工作和老龄工作等专门工作委员会6个。全市有总支部2个、支部13个，民革党员200人，其中市属各基层组织99人、县市区各基层组织101人。全市民革党员中，大专及以上学历169人，中高级以上职称115人，中上层人士138人，平均年龄约52岁。

2014年民革嘉兴市委员会党员一览表

表7-1-1　　单位：人

基层组织名称	人　数	备　注
市属一支部	19	—
市属二支部	23	—
市属三支部	21	—
市属四支部	25	—
嘉兴学院支部	11	—
南湖区总支部	35	内分3个支部
秀洲区支部	23	—
桐乡市总支部	34	内分3个支部
嘉善县支部	9	—

第二节　代表大会

【第一次党员大会】

1986年4月22—23日，召开民革嘉兴市第一次党员大会。大会应到31人，实到28人。民革省委会、中共嘉兴市委、嘉兴市政协等领导到会并讲话。会议听取和审议《民革嘉兴市筹备委员会工作报告》；选举产生民革嘉兴市第一届委员会，由刘先正、俞佩菁、陶志明、卢存廉、董绍宁等5人组成，刘先正任主任委员，俞佩菁、陶志明任副主任委员，提名并任命卢存廉为秘书长。1991年6月，增补沈乾为副主任委员。

1986年4月22日，民革嘉兴市委会第一次党员大会合影

【第二次党员大会】

1992年5月15—16日，召开民革嘉兴市第二次党员大会。大会应到57人，实到57人。民革省委会、中共嘉兴市委等领导到会并讲话。会议学习《中共中央关于传达学习邓小平重要讲话的通知》，听取和审议民革嘉兴市第一届委员会工作报告，选举出席省民革第九次代表大会代表，讨论通过本次大会决议；选举产生民革嘉兴市第二届委员会，由王九华、王乐群、卢存廉、沈乾、张强元、俞佩菁（女）、胡家祺、姚嘉琪、陶志明9人组成，俞佩菁（女）任主任委员，沈乾、陶志明任副主任委员，提名并任命卢存廉为秘书长。

【第三次党员大会】

1997年1月15—16日，召开民革嘉兴市第三次党员大会。大会应到87人，实到78人。会议学习江泽民在纪念中国共产党成立75周年座谈会上讲话、中共十四届六中全会精神，听取和审议民革嘉兴市第二届委员会工作报告，选举出席省民革第十次代表大会代表，讨论通过本次大会决议；会选举产生民革嘉兴市第三届委员会，由杨恩明、汪少雄、沈乾、张强元、郑兆嘉、姚嘉琪、葛永元、董绍宁、薛家麒9人组成，沈乾任主任委员，姚嘉琪、张强元任副主任委员，提名并任命姚嘉琪为秘书长。

【第四次党员大会】

2001年10月16—17日，召开民革嘉兴市第四次党员大会。大会应到103人，实到92人。会议学习中共十五届六中全会精神，听取和审议民革嘉兴市第三届委员会工作报告，选举出席省民革第十一次代表大会代表，讨论通过本次大会决议；选举产生民革嘉兴市第四届委员会，由朱立群、沈乾、沈晓琴（女）、汪少雄、金颖英（女）、姚嘉琪、姜东、褚寅、薛家麒9人组成，沈乾任主任委员，姚嘉琪、薛家麒任副主任委员，提名并任命沈晓琴（女）为秘书长，聘任姜东、楼解民为兼职副秘书长。2006年8月，增补李水根为副主任委员。

【第五次党员大会】

2006年11月20—21日，召开民革嘉兴市第五次党员大会。大会应到142人，实到133人。会议学习贯彻中共十六届六中全会、第二十次全国统战工作会议精神，听取并审议民革嘉兴市第四届委员会工作报告，选举出席民革浙江省第十二次代表大会代表，审议通过《中国国民党革命委员会嘉兴市第五次党员大会决议》；选举产生民革嘉兴市第五届委员会，由李水根、薛家麒、沈晓琴（女）、金颖英（女）、姜东、朱立群、褚寅、费飞金、殷慧雯（女）、楼解民10人组成，李水根任主任委员，薛家麒、沈晓琴（女）任副主任委员，提名并任命沈晓琴（女）为秘书长。

【第六次代表大会】

2011年11月16—17日，召开民革嘉兴市第六次代表大会。大会应到102人，实到88人。会议学习胡锦涛在庆祝中国共产党成立90周年大会上的讲话、中共十七届六中全会精神，听取并审议民革嘉兴市第五届委员会工作报告，审议通过民革嘉兴市第六次代表大会决议；选举产生民革嘉兴市第六届委员会，由李水根、薛家麒、沈晓琴（女）、金颖英（女）、姜东、王丽珍（女）、吕新建、朱立群、仰金贤（女）、张晖（女）、费飞金、袁献民、殷慧雯（女）13人组成，李水根任主任委员，沈晓琴（女）、姜东、金颖英（女）任副主任委员，提名并任命沈晓琴（女）为秘书长。

第三节　履行职能

1986—2014年，全市民革党员当选市人大代表17人次；当选省、市政协委员97人次，其中省政协常委1人、委员4人；当选民革全国、浙江省代表大会代表32人，其中民革全国代表大会代表4人；民革市委会领导参加中共嘉兴市委、市政府民主协商会、情况通报会、交友谈心会、专题座谈会等282次。2014年，民革党员任市人大代表4人，任省政协委员1人，任市政协委员19人，其中市政协副主席1人、市政协常委2人。

【参政议政】

1986—2014年，民革市委会及党员中的人大代表、政协委员在省、市“两会”提交议案、提案、建议1013件，反映社情民意1389条。1986年6月，民革党员提交的《关于重建辛亥革命烈士纪念塔》提案，受到中共嘉兴市委和市政府的重视。1992年，民革党员提交的《南排水利工程》等2件提案，被省政协评为优秀提案；《关于推行适度规模生态农业经营的建议》《关于我市禁用一次性木筷和不可自然降解的快餐盒》，被市人大评为优秀建议；《关于推动我市城镇养老服务业发展的建议》《建议将块状工业区排污纳入市出海排污工程》等10多件提案，被市政协评为优秀提案或列为重点提案。1997年，民革市委会就国企改革、再就业等社会热点问题开展调研，并在市政协三届五次会议上发言。1998年，民革市委会在市政协会议上《关于合理利用水资源》发言，市政协据此向市政府提出《尽快实施分质供水》的建议；《要求敦促江苏吴江落实排污补偿金》的集体提案，得到市政府的重视并采纳。2000年，《关于创建我市科技激励机制的建议》被市政府评为年度优秀提案。2001年，省政协委员、民革市委会主委沈乾《关于加强我省质量工作的两条建议》和民革市人大代表《关于加快建设和完善我市社会保障体系》的议案，分别被省政协、市人大评为优秀提案、议案。2002年，《关于南排工程管理经费的问题》被省政协列为重点办理提案。2003年，民革市委会就嘉兴农业接轨上海、发展老龄事业、加强公民道德建设等开展调研，提交《关于嘉兴农产品供沪和农业“接轨”上海的思考》《关于发展老龄事业，创建文明城市》2篇调研报告。2004年，开展课题调研，其中《提高城市竞争力，必须善待外来民工》《抓好中高级技工培养工作》和《关于要求切实理顺市本级屠宰管理体制，确保市民吃上放心肉的建议》等被评为市政协优秀提案。2005年，民革市委会《关于我市沼气技术应用推广的调研报告》，被市委、市政府采纳，列为2005年市政府十大实事之一；《关于大力开发我市再生能源利用》《关于在推进城市化进程中重视精神文明的建设》被市政协评为优秀提案。2006年，民革市委会《关于开发我市可再生能源，利用太阳能来节省我市大量锅炉用燃煤的建议》被纳入市“十一五”规划。2007年，民革市委会《关于大力开发利用秸秆气化，推进我市循环经济和新农村建设的建议》被列为市政协重点督办提案，《关于开展外来人员文明素质提升工程的建议》被评为市政协优秀提案；社情民意《关于在浙江荣军医院所在地保留一幢青年中学原校址设“嘉兴青年中学和青年军陈列馆”的建议》被民革中央采纳。2008年，《关于加快发展嘉兴市生产性服务业的建议》和《着力提高小规模工业企业职工参保率》2个集体提案，分别被市政协评为优秀提案和重点提案。2009年，民革市委会《关于推动我市城镇养老服务业发展的建议》《关于新形势下促进我市中小企业健康发展的建议》被市政协评为优秀提案。2010年，调研成果《关于“十二五”期间嘉兴市职业教育发展规划的建议》和《加快新市镇建设，促进小城市形成和发展》在市政协常委会作大会发言；社情民意《进一步完善公务用车定点维修及政府采购的建议》在《中国政协报》刊登。2011年，民革市委会《关于加强我市河道生态治理的建议》是嘉兴市政协唯一一件由市政协主席会议督办的重点提案。2012年，民革市委会《关于加强我市河道生态治理的建议》《以辛亥革命100周年为契机，合力推进龚宝铨故居开放》被市政协评为优秀提案，《关于加强我市精神和心理卫生工作的几点建议》获得创先提案奖；民革市委会主委李水根提交的《关于根据省高中会考成绩录取高职、高专类高校学生的建议》，经省民革、省政协报送到全国政协。

2013—2014年，民革市委会完成集体调研报告6篇，其中民革市委会主要领导向省政协提交的《关于加强社区矫正组织管理体系建设的建议》，引起有关方面对社区矫正工作的重视和支持；《实施地理空间信息资源交换共享，促进“智慧嘉兴”建设》被市政协列为重点提案；嘉兴民革市委会倡导的“传统课题连续做、对口课题重点做、难点课题合作做、基层组织参与做”参政议政“四做模式”，引起媒体的关注，《情系中华》对该模式作专门报道。

【民主监督】

1989年，全市推出邀请民主党派人士参加市监察工作咨询委员会、担任市监察局特邀监察员工作措施后，民革党员开始担任邀监察员参与民主监督工作。1991年，全市民革党员担任政府部门监督员7人。1997年，受聘担任市、县(市)特约行风监督员、审计员、教育督导员12人。2008年，有3名党员参加全市党风廉政责任制检查，就抗震救灾资金和物资调用进行专项监督检查。2009年，民革市委会派出4名党员参加市政协首次民主监督员活动。2010年，全市民革党员任各类监督员15人。2014年，全市民革党员担任各类监督员27人。民革市委会主委李水根被中共浙江省委组织部聘为组织工作监督员，民革党员多次参加省纠风办、监察局开展的对全省工商系统、卫生系统、涉农系统、银行系统的行风评议工作。1989—2014年，民革党员担任各类民主监督员、特约监督员185人次。

第四节　自身建设

【组织学习调研】

1984年7月，民革嘉兴小组借助市二轻公司勤俭路门市部宣传窗口，张贴《团结报》向市民宣传有关祖国统一的知识，扩大民革在嘉兴的社会影响。1986年起，组织民革党员开展政治思想、民革章程和多党合作理论等学习，建立"逢会必学"和离退休党员学习制度，每年进行。1988年4月，建立"民革之家"，方便民革党员阅读书报杂志。1989年2月，首发《嘉兴民革》刊物，设立时政学习、市委会要闻、支部简讯、党员学习心得和健康小知识等栏目，方便民革党员信息交流。3月，建立民革党员中的市政协委员双月学习制度。1991年7月，组织学习江泽民"七一"讲话、中共十三届七中全会精神。9月，举办纪念辛亥革命80周年座谈会，回顾辛亥革命历史，激发全体民革党员爱国热情。此后，结合中共历届全会召开，每年组织学习交流中共年度全会精神，形成惯例。1992年7月，组织参观嘉兴市举办的"浙江省惩腐倡廉展览"。1998年6月，举办培训班，邀请民革中央副主席李赣骝围绕民革参政议政的主要职责、思想组织建设、社会服务等进行专题辅导。2000年7—12月，组织开展"从我做起，进一步发挥参政党应有作用"主题研讨活动。2001—2011年，民革党员参加浙江省、嘉兴市社会主义学院或各级培训班230人次；发挥自身特长，组织开展调研，撰写涉及农业和医学研究、教育与艺术、城市建设、园林规划、食品检验等方面的论文320余篇；民革党员被评为全国先进个人的18人次，被评为省级先进个人的80人次。市属民革三支部获全国先进支部，受到民革中央表彰；民革桐乡市总支被授予"民革全国先进基层组织"称号；民革市属一支部、民革秀洲区支部被授予"民革全省先进基层组织"称号；民革南湖区总支部、民革市属二支部被民革省委评为2010年学习践行社会主义核心价值体系先进组织；民革党员被评为学习践行社会主义核心价值体系先进个人3人，评为2011年度民革嘉兴市优秀党员18人。2012年起，民革市委会除每年举办1~2次骨干党员、新党员培训班外，积极选送骨干党员参加全国和省、市各类培训活动。2012—2014年，参加中央社会主义学院民主党派干部进修班1人、中青年干部培训班1人；参加民革华东地区在上海召开的学习和践行社会主义核心价值体系学习研讨会1人；参加中共省委党校、省社会主义学院、民革浙江省委等省级培训28人；参加中共嘉兴市委党校、市社会主义学院、市委统战部举办的各类培训149人；民革市委会培训支委以上骨干、新党员110余人。2014年，印发《民革嘉兴市委会开展坚持和发展中国特色社会主义学习实践活动工作方案》，开展"六个一"学习实践活动。其间，结合自身实际开展民革党章、党史知识培训与竞赛活动，参加活动60余人。

【规范内部管理】

1992年，民革嘉兴市委会完善内部管理制度，出台《民革嘉兴市委会工作规则》《民革嘉兴市委会工作委员会组织通则》《民革嘉兴市委会机关一九九二年岗位责任制》。1999年12月，制定民革市委会机关文件材料的管理、保管、归档和会议、学习、联系等4项工作制度，规范内部管理。2002年7月，出台《民革嘉兴市委会机关考勤制度》。同时，修改完善1999年制定的关于文件材料的管理、保管、归档和会议、学习、联系6项制度，强调抓好落实。2007年，修订完善民革市委会会议议事规则、主委办公会议议事规则、主副委分工及联系支部制度、看望党员制度。

第五节　主要活动

【社会服务】

1985—2014年，民革市委会开展法律、文化、医疗卫生等主题服务50余次，慈善捐款280多万元，引进或协助引进外商投资4亿多美元，获市级以上奖励240余人次。1985—1989年，民革市委会按照“尽力而为、量力而行”原则，先后成立中山科技翻译事务所、嘉兴市禾丰经济技术咨询服务所和办学小组，为企事业单位提供翻译、信息等服务，为市区青年职工开办英语、日语培训班3期300人次，开设电脑补习班120班5000余人次。同时，响应民革中央“春蕾计划”，开展为山区失学儿童捐款、结对助学活动；开展为贫困地区和灾区捐款捐物活动，向慈善总会捐款40万元，为四川灾区捐款10.8万余元，为台湾灾区捐款2.3万元。1990年，成立浙江嘉兴科林工程技术开发部，开拓第二职业为科技服务；10名民革党员参加市福利院慰问老弱病孤人员，诊治患者12人。1992年，民革市委会联合市二院，组织市福利院儿童到市二院体检30人；桐乡县支部创办民革桐乡县凤鸣经济技术服务部，引进外资15万美元、牵线引进外资700万美元。1998年，长江流域发生特大洪灾，全市民革党员捐款4万余元，捐赠衣物400余件。2002年，民革市委会妇女工作委员会与市福利院签订《结对献爱心协议书》，20余名民革女党员到市福利院做“周末妈妈”，参与结对献爱心活动。此后，“周末妈妈”献爱心活动每年组织，持续进行。2006年，民革党员慈善捐款50万元（南湖区支部一名党员向市慈善总会捐款30万元）；民革桐乡市支部联合桐乡东方医院等搭建“星网互联”短信网，为企业、社会搭建信息平台，缓解看病难问题。2007年8月，民革省委会、市委会联合组织近20名医疗专家赴农村义诊，开展医疗下乡活动。2008年，民革市委会派出1名党员赴四川汶川参与抗震救灾，全市民革党员抗震救灾捐款10.83万元，并为台湾遭受台风“莫拉克”灾害捐款2.3万元。2012年，民革市委会和19名民革政协委员为市植物园政协林捐款6.95万元；民革市委会社会服务专委会参与王江泾新居民精英学校“同心·图书馆”和“同心·名师工作室”建设，为新居民提供社会服务；全市民革基层组织开展各类“三下乡”主题活动10余次。2013年3月，民革省委会、嘉兴市委会组织12名党员专家赴嘉善县参加“浙江省统一战线助推嘉善县域科学发展示范点建设”活动；8月，开展“百名医生牵手基层医院”助推牵手嘉善姚庄卫生院活动，民革医卫专家为姚庄群众义诊124人。

2014年，民革市委会结合中共嘉兴市委、市政府“五水共治”（治污水、防洪水、排涝水、保供水、抓节水）工作，印发《同心共襄五水共治》倡议书，组织政协民革界别委员围绕“五水共治”开展专题调研3次，化解“五水共治”等涉水案件7件，为“五水共治”项目建设单位提供法律服务17件，解决相关纠纷50件，为各级政府、村（社区）提供涉及“五水共治”规范性文件合法性审查2件，为涉水重大项目提供法律服务2项，为涉水涉污企业开展“法律体检”46家、解决实际问题45个，全市民革基层组织及党员为“五水共治”捐款40.609万元。

【促进祖国和平统一】

1986—2014年，全市民革党员中有中国台湾和海外关系的人数占70%以上，民革党员与中国台湾、中国香港、中国澳门和海外人士以会见、书信等方式联系4000余人次。1988年10月，接待台北市嘉兴同乡会监事主席（原国民党嘉兴县党部书记长、嘉兴县县长）王梓良偕夫人陆廷贤女士返乡探亲，并举办“乡情座谈会”。1990年11月，成立嘉兴黄埔同学会，民革党员金柏源（又名“怡之”）当选首任会长。1991年4月，接待“三胞”回乡观光团46人。

1992年，全市民革党员与台港、海外亲友通信联系490人次，接待“三胞”272人次。1997年，民革党员赴台湾、香港探亲会友4人，接待港澳台同胞30人次；名誉主委俞佩菁派侄儿赴台会见台湾知名人士俞国华。2001年，接待台、港、澳同胞和海外侨胞600余人次，组团或个人赴中国台湾、海外工作交流或探亲200余人次；民革党员撰写对台对外宣传稿件在海外同乡会报刊上发表100余篇，并邀请台湾书画家到嘉兴参加“南湖船文化节”活动进行书画交流。2003年，“江南文化节”期间，征集台湾书法篆刻作品10幅参展。2005年，民革党员去台湾考察或探亲7人，接待台胞25人次。2006年6月，参与接待海峡两岸共庆原国民党“嘉兴青年中学”建校60周年的同学50余人，接待台胞约50人次，民革党员傅其伦征集中外100位篆刻家的作品到嘉兴、杭州、上海等地展出。2007年8月，参与民革中央、民革福建省委会、福建省台办“构建海峡两岸和平合作框架的意见与建议”课题调研。2008年，民革党员夏云翔、朱莉韵将夏国华（原台湾老兵、夏云翔的父亲）的回忆录手稿捐赠给桐乡市图书馆收藏，该史料对研究桐乡抗日战争历史有较大价值。2009年，参与民革省委会祖统委“台资企业发展状况及建议”课题调研，推荐加入嘉兴市台胞台属联谊会10人，接待国际青年商会台湾总会访问团一行10人。2010年5月，与秀洲区台联联合开展“融入嘉兴·王店民风访”主题活动。向台商发放“民革服务台企台商联系卡”，为台资企业提供教育、法律、医疗等方面服务。全年接待台企、台胞、台属10余次，参加民革省委会赴台经贸考察活动2人。2011年4月，接待台湾淡江大学“水火同源会”和台北大学“四海青商会”一行到桐乡乌镇参观考察。7月，参与市台办举办的“两岸邻里节”活动，组织“阿里山的回响”台湾歌曲专场音乐会招待台湾同胞。是年，参加民革省委会赴台交流活动3人。2012年，参与民革省委会赴台湾考察交流5人，组织开展服务台企“融入嘉兴·田园文化访”活动和台资企业二次创业调研，协调解决台籍子女学前教育、台湾老兵回大陆养老等问题。2013年6—8月，先后接待民革中央领导到桐乡、嘉善、嘉兴等地就“如何为台湾文创企业到大陆发展营造良好环境”“将两岸共建共同家园意识融入大陆台资企业文化”以及祖国统一等课题调研，参加市台办举办的“学子情深”第五届嘉台两地中学生夏令营开营仪式。11月，接待台湾华山扶轮社参访团一行20余人。2014年3—11月，先后会同市台联、市台办走访调研台资企业，全年开展对台交流80余人次。

【举办纪念活动】

1986年11月，分别与市政协、中共嘉兴市委统战部联合举办革命先行者孙中山先生诞生120周年纪念日活动，与市总工会联合举办《伟大的革命先行者——孙中山》照片展览。1987年3月，经市政府批准在市人民公园重建辛亥革命烈士纪念塔，并请民革中央主席屈武为纪念塔题字。12月，成立黄埔军校同学会嘉兴市联络组，民革党员金怡之、沈国丞分别当选为组长、副组长。是年，分别召开纪念七七抗战50周年座谈会和纪念民革成立40周年大会，举办《民革四十年》照片展览，学习民革历史，继承和发扬民革老一辈的光荣传统。1988年国庆节期间，在市博物馆举办“台港澳暨嘉兴市书画家作品联展”。1989年，组织纪念原国民党预干总队嘉兴起义40周年活动，邀请当年起义领导人、全国政协常委、民革中央副主席贾亦斌到嘉兴重访旧踪。1991年6月，民革市委会与民革省委会联合向南湖革命纪念馆赠送国画《源远流长》。同年，编发《雪百年耻辱，贺香港回归》专辑。2001—2011年，结合抗日战争胜利60周年、民革成立60周年、孙中山140周年诞辰、民革中央原领导人贾亦斌领导的嘉兴起义50周年和60周年，分别举办纪念活动，开展爱国主义教育和与中共“肝胆相照、荣辱与共”的传通教育，坚持走中国特色社会主义道路、搞好班子政治交接。2014年，组织文艺界民革党员参与浙江省统战系统廉政故事书画作品展，创作送展廉政主题书法、漫画、油画等作品10余幅。

第二章　中国民主同盟嘉兴市委员会

1983年8月，嘉兴撤地建市，中国民主同盟（简称“民盟”）嘉兴市委员会认真履行参政议政、民主监督职能，着重就教育、科技、经济、农业、城市建设等社会热点、难点问题，组织调研、建言献策。

第一节　组织机构

【机构沿革】

解放战争初期，民盟创始人之一沈钧儒到嘉兴进行联络，开展活动，发展成员，筹建组织。后与楚图南介绍嘉兴人沈汉强为盟员。1949年年初，嘉兴王贯三等十余人经民盟浙江省负责人查人伟发展为成员，筹备建立组织（嘉兴解放不久，因查人伟突然去世，此十余人的盟员身份未获得确认）。1956年秋，民盟浙江省委派专员到嘉兴医校（嘉兴卫校）、嘉兴农校、省立嘉中（嘉兴一中）和秀州中学发展盟员24人，成立民盟浙江省直属嘉兴支部委员会，支委由张文华、吴鸣皋、童修林、张庆云、祝三益5人组成，张文华任主委，吴鸣皋任副主委，童修林任秘书长。

“文化大革命”期间，民盟嘉兴支部停止活动。

中共十一届三中全会后，民盟嘉兴支部恢复活动。1979年，成立民盟嘉兴市委筹备组，童修林任组长，祝三益、沈士英为组员。1980年12月，成立民盟嘉兴市（县级）委员会，有盟员28人。1983年8月，嘉兴撤地建市，民盟嘉兴市（县级市）委员会升格为民盟嘉兴市（省辖市）委员会。1990年，民盟嘉兴市委会内设组织、宣传、社会服务3个部和文教、经济科技、“三胞”联络、妇女、老年5个工作委员会；下辖直属支部10个、小组4个和嘉善县总支，桐乡、平湖、海盐、海宁、郊区5个支部，全市有盟员287人。2011年，民盟嘉兴市委会机关内设办公室，承担机关日常工作。民盟嘉兴市委会内设组织、宣传、社会服务3个部和教育学习、调查研究、经济科技、文化卫生、妇女、青年、老龄7个工作委员会。

2014年，民盟嘉兴市委会下辖基层委员会2个、总支委员会9个、直属支部2个；全市盟员734人，具有高中级职称的占91%，分布在教育、文化、科技、医疗卫生等领域。

【盟员概况】

20世纪90年代，民盟嘉兴市委会根据民盟中央发展盟员以“大中城市为主，高、中级为主，文教界为主”的方针和“发展与巩固相结合”的原则，有步骤地建立、调整、充实、健全基层组织，注重吸收优秀的、有代表性的中青年知识分子入盟，改善盟员的专业结构、层次结构和年龄结构，保持在职盟员数量的稳步增长，推进民盟组织充满活力。2014年，盟员中担任嘉兴市政府副市长1人，担任县处级领导实职3人。

1991—2014年嘉兴市民盟盟员情况一览表

表7-2-1　　单位：人

年份	新发展盟员数	平均年龄	盟员总数	年份	新发展盟员数	平均年龄	盟员总数
1991	9	38.8	294	1994	29	46	339
1992	15	39.1	305	1995	26	37.9	363
1993	14	37.5	311	1996	27	35.6	386

续表7-2-1

年 份	新发展盟员数	平 均年 龄	盟 员总 数	年 份	新发展盟员数	平 均年 龄	盟 员总 数
1997	22	38.8	405	2006	21	37	523
1998	23	40.2	429	2007	21	39	539
1999	21	38	449	2008	21	40	559
2000	16	35.8	465	2009	32	38	584
2001	12	36.8	473	2010	32	38	614
2002	20	36.2	489	2011	30	36.8	638
2003	10	38.6	495	2012	33	36.3	664
2004	14	40.5	503	2013	40	36.8	701
2005	13	39	510	2014	43	37.8	734

第二节 代表大会

民盟嘉兴市委会由嘉兴市盟员代表大会选举产生，每5年举行1次。1980—2014年，召开代表大会8次，选举产生八届委员会。

【第一次代表大会】

1980年12月，召开民盟嘉兴市（县级）第一次代表大会。会议选举产生民盟嘉兴市（县级）第一届委员会，由童修林、潘家驹、祝三益、姜寿柏、沈士英5人组成，童修林任主任委员，潘家驹任副主任委员。

1983年8月，嘉兴撤地建市，民盟嘉兴市（县级）

1980年12月26日，中国民主同盟嘉兴市（县级）第一次盟员大会留影

委员会升格为民盟嘉兴市（省辖市）委员会，代表大会顺延。

【第二次代表大会】

1984年12月，召开民盟嘉兴市委员会第二次代表大会。会议选举产生民盟嘉兴市第二届委员会，由王景春、李新富、张文汉、沈人筠（女）、沈昌桂、沈祖洪、周维新、姜寿柏、胡文霞（女）、翁余庆、徐炳昇、童修林、潘家驹13人组成，童修林任主任委员，潘家驹任副主任委员。

【第三次代表大会】

1988年12月23—25日，召开民盟嘉兴市委员会第三次代表大会，会议应到代表88人，列席20人，实到代表84人，列席15人。民盟浙江省委副主委张友梅、中共嘉兴市委统战部部长叶森强等领导到会并致贺词，中共嘉兴市委、嘉兴市人大常委会、市政府、市政协、市委统战部、市教委、市科协、市本级各民主党派以及城区区委宣传部、郊区区委统战部等领导应邀出席会议。会议听取和审议民盟嘉兴市第二届委员会工作报告，选举产生民盟嘉兴市第三届委员会，由王景春、应子勋、沈人筠（女）、沈永欣、沈昌桂、沈祖洪、李晓苍、周益章、周维新、胡文霞（女）、徐永彪、徐竹青、童修林、蒋祖康、蔡麟征15人组成，童修林任主任委员，沈昌桂、胡文霞（女）、沈祖洪任副主任委员，沈祖洪兼任秘书长；推荐沈士英(女)、张文汉、祝三益、姜寿柏、蒋孝游、潘家驹为民盟嘉兴市委顾问。

【第四次代表大会】

1992年4月18—19日,召开民盟嘉兴市委员会第四次代表大会,出席会议代表82人,列席14人,顾问8人。民盟省委会副主委张友梅,中共嘉兴市委副书记丁师尹等领导到会祝贺,中共嘉兴市委、嘉兴市人大常委会、市政府、市政协、市委统战部、市教委、市文化局、市科协、城区区委宣传部、郊区区委统战部、市级各民主党派、工商联等领导应邀出席会议。会议学习《中共中央关于坚持和完善中国共产党领导的多党合作和政治协商制度的意见》和全国统战工作会议精神,听取和审议民盟嘉兴市第三届委员会工作报告,选举产生民盟嘉兴市第四届委员会,由王景春、应子勋、沈人筠(女)、沈永欣、沈昌桂、成明磊(女)、吴孝言、李晓苍、周维新、徐永彪、徐竹青、童修林、蒋祖康、蔡麟征14名委员和候补委员宋健君(女)1名组成,童修林任主任委员,沈昌桂、王景春任副主任委员,宋健君(女)任副秘书长;推荐沈士英(女)、张文汉、杨学润、祝三益、姜寿柏、蒋孝游、童毓华、潘家驹为民盟嘉兴市委顾问。

【第五次代表大会】

1997年4月10—11日,召开民盟嘉兴市委员会第五次代表大会,出席会议代表102名,特邀代表32名。民盟省委会副主委徐崇嗣、嘉兴市政协主席贝品明、中共嘉兴市委副书记徐良骥、市人大常委会副主任张汉臣、副市长赵有六、市委统战部部长叶森强等领导出席会议,相关对口联系部门、市级各民主党派、工商联等领导到会祝贺。会议学习中共十四届五中、六中全会精神,听取和审议民盟嘉兴市第四届委员会工作报告,选举产生民盟嘉兴市第五届委员会,由田耘、石菁(女)、孙志翔、成明磊(女)、朱锡君、陈之原、沈永欣、杨金学、宋健君(女)、查跃东、柴永强、徐莲珍(女)、徐基平、黄济华、蒋伏琪、刘颖(女)16人组成,黄济华任主任委员,柴永强、沈永欣任副主任委员,宋健君(女)任秘书长;推荐童修林为民盟嘉兴市委名誉主委,王景春、沈士英(女)、沈永欣、沈昌桂、张文汉、杨学润、祝三益、姜寿柏、童毓华、潘家驹为民盟嘉兴市委顾问。

【第六次代表大会】

2001年10月19日,召开民盟嘉兴市委员会第六次代表大会,出席会议代表125名,列席20名。民盟省委会副主委沈家俊到会并致贺词,嘉兴市政协主席徐良骥、中共嘉兴市委副书记李立定、市人大常委会副主任林大春、副市长钱满程、市委统战部部长钱雪林等领导出席大会,相关对口联系部门、市级各民主党派、工商联等领导到会祝贺。会议学习江泽民“七一”重要讲话和在全国统战工作会议上的讲话,听取和审议民盟嘉兴市第五届委员会工作报告,选举产生民盟嘉兴市第六届委员会,由马明中、田耘、石菁(女)、刘颖(女)、孙勤、朱锡君、杨立公、陈之原、宋健君(女)、查跃东、俞鹤祥、柴永强、徐基平、徐惠福、黄济华15人组成,黄济华任主任委员,柴永强、孙勤、宋健君(女)任副主任委员,宋健君(女)兼任秘书长;推荐童修林为民盟嘉兴市委名誉主委,沈士英(女)、沈永欣、张文汉、杨学润、李晓苍、祝三益、姜寿柏、童毓华、潘家驹为民盟嘉兴市委顾问。

【第七次代表大会】

2006年10月16—17日,召开民盟嘉兴市委员会第七次代表大会,出席会议代表127名,列席18名。民盟浙江省委会副主委卢亦愚、中共嘉兴市委副书记徐士珍到会致贺词,嘉兴市政协主席徐良骥、市人大常委会副主任敖文治、副市长钱满程、市委统战部部长马健等领导出席会议,市各民主党派、工商联负责人,市教育局、司法局、民政局、文化局、盟基层组织所在单位的领导和各县(市、区)统战部及民盟全省各兄弟市委会领导到会祝贺。会议学习中共十六届六中全会公报,听取和审议民盟嘉兴市第六届委员会工作报告,选举产生民盟嘉兴市第七届委员会,由马明中、田耘、石菁(女)、刘颖(女)、孙勤、孙卫斌、朱锡君、沈冰(女)、杨立公、陈之原、宋健君(女)、查跃东、俞鹤祥、柴永强、徐永良、徐基平、徐惠福17人组成,柴永强任主任委员,孙勤、宋健君(女)、孙卫斌任副主任委员,宋健君(女)兼任秘书长。

【第八次代表大会】

2011年11月18—19日,召开民盟嘉兴市委员会第八次代表大会,出席会议代表150名,列席20名。民盟中央副主席、浙江省政协副主席、民盟浙江省委主委徐辉到会并讲话,市领导徐士珍、冯志礼、陈越强、张兴华出席开幕式,市本级各民主党派主委、市工商联主席等参加会议。会议听取和审议民盟嘉兴市第七届委员会工作报告,选举产生民盟嘉兴市第八届委员会,由石菁(女)、田耘、孙勤、孙卫斌、杨立公、沈冰(女)、沈民权、沈更新、张洪琪、张菊华(女)、陈伟平(女)、周春东、俞鹤祥、费玉林、柴永强、徐永良、高海华17人组成,柴永强任主任委员,孙卫斌、徐永良、杨立公任副主任委员,孙卫斌兼任秘书长。

第三节 履行职能

20世纪80年代末,民盟市委会参加中共嘉兴市委、市政府召开的协商会、情况通报会、约谈会、座谈会,就文化教育、经济建设、社会发展等重大事项提出建议,通过各级政协平台,履行政治协商、民主监督、参政议政职能。1983—2014年,民盟盟员任人大常委会副主任1人,任市政协副主席1人,任副市长2人;担任省、市、县(市、区)人大代表99人次、政协委员468人次;提交建议、提案2676件。

民盟三届市委会 在各级人大、政协会议上提交建议、提案212件。1991年,民盟市委会在市政协会议上提交《马桥乡教育支农和科技兴农试点工作的汇报和思考》的书面发言。同年,民盟市委会组织专家对郊区砖瓦行业调查,提出推行砖瓦行业技改工作,建立建材行业集团,拓宽市场,争取建材产品跻入上海浦东开发区等建议,受到中共嘉兴市郊区区委的高度重视。

民盟四届市委会 在各级人大、政协会议上提交建议、提案286件。1993年,在市政协会议上作《为促进嘉兴经济超常规发展的两点刍议——浅析嘉兴的旅游业和乡镇企业》的发言,《对从事教育工作满30年的退休教师按100%发退休工资》的提案被市政府和有关部门采纳。民盟市委会《赴赣皖联合考察报告》提出嘉兴市区旧城改造五条建议,被市政府采纳。1996年,在市政协会议上提交大会发言4篇,集体提案8件。其中《关于在嘉兴书画院内附设蒲华记念馆》《大中专学校收取的委培费要求免交预算外收入10%集中款》等建议,为市政府决策提供参考。

民盟五届市委会 市、县两级组织、政协委员提交大会发言32篇、集体提案87件、个人提案515件,被评为优秀提案25件,完成调研报告16篇。1997年,民盟市委提交的《关于建立沈钧儒纪念馆》的提案,被评为市政协优秀提案,并被市委、市政府采纳。1998年,《嘉兴市应积极创造条件申报历史文化名城》《关于建议对大额储蓄存款实行实名制度》的提案,由市政协转报省政协和全国政协。1999年,配合有关部门完成调研报告5篇,其中《拓宽思路,加大投入,开创我市教育工作新局面》的调研报告,受到中共嘉兴市委和市政府、市政协及有关部门的高度重视,市长办公室会议为此作专题研究,嘉兴一中、秀州中学两所重点中学异地重建得到落实。《纪念沈曾植诞生150周年,建议加快修复沈曾植故居》的提案,被市政协列为重点提案。2000年,《强化学校自收自支经费管理,确保教育事业健康发展》的调研报告,在民盟浙江省委会、嘉兴市人民检察院联合举办的强化学校经费管理研讨会上作交流。2001年,《省市共建高校急待解决的若干问题》调研报告,被民盟省委会作为向省政协集体提案。

民盟六届市委会 组织撰写调研报告30篇,提交政协大会发言22篇,提案92件,其中优秀提案6件;向市人大提交议案、建议92件。2002年,民盟市委会在市政协四届五次会议上的《抓住机遇利用优势发展我市汽车服务产业》发言,推动市政府对嘉兴车城的再发展作出部署。盟员宋健君《关于加强出租私房管理的建议》,被市政协评为优秀提案。2003年,就嘉兴市的教育、农业、制造业如何“接轨上海”开展调研,《以杭州湾跨海大桥为契机,加快嘉兴市农业发展步伐》《长三角经济的崛起对教育影响的几点思考》《积极创造条件，主动接受国际制造业的第四次大转移》和《我市流动儿童少年入学问题的现状与对策》等多篇调研报告，提交民盟省委会和市政协。民盟市委会《开展我市重要战略机遇的研究》的提案，被市政协列为1号重点提案，中共嘉兴市委决定将此提案作为重点课题，由市咨询委牵头，市级有关部门配合开展调研。2004年，民盟市委会与市政协文教卫体委员会联合开展调研，撰写的《强化我市公共卫生监督执法体系 提高公共卫生执法水平》的报告，在市政协五届八次常委会上发言。2005年，针对嘉兴船舶阻航问题开展调研，向市政协提交《关于对我市阻航问题的思考与对策建议》的集体提案。

民盟七届市委会 撰写调研报告5篇，提交大会发言19篇、集体提案94件，其中评为优秀提案17件；盟员提交人大议案建议78件、政协提案562件，其中评为优秀建议案5件、优秀提案21件。民盟市委会连续三年被市政协评为“政协工作创新进步奖”2006年，制定《民盟嘉兴市委会信息调研工作考核办法》，建立信息员队伍，完善激励机制，进一步加大调研工作力度。盟员杨立公提交的《利用文化资源、增加文化内涵、提高城市品味》的社情民意，引起市委、市政府重视，市规划与建设局委托中国规划设计院作了《嘉兴市中心区城市设计》，府前广场、子城公园、教堂广场和瓶山公园共同构成中心区城市绿心。2007年，民盟市委会增设调研工作委员会。《加强自主创新，建设全省区域创新体系副中心》的提案，被市政协列为重点提案。2008年，就新形势下家庭养老、社会养老存在的问题开展调研，提交《关于开展社会化居家养老，发展老龄经济的建议》的提案，提出建立居家养老服务体系和政府补贴制度，引导和动员社会力量发展老龄经济，推动养老事业市场化的建议，被市政协评为优秀提案。2009年，就“嘉兴物流业发展”开展调研，形成《提升物流业在现代服务业中的比重，加快现代物流业的发展》的调研报告，提出优先发展海河联运，关注“生态物流”；引进大型物流企业，提升资源配置能力；做好物流园区的规划建设；加快区域性物流信息平台的建设等建议，引起有关部门重视。2010年，在市政协会议上作《关于大力实施“两分两换”，推进城乡统筹发展的建议》等大会发言，并完成《整合我市公共科技创新平台资源　推动战略性新兴产业发展》《对嘉兴市城市协调发展的几点思考》的调研报告。盟员提交的《亟待加强对社会福利养老机构的监管》和《建议取消发放中小学英语教材配套磁带》等社情民意，被民盟浙江省委会、民盟中央转报中共中央、国务院。

民盟八届市委会 2011年，就嘉兴经济、城市发展等热门课题开展调研，形成《大力发展文化产业，促进经济转型升级》《建立高校食堂价格稳定机制的研究》《独立学院的独立性与契约文化》《嘉兴市“十二五”期间产业结构调整的若干思考》《加强融资平台建设和金融产品创新，助力中小企业融资》等调研报告，有的被民盟省委会转报民盟中央，有的在市政协常委会上发言；会同市其他民主党派，就“嘉兴创建全国文明城市”和“统筹城乡发展形势下进一步建立和完善社保服务体系问题”等重点议题，以书面形式分别向中共嘉兴市委、市政府提交专题民主协商建议书和专题民主监督建议书。民盟市委会被民盟省委会授予“反映社情民意信息工作先进集体”称号。2012年，民盟市委会实施调研课题项目制，招标立项涉及教育发展、文化建设、金融改革、科技创新和党派自身建设等方面调研课题21个，其中《优化中等职业教育布局，服务区域经济社会发展》的集体提案，得到市委书记李卫宁的批示肯定；《创新融资方式，缓解中小企业融资难》和《加强“菜篮子”工程建设，健全稳定菜价的长效机制》在市政协大会上发言。与市各民主党派一起参加中共嘉兴市委关于“全国文明城市复检和全国卫生城市复评”的专题民主协商、建言献策，并参加中共嘉兴市纪委组织的推进惩防体系建设、落实党风廉政建设责任制情况检查和市级有关部门党风廉政建设巡视督察。2013年，确定年度调研课题13个，其中“推进新型城镇化过程中农村土地的确权与流转方式研究”“社会养老资源调查以及综合运用模式的探讨”“关于加大教育投入，积极推进‘小班化’教育的对策研究”3个重点课题分别由民盟市委会三位副主委牵头；参与中共嘉兴市委统战部“统筹城乡背景下推进新型城镇化的思考和研究”

课题调研，形成《新型城镇化推进过程中健全征地补偿机制的对策与思考》《新型城镇化中我市农村集体用地制度改革的几点建议》两篇调研报告；分别与农工党、民进、致公党市委会开展联合调研，形成《加快专业市场建设，推进嘉兴经济协调发展》《关于加快推进我市湿地规划建设与保护管理的意见建议》两篇调研材料，在市政协常委会上发言。2014年，继续实施课题项目制，完成重点(重要)调研课题15个；民盟市委会和政协民盟界别组向政协大会提交大会发言2篇、集体提案5件，盟员人大代表和政协委员提交人大建议17件、政协提案46件，其中被市人大评为优秀建议1件、人大代表履职先进个人1人；被市政协评为优秀提案3件、重要提案13件，获“政协工作创新进步奖”和“社情民意工作先进集体二等奖”，市政协民盟界别组被评为优秀界别活动组；民盟市委《加快规划引导，加大政策扶持，进一步推进我市科技中介服务体系建设》和《关于进一步推动我市居家养老失业发展的几点建议》两件提案得到中共嘉兴市委书记鲁俊、市长肖培生的批示肯定，并被列为市政协主席会议督办重点提案；民盟市委会班子成员围绕深化行政审批制度改革、加快发展养老服务业、新型城镇化发展等重大议题，参与党际协商、政协专题协商、提案办理协商等协商会7次；制定出台《民盟嘉兴市委会参政议政工作年度评选表彰办法(试行)》《民盟嘉兴市委会关于反映社情民意工作的暂行规定》，民盟市委会撰写参政党履职案例3篇，向民盟省委会、嘉兴市政协、中共嘉兴市委统战部等部门报送社情民意信息95篇，其中被全国政协采用1篇，民盟中央采用7篇，中央统战部《零讯》采用1篇，省政协采用2篇，省委统战部采用12篇，盟省委会采用65篇，市政协转送编报13篇，盟员参与“盟声·议政”——构建浙江现代职业教育体系论坛和“自媒体时代参政党民主监督专题研讨会”，入选论文6篇。

民盟嘉兴市委会盟员担任各级人大代表、政协委员一览表

表7-2-2　　单位：人

时间＼代表、委员	省人大代表	省政协委员	市人大代表	市政协委员	县(市、区)人大代表	县(市、区)政协委员
二届市委会(1983—1988)	—	—	3	15	—	—
三届市委会(1988—1993)	0	1	8	24	7	35
四届市委会(1993—1998)	2	3	5	25	7	38
五届市委会(1998—2003)	3	1	6	23	4	33
六届市委会(2003—2007)	2	2	9	24	4	43
七届市委会(2007—2012)	1	2	12	21	3	62
八届市委会(2012-2014)	1	3	13	31	9	82

民盟嘉兴市委会及盟员在历届市政协的大会发言一览表

表7-2-3

政协届次（时间）	发言人	界别	题目	备注
一届二次（1984.10）	童修林	民盟	团结起来夺取胜利	大会发言
一届三次（1985.07）	童修林	民盟	搞社会主义要有全局观点	大会发言
	胡文霞	民盟	重视提高中小学的教育质量	大会发言
一届五次（1987.05）	俞国亮	民盟	几点意见	大会发言
二届二次（1989.05）	王景春	民盟	对进一步发挥科技人员积极性的一些意见与建议	大会发言
	周维新	民盟	关于民主建设的三点意见	大会发言
二届三次（1990.04）	王景春	民盟	建议对工程建设实行社会监督管理	大会发言
二届四次（1991.04）	民盟市委会	民盟	马桥乡教育支农和科技兴农试点工作的汇报和思考	书面
二届五次（1992.04）	周维新	民盟	大家都来关心青少年	大会发言
	徐竹青	民盟	齐抓共管，改变经济薄弱村面貌	大会发言
三届一次（1993.05）	徐竹青	民盟	为嘉兴经济超常规发展的两点刍议——浅析嘉兴的旅游业和乡镇企业	大会发言
三届一次（1993.05）	王景春	民盟	深化教育改革，提高办学效益	大会发言
三届三次（1995.04）	何成穆	民盟	关于当前中学生的思想现状和增强德育管理的几点意见	大会发言
	王景春	民盟	加快嘉兴市高等教育，全面实施“科教兴市”战略	大会发言
	蔡麟征	民盟	切实加强领导，抓好“菜篮子”工程	大会发言
三届四次（1996.04）	王景春	民盟	有关嘉兴市区旧城改造的几点意见	大会发言
	徐学彪	民盟	走出家教误区，促进教育事业健康发展	大会发言
三届五次（1997.03）	何成穆	民盟	关于干部要讲政治的几点意见	大会发言
	王景春	民盟	增强土地危机感，为子孙万代造福	大会发言
四届一次（1998.04）	沈永欣	民盟	筹建嘉兴大学时不我待	大会发言
	吴时强	民盟	对嘉兴市再就业工程的几点建议	大会发言
四届二次（1999.03）	陈之原	民盟	大力提高私营企业的科技含量	大会发言
	吴时强	民盟	关于控制汽油助动车、汽车和摩托车尾气污染的若干建议	大会发言
	沈永欣	民盟	嘉兴市中等职业教育的现状与对策	大会发言
四届三次（2000.03）	章家坤	民盟	关于嘉兴市高中段教育现状与发展的若干建议	大会发言
	陈之原	民盟	为健全社会保障体系，建设工程劳动保险费用应实行统筹管理	大会发言
四届四次（2001.03）	宋建君	民盟	坚决遏制有毒有害食品	大会发言
	沈永欣	民盟	加强网吧管理，保护青少年健康	大会发言

续表7-2-3

政协届次（时间）	发言人	界别	题　目	备 注
四届五次（2002.04）	徐基平	民盟	城乡区域化联网供水刻不容缓	大会发言
	宋建君	民盟	关于建立嘉兴市社会救助机制的建议	大会发言
五届一次（2003.04）	孙　勤	民盟	改善语言环境，促进嘉兴开放型经济发展	大会发言
五届二次（2004.02）	陈伟平	民盟	发展文化产业，促进文化建设	大会发言
	民盟市委会	民盟	顺利正确的政绩观，科学地分析农村居民收入情况	书面
五届三次（2005.01）	宋建君	民盟	坚持科学发展观，大力推进嘉兴市职业教育改革与发展	大会发言
	民盟市委会	民盟	充分利用上海交大资源，着力发掘嘉兴水财富	书面
五届四次（2006.01）	徐永良	教育	加强自主创新，转变增长方式	大会发言
六届一次（2007.04）	孙卫斌	民盟	优化投资结构，提升投资效率	大会发言
	民盟市委会	民盟	加强自主创新，建设全省区域创新体系副中心	书面
	民盟市委会	民盟	促进嘉兴市民营企业管理水平，提升的对策建议	书面
	民盟市委会	民盟	关于建立嘉兴市科技创新与技术标准协调机制的建议	书面
六届二次（2008.01）	徐永良	民盟	优化财政支出结构，加强农村公共产品供给	大会发言
	民盟市委会	民盟	完善家政服务管理机制，促进家政服务健康发展	书面
六届三次（2009.02）	徐永良	民盟	以自主创新破解嘉兴经济发展难题	大会发言
	民盟市委会	民盟	关于加大对小额贷款公司扶持力度的建议	书面
六届四次（2010.01）	民盟市委会	民盟	建设森林城市应该因地制宜	书面
	民盟市委会	民盟	关于大力实施“两分两换”，推进城乡统筹发展的建议	书面
	赵阿发、杨立公	民盟 教育	关于有效解决中、小学生择校问题的建议	书面
六届四次（2011.02）	孙卫斌	民盟	加快推进知识产权示范城市创建，努力促进区域经济转型升级	大会发言
	民盟市委会	民盟	嘉兴市函待建立和完善统筹城乡发展形势下的社保经办服务体系	书面

民盟嘉兴市委会及盟员在历届市政协重点提案一览表

表7-2-4

政协届次	提案者	案　　由
四届五次	民盟嘉兴市委会	关于建立嘉兴市社会救助机制的建议
	吴时强	继续抓好第二批老住宅区的环境整治工作
五届一次	陈之原	违法必究，执法必严——谈网吧管理
五届三次	民盟嘉兴市委会	坚持科学发展观，大力推进嘉兴职业教育改革与发展
六届一次	民盟嘉兴市委会	加强自主创新，建设全省区域创新体系副中心

民盟嘉兴市委会及盟员在历届市政协优秀提案一览表

表 7-2-5

政协届次	提案者	案　由
三届一、二次	民盟等	关于增强全市机关部门和基层单位统战意识的建议
	吴时强	努力开发和充分发挥湖羊产品的优势
三届三、四次	民盟嘉兴市委会	建议筹建沈钧儒故居
	吴时强	关于进一步加强市区交通综合治理的几点意见
三届五次	民盟等	加大投入,理顺关系,开创嘉兴市技术监督工作新局面
	吴时强	建议建立局长(主任)接待日制度
四届一次	民盟等	嘉兴应积极创造条件申报历史名城
	吴时强	建议市政府尽快出台再就业专项资金管理办法
	孙勤、陈静	强化国有企业财务监督,确保国有企业依法理财
四届二次	陈之原	嘉兴市城市供电工程也应推向市场
四届三次	民盟嘉兴市委会	关于嘉兴市高中段教育现状与发展的若干建议
	吴时强	加大吸引民间投资工作力度,促进嘉兴市经济和社会事业的发展
四届四次	宋建君	关于加强出租私房管理的建议
四届五次	民盟嘉兴市委会	对若干政协提案进行全过程督办
	徐基平	保护地下水资源,实行城乡区域化联网供水
五届一次	民盟嘉兴市委会	提升嘉兴市品位。努力打造交通文明
五届三次	民盟嘉兴市委会	坚持科学发展观,大力推进嘉兴市职业教育改革与发展
五届四次	民盟嘉兴市委会	加强自主创新,转变增长方式
	孙卫斌	嘉兴市应加快企业家队伍建设
六届一次	民盟嘉兴市委会	加强自主创新,建设全省区域创新体系副中心
六届二次	民盟嘉兴市委会	开展社会化居家养老,发展老龄经济
六届三次	民盟嘉兴市委会	关于扶持小额贷款公司,完善其运作机制的建议
六届四次	民盟嘉兴市委会	关于切实实施"两分两换",推进城乡统筹发展的建议
六届五次	民盟嘉兴市委会	嘉兴市亟待建立和完善统筹城乡发展形式下的社保经办服务体系

第四节　自身建设

【政治理论学习】

撤地建市以后,民盟嘉兴市委会注重加强盟员的政治理论学习,通过组织学习中共中央、民盟中央等各类文件,组织开展各类主题教育活动,提升盟员思想政治素质。2007—2008年,结合民盟市委会班子建设和新老交替、政治交接工作,印发《民盟嘉兴市委会关于开展政治交接学习教育活动的实施意见》和《民盟嘉兴市委关于开展以"坚持走中国特色政治发展道路"为主题的政治交接学习教育活动实施方案》,组织市本级和各县(市、区)总支开展政治交接学习教育活动。民盟市委会还组织民盟市委委员赴浙江民盟发祥地乐清,与民盟乐清市委会交流政治交接学习教育活动开展情况,推动全市政治交接学习教育活动深入开展。同时,结合中共中央发布"五一口号"60周年,举办盟员座谈纪念活动,回顾"五一口号"发布的时代背景和历史意义,缅怀民盟老一辈领导人积极响应"五一口号",同中国共产党风雨同舟、亲密合作的历程，交流对中共中央当年发布“五一口号”重大意义的认识，并组织骨干盟员参加中共嘉兴市委召开的纪念中共中央“五一口号”发布60周年暨政治交接学习教育活动报告会。其间，参与中共嘉兴市委统战部组织的纪念中共中央发布“五一口号”60周年征文活动，选送盟员体会文章9篇；选派12名教育、医药、金融、农艺等方面专家参加统一战线“与你同在”——纪念中共中央发布“五一口号”60周年大型广场社会服务日活动。2009年，开展学习实践科学发展观主题活动。组织全市5个总支委员会和全体盟员开展各类学习交流和座谈，进一步加深对坚持中国共产党领导的多党合作制度、坚持走中国特色社会主义道路的认识，努力在参政议政履行职能上有新作为，在加强自身建设上有新进展，在做好社会服务上有新内容。2010—2011年，开展“树立和践行社会主义核心价值体系”主题活动。民盟嘉兴市委会从加强民盟市委和基层民盟组织的理论学习入手，采取召开市委（扩大）会议、举办专题讲座等形式，组织学习中共十七届五中、六中会议和中央统战部“社会主义核心价值体系学与行”报告会精神，学习民盟中央主席蒋树声《继承民盟优良传统，树立和践行社会主义核心价值体系》的重要讲话。同时，把组织好、参加好庆祝中国共产党建党90周年、中国民主同盟成立70周年和嘉兴民盟组织建立55周年等系列纪念活动，作为传承民盟光荣传统，树立和践行社会主义核心价值体系的重要抓手，举办纪念中国民主同盟成立70周年暨嘉兴市民盟组织成立55周年庆祝大会，参与全市统战系统纪念中国共产党建党90周年和辛亥革命100周年系列活动，参加民盟省委会组织的“盟史盟章和多党合作制度知识竞赛”“民盟风采”摄影比赛、“我与民盟”征文和文艺演出等活动。2012年，以“同心·建功”活动为载体，以深化树立和践行社会主义核心价值体系为主线，印发《关于进一步将学习践行社会主义核心价值体系活动推向深入的通知》，采取举行专题学习会、开办讲座、组织知识竞赛等形式，组织学习中共十八大、省十三次党代会、市七次党代会精神，学习胡锦涛“7·23”重要讲话，学习《人民日报》3篇评论员文章等，把全市民盟盟员的思想统一到中共中央、省委、市委的精神和决策部署上来，不断推进民盟组织的思想建设、增进政治共识、提升政治把握能力，巩固多党合作的共同思想基础。同时，积极参与中共嘉兴市委统战部组织的“同心·建功”活动。通过参与召开新闻发布会、与兄弟党派发起联合倡议、开展建功立业先进评选、先进人物宣传等活动，鼓励全市盟员在本职岗位上建功立业，在服务大局中发挥作用，在参政议政上建言立论，积极做“同心”理念的践行者。2013年，盟员被授予“嘉兴市统一战线建功立业先进个人”2人，被授予“嘉兴市统一战线建功立业积极分子”4人。2014年，开展坚持和发展中国特色社会主义学习实践活动。民盟市委会和各基层组织以坚持“三个自信”为主题，围绕学习贯彻中共十八大，十八届三中、四中全会精神和习近平系列重要讲话精神，组织各类学习会、报告会、讲堂40余次。规范基层组织建设，印发《民盟嘉兴市委员会基层组织盟务工作评价办法（试行）》，建立盟员教育培训基地，在市社会主义学院开办以学习中国特色社会主义理论和习近平治国理政思想为主题的基层负责人培训班；围绕盟史、盟章学习和主题教育活动举办新盟员教育培训班；组织盟员赴重庆、吴江、无锡、上虞等省内外民盟教育基地和民盟先贤纪念馆参观学习，接受民盟光荣传统教育。

【加强宣传交流】

1993年8月，民盟嘉兴市委会恢复编印《嘉兴盟讯》，宣传交流民盟各地动态信息，推进自身建设。2007年，《嘉兴盟讯》改版，并适应信息科技发展需要，建立民盟嘉兴市委会网站（网址：http://www.zjjx-mm.com），开辟“嘉盟信息”“参政议政”“社会服务”“自身建设”“政治交接学习教育活动”等栏目，丰富民盟各基层组织和盟员间的信息交流，推动工作开展。2008年，配合政治交接学习教育活动，在《嘉兴盟讯》、嘉兴民盟网站“政治交接学习教育活动”专栏刊载学习交流文章，及时报道活动的有关内容和进展情况，先后刊登盟员体会文章30余篇。2012年，通过报刊、嘉兴民盟网站、《嘉兴盟讯》等媒体，宣传全市民盟基层组织和盟员参与“同心·建功”活动的经验和成果，报道各地盟员立足本职岗位建功立业的先进事迹和模范典型，汇聚力量、增进共识，将“同心·建功”活动引向深入。2014年，开通“嘉盟微报”微信公众号，开设“嘉盟要闻”“盟史拾零”“学习园地”“盟员风采”等栏目。进一步发挥《嘉兴盟讯》、嘉兴民盟网站政治宣传主阵地作用，外树形象、内强素质，积极运用新媒体加强宣传。同时，结合“学盟章、读盟史”主题活动，建立“学盟章、读盟史”学习题库，组织“学盟章、读盟史”知识竞赛和征文活动，并制作《光辉的历程》宣传片和《盟史天地》课件，利用网站、微信、QQ群等新媒体，引导广大盟员深入开展学习盟章和盟史。是年，民盟中央网站和《中央盟讯》先后15次报道嘉兴民盟开展学习实践活动和“基层组织建设年”活动的工作动态，《团结报》《浙江日报》《联谊报》《嘉兴日报》《南湖晚报》和嘉兴电视台等新闻媒体30多次报道民盟嘉兴市委会盟务工作信息；盟员撰写的“学盟章、读盟史”体会文章，获民盟省委会“学盟章、读盟史”征文活动二等奖2篇。民盟市委会还联合兄弟党派，以学习实践活动为主题，在嘉兴市图书馆举办“同心之路”——美术书法作品联展。

【开展创建活动】

2013年4—12月，民盟嘉兴市委会以“科学学习理念进一步树立、政治理论素养进一步提高、服务科学发展能力进一步增强、基层组织功能和作用进一步发挥”为目标，在全市组织开展学习型基层盟组织创建活动。各基层盟组织遵照民盟市委会的部署，结合实际，开展富有各地特色的创建活动。嘉善县基层委员会把创建学习型盟组织与“嘉善科学发展示范点”盟组织建设目标和“党盟联谊”制度建设有机结合，开展创建活动；桐乡市总支、秀洲区总支分别开办“桐盟讲习堂”和“知盟兴盟”论坛，搭建盟员学习交流平台，提升创建活动内涵；平湖市总支开展“五个一”活动，丰富创建活动内容；嘉兴第五高级中学支部、嘉兴技师学院支部、嘉兴电大支部以创建学习型基层盟组织为契机，积极争取学校党组织的支持，先后建成“盟员之家”，进一步提升盟员的学习力、凝聚力和创新力。其间，民盟市委会编辑各地创建活动情况简报6期。2014年，明盟市委会围绕“强组织、增活力、塑形象、促发展”目标，开展“基层组织建设年”活动。其间，民盟市委会班子成员以“走基层、访盟员、听意见”的形式下基层开展调研，了解掌握基层盟务工作存在的主要问题和困难，征求基层盟员对民盟市委会的工作意见，帮助基层组织解决实际困难。继续开展学习型基层盟组织创建活动，进一步推进基层盟员议政履职、学习成长和交流互助的平台建设，全市建立“盟员之家”11个。

第五节　主要活动

民盟市委会及其基层组织和盟员采取社会办学、咨询服务、慈善捐助与扶贫帮困等形式，开展社会服务。

【社会办学】

1983年，民盟市委会创办嘉兴兴华文化补习班，利用双休日、暑假期举办剑桥少儿英语、新概念英语培训。1993年，更名为嘉兴市兴华业余学校。后一度停办。1997年9月，恢复办学，开办初三、高二年级同步复习8个班，学生350人。1999年，开办音乐班，招收少儿合唱班76人。2002年9月，更名为嘉兴市兴华学校。2003年起，开办少儿剑桥英语班级6个（属小班化教学），每年招收学生百名。2009年12月，学校与嘉兴德勤文化传媒有限公司联合开办首期国学班，学生25人。至2014年，学校先后开设青少年文化补习班、成人高考复习班、初高中同步复习班、少儿音乐合唱班、少儿剑桥英语班和中国传统文化国学班等。

2000年6月，民盟海宁支部创办海宁紫薇补习学校，在硖石、斜桥、周王庙、丁桥、新仓等地开设美术、书法、民乐、电脑、舞蹈、手工制作等兴趣班。至2014年，吸收学生3万余人。2007年，民盟嘉善县支部下属青少年教育服务中心与上海合作举办上海杉达学院嘉善教育服务中心，重点推出企业干部职工岗位教育、成人学历教育和青少年特长教育。至2014年，培训各类企业职工、青少年学生近2万人次，教育服务中心被评为“2007年度嘉兴市政府十佳培训机构”。2008年11月，成立嘉兴市第一个“英语角”，每年开展3~4次英语角活动或英语沙龙。2010年，举办“初升高衔接”暑期培训班。

【咨询服务】

1985年，创建民盟嘉兴市兴华科技咨询服务部，并设嘉善、平湖2个服务站。1990年，增设桐乡服务站。同年下半年起，民盟市委会在蚂桥乡开展为期一年的科技兴农无偿服务，组织民盟工程师、会计师、医师、畜牧师等行业人才14人，参与蚂桥水泥厂技改项目，扶持蚂桥乡国庆拉丝厂冷轧扭钢筋生产。民盟市委会帮助蚂桥乡规划设计敬老院，并投入使用。1985—1990年，科技咨询服务部共开展科技资讯服务项目1101个。1992年，民盟市委会兴办兴华贸易服务公司、康士达商贸总公司、恒丰商业购销公司3个贸易实体。1995年，组建管理机构兴华科技经济开发中心。1996年，开办嘉兴求实科技服务部。1999年，兴华科技服务部开展科技咨询17项，为秀洲区竹林中心学校等单位加固危房8所。2007年7月，民盟市委会创办嘉兴市兴华科技咨询有限公司，开展科技中介、技术推广、文化艺术交流活动策划咨询、工程管理等服务。2008年4月，在盟员中选派12名教育、医药、金融、农艺等方面的专家，参加由中共嘉兴市委统战部牵头、各民主党派参加的统一战线“与你同在”——纪念中共中央发布“五一口号”60周年大型广场社会服务日活动。至2014年，组织开展各类科技咨询服务项目1100余项。

【慈善捐助与扶贫帮困】

1991—2014年，民盟市委会和盟员，先后为洪涝、地震灾区、农村贫困户捐赠款物58万余元。1991年，为太湖流域洪涝灾害捐款5600余元。1996年，参与对内蒙古扶贫工作，捐款4854元。1998年，长江流域抗洪救灾捐款3万余元，捐赠衣物100余件，并为河北省广宗县希望小学捐资3810元。1999年，为嘉兴“6·30”抗洪救灾，捐款2.12万元。2001年，为嘉兴学院一名贫困学生资助2000元，并制订扶贫助学计划，直到其毕业。2003年，民盟市委会及盟员在抗“非典”期间捐款3.2万元。2004年，民盟市委会为龙泉市竹垟畲族乡捐款1.2万余元，各民盟基层组织为贫困学生捐款助学和参与各地慈善捐款5.09万元。2008年，向四川地震灾区捐款38.99万元。2010年，向青海玉树地震灾区捐款3.39万元，民盟华夏书画学会嘉兴分会与嘉兴红十字会、嘉兴画院组织画家捐赠书画100件。2011年，民盟各基层组织参加慈善捐款和教育结对帮困等活动，捐款1.36万元。2012年，民盟市委会参与嘉兴政协林植树活动捐款3.25万元，组织开展“我为新居民子女学校捐本书”、为新居民子女学生免费体检、为新居民子女学校教师上示范课等活动；民盟各级基层组织为社区居民举办健康保健知识讲座、为农村开办家庭教育指导站和“牵手脑瘫儿童，点燃希望之光”助残志愿者献爱心活动，献爱心捐款17150元。2013年，民盟市委、南湖区总支开展对南湖创业学校支教帮学活动，协调解决校舍用地等问题；民盟市委会拓展社会服务基地建设，在市脑瘫儿童引导式教育基地设立民盟社会服务基地，并会同秀洲区总支开展“牵手脑瘫儿童，点燃希望之光”志愿者扶残助残系列活动；全年民盟各级组织和盟员爱心捐款2.08万元。2014年，协调做好民盟省委会助推示范点工作，民盟省委会与民盟市委会签订《助推嘉善县域科学发展示范点建设合作协议书》；在嘉善柳州学校、民办嘉善新世纪学校和嘉善第二高级中学成立民盟浙江省委会“教育帮扶基地”；民盟市委会、南湖区总支继续做好南湖创业学校的支教帮学；继续做好志愿者扶残助残工作，积极争取民盟省委会和盟内专家的支持，为脑瘫儿童康复基地提供专业辅导和技术援助。全市民盟组织和盟员为“五水共治”捐款20余万元。

【推动建立沈钧儒纪念馆】

1994年，民盟界市政协委员提出“关于修复沈钧儒故居为纪念馆，作为爱国主义教育基地”

1998年6月11日，由民盟嘉兴市委会提案建议，市委、市政府采纳的沈钧儒纪念馆举行开馆典礼

的建议。1995—1996年,民盟市委连续在市政协会议上提交《建议筹建沈钧儒故居纪念馆》集体提案,得到中共嘉兴市委、市政府重视,决定修复沈钧儒故居。1998年6月11日,沈钧儒纪念馆正式对外开放,并举行《沈钧儒画册》首发仪式,举办"庆贺沈钧儒纪念馆成立暨纪念沈钧儒先生逝世35周年书画展",成立嘉兴市沈钧儒研究会并举行首届学术研讨会。2000—2008年,沈钧儒研究会先后举办研讨会4次,编辑《沈钧儒研究会会刊》和《沈钧儒与爱国民主统一战线学术研讨会论文集》3期。

第三章　中国民主建国会嘉兴市委员会

1983年8月,嘉兴撤地建市,中国民主建国会(简称"民建")嘉兴市委员会认真履行参政议政、民主监督职能,加强自身建设,发挥特长和优势,服务经济、服务社会。

第一节　组织机构

【机构沿革】

1951年,嘉兴工商界人士竺培农在上海加入民建,成为嘉兴最早的民建会员。1955年12月,民建浙江省工作委员会决定委派竺培农等在嘉兴发展会员。1956年2月,嘉兴工商界人士姚教杏、沈公达在杭州加入民建。1956年3月初,民建在嘉兴的一些会员受民建浙江省工作委员会委托吸收第一批会员12人。同年3月15日,成立民建嘉兴市(县级)筹委会,由姚教杏、竺培元、金守义、沈公达、竺培农、庞锦祥、张纯之7人组成,姚教杏、竺培元分别任筹委会正副主任,时有会员15人。1960年4月15日,正式成立中国民主建国会嘉兴市(县级)委员会(简称民建嘉兴市委),有会员43人。1964年4月,民建嘉兴市二届委员会期间,鉴于嘉兴实行县管市(嘉兴市并入嘉兴县)体制,民建嘉兴市委员会改组为民建嘉兴县支部委员会,有会员44人。

"文化大革命"期间,民建嘉兴县支部停止活动。

1979年,民建嘉兴县支部恢复活动,有会员36人。至1980年12月,民建嘉兴县委员会有会员45人。1981年1月,改为嘉兴市委会(县级)。

1983年8月,嘉兴撤地建市,民建嘉兴市(县级)委员会升格为民建嘉兴市(省辖市)委员会。1986年4月,民建嘉兴市第四届委员会届初有会员81人。1990年,有会员169人。1996年10月,民建嘉兴市第六届委员届初有会员232人。1997年12月,根据民主党派机构改革方案,民建市委会机关内设办公室。2001年10月,民建嘉兴市第七届委员会届初有会员271人。2006年11月,民建嘉兴市第八届委员会届初有会员327人。2011年11月,民建嘉兴市委第九届委员会届初有会员390人。2014年,民建嘉兴市委会内设办公室,全市有会员431人。

【专门工作委员会】

1990年5月、1991年3月,民建嘉兴市第四届委员会先后设立经济研究、妇女2个工作委员会。1997年,民建嘉兴市第六届委员会设组织宣传、经济研究、社会服务、妇女、老年5个工作委员会。2002年,民建嘉兴市第七届委员会设组织、学习宣传、参政议政、调查研究、社会服务和企业家联谊、妇女、老年7个工作委员会。2007年4月,民建嘉兴市第八届委员会设组织、学习宣传、调查研究、社情民意信息、企业、社会服务、妇女、老年8个工作委员会。2012年3月,民建嘉兴市第九届委员会设组织、学习宣传、参政议政、青年、企业和社会服务、妇女、老年7个工作委员会。2014年,民建市委会内设7个工作委员会不变。

【直属基层组织】

1962年3月,成立中百支部(初建时称日用百货支部）；11月，成立副食品支部（后改为烟糖支部）、工业支部（后改为城建支部）、综合支部和饮服小组。

“文化大革命”期间，民建各直属支部（小组）停止活动。

中共十一届三中全会以后，民建市委会及各基层支部逐步恢复活动。1980年12月，按照行业划分，重建中百、烟糖、工业（城建）、商业综合和饮服等基层支部5个。1986年9月，商业综合支部更名为综合一支部，成立综合二支部。同年10月，成立民丰支部。1990年11月，成立工商联支部，工业支部更名为城建支部。至年底，全市建有市工商联、民丰纸厂、中百、烟糖、城建、综合6个直属支部。1993年6月、1994年3月，分别成立食品水产支部、财经支部。1996年10月，撤销综合二支部。1999年12月，成立浙江经专支部（2002年3月，浙江经专支部更名为嘉兴学院支部）。1999年、2000年，分别对财经、综合一、城建3个支部进行重组。至2000年12月，民建市委会设直属支部13个。2003年11月，综合一支部重新更名为综合支部。同年12月，成立商贸总支，辖中百、烟糖、食品水产3个支部。2008年8月，成立经济开发区支部。同年9月，成立港区支部。2012年7—8月，民建市委会各直属支部调整，工商联支部、财经支部、城建支部分别升格为工商联总支、财经总支、城建总支，撤销商贸总支（包括中百支部、烟糖支部、食品水产支部），成立综合一支部、重建综合二支部，综合支部更名为综合三支部。2014年12月，财经总支升格为财经基层委员会。至此，民建市委会设有直属组织财经基层委员会1个，工商联、城建总支2个，综合一、综合二、综合三、嘉兴学院、经济开发区、港区等支部6个。

【县（市、区）基层组织】

1986年12月，成立嘉善县支部、海宁县小组。1987年1月，成立王店支部。同年4月，成立桐乡县小组；9月，海宁市小组（注：1987年2月海宁撤县改市，海宁县小组更名为海宁市小组）改建为海宁市支部；12月，桐乡县小组改建为桐乡县支部。1991年4月，王店支部更名为郊区支部。2001年10月，郊区支部更名为秀洲区支部。2003年8月，成立城区支部。同年12月，嘉善县支部更名为嘉善县总支。2005年5月，城区支部更名为南湖区支部。2006年5月，海宁市支部更名为海宁市总支。6月，桐乡市支部（注：1993年3月，桐乡撤县改市，桐乡县支部更名为桐乡市支部）更名为桐乡市总支。2011年7月，南湖区支部更名为南湖区总支。2014年1月，海宁市总支更名为海宁市基层委员会；同年11月，嘉善县总支更名为嘉善县基层委员会。至年底，民建市委会设海宁市、嘉善县2个基层委员会，桐乡市、南湖区2个总支和秀洲区支部。

第二节　代表（会员）大会

【第一次会员大会】

1960年4月15日，召开民建嘉兴市（县级）第一次会员大会，出席会议会员43人。中共嘉兴市委（县级）统战部部长冯心凭到会并讲话。会议学习全国人大、全国政协会议精神和民建新的章程，听取民建嘉兴市（县级）筹委会工作报告，选举产生民建嘉兴市第一届委员会，由庞锦祥、张纯之、金守义、竺培农、沈公达、张振明、周麟章7人组成，庞锦祥任主任委员，张纯之任副主任委员。

【第二次会员大会】

1964年4月22日，召开民建嘉兴市（县级）第二次会员大会，出席会议会员44人。会议总结民建嘉兴市第一届委员会工作，鉴于嘉兴实行县管市（嘉兴市并入嘉兴县）体制，民建嘉兴市委员会改组为民建嘉兴县支部委员会，由庞锦祥、张纯之、金守义、竺培农、沈公达、张振明、周麟章7人组成，庞锦祥任支部主任，张纯之任支部副主任。

【第三次会员大会】

1980年12月28日，召开民建嘉兴县第三次会员大会，出席会议会员46人。民建浙江省委秘书长孙延年到会并讲话。会议号召会员在新的历史时期，更好地落实民建中央三大提出的“坚定不移跟党走，尽心竭力为四化”的行动纲领，在各自的工作岗位上踏实前进，贡献才能。会议选举产民建嘉兴县第三届委员会，由姚教杏、金守义、庞锦祥、姚祝萱、潘光煦、张振明、周麟章7人组成，姚教杏任主任委员，金守义、庞锦祥任副主任委员。

【第四次会员大会】

1986年4月21—23日，召开民建嘉兴市（省辖市）第四次会员大会，出席会议会员81人，实到会员70人。中共嘉兴市委书记庄洪泽、民建浙江省委秘书长章炳堂到会并讲话，嘉兴市人大常委会、市政协、市委统战部、郊区区委统战部、市对台办、市侨联、市级各民主党派和有关单位负责人到会祝贺。会议听取和审议民建嘉兴市第三届委员会工作报告，选举产生民建嘉兴市第四届委员会，由卜有为、丁有根、李嘉民、吴乐泉、庞锦祥、金守义、费康、姚祝萱、徐洪森、顾锦华、潘光煦11人组成，金守义任主任委员，庞锦祥、费康、姚祝萱任副主任委员，姚祝萱兼任秘书长。1990年7月，增补来生华（女）为委员。1991年5月，增补周君良、史文浩为委员。

【第五次代表大会】

1992年2月20—22日，召开民建嘉兴市第五次会员代表大会，出席会议代表95人。中共嘉兴市委副书记丁师尹、民建浙江省委副主委汪祖裕到会并讲话，嘉兴市人大、市政府、市政协、市委统战部、市级各民主党派和有关单位负责人到会祝贺。会议听取和审议《民建嘉兴市第四届委员会工作报告》，选举产生民建嘉兴市第五届委员会，由史文浩、刘根根（女）、庞锦祥、李嘉民、吴乐泉、来生华（女）、陈国璋、周君良、姚百淇、姚祝萱、徐洪森、费康、顾锦华13人组成，费康任主任委员，姚祝萱、庞锦祥、周君良任副主任委员，姚祝萱兼任秘书长；推举金守义为民建嘉兴市第五届委员会名誉主任委员。1993年12月，增补江最新为委员。1994年2月，补选江最新为副主委。1996年1月，任命江最新兼任秘书长。

【第六次代表大会】

1996年10月28—29日，召开民建嘉兴市第六次会员代表大会，出席会议代表84人。民建浙江省委主委孙延年、中共嘉兴市委副书记徐良骥到会并讲话，嘉兴市人大常委会、市政府、市政协、市委统战部、市级各民主党派、省内部分地市民建会和有关单位负责人到会祝贺。会议听取和审议《民建嘉兴市第五届委员会工作报告》，选举产生民建嘉兴市第六届委员会，由史文浩、刘根根（女）、江最新、来生华（女）、吴军、吴乐泉、周君良、钟凯、顾锦华、姚百淇、姚海荣、隗斌贤12人组成，江最新任主任委员，周君良、吴军（女）任副主任委员；推举金守义、费康为民建嘉兴市第六届委员会名誉主任委员，庞锦祥、姚祝萱为名誉副主任委员。

1986年4月21日，民建嘉兴市委第四次会员大会留影

【第七次代表大会】

2001年10月22—23日，召开民建嘉兴市第七次会员代表大会，出席会议代表118人。民建浙江省委会副主委凌兆桢、中共嘉兴市委副书记李立定到会并讲话，嘉兴市人大常委会、市政府、市政协、市委统战部、市级各民主党派、省内部分市（地）民建市委会和有关单位负责人到会祝贺。会议听取和审议民建嘉兴市第六届委员会工作报告，选举产生民建嘉兴市第七届委员会，由尤源、叶肖梅（女）、江最新、来生华（女）、吴军（女）、陈俐（女）、何慧琴（女）、顾跃明、姚百淇、姚海荣、程利仲、隗斌贤、戴铭13人组成，江最新任主任委员，隗斌贤、吴军（女）、戴铭任副主任委员，吴军（女）兼任秘书长；推举金守义为民建嘉兴市第七届委员会名誉主任委员，姚祝萱、庞锦祥为名誉副主任委员。

【第八次代表大会】

2006年11月9—10日，召开民建嘉兴市第八次会员代表大会，出席会议代表119人。民建浙江省委副主委车晓端，中共嘉兴市委常委、秘书长蒋唯民到会并讲话，嘉兴市人大常委会、市政府、市政协、市委统战部、市级各民主党派、省内部分市（地）民建市委和有关单位负责人到会祝贺。会议听取和审议民建嘉兴市第七届委员会工作报告，选举产生民建嘉兴市第八届委员会，由尤源、叶肖梅（女）、汤勇、朱兴观、陈俐（女）、来生华（女）、陆志芬（女）、张建华、张敏华（女）、何慧琴（女）、姚百淇、姚海荣、隗斌贤、程利仲、戴铭15人组成，隗斌贤任主任委员，戴铭、程利仲、陈俐（女）任副主任委员，叶肖梅（女）任秘书长。

【第九次代表大会】

2011年11月21—22日，召开民建嘉兴市第九次会员代表大会，出席会议代表140人。浙江省人大常委会副主任、民建浙江省委主委吴国华、中共嘉兴市委副书记冯志礼到会并讲话，嘉兴市人大常委会、市政府、市政协、市委统战部、市级各民主党派、省内部分市（地）民建市委和有关单位负责人到会祝贺。会议听取和审议民建嘉兴市第八届委员会工作报告，选举产生民建嘉兴市第九届委员会，由孔祥庆、尤源、叶肖梅（女）、汤勇、朱晓红（女）、刘湘国、邱锦月（女）、陈俐（女）、陆志芬（女）、张建华、张敏华（女）、何慧琴（女）、郭晓、俞越炯（女）、高忠良、程利仲、戴铭17人组成，戴铭任主任委员，程利仲、陈俐（女）、叶肖梅（女）、陆志芬（女）任副主任委员，叶肖梅（女）兼任秘书长。

第三节　履行职能

1983年8月至2014年，全市民建会员当选省人大代表5人次、市人大代表36人次（市人大常委会委员10人次、副主任1人）；任省政协委员12人次、市政协委员190人次（副主席5人次）。

民建三届市委会　1983年12月，嘉兴市第一届人民代表大会和政协嘉兴市第一届委员会召开，民建会员当选市人大代表6人（常委会委员2人），任政协委员19人（副主席1人、常委4人）；民建会员中的人大代表、政协委员通过提交提案、建议，参与中共嘉兴市委、市政府协商会等参政议政。1985年，民建会员金伯寿向市政协提交的《对生猪放开后的生产经营管理的意见和建议》的提案，对保护农民养猪积极性、促进嘉兴生猪生产提供对策建议，获得好评。

民建四届市委会　民建会员担任省、市、县（市、区）人大代表、政协委员95人，其中市人大代表10人次（常委会委员3人次）、市政协委员37人次（副主席2人次、常委10人次）；共提交提案、建议137件，大会发言10余人次。1989年5月，民建市委会主委金守义在市政协《积极发挥工商联参与行业管理和治理整顿深化改革的作用》和副主委姚祝萱《对完善共产党领导的多党合作和政治协商制度的几点认识》的大会发言，大会反响热烈。1991年，民建市委会与市发改委、市交通投资公司签订课题协议，先后完成调研报告12篇，发表经济专论4篇。

民建五届市委会　民建会员当选各级人大代表7人（常委会委员1人、副主任2人），担任各级政协委员43人（常委9人）；在市政协会议上提交提案150余件、大会发言18人次。1992年，民建郊区支部关于蚂桥水泥厂立窑年久失修，危及职工安全生产的社情民意，引起郊区政府的重视，召开区长现场办公会议协调落实技改资金，及时消除安全隐患。1993—1995年，连续三年就生猪定点屠宰课题进行调研，提出《实行生猪定点屠宰，确保人民身体健康》的提案，推动问题得以解决。1994年，就"菜篮子"工程开展调研，形成《关于我市生猪产、供、销问题的报告》。1995年，《关于乍浦港的开发问题》的调研报告，先后在《嘉兴日报》和《浙江民建》刊发。省政协委员、民建市委会副主委江最新《关于化肥经营中的综合差率省市之间分配不合理》的提案，引起省有关部门重视，问题得到圆满解决。

民建六届市委会　民建会员当选各级人大代表8人（常委会委员1人、副主任1人），担任各级政协委员43人（常委8人、副主席2人）；在市政协会议上提交提案160件、大会发言14人次，其中被市政协评为优秀提案10件。1996年，民建市委会《巩固现有基础，寻求新的发展，再造我市农村工业新辉煌》的调研报告，被市政府采纳。1998年，就再就业工程、推进农业产业化和国有企业改造等问题，在市政协四届一次会议上做专题发言。1999年，就工业企业改革、农业产业化、国有商业解困等问题，开展调查研究，形成专题报告3份。2000年，集体提案《嘉兴与上海农业合作的必要性、可行性及对策建议》，被确定为重点交办提案，交有关部门办理；与上海民建组织联合调研，形成《抓住上海大市场，推进嘉兴市农业产业化进程》和《我市供销社改革情况的调查》调研报告2篇。

民建七届市委会　民建会员当选各级人大代表7人（常委会委员2人）；担任各级政协委员43人（常委7人、副主席2人），其中市人大代表2人（常委会委员1人），市政协委员18人（常委2人、副主席1人）；在市政协会议上提交提案95件、大会发言16篇，其中被市政协评为优秀提案（或重点提案）12件。2002年，《建造老年公寓、发展老龄事业》《海宁皮革需提升打造国际品牌》等，分别被市、县政协评为优秀提案。2002年，反映各类社情民意11件。2003年，民建市委会向中共嘉兴市委、市政府上报关于在全市开展节约用电的倡议书，在《嘉兴日报》头版刊登；民建会员《加快发展第二产业，促进我市融入大上海经济圈的主要对策和建议》，被列为市人大一号议案。2004年《关于陶庄废钢铁市场的调查和思考》和2005年《充分发挥我市非公经济在打造先进制造业基地中的作用》的调研报告，被市有关部门采纳落实。

民建八届市委会　民建会员担任各级人大代表和政协委员74人，其中市人大代表5人（常委会委员1人），担任省政协委员2人、市政协委员21人（常委7人、副主席2人）；在市政协会议上提交提案135件、大会发言12篇，其中被市政协评为优秀提案（或重点提案）7件。2006年，《发展循环经济，建设节约型社会》提案被市政协列为重点提案。民建会员在"2006年中国非公有制经济发展论坛"上的论文《制约私营企业持续发展的管理因素》，被民建中央收录。2007年，民建会员《关于构建高校与民企优势互补机制的建议》，被省政协评为优秀提案。2008年，民建市委会建立参政议政工作的领导、选题、联动、网络、激励五大机制，得到民建省委会充分肯定，被嘉兴市政协评为工作创新奖，市委统战部以《信息专报》形式介绍。民建市委会主委隗斌贤撰写的《节能减排系列调研材料》在2008年7月民建中央主要领导参加的高层协商会上被吸收采纳，《关于节能减排的建议》被民建中央报送国务院。是年，报送社情民意信息41件，其中被民建中央采纳3件，被民建省委会、省政协采用6件，被市政协采用11件。2009年，主委隗斌贤在省政协大会上作《积极发展核电产业，促进我省装备制造业升级》的发言。民建市委会提交的《中小民营企业转型解困的途径分析》调研报告，被民建省委会"非公经济论坛"评为一等奖，《金融危机下非公企业存在的问题及对策》，获全省统战调研成果奖。

民建九届市委会　民建会员担任各级人大代表和政协委员95人，其中市人大代表8人（常委会委员1人）、市政协委员25人（常委3人）；至2014年，在市政协会议上提交提案99件、大会发言6篇，其中被市政协评为优秀提案（或重点提案）8件。2012年，民建市委会《利用地下空间，解决中心城区停车难问题》的大会发言，受到市委书记李卫宁重视并带队调研，转化成的集体提案也被评为优秀提案；民建会员领衔提出的《关于切实做好落后产能淘汰工作》的议案，并被评为优秀议案；海宁总支的《关于鼓励和引导我市民间资本投资健康发展》的调研报告，获全省统战理论政策研究优秀成果奖。民建市委会《关于要求在嘉兴全市范围内大力开展水环境综合治理》的议案，分别被评为嘉兴市七届人大一次会议以来优秀议案与优秀建议。2013年，民建会员撰写的《促进生态文明》一文被《人民政协报》节选作为“构筑美丽中国”系列报道之一。2014年，民建界别郭峰委员《关于加强水环境常态化监管系统建设的建议》的合并提案，被确定为省政协重点提案，并被评为民建省委会参政议政二等奖；民建市委会主委戴铭撰写的《关于深化交通投融资体制改革，推进交通领域混合所有制发展的建议》，被评为民建省委会参政议政二等奖。

民建嘉兴市委会及会员在历届市政协的大会发言一览表

表7-3-1

届次(时间)	发言人	界别	题　目	备注
一届二次(1984.10)	单国杰	民建	发挥余热，投身四化	大会发言
一届三次(1985.7)	姚祝萱	民建	关于经济技术咨询服务部工作情况的汇报	大会发言
二届一次(1988.6)	庄天福	民建	保持荣誉，继续奋进	大会发言
二届二次(1989.5)	姚祝萱	民建	对完善共产党领导的多党合作和政治协商制度的几点认识	大会发言
	金守义	民建	积极发挥工商联参与行业管理和治理整顿深化改革的作用	大会发言
二届三次(1990.4)	费　康	民建	学习《中共中央关于坚持和完善中国共产党领导的多党合作和政治协商制度的意见》的几点认识和体会	大会发言
	庄天福	民建	巩固与发展商业改革成果，充分发挥国营商业主渠道作用	大会发言
二届四次(1991.4)	姚祝萱	民建	同心同德，为实现嘉兴市“八五”计划献计出力	大会发言
	庞锦祥	民建	对搞活国营商业批发企业的几点建议	大会发言
	庄天福	民建	国营商业二轮承包中一些困惑和想法	大会发言
	费　康	民建	加强技术改造工作，提高嘉兴市大中型企业经济效益	大会发言
二届五次(1992.4)	费　康	民建	以商业市，促进嘉兴经济繁荣发展	大会发言
	史文浩	民建	加快改革步伐，发展汽配工业	大会发言
	庄天福	民建	学习推广重庆“四开放”经验，加快国合商业的改革步伐	大会发言
	庞锦祥	民建	对市区国合商业试行“四放话”改革的几点建议	大会发言
三届一次(1993.5)	费　康	民建	商业企业加快转换经营机制，适应社会主义市场经济	大会发言
	徐幼腾	民建	必须重视解决郊区农村供电的突出矛盾，促进郊区经济发展	大会发言
三届二次(1994.4)	来生华(姚祝萱)	民建	实行生猪定点屠宰，确保人民身体健康	大会发言
	费　康	民建	因地制宜尽快建设“菜篮子”工程，加强领导及早落实市长责任制	大会发言
	姚祝萱	民建	不断学习社会主义市场经济理论，积极引导股份合作制的健康发展	大会发言
三届三次(1995.4)	姚祝萱	民建	加快市场体系培育，对嘉兴市商品市场建设的几点建议	大会发言
	费　康	民建	加强生猪生产，保证市场供应	大会发言

续表 7-3-1

届次(时间)	发言人	界别	题　目	备注
三届四次(1996.4)	费　康	民建	进一步加强建筑业宏观调控,努力强化支柱产业地位	大会发言
	姚祝萱	民建	城乡商老企业陷入困境有年,迫切要求"放开搞活"恢复活力	大会发言
三届五次(1997.3)	吴乐泉	民建	支持依托核电建设,促进地方经济发展	大会发言
四届一次(1998.4)	周君良	民建	国有小型企业股份合作制改革中的问题及对策研究	大会发言
	姚海荣	民建	关于权利监督与主人翁地位的思考	大会发言
	江最新	民建	发挥区位优势,走出"经济盆地"——嘉兴在长三角经济带中的地位及其应对措施	大会发言
	宋永高	民建	大力推进农村经济产业化,促进嘉兴经济健康持续发展	大会发言
四届二次(1999.3)	宋永高	民建	对当前农业产业化若干问题的思考	大会发言
	江最新	民建	经济配角——嘉兴市区域经济合作之定位	大会发言
	江康型	民建	抓住机遇,努力推进嘉兴城市化进程	大会发言
四届三次(2000.3)	宋永高	民建	嘉兴市中小企业股份制改造的成效、问题及对策建议	大会发言
	江最新	民建	接轨上海,服务上海,推进嘉兴农业产业化进程	大会发言
	姚海荣	民建	全面加强和改善企业管理	大会发言
四届四次(2001.3)	江最新	民建	要把供销合作社真正办成农民的合作经济组织	大会发言
	朱鸣芬	民建	粮食购销市场化对嘉兴市的影响及对策建议	大会发言
四届五次(2002.4)	江最新	民建	杭州湾跨海大桥建成后对嘉兴市经济的影响及对策建议	大会发言
	朱鸣芬	民建	关于保证嘉兴市粮食安全供给的思考和建议	大会发言
五届一次(2003.4)	姚百淇	民建	发展现代物流业应发挥港口的作用	书面
	民建嘉兴市委会	民建	关于支持和保护农业政策研究的几点意见	书面
	民建嘉兴市委会	民建	嘉兴乡镇工业专业区发展中存在的问题和对策	书面
	民建嘉兴市委会	民建	嘉兴市农产品质量安全存在的问题及对策	书面
	程利仲	民建	嘉兴市融入上海大经济圈的产业对策和建议	书面
	民建嘉兴市委会	民建	"三农"问题依靠外力解决是条路	书面
	民建嘉兴市委会	民建	关于将嘉兴科技馆易地重建的建议	书面
五届二次(2004.2)	程利仲	民建	嘉兴市企业经营管理者队伍建设中存在的问题及对策	大会发言
	程利仲、陈俐	民建	建设科学政绩考核指标体系,促进行政效能提高	大会发言
	民建嘉兴市委会	民建	加强宏观调控,促进嘉兴市经济一体化进程	书面
五届三次(2005.1)	陈　俐	民建	采取有效措施,建立社会中介组织的长效管理机制	大会发言
	民建嘉兴市委会	民建	关于嘉兴市旅游线路整合的思考	书面
	陆志芬	民建	进一步扶持发展农民专业合作社的几点建议	书面
五届四次(2006.1)	程利仲	民建	发展循环经济,建设节约型社会	大会发言
六届一次(2007.4)	陈　俐	民建	实现"十一五"节能降耗目标的主要障碍	大会发言
	民建嘉兴市委会	民建	促进嘉兴市民营企业管理水平提升的对策建议	书面
六届二次(2008.1)	程利仲	民建	加快推进嘉兴市自主品牌建设的思路与对策研究	大会发言
	民建嘉兴市委会	民建	进一步加大嘉兴市节能减排工作力度的几点建议	书面

续表7-3-1

届次(时间)	发言人	界别	题　目	备注
六届三次 (2009.2)	陈　俐	民建	对嘉兴文化产业发展的思考与对策	大会发言
	民建嘉兴市委会	民建	嘉兴市科技服务业发展的思路与对策	书面
	民建嘉兴市委会	民建	复兴嘉兴市老品牌的对策与建议	书面
六届四次 (2010.1)	民建嘉兴市委会	民建	嘉兴市农业主导产业发展对策	书面
	民建嘉兴市委会	民建	推进产业集聚,实现嘉兴经济开发区的持续发展	书面
	程利仲	民建	科学规划,统筹安排,促进农村新社区建设	大会发言
六届五次 (2011.2)	程利仲	民建	关于推进嘉兴市工业园区转型升级的对策与建议	大会发言
	民建嘉兴市委会	民建	当前民营养老机构急需解决的几个问题	书面

民建嘉兴市委会及会员在历届市政协重点提案一览表

表7-3-2

政协届次	提案者	案　由
四届二次	宋永高	科技进步与种子工程问题
	周君良	关于对嘉兴市文博事业的建议
	来生华	要求在山水湾小区建立图书馆
四届三次	周君良	关于对嘉兴市文博事业的建议
	来生华	要求在山水湾小区建立图书馆
	民建嘉兴市委会	接轨上海,服务上海,推进农业产业化进程
四届五次	民建嘉兴市委会	关于建立嘉兴市社会救助机制的建议
五届一次	民建嘉兴市委会	乡镇工业专业区发展中存在的问题和对策
五届四次	民建嘉兴市委会	发展循环经济,建设节约型社会
六届四次	民建嘉兴市委会	关于促进嘉兴市农业主导产业发展的建议
六届五次	民建嘉兴市委会	大力支持场站建设,落实优先发展公交战略

民建嘉兴市委会及会员在历届市政协优秀提案一览表

表7-3-3

政协届次	提案者	案　由
三届一、二次	民建嘉兴市委会等	关于增强全市机关部门和基层单位统战意识的建议
		加快国有资产的界定和管理,防止国有资产的流失
三届三、四次	民建嘉兴市委会	建议农贸菜场建设应纳入城建规划
		预算外资金,应完善健全制度管理,接受监督
	姚祝萱	防止服务工作走入误区
三届五次	民建嘉兴市委会等	加大投入,理顺关系,开创嘉兴市技术监督工作新局面
四届一次	民建嘉兴市委会等	嘉兴应积极创造条件申报历史名城
四届五次	民建嘉兴市委会	关于杭州湾大桥建成后对嘉兴市经济社会的影响及建议
	江最新	组织力量写出写好“创新嘉兴”这篇文章

续表7-3-3

政协届次	提案者	案　由
五届一次	民建嘉兴市委会	嘉兴市乡镇工业专业区发展中存在的问题和对策
五届二次	程利仲、陈俐	关于嘉兴市“十一五”计划应关注的几点
五届三次	民建嘉兴市委会	采取有效措施，建立社会中介组织的长效管理机制
五届四次	民建嘉兴市委会	发展循环经济，建设节约型社会
六届一次	程利仲	加快推进嘉兴市自主品牌建设
六届二次	陆志芬	加大农村标准化学校创建力度，促进城乡教育均衡发展
六届三次	民建嘉兴市委会	加快发展嘉兴市科技服务业的思路及其对策
六届四次	民建嘉兴市委会	关于促进嘉兴市农业主导产业发展的建议
六届五次	民建嘉兴市委会	大力支持场站建设，落实优先发展公交战略
	程利仲	嘉兴市养老机构服务存在的问题与对策
六届创先提案奖	民建嘉兴市委会	关于加大技能人才培养力度的几点建议

【民主监督】

1983—2014年，民建市委会参加中共嘉兴市委、市政府召开的协商会、通报会、座谈会、征求意见会，就全市政治经济和社会发展中的重大问题坦诚建言、决策协商。1992—1996年，民建市委会在参加中共嘉兴市委、市政府召开的各类会议上，先后就“进一步完善中共领导的多党合作和政治协商制度”“关于南湖风景区的开发和建设”以及历届政府工作报告中涉及的关于深化改革、加强经济宏观调控、保持物价稳定、抓好“菜篮子”工程、党风廉政建设、精神文明建设、依法治市等重大事项坦诚己见，提出意见和建议。1996年，就制定《嘉兴市国民经济和社会发展“九五”计划和2010年远景目标纲要》提出意见和建议。1997—2001年，参加中共嘉兴市委、市政府各类协商会、座谈会、通报会、听证会50余次，民建市委会在事前广泛征听意见、进行综合分析的基础上，就全市政治经济、社会发展中的重大问题坦诚进言，发表意见和看法。2000年，就制定嘉兴市“十五”规划和发展各私经济等问题提出意见和建议。2002年，参加中共嘉兴市委、市政府、市政协召开的各类通报会、协商会、座谈会20余次，参与重大决策和重要人事安排等协商讨论。1986—1991年，民建会员担任市、县(市、区)监察咨询委员会委员、特邀监察员、审计员和执法监督员10人，部分会员参加每年的“税收、物价”大检查和治理“三乱”大检查，发挥民主监督作用。此后，历届民建市委会参加中共嘉兴市委、市政府、市政协各类协商会议，就重大问题决策和重要人事安排等发表意见和看法，形成惯例、每年进行；民建会员受邀担任特邀监察员、审计员和执法监督员，参与各级各类督察检查的工作常态化。

第四节　自身建设

【政治理论学习】

1979年，民建嘉兴县委恢复活动后，遵照中共中央经济建设战略重心转移的决策，注意结合自身建设实际，加强会员政治理论学习，引导会员为“四化”建设多做贡献。1981—1982年，针对新吸收会员增多的情况，注重做好新会员教育，采取举办座谈会、组织参观、纪念活动、送阅资料等方式，增进新会员对中共统战理论和政策的了解，树立民主党派的荣誉感、责任感。1984年8月，撤地建市后，民建嘉兴市委(省辖市)组织班子成员和基层支部委员学习中共十一届三中全会精神、十一届六中全会决议，十二届三中、四中、五中全会精神和民建中央、省委会议文件，并建立定期学习制度，增强班子成员的政治理论水平和队伍管理的能力。1985年12月，结合中国民建诞生40周年庆祝活动，回顾民建发展历史，发扬老一辈民建创始人的光荣传统，坚定不移与中国共产党合作，尽心竭力为“四化”建设出力。1986—1988年，加强自我教育，开展评选先进集体、优秀会员和积极分子活动，通过总结评比，达到会员互相学习、共同提高的效果。1990年，组织学习《中共中央关于坚持和完善中国共产党领导的多党合作和政治协商制度的意见》，先后举办培训班2期52人，学习领会中国共产党关于多党合作和政治协商制度建设的的重要意义。1989—1990年，注意加强对骨干的培训工作，先后选送参加省社会主义学院举办的“民主党派领导干部培训班”2人，民建省委举办的“读书班”“培训班”5人，市委统战部、市委党校举办的“民主党派骨干培训班”18人。1991年，结合中国民建成立50周年纪念活动，组织会员学习民建会章、会史和民建六大会议精神，组织开展会章、会史专题讨论和知识竞赛，进行民建优良传统教育；通过举办新会员读书班、座谈会等形式，向新会员宣传介绍民建的性质、地位、作用以及会章、会史；组织民建老同志撰写《民建嘉兴四十年大事记》，发动会员撰写纪念文章在《嘉兴日报》《浙江民建》发表，激发会员爱国、爱党、爱会、爱学的热情，提高参政党的荣誉感、责任感。同年8月，开展基层组织建设调研，总结推广基层支部建设的经验，推动民建基层支部建设规范化、制度化。1993年10月，配合《邓小平文选》出版发表，组织民建市委委员和骨干会员，系统学习和交流邓小平建设有中国特色社会主义理论，坚定走社会主义道路的信念。1992—1996年，民建市委机关建立每月一次的定期学习制度，结合实际，组织学习；加强骨干培训，坚持每年举办骨干培训班，并选送骨干参加民建省委会、中共嘉兴市委党校、市委统战部举办的骨干培训班。1997—2000年，遵照中共中央和民建中央各个阶段的学习要求，组织会员以学习江泽民“三讲”、“三个代表”重要思想、“致富思源、富而思进”、建党80周年纪念大会上的讲话和全国统战工作会议上的讲话为重点，结合统战理论和民建中央七大会议精神以及会章、会史学习，提升全体会员的政治素质，保持清醒头脑、坚定政治立场。进入21世纪后，民建嘉兴市委针对新时期民建会员思想的新特点，进一步完善学习制度，采取召开座谈会、组织集中学习、选送骨干培训等方式，加强思想理论学习和政策法规教育，提升会员的整体素质。

【组织建设】

1979年，民建嘉兴县委会恢复活动后，注意在工商界骨干和中上层代表人士中吸收发展民建会员。到1983年年底，共发展新会员21人。1985年，遵照民建中央51号通函精神，进一步明确发展会员的指导思想，放宽视野，增进联系，积极培养选拔人才，努力为领导班子新老交替创造条件，当年吸收会员26人。1986—1991年，遵照“民主党派组织发展问题座谈会纪要”精神，把发展会员的重点转移到从事经济工作的中青年知识分子，切实解决后继有人问题。1990—1991，结合基层支部换届，充实年轻力量，有9名新会员担任支委、副主任，实现新老交替。至1991年年底，全市有民建基层支部10个、会员169人，平均年龄57.5岁。其中大中专以上文化53人，占31.4%；高、中、初级各种技术职称84人，占49.7%；担任机关、企事业单位中层以上行政职务的73人，占43.2%，会员结构和基层组织得到发展。1994年，按照民建中央提出的“成熟一个选拔一个，不要都等到换届时解决进和退的问题”的精神，民建市委会召开扩大会议对民建市委班子作届中调整，落实新老交替。1996—2000年，根据民建中央关于组织发展工作既注重质量又注意数量的原则，共发展会员54人，平均年龄37岁，其中具有大专以上文化的44人，占81.5%，会员整体素质不断提高，组织结构不断完善。进入21世纪，民建市委会树立“以会员为本，以支部为根”的理念，认真总结基层组织工作经验，并结合新形势的要求，按照“规模适中、职业相近、方便活动、利于管理、发挥作用”的原则，制定《加强自身建设的建议》，提出把支部建设成自我教育的学校、参政议政的桥梁、培养人才的基地和会员团结互助的集体目标；坚持用人的理念、从战略高度重视会员的发展工作，按照“三个为主”(以大中城市为主，以中上层为主，以代表人士为主)的发展方针，积极稳妥地做好组织发展工作，尤其重视对民营经济代表人士、专家学者的发展工作，推进民建会员结构改善和整体素质提高，在参政议政、民主监督、为社会服务中，发挥独特有效的作用。至2014年，民建市委会设有8个专门工作委员会。

【开展宣传交流】

1986年，民建市委会与市工商联合办《工作简报》，通报信息动态，交流学习体会，推进自身建设。至1991年，编发《工作简报》60期。1991年起，创刊《嘉兴民建简讯》，宣传中共中央有关方针政策，报道本会会务活动、参政议政情况，交流学习体会和基层支部工作经验，沟通信息，推广先进，推进市委会与会员之间的联系。至2011年12月，出刊《嘉兴民建简讯》129期，并增出《为“质量、品种、效益年”献计出力活动专刊》5期。

【引导建功立业】

撤地建市后，民建市委会注意引导会员立足本职、敬业爱岗、热心公益、为会争光。20年间，涌现出一批先进分子。民建会员吴伟强，被民建中央、中共浙江省委、浙江省人民政府评为抗击“非典”先进个人；民建会员、中共党员蒋泳清享受国务院政府特殊津贴，荣获浙江省、嘉兴市劳动模范称号，被中共嘉兴市委誉为全市党员学习的榜样；民建会员隗斌贤享受国务院政府特殊津贴，并连续多届荣获中共嘉兴市委、市政府授予的“嘉兴市有突出贡献的专业人才”的光荣称号；会员尤源获浙江省劳动模范称号。会员中有多人获浙江省、嘉兴市劳动模范、先进工作者、优秀教师，入选省级、市级学科带头人、“新世纪151人才工程”培养人员、十大杰出青年、优秀社会主义建设者等。

第五节　主要活动

【社会服务】

1984年4月，民建市委会对撤地建市前与原嘉兴市工商联共同创办的经济咨询服务组进行调整，改为经济咨询服务部。同年10月，成立经济服务公司。1985年，经济服务公司为企业供需双方牵线搭桥，成交金额230万元。同年，与市工商联、市会计学校合办两年制业余财经职业中学。1991年，经济服务公司，为企业提供工程招投标、业务中介、引进服务等科技咨询项目188个。1992年，创建嘉兴爱建工贸公司，帮助企业组织原辅料和推销产品，帮助乡镇企业提高生产、经营、管理水平。响应中共浙江省委提出的“山海帮扶工程”号召，民建海宁支部捐资资助丽水贫困山区架设有线电视。1997年，开办财经职业中学、会计辅导班和开展技术咨询服务。2002年，组织会员捐资创建嘉兴市区公共绿地“共济园”。2006年，与市工商联合作成立嘉兴市工商培训学校，将民建中央“建华企业家课堂”浙江分课堂引入工商培训学校。桐乡民建创立财务与会计培训学校，为地方建设培训财会人员。是年，民建市委会组织以名家书画义卖方式筹款，用于丽水扶贫建设。2008年，组织会员参加省民建企业家协会、“中国非公有制经济发展论坛”“中国风险投资论坛”，推动会员企业开展项目、资金等合作交流活动。针对国际金融危机冲击下的民营企业发展问题，组织有关专家、学者深入企业，开展调查、了解困难、分析研究，提出应对措施建议，提供政策信息服务，帮助会员企业坚定信心、共克时艰，推动困难民企创业创新、转型升级。是年，民建会员企业为南方雪灾、汶川特大地震献爱心，捐款捐物200余万元。2009年，科技培训5300人、就业培训1300人，安置下岗职工和农村剩余劳动力290人，为会员企业牵线搭桥、促进合作交流8次，为会员维权5件。2009—2010年，为推进城乡统筹发展，分别与秀洲区王店建林村、南湖区桂苑社区结对。2011—2014年，民建市委会支持会员及会员企业保持捐资助学、修路、安置下岗职工和转移农村剩余劳动力、为弱势群体维权的优良传统，提供社会服务。

【对外联络】

加强与省内外民建组织的联络交流，组织参加嘉兴、绍兴、湖州三市民建联谊活动。2002年，与民建上海市委会联合举办“沪嘉民建金融工作交流与合作发展研讨会”，就嘉兴金融业如何接轨上海，接受上海辐射等问题作深入研讨。2003年，与民建上海嘉定区委会建立友好关系。接待贵州省黔西县政府考察团，促成桐乡乌镇与黔西的经济合作项目。2010—2014年，把对外联络与参政议政结合、与社会服务结合，为会员企业提供互动平台，推动会员企业开展项目、资金对接等合作交流活动。

第四章　中国民主促进会嘉兴市委员会

1984年8月，中国民主促进会（简称“民进”）嘉兴市委员会成立以后，坚持爱国、民主、团结、求实和立会为公的宗旨，认真履行参政议政、民主监督职能，发挥人才优势，组织开展送医、送教、送文化等社会服务活动。

第一节　组织机构

【机构沿革】

1957年1月10日，成立民进嘉兴市（县级）筹备小组，组长侯家声、副组长许士玠，有会员18人（嘉兴14人，平湖3人，嘉善1人）。

“文化大革命”期间，停止活动。

1979年，民进嘉兴小组恢复活动，直属民进浙江省委会，侯家声负责会务工作。1980年12月14日，成立民进嘉兴县支部，侯家声为支部主任，金松、戴劲男为支部委员，有会员10人。1981年1月，嘉兴县改市，改称民进嘉兴市（县级）支部。1984年8月26日，成立民进嘉兴市（省辖市）委员会，负责嘉兴市所辖城区、郊区和嘉善、平湖、海宁、海盐、桐乡5县的民进基层组织建设工作。1988年12月，全市有民进会员229人。1989年2月，民进嘉兴市第二届委员会第二次会议决定成立教育文化、经济科技、医卫、“三胞”联谊、妇女、老年6个工作委员会。1998年3月28日，民进嘉兴市委会内设办公室。2001年9月，全市有民进会员377人。2003年1月，民进嘉兴市五届三次（扩大）会议决定工作委员会调整，原教育文化工作委员会与医卫工作委员会合并为教育文化医卫工作委员会，原经济科技工作委员会更名为经济社会服务工作委员会，调整后设教育文化医卫、经济社会服务、“三胞”联谊、妇女、老年5个工作委员会。2006年10月，第六届市委会决定对专业委员会调整，调整后设教育文化医卫、青年、妇女、老年4个工作委员会，全市有民进会员423人。2012年2月，民进嘉兴市第七届委员会决定成立参政议政处、组织建设处、学习宣传处、社会服务处4个虚拟机关（不占行政编制）。2013年10月，增设综合处。

2014年，民进嘉兴市委员会内设办公室，教育文化医卫、青年、妇女、老年4个工作委员会和参政议政处、组织建设处、学习宣传处、社会服务处、综合处5个虚拟机关，全市有民进会员556人。

【基层组织】

1980年12月，民进嘉兴县支部成立以后，民进浙江省委员会派人等直接到平湖、嘉善发展组织，先后于1983年10月成立民进平湖县支部，1984年10月成立民进嘉善县支部。1984年8月以后，民进嘉兴市一届委员会先后建立民进市直属中学支部、医卫支部、郊区支部、小教第一支部、小教第二支部、综合支部、秀州中学支部、七中支部8个直属支部。1986年12月，民进平湖县支部改为民进平湖县委员会。1987年5月，民进嘉善县支部改为民进嘉善县委会。同年6月、10月，先后成立民进海盐县支部和民进桐乡县支部。1988年10月9日，民进浙江省委员会发文，将民进平湖县委会、民进嘉善县委会划归民进嘉兴市委会领导。至此，民进嘉兴市委会下属2个县委会、10个直属支部，其中3个县（区）支部。1997年7月，民进桐乡县支部改为民进桐乡市总支委员会。同年11月，民进海盐县支部改为民进海盐县总支委员会。1999年2月，民进嘉兴市第四届委员会对市区各支部进行调整，调整后设市教委机关事业单位支部、中专支部、建筑工业学校支部、市属中学支部、秀州中学支部、秀城区实验小学支部、秀城区教育支部、医卫支部、文化支部、工贸支部、综合支部11个直属支部。2000年12月，成立民进嘉兴市委员会直属海宁市小组(简称民进海宁市小组)。2001年9月，民进市委会决定撤销秀城区教育支部，成立民进秀城区支部。2006年3月，成立民进海宁市支部。2011年5月和7月，民进海宁市支部、民进南湖区支部先后更名为民进海宁市总支委员会、民进南湖区总支委员会。2012年4—6月，民进七届市委会再次对市区直属支部作调整，调整后设机关事业单位支部、嘉兴学院支部、职教支部(由原建工学校支部更名而来，会员来自建工学校、南洋职业技术学院、同济大学浙江学院、嘉兴职业技术学院等)、嘉兴一中支部、秀洲中学支部、文化支部、第一医院支部、医卫支部、综合支部、经贸支部10个直属支部。

2014年，民进嘉兴市委会设直属支部10个，下辖平湖、嘉善2个县(市)委员会，南湖区、海盐、桐乡、海宁4个县(市、区)总支和民进秀洲区支部。

第二节　代表大会

【第一次会员大会】

1984年8月26—27日，召开民进嘉兴市第一次会员大会，出席会议会员41人。中共嘉兴市委、市人大常委会、市政府、市政协领导到会祝贺，民进省委副主委计克敏等出席大会。会议听取民进嘉兴市筹备委员会筹备情况报告，选举产生民进嘉兴市第一届委员会，由宋波南、金松、侯家声、崔钟、裘樟鑫等5人组成。经一届一次全会选举、民进省委批准，侯家声任主任委员，崔钟、裘樟鑫任副主任委员。1985年6月，任命戴劲男为副秘书长。

【第二次代表大会】

1988年12月19—21日，召开民进嘉兴市第二次代表大会，出席会议代表63人。中共嘉兴市委、市人大常委会、市政府、市政协领导到会祝贺，市委副书记许国桢代表中共嘉兴市委、民进省委副主委杨松森代表民进省委致贺词。会议听取和审议民进嘉兴市第一届委员会工作报告，审议并通过《中国民主促进会嘉兴市第二次代表大会关于第一届市委员会工作报告的决议》；选举产生民进嘉兴市第二届委员会，由王启明、成盘吉、杜希范、宋波南、陶金章、崔钟、董绍桐、裘樟鑫、糜振宇9人组成。经二届一次全会选举、民进省委会批准，裘樟鑫任主任委员，成盘吉、崔钟任副主任委员，宋波南任秘书长；聘请金松为顾问。

【第三次代表大会】

1992年3月27—28日，召开民进嘉兴市第三次代表大会(本次会议为统一市本级各民主党派换届时间并与市人大、市政协换届协调提前召开)，出席会议代表82人。中共嘉兴市委、市人大常委会、市政府、市政协领导到会祝贺，市委副书记丁师尹代表中共嘉兴市委、民进省委副主任吴畏代表民进省委致贺词。会议听取和审议民进嘉兴市第二届委员会工作报告，审议并通过《中国民主促进会嘉兴市第三次代表大会关于民进嘉兴市第二届委员会工作报告的决议》《中国民主促进会嘉兴市第三次代表大会给崔钟、宋波南、杜希范、糜振宇同志的致敬信》，选举产生民进嘉兴市第三届委员会，由王启明、毛志鹏、成盘吉、陶金章、钱渭雄、曹鸿德、戚家骐、董绍桐(女)、裘樟鑫9人组成。经三届一次会议选举、民进省委会批准，裘樟鑫任主任委员，成盘吉、曹鸿德任副主任委员，推举金松为顾问。1992年4月11日，任命戴劲男为副秘书长。1996年1月19日，任命徐惠琴为副秘书长。

【第四次代表大会】

1996年9月18—19日，召开民进嘉兴市第四次代表大会，出席会议代表102人。民进省委主委毛昭晰、中共嘉兴市委副书记徐良到会并讲话。会议听取和审议民进嘉兴市第三届委员会工作报告，审议并通过《中国民主促进会嘉兴市第四次代表大会关于民进嘉兴市第三届委员会工作报告的决议》，选举产生民进嘉兴市第四届委员会，由毛志鹏、成盘吉、沈建明、姚利剑(女)、顾祺耿、钱渭雄、曹鸿德、戚家骐、董绍桐(女)、裘樟鑫、简单11人组成。经四届一次会议选举、民进省委会批准,裘樟鑫任主任委员,成盘吉、曹鸿任副主任委员,顾祺耿任秘书长;推举金松为顾问。2000年12月22日,民进市委会四届六次扩大会议,增补张生观、沈志华(女)、崔泉森为民进嘉兴市四届委员会委员。

【第五次代表大会】

2001年11月29—30日,召开民进嘉兴市第五次代表大会,出席会议代表116人。民进省委主委丁德云、中共嘉兴市委副书记王传亮向大会致贺词。会议听取和审议民进嘉兴市第四届委员会工作报告,审议并通过《中国民主促进会嘉兴市第五次代表大会关于民进嘉兴市第四届委员会工作报告的决议》《中国民主促进会嘉兴市第五次代表大会给不再担任新一届市委委员的裘樟鑫、曹鸿德、毛志鹏、董绍桐、钱渭雄、戚家骐同志的致敬信》,选举产生民进嘉兴市第五届委员会,由王淳(女)、朱莉莉(女)、成盘吉、张生观、沈志华(女)、沈建明、陈强、姚利剑(女)、顾祺耿、崔泉森、简单11人组成。经五届一次会议选举,王淳任主任委员,成盘吉、崔泉森、顾祺耿任副主任委员,顾祺耿兼秘书长;推举裘樟鑫为名誉主任委员,金松、曹鸿德为顾问。

【第六次代表大会】

2006年10月24—25日,召开民进嘉兴市第六次代表大会,出席会议代表128人。民进省委副主委连建伟,嘉兴市政协主席刘冬生、市人大常委会副主任陶志来、副市长钱满程、市政协副主席朱立桥,市政协副主席、中共嘉兴市委统战部部长马健等出席会议;各民主党派市委会和市工商联负责人,民进绍兴市委会、湖州市委会领导以及各县(市、区)委统战部、民进嘉兴市委会对口联系单位中共嘉兴市财政局、嘉兴市国土资源局、嘉兴市文化广电新闻出版局党委领导等到会祝贺。会议听取和审议民进嘉兴市第五届委员会工作报告,选举产生民进嘉兴市第六届委员会,由王淳(女)、孙薇(女)、沈志华(女)、沈建明、沈顺华、吴春、周向阳、顾云祥、顾玉峰、顾祺耿、徐惠琴(女)、黄加平、崔泉森13人组成。经六届一次会议选举、民进省委会批准,王淳任主任委员,崔泉森、顾祺耿、孙薇任副主任委员,顾祺耿兼任秘书长。

【第七次代表大会】

2011年11月27—28日,召开民进嘉兴市第七次代表大会,出席会议代表144人。省政协副主席、民进浙江省委主委盛昌黎,中共嘉兴市委、市人大、市政府、市政协主要领导到会祝贺。会议听取和审议民进嘉兴市第六届委员会工作报告,选举产生民进嘉兴市第七届委员会,由王淳(女)、孙薇(女)、朱樵、许春红、吴春、李瑞明、汪林青、沈顺华、陆其祥、陈月祥、周向阳、顾云祥、顾玉峰、黄加平、戴时农15人组成。经七届一次会议选举、民进省委会批准,王淳(女)任主任委员,孙薇(女)、顾玉峰、汪林青、顾云祥任副主任委员,汪林青兼任秘书长。

第三节　履行职能

1984—2014年,民进市委会和会员向政协提交提案773件,其中集体提案88件,会员议案、提案685件。

民进一届市委会　民进会员担任省、市、县人民代表、政协委员共48人次,向市政协提交提案87件。1983年,民进市委会主委侯家声《提高我市教育质量》《关于南门河东街臭水河治理》的提案,就群众关注的教育质量、城市河道治理等问题建言献策。1984年,民进市委会副主委崔钟《建立婚前体格检查制度》《预防和治疗传染性肝炎》的提案,围绕医疗卫生系统的热点问题提出建设性意见。1986—1988年,民进市委会副主委裘樟鑫,就义务教育和教育改革等议题持续开展调研,《认识社会主义初级阶段教育特点,深化教育改革》在政协会议上发言。

民进二届市委会　民进会员担任省、市、县(市)人大代表、政协委员共53人次,其中省人大代表1人、省政协委员2人,市政协委员12人、常委3人,县人大常委会副主任1人、常委会委员3人,县政协副主席2人、常委7人,担任市、县政府副局级实职

3人；向市政协提交提案91件，其中集体3件、个人88件。1988—1989年，民进市委会主委裘樟鑫分别在市政协二届一次、二次会议上作《教育兴禾》《切实采取措施，保障实施义务教育》的大会发言。1990年，民进市委会《水患严重威胁重点粮区，治水措施亟需加快落实》的大会发言引起省政协领导的重视，将发言材料转送中央水电部和省有关厅局。1991年，民进市委会提出"制定公布浙江省实施义务教育法细则，及时解决教育费附加征收中的新问题，加强义务教育的教学管理，加强义务教育的德育教育研究"4条建议，《浙江日报》《浙江教育报》在头版报道。

民进三届市委会 民进会员担任省、市、县人民代表、政协委员共52人次，其中担任县人大常委会副主任的1人，担任市、县政协副主席3人，担任市、县(市)政府副局级实职5人；向市政协提交提案130件，其中集体13件、个人117件，被评为优秀提案(集体)2件。1993年，省政协委员、市民进会员韦君嘉在省政协《关于核电场外应急准备中必须解决的几个重要问题》的提案，被省政协评为优秀提案。1994年，《关于以韩国爱国志士金九匿居嘉兴的史实为契机，发展嘉兴与韩国关系的建议》《关于培育和发展杭申公路嘉兴段市场体系的建议》，引起中共嘉兴市委、市政府领导关注，有关金九的部分建议被采纳。1997年8月，举办"从应试教育向素质教育转轨"的专题研讨会和《提高校长教师素质，加强素质教育》专题材料，在《浙江民进》刊载。届内，民进会员获全国、省、市级荣誉称号150余人；在省级以上刊物上发表学术性文章500余篇，出版论著、编著和文学创作100余册；获全国性奖励10余项、省级奖励30余项。

民进四届市委会 民进会员担任各级人大代表9人、政协委员55人次，其中市人大代表4人，省政协委员2人，市政协委员19人、副主席1人、常委2人；向市政协提交提案99件。其中集体17件、个人82件，被评为优秀提案(集体)3件。1997年，民进市委会在市政协作《保护运河历史文化资源，开发古运河风情旅游线》大会发言，转送市政府推进调研成果转化。1998年，《关于争取以"嘉兴"命名为海军舰艇的建议》的提案，被中央军委采纳，年底在东海舰队举行"嘉兴舰"命名仪式。1999年，《关于落实历史文化名城保护措施的建议》被市政协评为优秀提案。2000年，《关于加强"三馆"建设的建议》，被市政协确定为重点提案，《打好建设文化名城的坚实基础》的政协发言，被民进省委会编入《议政调研成果选编》。2001年，《关于开发和利用金九避难处、韩国临时政府旧址的建议》的集体提案，被市政府纳入《嘉兴市历史文化名城保护规划》。2000—2001年，参与民进省委会组织的社会主义初级阶段民主党派工作理论研讨活动，新时期统一战线统战理论研究征文，选送的征文获一等奖1篇、二等奖3篇。全市民进会员获全国、省、市、县(市、区)先进称号100余人。在省级以上刊物发表学术性文章200余篇，出版论著、编著、评注、文学作品、画册近100本。

民进五届市委会 民进会员担任省政协委员1人，市人大代表4人，市政协委员26人次，副市长1人；向市政协提交集体提案12件、个人提案100件，被评为优秀提案1件。2002年，民进市委会就秦山核电厂事故场外应急工作开展调研，向市政府提交《加强秦山核电厂事故场外应急工作的调查报告》，省政协《政协信息》刊载后，省环保厅派专家到嘉兴听取民进市委意见和建议。2003年，《关于发展我市品牌经济的几点建议》，被市政协列为重点督办提案；《加强我省现代物流信息基础平台建设》在省政协大会发言，《浙江日报》《联谊报》作了报道，《浙江民进》全文刊发。2004年4月，全省民进参政议政工作研讨会在嘉兴举行。2005年6月，嘉兴、湖州、绍兴三市民进市委会在嘉兴市举行参政议政能力建设研讨会，交流经验、探讨工作。2006年，民进市委会在市五届政协第八次会议上《农村卫生体制改革势在必行》的大会发言，被《联谊报》全文刊发。届内，民进会员在省级以上刊物发表学术性文章200余篇，出版文学作品、论著、画册、编著、评注80余部。

民进六届市委会 民进会员担任省人大代表1人、省政协委员1人，市人大代表8人、市政协委员22人、市政协副主席1人，县(市、区)人大代表7人、政协委员57人；向市政协提交集体提案21件、个人提案98件，被评为优秀提案5件；在市政协大会发言11次，市政协常委会发言9次；参加中共嘉兴市委、市人大、市政府、市政协举行的协商会、座谈会、情况通报会、意见征求会等活动40余次，参与《关于嘉兴市国民经济和社会发展第十二个五年规划纲要的报告》《政府工作报告》等重要决策讨论与研究，完成《切实加强节能减排，大力发展循环农业》《大力发展农业生产性服务，增强农业发展的内在活力》《嘉兴市创意产业发展的调查与思考》等省、市级课题调研5篇。其中2007年，“科学编制村庄建设规划，为新农村建设保驾护航”“实行工业集聚开发，推进县域工业整合发展”两个课题通过民进省委会审核正式立项；《关于市本级建设图书馆乡镇分馆服务网络的建议》列入市区十大民生工程，被市政协评为优秀提案；《大力发展劳动力转移培训，提高农村劳动力素质》调研报告，被民进省委会评为2007年参政议政优秀调研成果二等奖；《关于加大产品质量和食品安全监管力度，建设质量安全保障体系的建议》被列入省政协重点提案。2008年，《探索创业创新的有效途径，大力发展创意产业》的建议被列为市人大三件重点建议之一，并刊登在《新嘉兴》杂志上。2010—2011年，《关于进一步做好嘉兴学前教育的建议》《关于进一步推进城乡教师队伍均衡发展的建议》两个提案被列为市政协重点提案，并评为优秀提案。民进市委会连续三年被民进省委会评委参政议政先进单位。

民进七届市委会　民进会员担任省政协委员1人，市人大代表7人，市政协委员24人，其中市政协副主席1人、常委3人；提交人大建议案40件，政协集体提案22件、个人提案113件、大会发言10篇；参加中共嘉兴市委、市人大常委会、市政府、市政协召开的各类会议和政治协商活动120余次。2012年，民进市委会《树立“城乡一体、文明共享”理念，切实加强我市农村环境卫生整治工作》的提案，被列为市政协重点提案、并评为优秀提案，民进个人提交的《积极接轨核电装备，发展民营实体经济建设，政府出台相关政策》被评为优秀提案。2013年，民进市委会《基层医疗卫生机构在卫生事业中的基础地位不容动摇》的提案，被评为重点提案；《关于构建嘉兴大旅游格局的若干思考》获得嘉兴市党政系统优秀调研成果二等奖；向民进省委会提交的“当前扩大投资的有效性和科学性研究”“基层医疗卫生机构在卫生事业中的基础性地位研究”2个调研课题，被民进省委会立项。2014年，《切实发挥文化产业专项扶持资金作用，撬动社会和民间资本投资发展我市文化产业》被列为市政协重点提案，市委书记鲁俊批示党委部门承办；集体提案《优化整合公共服务资源，打造统一便民的阳光政务平台》，获中共嘉兴市委副书记、市长肖培生的批示；《推进基本公共服务均等化 加快城乡统筹一体化建设》《对嘉兴市居家养老服务发展的几点建议》2个调研材料，在市政协常委会上发言；提交的“我省沿海城市防洪排涝体系建设”课题，被民进省委会立项；民进市委会被民进省委会评为参政议政先进单位。

民进嘉兴市（县）委员会（小组、支部）会员任职历届嘉兴市（县）政协委员一览表

表7-4-1

时间	政协届次	任职职务		
		副主席	常委	委员
1956.03—1962.03	嘉兴市（县级）第一届		顾惠人（1957年特邀）、侯家声（1957年增补）	
1962.03—1963.02	嘉兴市（县级）第二届	侯家声		金松（教育界）
1963.12—1966.06	嘉兴县第一届		侯家声	许士玠（医卫界）、李郁（特邀）、金松（特邀）
1966.06—1968.07	嘉兴县第二届		侯家声	许士玠（医卫界）、李郁（特邀）、金松（特邀）

续表7-4-1

时 间	政协届次	任职职务		
		副主席	常 委	委 员
1982.01—1983.12	嘉兴市(县级)第三届		宋波南(侨联界)、侯家声	王雅仙、何嘉祥、李郁(特邀)、崔钟(特邀)
1983.12—1988.06	嘉兴市第一届		宋波南(侨联界)、侯家声	何嘉祥、戴劲男、吴品芬、张锡媛、虞雄伯(文艺界)、藤英盛(文艺界)、李郁(妇联界)、崔钟(社科界)、王雅仙(1984年增补)、裘樟鑫(1986年增补)、张金月(1986年增补)
1988.06—1993.05	嘉兴市第二届		成盘吉、侯家声、裘樟鑫	宋承园、汪若霖、吴品芬、何嘉祥、金松、陶金章、崔钟、董绍桐、戴劲男、岳功立(文艺界)、虞雄伯(文艺界)、顾慕均(教育界)、曹鸿德(教育界)、宋波南(侨联界)、诸惜芳(社会福利团体)
1993.05—1998.04	嘉兴市第三届	裘樟鑫	成盘吉、曹鸿德(教育界)	李敬一、吴品芬、何嘉祥、汪若霖、沈善炜、顾维锠、陶金章、崔之聰、董绍桐、戴劲男、吴静康(文艺界)、岳功立(文艺界)、崔泉森(文艺界)、虞雄伯(文艺界)、藤英盛(文艺界)、毛志鹏(教育界)
1998.04—2003.04	嘉兴市第四届	裘樟鑫	成盘吉、朱莉莉(文艺界)	李铭浩、张生观、张宗善、陆其祥、陈强、姚利剑、顾祺耿、章一良、董绍桐、简单、岳功立(文艺界)、崔泉森(文艺界)、韩金梅(文艺界)、藤英盛(文艺界)、曹鸿德(教育界)、诸惜芳(社会福利界)、王淳(2002年增补)
2003.04—2007.04	嘉兴市第五届		朱樵、顾金孚(教育界)、崔泉森	王淳、成盘吉、江建强、孙薇、严炜、李铭浩、张生观、陆其祥、胡少青、彭正海、朱莉莉(文艺界)、任燕平(文艺界)、吴青兰(经济界)、沈丽萍(教育界)、骆文贤(教育界)、顾金孚(教育界)、曹浩荣(教育界)、蒋振华(医卫界)、孙燕燕(医卫界)、吴春(农业界)、许卫明(农业界)、杨炳华(科协界)、裘樟鑫(特邀)
2007.04—2012.03	嘉兴市第六届	王 淳	顾金孚(教育界)、崔泉森(教育界)、程杰(文艺界)	许春红、孙薇、李瑞明、吴春、张建根、陆晓鸣、胡少青、骆文贤、顾云祥、彭正海、戴时农、朱樵(文艺界)、许卫明(农业界)、张炜(教育界)、沈丽萍(教育界)、胡银妹(教育界)、曹浩荣(教育界)、孙燕燕(医卫界)
2012.03—	嘉兴市第七届	王 淳	孙薇、陆其祥(科协界)、朱樵(文艺界)	许春红、顾玉峰、顾云祥、戴时农、彭文利、陈月祥、庄建明、屠祖良、周明钧、陈晋华、张炜(妇联界)、程杰(台联界)、张界愚(文艺界)、宋怡玲(社科界)、张建根(经济界)、许卫明(农业界)、刘国文(教育界)、骆文贤(教育界)、陆金霞(医卫界)、王喜(少数民族界)

民进嘉兴市委会及会员在历届市政协大会发言和重点、优秀提案一览表

表7-4-2

政协届次（时间）	提案、发言人	界 别	题 目	备 注
一届三次（1985.07）	崔 钟	社会科学	人人都要知法、守法、用法	大会发言
一届四次（1986.05）	李 郁 詹雅琴	医卫	全社会都要重视护士工作	大会发言
	宋波南	侨 联	希望市政府重视旅游事业	大会发言
	崔 钟	社会科学	律师工作应当受到应有的尊重	大会发言
一届五次（1987.05）	吴品芬	民 进	关于九年制义务教育的问题	大会发言
二届一次（1988.06）	裘樟鑫	民 进	教育兴禾	大会发言
二届二次（1989.05）	宋承园	民 进	关于参政议政的十点建议	大会发言
	裘樟鑫	民 进	切实采取有力措施，保障实施义务教育	大会发言
二届三次（1990.04）	裘樟鑫	民进市委会	贯彻落实《中共中央关于坚持和完善中国共产党领导的多党合作和政治协商制度的意见》，加强自身建设	大会发言（集体）
	金 松	民 进	谈谈家庭教育问题	大会发言
	诸惜芳	社会福利	关心残疾人生活，发挥残疾人作用，同心协力办好民政福利企业	大会发言
二届五次（1992.04）	金 松	民进市委会	义务教育中的教师队伍建设问题	大会发言（集体）
三届一次（1993.05）	何嘉祥	民进市委会	增加教育投入，稳定教师队伍	大会发言（集体）
	民进市委会		建议把“科技兴市”改为“科教兴市”	优秀提案
	民进市委会	各民主党派市委会	关于增强全市机关部门和基层单位统战意识的建议	优秀提案
三届二次（1994.04）	毛志鹏	民进市委会	深化教育体制改革，调整优化教育结构	大会发言（集体）
	民进市委会	民进市委会等单位	巩固和发展合作医疗，健全三级医疗预防保健网	大会发言（集体）
	滕英顺	文 艺	发展公共图书馆事业，为两个文明建设服务	大会发言
	曹鸿德	教 育	必须高度重视市区中小学校舍建设	大会发言
三届三次（1995.04）	毛志鹏	民进市委会	崇尚务实、力戒浮夸	大会发言（集体）
	民进市委会		关于市本级高中段教育发展的几点建议	优秀提案
	吴静康		迅速组建沪杭高速公路嘉兴施工段出土文物调研组	优秀提案
	杨汉昌、 吴品芬等		重视中小学的德育工作	优秀提案
	顾维鋁		为实现宏伟目标，应及早做好人才引进的准备	优秀提案
	戴劲男		建议嘉兴电视台在《星期话题》中增加有关“好婆媳”内容	优秀提案
	民进市委会	政协文体委民进市委会	走“大众”之路，创建“强身之市”	大会发言（集体）

续表7-4-2

政协届次（时间）	提案、发言人	界别	题目	备注
	民进市委会	民进市委会等单位	加快发展嘉兴市医药工业的几点意见	大会发言(集体)
三届四次（1996.04）	毛志鹏	民进市委会	统筹规划，分级办学，分工负责，加强市本级高中阶段的教育	大会发言(集体)
	民进市委会	民进、九三市委会	对环保问题的几点看法和建议	大会发言(集体)
三届五次（1997.03）	成盘吉	民进市委会	发展嘉兴市文物事业的几点建议	大会发言(集体)
	民进市委会	政协文体委民进市委会	认真贯彻中共十四届六中全会精神，进一步加强嘉兴市体育工作	大会发言(集体)
	民进市委会	各民主党派市委会	加大投入，理顺关系，开创嘉兴市技术监督工作新局面	优秀提案
四届一次（1998.04）	成盘吉	民进市委会	统一认识，突出重点，加快嘉兴市乡镇计划生育服务站建设步伐	大会发言(集体)
	曹鸿德	民进市委会	全社会都来关心支持素质教育	大会发言(集体)
	民进市委会	民盟、民进市委会	筹建嘉兴大学时不我待	大会发言(集体)
	民进市委会	各民主党派市委会	嘉兴应积极创造条件申报历史文化名城	优秀提案
四届二次（1999.03）	成盘吉	民进市委会	亟需加强农业环境保护	大会发言(集体)
	章一良	民进(个人)	依法加大教育投入，加快教育现代化进程	大会发言
四届三次（2000.03）	裘樟鑫	民进市委会	打好建设文化名城的坚实基础	大会发言(集体)
	民进市委会		关于落实历史文化名城保护措施的建议	优秀提案
	民进市委会		关于加强“三馆”建设的建议	重点提案、政协裘樟鑫督办
	陆其祥	民进	关于嘉兴市污水集中外排工程中亟待解决的几个问题	大会发言
四届四次（2001.03）	裘樟鑫	民进市委会	切实加强文艺队伍建设，满足人民群众文化需求	大会发言(集体)
	成盘吉	民进市委会	推进素质教育，“减负”势在必行	大会发言(集体)
	民进市委会		关于开发和利用金九避难处、韩国临时政府旧址的建议	重点提案、政协裘樟鑫督办，并被评为优秀提案
	简　单	民进(个人)		大会发言
四届五次（2002.04）	王　淳	民进市委会	加快嘉兴体育设施建设，推动社会事业全面发展	大会发言(集体)
	裘樟鑫 张生观	民进(个人)	关于尽快制定出台嘉兴市物流业发展总体规划及相关政策措施的建议	重点提案、政协裘樟鑫、江最新督办，并被评为优秀提案
五届一次（2003.04）	书　面	民进市委会	嘉兴市中医工作现状的调查与思考	大会发言(集体)
	孙　薇	民进市委会	对市本级经济发展的几点建议	大会发言(集体)
五届二次（2004.02）	书　面	民进市委会	加强领导，提高认识，进一步推进嘉兴市文化产业的发展	

续表7-4-2

政协届次（时间）	提案、发言人	界　别	题　目	备　注
五届三次（2005.01）	孙　薇	民进市委会	关于加强文物保护工作的几点建议	大会发言(集体)
	书　面	民进市委会	市区老住宅小区物业管理的现状及发展	
	书　面	民进市委会	抓住建设先进制造业基地的良机，努力推进嘉兴市职业教育的发展	
五届四次（2006.01）	孙　薇	民进市委会	积极实施品牌工程，努力打造品牌嘉兴	大会发言(集体)
	民进市委会		关于发展嘉兴品牌经济的几点建议	重点提案、政协朱立乔督办，并被评为优秀提案
六届一次（2007.04）	陆晓鸣	民进市委会	加强政府的引导和扶持，促进行业协会健康发展	大会发言(集体)
	书　面	民进市委会	关于市本级建设图书馆乡镇分馆服务网络的建议	优秀提案
	崔泉森		建设文化大市须有一支市级专业文艺队伍	大会发言
六届二次（2008.01）	孙　薇	民进市委会	以科学发展观为指导，积极推进申报国家历史文化名城工作	大会发言(集体)
	王　淳	民进	探索接轨上海、创业创新的有效途径，大力发展创意产业	优秀提案
	书　面	民进市委会	做大做强高新技术产业，推动经济又好又快发展	
	书　面	民进市委会	关注农村公共卫生，为创业富民提供安全保障	
六届三次（2009.02）	顾云祥	民进市委会	大力发展创意产业，推动经济转型升级	大会发言(集体)
	书　面	民进市委会	切实发挥政府资金作用，努力推进文化产业发展	
	民进市委会		关于发展创意产业，推动经济转型升级的建议	重点提案、政协马玉华督办，并被评为优秀提案
六届四次（2010.01）	书　面	民进市委会	加快发展农业旅游，增强服务业发展活力	大会发言(集体)
	民进市委会	民进市委会	关于进一步做好嘉兴学前教育的建议	重点提案、政协李水根督办，并被评为优秀提案
		政协文体委、民进市委会	关于解决当前学前教育存在问题的意见建议	大会发言(集体)
六届五次（2011.02）	书　面	民进市委会	在统筹城乡、推进城市化进程中的农民再就业问题	
	孙　薇	民进市委会	对加快城乡统筹背景下社区管理的几点建议	大会发言(集体)
	民进市委会		关于进一步推进城乡教师队伍均衡发展的建议	重点提案、政协李水根督办，并被评为优秀提案
七届一次（2012.）	民进市委会		树立“城乡一体、文明共享”理念，切实加强我市农村环境卫生整治工作	重点提案、并被评为优秀提案
	陈月祥	民进(个人)	积极接轨核电装备，发展民营实体经济建设，政府出台相关政策	被评为优秀提案

民进嘉兴市委会在历届市政协集体（个人）提案一览表

表7-4-3

政协届次	会议次序	提案总数（件）		备　注
		集体	个人	
第一届 1983.12—1988.06	第一次会议		22	
	第二次会议		10	
	第三次会议		22	
	第四次会议		18	
	第五次会议		15	
第二届 1988.06—1993.05	第一次会议		21	
	第二次会议		22	
	第三次会议	2	20	
	第四次会议		11	
	第五次会议	1	14	
第三届 1993.05—1998.04	第一次会议	2	14	被评为优秀提案（集体）1件
	第二次会议	2	12	
	第三次会议	1	31	被评为优秀提案（集体）1件
	第四次会议	4	31	
	第五次会议	4	29	
第四届 1998.04—2003.04	第一次会议	4	15	
	第二次会议	2	16	被评为优秀提案（集体）1件
	第三次会议	6	16	被定为重点提案（集体）1件
	第四次会议	2	10	被定为重点提案（集体）、并被评为优秀提案1件
	第五次会议	3	25	被定为重点提案（个人）、并被评为优秀提案1件
第五届 2003.04—2007.04	第一次会议	3	20	
	第二次会议	3	28	转作来信处理1件（个人）
	第三次会议	3	29	转作社情民意、来信处理各1件（个人）
	第四次会议	3	23	被定为重点提案（集体）、并被评为优秀提案1件，转作社情民意（个人）1件
第六届 2007.04—2012.03	第一次会议	4	20	被评为优秀提案（集体）1件
	第二次会议	4	24	被评为优秀提案（个人）1件
	第三次会议	4	22	被定为重点提案（集体）、并被评为优秀提案1件
	第四次会议	4	13	被定为重点提案（集体）、并被评为优秀提案1件
	第五次会议	5	19	被定为重点提案（集体）、并被评为优秀提案1件
第七届 2012.03—	第一次会议	5	26	重点提案1件，优秀提案2件
	第二次会议	6	16	
	第三次会议	4	23	
	第四次会议	4	26	
	第五次会议	3	22	

第四节　自身建设

民进嘉兴市委会遵照中国民主促进会章程确定的政治纲领，坚持以思想建设为核心，以组织建设为基础，以制度建设为保障，切实加强自身队伍建设，不断提高全体会员的整体素质和履职能力。

【组织队伍建设】

1984年，民进嘉兴市委会贯彻执行民进省委会组织工作会议精神，坚持以从事教育文化出版工作的知识分子为主、以大中城市为主、以有一定代表性的人士为主的原则，坚持巩固与发展相结合，以巩固为主的原则，正确处理数量与质量的关系，注重政治素质、保证质量和组织发展程序，做好会员发展工作。同时，注重基层组织建设。第一届市委会先后建立市直属中小学校、医卫等8个支部。1983—1987年，先后成立民进平湖、嘉善、海盐、桐乡4个支部。1988年12月，民进市委会结合基层组织换届工作，规范换届程序，严格按照《中国民主促进会章程》（简称《章程》）规定，落实领导班子的新老交替。1989年2月，民进市委会印发《中国民主促进会嘉兴市委员会工作规则》，对民进市委会的议事规则进行规范，落实民主集中制，发挥集体领导的作用。1992—1999年，民进市委会根据民进省委会关于“增强共产党领导的观念、立会为公、加强团结发扬民主”的三点意见，在加强民进市委会领导班子建设、重视议事规范和制度建设的同时，注意后备干部的建设。先后制订后备干部培养计划，积极向有关部门推荐一批后备干部名单，为本会的新老交替准备干部。2003年，民进市委会结合市、县（市、区）两级人大、政府、政协换届工作，将物色、考察、培养和推荐后备干部等工作列入议事日程。同时，为巩固和完善基层组织建设，对全市35个基层组织支部开展调研，形成《关于我会基层组织工作情况的调研报告》，报民进浙江省委会和中共嘉兴市委统战部。是年，在嘉兴市人大、政协换届中，民进市委会主委王淳当选为嘉兴市副市长，2名副主委分别任嘉兴市人大常委会委员和政协嘉兴市常务委员会委员，民进平湖市委会主委顾玉峰当选为平湖市人大常委会副主任，民进海盐县总支主任沈建明当选为海盐县人大常委会副主任，有6名会员被任命为县（市、区）科局级领导。2004年6月，民进市委会制定《中国民主促进会嘉兴市委会会员发展规划》《中国民主促进会嘉兴市委会“组织建设年”工作计划》。2005年3月，增设青年工作委员会，进一步加强对青年后备干部的培养和选拔，一批具有较高政治素养、文化素质、热心会务工作和一定组织领导能力的年轻干部被充实到新的领导班子。2008年，民进市委会修订《机关工作制度》，细化民进市委会联系基层组织的分工，进一步加强与基层组织的联系与互动；注意抓好市直属支部换届过程中组织架构调整和新老交替，通过换届，新当选的支部主任占72.72%，支部主任平均年龄43岁，本科学历7名、博士1名，支部班子实现年轻化、高学历。2011年，印发《中国民主促进会嘉兴市委员会关于做好市委会换届工作的实施意见》，并主动与中共各县（市、区）委统战部就组织安排、人事变动等事宜进行沟通协商，切实推进民进市、县（市、区）两级组织换届。2012年2月，印发《关于规范民进嘉兴市委组织发展程序的通知》，对会员入会的申请、上报、批复等工作步骤和操作办法进行规范。2013年4—10月，配合民进省委会就民进市委会班子建设、后备干部培养以及如何应对会员年龄老化、活动经费不足和活动时间难以保证等问题进行调研。2014年，建立和完善民进市委会机关工作例会（周例会、季度例会、年度例会）和处室、专委会、联谊会工作制度。

【学习培训】

民进嘉兴市委会遵照《章程》确定的队伍建设要求，始终把加强学习培训与思想建设放在自身建设的首位，引导会员学习马克思列宁主义、毛泽东思想、邓小平理论、“三个代表”重要思想和科学发展观，学习践行社会主义核心价值体系，组织开展基本路线、爱国主义、集体主义、社会主义教育和《章程》、“会史”教育。

思想理论学习　20世纪80—90年代，民进市委会建立以后紧跟形势，结合学习贯彻中共中央和民进中央一系列文件精神，将加强自身的思想建设、提高会员的政治素质和思想水平纳入重要工作议程，在民进市委会全会、主委办公会议、会员大会、支部组织生活中，开展多层次、多形式的政治学习。民进市委会中心学习小组，每月一次组织在市区的政协委员、支部正副主任、工作委员会正副主任进行学习。通过学习，不断增强全体会员对自觉接受中国共产党领导的认识，坚定走社会主义道路的信念，明确民主党派在“中国共产党领导的多党合作”的政治格局中所处的地位和应负的责任，加深理解民进与中国共产党风雨同舟、密切合作的历史。1995年12月14日，民进市委会结合中国民主促进会成立五十周年，召开庆祝大会、座谈会等系列活动，组织会员学习《章程》、“会史”，进一步继承和发扬民进接受共产党的领导，立会为公，爱国民主团结求实的传统。

进入21世纪，民进市委会注重紧跟形势，结合实际组织开展各类学习活动。2007年，民进市委会对《民进嘉兴市委会学习制度》和《民进嘉兴市委会宣传工作规划》进行调整和修订，将学习宣传工作纳入年度工作计划，推进学习宣传工作的制度化、规范化。2011年5月，民进市委会结合中共嘉兴市委关于组织开展建设社会主义核心价值体系学习活动的部署，组织会员听取社会主义核心价值体系先进事迹报告会。通过学习座谈，提升会员对马克思主义指导思想、中国特色社会主义共同理想、以爱国主义为核心的民族精神和以改革创新为核心的时代精神、社会主义荣辱观重要意义的认识。2013年，民进市委会贯彻中共中央关于改进工作作风、密切联系群众的八项规定，专题召开机关工作会议，就落实“八项规定”“六个严禁”“二十八条办法”，切实加强市委会机关作风建设进行研究和部署。2014年，召开主委会议和机关办公会议，进一步学习领会“八项规定”精神，提出“中共党员能做到的，我们一定要做到，中共党员不能做的，我们坚决不做”的工作要求，推动“八项规定”扎根民进各级组织。同年2月，民进市委会根据中共中央统战部关于在8个民主党派组织中开展坚持和发展中国特色社会主义学习实践活动的决定，印发《民进嘉兴市委会开展坚持和发展中国特色社会主义学习实践活动实施方案》，按照学习实践活动与群众路线教育活动同步部署，同步推进的要求，组织开展“学习实践年”活动。

组织培训工作　20世纪80—90年代，民进市委会采取组织会员参加省、市社会主义学院学习，会同兄弟党派联合举办“民主党派骨干训练班”等多种形式，提升会员骨干的政治素养和领导能力，落实对后备干部的培养工作。其间，先后组织市、县(市)两级5名机关干部参加省、市社会主义学院和市、县(市)党校的专题学习、公务员知识更新培训及机关干部进修班。

进入21世纪，民进市委会拓宽学习培训的工作思路和运作模式，结合嘉兴民进工作实际，分层次、有步骤、系统性地组织开展培训工作，并在培训方式上积极探索，采取走出去、请进来的方式，邀请专家、学者进行辅导讲座，组织外出考察交流，提升培训效果和质量。2000年，民进市委会邀请民进湖州市委会、民进绍兴市委会在嘉兴举行三市民进基层组织工作研讨会，交流基层工作的经验和体会，研究讨论基层组织的基本任务和组织建设工作。2004年7月，针对各地在组织发展中新会员逐年增多的情况，在桐乡市东方大酒家举办全市新会员培训班，增进新会员对《章程》、“会史”的了解，提升新会员遵照《章程》规定履行义务的自觉性。2006年12月，在嘉兴市社会主义学院举办民进骨干培训班，组织全市支部委员以上骨干会员50多人进行培训，提升换届后班子成员的政治素质和组织能力。2008年3月、2010年3月和2012年3月，先后邀请市委党校、上海交通大学康泰经济与管理学院、市委统战部的教授和领导作辅导讲座和专题报告。2010年6月，民进市委会主要领导带队，组织骨干会员赴民进中央考察学习。2013年、2014年，先后组织机关工作人员、基层组织负责人、企业家联谊会，赴苏州、常熟，临海、丽水、建德和辽宁本溪学习交流民进机关工作、基层组织建设和联谊会工作的经验。此外，2002—2006年，民进五届市委会先后选派60多位会员参加中央社会主义学院、浙江省委党校、省社会主义学院、民进省委、市委党校、市社会主义学院等各类培训班学习；2007—2011年，民进六届市委会先后推荐14名骨干会员参加市政协、市委统战部组织的学习班。2012—2016年，民进七届市委会先后举办新会员培训会、基层组织负责人和骨干会员培训班，开展民进《章程》、"会史"主题教育和新时期中国共产党领导的多党合作与政治协商制度等培训。

丰富会员生活　民进市委会注意丰富和活跃会员生活，将举办纪念活动、召开座谈会、茶话回，组织女会员、教师会员、退休会员专题活动等工作纳入思想队伍建设的范畴，通过组织形式多样的活动，推动和增进队伍的凝聚力、向心力和认同感。2004年9月，结合中共中央《关于坚持和完善中国共产党领导的多党合作和政治协商制度的意见》发布15周年和嘉兴市各民主党派市委会成立20周年，会同兄弟党派举办庆祝活动和文艺演出。2005年，组织有影响的省级以上美术家协会、书法家协会的会员13人，选送书画作品13幅，参加浙江图书馆举办的"庆祝中国民主促进会成立60周年美术作品展览"；召开有160余名会员参加的民进嘉兴市委会纪念中国民主促进会成立60周年座谈会，并邀请市四套班子、统战部的领导和20多名老领导、老会员、中青年骨干出席会议。2011年10月，组织近30名会员以及机关干部，参加市政协举办的纪念辛亥革命100周年报告会，民进市委会副主委崔泉森作《辛亥革命与嘉兴》专题讲座，缅怀革命先烈的丰功伟绩。2012年，先后组织女会员插花艺术学习体验、退休会员赴周庄参观考察、教师会员赴余杭庆祝教师节等活动。2014年，围绕庆祝民进嘉兴市委会成立30周年，推出召开一次纪念大会、开展一次"我与民进"征文活动、举办一次书画联展(联合湖州市委会举办)、组织一次老龄会员恳谈会、举行一次挂牌仪式(嘉兴民进之家、企业家联谊会、开明画院挂牌)、举办一期骨干会员培训班、建好一个宣教平台(《嘉兴民进》会刊改版)"七个一"系列活动，并配合市委统战部在七一纪念馆举办"光辉历程——中国民主党派历史陈列暨嘉兴多党合作事业发展回顾展览"。

【倡导奉献创新精神】

民进嘉兴市委会遵照民进《章程》关于"积极提倡奉献和创新精神，推动会员为中国特色社会主义事业建功立业"的要求，引导和鼓励全体会员爱岗敬业、争先创模，并对基层组织和会员在社会主义现代化建设中，在履行参政党职责和自身建设中，做出显著成绩的予以表彰奖励。1984—1990年，全市民进有120人(次)获全国、省、市各类先进称号，其中会员戚家琪、姚铁凡获全国优秀教师称号。在省以上报刊发表学术性文章366篇，出版论著、编著和文学创作28本，获全国性奖励7项，省级奖励22项。1990年，民进市委会结合贯彻《中共中央关于坚持和完善中国共产党领导的多党合作和政治协商制度的意见》和雷洁琼主席关于衡量一个基层组织是不是巩固"一是要有一个能紧密依靠本单位党组织领导的、热心会务的、团结协作的领导班子；二是能正常过好组织生活，使会员有所得；三是能在本单位发挥积极作用；四是能及时了解会员思想，予以帮助；五是能广泛联系群众，反映群众的意见和要求""五个条件"的讲话精神，决定用两年左右的时间，努力使各支部达到基层组织建设的五个条件，并将"五个条件"作为评选先进支部的标准，引导和鼓励基层组织和会员积极投身基层支部规范化建设，积极投身社会主义现代化建设，积极投身参政议政、民主监督，发挥参政党的作用。同年10月，民进市委会召开全市基层组织经验交流会和评比活动，总结交流自身建设的经验，评出先进支部6个、先进会员32名。1995年12月14日，民进市委会又在庆祝中国民主促进会成立50周年大会上，对历年来为民进做出贡献的50年代入会的老会员，民进市委会一、二、三届委员，平湖、嘉善委员会一、二、三届正副主委，市直属支部一、二、三、四届支部主任、专职干部进行表彰。

进入21世纪，民进市委会按照新时期民进队伍建设的要求，对表彰奖励的各项措施和标准进行规范。2000年11月，在全市民进组织中开展基层工作先进支部评比活动，并会同市各民主党派联合召开基层工作经验交流暨表彰大会，对民进市直属医卫支部、民进嘉善县委会、平湖市委会、海盐县总支、桐乡市总支进行表彰，对民进海盐县总支武原中学支部、民进秀洲区支部给予通报表扬。2002年11月，会员戚家骐被评为全国民进先进会员，受到民进中央表彰；2004年10月，民进海盐县总支被民进中央授予先进基层组织称号，受到民进中央的表彰。是年年底，民进市委会组织全市民进基层组织和个人开展总结评比活动，民进嘉善县委会、民进平湖市委会被评为先进集体，民进桐乡市总支等10个基层单位被评为先进基层组织(支部)，64名会员被评为先进会员。2005年,民进市委会委员、海盐县总支主任沈建明荣获教育部、财政部、发改委、人事部、农业部、劳动部、国务院扶贫办,七部委联合授予的全国职业教育先进个人荣誉称号,浙江省第十八届“春蚕奖”和嘉兴市优秀教育工作者,受到国家、省、市的表彰。2006年8月3—4日,民进省委会召开全省社会服务工作经验交流暨表彰大会,民进嘉善县委会、民进平湖市卫生支部、民进桐乡市总支教科文卫支部被评为省社会服务先进单位,会员崔泉森、张建根、黄加平、胡少青、张建阳被评为省社会服务先进个人,会员张建根作题为《爱心铸就希望》的发言。2002—2006年,全市民进会员获全国、省、市、县(市、区)先进称号100余人次;被确定为特级教师3名,浙江省功勋教师1名;市直属综合支部、医卫支部和秀洲区支部、嘉善县二高支部、平湖市平师支部、平湖市医卫支部、海盐县武原中学支部、桐乡市职教濮院支部等被民进浙江省委会评为省级基层组织先进单位。2009年,全市民进会员积极参与中共嘉兴市委、市人民政府发起的“南湖百杰”活动。市直属文化支部张界愚、民进嘉善县委会主委周向阳荣获“南湖百杰”嘉兴市文化人才奖,受到中共嘉兴市委、市人民政府表彰。2010年,市直属支部被民进中央评为全国先进基层组织,民进嘉兴市委会被评为民进浙江省组织建设先进单位。2007—2011年,民进基层组织被民进省委会评为先进支部10个。2012—2015年,每年召开总结表彰暨学习培训会议,对上一年度先进支部、先进个人以及参政议政先进集体、先进个人进行表彰,激励民进会员爱岗敬业、争先创模。2012年8月,民进海盐县总支获民进中央学习践行社会主义核心价值体系先进集体称号,会员孙薇荣获先进个人称号。是年,会员殳儆获浙江省三八红旗手称号。2013年,会员彭文利获第三届浙江省师德先进个人称号。2014年,民进市委会响应民进中央号召,开展“创先争优“活动。是年11月,民进嘉兴市委会被民进中央授予“全国先进地方组织”称号;民进海宁市总支、嘉善文化支部2个基层支部被民进中央授予“全国先进基层组织”称号,施如玉、施正明2名会员被民进中央授予“全国优秀基层组织负责人”称号。

第五节　主要活动

民进市委会及其基层组织和会员坚持“面向社会,以人为本,关注民生,突出特色,开展社会服务工作,为人民群众多办实事”的宗旨,致力于服务社会主义建设,推动全社会优先发展教育,促进教育改革和创新,促进社会体制改革和社会管理完善。

【社会教育与培训服务】

1982年4月,民进嘉兴市支部秉承“尽力而为”的宗旨,创办嘉禾幼师音乐、美术训练班,培训幼儿教师9期320人。1986年6月,民进市委会创办嘉兴市建才业余外语学校,先后开设日、英、法、德语进修班,为出国和申报中高级职称人员进行外语补习、进修,并增设青少年外语培训班,开展少儿英语启蒙教育。1997年4月,嘉兴市建才业余外语学校,举办初级电工、中级电工、电焊工、黑白彩电原理与维修、空调冰箱原理与维修等培训班,经培训和考核,有254名待业和下岗人员获得市劳动局出具的全国通用合格证书。1998年6月,《浙江民进》刊发《为“同心工程”添砖加瓦——嘉兴民进利用办学资源开展再就业培训》的专题报道,得到民进中央的肯定。2000年,民进市委会在海宁创办开明补习学校,招收高复学生5个班200余人,高考报考166人、上线160人,占96.65%。2012年10月,民进市委会组织教育界会员参与中共嘉兴市委统战部发起的“同心·名师工作室”建设,为新居民子女学校(王江泾精英学校)的师生举办示范公开课。此后,“同心·名师工作室”成为民进市委开展社会教育服务的阵地。2013—2014年,民进教育界会员每年为“同心·名师工作室”(王江泾精英学校)的师生教授示范公开课。

【社会医疗与义诊服务】

1987年起,民进市委会组成助残医疗队,到市福利院为孤寡老残病弱者和弃婴提供医疗保健服务,被列入“1989年浙江民进十件实事”之一。此后,助残医疗队义诊服务持续组织,每年不定期进行。1993年8月,台湾《嘉兴同乡通讯》第18期刊登

《嘉兴市社会福利院访问记》,对民进嘉兴市委会助残医疗的事迹进行报道。民进嘉善县委会邀请浙一、浙二医院的省民进医疗专家定期到嘉善义诊200余人次。1997年6月起,民进市委会将福利院义诊服务固定化,确定每月10日为义诊日,设内科、外科、骨科、儿科等,拓展义诊服务。2011年10月,民进市委会副主委孙薇率医卫界会员专程赴社会福利院义诊送药,并与福利院领导商讨残障儿童的治疗方案。2013年,民进省委会《开明》杂志和省政协《联谊报》,刊登《坚守二十五年的承诺》,对嘉兴民进医卫界会员26年如一日,坚持每月一次到市福利院送医问诊的事迹予以高度评价。至2014年,义诊服务累计出诊300余次,受诊人数3000余人次。

【文化传播与艺术交流】

20世纪90年代起,民进市委会依托民进书画、摄影联谊会(嘉兴开明画院),组织开展文化艺术作品交流与巡回展览和送文化进企业、访部队、下村镇活动。1998年9月,民进市委会主委裘樟鑫编著的《初中生作文分类辞典》,由上海汉语大辞典出版社出版。2001年11月,民进市委会举行赠送著作和作品仪式,将22部610万字的著作和作品分别赠送给市图书馆、市档案馆、嘉兴学院图书馆、金庸图书馆等单位。2002年8—9月,与民进湖州市委会、绍兴市委会联合举办"'喜迎十六大书画展'——嘉兴·绍兴·湖州民进会员书画作品巡回展览",分别在湖州市图书馆、嘉兴市蒲华纪念馆、嘉善县吴镇纪念馆、绍兴市古镇茶馆展出。2002—2007年,民进市委会每年组织书画家会员送文化下乡活动,分别到嘉兴市预备役部队、嘉兴市劳教所和南湖区、桐乡市、海盐县等单位,为部队官兵、公安民警和企业职工等泼墨书写和作画200余件。2008年6月,组织联谊会会员到浙西天目山、杭州西溪、嘉善西塘采风创作,并赴乡镇送画、送字。10月,与民进省委会、民进杭州市委会联合在嘉善举办纪念改革开放30周年送文化下乡大型演出活动。2009年9月,在嘉兴市博物馆举办庆祝中华人民共和国成立60周年暨人民政协成立60周年民进会员书画作品展,并到嘉善、平湖、桐乡巡展。2010年3月,组织书画家会员赴浙江高速公路交警总队嘉兴支队慰问,送去书画近百幅。10—11月,组织嘉兴、丽水两地民进会员书画作品近百幅巡展,纪念民进成立65周年。2011年7月,参与在嘉兴大剧院举办的全市统一战线纪念中国共产党建党90周年大型文艺演出"同心颂",会同中共嘉善县委统战部演出歌舞《五姑娘》。2012年9—10月,会同民进浙江省委会、浙江开明画院和民进金华市委会,举办"喜迎十八大·2012浙江开明书法篆刻邀请展"和"嘉兴·金华民进书画家联谊笔会"活动,展出书法篆刻精品100余幅。2013年6—7月,组织会员赴北师大附小开展"快乐六一漫画会"活动,带领小学生体验漫画乐趣。2014年春节,先后赴秦山核电人武部、武警秦山大队、嘉兴军分区,开展拥军笔会、军营文化共建活动,为部队官兵创作书画130余幅。10月,会同民盟市委会、农工党市委会,举办"同心之路——美术书法作品联展",并在嘉兴军分区建立"嘉兴民进开明画院军营文化共建点",配合驻嘉部队军营文化建设。

2014年1月7日,民进嘉兴市委会、嘉兴开明画院在嘉兴市军分区举办"迎新年嘉兴开明画院拥军书画笔会"

【扶贫帮困与慈善救济】

按照"尽力而为,量力而行""面向社会,面向实际,以服务为宗旨,多办实事"的原则,开展扶贫帮困和慈善救济工作。2005年,开展帮困助学活动,分别为南湖高级中学、嘉兴一中困难学生捐款助学各1名。民进嘉善县委会、平湖市委会和秀洲区支部也分别开展帮困助学活动。2008年,为国内特大雪灾和四川汶川特大地震灾区捐款捐物80余万元。2010年11月,参与红十字会发起的"红十字助成才,爱心代代传"帮困助学活动,为4名贫困大学生解决学费问题捐款2.1万元。2012年，参加“慈善一日捐”、植造“政协林”捐款活动，捐赠扶贫帮困款2000余元、植造“政协林”捐款6万元。2014，参与温州文城县、云南贡山县、贵州贫困山区希望小学公益活动，通过红十字会、慈善总会及其他渠道捐款110余万元；为嘉兴学院2名贫困大学生解决学费困难，赞助每人每年5千元；响应民进中央发起的“书香彩虹”公益活动，向贵州省金沙县捐赠图书661册。

第五章　中国农工民主党嘉兴市委员会

1983年8月，嘉兴撤地建市，中国农工民主党（简称“农工党”）嘉兴市委员会发挥在医药卫生、人口资源和生态环境领域的独特优势，深入调查研究，反映社情民意，开展社会服务，认真履行参政议政、民主监督职能。

第一节　组织机构

【机构沿革】

1945年12月，诸暨籍人士赵高绥加入农工党，参加农工党活动。1955年秋，农工党浙江省委会派人到嘉兴，发展党员25人。后因工作调动，又从外地调入4人。1957年7月，成立农工党嘉兴（县级）支部委员会，祝更生任支部主任委员，邵传统、朱春庐任支部副主任委员，严定梁、赵高绥任支部委员。

“文化大革命”期间，农工党嘉兴（县级）支部停止活动。

1978年冬，农工党嘉兴（县级）支部恢复活动。1980年11月，农工党嘉兴（县级）支部委员会改选，邵传统任支部主任委员，施延庆、朱烈任支部副主任委员，陈瑞炎、赵高绥任支部委员。1983年1月19日，农工党嘉兴市（县级）支部党员数达47人，支部委员会改为农工党嘉兴市（县级）委员会。同年8月，嘉兴撤地建市。农工党嘉兴市（县级）委员会升格为农工党嘉兴市（省辖市）委员会，内设办公室、秘书处，代表大会顺延。至1990年12月，全市有农工党员305人。1994年12月，全市有农工党员343人。2001年11月，农工党嘉兴市第五届委员会设组织发展、信息调研、妇女、宣传“三胞”社会服务4个工作委员会。是年6月，全市有农工党员455人。2006年10月，农工党嘉兴市第五届委员会换届前，全市有农工党员528人。

2014年，农工党嘉兴市委员会内设办公室、学习教育委员会、组织部、宣传部、社会服务部和调研、妇女、青年3个工作委员会，全市有农工党员692人。

【县（市、区）基层组织】

1986年12月，成立农工党平湖支部。1987年5月，成立农工党嘉善支部。同年7月、9月、11月，先后成立农工党海盐支部、农工党海宁支部、农工党桐乡支部。1988年4月，农工党平湖支部改为农工党平湖总支委员会。1989年12月，成立农工党郊区（1999年6月，更名为秀洲区）支部。1990年6月，农工党嘉善支部改为农工党嘉善总支委员会。2005年5月，农工党海盐支部改为农工党海盐总支委员会。2002年6月，成立农工党嘉兴市委直属二支部（2003年8月，更名为秀城区支部；2005年，更名为南湖区支部）。2004年6月，农工党桐乡支部改为农工党桐乡总支委员会。2006年5月，农工党海宁支部改为农工党海宁总支委员会。2014年，全市

1983年1月19日，农工党嘉兴市委（县级）成立大会留影

设平湖、嘉善、海盐、海宁、桐乡等县(市)总支委员会5个,秀洲区、南湖区支部2个。

【市委会直属组织】

1981年,成立农工党嘉兴市委会直属二院支部(1987年5月,改为总支)。1982年冬,成立农工党嘉兴市委会直属一院小组(1983年12月,改为支部,2000年7月,改为总支)。1983年1月,成立农工党嘉兴市委会直属医卫支部、科技支部、粮食支部、教育支部、文艺支部、高校支部、民丰支部、药品支部和中医院支部9个支部。1984年,成立农工党嘉兴市委会直属妇保院支部。1989年,成立农工党嘉兴市委会直属教育学院支部。1990年,成立农工党嘉兴市委会直属机关支部。1991年9月,成立农工党嘉兴市委会直属卫校支部(2000年11月,改为嘉兴学院医学院支部,2004年9月,嘉兴学院医学院支部、高校支部合并成立嘉兴学院支部)。2001年6月,农工党嘉兴市委会共有直属总支2个、支部12个(不含南湖区、秀洲区),分别为一院总支、二院总支,机关支部、中医院支部、妇保院支部、药品支部、科技支部、直医支部、粮食支部、医学院支部(原卫校支部)、文艺支部、教育支部、民丰支部、高校支部。2003年9月,成立农工党嘉兴市委会直属离退休管委会支部(由机关支部、科技支部、粮食支部、民丰支部、文艺支部、教育支部、医卫支部中的离退休人员组成)。同年10月,农工党嘉兴市委会直属基层组织调整,机关支部、粮食支部、医卫支部、科技支部、文艺支部、高校支部合并,成立直属综合支部。2006年12月,农工党嘉兴市委会共有直属总支2个、支部6个(不含南湖区、秀洲区),分别为一院总支、二院总支,离退休管委会支部、中医院支部、妇保院支部、药品支部、嘉兴学院支部、综合支部。2014年,农工党嘉兴市委会直属基层组织保持不变。

第二节　代表大会

【第一次全体党员大会】

1983年1月19—21日,召开农工党嘉兴市(县级)第一次党员大会,出席会议党员47人。会议确定农工党嘉兴市(县级)支部改为农工党嘉兴市(县级)委员会,选举产生农工党嘉兴市第一届委员会,由邵传统、施延庆、朱烈、沈道德、赵高绥、陈瑞炎、薛兆基、卜一民8人组成,邵传统任主任委员,施延庆、朱烈任副主任委员,沈道德任秘书长。同年8月,嘉兴撤地建市。农工党嘉兴市(县级)委员会升格为农工党嘉兴市(省辖市)委员会,代表大会顺延。

【第二次全体党员大会】

1986年12月19—21日,召开农工党嘉兴市第二次党员大会,出席会议党员136人。会议听取和审议农工党嘉兴市第一届委员会工作报告,选举产生农工党嘉兴市第二届委员会、委员13人,候补委员2人;邵传统任主任委员,施延庆、朱烈、沈道德任副主任委员,倪嘉祺任秘书长。

【第三次代表大会】

1991年12月10—12日,召开农工党嘉兴市第三次代表大会,出席会议代表102人(实到93人)。会议听取和审议农工党嘉兴市第二届委员会工作报告,选举产生出席农工党浙江省第七届代表大会代表8人,选举产生农工党嘉兴市第三届委员会、委员14人(空缺1名),沈道德任主任委员,朱烈、倪嘉祺、金成胜任副主任委员,陈金良任秘书长;推举邵传统为名誉主任委员。

【第四次代表大会】

1996年11月27—28日,召开农工党嘉兴市第四次代表大会,出席会议代表109人,特邀代表15人。会议听取和审议农工党嘉兴市第三届委员会工作报告,选举产生出席农工党浙江省第八届代表大会代表9人,选举产生农工党嘉兴市第四届委员会、委员14人(空缺1名),金成胜任主任委员,倪嘉祺、赵明浩任副主任委员,陈金良任秘书长;推举邵传统、沈道德为名誉主任委员,朱烈为顾问。

【第五次代表大会】

2001年11月8—9日,召开农工党嘉兴市第五次代表大会,出席会议代表129人(选举代表94人、提名代表35人)。会议听取和审议农工党嘉兴市第四届委员会工作报告,选举产生出席农工党浙江省第九届代表大会代表12人,选举产生农工党嘉兴市第五届委员会、委员14人(空缺1名),金成胜任主任委员,倪嘉祺、王毅、龚遂良任副主任委员,胡金祥任秘书长;推举邵传统为名誉主任委员,赵明浩为顾问。

【第六次代表大会】

2006年11月2—3日,召开农工党嘉兴市第六次代表大会,出席会议代表125人。会议听取和审议农工党嘉兴市第五届委员会工作报告,选举产生农工党嘉兴市第六届委员会、委员17人,金成胜任主任委员,王毅、龚遂良、胡金祥任副主任委员,胡金祥兼任秘书长。

【第七次代表大会】

2012年10月12—13日,召开农工党嘉兴市第七次代表大会,出席会议代表165人。省政协副主席、农工党浙江省委主委姚克,中共嘉兴市委书记李卫宁到会并讲话,嘉兴市市长鲁俊,市政协主席刘冬生,市委副书记高玲慧,市人大常委会副主任俞四兴,市政协副主席、市委统战部部长朱静绮等领导应邀出席会议,市级各民主党派、工商联负责人,市卫生局、交通局、水利局等对口联系单位和各县(市、区)统战部、市一院、二院、妇保院、中医院、嘉兴学院等党员所在单位的领导出席会议。会议听取和审议农工党嘉兴市第六届委员会工作报告,选举产生出席农工党浙江省第十三次代表大会代表12人,推举出席农工党中央第十五次代表大会代表2人,选举产生农工党嘉兴市第七届委员会、委员19人,金成胜任主任委员,王毅、龚遂良、胡金祥、费爱华任副主任委员,胡金祥兼任秘书长。

第三节　履行职能

1991—2014年,农工党人大代表提交议案(建议)319件,其中市级215件;政协集体提案288件,其中市级78件,个人提案2146件,其中市级561件;被市政协评为优秀提案66件,确定为重点提案107件;反映社情民意300余条;担任政府部门、法察二院特约检察员、监督员和行风监督员(评议员)、审计员270余人次。农工党市委会和农工党员主动参政议政,履行参政党监督职能;在反腐倡廉、参与查处违法乱纪案件,推动卫生、教育改革等方面实事求是地提出意见和建议。

农工党一届市委会　农工党员当选省人大代表1人,市人大代表9人,其中人大常委会副主任1人、常委1人;担任省政协委员1人,市政协委员12人,其中常委1人。嘉兴撤地建市后,农工党首届市委会摆脱“左”的思想束缚,坚持四项基本原则,增强新时期爱国统一战线的重要性、必要性和广泛性的认识,注意发挥参政党作用,农工党人大代表和政协委员积极建言献策,努力为“四化”建设贡献力量。农工党平湖总支被评为“四化建设作贡献”省级先进集体,全市农工党员被评为各级先进工作者和其他称号的120余人次。

农工党二届市委会　农工党员在参政议政方面,担任人大代表、政协委员的农工党员就改革开放、治理整顿、振兴中医药事业、教育科技、精神文明建设及社会普遍关心的热点问题,通过提案、视察、调查、论证等方式在人大和政协会议上提出意见和建议500余件(条),发挥政治协商、民主监督、参政议政作用。

农工党三届市委会　农工党员当选县(市、区)人大代表5人,其中人大常委会委员1人,担任县(市、区)政协委员33人,其中常委9人,被聘为市、县(市、区)特约监督员、审计员、督导员15人。三届市委会期间,农工党人大代表、政协委员提交调查报告20份,政协提案300余件,其中《加强农村医疗卫生建设》《维护城市规划法的严肃性》2个提案,被市政协评为优秀提案,《外来人口管理及提高城市管理水准》《创建全国卫生城市》等调查报告引起中共嘉兴市委、市政府重视。农工党员中的特约监督员、审计员、督导员,参加相关执法检查,履行民主监督职能。

农工党四届市委会　农工党员当选县(市、区)人大常委会委员1人、代表5人,担任县(市、区)政协常委10人、委员29人。四届市委会期间,向市、县(市、区)两级政协提交提案508件,其中被评为优秀提案23件；提交调查报告51份。1998年，就社会热点、难点问题开展调研，撰写提案、议案80余件，调查报告6份。其中《对进一步推进社会基本医疗保障体制的几点建议》，在市政协四届一次会议上作专题发言。农工党市委会主要领导参加中共嘉兴市委、市政府召开的各种座谈会、协商会、通报会15次，对全市经济建设、再就业工程及群众关心的重大问题，提出建设性意见和建议。2001年，《关于加强社区医疗网点和基层医疗机构建设的建议》，被市政协列为重点提案，被市政府列为2001年八件实事之一。

农工党五届市委会　农工党员当选县(市、区)人大常委会委员1人，担任县(市、区)政协副主席2人、常委7人、委员25人。五届市委会期间，向市人大提交议案建议41件，向市政协提交大会发言15篇、集体提案11见、个人提案105件，其中被列为重点提案9件，被评为优秀提案8件。各县(市、区)农工党提交人大建议案16件、政协提案317件，其中被评为优秀提案45件。2002年，组织市农工党员中的人大代表和政协委员，深入基层调研，写出调研报告12份。农工党海宁总支《关于加快我市城乡供水一体化的几点建议》，被海宁市政协列为一号提案。农工党平湖总支连续多年提出修建李叔同纪念馆的建议，被平湖市政府列为实事工程，2004年李叔同纪念馆建成开放。农工党员中的特约监督员参与各地明查暗访和行风评议工作。

农工党六届市委会　农工党员当选县(市、区)人大常委会副主任1人、常委3人，担任县(市、区)政协副主席2人、常委12人、委员55人。在市人大、政协“两会”及政协常委会上，提交大会发言18篇、集体提案24件、个人提案135件，其中被列为重点提案6件、评为优秀提案11件。2009年，《关于成立嘉兴市医疗纠纷人民调解委员会的建议》的提案，引起市政府和有关部门重视；同年9月28日，嘉兴市医疗纠纷人民调解委员会成立。《关于进一步推进和完善新型合作医疗制度的建议》入选农工党中央出版的案例集。各县(市、区)农工党提交人大建议案28件、政协提案678件，其中被评为优秀提案75件。届中，全市农工党员被20余个政府部门聘为特约监督员56人。

农工党七届市委会　七届市委会期间，农工党人大代表和政协委员向市人大提交议案建议44件，向市政协提交集体提案23件、个人提案133件；农工党员被纪委(监察)、检察、审计、教育、国土资源、食品药品等部门聘为特约监督员70余人次。2012年，农工党市委会提交的《关于加强我市基层医疗卫生队伍建设的建议》被列为政协主席会议督办、分管副市长领办的提案，《加强我市护士队伍建设亟待解决的几个问题》《加快推进嘉兴“智慧城市”建设的若干建议》《弘扬孝道文化，促进社会和谐》《落实财政补助政策，为公立医院改革提供财力保障》4件提案被列为重要提案，《关于我市新社区建设和管理中存在的问题及对策》被评为优秀提案。2013年起，农工党市委会探索建立领导牵头重点课题调研机制，市、县两级上下联动调研机制和参政议政绩效量化考核机制。提交的《加强城市社区治理，推进嘉兴和谐社会建设》《关于推进嘉兴“智慧城市”建设的若干建议》《关于基层医改后亟待解决的问题及对策建议》《关于重视中医药事业发展，提升我市中医药服务能力的建议》被评为重要提案，《关于加强我市基层医疗卫生队伍建设的建议》《关于深入实施“两新”工程建设的建议》《关于建立多部门协同机制，切实做好招商选资的建议》被评为优秀提案。农工党市委会获“政协工作创新进步奖”。2014年，《完善社会资本办医扶持政策加快推进我市民营医院发展》被列为重点提案，由副市长柴永强领办，市政协副主席王淳督办；《关于加快推进我市医疗卫生与养老服务相结合的建议》的调研材料，在市政协常委会上发言。其间，农工党市委会还参与中共嘉兴市委关于贯彻《中国共产党浙江省委员会统一战线实施细则(试行)》、关于《补齐短板争当标尖的行动计划》等重大政策、事项的意见征求会；参与中共嘉兴市委、市政府有关“城市文明程度指数测评”“统筹城乡背景下新型城镇化建设”“行政审批层级一体化改革”“楼宇经济发展”“提升镇村建设水平”等一系列重点工作的事前、事中协商；参与市人大关于“嘉兴市秸秆禁烧”立法。

嘉兴市农工党员担任历届省人大代表、政协委员一览表

表7-5-1

省人大		省政协		
届次	代表(人)	届次	委员(人)	其中常委(人)
第六届(1983—1988)	1	第五届(1983—1988)	1	1
第七届(1988—1993)	1	第六届(1988—1993)	1	—
第八届(1993—1998)	1	第七届(1993—1998)	1	—
—	—	第八届(1998—2003)	1	—
第十届(2003—2008)	1	第九届(2003—2008)	1	—
第十一届(2008—2013)	2	第十届(2008—2013)	1	—
第十二届(2013—2018)	1	第十一届(2013—2018)	1	—

嘉兴市农工党员担任历届市人大代表、政协委员一览表

表7-5-2

分类 届次	市人大			市政协		
	代表(人)	其中		委员(人)	其中	
		常委会副主任(人)	常委会委员(人)		副主席(人)	常委(人)
第一届(1983—1988)	9	1	1	12	—	1
第二届(1988—1993)	9	1	—	16	—	3
第三届(1993—1998)	8	—	1	18	—	3
第四届(1998—2003)	7	—	1	23	1	4
第五届(2003—2007)	11	—	1	24	1	2
第六届(2007—2012)	10	1	—	22	—	3
第七届(2012—2017)	9	1	—	26	—	4

第四节　自身建设

【政治理论学习】

农工党嘉兴市委会注意结合不同时期工作重点，组织引导农工党员学习马克思列宁主义、毛泽东思想、邓小平理论和“三个代表”重要思想、科学发展观，组织开展社会主义荣辱观教育等专项活动，提高党员思想水平，加强自身建设。中共十一届三中全会以后，组织农工党员学习中共十一届三中全会精神、叶剑英在庆祝中华人民共和国30周年大会上的讲话、邓小平关于《目前形势和任务》的报告，提高农工党员对新时期总任务的认识，把工作重点转移到社会主义现代化建设上来。1989年，农工党市委会组织农工党员认真学习《人民日报》“4·26”社论、邓小平等中央领导的讲话和中共十三届四中全会精神，坚持四项基本原则，坚决反对资产阶级自由化，自觉维护安定团结的政治局面。1990年2月，认真组织学习《中共中央关于坚持和完善中国共产党领导的多党合作和政治协商制度的意见》，围绕治理整顿、改革开放、遵循“十六字”基本方针等中心议题开展讨论，并在《嘉兴农工》开辟专版，切实发挥参政党作用，多层次、多渠道、多形式地做好参政议政工作。1993年11月，结合《邓小平文选》第三卷出版发行，举办各种读书班、学习会，组织开展《邓小平文选》系统学习。此后较长一段时间，农工党嘉兴市委把学习邓小平理论与学习中共十四届三中全会《关于建立社会主义市场经济体制若干问题的决定》相结合，与学习贯彻《中共中央关于坚持和完善中国共产党领导的多党合作和政治协商制度的意见》相结合，与学习贯彻《爱国主义教育实施纲要》相结合，开展多种形式的学习交流，进一步明确农工党作为参政党在建设有中国特色社会主义历史过程中的地位、作用。1997—1998年，组织学习江泽民关于"三讲"、"三个代表"重要思想、"致富思源、富而思进"、建党80周年纪念大会上的讲话以及在全国统战工作会议上的讲话等系列重要讲话，并与学习中共十五大精神、统战理论及工作实践相结合，通过各种重大庆祝活动等有效载体，开展爱国主义、社会主义和爱党敬业教育，引导农工党员始终保持清醒的政治头脑和坚定的政治立场，坚定走社会主义道路的信念。2003—2004年，农工党市委会召开五届九次（市委）扩大会议，集中学习中共十六届三中全会精神和胡锦涛科学发展观论述，并要求各基层支部和全体农工党员树立学习科学发展观的紧迫感和责任感，深刻理解科学发展观的内涵，推动全市社会经济健康、协调、可持续科学发展。2007年，召开农工党市委会扩大会议、县（市、区）工作交流会，集中学习中共十七大精神，并在《嘉兴农工》刊登专刊，交流学习中共十七大体会文章。2012年，农工党市委会响应农工党中央号召，在各级组织中开展社会主义核心价值体系建设和"同心"思想学习，增强跟共产党走的政治信念。全年共召开农工党市委会扩大会议3次，并在《嘉兴农工》刊登各基层组织负责人的学习体会，自觉地在思想上、政治上、行动上与中共保持一致，坚持中国共产党领导的多党合作和政治协商制度。是年，农工党市委会撰写的《充分发挥党派在政协舞台上建言献策、为民服务》《与时俱进地开展好党派思想建设工作》等体会文章在《嘉兴日报》上发表；农工党嘉兴市委会被农工党省委会授予"树立和践行社会主义核心价值体系先进市级组织"称号，海盐总支、桐乡总支、南湖区支部被授予"树立和践行社会主义核心价值体系先进基层组织"称号，嘉兴二院总支陈刚、海宁总支朱卫明，荣获第九届嘉兴市十大杰出青年称号。2013—2014年，农工党市委会先后印发《农工党嘉兴市委会关于学习贯彻中国共产党第十八次代表大会精神的通知》和《农工党嘉兴市委会关于学习贯彻中国共产党十八届三中全会精神的通知》，组织全市农工党员深入学习中共十八大、十八届三中全会、全国宣传思想工作会议精神及《中共中央关于全面深化改革若干重大问题的决定》和习近平系列重要讲话，把思想和行动统一到中共十八大和十八届三中全会精神上来，把智慧和力量汇聚到全面建成小康社会的宏伟目标上来。

【组织教育培训】

20世纪80年代，农工党嘉兴市委会针对新党员逐年增加，不少党员缺乏统一战线和民主党派基本知识的实际，注意加强新党员的教育和培训，努力提高新党员的思想政治水平。至2002年8月，共举办针对新党员的培训班8期。同时，结合不同时期的工作重点，有针对性地举办专题培训，推进全市农工党员整体素质提高。1990年5—6月，举办社会主义思想政治理论学习班2期，开展《中共中央关于坚持和完善中国共产党领导的多党合作和政治协商制度的意见》和中共十三届四中、五中、六中全会精神，统战理论基本知识，农工党党史、党章，马克思主义哲学等专题学习，全市18个基层支部和3个党小组的党员87人参加培训。1991年以后，重点加强对农工党市委委员（主任委员、副主任委员、秘书长）、支部主任、中青年党员等骨干的培训。至2005年，先后组织参加市委统战部和农工党浙江省委会举办的各类骨干培训班15期，努力提升全市农工党各级领导、中青年党员骨干的政治理论素质、政治把握能力，发挥参政党的参政议政作用。2007年10月、2008年11月和2010年，先后举办新党员培训班3期，重点围绕中共十七大精神、统一战线与多党合作、如何做好参政议政、民主监督、农工党党史等内容进行讲解和学习，并邀请中共嘉兴市委党校教授、市政协主席、市委统战部领导，就中共十七大报告、多党合作和政治协商、统战基础理论等进行专题辅导。2008年，分别选派5名骨干党员参加市统战部举办的党外干部培训班、4名新当选的省委会委员和市委会委员参加农工党省委会举办的省（市）新委员培训班，3名基层组织负责人参加农工党省委会举办的全省基层组织负责人培训班，1名副主委参加了省社会主义学院举办的2008年民主党派中青年骨干培训班。2010年7月2日、5日，在文华园分别举办多党合作理论讲座、老同志及骨干党员座谈会，邀请原浙江省政协副主席、农工党浙江省委主委徐鸿道作多党合作知识讲座，农工党省委组织部部长舒愉作农工党党史讲座，畅谈农工党光荣历史、优良传统和近年来取得的成绩，全市120余名党员参加座谈。2012—2014年，各类培训持续进行。2012年，选派3名骨干党员参加农工党全省组织干部培训班；2013年，选派6名骨干党员分别参加农工党省委会、中共嘉兴市委统战部、中共浙江省委党校举办的组织工作培训班、上海浦东生态文明专题学习班、中青年骨干培训班并举办新党员培训班1期，全市60余名新党员围绕多党合作、参政议政等内容进行培训，提高新党员的政治素质、理论素养，增强坚持和发展中国特色社会道路的理论自信、政治自信、制度自信和道路自信；2014年，选派13名骨干党员分别参加农工党省委举办的宣传骨干培训班、专职干部培训班和上海行政审批改革专题学习班，选派1名专职副主委参加全市处级干部进修班。

【总结表彰先进】

农工党嘉兴市委会重视发现典型、树立标杆、鼓励创新、表彰先进，推进农工党的各级组织健康有序发展。1999年8月，市委会结合《中共中央关于坚持和完善中国共产党领导的多党合作和政治协商制度的意见》发表10周年和中华人民共和国成立50周年庆祝活动，对与中国共产党合作共事，开展调研、反映民情、建言献策，积极参政议政和关心农工党自身组织建设作出成绩的先进集体和优秀党员进行表彰。2003年8月，召开调研和信息宣传工作会议，对围绕党和国家、社会经济发展中的重大问题，人民群众普遍关心的热点、难点问题，深入开展调研，反映社情民意以及运用多种载体，扩大党派宣传阵地，及时反映工作动态等做出贡献的先进基层组织和农工党员进行总结表彰。2004年12月，农工党市委会总结回顾农工党嘉兴市委会成立20周年来，各基层组织和全体党员认真坚持和完善中国共产党领导的多党合作和政治协商制度，坚持“长期共存、互相监督、肝胆相照、荣辱与共”的基本方针，在做好本职工作的同时，认真履行参政党职能，做好社会服务等各项工作，对在参政议政、医疗服务、党派宣传、招商引资等方面做出贡献的农工党基层组织和党员进行表彰。2008年10月，农工党市委会召开抗震救灾总结表彰大会，对抗震救灾工作中涌现的5个先进集体和17名先进个人进行表彰，号召全体党员以先进为榜样，再接再厉，为社会和谐发展贡献更大力量。同年11月，召开全市农工党信息宣传工作会议，对近年来在信息宣传工作中有突出成绩的基层组织和信息员进行表彰。2010年8月6日，召开农工党基层工作交流会暨总结表彰大会，对全市农工党基层组织开展“2009—2010年星级支部创建活动”进行总结，经考核，评选出三星级支部5个、四星级支部2个、五星级支部6个，对“创建活动”中成绩突出，并得以升星级的7个基层组织予以表彰，颁发奖牌；对全市33名优秀农工党员及4类单项先进集体进行表彰。2014年，农工党市委会先后召开全市“星级支部创建活动”总结表彰和农工党信息宣传工作会议，对7年来全市开展“星级支部创建活动”进行总结，对评选出的67名2013年度农工党嘉兴市优秀党员进行表彰；对农工党信息宣传工作进行经验交流，对在信息宣传工作中成绩突出的4个先进集体和6名先进个人进行表彰。

第五节　主要活动

农工党市委会通过社会办学、创办医疗机构、开展义诊服务、举办医药卫生讲座和救灾扶贫等方式，开展力所能及的社会服务。

【社会办学】

1985年5月，创办嘉兴市前进学校。1988年1月，更名为前进业余补习学校。1996年12月，更名为前进业余进修学校。1998年10月，成立学校董事会。1999年1月，更名为前进学校，设成教部、少艺部，主要从事普通高中教育、成人业余学历教育、少儿文化艺术培训、计算机培训及科技教育等。2001年和2005年，成功承办了两届由农工党省委会主办的“南湖杯”全国少儿书画大赛。2001年，被农工党中央授予“社会力量办学先进集体”称号。2003年，被评为“嘉兴市优秀民办学校”。2005年，获全国“双龙杯”“希望星杯”集体特等奖。2006年，举办各类兴趣班102个，培训学生3255人次，多次组织学生参加全国、省、市书画比赛。1991—2014年，学校先后举办大专、中专、普高以及科技文化、艺术短训班，培训各类专业学生8万余人次；举办各类兴趣班200余个，培训学生7000余人次，成为一所以艺术教育为特色的综合性学校。

【创办医疗机构】

1997年，创办嘉善农工党医疗诊所。2003年11月，创办嘉兴前进门诊部。该门诊部被中国中医研究院指定为“传统医药名牌特色专科门诊”，开设临床科室和特色专科10多个，有正副高级职称医师近10名，并特邀北京、上海、广州等大医院著名专家教授建立高级专家会诊中心，定期组织专家巡诊。2004年8月，创办平湖曙光综合门诊部。同年，农工党市委会为兄弟党派老干部体检，与市妇联联合开展呵护女性健康体检、与市人才市场联合开展为农民工免费体检活动，为200余名家政服务人员、15户特困重症病人提供免费治疗服务。2013年年初，协助农工党省委会在嘉善成立全省首家县级继续医学教育基地即嘉善培训基地；帮助嘉善借力省级资源，促成省肿瘤医院与嘉善第一人民医院结为协作医院，并使嘉善县临床病理诊断中心、嘉善县第一人民医院肿瘤诊疗中心正式挂牌成立。

【义诊咨询服务】

农工党市委会及各级基层组织发挥自身优势服务社会，每年在市本级组织3~4次健康体检、义诊咨询服务活动，送医送药下基层，为农民、市民和困难群体义诊，为企事业单位职工免费体检。每年5月、11月第1周，在嘉兴市区开展大型义诊活动。利用儿童节、妇女节、教师节，组织医卫界党员开展专项义诊及咨询活动。1997年，全市各级农工党组织义诊活动7次，有100余名中高级医生参加义诊活动，受益群众6392人次。2001年7月，在嘉兴市区举办大型医疗义诊咨询活动，受诊和咨询群众近千人。嘉善总支连续28年开展冬病夏治服务，受益群众10万余人次。2006年，先后3次组织医疗骨干赴秀洲区殷秀村、南湖区博山村、海宁市民和村开展义诊，受益群众1700余人次。同时，免费赠送药品6000余元。2009年7月，农工党市委会组织医疗专家为市财政局全体干部职工进行体检和医疗咨询服务。至2014年，全市义诊受益人数20余万人次。

【举办医药卫生讲座】

1983—2014年，农工党市委会，不定期组织骨干医疗专家开办中医保健、专科病等医药卫生讲座，举办中药及中药材培训班、医务人员专业进修培训班等。1987年，组织各类专业性讲座61次，受益听众6212人次。2003年，农工党海宁总支成立糖尿病康复研究中心，每年免费定期举办糖尿病保健知识讲座。农工党平湖总支每年为社区居民举办医疗知识科普讲座，续数年不间断。

【扶贫救灾】

1998年，长江中下游和嫩江、松花江流域遭遇特大洪灾，全市农工党员捐款捐物12万余元，其中江玉勤个人捐款7万元，受到农工党中央通报表扬。1999年6、7月间，嘉兴遭遇特大洪涝灾害，全市农工党员捐款5.8万余元。2002年，农工党市委会向衢州常山县东案乡中心小学赠送电脑21台，电脑教材等学习用品；农工党海宁支部向景宁畲族自治县梧桐乡小学赠送1.5万余元学习用品和价值4000余元药品。2003年，抗击“非典”期间，成立以农工党市委会主委为组长的抗击“非典”领导小组，医卫战线农工党员坚守岗位，为控制“非典”做出积极贡献。2006—2007年，农工党市委会连续2年结对资助贫困大学生2名，每人每年资助2000元。2007年，农工党市委会响应农工党中央“携手营造农工世纪林、共筑京津(北)绿色屏障”号召，全市农工党员踊跃捐款，被授予“2005—2006年度全国社会服务工作先进集体”称号；农工党员缪音多创办的企业支持公益事业，累计捐款800余万元，被授予“2005—2006年度全国社会服务工作突出贡献奖”。同年，桐乡农工党员为慈善总会、新农村建设、扶贫等捐款15万余元，海盐总支为特困残疾户提供免费手术治疗，免除医疗费4000余元。2008年，四川汶川发生特大地震，全市农工党员捐款104.52万元，其中特殊党费72971元。2010年，组织开展为邓演达纪念园建设募捐活动，共募集资金2.96万元；为玉树地震灾区捐款1.37余万元。海宁总支开展“问民生送温暖”结对助学活动，结对景宁县沙湾镇中学贫困学生17名，向每位学生资助学费400元，并向学校捐赠新电脑2台，书包、体育用品等价值13000元。嘉善总支被农工党中央授予社会服务工作先进集体称号，2名农工党员被农工党中央授予社会服务工作先进个人称号；农工党市委会被农工党浙江省委会授予社会服务工作先进集体称号，海盐总支、桐乡总支、秀洲区支部被农工党浙江省委会授予社会服务工作先进基层组织称号；4名农工党员被农工党浙江省委会授予社会服务工作先进个人称号。2012年，海宁总支1名农工党员企业家为大方县小学捐赠营养午餐，浙江电视台《浙商义行天下》作了报道；平湖总支一名农工党员向中国下一代教育基金会捐赠100万元。2013年，农工党市委会新结对大学生2名，资助每人助学金4000元。此外，农工党市委会还积极参与国际医疗援助工作。1997年，农工党市委会主任委员金成胜参加中国援助马里共和国医疗服务2年。2009年，2位农工党员和2位农工党员家属参与援助马里医疗服务2年。

【“三胞”联络】

全市农工党员中有港澳台同胞、海外侨胞关系的163人，联系“三胞”174人。20世纪80年代开始，农工党员逐步与“三胞”及海外友人建立联系，通过书信、接待、出访等形式交往，向“三胞”宣传中国共产党的侨务政策、台属政策，介绍国内形势和家乡变化。农工党市委会副主委朱烈先后走访台属、侨眷100多户，接待“三胞”亲属50余人次，代他人给海外亲人写信80余封，查阅并成功联络从港澳台和境外寄来的“死信死汇”80余件，得到“三胞”亲属盛赞，1986年受到全国侨联的表彰。农工党市委会还依托农工党员的海外关系，积极牵线搭桥，参与招商引资。1990年，引进资金2.1万美元、24万元港币。1992年，农工党员牵线并参与平湖九龙山金海洋城项目，实际到位资金5800万美元。农工党平湖总支帮助引进资金兴办的平湖市新秀箱包有限公司，成为平湖市箱包行业的佼佼者。至2005年年底，全市农工党共引进资金3.5亿余元人民币。

第六章　中国致公党嘉兴市委员会

1994年8月，中国致公党(简称“致公党”)嘉兴市支部委员会成立后，深入调查研究，积极建言献策，认真履行参政议政、民主监督职能；积极开展对海外华侨华人和港澳同胞的联络联谊活动，广交朋友，促进祖国统一大业。

第一节　组织机构

1994年8月4日，成立中国致公党浙江省直属嘉兴市支部，有党员6人。2004年10月8日，支部升格为中国致公党浙江省直属嘉兴市总支部，有党员34人。2011年5月22日，成立中国致公党嘉兴市委员会筹备工作委员会。12月1日，成立中国致公党嘉兴市委员会(简称致公党嘉兴市委会)。

2014年12月，致公党嘉兴市委会下设市直属第一支部、市直属第二支部、市直属退休支部、嘉兴学院支部、南湖区支部、秀洲区支部等基层组织6个，共有党员87名。

第二节　党员大会

【中国致公党浙江省直属嘉兴市支部(总支)】

1994年8月4日，召开中国致公党浙江省直属嘉兴市支部委员会成立大会，出席会议党员5人。

致公党浙江省委会主委王务迪，中共浙江省委统战部、中共嘉兴市委、嘉兴市人大常委会、市政府、市政协有关领导，杭州、宁波、温州致公党市委会及嘉兴市各民主党派、工商联负责人出席会议。会议选举产生中国致公党浙江省直属嘉兴市第一届支部委员会，委员3人，郑奋义任主任委员。

1997年4月18日，召开致公党嘉兴市支部第二次党员大会，出席会议党员9人。会议听取和审议致公党嘉兴市第一届支委会工作报告，选举产生第二届支部委员会，委员3人，郑奋义任主任委员。

2001年12月26日，召开致公党嘉兴市支部第三次党员大会，出席会议党员25人。会议听取和审议致公党嘉兴市第二届支委会工作报告，选举产生第三届支部委员会，委员4人，刘惠娟任主任委员。

2004年10月，致公党嘉兴市支部升格为中国致公党嘉兴市总支部委员会。总支部委员4人，刘惠娟任主任委员。

【中国致公党嘉兴市委员会】

2011年5月22日，召开中国致公党嘉兴市委员会筹备工作委员会成立大会。致公党浙江省委员会副巡视员、秘书长陈国荣宣读致公党省委会《同意筹建中国致公党嘉兴市委员会的决定》，成立以赵如英为主任，刘惠娟、吴晓阳为副主任，廖晓为秘书长的筹备工作委员会；致公党浙江省委员会副主委林强和嘉兴市政协副主席、中共嘉兴市委统战部部长张兴华到会并讲话；致公党嘉兴市总支部全体党员参加大会。

2011年12月1—2日，召开中国致公党嘉兴市委员会成立暨第一次党员大会。会议学习中共十七届六中全会精神和胡锦涛“七一”重要讲话，审议通过致公党嘉兴市委员会筹委会工作报告，研究确定致公党嘉兴市委员会今后五年主要工作目标。浙江省副省长、致公党浙江省委主委郑继伟到会祝贺并讲话，中共浙江省委统战部副部长徐建华，中共嘉兴市委书记李卫宁、嘉兴市市长鲁俊、中共嘉兴市委副书记冯志礼、嘉兴市人大常委会副主任钱满程、政协嘉兴市委员会副主席、中共嘉兴市委统战部部长张兴华等出席会议。嘉兴市各民主党派、工商联及有关部门负责人应邀参加会议。市委书记李卫宁代表中共嘉兴市委致贺词。嘉兴市政协副主席、九三学社嘉兴市委会主委马玉华，致公党杭州市委会主委王坚和嘉兴市归国华侨联合会主席浦金英，分别代表嘉兴市各民主党派、工商联、党外知识分子联谊会，致公党杭州、宁波、温州市委会及嘉兴市各涉侨单位致贺词。省内外20个省、市致公党组织向大会发来贺信。会议选举产生致公党嘉兴市第一届委员会，委员9人，赵如英任主任委员，刘惠娟、吴晓阳任副主任委员，任命廖晓为秘书长。

2014年，致公党嘉兴市第一届委员会仍在届期中。

第三节　履行职能

致公党嘉兴市委（支部、总支）积极开展调查研究，提交议案、提案和社情民意，认真履行参政议政、民主监督职能。

2011年12月1日，中国致公党嘉兴市委员会成立大会，市委统战部领导、嘉宾与全体党员合影

1994—2011年，致公党市支部党员中的人大代表、政协委员提交市人大议案、建议15件；提交市政协个人提案161件，其中被市政协评为优秀提案8件，列为市政协重点督办提案2件；社情民意74件。提交的《嘉兴市道路、桥梁、标志性建筑的命名应体现文化品位的若干建议》，相关建议被市政府采纳；《关于修复三塔风景区及三塔路》《呼吁政府和各界进一步关心儿童的生存和发展，为防儿童溺水死亡多作贡献》《发展我市医药产业，构筑新的经济增长点》《秀城区社区服务现在及其对策》《总结推广农村新型合作经济组织试点经验促进农业增效农民增收》《平衡贸易顺差若干思考和建议》《关于嘉兴市大中型民营企业经营管理情况调查报告》《关于“十二五”时期嘉兴市民营经济转型升级的对策建议》等调研报告，部分建议被政府采纳。2009年，《总结推广农村新型合作经济组织试点经验，促进农业增效农民增收》被选为浙江省十届二次政协会议致公党界别大会发言。

2012—2014年，致公党市委会提交集体提案16件、大会发言6篇，党员中的人大代表、政协委员提交个人建议3件、个人提案21件。致公党市委会领导参加中共嘉兴市委、市政府及有关部门召开的各类协商会、谈心会、座谈会、情况通报会等45次；致公党党员担任特约审计员、特约监督员和特邀监察员9人次。2012年，集体提案《努力改善公共体育服务体系 加快推进体育文化建设步伐》和个人提案《关于尽快建设智慧交通、鼓励倡导绿色出行的建议》，被评为市政协优秀提案；《关于进一步完善我市民营实体经济发展政策措施工作机制的几点建议》和《构建农民增收长效机制促进农民收入不断增长》的建议，在市政协七届二次、三次常委会议上作大会发言；《关于加强农村河道综合整治的建议》，入选全国政协十二届一次会议致公党中央团体提案，并获得2012年致公党省委会参政议政优秀成果奖；《关于新形势下进一步发挥政协界别作用的几点认识和思考》，获市政协理论研究优秀成果奖；《加强统筹协调 增进交流合作 进一步增强长三角区域实体经济发展活力》的调研报告，代表致公党浙江省在南京召开的“2012·致公党沪浙皖苏长三角区域合作发展论坛”上作交流发言。2013年，个人提案《粮食生产功能区建设存在的问题及建议》被列为浙江省政协重点提案，由副省长领办，省政协副主席督办；《关于发展我市经济薄弱村集体经济的建议》得到市委书记李卫宁批示，被列为市政协重点提案；《关于大力培育和促进我市建筑业大发展的建议》被市政府和有关部门采纳，市政府印发《嘉兴市建筑业大企业倍增计划实施意见》文件；课题调研材料《关于增强嘉兴市本级城市综合体发展活力的建议》和《关于加快推进我市湿地规划建设与保护管理的意见建议》，在市政协七届七次、八次常委会上发言；“新型城镇化背景下推进农民市民化的思考与研究”入选致公党浙江省委会、中共嘉兴市委统战部重点调研课题；个人撰写的《共同完善长三角区域合作科技创新体系，积极推动科技成果转化和产业化》《推进农业科技创新 提升农业生产能力》《加强科技和经济的紧密结合 促进民营科技型中小企业发展》3篇调研报告，在“2013致公党沪苏浙皖长三角区域合作发展论坛”大会交流；《共同完善长三角区域合作科技创新体系，积极推动科技成果转化和产业化》被致公党中央评为优秀论文奖；《中国特色的协商民主在推进政府决策科学化民主化法制化中的实践思考》获市政协2013年度理论研究成果一等奖，入选致公党中央《中国致公党理论研究选集》。2014年，集体提案《关于加快推进我市政府向社会力量购买公共服务的建议》得到中共嘉兴市委书记鲁俊和市委副书记、市长肖培生的批示，并被评为市政协优秀提案；《关于共同推进我市餐饮业健康发展的几点建议》被市政府采纳，市政府办公室印发《对降低市本级餐饮住宿业有关税费事项抄告单》《加强水环境常态化监管系统建设》的调研报告，被选为致公党省委会在省政协十一届二次会议集体提案，并被省政协列为重点提案；《以行政审批制度改革为抓手 切实推进政府职能转变》的调研报告，被作为中共嘉兴市委与各民主党派民主协商会的主报告；上报的《治理污水要“控、减、净”三措并举》的社情民意信息，得到省委书记夏宝龙等多位省领导的重要批示；《关于将河道监管权分段承包给属地村民参与管理的建议》得到省委副书记王辉忠的重要批示；《深化农村土地使用制度改革》的调研信息，被中央统战部录用。同年，致公党市委会响应中共嘉兴市委、市政府关于开展“五水共治”的号召，印发《关于积极参与“五水共治”行动的通知》，组织全体党员参与“五水共治”各项实践和专题调研，收到有关建立“治水”长效机制等建议20件，其中3件得到省委书记夏宝龙等省领导的批示。“五水共治”工作被致公党浙江省委会评为全省助推“五水共治”工作先进集体。

第四节　自身建设

【组织发展工作】

1994年8月，致公党浙江省直属嘉兴市支部成立后，按照致公党省委会组织发展工作的要求，以有“侨”“海”特色的高、中级知识分子为发展对象，重点在高校、政府机关、教育、医疗、金融、法律部门及非公企业等领域，发展一批政治素质和参政议政能力强的代表性人士。至2011年11月，共有党员66名，其中具有硕士研究生以上学历和高级以上职称的党员31人，占党员总数的46.97%；有海外关系的党员47人，占党员总数的71.21%。致公党嘉兴市委员会成立后，坚持质量优先的党员发展原则，逐步建立健全基层组织。2012年，发展新党员6人，平均年龄32.33岁。其中海外留学归国人员和有海外关系的4人，区政协委员1人。至年底，共有党员75人，下设支部6个。2013年，发展新党员5人，至年底，共有党员80人。2014年，发展新党员7人，平均年龄35岁。其中海外留学归国人员和有海外关系的6人、占86 %，县(市、区)政协委员1人。至年底，全市共有致公党员87人，下设支部6个。

【政治理论学习】

致公党嘉兴市委会重视党员的政治思想建设和政策理论学习，针对不同时期中心工作，组织开展专题学习教育活动。1994—2011年，组织党员认真学习中共中央、省委、市委和致公党中央、省委会有关会议精神，组织开展纪念中国致公党成立80周年、90周年和辛亥革命100周年、“抗日战争胜利60周年”系列活动；开展践行社会主义核心价值体系的主题教育活动以及纪念中共中央“五一口号”发布60周年、政治交接学习教育等专题教育活动，并组织党员赴嘉兴南湖、宁波奉化、江西井冈山革命老区等地，进行重温革命历史爱国主义教育。2012年，通过主委办公会议、全委扩大会议、专委会会议、专题培训班、组织政协界别活动、参加专题辅导报告和经济形势报告会等形式，组织党员学习中共十八大，省第十三次党代会，市第七次党代会精神，致公党中央十四大、省委五届一次会议等重要会议精神、政协理论、统战理论和开展致公党党史教育等，教育引导全体党员提高参政党意识，夯实“同心”思想。同时，组织党员参加全市统战系统核心价值观大讨论、“我们的价值观”征文和“同心·价值观”演讲比赛等活动，上报“我们的价值观”征文5篇，党员俞宁获“同心·价值观”演讲比赛第二名。2013年，采取集中学习、专题座谈会、政协界别活动等形式，组织学习中共十八大、十八届三中全会和省委、市委有关精神；学习中国致公党党史和新修订的《中国致公党章程》。组织党员开展“同心同行，我为嘉兴‘三城一市’建设作贡献”和“社会主义核心价值体系学与行”活动，进一步增强党员的政治责任感和历史使命感，坚持中国共产党的领导，坚定不移地走中国特色社会主义政治发展道路，增进共识，凝聚合力，夯实多党合作思想政治基础。2014年，按照致公党中央、省委“关于开展坚持和发展中国特色社会主义学习实践活动”的统一部署，市委会成立活动领导小组，制定活动方案和计划，在全市致公党内组织开展坚持和发展中国特色社会主义学习实践活动。其间，召开全委扩大会议、专委会会议，举办全体党员培训班、专题座谈会，集中学习贯彻中共十八大，十八届三中、四中全会精神和习近平系列重要讲话精神，并邀请致公党浙江省委副主委杜时贵作《坚持中国特色政党制度 努力建设中国特色社会主义参政党》，中共嘉兴市委党校副校长徐连林作《全面深化改革——改变中国命运的战略抉择》，中共嘉兴市委统战部副部长陈兴隆作“统战理论及多党合作”辅导讲座。市委会还建立班子成员对口联系支部制度，分别到对口联系支部指导学习实践活动。

【教育培训】

1994—2011年，先后选送骨干党员参加省、市社会主义学院、市委统战部举办的各类培训班90余人次。2012年5月26—27日，致公党市委会在市社会主义学院举办首届全市致公党员培训班，以提升新成立的致公党市委凝聚力、教育引导全体党员把握正确的政治方向、提高党员思想道德水平和参政议政能力、夯实组织基础。致公党省委会专职副主委林强，嘉兴市政协主席刘冬生，嘉兴市政协副主席、市委统战部部长张兴华，中共嘉兴市委党校副校长、市社会主义学院副院长徐连林等分别作中国致公党党史、政协理论、统战理论和社会主义核心价值体系等专题辅导。同年，先后选送党员骨干赴上海浦东新区党校、浙江省和嘉兴市社会主义学院，参加嘉兴市党外干部培训班、致公党2012年全省基层工作研讨班和嘉兴市各民主党派骨干培训班等培训。2013年，推荐党员参加致公党浙江省委会、嘉兴市政协、中共嘉兴市委统战部等组织的各类专题培训30人次，并组织党员参加道德讲堂、廉政知识讲座和中共嘉兴市委统战部组织的《我阅读·我收获·我快乐》读书活动。2014年，继续做好党员培训工作。全年共组织培训或选送党员参加各级各类专题学习培训18场次250余人次。同时，结合“做一个合格的参政党党员”大讨论和“美丽乡村建设”活动，组织致公党员赴七星镇开展“三改一拆”等工作调研，建言献策；组织开展“党派联社区”送温暖专项活动、道德讲堂廉政知识专题讲座，请老致公党员们为年轻致公党员作中国致公党优良传统宣讲辅导；组织致公党员参观全市各民主党派联合举办的《光辉历程——中国民主党派历史陈列暨嘉兴多党合作事业发展回顾展》，增强致公党员的荣誉感、责任感，推进致公党党员队伍的健康有序发展。

第五节　主要活动

1994—2011年，组织致公党员慰问孤寡老人、残疾儿童，参与医疗、教育、法律咨询等服务；深入乡镇、企业、幼儿园进行科普讲座，累计听课800余人次。深入社区、学校进行健康讲座160余场，累计培训4000余人次。1997年，在新嘉街道栅堰社区开设“走进健康”咨询站，为社区居民免费健康咨询。医卫界致公党员为患者上门服务，发放发放“非典”和手足口病等防治资料5000余册。热心慈善事业，2008年，四川汶川发生特大地震，全体致公党员踊跃捐款捐物近3万元。致公党员张元卿被致公党中央评为抗震救灾先进个人。2012—2014年，开展“进企业入村社”走访服务月和“同心·送服务”专项活动，先后走访6个社区、15个村、2所新居民子弟学校和16家民营企业，累计为1650名社区群众和16家民营企业提供医疗保健、种养技术、教育信息、法律维权、税务咨询等服务，发放资料3090份，免费送药品3000余元。开展“同心·名师工作室”支教活动，为王江泾镇精英民工子弟学校师生上示范课，赠送电脑用于多媒体教学。响应市政协倡议，38名致公党员为植造政协林捐款2.35万元。响应中共嘉兴市委、市政府“生猪养殖减量提质和转产转业”的决定，致公党市委会结对生猪养殖户，开展转产转业帮扶工作；组织农业专家，赴南湖区大桥镇由桥村“益民西红花专业合作社”开展科技支农服务，给予专业指导。

第七章　九三学社嘉兴市委员会

1983年8月，嘉兴撤地建市，九三学社嘉兴市委员会发挥自身优势，深入调查研究，积极建言献策，开展社会服务，认真履行参政议政、民主监督职能。

第一节　组织机构

【机构沿革】

1956年，浙江医科大学副校长、九三学社杭州分社文教部长王季午到嘉兴发展张景良、王重九等首批社员。1957年4月，成立九三学社杭州分社筹备委员会嘉兴直属小组，张景良为组长，王重九为秘书，有社员6人。1957年6月，小组活动停顿。1958年，小组恢复活动。1964年，小组改选，王重九为九三学社杭州分社嘉兴直属小组组长。

“文化大革命”期间，停止活动。

1979年，九三学社嘉兴直属小组恢复活动。1981年11月，成立九三学社嘉兴支社，王重九任支社主任委员，有社员14人。1982年12月，成立九三学社嘉兴(县级)分社，下设秘书处和组织、宣传、妇女3个部，有社员37人。1983年8月，嘉兴撤地建市。1984年4月，九三学社浙江省工委发文将九三学社嘉兴(县级)分社升格为九三学社嘉兴市(省辖市)委员会。据此，九三学社嘉兴分社于同年4月27日发文，将九三学社嘉兴分社改为九三学社嘉兴市委员会，分社领导班子顺延为九三学社嘉兴市委第一届委员会领导班子，有社员56人。1991年12月，九三学社嘉兴市第三届委员会成立学习、妇女、老龄、文教、医药卫生、科技经济和对外联络7个工作委员会，设置组织、宣传、科技3个委员。1996年12月，九三学社嘉兴市第四届委员会各专委会设置调整，调整后设老龄、妇女和青年3个工作委员会。1997年12月，根据中共嘉兴市委机构改革方案，九三学社嘉兴市委会内设办公室。2001年10月，九三学社嘉兴市第五届委员会设组织宣传、信息调研、老龄、妇女、青年5个工作委员会。2006年10月，九三学社嘉兴市第六届委员会设参政议政、老龄、妇女、青年4个工作委员会。2011年11月，九三学社嘉兴市第七届委员会设参政议政、社会服务、老龄、妇女、青年5个工作委员会。

2014年，九三学社嘉兴市第七届委员会仍在任期内，内设机构不变，全市有社员531人。

【基层组织】

1983年9月，分别成立纺织支社、工业支社和医卫支社。1985年6月，成立冶金(嘉兴冶金机械厂)支社。1986年9月，分别成立民丰纸厂和嘉兴高校2个直属小组。1986年10月、1987年年初，分别成立海宁直属小组和桐乡直属小组。至1987年7月，全市有九三学社支社4个、直属小组4个。

1987年7月至1991年11月，九三学社嘉兴市第二届委员会决定海宁、桐乡、民丰、教育(高校)4个直属小组改为4个支社，增设城建、卫校、农业、郊区4个支社，原纺织支社分设为毛纺、绢纺2个支社，原工业支社分设为工业一、二2个支社，建立秦山直属小组。至1991年11月，九三学社嘉兴市第二届委员共有基层组织支社14个、直属小组1个。

1996年12月至2001年10月，九三学社嘉兴市第四届委员会对部分基层支社进行调整和重组。原教育支社分设为经专、高专2个支社，原工业一、二2个支社中的在职社员组成综合一支社，原工业一、二2个支社中的退休社员组成综合三支社，抽调有关支社的部分社员组成综合二支社，原冶金支社分拆为冶金支社和加西贝拉小组(后加西贝拉小组改为支社)，组建秀城区支社。至届末，九三学社嘉兴市委会共有基层支社18个，其中按县(市、区)行政区域设置的有海宁、桐乡、秀洲、秀城4个支社。

2001年11月至2006年10月，九三学社嘉兴市第五届委员会对全市部分基层组织设置进行调整。2004年6月12日，桐乡支社改为桐乡基层委员会，下设农业、医卫和综合3个支社；同年11月20日，嘉兴学院一支社、二支社与医学院支社合并成立嘉兴学院基层委员会，下设一支社、二支社和医学院支社。2006年4月30日，海宁支社改为海宁基层委员会，下设一支社、二支社、三支社；同年6月，城建支社与综合一支社部分社员新组建交通支社；8月，冶金支社与加西贝拉支社合并，成立工业一支社。至届末，九三学社嘉兴市委会共有基层委员会3个、支社22个。

2006年11月至2011年11月，九三学社嘉兴市第六届委员会对全市基层组织再次调整。2007年，撤销工业一支社，退休社员划入综合三支社，在职社员转到南湖支社和综合一支社。2009年，南湖支社改为南湖基层委员会，下设一支社、二支社、三支社。2010年7月，在海盐秦山小组的基础上成立海盐支社。至2011年11月，九三学社嘉兴市委会共有基层委员会4个（内设支社12个）、直属支社12个。

2014年，九三学社嘉兴市委会共有基层委员会4个（内设支社12个）、直属支社12个。

第二节　代表大会

【分社成立大会】

1982年12月26日，召开九三学社嘉兴分社成立大会，出席会议社员33人（4人请假）。会议听取和审议分社筹备工作报告，选举产生九三学社嘉兴分社第一届委员会，由丁慰慈、王重九、王琮、陈章寿、陈锡祥5人组成，王重九任主任委员，丁慰慈任副主任委员，陈章寿任秘书长。

1983年8月，嘉兴撤地建市。1984年4月，根据九三学社浙江省工委意见，九三学社嘉兴分社升格为九三学社嘉兴市委员会，分社领导班子顺延为九三学社嘉兴市委第一届委员会领导班子，王重九任主任委员，丁慰慈任副主任委员，陈章寿任秘书长。

【第二次全体社员大会】

1987年7月3—5日，召开九三学社嘉兴市委员会第二届全体社员大会，出席会议社员123人。会议听取和审议九三学社嘉兴市第一届委员会工作报告，审议并通过本次大会决议；选举产生九三学社嘉兴市第二届委员会，由丁慰慈、孔宪琴（女）、王重九、王琮、孙义辉、张和珍（女）、陈章寿、陈锡祥、杨永乐、郑贤俊、郭豫刚、龚国钊、夏福琪13人组成，王重九任主任委员，丁慰慈、杨永乐、张和珍（专职）任副主任委员，张和珍兼任秘书长。

【第三次社员代表大会】

1991年11月28—30日，召开九三学社嘉兴市第三次社员代表大会，出席会议代表123人。会议听取和审议九三学社嘉兴市第二届委员会工作报告，选举出席九三学社浙江省第三次代表大会代表，审议并通过本次大会决议；选举产生九三学社嘉兴市第三届委员会，由丁慰慈、孔宪琴（女）、王琮、孙义辉、孙洪云、杨永乐、张和珍（女）、陈章寿、郑贤俊、夏福琪、俞美璋（女）、龚国钊、蔡熹荣13人组成，丁慰慈任主任委员，杨永乐、张和珍（专职）、蔡熹荣任副主任委员，张和珍兼任秘书长。

【第四次社员代表大会】

1996年12月5—6日，召开九三学社嘉兴市第四次社员代表大会，出席会议代表126人。会议听取和审议九三学社嘉兴市第三届委员会工作报告，选举出席九三学社浙江省第四次代表大会代表，审议并通过本次大会决议；选举产生九三学社嘉兴市第四届委员会，由马玉华、马嵘、王小玲（女）、王天松、计浩翔、孙洪云、吴春泉、杨永乐、张大同、张松昆、梁任、黄玉菲（女）、褚离贞（女）13人组成，杨永乐任主任委员，孙洪云、马玉华任副主任委员，王天松任秘书长；推

1987年7月4日，九三学社嘉兴市第二次社员大会合影

举丁慰慈为名誉主委，张和珍、蔡熹荣为顾问。

【第五次社员代表大会】

2001年10月29—30日，召开九三学社嘉兴市第五次社员代表大会，出席会议代表143人。会议听取和审议九三学社嘉兴市第四届委员会工作报告，审议并通过本次大会决议；选举产生九三学社嘉兴市第五届委员会，由马玉华、马嵘、王小玲（女）、王天松、杨永乐、严强、张大同、张晓君（女）、顾宁生、徐锦松、贾鸣、梁任、睢凤英（女）13人组成，杨永乐任主任委员，马玉华、王天松（专职）、王小玲任副主任委员，王天松兼任秘书长。

【第六次社员代表大会】

2006年10月30—31日，召开九三学社嘉兴市第六次社员代表大会，出席会议代表153人。会议听取和审议九三学社嘉兴市第五届委员会工作报告，审议并通过本次大会决议；选举产生九三学社嘉兴市第六届委员会，由马玉华、王天松、孔俭、刘稚红（女）、孙浩彬、严强、张晓君（女）、陈天荣、贾鸣、徐谟光、徐锦松、辅浩生、睢凤英（女）、戴蒨（女）15人组成，马玉华任主任委员，王天松、刘稚红、陈天荣任副主任委员。六届社市委二次会议决定徐谟光为秘书长。

【第七次社员代表大会】

2011年11月29—30日，召开九三学社嘉兴市第七次社员代表大会，出席会议代表140人。会议听取和审议九三学社嘉兴市第六届委员会工作报告，审议并通过本次大会决议；选举产生九三学社嘉兴市第七届委员会，由卫瑞良、马玉华、孔俭、刘稚红（女）、孙浩彬、严强、佘明龙、张晓君（女）、陈天荣、范永根、贾鸣、徐谟光、黄健、辅浩生、戴蒨（女）15人组成，马玉华任主任委员，刘稚红、陈天荣、徐谟光（专职）、孔俭任副主任委员，徐谟光兼任秘书长。

第三节　履行职能

1984—2014年，九三学社市委会及社员向市政协提交集体提案71件、个人提案802件、大会和常委会发言60篇，其中被市政协列为重点提案14件，评为优秀提案46件；撰写参政议政调研报告120余篇，报送信息和社情民意350余篇。2007—2014年，九三学社市委会连续7年被市政协评为社情民意工作先进集体。

一届九三学社市委会　九三社员当选全国人大代表1人、市或区人大代表3人，担任省、市政协委员22人；向市政协提交提案111件，作大会发言5篇。1983—1988年，九三市委会副主委丁慰慈围绕城市建设和管理工作先后提交《要求在中山路改建过程中，建造有特色和个性的建筑物》《建议开发湘家荡为游览区》《提请有关部门限制粘土砖生产，再不能吃子孙粮了》等提案6件，其中《建议开发湘家荡为游览区》的提案具有一定前瞻性，1997年湘家荡区域被省政府批准为省级旅游度假区。九三社员《要求将治理三废，防治环境污染列为企业整顿验收工作重要内容》和《关于加强农技人员知识更新和拓宽，以改变原有推广的老办法》的提案，得到市政府领导批示，交有关部门办理。

二届九三学社市委会　九三社员当选省、市、县（市、区）人大代表9人，担任市政协委员34人，其中常委6人；向市政协提交提案117件，其中集体提案2件、委员提案115件，作大会发言16篇，其中集体发言1篇、委员发言15篇。1988—1993年，九三社员在市政协会议上作《科技兴市，关键是兴人》《发挥农村农技员的作用是科技兴农中的重要策略》《关于我市农业社会化服务体系建设中存在的问题与建议》等大会发言，在科技界委员中产生强烈反响；提交的《增加农业投资，改善农业物质技术条件，增强农业发展后劲》《对振兴嘉兴科技，充分调动科技人员积极作用的几点建议》《关于对乡镇企业的管理问题》和《对职称评审工作的意见和建议》等提案，引起政府和有关部门重视并采纳。

三届九三学社市委会　九三社员当选省人大代表2人，市人大代表5人，其中常委会委员1人；担任省政协委员2人，市政协委员26人，其中副主席1人、常委3人；向市政协提交提案140件，其中集体提案8件、委员提案132件，作大会发言11篇，其中集体发言7篇、委员发言4篇，被市政协评为优秀提案8件。1993—1996年，九三社员在市政协会议上作《以市场经济为导向，大力发展科技事业》《发展外向型经济，必须提高科技含量》《加大宣传力度，各级领导重视，把优势工程与科技兴市有机地结合起来》《加快绿化建设，美化城市环境》等大会发言，引起与会委员共鸣。

四届九三学社市委会 九三社员当选市人大代表6人；担任省政协委员2人，市政协委员21人，其中副主席1人、常委5人；向市政协提交提案177件，其中集体提案13件、委员提案164件，作大会发言6篇，列为重点提案1件，评为优秀提案9件。九三市委会关于《搞好老城区环河绿化，注意挖掘文化内涵》的提案，得到市政府的肯定，对环城区绿化带设计，提升嘉兴历史文化名城的品位，具有重要参考价值。1999年，《加强城市秩序管理——杜绝城市马路市场》《关于发展农业中介服务组织的调查和建议》的发言，获得2000—2001年浙江省农业系统优秀调研报告一等奖，并在《探寻浙江效益农业之路》一书上刊登。2000年，调研报告《“城中村”存在的问题和几点建议》被九三学社浙江省委会《意见和建议》采用。

五届九三学社市委会 九三社员当选市人大代表5人，其中市人大常委会副主任1人；担任省政协委员2人，市政协委员22人，其中常委5人；向市政协提交提案141件，其中集体提案16件、委员提案125件，作大会发言8篇，列为重点提案5件，评为优秀提案10件。2002—2006年，九三市委会在市政协会议上作《加强乡镇农技队伍建设，促使效益农业更快发展》《加大宏观指导和扶持力度，进一步促进我市新材料产业发展》《大力发展嘉兴内河航运事业，推进嘉兴交通运输业平衡发展》《加快行业公共技术平台建设，提高我市制造业的核心竞争力》《进一步深化和推进我市农技推广体系建设的建议》等发言，部分被市政府和有关部门采纳。2003年，《嘉兴市农业专业合作经济组织机制运行研究》调研文章，分别在《农业经济问题》（国家一级刊物）、《嘉兴社会科学》及《新嘉兴》等刊物上发表。

六届九三学社市委会 九三社员当选省人大代表1人，市人大代表6人，其中常委会委员1人，县（市、区）人大代表3人；担任省政协委员2人，市政协委员22人，其中副主席1人、常委3人，县(市、区)政协委员33名；向市人大提交议案建议29件；向市政协提交提案128件，其中集体提案20件、委员提案108件，作大会发言8篇，列为重点提案5件，评为优秀提案13件，其中集体5件、个人8件。《关于进一步加强我市农产品质量安全工作的建议》《关于加强农村小集镇建设管理，推进社会主义新农村建设的建议》等7篇大会发言，被中共嘉兴市委刊物《新嘉兴》转载。《加速淘汰落后生产能力实现经济又好又快发展》等4个集体提案和《关于进一步加大我市建筑业培育扶持力度的建议》等联名提案，被列为市政协重点提案。《大力发展农民专业合作社，全面提高农业规模化、集约化和产业化水平》等5件集体提案和《应进一步加大对成长型中小企业的培育扶持力度》等8件个人提案，被市政协评为优秀提案。2008年，调研报告《我省排污权交易制度建设建议》，被九三学社省委会作为省政协全会书面发言和集体提案。2006—2011年，九三市委会收集社情民意205条，其中上报九三学社省委会、市政协和市委统战部126条，《当前全国危险货物挂靠车辆运输安全问题逐步凸现》等3篇信息被全国政协采用。2007—2010年，九三市委会获市政协一等奖1次、二等奖4次，市委统战部二等奖4次。2010年，市政协副主席、九三市委会主委马玉华被九三学社中央评为“参政议政先进个人”。

七届九三学社市委会 九三社员当选省人大代表4人，市人大代表7人，其中常委会委员1人；担任省政协委员1人，市政协委员23人，其中副主席1人、常委3人；向市政协提交提案65件，其中集体提案9件、委员提案56件，作大会发言4篇，列为重点提案3件，评为优秀提案6件。九三市委会在中共嘉兴市委召开的“统筹城乡背景下，推进我市新型城镇化建设”民主协商会上，作《推进工业园区转型发展，夯实新型城镇化产业支撑》专题发言。集体提案《以规划为引领，以转型为主线，着力推进我市工业园区二次开发》《把握海洋经济战略机遇，着力推进嘉兴海运业大发展》，分别受到中共嘉兴市委书记李卫宁、市长鲁俊批示，意见建议被政府和有关职能部门采纳。《突出重点，科学治理，进一步提高水环境综合治理实效和水平》等3个集体提案，被市政府、市政协列为重点提案；《发挥优势，把握机遇，大力推动商务会展旅游发展》《以规划为引领，以转型为主线，着力推进我市工业园区二次开发》2个集体提案和《关于进一步加强嘉兴海盐核电关联产业发展的建议》《关于科学规划合理布局建设市区公交换乘枢纽的建议》等5个委员（联名）提案，被评为优秀提案。2012—2014年，九三市委会报送信息、社情民意129条，其中被九三学社中央采用5条、浙江省政协采用7条、中共浙江省委统战部采用4条，被九三学社省委会、嘉兴市政协、中共嘉兴市委统战部采用93条；被九三学社省委会评为2013年参政议政先进集体；获2011年度、2012年度、2013年度嘉兴市政协社情民意工作二等奖；2011年度、2012年度、2013年度全市统战系统信息工作二等奖。

第四节　自身建设

【思想队伍建设】

1984年4月，九三学社嘉兴市委员会成立以后，坚持把学习放在思想队伍建设首位。采取完善各类学习制度，组织开展主题教育活动，举办学习会、报告会和新社员、骨干培训班以及树立典型，开展向先进人物学习等措施，引导广大社员自觉学习中国特色社会主义理论、中国共产党统一战线方针政策以及社章、社史，自觉接受中国共产党领导，与中国共产党亲密合作、同心同德。1988—2014年，组织和选送骨干社员参加中央、省和市三级社会主义学院学习150余人次。1983年开始编发《嘉兴九三》社讯，截至2014年8月编辑《嘉兴九三》55期。2009年7月设立九三学社嘉兴市委员会网站，作为广大社员学习的平台和社市委对外宣传的窗口。2011年，九三学社市委会编纂《九三学社嘉兴简史》。2014年，九三学社嘉兴市委会成立三十周年，九三学社市委会编印《同心同行》纪念画册。30年间，九三学社市委会先后获社中央颁发的学习践行社会主义核心价值体系活动全国先进集体、社省委颁发的全省九三学社政治交接学习教育活动先进集体和全省九三学社新闻宣传先进集体。

一届九三学社市委会　每月召开九三学社市委会（扩大）会议，吸收支社、小组领导和专业组同志参加，广泛讨论和了解社员的思想、意见和要求，深入理解中共中央的有关政策。组织社员学习中共中央各项方针政策，及时传达全国人大、政协、省人大、政协和社省委会议精神，纳入各级组织生活的主要内容之一。学习《中共中央关于经济体制改革的决定》，组织社员参观考察秦山核电厂、宝山钢铁厂，拓宽社员对祖国建设的视野，提升社员对改革开放政策成果的认识。学习社章、社史，使社员充分认识九三学社作为民主党派，有着光荣历史和“民主与科学”的优良传统，是在中国共产党领导下，与中共并肩战斗，风雨同舟的亲密战友，增强社员的光荣感、使命感。

二届九三学社市委会　1989年5—6月，九三学社市委会前后召开四次主委会议、四次九三学社市委会（扩大）会议，及时把党的一系列决策、方针和九三学社中央的精神传达贯彻到基层，要求各支社认真组织学习《人民日报》“4·26”社论，学习邓小平在北京军以上干部会议上的重要讲话以及李鹏、杨尚昆等中央领导的重要讲话，号召全体社员明辨是非，积极行动起来，旗帜鲜明地同一切制造混乱，反对四项基本原则的言论和行动作坚决的斗争，自觉维护安定团结的政治局面，坚定不移地走社会主义道路。1990年年初，九三学社市委会组织社员集中精力、集中时间深入学习《中共中央关于坚持和完善中国共产党领导的多党合作和政治协商制度的意见》，并采取邀请中共嘉兴市委统战部和社省委领导作学习辅导、选派九三学社市委会领导、骨干社员和全体机关工作人员参加中共嘉兴市委统战部和上级社组织举办的培训班学习、召开基层工作研讨会、举办新社员培训班等方式，有组织、有步骤地开展学习，增强对中国共产党领导的多党合作和政治协商制度重要性的认识。

三届九三学社市委会　九三学社市委会以学习邓小平视察南方重要讲话、建设有中国特色的社会主义理论以及《邓小平选集三卷》为重点，先后组织主委会议集中学习30次、九三学社市委会（扩大）

会议集中学习21次，并通过各种形式组织全体社员认真学习，加强思想队伍建设，进一步坚定广大社员坚持党的基本路线不动摇，坚持以经济建设为中心，坚持改革开放和四项基本原则。

四届九三学社市委会 九三学社市委会围绕改革开放全面深入和经济体制转型工作重心，以进一步加强《中共中央关于坚持和完善中国共产党领导的多党合作和政治协商制度的意见》、九三学社社章、社史和光荣传统的学习为重点，结合中共十五大精神的学习，先后举办学习《中共中央关于坚持和完善中国共产党领导的多党合作和政治协商制度的意见》读书班6期，组织人大代表、政协委员学习统一战线和人民政协基本知识读书班2期，新社员及骨干培训班6期，开展社章社史、统战理论知识专题问卷调查2次，召开纪念《中共中央关于坚持和完善中国共产党领导的多党合作和政治协商制度的意见》发表10周年纪念大会等。通过有针对性的学习，推动全体社员在思想上、政治上始终与中共中央保持一致，坚定不移地走社会主义道路。

五届九三学社市委会 九三学社市委会把学习贯彻“三个代表”重要思想和《中共中央关于进一步加强中国共产党领导的多党合作和政治协商制度建设的意见》作为思想队伍建设的重点，组织开展社市委中心学习组、社市委(扩大)会议学习、新社员培训班和基层组织学习等。先后举办主委学习会28次，九三学社市委会(扩大)会议集中学习18次。在深入学习研讨的基础上，召开学习贯彻“三个代表”重要思想交流会、纪念九三学社建社60周年庆祝大会，组织全体社员参加社中央“多党合作和政治协商制度及社史知识竞赛”活动，并对思想队伍建设成绩突出的先进基层组织和优秀社员进行表彰。

六届九三学社市委会 九三学社市委会先后组织开展以坚持走中国特色社会主义政治发展道路为主题的政治交接学习教育活动、深入学习贯彻科学发展观、树立和践行社会主义核心价值体系等主题教育活动。活动中，注重将主题教育活动与调研工作相结合、与社会服务工作相结合、与组织生活开展相结合，通过班子成员带头学习，举办培训班、学习体会交流会、专题报告会、征文活动、邀请有关专家领导辅导讲座等方式，引导全体社员广泛参与。其间，组织九三学社市委会中心学习组集中学习30次、九三学社市委会(扩大)会议集中学习22次，举办专题讲座和辅导报告10次，举办骨干社员、新社员培训班3期，选派骨干社员参加各级中共党委统战部和社会主义学院主办的培训班25名。举办中华人民共和国成立60周年和多党合作制度确立60周年庆祝大会暨文艺演出活动，对一批先进基层组织和优秀社员进行表彰。海宁基层组织被九三学社中央评为政治交接学习教育活动先进集体，九三学社市委会获征文活动优秀组织奖。

七届九三学社市委会 九三学社市委会以学习贯彻中共十八大精神为主线，采取九三学社市委会中心学习组、九三学社市委会(扩大)会议学习、新社员培训班、基层组织学习以及举办学习十八大精神专题辅导报告会、纪念褚辅成先生诞辰140周年学术研讨会、九三学社嘉兴市委员会成立30周年暨坚持和发展中国特色社会主义学习实践活动推进会等方式，在全社组织开展“同心理念”主题教育、坚持和发展中国特色社会主义学习实践活动等活动。其间，召开主委学习会21次，社市委(扩大)会议集中学习13次，并对优秀社员进行表彰。

【引导建功立业】

九三学社市委会坚持把广纳贤才作为“人才强社”的基础，增强社组织的活力。在组织发展上按照社章规定，坚持“三个为主”的原则，严格按照操作程序进行，注重新成员的政治素质，坚持把质量放在第一位，有计划的吸纳优秀人才加入社组织；在后备干部培养方面，坚持以政治交接为主线，特别是加强与骨干社员单位党组织的联系，共同做好后备干部的培养、推荐和使用。至2014年12月，全市社员总数531人，其中高级职称占56.18%。30年间，社员中先后有15人担任副处级以上领导干部，57人次担任各级人大代表，346人次担任各级政协委员。2013年九三学社市委会获全国九三学社组织建设先进集体。广大社员立足本职，建功立业，共获得市级以上表彰奖励360余人次，其中各级劳模6人次；享受国务院特殊津贴3人；嘉兴市跨世纪和新世纪专业技术带头人40余人次；获地市级以上科技成果奖励354人次；在省级以上刊物发表论文571篇；出版著作57部。

一届九三学社市委会　共发展社员86名。至1987年年底，全市有社员123人。全市社员积极投入“四化”建设，在本职工作中发挥骨干作用。龚国钊、戴应如、王琮分别担任民丰造纸厂、嘉兴毛纺总厂、嘉兴化工厂等国有大中型企业总工程师，成为全市大中型企业的技术中坚；工业二支社社员鲍栋文获得国务院特殊津贴；冶金支社社员郑贤俊先后承担国家冶金工业部下达的“SYD-400型高能碎石机”和“SYD-1500型高能碎石机”科研攻关项目，其中“SYD-400型高能碎石机”项目1985年获冶金工业部技术进步二等奖，“SYD-1500型高能碎石机”项目获中国有色工业总公司技术进步二等奖；工业支社社员陈瑛参加研制的“农用防腐油”获得浙江省科技成果三等奖；医卫支社社员孙义辉在断手再植、断指移植手术方面取得成功，获得市政府大会表彰奖励。

二届九三学社市委会　全市社员增加到234人。全市社员围绕党委政府中心工作，主动发挥掌握的科学技术，将科技转化为生产力，为振兴和发展嘉兴经济作贡献。其间，社员在“七五”科技攻关中获得国家级科研特等奖1个、国家级调研奖3个，获得省部级科研发明奖22人次，获得市级科技成果奖24人次；在各级各类科技杂志上发表论文154篇，其中国家级杂志上18篇，部省级杂志上79篇，市级杂志上57篇。冶金支社社员、高级工程师郑贤俊在承担国务院下达的一千万吨级大型露天矿成套设备研制攻关中作出重大贡献，1989年荣获国家科学技术进步奖评审委员会颁发的特等奖；民丰支社社员、民丰造纸厂总工程师龚国钊主持的“高透气度全麻卷烟纸研制”项目，1989年获得轻工业部科技进步二等奖。

三届九三学社市委会　共发展社员63人。至1996年年底，全市有社员292人。全市社员立足岗位、创新奉献，为嘉兴经济社会发展作出积极努力，获得社会肯定。社员孙洪云从政前是中国电子工业嘉兴第36研究所的科技人员，出任海宁市分管科技工作的副市长后，充分发挥科技特长，以高度的事业心和责任心，为提高海宁市全民科技意识，增强经济后劲做了大量富有成效的工作，得到海宁市委、市政府的充分肯定，换届时调任嘉兴市科委副主任，后又晋升为市科委主任、党组书记。三届九三学社市委会期间，全市退休社员增加到100余人，占社员总数的三分之一强。广大退休社员发挥专业特长，受聘一些企业担任技术、质量等方面的总负责或顾问，为科教兴市发挥余热。

四届九三学社市委会　共发展社员77人，外地调入3人。至2001年年底，全市有社员352人。全市社员获各级科技成果称号180多人次，其中获省部级科研成果奖22项；发表科研论文350多篇，其中在全国性刊物刊出20余篇，出版专著5部；出国援外、科技和艺术交流、友好往来14人次。社员梁任主持开发的B1112CY碳氢冰箱压缩机获国家级新产品奖；张若萍获全国绿化先进个人奖；王丽萍主持全省第一例试管婴儿项目攻关成功；王勤获全省银行系统优秀揽储能手称号；范柏松获全省重大气象服务先进个人，并为中央电视台心连心艺术团到嘉兴庆祝中国共产党成立80周年演出成功完成气象专报；斯时瑞获国家有色总公司优秀论文奖。

五届九三学社市委会　共发展社员54人。至2006年10月，全市有社员386人。全市社员在国家三级以上刊物发表论文244篇，其中国家一级刊物82篇、二级刊物122篇、三级刊物40篇；荣获各类科技成果奖61项，其中国家级科技成果9项、省部级成果31项、地市级成果21项；获得地市级以上先进个人称号40人次，其中全国性先进个人9人次、省部级先进个人15人次、地市级先进个人16人次。社员孙祥良在农业战线取得丰硕研究成果，获国务院特殊津贴；钱苏翔主持申报的“基于温度场模型及特征提取的大型变压器远程监诊方法与技术的研究”课题，获国家自然科学基金立项，并获嘉兴学院陈省身奖；潘幼根主持监理的乍嘉苏高速公路建设工程获国家建筑质量鲁班奖，秀洲区行政中心建设工程项目获国家建筑质量银奖；韩钰彦主持研究的“LTC4.5-13.0M 冂型压电陶瓷滤波器”被认定为2002年度国家重点新产品；陈铁对主要病虫草鼠害发生趋势进行预测预报，定性准确率保持在90%以上，被联合国粮农组织评为“联合国粮农组织水稻病虫害综合防治项目”全国先进个人；吴水明主持的“高产桑品种育7-11育成与推广”项目获2005年度中国农科院科技进步一等奖；马玉华被省委、省政府评为抗击“非典”先进个人；孙祥良、吴关炳、杨曦帆3位社员分别被嘉兴市政府、海宁市政府命名为第六批优秀专业技术人才称号。

六届九三学社市委会 共发展社员75人。至2011年6月，全市有社员465人。全市社员在各种刊物上发表论文480篇，国家专利18项；获全国先进等表彰25人次，省部级44人次，地市级83人次。社员陈培玉被评为全国县（市）科技工作先进个人，石斌、吴关炳荣获浙江省劳动模范荣誉称号，万尤宝博士荣获“浙江省华侨华人专业人士杰出创业奖”，戴蒨被评为嘉兴市三八红旗手；钱苏翔主持完成了国家自然科学基金项目“基于温度场模型及特征提取的大型变压器远程监诊方法与技术的研究”；姜东明的“面向‘平安渔业’的远距离智能渔船识别系统研究”获2009年度中国航海科技进步二等奖；陈铁的“桐乡市花卉苗木病虫害综合治理技术研究与推广”获2009省林业厅科技进步二等奖；孙祥良的“葡萄优化栽培及有害生物无害化治理设施”课题获市科技成果一等奖；肖旺频参与的“椎管内注射丙戊茶碱对骨癌痛镇痛的可行性研究”项目获市科学技术进步奖二等奖；王丽萍、范永根、叶朝霞、张青春等9名社员入围嘉兴市第五批新世纪专业技术带头人后备人才。

七届九三学社市委会 共发展社员72人。至2014年12月，全市有社员531人。社员叶朝霞为主牵头的《嘉兴市“十一五”环境质量报告书》，获环境和保护部“十一五”环境质量报告书评比二等奖、浙江省“十一五”环境质量报告书评比一等奖；金月祥主持的“农村小区生活污水生态化处理的研究”获国家专利；周拯晔撰写的《提升功率、挖掘节能减排“富矿”》获工业和信息化部、中华全国总工会“我为节能减排献一策”优秀征文二等奖；睢凤英编写的《基础医学PBL教学案例》，由人民卫生出版社出版；吴关炳撰写的《推进我市创新型企业建设的调查与思考》调研报告被评为省科技系统优秀调研报告三等奖；孙瑜瑾策划报道的《追击臭气源》系列报道荣获2012年浙江省政府新闻奖二等奖；肖旺频等《带状疱疹患者急性期疱疹液和血清细胞因子浓度变化与后遗神经痛关系》获浙江省医药卫生科技创新三等奖；朱日清、史兴华的“测土配方施肥技术示范与推广”获浙江省农业丰收奖三等奖；综合二支社孙瑜瑾参与创作的“天涯海角育种人”获浙江省新闻奖一等奖；农业支社社员钟雪明主持的“嘉兴市水稻褐飞虱监测预警、综合治理技术研究和推广应用”获省农业厅农业丰收奖二等奖；嘉兴学院基层委员会社员罗义英领衔的课题“大型LNG储罐底部泡沫玻璃绝热层保冷性能”和桐乡基层委员会社员翟昌林的课题“甘草甜素通过降低HMGB1表达，抑制JNK/Bax细胞通路磷酸化，保护大鼠心肌缺血再灌注损伤”获嘉兴市第九届自然科学学术奖二等奖。范永根在浙江省交通运输厅开展的交通系统“安全隐患排查整改”活动中获先进个人；刘稚红等8名社员成为嘉兴市第六批新世纪专业技术带头人；单方平等12名社员成为嘉兴市第六批新世纪专业技术带头人后备人才；黄健获2011年度浙江省重点建设立功竞赛先进个人称号；桐乡基层委员会社员陈铁荣获嘉兴市劳动模范称号；南湖基层委员会连育彬获浙江省师德标兵称号；海盐支社社员张青春获浙江全省质检系统科技工作先进个人称号。

第五节　主要活动

九三学社市委会引导各基层组织和社员把发挥优势、服务社会作为己任，通过组织开展“三下乡”服务，结对新农村建设，成立“九三科普巡回讲座”，设立“辅成奖学金”等平台，走进农村、社区、企业和学校，开展社会服务活动，受到社会的广泛赞誉，多次被九三学社中央和九三学社省委会评为社会服务先进组织。2011—2014年，九三市委会以“同心建功”活动为抓手，按照“创形式、树品牌、求实效”的思路，进一步做好社会服务工作，连续获得市政协2011年度、2012年度工作创新进步奖。

【兴办实体与技术服务】

1984—1987年，为乡镇企业、中小型企业供技术服务5个，完成扩建设计3个。1988年9月，以技术投资形式与海宁市伊桥乡联营创办中兴化工厂，1989年元旦出产品，并形成批量生产能力。1993年，部分九三学社社员出资购买嘉兴市校企公司所属钢纤维厂，创办经济实体。同年10月，组建禾兴工业技术研究所，进行工业微机控制系统等高科技产品开发与研究，开发出DBWZ89型角位移变送器，性能达到美国费西尔公司的同类产品，年销售100余台。1994年，在民丰造纸厂开发锅炉微机节煤控制系统，于1995年4月投入使用，《嘉兴日报》以《禾兴的高科技在节能领域大显身手》为题作专题报道。2000年，研究所停办。2000—2010年，九三学社桐乡基层委员会，把"董家茭白"基地作为长期联系点，开展科技兴农服务，每年派出农业专家进行指导，使"董家茭白"种植面积从2000年的1050亩，扩大到2010年的13000亩，平均亩产值从2003年的3750元，提高到2009年的7452元，成为龙翔街道的农业主导产业，"董家茭白"被认定为浙江省无公害农产品基地和国家级绿色食品。

【咨询讲座与业余培训】

1984—1987年，配合嘉兴广播电视大学"党政管理干部专业"开办九三学社教育班，采取自学+辅导的方式培训学员，获得毕业证书20名。1988年，配合市劳动局、市总工会，分别举办"司炉工培训班"2期、培训技工80余人，联办"电焊工安全技术培训班"4期、学员120余人。1990年，举办职工技术培训班1期，培训职工54人。1997—2001年，组织农技专家下乡为农民进行植保、养殖、蚕桑、蔬菜、畜牧等方面的义务咨询和科技服务6次，发放农业科技材料1000余份，接受咨询2500余人次。2002年，参与国家西部大开发战略，组织蚕桑专家赴广西南宁围绕"东桑西移"调研，完成《赴南宁考察种桑养蚕情况和建议》的调研报告，并与九三学社南宁市委会结为友好市委员会，帮助当地发展蚕桑产业。2001—2006年，组织医卫、农业、经济、建筑等方面的专家深入农村、社区和学校，开展义务咨询和科普讲座8次，咨询群众2500余人次，发放资料3000多份。2007年，与南湖区余新镇黎明村结对，进村开展义务咨询、专题讲座4次，捐赠图书、文体用品、电子钢琴、现金等累计2万余元。2010年，成立"九三科普巡回讲座"，在新嘉街道清华社区、余新镇中心小学等8个社区和学校开展科普讲座5次，听讲群众和学生600余人。2012年年初，制定《九三学社市委会关于开展"进企业、入村社"活动实施方案》，组织相关专家和骨干社员参加结对新农村建设，组织开展"九三科技服务月""九三科普巡回讲座"和"辅成奖学金"等社会服务，打造社会服务品牌。2012—2014年，继续与南湖区余新镇黎明村开展结对帮扶活动，通过慈善捐资、结对助学、"三下乡"服务等形式，参与黎明村新农村建设。先后资助2位贫困学生，帮助完成学业；向村幼儿园捐赠电子钢琴、玩具等学习用品5000余元；筹资5000元为黎明村老年排舞队购置服装，向村"爱心援助基金"捐款6000元；组织专家到结对村开展科普宣传和大型咨询服务，发放科普资料1000余份，接受咨询群众1000余名。"九三科普巡回讲座"结合九三学社中央"国际科学与和平周" 和九三学社省委会"九三科技服务月"活动，开展讲座69场，受益群众5930余名。海宁、桐乡基层委员会结合各自特色，承办"河道治理、生态修复"专题讲座和种植技术咨询服务；秀洲区支社组织专家到王店镇举办农作物病虫害专题辅导；南湖区基层委员会到余新镇开展大型社会服务咨询活动。

【送医下乡与义诊服务】

1987年12月，与桐乡县濮院镇卫生院建立医疗联合体定点服务，每周派出专家到卫生院服务。1987—1991年，共派出医生1000余人次，就诊、会诊病员1.5万人次，门诊手术500余例。1988年第一个老人节，组织各科医师，对濮院镇70岁以上无劳保老人义务健康检查，并承担部分患病老人的医药费。1997—2001年，组织医卫专家自带医疗仪器和部分药品到农村义务为农民进行体检和提供咨询，接受体检、治疗、咨询患者1000余人次。2009年5月"甲流"爆发期间，组织医疗专家，赴余新镇曹庄集镇通过现场咨询、有奖竞猜、发放资料和图板展示等形式，宣传"甲流"预防和治疗知识，咨询群众500余人。海宁基层委员会组织医护人员连续18年为海宁培智学校的学生们进行免费义务体检。

【赈灾捐助与扶贫帮困】

1991—2010年，共向灾区捐款35.2万元，结对助学2万余元。1998年长江、嫩江全流域洪灾和1999年嘉兴“6·30”洪灾中，九三社员为灾区人民捐赠人民币1.5万余元和部分衣物，并在嘉兴6.30洪灾后，医护界社员组成卫生小分队下灾区指导灾后卫生防病工作，农业界社员指导灾后农作物科学管理。2001—2006年，全市九三社员各类捐款累计17余万元，其中为辅成小学捐书400册、购书款5000元、助学捐款8500元。2008年四川汶川“5·12”大地震发生后，为灾区捐款13.88万元，并选派2名社员赴灾区参加医疗救援工作。在响应中央民委和九三学社中央号召开展扶贫支边活动中，九三学社市委会与云南省德宏傣族景颇族自治州潞西市三台乡对口扶贫，捐赠衣被1098件(套)，人民币1000元。

【保护褚辅成墓原址和成立褚辅成史料陈列馆】

1995年4月，九三学社市委会向市政协提交《建议修复著名社会活动家、爱国民主人士褚辅成先生之墓》的提案，被市政协采纳，并于5月向中共嘉兴市委、市政府提出重建褚辅成墓的报告。当年农历冬至，褚辅成先生墓迁葬安灵仪式在嘉兴公墓举行。2003年，2名九三社员《关于将南杨路小学更名为褚辅成小学的建议》被有关部门采纳。2006—2007年，连续提交《关于保护褚辅成墓原址的建议》和《关于再次要求保护褚辅成墓原址的建议》的提案，被市政府采纳。2008年，市政府先后两次召开关于褚辅成先生墓原址保护方案协调会，决定立“褚辅成先生墓原址”石碑。

2001年、2003年，九三学社市委会在市政协三次、五次会议上先后提交《关于建立褚辅成先生陈列纪念室的建议》和《梅湾街历史文化街区保护开发中再次建议筹建褚辅成先生史料陈列室》的提案。2004年4月，中共嘉兴市委、市政府将筹建的褚辅成史料陈列室列入《嘉兴市文化历史名城创建工作(2004)行动纲领》。2006年5月27日，褚辅成先生史料陈列室建成开放，为嘉兴建设历史文化名城增添新的人文景观，成为又一处爱国主义教育基地。

2006年5月27日，由九三学社嘉兴市委会提案建议，市委、市政府采纳建立的褚辅成史料陈列室正式对外开放

第八章　台湾民主自治同盟嘉兴支部

2003年6月，台湾民主自治同盟(简称“台盟”)嘉兴市支部委员会成立以后，认真履行参政议政、民主监督职能，积极推动两岸交流，促进祖国统一大业。

第一节　组织机构

1999年5月，台湾民主自治同盟(简称“台盟”)浙江省委员会主委陈昭典和秘书长郑博光到嘉兴发展首批盟员4人，加外省调嘉兴工作的盟员1人，共有盟员5人。同年6月5日，成立台盟浙江省委嘉兴直属小组，柯青为组长，有盟员5人。2003年6月，成立台盟浙江省委嘉兴支部，有盟员5人。

2014年，台盟浙江省委嘉兴支部机构设置不变，有盟员5人。

第二节　盟员大会

【第一次盟员会议】

2003年6月，召开台盟浙江省委嘉兴支部第一次盟员会议，出席会议盟员5人。经台盟浙江省委批准、省委统战部同意，成立台盟浙江省委嘉兴支部，选举产生台盟嘉兴市支部第一届委员会，柯青任主任委员。

【第二次盟员会议】

2008年2月，召开台盟浙江省委嘉兴支部第二次盟员会议，出席会议盟员4人。会议选举产生台盟嘉兴市支部第二届委员会，章留明任主任委员。

2008年2月，台盟嘉兴支部举行换届大会

【第三次盟员会议】

2011年12月16日，召开台盟浙江省委嘉兴支部第三次盟员会议，出席会议盟员5人。会议选举产生台盟嘉兴市支部第三届委员会，章留明任主任委员，林志勤任副主任委员。

2014年，台盟浙江省委嘉兴支部第三届委员会仍在任期中。

第三节　履行职能

台盟嘉兴支部组织盟员开展调研，建言献策，认真履行参政议政、民主监督职能。

盟员中任省政协六届、七届、九届、十届委员各1人，任市人大三届、四届常委会委员各1人，任市政协五届、六届常务委员各1人。1999—2011年，在省、市人大和政协会议上，提交建议和提案、议案55件，其中《关于进一步健全和完善我市社会保障系统的议案》被市人大评为优秀议案。在省政协会议上提交的《认真贯彻“台湾同胞投资保护法”，创建良好的投资环境》《针对当前台湾政治动向，不失时机地做好台湾人民工作的建议》《大力发展侨务经济，为我省外向型经济提供新服务》等提案，被省政府有关部门采纳。台盟嘉兴支部负责人参加嘉兴市委召开的座谈会、民主协商会、情况通报会和市政府有关重要会议28次。参与政府工作的评议和民主监督，参加市领导的谈心活动21次。应邀参加全国人大台湾省代表团、省政府、省政协、省纪委的各类座谈会，就浙江省和嘉兴市《政府工作报告》、“九五”规划等重大问题以及在大陆台胞关切的问题发表意见、提出建议。

第四节　主要活动

【促进祖国统一】

积极开展对台宣传，广泛联系台湾岛内外台胞，宣传“和平统一、一国两制”对台方针政策，加强台湾民情研究。一些盟员利用回台探亲，向亲朋好友介绍祖国改革开放，经济建设成就，动员亲人来嘉兴考察和投资兴业。一些盟员赴日本探亲期间，成功邀请在日台胞到大陆探亲访友、观光旅游，牵线做好台胞招商引资工作。1999年6月至2011年6月，台盟嘉兴支部接待台湾同胞、华侨华人230余人，引进外资200万美元。盟员柯青被评为全省归侨侨眷先进个人，并被全国侨联、省侨联表彰，获得“报效桑梓奖”（回国40年以上）、“为侨奉献奖”（从事侨联工作20年以上）。盟员章留明被评为浙江省台籍同胞先进个人。2003年6月至2011年6月，台盟嘉兴支部出刊《台盟嘉兴支部简讯》17期、《台盟嘉兴支部信息》39期，撰写各类社情民意、情况反映信息35份，被台盟省委、省台联采用稿件38篇，一些信息被市委和《统战信息专报》《嘉兴统战》采用。在2003年省“两会”上，台盟嘉兴支部主委柯青接受《浙江日报》记者专题采访，全文刊登在《浙江日报》第二版。

【联谊活动】

保持与台胞的联系和联谊，每年举行中秋茶话会、春节大家庭团聚会、共庆元宵佳节等活动。积极参加市委、市政府举办的全市中外人士中秋茶话会，参加市台办举办的台胞台属迎春联欢会。台盟负责人走访慰问全市台湾省籍同胞，向盟员、台胞通报台盟工作情况，介绍国内外形势和海峡两岸关系的发展情况，宣传对台政策。

第九章　嘉兴市工商业联合会(总商会)

嘉兴市工商业联合会(总商会)是中国共产党领导的以非公有制企业和非公有制经济人士为主体的，具有统战性、经济性、民间性有机统一基本特征的人民团体和商会组织。

中华人民共和国成立以后，嘉兴市(县级)工商联发挥人民团体和民间商会作用，组织引导私营经济人士积极参与恢复和发展国民经济。

撤地建市后，嘉兴市工商联(总商会)贯彻团结、服务、引导、教育方针，发挥统战性、经济性、民间性的独特优势和作用，广泛团结非公有制经济人士，为促进全市经济和社会发展做出积极贡献。本章重点纪述嘉兴市工商联(总商会)组织机构、党组织的历史沿革及历次代表大会基本情况，其主要工作见本志第四篇“经济领域统一战线工作”。

第一节　机构沿革

【嘉兴市工商业联合会(总商会)】

嘉兴工商业组织起步较早。明末至清光绪年间，侨居嘉兴的安徽、江西、福建、广东等客商，建会馆11家；禾商按行业抱团设行会公所。清光绪二十八年(1902)夏，禾绅商盛沅，携米业、丝业、酒业、钱业、估衣等18家公所，联袂致函省府，获准建立省首家“嘉兴府商务总局”。光绪三十年(1904)，更名“嘉兴府商务总会”。民国元年(1912)，辛亥革命后撤府并县，易名嘉兴县商会，统辖禾商公所24个、客商会馆13个。民国19年(1930)，各类行会公所改称同业公会。抗战胜利时，嘉兴县商会会员1698个。

1949年5月，嘉兴解放。12月11日，嘉兴市(县级市)成立工商业联合会筹备委员会，接管旧商会和51个同业公会。1950年，嘉兴市并入嘉兴县，县、市工商联合署办公。1951年5月，市、县分开，重置嘉兴市(县级)。10月26日，嘉兴市(县级)工商业联合会(简称市工商联)第一次全市工商界会员代表大会召开。市工商联通过整顿改组，成立66个同业公会筹备会、18个同业小组，会员数达2273户。11月6日，嘉兴市工商业联合会第一届执委会正式成立，市工商联组织正式建立。机关下设秘书室、组织股、宣教股、业务辅导股、会计室、图书室、通信班。1954年，设秘书办公室、业务辅导股、组织宣教股、税务股、财务室。

“文化大革命”期间，工商联工作停止。

1978年8月，嘉兴市(县级)工商联工作恢复。1981年4月10日，嘉兴市工商联联合会、民主建国会(简称民建)第一次主委联席会议决定，设立嘉兴市工商联联合会、民主建国会“两会”，合署办公。

1983年8月，嘉兴撤地建市，嘉兴市(县级)工商联自然升格为嘉兴市(省辖市)工商联(简称市工商联)。1988年，市工商联与民建市委会结束合署办公。

1990年，市工商联内设办公室、工商经济科。

1981年4月7日，嘉兴市工商联（县级）与民建嘉兴市委会（县级）召开会员大会

1994年6月16日，嘉兴市商会成立。嘉兴市工商联同时挂嘉兴市商会牌子，实行“两块牌子、一套班子”。同年，增设宣传联络科。1997年，工商经济科改为工商经济处，宣传联络科改为宣传联络处。2002年5月9日，市委批复嘉兴市商会更名为嘉兴市总商会。2003年2月13日，社团登记注册。2004年8月，市政府出台《嘉兴市促进行业协会商会改革发展的若干意见》。明确“成立由市工商联、经贸委牵头，市民政、劳动保障、人事、财政、税务等部门参加的市行业协会改革发展协调小组，负责全市行业协会的总体规划、布局调整、政策制定和协调管理。进一步加快行业协会的改革步伐，逐步将牵头协调等职能移交给总商会”。2005年3月，嘉兴市政府正式授权“市总商会（市工商联）为市行业协会的业务主管单位”。嘉兴市正式形成一种新型的“双重管理、三方负责”的行业协会商会管理和服务体制。“双重管理”，即由市民政局作为市级行业协会商会的登记管理部门，市总商会（市工商联）作为市级行业协会商会的业务主管单位；“三方负责”，即由市民政局承担市级行业协会商会的登记管理等法定职责，市总商会（市工商联）承担市级行业协会商会的业务主管职责，市政府相关行业主管部门负责市级行业协会商会所涉及的产业政策和规范、管理等有关业务督导工作。2006年，工商经济处兼行业协调处。2011年12月15日，嘉兴市工商业联合会、总商会第六次会员代表大会选举产生第六届执行委员会。是年，增设党委办公室，行业协调处更名为行业组织指导处。

2014年，嘉兴市工商业联合会（总商会）设办公室、工商经济处、宣传联络处、党委办公室、行业组织指导处，业务主管44个市级经济类行业协会、商会，13个市内嘉兴商会，各级会员19188个。全市7县（市、区）均设立工商业联合会（总商会）。

鉴于市工商联与各县（市、区）工商联系指导关系，不存在上下级隶属关系。各县（市、区）工商联工作详见各县（市、区）相关章节。

【工商联（商会）党组】

1989年10月13日，中共嘉兴市委决定组建中共嘉兴市工商联（商会）党组，党组由蒋泳清、胡镇堃、张寿生3人组成，蒋泳清任党组书记，胡镇堃任副书记。2010年始，嘉兴市工商联推行“协会商会+党组织”模式，协助市委组织部开展的“两新”（新经济组织、新社会组织）组织党建工作，发挥协会商会党组织在经济转型发展、创新社会管理的协同作用。

中共嘉兴市工商业联合会（商会）党组历任党组书记分别是蒋泳清（1989年10月至2001年3月）、宋家聪（2001年3月至2003年3月）、黄时龙（2003年7月至2008年2月）、陈兴隆（2008年7月至2011年4月）。

【工商联（总商会）党委】

2011年3月18日，市委下发《中共嘉兴市委关于同意将嘉兴市工商业联合会党组改建为嘉兴市工商业联合会（嘉兴市总商会）党委的批复》。明确嘉兴市工商业联合会（嘉兴市总商会）委员会除履行原中共嘉兴市工商业联合会党组职责外，还履行以下主要职责：协助开展全市非公有制经济组织和新社会组织党建工作；领导市级行业协会商会、异地商会党组织工作；指导县（市、区）相应机构抓好非公有制经济组织和新社会组织党建工作。工商联（总商会）党组正式改组为中共嘉兴市工商业联合会（总商会）委员会。

2014年2月13日，嘉兴市工商业联合会（嘉兴市总商会）党委根据工作需要成立嘉兴市工商联党的群众路线教育实践活动领导小组，下设办公室和综合组、宣传教育组。并建立嘉兴市工商联、市总商会党务公开领导小组。2月24日，嘉兴市工商业联合会（嘉兴市总商会）党委发出关于建立党员领导干部联系协会商会党支部的通知。加强对各行业协会商会、市内外异地商会党支部联系指导。党委人员分别与全市组建的34个党支部建立联系。历任党委书记为陈兴隆(2011年4月至2014年11月)、叶伟达(2014年12月起)。

第二节　会员代表大会

【撤地建市前会员代表大会】

嘉兴市工商业联合会筹备委员会　1949年12月11日,嘉兴市工商业联合会筹备委员会(简称市工商联筹委会)大会在张家弄的银星电影院(现勤俭路人民剧院前身)召开。参加大会的有来自全市工商界各个行业的会员代表与有关人士400人。经民主选举产生嘉兴市工商联筹备委员会委员共41人。张兴当选为市工商联筹委会主任委员,陈晓岚、宫锡凯、姚教杏当选为副主任委员,彭清波、徐介融等13名工商界人士当选为常务委员,胡竹安兼任秘书。

嘉兴市工商业联合会第一次会员代表大会　1951年10月26—29日,第一次全市工商界会员代表大会在寄园剧场召开。出席大会代表183人,会议表决通过组织章程和各项文件草案,并协商确定首届工商联负责人候选人名单与大会议程。大会依法选出嘉兴市工商业联合会第一届执委会执委、监委与候补执委、候补监委共67人。大会确定市工商联第一届执行委员会正式成立大会日期为11月6日。首届工商联机构组成人员是:主委宫锡凯,副主委陈晓岚、刘绪缙、姚教杏、彭清波,常务委员金守义、邵寿璇、杨吟槼、席锦官等10人,执行委员马观松、郭兆喜等28人,候补执行委员张禾、唐炳祥等4人,监察委员徐隆兴、王震东等15人,候补监察委员姚岳、李福生等3人,秘书由金守义兼任。全市按行业划分,改组合并为66个同业公会筹备会和18个同业小组筹备会,嘉兴市工商联会员总数2273户,工商联机构正式建立。

嘉兴市工商业联合会第二次会员代表大会　1954年9月7日,嘉兴市工商联召开第二次会员代表大会,出席代表203名,选举产生葛德、李顺天等31人为市工商联第二届执行委员。鲁克成当选为主任委员,秘书由金守义兼任。

会议通过《嘉兴市工商联各种专门委员会组织规程》,成立业务辅导、组织宣教、财务三个专门委员会。市工商联办公机构设置、各股室随换届也作相应调整。将全市74个同业公会(包括14个同业小组),除9个主要行业保持单独办公之外,其余按行业性质建立3个联合办事处,配备工作人员。

嘉兴市(县)工商业联合会第三次会员代表大会　由于嘉属行政区划的调整,自1958年1月起,嘉兴市、县合并后,嘉兴县工商联一届执行委员会与嘉兴市工商联合署办公。同年10月,嘉兴、嘉善二县行政机构合并,两县工商联机构也正式实施合并。

1960年4月,嘉兴市工商联召开第三次会员代表大会,嘉兴县工商联也同期举行第二次会员代表大会,各自依法选举市、县工商联新一届执委会。

嘉兴市工商联第三届执委会组织机构主委为竺培农,副主委、常委10人,执委18人,王俊英兼任秘书长。1966年“文化大革命”开始,嘉兴县工商联被迫停止活动。

嘉兴市工商业联合会第四次会员代表大会　1979年8月,工商联恢复工作。1981年4月7—9日,嘉兴市工商联召开第四次会员代表大会。出席会议的各界代表有102名。大会经过充分酝酿和讨论,选举产生杨吟槼、方芹川等25人组成的第四届执行委员会。金守义当选主委,副主委2人,常务委员8人,金伯寿兼任秘书长。

1981年4月10日,嘉兴市工商联、民建嘉兴市委会在嘉兴市的两会第一次主副委联席会议上决定,设立嘉兴市两会合署办公室。

撤地建市前历届当选工商业联合会主任委员、秘书长一览表

表7-9-1

届　次	时　间	主任委员	秘书长	备　注
第一届	1951年11月6日	宫锡凯	金守义	原称秘书
第二届	1954年9月7日	鲁克成	金守义	原称秘书
第三届	1960年4月23日	竺培农	王俊英	“文化大革命”期间停止活动
第四届	1981年4月7日	金守义	金伯寿	—

【撤地建市后会员代表大会】

嘉兴市工商业联合会第一次会员代表大会　1983年，经国务院批准，嘉兴撤地建市。1984年，成立嘉兴市工商联第一次会员代表大会筹备委员会，金守义任主任，各县工商联负责人为其成员。

1989年6月5—7日，嘉兴市工商联的第一次会员代表大会在嘉兴秀城饭店召开。出席大会代表254名。蒋泳清当选主委，副主委6人，常务委员14人。金守义为嘉兴市工商联名誉主委。聘请王信成、邵寿璇等14人为顾问。

嘉兴市工商业联合会（商会）第二次会员代表大会　1994年5月12日，嘉兴市工商联（商会）在市区南湖饭店召开第二次会员代表大会。嘉兴市委书记王国平为“嘉兴市商会”授牌。应邀出席大会的台湾中华总商会秘书长黄光辉与嘉兴市商会交换会旗。大会选举产生执委46人、常委14人。蒋泳清当选为会长，副会长6人，施强为秘书长。金守义为名誉会长、周麟章为名誉副会长。

嘉兴市工商业联合会（商会）第三次会员代表大会　1997年8月12－13日，嘉兴市工商联（商会）第三次会员代表大会在嘉兴市文华园宾馆召开。选举产生市工商联（商会）第三届执委45人。蒋泳清当选为会长，副会长6人，许嘉伦当选为秘书长。金守义为名誉会长、黄伟康为名誉副会长。2001年12月，万勇增补为秘书长。

嘉兴市工商业联合会（总商会）第四次会员代表大会　2002年7月17—18日，嘉兴市工商联（总商会）第四次会员代表大会在嘉兴文华园宾馆召开。市人大常委会副主任林大椿和省工商联副会长汤为平共同为全国人大常委会副委员长王光英题写的“嘉兴市总商会”揭牌。大会选举产生79人组成的市工商联（总商会）第四届执行委员会和万勇等28人组成的市工商联（商会）第四届常务委员会。吕士林当选为会长，副会长12人，万勇当选秘书长。

嘉兴市工商业联合会、嘉兴市总商会第五次会员代表大会　2006年11月16日，嘉兴市工商业联合会、嘉兴市总商会第五次会员代表大会在嘉兴文华园宾馆召开。

会议选举产生由115人组成的市工商联、市总商会第五届执行委员会。在市工商联、市总商会五届一次执委会上，选举产生由56人组成的市工商联、市总商会第五届常委会，薛佳平当选为嘉兴市工商联、市总商会会长，副会长16人，万勇当选市工商联、市总商会秘书长。会议聘请市委政法委、市发改委等13个部门、单位为市工商联、市总商会特邀顾问。2009年1月，王国荣增补为秘书长。

嘉兴市工商业联合会、嘉兴市总商会第六次会员代表大会　2011年12月14—15日，嘉兴市工商业联合会、嘉兴市总商会第六次会员代表大会在嘉兴沙龙国际宾馆召开。大会选举产生由73人组成的市工商联、市总商会第六届常委会，薛佳平继续当选为新一届市工商联主席、市总商会会长，副主席、市总商会副会长22人。顾小萍（兼）当选为市工商联、市总商会秘书长。会议聘请市委政法委、市发改委等26个部门、单位为市工商联、市总商会特邀顾问。2014年1月，印惠丽增补为秘书长。

撤地建市后历届当选工商业联合会(商会)主任委员、会长、秘书长一览表

表7-9-2

届　次	时　间	主委、会长	秘书长	备　注
第一届	1989年6月5日	蒋泳清主委	张寿生	—
第二届	1994年5月12日	蒋泳清会长	施　强	1991年商会成立
第三届	1997年8月12日	蒋泳清会长	许嘉伦	—
第四届	2002年7月17日	吕士林会长	万　勇	2001年更名为总商会
第五届	2006年11月16日	薛佳平会长	万　勇	—
第六届	2011年12月14	薛佳平会长	顾小萍	—

说明：1991年，工商联负责人称工商联主任委员，简称“工商联主委”；1994年改为“工商联(商会)会长”；2002年改为“工商联(总商会)会长”；2008年改为“工商联主席，总商会会长”

第八篇　各县(市、区)委统战工作

1951年5月至1952年9月,嘉兴地区东片的嘉兴市和嘉兴、平湖、海宁、桐乡、崇德、海盐、嘉善8个县(市)的县(市)委先后建立统一战线工作部(简称统战部)。各地统战工作在中共嘉兴地委和各县县委的领导下,遵照中央有关统战工作的一系列指示精神全面展开。

"文化大革命"期间,党的统战工作受到严重干扰,地委、县委统战部被撤销。1976年10月,中共中央粉碎江青反革命集团,历时十年的"文化大革命"结束。1978—1981年,中共嘉兴地委所属的各县(市)委统战部相继恢复。

1983年8月,嘉兴撤地建市,辖城区、郊区2个区和嘉善、平湖、海宁、海盐、桐乡5个县。5县2区除城区不设统战部,统战工作由区委宣传部兼管外,其余各县(区)委均设统战部。1987年2月、1991年6月、1993年3月,海宁、平湖、桐乡3个县分别撤县设市(县级),县委统战部同时更名为市委统战部。1991年6月,郊区更名为秀洲区,统战部名称同时更名。1993年11月,城区更名为秀城区。2000年5月,秀城区、秀洲区行政区划调整,中共秀城区区委设统战部。2005年5月,秀城区更名为南湖区,区委统战部同时更名。

2014年,全市设南湖、秀洲2个区委统战部和海宁市、平湖市、桐乡市、嘉善县、海盐县5个县(市)委统战部。中共各县(市、区)委统战部一般内设办公室、党派工商科、民族宗教事务局(列政府序列,与统战部合署办公)、侨务办公室等4个职能部门。中共嘉兴经济技术开发区、嘉兴港区2个区党工委,不设专门的统战机构,统战工作由区党工委政治部兼管。

第一章　中共嘉兴县(市)委统战工作
(1949—1983年)

民国14年(1925)3月,嘉兴县建立第一个中共地方组织——中国共产党嘉兴独立支部。1927年9月,中共嘉兴县委成立。嘉兴党组织建立后,团结社会各阶层人士结成广泛的民族民主统一战线,领导全县人民开展反帝反封建的革命斗争。中华人民共和国成立后,嘉兴县(市)统战工作贯彻党的路线、方针和政策,围绕党的中心工作,团结各民主阶层、人民团体、各界群众恢复和发展国民经济、开展私营工商业的社会主义改造和大规模社会主义建设。

"文化大革命"期间,县(市)委统战工作受到严重冲击,组织陷于瘫痪,工作被迫停止。

中共十一届三中全会后,统战工作在县(市)委领导下,拨乱反正,在爱国主义、社会主义旗帜下,团结台湾同胞、港澳同胞和海外侨胞,建立起以拥护祖国统一为政治基础的联盟;遵照中国共产党的"长期共存,互相监督,肝胆相照,荣辱与共"方针,协调和支持各民主党派、人民团体和无党派爱国人士参政议政,改进和发展中国共产党领导的多党合作和政治协商制度;贯彻中国共产党的民族宗教政策,努力促进民族团结、宗教和谐,为县(市)经济发展和社会稳定创造良好的外部环境。

为兼顾地委、市委统战工作沿革,县(市)委统战工作中涉及人民政协、侨务、民主党派、工商联等方面的情况,在本志相关篇章中穿插叙述,本章从略。

第一节　机　构

1949年5月7日,嘉兴解放。原嘉兴县辖区分设嘉兴市(县级)、嘉兴县;嘉兴市管辖原县城内及郊区的南堰镇、太平乡、马河乡,其余归嘉兴县管辖。1950年5月,嘉兴市并入嘉兴县,中共嘉兴县委设立统一战线工作部(简称统战部),首任部长李侨(嘉兴县委委员、嘉兴市委委员、嘉兴市委第二副书记,兼任)。1951年5月,嘉兴市、县分设,重置嘉兴市(县级);中共嘉兴市委(县级)设立统战部,首任部长沈如淙(市委副书记兼任)。1958年1月,嘉兴县、市合并,统一组成中共嘉兴县委员会。是年4月,县委设立统战部。1959年6月,恢复嘉兴市(县级)建制、仍归嘉兴县领导,市委、县委统战部部长冯心凭。1963年1月,撤销嘉兴市(县级)建制,建立县属嘉兴镇,统战工作由县委统战部负责。

"文化大革命"期间,统战部被撤销,工作停止。

1978年10月,恢复嘉兴县委统战部。1981年3月,撤销嘉兴县改为嘉兴市(县级),县委统战部同时改称为市委统战部。1983年8月,嘉兴撤地建市,嘉兴市委(县级)统战部终止。

中共嘉兴县(市)委统战部历任正副部长一览表

表8-1-1

姓　名	职　务	任职时间	备　注
李　侨	县委统战部部长	1950.05—1951.05 1978.10—1981.03	嘉兴县(市、县合并)
沈如淙	市委统战部部长	1951.05—1956.05	嘉兴市(县级)兼任
刘长泰	市委统战部部长	1956.05—1958.04	嘉兴市(县级)
冯心凭	县委统战部部长	1958.11—1968.08	嘉兴县(市、县合并)
李　侨	市委统战部部长	1981.03—1983.11	嘉兴市(县级)
崔树臻	市委统战部副部长	1954.05—1955.05	嘉兴市(县级)
黎以华	县委统战部副部长	1958.04—1960.03 1963.04—1968.08	嘉兴县(市、县合并)
胡镇堃	县委统战部副部长	1978.10—1981.03	嘉兴县(市、县合并)

第二节　多党合作和政治协商工作

嘉兴解放初期,中共嘉兴市委(县级)、县委遵照《中国人民政治协商会议共同纲领》和《各界人民代表会议组织通则》,坚持中国共产党领导的多党合作和政治协商制度,推荐安排无党派知名人士、开明绅士、工商界代表参与市、县各界人民代表会议及其协商委员会的工作。市委、县委统战部配合做好各界人民代表会议、协商委员会的代表、委员人选推荐考察工作,并通过召开民主人士座谈会等形式,广泛征求党外人士意见,团结协调党外人士合作共事。1949年9月、12月,嘉兴市、县先后召开各界人民代表会议,工商界人士占代表总数的17.7%,民主人士、宗教界人士占代表总数的6.9%。1950年1月,市一届三次各界人民代表会议首次选举产生的协商委员会中,党外人士占协商委员总数的64.7%。此后,市、县历届各界人民代表会议、协商委员会，均安排一定比例的党外人士参与工作。1954年，市委、县委贯彻中共中央批转全国统战工作会议通过的《关于人民代表大会制实行后统一战线组织问题的意见》《关于实行人民代表大会制时安排民主人士的意见》，在确定市、县首届人民代表大会代表人选时，注意安排各阶层民主人士，体现具有广泛统一战线的人民代表大会制度。是年7月10—15日、13—18日，嘉兴市、县一届人大一次会议分别召开，县一届人大代表中有民主人士17人，占代表总数的5.6%。1956年，市、县委贯彻毛泽东《论十大关系》讲话中提出的与民主党派"长期共存、互相监督"的方针和中央统战部部长会议精神，支持各民主党派在嘉兴建立组织、发展成员，先后协助建立民盟浙江省委直属嘉兴支部、民建嘉兴市筹备委员会、民进杭州市委嘉兴小组、九三学社嘉兴小组等民主党派组织4个，共有成员85人，其中民盟24人、民建39人、民进14人、九三学社8人。是年，全市有市人民代表大会代表133人、人民委员会委员21人、政协委员65人、政协常委21人，安排民主人士65人(不含省代表、省政协委员，下同)。政治比例为：市人大代表中，中共党员占43.4%，民主人士占18.86%，人民委员会委员中，中共和进步力量占66.67%，民主人士占33.33%，政协委员中，中共和进步力量占30.7%，民主人士占69.3%，政协常委中，中共和进步力量占38.1%，民主人士占61.9%；职位安排为(含双重身份)：副市长1人、政协副主席2人、市人民委员会委员7人、市人大代表25人、市政协委员45人、政协常委13人。民主人士65人中，有文教、医务、科技等24人(中教6人、小教2人、科技5人、中医3人、西医6人、文艺2人)，占民主人士总数的36.9%；私营工商业资本家29人(工业11人、商业18人)，占44.6%；其他12人(社会人士4人、宗教5人、少数民族3人)，占18.5%。1957年，协助建立农工党嘉兴市支部(成员26人)，并向省委统战部、省编委就民主党派机关干部编制问题作出专题报告，通过沟通协调，落实全市5个民主党派机关干部编制12人，其中民盟4人、民建4人、民进3人、农工党1人。至1964年，全县有民建(市)委员会，民盟、农工党支部，民进、九三学社小组等民主党派组织5个，另有民革2人，参加民进活动，有成员99人(民建44人、民盟25人、农工党17人、民进6人、九三学社5人、民革2人)。

"文化大革命"期间，市、县统战工作受到严重干扰，各民主党派活动停止。

中共十一届三中全会以后，市、县委统战工作逐步恢复。1979年，县委分别举办政协、民主党派、知识分子座谈会，学习中共十一届三中、四中全会精神和叶剑英国庆三十周年讲话，传达贯彻第十四次全国统战工作会议、全国各民主党派和工商联代表会议精神，统一思想、拨乱反正，全面落实统一战线各项政策，支持各民主党派恢复组织活动，发展成员。1980年11月，县委统战部协助各民主党派进行自1960年改选以来的首次换届工作。按照"尊重民主党派政治自由、组织独立"的原则，在做好调查研究、摸清情况的基础上，加强沟通联系，协商合适人选，并与各民主党派省委及时通气、征求意见。是年12月，5个民主党派完成换届，恢复活动。换届后，全市有民盟、民建市委会2个(各设下属支部2个)，民进、农工党和九三学社支部(支社)3个，成员158人，其中民盟38人、民建51人、农工党39人、民进18人、九三学社12人。1981年1月，结合嘉兴撤县设市(县级)，协助各民主党派由县体制改为市体制。1981—1982年，市委统战部结合嘉兴撤县设市(地辖市、县级)、市五届人大代表和市三届政协委员人选安排工作，遵照中共中央批转中央组织部、统战部《关于在国务院各部委和地方各级人民政府中安排党外人士担任领导职务的请示报告》和省委统战部《关于各级人大常委会和政府中安排党外人士的意见》，进一步落实中国共产党领导的多党合作和政治协商制度，完善和改进对民主党派、无党派人士的人事安排，巩固和发展爱国统一战线。1982年1月，市五届人大代表499人，其中非党群众158人(民主人士20人)，占31.7%；常委27人，党外人士8人，占29.6%；正副主任9人，党外人士1人，占11.1%。市三届政协委员206人，其中民主人士151人，占73.3%；常委35人，民主人士23人，占65.7%；正副主席10人，民主人士6人，占60%。同时，选举党外人士省人大代表5人，推荐党外人士全国政协委员1人、省政协委员4人。实职安排方面，卫生系统(包括地区、市级、公社医院)有正副院长100人，其中党外人士43人;教育系统(中学)有正副校长31人,其中党外人士1人、正副教导主任22人,党外人士10人;市属工厂30个,有正副厂长117人,其中非党厂长9人。

1949年12月至1953年5月嘉兴市各界人民代表会议代表构成一览表

表8-1-2 单位:人

届次＼界别	代表总数	其中												
		党政军代表	文化教育界	青年代表	民主人士	工商界代表	职工代表	农民代表	妇女代表	宗教界代表	少数民族	医卫界代表	科技界代表	其他
一届一次 1949.09.29	130	14	12	16	6	23	34	6	7	3	—	—	—	9
一届二次 1949.11.18	136	14	14	17	6	28	33	6	8	3	—	—	—	7
一届三次 1950.01.24	137	18	14	17	6	28	33	6	8	3	1	—	—	3
一届四次 1950.12.27	143	16	12	15	6	29	32	—	12	4	—	2	—	15
一届五次 1951.07.10	136	代表构成情况无考												
一届六次 1951.12.21	182	17	17	16	4	32	34	2	28	3	2	5	2	20
一届七次 1952.08.16	182	代表构成情况无考												
二届会议	186	20	20	10	9	32	50	3	15	—	—	7	—	20
市二届一次会议于1952年11月22—26日召开,出席会议代表177人;市二届二次会议于1953年9月15—18日召开,出席会议代表137人;市二届三次会议于1953年11月21—23日召开,出席会议代表133人														

说明:青年代表包括共青团代表,其他代表包括居民、烈军属、转业军人、慈善团体等代表。市第二届各界人民代表会议宗教界及少数民族代表,在酝酿、评比、提名基础上,经协商委员会协商后,报请市政府邀请

1949年12月至1953年5月嘉兴县各界人民代表会议代表构成一览表

表8-1-3 单位:人

届次＼界别	代表总数	其中							
		党政军代表	工人代表	农民代表	工商界代表	青年代表	妇女代表	文化教育界	开明绅士
一届一次 1949.12.05	222	22	16	113	13	13	16	15	14
一届二次 1950.03.31	173	14	14	91	11	8	11	15	9
一届三次 1950.10.26	247	24	13	130	13	19	22	17	9
一届四次 1951.04.01	247	24	13	130	13	19	22	17	9

续表8-1-3

界别 届次	代表总数	其中							
		党政军代表	工人代表	农民代表	工商界代表	青年代表	妇女代表	文化教育界	开明绅士
一届五次 1951.10.28	213	22	10	110	10	15	22	16	8
一届六次 1952.04.09	287	24	22	148	23	21	23	18	8
一届七次 1952.10.09	257	27	17	132	19	16	23	16	7
一届八次 1953.05.25	300	23	24	164	22	20	24	16	7

1950年1月至1956年3月嘉兴市各界人民代表会议协商委员会构成一览表

表8-1-4　　单位:人

界别 届次	委员总数	界别及人数									其中:			
		党政军	职工	工商界	民主人士	妇女	文教医卫	宗教界	少数民族	其他	中共党员	占%	党外人士	占%
一届三次 1950.01—12	17	3	4	4	2	1	1	—	—	2	6	35.3	11	64.7
一届四次 1950.12—1951.07	21	6	4	4	3	2	1	—	—	1	8	38.1	13	61.9
一届五次 1951.07—12	23	5	4	4	2	2	2	1	—	3	8	34.8	15	65.2
一届六次 1951.12—1952.08	25	5	5	4	2	2	2	1	1	3	10	40	15	60
一届七次 1952.08—11	市一届七次各界人民代表会议未进行协商委员会选举,由市一届六次协商委员会继续担任													
二届一次 1952.11—1953.09	25	5	5	4	2	2	4	—	—	3	10	40.0	15	60.0
二届二次 1953.09—1956.03	市二届二次各界人民代表会议未进行协商委员会选举,由市二届一次协商委员会继续担任													

说明:协商委员会自市各界人民代表会议一届三次会议起设立。界别栏目中民主人士包括特邀人士,其他包括青年、共青团委员、农民、居民。1950年5月,嘉兴市建制撤销,并入嘉兴县,城区(原嘉兴市)与县分别召开各界人民代表会议;同年12月27—29日,召开嘉兴县城区各界人民代表会议,选举产生市一届四次各界人民代表会议协商委员会。1951年5月,嘉兴市、县再次分设,恢复嘉兴市建制;7月10—12日,召开市一届五次各界人民代表会议,选举产生市一届五次各界人民代表会议协商委员会

1956年3月至1983年12月政协嘉兴市、县委员会委员构成一览表

表8-1-5 单位:人

界别 届次	常务委员	其中						届初委员	其中					
		中共党员	占%	劳动人民	占%	民主人士	占%		中共党员	占%	劳动人民	占%	民主人士	占%
市一届委员会 1956.03—1962.03	21	6	28.6	2	9.5	13	61.9	65	13	20.0	7	10.8	45	69.2
市二届委员会 1962.03—1963.02	27	9	33.3	—	—	18	66.7	108	31	28.7	5	4.6	72	66.7
县一届委员会 1963.12—1966.06	25	7	28.0	—	—	18	72.0	145	37	25.5	20	13.8	88	60.7
县二届委员会 1966.06—1968.07	27	9	33.3	—	—	18	66.7	140	39	27.9	20	14.3	81	57.8
市三届委员会 1982.01—1983.12	35	12	34.3	—	—	23	65.7	206	55	26.7	—	—	151	73.3

说明:界别栏目中民主人士含民主党派成员

嘉兴市、县历届人民代表大会代表一览表

表8-1-6 单位:人

类别 届次	代表总数	其中								
		中共党员	民主人士	少数民族	工人	农民	军人	党政干部	知识分子	其他
市一届 1954.07—1956.11	133	—	—	1	67	6	2	11	12	34
市二届 1956.11—1958.05	135	49	2	2	55	6	6	22	28	16
市三届 1958.05—1962.03	133	67	11	2	55	6	3	23	31	13
市四届 1962.03—	170	86	43	2	68	12	3	27	42	16
市五届 1982.01—1983.08	499	341	20	4	123	198	6	83	61	24
县一届 1954.07—1956.11	304	140	17	—	—	179	—	—	—	47
县二届 1956.11—1958.06	288	113	35	—	—	179	3	37	30	39
县三届 1958.06—1962.03	288	164	—	—	32	182	3	36	30	5
县四届 1962.03—1963.12	298	169	35	—	29	141	3	67	40	18

续表8-1-6

届次＼类别	代表总数	其中								
		中共党员	民主人士	少数民族	工人	农民	军人	党政干部	知识分子	其他
县五届 1963.12—1966.06	387	194	63	1	69	177	5	70	57	8
县六届 1966.06	387	195	57	—	66	178	5	76	53	9

说明：嘉兴市(县级)四届人民代表大会至1965年5月，因“文化大革命”停止工作

第三节　落实统战政策

【落实错划“右派分子”政策】

1978年5月，县委贯彻中共中央《批准中央统战部、公安部〈关于全部摘掉右派分子帽子的请示报告〉的通知》精神，成立县委摘掉右派分子帽子领导小组和办公室(简称县摘帽办)，分摘帽、安置、改正3个阶段，对全县1957年“反右派斗争”中被定为右派分子的人员落实政策，并于当月宣布对查明的右派人员全部摘帽，其中摘掉“右派分子”帽子244人，摘掉“右派分子”和“反、坏分子”双顶帽子11人。1979年1月，县委贯彻中共中央《同意中央组织部、中央宣传部、中央统战部、公安部、民政部关于〈贯彻中央关于全部摘掉右派分子帽子的决定的实施方案〉的通知》和地委清查工作、摘帽工作、落实政策3个会议精神，开展对右派摘帽人员的安置和复查改正工作。1月20日，县委在教育系统召开错划右派改正大会，宣布第一批错划右派改正决定书18人，其中教育系统11人、宣传2人、邮电1人、供销3人、粮食1人。1月24日，县委又在卫生系统召开大会，宣布第二批错划右派改正决定书。至1月26日，全县批准改正错划右派63人，占原划为右派总数215人的29.3%。1980年1月，县委遵照中央和省委文件精神，对全县整风运动、反右派斗争中，受处分而失去公职的人进行复查，决定改正错划右派(包括双顶帽子人员)249人，占98.8%，不予改正3人、占1.2%，恢复党籍20人；对被打成右派失去公职的146人(农村115人、城镇31人)，作出安置处理143人(全民124人、大集体8人、社镇企业2人、直接退休7人、社会救济2人)；解决配偶、子女迁回城镇14人；补发工资155人，每月增补6199.13元；落实生活困难补助5人560元；补发死亡家属丧葬抚恤费15人6555.54元。1981年，县委摘帽领导小组复查上报“中右分子”48人，全部改正。至此，全县错划右派安置、改正工作全部结束，县摘帽办撤销。

【落实国民党起义、投诚人员政策】

1979年11月，县、市委统战部遵照中共中央批转中央统战部等6部门《关于落实对国民党起义、投诚人员政策的请示报告》的通知精神，组织对本县、市原国民党起义、投诚人员调查摸底，落实政策工作。查明原国民党起义、投诚人员31人(上校2人、中校1人、少校3人、上尉5人、中尉1人、准尉1人、上士1人、下士1人、副官1人、队长1人、排长2人、班长2人、巡官1人、报务员2人、书记员2人、士兵5人)。31人中在职的18人，退休8人，下放农村2人，精简在街道3人。在历次政治运动中受到处理和“文化大革命”中受到冲击的17人(戴“右派分子”帽子4人、开除管制2人、拘留审查1人、下放农村1人、抄家批斗关押审查9人)。至1979年11月，改正错划右派4名(撤销刑事判决2人、安置工作2人、恢复党籍1人)，平反“文化大革命”中受冲击的6人(1人重新任命副厂长)，重新收回退休处理1人，被精简的在社会上生活有困难作社会救济1人，正在处理5人。1980年，县委统战部对起义投诚人员

安置情况进行复查，对经济确实困难的3人，发放补助费1000元；对经济特殊困难的1人，由民政部门进行定期补助。1982年12月，市委（县级）进一步落实中央文件精神，就中国人民解放军原江南挺进纵队吴嘉湖独立团中原属国民党嘉兴县乡、镇自卫队等人员109人（不含叛变26人），应按起义人员对待问题向地委报告。1983年4月，地委批复同意嘉兴市委意见，明确"原吴嘉湖独立团是我地下党吴嘉工委领导的革命武装（以后编为独立大队，独立营），对于其中一部分属于原国民党嘉兴县乡镇自卫队起义人员，应按照党的政策作起义人员对待。凡是因追究历史问题受到处理的人员，都应按中央、省委对起义人员政策的规定，认真落实其有关政策"。1983年8月，嘉兴撤地建市，原市委（县级）停止工作。1984年6月12日，市委（嘉兴撤地建市后）落实统战、知识分子政策领导小组召开落实原吴嘉湖独立团起义人员政策座谈会，形成统一意见，对已查明的起义人员103人（涉及城郊两区14个乡镇和市属单位），由市委统战部发文，明确起义人员身份，恢复政治名誉。1985年7—10月，市人民政府根据市委落实原吴嘉湖独立团起义人员政策座谈会精神和城区、郊区人民政府报告，分别向省人民政府、省民政厅报告，对原吴嘉湖独立团6名因战牺牲的战士追认为革命烈士，其家属享受烈属待遇。

【落实原工商业者政策】

1979年12月，县委贯彻中共中央批转中央统战部等6个部门《关于把原工商业者中的劳动者区别出来问题的请示报告》，建立由县委副书记孙镜秋为组长，各主管局负责人参加的县"三小"（小商、小贩、小手工业者）区别领导小组，并组成专门工作班子在全县开展"三小"区别工作。1980年3月，县委在中百公司、新丰供销社试点取得经验的基础上，"三小"区别工作全面铺开。至8月，查明全县1956年社会主义改造高潮期间和以前参加国营、公私合营企业，以及1958年前后由合作组织转入国营、公私合营企业，称为私方人员按资产阶级工商业者对待的原工商业者（包括退休、死亡的）1227人，资金总额1813363元。经过区别，属于劳动者的792人，占总数的64.55%，资金额319625元，占总资金额的17.63%；不应划为劳动者435人，占总人数的35.45%，资金额1493738元，占资金总额的82.37%。省、地区所属驻嘉单位中属于区别范围的原工商业者253人，资金总额599909元。经过区别，属于劳动者164人，占总人数的64.82%，资金额298040元，占资金总额的49.68%；不应划为劳动者89人，占总人数的35.18%，资金额301869元，占资金总额的50.32%。对区别出来的劳动者予以补发定息和"文化大革命"时期被扣减的工资；对未区别的原工商业者，按照中共中央批转中央统战部等五部门《关于对原工商业者的若干具体政策的规定》，政治上一视同仁，工作上合理安排使用。全县"三小"区别工作结束。

【平反"文化大革命"中冤假错案，落实干部政策】

1979年年初，县委贯彻中共中央批转中共最高人民法院党组《关于抓紧复查纠正冤、假、错案认真落实党的政策的请示报告》精神，组织开展"文化大革命"中冤假错案的复查、平反、纠正工作。同时，对一些历史遗留问题进行复查处理。1983年2月10日，市委（县级）向省委、地委提交《关于平反"文化大革命"中冤假错案、落实干部政策善终工作的情况汇报》。全市立案复查"文化大革命"中被揪斗审查的干部2125人（包括老师、医务人员），占干部总数的41.4%。经复查，平反纯属冤假错案（含部分错案）2075人，其中纯属冤假错案1669人、部分错案406人；纠正"文化大革命"中被定性处理不当的党员干部97人，其中撤销"双开"（开除党籍、开除公职）处分的9人，开除党籍处分的16人，开除公职处分8人，其他处分64人；平反纠正集团性假案88起1136人，其中干部87人；对"文化大革命"中受冲击迫害等造成非正常死亡的，分别召开追悼会或平反昭雪大会639人。同时，复查纠正一批历史老案，其中复查改正错划为"右派"的255人（改正253人，上报改正2人）；纠正"四清"运动错案2起17人；复查纠正（含部分纠正）历史老案188件171人（恢复党籍36人、恢复公职34人、撤销处分99人、维持不变2人）。

第四节　民族宗教工作

【民族工作】

基本情况　境内的民族构成以汉族为主。新中国成立前,少数民族仅有回族,聚居在城区角里街、东门一带,主要从事小商贩、经营牛羊肉、大饼油条、馒头面食等。中华人民共和国成立以后,随着工作、通商、婚姻等因素的逐步发展,其他少数民族陆续迁入。1964年6月,第二次全国人口普查时,市域有回族、满族、苗族、壮族、蒙古族、朝鲜族、畲族等少数民族7个885人。1982年7月,第三次全国人口普查时,市域少数民族增至11个1056人,少数民族仍以回族为主。

嘉兴市(县级)各民族人口一览表

表8-1-7

民族别	1982年人口普查(人)	1964年人口普查(人)	占总人口百分比(%)		人口增长百分比(%)	
			1982年	1964年	1982年比1964年	平均每年增长
总　计	670041	532324	100.00	100.00	+25.87	1.29
汉　族	668985	531439	99.84	99.83	+25.88	1.29
少数民族	1056	885	0.16	0.17	+19.32	1.07
蒙古族	3	9	…	…	-66.67	—
回　族	993	832	0.15	0.16	+19.35	1.00
苗　族	5	4	…	…	+25.00	1.25
壮　族	9	7	…	…	+28.57	1.41
朝鲜族	4	1	…	…	+300.00	8.01
满　族	29	25	0.004	0.005	+16.00	0.83
白　族	4	—	…	—	—	—
畲　族	5	7	…	…	-28.57	—
高山族	1	—	…	—	—	—
京　族	2	—	…	—	—	—
其他民族	1	—	…	—	—	—

主要工作　中华人民共和国成立后,市(县)委贯彻执行中国共产党的民族平等、团结、互助政策,支持和帮助回族发展经济文化,开辟就业门路,提高生活水平;重视少数民族的政治地位,举荐安排回族代表担任人大代表、政协委员,注意培养回族基层干部,支持回族人士在社会政治活动中发挥作用;尊重回族群众的宗教生活和风俗习惯,增强民族团结。1949年9月至1952年11月,历次嘉兴市各界人民代表会议,安排回族代表2人,支持回族代表参与管理国家事务。1951年,全市有回族居民89户341人。统战部遵照市委部署,开展回族居民情况调查,协调有关部门在经济上给予回族自办的嘉兴市私立清真小学减免房产税,并由政府补助300万元,解决回民子弟的失学问题,增进民族团结。1953年,针对回族人口逐年增多的实际,进一步落实少数民族的各项政策,加强回族代表人士的举荐安排和回族青年的培养工作。是年,全市有回族116户524人,政府给予经济优惠政策,清真寺所有土地房屋免征房产税,回族三大节日所宰牛羊免征屠宰税;落实少数民族教育政策,对回族学龄儿童减免学费,享受助学金,升学予以照顾,学龄儿童求学率100%;解决回民的就业和困难救济问题,救济贫困户10户143万元,解决就业15人(正式工2人、临时工13人);举荐安排人大代表2人,选拔参加公

安工作2人，并为培养民族干部，选送回族青年到北京民族学院学习1人。1954年，组织开展回民生活和职业状况基础调查，由食品公司支持解决牛羊肉货源，满足回民需求；落实回族的工作问题，安排就业11人（合作社2人、环卫处6人、食品公司2人、屠宰场1人）。是年7月，嘉兴市（县级）召开第一届人民代表大会，举荐安排回族代表1人，占0.75%。1955年1月，市委统战部组织对回民情况调查，全市有回族118户539人，生活状况较好和一般的占回民总数的82.37%（详见表8-1-8）。1956年，全市回族增加到125户657人。统战工作从提高与改善回民的政治、经济、文化水平入手，进一步落实中国共产党的民族政策。是年，举荐安排回族人民代表2人（人民委员会委员1人、政协常委1人），累计提拔吸收回族人士任职机关、企业干部76人（担任贸易公司经理、电焊厂副厂长各1人），发展党团员11人（党员7人、团员4人），并坚持民族平等，安排少数民族代表参加各项政治活动；适当放宽回民子弟的教育减免费，新生入学考试予以照顾、优先录取，回族清真小学的费用全部由政府补助，全市有中学生15人、小学生104人，保送到杭州化工工业学校学习2人；在私营工商业社会主义改造中，根据“包下来”的精神对回民商店与摊贩予以适当照顾，吸收到国营食品公司当职工14人，安排公私合营1户、牛羊肉摊贩2户；逐步解决回民的就业问题，安排国营、公私合营岗位39户178人；兼顾回族日常生活习惯，国营公司协调采购牛羊肉货源，回民摊贩的面粉、食油予以照顾。20世纪50年代末至60年代中期，县委、县政府重视回民教育事业和民族特色经济的发展，拨款建造嘉兴回民子弟小学，回民子女的求学环境得到改善；回族个体饮食业发展到20余个、旅社发展到5个。同时，注意维护回民正常的宗教生活，尊重回民的风俗习惯，政府拨款修缮清真寺，有关部门帮助伊斯兰牛羊肉门市部积极采购，扩大货源，解决市区回民的牛羊肉需求。

“文化大革命”期间，中国共产党的民族政策受到干扰，民族工作瘫痪。

中共十一届三中全会以后，县（市）民族工作拨乱反正，党的民族政策得到全面落实。1979年4月20日，县委召开落实民族政策大会，对“文化大革命”期间遭受迫害的少数民族进行平反，恢复政治名誉。是年5月，县委统战部对全县回族情况进行调查，全县有回族209户890人，其中在职工人417人、干部17人，中共党员27人、共青团员38人，省人大代表1人、县人大代表1人、县政协委员2人，初中以上文化程度318人。回族群众的政治地位、经济生活、文化教育等普遍提高。1980年1—2月，县委宣传部、统战部贯彻中央宣传部、国家民委党组全国民族政策宣传工作座谈会精神，印发《关于当前开展民族政策再教育的意见》，举办少数民族代表和有关部门领导参加的民族政策再教育座谈会，学习中央关于做好杂居、散居少数民族工作的指示。7月12—13日，组织民族政策再教育实地检查，听取基层党组织关于民族政策贯彻情况的汇报。各级党委将民族工作列入党委议事日程，指定专人负责民族工作，全县民族工作进一步完善。是年9月，成立嘉兴县回族事务管理委员会（简称回管会）。回管会是回民的群众性组织，协助党和政府宣传贯彻党的民族政策和宗教政策，协调管理回族内部事务，是党和政府联系回族群众的桥梁。1981—1982年，县委统战部协调支持回民参与全国少数民族传统体育运动会，丰富民族文化生活。回族运动员李青山获1981年全国武术观摩大会大刀金牌奖，并参加1982年全国少数民族传统体育运动会传统项目“斗牛”表演。李青山的大刀表演引起轰动，被邀请拍摄电影。1983年6月，市委统战部、市政协（县级）对毛纺总厂、民丰造纸厂、电控厂、南湖布厂等少数民族较集中的企业，开展民族政策执行情况视察。4家企业有回、满、彝、壮、土家族等少数民族5个184人（回族174人、满族6人、彝族2人、壮族1人、土家族1人），占职工总数的1.2%。企业领导重视贯彻中国共产党的民族政策，组织少数民族代表学习相关政策文件，重视少数民族干部的培养选拔工作，先后发展少数民族党员12人、团员44人，提拔少数民族领导和骨干12人，其中副厂长1人、车间主任1人、科长1人、团委副书记1人、支部书记1人、工段长2人、科室干部4人、技术员1人，1982年评出先进工作者29人、优秀共产党员1人。同时，注意落实回族职工的伙食补贴、食堂专用工具和少数民族重要节日放假等问题，重视少数民族职工的住房困难，在新房分配是时给予适当照顾，解决少数民族职工18户。

1955年1月10日嘉兴市(县级)回民经济状况一览表

表8-1-8

			职工				商业				无固定职业				其他职业	老弱病残	合计
			工厂	店员	机关企业	小计	座商	摊贩	行商	小计	临时工	无职业	靠亲友	小计			
户数			15	7	17	39	20	30	2	52	10	4	4	18	2	7	118
人数			83	25	70	178	119	143	19	281	37	9	12	58	9	13	539
家庭经济状况	较好	户	8	1	8	17	7	17	—	24	1	—	—	1	—	—	42
		人	33	1	28	62	42	73	—	115	2	—	—	2	—	—	179
	一般	户	7	6	9	22	13	7	2	22	1	3	2	6	2	—	52
		人	50	24	42	116	77	30	19	126	6	6	2	14	9	—	265
	困难	户	—	—	—	—	—	6	—	6	8	1	2	11	—	7	24
		人	—	—	—	—	—	40	—	40	29	3	10	42	—	13	95

【宗教工作】

宗教沿革　境内宗教历史悠久，佛教、道教、伊斯兰教、天主教、基督教齐全。东晋咸康六年(340)，嘉兴始建精严寺，佛教活动在境内逐渐兴起。吴越时期(907—932)，市区建有崇道宫，道教活动开始流传。明崇祯初年，天主教传教活动已较有影响。清光绪初年，美国基督教长老会教士在新塍一带传教布道。宋元时期，随着回族穆斯林商人在市区角里街一带经商，伊斯兰教相继传入。中华人民共和国成立以后，市(县)委贯彻党的宗教信仰自由政策，宗教活动依法得到保护。1951年6月，建立嘉兴基督教协进会(筹备会)，址设新塍镇。是年，全市有可统计信徒(不包括佛教)826人，其中天主教徒328人、基督教498人。1952年4月，成立嘉兴佛教协会，精严寺住持僧严森任会长。至1955年，全市有宗教场所45处，其中佛教寺院(庵堂)40处、道观4处、清真寺1处；教职人员116人，其中佛教85人(和尚45人、尼姑7人、女戴发修行者33人)、道教28人(本籍道士20人、绍籍道士8人)、伊斯兰教3人(阿訇、厮阿訇、二阿訇各1人)。此后，境内道教活动逐渐停止。1960年，全县有宗教场所95处，其中佛教寺院(庵堂)54处、基督教教堂(聚会点)37处、天主教教堂4处；教职人员84人，其中佛教42人(和尚29人、尼姑13人)、天主教教9人(神甫3人、修士1人、修女5人)、基督教33人；可统计信徒(不包括佛教)4500余人，其中天主教1000余人，基督教3500人。1965年，全市有宗教场所87处，其中佛教寺庙61处、伊斯兰教清真寺1处、天主教堂1处、基督教堂(聚会点)24处；教职人员89人，其中佛教59人(和尚36人、尼姑23人)、天主教9人(神甫4人、修女5人)、基督教21人(牧师6人、传道士15人)；可统计信徒(不包括佛教)约3129人，其中天主教约1000人、基督教教徒2129人。

“文化大革命”期间，宗教场所关闭、拆除或被占用，宗教活动停止。

20世纪70年代末，落实宗教政策，佛教、天主教、基督教等宗教活动逐渐恢复。1981年，市政府拨款7000元修缮市区清真寺。10月，市区觉海寺、血印寺、金明寺及清真寺等，公布为嘉兴市文物保护单位。1982年，市佛教协会恢复活动，址设精严寺，僧青云任会长。7月，成立市基督教三自爱国运动会。是年，全市有佛教协会、基督教三自爱国会等宗教团体2个。佛教精严寺、冷仙亭恢复佛事活动，有和尚、尼姑10人；基督教在市区、王店、新塍和16个公社有教堂(家庭聚会点)31处、传道人员27人、教徒3000人左右;天主教散于民间,有修女3人、教徒500人左右(以渔民为主);伊斯兰教清真寺对外开放,有阿訇3人。

主要工作 中华人民共和国成立后,市(县)委贯彻党的宗教信仰自由政策,团结、引导宗教界爱国人士和广大信教群众参加社会主义建设,支持开展正常宗教活动。1951年,市(县)政府成立宗教事务办公室,开展中国共产党的宗教政策宣传,组织宗教界人士进行社会主义、爱国主义教育。市(县)委统战部注意培养和发现宗教积极分子,推荐宗教界知名爱国人士担任协商委员、人大代表、政协委员。1953年,加强宗教事务管理,协调银行给予无息贷款,并从政府失业救济金和社会救济金中拨款446元,支持佛教协会成立"佛教生产自救社"(编织旅行网袋),开展生产自救,解决僧尼和戴发修行者的生活困难问题。该社在政府的扶持下发展较快,参加生产人数从初创时的35人,逐步增至100余人,佛教徒的生活困难问题基本得到解决。是年,安排宗教人士担任市人大代表2人(佛教、基督教各1人),支持宗教界人士参与国家政治活动。1954—1956年,组织宗教界人士学习党在过渡时期的总路线和宪法,加强宗教政策教育、政治形势教育和爱国主义教育,提升宗教界人士爱国与爱教一致性的认识。同时,继续做好宗教生产自救企业的扶持工作,解决宗教职业人员的生活困难问题。1962年,县委统战部遵照中央统战部转发《湖北省委统战部关于宗教工作问题的报告中对教会房产处理和山东曲阜县委关于兖州天主教财产若干问题的处理意见》精神,对全县宗教房产问题进行调查,对长期被企(事)业单位、学校、医院占用的宗教(基督教、天主教)房产,作出承认其所有权,按房租10%~40%比例,付给教会定息的决定,缓解矛盾。1964年12月24日至1965年1月13日,县委统战部会同民政、公安部门召举办全县宗教界人士座谈会,组织宗教界人士45人(基督教27人、佛教9人、天主教6人、伊斯兰教3人)学习周恩来总理在第三届全国人大一次会议上所作的《政府工作报告》,结合国际国内形势,制定《嘉兴县宗教界反帝、爱国、守法公约》,明确宗教活动必须服从生产、服从社会主义利益、服从国家政策法令,加强自我改造,投身国家社会主义建设。通过制定公约,将宗教活动引入正轨。

"文化大革命"期间,市(县)委宗教工作停止。

中共十一届三中全会以后,市(县)委统战工作拨乱反正,宗教政策逐步落实。1979年8月,县委统战部贯彻中共中央转发中央统战部《关于当前宗教工作中急需解决的两个政策性问题的请示报告》,针对部分农村非法基督教聚会活动突出,搞"赶鬼治病"欺骗群众等问题,对全县30个公社及新塍、王店2个镇的基督教活动情况进行调查。同时,以"尊重信教群众正当宗教生活,杜绝秘密地下宗教活动"和"严格区分两类不同性质矛盾,加强对宗教活动管理"两项工作为重点,从尊重宗教信仰自由,团结、教育信教群众出发,加强宗教政策宣传,严格宗教活动规定,引导信教群众开展正当宗教生活,预防和制止非法宗教活动。1981年,市委统战部会同有关部门对市区基督教现状和存在的问题进行调查,遵照中共中央、国务院关于对爱国宗教人士"团结、教育、改造"的方针和全省宗教工作会议精神,加大宗教政策落实力度,对"文化大革命"中被错斗错批的宗教人士给予平反,恢复政治名誉;贯彻国务院批转国家宗教事务局、国家建委等单位《关于落实宗教团体房产政策等问题的报告》,历史上被占用的宗教房产,按私房政策从占用之日起补付房租,已拆除的、由拆建单位折价赔偿。同时,针对基督教聚会点混乱、传道人员不符合要求、少数传道人利用宗教"赶鬼治病"招摇撞骗等问题,开展整治、加强管理,从思想教育人手,加大对信教群众的爱国守法教育。1982年,市委统战部贯彻中共中央《关于我国社会主义时期宗教问题的基本观点和基本政策》,进一步落实宗教政策,批复同意成立市基督教三自爱国运动委员会,帮助修缮市区基督教嘉北堂,并恢复宗教活动;基督教房产的租金,按规定由宗教团体收取,并归还天主教房产284平方米;处理涉及宗教问题的人民来信159件,协调政法部门撤销原错判的基督教教牧人员3人。

1983年,市委统战部进一步贯彻《中共中央关于我国社会主义时期宗教问题的基本观点和基本政策的通知》,组织开展宗教基本情况调查,加强对宗教界人士的爱国守法教育,有计划地选择和培养一批年轻宗教职业人员充实宗教队伍,改善宗教专职人员的老化现象;继续贯彻执行国务院批转宗教事务局、国家建委等单位关于落实宗教团体房产政策等问题的报告精神,落实宗教团体的房产政策,被占用的教堂、寺庙、道观及其附属房屋逐步腾退交还使用;继续做好宗教场所管理工作,按照"成熟一个,开放一个"的原则,批准开放基督教王店镇教堂,促进宗教和谐团结。

第五节　经济领域统一战线工作

【恢复和发展国民经济】

1949年6月至1950年2月,嘉兴解放初期,境内遭遇水涝灾害,粮食减产,部分工厂处于停工半停工状态,市场出现4次物价上涨风波,市区和新塍镇先后发生哄抢米店事件。县委、县政府遵照省委、地委指示精神,采取组织抛售物资、严厉打击投机倒把、发挥国营商业和供销合作社作用等经济措施和行政手段,稳定市场、平抑物价。同时,以恢复和发展国民经济为工作重心,对私营工商企业按照"发展生产、繁荣经济、公私兼顾、劳资两利"的方针加以保护,通过提供原料、加工订货、收购产品、贷款、调低税率等措施,支持恢复和发展生产;对个体手工业者,组织与国营商业、供销合作商业建立加工、订货、产销关系,扩大生产业务。1950年5月,县委统战部成立以后,围绕全县工作中心,组织工商界人士学习《中国人民政治协商会议共同钢领》(简称《共同纲领》),对私营工商业者进行爱国主义、国际主义和中国共产党的方针政策教育,动员和组织工商界参加土地改革、镇压反革命和抗美援朝三大运动。1950年7月,县委、县政府根据省委、省政府部署,从调整公私关系、调整劳资关系、调整产销关系三个方面入手对全县工商业进行调整。调整公私关系主要是帮助私营企业恢复生产经营,并在经济上给予支持,1949年6月至1951年,人民银行发放贷款119万元,帮助解决资金周转困难,国营企业提供原料,收购全部或部分产品,帮助解决生产经营问题;调整劳资关系主要是按照"劳资两利"原则,本着"既要保障劳动者的合法权益,又要使资方获得正当利润"的精神,做好教育疏导和协调工作;调整产销关系主要是克服生产中的无政府状态,根据统筹兼顾的方针,引导私营工商业加强生产、经营的计划性,实现产销平衡。至1951年,全县城乡经济日趋正常,私营工商业的生产经营明显好转。1952年1—7月,市委和县委在工商界开展反贪污、反浪费和反官僚主义的"三反"运动和反行贿、反偷税漏税、反盗骗国家财产、反偷工减料和反盗窃国家经济情报的"五反"运动,组织31个行业的364名资本家(或代理人)举办"五反"学习班;组织会计、账房等高级职员700余人举办职工店员训练班,进行阶级教育,发动控诉,收到检举材料3000余份,检举资本家违法金额230多万元。经过"三反""五反"运动,全县(市)守法户和基本守法户占90.66%,完全违法户仅2户,占0.11%。7月,市委和县委贯彻地委"城镇工作会议"和《关于执行省委对〈国营、公营、公私合营工矿企业组织劳动竞赛,进行生产改革的指示〉的计划》精神,针对"三反""五反"运动后市场萧条,物资交流停滞,工农业生产及人民生活受到很大影响的情况,宣布暂停"三反""五反",组织城镇工作队协调和改善劳资关系,调整税收,开展爱国增产节约劳动竞赛,并把搞好物资交流作为中心任务,市、县于7月、10月联办物资交流会2次,零售交易14.13万元,批发交易签约1933份,成交总额204.04万元。通过举办物资交流会,组织开展增产节约劳动竞赛,解决大部分滞销的土产和手工业品的销路问题,扭转市场呆滞的局面,市、县经济逐步趋于平稳。

【手工业和资本主义工商业的社会主义改造】

1951—1952年,在市、县经济基本恢复以后,以手工业生产合作化为重点的改造逐步展开。1953年,市委、县委统战工作围绕贯彻党的过渡时期总路线,加强对工商联的领导,组织工商界人士学习党在过渡时期的总路线和《共同纲领》,按照对私营工商业采取"利用、限制、改造"的政策,有计划、有步骤地开展对手工业和私营工商业的社会主义改造。

手工业的社会主义改造　1951年下半年,县委、县政府贯彻全国合作社联合总社第一次手工业生产工作会议精神，先后在王店、新篁、凤桥、栖镇、塘汇等9个已建立供销社的集镇，吸收当地铁、木等手工业独立劳动者和手工业工人建立生产资料加工部12个。7月，嘉兴地委选择王店的竹器、椿作、铁器业作为试点，试办手工业合作社（组）。9月，王店、塘汇先后建立竹器、铁器合作社。11月，嘉兴市革履生产合作社成立。1952年，市委、县委在总结、试点的基础上，有重点地推广手工业合作社（组）。1954年，市委、县委成立供销手工业合作部，市、县人民政府成立手工业管理科，加强对手工业合作化的领导，加快对手工业的社会主义改造，市、县手工业合作化掀起高潮。是年，市、县共新建手工业合作社（组）46个，社员1105人。1956年年初，市委、县委贯彻地委《关于嘉兴地区实现对手工业社会主义改造初步规划》作出的在第一个五年计划内全面实现手工业合作化的决定，市、县的手工业社会主义改造再次进入高潮，对尚未完成合作化的手工业户，加强教育、全面推进。手工业合作化有力推动了手工业生产的发展，是年，嘉兴市手工业总产值达904.62万元，比合作化前的1952年增长75.9%；生产的增长，社员的收入相应得到增加，嘉兴县25个手工业生产合作社中，有74%的社员增加了收入，人均工资达297元。市、县手工业的社会主义改造告一段落。

私营工业的社会主义改造 1953年，市委、县委统战部贯彻党在过渡时期的总路线，按照市委、县委的统一部署，组织工商界人士学习党在过渡时期的总路线和《共同纲领》，配合财贸等部门对私营工商业实行“利用、限制、改造”的政策，采取“加工订货、统购统销”“经销代销”“三统管理”等措施，教育和推动私营工商业者走国家资本主义道路。是年，市区的民丰、中丝、电厂、南湖布厂、嘉兴油厂5家私营工厂公私合营。1954年，市、县私营工商业的社会主义改造采取由点到面、先大户后小户、先个别后全行业、逐步推进、不断提高的方法全面开展。是年6月，市委贯彻华东财委会议精神，成立国家资本主义办公室，市委副书记李侨任主任，下设工业、商业、交通运输3个组，对市区的私营工商企业进行改造。市委、县委统战部组织工商界人士及其家属学习社会发展史和党的政策，坚定他们接受社会主义改造的决心和信心。同时，做好工商界代表人士进市政府、市人大常委会、市政协以及商会等任职的举荐安排工作，鼓励、支持工商界代表人士参与私营工商业的社会主义改造。至1955年年末，全市私营企业完成公私合营34户。其中完成私营批发商的转业改造，创建铸锅、电池、化工、榨油、印刷、纸筋、自来水等工厂7家和戏院1座、畜牧场1个；完成原分散的小厂从私私联营过渡为较具规模的合营企业，建立新嘉联营铁厂、新信翻砂厂、粮食加工厂、酒厂和针棉织厂；完成原属商业作坊的工业化改造，经联合改组，建成禾联煤球厂、嘉兴联合酿造厂、张萃丰蜜饯厂、南湖糖果厂、大东粉丝厂、食品一厂、豆制品厂。是年，全市工业总产值完成2085万元，比1954年增长77%，公私比重起了根本性变化，国营、公私合营工业产值占78.11%，私营工业占21.89%。在推进私营工业企业改造的同时，市、县商业领域的社会主义改造也有序展开。1955年初，市委、市政府贯彻“统筹兼顾、全面安排、积极而稳步改造”的方针，加大对私营商业的改造力度。至年底，全市有棉布、新药2个行业和合营轮船行批准公私合营。

私营商业的社会主义改造 1956年1月初，市委召开工商界代表座谈会，商讨全行业公私合营事宜。1月17日，市工商联召开常委扩大会，传达市委座谈会精神，与会43个行业的代表，形成全行业公私合营的共识，全市私营工商业的社会主义改造进入高潮。1月21日，市政府批准63个行业947户实行全行业公私合营，同时批准粮食代销店16户、鲜肉经销店7户。22日，召开嘉兴市各界人民庆祝社会主义改造胜利大会，全市工商界（包括摊贩）参加大会3000余人。全行业公私合营后，全市以归口公司为单位，成立公私合营工作委员会16个（工业3个、商业13个），进行清产核资定股，按年息5厘发放定息。市委统战部遵照“量才使用、适当照顾”的原则，全面做好人事安排工作。在539名在职资方人员中，先后安排各级企业正、副经理（门市部正、副主任）和行政职务248人；在政治安排上，举荐安排市政协副主席1人、常委1人，推选省、市人大代表、政协委员16人；在实职安排上，落实嘉兴专区工业局副局长1人、副市长1人、市工业局副局长1人。

同时,加强与公私合营企业的合作共事,市委统战部、工业部、财贸部协调工商主管部门,在加强对私方人员政治思想教育的同时,主动听取私方人员在企业生产经营管理上的意见,鼓励、支持私方人员大胆开展工作。是年,全市拥有轻、重工业工厂116个,初步组成了地方工业网。全年工业总产值6491万元,为1949年的4.1倍,经济结构发生显著变化,工业在工农业总产值中的比重,由1949年的37.68%上升为70.35%。工业生产的发展,促进了商业和交通运输业的发展。1956年,社会商业零售总额为2865万元,比1952年增长31.32%。交通运输业,1956年内河货运量达129万吨,比1949年上升58.5%。全市私营工商业的社会主义改造基本完成。

【引导全面建设社会主义】

1956年,全国范围对生产资料私有制的社会主义改造基本完成,社会主义制度基本建立,国家开始进入全面建设社会主义的历史时期。是年12月,市委、县委贯彻中共八届二中全会精神和地委《关于开展增产节约运动的意见》,在工业、基建、农业、手工业、商业、交通运输等行业,组织开展增产节约运动。市委统战部根据党委中心工作,及时将工作转向为增产节约服务,先后召开市政协全体会议、常委扩大会议,市工商联执委扩大会议,并以政协工作组和工商联为单位,分头进行传达动员。通过人民代表大会、人民政协、民主党派及工商联等组织发动,把各阶层人士广泛动员起来,投入增产节约运动。各级工商界人士,提出许多有价值的合理化建议。嘉兴毛巾厂提出合理化建议34条,增产毛巾1600打,价值5956元,并在回收废料中节约资金2279元;嘉兴酿造厂通过寻找替代品,全年节约配料、燃料氯化铵1800斤、煤炭12吨。市工商联机关内部也根据增产节约精神,削减全年财务计划12577元,占原计划的19%,出售废品废纸1100多元,清理可用废纸400余千克,并根据勤俭办企业的精神,结合精简机构,安排编余人员开办畜牧场、草绳草包加工场、破布加工场等小企业3家。是年,市(县)工业总产值首次超过农业总产值。至1957年,市(县)工农业总产值达23871万元。

1957年开始的左倾错误的影响,加之1959—1961年三年自然灾害,使全县国民经济比例严重失调。1962年开始,贯彻执行中共中央对国民经济实行“调整、巩固、充实、提高”的方针,全县首先集中全力加强农业,落实中共中央关于农业十二条和人民公社六十条等政策,调整集体经济内部关系,改善农业生产条件。同时,压缩工业基本建设,紧缩重工业战线,发展消费品工业和支农工业,增加人民生活必需品供应。是年,农业开始恢复,1963年国民经济全面好转。1963—1965年,全县农业年递增16.3%,工业年递增7.7%,经济调整工作开始取得明显效果,工农业总产值分别达29377万元、34214万元、38088万元。至1965年,全县各项调整基本完成,国民经济出现新的面貌。

第二章　中共嘉兴市南湖区委统战工作（1983—2014年）

1983年8月,嘉兴撤地建市,设立中共嘉兴市城区区委、区政府。统战工作在市委、区委领导下,高举爱国主义、社会主义旗帜,坚持“长期共存,互相监督,肝胆相照,荣辱与共”的方针,不断完善中国共产党领导的多党合作和政治协商制度;坚持“一国两制”“和平统一”基本政策,加强和推进港澳台和海外统战工作;坚持以公有制为主体,多种经济成分共同发展方针,探索和引导非公有制经济健康稳定发展;坚持中国共产党的民族宗教政策,努力促进民族团结、宗教和谐,推进社会主义“两个文明”建设,构建和谐稳定社会。

全区统战工作经历由区委宣传部兼管(1983.08—1994.11)、市委统战部直管(1994.11—2000.05)和区委统战部实际运作3个阶段(2000.05起)。本章重点记述区委统战部成立以后的工作。

第一节 机 构

1983年8月，中共嘉兴市城区区委成立后，未专设统战机构，全区统战工作由区委宣传部兼管。1993年11月，经国务院批准，城区更名为秀城区。秀城区的统战工作仍由区委宣传部兼管。1994年11月，市委、市政府与秀城区区委、区政府党政管理体制调整，实行合署办公。秀城区的统战工作由市委统战部直管，区委办公室协助工作。2000年5月，市委、市政府与秀城区委、区政府党政管理体制按实运作。中共秀城区区委设立统战部，挂台湾工作办公室（区人民政府台湾事务办公室）、区人民政府侨务办公室牌子，区民族宗教事务局、区工商业联合会（总商会）机关与区委统战部合署办公。2005年5月28日，秀城区更名为南湖区，秀城区委统战部更名为南湖区委统战部。区民族宗教事务局、区台湾工作办公室、区侨务办公室同时更名。2007年4月，台湾工作办公室牌子改挂在区委办公室，其职能相应由区委办公室行使。

区委统战部成立后，内设办公室、工商党派（党外知识分子）科、民族宗教侨务科3个职能部门。2012年，区委批准成立统战部部务会议，由冯琪钰、计百姓、吴红秀、刘补迎、赵卫平组成。至2014年，区委统战部内设机构不变。

中共嘉兴市南湖区委统战部正、副部长一览表

表8-2-1

姓　名	职　务	任　职　时　间	备　注
王士官	部　长	2000.08—2005.08	区委候补委员
钟富根	部　长	2005.08—2011.12	区委候补委员
冯琪钰	部　长	2011.12—	区委委员
魏建华	副部长	2000.07—2004.12	
施尚地	副部长	2003.09—2007.04	工商联党组书记、台湾事务办公室主任
谢中立	副部长	2003.12—2004.12	侨办主任、民族宗教局局长
周金林	副部长	2004.12—2008.07	
计百姓	副部长	2007.04—2013.12	工商联党组（委）书记
吴红秀	副部长	2008.07—	侨务办公室主任、民族宗教局局长
计百姓	副部长	2013.12—	常务副部长
陆爱荣	副部长	2013.12—	工商联党委书记

第二节 多党合作和政治协商工作

【人民政协工作】

人民政协工作是中国共产党的统一战线工作的一个重要部分。区委统战部根据《中国人民政治协商会议章程》的规定，协调做好历届政协界别设置、政协委员的产生等具体工作。

2000年5月，秀城区委统战部建立后，由于市、区合署办公等原因，秀城区一直未能建立政协委员会，只有市政协委员活动小组。

2000年8月14日，政协嘉兴市委员会秀城区工作委员会建立，下设办公室作为办事机构。嘉兴市政协秀城区工作委员会是嘉兴市政协的派出机构，在中共秀城区委和市政协的双重领导下开展工作。2001年，秀城区政协工委建立学习中心组，由政协工委正副主任，各委员界别组组长、办公室主任组成政协工委,成立经济科技、教科文卫和社会法制三胞联谊3个委员界别组。2001年8月,建立中共政协秀城区工作委员会党组。2003年,市五届政协组成后,秀城区工作委员会有第五届政协委员39名,并在各镇、街道成立政协委员活动小组。

2005年1月20日,秀城区召开第一届政治协商会议,至2014年历经3届。

政协委员的构成　政协委员是在确定界别设置及名额的基础上,以界别为单位构成。

政协嘉兴市秀城区第一届委员会(2005年1月—2007年3月)　政协嘉兴市秀城区第一届委员会由104名委员组成。一届政协委员从24个界别中产生,具有广泛的代表性。委员中,中共党员42人,占委员总数的40.38%。民主党派和无党派人士62人,占委员总数的59.62%;妇女委员29人,占委员总数的27.88%。少数民族委员2人,占委员总数的1.92%。具有大专以上文化的77人,占会员总数的74.04%。

政协嘉兴市南湖区第二届委员会(2007年3月—2012年3月)　政协嘉兴市秀城区第一届委员会由151名委员组成。二届政协委员设置24个界别,委员中,中共党员60人,占委员总数的39.7%。民主党派和无党派人士91人,占委员总数的60.3%;妇女委员44人,占委员总数的29.1%。文化程度大专以上的有118人,占会员总数的74.04%;具有中级以上专业技术职称的60人,占会员总数的39.7%。

政协嘉兴市南湖区第三届委员会(2012年3月—　)　政协嘉兴市秀城区第三届委员会由191名委员组成。三届政协委员设置24个界别,委员中,中共党员75人,占委员总数的39.3%。民主党派和无党派人士116人,占委员总数的60.7%;妇女委员53人,占委员总数的27.7%。文化程度大专以上的有165人,占会员总数的86.4%。

政协嘉兴市南湖区历届委员会构成情况表

表8-2-2　　　　单位:人

界别＼届次	第一届	第二届	第三届
中国共产党	12	13	11
民主党派	12	19	29
工商联	10	14	19
无党派	2	3	5
工会	2	2	4
共青团	2	3	3
妇联	2	3	3
侨联	2	4	5
台联	2	3	3
社会科学界	4	9	9
科技界	3	7	10
经济界	9	22	28
农业界	6	9	9
教育界	4	7	9
文化体育界	3	5	6
医药卫生界	4	5	6
社会保障与社会福利界	4	5	9
宗教界	2	3	3

续表8-2-2

届次 界别	第一届	第二届	第三届
特邀人士	19	17	21
委员总数	104	151	191

【民主党派和无党派人士工作】

合作制度 20世纪80年代中期，区委贯彻中共中央批转中央统战部《关于新时期党对民主党派工作的方针任务的报告》，遵照中共中央与各民主党派“长期共存，互相监督，肝胆相照，荣辱与共”的方针和新时期统战工作的各项政策，不断完善中国共产党领导的多党合作和政治协商制度，努力推进政治协商、民主监督的制度化、规范化。1990年，贯彻中共中央《关于坚持和完善中国共产党领导的多党合作和政治协商制度的意见》精神，结合城区实际，进一步完善与各民主党派、工商联和无党派人士的合作共事制度，支持民主党派、无党派人士参政议政。

进入21世纪，市、区两级行政管理体制逐步理顺，区委与各民主党派、工商联和无党派人士政治协商、合作共事的各项制度不断完善。2004年4月，区委贯彻《中共浙江省委关于贯彻〈中共中央关于加强统一战线工作的决定〉的实施意见》，印发《中共秀城区委关于加强统一战线工作的意见》，进一步建立和完善中国共产党领导的多党合作和政治协商制度。2006年5月，区委贯彻《中共中央关于进一步加强中国共产党领导的多党合作和政治协商制度建设的意见》，印发《中共嘉兴市南湖区委关于进一步加强中国共产党领导的多党合作和政治协商制度建设的实施意见》。2008年3月，区委贯彻中共中央《关于巩固和壮大新世纪新阶段统一战线的意见》，印发《中共嘉兴市南湖区委关于巩固和壮大新时期新阶段统一战线的实施意见》，从“充分认识新世纪新阶段巩固和壮大统一战线的重大意义和重要作用；坚持和完善中国共产党领导的多党合作和政治协商制度；巩固和发展平等、团结、互助、和谐的社会主义民族关系；积极引导宗教与社会主义社会相适应；着力做好新的社会阶层人士统战工作；做好港澳台和海外统战工作；加强党外代表人士队伍建设；加强和改善党对统一战线工作的领导”8个方面，提出指导意见。2009年，区委印发《关于进一步加强政府与民主党派联系，完善区政府有关部门与民主党派、工商联对口联系制度的意见》，进一步明确政府有关部门与民主党派、工商联建立对口联系制度的具体要求和措施，从制度上规范和推进“对口联系”工作。2011年，区委注意加强和推进党外干部的实职安排工作，印发《关于区民主党派主要负责人有条件任正科长级干部的实施意见》。区委组织部、统战部坚持和完善联席会议制度，加强对党外干部的培养、考察和举荐安排工作。2012年，区委印发《关于进一步加强统一战线工作的实施意见》，进一步规范协商会、通报会、对口联系和特约监督等制度，明确各级党委、政府要进一步加强对民主党派的领导，将多党合作和政治协商工作纳入重要议事日程。12月，区委贯彻中央《关于加强新形势下党外代表人士队伍建设的意见》，印发《关于建立党政领导干部与党外人士谈心交友制度的通知》，建立区党政领导与党外人士谈心交友制度。决定区委、区政府主要领导与所联系的党外人士开展谈心交友活动，就共同关心的问题进行交谈，沟通思想、征求意见，并根据党政主要领导的人事变动情况，每年进行调整。2013年，区委根据政府部门工作实际，印发《嘉兴市南湖区人民政府办公室关于调整相关部门与民主党派、工商联对口联系制度的通知》，进一步将政府部门与民主党派、工商联的对口联系制度落到实处。至2014年，区委涉及“多党合作”与“政治协商”的各项制度不断完善，形成较为健全的统战工作机制。

党派队伍 2000年5月，区委统战部遵照中共中央批转中央统战部《关于新时期党对民主党派工作的方针任务的报告》精神，结合撤地建市后原嘉兴市（县级市）各民主党派组织整体转换为市级（省辖市)机构的实际,重视、支持各民主党派在秀城区建立基层组织、发展成员。2000—2001年,先后协助成立九三学社、民盟、民进秀城区支部(支社),并在人员编制、活动经费、办公用房等方面予以协调和落实。2003年7—8月,先后协助成立农工党、民革、民建3个党派秀城区支部。至2005年,全区共建有民主党派组织6个、成员121人。2006年,区委统战部结合南湖区行政区域调整和民主党派组织发展的实际,注意加强对各民主党派自身建设的指导,组织各民主党派负责人学习中共十六届五中、六中全会以及全国、全省统战工作会议精神,协助各民主党派结合支部换届,实现政治交接、新老交替,并在机构升格方面予以协调衔接。2008年5—12月,先后协助成立致公党南湖区支部委员会;协助民革南湖区支部升格为民革南湖区总支,下辖支部3个。是年,全区民主党派发展到7个,其中总支委员会1个、支部9个(含民革下辖支部3个)。2009年3—4月,分别协助九三学社南湖区支社升格为九三学社南湖区基层委员会,下辖支社3个;协助民盟南湖区支部升格为民盟南湖区总支,下辖支部4个。2011年7月,协助民建、民进两个民主党派分别升格为总支(民建总支下辖支部3个,民进总支下辖支部4个)。至此,全区民主党派组织除农工党、致公党外,均完成机构升格。同时,结合党派机构升格工作进展情况,协助和支持各民主党派换届,选举新一届领导班子。2013年,区委把党外后备干部队伍建设纳入全区后备干部队伍建设的总体规划,明确培养目标,坚持备用结合,实行动态管理。区委统战部、区委组织部加强对党外后备干部的培养,组织各民主党派分别推荐优秀后备干部1名,到村(社区)担任主任助理,挂职锻炼。

2014年,区委统战部进一步加强对各民主党派队伍建设的指导,加强对中青年骨干的教育培训,建立后备干部队伍数据库,帮助做好组织发展工作,把好新成员入口质量关。是年,全区党外后备干部44人,占后备干部总数的19.8%。

支持履职　20世纪80年代,区委重视通过人大、政协"两会"平台发挥工商联、无党派人士的参政议政、民主监督作用。2000年以后,区委统战部遵照中共中央《关于坚持和完善中国共产党领导的多党合作和政治协商制度的意见》精神,结合秀城区各民主党派组织的逐步建立和完善,举荐安排民主党派人士任职人大代表、政协委员,支持民主党派人士通过区人大、政协"两会"平台依法履行参政议政、民主监督职能。同时,采取举办通报会、协商会、座谈会等形式,加强与各民主党派、工商联和无党派人士的沟通联系,通报、商议重大事项和重要人士安排等情况。2005年,区委围绕全面推进南湖区经济社会新跨越主题和"十一五"规划,举办有民主党派、工商联和无党派人士参加的各类通报会、协商会、座谈会和重大活动5次,民主党派、工商联和无党派人士建言献策,通过南湖区人大、政协南湖区第一届会议提交议案、提案7件,提交社情民意27条。此后,区委或区委统战部举办各类通报会、协商会、座谈会,加强信息沟通,开展民主协商工作常态化。2007年,区委建立党政领导与党外人士的交友谈心制度,并决定政府部门与各民主党派、工商联建立对口联系制度。分管副区长专题就对口联系工作召开对口单位座谈会,交流情况、沟通信息、推进工作。是年,全区有12个政府部门与民主党派、工商联建立对口联系制度。2009年,各民主党派、工商联深入基层、深入实际,加强调研,在区政协二届三次会议上提交提案45件,其中被评为重点(优秀)提案5件,民建委员提出的《树信心谋发展,和衷共济帮助中小企业渡难关》,被列为区"一号提案"。是年,政府有关部门与民主党派、工商联对口联系由原来的12个增加到16个。2010年,各民主党派围绕经济社会发展中的热点和难点问题开展调查研究,建言献策,上报各类调研报告13篇。2012年,区委印发《关于建立党政领导干部与党外人士谈心交友制度的通知》,决定区委、区政府主要领导与党外人士谈心交友,听取意见和建议,支持参政议政、民主监督。是年,区党政领导16名与党外人士交友,民主党派政协委员担任政府部门民主监督员31名。

2014年,区委进一步完善党政领导与党外人士的交友谈心、政府部门与民主党派、工商联的对口联系制度,区委统战部建立《联系统战成员"六必访"制度》,并组织民主党派开展专题调研,提交《嘉兴市汽车租赁行业调查报告》《以人为本、多元服务——全方位推进保障养老机构建设》《关于湘家荡绿化景观规划建设，提升景区绿化品质的建议》《关于"五水共治"的实践与思考》等调研文章7篇。是年，民主党派、工商联和无党派人士担任政府部门民主监督（监察）员45人；通过区"两会"，提交人大议案2件，政协提案28件、意见建议40件，其中重点和优秀提案6件。民建关于《发挥区位优势，积极对接上海自贸区建设》的提案被列为全区重点提案，由政府主要负责人领办。区工商联81个执委中，担任市、区"两代表一委员"的有53人，占65.43%；26名主席、副主席和副会长中，担任市、区"两代表一委员"的有23人，占比达88.46%。

举荐任职 20世纪80年代，区委结合嘉兴撤地建市后城区党外人士的现状和工作实际，遵照有关规定落实党外人士任职市、区两级人大代表、政协委员的举荐安排工作。1996年，区委遵照市委组织部、市委统战部《关于选配党外人士担任政府及其部门领导职务的通知》精神，落实党外副区长1名。2000年以后，区委结合区内民主党派组织的逐步建立，将民主党派人士的任职安排工作纳入议事日程。2005年1月，召开政协秀城区第一届委员会。区委统战部按照区委的统一部署，在界别确定、人事安排等方面做好党外人士的推荐和考察工作。政协秀城区第一届委员会届初委员104人，其中民主党派12人，占11.54%；工商联10人，占9.62%；无党派人士2人，1.92%。此后，历届区政协均举荐安排一定比例的党外人士任职政协委员（详见表8-2-4）。2010年，区委选拔任用优秀无党派人士副科（局）级领导干部3人。是年，全区副科（局）级以上党外干部增加到9人，其中机关8人，街道1人。2011年，区委按照市委关于培养选拔党外干部的工作目标要求，把党外干部培养纳入干部队伍建设和人才工作的总体规划，并印发《关于区民主党派主要负责人有条件任正科长级干部的实施意见》，进一步加强党外干部的选拔任用工作。是年，区人大、区政协各安排党外干部任专业委员会主任1人。2012年，区委统战部、区委组织部印发《关于党派主要负责人有条件任正科（局）长级干部的实施意见》，解决党外干部享受正职待遇的问题。同时，在党外干部任职司法系统领导的安排上，实现零的突破。是年，落实党派负责人享受正科（局）级实职待遇1人，提拔法院副院长1人、驻镇检察室主任1人，提拔任用党外干部副科（局）级领导职务5人。

2014年，全区有党外副科（局）级以上领导干部19名（含司法系统），其中区人大常委会副主任、副区长、区政协副主席各1人，区政府工作部门科（局）级正职领导3人、副职领导13人。

南湖区历届人大民主党派、无党派人士代表情况表

表8-2-3 单位：人

届次	年份	代表总数	其中		其中常委	
			民主党派、无党派人士	占比%	民主党派	占比%
第六届	2003.03	221	38	17.19	1	5
第七届	2007.03	221	25	11.31	2	8.7
第八届	2012.03	218	37	16.97	3	12.5

南湖区历届政协一次会议民主党派、工商联、无党派人士委员情况表

表8-2-4

届次	年份	委员总数（人）	其中					
			民主党派（人）	占比%	工商联（人）	占比%	无党派人士（人）	占比%
第一届	2005.01	104	12	11.54	10	9.62	2	1.92
第二届	2007.03	151	19	12.58	14	9.27	3	1.99
第三届	2012.01	191	29	15.18	19	9.95	5	2.62

南湖区民主党派、工商联、无党派人士参政议政、民主监督情况表

表8-2-5

类别／年份	参加重要会议、重要活动（次）	参加通报、座谈、协商会议（次）	提出意见、建议（条）	被聘任各类监督、监察员（人）	撰写调研文章		人大、政协议案、提案		
					总数（件）	其中被党委、政府采纳（件）	人大议案（件）	政协提案（件）	其中重点或优秀提案（件）
2005	2	3	27	—	—	—	1	6	—
2006	3	2	24	—	—	—	2	8	—
2007	2	2	89	—	6	—	2	42	8
2008	2	3	22	—	—	—	2	39	4
2009	2	2	33	—	—	—	1	45	5
2010	2	2	81	—	13	—	2	48	12
2011	2	3	24	—	—	—	2	31	12
2012	3	2	44	31	—	—	1	70	13
2013	2	3	27	45	—	—	2	29	10
2014	2	3	40	45	—	—	2	28	6
合计	22	25	411	—	19	—	17	346	70

【民主党派组织和主要活动】

组织机构　2001—2008年，南湖区先后建有中国国民党革命委员会(简称民革)嘉兴市南湖区总支委员会、中国民主同盟(简称民盟)嘉兴市南湖区总支委员会、中国民主建国会(简称民建)嘉兴市南湖区总支委员会、中国民主促进会(简称民进)嘉兴市南湖区支部委员会，中国农工民主党(简称农工党)嘉兴市南湖区支部委员会，中国致公党(简称致公党)嘉兴市南湖区支部委员会和九三学社嘉兴市南湖区基层委员会(简称九三学社)等7个民主党派组织。

中国国民党革命委员会嘉兴市南湖区总支委员会　2003年8月15日，成立民革秀城区支部，党员14名，由民革嘉兴市原直属第五支部整体划入。在一届一次党员大会上,选举出支部委员5人,楼解民当选为民革秀城区支部主任委员，叶启明当选为副主任委员。2006年7月30日，召开民革南湖区支部第二届党员大会，楼解民连任民革第二届支部委员会主任委员，叶启明连任为副主任委员，党员22人。2008年12月20日，民革南湖区支部升格为民革南湖区总支委员会，楼解民为主任委员，下辖三个支部，各支部主委分别由总支委员兼任并配备支部委员2人。2011年7月2日，召开民革南湖区三届一次党员大会，张晖当选为民革南湖区第三届总支委员会主任委员，朱先华当选为副主任委员。至2014年年底，共有党员38人。

中国民主同盟嘉兴市南湖区总支委员会　2001年9月18日，成立民盟秀城区支部，萧忠堃任主任委员。2006年7月，召开民盟南湖区第二届党员大会，支部换届。沈冰任民盟南湖区第二届支部主任委员，沈陈良、赵桂芳任副主任委员。2009年3月，民盟南湖区支部升为民盟南湖区总支委员会。4月18日，召开民盟南湖区总支成立大会，沈冰当选为民盟南湖区总支委员会主任委员，沈陈良当选为副主任委员。至2010年，有盟员53人，下设实验小学支部、实验初中支部、综合支部、退休支部。2011年7月2日，召开民盟南湖区第三届党员大会，选举沈冰为民盟南湖区第三届总支委员会主任委员，沈陈良、陈昕为副主任委员。至2014年年底，共有盟员58人。

中国民主建国会嘉兴市南湖区总支委员会　2003年8月，在中国民主建国会原嘉兴市综合支部的基

础上组建民建秀城区支部。2005年5月，民建秀城区支部更名为民建南湖区支部。陈俐当选为民建一届支部主任，郑龙根、徐海明为副主任，会员26人。2006年7月，召开民建南湖区第二次会员大会，选举二届支部委员会。陈俐连任民建南湖区二届支部主任（同时担任民建嘉兴市委会副主任），郑龙根、徐海明、朱晓红任副主任。支部下设社情活动、老年活动、企业活动3个小组。2011年7月，召开民建南湖区总支第三次会员大会，选举朱晓红为民建南湖区总支委员会主任，申灏、沈军当选为总支委员会副主任。同时民建南湖区支部升格为南湖区总支，总支下设第一支部委员会、第二支部委员会、第三支部委员会等3个支部委员会。至2015年年底，有会员48人。

中国民主促进会嘉兴市南湖区支部委员会 2001年9月18日，成立中国民主促进会嘉兴市秀城区支部委员会，会员28人。选举产生第一届支部委员会，沈志华当选为民进秀城区第一届支部委员会主任。2006年7月30日，召开民进南湖区支部第二次全体会员大会，沈志华当选为民进第二届支部委员会主任，吴春、戴时农当选为支部委员会副主任。有会员33人。下设小学组、中学组和机关综合组。2007年4月，市实验小学、市实验初中两所学校民进会员转入南湖区支部，支部会员48人。2011年7月2日，召开民进南湖区第三次会员大会，选举吴春为民进第三届总支委员会主任，俞华良、夏付良为总支副主任。民进南湖区支部委员会升格为民进南湖区总支委员会。至2014年底，有会员58人。

中国农工民主党嘉兴市南湖区支部委员会 2003年7月，成立农工党嘉兴市秀城区支部，选举产生农工党秀城区第一届支部委员会，费爱华任主任委员，周月琴、王军跃任副主任委员，有党员人数15人。2006年，费爱华当选为农工党南湖区第二届支部委员会主任委员，许立、周月琴为副主任委员。2011年7月2日，许立当选为农工党南湖区第三届支部委员会主任委员，金玉观、周月琴为副主任委员。至2014年年底，有党员33人。

九三学社嘉兴市南湖区基层委员会 2001年9月18日，成立九三学社秀城区支社，马玉华为主任委员，有社员7人。2006年7月，孔俭为九三学社南湖区第二届支社主任委员。2009年3月，九三学社南湖区支社更名九三学社南湖区基层委员会，孔俭为主任委员，下辖一、二、三支社，有社员22人。2011年7月2日，孔俭当选为九三学社南湖区第三届基层委员会主任委员。2012年9月11日，增补夏庆为副主任委员。至2014年，有社员36人。

中国致公党嘉兴市南湖区支部委员会 2008年5月，成立致公党嘉兴市南湖区支部委员会，选举张元卿为致公党南湖区第一届支部委员会主任委员。成立之初有致公党党员10人，至2010年共有党员12人，其中女党员6人。

2011年7月，召开致公党第二届党员大会，选举张元卿为致公党南湖区第二届支部委员会主任委员，杨叶军、葛莉任副主任委员。至2014年年底，共有党员19人。

南湖区民主党派历届负责人及党员一览表

表8-2-6　　单位：人

机构名称	届　次	负　责　人　任　职　情　况				人数
		主委	任职期限	副主委	任职期限	
民革	第一届	楼解民	2003.08—2006.07	叶启明	2003.08—2006.07	14
	第二届	楼解民	2006.07—2008.12	叶启明	2006.07—2008.12	22
	升格为总支	楼解民	2008.12—2011.07	叶启明	2008.12—2011.07	—
	第三届	张　晖	2011.07—	朱先华	2011.07—	38
民盟	第一届	萧忠堃	2001.09—2006.07	—	—	—
	第二届	沈　冰	2006.07—2009.03	沈陈良 赵桂芳	2006.07—2009.03	53

续表8-2-6

机构名称	届　次	负　责　人　任　职　情　况				人数
		主委	任职期限	副主委	任职期限	
民盟	升格为总支	沈　冰	2009.04—2011.07	沈陈良 赵桂芳	2009.04—2011.07	—
	第三届	沈　冰	2011.07—	沈陈良 陈　昕	2011.07—	58
民建	第一届	陈　俐	2003.08—2006.07	郑龙根 徐海明	2003.08—2006.07	26
	第二届	陈　俐	2006.07—2011.07	郑龙根 徐海明 朱晓红	2006.07—2011.07	41
	升格为总支	朱晓红	2011.07—	申　灏 沈　军	2011.07—	—
	第三届	朱晓红	2011.07—	申　灏 沈　军	2011.07—	48
民进	第一届	沈志华	2001.09—2006.07	—	—	28
	第二届	沈志华	2006.07—2011.07	吴　春 載时农	2006.07—2011.07	33
	升格为总支	吴　春	2011.07—	俞华良 夏付良	2011.07—	—
	第三届	吴　春	2011.07—	俞华良 夏付良	2011.07—	58
农工党	第一届	费爱华	2003.07—2006.07	周月琴 王军跃	2003.07—2006.07	15
	第二届	费爱华	2006.07—2011.07	许　立 周月琴	2006.07—2011.07	—
	第三届	许　立	2011.07—	金玉观 周月琴	2011.07—	33
致公党	第一届	张元卿	2008.05—2011.07	—	—	12
	第二届	张元卿	2011.07—	杨叶军 葛　莉	2011.07—	19
九三学社	第一届	马玉华	2001—2006.07	—	—	7
	第二届	孔　俭	2006.07—2009.03	—	—	22
	升格为总支	孔　俭	2009.03—2011.07	韩钰彦	2009.03—2011.07	—
	第三届	孔　俭	2011.07—	韩钰彦 连育彬 夏　庆 鲍剑冰	2011.07— 2011.07—2014.04 2012.09— 2014.04—	36

主要活动　南湖区各民主党派组织建立以后，按照各自章程的规定发展成员，健全班子，完善制度，加强自身队伍建设；按照中国共产党与各民主党派“长期共存，互相监督，肝胆相照，荣辱与共”的

方针参与政治协商、民主监督，反映社情民意；发挥民主党派的各自特长，参与文化、教育、科技、医疗、法律咨询和慈善救助等社会服务。

自身建设 各民主党派成立后，不断加强思想组织建设，完善和落实民主协商会、情况通报会。2006年5月24日，组织学习中国共产党历次中央全会及全省统战会议精神，学习《中共嘉兴市南湖区委关于进一步加强中国共产党领导的多党合作和政治协商制度建设的实施意见》，加强各民主党派的自身建设，做好支部换届的各项工作。2007年，学习中共十六届六中全会和十七大精神，学习贯彻各级统战会议精神，开拓创新，扎实工作。2008年，以邓小平理论和"三个代表"重要思想为指导，深入贯彻落实科学发展观，学习全国第二十次统战工作会议精神，围绕发展大局，推动多党合作事业。2009年，贯彻中共南湖区委统战部《关于在民主党派基层组织成员中开展"双岗建功"活动意见》，各民主党派围绕中共南湖区委中心工作，结合党派实际，引导党派成员切实做好本职工作，认真履行党派职能，积极参加"双岗建功"活动。同时，赴江苏常熟学习考察，接受革命传统教育，调整充实特约监督员，拓展民主党派参政议政平台。2010年，召开"双岗建功"活动表彰会，16名民主党派成员被评为2009年度民主党派"双岗建功"活动先进个人。2010年，各民主党派、无党派人士围绕经济社会发展中的热点难点问题开展调查研究，建言献策。2011年，加强多党合作，认真做好各民主党派换届工作。2012年，学习贯彻中共中央《关于加强新形势下党外代表人士队伍建设的意见》，开展"同心·建功"活动。2013年，参加中国共产党十八大会议精神培训班。2014年4月12日，在区行政中心B楼5号会议室，邀请中共上海市委党校教授徐根兴讲课，各民主党派100多人参加。7月29日，中共南湖区委统战部举办道德讲堂，各民主党派40多人参加，并现场参观中共南湖区纪委创办的红廉馆，凝心聚力，坚定理想信念，增强历史使命感和责任感。

参政议政 各民主党派的代表在嘉兴市和南湖区两级人大、政协会议上积极履行参政议政、民主监督职能。2005年"两会"期间，各民主党派提交议案、提案7件，社情民意27条。"十一五"规划征询意见会上，各民主党派和无党派人士积极建言献策，提出许多建设性意见和建议。2006年，各民主党派和无党派人士在"两会"期间，提交各类议案、提案和社情民意33件（条），开展文化、医疗、卫生、法律和科学咨询3次。2007年，民主党派加强与政府有关单位联系，交流思想，推进工作。在"两会"期间各民主党派和无党派人士提交提案、议案和社情民意105件（条）。9月，民建南湖区支部创办《南湖民建》会刊，宣传中国共产党的统战方针和政协政策，发挥民建组织参政议政、民主监督等职能。民建南湖区支部（总支）在"两会"的代表、委员在南湖区政协一届、二届会议上共提交党派提案8件，其中被列为重点提案3件，被评为优秀提案5件。2008年，民主党派中的区政协委员提交提案39件，反映社情民意22件，其中被评为优秀提案4件。民进南湖区支部自成立后，充分发挥人才和智力优势，在发展教育事业、关注外来民工、促进经济转型升级等方面进行深入调研，积极向政府建言献策，部分调研课题分别于2008年和2010年被浙江省民进浙江省委采纳为省级立项课题，受到表彰。2009年，各民主党派提交的提案、议案40件，在数量和质量上较往年有较大提高。民建南湖区支部（总支）在"两会"的代表、委员发挥参政议政、民主监督的作用，针对金融危机对中小企业的影响，提出《树信心谋发展 和衷共济帮助中小企业渡难关》提案，被列为全区"一号提案"，由政府主要负责人领办、责成相关部门落实。是年，45名民主党派和无党派人士聘任为南湖区发改局、环保局、民政局等15个部门的民主监督员。2010年，各民主党派、无党派人士履职履责，围绕经济社会发展中的热点、难点问题开展调查研究，建言献策，统战系统政协委员撰写提案和反映社情民意130多件，调研报告13篇。民建南湖区总支的政协委员在市、区两级政协会议上累计提交个人提案53件，其中被列为区政协重点提案5件。民建党员申灏在南湖区政协二届四次会议上提交的《创建电子商务园打造网络经济强区》等3件提案，引起区相关部门的高度重视，《嘉兴日报》进行专门采访报道，国内、省内多家媒体网站进行转载报道。2003—2010年，民建总支向中共南湖区委、区政府、区政协和民建省（市）委累计反映社情民意等百余份,引起相关部门的高度重视,反映的问题得到解决或部分解决。社情民意工作被区政协评为2010年度先进集体。民进南湖区支部在政协大会上提交的多份集体提案受到中共南湖区委、区政府的高度重视和肯定。《关于我区外来人口子女学校的调研》《建议政府尽快出台对幼儿教育贫困家庭实施扶贫助学工作的指导性意见》被评为优秀提案;《切实关心外来务工人员的业余生活》《关于加强我区社区教育的提案》被列为重点提案;"实行工业集聚开发"和"统筹城乡发展推进城市化进程中的农民再就业问题"两个调研课题,被民进浙江省委采纳为省级立项课题并受到表彰。致公党南湖区支部委员会成立后,充分发挥自身侨、海(华侨、海外)优势,广泛开展调查研究,积极履行参政议政、民主监督职能,为政府决策部门提出建设性的意见和建议。在市、区的"两会"期间提交《提高慢病合作医疗参保人员门诊药费报销比例的建议》《将"老社保"人员就医纳入社区卫生服务机构报销范围的建议》等团体提案、大会发言及委员个人提案,受到中共嘉兴市委、市政府以及中共南湖区委、区政府的高度重视和肯定。其中,《切实加强中小学安全教育》提案在区政府的高度重视下,职能部门积极落实提案建议,全区中小学学校的安全装备、人员配置上新台阶。九三学社南湖区支社充分发挥人才和智力优势,以实施经济转型升级、环境的污染和治理、就业和再就业情况、外来人口的生存状况等为主要课题进行调研,在市、区的"两会"上提出《关于切实加强失土农民培训,促进失土农民就业的建议》《加强外来流动人口管理,促进经济社会协调发展》《发展循环经济,建设生态南湖》《加快建设生态南湖,促进人与自然和谐相处》《南湖区中小企业转型升级的若干思考》《流动人口子女教育现状和对策》《关于加强新市镇社区建设和管理的几点建议》等团体提案,受到中共南湖区委、区政府的高度重视和肯定。民革南湖区支部(总支)的"两会"代表、委员在市、区"两会"上,立足区域内社会、政治、经济和文化建设积极建言立论,提出多个团体提案,其中《关于加快嘉兴工业园区建设和发展的建议》《关于对实施"十二五"规划的几点建议》《政企联动,推进集群产业转型发展》等提案的部分内容作为南湖区政协二届四、五次全会的大会发言材料,被区政协列为重点提案并由区长亲自办理。《积极探索,创新农业面源污染治理的机制体制问题》提案中提出的建立初始排污权交易的建议,被市、区二级政府列入2011年政府工作报告,由环保部门在农业污染排污政策措施中予以运用。民盟南湖区支部(总支)担任市人大代表、市(区)政协委员的盟员关注社会、关注民生,积极撰写质量较高的提案和社情民意,内容涉及教育、经济建设、外来人口就业、社会保障、社区服务、城市建设、环境污染、社会治安等,在市、区的"两会"上提出《加大社会监管力度 更有效遏止青少年犯罪》《市区交通整治状况调查及建议》《南湖区外来农民工生存现状分析与建议》等团体提案,受到中共南湖区委、区政府的高度重视和肯定。2012年,全区各民主党派提交个人提案60多件、集体提案10多件,社情民意40余条,参加中共南湖区委、区政府情况通报会、征求意见会、形势报告会等6次。在全区统一战线开展的"同心·建功"活动中,被评为先进个人及积极分子各10名。2013年,各民主党派组建"同心·服务组",开展服务企业、服务基层的"双服务活动"。积极参与中共南湖区委有关党外后备干部柔性挂职工作,协调落实对党外后备干部的培养锻炼。

2014年,各民主党派积极参加中共南湖区委、区政府组织的"五水共治"督促检查、宣传和技术咨询服务活动,围绕"五水共治"相关内容开展调研,提出意见和建议,助推"五水共治"专项行动。发挥"同心·服务"组作用,先后开展百花社区民工子弟学校送教、帮扶贫困生活动;到余新敬老院送医送药送温暖、慰问社区孤寡老人、走访企业开展法律、税务和工商法规等"双服务"活动,帮助解决现实中的一些热点、难点问题。农工党南湖区支部认真履行职能,积极发挥参政议政、民主监督的作用,组织农工党员中的人大代表、政协委员深入乡镇卫生院、社区卫生所和居民家庭,对区公共卫生建设状况进行调研,提交人大议案、政协提案、大会发言和社情民意。

2005—2014年南湖区各民主党派人士担任政协委员情况表

表8-2-7　　　　　　　　单位：人

名称＼届次	第一届	第二届	第三届
民革嘉兴市南湖区支部	2	6	6
民盟嘉兴市南湖区支部	6	5	7
民进嘉兴市南湖区支部	4	6	7
民建嘉兴市南湖区支部	2	3	7
农工党嘉兴市南湖区支部	4	3	4
致公党嘉兴市南湖区支部	—	1	4
九三学社嘉兴市南湖区支部	2	6	7
合计人数	20	30	42

2003—2015年南湖区各民主党派在人大、政协当选代表和任职情况表

表8-2-8　　　　　　　　单位：人

当选代表届次				民革	民盟	民建	民进	农工党	致公党	九三	合计人数
当选人大代表	浙江省十届			—	—	—	—	—	—	2	2
	浙江省十一届			—	—	—	—	—	—	1	1
	嘉兴市人大	五届	代表	—	—	—	2	2	—	—	4
			常委	—	—	—	—	—	—	—	—
		六届	代表	—	2	—	1	2	1	1	7
			常委	—	—	—	—	—	—	—	—
		七届	代表	1	3	—	1	2	1	2	10
			常委	—	—	—	—	—	—	—	—
	南湖区人大	六届	代表	2	2	2	2	2	—	2	12
			常委	—	—	1	1	1	—	—	3
		七届	代表	2	2	2	2	2	—	2	12
			常委	—	—	1	1	1	1	1	5
		八届	代表	4	5	5	5	3	3	5	30
			常委	—	2	1	1	1	1	1	7
推荐为政协委员	浙江省政协	十届	委员	—	—	—	—	—	—	1	2
			常委	—	—	—	—	—	—	—	—
		十一届	委员	—	—	—	—	—	—	1	1
			常委	—	—	—	—	—	—	—	—
	嘉兴市政协	五届	委员	1	1	1	1	1	—	5	10
			常委	—	—	—	—	—	—	2	2
		六届	委员	1	1	2	2	1	1	2	10
			常委	—	—	—	—	—	—	—	—

续表 8-2-8

当选代表届次				民革	民盟	民建	民进	农工党	致公党	九三	合计人数
推荐为政协委员	嘉兴市政协	七届	委员	1	1	3	1	3	1	3	13
			常委	—	—	1	—	—	—	—	1
	南湖区政协	一届	委员	2	6	4	2	4	—	2	20
			常委	1	1	2	1	2	—	1	8
		二届	委员	6	5	6	3	3	1	6	30
			常委	2	1	2	1	1	—	2	9
		三届	委员	6	7	7	7	4	4	7	42
			常委	1	2	1	2	1	1	1	9

南湖区各民主党派提交提案、意见建议情况表

表 8-2-9　　单位:人

时间	民革	民盟	民建	民进	农工党	致公党	九三	合计(件)
2006年	1	1	1	1	1	—	1	6
2007年	1	1	1	1	1	—	1	6
2008年	2	1	1	1	1	—	4	10
2009年	2	2	2	2	1	—	3	12
2010年	2	3	3	3	1	1	2	15
2011年	10	6	5	4	3	—	3	31
2012年	4	4	5	7	3	1	5	29
2013年	4	4	6	6	3	2	6	29
2014年	3	3	7	4	2	5	4	28

社会服务　各民主党派发挥各自特长组织开展文化、教育、科技、医疗卫生等咨询服务和慈善捐助等活动,力所能及服务社会。民革南湖区支部会员施华新等企业家为困难群体慈善捐款、结对助学,2000—2002年捐款20余万元。2003年,民进南湖区支部在全区创建教育强区活动中,发动全体会员积极开展捐书活动,筹集价值8000多元的图书,赠送给新丰镇横港小学、竹林小学。2005年起,民进南湖区支部与百花育才新居民子女学校开展结对支教活动,由支部会员中的骨干教师进行上课、辅导,开展教学讲座等,该活动作为一项长期的特色活动形成制度,每年向学校赠送文体活动器材。农工党加强与对口单位的联系,积极投身社会服务。每年为各镇、街道社区的老百姓开展义诊、医疗咨询等服务;参与农工党市委会组织的"三下乡"活动,选派支部3名医生到化工社区服务;在世界男性健康日活动中,与对口联系单位到大桥开展男性健康咨询活动;响应区政协捐助贫困学生的号召,为大桥籍在嘉兴一中实验学校学习患白血病的学生,捐赠现金12000元;汶川、玉树地震发生后,组织全体农工党员积极捐款。2005年,民建南湖区总支的陈俐创办的嘉兴市聚力源典当有限公司,为嘉兴市首家典当公司,先后获商务部市场监测工作"先进单位"、浙江省典当行业协会"先进单位"等称号。王祖勇创办的常青藤光电技术(嘉兴)有限公司,成功开发"光学膜厚度控制传感器晶片",列入2005年浙江省火炬计划,同时列入2005年省级新产品;公司开发的核心技术处于国内绝对领先地位,在美国

市场占近50%的市场份额,成为传感器晶片生产领域举足轻重的企业,并获省级科技创新企业称号。2006年9月8日,由民建南湖区支部承办的面向中国企业家和企业界高级管理人员的教育培训机构——“建华企业家课堂”浙江分课堂开课。其间,民建中央副主席黄关从,省人大常委会副主任、民建浙江省委会主委吴国华等领导与民建南湖区支部成员进行座谈。民盟南湖区支部担任市、区人大代表、政协委员6人,多名盟员担任政府相关部门特约监督员、特约审计员、教育督导员。沈冰、沈陈良被评为浙江省优秀盟员,盟员陈培华2007、2008年连续两年被评为区优秀公务员。盟员史泓承担省级英语研究课题,被授予“嘉兴市英语学科带头人”称号;盟员许波被评为嘉兴市“十佳”班主任、两届区学科带头人,调研课题获得区政府奖、论文获得省一等奖。民革党员楼解民被省民革评为2008年全省基层工作先进个人、何建丽被评为嘉兴学科带头人。2008年,民建南湖区支部的会员热心社会公益活动,对四川汶川地震灾区赈灾捐款,企业会员和个人会员合计捐款15万余元;会员陈俐在创办的典当公司开业之初决定不大张旗鼓开展庆祝活动,省下资金在嘉兴学院设立“聚力源爱心助学基金”,当年捐助品学兼优的贫困学生10人,每年公司及员工定期向基金注入爱心款项,累计捐助贫困学生100余人,被嘉兴学院授予“心系教育、无私援助”称号。“5·12”汶川特大地震抗震救灾工作中,致公党南湖区支部张元卿积极捐款捐物,为灾区人民送去急需的物资,获致公党“全国抗震救灾先进个人”称号;陆有德获得致公党中央“全国优秀党员”称号;杨叶军主持的浙江省教研系统研究课题,获得嘉兴市科学学科带头人称号;南湖区支部先后与南湖区侨联、南湖区三水湾小学、北师大南湖附属学校全方位结对,通过组织不定期的义务咨询、文化交流、捐物赠书等各种活动,为和谐南湖建设发挥作用。2010年,民建南湖区支部发动会员捐资助学,资助南湖创业园外来民工子弟学校建立“民建图书角”,首批捐书近1000册。民革南湖区总支被民革省委评为学习践行社会主义核心价值体系先进基层组织。九三学社曹万荣等社员研究成果获国家专利授权22项(发明专利13项),在国内外核心期刊或全国性会议上发表学术论文23篇;主持或参与完成国家标准起草8项;获浙江省科学技术二等奖、省科学技术三等奖、省优秀新产品二等奖、省化工科学技术二等奖(3次)、市科技进步奖和自然科学学术奖多次;享受“国务院政府特殊津贴”,获“省优秀科技工作者”“省新长征突击手”称号和“市自主创新贡献奖、专业技术带头人奖”等。南湖区九三学社先后与南湖区辅成小学、余新镇黎明村长期全方位结对,通过组织不定期的义务咨询、文化交流、捐物赠书和长期结对困难学生等各种活动,为新农村建设提供直接和全方位服务。2011年,致公党开展“牵手社区,科普惠民活动”,2次走进南湖区解放街道航明社区,为社区少儿开设“制作3D眼镜”“拉泡泡”两堂科普实验课,活动受到社区干部和群众的欢迎。2012年,民盟与南湖创业学校结对,在教学等方面予以支持和帮助,组织盟员捐赠图书200多册给学校,依托嘉兴学院、武警嘉兴医院资源对南湖创业的中小学新生义务体检,多次为学校提供多种形式的教学帮助。盟员陈昕获得2011—2012年度民盟省委会先进盟员的称号。民建总支原主委陈俐,在嘉兴学院设立的“聚力源爱心助学基金”,连续援助贫困学生达15年,2012年被民建省委评为社会服务先进个人称号。2013年,民进开展关爱新居民子女暑期活动,积极参与暑期为南湖创业等新居民子女学校的孩子开展公益性的夏令营活动。为新居民孩子挑选适合3~6年级学生阅读的文章近30篇,并为每一篇文章设计阅读练习。这套课外阅读指导教材经过编写印刷后,免费送该社工组织,供夏令营活动使用。同时,邀请“家庭教育和学生心理健康教育”研究方面拥有丰富理论知识的沈志华老师前往百花育才学校,与七年级的学生家长进行“呵护心灵,放飞梦想”家庭教育讲座。

2014年,九三学社市委会组织部分专家赴南湖区余新镇黎明村开展科技服务月大型咨询活动。九三学社南湖基层委员会精心组织医卫、科技、法律、农技、金融、环保、教育等方面的专家10余人参加。医疗专家们耐心接待前来咨询的群众,解答防病治病知识,提供医疗保健方面的咨询服务,针对病人的病情现场就诊开方,方便群众就医;农技、金融、法律、环保、教育等方面的专家就城乡居民提出的问题,认真予以解答和宣传。为增强科技咨询实效性、吸引广大群众的参与热情,活动中结合中共嘉兴市委、市政府"五水共治"中心工作,现场组织开展"五水共治"知识竞猜活动,并现场展出知识展板10余块,发放各类宣传资料近500份,前来参与咨询和科普知识竞猜的群众600余人。

【党外知识分子联谊会和主要活动】

组织机构　2011年7月,成立南湖区党外知识分子联谊会(简称"区知联会")。区知联会是由全区党外人士中的中高级知识分子组成,具有统战性、知识性、服务性和联谊性的社会团体,是非营利性社会组织,也是全区党外知识分子开展联谊交友、互通信息、反映意见的重要平台。首届会员50名,会长孙旭阳(南湖区人民政府副区长),副会长张桂齐、马国林、孟凡国、盛刚、傅政霖,秘书长王兵杰。2013年,区知联会成立东栅街道、大桥镇、凤桥镇、新丰镇、余新镇5个知联分会,解放、新兴、新嘉、南湖、七星5个知联小组,实现乡镇、街道知联会组织全覆盖。

2014年,全区有会员283人,其中担任市人大代表1人、区人大代表2人,市政协委员1人、区政协委员16人。

主要活动　2011—2014年,区知联会注意发挥党外知识分子的人才优势、知识优势和科技优势,引导全体会员加强政策理论学习,完善制度、健全队伍;依法履行职能,参政议政、民主监督;深入基层一线,服务经济、回报社会,为全区"两个文明"建设努力发挥作用。一些会员在不同领域表现突出获全国、省、市级表彰,其中冯海泓获"全国优秀科技工作者"称号,马国林获浙江省"知联奉献之星"称号和嘉兴市"慈善大会捐款金奖"。

加强政策理论学习,完善制度、健全队伍　区知联会注重政策理论学习,加强自身队伍建设。2011—2014年,通过联谊会平台,先后组织开展"同心·建功"思想主题教育、社会主义核心价值体系学习教育等活动,采取集中与自学相结合的方式,组织会员学习中共十八大精神,学习全国、全省和市、县统战工作会议精神,不断提高会员的整体思想政治素质,引导会员与中国共产党同心同行同向,自觉接受中国共产党领导,坚持走中国特色社会主义道路。组织会员开展横向联谊、走访企业实践活动。通过座谈会、茶话会、户外拓展等联谊方式,促进会员之间的交流,提升凝聚力;通过走访企业、实地考察生产基地,了解全区民营企业发展现状和做大做强现代企业的经营理念,提升战斗力;通过对话交流等活动,及时了解、掌握会员的思想动态,推动个人优势向整体优势转化,提升向心力。同时,根据中央、省、市委有关文件精神和区知联会章程,建立健全《组织发展工作制度》《会议制度》《专门委员会工作规则》《学习制度》《重大会务事项通报制度》等五项制度,完善知联会组织架构与功能,规范知联会工作。

依法履行职能,参政议政、民主监督　会员中的市、区两级人大代表、政协委员,发挥自身优势,立足本职,围绕社会、经济发展中的热点、难点、焦点问题,深入基层,开展调研,撰写社情民意和调查报告,参政议政、建言献策。2011—2014年,会员中的政协委员向市、区两级政协提交各类提案65件,参与各类视察活动200余人次,报送各类信息22篇,参与区政协征集提案线索活动90余人次,并通过参加区委组织的经济社会形势通报会、政府工作报告意见征求会、省级金融示范区创建等专题座谈会,代表无党派界别就南湖区经济社会的转型升级提出调研思路,建言献策。会员中的人大代表,也结合日益突出的环境问题,提出《建立"五水共治"长效机制的几点思考》《关于进一步加强违章猪舍拆除后续管理的几点建议》议案,履行知联会会员代表参政议政的职能。

深入基层一线,服务经济、回报社会　区知联会借助会员的人才、知识和技术优势,引导和鼓励会员开展农业科技讲座、教学示范、法律援助、卫生科普、扶贫救助等社会活动,并结合实际,深入基层,实地开展调研,服务经济、回报社会。2011—2014年,先后组织开展下基层为民服务活动10次,走访企业200余家、农户300户;结合孤寡老人的社会医疗服务、居家养老等问题,开展实地调研,向市、区政协提交调研报告,献计献策;坚持每年到余新镇敬老院开展上门义务体检活动,为敬老院的40多名孤寡老人送去医疗服务。

第三节 落实统战政策

中共十一届三中全会后，嘉兴县委、市委（县级）统战部贯彻中央和省委、地委一系列指示精神，大力拨乱反正，按照实事求是、有错必纠的原则，对“文化大革命”中统一战线方面的冤、假、错案全面落实政策，并对一批历史遗留问题作出处理。1983年8月，城区区委承接原嘉兴县、市委在落实统战政策工作中涉及城区的部分，有计划、有步骤地做好扫尾工作。

【落实错划“右派分子”政策】

1984年，区委统战部遵照市委统战部《关于组织对全市错划右派改正结论“回头看”的通知》精神，对城区范围内错划右派的改正、安置工作情况进行“回头看”。经“回头看”复查，城区原错划“右派分子”的均已摘帽改正，并落实相关安置政策。

【落实国民党起义、投诚人员政策】

1985年1月，区委统战部贯彻省、市委统战部关于对起义、投诚人员颁发《起义投诚人员证明书》的决定，对属于城区范围的起义、投诚人员11人，颁发《起义投诚人员证明书》，并给予一次性生活困难补助4人。对个别归侨起义人员，生活确有困难的予以安排临时工。

【落实原工商业者政策】

1979—1980年，原嘉兴县委已对1956年社会主义改造高潮期间和以前参加国营、公私合营企业以及1958年前后由合作组织转入国营、公私合营企业，被称为私方人员按资产阶级工商业者对待的原工商业者，落实调查区别工作。1984年11月，区委贯彻市委统战部《关于落实原工商业者“文化大革命”遗留问题政策》精神，对城区范围内的原工商业者“文化大革命”遗留问题落实政策。估价发还“文化大革命”查抄财物31人84080元，恢复和补发“文化大革命”扣减工资24人53116元，发还“文化大革命”查抄金额87132元，清退归还被占私房22户、895平方米。

【处理“文化大革命”中被查抄财物】

1984年，区委贯彻中共中央办公厅转发中央统战部、全国政协机关党组《关于妥善处理“文化大革命”中查抄财物遗留问题的意见》的通知和省委办公厅《关于抓紧处理“文化大革命” 中查抄财物遗留问题的通知》精神，组成专门班子，按照“文化大革命”中被查抄财物对象在哪个街道（单位），由那个街道（单位）负责核查、清退处理的原则，组织全区开展解决“文化大革命”中查抄财物遗留问题工作。至1985年12月，经各街道（单位）核实清理，全区“文化大革命”期间被查抄795户，作出清退处理781户，清退率98.24%。

1986年1月至1987年2月，区委在市委统战部统一组织下，对“文化大革命”期间上海市工艺品进出口公司在城区收购的查抄字画、工艺品进行认领，并组织清退。

第四节 民族宗教工作

【民族工作】

基本情况 辖区的民族构成以汉族为主，中华人民共和国成立前少数民族仅有回族。据《嘉兴市志》记载，回族历史可追溯到宋代。北宋时期，对外贸易发达，秀州（现嘉兴）设立市舶司，中亚、西亚的一些穆斯林商人（史称“番客”）经海路来通商，其中有的留居，成为最早的回族先民。明万历三十年（1602）嘉兴清真寺的建立，标志着回民在嘉兴已有一定规模。嘉兴清真寺位于建设街道城东社区，该社区也因此成为回族集聚的区域。中华人民共和国成立后，因工作、求学、婚姻等原因，其他少数民族陆续迁入。1964年第二次全国人口普查时，嘉兴市区（城、郊两区）共有少数民族868人，主要为回族。1982年第三次全国人口普查时，城区有少数民族1016人；1990年第四次全国人口普查时，城区有少数民族17个1482人；2000年第五次全国人口普查时，秀城区有少数民族31个2432人；

2010年第六次全国人口普查时,南湖区有少数民族39个5240人。

2014年,全区有少数民族37个,户籍总人口3833人(含城南街道180人,长水街道151人)。其中100人以上的少数民族9个,分别为:回族近1700人、满族454人、土家族331人、朝鲜族286人、苗族183人、壮族169人、蒙古族168人、畲族112人、侗族100人。全区外来少数民族流动人口约1万人。

主要工作　1983年,撤地建市后,城区未设民族宗教管理部门,民族宗教工作由市民宗局直接管理。2000年5月,秀城区建立民族宗教事务局。根据市、区事权划分,民族工作以市民宗局为主,区民宗局配合。区民宗局遵照党的民族政策,围绕团结和谐主题,依法维护少数民族合法权益,在涉及少数民族群众就业、子女入学、中高考加分、民族成分更改、扶贫邦困等方面,做好协调、提供服务。2001—2002年,区委统战部、区民宗局针对东栅工业园区建设中涉及的回民墓迁移问题,注意把握党的民族政策,尊重回民的风俗习惯,积极协调、耐心工作,在不追加费用的情况下,平稳迁移回民墓250余个。2001—2014年,配合市、区相关部门,积极协调、稳妥处置嘉兴清真寺、回民居住区,回民内部成员、周边汉族群众以及外来流动少数民族的各种利益纠纷和民族矛盾问题17起,增进回民居住区的内部稳定,避免突发事件发生。2005年,结合宣传贯彻《城市民族工作条例》《浙江省少数民族权益保障条例》,进一步落实党的民族工作政策,注意做好少数民族干部的选配和人才培养工作,并作为一项经常性工作纳入日常议事日程。是年,全区少数民族中有中共党员61人,市、区两级政协委员6人,科级以上领导干部2人。2006年,引导少数民族群众参与省、市、区委组织开展的“五城联创”活动(即以争创全国文明城市为龙头的争创优秀旅游城市、国家卫生城市、国家园林城市、国家生态城市活动),会同有关部门规范少数民族摊贩管理,为少数民族公民提供或更改民族成分证明50余人。2007年,配合嘉兴市“五小行业”(餐饮、美容美发、宾馆旅店、浴室桑拿、歌舞厅网吧等行业)整治,在加强外来少数民族务工人员管理的同时,协调解决外来少数民族务工人员子女就学享受优惠等问题。2008年,贯彻省、市委统战部《少数民族低收入群众增收帮扶行动计划的实施意见》,与温州市文成县周山畲族乡双新村签定对口帮扶协议,为期4年,支持民族村增收致富、密切与民族村的感情。帮扶的重点是解决双新村的油茶基地开发(后因自然条件所限,改为樱桃种植基地)和自来水项目建设。其间,先后组织赴双新村实地考察2次,筹集落实帮扶资金15万元。2013年,围绕尊重少数民族风俗习惯,维护少数民族合法权益工作主题,组织开展民族团结进步“进学校、进社区、进企业”(简称“三进”)活动,将“三进”活动作为做好城市民族工作的出发点和落脚点,作为与少数民族群众联系、沟通的桥梁。是年,选择建设街道城东社区为“三进”工作的试点,在社区门口、社区警务站设置宣传橱窗、悬挂少数民族宣传标语和活动照片等,并组织“三八”节“回汉一家亲”联谊活动,增进与少数民族群众联系。

2014年,继续做好少数民族贫困地区结对帮扶和市区回民墓迁建工作。根据市委统战部《关于实施省新一轮少数民族低收入群众增收帮扶活动的意见》,与金华市武义县柳城畲族镇白马下村结成对口帮扶关系,提供扶贫资金10万元。区政协、区委统战部、区民宗局以及回民集聚区的城东社区干部还专程前往白马下村走访、交流,推进扶贫帮困工作落到实处。同时,区委、区政府贯彻落实市委、市政府进一步加强城市基础设施建设,缓解城市交通压力的总体部署,将回民墓地迁建工作作为年度“民生工程”,出台回民墓地迁移补偿办法,多次召开专题协调会,按照尊重回民风俗习惯、维护少数民族合法权益的原则,稳妥做好东栅汇农村的回民墓地迁建动员工作。至年底,由拳路、中央公园区域的回民墓全部迁至大桥胥山嘉兴新回民公墓,两个区域共迁移墓穴1709个。

【宗教工作】

宗教沿革和宗教团体　南湖区为嘉兴市主城区,宗教历史悠久。中华人民共和国成立初期,境内佛教、道教、伊斯兰教、天主教和基督教五大宗教并存。20世纪50年代,道教活动逐渐停止。撤地建市、设立城区行政区划后,辖区内有佛教、天主教、基督教、伊斯兰教活动。根据市、区两级宗教工作事权划分，城区管辖佛教、基督教三自爱国会、基督教协会（简称基督教“两会”）3个宗教基层团体；天主教、伊斯兰教未建宗教基层团体，其宗教活动场所由市民宗局管辖。2000年12月，成立秀城区佛教协会筹建领导小组。2001年12月，成立秀城区基督教三自爱国运动委员会（基督教协会）筹建小组。是年，辖区有佛教协会、基督教“两会”等宗教团体3个，宗教教职人员48人（佛教5人、基督教43人），可统计信徒3500人（不包括佛教），均为基督教信众。

2014年，辖区有佛教协会、基督教“两会”等宗教团体3个，经民宗部门备案的宗教教职人员59人，其中佛教10人、基督教49人（圣职人员17人、义务传道员32人），可统计信徒约5000人（不包括佛教），均为基督教信徒。

附：佛教协会、基督教两会概况

佛教协会　2000年12月5日，秀城区成立佛教协会筹建领导小组。筹建领导小组由统战部部长王士官为组长，俞华良、杨金霞（即后来的太平禅寺监院释果莲）为成员组成。2002年11月17日，秀城区召开佛教界第一次代表大会。会议选举产生秀城区佛教协会第一届领导班子，首届协会不设会长，释果莲（太平禅寺监院）任常务副会长，释果因、智俊任副会长，杨金棣、乐慈修、俞华良任理事，俞华良兼任秘书长。2008年12月5日，南湖区佛教协会召开第二次代表（会员）大会。会议选举产生南湖区佛协第二届理事会，释果莲任会长，释果因任常务副会长，智俊、果禅、维华任副会长，法雨、果林、如辛、陆玉英、丁国英、戴兴根任理事，法雨兼任秘书长，周云飞任副秘书长，聘请明奘为名誉会长。2014年4月9日，南湖区佛教协会召开第三次代表（会员）大会。会议选举产生南湖区佛协第三届理事会，释果因（血印禅寺监院）任会长，智俊、维华、果禅、宽修、法雨任副会长，法雨兼任秘书长，周云飞任副秘书长，聘请果莲法师为名誉会长。

基督教两会　2001年12月18日，秀城区成立基督教三自爱国运动委员会（基督教协会）筹建小组。筹建小组由陈其华牧师（原郊区基督教协会会长）为组长，张林水、马先鸿、杨德明、陈梅丽、王秋琴5人为成员组成。2003年1月9日，秀城区基督教界召开第一次代表（会员）大会。会议选举产生基督教秀城区三自爱国运动委员会、秀城区基督教协会（简称基督教两会）第一届领导班子。杨德明任基督教秀城区三自爱国会主席兼秘书长，马先鸿任常务副主席，王秋琴任副主席，李顺明、韩德关、孟关松任委员；陈其华（2006—2008年，由姚张明代）任秀城区基督教协会会长，何惠玲任副会长，陈梅丽任副会长兼总干事，张林水、杨阿才（2004—2007年，由李云芬代）任理事。2009年4月28日，南湖区基督教两会召开第二次代表（会员）大会。会议选举产生南湖区基督教两会第二届领导班子。陈梅丽任基督教南湖区三自爱国会主席，郭默霖任副主席兼秘书长，张林水、韩德关、陶雁林、王秋琴任委员，聘请杨德明为名誉主席；姚张明任南湖区基督教协会会长，刘小和任副会长兼总干事，李顺明、孟关松、裘财林、沈顺荣任委员，聘请马先鸿为名誉会长。2014年7月28日，南湖区基督教两会召开第三次代表（会员）大会。会议选举产生南湖区基督教两会第三届领导班子。陈梅丽任基督教南湖区三自爱国会主席，郭默霖任副主席兼秘书长，韩德关、陶雁林、吴金明任委员，聘请杨德明为名誉主席；姚张明任南湖区基督教协会会长，刘小和任副会长兼总干事，沈海松、沈金根、龚建军任委员，聘请马先鸿为名誉会长。

宗教政策和宗教事务　20世纪80—90年代，区宗教工作由市民族宗教事务处直接管理，区委配合做好工作。1985—1986年，先后对历史上以及“文化大革命”中被占用寺庙教堂及其附属房屋，通过协调腾退归还宗教团体。其间，共落实宗教房产11处4332平方米，其中天主教5处3672平方米，基督教3处293平方米，佛教3处372平方米，折价赔偿55025元，归还产权1133米。1993年，贯彻《中共嘉兴市委　嘉兴市人民政府关于进一步加强佛教寺庙管理工作的意见》，逐步恢复和开放一批宗教活动场所。同时，遵照《浙江省宗教活动场所管理规定》，对批准开放的宗教活动场所进行登记发证。是年，全区共登记开放宗教活动场所18处，其中佛教2处、基督教16处。

进入21世纪,区委统战部、区民宗局遵照党的宗教信仰自由政策,结合贯彻国务院《宗教事务条例》,加强宣传、积极引导,依法开展宗教事务日常管理,引导宗教与社会主义社会相适应。2002年开始,区委、区政府决定由区财政每年拨出一定经费,用于重点教职人员生活补助,并逐年有所提高。2004年,区委统战部、区民宗局针对辖区内基督教私设聚会点,非法从事宗教活动的动向性问题,会同区公安国保大队等单位开展联合调查,采取摸清底数、掌握情况、疏堵结合、区别对待的方式,强化非法宗教活动的整治和依法取缔工作。同时,加强辖区宗教活动场所的巡查和暗查,防止境内外敌对势力和各种邪教活动在区内渗透,对在反邪教斗争中表现突出的先进单位和个人予以表彰奖励,逐步建立起依法管理宗教事务的长效机制。2005年,贯彻国务院《宗教事务条例》,区委、区政府同意区民宗局提交的《区宗教活动场所布局设置方案》,对基本具备开放条件的黎林寺、大曹王寺、小普陀禅寺和石佛寺等历史上著名的庙宇,进行恢复重建。同时,组织宗教界人士200余人次,参加市、区两级举办的专题培训班,学习条例,增强宗教界人士依法从事宗教活动的法律意识。2006年,在全区组织开展"平安宗教活动场所"创建活动,制定统一的佛教、基督教、民间信仰场所管理制度,悬挂各宗教、民间信仰场所,并将制度汇编成册,印发各镇、街道,推进宗教场所的规范化管理。同时,以"平安宗教活动场所"创建活动为契机,注意经常性防范与重要节庆防范相结合,明确职责、责任到人,在重大节日、重要宗教活动前,组织落实消防、安全、值班等安全保卫工作,强化宗教活动场所的安全管理。是年,全区宗教场所被评为"平安宗教活动场所"8处(含重复数),其中评为市级"平安教堂"7处、区级"平安教堂"8处(均为重复数,详见表8-2-10)。此后,"平安宗教活动场所"创建和评比活动,成为推进全区宗教工作规范化管理的重要载体,每年进行。2007年,贯彻国家宗教局《宗教活动场所设立审批和登记办法》和省民宗委《关于开展全省宗教活动场所登记证换发工作的通知》,组织开展宗教场所分类登记换证工作。全区教活动场所共登记换证23处,其中基督教教场所16处、佛教场所7处。是年,区民宗局撰写的《充分发挥宗教组织力量,推进反邪教示范宗教场所》一文,被编入中国科技出版社出版的《新时期邪教防治研究》刊物。2008年,深化贯彻《浙江省宗教事务条例》,进一步加强对宗教教职人员及信教群众的法律、法规和政策教育;进一步完善宗教场所内部管理,在佛教场所有选择性地试点推出会计代理制(即各寺院配出纳1名,负责寺院现金日记账和票据管理;区佛协聘请专业会计1名,负责全区佛教场所的财务会计代理,按寺院建立会计账目,监督、指导各寺院财务工作)。2009年,贯彻省民宗委《关于开展创建"和谐寺观教堂"活动的意见》和市民宗局《关于进一步深化创建"平安宗教活动场所"活动的意见》《嘉兴市星级平安宗教活动场所达标考评制度》,全区进一步深化"平安宗教活动场所"创建活动,推出争创"星级平安宗教活动场所"和"和谐寺观教堂"创建活动。2010年,全区批准开放的佛教场所全面推广会计代理制。会计代理制,明确实行"四统一"(统一制度、统一票据、统一报账、统一审核)、"五不变"(寺院资产所有权不变、资产使用权不变、审批权不变、核算单位不变、监督机制不变),并聘请专业会计进行财务审计。同时,继续鼓励和引导各宗教场所参与"平安宗教活动场所"创建活动,加强对宗教活动场所的监督检查,加强对宗教界人士教育培训,提升自觉抵制邪教和境外宗教渗透的意识。在"平安宗教活动场所"创建中,步云基督教堂被评为2011年度省级优秀和谐教堂。2012年,关心重视宗教教职人员的社会保障工作,凡符合条件的宗教教职人员均纳入社会保障,区财政每年给予适当补助。2013年,以"安全年""教风年"为主题,全面落实宗教活动场所财务监管、宗教教职人员认定备案和参加社会保障"三个专项"工作;统一设计印发宗教场所《重大活动及事件》《学习会议记录》《公益事业记录》《图片资料》4本台账,进一步规范宗教事务管理。区财政还决定自2013年起,每年拨出一定经费用于宗教团体开支。

2014年,贯彻全省、全市"三改一拆"涉及宗教领域违法建筑处置专项整治工作会议精神,组织开展调查、整改,全区拆除涉及宗教违法建筑90余处2300平方米。是年,在全市公布的第四批三星级平安宗教场所中，辖区又获评5处。全区宗教场所获市级三星级平安宗教活动场所（后“三星级平安宗教场”称为“省级达标和谐寺观教堂”）增加到11处。

南湖区创建“平安宗教活动场所”情况表

表8-2-10

年　度	级　　别	宗教活动场所
2006	市级“平安场所”	大曹王寺、太平禅寺、凤桥教堂、曹庄教堂、步云教堂、东栅教堂、大桥教堂
	区级“平安场所”	大曹王寺、太平禅寺、凤桥教堂、曹庄教堂、步云教堂、东栅教堂、大桥教堂、新丰教堂
2007	市级“平安场所”	黎林寺、新丰教堂、余新教堂、新篁教堂、八里村教堂
	区级“平安场所”	黎林寺、血印禅寺、小曹王庙、余新教堂、新篁教堂、八里村教堂、七星教堂、新善寺教堂
2009	市级第一批“三星级”场所	太平禅寺、东栅教堂、大桥教堂
	市级“平安场所”	恩爱堂、七里店教堂、新善寺教堂、七星教堂
2010	市级第二批“三星级”场所	步云教堂、凤桥教堂
	市级“平安场所”	真实禅寺、角里街教堂、双溪花园基督教活动点
2011—2012	市级第三批“三星级”场所	黎林寺
	市级“平安场所”	小普陀禅寺、三水湾教堂
2011年度	省级“优秀和谐教堂”	步云教堂
2013—2014	市级第四批“三星级”场所	大曹王寺、恩爱堂、新篁教堂、七里店教堂、新丰教堂
	市级“平安场所”	未评

支持参与经济建设和社会慈善活动　区委统战部、区民宗局支持、鼓励宗教场所、宗教人士发扬爱国爱教、济世利人的传统，参与经济建设和社会公益慈善活动。2007—2010年，针对云南普洱、四川汶川、青海玉树、台湾以及日本等地发生地震灾害的情况，先后组织开展“心系四川灾民”“献爱心、赈灾捐款”等活动，各佛教寺院举行祈福法会，累计捐款捐物20余万元；区基督教界为四川汶川地震灾区捐款92941元、为青海玉树地震灾区捐款26061元。2014年，区佛教协会响应“五水共治·宗教助力”活动，捐款5万元。2007—2014年，太平禅寺每年为当地特困户子女助学捐款5000元、用于奖励学校“三好学生”费用3000余元，逢年过节，去当地敬老院慰问六十岁以上的老人及寺院周边的困难户。血印禅寺每年腊八节，向民众施放腊八粥，慈济行善。2014年岁末，区佛教协会部分班子成员专程走访慰问建设街道城东社区，向社区贫困户发放米、油等“爱心礼物”慰问品，真诚祈祷送上新年的祝福。

宗教场所　二十世纪八九十年代，城区政府协助市民族宗教事务处管理6个街道、5个公社范围内的佛教、基督教场所。2000年5月，秀城区设立区委统战部、挂区民宗局牌子，市、区两级宗教管理部门逐步理顺关系，区民宗局管辖宗教场所19处，其中登记开放的佛教场所3处（太平寺，冷仙亭、大曹王庙时为“民间信仰”），基督教堂16处（原秀洲区划入10处、市民宗局划给秀城区6处）。2001年以后，区委统战部、区民宗局结合全区宗教工作实际，合理布局，逐步修缮、重建并批准开放一批宗教活动场所，群众的宗教信仰需求基本得到满足。

2014年，全区有批准开放的宗教活动场所26处，其中佛教10处，分别为太平禅寺、血印禅寺、冷仙亭、广福庵、大曹王寺、黎林寺、小普陀禅寺、真实禅寺、石佛古寺、普光禅寺;基督教16处,分别为东栅、步云、凤桥、曹庄、新丰、新篁、大桥、余新、七星、三水湾、角里街、七里店、新善寺、八里村14个基督教堂和嘉兴基督恩爱堂、双溪花园基督教活动点。

第五节　经济领域统一战线工作

【改革开放后非公有制经济领域统一战线工作】

支持非公有制经济发展　1983年,区委宣传部贯彻中央关于"以公有制为主体,多种所有制经济共同发展"的方针,落实统战工作服务经济建设的各项措施,协调配合市工商联鼓励和支持发展个体、私营企业,协调引进外资建立"三资"企业,加强对非公有制经济人士的教育培训等工作。至1999年,全区共有各类个私企业1012户,其中私营企业106户,个体工商户906户。

2000年6月,区委统战部协调组建区工商联,支持建立健全全区基层商会,依托工商联(基层商会),加大对非公有制经济企业和非公有制经济人士的支持力度。是年9月,新兴街道成立秀城区第一个街道商会。12月,秀城区工商联成立。2007年5月,区委统战部协调区工商联,在凤桥、七星、大桥、东栅4个乡镇和南湖、解放、建设3个街道建立基层商会组织。至年底,南湖区工商联基层商会组织实现全覆盖,共建有基层商会组织11个,其中镇商会5个、街道商会6个,共有会员单位676个,企业会员653个、团体会员1个、个人会员22个。2013年,加强与金融机构合作,与嘉兴邮储银行签订战略合作协议,为41家非公经济企业解决融资1.7亿元;加强招商引资、海外人才引进工作,引进浙商回归项目30个,总投资额18.95亿元;抓好浙商公益捐赠项目统计,1—10月,全区浙商公益捐赠项目154个,到位资金774.67万元。

至2014年,在"南湖之春"经贸活动中,区工商联发动企业家"以商引商"直接参与企业50余家,累计邀请客商参与经贸活动70余人次;合同利用外资1.2亿美元,实际到位外资0.8亿美元;合同利用区外资金7.2亿元,实际到位内资5.2亿元。

落实非公有制经济人士政策　1979—1980年,原嘉兴县委对1956年社会主义改造高潮期间和以前参加国营、公私合营企业;1958年前后由合作组织转入国营、公私合营企业,被称为私方人员等按资产阶级工商业者对待的原工商业者,落实调查区别工作。1984年11月,区委贯彻市委统战部《关于落实原工商业者"文化大革命"遗留问题政策》精神,对城区范围内的原工商业者"文化大革命"遗留问题落实政策。估价发还"文化大革命"查抄财物31人84080元,恢复和补发"文化大革命"扣减工资24人53116元,发还"文化大革命"查抄金额87132元,清退归还被占私房22户、895平方米。

思想和制度建设　秀城区按实运作以后,成立区委统战部(工商联)并建立党组,设党组书记1名,抓好工商联的思想建设和制度建设。严格按照嘉兴市工商联《关于加强和改进对非公有制经济代表人士思想政治工作的若干意见》的要求,建立学习制度、会议制度、常委会议议事规则等7项制度和规则,巩固经济统战工作。

2008—2011年,区工商联重点围绕"守法诚信"主题开展教育引领,并与区司法局合作聘请26名律师作为区工商联商协会法律顾问,为法律进商会进企业创造条件,还与区公、检、法联合制定了年度不少于3次的工商联产业细分听取企业家意见建议座谈会计划,营造南湖企业遵纪守法、诚信经营的良好氛围。

2012年,区委出台《关于加强和改进工商联工作的实施意见》及其配套文件,以工商联党组改建为党委为契机,在区工商联行业商协会中建立11个党(总)支部,有正式党员86名。南湖区委"两新"工委出台《关于在全区非公有制经济组织和党员中深入开展"创先争优"活动的指导意见》,区工商联党委认真贯彻两《意见》并在细化活动实施方案的同时,深入动员,以创先争优活动引领企业家和生产经营骨干中的党员的政治思想。

2013年,区工商联落实全国工商联《关于在非公有制经济人士中开展"四信"教育活动的通知》精神(对中国特色社会主义的信念、对党和政府的信任、对企业发展的信心、对社会的信誉)，抓住工商联主席会议、常委会议、执委会议等契机组织学习教育，并邀请省工商联有关领导给全体执委作"强化四信意识"的专题讲座，增强企业家们对中国特色社会主义的信念，对党和政府的信任，对企业发展的信心，对社会的信誉。

2014年，整合资源，利用好市级工商联培训平台，发挥市本级优势，提高全区企业家参训率。通过政治引领，企业家们的思想政治素质不断提高。企业家参与慈善、扶贫帮困、助学结对等累计2.8亿元，并涌现出一批不断进取、无私奉献、乐于助人、照章纳税的先进个人。其中被市、区两级评为"优秀中国特色社会主义事业建设者"称号38人，被授予"嘉兴市十大风云人物"称号16人，企业家党员被市区两级评为"优秀共产党员"称号20人。

参政议政和建言献策 2000—2014年，工商联会员中担任区级以上人大代表、政协委员70多人次。有许多非公有制经济代表人士在工商联等团体和政府部门担任一定的社会职务，被聘为政府有关部门特约监督员的20人。如工商联执委詹昌兴、宋云飞、王祖勇分别担任区食品药品监督员和效能建设监督员。区工商联建立后，围绕南湖区经济、社会生活中的热点、难点问题，特别是非公有制经济发展中的新情况、新问题开展调查研究，参政议政，建言献策，努力营造良好的发展环境。每年组织班子成员下到会员企业、基层商会、个体会员中调查研究。年均撰写调查报告10余篇。

2008年1月，工商联的人大代表和政协委员在"两会"上提出《贯彻新的劳动合同法，构建和谐劳动关系》《全面贯彻科学发展观、促进民营经济又好又快发展》等提案，得到区委、区政府的重视。2012年"两会"期间，担任区人大代表、政协委员的会员企业在深入调查研究的基础上，撰写《突破中小企业发展瓶颈的思考》《发展我区高端制造业的几点建议》《提高企业经营能力，推动南湖区文化创意产业素质升级》等调研文章。提交提案、议案42份，反映社情民议35件(集体提案2件)。2013年，提出《关于突破南湖区民企二次创业瓶颈的几点建议》，相关建议得到区政府采纳，助推政府出台并实施相关惠企政策，为民企共克时艰起到了积极的推动作用。

2014年，围绕非公经济发展过程中所遇到的重大问题，有针对性地提出解决问题的办法和意见，提交各类建议11件，提案39件，社情民意40多件，得到市、区两级党委政府的重视和采纳。是年，南湖区工商联81名执委中，担任市、区"两代表一委员"的有53人，占62.9%；区工商联26名主席和副主席、会长和副会长中，担任市"两代表一委员"23人，占比88.7%。先后完成"企业信息化及电商能力状况的几点建议""提高电商换市能力，助推产业转型升级"等重要课题，努力为民营经济营造良好的发展环境。

教育培训和联系服务 2005年后，区委统战部、区工商联与有关部门合作，积极开展对非公有制经济代表人士的培训工作，举办非公有制经济人士培训班20期，培训人员2000余人次。组织23名非公经济代表人士到中央党校培训，有效提高会员的综合素质。先后选送93名非公经济代表人士赴清华大学、中央社会主义学院参加企业经营管理培训，进一步增强非公经济代表人士的战略、品牌、人才、科技意识，用宏观经济发展趋势、战略理财与资本运行、中小企业发展战略、企业经营关键与转型期战略管理指导企业转型发展。2007年，南湖区工商联利用国家产业政策及政策法规调整的有利时机，分别举办《中华人民共和国劳动合同法》"两税并轨"等政策法规培训班，参加培训会员企业200人次。每年区工商联利用元旦、春节前后由书记带队走访慰问会员企业。

2008年1月起，在《嘉兴日报·南湖新闻》上开设宣传专栏，广泛报道南湖区工商企业在自主创新、企业管理、品牌打造等方面的先进经验，共发表推介南湖区商会动态文章近百篇。6月，创建南湖区工商联(总商会)网站，加强与全国各地工商联友好商会的联系，为会员提供可靠的信息服务。2009年创办《南湖商道》简报，先后编印季刊10期。2010年，会同有关部门先后选送20余名非公有制经济代表人士赴中央社会主义学院、香港理工大学参加培训。2001—2008年，组织50余名非公有制经济人士到全国各地考察学习10余次，组织展销会、推介会等10多次，提高会员企业经商能力。2011年，落实区委、区政府“创业南湖·精英引领计划”,进一步加强与海外重点社团,留学人才的联络和服务。11月19日,“创业南湖·精英引领计划”推介会在英国伦敦举行,建立首个海外人才工作站,并与英国浙江联谊会签订人才合作协议。是年,积极开展“服务民企促发展”活动,认真落实浙江省工商联“223”工作计划的目标任务和基本要求,不断提高工商联组织的凝聚力、影响力和执行力,加强工商联服务会员、服务经济社会的能力。做好安商助商,推动建立新型银企关系,区工商联与中国银行嘉兴市分行签订《战略合作协议》。2012年,邀请国务院发展研究中心朱雍作“2012年经济形势分析展望和企业运营与战略”专题讲座。组织部分工商联人员赴外地学习考察。与银行沟通协调,为小微企业解决融资难题。2013年,加强与金融机构合作,与嘉兴邮储银行签订战略合作协议,全年为41家中小企业解决融资1.7亿元。引进浙商回归项目30个,总投资额18.95亿元。抓好浙商公益捐赠项目统计,1—10月,全区浙商公益捐赠项目154个,到位资金774.67万元。

2014年,会同有关部门选送区非公有制经济代表人士赴中央社会主义学院学习培训20余人,选送至香港理工大学学习培训18人。是年,南湖区工商联热情接待会员来信来访,积极维护会员的合法权益,帮助非公有制企业解决生产经营中出现的问题,处理事件20余起。

创优活动和社会公益事业　区委统战部、区工商联积极引导民营企业开展创优活动,参与社会公益事业和“光彩事业”。2001—2010年,工商联会员为全区经济建设和各项公益事业捐款捐物近亿元。区工商联协助侨联、台联等团体组织与海外有联系的资源优势,引导海外浙商回乡投资创业,共同建设公益事业。2005年,工商联筹集30多万元资金,为全区近1万名老人办理医疗保险的基础上,会员企业为市、区慈善机构捐款900余万元。

2012年,在创优活动中,南湖区将“支持浙商创业创新,促进嘉兴发展”作为“一号工程”。区工商联积极发挥各行业协会的作用,建立科技平台,加强会员服务力度,全年为会员单位累计争取市级以上科技资金1000多万元。会员单位列入国家火炬计划项目2项(嘉兴市罗星化工有限公司高固体水性聚氨酯乳液项目、嘉兴市广兴工贸有限公司外墙及门窗绿色防水节能涂料研制及产业化项目);列入省级新产品试制计划162项,如嘉兴麦宝科技信息有限公司麦包包电子商务流量分析系统项目、神龙电气有限公司PTM16智能时间继电器项目等;列入市级高新技术产业化项目5项(嘉兴四通车轮股份有限公司新型高强度轻量化8.5-20汽车车轮产业化项目、嘉兴市凯力塑业有限公司 智能吸尘器的开发项目、振石集团东方特钢股份有限公司低镍经济型双相不锈钢关键生产技术研究和产业化项目、天通浙江精电科技有限公司LED路灯智能管控系统及太阳能应用LED路灯示范工程项目、嘉兴凯实生物科技有限公司全自动通用样本处理仪器的研制与产业化项目)。支持南湖区农业龙头企业协会以历年南湖区“南湖之春”活动为契机,举行项目推介会合作活动。推介各类农业项目达42个;举行农业科技合作项目签约仪式,加强协会会员与区内外科研院校的联系与合作;配合农业部门组织区内农业龙头企业参加浙江省农博会、上海农展会以及嘉兴农展会等展示展销南湖区优质特色农产品。此外,南湖区搭建金融服务平台、经贸交流平台、法律服务平台、教育成长平台、对外交流平台和学习培训平台,使民营企业家增长视野,提高管理能力。同时积极打造南湖民企品牌,多家优秀民营企业受到省、市、区表彰,其中嘉兴森创时装有限公司、中法控股集团有限公司、浙江大华包装集团有限公司等12家企业分别被评为省级诚信民营企业、市级十大科技创新企业、区级走新型工业化道路十强企业。

2014年,在社会公益事业活动中,捐赠资金达3亿多元,较2013年同期翻两番。此外,工商联会员企业为区慈善总会留本慈善冠名资金近亿元。是年,工商联响应政府号召,积极参与“五水共治”(治污水、防洪水、排洪水、保供水、抓节水)中心工作。3月15日,召开区工商联主席扩大会议,向镇、街道基层商会和全区会员企业发出“聚力五水共治、共建美好家园”倡议。动员企业以实际行动将治污水、抓节水等落实到平时的生产管理中去,与村联动,开展志愿服务。积极抓好自身治水治污设施改造、认领河道、剿灭劣Ⅴ类水等形式主动融入中心工作的同时并进行捐助。至年底，南湖区全年农产品供长三角城市39.95亿万元，南湖区农业龙头企业协会有农业龙头企业77家，其中省级3家，市级39家，区级35家，超亿元企业6家，加工型企业30家，生产型企业41家，流通型企业6家，资产总额达80.43亿元，固定资产8.24亿元。全年，实现年销售收入34.6亿元，利税3860万元，带动农户17.35万户。

【工商联（总商会）组织机构】

机构沿革 1983年城区建立后，全区工商业联合会工作由嘉兴市工商业联合会（简称工商联）代管并行使工商联职能。

2000年5月，秀城区按实运作，在秀城区委的高度重视下，区委统战部着手组建区工商联。区划调整之前，新丰商会和余新镇商会已经成立，街道尚没有商会架构。2000年9月，新兴街道成立秀城区第一个街道商会。在此基础上筹建秀城区工商业联合会（总商会）。2000年12月18日，召开首届秀城区工商业联合会会员代表大会。会议选举产生35名执行委员会委员，同时产生秀城区工商业联合会领导班子，中华化工集团有限公司董事长朱贵法当选为首届会长。秀城区工商业联合会正式成立并按实运作。2003年10月，秀城区工商联成立党组，施尚地为党组书记、副主席、副会长，并增补6名执委。

2005年12月9日，第二届南湖区工商业联合会会员代表大会召开。会议选举产生39名执行委员会委员，同时产生嘉兴市南湖区工商业联合会新一届领导班子，浙江芽芽控股集团有限公司总裁沈锦坤当选为会长。2007年4月，计百姓担任党组书记、副主席、副会长。

2011年3月17日，第三届南湖区工商业联合会（总商会）会员代表大会召开。会议选举产生81名执行委员会委员，同时产生嘉兴市南湖区工商业联合会（总商会）领导班子，浙江芽芽控股集团有限公司总裁沈锦坤当选为工商联（总商会）主席、会长。2012年4月区工商联党组改建为党委。2013年12月，陆爱荣任工商联党委书记、副主席、副会长。

基层组织建设 2007年5月开始，凤桥、七星、大桥、东栅、南湖、解放、建设7个乡镇、街道相继建立基层商会组织。其中，新丰、余新在区划调整前已建基层商会。至年底，南湖区工商联基层组织已全覆盖，建立基层商会组织11个，其中镇商会5个，街道商会6个，共有会员总数676个，其中企业会员653个，团体会员1个，个人会员22个。南湖区工商联结合南湖区实际，积极探索村（社区）级商会的组建工作，2010年11月筹建南湖区村级商会——余新镇黎明村曹庄社区商会和新丰镇杨庄村商会。并先后对11个镇、街道商会进行换届。通过换届，大部分镇、街道的主要领导担任商会名誉会长。在完善基层商会组织的同时，先后出台《嘉兴市南湖区工商联（总商会）基层商会工作指导意见》《关于建立服务业行业协会管理工作的实施意见》，完善区工商联（总商会）议事规则和各项制度。

2008年起，先后成立南湖区旅游、足疗保健、美发美容、餐饮、金融、咨询、零售、西餐咖啡茶饮、房地产中介、洗染等12个行业协会。经过近3年运作，行业协会会员数由2005年的200多个发展到2015年的1200余个，发展新会员近1000个。同时先后成立南湖区乐清商会、东阳商会、兰溪商会、安吉商会等5个在南湖区的异地商会。会员从150个发展到650个，发展新会员近500个，异地商会中的部分会员企业遍及五县两区。

2012年4月，区工商联党组改建为党委，根据区委两新工委关于在区工商联行业协会、异地商会中成熟一个组建一个基层党组织的要求，区工商联党委先后在旅游、足疗保健、美容美发、餐饮、咨询、零售、西餐咖饮、房地产中介、洗染、物流、乐清、东阳等12个行业商协会、异地商会中建立党（总）支部。

2014年，有正式中共党员112名，中共预备党员8名，入党积极分子12名，当年乐清支部和东阳支部被南湖区委两新工委确定为非公党建试点。

第六节　港澳台侨工作

【港澳事务和侨务工作】

组织机构

侨务办公室 1983年，嘉兴撤地建市后设城区和郊区，城区的统战和侨务工作由城区宣传部兼顾。2000年5月28日，秀城区委统战部建立，设立人民政府侨务办公室，由俞华良负责。2005年1月，正式任命周金林为区委统战部副部长兼侨办主任。

归国华侨联合会　2001年11月，秀城区归侨侨眷第一次代表大会召开，会议选举产生秀城区归国华侨第一届委员会，陆有德任侨联主席。2005年5月，秀城区侨联更名为南湖区侨联。2007年5月，南湖区归侨侨眷第二次代表大会召开，张元卿任侨联主席。2007年12月，全区首个基层侨联组织南湖区新嘉街道归侨侨眷联合会成立。2012年5月，南湖区侨联换届，万亚丁任第三届侨联主席，正式代表50人，邀请各镇(街道)分管领导、群众团体、市侨联及区有关部门负责人40人，共计100人参加会议。

留学生和家属联谊会　2012年6月，南湖区留学人员和家属联谊会第一次会员代表大会在沙龙宾馆隆重召开，来自美国、加拿大、法国等国的留学人员和家属50人参加会议，大会选举会长陈锡慧，副会长兼秘书长陈渡华。其宗旨：高举社会主义、爱国主义两面旗帜，团结和组织全区留学人员及其家属，加强联系、交流信息、增进友谊，为弘扬民族文化、早日实现祖国统一、促进家乡和祖国的繁荣昌盛做出贡献。

嘉兴旅港同乡会南湖区分会　2007年4月，嘉兴旅港同乡会南湖区区分会成立，会长袁沅，副会长何萍。2012年4月，第一届连任。

澳大利亚南湖联谊会　2013年9月，澳大利亚南湖联谊会成立，朱健当选为会长。澳大利亚南湖联谊会成立后，配合市侨办做好澳大利亚联谊会会议的筹备和人选的推荐工作，区侨联主席万亚丁当选为嘉兴市澳大利亚联谊会会长，朱健当选为副会长。

基本侨港澳情况

基本侨情　20世纪80年代，城区有华侨、外籍华人9784人，分布于42个国家和地区，大多数海外侨胞已加入外籍，成为外籍华人。许多华侨华人在当地已成就事业。其中，政治上有地位、经济上有实力、社会上有影响或学业上有造诣的851人，占总数的8.9%。数学家陈省身、环保学家沈铎均在美国成为知名的国际学者专家。1987年，城区旅居海外的华侨1879户、8578人，归国华侨28户、92人，侨眷1130户、5061人。

2005年年底至2006年，南湖区组织开展侨情普查，区侨务部门向各镇(街道)发放“居住在浙江省的涉侨人员基本情况调查表”等有关登记表1000多张，调查走访500多家。统计结果显示全区有留学人员400多人，侨眷2500多人。其中，海外华侨华人在亚洲500多人、欧洲120多人、美洲900多人、大洋洲90多人。是年，区侨办获“全省侨情调查先进单位”称号。

2013年10月，南湖区启动基本侨情调查工作。12月1日，调查时点按时入户入企业实施调查。全区共召开各类会议12次，成立调查员队伍200余人，组织培训交流12次，建立侨情QQ群交流平台。至2014年6月，经过基本侨情调查，华侨3753人，华人2244人，归侨33人，侨眷2615人，归国留学人员692人，海外留学人员2616人，留学生眷属8603人。海外重点“四有”(政治上有地位、经济上有实力、学术上有造诣、社会上有影响)人士124人，侨企56家。华侨华人和留学人员分布广泛，涉及国家及地区从原来的28个增加到44个。

港澳同胞情况　1987年，城区旅居港澳同胞852户、3940人，港澳同胞亲属804户、3429人。2013年10月至2014年6月，统计结果显示南湖区有港澳同胞523人，港澳同胞眷属338人。

2014年南湖区海外华侨、华人分布情况表

表8-2-11　　　　单位：人

侨居国	美国	日本	加拿大	新加坡	瑞士	澳大利亚	巴西	德国	英国	印度尼西亚	马来西亚	越南	比利时	法国	新西兰	韩国	泰国
人数	733	148	147	47	7	108	4	26	41	3	5	8	3	33	35	10	5

联络联谊

港澳联络联谊 2007年4月，香港南湖同乡会成立。南湖区侨联连续5次接待香港南湖同乡会乡亲回乡访问；邀请香港同乡会班子成员参与“南湖之春”经贸活动（此后每年开展）；邀请嘉兴港澳政协委员到南湖区考察。2008年，完善基层侨务网络建设和信息基础工作；组织人员赴香港参加香港嘉兴同乡会南湖分会成立一周年活动；镇、街道开展“发一张贺卡、打一次电话、走访一次归侨侨眷、发一份宣传资料活动”。2009年，邀请香港同乡会成员参与第七届“南湖之春”文化经贸活动。2011年，邀请香港南湖同乡会会长袁沅一行6人回家乡参观考察。2012年，在区委召开的中秋各界人士茶话上，邀请区侨联班子、香港同乡会领导共12人出席会议并发言。在走访活动中，重点人士由区委统战部部长会同侨办走访，其他人士由各镇、街道党委负责走访。是年，区侨办接待香港同乡会会长袁沅、副会长何萍、青年会副会长毛嘉翎等人士。2014年，邀请区侨联、香港同乡会共12人出席区委召开的中秋各界人士茶话会。

海外联络联谊 2009年，开展与海外华侨华人的联络联谊，接待加拿大加京华人联合会副会长曹亚林等华侨华人50多人次。重大节日期间，组织侨眷代表和在南湖区的侨胞参加全区各界人士中秋联谊会、迎春酒会等，通报形势，相互交流，增进友谊。开展对侨户家庭轮访工作。区侨联先后参与举办纪念改革开放30周年广场文艺晚会、庆祝中华人民共和国成立60周年侨界人士共话发展座谈会、“喜看家乡新变化”考察南湖新貌和新农村建设、参观世博会、“乘高铁、游西湖”“南湖儿女在海外”图片展等活动，进一步凝聚侨心，增强侨联组织的活力。

2011年，配合市侨办，做好《嘉兴海外英才》第二册相关人物资料的收集工作，为录入该书的南湖区海外留学人员提供资料4人。2012年，利用中秋、重阳等重大节庆时机，持续深入实施“归侨侨眷关爱工程”。节日期间，区侨办召开会议，部署相关活动，开展形式多样的庆祝活动。如新嘉街道栅堰社区侨眷较多，该社区侨界在重阳开展夕阳红老年合唱比赛活动，一起吃生日蛋糕等活动。新嘉街道党工委和清河社区对住在清河西区的一户困难侨眷送去慰问品。在拆除违章猪舍转型升级中，侨资企业积极配合，解决农民的工作问题，帮助政府排忧解难。2013年，区侨办利用南湖留联会QQ群和分群内的留学生家长和侨眷侨属，组织丰富多彩的联络联谊活动，形成自己的宣传品牌。如在德国群开展新农村采风活动及日本群开展湘家荡做烧烤等活动。同时利用QQ群交流平台互动性强、交流气氛活跃的特点，向400多名群友宣传侨务知识。区侨联为群里留学生家长提供留学出国咨询、出国后安排留学国群友到机场接机等服务。组织动员海外华裔青少年参加“中国寻根之旅”夏令营浙江营嘉兴分营活动；组织海外留学生参加“我的留学生活”主题活动，反映学习和生活状况，展现精神风貌，为增进友谊、建立沟通交流搭建平台。区侨办还在省、市、区的杂志、媒体、网站和海外杂志《钱江侨音》上积极宣传南湖区的侨务工作和在海外华侨华人情况。全区共在中国新闻网上发表1篇，钱江侨音发表2篇，浙江省侨联网站上发表23篇，市级刊物上发表1篇，市委统战部信息上投稿23篇。是年，与东方都市、海锐教育联合举办2014侨界迎新联欢会。全年接待旅加博士秦文胜、丹麦博士杨维晓等共20多批次20余人。

2014年8—9月，乘留学人员放假回国之际，举办美国、加拿大、日本、英国等国的留学人员及家属联谊会共计6场，留学生们畅谈海外学习生活感受，在海外的自身防范等安全方面，向即将出国的学弟学妹传授宝贵经验。是年，开展以“留学·创业”系列论坛、“弘扬传承中华文化”专题论坛，邀请区侨企高管陈家标和嘉兴华侨国际教育集团董事长裴秀敏作创业和海外支教讲座。持续深入实施“归侨侨眷关爱工程”。积极组织海外华裔青少年参加2014中国寻根之旅夏令营浙北分营活动。

依法维护权益

20世纪80年代，落实侨胞政策是侨务部门的一项重要工作。城区共落实侨胞私房政策59户、4735平方米。对归侨、侨眷、侨属在“文化大革命”期间被查抄、没收的钱物、精简下放等问题，按规定落实政策，并照顾解决许多归侨、侨眷、侨属亲属夫妻分居、子女升学、就业、住房分配、工作调动等问题，对其中的知识分子按照政策和实际可能从优照顾。1985年,日本归侨杨锦隆患病期间,市侨办帮助联系第一医院进行积极治疗;日本归侨杨荣源的历史问题经嘉兴市城区人民法院复查确认系错案,撤销原刑事判决,宣告无罪,并安排进嘉兴电控厂工作至退休。1985年、1986年,分别给日本归侨杨锦隆、杨荣源,新加坡归侨张金水、唐亚清等在经济上给予适当补助。1991年,市城建委、市落实私房政策办公室、市房管处在住户单位领导的重视配合下,为加拿大高分子专家魏永康、魏妻继承遗产祖屋在嘉兴市区的3处房产941.2平方米落实政策。其中少年路16号、18号有9楼9底3坡,共771.5平方米(有住户23户);荐桥下25号3楼2底,共169.7平方米(有住户7户),经协调于6月底前,腾退全部住户,发还业主验收,使政策落实到位,在侨胞中产生积极影响。8月22日,魏永康首次回乡探亲观光时即配合嘉兴房管部门将落实其母石令晖荐桥河25号祖传的房产169.7平方米予以置换。后又先后捐赠人民币1万元给市侨联和市侨界知识分子、企业家联谊会。是年,成立"魏永康基金会"。在母校嘉兴秀州中学设立"魏永康奖学金",以奖励每年录取大中专院校的学生。将自己收藏的加拿大出版的大型《辞典》赠送给母校嘉兴秀州中学;把从春秋战国到唐宋元明清古书"二十五史"12册、美国哈佛大学经济管理系编辑的《百科全书》精装2册和中国经济《百科全书》精装2册赠送给嘉兴高专金庸图书馆;将珍贵古书《嘉庆重修一统志》一部19套210册赠送给嘉兴图书馆。

20世纪90年代,侨务部门加强对涉侨法律法规的宣传,依法维护侨益。1990年,《中华人民共和国归侨侨眷权益保护法》颁布,侨务部门多次组织侨界人士进行宣传学习。1995年,开展纪念《中华人民共和国归侨侨眷权益保护法实施办法》颁布5周年和浙江省实施办法施行2周年活动,召开归侨侨眷座谈会,开展"爱侨胞、护侨益、引侨心"系列宣传活动。2004年7月,区侨办贯彻新修订的《中华人民共和国归侨侨眷权益保护法实施办法》组织全区侨务干部召开会议认真学习其精神,在侨资源丰富的栅堰社区、新兴街道等地开展系列宣传学习活动,参与人数100余人。是年,区侨联会同新兴街道卫生院,创建全省首个归侨侨眷健康服务部,侨胞侨眷健康服务站数年如一日,为归侨侨眷10000多人次提供医疗服务,被评为省级社区医疗示范点。区侨联委员陈培青在社区创办的颇具特色的小儿中医门诊,为小儿患者提供质优价廉的医疗服务,被外来务工者称为"最贴心的爱心门诊"。

2013年,区侨办成立涉侨信访工作领导小组,办理来信来访比2012年同期增加50%,信访内容涉及要求解决生活困难、子女读书、身份确认等方面,办结率为100%。全年接待"三胞"118人次,其中协助区政府接待重点"三胞"16人次,走访30多户"三胞"和留学生家属。

2014年,区侨办、区侨联在万洲等社区建立"侨法宣传角"的基础上,扩大宣传角阵地。中秋前夕,分别走访慰问3名创业创新领军人才,协调解决企业运行过程中以及领军人才在工作、生活中遇到的困难和问题。全年办理的"三侨生"认定(华侨身份认定、华侨回国定居、侨眷身份认定)等事项比上一年同期增长60%。

建区后至2014年,区委统战部、区侨办支持鼓励侨界人士参政议政。南湖区侨界人士代表经选举或推荐担任市政协委员1人,区政协委员6人(市政协委员万亚丁,区政协委员吴红秀、蔡文英、徐丹利、钱志荣、陈锡慧、尹昉)。政协委员积极参政议政,围绕政府中心工作,在历届政协会议上累计提出提案、意见建议10件。

引资引智

港澳引资引智　1992年12月18日至28日,以市长杜云昌为团长组织统战部、市经委、市侨办、市台办等负责人去香港访问,城区相关部门积极配合,先后就嘉兴旅港同乡会与在城区的嘉兴丝绸公司合资同兴丝绸制衣有限公司、朱伯衡在嘉兴经开区办独资天华纺织有限公司项目进行洽谈。其间,中银集团盐业银行总经理潘兆霖对嘉兴热电厂的二期扩建项目表示愿意支持的意向;与福而伟金地产有限公司就加快市区建国南路成片开发、香港大志公司就发展菲力普自行车有限公司进行洽谈。1993年2月,接待港胞实业家、嘉兴天华组织有限公司朱伯衡和秦兆发,洽谈购买经济开发区第二幢楼1－2层楼面3000平方米事项。3月24日上午,朱伯衡出席由他捐赠的8万元人民币在嘉兴第一幼儿园建造的“朱伯衡儿童乐园”竣工落成剪彩典礼，并捐赠3万元人民币，给儿童乐园购置体育用品和玩具。1995年5月9日，港胞实业家、嘉兴旅港同乡会名誉会长朱伯衡到嘉兴与嘉兴经济开发区管委会领导，就在嘉兴东升路西段购买土地80亩进行洽谈及天华纺织有限公司再增资60万美元扩大再生产事宜进行洽谈。

海外引资引智 2005年，浙江森创制衣有限责任公司被评为省百家优秀侨资企业，旅美华人许田获省“为国服务十大杰出海外留学人士”提名奖。2008年9月25日，与市委、市政府、市侨办联合举办“2008‘相聚长三角’星耀南湖海外高层次人才嘉兴行”活动，来自美国、加拿大、日本等10多个国家和地区的50多位海外华侨华人专业人士与南湖区20多位企业代表、有关部门负责人，在中科院嘉兴应用技术与转化中心举行项目投资交流会。

2011年3月27日，南湖区嘉兴科技城归国华侨联合会和嘉兴科技城留学人员联谊会正式成立，成为政府与高端人才之间沟通交流的平台。南湖区引进的领军人才之一，来自美国硅谷的硕士敖海所创立的浙江灵感信息技术有限公司迎到第一个订单——嘉兴某房产公司的智能小区项目。随着人才强区战略的推动，越来越多的高端人才到南湖区创业。在“创新嘉兴·精英引领计划”评选中，南湖区共入选市级领军人才项目38个，占全市总量的36.5%。11月19日，南湖区首个海外人才工作站建立揭牌仪式和“创业南湖·精英引领计划”推介会在英国伦敦举行。南湖区政府、英国浙江联谊会、英国嘉兴联谊会及受邀各界代表们出席。中国驻英大使馆商务处李峰参赞携夫人参加推介会并为大会致辞。南湖区代表团表示，计划在2015年前引进培育100名具有省内、国内领先水平的创业创新领军人才和创新团队。推荐会上，南湖区与英国浙江联谊会签订人才合作协议，并聘请会长李雪琳为工作站站长。是年，区侨办定期走访调研归侨侨眷和侨资企业，围绕侨资企业实施“走出去”战略，深入侨资企业座谈调研，了解企业生产经营状况，与企业共商发展之道，鼓励他们研发新品种，企业转型升级。2012年，侨联和留联会开展排摸工作，搭建拓展海外联谊和招贤引智平台。先后走访公安户籍、公安出入境、组织部、人才资源与社会保障局、南湖区的重点中学等相关单位和部门，制作规范表格和备注，掌握第一手资料，加大培育留学生队伍和为留学人员和家属服务的力度。利用全市率先创建的QQ群，进一步密切与侨眷、留学人员和家属的联系。2013年4月21日，区侨办举办“创业南湖·精英引领计划”政策咨询对接活动，邀请留学生家长、市人才办主任林卫现场解释相关政策，200多名家长参与活动。同时邀请旅美博士、现美国顶级律师事务所飞翰律师事务所律师宋嘉瑜现场谈留学体会。围绕区委、区政府浙商回归工程，发挥侨务资源的独特优势，开展“万名侨商进百区”活动与“南湖之春”文化经贸活动，吸引高层次人才、留学归国人员和海外代表人士到南湖兴业、创业。

2014年5月20日，南湖区在全市率先成立“海外情缘工作室”，为在海外的学子和归国留学人员牵线搭桥，建立信息平台。6月，海外高层次领军人才项目成果展示中心落成典礼暨南湖区信息产业领军人才项目对接活动在南湖区举行，13名海外高层次领军人才和30多位本土企业负责人参加活动。是年，会同区委人才办、区人力社保局先后举办“海外清华学子南湖行”“创业南湖·精英引领计划”2场高层次人才推介会，接待从美国、德国、澳大利亚、新西兰等海外高层次人才7批次200余人；在一年一度的“南湖之春”文化经贸活动中，向海外华侨华人等海外高层次人才发放南湖区投资环境的宣传册500余份，组织代表参观考察南湖区主要创业创新平台，组织投资洽谈暨项目对接交流活动。通过“嘉兴人才在线”“创业南湖·精英引领计划”等南湖区对外门户网站开展对外宣传。

【对台工作】

工作机构和团体

南湖区台湾事务办公室（简称区台办） 1983年8月，嘉兴撤地建市，嘉兴市本级设立城区、郊区。台办工作由城区宣传部兼管。1993年11月，更名为秀城区。1994年11月，秀城区与市委、市政府合署办公。2000年5月28日，秀城区、秀州区区划调整，秀城区委新设区委统战部，台湾工作办公室（区人民政府台湾事务办公室)正式挂牌。2004年12月,施尚地任南湖区台湾工作、事务办公室主任。2007年4月,台湾工作、事务办公室牌子改挂在区委办,其职能也相应地由区委办行使。台办主任由鲁肇峰担任。2012年3月,张建华任台办主任。

台胞台属联谊会　2001年12月,秀城区第一届台胞台属联谊会成立。沈季林为会长,陈明光、陈铮为副会长。2007年5月18日,南湖区台胞台属联谊会召开第二次代表大会,选举产生南湖区台胞台属联谊会第二届理事会,会长沈萍,副会长陈铮。

2012年11月29日,南湖区台胞台属联谊会召开第三次代表大会。选举产生南湖区台胞台属联谊会第三届理事会。会长沈萍,副会长陈铮。

嘉兴市台湾同胞投资企业协会南湖区联谊会(简称区台商联谊会)　2006年7月,召开第一次会员大会,选举产生第一届理事会,选举秦荣华为会长,参会单位18家。一届理事会共有理事10人。2011年8月20日,召开第二次会员大会,选举产生新的领导班子,秦荣华连任会长,聘任南湖区委统战部、南湖区政府办公室等27个区级机关部门为顾问单位。2013年9月16日,南湖区台商联谊会召开第三次会员大会,嘉兴敏惠汽车零部件有限公司董事长秦荣华连任新一届会长。区台商联谊会是政府联系、沟通台商企业的重要纽带和桥梁。

维护台胞台属合法权益　1984年5月24日,召开居住在城区的11户台湾同胞座谈会,推荐3位台胞出席省第二届台胞代表会议。市委统战部部长李佃杰到会,座谈会上台胞提出一些意见,如住房过小问题,汽车站职工台胞张金英夫妻两长期住在11平方米的小屋内,有的台胞要求帮助解决子女就业问题及成立台联分会或台联小组等,李佃杰一一作解答并表示将逐步解决落实。

积极做好防范,切实稳妥地做好各类涉台纠纷投诉、涉台突发事件的处理和信访工作,努力提高涉台事件处置能力,完善突发应急机制,加强培训,落实责任,全面提升应急处置能力和水平,确保南湖区对台工作大局的稳定。2008年,发生嘉兴钱乐娱乐有限公司与上海茂德商务咨询有限公司的装修纠纷事件、在区内发生的涉外寻衅滋事案件、嘉兴市威凯旅游用品有限公司与江苏爱高卡夫特家私有限公司合同纠纷事件等涉台纠纷事件,区台办配合市台办做好跟踪协调,使这些事件得到及时妥然解决。2009年,做好相关工作,稳妥处理友联箱包企业发生的涉嫌故意损毁公私财物案件。是年,区台办加强对区台胞台属联谊会工作的指导,支持并参加区台胞台属联谊会的各项活动,采取自学和专题学习相结合的形式,不定期组织台联会全体理事和台属学习党的对台方针政策。充分发挥区台胞台属联谊会参政议政作用。台联界别政协委员积极参与政协有关活动,深入开展调查研究,撰写调研报告,为促进全区对台工作出主意、谋良策。先后撰写《加强两岸中小学交流、促进祖国统一》《进一步加强两岸青少年交流、增进两岸下一代情谊》《建议南湖区合唱节邀请台湾的合唱团参加》等10多个提案建议,对推动两地文化交流、台资经济发展等产生积极效果。

2010年后,重点帮助协调科隆化工、正麒高新面料等台资企业的用电紧张问题。帮助解决台商子女入托、入学的困难。区台办高度重视台胞信访等事件,努力做好台胞和台商矛盾的化解工作,为台海形势的和平稳定做出应有贡献。2013年,为提高台属参政议政能力,鼓励侨台界人大代表、政协委员履行职责,向区"两会"建言献策,充分发挥台胞台属参政议政的作用。区台联和台胞台属代表积极参政议政,在南湖区"两会"期间,区台胞台属联谊会提出《进一步推进两岸文化交流,共同弘扬中华文化》的提案,为推动区的精神文明建设发挥重要作用;区台联会赴区民政局、七星镇养老院、湘家荡颐养中心等机构进行有关南湖区养老机构的课题调研,旨在引起社会各界对老年人和养老事业的关注,促进南湖区养老机构的发展;结合民政档案和基层走访,摸清全区台胞台属基本情况,建立全区台属和困难台属档案;春节前后,专程组织走访慰问区内的高龄、困难台属,表达党和政府对台属群体的重视和关心;定时做好困难台属生活补贴的发放工作,提供生活保障服务,最大限度地解决生活和工作中的困难;切实做好台属就学方面的政策咨询和服务工作,为2名符合政策的台胞子女出具了中考加分证明,维护和保障其合法权益。

2014年5月,接到一名南湖籍台属遗产申领方面的求助，通过仔细了解事件过程，积极联系相关部门，耐心做好解释和指导，帮助其找到申领遗产的正确方式与途径，使该问题得到妥善解决。

联络联谊 1988年，开展走访活动，了解情况，帮助联络，解决问题，共走访150人次。帮助新兴街道台胞陈瑞奇、新嘉街道台属陆志庆找到失散40年的亲人。是年，直接接待和走访来城区探亲的台胞27人，其中5人是到嘉兴寻找亲人的，在街道、社区、乡村统战工作人员的帮助下，都找到了亲人；帮助一位台属的孙女户口的农转非问题、一位黄埔同学会家属落实杭州下乡知青政策。

1989年9月29日，台胞唐瑞良与妻子陈女士到嘉兴探亲，派人陪同到百花村、焦山门和大桥等地探亲和考察。回台后来信："家乡的一切虽不及台湾，但经过我亲自所见、亲耳所闻，实在远超过我预料，海峡两边的媒体报导，的确有失真实，若非亲见亲闻，将永远为其蒙蔽，今后对大陆的报导，我将重新评估。"是年，接待台胞38人，帮助两位台胞找到年青时结拜兄弟、义兄。

1999年，5个政府团组和1个跨地区团组共39人入岛交流，赴台台属129人。《嘉兴日报》开辟"访台记事"专栏，刊登19名赴台人员赴台考察的感想与见闻。

2008年8月，组织台商参加由市台办和区政府主办的"嘉兴台商沙龙——税收政策讲座"讲座、"台商看嘉兴——海盐大桥行""台商看嘉兴——秀洲行"、海峡两岸粽文化交流活动、2008嘉兴市中秋联谊会、南湖区迎春团拜会、"南湖之春"文化经贸活动等各项活动，使台商充分了解嘉兴和南湖区的相关信息。春节、中秋节开展困难台胞台属走访慰问活动，安排一定的慰问经费，帮助解决实际困难，为困难台胞台属送去温暖。增强台胞们的归属感。是年，走访慰问全区25家台资企业，关心了解台资企业在生产、生活中遇到的问题和困难，尽所能给予帮助解决。

2009年5月，邀请全市部分台商参加由市台办和区政府主办的"台商看嘉兴——南湖行"活动，参观考察凤桥梅花洲景区，活动受到广大台商和台胞的赞赏和欢迎。10月，在省市台办的指导下，承办"两岸邻里节"，邀请来自台湾高雄县民间代表团10名台胞对南湖区进行考察和访问。全年接待台胞、台属、台商9批100多人次。

2010年，区台联采取自学和专题学习相结合的形式，不定期组织台联全体理事和台属学习党的对台方针政策。充分发挥台联在政协参政议政作用，区台联理事会专门召开会议，就政协大会发言材料的议题进行讨论，撰写《加强两岸经经贸往来，促进我区经济发展》提案，就区台商企业进行分析，并提出有针对性的建议。利用家信开展涉台宣传教育，台胞、台属通过一封家信，向在海外的乡亲介绍祖国家乡的变化、凝聚乡情亲情。开展与台湾的校际教育交流，通过多种途径推动嘉兴市实验小学与台湾龙安小学的结对活动。春节前夕，根据市台办要求，结合区实际情况，区台办、台联会走访慰问生活困难的台胞10户。是年，做好台商企业的服务工作。认真走访慰问全区25家台资企业，了解关心帮助台资企业解决在生产、生活中遇到的问题和困难，认真听取台商对南湖区进一步优化投资环境的意见和建议。重点帮助协调科隆化工、正麒高新面料等台资企业的用电紧张问题。帮助解决台商子女入托、入学的困难。

2010年5月，邀请全市部分台商参加由市台办和区政府主办的"台商看嘉兴——南湖行"活动，参观考察凤桥镇梅花洲景区。积极组织南湖区台商参加市、区开展"嘉兴台商沙龙——税收法规政策讲座"、2010嘉兴市中秋联谊会、南湖区迎春团拜会、"南湖之春"文化经贸活动等各项活动。全年办理企业和部门赴台团组14批近60人次，其中，赴台经贸考察团组3批、25人次；培训团组11批35人次，专业培训人员占赴台人员总数的近60%，全年共接待台胞、台属、台商9批100多人次。

2011年5月，台湾省高雄市三民区鼎金里代表团应邀到南湖区考察访问，和南湖街道桂苑社区签订《两岸社区友好结对协议书》，并参与共栽友谊树、过端午传统民俗、两岸社区家庭联谊等活动。7月，台湾高雄市旗山区代表团参访东栅街道云阳社区，就社区管理、小区自治等问题开展交流座谈。8月，"学子情深"第三届嘉台两地中学生夏令营33名成员到南湖区开展交流联谊活动。区台办根据年初计划，做好因公赴台团组的组织和服务工作，4个团组(农业团组2个,经贸团组2个)均圆满完成考察活动。推动台资企业经营管理人员赴台开展技术交流,全年审批15批次33人次。是年,以交流联谊为载体推动台商融入当地。组织台商代表参与全区迎春团拜会、中秋联谊会、座谈会等活动,使台商充分了解和感受南湖区良好的发展态势和发展前景,为台商融入本地社会、台企融入当地经济搭建广阔平台。组织台商参与2011海峡两岸端午民俗文化交流、"台商看嘉兴——南湖行"、嘉兴台商沙龙、南湖区台商沙龙以及市台协周年庆典、迎春(尾牙)酒会等活动。配合做好市台协换届理监事的推荐和选举工作。2012年7月18日,接待台湾省南投县埔里镇南村里21人代表团参加2012嘉兴市"两岸邻里节"、到敏惠公司等单位考察。8月5日,由浙江省文化厅、省文化艺术促进会、南湖区与台湾澎湖县有关部门联合举办的"2012澎湖湾·西湖畔·南湖水——欢唱两岸交流音乐会"在南湖音乐厅举行,这是继在浙江省音乐厅成功展演后的第二场。台湾澎湖县文化局合唱团和南湖合唱团、"师韵"合唱团同台演出。9月下旬,南湖街道桂苑社区等相关人员在2010年友好社区结对的基础上,对友好社区高雄市鼎金里进行回访,进一步强化互动,加快融合。9月8日,区台办接待台湾高雄高青摄影协会理事长梁清秩等6名来自台湾的摄影家,在凌公塘主题文化公园、梅花洲景区进行采风。9月21日,台中市工商发展策进会总干事王莹一行8人到区考察访问,就农业、经贸、教育等部门进行交流。是年,按照"加强交流、联谊感情、多层接触、推动合作"的思路,组织经贸、社区管理服务、教育文化3个团组赴台考察交流,团组回来后,形成3篇高质量的考察报告。区台办结合职能,认真做好企业技术人员赴台手续、流程等的解释服务工作,办理16批28人次企业技术人员的赴台手续。组织5位台商台胞参加"五芳斋杯"海峡两岸同胞裹粽友谊赛并夺得第一名,组织7位台商参加香囊制作比赛。积极承办"嘉台两地摄影展",蔡敬文、董雄分别作为台商代表、大陆赴台观光代表推送摄影作品。2013年1月下旬,南湖区机关合唱团由原区政协主席张亚平带队,赴台湾参加两岸合唱团体交流活动,进一步向台湾民众推介嘉兴南湖。积极配合市台办,精心承办嘉兴市"两岸邻里节"活动。7月19日,来自台湾省南投县水里乡的台湾同胞在新嘉街道月河社区与当地居民就文化、经济、社区管理、老龄服务等问题开展座谈并签订两岸邻里友好结对交流意向书,增强两地民间交流和交往。8月,南湖区举办海峡两岸"月河·月老杯"爱情诗大赛。七夕节当日,在月河景区隆重举行大赛颁奖典礼,台湾中国文艺协会理事长、当代诗人绿蒂和著名诗人张默两位台湾诗人亲临盛典。台湾诗人王乔薇的诗作《推开月河的窗》赢得评委的一致好评,获得金奖。海峡两岸诗人在月河以诗会友,以诗话团圆,通过爱情诗歌盛会,再一次扩大"月河·月老杯"爱情诗大赛的影响力,提升AAAAA级旅游景区——月河的知名度和美誉度,深化两岸文化界的交流。是年,年初计划安排经贸、农业、文化三大类共5个批次的赴台考察团组均较为圆满地完成考察任务。全年办理南湖区企业赴台团组共22批58人次。

2014年5月26—28日,由中国饭店协会、新加坡餐饮业协会、中华国际美食艺术协会(中国台湾)联合举办的2014中国·嘉兴国际御厨争霸赛在嘉兴南湖区举行。中国国民党名誉主席吴伯雄亲手为大赛题字"中华美食,世界之光"。大赛吸引22位来自台湾的厨艺精英分别参加个人和团体的比赛,并取得优异的成绩。5月,南湖区结合自身实际在全区开展"台资企业服务月"活动,进行企业走访调研。区委书记孙建华、区委副书记赵建峰带头对南湖区重点台资企业进行实地走访,开展调研。9月3日,区台联会邀请台胞台属20余人在月河景区共庆中秋佳节,特别邀请5名海峡两岸联姻家庭大陆籍配偶代表,交流生活工作情况,台联会鼓励与会台属要加强与台湾亲属的联系交流,发挥台联会的桥梁和纽带作用,增进同胞感情。9月,在前期走访的基础上查漏补缺,对未走访到的企业进行走访,对提出问题的企业进行回访。服务月期间,南湖区累计发动80余人次,深入全区台资企业了解实情,力求走访有广度,调研有深度。同时召开台商座谈会,通过部门与台商、台商与台商之间相互交流的形式,倾听企业心声,了解企业现状,及时掌握、研究、解决台商遇到的各类问题。切实解决一批台资企业经营中的困难，获得台商的好评。建立台企数据月报制度。与区经济商务局、区统计局等相关部门联系对接，做好涉台统计工作，健全规上台企数据月报制度，分析掌握台资企业生产经营情况。定期组织台商联谊会活动。9月6日，邀请中秋节期间留在南湖区过节的台商等30余人，游览考察湘家荡区域，交流工作和生活情况。关心关注台商生活。关注台干、台眷等在南湖区的日常生活，台办干部经常主动通过电话、QQ、微信等现代通信手段与台商、台干等加强联系和交流。发挥台企"智囊"作用。凭借对地区实际情况充分掌握和沟通各方的优势，积极发挥对台企有关工作的参谋和指导作用。中秋节前夕，台办专程赴犁品食业(中国)有限公司了解生产经营状况，对企业经营如何在保持台湾特色的前提下更迎合本土消费者需求进行探讨并提出意见建议，并为企业进行广泛地推广宣传，帮助企业扩大销售渠道。指导办好世合"田园艺术季"活动，在活动策划前期，会同文化、公安、消防等相关部门召开协调会，针对初步方案提出在申报、审批等环节的指导意见和建议。协助世合公司结合实际进一步优化完善方案，并及时做好对上级主管部门的汇报。在新闻发布会、主体活动举办期间，主动沟通部门，指导配合做好嘉宾邀请、会务安排、安全保障、新闻宣传等各方面工作，确保活动圆满成功。区台办全年共审批转报商务赴台46批161人次，做到24小时完成审查转报。是年，积极联络台胞台属，关心关注"大陆新娘"群体；积极发挥区台胞台属联谊会的作用。区台联采取自学和专题学习相结合的形式，不定期组织台联全体理事和台属学习党的对台方针政策。认真撰写政协提案，充分发挥台联在参政议政方面的作用。

经贸交流与合作　2005年，承办3批赴台考察手续，接受2名台胞捐资助教3万元人民币，做好台情普查，积累第一手资料。组织对台干部赴厦门市思明区学习取经，促成成立嘉兴市台胞投资企业协会南湖区联谊会。2007年5月，及时帮助企业办理上报工作，促成福福茂塑料金属制品(嘉兴)有限公司陈祖才等3人顺利赴台进行技术合作交流。5月12日，南湖区台资企业为四川汶川大地震积极主动捐款，敏惠公司主动联系台办，要求捐款50万元帮助灾区群众。是年，区台资企业共捐款90多万元。2009年12月17日，做好与台湾中央贸易开发集团合作的重点项目的协调、对接和服务工作，签定合作意向书，主要用于实施新农村建设开发，一期注册资本5000万美元；引进康美舒(嘉兴)新型材料有限公司、浙江鑫泉纸业有限公司等4家台资企业，总投资5031万美元，注册资本2230万美元。是年，认真做好台资企业服务工作。加强与台资企业的联系和交流，关心了解台资企业在生产、生活中遇到的问题和困难，并竭尽所能帮助解决。积极组织区台商参加"嘉兴台商沙龙"讲座、"台商看嘉兴"系列活动，以及2009嘉兴市中秋联谊会、南湖区迎春团拜会、南湖之春文化经贸活动等各项活动。全年组织赴台公务团组3批30人次，企业赴台进行商务活动7批21人次。

2010年10月，在省市台办指导下，承办"两岸邻里节"，邀请来自台湾高雄县民间代表团的10名台胞对南湖区进行考察访问，与南湖区浙江坪均有机农业发展有限公司、嘉兴市联众新农村建设有限公司分别签订有机蔬菜项目和生态农场项目的合作框架协议，为进一步开展技术交流合作创造条件。是年，引进和增资台资企业7家，新增注册外资1亿美元，占全区外资32.45%，新引进世合新农村项目等3个总投资达6588万美元以上的台资企业。同时做好已入驻台资企业的服务工作。区台办联合其他区级部门通过走访、上门服务等方式，进一步加大对台商的服务力度，为台资企业营造良好的投资环境。及时捕捉有关台湾对大陆投资动态，岛内经贸信息等，为领导对台招商决策提供依据。全年办理企业和部门赴台团组14批近60人次，其中，赴台经贸考察团组3批、25人次；培训团组11批、35人次，专业培训人员占赴台人员总数的近60%。2011年4—5月，台湾农业专家考察交流团一行7人，采取考察、现场指导、座谈、培训等多种方式，到南湖区开展农业考察交流，与农技人员、种植大户在果蔬病虫害防治、农业技术创新和推广、农产品营销体系等方面进行广泛交流，并举办葡萄、水蜜桃种植管理培训班，5位台湾农业专家被聘为南湖区现代农业发展顾问。同时，继续巩固拓展"南湖之春”和“中国·嘉兴台商投资洽谈会”两大招商引资主平台,及时跟踪了解台湾对大陆投资动态、岛内经贸信息等情况,为到南湖区考察的台商团组和企业提供便利。通过“南湖之春”活动引进的总投资4.36亿美元的敏凯电动汽车项目,于5月正式开工建设,填补嘉兴市整车生产领域的空白,对南湖区汽车产业集群发展起到有力的带动作用。是年,以重点项目为龙头加强两岸经贸合作。紧紧抓住世合新农村项目落户南湖区的时机,进一步拓展两岸在农业领域方面的交流与合作。10月初,省委常委、副省长葛慧君到南湖区调研世合新农村项目,肯定项目前期各项工作及进展情况。2012年3月,区台办、区台商联谊会联合区环保局举办服务台商政策咨询会,通过政策解析、座谈交流、现场答疑等形式,深入宣传环保政策知识和近期扶持企业发展的相关措施,听取台商对南湖区环保工作的意见建议,区内20余家台资企业负责人参加。5月28日,浙台农业合作技术实训基地授牌暨嘉兴现代农民学苑启动仪式举行。6月15日,省委副书记李强率省有关厅负责人一行到南湖区调研台资企业情况,先后考察敏实集团、嘉兴世合新农村开发有限公司,深入生产车间、项目建设现场,详细了解企业的生产、经营状况和项目推进情况,并召开座谈会认真听取企业的意见和建议,协调解决台资企业发展中遇到的实际问题。11月29日,世合大厦举行隆重的开工典礼,浙江省委原副秘书长夏阿国,浙江省台办主任裘小玲,嘉兴市委常委、常务副市长梁群等出席开幕式。12月,区台办、区台商联谊会组织台商参观世合农场,并座谈交流。以台商联谊会为纽带,发挥“四动”工作机制作用,推动台商间互动交流、部门与台商间有效沟通,研讨应对当前严峻经济形势、促进台企发展的对策措施。此外,区台办高度重视台商投诉求助工作,先后协调教育、国土、文化等部门,为雀儿喜、欧嘉投资公司和台协妇女会解决办证、土地供应、活动场地等问题,并为区内一位台商解决了子女入学问题。是年,以优化服务、提升效能为目标,突出重点,统筹兼顾,做好台商、台企、台胞的服务工作;结合全区“进村入企达户到点”活动,将台资企业列入走访服务范围,先后走访康美舒、南雄高分子、正麒等企业,了解企业经营状况,听取企业家对政府工作的意见建议,协调解决用电、供地、项目等实际问题,服务企业发展;以嘉兴世合新农村项目为重点,争取领导支持,集聚各方合力,抓好重大台资项目的跟踪、协调和推进;认真做好省台办、省国土资源厅等有关领导到南湖区调研世合项目的对接服务工作。2013年1月20日,区台办陪同区台商联谊会,赴新丰、大桥、七星、新嘉等乡镇、街道为7户困难学生家庭送上每户5000元的救助金和爱心礼物。使南湖区台商在自身发展壮大的同时,投身公益事业,回报社会,进一步推动两岸居民的融合。5月,区委书记孙建华赴台湾,拜会中华企业经贸交流协会、台湾中央贸易开发集团、台湾敏孚机器工业股份有限公司,实地了解公司管理理念,加快世合新农村、敏凯电动汽车项目推进。同月,区台办主任张建华跟随市台办团组赴深圳、东莞、广州考察台资企业,拜访当地台商协会,参与涉台招商活动。5月、9月期间,组织相关部门和人员赴江苏省南通地区和省内衢州市进行考察,对接有关招商项目。台资企业继续看好南湖区的区位优势、投资环境和发展前景,投资和增资步伐进一步加快。南湖区全年已引进新设辉阳投资管理、百脑汇投资咨询、德礼软件开发等台资项目3个,注册资本合计2800万美元。敏惠汽车零部件等规模型企业也增资扩产5000万美元。同时加大服务台企力度。关注企业动态,优化服务质量,采取有效措施,帮助企业排忧解难,为台资企业营造良好的投资环境,促进区内台企健康平稳发展。10月,区委书记孙建华召集有关部门在世合新农村项目现场举行推进会,沟通了解企业的现实问题,明确责任,形成合力,谋划好世合项目下一阶段的发展。11月,区委副书记沈岱峰赴正麒高新面料复合有限公司开展调研走访,鼓励企业加大技改保持核心竞争力,并以商引商吸引更多台商到南湖区投资兴业。市台协南湖区联谊会围绕“服务会员、推进南湖区与台湾两地经济交流与合作”的宗旨,充分发挥沟通桥梁与纽带的作用,热心为台商、台资企业服务,及时排忧难、办实事。

2014年,广泛开展对台招商工作。通过实地考察、驻点招商、“南湖之春”经贸活动等途径,吸引台资进驻南湖区。南湖区引进嘉兴新域电子有限公司、庆宏母婴专护服务有限公司两家台资企业，总投资1050万美元，敏惠汽车零部件、合颐置业、庆宏母婴增资5993万美元。

第三章 中共嘉兴市秀洲区委统战工作（1983—2014年）

1983年10月，中共嘉兴市郊区区委、嘉兴市郊区人民政府成立。统战工作在区委、区政府领导下，贯彻落实中共十一届三中全会精神，拨乱反正，落实统战政策；按照“了解情况，掌握政策，协调关系，安排人事”的基本职能，依法管理侨务工作，台湾事务工作和宗教事务工作；遵照中国共产党的“长期共存，互相监督，肝胆相照，荣辱与共”方针，协调各民主党派建立组织，广泛吸收各民主党派、人民团体和无党派爱国人士参政议政，改进和发展中国共产党领导的多党合作和政治协商制度。

进入21世纪，区委统战工作以经济建设为中心，建立完善党政部门、党员领导干部与各民主党派、工商联、无党派人士的交友联系、对口联系、民主监督和重大问题协商通报等制度，探索和引导非公经济发展，促进社会主义“两个文明”建设，构建和谐社会。

第一节 机 构

机构沿革 1983年10月5日，中共嘉兴市郊区区委（简称区委）、嘉兴市郊区人民政府（简称区政府）正式成立，区委设立统一战线工作部（以下简称统战部）。统战部成立初期未配部长，首任副部长胡镇堃（见表8-3-1）。1986年4月，设立嘉兴市郊区人民政府宗教事务科，与统战部合署办公。1987年11月，设立中共嘉兴市郊区区委对台工作领导小组及领导小组办公室，对外称郊区人民政府台湾事务办公室（简称台办），与统战部合署办公。1991年9月11日，区委决定，区委对台工作领导小组办公室更名为区委台湾工作办公室与区政府台湾事务办公室一套班子、两块牌子。1992年7月，统战部内设办公室。1993年3月，统战部增挂区政府侨务办公室牌子（简称侨办），增设党派工商科。是年，统战部内设办公室、党派工商科，挂台办、侨办、宗教科牌子。1997年7月，统战部挂嘉兴市郊区民族宗教事务局牌子。1999年6月，经国务院批准，嘉兴市郊区更名为嘉兴市秀洲区，统战部同时更名。2005年8月，区民族宗教事务局列入政府序列，与区委统战部合署办公，原区委统战部民族宗教事务工作职能划入区民宗局。

2014年，统战部内设办公室、党派工商科，区委台办、区政府侨办、区政府民族宗教事务局与统战部合署办公。

部务委员会 1989年，统战部建立部务委员会。部务委员会成员除正、副部长外，还有沈郁瑾，黄孝和。此后，随着干部调动或退休，成员有所调整。2014年，部务委员会成员除正、副部长外，有李传新、徐颖（女）、王春华、高一平（女）4人。

中共秀洲区委统战部历任正副部长一览表

表8-3-1

姓 名	职 务	任 职 时 间	备 注
高砚田	部 长	1988.01—1992.04	市政协郊区联络小组组长
孔德林	部 长	1992.04—2003.04	市政协秀洲区联络处副主任

续表8-3-1

姓　名	职　务	任　职　时　间	备　　注
马荣生	部　长	2003.04—2007.03	秀洲区政协副主席
徐文祥	部　长	2007.03—	秀洲区政协副主席
胡镇堃	副部长	1983.11—1984.02	嘉兴市郊区
金文福	副部长	1984.03—1985.11	嘉兴市郊区
高砚田	副部长	1985.12—1988.01	嘉兴市郊区
黎以华	副部长	1987.04—1987.09	嘉兴市郊区
孔德林	副部长	1989.01—1992.04	嘉兴市郊区
周菊英	副部长	1991.08—1994.05	嘉兴市郊区
朱其荣	副部长	1994.11.24—2002.01	嘉兴市郊区
薛炳文	副部长	1998.06.23—2002.01	嘉兴市郊区
刘震鸣	副部长	2002.01—2007.04	嘉兴市秀洲区
杨金华	副部长	2002.01—2002.04	嘉兴市秀洲区
施　强	副部长	2003.07—2004.10	嘉兴市秀洲区
严坤荣	副部长	2003.12—2012.04	嘉兴市秀洲区
徐文明	副部长	2005.05—2012.08	嘉兴市秀洲区
徐水林	副部长	2007.05—	嘉兴市秀洲区
陆思田	副部长	2012.04—2014.04	嘉兴市秀洲区
施根荣	副部长	2012.04—2015.05	嘉兴市秀洲区
黄文利	副部长	2014.04—	嘉兴市秀洲区
王春华	副部长	2015.05—	嘉兴市秀洲区

第二节　多党合作和政治协商工作

【人民政协工作】

区委统战部是党委主管统战工作的重要职能部门，区委统战部根据《中国人民政治协商会议章程》（简称《章程》）的规定，在政协工作中协调做好历届政协界别设置、政协委员的产生等工作。

1983年8月，郊区建区时没有区一级的政协组织，由中共嘉兴市郊区区委统战部（简称区委统战部）推荐的政协委员均为嘉兴市政协委员，主要为各民主党派代表、归侨侨眷代表、港澳台人士及亲属代表、宗教界代表人士等，参与政治协商均由市政协组织协调，同时统战部推荐上述部分代表列席区人代会，对政府工作进行评议、协商。1990年12月14日，区委发出《关于建立嘉兴市政协郊区联络小组及高砚田同志任职的通知》确定设立嘉兴市政协郊区联络小组，挂牌在统战部，由高砚田部长兼任组长。1993年9月，联络小组改称联络处（由于政协联络处成立开始履行政协职能，区委统战部不再兼任政协职能），区委统战部兼任的政协工作职能开始脱离，专门回归统战部在政治协商这一工作上的专门职能即考察推荐各级政协委员。1999年6月，郊区更名为秀洲区，区政协联络处也更名为嘉兴市政协秀洲区联络处。

2005年2月，中国人民政治协商会议嘉兴市秀洲区第一届一次会议召开。至2014年，历经3届。

2005年2月20—23日，召开第一届政协一次会议。出席会议委员有87名。区一届政协委员共88

名，其中中共党员32名，占36.4%；非中共党员56人，占63.6%；民主党派成员20名，占22.7%；妇女委员21名，占23.9%；少数民族委员1名，占1.1%；具有大专以上文化的66名，占87.5%。

2007年2月4—7日，召开第二届政协一次会议。出席会议委员有141名。区二届政协委员共141名，其中中共党员55名，占39%；非中共党员86人，占61%；民主党派成员31名，占22%；妇女委员27名，占19.1%；少数民族委员1名，占0.7%；具有大专以上文化的104名，占71.6%。

2012年2月13—16日，召开第三届政协一次会议。出席会议委员有116名。区三届政协委员共190名，其中中共党员74名，占38.9%；非中共党员116人，占61.1%；民主党派成员38名，占20%；妇女委员61名，占32.1%；少数民族委员4名，占2.1%；具有大专以上文化的165名，占86.8%。（界别情况见表8-3-2）

政协嘉兴市秀洲区历届委员会构成情况表

表8-3-2　　单位：人

届次 界别	第一届	占比(%)	第二届	占比(%)	第三届	占比(%)
中共	12	13.64	13	9.22	15	7.89
民革	2	2.27	3	2.13	4	2.11
民盟	2	2.27	3	2.13	4	2.11
民建	2	2.27	3	2.13	4	2.11
民进	2	2.27	3	2.13	4	2.11
农工	2	2.27	3	2.13	4	2.11
致公	0	0.00	0	0.00	2	1.05
九三	2	2.27	3	2.13	4	2.11
工商联	7	7.95	11	7.80	16	8.42
无党派	0	0.00	4	2.84	6	3.16
工会	2	2.27	3	2.13	4	2.11
共青团	2	2.27	3	2.13	4	2.11
妇联	2	2.27	3	2.13	4	2.11
侨留联	2	2.27	3	2.13	4	2.11
台联	2	2.27	4	2.84	5	2.63
文体	4	4.55	7	4.96	7	3.68
科技	3	3.41	8	5.67	9	4.74
社科	4	4.55	7	4.96	8	4.21
经济	8	9.09	17	12.06	20	10.53
农业	5	5.68	9	6.38	11	5.79
教育	4	4.55	7	4.96	8	4.21
医卫	3	3.41	5	3.55	6	3.16
社保社福	2	2.27	4	2.84	6	3.16
少数民族	0	0.00	0	0.00	3	1.58
宗教	3	3.41	3	2.13	4	2.11
特邀人士	11	12.50	12	8.51	24	12.63
总数	88	—	141	—	190	—

【民主党派和无党派人士工作】

1983年10月,区委统战部成立以后遵照中共中央新时期统战工作的部署,关心、重视民主党派、无党派人士在辖区活动,支持参与政治协商。1986年10月以后,区委统战部先后协调建立民进、民建、民盟、农工党、九三学社、民革、致公党7个民主党派郊区支部,全区中国共产党领导下的多党合作与政治协制度逐步完善,工作全面展开。

制度建设　20世纪80年代中期,辖区各民主党派组织逐步建立,区委统战部遵照中共中央批转中央统战部《关于新时期党对民主党派工作的方针任务的报告》,坚持"长期共存、互相监督、肝胆相照、荣辱与共"的方针,建立完善中国共产党领导的多党合作和政治协商制度,努力推进政治协商、民主监督的制度化、规范化。1989年7月,区委批转组织部、统战部《关于选配党外干部担任政府部门领导职务的意见》,从制度上确立民主党派、无党派人士的实职安排问题。1990年,贯彻中共中央《关于坚持和完善中国共产党领导的多党合作和政治协商制度的意见》,推出区委、区政府领导与党外人士结对联系制度,加强沟通,支持民主党派、无党派人士参政议政,建言献策。

进入21世纪,区委贯彻《中共浙江省委关于贯彻〈中共中央关于加强统一战线工作的决定〉的实施意见》,进一步建立和完善中国共产党领导的多党合作和政治协商制度。2004年2月,区委组织部、区委统战部印发《关于建立联席会议制度的实施意见》,通过联席会议形式,切实推进党外人士的选拔、培养工作。2006年1月20日,区委贯彻《中共中央关于进一步加强中国共产党领导的多党合作和政治协商制度建设的意见》,印发《中共嘉兴市秀洲区委关于进一步加强中国共产党领导的多党合作和政治协商制度建设的实施意见》,要求各级党委要充分认识加强中国共产党领导的多党合作和政治协商制度建设的重大意义,进一步完善政治协商的内容、形式和程序,充分发挥民主党派和无党派人士的参政议政作用,充分发挥民主党派的民主监督作用,加强中国共产党同党外人士的合作共事,支持民主党派加强自身建设,加强和改善中国共产党对多党合作和政治协商的领导。2008年3月,区委贯彻中共中央《关于巩固和壮大新世纪新阶段统一战线的意见》,印发《中共嘉兴市秀洲区委关于巩固和壮大新时期新阶段统一战线的实施意见》,提出要正确认识新时期新阶段统一战线工作重要战略地位、指导思想、基本任务、时代特征和发展目标,加强中国共产党领导的多党合作和政治协商制度,全面贯彻党的民族政策、宗教政策,加强社会各阶层人士统战工作,发挥工商联组织作用,加强港澳及海外统战工作,加强党外知识分子工作和党外代表人士队伍建设,抓好统一战线工作与统一战线协调机制,照顾好同盟者利益等14条指导性意见。2009年,区委印发《关于进一步加强政府与民主党派联系,完善区政府有关部门与民主党派、工商联对口联系制度的意见》,进一步明确政府有关部门与民主党派、工商联建立对口联系制度的具体要求和措施,从制度上规范和推进"对口联系"工作。2011年,区委印发《关于区民主党派主要负责人有条件任正科长级干部的实施意见》,就加强和推进党外干部的实职安排工作提出具体要求。区委组织部、统战部进一步完善联席会议制度,加强对党外干部的培养、考察和举荐安排工作。2012年12月,区委贯彻中共中央《关于加强新形势下党外代表人士队伍建设的意见》,印发《关于建立党政领导干部与党外人士谈心交友制度的通知》,建立区党政领导与党外人士谈心交友制度,决定区委、区政府主要领导与所联系的党外人士开展谈心交友活动,就共同关心的问题进行交谈,沟通思想、征求意见,并根据党政主要领导的人事变动情况,每年进行调整。2013年,区委印发《嘉兴市秀洲区人民政府办公室关于调整相关部门与民主党派、工商联对口联系制度的通知》,结合政府工作实际,规范政府部门与民主党派、工商联的对口联系制度。2014年,区委进一步完善"多党合作"与"政治协商"的各项制度,形成较为健全的统战工作机制。

队伍建设　区委统战部关心、重视民主党派组织建设,协调和支持各民主党派在区内建立组织、发展成员。1986年10月,帮助建立中国民主促进会(简称民进)嘉兴市郊区支部。1987年1—9月,先后帮助建立中国民主建国会(简称民建)、中国民主同盟(简称民盟)嘉兴市郊区支部。1990年1—3月,先后帮助建立中国农工民主党(简称农工党)、九三学社嘉兴市郊区支部(支社)。1993年8月,帮助建立中国国民党革命委员会(简称民革)嘉兴市郊区支部。在协助建立民主党派组织的同时,注意加强对民主党派骨干学习培训工作,支持各民主党派正常开展工作。至1999年,全区建有民进、民建、民盟、农工党、九三学社、民革等民主党派组织6个,成员96人。

进入21世纪,区委统战部深化贯彻中共中央批转中央统战部《关于新时期党对民主党派工作的方针任务的报告》,结合行政区域调整实际,重视、支持各民主党派在辖区发展成员,积极协助、妥善解决各民主党派的人员编制、活动经费、文件阅读及办公用房等问题,支持民主党派通过人大、政协平台和党委、政府各类会议建言献策,参政议政。2006年,结合各民主党派支部换届工作,协助做好班子人选的举荐考察,并在机构升格方面予以协调衔接,通过各民主党派支部(总支)换届,实现新老交替、政治交接。同时,采取举办联席会议、暑期读书会、统战理论培训班、辅导讲座等形式,组织民主党派班子成员及骨干学习交流《中共中央关于巩固和壮大新世纪新阶段统一战线的意见》文件精神,学习"三个代表"重要思想和中共十六届五中、六中全会以及第二十次全国统战工作会议精神,组织开展社会主义荣辱观教育。是年,选送民主党派主委、骨干到省、市、区党校、省社会主义学院等学习深造30余人。2008年5月,协助成立中国致公党(简称致公党)嘉兴市秀洲区支部。是年,全区民主党派发展到7个,其中总支委员会1个、支部6个,成员126人。2009—2010年,组织各民主党派班子成员及骨干,听取市委党校教授作"学习中共十七届四中全会精神"专题讲座、"树立和践行社会主义核心价值体系"专题报告。2011年,协助做好各民主党派新一届班子成员的考察工作,支持各民主党派独立自主开展支部(总支、支社)换届;会同区委党校举办统战理论暨党外干部培训班,组织党外领导干部及党外代表人士开展理论学习。2012年,区委按照"备用结合、动态管理"的原则,把党外后备干部队伍建设纳入全区后备干部队伍建设的总体规划,加强对党外后备干部的选拔培养。2012年9月,区委统战部、区档案局印发《关于加强民主党派档案工作的通知》,完善民主党派各类文书资料的管理标准,指导各民主党派加强档案管理。2013年,支持各民主党派加强理论学习,提升队伍素质,采取组织学习、征文、论坛等方式,活跃学习氛围、丰富党派活动。是年,民革为全体党员每人订阅一份《团结报》,加强时事政治学习;民盟以开展"知盟兴盟"征文、论坛等活动为抓手,增强盟员自觉接受中国共产党的领导,提升盟员知盟、爱盟、兴盟的信念;民进以传达学习嘉兴市市委书记李卫宁在"三干会"上的讲话和嘉兴市市长鲁俊在"两会"上的政府工作报告为重点,引导会员投身社会经济政治活动的积极性。

2014年,区委统战部按照"在工作中发展,发展为工作"的组织发展原则,支持各民主党派按照各自章程把好新成员入口质量关,帮助做好组织发展工作,优化党派队伍组织结构。4—10月,组织各民主党派、工商联、无党派人士联谊会、新生代创业者联谊会,开展"坚持和发展中国特色社会主义学习实践"活动,采取举办党外干部培训班等形式,系统学习交流"坚持和发展中国特色社会主义""多党合作"和"立足本职发挥党外干部作用"等理论。是年,协助各民主党派发展新成员13人。全区有民主党派组织7个,成员(会员、社员)175人,其中民进21人、民建30人、民盟38人、农工党23人、九三学社31人、民革24人、致公党8人。

支持履职 20世纪80年代,区委重视通过人大、政协"两会"平台以及各类座谈会、协商会等发挥民主党派、工商联、无党派人士的参政议政、民主监督作用。1986年10月,随着辖区各民主党派组织的逐步建立和完善,区委、区委统战部支持各民主党派参与社会政治活动、参与全区经济建设,依法履行职务。1990年6月,区政府聘请非中共人士8人,为郊区监察局特邀监察员。10月,区委建立区党政领导与党外人士结对联系制度,区委、区政府主要领导9人与党外人士18人结对交友,听取意见、加强沟通。此后,区党政领导与党外人士结对联系制度形成惯例,并随区级领导变更,及时作出调整。1994年2月,区委推出特约监督员制度,聘请各民主党派、工商联负责人担任特约审计员、特约监察员、行风监督员,对政府相关部门的工作进行监督。1995年9月，聘请第二批特约监督员，深化党外监督制度，为各民主党派、工商联、无党派人士参政议政，依法履行职务创造条件。

进入21世纪，区委统战部遵照中共中央《关于坚持和完善中国共产党领导的多党合作和政治协商制度的意见》精神，进一步深化与各民主党派、工商联、无党派人士的合作共事和政治协商制度。2002年，全区机关部门聘请党外人士担任特(邀)约监督员人数达42人，其中涉及区监察局聘请特邀监察员15人、区审计局特约审计员5人、区检察院聘请特约检查员4人、区教育文化体育局聘请教育督导员4人、区住房和城乡规划建设局聘请特约建设(规划)监督员5人、区国土局聘请特约国土监督员4人、区环保局聘请特约环保监督员5人，党外监督制度得到有力提升。2004年2月，区委推出政府部门与各民主党派的对口联系制度，率先在教育局、卫生局与中小学教师相对集中的民进和医护人员相对集中的农工党建立对口联系制度，搭建定期会商平台，听取党派意见，提升合作效率。区委统战部每季召开一次各民主党派支委以上负责人联席会议，通报党政工作情况，交流切磋各党派工作。2005年，区委、区政府建立党外人士情况通报制度，区政府办印发《关于加强政府部门与民主党派建立对口联系制度》，进一步完善党政领导与党外人士的情况通报制度和政府部门与各民主党派的对口联系制度。采取举办通报会、协商会、座谈会等形式，将全区社会经济发展、重要人事变动、重大事项和决策，定期或不定期向党外人士通报，落实事前协商、事后反馈工作。是年，区委围绕全面推进秀洲经济社会更好、更快发展主题和“十一五”规划，举办各民主党派、工商联和无党派人士参加的各类通报会、协商会、座谈会和重大活动18次，各民主党派、工商联和无党派人士通过区人大、政协建言献策，提交议案、提案和社情民意27件(条)。此后，区委、区政府、区委统战部举办的各类通报会、协商会、座谈会常态化。2008年，区委统战部组织引导各民主党派专门就“两会”期间的发言内容、提案、议案进行讨论、加强调研，确保提案、议案的质量，为全区经济社会发展建言献策。2009年，区委印发《关于建立党外人士关爱机制的意见》，建立党外人士走访慰问等制度，进一步完善关爱党外人士的长效机制。各民主党派、工商联深入基层、深入实际，加强调研，在区政协二届三次会议上提交提案56件，其中被评为重点(优秀)提案13件，民盟提交的《加大扶持力度，加快秀洲新区北区开发建设》《政府牵头，多管齐下，解决小区停车难题》，民革提交的《整合工业园区资源，打造整体招商平台》《关于加强乡镇民用交通建设的建议》被列为区优秀提案。是年，政府有关部门与民主党派、工商联建立对口联系制度，由2006年的13个增加到16个。2012年，区委印发《关于建立党政领导干部与党外人士谈心交友制度的通知》，区委、区政府主要领导与党外人士结对谈心交友，以诚交友、以心唤友，密切感情、增进友谊，支持参政议政、民主监督，促进合作共事。是年，区委、区政府主要领导16人，与党外人士16人结对交友。

2014年，区委印发《民主党派、工商联和无党派人士联系交友制度》，规定区委统战部和各镇街道、秀洲新区、秀洲工业园区党委(党工委)，要坚持党派代表人士生病住院时必访、党派代表人士生产生活遇到困难时必访、党派代表人士家庭受灾或发生意外时必访(简称“三必访”制度)，通过走访密切与党派人士的联系沟通。是年，组织民主党派、工商联和无党派人士完成《关于切实解决我区基层医疗机构队伍不稳的建议》等调研文章65篇；提交人大议案5件、政协提案56件、意见建议28件，其中重点和优秀提案15件；担任政府部门民主监督、监察员47人。

举荐任职　区委统战部成立以后，严格按照中共中央《关于坚持和完善中国共产党领导的多党合作和政治协商制度的意见》，配合区委认真做好民主党派、工商联、无党派人士的政治安排、实职安排工作。1989年7月，贯彻区委批转组织部、统战部《关于选配党外干部担任政府部门领导职务的意见》，落实党外人士担任政府实职的举荐安排工作。是年，先后安排党外人士担任教育局、监察局、水产局副局长各1人。1993年3月，配合市、区两级人大代表、政协委员选举工作，遵照有关规定落实党外人士候选人的举荐考察。是年，民主党派人士任职水产局、农林局副局长各1人。1995年6月，区委结合贯彻市委关于“双推双考”(民主推荐、组织推荐和考试、考察相结合的选拔干部方式）公开选拔区级机关部份副局级领导干部的意见，做好对党外干部的选拔培养工作，落实党外人士任职副科（局）级领导干部1人。1997年，区委遵照市委组织部、市委统战部《关于选配党外人士担任政府及其部门领导职务的通知》精神，落实党外副区长1人，政府部门副科（局）级实职2人。此后，举荐安排民主党派、工商联、无党派人士任职政府部门实职工作常态化。至1999年，全区党外人士任职副科（局）级以上干部9人，其中副处1人、副科（局）级8人。

进入21世纪，区委组织部、统战部建立党外干部选拔、培养和任用工作联席会议制度，注重党外代表人士的政治安排和实职安排，进一步强化党外干部队伍建设。2000—2001年，区委将党外人士的任职安排工作纳入议事日程，编制党外干部队伍建设总体规划，并注意做好党外后备干部的培养和考察工作。2001年，全区建立党外后备干部56人，列入区管后备干部9人。2004年2月，区委组织部、统战部印发《关于建立联席会议制度的实施意见》，建立和完善全区党外代表人士选拔、培养长效机制。同时，建立区党外人士人才库和党外后备干部信息库，加强日常管理和动态维护。2005年2月，区委统战部按照区委的统一部署，对政协秀洲区第一届委员会一次会议的界别确定、人事安排等方面，做好党外人士的推荐和考察工作。政协秀洲区第一届委员会有委员88人，其中民主党派20人，占22.9%；工商联7人，占7.95 %。此后，历届区政协均举荐安排一定比例的党外人士任职政协委员。是年，召开涉及党外干部培养、选拔和使用等工作的联席会议2次。2006年，选拔任用民主党派区级领导干部2人，其中当选民进市委会副主委1人。是年，建立党外后备干部59人，列入区管后备干部12人。2007年，区政协换届，民主党派和无党派人士代表担任政协委员人数，随区政协委员总数同比增多。是年，党外人士当选市六届人大代表5人（民主党派4人、无党派1人），当选市六届政协委员12人（民主党派2人、无党派10人）；被选为区七届人大代表19人（民主党派3人、无党派16人）。2010年，区委选拔任用优秀无党派人士副科（局）级领导干部2人。是年，全区副科（局）级以上党外干部增加到14人，其中女性8人，男性6人。2011年，区委按照市委关于选拔培养党外干部的工作要求，印发《关于区民主党派主要负责人有条件任正科长级干部的实施意见》，解决党外干部享受正职待遇的问题。同时，把党外干部的选拔培养纳入干部队伍建设和人才工程的总体规划，进一步加强党外干部的选拔任用工作。2012年，区委为建设一支数量充足、结构合理、素质优良、作用突出的党外代表人士队伍，印发《关于进一步做好党外知识分子调查摸底工作的通知》，组织开展党外知识分子基础调查。同时，按照“备用结合、动态管理”的原则和“民主推荐、民主测评、组织考察”的方式，进一步加强对党外后备干部的选拔培养。是年，提拔任用党外干部正科（局）级实职1人、副科（局）级领导职务5人，落实党派负责人享受正科（局）级实职待遇1人；推荐优秀后备干部13人，列入正科考察对象2人，副科考察对象5人，并安排部分考察对象到村（社区）、街道、镇担任主任助理，挂职锻炼；通过全面摸底，建立由2000余人组成的无党派人士数据库。

2014年，区委统战部进一步加强对各民主党派队伍建设的指导，加强对中青年骨干的教育培训，建立健全后备干部队伍数据库。是年，全区民主党派、无党派人士任职政府、政协及政府部门职务共12人，其中副处级实职3人（副区长1人、区政协副主席2人），区政府部门正科级实职2人、副科级实职7人；确定党外后备干部61人，占后备干部总数的21.3%；区工商联29名主席和副主席、副会长中，担任市、区“两代表一委员”的有15人，占比51.7%；区工商联58个执委中，担任市、区“两代表一委员”的有20人，占比34.5%。

秀洲区历届政协一次会议民主党派、工商联、无党派人士委员情况表

表8-3-3

届 次	年 份	委员总数(人)	其中					
			民主党派	占(%)	工商联	占(%)	无党派人士	占(%)
第一届	2005.02	88	20	22.9	7	7.95	0	0
第二届	2007.02	141	31	22	11	7.8	4	2.84
第三届	2012.02	190	38	20	16	8.42	6	3.16

秀洲区民主党派、工商联、无党派人士参政议政、民主监督情况表

表8-3-4

类别 年份	参加重要会议、重要活动(次)	参加通报、座谈、协商会议(次)	提出意见、建议(条)	被聘任各类监督、监察员(人)	撰写调研文章		人大、政协议案、提案		
					总 数(件)	其中被党委、政府采纳(件)	提交人大议案(件)	提交政协提案(件)	其中重点或优秀提案(件)
2005	36	18	27	45	54	5	3	54	13
2006	35	17	26	44	53	4	3	53	13
2007	34	18	25	43	52	6	2	52	14
2008	34	18	28	44	51	5	4	53	14
2009	32	18	27	46	52	5	3	53	13
2010	35	18	25	45	53	6	3	54	12
2011	34	17	26	46	53	6	3	52	12
2012	35	17	28	45	58	5	3	53	13
2013	36	18	29	46	62	6	3	55	14
2014	37	19	28	47	65	8	5	56	15
合 计	348	178	269	461	553	64	32	535	133

【民主党派组织和主要活动】

1986年始，秀洲区先后建立中国民主促进会嘉兴市秀洲区支部、中国民主建国会嘉兴市秀洲区支部、中国民主同盟嘉兴市秀洲区总支、中国农工民主党嘉兴市秀洲区支部、中国国民党革命委员会嘉兴市秀洲区支部、中国致公党秀洲区支部、九三学社嘉兴市秀洲区支部7个民主党派组织。

各民主党派区级组织成立后，按照各自章程的规定发展成员，健全班子，完善制度，加强自身队伍建设；按照中国共产党与各民主党派“长期共存、互相监督、肝胆相照、荣辱与共”的方针参与政治协商、民主监督，反映社情民意；发挥民主党派的各自特长，参与文化、教育、科技、医疗、法律咨询和慈善救助等社会服务。至2014年，各民主党派中的人大代表、政协委员提交议案、提案349件，其中被政协列为重点提案8件，被政协评为优秀提案23件。

中国国民党革命委员会嘉兴市秀洲区支部(简称民革秀洲区支部)

组织机构　1993年8月24日，召开第一届代表会议，成立民革郊区支部，王丽珊(女)任当选主任委员。1996年1月，召开第二届代表会议，陈明光当选主任委员。1997年11月，召开第三届代表会议，金颖英(女)当选主任委员。1999年8月12日，民革郊区支部更名为民革秀洲区支部。2001年9月、2004年12月、2011年7月，分别召开第四、第五、第六届代表会议，金颖英连任主任委员。至2014年，民革秀洲区支部共有党员24人。

自身建设 1998—2004年，支部党员金颖英、杨华、朱文标等先后多次参加市嘉兴社会主义学院举办的民主党派市委委员培训班、民革市委会举办的骨干党员培训班、市委统战部举办的基层支部主委培训班、秀洲区委统战部举办的“党外人士培训班”。金颖英参加全国政协培训班及由市委组织部选送到参加美国行政管理培训班学习。2005年至2008年8月，支部党员多次参加民革市委会举办的党员骨干培训班。其中，费美玲参加浙江省民革在浙江省社会主义学院举办的“2005年民革全省基层骨干培训班”学习。全体会员学习中共十六届五中全会精神，交流学习体会。重点学习《中共中央关于制定国民经济和社会发展第十一个五年规划的建议》，把思想统一到十六届五中全会精神上来，积极为秀洲区制定“十一五”规划建言献策。2009—2013年，多名党员先后参加秀洲区委统战部在省社会主义学院举办的党外干部培训班和民革省委会在省社会主义学院举办的基层骨干党员培训班。其中，金颖英参加市委党校第42期县处级领导干部进修班暨学习贯彻中共十七届五中全会精神专题研修班和市委组织部在市委党校举办的嘉兴市县处级领导干部学习贯彻中共十八大精神轮训班。2013年，部分党员参加民革市委会与嘉兴市社会主义学院联合举办的“学习贯彻中共十八大精神专题培训班”。

参政议政 积极履行参政议政，民主监督职能。有5人担任市、区多个相关政府职能部门的人民监督员，有5人担任区政协第一、二、三届委员，其中，金颖英担任区政协一届、二届政协常委和市政协委员；曹丽娟任政府副科实职，金颖英任政协副主席。2005—2014年，先后撰写各类提案或调研报告114篇，其中，列为优秀或重点提案11篇。

2005—2014年民革秀洲区支部主要提案与调研报告一览表

表8-3-5

年份	提案与调研文章内容	优秀或重点
2005	《关于尽快建立区农业发展资金的建议》等11篇调研文章	
2006	《关于提高中小企业会计工作质量的建议》等12篇调研文章	《关于发展户用沼气、积极推进社会主义新农村建设的建议》《进一步完善招商引资工作、推进“项目投入年”活动》被列为优秀提案
2007	《关于加强中小企业管理者培训的建议》等11篇调研文章	《关于确保充分发挥基层农技队伍在建设现代农业中作用的建议》被列为优秀提案
2008	《关于加强社区卫生人才队伍建设的建议》等12篇调研文章，	《加强社区建设,促进和谐发展》被列为优秀提案
2009	《关于完善政府集中采购制度的建议》等13篇调研文章	《整合工业园区资源，打造整体招商平台》和《关于加强乡镇民用交通建设的建议》分别被列为优秀提案和重点提案
2010	《关于妥善解决渔民生活保障问题的建议》等14篇调研文章	《大力发展湿地农业，促进农民增收》被列为优秀提案
2011	《加快教育规划建设进程，提升新区教育发展水平》等10篇调研文章	《加强社区建设，促进和谐发展》被列为优秀提案
2012	《发展农业现代服务业，加快现代都市农业建设》等11篇调研文章	《关于进一步提升农业社会化服务水平的建议》被列为重点提案和优秀提案
2013	《关于切实强化对新居民子女关爱工作的建议》等9篇调研文章	《整合资源，积极推进乡村旅游发展》被列为重点提案和优秀提案；
2014	《关于进一步扶持发展农民专业合作社的建议》等11篇调研文章	《关于切实解决农民建房难问题的建议》被列为重要提案

服务社会　2005年11月29日,秀洲区支部党员杨华、朱应彦、史伟等与区农工支部、九三学社支社的党员一起,参加由区统战部和王店镇党委共同组织的在王店人民医院为中共老党员、老干部开展体检活动。2007年8月,费美玲被聘任为秀洲区第七届人大常委会财政预(决)算小组成员。12月,费美玲被聘为嘉兴学院商学院2005级财务管理专业学生校外导师。是年,民革组织部分党员参与社区义诊活动。2008年5月15日上午,民革秀洲区支部在区会展中心组织召开区内外企与浙江科技工程学院、南洋职校、秀水学院等技工培训学校对口交流会。6月26日至8月24日,张佳伟作为王店人民医院主管护师,参加嘉兴市首支抗震救灾医疗支援队,赴四川省青川县房石镇,克服余震不断、天气炎热和条件异常艰苦等重重困难坚守两个月,完成既定任务。2007—2012年,民革秀洲区支部被民革省委评为先进集体。2013年,吕晓丰组建成立秀洲区足球协会,吕晓丰任主席,金颖英被聘任为名誉主席。

中国民主同盟嘉兴市秀洲区总支(简称民盟秀洲区总支)

组织机构　1987年9月15日,第一届代表会议召开,成立民盟嘉兴市郊区支部,徐竹青当选主任委员。1993年3月,第二届代表会议召开,徐竹青连任主任委员。1996年11月,召开第三届代表会议。1997年11月,支部升格为民盟郊区总支,召开总支第一届代表会议,徐基平为主任委员。2001年10月、2004年12月,召开总支第二、第三届代表会议,徐基平连任主任委员。2011年7月,总支第四届代表会议召开,张菊华(女)当选主任委员。至2014年,民盟秀洲区总支有盟员38人,基层委员会下设教育支部、经科支部、退休支部共3个支部。

自身建设　民盟建立后,认真执行民盟嘉兴市委会的各项任务要求,积极开展多种形式的学习活动,选派总支班子成员、骨干盟员、新盟员等积极参加民盟省委会、民盟市委会以及市委统战部、区委统战部组织的赴省社会主义学院、市社会主义学院、区委党校进行的培训学习;总支(支部)坚持两月一学习例会制度,使全盟的思想始终与党中央保持高度一致。1992—1999年,贯彻民盟省委会和民盟市委会《关于进一步学习贯彻邓小平同志视察南方重要谈话和中共中央政治局会议精神的通知》,以召开会议、座谈交流等形式,组织学习中共十四大文件精神;组织学习《邓小平文选》第3卷,认真领会邓小平建设有中国特色社会主义理论的重要内容;多次召开主委会议、支委扩大会议和全体盟员大会,认真学习中共十四届六中全会《中共中央关于加强社会主义精神文明建设若干重要问题的决议》以及中共十五大重要方针政策,深刻领会《决议》精神,积极投身精神文明建设的实践活动。2006—2009年,组织盟员学习中共十六届六中全会精神,学习中共中央发布"五一口号"60周年活动 要求进一步发扬民盟优良传统,为构建和谐社会积极奉献。2011年至2013年,开展学习考察全省盟员教育基地、听取盟史讲座、文艺联欢活动等形式,组织盟员学习《中国民主同盟70年——民盟历史文献》和《世纪的跨越——嘉兴民盟55周年》等珍贵盟史资料。围绕学习中共十七届六中全会、十八大精神,以纪念沈钧儒逝世50周年论坛为主题,总支盟员积极参与盟省委、盟市委的征文活动,开展以班子成员和骨干盟员为主体,覆盖全员的"知盟兴盟"主题论坛学习活动。进行交流发言15人次,占75%,有9篇学习体会文章在盟市委网站或盟刊发表并得奖,文章入编民盟嘉兴市委纪念沈钧儒逝世50周年研讨论文集。

参政议政　民盟嘉兴市郊区支部成立后,有8—10名盟员担任参加市、区的人大代表、政协委员,出席市委、市人大、市政府、市政协以及区委、区人大、区政府、区政协等召开的"两会"和中心组学习会、各类座谈会、情况通报会,切实履行参政党参政议政,民主监督,建言献策等职能。其间,担任市人大代表、市、区政协委员的盟员关注社会,关注民生,深入调研,积极撰写质量较高的提案和社情民意,形成党派(个人)提案(建议)和调研报告或在人大或在政协(常委)会议上发言,或在相关报刊、刊物上发表,内容涉及教育、经济建设、外来人口就业、社会保障、社区服务、城市建设、环境污染、社会治安等,多篇被列为重点提案(建议)或评为优秀,多人次荣获优秀人大代表和提案撰写积极分子等荣誉。盟员撰写的社情民意也得到各级党委政府的重视。2009年"两会"期间,提交的提案《加大扶持力度，加快秀洲新区北区开发建设》和《政府牵头，多管齐下，解决小区停车难题》被列为优秀提案，2006—2014年，先后有9个提案被评为优秀提案。

民盟秀洲区支部市、区政协会议上的提案与大会发言一览表

表8-3-6

届　次	提案人/执笔	案　由	备　注
区政协一届二次（2006年）	总支/张小红	《关于建设社会主义新农村的几点建议》	优秀提案
区政协二届一次（2007年）	总支/徐基平	《繁荣群众文化，促进农村社会和谐》	大会发言
区政协二届二次（2008年）	总支/张菊华	《加快农村薄弱学校改造步伐，促进城乡教育均衡发展》	大会发言 优秀提案
市政协六届三次（2009年）	个人/陆霞瑛	《建议在我市推广太阳能和建筑一体化工程》	优秀提案
区政协二届三次（2009年）	总支/张小红	《加大扶持力度，加快秀洲新区北区开发建设》	优秀提案
	个人/胡剑洲	《政府牵头，多管齐下，解决小区停车难题》	优秀提案
区政协二届四次（2010年）	总支/张菊华	《关于加强教师队伍建设 提升我区教育软实力的建议》	大会发言优秀提案
区政协二届五次（2011年）	总支/郑卫杰	《发展现代物流业的思考与建议》	大会发言优秀提案
区政协三届一次（2012年）	总支/黄水林	《关于秀洲区教师专业发展培训实施中的问题成因与对策建议》	重要提案
区政协三届二次（2013年）	总支/蔡琴梅	《关于完善我区居家养老服务工作的建议》	大会发言优秀提案
	个人/郑卫杰	《切实采取有效措施，源头治理拖拉机运输危化品》	优秀提案
市政协七届二次（2013年）	盟市委/张菊华	《关于进一步优化我市基础教育财政支出结构的建议》	党派提案
	个人/黄水林	《关于出台小班化教育改革背景下配套政策措施的建议》	优秀提案
社情民意			
2013年	总支/边远	《关于改革独生子女奖励费的建议》	省采纳
2013年	总支/庄佳玥	《加强政策引导，做强现代物流产业》	省采纳

社会服务　1991年至2008年，总支盟员徐竹青参与并负责盟市委科技咨询、科教支农服务工作，以“服务第一、信誉第一、全心全意为委托单位服务”的宗旨，发挥智力优势，接受机关、团体、企事业单位以及个人的委托，提供技术咨询、技术服务、管理咨询等服务，认真开展支教支农服务活动。1991年，组织盟员赴郊区蚂桥中学、蚂桥小学送教；组织盟员赴蚂桥乡镇企业进行生产技术指导。2002年至2006年，总支盟员张菊华负责“民盟兴华学校”的教学业务管理工作，面向市本级4~14岁的城乡幼儿和小学生，积极提供（幼）少儿英语教育教学咨询、辅导等服务工作。2008年，针对秀洲区农村义务教育阶段学校硬件设施落后于省定标准的局面，总支盟员张菊华赴新塍镇中心小学、桃园完小等全市农村薄弱学校重灾区，详细了解具体情况，形成的《加快农村薄弱学校改造步伐，促进城乡教育均衡发展》调研报告。2012年12月5日开始，总支成功牵手区残疾人联合会下辖的嘉兴市脑瘫儿童引导式教育基地，成立“志愿者服务队”，以小组为单位，按季度开展“牵手脑瘫儿童，点燃希望之光”盟员志愿者扶残助残献爱心系列活动。让基地的脑瘫孩子体验盟员沈国昌带给他们的平生第一

堂美术刮画课、呈现的神奇魔力电脑课等；组织脑瘫孩子开展走出封闭、融入同龄、亲近自然、感知科技、DIY面点等丰富多彩的活动，得到上级盟组织的充分肯定和社会各界的高度评价。在总支扶残助残献爱心系列活动开展的基础上，民盟嘉兴市委会社会服务基地成功落户秀洲，嘉兴市副市长、民盟嘉兴市委会主委柴永强，秀洲区副区长沈凤兴共同为基地揭牌，秀洲区委统战部部长徐文祥参加揭牌仪式活动。2007—2008年度，总支荣获民盟浙江省委员会先进盟组织。2013年度，总支获民盟嘉兴市委会思想宣传工作先进集体。民盟嘉兴市委会基层盟组织先进集体，中共嘉兴市委统战系统“同心建功”先进集体称号。至2014年，共组织开展各类活动8次。

中国民主建国会嘉兴市秀洲区支部（简称民建秀洲区支部）

组织机构　1987年1月7日，成立民建嘉兴市王店支部，徐幼腾任主任委员。1991年4月，徐幼腾连任主任委员。1995年8月，召开第三届代表会议，陈阿金当选主任委员。1998年12月，召开第四届代表会议，王店支部更名为郊区支部，陈阿金为主任委员。1999年6月，由于嘉兴市本级行政区域的调整，民建嘉兴市郊区支部委员会更名为民建嘉兴市秀洲区支部委员会。2001年1月，召开第五届代表会议，尤源、陆志芬（女）先后任主任委员。2004年12月、2011年7月，分别召开第六届、第七届代表会议，陆志芬连任主任委员。至2014年，有会员30人。

自身建设　2007年，支部围绕时事政治适时开展政治学习，学习民建历史、胡锦涛在中央党校的重要讲话、第二十次全国统战工作会议精神及中共十七大会议精神等。平时以自学为主，支部以讨论为主。通过送出去和支部组织学习、平时自学和集中讨论相结合，提高学习效果和学习的有效性，增强会员的大局意识和政治把握能力。2008—2010年，组织开展一次中华人民共和国成立60周年和中国共产党领导的多党合作政治协商制度确立60周年专题座谈会，邀请新老主委参加座谈，回顾党领导人民的奋斗史、创业史、改革开放史和中国共产党领导的多党合作光辉历程，进行爱国主义、民建会史及优良传统宣传教育；组织全体会员学习贯彻中共十七届四中全会精神、科学发展观和胡锦涛在庆祝中国人民政治协商会议成立60周年大会上的讲话精神，以加强自身建设为重点，进一步提高履行参政党职能的能力。2011—2013年，组织会员学习胡锦涛在中国共产党成立90周年大会上的讲话。组织辛亥革命100周年纪念活动。认真贯彻民建省委“同心”思想的精神、市民建八届七次会议精神，引导会员在社会服务领域学习践行“同心”思想，做到政治素养与日俱进。

参政议政　1987年后，民建秀洲区支部积极参政议政、履行民主监督职能。徐幼腾、邱善明、陈阿金、尤源、陆志芬（女）、顾建明、顾玉红（女）、戴宏安、范潇潇（女）、徐雷、陈华芳（女）、张燕（女）等多次担任多届市、区人大代表或政协委员。多次出席秀洲区委、区人大、区政府、区政协召开的座谈会和情况通报会，认真履行职能，参政、议政；积极调研，撰写多篇提案和调研报告，并在政协会议上作大会发言，或在相关报刊、刊物上发表，受到上级领导的肯定和表扬。在秀洲区政协一届、二三届会议上共提交11件党派提案，其中，2010年提出的《关于秀洲区城乡一体新社区管理队伍建设的建议》被列为区政协二届五次会议优秀提案；2013年，提案《推动秀洲“个转企”工作促进产业业态优化升级》在两会上发言，被列为区政协三届三次会议优秀提案。

民建秀洲区支部提交的提案与政协大会发言情况表

表8-3-7

届　次	提案人/执笔	案　由	备　注
区政协一届二次（2006年）	支部/陆志芬	《关于加快发展休闲观光农业的建议》	大会发言
区政协二届一次（2007年）	支部/陆志芬	《加强企业经营者素质的培训》	大会发言
	支部	《充分发挥农民专业合作社 在发展农村经济中的重要作用》	常委会发言

续表8-3-7

届　次	提案人/执笔	案　　由	备　注
区政协二届二次（2008年）	支部/范潇潇	《提升我区民营经济发展水平的思考和建议》	大会发言
区政协二届三次（2009年）	支部/范潇潇	《关于促进我区中小企业健康平稳发展的几点建议》	大会发言
区政协二届四次（2010年）	支部/陆志芬	《《推进"两新工程"建设要注重做好富民文章的几点建议》	大会发言
		《关于加快发展生态高效都市型农业的几点建议》	常委会发言
区政协二届五次（2011年）	支部/范潇潇	《秀洲区城乡一体新社区管理队伍建设的调查与建议》	大会发言
区政协三届一次（2012年）	支部/陆志芬	《关于统筹解决当前农民建房难的几点建议》	大会发言
区政协三届二次（2013年）	支部/范潇潇	推动秀洲"个转企"工作　促进产业业态优化升级	大会发言
区政协三届三次（2014年）	支部/范潇潇	秀洲区民营企业二次创业的调查分析及建议	大会发言

社会服务　民建支部成立后，多次捐资助学、扶贫帮困，为社会公益事业尽力。1998年，原主委尤源帮助贫困学生就学；老主委陈阿金捐资助学和帮助困难会员，帮助残疾人解决生活困难；戴宏安资助5名贫困学生就学，支持1名在读研究生到企业里勤工俭学，同时热心公益，积极为社会事业服务。汶川地震发生后，支部会员特别是企业家会员为灾区捐款万余元，青海地震发生后，现场发动并组织会员为青海玉树灾区捐款，当场募集捐款6000元。2006—2010年，顾玉红被民建浙江省委会评为省级"优秀会员"，邱善明被嘉兴市政协评为四届政协工作积极分子。2010年，民建秀洲支部被民建嘉兴市委评为先进基层组织，陆志芬、顾玉红、戴宏安、金明祥、范潇潇被民建嘉兴市委会评为市级"优秀会员"。2014年，民建10多名会员加入嘉兴市民建志愿者总站，参加新春走绕南湖绿道活动，宣扬绿色环保；支部顾建明会员在油车港天星社区捐助创办的理发室，为社区老人免费理发；戴宏安为学校赠送并安装显示器支架30个。全年会员企业为抗震救灾、防台抗洪等公益事业捐助款项累计超过10万元，其他各类慈善爱心捐款（慈善总会、社区公益项目等）累计超过5万元。

中国民主促进会嘉兴市秀洲区支部（简称民进秀洲区支部）

组织机构　1986年10月，成立民进嘉兴市郊区支部，吴品芬（女）任主任委员。1989年11月，召开第二届代表会议，吴品芬任主任委员。1990年，支部有会员15人，主要分散在郊区4个镇（新塍、凤桥、新丰、余新）。1991年11月，召开第三届代表会议，姚轶凡任主任委员。1997年10月，召开第四届代表会议，简单任主任委员。1999年6月，更名为秀洲区支部。2000年后，行政区划调整，支部成员也有所增减，支部有会员15人，其中高级职称5人，市人大代表1人，担任政协委员1人，区人大代表1人，担任政府实职1人。至2010年，会员15人。2003年，支部共有会员14人，其中教育界8人，高中级职称比例为57%。2001年9月，召开第五届代表会议，孙薇为主任委员。2004年12月、2011年7月，分别召开第六届、第七届代表会议，孙薇连任主任委员。2013年，共有会员19人，其中教育界10人，高级职称8人，中级职称6人，高中级职称比例为74%。2014年，新增2名会员，支部成员21人，其中6名退休会员。支部中教育界会员10人，机关事业单位8人，还有3人为企业老总；支部平均年龄51岁，在职会员平均年龄41岁。至年底,有会员21人。

自身建设　支部以建立学习型支部为理念,把学习强化自身建设放在第一位,通过各种形式的学习,提高参政议政的能力和水平。1990—2006年,组织支部成员参加区统战部组织的中共十六大学习培训班。邀请市委名誉主委裘樟鑫作民进会史专题讲座。组织会员进行"我与民进"书面交流。2006年,通过传达市政协五届四次会议和区政协一届二次会议精神,学习《政府工作报告》。组织支部会员参观江苏省常熟市全国红色旅游经典景区。学习中共中央总书记胡锦涛在全国政协民盟、民进联组会上提出的关于社会主义荣辱观的重要论述。重点学习中共十六届六中全会通过的《中共中央关于构建社会主义和谐社会若干重大问题的决定》等。2007—2014年,学习中共十七大会议精神及省、市的重大决策以及区委区政府的关于转型发展、和谐社会等决定;组织参加市、区统战部组织的理论学习会;参加民进中央组织的"六个为什么"知识竞赛;组织学习市(区)政府工作报告、民进省九代会精神、中共十八大精神等。为每位会员征订《民主》《开明》等民进省委会、中央的刊物,了解会内的各类信息,增强党派意识;赴社会主义新农村的典范华西村参观,与直属医卫支部开展联谊活动;组织学习、传达民进嘉兴市委会有关精神,部署每位在职会员撰写入会体会文章;学习《中共嘉兴市委关于加强新形势下党外代表人士队伍建设的实施意见》《民进中央关于加强新形势下宣传思想工作的意见》等。配合民进嘉兴市委成立30周年系列庆祝活动,参与开明画院成立暨成立30周年书画展。

参政议政　民进秀洲区支部成立后,以"以党为师,立会为公,参政为民"为全体会员的共同价值理念,以"服务社会,参政议政"为支部的工作宗旨。支部充分发挥人才和智力优势,在发展教育事业、关注外来民工、促进经济转型升级等方面进行深入调研,积极向政府建言献策。支部中女会员8人,具有副科实职以上3人,担任市、区政协委员、区特邀委员8人。2011年,提交的《发展职业教育 为秀洲转型发展培养适用人才》提案,被列为重点提案;《优先发展现代服务业,加快构建现代产业体系》提案得到时任区委书记祝亚伟批示。2012年,提出的《关于秀洲区文化产业发展的建议》提案得到时任区委书记朱海平批示。至2014年,在政协大会期间,提交提案达到102篇,其中5篇提案被评为优秀或重点提案,受到区委、区政府的高度重视和肯定。

民进秀洲区支部提交的主要提案与调研报告一览表

表8-3-8

年份	提案与调研报告内容	优秀或重点
2005	《关于加强依法统计减轻基层压力的建议》等6篇提案	—
2006	《关于充分发挥"嘉兴市留学人员创业园"作用的建议》等9篇提案	—
2007	《关于对秀洲区水源保护区域建立生态补偿机制的建议》等12篇提案;	—
2008	《关于请求市政府协调解决两个饮用水源地保护问题的建议》等11篇提案	—
2009	《重视发展创意产业,推动秀洲经济转型发展》等12篇提案	—
2010	《加快发展农业旅游,增强服务业发展活力》等8篇提案	—
2011	《关于秀洲区车改后的几点建议》等8篇	《优先发展现代服务业 加快构建现代产业体系》得到时任区委书记祝亚伟批示和《发展职业教育 为秀洲转型发展培养适用才》被列为重点提案

续表8-3-8

年份	提案与调研报告内容	优秀或重点
2012	《关于加强对黑网吧治理的建议》等11篇提案	《关于秀洲区文化产业发展的建议》得到时任区委书记朱海平批示
2013	民进完成《关于改进我区义务教育阶段在编在职教职工疗休养工作的建议》等11篇提案	《关于优化招商选资,扩大有效投资的几点建议》被列为优秀提案
2014	《关于加快秀洲区金融服务业发展的建议》等13篇提案	—

社会服务 民进支部始终把服务社会作为自己的职责,利用自身的优势,在“同心建功”“创先争优”等活动中不断地加强思想建设、组织建设,积极开展社会服务工作。1992年4月25日,民进郊区支部召开全体会员会议,邀请民进会员所在的7个学校中共党支部书记参加,为发展郊区教育事业、振兴郊区经济献计献策恳谈会。2002年,参加区委、区政府的民主协商会、座谈会、情况通报会、谈心会等10多次。对“秀洲区高中段教育情况”进行调研。2003年,开始开展扶贫帮困的助学活动,支部结对1名贫困学生(塘汇实验学校初一年级吴辰),支部会员捐款470元,支助助学金1200元。2007—2011年,支部被评为民进省级先进集体,朱永良被评为省级优秀会员。2012年8月,孙薇获民进中央践行社会主义核心价值体系先进个人称号。2012年,支部开始与洪合镇中心小学东校区(新居民学校)签订结对助学助教的协议,即与该校三年级1名学生结对助学;与1个班级、2名代课老师结对助教。3年中,累计赠送的课外读物300余本,公开课两次,赠送学习用品300余元。

中国农工民主党嘉兴市秀洲区支部(简称农工党秀洲区支部)

组织机构 1990年1月,成立农工党嘉兴市郊区支部,李性淦任主任委员。1993年4月、1996年11月分别召开第二届、第三届代表会议,李性淦连任主任委员。1999年6月,嘉兴市郊区更名以及嘉兴市本级行政区域的调整,原农工党郊区支部更名为农工党秀洲区支部。2001年10月,召开第四届代表会议,汤成龙任主任委员。2005年2月、2011年7月,分别召开第五届、第六届代表会议,钱凤祥任主任委员。至2014年,农工党秀洲区支部有党员23人。

自身建设 农工党嘉兴市郊区成立之初,设2个支部,联合支部和余新支部,主委李性淦,副主委蒋文化、高明正,党员5人,以后各届支部大会陆续发展增补,至2014年发展到23人。平均每届发展2~3人。农工党坚持每季学习与情况交流制度。其中,传达学习历次党中央、省、市党代会和农工党历次代表大会精神,要求全体党员坚定政治方向,加强自身建设,加强社会服务,提高履职能力。2010—2014年,通过召开支部学习大会,传达学习中共十八届三中全会精神,学习十八届三中全会精神学习辅导材料,统一思想,提高认识,为进一步履行好参政党职能做好思想保证。2012年10月26日,学习传达学习农工党嘉兴市第七次代表大会精神。要求全体党员在新一届市委会的领导下,坚定政治方向,加强自身建设,加强社会服务,提高履职能力。2014年1月21日,召开支部学习大会,传达学习中共十八届三中全会精神。首先传达农工党嘉兴市委会关于学习十八届三中全会精神的通知。学习由市委会统一印发的十八届三中全会精神学习辅导材料。通过学习,全体党员进一步领会了中共十八届三中全会的重大意义和精神实质,统一思想,提高认识,为进一步履行好参政党职能做好思想保证。

参政议政 2005—2014年,农工党有市人大代表2人,市政协委员1人,区政协委员7人。每年在市、区两级人大、政协会议提案及建议累计103件。其中,2011年提出的《关于加大游医诊所打击力度的建议》《加快我区学前教育发展的意见与建议》被评为优秀提案。2013—2014年提出的《关于加强秀洲区医疗机构基础设施的建议》《关于加快推进重污染高耗能行业治理的建议》被评为优秀提案,《关于切实解决我区基层医疗机构队伍不稳的建议》被列为重点提案。(详见表8-3-9)

农工党秀洲区支部市、区政协会议上的提案、大会发言情况表

表8-3-9

届　次(时间)	提案人/执笔	案　　由	备　注
区政协一届一次（2005年）	沈丽华	建议加强对乡镇棋牌室的管理	—
	沈月根等5人	关于加强流动儿童计划免疫管理工作的建议	—
	农工党支部	关于加强秀洲区公共卫生体系建设的建议	—
	姚　铭	关心老年人的精神文化生活的建议	—
	斯益婷等2人	建议尽快加强城镇社区建设	—
	斯益婷	建议关注我区民工公寓的开发和经营运作	—
	斯益婷	建议重视老年人的精神文化生活	—
	姚　铭	拯救婚检的几点建议	—
区政协一届二次（2006年）	沈月根	关于加强公共场所艾滋病预防工作的建议	优秀提案
	斯益婷	大力拯救民间文化资源推动我区文化事业繁荣发展	—
	姚　铭	要高度重视秀洲区文化人才的培养与引进	—
	农工党支部/钱凤祥	进一步加强农村医疗保障体系建设 切实缓解农民看病难	—
	斯益婷	建议将贫困户的危旧房改造列入政府日常工作	—
	斯益婷	建议设立网络慈善捐赠平台	—
	斯益婷	建议设立慈善医疗救助卡	—
	沈丽华	建议加强对野生动物的保护	—
	朱林根	建议对为外来无证行医提供非法诊疗场所的出租房切实加强监管措施	—
	姚　铭	建议在农村建立联防队	—
区政协二届一次（2007年）		推进我区乡风文明建设的几点建议	常委会发言
	文史委	关于健全少年儿童基本医疗保障体系的几点建议	—
	高明慧	关于加强基层农技队伍建设的建议	—
	沈丽华	建议推行外来民工合作医疗保险	—
区政协二届二次（2008年）	沈月根	关于设置秀洲区卫生监督派出机构的建议	—
	朱林根	关于增加区疾控中心人员编制的建议	—
	高明慧	关于进一步完善农村土地承包经营流转机制的一点建议	—
	斯益婷	关于构建和谐医患关系的建议	—
	文史委、农工党	加强农村疾病预防工作 推进我区农村公共卫生建设	大会发言
	钱凤祥	关于进一步完善乡村医生管理的几点建议	常委会发言
	沈丽华	建议加大对环境保护的监管力度	—
	文史委、农工党	关于对喷水织机污水治理的调查与建议	—
区政协二届三次（2009年）	朱林根	关于加强农村家庭集体聚餐食品卫生管理的建议	—
	沈月根	关于加强部门配合提高流动人口儿童接种率的建议	—
	朱林根	关于加快建设秀洲区卫生监督派出机构的建议	—
	文史委	加强卫生强镇建设 争创卫生强区	—
	文教委、农工党/沈月根	秀洲区慢性非传染性疾病防治的建议	大会发言

续表8-3-9

届 次(时间)	提案人/执笔	案 由	备 注
区政协二届三次（2009年）	沈丽华	建议加大对游医的打击力度	—
	农工党支部/钱凤祥	关于加强国家卫生城市长效管理的几点建议	—
	钱凤祥	关于巩固省级卫生镇创建成果的建议	—
	高明慧	关于加强对养殖业污染排放的管理和处罚的建议	—
	沈月根	关于切实做好我区人才招聘的几点建议	—
	斯益婷	关于加强基层社区建设的建议	—
	朱林根	关于规范区卫生监督机构人员编制的建议	—
	斯益婷	关于在新洲路至运河新区兴建杭州塘桥的建议	—
市人大六届四次会议	钱凤祥	关于国家卫生城市创建与管理的几点建议	优秀建议
区政协界别调研（2010年10月）	沈月根	秀洲区外来流动儿童预防接种现状调查与建议	二等奖
区政协界别调研（2010年10月）	沈月根	关于做好我区农民健康体检工作的几点建议	三等奖
区政协二届四次（2010年）	沈丽华	关于加强对村级文化活动中心的建设和管理的建议	—
	斯益婷	关于在中小学开展书法教学的建议	—
	文史委	关于编撰中国秀洲农民画发展史的建议	—
	文史委	关于加强镇文化活动中心建设的建议	—
	文史委	关于加快我区学前教育发展的意见与建议	—
	高明慧	关于加快培育现代职业农民的建议	—
	农工党支部	加强外来流动儿童预防接种管理的几点建议(领导批示)	大会发言
	医卫界	关于做好我区农民健康体检工作的几点建议(领导批示)	—
	钱凤祥	关于进一步规范和完善农村无害化卫生厕所改造与建设的建议(领导批示)	—
	朱林根	关于规范二次供水工程项目卫生监管的建议	—
	斯益婷	关于在新区秀湖生态园开发建设中对皇坟山遗址保护传承的建议	—
	高明慧	关于推进“两新”工程建设过程中的建议	—
	农工党支部/钱凤祥	加强农贸市场建设与管理的几点建议（领导批示）	—
区政协二届五次（2011年）	朱林根	关于加大游医诊所打击力度的建议	优秀提案
	文史委	加快我区学前教育发展的意见与建议	优秀提案
	农工党支部/钱凤祥	关于加强狂犬病防治保障百姓身体健康的建议	—
	斯益婷	关于缓解我区老龄化的几点建议	—
	沈丽华	加强城管执法力度对城乡结合部废品收购及加工点的监管建议	—

社会服务 支部积极投身社会服务，每年在基层开展义诊、医疗咨询、扶贫帮困等服务，部分党员与困难家庭、困难大学生结成帮困对子，常年给予关心帮助。2008年5月12日，农工党秀洲区支部联合王江泾医院到王江泾敬老院开展“送医下乡”活动。2009年，农工党市委会联合区政协文史委、医

卫界、农工党秀洲支部到新塍镇开展“送医下乡”活动。　部分党员受聘担任市、区两级政府部门特约审计员、行风监督员。支部注重自身建设,2010年度,支部被农工党浙江省委为先进基层组织。2012年5月26日,农工党浙江省疾控中心支部与秀洲区支部联合在洪合镇农贸市场举行“送医下乡”活动。2013年5月6日,农工党、民革、致公、医卫界等联合到新塍镇农贸市场举行“送医下乡”活动。2013年度,支部被农工党浙江省委会评为先进基层组织。

中国致公党秀洲区支部(简称致公党秀洲区支部)

组织机构　1994年,成立致公党嘉兴市支部,由市侨联主席郑奋义任主任委员。2008年,党员5人。2008年5月29日,致公党嘉兴市秀洲区支部第一届委员会成立。由金建英(女)任主任委员。2011年7月,召开第二届代表会议,金建英(女)连任主任委员。至2014年,有政协委员2人,党员中有中高级职称5人,有党员8人。

自身建设　致公党秀洲区支部坚持每季度一次学习制度,组织党员学习党和政府以及上级党组织的有关文件精神,强化自身建设,使全体党员的思想始终与中共持一致。2008年,组织党员认真学习中共中央十七届三中全会精神,围绕农村改革发展畅谈感受,结合秀洲实际和各自工作交流学习成果。2009年,利用新中国成立60周年暨多党合作制度确立60周年之际,组织学习“两会”精神。2010至2013年,组织党员认真学习中共十七届五中全会和致公党十四大精神,学习致公党党史和新修订的《中国致公党章程》,围绕中国今后五年经济社会发展的主要目标以及民生、文化、发展、改革、十二五规划等畅谈感受,结合实际和各自工作交流学习成果,进一步增强履行参政党职能的使命感和责任感。

参政议政　致公党秀洲区支部委员会成立后,支部党员多次出席秀洲区委、区人大、区政府、区政协召开的座谈会和情况通报会,在政协会议上作大会发言;广泛开展调查研究,积极履行参政议政、民主监督职能;发挥自身优势,就实施经济转型升级、社区卫生等课题进行充分调研形成调研报告,为政府决策部门提出建设性的意见和建议。2009年至2014年,市、区的“两会”期间,提出《盘活外资企业资金周转,促进外资企业平稳健康发展》《加强学校卫生保健工作,保障学生健康成长》《加强对无证托儿所、幼儿园管理的建议》《挖掘侨海涉外资源助推秀洲文化建设》《转变观念,发展我区珍贵湿地资源》《关于加强我区城乡生活污水处理的建议》等提案(发言),其中,《抓住世博契机,为经济社会发展多作贡献》被评为优秀提案,受到区委、区政府的高度重视和肯定。

致公党秀洲区支部提交的主要提案与调研报告一览表

表8-3-10

年 份	提案与调研报告内容	优秀或重点
2008	—	《加强农村赌博的管理》被评为优秀提案
2009	《盘活外资企业资金周转,促进外资企业平稳健康发展》在大会上发言	—
2010	《加强学校卫生保健工作,保障学生健康成长》在大会上发言	《抓住世博契机,为经济社会发展多作贡献》被评为优秀提案
2011	《加强对无证托儿所、幼儿园管理的建议》在大会上发言	—
2012	《挖掘侨海涉外资源助推秀洲文化建设》在大会上发言	—
2013	《转变观念,发展我区珍贵湿地资源》等2篇调查文章	—

社会服务　支部在2008年“5·12”汶川大地震的抗震救灾工作中,在各自的单位参加捐款后又捐出特殊党费,5人共计2800元。还积极参与医疗下乡、送课下乡、科普宣传等各类活动。2012年5—6月,先后到油车港镇麦家村、王店镇开展送医、送药等服务活动。支部成员到薄弱学校开展送课下乡

活动。2013年5月,致公党界别政协委员与农工党、民革、医卫、新塍镇的部分政协委员联合开展送医下乡活动,送医活动的主要服务有内、外、妇、儿科义诊,免费测量血压、血糖,免费送常用药物,计划生育政策、优生优育宣传,疾病预防知识宣传等。共计为新塍当地居民咨询义诊100多人次,免费测量血压、血糖100多人次,发放优生优育优教、疾病预防宣传资料500多份,免费送药品3000余元。2013年,致公党秀洲区支部被评为浙江省社会服务先进集体。

九三学社嘉兴市秀洲区支部(简称九三学社秀洲区支部)

组织机构 1990年3月,成立九三学社郊区支社,焦基宽当选首届主任委员,楼爱君(女)、孙在林为支委,有社员11人。1995年3月,马玉华任第三届、四届主任委员,黄玉飞(女)为副主任委员。2000年9月,由于行政区域调整,划出部分成员到南湖区。2001年11月,改名为九三学社秀洲支社,有社员19人。2004年10月至2006年7月换届选举,辅浩生为第五届主任委员。2011年3月,秀洲支社进行换届选举,辅浩生为第六届主任委员,共有社员30人。至2014年,九三秀洲区支部共有社员31人。其中,在职16人,退休15人;会员中政府机关10人,文教卫生1人,经济类2人,城建交通类3人。2016年5月23日,区支社更名成立九三学社基层委员会,下辖一、二、三支社。

自身建设 九三学社注重理论学习和自身建设,始终把学习与政治思想放在首位,紧跟形势学,把握契机学。2002—2004年,学习中共十六大和十六届三中、四中全会精神,学习政协新章程与九三学社新章程,书写体会文章多篇,坚定支社全体社员政治方向。2005年,重点学习《中共中央关于进一步加强中国共产党领导的多党合作和政治协商制度建设的意见》。积极参加社市委组织开展的"多党合作和政治协商及社史知识竞赛"活动。2006—2009年,根据社中央"深入开展向王选同志学习"决定,增强支社社员的凝聚力;围绕中共十七届三中全会精神,配合社市委下发的《九三学社嘉兴市委关于学习贯彻科学发展观的通知》《关于开展新中国成立60周年和多党合作制度确立60周年纪念活动的通知》要求,深入学习科学发展观和多党合作制度的理论。2010—2014年,以市社市委开展践行社会主义核心价值体系为契机,结合九三学社成立65周年和社市委成立25周年开展活动,增强贯彻党的基本路线和自身建设重要性认识。传达学习中共十八届三中全会精神;传达九三学社嘉兴市委会关于学习十八届三中全会精神的通知,通过学习进一步领会中共十八届三中全会的重大意义和精神实质,统一思想,提高认识,为进一步履行好参政党职能做好思想保证。

参政议政 区支部成立后,认真履行"政治协商、参政议政、民主监督"职能。支社充分发挥整体功能作用,通过担任市、区人大代表和政协委员的支社社员在秀洲区新一轮经济建设中积极献计献策。围绕全市全区事关当前及今后一段时期发展的重大问题,人民群众关心的热点、难点问题,积极向市、区两级政府提出有价值的意见和建议,为决策民主化、科学化、为创造良好的社会政治环境尽到参政党的作用。至2014年,担任市政协委员1人,区政协委员6人,其中政协常委1人。高级职称1名,单位中层以上骨干3名。2002—2004年,在市人大、政协"两会"期间,向两会提交《关于企业科技人员退休金偏低,适当提高退休金的议案》《关注弱智群体看病问题》《关于建立良好发展经济氛围,打造诚信嘉兴促进嘉兴经济发展》《构筑城乡一体新平台,促城乡一体化发展》4件提案引起有关方面的重视和采纳。其中,对促城乡一体化的提案引起嘉兴市委高度重视,市农办作详尽的提案答复办理意见。2003年,区人大期间,支社代表作《加快农业基础设施建设,改善农业生产条件》发言,同时递交6000多字的调研报告。2005—2008年,支社代表通过参加政协全体会议,区政府各类征求意见会、通报会、座谈会认真履行政治协商、参政议政职能。每次会前认真准备、阅读有关文件资料,收集基层群众和社员中的信息意见,坦陈己见,推心置腹,献计献策,许多意见建议受到重视。"加强品牌培育和管理,推进王店小家电区域品牌建设""强化规划体系基础作用,从源头上保障各项建设节约用地""拓展对外资源和品牌推介,加快科技孵化城建设步伐的几点建议""关于提高闲置厂房利用的意见”等，得到区委、区政府和有关部门的重视和采纳，发挥政治协商职能的作用。在区政协二届会议期间的五年内，支社共递交团体和个人提案30多件，大会发言3次，内容涉及秀洲区城镇建设、民生工程、科技发展、食品安全、经济社会、“三农”问题等。其中，《整治提升小城镇品位，充分发挥其在新农村建设中的作用》“加快农村三级供水管网建设的建议”被列为由政协主席督办的一号提案和政府实事工程，连续3年组织实施，评为当年优秀和重点提案；史兴华在政协二届三次会议上提出的“关于建立蚕桑专业合作社，促进蚕桑业稳定发展的建议”和孙嘉震提出的“关于加大交通建设项目财政投入的建议”评为优秀提案。在抓好提案工作的同时，支社利用担任区政协信息员的优势，鼓励社员向社市委和区政协提供信息，反映社情民意。每年递交各类信息10多篇，其中，傅雅芬反映的《关于适当延长专利申请费缴纳期限的建议》经九三学社中央转报被全国政协采用。此外，支社社员利用担任市监察局、效能办、审计局、建设局多个部门特约监督员、行风监督员的有利条件，积极参加各类监督活动，实事求是提出意见和建议，认真履行民主监督职能。2014年，支社主委辅浩生提交的2件提案分别被市、区政协评为优秀提案。

九三学社秀洲区支部历年提交的主要提案和调研报告一览表

表8-3-11

时间	政协会议	提案或调研报告	优秀或重点
2007年	二届一次	《整治提升小集镇品位，充分发挥其在新农村建设中的作用》	一号重点提案
	二届二次	《加快农村三级供水管网建设的几点建议》	重点提案
	二届三次	史兴华《关于建立蚕桑专业合作社，促进蚕桑定稳定发展的建议》；孙嘉震《关于加大交通建设项目财政投入的建议》	优秀提案
2010年	二届四次	《关于进一步控制非生产性开支促进村级经济发展的意见建议》 邹汉民《建议在秀洲区各中小学开设人文历史课》 史兴华《关于建立经济租赁房制度的建议》、刘文贵《关于加强住宅小区治安管理，保证居民财产安全的建议》 沈嘉震《嘉兴现代物流园建设政策建议》	—
2012年	三届一次	史兴华《关于改善区行政中心内停车车位的建议》《关于推进公共租赁房建设、创立全样报公租房制度的建议》 杨增《关于加强全区青少年人生价值观教育的建议》《关于净化环境防治雾霾的几点建议》 朱日清《关于在主要农村人口集聚区增设公共电子屏的建议》	—
	市政协七届一次	《关于要求尽快建立市本级饮用水源保持生态补偿机制的建议》	市政协七届二次优秀提案(辅浩生)
2013年	三届二次	《关于进一步加强我区乡镇农技推广体系》	优秀提案
	三届会议	《关于进一步控制非生产性开支，促进村级经济发展的意见》	优秀提案(辅浩生)
	市政协七届二次	《关于要求加大对秀洲区防洪圩区工程建议补助的建议》	
2014年	三届三次	《关于加强水利防洪保安体系建设 提升我区防洪保安整体能力的建议》	优秀提案(辅浩生)
	市政协七届三次	《关于建设中环南路高架快速通道，有效缓解城市交通拥堵的建议》	

社会服务　支社社员大都来自科技、农业、医疗卫生系统，有较大的专业技术优势，在做好自己的本职工作基础上，积极配合和参与市、区二级有关部门、九三学社市委会、其他党派发起或联合发起的各项社会服务工作，为社会办实事、办好事。2002—2005年，支社社员发表有科学价值的学术论

文2篇，其中《以呼吸道为初始症状伤寒误诊的研究》被评为省级科技医学论文三等奖；为区、镇、村举办各类技术培训班；积极参加市、区有关部门组织的“科教、医卫、文化”三下乡活动，深入基层，为乡村广大群众开展技术咨询和社会服务，为广大群众排忧解难。在送温暖献爱心活动中，支社社员无论在工作单位或所在生活小区都积极参与，先后为西部地区和贫困地区捐衣赠物。支社组织活动每年不少于6次。先后组织到江苏镇江、扬州、温州等地参加学习考察及区重点水利工程、嘉兴市区防洪工程、油车港千金村、王店蚕种场参观等。组织支社老社员参加九三学社市委组织的老年合唱团，多次参加社会演唱宣传表演活动。支社女社员参加九三学社市委妇委会发起的各项有益活动，青年社员则参加市委会青工会的扶贫帮困活动。2007—2011年，在政协界别活动周中先后多次联合社市委，组织嘉兴一院、二院、荣军医院及支社内的专家医生开展医疗下乡活动。2008年5月，组织9位副主任医师到王店人民医院、敬老院，为100多位病人和老年人进行医疗咨询和健康体检。在2008年“5·12”汶川大地震发生后，支社响应社市委号召，积极参加抗震救灾活动，先后募集善款6400元，表达对灾区群众的一片爱心。与此同时，在职社员在本职工作上兢兢业业，刻苦钻研，建功立业。2011年5月，又组织医疗专家到王江泾人民医院为退休老村干部开展医疗服务，还开展“医疗、科教、文化”三下乡活动，发放各类科技资料1000多份，咨询服务1000多次；傅雅芬社员研制的助动式漂流器补漏法等12项专利被国家专利局授权。

【党外知识分子联谊会和主要活动】

组织机构 2009年12月18日，秀洲区党外知识分子联谊会(简称区知联会)成立，选举产生区知联会第一届理事会理事11人，区人大常委会副主任包雷耿任会长，李明、沈顺华、孙庆华、李有福任副会长，张蕾(女)任秘书长。区知联会是全区党外人士中的中高级知识分子组成，具有统战性、知识性、服务性和联谊性的社会团体和非营利性社会组织，也是全区党外知识分子开展联谊交友、互通信息、反映意见的重要平台。内设经济组、社会事业卫生组、法制城建组和科教文化组等活动小组4个，首届会员50人。2011年，增选张向江为区知联会第一届理事会理事、副会长。2012年8月，增选王磊为区知联会第一届理事会理事。2013年1月，增选张蕾(女)为区知联会副会长兼秘书长。

2012年，成立区知联会洪合镇分会。至2014年，区知联会内设活动小组4个，下设分会1个，共有会员54人，其中担任区人大代表5人、区政协委员9人。

2015年，先后成立区知联会王店、新塍、油车港、王江泾镇和高照街道、新城街道、工业园区等分会7个。至此，区知联会组织实现乡镇、街道、行业全覆盖。

主要工作 区知联会成立以后，注意发挥党外知识分子的人才优势、知识优势和科技优势，引导全体会员加强政策理论学习，完善制度、健全队伍；坚持中国共产党领导的多党合作和政治协商制度，依法履行参政议政、民主监督职能；深入基层一线，服务经济、回报社会，为全区“两个文明”建设努力发挥作用。一些会员在不同领域表现突出，调研成果分别获得省、市、区级表彰。其中杨海萍(女)撰写的《浅议当代民俗剪纸艺术风格的拓展》获浙江省“千年古镇”剪纸艺术展学术论坛论文评比三等奖；潘新华提交的“高中政治学科基地建设的实践与研究”等2个课题研究，获嘉兴市教育科学优秀研究成果二等奖和三等奖，并于2011年10月被浙江省教育厅聘为浙江省基础教育课程改革专业指导委员会专家组成员；洪合分会编排的道德情景剧《爱心红绿灯》，在全区汇演中获得第二名，全市汇演5场。

加强政策理论学习，完善制度、健全队伍 2009—2014年，区知联会注重政策理论学习，建立健全《组织发展工作制度》《会议制度》《专门委员会工作规则》《学习制度》《重大会务事项通报制度》等五项制度，不断完善组织架构与功能，规范知联会工作，加强自身队伍建设。根据《嘉兴市秀洲区无党派人士联谊会章程》规定，理事会半年至少召开一次会议，会长会议每季召开一次。各行业小组按照联谊会的总体要求，通过报告会、座谈会、QQ群等形式，采取集中与分散自学相结合的方式，组织会员学习中共十七届六中全会关于深化文化体制改革推动社会主义文化大发展大繁荣若干重大问题的决定、中央经济工作会议精神、中共十八大精神，学习全国、全省和市、县统战工作会议精神及社会主义核心价值体系学习教育等活动，深刻理解、躬身践行社会主义核心价值体系，不断提高会员的整体思想政治素质，引导会员与党同心同行同向，自觉接受中国共产党领导，坚持走中国特色社会主义道路。同时，通过座谈会、茶话会、户外拓展等联谊方式，组织会员开展横向联谊、走访企业实践活动，促进会员之间的交流，提升凝聚力；通过走访企业、实地考察生产基地，了解全区民营企业发展现状和做大做强现代企业的经营理念，提升战斗力；通过对话交流等活动，及时了解、掌握会员的思想动态，推动个人优势向整体优势转化，提升向心力。

强化民主监督，依法履行参政议政职能　2009—2014年，全体会员紧紧围绕区委、区政府的重大决策和重要举措，组织开展专题调研、专项研究、专门咨询。会员中的市、区两级人大代表、政协委员，发挥自身优势，立足本职，围绕社会、经济发展中的热点、难点、焦点问题，深入基层，开展调研，撰写议案、提案、社情民意和调研报告，通过"两会"平台以及区委、区人大、区政府、区政协召开的各类座谈会、情况通报会，积极建言献策，正确反映民意，履行参政议政职能。5年间，会员中的政协委员向市、区两级政协提交各类提案95件，参与各类视察活动30余人次，报送各类信息40篇，参与区政协征集提案线索活动20余人次，并通过参加区委组织的经济社会形势通报会、政府工作报告意见征求会、专题座谈会，代表无党派界别就区经济社会的转型升级提出调研思路，建言献策。会员中的人大代表，也结合科技创新问题、建设城乡一体化新秀洲问题，提出《加大科技投入，深入实施创新发展战略》《推进我区公交城乡一体化，构建和谐、安全、文明新秀洲》议案，履行知联会会员代表参政议政的职能。

深入基层一线，服务经济、回报社会　2009—2014年，区知联会借助会员的人才、知识和技术优势，引导和鼓励会员开展卫生科普、送医送教下乡、农业科技讲座、教学示范、法律援助、扶贫救助等社会活动，并结合实际，深入基层，实地开展调研，服务经济、回报社会。5年间，卫生组坚持每年重阳节、"学雷锋"纪念日，深入街道(社区)、乡(镇)，开展"健康关爱进社区""送医送药进社区"和"送医送药送健康、关爱老人迎重阳"等活动，进行现场坐诊，上门义务体检，测血压、血糖、把脉问诊等服务，并结合孤寡老人的社会医疗服务，定期向敬老院送去医疗服务。每年接诊敬老院孤寡老人40余人，义诊内、外、眼科病患群众60余人次，赠送药品4300余元，接待社区居民咨询20余条。科教文化组坚持每年到街道、镇中、小学校开展科教文化下乡活动，到嘉高实验中学、上海外国语大学附属学校开展送教进校园活动，并围绕如何强化素质教育，加强小班化教学及"品牌+特色"等主题，与学校调研交流。经济组深入企业开展调研，坚持每年组织下基层为民服务活动5次，走访企业20余家、农户10余户。2011年，组织开展科普进企业、校企合作等活动，着力培育以企业为主体的技术创新体系，并参与区委、区政府关于《秀洲区战略性新兴产业倍增计划实施意见》《秀洲区建立和完善工业建设项目评估机制实施办法(试行)》的调研、拟定。

秀洲区"知联会"在区政协会议上提案(大会发言)情况表

表8-3-12

届　次	提案/执笔	提案(发言)名称	备　注
区政协三届一次(2012年)	联谊会/符雁祥	加强公共卫生队伍建设、提高我区疾病预防控制能力(集体提案)	被区政协评为重要提案，获区领导批示
	联谊会/潘新华	推进我区公交城乡一体化，构建和谐、安全、文明新秀洲(集体提案)	被区政协评为重要提案，获区领导批示
区政协常委会	张蕾	加快搭建物流信息平台	专题发言

续表8-3-12

届　次	提案/执笔	提案(发言)名称	备　注
区政协三届二次(2013年)	联谊会/张蕾	加快搭建物流信息平台(集体提案)	—
区政协三届三次(2014年)	联谊会/张蕾	关于进一步加强和完善对政府性投资项目的监督管理的建议(集体提案)	—
	张蕾	加大科技投入,深入实施创新发展战略	被区政协评为重点提案,获区政府主要领导批示

第三节　落实统战政策

中共十一届三中全会后,嘉兴县、市(县级)委统战部贯彻中央和省、地委一系列指示精神,大力拨乱反正,按照实事求是、有错必纠的原则,对“文化大革命”中统一战线方面的冤、假、错案全面落实政策,并对一批历史遗留问题作出处理[详见本志“中共嘉兴县(市)委统战工作”]。1983年10月,区委统战部承接原嘉兴县、市委在落实统战政策工作中涉及郊区的部分,有计划、有步骤地做好扫尾工作。

【落实错划“右派分子”政策】

1983年,区委统战部根据市委统战部的统一部署,对辖区原错划“右派”情况进行复查。经复查,全区原错划“右派”均已平反。对极个别平反后尚未落实政策的人员作出处理,其中改正原错划“右派”1人,在改正基础上给予子女享受户粮关系农转非照顾的3人。

【落实原国民党起义、投诚人员政策】

1984年,区委统战部根据原嘉兴地委批复嘉兴市委(县级)《关于原中国人民解放军江南挺进纵队吴嘉湖独立团中原属国民党嘉兴县乡、镇自卫队等人员,应按起义人员对待问题的报告》精神,对辖区内吴嘉湖独立团中原国民党起义投诚人员的身份进行核实,分别落实政策。对原国民党军队人员随所在部队一起起义的2人予以复查、纠正;对已牺牲的5人按烈士对待;对生活困难的33人一次性补助每人300元,并由民政部门给予定期补助或按五保户对待;另33人在改变为独立营部队以后离开部队的,享受部队复员军人待遇。1985年1月,区委统战部贯彻省、市委统战部关于对起义、投诚人员颁发《起义投诚人员证明书》的决定,对属于辖区范围的起义、投诚人员,进行核实认定和登记,明确起义投诚人员身份,颁发《起义投诚人员证明书》。

【落实原工商业者政策】

1979—1980年,原嘉兴县委已对1956年社会主义改造高潮期间和以前参加国营、公私合营企业以及1958年前后由合作组织转入国营、公私合营企业,被称为私方人员按资产阶级工商业者对待的原工商业者,落实调查区别工作。1984年11月,区委贯彻市委统战部“关于落实原工商业者‘文化大革命’遗留问题政策”精神,对辖区内原工商业者“文化大革命”遗留问题进行调查,并按规定落实政策。

【处理“文化大革命”中被查抄财物工作】

1984年,区委贯彻中共中央办公厅转发中央统战部、全国政协机关党组《关于妥善处理“文化大革命”中查抄财物遗留问题的意见》的通知和省委办公厅《关于抓紧处理“文化大革命”中查抄财物遗留问题的通知》精神,组成专门班子,按照“文化大革命”中被查抄财物对象在哪个乡镇(单位)),由那个乡镇(单位)负责核查、清退处理的原则,组织全区开展解决“文化大革命”中查抄财物遗留问题工作。各乡镇(单位)通过调查核实、列表统计,查实全区“文化大革命”中被查抄总户数为8416户,折价退赔总额800318.08元。

1985年8月,区委统战部根据国务院办公厅、财政部、城乡建设环境保护部“关于落实华侨私房政策”电话会议精神，会同有关单位，对20世纪50年代社会主义改造中被错误归公、代替的房屋归还原主或发还产权，无法发还的折价补偿；对“文化大革命”中被挤占的房屋，予以腾退、发还。至1987年，全区退还华侨私房45户4738平方。处理“文化大革命”中被查抄财物工作结束。

第四节　民族宗教工作

1983年10月，中共郊区区委、区政府成立后，未设民族宗教管理部门，民族宗教工作由市民宗局直接管理。1986年4月，建立区宗教事务管理科(股级)，负责全区的宗教事务工作，日常工作归口区委统战部。1997年7月，区委统战部挂郊区民族宗教事务局(简称区民宗局)牌子。2005年8月，区民宗局与区委统战部合署办公，原区委统战部民族宗教工作职能划入区民宗局。区委统战部增设民族宗教事务科。

【民族工作】

基本情况　1983年10月，嘉兴市郊区成立，全区少数民族人口稀少。据1990年第四次全国人口普查统计，全区有少数民族15个98人，占全区总人口的0.003%。20世纪90年代中期，随着改革开放不断深入，外来经商、务工、婚嫁以及人才引进等人口增多，少数民族人口逐年增加。其中私营企业发达的洪合、王江泾等地少数民族人口急剧增加。至2000年第五次全国人口普查时，全区有少数民族25个2312人，占全区总人口的0.6%，其中80人以上的少数民族有土家族1386人、苗族271人、彝族82人、回族80人。2010年第六次全国人口普查时，全区(含嘉北、塘汇街道)有少数民族43个14306人，占总人口的2.43%，其中土家族5796人，约占少数民族总人口的五分之二；人口在千人以上的少数民族有苗族、壮族(见表8-3-13)。全区所有镇(街道)都有少数民族，洪合、王店镇少数民族人口分别为3072人和2013人，占全部少数民族人口的21.47%和14.07%，呈现大分散、小聚居分布特点。

2014年，全区(不包括嘉北、塘汇)有少数民族43个23725人，人口超过100人的民族有12个，其中土家族9819人、壮族5390人、苗族2941人、彝族1448人、回族898人、布依族752人、侗族432人、瑶族334人、仡佬族310人、白族188人、朝鲜族168人、满族149人。少数民族相对集中的洪合镇12888人、王店镇3054人。

2010年11月秀洲区常住人口主要民族分布情况表

表8-3-13　　单位：人

族别	合计	新城街道	嘉北街道	塘汇街道	高照街道	王江泾镇	油车港镇	新塍镇	王店镇	洪合镇
合计	589219	42205	67657	31803	45333	111121	49488	78822	93291	69499
汉族	574913	41742	66507	31264	44155	110663	49271	77805	89317	64189
土家族	5796	62	79	85	270	35	45	135	2013	3072
苗族	2271	42	78	82	145	70	39	445	779	591
壮族	1682	20	65	37	154	109	10	98	157	1032
彝族	784	29	24	38	115	59	33	99	239	148
回族	707	75	208	140	83	51	37	39	45	29
布依族	458	9	18	13	85	38	18	39	135	103
仡佬族	287	4	8	2	13	1	1	16	178	64
侗族	277	21	12	27	36	9	5	16	78	73
满族	151	32	53	13	23	7	0	9	4	10
其他	151	169	605	102	254	79	29	121	346	188

说明：本表为2010年第六次全国人口普查期间，秀洲区数据

2014年秀洲区超百人少数民族统计一览表

表8-3-14 单位：人

民族＼区域	王江泾镇	油车港镇	洪合镇	王店镇	新城街道	新塍镇	高照	总计
土家族	222	309	6756	1382	512	212	426	9819
壮族	138	94	4463	221	109	211	154	5390
苗族	234	228	918	695	36	555	275	2941
彝族	135	203	241	254	74	254	287	1448
回族	143	284	43	52	169	86	121	898
布依族	83	80	142	102	136	79	130	752
侗族	26	71	119	73	53	39	51	432
瑶族	17	22	45	102	62	12	74	334
仡佬族	2	7	114	145	3	29	10	310
白族	22	16	32	16	40	27	35	188
朝鲜族	7	17	6	—	87	—	51	168
满族	14	12	9	12	66	10	26	149
合计	1043	1343	12888	3054	1347	1514	1640	22829

主要工作 1997年7月，区民宗局成立初期，根据市、区事权划分，民族工作以市民宗局为主，区民宗局配合。区委统战部、区民宗局遵照党的民族政策，围绕团结和谐主题，依法维护少数民族合法权益，在涉及少数民族群众就业、子女入学、中高考加分、民族成分更改、扶贫帮困等方面，做好协调、提供服务。进入21世纪，随着辖区少数民族人口增多，民族工作的内涵不断扩展。2005年，区委统战部、区民宗局结合贯彻落实《城市民族工作条例》《浙江省少数民族权益保障条例》，注意做好少数民族干部的选配和人才培养工作，并作为一项经常性工作纳入日常议事日程，鼓励和支持少数民族干部参政议政，为全区经济建设发挥作用。是年，全区少数民族中有中共党员23人，当选市、区两级政协委员2人，安排科级以上领导干部3人。2006年，会同区文明办等有关部门，引导少数民族群众参与省、市、区委组织开展的“五城联创”（即以争创全国文明城市为龙头的争创优秀旅游城市、国家卫生城市、国家园林城市、国家生态城市活动）活动，规范少数民族经商、设摊等管理，为少数民族公民提供或更改民族成分证明10余人。2007年，配合全市“五小行业”（餐饮、美容美发、宾馆旅店、浴室桑拿、歌舞厅网吧等行业）整治，在加强外来少数民族务工人员管理的同时，协调解决外来少数民族务工人员子女的就学优惠政策，推进民族团结、和谐。2008年，贯彻省、市委统战部《少数民族低收入群众增收帮扶行动计划的实施意见》，与温州市文成县西坑畲族镇旁边垟村签定对口帮扶协议，为期2年，支持民族村增收致富、密切与民族村的感情。帮扶的重点是解决村庄整治等项目建设。其间，先后组织赴文成县西坑畲族镇旁边垟实地考察2次，筹集落实帮扶资金10万元。2012年，区民宗局尊重居住在嘉兴花园小区的新疆籍维吾尔族群众的宗教信仰习惯，会同有关部门上门了解情况，加强交流沟通，宣传党的民族政策和宗教政策，并请市伊斯兰教教职人员上门主持宗教仪式，引导他们依法经营，依法开展宗教活动。2013年，围绕尊重少数民族风俗习惯，维护少数民族合法权益工作主题，组织开展民族团结进步“进学校、进社区、进企业”（简称“三进”）活动，将“三进”活动作为做好城市民族工作的出发点和落脚点，作为与少数民族群众联系、沟通的桥梁。是

年，选择洪合镇横泾桥社区、洪合镇中心小学、王店龙源纺织有限公司作为“三进”工作的试点，通过设置宣传橱窗、悬挂少数民族宣传标语和照片等活动，开展“民族学校”“民族家园”“团结聚力量、和谐促发展”为主题的联谊活动，增进各民族团结和谐。

2014年，区委统战部、区民宗局进一步贯彻落实党的民族政策，关心重视少数民族代表人士队伍建设，遵照中央和省、市党委“关于加强少数民族代表人士队伍建设”的指示精神，做好少数民族干部的选拔、培养工作；继续做好与少数民族地区结对帮扶工作，按照市委统战部《关于实施省新一轮少数民族低收入群众增收帮扶活动的意见》，与武义县柳城畲族镇青坑村结成对口帮扶关系，提供扶贫资金10万元；继续做好困难少数民族群体的扶贫帮困工作，会同区政协和回民集聚区的春晓、运河等社区干部，专程走访回民贫困户6个，落实扶贫帮困工作；尊重少数民族风俗习惯，配合市委统战部协调做好新塍镇、新城街道、高照街道6户回民墓的平稳迁移工作。是年，全区少数民族人士任职副科级以上领导干部4人，当选市、区人大代表、政协委员5人。

【宗教工作】

宗教沿革和宗教团体　境内宗教历史悠久。佛教可上溯到南北朝时期，新塍镇的能仁寺建于梁代天监二年(503)，而后的1500余年间，境内各乡镇的佛教寺院星罗棋布，佛教成为民间流传最为广泛的宗教活动。基督教于清光绪年间传入。据史料记载，清光绪元年(1875)有美藉传教士文渊博到新塍镇蔡厅弄设堂传教。天主教在王江泾镇建堂传教，距今也有百年历史。此后，境内宗教几经兴衰。至中华人民共和国成立初期，除基督教、天主教尚有部分活动外，佛教寺院衰败，活动散于民间。

“文化大革命”期间，宗教活动停止。

20世纪80年代初，郊区区委、区政府贯彻党的宗教信仰自由政策，辖区内宗教房产遗留问题得到解决，一些佛教寺院、天主教堂、基督教堂陆续修缮或重建，并批准对外开放，宗教活动逐步恢复。1990年6月，成立郊区基督教三自爱国运动委员会、基督教协会。1994年9月，成立郊区佛教协会。宗教团体的成立，成为区委、区政府团结、教育宗教界人士，联系广大信教群众的桥梁。至1995年，全区(郊区)建有基督教“两会”、佛教协会等宗教团体3个，有宗教教职人员22人，其中基督教18人、天主教1人、佛教3人；可统计信徒(不包括佛教)3220人，其中天主教70人、基督教3150人。2000年，全区(秀洲区)有可统计宗教信徒(不包括佛教)4800人，其中天主教200人、基督教4600人。

2014年，全区建有佛教协会、基督教“两会”等宗教团体3个，可统计宗教信徒(不包括佛教)2200人，其中天主教100人、基督教2100人。

附：区佛教协会、基督教两会概况

区佛教协会　1994年9月28—29日，郊区佛教界召开第一次代表大会，成立郊区佛教协会(简称区佛协)，址设新篁太平寺。会议选举产生区佛协第一届理事会，理事会由7人组成。经理事会推举，太平寺住持释宏正任会长，栖真寺住持释永观任副会长。市、区两级统战部、宗教部门和新篁镇党委领导、各乡镇分管干部到会，太平寺、栖真寺、一宿庵3座寺院及全区30余名僧俗代表参加会议。1998年5月28日，区佛协召开第二次代表大会。会议选举产生区佛协第二届理事会，理事会由9人组成。经理事会推举，能仁寺住持释永观任会长，一宿庵住持释耀昌任副会长。2000年11月8日，因郊区行政区划调整，郊区更名为秀洲区，经区委同意，区佛协召开二届二次会议，对区佛协第二届理事会作出调整，免去划为南湖区的3家寺院当家理事职务，正副会长不变。2003年8月7日，区佛协召开第三次代表大会。会议选举产生区佛协第三届理事会，理事会由9人组成。经理事会推举，释永观任会长，释耀昌、释妙卿(女)任副会长。2008年11月11日，区佛协召开第四次代表大会。会议选举产生区佛协第四届理事会，理事会由9人组成。经理事会推举，释妙惘任会长，释耀昌任副会长，张福龙任秘书长。区佛协迁至新塍镇能仁寺。2013年12月4日，区佛协召开第五次代表大会，会议选举产生区佛协第五届理事会，理事会由11人组成，经理事会推举，释妙悯任会长，释乾杵、释宗修任副会长，张福龙任秘书长。

2014年，区佛协五届理事会仍在任期内。

区基督教两会　1990年6月20—21日，郊区基督教召开第一次代表大会，成立郊区基督教三自爱国运动委员会（简称三自爱国会）、基督教协会（简称区基督教两会），选举产生区基督教两会第一届领导班子。龚杨时任区基督教三自爱国会主席，马光鸿、王小甫、戚祥玉、赵阿三为委员；陈其华任区基督教协会会长，朱伯良、陈道美（女）、蔡金观、朱来发为成员。1997年6月16—17日，区基督教两会召开第二次代表大会，选举产生区基督教两会第二届领导班子。龚杨时任区基督教三自爱国会主席，马光鸿、姚金菊（女）任副主席，姚金菊（女）兼秘书长，王小甫、何惠玲（女）为委员；陈其华任区基督教协会会长，朱伯良、王志良为副会长，王志良兼总干事，蔡金观，赵阿三为成员。2000年11月9日，因郊区行政区划调整，郊区更名为秀洲区，经区委同意，区基督教两会召开二届二次会议，增补龚杨时为区基督教协会会长。2002年8月28日，区基督教两会召开第三次代表大会，选举产生区基督教两会第三届领导班子。龚杨时任区基督教三自爱国会主席，朱伯良、姚金菊（女）任副主席，姚金菊（女）兼秘书长，鲍耀明为委员；王志良任区基督教协会会长，王顺泉、朱爱江任副会长，王顺泉兼总干事，钮玉华为成员。2007年12月10日，区基督教两会召开第四次代表大会，选举产生区基督教两会第四届领导班子。王志良任区基督教三自爱国会主席，王顺泉、姚金菊任（女）副主席，姚金菊（女）兼秘书长，吴亚珍（女）、高献青为委员；王志良任区基督教协会会长，金利珍（女）任副会长，朱爱江兼总干事，钮玉华、朱正道为成员。2013年12月3日，区基督教两会召开第五次代表大会，选举产生区基督教两会第五届领导班子，王志良任区基督教三自爱国会主席，朱爱江、王顺泉、金利珍（女）为副主席，金利珍（女）兼秘书长；朱爱江任区基督教协会会长，王志良、姚金菊（女）、顾利英（女）为副会长，王志良兼总干事。

2014年，区基督教两会第五届领导班子仍在任期中。

宗教政策和宗教事务　20世纪80年代中期，区委统战部遵照党的宗教信仰自由政策，依法管理宗教事务，支持宗教界人士和信教群众参与正常宗教活动，引导宗教与社会主义社会相适应。同时，配合市委统战部、市民族宗教事务处妥善处理宗教历史遗留问题，对历史上以及“文化大革命”中被占用寺庙教堂及其附属房屋，协调腾退归还宗教团体。1986年4月，区政府设宗教事务科，与统战部合署办公，进一步完善全区宗教事务管理。1990年3月，区委统战部召开宗教堂点负责人会议，学习中共十三届六中全会公报和有关宗教工作政策。与会的28名教牧人员向全区批准开放堂点提出开展“四好教堂”的倡议，努力推进宗教与社会主义社会相适应。5月30日，区委、区政府针对被取缔的非法宗教活动存在死灰复燃的情况，专门听取统战部宗教工作汇报，提出“建立管理网络，建立宗教爱国组织，党校开设宗教知识、宗教政策课程，实行综合治理，进一步落实宗教房产和每年拨出专款，把宗教活动经费纳入区财政计划”六条措施，加强对宗教工作的领导。1993年，贯彻《中共嘉兴市委　嘉兴市人民政府关于进一步加强佛教寺庙管理工作的意见》，逐步修缮、开放一批宗教活动场所。同时，遵照《浙江省宗教活动场所管理规定》，对批准开放的宗教活动场所进行登记发证。是年，全区共登记开放宗教活动场所10处，其中佛教1处、基督教8处、天主教1处。此后，按照条件“成熟一个、批准一个”的原则，依法登记开放寺庙教堂增多，群众的宗教信仰需求基本得到满足。

进入21世纪，区委统战部、区民宗局结合宣传贯彻国务院《宗教事务条例》，不断规范和完善宗教管理。2002年，区委、区政府决定由区财政拨款，对困难宗教教职人员实行生活补助，并规定财政救助工作每年进行，逐年有所提高。2004年，区委批转区民宗局《秀洲区宗教活动场所布局规划实施意见》，在合理布局宗教活动场所的同时，对全区90%危旧房宗教活动场所进行整修，消除安全隐患，引导正常宗教活动。是年，先后对王江泾天主教堂、油车港栖真寺、新塍能仁寺、王店基督教堂、高照基督教堂、洪合锦堂浜基督教堂等12处危旧房或政府规划需调整的场所(堂点)进行修或重建,翻建、扩建、拆建、修建总建筑面积1.8万平方米,投入资金4000余万元。2005年,组织宗教界人士200余人次,参加市、区两级举办的专题培训班,学习国务院《宗教事务条例》,增强宗教界人士依法从事宗教活动的法律意识,提升宗教教职人员的思想政治素质和宗教素养,引导宗教界人士和广大信教群众共同构建和谐社会。2006年,区委统战部、区民宗局在全区宗教活动场所组织开展由市委统战部、市民宗局发起的"平安宗教活动场所"创建活动,并以"创建"活动为载体,统一制定《宗教活动场所管理制度》《宗教场所人事管理制度》《宗教活动场所活动管理制度》《宗教活动场所安全消防制度》《宗教活动场所财务管理制度》《宗教活动场所财产管理制度》《宗教活动场所卫生防疫制度》《宗教活动场所学习制度》8项管理制度,汇编成册印发各镇、街道,推进宗教场所的规范化管理;区民宗局与各宗教场所签订《秀洲区宗教活动场所消防安全工作管理目标责任书》,确保措施到位、责任到人。2007年,贯彻国家宗教局《宗教活动场所设立审批和登记办法》和省民宗委《关于开展全省宗教活动场所登记证换发工作的通知》,组织开展宗教场所分类登记换证工作。是年,全区宗教活动场所共登记换证12处,其中基督教场所8处、佛教场所3处,天主教场所1处。2008年,深化贯彻《浙江省宗教事务条例》,进一步加强对宗教教职人员及信教群众的法律、法规和政策教育;进一步完善宗教场所内部管理,在佛教场所有选择性地试点推出会计代理制度(即各寺院配出纳1人,负责寺院现金日记帐和票据管理;区佛协聘请专业会计1人,负责全区佛教场所的财务会计代理,按寺院建立会计账目,监督、指导各寺院财务工作);进一步落实"平安宗教活动场所"创建活动。是年,全区12处(教堂9处、寺庙3处)宗教活动场所全部被评为市级"平安宗教活动场所"。此后,"平安宗教活动场所"创建评比活动,成为推进全区宗教工作规范化管理的重要载体,每年进行(详见表8-3-15)。2009年,贯彻省民宗委《关于开展创建"和谐寺观教堂"活动的意见》和市民宗局《关于进一步深化创建"平安宗教活动场所"活动的意见》《嘉兴市星级平安宗教活动场所达标考评制度》,全区进一步深化"平安宗教活动场所"创建活动,推出争创"星级平安宗教活动场所"和"和谐寺观教堂"创建活动。2010年,全区批准开放的佛教场所全面推广会计代理制。会计代理制,明确实行"四统一"(统一制度、统一票据、统一报账、统一审核)、"五不变"(寺院资产所有权不变、资产使用权不变、审批权不变、核算单位不变、监督机制不变),并聘请专业会计进行财务审计。同时,继续鼓励和引导各宗教场所参与"平安宗教活动场所"创建活动,加强对宗教活动场所的监督检查和宗教界人士的教育培训工作;会同区有关部门开展基督教私设聚会点的排摸工作,按照"区别对待、疏堵结合"的原则,加强教育和疏导,做好宗教领域反渗透、反邪教工作。是年,区民宗局提交的"充分发挥宗教组织力量,推进反邪教示范宗教场所"调研文章,被编入中国科技出版社出版的《新时期邪教防治研究》刊物。2012年,关心重视宗教教职人员的社会保障工作,凡符合条件的宗教教职人员均纳入社会保障,区财政每年给予适当补助。2013年,以"安全年""教风年"为主题,全面落实宗教活动场所财务监管、宗教教职人员认定备案和参加社会保障"三个专项"工作;统一设计印发宗教场所《重大活动及事件》《学习会议记录》《公益事业记录》《图片资料》4本台账,进一步规范宗教事务管理。区财政还决定自2013年起,每年拨出一定经费用于宗教团体开支。

2014年,贯彻全省、全市"三改一拆"涉及宗教领域违法建筑处置专项整治工作会议精神,组织开展全区宗教领域(包括民间信仰)违法建筑调查、整改工作。是年,全区拆除涉及宗教(含民间信仰)领域违法建筑10处1000余平方米。

2010—2014年,全区宗教场所获"省级达标和谐寺观教堂"12处,其中王江泾基督教堂、洪合锦堂浜基督教堂被评为省级优秀"和谐教堂"。

秀洲区创建“平安宗教场所”活动情况表

表8-3-15

年 度	活动名称及级别	宗教场所
2008	嘉兴市平安宗教活动场所	能仁寺、洪合镇锦堂浜基督教堂、洪合镇洪恩基督教堂、王江泾基督教堂、栖真寺、长虹寺,新塍基督教堂、王江泾天主教堂、王店基督教堂、栖真基督教堂、新塍八字基督教堂、高照基督教堂
2009	嘉兴市三星级平安宗教活动场所	能仁寺、洪合镇锦堂浜基督教堂、洪合镇洪恩基督教堂、王江泾基督教堂
2010	嘉兴市三星级平安宗教活动场所	王店基督教堂、新塍镇八字基督教堂、高照基督教堂、王江泾天主教堂、栖真寺
	省级达标和谐寺观教堂	能仁寺、洪合镇锦堂浜基督教堂、洪合镇洪恩基督教堂、王江泾基督教堂
2011	嘉兴市三星级平安活动场所	长虹寺
	省级达标和谐寺观教堂	王店基督教堂、新塍镇八字基督教堂、高照基督教堂、王江泾天主教堂、栖真寺
	省级优秀和谐寺观教堂	王江泾基督教堂、洪合镇锦堂浜基督教堂
2012	嘉兴市三星级平安活动场所	新塍基督教堂
	省级达标和谐寺观教堂	长虹寺
2013	省级达标和谐寺观教堂	栖真基督教堂、新塍基督教堂
	嘉兴市三星级平安活动场所	栖真基督教堂

支持参与经济建设和社会慈善活动 区委统战部、区民宗局支持、鼓励宗教场所、宗教人士发扬爱国爱教、济世利人的传统,参与经济建设和社会公益慈善活动。2005—2010年,针对云南普洱、四川汶川、青海玉树等地发生地震灾害的情况,先后组织开展“心系四川灾民”“献爱心、赈灾捐款”等活动,各佛教寺院举行祈福法会,累计捐款捐物40余万元;区基督教界为四川汶川、青海玉树地震灾区捐款5万余元 。

2014年,区委统战部、区民宗局协调区佛教协会开展“五水共治·宗教助力”活动,捐款3万余元。能仁寺等寺院参与扶贫帮困活动,每年为当地特困户子女助学捐款、用于奖励学校“三好学生”。逢年过节,还去当地敬老院慰问六十岁以上的老人及寺院周边的困难户;每年腊八节,向民众施放腊八粥,慈济行善;每年岁末年初,向社区贫困户发放米、油等“爱心礼物”慰问品,真诚祈祷送上新年的祝福。2005—2014年,区基督教“两会”、区佛教协会及宗教界人士弘扬宗教慈悲济世、服务社会的传统,在扶贫帮困、救灾赈灾等方面,累计捐款捐物80万余元。

宗教场所 1983年10月,区委统战部成立后,宗教工作由市委统战部直接管理,区委统战部配合做好工作,市、区两级统战部门落实党的宗教信仰自由政策,辖区宗教房产遗留问题逐步得到解决。1986—1992年,一些佛教寺院、基督教堂、天主教堂陆续修缮、重建,对外开放。至1993年,全区共登记开放宗教活动场所11处,其中佛教2处、基督教8处,天主教1处。1999年12月,全区共登记开放宗教活动场所26处,其中佛教4处、基督教21处,天主教1处。2000年,市本级行政区划调整。调整后,全区共登记开放宗教活动场所12处,其中佛教3处、基督教8处,天主教1处。

2014年,全区有批准开放的宗教活动场所13处,其中佛教4处,分别为能仁寺、长虹寺、栖真寺、永昌寺;天主教堂1处,为王江泾天主教堂;基督教8处,分别为新塍镇基督教堂、王店镇基督教堂、洪合镇锦堂浜基督教堂、洪合镇洪恩基督教堂、新塍镇八字基督教堂、王江泾镇基督教堂、油车港镇栖真基督教堂、高照基督教堂。

第五节　经济领域统一战线工作

【改革开放后非公有制经济统一战线工作】

支持非公有制经济发展　1983年,区委统战部贯彻中共中央关于“以公有制为主体,多种所有制经济共同发展”的方针和市委统战部关于“统战工作服务经济建设”的部署,鼓励、引导、支持发展个体、私营企业,协调引进外资建立“三资”企业,加强非公有制经济人士领导等工作。1992年12月15日,区委统战部牵头成立郊区私营企业联谊会。同时,协调市工商联建立嘉兴市工商业联合会郊区办事处,通过社团组织,团结和做好非公有制经济代表人士工作。1994年11月29—30日,召开郊区第一届工商联会员代表会议,选举产生区工商联第一届正副会长和秘书长。区工商联办公地点设在区委统战部,专职干部由统战部干部担任。区委统战部协调、指导区工商联支持非公有制经济代表人士参政议政,支持非公有制经济健康稳定发展。1998年,区委、区委统战部贯彻中央对集体企业产权制度改革的决定,加快个私经济发展。至1999年,全区个私企业达35371家,从业人数81797人,工业产值达8720亿元。

2000年以后,全区进一步深化集体企业产权制度改革。区委统战部配合区委、区政府支持集体企业经济结构改变,支持中、外资规模企业落户秀洲;强化非公有制经济人士的引导、教育与培训;推进集体企业逐步转制,形成以私营企业、股份合作企业、有限责任公司、股份有限公司和港澳台投资企业、外商投资企业为主的工业经济格局。至2010年,全区(属地)有规模以上工业企业825家,全年工业总产值604.69亿元。其中私营企业576家,工业总产值214.34亿元,占全区规模以上企业总数的69.8%和35.4%;股份合作企业14家,工业产值4.37亿元,分别占1.7%和0.7%;有限责任公司20家,工业产值50.35亿元,占2.4%和8.3%;股份有限公司6家,工业产值33.45亿元,占0.7%和5.5%;港澳台投资企业78家,产值101.39亿元占总数的9.5%和16.8%;外商投资企业131家,工业总产值200.79亿元,分别占15.9%和33.2%。辖区内生辉照明电器(浙江)有限公司、浙江振申绝热科技有限公司、嘉兴市同济新能源有限公司、浙江雅莹服装有限公司、浙江嘉福玻璃有限公司等26家企业被批准为国家级高新技术企业;浙江豪杰金属家具股份有限公司的金属家具、浙江来斯奥电气有限公司的室内加热器、浙江海利士电器有限公司的冷柜、浙江正原电气股份有限公司的微波介质频率器件等获得省级名牌产品称号;嘉兴恒威电池有限公司生产的电池、浙江银海不锈钢制品有限公司生产的不锈钢厨具和浙江嘉湖机床有限公司的数控车床等40家企业产品获嘉兴市级名牌产品。

2014年,全区有(属地大口径2000万元以上)规模工业企业579家,工业总产值768.93亿元。其中私营企业366家,工业总产值265.45亿元,占全区规模以上企业总数的63.21 %和34.52%;股份合作企业4家,工业产值1.36亿元,分别占0.6 %和0.17 %;有限责任公司25家,工业产值57.24亿元,占4.3%和7.44%;股份有限公司7家,工业产值53.55亿元,占0.12 %和6.96%;港澳台投资企业69家,产值121.41亿元占总数的11.91 %和15.78%;外商投资企业108家,工业总产值269.72亿元,分别占18.65%和35.07%。

落实政策维护权益　1979—1980年,原嘉兴县委对1956年社会主义改造高潮期间和以前参加国营、公私合营企业以及1958年前后由合作组织转入国营、公私合营企业,被称为私方人员按资产阶级工商业者对待的原工商业者,落实调查区别工作。1984年11月,区委贯彻市委统战部“关于落实原工商业者‘文化大革命’遗留问题政策”精神,对辖区内原工商业者“文化大革命”遗留问题进行调查,并按规定落实政策。

区工商联建立后,配合政府相关职能部门做好会员企业服务工作,努力搭建服务平台,维护会员合法权益。2003年开始,每年为会员企业开展建康体检,提供建康体检人数达2000多人;每年利用元旦、春节前后走访慰问会员达20多人次。2004年下半年开始创办《秀洲总商会报》，每月一期，共设置4个版面，分别为商会要闻、商会揽秀与动态、会员风采、企业课堂与会员企业纵横，报道各商会企业创业创新，为振兴发展秀洲经济取得的社会与经济效益、先进事迹，为会员企业提供学习交流资料和经验交流的平台，每期刊登商会信息18~20篇，每年发送信息约250篇，每期印数达1200份，发送范围到全区商会会员与镇、街道、区级机关局办以及其他县（市）区工商联。

区工商联每年与区有关部门协调，帮助非公有制企业解决生产经营中出现的问题，参与调处矛盾、纠纷，维护会员合法权益30多件。2005年开始，每年举办“百家企业”人才人力资源招聘活动，为数百企业推出数千多个就业岗位，缓解企业人才人力资源紧缺的矛盾；2005年为企业举办以“加强担保风险防范为着力点”专题讲座，邀请市银监局领导专题为工商联执委讲解企业担保风险。

2010年10月，积极推动由区工商联29个会员企业参建的秀洲商会大厦开工建设，吸引配套企业、设计研发中心等入驻；建设秀洲民营经济总部，搭建联动发展平台。同年，又开展台资、侨资、民营企业转型发展对接互动系列活动，助推侨资、台资、民营企业转型提升。2012年开始，每年9月开展“小微企业金融服务月”活动，浙江禾城农商银行、秀洲德商村镇银行、嘉兴银行、浙江民泰商业银行等多家银行为400多家企业提供金融咨询、贷款辅导等服务，促进小微企业持续健康发展。

至2014年，区工商联先后被评为（市）先进集体、组织建设、服务会员、宣传报道先进集体，会员中获得“社会主义事业建设者”称号的有全国级1人，省级1人，市级18人，区（县）级28人。

参政议政 1994年，区工商联（总商会）建立后，组织会员到会员企业、基层商会、个体会员中调查研究，为会员开展经贸、外联、信息服务，开展与港澳台、海外工商社团和工商界人士的交流与合作，引导会员参政议政，积极为秀洲经济发展建言献策，努力反映会员的意见建议，积极举荐非公经济代表人士担任市、区政协委员。

2005年2月，秀洲区政协第一届委员会成立至2013年底，非公有制经济人士担任区政协委员46人，当选区人大代表27人。工商联会员中的政协委员在历年的市、区政协会议上，共提交提案259件，内容涉及环保、乡镇交通、转型升级、节能减排等；提交大会发言8篇。2005年8月5日，政协嘉兴市秀洲区一届一次会议，沈建华提交《建议成立外来务工人员管理服务中心》提案。2007年5月30日，政协秀洲区二届一次会议，沈建华提交的《关于加大毛衫企业引进先进设备和技术人员的建议》《关于要求加强环保措施落实、改善洪合投资环境的建议》，陈玲珠的《关于要求成立一个为企业上门培训优秀员工的专门机构的建议》等提案被列为年度重点提案。

2009年2月6日，秀洲区政协二届三次会议，工商联提交《关于成立秀洲区民营企业家培训学院的建议》团体提案。2011年1月25日，秀洲区政协二届四次会议，沈建华提交《关于推进小城镇人才公寓建设，促进毛衫产业发展的建议》《关于要求促进我区行业商会规范健康发展》《加紧制订秀洲毛衫企业联盟标准，着力推进秀洲毛衫产业质量提升》等提案、邵国发提交《于给予引进人才子女共享区级优质教育资源的建议》及柴建标提交的《关于在新农村建设过程中要重点加强农田水利建设的建议》提案均对发展区域经济健康发展有重大作用。

2013年1月23日，区政协第三届二次会议，嘉兴市新万利织造有限公司陈玲珠提出的关于《农村退职老干部养老保障问题》的建议、嘉兴鸣业棉纺织造有限公司罗春荣提交的《关于加大对中小企业的扶持力度，与企业共度难关的建议》提案、嘉兴市荣祥喷织有限公司毛凤荣的《关于为民营企业减负的建议》、嘉兴市真真老老有限公司邵建国提交《关于综合治理农村家庭经济推进城乡一体化建设的建议》的提案、嘉兴华特机电有限公司周金华的《发挥政府平台优势，完善科技型企业人才链，促进秀洲区科技型企业又好又快发展的建议》提案等，都得到区委组织部、区人力资源和社会保障局、区科技局的重视。

2014年2月25日，秀洲区政协三届三次会议，杨永兴《关于重点加大企业职工素质培训力度，促进我区企业转型升级的建议》的提案，区领导批示，要求政府做好服务工作，人社局等部门认真办理该提案，对提案中提出的建议逐条进行研究，结合实际加以落实。同年,工商联提交的《关于发展秀洲区电子商务产业的对策建议》,区领导批示电子商务产业应当重点发展。

学习培训和交流考察　区工商联(总商会)建立后,每年开展对非公有制经济代表人士专业知识培训,帮助会员改进经营管理、完善财会管理、照章纳税、提高生产技术和产品质量。

2000年6月,区工商联邀请丹麦奥尔堡大学博士李形作"国际经济形势和入世后企业的应对方式讲座,重点介绍世界贸易组织的贸易规则,对国内企业融入国际经济大家庭,紧跟国际经济潮流提出建议。2001年8月,区工商联邀请嘉兴学院教授姚来作"企业管理和企业发展"报告,对如何管理好企业、推动企业发展提出意见和建议。

2001年后,区工商联以基层商会、行业商会为主体,组织行业企业抱团参展广交会、香交会,拓展国内外市场,尤其是王江泾商会、王江泾纺织行业协会、王店商会等抱团参展国内外展会,举办产品展销会、推介会,提高市场竞争力;组织企业到武汉纺织大学开展产业对接,组织企业参加墨西哥、北欧投资说明会等,为企业走出去提供与国际合作交流平台。区工商联也多次接待上海市浦东新区工商联、安徽潜山工商联、湖北武汉服装行业商会等到本区考察商会工作,开展合作交流。

至2014年,全区商会举办非公有制经济人士培训班30多期,培训人员4000人次,其中到省级高校与中央党校学习培训200多人次,到各国各地考察学习500多名30多人次,举办展销会、推介会等20多次,开拓会员视野,提高会员综合素质。

壮大队伍和加强自律　区委统战部、区工商联从本地实际出发,积极发展新会员,把热心工商联工作和社会公益事业的非公有制经济代表人士吸纳到组织中壮大会员队伍。2007年8月,开始行业商会组建工作。建立秀洲洪合毛衫商会、区印染行业商会、区机械商会、王店镇家电行业商会、南方纺织城行业商会、洪合毛针织电子商会商会等多家行业商会、市场商会。2008年开始,为解决行业中无序竞争的行为,在政府有关部门的协调下,强化行业的自律工作,各行业商会制定行业自律实施办法,规范行业竞争行为,先后有区印染行业商会、区机械商会、王店镇家电行业商会出台行业自律实施办法,发挥行业商会监督管理协调作用,逐步履行制定行业规范和标准、维护行业公平竞争的职责。2012年6月26日,发展一家异地商会——嘉兴秀洲河南固始商会,后又陆续发展油车港上睦村商会。

至2014年年底,全区组建7个行业商会、8个基层商会,有会员310个。

创优活动和光彩事业　区委统战部、区工商联积极引导非公有制经济代表人士弘扬中华民族传统美德,热心社会公益事业,积极参与"光彩事业"。2001年开始,动员非公经济代表人士与贫困生结对,250余家企业参与结对活动,402名贫困生得到资助,资助金额达到80多万元。2006年,在全区开展"百企联百村、共建新农村"活动,有257家企业捐款1000余万元,改善农村的教育、文化、体育设施和合作医疗事业。2008年汶川地震后,会员企业捐款捐物金额达750万元,交纳特殊党费50多万元,捐物价值168.7万元,并通过帮助农民工寻找家属、派驻员工帮助灾区重建家园等行动支援灾区建设。2010年,引导非公经济人士参与统筹城乡综合配套改革,鼓励社会资本投入"两新工程"建设,共捐资、投资1400多万元,为失地农民解决1500多个就业岗位。2011年,区工商联抓好非公经济代表人士综合评价工作,对78名非公经济人士开展评价,并逐年扩评,信息库增加到110人,为打造优秀会员企业诚信机制奠定基础。2012年,开始开展浙商创业创新公益项目统计工作,牵头做好浙商公益捐赠,3年间累计浙商捐赠额达3亿元。2013年,启动秀洲区第一届优秀社会主义事业建设者评选活动,经过17个部门综合评价,评选出10名区优秀社会主义事业建设者,同时确认18名市优秀社会主义事业建设者为区优秀社会主义事业建设者,在建区30周年暨民营企业二次创业大会上进行表彰,先后选送100多位优秀非公经济代表人士到中央党校、中央社会主义学院、香港理工大学参加理论培训,引导代表人士"爱国、敬业、诚信、守法、贡献",发挥典型引领作用。

2014年,区委统战部、区工商联响应党委政府号召,向会员企业发出"投身五水共治、建设美丽家园"倡议,开展"百企联百村、合力治污水"专项行动,全区企业捐款1700多万元,认领河道10条。

【工商联组织机构】

秀洲区工商联(总商会) 1983年郊区建区时,全区工商业联合会工作由市工商业联合会(简称工商联)代管并行使工商联职能。1988年,嘉兴市工商联成立,郊区有部分个私业主加入市工商联,成为会员。90年代初,全区私营企业快速发展,成立工商联时机成熟。1994年11月,郊区工商联(总商会)第一次会员代表大会召开,选举产生区工商联(总商会)第一届工商联会长、副会长、秘书长、执委,标志着郊区工商联(总商会)的正式成立。1999年6月,嘉兴市行政区划调整,原郊区更名为秀洲区,郊区工商联也更名为秀洲区工商联。

区工商联下有基层商会,行业商会和异地商会16家,其中基层商会8家,行业商会7家,异地商会1家,村级商会1家,各自以企业所在的行政区域、行业特色和会员企业法人代表的籍贯来组织开展工作,至2014年会员625个。

秀洲区工商联基层商会情况表

表8-3-16

商会名称	成立时间	会长	会员企业数	会员大会次数
王店商会	2000.10	沈培林	91	4
洪合商会	2004.08	李国锋	105	3
新塍商会	2000.09	庄凤翔	61	4
王江泾商会	2000.09	罗春荣(此前卜菊明)	167	4
油车港商会	2001.11	顾建明	91	4
新城街道商会	2009.07	陈正财	30	1
高照街道商会	2010.10	黄永珍	40	1
秀洲新区、秀洲工业园区商会	2004.08	阮洪良	40	2

秀洲区工商联行业商会情况表

表8-3-17

行业商会名称	成立时间	会长	会员企业数	大会次数
区印染行业商会	2008.10.10	钱文云	35	2
区农业发展商会	2013.5.17	邵建国	62	1
区洪合毛针织电子商务商会	2013.5.20	项灵彬	50	1
秀洲洪合毛衫商会	2007.7.28	姚明良	105	2
嘉兴·中国南方纺织城商会	2009.11.18	高林昌	44	1
王店镇家用电器行业商会	2009.12.30	张　轲	20	1
区机械行业商会	2014.12.30	董文兴	33	1
秀洲(7+1)特种棉织商会	2005.01	杨永兴	20	1

说明:秀洲(7+1)棉织商会成立于2005年1月。2013年11月11日,变更为秀洲(7+1)特种棉织商会。"7+1"含义:7个常务理事单位为商会发起人和1个主要为企业提供理财及信贷服务的银行或聘请一批金融系统资深行员担任理财顾问(自然人组成)

异地商会 2012年6月26日,秀洲区河南固始商会成立,选举产生第一届执委会,选举朱道祥为会长,会员50个。

村级商会 2015年,油车港镇上睦村村级商会成立,会员41人,会长罗玉林。

代表大会

第一次会员代表大会 1994年11月29—30日,嘉兴市郊区工商联(商会)第一次会员代表大会召开,参加大会的代表221人。选举产生区工商联(商会)第一届执行委员会,委员25名;嘉兴市郊区工商联(商会)第一届执行委员会举行第一次会议,选举产生第一届常务委员会,委员13名,其中会长1名、副会长6名、秘书长1名。朱贵法当选为第一届常务委员会会长;聘请王海仁、张秋弟任名誉会长。

1996年6月27日,嘉兴市郊区工商联(商会)举行第一届执行委员会第二次会议,增选常务委员2名,其中副会长1名,同时免去陈明光、潘美龄(女)的副会长、常委职务,并聘请吴德孚、汪建根任名誉会长。

1997年3月12日,嘉兴市郊区工商联(商会)举行第一届执行委员会第三次会议,增选沈刘根为专职副会长。1998年7月14日,举行嘉兴市郊区工商联(商会)第一届执行委员会第四次会议,增聘马玉华任名誉会长。

第二次会员代表大会　1999年6月4日,举行嘉兴市郊区工商联(商会)第二次会员代表大会,参加大会的代表120人,列席代表18人。沈刘根代表一届执委会作题为《高举旗帜,开拓进取,扎实工作,推进区工商联(商会)事业全面发展》的工作报告;大会审议通过工作报告;选举产生区工商联(商会)第二届执行委员会,委员27名;嘉兴市郊区工商联(商会)第二届执行委员会举行第一次会议,选举产生第二届常务委员会,委员15名,其中会长1名、副会长6名、秘书长1名。朱贵法当选为会长。

1999年6月21日,嘉兴市郊区更名为嘉兴市秀洲区,嘉兴市郊区工商联更名为嘉兴市秀洲区工商联。

2000年11月30日,嘉兴市秀洲区工商联(商会)召开第二届执委会第四次会议,免去朱贵法第二届执委会会长职务,同意朱定芳(女)辞去第二届执委会副会长职务。增补尤源为第二届执委会会长,陈玲珠(女)为第二届执委会副会长。

第三次会员代表大会　2004年10月12—14日,举行嘉兴市秀洲区工商联(总商会)第三次会员代表大会,参加大会的代表170人。沈金荣代表二届执委会作题为《开拓进取,奋发有为,开创新时期工商联工作新局面》的工作报告;大会审议通过了工作报告;选举产生区工商联(总商会)第三届执行委员会,委员40名,其中会长1名、副会长14名、秘书长1名。沈金荣当选为会长。

2005年10月25日,嘉兴市秀洲区工商联(总商会)召开第三届执委会第三次会议,选举徐锡华为副会长,并聘任为秘书长。

2006年4月9日,嘉兴市秀洲区工商联(总商会)召开第三届执行委员会第四次会议,增选副会长5名,执委9名。

2007年5月21日,嘉兴市秀洲区工商联(总商会)召开第三届执委会第六次会议,同意刘震鸣、徐锡华辞去区工商联(总商会)第三届执委会副会长职务,增选徐水林、高一平为副会长,聘任高一平为秘书长。

2008年4月29日,嘉兴市秀洲区工商联(总商会)召开第三届执委会第七次会议,增选执委3名。

第四次会员代表大会　2009年12月28日,举行嘉兴市秀洲区工商联(总商会)第四次会员代表大会,参加大会的代表185人。沈金荣代表三届工商联作题为《围绕中心,服务大局,努力开创工商联工作科学发展新局面》的工作报告;大会审议通过了工作报告;选举产生区工商联第四届执行委员会,委员59名,其中主席(会长)1名、副主席(副会长)23名、副会长5名,秘书长1名。沈金荣当选为区工商联主席、总商会会长。

2011年4月12日,嘉兴市秀洲区工商联(总商会)召开第四届执行委员会第三次会议,同意沈桢荣辞去区工商联(总商会)第四届执委会执委职务,增选执委2名。

第六节　港澳台侨工作

【港澳事务和侨务工作】

侨务机构和团体

侨务办公室　1983年建区前,侨务组织由市(含县级市)统战部门和政协兼任(1979年12月建立县侨务办公室。1981年3月,更名为县属市侨办)。1983年,嘉兴撤地建市后设城区和郊区。同年10

月，郊区区委建立统一战线工作部（简称统战部），并延续侨办工作，骆文泉任办公室主任（1982—1983.12），具体负责侨务工作。

1984年，区委统战部向区委、区政府提议建立区侨务、对台办公室。1993年3月16日，嘉兴市郊区编委发出“关于增挂嘉兴市郊区人民政府侨务办公室牌子的通知”，区侨务办公室作为区政府的职能机构开始运作。1993年12月22日，周艳芳（女）被任命为首任区侨办副主任。1997年，周爱英（女）任侨办副主任。1999年6月，嘉兴市本级行政区划调整，郊区区域范围调整后改称秀洲区，秀洲区侨办的领导职务和工作职能不变。2001年1月，杨金华任侨办主任。2003年12月，严坤荣任侨办主任。2012年4月，施根荣任侨办主任。

秀洲区归侨侨眷联合会（简称区侨联） 1986年9月，秀洲区油车港镇侨台联谊小组成立。此后，各乡镇陆续建立侨台联谊小组，为秀洲区归侨侨眷联合会的建立奠定基础。1988年12月20日，嘉兴市郊区第一次归侨侨眷代表大会召开，会议选举产生正副主席和委员共7人，孙炉为区侨联主席，孔德林为秘书长。1992年10月19日，郊区第二次归侨侨眷代表大会召开，会议选举产生正副主席5人，孙炉为主席，周艳芳为秘书长。1997年10月30日，郊区第三次归侨侨眷代表大会召开，会议选举产生侨联顾问5人、正副主席5人，李仁珠（女）为主席，周爱英（女）为秘书长。

1999年，行政区划调整，郊区侨联相应更名为秀洲区侨联。2002年6月，秀洲区第四次归侨侨眷代表大会召开，会议选举产生正副主席4名，李仁珠为主席，李传兴为秘书长。2007年12月19日，秀洲区第五次归侨侨眷代表大会召开，会议选举产生正副主席4名，蒋嘉平为主席，李传兴为秘书长。2013年4月18日，秀洲区第六次归侨侨眷代表大会召开，会议选举产生侨联顾问4人，蒋嘉平为主席，徐颖（女）为副主席兼秘书长。

秀洲区侨联是党和政府联系本区范围内归侨侨眷、团结广大华侨侨眷和港澳同胞的桥梁和纽带，也是维护广大归侨侨眷切身利益的社会团体。至2014年底，全区共有归侨侨眷会员390人，涉及国籍26个。

秀洲区留学人员和家属联谊会（简称留联会） 20世纪90年代起，出国求学的留学生不断增加，至2001年年底，全区有留学生人员50多人，分布在8个不同国家，为构建留学人员联谊平台打下基础。2002年5月30日，秀洲区留学人员家属联谊会成立暨第一次会员大会召开，会议选举朱德明为会长。留联会的宗旨是高举爱国主义旗帜，团结和组织留学人员的家属，通过会员与留学人员加强联系，交流信息，增进友谊，发挥他们在国外的有利条件，促进海外与秀洲区的经济合作和技术交流，弘扬国外学子爱国爱乡的光荣传统，为实现祖国统一大业和促进秀洲的经济振兴做贡献。

2007年12月19日，区第二次留学人员家属代表大会召开，会议选举朱德明为第二届会长，李传新、李震鸣、龚海任副会长，李传新兼任秘书长。2013年4月18日，区第三次留学人员家属代表大会召开。此时，留学人员家属联谊会更名为留学人员和家属联谊会，会议名称也更名为留学人员和家属联谊会代表大会，会议选举朱德明为第三届会长，李传新、高歌、钱凤英、龚海任副会长，李传新兼任秘书长。

香港秀洲区同乡会 1999年10月13日，香港嘉兴同乡会到秀洲新区参观考察。2007年9月22日，香港嘉兴同乡会秀洲分会在香港隆重成立，会议选举产生香港嘉兴同乡会秀洲分会第一届理事会，罗卫民当选为会长，宋安娜、潘吉琳当选为副会长，大会还通过香港同乡会秀洲分会的有关工作事项。2001年，秀洲区组团专程赴香港参加香港嘉兴同乡会成立20周年庆典活动。2008年8月30日，在香港嘉兴同乡会秀洲分会成立一周年，区委统战部组团由徐文祥一行6人赴深圳参加庆典活动。10月，区侨办连续2次接待香港秀洲同乡会乡亲回乡访问，精心安排访问团成员参观考察新农村、农业龙头企业等。11月，邀请香港嘉兴同乡会班子成员参与经贸洽谈活动，邀请嘉兴港澳政协委员到区考察，此后成为常态。

2014年12月6日，在香港嘉兴同乡会秀洲分会成立7周年，区委书记朱海平与区委统战部一行6人赴香港参加庆典活动，与秀洲旅港乡亲进行座谈，并增补秀洲分会副会长1名，理事2名。

基本侨港澳情况

基本侨情　1987年,郊区旅居海外的华侨268户、1206人,归国华侨1户、4人,侨眷328户、1043人。1994年至1995年4月,侨情调查统计结果显示郊区旅居海外的侨胞有220户、1218人,分布在25个国家和地区;在郊区的侨眷615户、2788人,分布在全区25个乡镇和区级机关。郊区1983年10月建区至1994年,全区出国留学生有13人,其中美国11人,日本和德国各1人。2003年10月8日,区政府办公室转发区侨办《关于全区侨情普查工作实施意见》,对全区的侨情进行全面普查。2005年6月10日,秀洲区委统战部发出《关于在全区开展台情、侨情普查工作的通知》,至2006年7月,全区有海外华侨华人370多人,留学人员200多人,侨眷1000多人。其中,海外华侨华人亚洲200多人、欧洲40多人、美洲100多人、大洋洲30多人。

2013年,全省性的侨情调查展开,区委办和区府办发出《关于成立秀洲区基本侨情调查工作领导小组的通知》,随即开展培训、宣传、入户调查、数据录入等9个阶段的调查工作。统计数据显示,全区共有涉侨家庭823户,涉侨总人数2613人,侨资企业63家,重点人士71人。其中,海外华侨华人,海外留学人员316人,分布在美国、日本、新加坡、加拿大、澳大利亚、英国等国家和地区;海外留学人员眷属1127人。侨资企业分布在5个镇2个街道、秀洲工业园区。与历年侨情数据相比,留学人员增加122人,上升62%;海外华侨华人增加174人,上升64%,侨资企业增加32家,上升103%。

港澳同胞情况　1987年,郊区旅居港澳同胞185户、823人,港澳同胞亲属284户、648人。2013年10月至2014年6月,统计结果显示秀洲区有港澳同胞351人,港澳同胞眷属254人。

联络联谊

港澳联络联谊　1986年10月24日,祖籍郊区王店镇的香港同胞任贵娥回家探望其病危的老母亲,区委统战部领导去王店医院看望,协助处理相关事项。此前区委统战部领导曾多次去王店医院看望。此后,区统战部会同有关部门为任家落实房产政策。任贵娥同在香港的兄长任敬康为表感谢,把自己名下在王店镇庆丰街3间97.22平方的平房房产捐送给王店镇政府。1990年,侨联借助香港嘉兴同乡会秀洲分会平台,积极做好对外宣传工作。邀请香港乡亲和海外侨胞到秀洲区参访考察。是年,秀洲区政府组团专程赴香港参加在香港嘉兴同乡会成立20周年庆典活动。1997年4月30日,组织《中华人民共和国香港特别行政区基本法》及"一国两制"知识竞赛。5—6月,区委统战部举办全区"迎回归,话香港"知识竞赛活动。2011年,邀请市、区政协委员,侨联委员,香港在嘉兴的乡亲等参加纪念中国共产党建党90周年、辛亥革命100周年座谈会。

海外联络联谊　1990年,在中秋和春节两个传统节日召开座谈会,上门看望重点侨属对象和70岁以上侨眷老人,了解学习、工作、生活情况,增进感情。

1995年,全区深入学习《中华人民共和国归侨侨眷权益保护法》,积极参与"飞跃杯"侨务知识竞赛。7月13日,《浙江日报》和《浙江侨声报》分别刊登"飞跃杯"侨务知识竞赛题,区侨办、侨联共同发出通知,要求全区归侨侨眷和侨务工作者积极参加,答题直接寄《浙江日报》或《浙江侨声报》,40余人参加该项活动。1997年10月,联络接待美籍华人国际知名电子电脑超导体专家邱开甲携夫人邱叶洁香回家乡嘉兴探亲观光,陪同到嘉兴的还有新华社上海分社原负责人杨瑛(原新塍地下党时盛静文)等2人,区委统战部与他们围绕秀洲区的经济建设进行广泛交流。

2002年5月30日,秀洲区留学人员家属联谊会成立暨第一次会员大会于嘉兴文华园召开。留联会成立后,积极组织本区的留学生家属加强和海外留学人员的联系。2006年3月25日,印度尼西亚著名侨领洪贵仁、周颖南等6人到秀洲区访问考察。2009年5月,根据福建省泉州市鲤城区归国华侨联合会的邀请,区侨办组织侨联部分理事前往福建泉州市与鲤城区归国华侨联合会、印度尼西亚吴氏宗亲总会等一批海外侨团开展联谊活动。2011年,邀请市、区政协委员、侨联委员、回国留学创业人员200多人等参加侨界纪念中国共产党建党90周年、辛亥革命100周年座谈会。2012年1月11日,省侨办副巡视员戴小迅等一行4人,在市侨办副主任陈林根的陪同下到秀洲区走访慰问比较困难家庭侨眷新塍镇庙云桥村留学生家王永甫、洪合镇锦福村倪永观，并送上慰问金。全年上门慰问25户，慰问品折合人民币3000多元。是年，在区行政审批中心协调筹办建立“同心绿色通道”，循序渐进做好安侨工作；积极联系有关部门筹办在嘉兴市秀洲区创建脑瘫儿童引导式教育基地，开办“同心图书馆”。

2014年，秀洲区配合市侨办、市侨联举办中国“寻根之旅”夏令营活动，组织推荐浙江营嘉兴分营营员、带队老师及社工志愿者等30余人。

依法维护权益

建区前，全区的依法护侨工作由县（市）统一开展，归侨、侨眷在“文化大革命”期间被查抄、没收的钱物、精简下放等问题，按规定落实政策，并照顾解决归侨、侨眷（属）亲属夫妻分居、子女升学、就业、住房分配、工作调动等问题，对其中的知识分子按照政策和实际可能从优照顾。1984年，区委统战部落实省委《关于加强新时期侨联工作的意见》出台相关工作意见，组织开展“同心”实践活动。对重点归侨侨眷、侨资企业、华侨华人眷属建立“同心联系卡”，定期与不定期的开展政策咨询服务。

1985年8月，区委统战部根据国务院办公厅、财政部、城乡建设环境保护部“关于落实华侨私房政策”电话会议精神，会同有关单位，对20世纪50年代社会主义改造中被错误归公、代替的房屋归还原主或发还产权，无法发还的折价补偿；对“文化大革命”中被挤占的房屋，予以腾退、发还。1986年，华侨潘简良，潘文渊（两人均为郊区荷花乡虹来止港人，解放前就在国外，其中潘简良是农学博士，任联合国粮农技术专员）从美国来信要求归还土改时被没收的房产，区委统战部经过调查，根据有关规定为华侨潘简良、潘文渊等人落实土改私房政策。落实412平方米房产，每平方米按40元作价补偿，共计补偿归还16480元。1988年后，先后对侨眷钮介春坐落在新塍镇西南大街90号（面积414平方米），在1951年借给政府使用的私房、侨眷张克辉在栖真乡马库村二楼二底一厢房，建筑面积150.62平方米，该屋在“文化大革命”期间由马库大队拆除造礼堂的祖屋房屋根据政策作价补偿处理。在有关部门的密切配合下，妥善解决全区遗留下来久拖不决的34户、共5115.64平方米的土改房、“文化大革命”房和私改房。至1987年，全区退还华侨私房45户4738平方。处理“文化大革命”中被查抄财物工作结束。

1990年9月7日，《中华人民共和国归侨侨眷权益保护法》（简称《归侨侨眷权益保护法》）颁布，区委统战部积极组织区乡政府有关人员及区内归侨侨眷认真学习。积极配合区人大对《归侨侨眷权益保护法》的实施情况进行监督考察。1993年12月，区侨办汇编《归侨侨眷权益保护法》及涉侨法规和政策，装订成册，发放到每人（户），对侨眷提出的问题，做到有问必答，有难必解，有信必复，为生活困难、财产咨询、养老政策和就学升学等信访求助进行解答，并重点做好海外华侨的回乡接待工作。是年，祖籍油车港镇的潘文渊和祖籍余新镇的沈铎都是美国著名的科学家，利用回国讲学的机会想回老家看看，区委统战部分别制订接待方案，落实措施。1993年8月，新塍镇侨眷陆启新开办的个体纸品加工厂在对外经营中，由于订货单位承包人的更换，3000多元的纸品加工费没及时收回，企业面临倒闭的困境。区委统战部了解情况后，通过法律途径帮助追回全部应收款，保护侨眷的合法权益。区委统战部积极扶持“三胞”家属企业，对农村户口，身体比较差，参加劳动体力不够的“三胞”家属宋厚菊的女儿、对生活困难没有工作的侨眷何绪荣妻子，通过开办餐饮、理发三产服务企业，帮助脱贫致富；对侨眷吴允仁代课6年未解决转正问题，经与区有关部门协调妥善办理转正手续，解决后顾之忧。

2006年，《中华人民共和国归侨侨眷权益保护法》颁布20周年，也是“五五”普法规划最后一年。侨务部门加强《归侨侨眷权益保护法》及其《实施办法》和《浙江省华侨权益保障暂行规定》等相关法律法规宣传力度。根据《嘉兴市侨办、市侨联开展侨法宣传教育系列活动的方案》和《嘉兴市秀洲区2006—2010年普法教育依法治区规划》，区侨办认真抓好侨法宣传教育，维护海外侨胞和归侨侨眷的合法权益。2010年7月，区侨办会同区人大教科文卫民侨工委、区政协社会法制（三胞联谊）委员会、区委统战部在秀洲区党校举办侨务理论知识培训班。6月，开展“侨法知识进学校”活动。区侨办走访侨资企业发放《侨务政策法规宣传手册》开展调查摸底。

2014年，利用嘉兴市侨联筹建“加拿大嘉兴联谊会”之机，收集整理区域内的秀洲籍旅加华侨华人、留学人员等相关信息，作信息储备促进推动与加拿大在文化、科技、信息、经贸等方面的合作与交流。

参政议政

秀洲区侨界人士代表经选举或推荐担任各级人大代表、政协委员及政府部门实职。人大代表、政协委员围绕政府中心工作提交议案、提案、意见、建议。参与经济社会管理和民主政治建设，行使民主权利，实现参政、议政。

2005年2月，政协秀洲区第一届第一次会议至2014年政协秀洲区第三届第三次会议，先后有6人(次)的归侨、侨眷担任区政协委员，有1名归侨、侨眷在区政府担任副科以上职务。每年侨界人大代表、政协委员先后到基层开展调研共形成集体与个人调研报告6篇。

历届政协委员积极建言献策，提出提案建议共29份。影响力比较大的有：2007年2月4日，区政协二届一次会议严坤荣提交的《发展我区老龄事业，切实做好为老服务的几点建议》提案；2009年2月6日，秀洲区政协二届三次会议邱善明的《加强村级财务管理，重视村级财务公开》提案；2010年2月5日二届四次会议上严坤荣提交的提案《关于在莲泗荡风景区开发水上游乐项目的建议》；2011年2月6日，政协二届五次会议上有宋兴祥《关于2009年底未参加城乡居民社会养老保险的60岁以上老人能继续参加城乡居民养老保险的建议》与严坤荣《关于设立少数民族界别的建议》的提案；2013年2月6日，三届二次会议上，丁月娥提交《关于加大对油车港镇张绍忠文保点保护力度的建议》提案和宋信祥关于《建议区行政中心各办公室挂牌办公，方便群众办事》提案；2014年，丁月娥的《关于加快推进我区中小学教育质量评价的建议》提案，得到区有关部门高度重视，并督促有关部门落实。

引资引智服务经济

1986年，发动“三胞”亲属集资入股办企业，鼓励兴办“三胞”亲属投资的生产型企业，吸引“三胞”来家乡投资。1989年9月，区侨联、台联提交《关于发动三胞亲属集资入股办企业的报告》，实施“三胞”亲属与中华化工厂、大桥乡工业公司三方合资，新办中华化工总厂第四分厂的方案，区委统战部和区侨办积极支持，促成合作成功。与区有关部门一起联合举办“提信心、兴实体、稳增长、促转型”人才人力资源大型招聘活动，组织侨资企业开展专场招聘并参加“浙商论坛——走进嘉兴”活动。邀请和组织海内外侨商与区各类产业集聚区、园区开展项目考察、对接洽谈。进一步增强海智与民资、海智与侨资、海资与民资的合作对接，深化海外高层次人才引进工作。1993年，祖籍秀洲区的加拿大华人魏永康出资10万美元与嘉兴市郊区洛东乡化工厂合资办起中外合资嘉兴东晶化工有限公司。1999年9月4日，魏永康向秀洲区捐款资助30名成绩优秀家境贫困的学生完成学业。

2010—2011年，区委统战部为加快实施“聚智秀洲·精英引领计划”和“聚智秀洲·创新团队引育计划”，大力引进海外高层次人才及其创新团队，全力打造秀洲“人才高地”，区委、区政府举办聚智秀洲·引才政策发布会暨海外高层次人才对接交流会。区侨办在积极参与的同时，充分发挥侨务优势，利用海外社团，邀请海外高层次人才带项目，参加对接活动。加强与区委组织部、区人社局的沟通联系，联合开展引智引才工作，构建以“嘉兴比德弗生物科技园发展有限公司”以侨引侨平台。成功引进无锡中德美联生物科技有限公司、嘉兴习基百蕾生物技术有限公司等7家侨资企业。

2014年4月11日，嘉兴市侨办、嘉兴市侨联、浙江信汇实业股份有限公司在秀洲区举行“嘉兴市海外留学人员归国创业创新基地”授牌仪式，为海外留学人员归国实践、创业提供平台。4月21日，参加2014嘉兴国际人才交流与合作大会的30多名海外高层次人才参访秀洲区，实地参观浙江科技孵化城(嘉兴)展示中心、上海交大(嘉兴)科技园和嘉兴光伏高新技术产业园。是年，利用嘉兴市侨联筹建“加拿大嘉兴联谊会”之机，收集整理区域内的秀洲籍旅加华侨华人、留学人员等相关信息，促进秀洲区与海外华侨华人、留学人员的相互合作，推动加拿大与嘉兴在文化、科技、信息、经贸等方面的合作与交流。

【对台工作】

对台工作机构和团体

台湾事务办公室 1987年11月，为适应对台统一工作需要，区委决定建立中共嘉兴市郊区区委对台工作领导小组，同时建立中共嘉兴市郊区区委对台工作领导小组办公室，对外称郊区人民政府台湾事务办公室，办公室设在区委统战部。

1991年9月，根据中央统一部署，区对台工作小组办公室更名为中共嘉兴市郊区区委台湾工作办公室，区委台湾工作办公室与区人民政府台湾事务办公室实行一套班子、两块牌子，设在区委统战部内。办公室的主要工作为开展对台宣传、加强两岸民众的交流交往、促进对台经贸活动的开展、接收涉台捐赠、维护台胞台属的合法权益、协助台胞台属建立自己的社团组织以维护自身利益。1999年6月，嘉兴市行政区域调整，原郊区行政范围调整后更名为秀洲区，区委台湾工作办公室和区政府台湾事务办公室仍设在统战部。

台胞台属联谊会 1986年9月，郊区油车港乡发起成立侨台联谊小组。此后，各乡镇陆续建立侨台联谊小组，为郊区台胞台属联谊会建立奠定基础。1988年12月20日，郊区首届台胞台属代表大会召开，成立郊区台胞台属联谊会，会议选举7名理事，沈季林为理事长，季敬仁为理事兼秘书长。1992年1月19日，郊区第二次台胞台属代表大会召开，会议选举产生9名理事，沈季林为会长，季敬仁为理事兼秘书长。1997年10月30日，郊区第三次台胞台属代表大会召开，沈季林为会长，陈铮为副会长兼秘书长。2000年11月，召开三届二次会议，对秀洲区台联的领导班子进行选举调整，调整后的秀洲区台胞台属联谊会会长为姚开正，秘书长为李传兴。2002年7月23日，秀洲区第四次台胞台属大会召开，会长为李文建，秘书长为李传兴。2007年12月19日，秀洲区第五次台胞台属大会召开，会长为陈建宏，秘书长为李传兴。2013年4月，秀洲区第六次台胞台属大会召开，会长为张军，秘书长为徐颖。

台胞台属联谊会是全区台胞台属组成的民间团体，其主要职责是积极宣传党的对台方针政策和家乡风貌，加强与各乡镇联谊小组和台胞台属的联系，及时反映他们的意见，建议和要求，鼓励支持台胞台属勤劳致富，兴办企业，为家乡经济建设牵线搭桥，提供信息，加强与旅台嘉兴同乡会的联谊工作。

秀洲区历届台胞台属联谊会领导人选变化情况表

表8-3-18

联谊会届次	年份	主要人选			备注
		会长或理事长	副会长	秘书长	
一届	1988.12	沈季林	—	季敬仁	7名理事
二届	1992.01	沈季林	—	季敬仁	9名理事
三届	1997.10	沈季林	陈　铮	陈　铮(兼)	3名副会长
三届(二次)	2000.11	姚开正	—	李传兴	—
四届	2002.07	李文建	—	李传兴	—
五届	2007.12	陈建宏	—	李传兴	—
六届	2013.09	张　军	—	徐　颖	—

交流交往 20世纪80年代开始，随着海峡两岸关系缓和，陆续有台湾同胞到大陆探亲访友。1984年6月，台湾家畜卫生试验所研究员徐洪兴以民间人士身份到家乡凤桥探亲，区委统战部参与接待。徐洪兴主动要求帮助做好通信联谊工作，通过在美国的女儿建议台胞通过香港等地转寄信件。区委统战部积极协助办理相关手续，使多名嘉兴籍的台胞与家乡亲人建立联系，部分亲属能在香港得以相聚。

1988年4月，台湾退役军人沈忠华通过其在步云乡中学任教的弟弟沈季林联络到家乡探亲访友，其间，沈忠华与区委统战部及有关乡镇领导广泛接触交流。沈忠华回台后，动员台湾同胞到家乡探亲。8月，新塍旅台爱国同胞张子良回家乡新塍郎中埭探亲。参观当年创办的小学，当即捐赠美元4500元、港元2500元，用于购置学校教育用具，同时，为每名学生(680人)添置校服两套。1989年，张子良自愿捐资2万美元创办“张磻溪奖学金”(对1989年录取的郊区籍大学生首次颁发奖学金，每人500元)，同年，捐赠5000美元建磻溪小学图书馆，捐赠1500美元建新塍中学图书馆，赠送新塍中学高级电脑12台，打字机1台，图书913册。

1990年2月27日，台胞张子良台方经济人方昭钦回乡考察，区委统战部高砚田等领导陪同到大桥中华化工厂考察，参观新塍中学、磻溪小学、新塍医院，游览南湖风景区。6月28日，张子良寄来3万美元，用于1990年录取的大学生奖学金。此后，在嘉兴一中兴建张子良图书馆以及赠软件设备，耗资人民币130万元。捐赠嘉兴高专120万元人民币建造六层张子良教学大楼。

1993年9月3日，台北嘉兴同乡会江九思、孙永麟、钱启善向郊区残疾人联合会捐赠手摇三轮车25辆，价值人民币9648元。1994年10月20日，原籍新塍美籍华人、美国西北大学材料科学博士邱开甲回乡探亲，参观阔别50多年的新塍镇，为修复“小蓬莱”公园捐款500美元，并向王店镇捐赠图书。1995年4月，区委统战部在全区“三胞”中开展“三个一活动”，要求“三胞”在海外“传递一条信息，介绍一个海外亲属，贡献一条计策”，活动得到广大“三胞”亲属积极响应，使大陆与海外同胞联系更加紧密。1998年8月23日，区侨联、区台联向全国台湾同胞、港澳同胞及其海外侨胞亲属发出“情系灾区、奉献爱心，向长江受灾地区赈灾捐款的倡议”。一个月收到捐资1.2万元 。此后，台湾独资或与台合资的企业在全区不断发展，每年区委统战部适时举办海峡两岸文化、经贸洽谈会。

2000—2014年，区委统战部每年组织举办秀洲区中外人士迎春茶话会、联欢会、台商迎春尾牙酒会(台商沙龙)，各界人士中秋茶话会、中外人士中秋联谊会。区台办每年邀请台商代表参加秀洲区统战系统各项文体友谊赛等活动。2000年10月，经区台办牵线，秀洲区教育学会把对台经贸、历史人文交流作为重点，加强对台交流联谊工作。秀洲区教育学会与台商合作建办嘉兴庆安幼儿园项目，全部资金由台湾庆安国际幼教股份有限公司投入，总投资420万元人民币，注册资金300万元人民币(37万美元)。区文化馆每年组织秀洲农民画展，邀请在嘉兴的台胞台属参观交流，成为惯例。2005年5月31日，第一届嘉兴市台协秀洲区联谊会成立，理监事成员9人，嘉兴市庆安幼儿园董事长刘荣达为首届会长，区领导胡建丰、汪善明、包雷耿、祁海龙、马荣生为名誉会长。2007年，秀洲区邀请台商积极参与区第三届中国农民画艺术节暨2007嘉兴秀洲经贸洽谈会。2008年1月，开展“嘉兴台商送温暖慈善月活动”，秀洲区的14位台商捐款4万余元对王店镇、新塍镇的30多户特困户进行走访慰问。“5·12”四川汶川地区发生重大地震灾害后，秀洲区台商及台资企业纷纷捐款捐物，支援灾区抗震救灾，秀洲区台资企业向雪灾、地震灾区共捐款累计达115万余元。5月，通过市、区台协联系，区政府组团赴台商密集地区的福建省漳州市举办农业招商推介会，暨2008嘉兴秀洲(福建)现代农业投资说明会。11月，举行台协秀洲区联谊会第二届理监事会周年庆典活动。是年，两岸交流开始日趋频繁，区台办每年组织公务团组5~6个，近50人赴台。区主要领导亲自率团赴台交流考察，开展以经贸、文化、农业等交流的考察活动。2008年开始，每年组织台胞台属参加王江泾镇举办的“江南网船会”民间民俗活动。2009年，区委统战部接待台湾亚蔬—世界蔬菜中心理事长、“行政院”农业委员会顾问、屏东科技大学荣誉教授黄大洲一行7人和台湾立法院最高顾问、原台北市教育局局长、台湾省教育厅副厅长、代理厅长陈汉强教授等一行到区考察，区委统战部与来访人员进行广泛合作交流。2010年5月，民革秀洲区支部和区台联联合开展“融入嘉兴·王店民风访”主题活动，参加该项活动的台协秀洲区联谊会会员和台商代表有30多人。6月，积极配合嘉兴市在新塍镇开展全市台商及眷属参加“嘉兴市海峡两岸端午民族文化交流活动”，参观新塍镇大通村新农村建设。同时，区政府和嘉兴市台办、嘉兴市台协联合举办“台商看嘉兴—秀洲行”活动，在禾投资的台商及眷属100多人参加。8月，举办台协秀洲区联谊会第三届理监事会周年庆典暨民革、台联联系服务台资企业“融入嘉兴·佛教文化访”活动，对台工作干部，台协秀洲区联谊会会员和台商代表60余人参加。2013年9月，召开台协秀洲区联谊会第五次会员大会，选举产生第五届理监事会。12月，创办台协秀洲区联谊会青年会。组织民间协会和结对邻里赴台参访考察，交流联谊，拓展深化对台交流联谊。

2011年台湾南投县南投市三民里、2012年南投县埔里镇南村里居民、2014年台湾南投县鹿谷乡参访团代表分别到秀洲区参访考察，与王店镇建林村、新城街道亚厦社区、新塍镇沙家浜村缔结为友好社区(邻里)。

维护台胞台属合法权益 20世纪80年代，在台湾的许多同胞陆续回大陆探亲或定居，为解决部分台胞回乡定居所在属地的土地、住房等问题。区委统战部根据相关政策给予妥善解决。新塍籍的姚宏志原在台湾某公司任会计，其子女均在新塍等地工作。1984年，姚宏志提出回乡定居的要求，区委统战部根据相关政策，在当年11月协助其办理定居手续，并在嘉兴落实一套住房，使其能在老家安度晚年。此后，有洛东乡籍台胞严天威、原籍新塍的楼雄提出到大陆定居，当地政府依照政策给与妥善安置。

1986年，区委统战部对由于解放后至“文化大革命”期间极“左”思潮的影响产生的一些台胞私房被占及祖坟被损毁现象，根据相关政策落实私房偿还，对祖坟及时进行修复。1988年8月，区委统战部对当初坐落在新龙乡来龙村张家浜祖父张磻溪坟墓在原有基础上进行修复，实现台胞张子良多年的“寻根问祖”愿望。1990年3月31日，按政策对张子良在新塍镇人民路143~147号5处房产461.59平方米进行归还处理。

2007年，新的《中华人民共和国劳动合同法》出台，两税并轨、出口退税政策有所调整，台资企业在生产经营、劳动用工等方面遇到许多新问题。区台办会同相关部门联合举办“两税并轨”、新《中华人民共和国劳动合同法》、“中小企业发展战略”培训班，开展台资企业法律知识咨询会、劳动法律实务讲座，“两税”并轨法律讲座等，加强政府部门与台商之间的学法互动，提高用法执法水平，维护台胞企业的合法经营权益，帮助台胞企业解决在税收与用工上的一些问题。同时，修订完善《秀洲区涉台突发公共事件应急预案》，编制秀洲区涉台突发公共事件应急预案操作手册，建立秀洲区对台经贸工作协调小组和秀洲区台商权益保障工作联席会议，及时解决可能发生的问题。

2009年后，由区台办会同政府相关部门，通过主动沟通，真情服务，协调解决涉及台胞子女入学、定居台胞养老金领取、台资企业用工等诉求60余起，有效为台商和台胞台属帮困解难。其中，针对新塍镇99岁的定居台胞楼雄生病卧床两年多，因台湾退养金领取办法改变而多年未领取退养金的情况，积极协调并多次安排专人赴台咨询申领手续，帮助其领取一次性退养金89余万元新台币。

服务地方经济 1989年，郊区籍台胞沈忠华到大陆，为家乡投资兴业进行考察。1992年，沈忠华多次到大陆探亲访问，经区台办、侨办牵线搭桥，沈忠华投资20万元，与当时的郊区余新长秦村纸箱厂合作，创办嘉兴大华包装有限公司，当年产值200多万元，成为当地一家骨干企业。至1992年年底，全区中外合资、外商独资、中外合作(包含港、澳、台同胞合作投资)的“三资”企业有16家，职工人数715人，工业总产值3246万元，利税350万元。1993年，旅台实业家张子良回嘉兴探亲祭祖期间，对秀洲区企业进行考察，并先后引进外资和先进技术3项。是年，郊区经确认的台资企业有巨盛针织、国华钢铁、嘉莒塑胶、鑫福视频、巴泰针织漂染、恒发铝业、斯陵制衣、德林工艺品，宏能制衣和信誉纺织共10家。

1995年，全区“三资”企业发展到54家，工业总产值达9.26亿元。到1999年又新增年销售收入500万元以上规模的港、澳、台同胞投资企业4家，工业总产值(当年价)33202万元。外商投资企业10家，工业总产值26283万元。

2000—2014年，台资企业58家，台商在秀洲区投资共138项，累计投资额达12.66亿美元。

2000年年底，台资在全区的投资项目达15项，共计投资金额达949.7万美元。2000年后，随着全区招商力度加大和工业园区建设速度加快，外资引进工作不断跟进。2001年1月，台华特种纺织在王店投资2480万美元，成为当年最大的一笔台商投资。浙江台华新材料股份有限公司、捷顺旅游制品有限公司、协鑫环保热电有限公司、世源科技(嘉兴)医疗电子有限公司、恩龙实业(嘉兴)有限公司、敏胜汽车零部件有限公司等一大批港澳台投资企业和外商投资企业相继落户秀洲。至2005年，年销售收入500万元以上规模港、澳、台同胞投资企业57家，工业总产值(当年价)34.38亿元。全区年销售收入500万元以上规模企业中，外资工业企业达155家，当年工业总产值127.32亿元，占全区规模企业总产值54.6%。是年，引进台商投资7项，其中，黄少聪在秀洲工业区投资2500万美元。2007年，举办嘉兴秀洲高新技术产业现代服务业投资洽谈会，与台商进行经贸洽谈，协助做好台湾电子同业工会“投资环境调查评估”工作。是年，台商投资7项，共计投资达9686万美元，其中有张静瑜的晨光电科技公司、刘澄浪的宽讯驰电子公司分别达到2999万美元。

2010年3月30日，台商周庆三投资4999万美元，建立浙江台谊生态农业有限公司，从事现代农业开发。是年，全区规模企业中，外资企业209家，占25.3%，工业总产值302.18亿元，占50，其中规模以上港、澳、台企业78家，工业总产值101.39亿元，仅台华公司一家，2010年工业总产值53494.6万元，主营业务收入50998.38万元，利润总额5630.53万元。

2014年，嘉兴“五水共治”全面实施，秀洲区台资企业积极响应区委、区政府号召，努力为治水工作贡献力量。截至2014年年底，秀洲区台资企业认捐金额超过100万元。

第四章　中共嘉善县委统战工作(1949—2014年)

1926年7月，中共嘉善县支部成立。在新民主主义革命时期，中共嘉善县地下党组织团结和发动各界群众，开展中国共产党的统一战线工作。中华人民共和国成立后，县委统战工作贯彻中国共产党的路线、方针和政策，团结、组织社会各民主阶层、人民团体、各界群众恢复和发展国民经济建设，开展资本主义工商业的社会主义改造;在大规模建设社会主义时期，贯彻国民经济“调整、巩固、充实、提高”方针，引导和调动社会各方面积极因素，促进社会主义建设事业的发展。“文化大革命”中，中国共产党的统战工作受到严重冲击，组织陷于瘫痪，工作被迫停止。

中共十一届三中全会后，统战工作在县委领导下，拨乱反正，在爱国主义、社会主义旗帜下，积极开展海外统战工作，团结台湾同胞、港澳同胞、海外侨胞以及海外华人，建立起以拥护祖国统一为政治基础的联盟;遵照党的“长期共存，互相监督，肝胆相照，荣辱与共”方针，帮助工商联恢复工作、协调各民主党派建立组织，广泛吸收各民主党派、人民团体和无党派爱国人士参政议政，改进和发展中国共产党领导的多党合作和政治协商制度。

进入21世纪，县委统战工作以经济建设为中心，进一步完善党政部门、党员领导干部与各民主党派、党外代表人士的交友联系、对口联系、民主监督和重大问题协商通报等制度，探索和引导非公经济发展，推动全县经济增长方式转换，促进社会主义两个文明建设，构建和谐社会。

第一节 机 构

机构沿革 1952年9月,中共嘉善县委设立统一战线工作部(简称统战部)。初建时,部长由县长兼任。1958年11月,国务院决定撤销嘉善县建制,统战部同时撤销。1961年4月,恢复嘉善县建制,统战工作由宣传部兼管。同年9月,统战工作从宣传部划出,恢复设立统战部。1962年5月,县委建立城镇工作部与统战部合署办公。1968年4月,受"文化大革命"影响,县委工作机构瘫痪。1979年11月,县委恢复统战部。1985年4月13日,县委决定统战部建立部务会议。1993年9月,统战部设立办公室、党派团体科、联络科、宗教民族事务科。1997年5月6日,统战部挂县委、县政府民族宗教事务局牌子,同时挂县委台湾工作办公室(县政府台湾事务办公室)和县政府侨务办公室牌子。1999年7月,县委、县政府民族宗教事务局更名为县民族宗教事务局。2001年12月,县委机构改革方案决定统战部挂县委台湾工作办公室(县政府台湾事务办公室)、县政府侨务办公室、民族宗教事务局牌子,内设办公室、工商党派干部科2个职能科室。2005年4月24日,县民族宗教事务局列入政府序列,与县委统战部合署办公。2007年12月,县委台湾工作办公室(县政府台湾事务办公室)单设,列入县委工作机构。2008年3月,县人民政府台湾事务办公室正式单列。2014年,县委统战部内设办公室、党派干部科,县民族宗教事务局、县政府侨务办公室分别与县委统战部民族宗教科、侨务办公室合署办公。

部务会议 部务会议是讨论、研究、决定部内重大事务、人事任免等工作的议事机构,由部长、副部长和县委任命的部务会议成员组成。1985年4月设立部务会议,除部长、副部长外,先后有邹通观(1985.04—1999.12)、朱生良(1990.07—1993.09)任部务会议成员。2000年起,部务会议成员由正副部长组成。

中共嘉善县委统战部正副部长一览表

表8-4-1

姓 名	职 务	任职时间	备 注
戴 光	部 长	1952.09—1953.01	县长兼任
金树珉	部 长	1954.12—1956.06	副县长兼任
冯心凭	部 长	1956.06—1958.11	1958.11嘉善县并入嘉兴县
韦白明	部 长	1961.09—1962.11	1961.04恢复嘉善县建制,1961.09复设统战部
安良亭	部 长	1962.11—1968.04	—
1968年4月—1979年11月,受"文化大革命"冲击,县委工作机构瘫痪,统战部停止工作			
罗续俭	部 长	1979.11—1982.03	1979.11恢复统战部
张兴文	部 长	1982.03—1984.02	县委常委
王 晓	部 长	1984.02—1990.05	县委委员、县政协副主席
杜秋根	部 长	1990.05—1993.04	县委委员、县政协副主席
钟英武	部 长	1993.04—1996.04	县委委员、县政协副主席
曹保根	部 长	1996.04—2003.04	县委委员、县政协副主席
方明远	部 长	2003.04—2011.03	县委委员、县政协副主席
阎靖华	部 长	2011.03—	县委委员、县政协副主席
邬明华	副部长	1985.01—1991.03	—
孙鹏飞	副部长	1991.03—1993.04	—
冯四新	副部长	1992.06—2001.05	—
虞大中	副部长	1993.05—1994.11	—

续表8-4-1

姓　名	职　务	任职时间	备　注
俞文荣	副部长	1995.03—2001.05	—
张建林	副部长	2000.02—2000.12	—
郦新建	副部长	2001.05—2005.03	—
沈春发	副部长	2001.05—2011.05	—
陆建中	副部长	2001.11—2007.12	—
孔维能	副部长	2005.04—2011.12	—
袁　洁	副部长	2010.03—	—
孙永铭	副部长	2011.07—	—
陶如龙	副部长	2011.12—	—
王敏杰	副部长	2013.03—	—
何风华	副部长	2013.04—2014.12	—

第二节　多党合作和政治协商工作

【人民政协工作】

人民政协工作是党的统一战线的一个重要部分。县委统战部根据《中国人民政治协商会议章程》的规定,做好历届政协界别设置、政协委员的产生等工作。

1949年12月,嘉善县各界人民代表会议第一次会议在魏塘镇召开。代行县人民代表大会的部分职权和嘉善县人民政治协商职能。1954年7月,嘉善县各界人民代表会议完成部分代行县人民代表大会职权的历史使命,但在县政协未正式成立以前,其常设机构县各界人民代表会议常务委员会仍继续发挥作用。1956年3月,政协嘉善县第一届委员会建立。至2014年,历经13届。

政协委员以界别为单位构成。1956—2014年,全县召开并组成13届县政协委员会,其中县政协第一届委员会在1958年11月因嘉善县建制撤销而撤销,1961年4月恢复。县政协第四届委员会在1966年因“文化大革命”停止活动,于1980年8月恢复。

政协第一届委员会(1956年3月至1958年11月)由共产党、共青团、工会、妇联、工人、农民、科技界、教育界、医务界、文艺界、工商界、宗教界、侨眷、干部和特邀人士15个界别组成。其间,1958年11月至1961年4月,嘉善属(划归)嘉兴县。

政协第二届委员会(1962年1月至1963年12月)新增少数民族、民主人士、渔民、供销合作社4个界别,减少工人界别,共18个界别。

政协第三届委员会(1963年12月至1966年5月)新增民兵、军属、下放干部、其他4个界别,共22个界别。

政协第四届委员会(1966年5月至1968年4月;1980年8月—1981年8月。“文化大革命”后恢复工作一年。)减少少数民族、民兵、下放干部、渔民、其他5个界别,共17个界别。

政协第五届委员会(1981年8月至1984年7月)由共产党、共青团、妇联、供销社、农民、科技、教育、卫生、文艺、新闻、体育、手工业者、原工商业者、侨眷、宗教、少数民族、社会福利与特邀人士18个界别组成。

政协第六届委员会(1984年7月至1987年4月)增加民主党派、台胞台属、工会界别,共21个界别,委员中中共党内人士占35.65%,党外人士占64.35%。

政协第七届委员会(1987年4月至1990年4月)有21个界别,委员中中共人士占38.52%,重点安排4个民主党派的领导人员,适当增加三胞亲属和两个文明建设(物质文明、精神文明)先进人物及非党知识分子代表。

政协第八届委员会(1990年4月至1993年4月)由共产党、民主党派、群众团体、工商联、农业、教育、医卫、科技、社会科学、社会福利、民族宗教、台联、侨联、文艺、体育、特邀16个界别组成,重视安排对四化建设做出贡献的知识分子,对祖国统一有作用有影响的爱国人士以及城乡集体和私营企业、个体劳动者的代表人物,其中非中共党员委员95人,占总数的61.3%。

政协第九届委员会(1993年4月至1998年3月)增设工商联、科协两个界别,原工商界改为经济界,共18个界别,适当增加经济、科技界及非公有制经济代表人士为政协委员,非中共人士委员80人,占委员总数的63.0%。

政协第十届委员会(1998年3月至2003年3月)将农林届改为农业界,仍为18个界别,委员中非中共人士105人,占总数的60.0%。全体委员中高中、中专以上文化程度的有140名,占80%;具有大专以上学历的101名,占57.71%;有中级职称的64名,占总数的36.57%;还有一些经济、法律和经营管理方面的行家及一些对外联系上有贡献的人士,进一步提高县政协参政议政的整体素质。

政协第十一届委员会(2003年3月至2007年2月)、政协第十二届委员会(2007年2月至2012年1月)、政协第十三届委员会(2012年1月至)将文艺、体育界合并为文体界,设17个界别,其中各届非中共委员人数分别为112人、129人、129人,占总数的60.5%、60.0%和60.0%。

嘉善县政协第一至第六届委员会委员界别构成情况表

表8-4-2　　单位:人

界别＼届次	第一届	第二届	第三届	第四届	第五届	第六届
中国共产党	5	6	4	4	8	5
民主党派	0	0	0	0	0	3
共青团	2	2	2	1	3	3
县工会	2	4	4	4	0	1
县妇联	3	3	3	4	4	5
县侨联	0	0	0	0	0	0
工人	2	0	0	0	5	4
农民	2	2	2	4	5	5
科技界	1	2	3	3	15	16
教育界	11	14	13	13	17	14
医务界	13	10	9	10	13	11
文艺界	1	1	1	2	4	4
体育界	0	0	0	0	1	1
工商界	14	14	12	12	7	11
宗教界	6	2	1	1	2	2
新闻界	0	0	0	0	1	0
少数民族	0	1	1	0	1	1
台胞台属	0	0	0	0	0	2
归侨侨眷	3	3	3	2	7	11
民主人士	0	3	2	2	0	0
渔民	0	1	1	0	0	0

续表8-4-2

届次 界别	第一届	第二届	第三届	第四届	第五届	第六届
供销系统	0	1	2	4	2	0
民兵	0	0	1	0	0	0
军属	0	0	1	1	0	0
下放干部	0	0	1	0	0	0
机关	2	1	1	2	0	2
特邀	4	3	3	2	12	11
其他	0	0	1	0	4	2
农林	0	0	0	0	0	0
社会科学	0	0	0	0	0	0
社会福利	0	0	0	0	0	0
经济界	0	0	0	0	0	0
委员总数	71	73	71	71	111	114

政协嘉善县第七届至十三届委员会委员界别构成情况表

表8-4-3　　单位:人

届次 界别	第七届	第八届	第九届	第十届	第十一届	第十二届	第十三届
中国共产党	6	7	8	14	18	24	23
民主党派	11	11	11	17	17	23	33
群众团体	8	5	5	5	6	6	7
工商联	21	32	3	12	18	21	21
农业界	9	12	12	12	19	21	17
教育界	13	13	10	11	14	14	12
医卫界	8	11	9	9	9	9	8
科技界	15	19	14	9	8	9	10
科协界	0	0	5	5	7	7	6
社会科学界	2	3	3	6	7	7	11
经济界	0	0	37	31	28	28	25
社会福利界	4	6	5	6	9	9	7
民族宗教界	5	4	6	4	6	6	6
台联	0	8	5	4	6	5	5
侨联	0	7	4	4	6	6	6
台胞台属	1	0	0	0	0	0	0
归侨侨眷	17	0	0	0	0	0	0
文艺界	5	5	5	5	6	6	6
体育界	1	1	1	2	3	3	3

续表8-4-3

界别＼届次	第七届	第八届	第九届	第十届	第十一届	第十二届	第十三届
其他	4	0	0	0	0	0	0
特邀人士	7	11	11	19	12	11	9
委员总数	137	155	154	175	199	215	215

说明:界别根据嘉善县志记载,第一届政协委员人数和界别构成为第三次会议数,其余均为第一次会议数

【民主党派和无党派人士工作】

制度建设 1979年8月,第十四次全国统战工作会议召开。会议就贯彻中共十一届三中全会精神,明确新时期统战工作的几个重大问题,爱国统一战线进入一个新的历史发展阶段。1986年,县委贯彻中共中央批转中央统战部《关于新时期党对民主党派工作的方针任务的报告》,按照中央关于"发展和完善多党合作的政治制度,充分发挥民主党派的监督作用"的决定,支持各民主党派在嘉善建立组织、发展成员。统战部建立每季一次的联席会议制度,就重大问题与各民主党派协商。1989年3月,县委批转统战部《坚持和完善中国共产党领导的多党合作和政治协商制度的意见》,要求各级党组织要有一位负责人分管统战工作,要认真贯彻"长期共存,互相监督、肝胆相照,荣辱与共"的方针,加强与民主党派合作共事。1990年7月,县委又印发《关于贯彻中共中央〔1989〕14号文件的实施意见》,就贯彻落实中央〔1989〕14号文件精神,加强与各民主党派合作和政治协商,提出具体"实施意见"。1993年12月,县委印发《关于进一步学习和贯彻中共中央〔1989〕14号文件精神的补充实施意见》,提出在各级党组织和广大共产党员中普遍进行一次统一战线理论政策的再教育,进一步提高对中国共产党领导的多党合作和政治协商制度的认识。要求建立和完善县委、县政府就重大问题与民主党派、无党派人士的协商通报制度;县委、县府党员领导干部与民主党派、无党派知名人士的交友制度;政府有关部门与民主党派、工商联和无党派人士的对口联系制度,以及聘请民主党派、无党派人士担任"特约四员"(特约教育督导员、特约审计员、特约监察员、特约检察员)的党外监督制度。同时,就进一步做好党外人士的培养、选拔举荐工作,以及重视和支持民主党派加强自身建设作出部署,推进中国共产党与民主党派、工商联和无党派人士合作共事的制度化、规范化。1996年3月,县委统战部、组织部印发《关于做好推荐党外后备干部工作的意见》,结合嘉善实际,细化做好党外干部政治安排、实职安排的培养、考察和举荐工作。2004年6月8日,县委印发《关于进一步加强民主党派、工商联和无党派人士工作的意见》,就深入贯彻落实《中共中央关于加强统一战线工作的决定》和嘉兴市委《关于进一步加强民主党派、工商联和无党派人士工作的若干意见》,调整和充实县委、县政府主要领导与党外人士交友,政府有关部门与民主党派对口联系制度,在县工商、税务、国土资源、规划、环保、技术监督等职能部门实行特约监督员制度,以及落实县委、县政府重大事情和重要内、外事活动通报制度,进一步推进全县多党合作的制度化、规范化建设作出规定。2006年3月,县委印发《关于进一步加强中国共产党领导的多党合作和政治协商制度建设的实施意见》,重申有关全县经济社会发展的重要事项、重大决策和人事安排,要向民主党派、工商联和无党派人士通报情况,征求意见;重视发挥民主党派的参政议政和民主监督作用,加强同党外人士的合作共事,为民主党派开展工作创造必要的条件。2008年8月,县委印发《关于进一步巩固和壮大新世纪新阶段统一战线的实施意见》,就学习贯彻《中共中央关于进一步加强中国共产党领导的多党合作和政治协商制度建设的意见》《中共中央关于加强人民政协工作的意见》《中共中央关于巩固和壮大新世纪新阶段统一战线的意见等文件精神,结合嘉善实际,对全县新世纪新阶段统一战线工作的总体要求、工作重点和主要任务作出部署。2012年9月,县

委印发《关于进一步加强统一战线工作的实施意见》和《中共嘉善县委、嘉善县人民政府关于加强和改进新形势下工商联工作的实施意见》,组织各民主党派、无党派人士学习《中共中央关于加强新形势下党外代表人士队伍建设的意见》,就进一步加强基层统战工作,规范政治协商和情况通报制度,做到重大事项事前协商通报,充分听取党外人士意见建议作出具体规定。2013年,县委印发《中共嘉善县委、县人民政府关于做好省统一战线助推嘉善县域科学发展示范点建设活动的意见》。县委统战部根据县委的统一部署,协调相关部门抓好与省统战系统各单位的对接工作,走访了解项目需求并抓落实,逐步建立和完善与省、市委统战部各项助推工作机制。

党派队伍　中华人民共和国成立初期,县委统战部遵照《中国人民政治协商会议共同纲领》原则,支持各民主党派在境内建立组织、发展成员,参与嘉善的社会主义改造与建设。20世纪50年代初,因调动工作从外地到嘉善的民主党派成员有中国民主促进会(简称民进)1人、中国民主同盟(简称民盟)3人、中国国民党革命委员会(简称民革)1人(注:到嘉善的民主党派成员,均不属组织调派)。此后,有少数本地籍人士发展为民主党派成员,分别在上海、杭州等地参加组织和活动。20世纪80年代初,县委统战部贯彻党的"长期共存、互相监督、肝胆相照、荣辱与共"方针,协助嘉兴市民主党派组织先后在嘉善吸收成员,建立民盟、民建、民进等民主党派嘉善小组。1984—1987年,协助、指导民进、民盟、中国民主建国会(简称民建)、中国农工民主党(简称农工党)等民主党派在嘉善建立支部,并在干部配备、办公场所、经费保障等方面给予支持,协调解决。2010年12月,帮助民革建立嘉善县支部。此后,县委统战部注重在加强各民主党派的自身建设、内部制度以及换届中的新老更替、人事调整、班子建设等方面的指导,并在发展新成员时予以支持。至2014年,全县有民主党派县级组织5个,成员347人。

支持履职　中华人民共和国成立初期,县委举荐安排民主党派人士参加县各界人民代表会议,支持民主党派人士履行代表职务。1954—1966年,历届县人大、政协中均有民主党派代表、委员依法履职,参政议政。"文化大革命"期间,县人大、政协停止活动。1981年第七届县人大和1984年第六届县政协起,民主党派代表、委员恢复履行职务(民主党代表、委员情况见本条目"举荐任职")。1987—1992年,县委、县委统战部加强与各民主党派和其他知名人士的沟通联系,每年举办通报会、协商会、座谈会3~8次,通报、商议重大事项、重要人事安排等情况。1993年,县委印发《关于进一步学习和贯彻中共中央〔1989〕14号文件精神的补充实施意见》,进一步规范和完善县委、县政府及政府有关部门与民主党派、无党派人士的"协商通报""交友谈心""对口联系"和"党外监督"制度,从制度上保障民主党派、无党派人士履行建言献策、参政议政和民主监督的职能。1993—1997年,县委、县政府举办各类通报会、协商会、座谈会32次,就改革开放、经济和社会发展规划、重要人事任免等重大问题,在决策前听取民主党派的意见和建议;县委、县政府14名主要领导与32名民主党派、无党派知名人士交朋友,县政府13个部门与4个民主党派(民进、民盟、农工党、民建)和工商联建立对口联系,县教育局、审计局、监察局和检察院各聘请4名民主党派、无党派人士担任"特约四员"。党委、政府主要领导与党外人士的交友谈心制度,随领导更换或变动每年作出调整。至2002年,县委、县政府召开协商会、通报会28次,12名主要领导与33名党外代表人士建立交友谈心制度,县政府10个部门与民主党派、工商联落实对口联系,县教育局、审计局、监察局和检察院聘请党外人士"特约四员"增加到20人。县金融、电力、邮电等部门则采取聘请行风监督员的方式,接受党外人士的监督。此后,党、政主要领导的交友谈心制度,政府(司法)部门的对口联系和"特约四员"制度等形成惯例、持续稳定,并逐步推广到镇(街道)一级的党、政部门,聘请行风监督员制度全面推广到县工商、税务、国土资源、规划、环保、技术监督、科技等部门。

2014年,县委、县政府结合党的群众路线教育实践活动、制定全县国民经济和社会发展"十五"计划和2015年长期规划纲要以及"五水共治"等重大事项,召开各类协商会、通报会、意见征求会12次,县党、政主要领导与29名党外代表人士结对，县委在制定全县国民经济和社会发展“十五”计划和2015年长期规划纲要时，对党外人士提出的30多条意见和建议在修改时给予充分考虑和采纳。政府各有关部门结合“五水共治”工作，与结对民主党派开展调研问政、解答问题，并由民主党派、无党派人士组成6个监督小组，赴全县9个乡镇（街道）实地踏访治水情况，开展“五水共治”议政活动；县委对县政协《关于推进我县“五水共治”工作的建议》提案的承办情况，专题向政协委员进行答复。

举荐任职 1949年12月，县委贯彻中华人民共和国成立前夕召开的中国人民政治协商会议第一届全体会议通过的临时性宪法《中国人民政治协商会议共同纲领》，在全县第一届各界人民代表会议上，举荐民主党派人士任人大代表6人，为民主党派人士参政议政、共商国是创造条件。此后，历次全县各界人民代表会议均有稳定比例的民主党派人士任人民代表，形成惯例。1954年7月、1962年12月，第一届县人民代表大会、县政协二届一次会议起，民主党派人士任人大代表、政协委员数稳定增加。

“文化大革命”期间，人大、政协会议（简称“两会”）受到严重干扰，“两会”正常工作停止。

中共十一届三中全会以后，县委统战部贯彻中共中央批转中央统战部《关于新时期党对民主党派工作的方针任务的报告》和党的“长期共存、互相监督、肝胆相照、荣辱与共”方针，恢复举荐、考察民主党派人士任职人大代表、政协委员工作。1984年7月，第六届县政协，首次举荐民主党派委员3人。此后，第七至第九届政协均有民主党派委员11人，并逐步增加民主党派界别的委员名额。1989年，中共中央《关于坚持和完善中国共产党的多党合作和政治协商制度的意见》下达后，县委统战部根据嘉兴市委关于努力做好党外干部的培养考察和推荐工作的要求，着手在政府部门配备非党领导干部工作。至1995年，全县政府部门配备非党科局级领导9人。同时，加强非党后备干部的培养、考察和举荐工作，到政府有关部门开展调查摸底，排出一批优秀非党后备干部名单，并完成建卡工作，为组织部门录用党外干部提供依据。1996年，县委统战部、组织部印发《关于做好推荐党外后备干部的意见》，就党外干部的实职安排事宜提出具体意见。是年，全县落实党外实职领导干部6人、后备干部21人，其中副县长1人，科局级干部5人。1997年，全县共有党外领导干部11人（民主党派人士的政治安排情况见附表），其中人大常委会副主任1人、副县长1人、正局（科）级1人、副局（科）级8人。1998—1999年，会同县委组织部对政府11个部门和知识分子比较集中的单位调查、走访，联系实际进行专题研究2次。通过“双推双考”（民主推荐、组织推荐和考试、考察相结合的选拔干部方式）和部门班子调整，选配和调整党外干部2人；全县局（科）副职以上党外干部增加到12人，其中机关8人、乡镇4人。

进入21世纪，进一步完善和规范党外人士的政治安排、实职安排工作，采取“双推双考”、公开选拔等方式，加大对党外干部的培养、选拔和交流使用。同时，加强对党外后备干部的考察、培养，建立党外后备干部库，推进人才储备。2002年，全县党外人士任人大常委会副主任1人、副县长1人、副局（科）级6人、乡镇副职干部2人。2003年，党外人士新任县级领导4人、政府部门领导2人，其中司法机关首次安排副局长1人。2008年，全县有党外实职领导干部15人，其中副处级4人，副局（科）级10人，乡镇副职1人。2009年，建立党外后备干部库，推荐民主党派及无党派人士参加全县公开选拔副科（局）级领导岗位和中层干部考试11人，进入考察4人。是年，选拔部门和乡镇副科级领导4人，任县级医院院长1人；落实党外后备干部31人，占县管后备干部总数的11.7%；党外县处级后备干部2人，占总数的10%，初步建立一支数量充足、结构合理的党外干部队伍。2013年，县委统战部配合县委、县政府出台《中共嘉善县委关于加强新形势下党外代表人士队伍建设的实施意见》，并完成《探索拓宽党外干部培养选拔的新路径》课题调研，开展党外干部建设年活动。2011—2013年，通过“双推双考”、公开选拔等方式，选拔党外干部担任正、副科（局）级实职领导13人，县人大常委会、政府、政协班子中配备党外人士各1名，推荐党外后备干部到省发改委、县信访局等进行挂职锻炼5人，并完成党外人士的信息采集252人。

2014年,新选拔党外副科级领导干部3人,实现省委提出的三分之一镇(街道)领导班子中配备党外干部的要求。至年底,全县民主党派人士当选人大代表7人、占代表总数的3.32%,其中常委3人,占常委会委员总数的12.0%;任职政协委员23人,占委员总数的10.80%;党外人士政府部门实职安排26人,其中副县长1人、副处级2人、副局(科)级20人,乡镇副职3人。

1949—1956年嘉善县第一届各界人民代表会议民主人士代表情况表

表8-4-4

届　次	时　间	代表总数(人)	其中	
			民主人士(人)	占%
第一、第二次会议	1949.12—1950.11	154	6	3.90
第三次会议	1950.11—1951.10	152	7	4.60
第四次会议	1951.10—1952.04	255	7	2.75
第五至第七次会议	1952.04—1953.04	220	7	3.18
第八次会议	1953.04—1956.03	220	7	3.18

1954—2012年嘉善县历届人大民主党派代表情况表

表8-4-5　　单位:人

届　次	年　份	代表总数	其中代表		其中常委	
			民主党派	占%	民主党派	占%
第一届	1954.07—1956.12	223	15	6.73	—	—
第二届	1956.12—1958.05	224	15	6.70	—	—
第三届	1958.05—1958.11	215	13	6.05	—	—
第四届	1961.12—1963.12	213	30	14.08	—	—
第五届	1963.12—1966.05	243	30	12.35	—	—
第六届	1966.05—	243	23	9.47	—	—
第七届	1981.08—1984.07	235	16	6.81	—	—
第八届	1984.07—1987.04	276	21	7.61	—	—
第九届	1987.04—1990.04	247	19	7.69	2	11.1
第十届	1990.04—1993.04	270	17	6.30	2	10.5
第十一届	1993.04—1998.03	279	6	2.15	2	10.5
第十二届	1998.03—2003.03	211	7	3.32	2	10.5
第十三届	2003.03—2007.02	211	4	1.90	2	10.5
第十四届	2007.02—2012.02	211	5	2.37	4	17.4
第十五届	2012.02—	211	7	3.32	3	12.0

说明:县人大自第七届起设常务委员会

1956—2012年嘉善县历届政协一次会议民主党派委员情况表

表8-4-6

届 次	年 份	委员总数（人）	其中	
			民主党派	占%
第一届	1956.03	71	—	—
第二届	1962.12	73	3	4.10
第三届	1963.12	71	2	6.05
第四届	1966.05	71	2	2.80
第五届	1981.08	111	—	—
第六届	1984.07	114	3	2.63
第七届	1987.04	137	11	8.03
第八届	1990.04	155	11	7.10
第九届	1993.04	154	11	7.14
第十届	1998.03	175	17	9.71
第十一届	2003.03	199	17	8.54
第十二届	2007.03	215	23	10.70
第十三届	2012.03	215	23	10.80

【民主党派组织和主要活动】

组织机构

20世纪50年代初期，嘉善仅有中国国民党革命委员会（简称民革）成员1人，中国民主同盟（简称民盟）成员3人，中国民主促进会（简称民进）成员1人，均为从外地调到嘉善工作的民主党派成员，此后，有少数民主党派成员，分别在上海、杭州等地参加组织和活动。1982年，嘉兴市民主党派组织先后在嘉善吸收民主党派成员，建立民盟、中国民主建国会（简称民建）、民进等民主党派嘉善小组。1984年10月，民进率先在嘉善建立支部。其后，民盟、民建、中国农工民主党（简称农工党）分别在1985年10月、1986年10月和1987年5月建立嘉善县支部。2010年12月，民革建立嘉善县支部。至2014年，全县建有5个民主党派县级组织，成员347人。

中国国民党革命委员会嘉善县支部委员会 2010年12月15日，中国国民党革命委员会嘉善县支部委员会成立。召开第一次党员会议，选举产生“民革”嘉善县第一届支部，主委吕新建，有党员5人。2011—2014年，分别有党员7人、8人、8人和12人。

中国民主同盟嘉善县基层委员会 1984年10月，民盟嘉善县小组成立。1985年10月，成立民盟嘉善支部。主要由从事文化教育以及科学技术工作的高、中级知识分子组成。1987年10月，升格为民盟嘉善县总支。2009年，成立第一届民盟嘉善县基层委员会。2014年，民盟嘉善县基层委员会有2个总支，8个支部，盟员116人。中国民主同盟嘉善县组织历经10届盟员大会。

中国民主同盟嘉善县基层委员会（小组、支部、总支）历届主委、副主委一览表

表8-4-7　　单位：人

名 称	时 间	主 委	副主委	出席人数
小组	1984.10—1985.10	张文汉（组长）	—	6
支部	1985.10—1987.10	张在扬	张文汉、李尧臣	18

续表8-4-7

名　称	时　间	主　委	副主委	出席人数
总支第一届	1987.10—1990.01	张在扬	张文汉、李尧臣	28
总支第二届	1990.01—1992.12	张在扬	李尧臣、李尧仓	31
总支第三届	1992.12—1997.01	张在扬	李尧臣、冯镇患	39
总支第四届	1997.01—2000.07	徐莲珍(女)	许佐良、沈　仑	60
总支第五届	2000.07—2006.04	俞鹤祥	沈　仑、张　来	69
总支第六届	2006.04—2009.12	俞鹤祥	沈　仑、张　来	77
基层委员会第一届	2009.12—2011.05	俞鹤祥	沈　仑、张　来	87
基层委员会第二届	2011.05—	俞鹤祥	张　来、吴重秋、杭新江	100

中国民主建国会嘉善县总支委员会　1985年，“民建”开始在嘉善经济界、工商界中发展成员。1986年12月，建立民建嘉善县支部，历经5届大会，主要由经济界人士及有关专家学者组成。2003年12月30日，升格为民建嘉善县总支，下辖3个支部，历经3届支部大会。2014年，嘉善县民建总支有会员49人，下辖综合、经济和西塘3个支部和调研、组宣、社会服务、企业家联谊会、老年工作、妇女等专门委员会。

中国民主建国会嘉善县支部(总支)委员会历届主委、副主委一览表

表8-4-8　　单位:人

名　称	时　间	主　委	副主委	出席人数
支部第一届	1986.12—1990.06	倪学礼	蒋泳清	6
支部第二届	1990.06—1993.11	倪学礼	蒋泳清	12
支部第三届	1993.11—1997.05	倪学礼	吴株文	13
支部第四届	1997.05—2002.09	江康培	钟　凯、江康型	19
支部第五届	2002.09—2003.12	何慧琴	钟　凯、张学东	26
总支第一届	2003.12—2006.05	何慧琴	钟　凯、张学东	29
总支第二届	2006.05—2011.06	何慧琴	张学东、朱建强	33
总支第三届	2011.06—	何慧琴	张学东、朱建强	42

中国民主促进会嘉善县委员会　1983年，嘉善三中教职员和嘉善二院医护人员中已有民进人士。1984年10月，成立嘉善县民进支部，以从事教育、医护、文化出版工作的高中级知识分子为主。1987年5月，建立民进嘉善县委员会，历经7届。至2014年，有8个支部，105名会员。

中国民主促进会嘉善县支部委员会历届主委、副主委一览表

表8-4-9　　单位:人

名　称	时　间	主　委	副主委	出席人数
一届支部委员会	1984.10—1987.05	糜振宇	成盘吉	18
第一届委员会	1987.05—1990.05	糜振宇	成盘吉、钱渭雄	54
第二届委员会	1990.05—1993.06	钱渭雄	陈强、蔡保明	58
第三届委员会	1993.06—1997.08	钱渭雄	陈强、韩金梅	66

续表8-4-9

名　称	时　间	主　委	副主委	出席人数
第四届委员会	1997.08—2002.08	钱渭雄	陈强 、薛美娟(女)、周向阳	81
第五届委员会	2002.08—2006.06	周向阳	江建强,2005年增补许春红(女)	86
第六届委员会	2006.06—2011.06	周向阳	江建强 、许春红(女)	88
第七届委员会	2011.06—	许春红(女)	周向阳、许卫明	94

中国农工民主党嘉善县总支委员会　1985年8月,农工党嘉兴市委会在嘉善发展2名党员。1986年9月,成立农工党嘉兴市委嘉善县直属小组,有党员3人。1987年5月,组建农工党嘉善县支部,以医药卫生界高中级知识分子为主。1990年6月,升格为总支。2002年6月,分别建立西塘、魏塘和一院下属3个支部,历经6届党员大会。

中国农工民主党嘉善支部(总支)历届主委、副主委一览表

表8-4-10　　单位:人

名　称	时　间	主　委	副主委	出席人数
支部	1987.05—1990.06	吴静芝	陆与放、陆安锠	13
第一届总支	1990.06—1993.06	吴静芝	陆与放、陆安锠	20
第二届总支	1993.06—1997.04	吴静芝	陆与放、陆安锠	28
第三届总支	1997.04—2002.06	姚定栋	孙文加 、李桂娥(女)	36
第四届总支	2002.06—2006.05	姚定栋	陈进义、王金龙	42
第五届总支	2006.05—2011.06	姚定栋	陈进义、王金龙	46
第六届总支	2011.06—	王金龙	周富根、何海红 (女)	55

主要活动

嘉善县各民主党派组织建立以后,按照各自章程的规定发展成员,健全班子,完善制度,加强自身队伍建设;按照中国共产党与各民主党派"长期共存、互相监督、肝胆相照、荣辱与共"的方针参与政治协商、民主监督,反映社情民意;发挥民主党派的各自特长,参与文化、教育、科技、医疗、法律咨询和慈善救助等社会服务。

自身建设　1984—1989年,民盟和农工党等民主党派办公室配备专职党派干部和批拨活动经费。其间,发展党派新成员39人。1989年3月,召开民主党派工作会议,介绍各党派加强自身建设经验。1992年,民主党派组织换届,发展新成员5名。1993—1997年,建立每季度召开一次民主党派联席会议制度、各民主党派班子人员逢双月学习制度、班子成员工作分工负责制、正副主委轮流值班制等。民进、民盟、农工、民建,完成第二次换届,各民主党派发展新成员47人。1993年12月,中共嘉善县委发布《关于进一步学习和贯彻中共中央〔1989〕14号文件精神的补充实施意见》,支持民主党派加强自身建设。1998—2002年,县委统战部召开16次民主党派负责人会议,部署换届工作,各民主党派相继完成换届,发展新成员50人。2003年,各民主党派结合自身实际,举办新成员培训班2期,发展新成员11人。2004年9月,县委统战部举办全县党外干部培训班,邀请嘉兴市委统战部党派处作《统一战线基本知识》讲座;民建嘉兴市委副主委、嘉兴市职业技术学校校长作《党外干部在履行职责过程中应处理好几个关系》讲座;浙江省社会主义学院院长作《多党合作与民主党派》讲座。全县科(局)级党外实职干部、各民主党派骨干成员、党外知识分子和无党派代表人士37人参加培训。 2005年10月,县委统战部邀请市人大常委会副主任、民盟主委作学习贯彻《中共中央关于进一步加强中国共产党领导的多党合作和政治协商制度建设的意见》辅导报告，各民主党派50人参加。2006年，县委统战部制定《中共嘉善县委统战部关于协助县级各民主党派做好2006年换届工作的意见》，民进县委及县民盟、县民建、县农工党3个总支顺利换届。2007年，召开各民主党派负责人联席会议，举办民主党派骨干学习会，发展新成员6人。2008年，组织学习《中国的政党制度》白皮书，举办"多党合作和参政议政"专题报告会，参加人员60多人。是年，民主党派发展成员9人。2009年，建立民主党派正副主委每季一次的联席会议制度；民盟总支升格为民盟嘉善县基层委员会；各民主党派发展新成员12人。2010年，农工党建党80周年，民建、民进建会65周年。组织开展一系列教育、庆祝活动，观看《民主之澜》《黄炎培》等电视片；邀请上海市社会主义学院副院长作题为《共同的精神支柱，自觉的价值追求》专题报告等。是年，民革嘉善县支部成立。民主党派发展新会员16人。2011年，邀请省社会主义学院教师作"当代中国的多党合作制度"专题辅导报告。民盟、农工党、民进、民建相继完成换届工作。是年，新发展民主党派成员13人。2012年，举办全县党外干部读书会，听取全县经济形势报告；邀请杭州市江干区政协、九三学社杭州市委领导作"加强多党合作，提高履职能力"专题讲座。是年，筹建县社会主义学校。完成252名党外人士的信息采集。发展民主党派成员11名。2013年，开展党外干部建设年活动。"省统一战线教育培训实践教学基地""党外代表人士实践锻炼基地"落户嘉善。是年，嘉善县社会主义学校成立，举办全县党外代表人士读书会、学习会、培训班12期。协助省委统战部做好港澳浙籍中青年代表人士国情研修班、全省党外中青年干部培训班到嘉善考察和3名党外干部在嘉善的挂职锻炼。县党外人士培训班在省社院举行，受训学员45人。2014年，召开各民主党派开展坚持和发展中国特色社会主义学习实践活动动员大会，举办学习讲座2次。

参政议政　各民主党派根据各自特点，积极开展社会调研，以撰写调研报告，向县委、县政府提供信息资料、决策依据、意见建议和参加两会提交提案、议案为主的方式参政议政。1984—1992年，民主党派成员在县各届人大、政协中任人大代表57人次、政协委员25人次。1993—2014年，各民主党派代表担任历届县政协委员的101人次，当选历届县人大代表29人次，在历届政府中担任副科以上实职干部73人次。各民主党派组织和成员通过调研形成调研报告50余篇，代表在"两会"大会发言101篇，提交提案2011件，有90件被列为政协的重点和重要提案或政府一号、二号提案，100余件评为优秀提案。

2002年，民建提交的《用创新思维去筹措资金，用市场化的方法规范运作》被列为重点提案。2003年，民建提交的《要求制订生态立县第一个五年规划的建议》被列入重点提案。是年，民盟总支围绕县委、县政府中心工作开展调研，形成《健全社会保障制度，扩大养老保险覆盖面的几点建议》《关于提高宣传资料的汉译英质量的建议》《关于如何加快农业产业化进程的思考及建议》等调研报告。2004年，民盟对全县高级人才情况展开调研，形成《引进用好高级人才的思考》调研报告。农工党组织开展全县小城镇建设情况调研，撰写《如何加强外来人口管理》《外来人口聚集区的卫生治理》《小城镇建设中政策调整》等调研文章。是年，农工党提交的《按照城乡一体化的要求，加快优质饮用水系统建设》被评为优秀提案。民盟提交的《关于实施"促进农民增收工程"的建议》列为重点提案。2005年，民盟配合政协开展专题调研，形成《小城镇建设中应注意的问题》调研报告。是年，农工党的《对建设"平安嘉善"中的"卫生平安"的思考与建议》被评为年度优秀提案。民盟的《关于实施食品安全保障工程的建议》列入重点提案。2006年，被评为优秀提案的是农工党的《加强新嘉善人的卫生防病工作，推进农村公共卫生建设》。被列为重点提案的有民建的《必须培养和引进一批高素质的医务人才，作为我县医疗卫生服务水平的必要保证》、农工党的《努力发展循环经济，加快建设我县绿色制造业基地》。2007年，民建参与县政协组织的接轨上海、对接世博的有关课题调研，形成《违法用地、违法建设典型例子及法律责任》等调查报告。民进完成《增强综合竞争力,全面加快发展嘉善服务业》《改善农村公共卫生服务环境,解决农民看病难问题》《关于违章搭建情况建议和对策》等调研报告,为县委、县政府决策提供参考。是年,民盟的《加快农业科技创新,提升嘉善现代农业水平》被评为优秀提案。民建的《关于教育均衡发展》、农工党的《加强发展农村集体经济,创新运行模式》被列为重点提案。2008年,民进开展城中村改造调研,形成调研报告《对城中村改造的建议和对策》。民盟嘉善县总支向中共嘉善县委提交《关于深化医药卫生制度改革方面的意见建议》《关于统筹推进产业调整加快转型发展步伐的建议》《关于实践科学发展建设"浙北明珠"的建议》《提升城市形象打造"浙北明珠"》《关注师生科学健康饮食促进教育又好又快发展》等意见建议。民建提交《把握契机,加快融入长三角一体化发展》《关于我县交通运输业发展的思考与建议》等调研报告。是年,民盟的《强化村级经济,推进新农村建设》、民进的《加快嘉善城市个性建设,推进新型城市化进程》被评为优秀提案。重点提案有民建的《尽快建立社区居家养老保障机制》和农工党的《建议保险公司开展医疗事故保险,以维护医患和谐关系》。2009年,民盟组织调研民生课题,形成《关于行政区划调整后协调发展的几点建议》《基层学校多党合作的实践与思考》《天凝镇食盐供应现状和建议》等调研报告。民建参加县政协专题约谈会,形成《关于我县交通运输业发展的思考和建议》调研报告。 民进根据县政协关于开展现代服务业、提升第三产业的调研要求撰写《对我县的物流业发展的建议和对策》的调研报告。是年,民盟的《高度重视企业技术改造,加快推进工业转型升级》、民建的《关于在全市推广实施农村生活污水处理的建议》被评为市政协年度优秀提案。

2010年,农工党参加政协论坛等专题调研,参与社区矫正对象管控工作和基层矛盾化解工作情况专题调研,形成《抢抓世博机遇,加快我县产业转型升级》《我县城中村改造存在的问题及建议》等调研报告。民进围绕"世博后经济"议题,会同科委农业组撰写《关于嘉善全力打造临沪休闲之地的思考》调研材料。民盟先后就"十二五"规划制定、社会保障、职业教育、教育改革、世博后经济转型升级的方向选择等重大问题提出意见建议,撰写《切实解决被征地农民保障问题努力建设乐居嘉善的对策建议》《高考关乎千家万户,重大改革请慎重,并加强宏观监控指导》《建设世界一流大学任重而道远》《关于加强淘汰落后产能工作的法律保障和政策保障的建议》和《守正出奇,转变方式,科学转型》等8篇调研报告。是年,民盟的《关于大力发 展农产品加工,加快农业转型升级的建议》、民进的《严格执行(职业病防治法),尽快落实企业职业病危害预评价工作》被列入重点提案。民盟在县政协十二届四次会议的书面发言《大力构建三大支撑体系,着力推进现代精品农业发展》被评为政协重点提案和年度优秀提案。2011年,民革参加县政协"融入大上海,对接大虹桥,全面推进我县商贸旅游又好又快发展"专题调研,形成《新居民子女教育转型升级》调研报告。民盟针对经济转型、农产品升级的方向选择、校车安全等社会关注的热点、难点问题,开展调查研究,分别撰写《嘉善县发展中华鳖精品养殖的思考与对策》《杨庙雪菜如何摆脱收购价格低迷增收难的困境》《关注校车安全提高安全意识》等调研报告。是年,民盟的《关于解决经济转型发展中三个重要问题的建议》和民进的《加强对免费开放公共设施的建设和管理》被评为优秀提案。民革的《关于进一步接轨上海、融入上海的建议》被列为重点提案。2012年,民革赴长兴县考察调研针对嘉善人才状况,形成《关于破解发展"人才瓶颈"制约的建议》调研报告。民盟就县经济转型发展、农业科技发展、公立医疗综合改革、职业教育、企业融资、农民增收等组织8次调研,形成10篇调研报告。农工总支牵头组成调研组,提出的关于医药补偿比例等意见建议得到县领导的采纳。是年,民盟《关于推动企业上市,推进资本市场发展的建议》、农工党《我县县级公立医院改革的建议》被评为优秀提案。评为重点提案的有民革《关于促进嘉善学前教育进一步发展的建议》、民盟《宏观形势下稳增长促调整的几点建议》、民建《多管齐下,加快推进"退二进三"》、民进《关于加快推进我县学前教育优质发展的建议》、农工党《我县县级公立医院改革的建议》等。2013年,民盟完成调研报告8篇。农工党与县卫生局联合调研"我县医疗卫生人才队伍建设"课题,与县环保局共同探讨提交大气污染治理提案。是年,优秀提案有民革的《保障刑事诉讼法律援助全覆盖》、民盟的《宏观形势困难情况下,抓技术改造促工业转型的几点建议》、农工党的《关于基层医改中亟待解决的问题和建议》。重点重要提案有民革的《保障刑事诉讼法律援助全覆盖》、农工党的《推进基层医改中亟待解决的问题和建议》。

2014年,民革以"工业企业转型背景下的科技创新"为主题展开调研。民盟主委俞鹤祥带队赴嘉善县民政局开展"统筹城乡公共服务配置"专题调研。民建参与政协"五水共治"专项民主监督,先后4次实地走访,就"保供水"开展专项调研。农工党参加申报市委会参政议政课题、参加县政协调研,形成调研报告2篇。是年,重点提案有民革的《关于深入推进我县"三改一拆"工作的建议》、民盟的《抓好重点产业升级工作,推动工业发展可持续》、民建的《关于加快嘉善电子商务发展的建议》。

服务社会　各民主党派积极开展为医疗、文化、农业服务等活动;关心支持教育事业、扶贫助学;热心公益事业,在抗击自然灾害、支持地方建设中捐款捐物,折合人民币近230万元。1987—2008年,民进持续开展义务门诊、下乡巡诊20余次,发放保健知识资料500余份,义诊和咨询群众3000余人。1991—2014年,农工党连续24年开展哮喘、慢性支气管炎病的"冬病夏治"特色医疗,在全县设置医疗点或医疗小分队11个(最多时有14个),每年治疗病人6000余人(最多时8000多人次)。1992年,农工党举办各类文化班、日语班,学员26001人。1993—1997年,民盟与下甸庙中学和大舜中学结对。农工党成立嘉兴市前进进修学校嘉善分校、开办嘉善医疗门诊部(现称嘉善县农工诊所)。民进开始组织社会办学。1998—2002年,民盟总支和天凝中学结对。2000年,民进坚持社会办学,办班106个班次,学员8330余人。2001年,民盟成立玉兰小区医疗卫生服务站。民盟总支和民进嘉善县委联合成立嘉善县青少年教育服务中心。2002年,民盟创建晋阳社区卫生服务站,为居民免费体检和建立个人档案。民进与魏中村广元民工子弟小学开展"手拉手"支教活动。2003年8月14日,统战部牵头组成民主党派"三下乡"(科技、文教、卫生)服务工作队,普及医疗卫生知识,开辟20多块宣传版面;为专业户赠送种植、畜禽、养殖等书籍300多本,咨询看病200多人次。民盟在杉达大学光彪学院开设服务中心。2004年,民盟与县台协联合邀请上海市中山医院的10位专家为40多位台商及家属开展健康体检;免费为玉兰社区居民体检,建立居民个人健康档案。举办中小学英语教师培训班和中小学生暑期英语兴趣班,参加师生650人。2005年,农工党与兄弟党派中的医务人员一起赴"新嘉善人"聚集的魏塘镇魏中村,开展进村义诊,接受义诊、咨询400多人,发放卫生、健康宣传资料500多份。民盟在"新嘉善人"集聚区举行义诊,接受诊疗和咨询400多人。2006年,农工党总支建立"联镇挂村""结对帮困""医疗服务"等小组为村级医务室提供技术支持。民盟分别到魏塘镇晋阳社区、干窑镇、大云镇大云村开展义诊,接受治疗和咨询的群众400余人。2007年,民盟开展送科技、送卫生、送文化"三下乡"活动。其间,接受诊治和咨询的群众630人次。农工党总支4名党员参与大云卫生院对口支医,组织人员开展义诊、便民服务等活动4次,向群众发放科技宣传资料500余份,接受诊治、科技咨询400余人次。农工党举办各类培训和辅导班,成立嘉善教育服务中心。2008年,农工党赴魏中村开展纪念"五一口号"发布60周年,5名医生参与支医活动。2009年,民盟全年组织下乡义诊、便民服务活动3次,接受诊治和咨询500余人次。民建、民进的10位卫生、农业、法律等方面专家为西塘镇大舜村群众开展义诊和咨询,发放宣传资料400份,接受义诊和咨询200余人。2010—2012年,农工党参与县委统战部组织的发挥党派优势,服务"强村计划"活动。民进会同民建、民盟等民主党派人士到天凝镇开展免费义诊、法律咨询,发放农业、卫生宣传等资料200余份,接受诊治100多人次。民盟教育服务中心被评为"嘉兴市政府十佳培训机构""2011年度浙江省中小企业优秀服务机构"。2011年,县委统战部组织民建、民盟、农工党、民进、民革和无党派人士赴惠民街道新润村开展免费义诊、法律咨询,发放农业、卫生宣传资料。2012年,各民主党派组织10余名专家赴西塘镇,发送各类知识手册,提供医疗义诊、心理咨询、农技咨询、法律咨询等服务。各民主党派“三下乡”服务小组到大云镇缪家村，开展中医药科普宣传、专家义诊、志愿服务等。嘉善县柳洲学校党支部与嘉善县高级中学民盟支部支教结对工作启动。民进会员为县文化馆“百姓大讲堂”授课。2013年3月23日，省统一战线助推嘉善县域科学发展示范点建设“五下乡”(科技、文化、卫生、法律、扶贫)活动正式启动，近200名社会各界的专家齐聚嘉善，深入基层，普及文化、卫生、法律、教育、科技知识。民盟嘉善中教支部和县政协教研组联合组织送教活动，8位小学老师和6位初中老师，分别到柳洲学校和南署中学送教。民盟嘉善中教支部与结对新居民学校——柳洲学校，先后开展2次教学互动活动，由民盟嘉善中教支部主委包叶红任校长的嘉善新世纪学校承担“网络教研管理”“外教支教”重点内容。是年，民盟举办的各类培训和辅导班累计318(班次)，接受培训15800余人次。民进在嘉善第二人民医院设立浙江省委会医卫专家工作站，先后有25位专家坐诊，接待门诊260例，接待咨询472例；两次组织医卫界会员参与“三下乡”便民服务，现场接待百姓咨询400余人次。

2014年3月29日，县统一战线同心社会服务实践基地启动仪式暨医疗卫生下乡服务活动在姚庄镇卫生院举行。根据嘉兴市委统战部《关于深化统一战线同心建功活动的意见》，民革嘉善县支部、民盟嘉善县基层委员会、民建嘉善县总支、民进嘉善县委会、农工党嘉善县总支分别将浙江卢军律师事务所、县柳州学校、县科创中心、县文化馆、姚庄镇卫生院和嘉兴碧云花园有限公司作为统一战线同心社会服务实践基地。7月28日，嘉善法律援助中心民革工作站成立“嘉善县法律援助中心民革工作站”和“同心社会服务实践基地”。8月5日，由居住或工作在罗星街道晋阳社区的民主党派、党员、群众代表20余人组成全县首个同心社会服务联盟，联盟以社区志愿服务为重点，定期开展扶贫助残、帮困助教、敬老爱幼、法律援助、医疗服务、科普教育、文化汇演等活动。是年，嘉善民盟社会服务基地开展外教服务活动，嘉善新世纪学校外教老师，到柳洲学校执教英语口语会话课，与该校师生进行课外交流、教学研讨。

【无党派人士联谊会和主要活动】

嘉善县无党派人士联谊会(以下简称县联谊会)是由党外中青年知识分子中以无党派人士为主，自愿组成的具有统战性、知识性、联谊性的社会团体，是党委、政府联系党外知识分子的桥梁和纽带，也是广大党外知识分子交流信息、联络感情，履行参政议政、民主监督、服务社会的平台。县联谊会成立以后，立足知识创新、科技创新、信息创新，参与县委、县政府、县政协的各类活动，主动建言献策、服务经济社会、加强自身建设，组织功能不断完善发展。

组织机构 2007年9月20日，召开第一届县联谊会会员大会，成立县联谊会，有会员50人；下设经济科技、教育卫生、文化中介等委组3个和组织工作等专门委员会5个。会议通过《嘉善县无党派人士联谊会章程》及选举办法，选举产生第一届县联谊会领导成员，沈玉梅(女)任会长，沈宏伟、董园来、杨佐南(增补)任副会长，黄 蓁(女)任秘书长。2011年6月29日，召开第二届县联谊会会员大会，有会员60人；会议选举产生第二届县联谊会领导成员，沈玉梅(女)任会长，沈宏伟、董园来、杨佐南(女、增补)任副会长，黄 蓁(女)任秘书长。2012年，会员中有研究员2人、高级职称25人、中级职称31人；大专以上学历66人，其中博士2人、硕士1人、本科40人。2013年，分别成立姚庄、开发区(惠民街道)、大云、陶庄、天凝、罗星等分会6个。2014年，县联谊会有会员84人；全县有镇、开发区(街道)分会9个、分会会员203人，实行属地管理。

主要活动 县联谊会注重加强调研，通过会员中的人大代表和政协委员，依托县人大、政协平台，提交提案及建议，建言献策、参政议政；积极发挥会员单位的人才优势、知识优势、技术优势和资源优势，组织开展科技、法律、卫生“三下乡”和“送教下乡”、慈善捐赠等活动，回报社会、服务社会。

2008—2014年，围绕教育、卫生、环境污染、城市规划、社区管理、城乡公交运营等重点民生问题和企业转型升级、发展“三品”农业、建设长三角科技商务中心、招商引资、物业管理等重大经济建设事项，组织开展专题调研，向各届县人大、政协提交提案及建议或在会上发言，参政议政。7年间，共向县政协提交提案242件，其中被县政协评为优秀提案13件、重要提案16件、重点提案13件，一些重点提案被县委、县政府列为督办提案。

2008—2014年，组织开展“强村计划”“送教下乡”“送医疗、送科技、送法律”服务以及联谊同心“五个一”系列便民、利民公益活动，回馈社会、服务基层。7年间，共举办各类为民服务活动20余次。2014年5月，按照县委统战部的统一部署，确定嘉兴碧云花园为同心实践服务基地，开展生态水质循环治理、葡萄品质提升、樱桃栽培技术的服务指导和知识讲座。

2008—2014年，组织开展四川汶川抗震救灾、走访慰问贫困学生家庭等慈善捐赠活动。7年间，累计捐款14.2万余元。其中扶贫帮困2.5万余元，抗震救灾捐款11.7万元。

嘉善县无党派人士联谊会领导成员一览表

表8-4-11

届次	会长	副会长	秘书长	副秘书长	理事
第一届 2007.09— 2011.06	沈玉梅 (女)	沈宏伟、董园来、杨佐南(女、增补)	黄蓁 (女)	赵凤娟(女)、董铭勤(女、增补后辞去)、倪秋霞(女、增补)	顾杲、万红(女)、张根祥、江景明、张宏、孙福明、吴小弟(增补)、丁建军(增补)、张建华(增补)
第二届 2011.06—	沈玉梅 (女)	沈宏伟、董园来、杨佐南(女、增补)	黄蓁 (女)	赵凤娟(女)	顾杲、万红(女)、丁建军、张根祥、江景明、张宏、孙福明、吴小弟、张建华、徐煜

2007—2014年嘉善县无党派人士联谊会历年会员人数一览表

表8-4-12　　单位：人

年份	人数	年份	人数
2007	50	2011	60
2008	51	2012	68
2009	56	2013	77
2010	56	2014	84

2008—2014年嘉善县无党派人士联谊会会员任职人大代表、政协委员情况表

表8-4-13　　单位：人

年份	人大代表		政协委员		
	市人大(人)	县人大(人)	市政协(人)	县政协(人)	
				总数	其中常委
2008	4	2	3	21	6
2012	4	1	3	27	4
2013	6	8	3	36	5
2014	6	8	3	36	5

嘉善县无党派人士联谊会政协委员提案情况表

表8-4-14　　单位：人

年　份	提案总数（件）	其中		
		优秀提案	重要提案	重点提案
2008	35	2	3	2
2009	31	—	3	5
2010	43	3	4	3
2011	33	2	2	1
2012	37	3	3	—
2013	27	3	1	1
2014	36	—	—	1
合计	242	13	16	13

第三节　落实统战政策

【落实错划“右派分子”政策】

1957年6月至1958年8月，在整风运动和反右派斗争中，嘉善县划定“右派分子”加上外地转入的共147人，由外地原处理单位复查的38人，实有109人（中共党员13人）。划定的“右派分子”中，县级机关51人（党员11人）、中小学职员42人（党员2人）、工商界16人。有18人被开除公职，5人劳动教养，14人被判刑管制，撤职降薪的88人（含交叉处理）。1959年9月至1978年4月，贯彻中共中央、国务院发布《关于确实表现改好的右派分子的处理问题决定》，全县分四批摘掉“右派分子”帽子58人（第一批1959年12人、第二批1960年16人、第三批1961年22人，第四批1963年8人）。

1959—1963年嘉善县摘掉“右派分子”帽子的人员情况表

表8-4-15　　单位：人

项　目	总数	在机关事业单位		保留公职	分散在社会的				
		人数	其中技术人员		人数	开除公职	自谋生活	退职回家	其他
总数	58	32	2	5	21	1	1	18	1
其中原来是干部	25	15	2	2	8	—	—	8	—
第1—3批	50	30	1	3	17	1	—	15	1
第4批	8	2	1	2	4	—	1	3	—

1978年4月，县委贯彻中共中央批转中央统战部、公安部《关于全部摘掉“右派分子”帽子的请示报告》，建立复查领导小组和摘帽办公室。4—8月，对历史遗留的“右派分子”51人（包括已经死亡的18人），全部由所在单位当众宣布摘帽。1979年2月15日起，对原划为“右派分子”的109人，按照“实事求是，有错必纠”的原则，进行逐个审查复查。是年12月，作出复查鉴定，确定没有右派言论的27人，说错话、不是“右派”的69人，有错误、不应定为“右派”的13人。至此，原错划“右派”109名全部摘帽，并按有关政策规定（除已死亡者外）均作妥善安置，其中恢复公职49人、恢复党籍12人，撤销团纪处分26人、恢复政治名

誉19人,办理离、退休手续11人,恢复原工资62人(含交叉处理),对已死亡的18人补发丧葬费2998元。1980年3—6月,对其他受错误处分的42人,分别给予纠错和平反;对因错划右派下放农村的家属子女64人,办理粮户关系"农转非"手续。1983年10月,对1979年的复查结论再次进行检查,重新修改原结论78人。全县落实错划"右派分子"政策工作结束。

【落实原国民党起义、投诚人员政策】

1979年1月,县委贯彻中共中央批转中央统战部等6部门《关于落实对国民党起义、投诚人员政策的请示报告的通知》,对国民党起义投诚人员进行全面复查和落实政策工作。至1980年1月,查明全县有国民党起义、投诚人员13人(校官1人、尉官5人、士兵7人),其中国家干部7人,工人3人,精简下放2人;已经落实政策4人,其中撤销原判1人,给予长期生活补助3人。1982年,新查证核实国民党起义、投诚人员1人。对复查核实的起义、投诚人员14人,凡在"文化大革命"中因历史问题受到审查、批斗或处理的,一律在政治上予以平反;被精简去农村或全家下放的,按政策予以回收;对新撤销原判的1人,予以办理退休手续。同时,对生活有困难的,由民政部门给予长期补助;对因修房等困难的6人,一次性补助500元;对原国民党团以上宽释人员3人,安排力所能及的工作,其中办理长期病假2人,工资照发。1985年,贯彻中央办公厅文件,对全县起义、投诚人员16人(新查证核实2人)颁发起义投诚人员证明书。1987年4月,县委统战部对全县国民党起义、投诚人员落实政策情况进行全面总结和检查。落实原国民党起义、投诚人员政策工作结束。

1987年9月嘉善县国民党起义、投诚人员落实政策情况表

表8-4-16　　单位:人

总数				发证情况		落实政策情况					基本现状							
合计	其中										生活状况					政治状况		
	校官	尉官	士兵	按起义投诚对待	发证明书	错处人数	平反撤判	恢复安置	长期补助	一次补助	离休	退休	退职	在职	已故	政协委员	中共党员	转业复退军人
16	1	5	10	1	15	6	6	7	2	3	4	6	1	3	2	1	5	13

【落实原工商业者政策】

1980年,县委统战部贯彻中共中央批转中央统战部等六部门《关于把原工商业者中的劳动者区别出来问题的请示报告》,组织开展对全县原工商业者"三小"(小商、小贩、小手工业者)调查核实和区别工作。1981年,全县查明1956年公私合营和1958年转入国营或公私合营企业,被称为私方人员按资产阶级工商业者对待的原工商业者共587人,经过复查验收,区别为劳动者357人,占原工商业者总数的60.81%。对区别出来的劳动者,凡是工人的其成份一律确认为"工人",是干部的其成分确认为"干部",政治和生活福利待遇与所在单位干部职工一视同仁,按照工会章程吸收参加工会。同时,根据他们的职业(专业)特长,合理安排工作。对未区别出的原工商业者也作出妥善处理,"文化大革命"期间的冤、假、错案予以平反,被查抄的物资予以原物或折价归还,被扣减停发的工资全部发还。1982年,组织开展落实原工商业者政策工作复查,新增区别为劳动者2人,全县明确属于劳动者359人,占原工商业者总数的61.15%。全县落实原工商业者政策工作结束。至1983年,全县原工商业劳动者中,除退休、死亡、外迁外,在职的17人,担任经理或部门负责人7人,安排政协委员7人,其中政协副主席1人,县人民代表4人,其中人大常委会副主任1人。

【落实知识分子政策】

1978—1983年，县委统战部结合落实错划“右派分子”政策、平反“文化大革命”冤假错案和历史老案等工作，组织开展落实知识分子政策工作。其间，平反纠正属于知识分子的冤假错案及历史遗留问题423人，其中冤假错案121人；对历史遗留问题作出复查结论302人。落实政策，恢复党籍3人，收回(安排)工作49人，办理离休4人、退休32人、退职3人，补发“文化大革命”中被扣发工资的26人36346元，解决因冤假错案受株连下放农村家属子女粮户关系“农转非”18人，清退“文化大革命”中被查抄物资和财物22人，归还被侵占的私房和房产权5户23间，清理知识分子档案1493人。

【落实政协委员政策】

1983年，县委贯彻《中央办公厅转发中央统战部关于当前落实政策的情况和今后工作意见的报告》，由政协、统战、组织、宣传等部门抽调专人组成工作班子，开展落实政协委员政策工作。10—11月，县委统战部、县政协采取举办座谈会、走访、通讯联系等方式，对魏塘、西塘两个片落实政协委员政策情况检查了解。先后听取51名委员的意见和反映，其中有31名委员反映本人的政策遗留问题42个，5名委员反映亲属的政策遗留问题。针对政协委员提出的问题，县委落实政策办公室、处理私房改造遗留问题办公室会同政协、统战、组织、宣传等部门进行专题研究，逐人逐事予以落实。1984年，县委统战部分别在全县统战工作会议、县委扩大会议和全县宣传工作会议上，传达中央领导关于落实统战政策的指示，就落实省、市、县三级政协委员政策问题进行部署。至年底，落实省政协委员政策1人，落实率100%；市政协委员8人，落实6人，落实率75%；县政协委员19人，落实13人，完成68.42%。全县落实政协委员政策工作基本结束。

第四节　民族宗教工作

【民族工作】

基本情况　境内为汉族聚居地区，历史上少数民族人口较少，主要特点为大杂居、小聚居，相互交错居住，较集中的地方为企业务工者聚居地。1953年，第一次全国人口普查，全县有回族8人。1955年、1964年，全县分别有少数民族12人、24人。中共十一届三中全会以后，随着外来务工、婚嫁、经商、招工录用和人才引进等人口流动增多，少数民族人口逐年增长。1982年，第三次全国人口普查，全县有少数民族42人，占总人口0.01%，其中回族37人、朝鲜族3人、满族2人。

1990年，第四次全国人口普查，全县有少数民族14个121人，占全县人口0.03%，其中有回族50人、壮族15人、土家族10人、朝鲜族8人、苗族6人、彝族6人、满族5人、侗族5人、蒙古族5人、畲族4人、布依族2人、瑶族2人、白族1人、哈尼族1人，未识别民族1人。

2000年，第五次全国人口普查，全县有少数民族23个，1567人，其中土家族602人，苗族445人，侗族135人，其余各族都在100人以下。

2010年，第六次全国人口普查，全县少数民族有土家族、苗族、彝族、侗族、壮族、回族、仡佬族、布依族、瑶族、白族、满族、哈尼族、畲族、蒙古族、朝鲜族、黎族、傣族、水族、藏族、傈僳族、东乡族、佤族、羌族、土族、仫佬族、达斡尔族、拉祜族、毛南族、景颇族、纳西族、维吾尔族、撒拉族、普米族、锡伯族、布朗族、鄂温克族、阿昌族、怒族、鄂伦春族、保安族、高山族、塔塔尔族等42个16724人。列前三位的是土家族4572人、苗族4470人、彝族1382人。

2014年，全县少数民族有45个29222人，占全县总人口7.8%。少数民族人口中最多为苗族9507人，其次为土家族7559人。是年，常住少数民族26个1329人。

2014年嘉善县常住(在籍)少数民族分布一览表

表8-4-17　　　　单位:人

民族＼分布	合计人数	镇(街道)								
		魏塘	罗星	惠民	西塘	干窑	大云	天凝	姚庄	陶庄
蒙古族	33	11	15	1	—	—	4	—	2	—
回族	102	43	16	11	8	3	12	4	4	1
藏族	5	3	—	2	—	—	—	—	—	—
苗族	343	60	56	121	9	11	45	15	20	6
彝族	42	9	5	2	4	2	1	11	5	3
壮族	109	14	13	10	25	5	13	15	11	3
布依族	42	8	1	1	5	—	2	10	11	4
朝鲜族	40	7	20	9	—	—	—	1	—	3
满族	50	28	12	4	5	—	1	—	—	—
侗族	52	19	7	4	6	1	2	2	6	5
瑶族	31	1	4	2	7	2	—	4	11	—
白族	12	2	3	1	—	3	—	2	1	—
土家族	374	60	79	75	23	14	27	43	29	24
哈尼族	8	—	—	—	3	—	1	2	2	—
傣族	2	1	—	—	—	—	—	—	1	—
黎族	11	2	3	—	1	1	1	2	1	—
畲族	23	8	4	2	3	3	—	—	3	—
土族	3	2	1	—	—	—	—	—	—	—
仫佬族	5	—	1	—	—	—	—	4	—	—
羌族	3	—	—	—	—	—	—	—	3	—
仡佬族	24	6	4	3	9	—	—	1	1	—
水族	4	—	—	—	—	—	—	3	—	1
鄂温克族	1	1	—	—	—	—	—	—	—	—
锡伯族	1	1	—	—	—	—	—	—	—	—
达斡尔族	1	1	—	—	—	—	—	—	—	—
傈僳族	1	—	—	—	—	—	—	—	1	—
其他	7	—	—	—	3	1	—	3	—	—
合计	1329	287	244	248	111	46	109	122	112	50

2008—2014年嘉善县部分年常住(在籍)少数民族基本情况表

表8-4-18　　　　单位:人

年　份	合　计	性 别		文 化 程 度					
		男	女	研究生	大学	大专	高 中(中专)	初中	小学及以下
2008.12	815	142	673	—	57	16	75	302	365
2011.02	1065	188	877	5	63	18	85	392	502

续表8-4-18

年 份	合 计	性 别		文 化 程 度					
		男	女	研究生	大学	大专	高 中(中专)	初中	小学及以下
2012	1193	229	964	5	64	20	94	434	576
2014.04	1329	284	1045	5	65	24	98	468	669

主要工作 20世纪50年代,县委、县政府贯彻《中国人民政治协商会议共同纲领》和政务院《关于地方民族民主联合政府实施办法的决定》《关于保障一切散居的少数民族成分享有民族平等权利的决定》,注意举荐安排少数民族人士任人大代表、政协委员,参与国事和政治协商,并形成惯例。同时,针对境内回民少数民族的生活习俗,每月由政府发给回族职工副食品补贴,对生活困难户发给补助金。

"文化大革命"期间,县委、县政府民族工作处于瘫痪状态,民族关系遭受严重破坏。

中共十一届三中全会以后,县委统战部、县民宗局全面落实党的民族政策,拨乱反正、平反冤假错案,依法维护少数民族的合法权益。1978年12月,按照财政部、民委、劳动局《关于妥善解决回族等职工的伙食问题的通知》精神,协调有关部门对少数民族职工每人每月补助5元。1981年起,贯彻国务院人口普查领导小组、公安部、国家民族事务委员会《关于恢复或改正民族成分的处理原则通知》,落实少数民族考生加分政策,为少数民族考生参加中、高考办理变更民族成分,出具证明(详见表8-4-19)。1988年起,对在读的回族中、小学生,每人分别给予助学金40元和30元。1993年6月,贯彻国家民委、中组部、统战部《关于进一步做好培养选拔少数民族干部工作的意见》,制定少数民族干部培养计划,选拔少数民族干部进入各级领导班子,推选少数民族代表参加妇联组织。此后,每年邀请少数民族骨干列席旁听"两会",参加全县各界人士春节、国庆、中秋座谈会、茶话会等活动。

进入21世纪,县委统战部、县民宗局加大对少数民族政策的宣传力度,注重少数民族文化、生活状况调查和干部培养。2003年,贯彻实施《浙江省少数民族权益保障条例》,采取拉横幅、发小册子等方法,组织学习、宣传条例精神。2005年,组织开展对全县少数民族的人数、性别、文化、职业、婚姻等基本情况调查。此后,结合全县经济、社会发展状况每年持续进行。2006年起,探索少数民族联络员队伍建设,在各少数民族中分别选拔1~2名骨干担任联络员,加强沟通、联络,听取意见、建议,协调、解决少数民族经商、就业、子女入学等方面困难。同时,组织少数民族代表赴绍兴、慈溪、鄞州、象山等地考察,就加强民族工作领导、做好少数民族帮扶、维权以及开展"民族团结进步创建活动"等工作进行交流和探讨。2008年,贯彻省委统战部《少数民族低收入群众增收帮扶行动实施意见》,开展走访慰问困难少数民族家庭,送慰问金、送温暖、协调解决就业等活动,并于2009年与温州市文成县金星乡洪地村少数民族结对扶贫帮困,资助5万元。2013年9月,组织开展"民族团结进步创建活动"宣传,并利用中秋、国庆、春节等重要节庆,举办少数民族座谈会,联络感情、增进团结。是年10—11月,选择在县柳洲学校开展"民族团结进步创建活动"试点,举办以"发展民族体育,强健国民体魄"为主题的第五届田径运动会,聘请音乐、美术、书法等老师进学校指导,开设民族知识大讲堂,成立蒲公英文学社、彩墨书画社、民族体育社、乐动文艺社开展民族家庭服装秀、校园好声音、书画摄影展等活动,营造民族团结、和谐共融氛围。同时,制作宣传展板10多块,印制民族知识宣传手册和民族知识竞赛题目2000余册,下发到各民工子弟学校,推广柳洲学校试点"民族团结进步创建活动"经验。

2014年,全县扶贫帮困、关爱少数民族群体的各项措施进一步落实;少数民族联络员队伍进一步巩固壮大,成员发展到45人;县委、县政府邀请少数民族骨干列席旁听"两会",基层乡镇(街道)举办少数民族座谈会,通报全县(各镇、街道)经济和社会发展情况,成为党委、政府联系少数民族的重要渠道,少数民族在促进嘉善经济和社会发展中的作用显现。是年,柳洲学校开展"民族团结进步创建活动"的经验被嘉兴市推荐到省民宗委及国家民委。

2007—2014年嘉善县少数民族成分变更情况表

表8-4-19　　单位:人

项目／年份	变更成分(人)	出具证明(份)	年份	变更成分(人)	出具证明(份)
2007	7	—	2011	8	8
2008	3	—	2012	5	12
2009	8	—	2013	3	8
2010	7	13	2014	6	9

【宗教工作】

宗教沿革和宗教团体　境内宗教历史悠久。史料记载,最早的道院枫泾澄真道院,建于汉代;最早的佛寺慈云禅寺,创建于三国东吴时期(222—280)。唐、宋时期寺庵增多,民间把寺庙和道观作为宗教信仰的圣地,佛、道教兴盛。明清时期,境内寺庵庙宇数量达到历史最高峰,其中以佛、道和地方神为最。基督教、天主教分别于清咸丰四年(1854)、光绪二十五年(1899)传入,初始时由英籍教士、意籍神甫借用民房行祈祷仪式;光绪三十四年(1908)后,陆续置地建房作教堂,开展传教活动。此后,宗教活动几经兴衰。抗战爆发后,部分寺庙、教堂被日军炸毁,佛教活动散于民间,天主教、基督教全部教徒不足千人。民国后期,道教逐渐衰落。1950年,全县有宗教教职人员583人,其中佛教497人、道教40人、天主教10人、基督教36人,可统计信徒近3700人(不包括佛教),其中道徒200余人、天主教近1000人、基督教2500人。1953年,境内有道士29人,以后道教活动趋向停止。1955年,宗教界除魏塘、西塘、干窑有和尚47人、道士22人、尼姑13人外,大部分转业参加农业生产或靠卖庙产、做临时工、给人念经、卖香烛品为生。1958年后,全县仅存的100余名宗教教职人员普遍另谋职业或返回农村。

"文化大革命"期间,宗教活动停止。

十一届三中全会以后,县委统战部贯彻党的宗教信仰自由政策,境内佛教寺院陆续得到修复或扩建,基督教、天主教教堂也陆续恢复并正式开放,宗教活动逐步恢复。至1989年,全县有宗教教职人员14人,其中佛教1人、天主教2人、基督教11人,可统计信徒6480人(不包括佛教),其中天主教800余人、基督教5680人。1993年3月,成立县基督教三自爱国运动委员会和基督教协会(简称基督教"两会"),1994年11月,成立县佛教协会(筹)。是年,全县有基督教"两会"、佛教协会(筹)等宗教团体3个,爱国宗教团体成为县委、县政府团结、教育宗教界人士,联系广大信教群众的桥梁。1998年,全县有宗教教职人员42人,其中佛教23人、天主教2人、基督教17人。

进入21世纪,进一步规范宗教组织和宗教活动。2000年,全县有基督教"两会"、佛教协会(筹)等宗教团体3个,宗教教职人员38人,其中佛教22人、天主教2人、基督教14人,可统计信徒7428人(不包括佛教),其中天主教1400人、基督教6028人。2008年,县佛教协会正式成立。是年,全县有基督教"两会"、佛教协会等宗教团体3个,宗教教职人员150人,其中佛教92人、天主教3人、基督教55人,可统计信徒9900余人(不包括佛教),其中天主教1500人、基督教8400余人。

2014年,全县有基督教"两会"、佛教协会等宗教团体3个,宗教教职人员162人,其中佛教101人、天主教1人、基督教60人,可统计信徒约20000人(不包括佛教),其中天主教1500人、基督教18500人。

附佛教协会、天主教堂务委员会、基督教两会概况

佛教协会　1931年和1944年,境内先后建立

佛学慈济会、佛教净业社2个佛教团体。

1994年11月30日，成立县佛教协会筹备组。2008年12月27日，县佛教协会成立并召开第一次代表大会，出席代表61人。会议审议通过《嘉善县佛教协会章程》和《嘉善县佛教协会第一次代表会议决议》，选举产生县佛教协会第一届理事会和领导班子，龙庄讲寺监院本义法师任会长，心明、礼如、果国任副会长，福慧任秘书长。2014年6月22日，召开县佛教协会第二次代表会议，出席代表70多人。会议审议通过《嘉善县佛教协会第一届理事会工作报告》和《嘉善县佛教协会第二次代表大会决议》，选举产生县佛教协会第二届理事会和领导班子，龙庄讲寺监院本义法师连任会长，聘请根宗法师为名誉会长，心明、礼如、果国、福慧任副会长，福慧兼任秘书长。

天主教 未建立宗教团体，仅有场所内部管理组织“堂务委员会”。1989年，嘉善天主堂恢复活动，建教堂堂务班子。1999年，嘉善天主教堂堂务班子换届，堂务委员会设主任、副主任、秘书长和委员共11人。天主教堂堂务班子根据成员变动、工作需要自行决定换届选举时间，调整情况报县民宗局备案。至2014年，嘉善天主教堂堂务班子不变。

基督教两会 1951年3月，成立“嘉善县基督教协进会筹委会”。1953年3月，成立县基督教协进会。1958年停止活动。1979年，恢复活动。1983年8月20日，成立县基督教三自爱国运动委员会(筹)。1993年3月30—31日，召开县基督教第一次代表会议，出席代表70人。会议审议通过《县基督教两会章程》，选举产生第一届县基督教爱国运动委员会和基督教协会(简称基督教两会)委员会，周爱旗任主席、会长，朱敏慧任副主席、副会长兼任基督教两会总干事、秘书长。2000年11月，召开县基督教第二次代表会议，审议通过《县基督教两会章程(修改)》，选举产生县基督教两会第二届委员会，周爱旗任主席、会长，戚美芳、朱敏慧、冯发根任副主席、副会长，朱敏慧兼任基督教两会总干事、秘书长。2008年9月，召开县基督教第三次代表会议，选举产生县基督教两会第三届委员会，朱敏慧任主席、会长，戚美芳、冯发根任副主席、副会长，凌福根任基督教协会总干事，韩仰娅任基督教“三自”会秘书长。至2014年，县基督教两会第三届委员会尚在届期中，成员不变。

宗教政策和宗教事务 中华人民共和国成立初期，县委、县政府贯彻《中华人民共和国宪法》赋予的“公民有宗教信仰自由”“国家保护正常的宗教活动”以及“任何人不得利用宗教进行破坏社会秩序，损害公民身体健康”“宗教团体和宗教事务不受外国势力的支配”的规定，依法保护公民信仰自由、打击反动会道门等非法宗教活动，对宗教界人士实行争取、团结、教育的方针，对宗教教职人员生活有实际困难的给予适当补助，并在政治上作适当安排，县第一届各界人民代表会议第四次会议有宗教界代表3人，第五至第八次会议有宗教界代表2人。1952年，县委成立统战部，加强对宗教工作的领导和管理。是年10—12月，县委针对境内非法宗教组织煽动闹事、破坏生产、对抗人民政府政策、法令，活动猖獗的情况，抽调干部84人，组成宣传、登记、审查3个组，组织开展取缔。至1955年，基本肃清境内非法宗教组织。是年，举办培训班，教育改造迷信职业人员48人(巫婆30人、神汉11人、香头7人)，逮捕煽动基督教信徒闹事分子1人。1958—1965年，县人民委员会明令禁止、依法取缔算命、看风水等迷信活动，对巫婆、神汉、香头等进行教育改造，经教育给予安排生产、生活出路36人。同时，组织全县天主教、基督教、佛教、道教等宗教界上层人士，学习、讨论宗教服从生产与工作，制定各宗教爱国守法公约，揭露境外宗教势力渗透问题，依法关闭、合并部分宗教活动场所，打击和清除在天主教、基督教教会中的国外势力。

“文化大革命”期间，党的宗教政策受到严重干扰，民间宗教活动及宗教活动场所被迫停止、关闭。

中共十一届三中全会后，县委、县政府拨乱反正，恢复和落实党的宗教政策，逐步开放宗教活动场所，依法管理宗教事务，公民宗教信仰得到基本满足。1978年，县委统战部贯彻落实宗教界人士政策，妥善解决人大、政协有关宗教问题的议案、提案，并召开宗教界人士座谈会，听取意见，通报情况，尽力解决他们工作上、生活上遇到的问题。同时，结合平反冤假错案工作，协调归还被查抄财物，落实到农村劳动改造的教职人员回城镇恢复工作。

1980年,贯彻国务院批转国家宗教事务局、国家基本建设委员会等单位《关于落实宗教团体房产政策等问题的报告》,全县开展落实宗教团体房产政策,原属教堂、寺庙被占用、出租、出借的房产逐步腾退、修整归还宗教团体,并结合解决宗教团体自养和宗教职业者经济生活问题,对历史上以及"文化大革命"期间被占用的寺观教堂及其附属房屋,通过协调退还宗教团体。同时,注意发挥宗教界人士在参政议政、服务经济建设中的作用,在县政协机构恢复后的第五届政协委员会中,安排宗教界委员2人。此项工作形成惯例,第十至第十三届政协,宗教界人士委员增加至5人。1981年,县委统战部针对一些地方错误理解党的宗教信仰自由政策,滥建小庙、随处烧香,少数巫婆、佛娘利用小庙搞迷信活动,全县22个公社(镇)中,有17个存在基督教活动,魏塘镇、大云公社、罗星公社出现基督教聚会点;一些乡镇领导受"开发旅游、发展经济"影响,存在"宗教搭台,经济唱戏"思想等突出问题,专题向县委作出"关于加强和管理好宗教工作"的调查报告,提出"关心信教群众合理、合法的精神需求,把分散自发组织的聚会点有组织、有计划地建立宗教活动场所,合理布局、加强管理"的意见。1983年起,结合贯彻中共中央《关于我国社会主义时期宗教问题的基本观点和基本政策》,在组织天主教、基督教人士进行"独立自主、自办教会"教育的同时,逐步恢复一些寺院、教堂,支持开展合法宗教活动。1983—1992年,全县先后恢复魏塘、西塘、天凝、干窑、杨庙、陶庄等基督教堂6个,新建下甸庙、大云、丁栅聚会点3处。1991年2月,贯彻中共中央、国务院《关于进一步做好宗教工作若干问题的通知》,县委、县政府成立由一名副书记牵头,一名副县长分管,统战、宣传、公安、文化等部门参加的领导小组,实行党委、政府双重负责和属地管理相结合的原则,加强对宗教工作的领导。同时,召开全县宗教工作会议,结合新时期宗教工作特点,从宣传、引导和依法管理入手,疏堵结合,推进宗教管理规范化。1993年,县委、县政府针对一些地方滥建庙宇抬头的问题,印发《关于坚决制止滥建庙宇的通知》,组织开展制止和拆除滥建小庙专项整治,并将制止、拆除滥建小庙工作作为各级党委、政府的一项经常性工作,落实常态化管理。是年9月,统战部增设民族宗教事务科,进一步规范宗教管理。对一些历史悠久、具有一定保护价值、在海内外有一定影响,且有教职人员管理的寺庙,坚持条件成熟一个,开放一个的原则,分步实施。1994—1995年,贯彻国务院《宗教活动场所管理条例》,组织各镇宗教工作干部和各宗教团体、宗教活动场所教职人员学习《条例》,引导宗教与社会主义社会相适应;组织开展查禁取缔"呼喊派"邪教非法聚会点,依法打击利用宗教进行违法犯罪活动;指导各宗教活动场所建立内部管理组织,完善各项管理制度,实行民主管理。同时,坚持疏堵结合原则,合理布局,在信教群众密集的地方适当增加开放点,方便群众宗教活动;对已批准的宗教活动场所进行登记。1996年,全县有批准登记的宗教活动场所15处,依法取缔基督教非法聚会点8处,传讯自封道人11人。1997年,全县有批准登记的宗教活动场所16处,县民族宗教事务科被国务院宗教事务局评为"全国宗教活动场所登记工作先进集体"称号。1999年8月,县委、县政府成立县宗教工作协调小组,进一步贯彻落实中国共产党的宗教信仰自由政策,结合"三五"普法教育,全县精神文明、物质文明建设和卫生城市建设,组织开展创建"文明宗教活动场所"活动。是年,经创建活动领导小组考核,全县16处受检场所全部合格。

进入21世纪,全县深化国务院《宗教事务条例》的宣传和教育,以组织开展"平安寺院""平安教堂"创建活动为抓手,推进宗教事务管理规范化。2000—2004年,进一步完善宗教活动场所内部管理制度,结合场所自治组织换届,协助调整负责人8名、进班子42名;命名全县第一批"文明宗教活动场所"6处,并对登记批准的宗教活动场所进行年度检查,鼓励宗教场所加强自我管理、文明管理;开展滥建庙宇问题专项整治,合理布局宗教活动场所,全县登记批准宗教活动场所20处,拆除滥建小庙95处,改作他用54处,取缔和制止基督教私设聚会点7处;贯彻省民宗委《行政许可事项办理程序和要求的规定》,对在宗教场所外举行具有公众性、组织性的宗教活动,实施报批手续、纳入日常工作。2005年,贯彻中央和省、市委统战部关于在宗教活动场所组织开展“平安创建活动”的要求，结合县委《关于建设“平安嘉善”的决定》，在全县宗教活动场所组织开展“平安寺院”“平安教堂”创建活动，次年组织考评和表彰，每年进行。2006年，结合宣传贯彻《浙江省宗教事务条例》，进一步规范宗教管理，全县149个村、17个社区达到“无邪教社区、无邪教村”标准，达标率90%。2007—2009年，组织对境内宗教历史沿革和宗教场所现状进行调查和考证，编辑出版《嘉善宗教》和《袁了凡文集》；对县佛教协会、县基督教“两会”依法办理注册登记，对全县批准开放的宗教场所重新登记核发换证，规范场所管理；协调县佛教协会做好宗教教职人员的养老医疗保险，解决僧人养老问题。2010年5月，开通“嘉善县民族宗教事务局网站”，实行政务信息公开，拓展民族宗教工作方式，成为嘉兴市首家县级民族宗教事务局网站，被评为嘉兴市2010年度统一战线工作创新奖。是年，全县28个宗教活动场所（含民间信仰点2处）中，被评为市级平安宗教活动场所27处，达标率96.4%；被评为首批全国和省级创建和谐寺观教堂活动先进场所1处、市级首批三星级平安宗教活动场所7处。2011—2013年，进一步完善和加强宗教管理责任制，县政府与各镇（街道）签订《民族宗教工作目标责任书》，为期5年，列入综合考评；继续开展和谐平安宗教场所和“无邪教县”创建活动，并以星级平安宗教活动场所为目标，将创建活动推向深入。

2014年，贯彻全省“三改一拆”涉及宗教领域违法建筑处置专项工作会议精神，组织开展整改，拆除宗教场所违法建筑1处，民间信仰点违法建筑5处；全县被评为省级和谐寺观教堂5处、市级平安宗教活动场所24处，其中市三星级平安宗教场所19处；经省考核组考核，全县“无邪教社区（村）”创建达标率95%以上，“无邪教镇（街道）”创建达标率100%，获浙江省“无邪教县”称号。

支持参与经济建设和社会慈善活动 县委统战部支持宗教界发扬爱国爱教、乐善好施、扶贫济困、服务社会，开展公益慈善活动的传统。1978年以后，全县宗教界发挥各自优势，开展服务工作，资助社会福利事业。1998—2014年，先后开展“情系西部献爱心”“心系四川灾民捐赠”等慈善赈灾捐赠活动，并依照“信众乐助，按需捐助，多方互助，物质扶贫，精神帮困”的原则，设立“慈善超市”“甘露爱心会”“志莲慈济会”和“了凡·善基金”等慈善组织，开展扶贫帮困，参与善文化研讨等活动。每年元旦、春节、重阳节等节假日，各宗教场所还向敬老院和高龄老人送慰问金和慰问品。据不完全统计，17年间全县累计筹集用于抗震救灾、向慈善机构捐赠、支持新农村建设、扶贫帮困、结对助学助医等慈善爱心捐款（物）计332.4万元，受益950户，惠及1800余人。2014年，开展以“慈行济世、善行人间”为主题的“宗教界文化建设年活动”，推出教育培训“向善”、服务社会“慈善”、宣传引导“弘善”三大系列活动，弘扬善文化精神。各镇（街道）和有关部门、各宗教团体、宗教活动场所，运用多种载体进行宗教善文化宣传。其间，宗教界慈善捐款（物）40余万元，举办佛教和基督教场所义工培训班各1期，邀请嘉兴市青年法师讲师团来善讲经，引导信徒参加社会服务，回报社会；宗教“慈善超市”服务扩大到3个寺院。

宗教场所 中华人民共和国成立初期，境内有宗教场所75个，其中寺庙禅院36个、道院19个、天主教活动点7个、基督教堂13个。20世纪50年代至60年代初，宗教场所逐渐减少，道教停止活动，境内有寺院8个、庵堂30个、天主教堂1个、基督教堂4个。“文化大革命”期间，宗教活动停止，一些宗教场所被占用或拆除。中共十一届三中全会以后，落实党的宗教信仰自由政策，宗教活动逐步恢复。1980年，结合落实宗教房产政策，陆续修建、重建并依法批准开放一批佛教、天主教、基督教活动场所。1983—2007年，先后批准对外开放大云禅寺、园觉禅寺、古药师寺、龙庄讲寺、长寿禅寺、礼庙禅寺、云台禅寺、东岳净寺、莲花禅寺、杨庙禅寺、地藏禅院等佛教寺院11个，嘉善天主堂1个，西塘、魏塘、天凝、下甸庙、干窑、大云、大通、丁栅、杨庙、洪溪、俞汇、范泾、陶庄等基督教堂13个。至2014年，全县共批准开放宗教活动场所26个，其中佛教12个、天主教1个、基督教13个。

1949—2014年嘉善县部分年份宗教活动场所情况表

表8-4-20　　　　单位:个

年份	佛教	基督教	天主教	合计	年份	佛教	基督教	天主教	合计
1949	36	13	9	58	2000	3	13	1	17
1952	39	13	5	57	2002	6	13	1	20
1958	—	7	5	12	2004	6	13	1	20
1963	—	6	1	7	2005	11	13	1	25
1965	18	4	1	23	2007	11	13	1	25
1994	2	10	1	13	2009	11	13	1	25
1995	3	11	1	15	2011	12	13	1	26
1997	3	12	1	16	2014	12	13	1	26

第五节　经济领域统一战线工作

【中华人民共和国成立后经济领域统一战线工作】

恢复和发展国民经济　中华人民共和国成立初期,恢复和发展国民经济,成为统战工作的重要内容之一。县委、县政府及统战部根据中共七届二中全会关于对“私人资本主义经济,必须既利用又限制”的政策,注意引导和发挥私营经济人士的积极性,合理调整工商业,促进国民经济的恢复和发展。

1949年10月,县委、县政府将扶持私营工商业(包括手工业)发展,确保工商企业正常运转,平抑物价、稳定市场作为工作重点,协调县人民银行先后解决昌耀电灯公司贷款150元和400元,帮助公司技术改造,保证正常发电。1950年下半年,县委、县政府贯彻中央税收调整办法,调整税收和科目、税率,减少私营工商业的部分税种;调整劳资关系,扶持私营工业发展,对有发展前途的私营工业,实行订货加工、贷款扶植、垫付原材料、指导联营、统购包销、帮助提高技术等办法,扶持其发展。

1949年11月至1952年,全县创办碾米厂7家及合作油脂加工和草编厂,通过沟通产销渠道,以委托加工、计划订货、统购包销等措施,保证企业正常生产。

1951年,县委、县政府贯彻第一次全国手工业生产合作会议关于“有计划、有领导地对手工业合作社先整顿、后发展,由个体到集体,由手工到半机械化进而机械化,由小生产过渡到大生产”的精神,对分散在全县各地的个体手工业状况,先后三次组织力量开展调研(截至1950年12月,全县有参加工商登记的个体手工业644户、从业人员1519人,分布在15个大小集镇,有铁、木、竹、船、橹、绳、成衣、皮作、制伞、度量衡、刻字、制笔、修钟表、纽扣等自然行业36个,多数是小业主,有未雇用工人的手工业独立劳动者226户)。11月,县委组建城市工作队进驻魏塘镇,在与农业生产关系密切的铁器、竹器、桩作行业进行试点,着手对手工业改造工作。是年,全县砖瓦窑投入生产689座,其中私营占60%。

1952年2月5日,组织条件相对成熟的铁铺3家,在自愿原则下,成立魏塘镇铁器生产合作社,原业主所有的工具、原材料等生产资料经盘点折价归合作社,民主制订合作社章程,选举产生理事会和监事会,社员缴纳股金、入社费,实行计件工资制,按劳取酬,年终分红,提留公积金。同年2—6月,县委、县政府采取调整商业布局,扩大私营企业对次要商品的购销业务;组织公私粮商参加同业管理的粮食市场,对部分粮商进行“私私联营组合”;适当提高批零差价和商品起批点,让私商有利可图,加速其资金周转;向私企投放信贷资金31.75万元;对手工业加大资金、原料的扶持等一系列措施,帮助合法私营工商业摆脱困境，使私营工商业继续有所发展。10月25日，在全县物资交流大会上，私营商业销售13.55万元，占59.2%。12月，县委、县政府贯彻"统筹兼顾、全面安排"的方针，采取先改革经营方式，组建合作小组，实行批购、经销、代销或直接过渡为国营、合作商业门市部，实施私私合营。是年，县人民银行给予窑业贷款扶持，帮助恢复生产，全县青砖、平瓦月产量分别从贷款前的1037万块、53.65万张增加至1720万块、78.32万张。1953年2月6日，在魏塘举办的物资交流会上，私商营业额12.04万元，平均每天3万元，比物资交流会前翻了一番。

手工业和资本主义工商业的社会主义改造

手工业的社会主义改造 1953年，县委按照"积极领导，稳步前进"的工作方针，成立县委供销手工业合作部，加强对手工业合作化的领导；县政府供销合作总社设置生产合作科，具体指导手工业合作化工作，在魏塘、西塘、干窑3个直属镇和陶庄、天凝、杨庙、下甸庙、洪溪、丁栅、姚庄、里泽等手工业比较集中的8个集镇全面发动，重点试办手工业合作社，推进手工业社会主义改造工作。至1954年年底，全县建成手工业合作社（组）30个，社（组）员800余人。是年5月，地委转发嘉善县委《关于召开手工业、供销社、农民三者联合代表会议的总结》，肯定嘉善的做法，推广嘉善经验。6月，省委、省政府在全省第一次手工业干部大会上，专题就魏塘铁器社合作化后生产规模、社员人数不断扩大，开发生产新型油令式双人打稻机700台，受到农民欢迎的情况，印发《嘉善县魏塘镇铁器生产合作社提高产量定额情况的总结》《嘉善县魏塘镇铁器生产合作社生产打稻机和改造生产工具及组织各地代表参观的情况》等材料，介绍、推广魏塘铁器社的办社成果和经验；地委组织全区供销手工业合作部各县代表66人到嘉善参观学习。1955年7月，县第五次手工业代表大会决定筹建县手工业联合社（简称手工业联社）。12月14—17日，召开首届手工业联社（组）员代表大会，成立县手工业联社，通过联社章程，选举产生首届理事会、监事会。同月，在中共浙江省第五次代表会议上，县委书记袁浩介绍组织手工业为农业生产服务的经验，并作为省党代会文件印发与会代表。全县各级党委在手工业合作化过程中，协调、推动手工业社与供销社，供销社与各农业社（互助组）签订产供销合同，组织手工业社（组）为农业生产服务，推进手工业生产关系的改变，提高劳动效率、操作技术和生产效益。1953—1955年，全县举办大型产供销联合代表会议6次，签订产供销合同827份217.16万元；全县手工业总产值1952年为168.33万元，1954年提高到293.24万元，1955年增加到325.15万元。1956年，全县手工业合作化进入高潮。至年底，全县建成手工业合作社39个，合作小组23个，社（组）员2309人，占应改造的94.6%；入社贫苦手工业劳动者占总人数的86%以上。全县手工业社会主义改造基本完成，成为全省手工业合作化发展最快的10个县、市之一。

私营商业的社会主义改造 1954年，贯彻中财委《关于国营商业与合作社商业城乡分工的初步决定》，由供销社负责，对私商进行改造。是年，对魏塘、西塘两个大镇的部分私营商店划归国营商业管理，全县其余乡镇的大小商店2014户、从业人员3143人由供销社管理。1955年，县供销合作社成立商改科，基层供销社设商改员，负责私营商业改造工作。对货源完全为国家所掌握、技术性较强、资金处理和员工安排不困难的，根据需要和可能直接过渡为国营或商业合作社；对小商业者要求公私合营的予以接纳，或根据不同情况给予处理；对投资较大，商业类型又易于划分的"夫妻老婆店"，进行清产核资，组建合营商店，合营后实行支付利息和工资的办法；对不愿公私合营、也不能实行代购代销的小商店，按照统一计划、分散经营、自负盈亏的方式组成合作小组；对临时性、季节性、副业性的，以及经营极其分散的零星摊贩，暂时维持原状，采取代购代销或经销的办法，不勉强进行合营或合作化。至年底，全县完成初步改造行业12个582户，建立专业和综合商店56个，并在货源和计划上将私商纳入国家计划轨道，增加对私商的批发，全年批发总额236.21万元。全县小商小贩，除天凝镇组织合作商店外，大部分组建分散经营、自负盈亏的合作小组，由国营、供销合作商业指定一个批发店或中心点负责对合作小组小商贩的领导，解决小商贩的货源。魏塘镇的酿造、酒酱、新药、烟纸、煤炭、文具、百货、茶叶8个主要行业的89户改造成为个体零售商。1956年2—3月,天凝镇对小商贩进行合作化试点,小商小贩、水作、理发等行业建立合作小组,棉布、百货、饭店、茶馆等行业建立合作商店或公私合营商店;干窑、西塘两镇对归口管理的私营企业进行清产核资。4月起,小集镇全面采取"包下来"的办法进行改造,全县私营商业进入合作化高潮。7月20—23日,县委召开各镇党委书记,商业、供销、各国营公司、基层供销社领导以及有关商店经理参加的私营商业改造工作会议。总结工作、分析形势,对占总数12%尚未进行改造的342户私营工商业者作出部署。9月,全县直接过渡为国营、合作商业门市部的私商70户,实行清产定息93户,改造为合作商店165户,绝大部分小商小贩组成分散经营,自负盈亏的合作小组。至年底,全县建立专业商店41家、综合商店9家,改造私商1603户,占归口私商总数的92.77%。其中直接过渡到供销社的58户、公私合营的67户、合作商店163户、合作小组1236户、经销代销户79户。公私合营商业企业分配1953—1955年的盈余,发放定息;资方人员量才使用、适当照顾安排,其中担任县公司经理1人,股长、门市部主任、专业商店经理14人,工作人员36人。全县资本主义商业的社会主义改造基本完成。

私营工业的社会主义改造　1953年6月,县委、县政府贯彻中央《关于利用、限制、改造资本主义工商业的意见》,开始对私营工商业的社会主义改造。是年8月,选择昌耀电灯股份有限公司为首家公私合营企业,更名为"公私合营嘉善电厂"。同年12月,贯彻省委、省财委关于"采取积极稳步的方针,首先集中力量将规模较大,经济价值高,合营后国家不背包袱的主要工厂先实行公私合营"的指示,对全县私营企业开展调查。1955年8月,批准主产制砖机械的工信铁工厂为公私合营企业。1956年年初,全县掀起社会主义改造的高潮。2月28日和3月2日,先后批准私营工厂公私合营28家,其中直接过渡为国营轮船公司1家。4月,县政府成立工业手工业科,专司公营企业管理职能。对纳入社会主义改造的私营企业,采取资方自报、民主评议的方式进行清产核资,将生产资料由资本家所有转变为国家和资本家共有;公私合营后属于私股部分的生产资料折价入股,按国家规定付给定息,停息后公私合营企业转为国营企业,企业的利润在上交国家税收后,分别提取企业公积金及职工福利和奖金,多余部分按公私股份所占比例分配;明确债权债务,对年事已久的悬账采取"账销案存";对公私合营时的在职人员包括私方从业人员,采取"包下来"的政策做好人事安排,由政府和企业量才录用,适当给予照顾。5月,县委、县政府将占全县工业总产值44.3%的窑业,列为全县私营工业社会主义改造的重点领域,对下甸庙、干窑、汾玉、清凉4个窑墩较为集中、条件较好的21家企业实施公私合营,合营企业占总数的33.33%;对天凝、地甸、界泾、洪溪4个位置分散、条件较差、不便于管理的42家窑业企业,动员全部转入当地农村,作为农业社副业生产组,由农业社统一经营、规划管理。是年,全县有公私合营企业129家、职工2293人,其中转为国营企业14家。经过改组调整,归属工业部门管理的公私合营企业63家、职工464人。至年底,全县私营工业的社会主义改造基本完成。

引导全面建设社会主义　1956—1965年,县委、县政府在基本完成资本主义工商业的社会主义改造后,遵照中央和省委、地委指示精神,引导全县各阶层人民群众参与社会主义建设。特别是在"三年困难时期",贯彻中央"调整、巩固、充实、提高"方针,调整工农关系和城乡关系,加强农业生产,引导广大人民群众在经济上走出困境。

1956年6月5—12日,县委召开第一次党代会,学习贯彻毛泽东在中央政治局扩大会议上所作的《论十大关系》报告。7月4日,县委对县人委组成部门作出调整,撤销财粮、交通建设、手工业管理、工商、农林、文教6个科,建立财政、交通、工业手工业科和农业、水利、文教、商业局以及县计划委员会,决定以农业丰收和粮食增产为中心,全力抓好农业生产。11月26—28日,县委召开全县党员、干部大会,学习贯彻党的八大《关于政治报告的决议》将工作重心转移到经济建设和第一个五年计划目标的实施。1957年1月11—16日,召开全县农村工作会议,部署中央八届二中全会提出的在全党和全国人民中开展"增产节约运动"。5月,县委成立由7人组成的增产节约委员会,调动全县各领域力量支援农业生产，县供销社增设专业采购站和兼营点，抓耕牛、农具、化肥、农药等物资的调运和供应，扩大发放农业贷款规模，改善交通条件，满足城乡物资交流。县政府组织全县兴修水利，疏浚魏塘、西塘、干窑等乡镇市河，开浚解放河、幸福河，拓浚凤桐港等河道。同时，因地制宜扩大传统的砖瓦产业，引导和发展手工业生产。至年底，全县实现工农业总产值6040万元，比上年增长4.3%，财政收入923.7万元。1958年，城镇的公私合营商业企业全部进入国营专业公司，农村的全部转入供销合作社。全县严格执行国务院“定息五厘、七年不变、到期再议”的政策，对合作商业定息7年到期后，又延长4年（至1966年三季度停发定息）。1960年，全县经济和人民生活出现严重困难，成为中华人民共和国成立后最困难的一年。是年冬，中共中央提出“调整、巩固、充实、提高”的方针，开始全面调整国民经济和各项社会事业。1961年3月，中共中央发布关于《农村人民公社工作条例（草案）》（“农业六十条”）在魏塘镇和合生产队试点。是年9月，县委、县政府贯彻中央《国营工业企业工作条例（草案）》（“工业七十条”）和《关于改进商业工作的若干规定（试行草案）》（“商业四十条”），在对财政、教育、卫生等方面进行调整的同时，采取精简干部职工、压缩城镇人口等措施，调整工农关系和城乡关系，加强农业生产。1963年，全县粮食形势好转，吃穿用主要商品销售量超过或接近1957年的正常水平。1965年，全县工农业生产总产值8055万元，粮食总产量20000.45万千克，县级财政收入1047.9万元，社会商品零售额4684万元，分别比1956年增长39.1%、40.47%、35.75%、和86.76%。农村居民人均纯收入128元，比1957年增长85.5%；城镇职工平均工资579元，较1961年增长32.5%；城乡人民生活消费品人均购买力由1957年的92元上升至109元。

【改革开放后非公有制经济领域统一战线工作】

支持非公有制经济发展　中共十一届三中全会后，县委统战部贯彻中央“以公有制为主体，多种所有制经济共同发展”的方针，支持发展个体、私营企业，协调引进外资建立“三资”企业，全县非公有制经济得到较快发展。1986年9月，恢复县工商联。县委统战部指导县工商联走访私营企业、参与调查研究、建立与非公有制经济代表人士交友联系制度、吸收新一代非公有制经济代表人士进入工商联组织。1993—2002年，县工商联会员单位由150家发展到495家，建立镇商会10个、行业商会8个，会员结构得到优化，非公有制会员占总数的94.2%。

2003年，县委统战部从促进非公有制企业健康发展，引导非公有制经济代表人士参政议政，参与民主监督，为全县经济发展发挥更大作用入手，做好培养、考察、推荐非公有制企业界人士进入人大、政协组织。2009年起，组织开展争创优秀社会主义事业建设者活动，有计划地推进非公有制经济代表人士的综合评价工作。2011年，完成非公有制经济代表人士综合评估29人。2012年，筹建县“创二代联谊会”，推荐省“创二代”联谊会理事3人。2013年3月，结合省委、省政府“科学发展示范点建设活动”，协调相关部门做好各项对接工作，配合县委出台《中共嘉善县委、县人民政府关于做好省统一战线助推嘉善县域科学发展示范点建设活动的意见》、县政府与省委统战部签署《省统一战线助推嘉善县域科学发展示范点建设战略合作框架协议》，形成《省统一战线助推嘉善县域科学发展示范点建设活动安排》，定期报送《助推活动信息专刊》《省统一战线助推嘉善大事记》。至11月，协调省统一战线各单位到嘉善调研指导和举行各类助推活动60余次，直接参与活动5000余人次，受惠群众3500余人，省政协副主席、省委统战部长等省部级领导到嘉善调研指导13次。同时，成立培养新一代非公经济企业家、自主创业人士、海归创业人员成长成才的发展平台“嘉善县新生代企业家协会”，吸收会员57名；开展招商引资、招才引智活动10余次，组织和邀请优秀浙商、高端人才400余名到嘉善投资考察，助推浙商回归；协调县工商联印发《关于在全县非公有制经济人士中开展理想信念教育实践活动的实施意见》，组织开展“中国梦·善商梦”大讨论和《新生代企业家要做好接班人》理想信念教育讲座等活动；引导新生代企业家创办“爱心基金”，参与“了凡·善基金”募集活动；组织新生代企业家11人，参加嘉兴市优秀社会主义事业建设者评选领导小组组织的赴中央社会主义学院培训。

2014年,进一步落实县域科学发展示范点建设,推进全县经济增长方式转换。印发《2014年嘉善县承接省统一战线助推县域科学发展示范点建设活动的任务分解》,协助召开省统一战线助推嘉善县域科学发展示范点建设活动推进会,并在县委统战部网站开辟"省统一战线助推县域科学发展示范点建设专栏",巩固和完善助推工作互通机制;牵线开展招商引资、招才引智活动20余次,组织和邀请优秀浙商、高端人才800余人到嘉善进行投资考察,并承办苏浙沪新生代企业管理高峰论坛和上海中青年知识分子联谊会外企分会、"浙台基层交流周"台湾文创交流访问团等交流洽谈活动;继续在非公有制经济人士中开展理想信念教育实践活动,组织新生代企业家30余人,参加省社会主义学院培训、考察交流。

落实非公有制经济人士政策　1980年,县委统战部贯彻中共中央批转中央统战部等六部门《关于把原工商业者中的劳动者区别出来问题的请示报告》,组织开展对全县原工商业者"三小"(小商、小贩、小手工业者)调查核实和区别工作。1981年,全县查明1956年公私合营和1958年转入国营或公私合营企业,被称为私方人员按资产阶级工商业者对待的原工商业者共587人,经过复查验收,区别为劳动者357人,占原工商业者总数的60.81%。对区别出来的劳动者,凡是工人的其成分一律确认为"工人",是干部的其成分确认为"干部",政治和生活福利待遇与所在单位干部职工一视同仁,按照工会章程吸收参加工会。同时,根据他们的职业(专业)特长,合理安排工作。对未区别出的原工商业者也作出妥善处理,"文化大革命"期间的冤、假、错案予以平反,被查抄的物资予以原物或折价归还,被扣减停发的工资全部发还。1982年,组织开展落实原工商业者政策工作复查,新增区别为劳动者2人,全县明确属于劳动者359人,占原工商业者总数的61.15%。全县落实原工商业者政策工作结束。至1983年,全县原工商业劳动者中,除退休、死亡、外迁外,在职的17人,担任经理或部门负责人7人,政协委员7人,其中政协副主席1人,当选县人大代表4人,其中人大常委会副主任1人。

教育培训　1993—1997年,政策咨询与信息服务150余人次;举办市场经济、合同法,胶合板质量(国家标准)知识培训班3次,接受培训129人。

1998—2004年,举办胶合板质量、WTO(世界贸易组织)基本知识、中国加入WTO后企业对策、WT0与嘉善民营经济、劳动用工和安全生产、市场经济理论、胶合板甲醛释放限量国家强制标准等专题讲座和培训,参加学习培训近500人。为会员企业提供政策和科技、产业导向及海内外市场信息等方面信息100多条。

2005年7月,县委统战部、县工商联选派8位市、县"优秀建设者"和优秀民营企业家赴中央党校系统学习市场经济理论。是年,邀请2名高级培训师为企业管理人员讲授生产过程中产生各种问题的分析方法与解决方案、企业干部基础管理知识等内容,参加学习培训140余人。各镇商会举办专利法、电工、电焊工知识技能、消防安全等培训班22期,接受培训1441人次。2006年1月2日,县工商联会同"嘉善在线"和惠泉(中国)国际教育集团有限公司邀请余世维到嘉善讲授"打造高绩效团队"课程,企业中高层管理人员500多人参加。3月17日,联合县经贸局、科技局举办"ROHS"(欧盟环保)指令知识介绍会,邀请上海"SGS"(瑞士通用公证英文简称,是一个综合性的检验机构)和"UL"(是美国保险商实验室的缩写,为独立的第三方检验机构)等专业公司人员讲课,参加的企业管理人员100多人。组织市级优秀社会主义事业建设者赴海宁参加"加快企业自主创新,增强企业核心竞争力"专题报告会。7月10日,组织民营企业人士8人赴中央党校进行为期一周的理论实务培训。是年,县镇两级商会举办各类培训班72次,参加人员3400人次。2007年,县工商联举办《中华人民共和国劳动合同法》培训讲座,企业经理、人力资源管理人员80余人参加。各镇商会组织会员企业参加各类培训57次,培训人数4331人次。2008年,开办"优秀生产主管管理实务"培训课程,邀请高级讲师李岩授课,65名企业生产主管参加培训;组织部分企业家参加"2008年中小企业资本市场融资专题辅导会"和"科学发展观与经济转型升级"专题讲座。县电子商会、胶合板商会、服装商会、纽扣商会和混凝土与水泥制品商会联合县科创中心、嘉善在线共同举办“2008年企业生存之道”讲座，邀请知识管理集团市场部总监罗云怀主讲，80多名企业家参加听讲；县工商联、镇商会、行业商会组织劳动、税务、管理、科技创新等专题辅导51场，4400人次参加。县混凝土与水泥制品商会配合省、市、县和上海市质监部门举办“管桩产品质量”培训班5期。2009年4月，邀请高级EMBA职业培训师鲁鹏作《从生产线上寻找利润——工厂成本控制与物料库存管理》讲座，109名企业生产主管参加。7月，县工商联、县司法局联合开展“法律服务民营企业”活动，发放“法律服务助推发展”宣讲单，邀请法律专家在浙江昱辉阳光能源有限公司授法制课。是年，县工商联及各基层商会举办各类培训42场次，参加学习培训2800人次。

2010年5月，举办“创新转型、优化升级”企业总裁高级研修班，46名非公经济代表人士分赴清华大学、香港理工大学、中央社会主义学院参加学习培训。至10月，举办由资深顾问、生产管理专家周新奇讲授生产管理培训班2期，企业中层管理人员187人参加。是年，各基层商会组织各类培训活动46次，参加人数2213人次。2011年，组织推荐5名非公有制企业家、6名优秀社会主义事业建设者和民营经济代表人士分赴香港理工大学、中央社会主义学院参加短期培训；与县委组织部、县经贸局、县财政局联合推荐46位非公经济代表人士赴清华大学参加“创新转型、优化升级”企业总裁（工商管理）高级研修班。举办“管理创新与企业用人、留人之道”培训讲座、“新税制下企业财务账目处理与涉税风险控制技巧”专项培训。2012年，举办一线生产主管管理技能和企业负责人培训班2期，推荐机关干部和非公企业负责人赴中央社会主义学院、香港理工大学参加短期培训4人。邀请浙江大学教授罗遂洪作《当前国内外宏观经济剖析与民营企业发展路径》专题讲座。是年，县工商联及各基层商会协会为会员企业培训人员1200多人次。2013年，主办“法律服务进民企——风险防范”巡诊演讲活动，邀请“浙商律师服务团”知名律师举办法律讲座。与县司法局共同举办法律“进企入会”促进民营企业“二次创业”活动，组建服务“善商”法律专家团，签署合作框架协议书。召开劳动关系三方协调会议，维护企业合法权益。

2014年，与6个律师事务所和嘉善县公证处联合组建“服务善商法律专家团”，举办环境保护、劳动用工、知识产权、经济纠纷、生产安全、工伤事故等内容专题讲座12次。8个基层商会建立法律顾问制度。组织基层商会与税务机关建立顾问合作关系，开展税法辅导讲座和政策宣传。选派企业家代表到中央社会主义学院、省社会主义学院接受教育培训。

联系服务 1993—1997年，组织会员企业6批44家赴杭州、苏州、湖州、平湖、香港和东南亚进行商务考察；组织参加华东地区和省工商联、湖州南浔建材市场商品交易会、展销会、招商会，帮助企业拓销产品市场，为企业牵线引介项目。1994年，组建成立民营企业互助会，为个私企业提供贷款担保服务。至1996年4月，互助会为宏森木业有限公司，通达电器有限公司、银城精细化工有限公司等37家会员企业贷款担保256笔3168万元。

1998—2002年，接待来自美国、新加坡、比利时、中国澳门企业人士20人次，接待全联、市联、各县市和企业人士30批。胶合板商会与成都市金府板材城签订全年4亿元胶合板销售协议。协调非公有制企业与环保、工商、消防、税务、电力、金融、交通、劳动、土管等部门关系30余次。

1998年12月27日，县工商联在温州顺生大酒店举办温州工商企业负责人经贸座谈会，38人参加，达成项目合作意向5个。是年，为民营企业协调税费收取、环境保护、民事和经济纠纷10余次。2000年10月26日，嘉善振华木业有限公司发生火灾，工商联会同胶合板商会开展募捐活动，募集32万元帮助受灾企业。

2003年9月19日，县工商联组织20多位民营企业家在梅园大酒店成立“民营企业家沙龙”，对如何把嘉善打造成先进制造业基地进行互动交流，县委书记高玲慧等领导参加。是年，会员单位（企业）引进独资和合资项目55个，总投资6.5亿元。其中惠民镇商会引进项目12个，干窑镇商会引进项目12个，洪溪镇商会引进内资企业1家，陶庄镇商会引进12家。杨庙镇商会促成会员企业与香港客商合资，投资兴建嘉兴欣创混凝土制品有限公司。丁栅镇商会为丁栅—蒸淀公路建设与相关部门进行沟通协调。惠民、陶庄、杨庙、大云镇商会同有关部门，解决企业劳资纠纷20多起。2004年，姚庄、陶庄、丁栅等镇商会组织企业家赴四川、新疆、丽水等地学习考察。大云镇商会协助服装、箱包行业企业解决劳动用工无序竞争问题。干窑、大云、丁栅、洪溪、陶庄等镇商会到上海、东莞、温州等地开展招商活动。“民营企业家沙龙”组织会员企业参观考察奥克斯集团、桐昆集团和巨石集团；组织弘安纸业、玻璃纤维、百伟锌业、凌龙纺织4位民营企业家到杭州参加“浙江海外合作发展论坛——浙江民营企业与跨国公司对话”报告会。2005年6月，县工商联赴宁波，向鄞州区、海曙区同行介绍嘉善投资环境及区位优势，邀请宁波及周边地区30多位客商参加在宁波举办的“嘉善—宁波投资项目推介会”。是年，组织各镇商会赴上海、温州、深圳、东莞等地开展招商活动。各镇商会与有关部门配合，解决有关企业劳资、工伤、经济纠纷等122起，挽回经济损失450万元；为52家企业融资2350万元；协助引进外贸企业14家，县外内资企业43家，总投资7.7亿元；促成合作项目16个，总金额1.18亿元。2006年，协助企业解决各类经济纠纷、劳资纠纷466起，挽回经济损失609.7万元。是年，为67家企业提供融资服务，融资5690万元。

2008年，联合县财政地税局召开地方税费宣介会暨税企恳谈会，向商会会长、企业介绍新的税费优惠政策。县服装商会邀请县劳动和社会保障局、县总工会与服装企业召开《中华人民共和国劳动合同法》执行情况现场交流会。是年，参与协调各类纠纷247起，涉及金额685.63万元。2009年2月，县工商联、县财政地税局联合召开税企政策沟通会，30名民营企业家参加座谈交流。3月，县工商联、县经贸局组织召开应对金融危机政策征询会，就县政府《关于进一步加强企业技术改造和拓展市场的政策意见》听取意见，15家行业骨干企业代表参加会议。4月，县工商联会同商业银行在基层商会设立业务联络员，帮助中小企业解决融资困难。8月，就《关于充分发挥行业协会作用促进地方经济发展的实施意见》听取行业商会意见，提出的加强财政扶持等建议被县政府采纳。9月，县工商联、基层商会为52家企业提供融资推介服务，融资额8500万元。11月，县工商联代表嘉兴市工商联在全省工商联参政议政工作座淡会上作经验介绍。是年，助推建立“政府—工会—商会”劳动纠纷协调机制，参与协调劳资纠纷186起，涉及金额468.73万元。

2010年，县委统战部协调县工商联与嘉兴银行嘉善支行建立商会秘书长联络员工作制度。开展“2010支小帮扶金种子行动”宣传，协助优质微小企业解决资金困难。县工商联、县经贸局、嘉兴银行嘉善支行举办“银善皓月”中小企业债权信托基金推介会，为中小企业开拓融资新领域。至年底，18家科技型中小企业获“银善皓月”第一、二期信贷资金，人民币4000万元。是年，各基层商会为110家企业提供融资推介服务，融资金额1.6亿元。开发区(惠民街道)商会为5家企业融资520万元。

2011年，构筑“八大服务平台”，推进会员企业综合服务体系建设。促进银企对接，建立健全基层商协会秘书长担任银行业务联络员常态机制，配套制定联络员绩效考核和激励机制。推动健全“政府—工会—商会”三方劳动纠纷协调机制，维护企业的合法权益。定期召开县工商联与县科技局、县人社局三方联系协调会议，在劳动保障、科技创新上推动政企对接。每季度召开基层商协会秘书长工作例会。是年，在与嘉兴银行嘉善支行合作基础上与四大国有银行以及其他商业银行合作，基层商会秘书长担任银行业务联络员，提升融资服务能力。干窑镇商会联合建设银行嘉善县支行举办“送金融下乡，促企业发展”座谈会，探索银企合作新途径。配合银行及小额贷款公司就“2011信贷支小金苹果行动”方案进行宣传服务，为优质小微型企业发展提供资金支持。县工商联及各基层商会组织帮助20余家科技型中小企业实现融资3000余万元。县服装商会组织会员企业赴美国参加拉斯维加斯国际服装博览会，签订订单总额500万元。2012年，帮助大云镇商会成立小额贷款担保公司，注册资金2100万元。2013年，承接“十万浙商进百区”活动，承办2013“携手浙商”——走进嘉善、共谋发展系列活动；参与“2013世界浙商智汇嘉善”活动，邀请200多位世界各地外宾和知名浙商到嘉善实地考察。是年，县工商联以探索实施“金融机构+商会组织+

企业”的融资合作新模式与平安银行嘉兴支行共同召开银企合作恳谈会，签署信贷总额15亿元的“共同支持中小企业框架合作协议”。

2014年，县工商联与中国银行杭州分行私人银行以及光大证券杭州营业部签署金融服务战略合作协议。大云镇商会发起组建的嘉善鸿运担保有限公司，为中小企业提供融资担保已达6000多万元。

创优活动 1998—2002年，县工商联树立嘉善玻璃纤维织布厂、浙江双飞无油轴承有限公司、神州毛纺织有限公司等“爱岗敬业、凝聚合力”典型，在嘉兴市民营企业文化建设经验交流会上介绍推广。1999年，会同工商、科委、技监、国税、地税在非公有制经济中开展“双文明企业”评选活动，开展讲文明、讲法制、讲贡献，比科技进步、比产品质量、比经济效益的“三讲、三比”活动。浙江众大塑料有限公司在全省非公有制企业中获第二届“双文明企业”称号。

2004年7月，县委统战部、县工商联在全县非公有制企业中开展评选优秀社会主义建设者活动。2005年，活动评选出高月仙（浙江振大水泥有限公司）等18人为2003—2004年度“嘉善县优秀中国特色社会主义事业建设者”称号。其中高月仙、周发土、宋爱萍、陈大魁、徐瑞根、吴小弟、柏志荣、董文松、吕玉新、丁国强等10人被嘉兴市委授予2003—2004年度“嘉兴市优秀社会主义事业建设者”称号。嘉善龙森木业有限公司董事长胡敏浩等8人被授予“嘉善县优秀社会主义事业建设者”称号；浙江昱辉阳光能源有限公司董事长李仙寿、浙江长盛滑动轴承有限公司总经理孙志华、浙江大隆合金钢有限公司董事长俞菊新3人被评为“嘉兴市级优秀建设者”称号。是年，县工商联会同县经贸局联合召开嘉善县民营企业争创“五个一”（争创一批年销售收入超亿元企业，争创一批民营科技型企业，争创一批名牌产品和著名商标，争创一批纳税大户，实施一批节能减排项目）活动大会。2008年，县第三届评选活动中嘉善县野鹅羽绒制品有限公司董事长成海根等10人被评为“嘉善县优秀社会主义事业建设者”称号。浙江凌龙纺织有限公司董事长董元龙、嘉善县玻璃纤维织布厂厂长包淑良、嘉善金泰工程塑业有限公司总经理陈金奎3人被推荐为市级优秀建设者。是年，天凝镇商会与西塘环保所联合开展规模以上企业环保星级评选活动，评出五星级企业3家、四星级12家。

2010年，会同县委组织部、县工商局等部门组成“嘉善县非公有制经济组织创先争优活动指导小组”。协助县委制定《关于全面创建“发展优、党建强”双品牌非公有制企业深入推进创先争优活动的实施意见》《关于在全县非公有制企业中开展“争做转型发展先锋”行动的实施意见》。组织非公企业开展创先争优活动，树立浙江双飞无油轴承有限公司等20个各行业双品牌非公有制企业示范点。全面开展“发展优、党建强”为主要内容的“双强争先”活动，313个非公企业党组织和党员公开承诺事项7039条。创新企业工作思路，组织开展“党员责任区”“党员示范岗”“党员技术攻关小组”“一个党员一面旗”“我为发展献一计”“过政治生日”等活动，引导党员争做思想教育的“政工员”、市场经济的“信息员”和促进发展的“领航员”。2011年，组织嘉善·长三角地区非公有制企业“双强争先”研讨会，开展全县非公有制企业职工运动会等活动。

2012年，县委宣传部在非公企业中开展“双聚”（形势教育聚共识，人文关怀聚人心）主题教育实践活动，确定11家重点推进企业，召开主题教育、工作推进会。会同县环保局联合举办百名企业家环保格言评比活动。在县第四届优秀建设者评选表彰和嘉兴市首届“十大民企风云人物”系列评选活动中，获嘉善县第四届优秀建设者称号10人；获“嘉兴市十大民企风云人物”称号3人；获得“嘉兴市十大青年创业风云人物”称号1人。是年，以县开发区（惠民街道）为试点，在全县非公企业中开展“组建、素养、服务、保障、评分”为内容的“5S”标准化建设活动。2013年，嘉善县按照“党建强、发展强”总体目标，在全面实施非公企业党建“5S”标准化建设的基础上，制定“双强指数”综合评价体系。

2014年，举办首届全县“杰出善商”评选活动，选出“首届杰出善商”15人。对6位当代优秀“善商”的创业创新典型事迹进行采访和报道。与嘉善电视台合作在《善文化》栏目开播《善商印象》专栏6期。

参政议政建言献策　1956—1968年工商界人士当选县人大代表63人次。1956—1992年,工商界人士担任县政协委员123人次。1993—2014年,工商界人士当选嘉兴市人大代表20人次、县人大代表73人次,担任市政协委员11人次、县政协委员114人次。在县政协会议上发言和提交提案700余篇。其间,嘉善工商联开展个私经济的调查研究,深入企业抓好"进百企、解四难"活动,组织开展"三个一"(一名领导干部以一个月为期结对一名企业家)结对等活动,每年走访企业200余家(次),探索发展个私经济的策略和措施,服务地方经济建设。

1996年,撰写《关于我县民营胶合板企业的调查报告》。1998年,提交调研报告《关于实现"木业大县"向"木业强县"转变的思考》。1999年,以加强非公制经济党建工作为课题,完成《正确引导、规范管理、切实加强个私企业党建工作》调研报告。2000年,县工商联对重点电子行业进行调研,提交《关于促进嘉善电子产业跨越式发展的思考》的报告。

2001—2002年,完成《非公有制企业思想政治工作难点分析及对策建议》《正视现实、面向未来、集聚人才》等调研报告。

2005—2006年,完成提交8篇调研报告。2008年,提交的《关于进一步推进品牌促进体系建设的建议》被确定为重要督办提案。2009年,《解困保稳,加快推进我县经济转型升级步伐》被政协列为重点提案。2010年,《激发潜能、转型升级,建设民营经济科学发展示范基地》和《大力实施"退二进一"战略,加快发展生产性服务业的建议》提案分别被县政协列入重点督办和重点调研提案。2011年,与县经贸局、浙江大学城市学院合作进行调研,完成《关于嘉善木业家具集群转型升级方案》(征求意见稿)。2013年,县政府与县工商联建立联席会议制度。配合省工商联开展民企与台企合作交流研讨会、中小企业发展状况综合性调研活动。组织部分民营企业代表和基层商会会长就企业融资、人才、用电、转型升级等议题开展交流研讨。8月16日,召开首次政府与工商联联席会议,县工商联副主席、常委等企业家代表与县发改局、县经信局、县国税局等12个政府部门负责人对话交流,相关职能部门听取意见建议并承诺改善企业发展的政务环境,建立民营企家与政府部门面对面解决问题的"绿色通道"。是年,撰写《关于加速推进民营经济"二次创业"的建议》和《关于推进我县重点领域产业发展的思考》,为县内民营企业的转型升级提出建议。《关于我县实体经济稳增长、转方式、调结构的几点建议》被列为政协重要提案。

2014年,《关于加速推进民营经济"二次创业"的建议》被列为政协重点提案。开展"以'亩均、人均、科技'为核心的工业强县建设研究"和"发挥先行先试权、率先复制自贸区制度的模式研究"2个重点课题专项调研,形成调研报告2篇。面向基层商会220家会员企业开展嘉善县民营企业发展环境调研,为综合反映县民营经济及发展环境现状建立数据支撑。提交《关于政府向行业协会商会转移部分职能的实施意见》,助推县政府《关于开展政府部分职能向行业协会商会转移工作的实施意见》文件的形成和落实。

社会公益和光彩事业　1993—1997年,县委统战部、县工商联积极引导非公有制企业会员参与"光彩事业",非公有制会员为希望工程和社会公益事业捐赠人民币796万元。其中拳王实业公司捐款15万元,用于修筑大云镇村公路。

1998—2002年,219家会员企业为公益事业捐助资金859.8万元。杨庙镇商会会员企业捐助60万元,用于道路建设。1999年,嘉善县遭遇特大洪涝灾害,48位执、常委联合向全县非公有制经济人士发出"心连心、献爱心、扶贫帮困送温暖"倡议。2000年,大云镇建立"拳王爱心助学基金"、丁栅镇成立"爱心奖励基金"。2003年,会员企业为公益事业捐款300多万元。丁栅镇商会46家企业为丁蒸公路建设捐款108. 16万元。其中,申侨混凝土制品公司、申鑫水泥构件公司、弘安纸业公司3家捐款32万元。弘安纸业向镇学校捐款8万元,并与10名学生结为助学对子。陶庄镇商会捐资20多万元,资助陶庄中学与50多户贫困家庭结对帮扶。魏塘镇商会募集助学基金4. 95万元,赞助26名困难家庭的大学生就学。西塘镇商会与6户困难学生家庭结对帮扶,为30多名下岗职工安排就业。惠民镇商会成立劳动就业服务站,提供就业岗位信息。大云镇商会在会员单位中安排残疾人就业20人,上缴残疾人保障金8万元。抗击“非典”疫情期间,25家会员企业捐助8.7万元应对非典疫情。

2004年7月,县工商联六届三次常执委会向会员企业发出《光彩助学活动倡议书》。8月18日,举行光彩助学结对签约仪式,24位民营企业家与28位贫困大学生签订为期4年的结对协议,资助金额28.5万元。是年,会员企业扶贫帮困96对,捐款7.6万元;结对助学133对,捐款46.3万元;修桥及康庄工程捐款97.4万元;学校建设、文化和社会公益事业捐款158.45万元。干窑镇会员企业向省贫困镇捐款7.5万元。会员企业在活动中各项捐款317.25万元。2005年,会员企业扶贫帮困49对,37.38万元;结对助学174对,资助50,8万元;慈善捐款75万元;修桥、康庄工程捐款75.6万元;学校建设、文化事业等社会公益事业捐款101.9万元。捐款总金额340.68万元。

2006年8月9日,县委办公室下发《关于批转〈嘉善县工商联关于在全县民营企业中开展“百企联百村,共建新农村”活动的报告〉的通知》,工商联专题部署“百企联百村,共建新农村”活动,向全县民营企业发出《让我们积极投身到社会主义新农村建设中来》倡议书。8月15日,21家民营企业与19个行政村结对签约,与村企结对32家;协助引进投资项目20多个,金额2亿多元。是年,会员企业扶贫帮困结对64对,资助金额44.78万元。结对助学137对,资助42.54万元。修桥铺路、康庄工程捐款88.5万元,社会公益事业捐款176.26万元。慰问困难户、敬老院等22. 27万元。投资公益设施项目6项,金额179. 83万元;慈善捐款320万元。捐助总额874.18万元。

2007年,县工商联协助县委开好全县社会力量参与现代新农村建设动员大会,26家会员企业向全县发出《积极行动起来,让我们共同建设美好家园》倡议书。县工商联动员会员企业参与“西塘慈善之夜”活动,向县慈善总会捐款50.85万元,捐赠拍卖款14.56万元。洪溪镇商会为镇篮球场改建筹(捐)款23.4万元。干窑镇商会与范泾村贫困户子女结对助学,大云镇商会资助“2007中国·大云花乡艺术节”。是年,12家企业与11个行政村签订结对帮扶协议。村企结对71对(新增43对),协助投资或引进项目36项,安置农村劳动力3273人。天凝镇、姚庄镇实现村企结对全覆盖。各镇商会分别向县慈善总会募捐近50万元。7家会员单位以企业名义成立“慈善爱心基金会”。会员企业在扶贫帮困、结对助学、修桥铺路、文化体育、赈灾捐款、慈善募捐等公益事业中捐款总额811万元。2008年,全县工商联会员企业向各项公益事业捐款捐物折合人民币1965.71万元。县胶合板商会举行“情系灾区、爱心捐款”赈灾捐款仪式,筹集善款143.38万元。县混凝土与水泥制品商会开展“救助灾区,奉献爱心”活动,收到捐款78.3万元。会员企业结对帮困53对,捐助23. 68万元,结对助学67对,金额10.33万元。慰问困难户、敬老院51.68万元。资助路、桥、校建设和治安设施、文体场馆、办公场所等建设捐款940.02万元。2009年,组织7位企业家赴对口援建的四川省青川县前进乡开展慰问活动,赠送慰问金12.1万元。各会员企业支援扶贫帮困、结对助学、修桥铺路、赈灾、慈善等公益事业共捐款823.6万元。2010年,组织各基层商会筹集10万元,开展援建贵州毕节活动。各基层商会及其会员企业结对帮困292对,资助190万元。在慈善捐助、公益事业、发展地方经济等方面总投入资金1400余万元。

2014年2月20日,大云商会15家会长、副会长及产值亿元企业在大云镇召开的“五水共治”誓师大会上捐款68万元。2月25日,西塘镇20家企业代表在“五水共治”动员大会现场捐款70万元,75家非公企业认领并参与西塘镇各村19条河道治理工作。3月6日,陶庄镇商会会长周爱兴代表非公有制企业宣读倡议书,号召企业要携起手来,担起社会责任,积极参与“五水共治”工程,并带头捐赠10万元。誓师大会上18家企事业单位认捐“五水共治”资金109万元。3月7日,干窑镇商会、干窑轴承协会召开理事会议,商议推进以“百企联百村、合力治百河”为主题的“五水共治”工作,22家理事单位认捐“五水共治”资金61万元。3月14日,罗星街道举行企业家“五水共治”捐款仪式,浙江金善印染有限公司等57家企业捐款150余万元。 3月27日,由省工商联发起的“千企联千村 合力治污水”行动走进嘉善县,助推嘉善“五水共治”和美丽乡村建设。来自绍兴的浙商企业——万丰奥特控股集团有限公司捐赠50万元资金,用于嘉善县西塘镇红菱村生活污水治理。是年,募集治水资金1087万元,68家企业认领68条河道实施包干治河。

【工商联(总商会)组织】

1950年,魏塘区政府接收商会整理委员会,建立嘉善城区工商业联合会(筹)。3月,魏塘镇有同业公会(筹)43个,其中商业29个,手工业、代理业、运输业14个,代表880户工商户。9月14日,召开工商界代表大会,成立嘉善县工商业联合会筹备委员会。1951年7月,西塘镇工商业联合会(筹)成立。同年,干窑、天凝、洪溪、杨庙、陶庄、下甸庙等集镇先后成立工商联合会(筹),丁栅、俞汇、里泽、清凉、张汇、大云集镇成立工商组。

1955年12月,召开嘉善县工商联第一届会员代表大会,成立县工商联,下设秘书股、组宣股、辅导股。1966年"文化大革命"开始后,工商联停止活动。1986年9月,恢复并组建以国营、集体、乡(镇)、私营、"三资"、个体等多种经济成分为格局的县工商联。

1995年年初,成立嘉善县总商会,与县工商联合署办公,开始在全县范围内逐步建立乡镇商会和行业商会。1997年3月28日,组建嘉善县第一个行业商会——胶合板商会。2008年10月28日,建立全县第一个异地商会——温州商会。2009年,县工商联有会员企业1388家,镇(街道)商会9家、行业商会5家、异地商会2家。2010年,完成镇(街道)商会组织全覆盖。配合中共各镇党委在会员企业中组建党、团、工会、妇联等组织。2012年,各基层商(协)会建立中共党组织8个。

至2014年,工商业联合会代表大会历经8届,工商业联合会内设办公室、工商经济科。商会有会员企业1430家,镇(街道)商会9家、行业商会(协会)13家、异地商会3家。

嘉善县工商业联合会历届代表大会一览表

表8-4-21

届 次	时 间	主任委员(会长)	届 次	时 间	主任委员(会长)
一	1955.12—1961.10	符培元	五	1997.10—2002.12	潘敏根
二	1961.10—1989.12	倪学礼	六	2002.12—2006.11	潘敏根
三	1989.12—1993.07	江康培	七	2006.11—2011.11	潘敏根
四	1993.07—1997.10	江康培	八	2011.11—2014.12	潘敏根

说明:第五届执行委员会,主任委员改称会长

第六节 港澳台侨工作

【港澳事务和侨务工作】

侨务机构和团体

嘉善县人民政府侨务办公室(简称县侨办) 1984年之前没有专门的侨务机构,由统战部和民政等部门负责。1984年3月,嘉善县人民政府侨务办公室(简称县侨办)建立。1997年5月6日,县侨办在县委统战部挂牌,属政府主管侨务工作的职能部门。

嘉善县归侨侨眷联合会(简称县侨联) 1985年2月,"嘉善县归侨、侨眷联合会筹备会"成立。11月,召开首届归侨、侨眷代表大会,成立嘉善县归侨侨眷联合会。至2014年,县侨联历经6届代表大会。第一届(1985年11月至1989年12月),主席李兴华;第二届(1989年12月至1995年4月),主席李兴华;第三届(1995年4月至2000年6月),主席李兴华;第四届(2000年6月至2005年10月),主席李兴华;第五届(2005年10月至2011年6月),主席周建夷;第六届(2011年6月至2014年12月),主席周建夷。县侨联成为党和政府联系嘉善境内归侨、侨眷,团结广大华侨和港澳同胞的桥梁和纽带。2008年10月17日,魏塘镇成立嘉善县首个镇级侨联。

至2013年11月底,下设26个侨联小组,各镇、开发区(街道)基层侨联组织实现全覆盖。

嘉善县留学人员和家属联谊会(简称留联会) 2002年8月20日,出国留学人员家属代表大会暨嘉善县出国留学人员家属联谊会成立大会召开。倪学庆为会长,金增强、王善民为副会长,姚向东任秘书长,理事11名。2011年7月29日,留联会召开第二次代表大会。会议通过留联会更名,将“嘉善县留学人员(新华侨华人)家属联谊会”更名为“嘉善县留学人员和家属联谊会”。选举王永根为会长,朱灿泓、包叶红(女)为副会长,顾学文为秘书长,理事11名。留学人员家属代表52人出席大会。大会通过《嘉善县留学人员和家属联谊会章程(修正)案》草案。留联会成为联系海外学子的桥梁,对嘉善的统一战线事业和经济建设发展起积极推动作用。

基本侨港澳情况

基本侨情 1957年1月11日,嘉善县开展第一次侨情调查。据统计,全县侨眷14户,华侨华人主要分布在美国、南洋群岛、新加坡、印度尼西亚、日本等国家和地区,其中9户有经济与通信往来。

1982年,侨胞亲属包括外籍有110户,589人;在国外的499人,其中军政界19人、科技界56人、教育界36人、医务界19人、实业界63人、职工52人、学生39人、其他45人、不详170人。情况不明的有31户133人。1987年,旅居海外的华侨218户、931人,归国华侨4户、16人,侨眷133户、656人。

1989年,开展全县性侨情,散居农村的贫困归侨侨眷和留学生创业园调查工作。1990年,华侨华人236户、1002人。1994年,汇编《嘉善海外知名人士情况表》建立侨情资料库。1999年,县内有新移民72人。2000年,有毕业留学生38人,获博士22人,其中获双博士2人,1人入选美国《入学与工程名人录》,获硕士12人,学士4人,主要从事电子、化工、医药、金属材料研究,其中医药、电子方面较有实力,涉及9个国家和1个地区。2003年,全县在外华侨华人、留学生200多人。2005年,县侨办组织人员整理20多年的侨情资料。

2006年6月中旬,全县范围内开展侨情调查。据统计,有留学生189人,侨眷1720人,留学生家属1050人。从调查情况反映出:一是老华侨、华人跟家乡的联系日益减少。二是出国留学人员逐年增多,跟家乡的联系比较紧密。三是出国留学人员中,以发达国家居多。10月,对全县享受低保或生活困难补助的归侨和散居农村归侨、侨眷的分布情况进行调查,全县散居农村的归侨侨眷103户、357人。是年,留学生在县科创中心入园创办企业12家22人,分别来自美国、日本、德国、加拿大、芬兰等国家。2008年,嘉善籍旅居美国、英国、加拿大、日本、新加坡、法国的知名人士16人,其中有工商界7人,文化教育界5人,科技界3人和法律界1人。2012年,充实完善侨情数据,建立海外人员QQ群,开展网上联络和信息发布,实行动态交流。2013年,建立30多名重点人士和97名非嘉善籍海外侨界人士信息资料库。2014年,完成全县侨情调查,有涉侨家庭934户,县内归侨侨眷662人,海外留学人员家属1404人,归国留学人员175人;侨资企业57家;海外社团1家。

港澳同胞情况 1982年,全县有港澳亲属133户、657人;在港澳人员411人,其中军政界3人、科技界6人、教育界8人、医务界11人、实业界64人、职工99人、学生35人、其他75人、不详110人。1987年,旅居港澳同胞的196户、814人,港澳同胞亲属180户、789人。1990年,有港澳同胞120人。2014年,有港澳同胞306人,港澳同胞眷属181人。

联络联谊

海外联络联谊 1984年,第一次以侨联筹备会名义接待外籍华人20人。接待的科技界、企业家和知名人士中有美国宾夕法尼亚州立大学、美籍华人留学美国的秦益明夫妇,日本驻上海总领事,马来西亚海外联络部部长,欧美同乡会副会长,英国嘉兴同乡会副会长,英国浙江商会会长等。接待的团体有:日本、新加坡、巴西中日发展促进会,嘉善籍旅美侨胞“中国寻根之旅”夏令营浙北分营,巴西里约热内卢华文化交流团,荷兰青田同乡会参观团,海外人才为国服务博士团及华侨华人创业者考察参访团,日本经济文化团等。2011年3月,配合嘉兴市侨办、侨联推荐11名嘉善籍旅澳大利亚人员参加澳大利亚嘉兴同乡会;5月,推荐5名旅新西兰人员参加新西兰嘉兴同乡会。2012年年初,县侨办、侨联邀请嘉善籍旅英博士王勇江在新世纪学校开展公益讲座活动;组织中、小学“我和外教交朋友,争做世界小公民”主题英语沙龙活动。7月,组织20名中、小学生赴韩国进行为期5天的夏令营活动;组织举办“嘉善籍海外留学人员暑期行”活动,11名留学人员先后参观姚庄桃园新邨、西塘嘉兴出口加工区B区和翠南村。8月,与嘉善电视台共同制作《嘉善留学人员和家属联谊会架起沟通桥梁,搭建服务平台》专题节目,在《党群天地》栏目播出。2013年12月29日,留联会与中信银行嘉善支行联合举办“学生家长面对面,共话留学新话题”活动,就共同关心的话题进行交流、互动。帮助有出国意向的学生、家长提供学校选择和各项准备工作的参考方案。是年,旅美华侨为团长的美国东方文化艺术团,会同上海抗大(中国人民抗日军政大学)研究会艺术团和嘉善县大云镇花乡艺术团,在大云镇共同举办《融入上海,走进花乡,沪浙中外文化走亲联欢会》。

2014年5月,嘉善县“留联会”首期“留学生家属英语学习俱乐部”开班(一年为一个学习周期),美国德州大学双硕士学位的熊正平担任主讲。11月,在新世纪学校举办感恩节欢庆活动,“留联会”成员40余人参加。是年,干窑镇成立“侨之象”和“侨友窑乡会”,拓宽“党建带侨建”工作。建立全国唯一设在县一级的“欧美同学会·中国留学人员联谊会留学报国基地”。

港澳联络联谊　1999年,参加省侨办组织的“庆祖国华诞,迎澳门回归”书画、摄影作品展和“迎澳门回归知识竞赛”,提供参展作品5件,上交答题卡50多份;组织参加市政协与统战部等单位联合举办的“中国人寿杯、迎澳门回归”知识竞赛,获三等奖。2006年6月3日,香港同乡会嘉善分会在香港成立。大会推选沈跃跃为会长,另设副会长2人,名誉会长1人,理事3人。县统战部部长代表县委、县政府以及县侨办与县侨联人员、嘉兴市各县市区代表80多人出席成立大会。

2010—2014年,赴香港参加香港嘉兴同乡会换届庆典活动;多次赴深圳、香港商议经济文化交流;参与嘉兴市香港联络联谊团拜会等。

2011年,嘉善代表团去深圳和香港开展乡情联络联谊活动,发放各类宣传资料200多份。2012年6月下旬,赴香港嘉善同乡会开展为期5天的乡情联谊和对外交流活动并参加香港嘉兴同乡会青年会成立大会。2014年12月上旬,在香港举办香港嘉善同乡会乡亲联谊会,几十位乡亲及兄弟县市区的香港同乡会会长参加聚会。

宣传工作

海外侨务宣传　1961年,县委组织侨属侨眷学习中国共产党的有关侨务政策。1984年,县委召开县、乡(镇)干部工作会议传达学习中央关于“保护和发扬侨胞爱国爱乡热情”的政策方针。1985年,县侨联采取茶话会、通报会、电视录像等各种形式和渠道,宣传当地文化艺术、乡情风貌和社会的发展变化。1988年,举办“嘉善人在国外”照片展览3期。一、二期重点宣传早年留学欧美人员,回国作出重大贡献的高级知识分子。其中有中科院学部委员4人,如留学美国,任上海交大电子工程学院主任,国内自动化科学开创者和奠基人之一张钟俊;任中美留学救国委员会主席,美国军事顾问,中文翻译官赵望等。第三期展出中共十一届三中全会后,新一代科技博士、硕士生中的科技、经济实业界中的知名人士、侨领。如美国芝加哥大桥设计者,获国际“诺贝尔奖”的朱光汉;美国亚裔问题研究会副会长、纽约荣光联谊会理事长、美国华侨出入口商会名誉会长、美国共和党亚裔总部常务委员居恩慈。1993年,举办嘉善籍海外知名人士生活、工作情况摄影展览。1994年,在嘉善电视台“党群天地”栏目中播出《海外统一战线回顾》;举办侨务工作成果照片展。

2000年,嘉善电视台加入黄河电视台外宣协作网,选送专题片,不定期在美国主流媒体——斯科拉电视卫星网播出。2011年4月,与县电视台共同组织拍摄、播放《党群天地——嘉善渐成留学人员创业的乐园》专题片。8月,在电视台播出介绍留学生开展活动情况的《县留学人员和家属联谊会架起沟通桥梁,搭建服务平台》专题节目。2013年,县电视台录制播出县侨务部门推动嘉善县域科学发展示范点建设系列活动,在省宣传刊物《钱江侨音》第309期刊登《嘉善水乡明珠,地嘉人善》2篇文章。

2014年，制定《嘉善县为侨服务联系卡》2000张，印刷《侨务宣传手册》3000本。梳理30名在加拿大的嘉善籍联谊会成员的信息。推荐2名海外留学人员的事迹在《嘉兴日报》《嘉兴人在海外》栏目上进行宣传。

港澳宣传工作 1997年6月，香港回归前夕，在嘉善一中、二中等单位展出迎回归(香港)知识图片展4场次。是年，组织《香港特别行政区基本法》辅导报告会20多场次，听众4000余人；举办"东方之珠—香港"图片展30多场，观众1万余人次。1999年，澳门回归前，开展迎回归(澳门)系列活动，组织干部深入机关、学校作澳门回归形势报告6场次，听众310人次，发放迎澳门回归资料卡60余册。2012年6月，在香港嘉善同乡会交流活动期间，发放《嘉善——美丽水乡·上海花园》光盘、吴镇书画纪念册等各种宣传资料200多份。

参政议政

嘉善县侨界人士代表经选举或推荐担任各级人大代表、政协委员及政府部门实职。人大代表、政协委员围绕政府中心工作提交议案、提案、意见、建议，参与经济社会管理和民主政治建设，行使民主权利实现参政议政。

1956—2014年，政协第一届至第十三届三次会议，先后有112人(次)的归侨、侨眷担任政协嘉善县委员会委员。归侨、侨眷在县政府中担任正科级领导8人(次)，担任副科级领导6人次。1987年，全县被选为市、县两级人大代表15人，其中担任县人大常委会委员3人，被推荐参加市、县两级政协委员30人，担任县政协副主席2人。

1989—2014年，侨界人大代表、政协委员先后调研近250余次，形成集体和个人调研报告500余篇。其中，作为侨联集体提案28件，被县政协评为优秀提案5件，评为重点提案3件。县政协、人大会议发言18篇。提供给县委、县政府或有关部门作决策参考400余篇。1993年，当选为浙江省人大代表1人，嘉兴市人大代表1人，县人大代表6人，担任县人大常委会副主任1人；推荐为市政协委员4人、县政协委员9人。2003年，侨界有县政协委员5人、县人大代表1人、嘉兴市政协委员1人、市人大代表1人。2004年，侨界委员提交的《嘉善县侨情分析与对策》调查报告在"两会"上作大会发言。2005—2006年，侨界提交的提案有《加快对"高铁"经济调研的建议》《延伸义务教育，吸引优质生源，加快职业教育》《加强食品监督力度，保障群众饮食安全》《关于优先发展信息产业的建议》《关于充分发挥我县"出口加工区"功能辐射的建议》等。2007年，《创业发展，需要和谐环境，海外留学人员来善创业畅想》提案在"两会"上作大会发言。2013年，侨界委员提交的《嘉善县养老机构现状与发展建议》被列为重点提案。

2014年，侨联提交的《关于把抓好企业发展，作为工业强县重要抓手的思考和建议》被列为重点提案。

依法维护权益 依法护侨工作主要通过侨法宣传、落实各项侨务政策、为侨界人员排忧解难来体现。

涉侨法律法规宣传 1990年，侨务部门组织侨界人士学习宣传9月颁布的《中华人民共和国归侨侨眷权益保护法》(简称《归侨侨眷权益保护法》)。1993年，学习贯彻《归侨侨眷权益保护法》和《浙江省实施〈中华人民共和国归侨侨眷权益保护法〉办法》(简称《实施办法》)。县人大通过关于贯彻实施"两法"的报告，列入法规监督和"二五普法教育"；利用各种宣传工具宣传"两法"，依法支持和保护归侨侨眷合法权益。1995年，召开归侨侨眷座谈会和开展"爱侨胞、护侨益、引侨心"系列宣传学习活动，纪念《中华人民共和国归侨侨眷权益保护法》颁布五周年和浙江省两个《实施办法》施行两周年。1998—2000年，县侨办先后多次组织广大归侨侨眷开展学习、座谈、宣传活动。2004年7月1日，嘉善县贯彻新修订的《中华人民共和国归侨侨眷权益保护法实施办法》，通过召开会议、赠送宣传手册、县委领导电视侨法宣讲、举办侨法知识竞赛等形式开展系列宣传学习活动。2006年3月，组织开展保护法实施办法和《浙江省华侨权益保障暂行规定》等涉侨法规系列活动。4月，开展"侨法宣传月"活动，县委常委、副县长在电视台进行"侨法"宣讲；在《嘉兴日报(嘉善)版》专版介绍侨务政策，发放宣传手册150本；在魏塘镇主要街道，悬挂侨法宣传横幅5条；在世纪联华广场举办《归侨侨眷权益保护法》宣传咨询。2007年,召开归侨联席会议,举行侨法电视宣传和广场宣传活动,开展侨法进社区、进部门,联系走访30户归侨侨眷、10个部门和10个社区。

2011年3月,县侨联到西门社区开展侨法宣传咨询活动、到大云缪家村走访侨眷宣传侨务政策,发放宣传资料200多份。2013年,配合省侨联法律顾问、律师事务所律师在嘉善为10多位市民进行现场法律咨询服务,并赠送《涉侨法律读本》和《钱江侨音》杂志。

2014年4月,西塘镇朝南埭社区建立嘉善县首个社区侨务工作站。是年,获国侨办颁发的"侨法宣传角"荣誉奖牌。

落实政策　1979—1990年,侨务部门配合有关部门对在历次政治运动中,尤其是"文化大革命"中涉及归侨、侨眷的政策问题,逐个进行调查、平反、纠错,落实政策。其间,纠正冤假错案49起,落实其他涉及侨益政策12起。清理复查"三胞"亲属档案231人,清理档案1107份,其中"文化大革命"中的材料39人,465份,历史遗留材料70人,642份;清理中发现的不实之词,全部销毁。对"文化大革命"中被查抄的侨属21户,其中退赔、归还侨属19户,文物、书画等实物1656件。

影响大,涉及面广的侨房问题得到基本落实。据1982年3月20日统计汇总,在"文化大革命"中受冲击的华侨、侨眷房产有30户88.5间1673平方米。1979—1981年3年中,分别给予退还的有6户20间452平方米、8户22间400平方米和6户17间330平方米。1982年9月,全县开始全面落实1959年私房改造中遗留的侨眷私房被改造政策。年底腾退12户1074.75平方米产权。1984年,落实中央《关于加快落实华侨私房政策的意见》,对土改中被没收、征收的华侨侨眷的私房进行调查,属于城镇的有4户1243.72平方米。其中腾退原房285.83平方米,其余折价归还4.5万余元。1987年,私房清退43户2992平方米产权。1989年,清退侨属17户94.5间1819.12平方米产权。是年,不同时期的各项侨房政策基本落实。此后,主要解决个别遗留问题。1991年,对魏塘、西塘两个镇被查抄的6户侨眷的财物按政策作出处理和落实。2008年,妥善调处侨房拆迁3起。

维护权益　1984—2014年,及时妥善处理来信来访430余件,协助落实侨务政策50余起。1984—1988年,解决下放农村侨属未婚子女办理"农转非"9户,安排就业、联系调动工作3人,落实拆迁改善居住条件,优先照顾新房分配22户,解决最低生活保障和补发退休金各1名,为4名侨眷子女解决就业,照顾安排5名侨界人员子女入学,经济补助2户。1989年,建立走访慰问制度(每年慰问高龄及困难归侨侨眷20户左右)。1993年,落实省侨办下拨救灾款3900元,救助31户侨属。1999年,为在特大洪涝灾害中受灾的"三胞"亲属送上慰问金1.2万元。为侨属子女入学、农转非等方面办实事10余件。2000年,为1名侨眷解决最低生活费。2003年,解决侨眷子女入学困难1名。在抗击"非典"疫情中,通过电话或发公开信的形式向有关归侨侨眷、"留联会"成员进行联系慰问,宣传"非典"防卫知识与方法。2008年,给予办理失土农民待遇1户。看望慰问1名摔伤侨属子女和1位贫困学生,帮助解决就学难题。2011年7月,妥善协调处理一名华侨女子在意大利佛罗伦萨被害案。2013年,深入实施"归侨、侨眷关爱工程",走访慰问高龄、困难归侨侨眷23户,协调涉侨房产纠纷2起。协调解决侨眷许增年入住敬老院、加拿大永久居民金尚元金氏后厅居住等问题。为旅美、法华侨联系户口迁移2人,为菲律宾华侨子女联系考试加分等事宜1人。

2014年,为意大利华侨办理嘉善县首例回国定居手续1人。为侨界子女办理入学手续4人。

服务地方经济

海外引资引智　1985年,协助省侨联为嘉善塑料总厂引进日本EVA洗衣机进水管生产流水线设备,1986年创利60多万元。1991年,新批"三资"企业4家,转股增资1家,总投资358.44万美元。1992年,新批18家,总投资2056万美元。至年底,外资企业有12家,美国6家,日本、泰国各2家,捷克、阿联酋各1家。其中由侨务部门牵线,引进2家企业,总投资63.95万美元,协议利用外资18万美元。2001年11月,奥地利华人商会,先后两次到嘉善与县国土资源局草签购买342亩土地的协议,拟作房地产开发。2003年，姚庄镇引进外资项目一个，总投资3000万美元。2004年，县侨务部门配合省、市侨办为嘉善经济开发区引进由美国阳光科技有限公司投资的开发电脑高精度二极管项目1个，总投资3000万美元，注册资本1200万美元。2006年，县侨务部门与经济部门联手，将嘉善经济发展规划、合作投资项目、重大招商活动、投资环境等信息，通过上门送、出境带、平时寄、网上发等形式推荐嘉善投资环境。是年，浙江省成立侨商会，嘉善县推荐1名侨商会理事、2名企业会员与1家百家优秀侨资企业代表。2008年7月，浙江省留学人员创业园嘉善园区在县科创中心挂牌，成为浙江省首家设在县级留学人员创业园。被共青团浙江省委认定为浙江省青年创业基地、国家科技部认定为国家高新技术创业服务中心。是年，县科创中心引进高级职称归国留学人员30人。田中精机（嘉兴）有限公司的“数控全自动绕线机”被列入国家级火炬计划项目。2009年，县侨办、侨联推荐7家嘉善籍侨资企业为嘉兴市侨商会会员企业，其中黄耀铨当选为副会长、1人当选为理事。2012年，县侨办、侨联推荐田中精机（嘉兴）有限公司、嘉兴市兴和时装有限公司、嘉善银辉包覆丝有限公司、顺翔皮件有限公司、和海麒人造毛皮服饰有限公司等企业为嘉兴市侨商会会员企业，嘉善的会员企业增至12家。2013年5月18日，省侨联海外侨领实践基地落户嘉善。6月27日，省侨联将嘉善作为省侨联领导的调研先行点，建立基地，指导开展活动。是年，通过侨界牵线搭桥的博客资本、加加好物流、富通集团产业转型升级示范工业园区和动漫影视城等项目进入对接洽谈；配合县委统战部与上海市侨办经科处合作，组织上海侨商华侨华人创业者到嘉善实地考察，促成圣加中电子科技有限公司项目落户嘉善；以“相聚嘉善，同圆共享‘中国梦’”为主题，开展招才引智，组织和邀请400余名优秀浙商、高端人才到嘉善投资考察，成功引进2个，其中刘江注册的嘉善方舟医疗科技有限公司，落户中国归谷嘉善科技园。

2014年，新格集团美国环球金属有限公司、新格国际有限公司入户经济技术开发区，建立具有年产30万吨再生铝合金电产品生产能力的新格精密机械产业园，总投资1.8亿美元，占地200亩。

港澳引资引智 1989年8月，在干窑镇引进嘉善乡镇首家境外投资企业，港商投资企业——中铁家具有限公司。2008年6月18日，香港圣诺盟集团公司投资的圣诺盟（浙江）聚氯脂家居用品有限公司落户魏塘，占地407亩，总投资8700万美元，为亚洲最大海绵生产企业。

【对台工作】

工作机构和团体

台湾事务办公室 1993年9月，县委统战部成立联络科，负责侨务和台湾事务。1997年5月6日，县委台湾工作办公室（县政府台湾事务办公室）在县委统战部挂牌。2007年12月，县委台湾工作办公室（县政府）单设，列入县委工作机构。

2008年3月，嘉善县人民政府台湾事务办公室正式单列，下设综合科和经济科。中共嘉善县委台湾工作办公室和嘉善县人民政府台湾事务办公室作为县委、县政府主管对台工作的职能部门，负责全县对台事务。

嘉善县涉及台胞台属的社会团体主要有台胞台属联谊会、台北嘉善同乡会和嘉善县台湾同胞投资企业协会。

台胞台属联谊会 1989年1月26—27日，嘉善县台胞台属联谊会成立大会召开，大会正式代表65人。施善堃为会长，邹道际、龚静芳为副会长，邹道际兼秘书长。1995年4月19日，召开第二次台胞台属代表会议，应镇浙任会长，邹道际、吴晓弟任副会长，邹通观任秘书长。2000年5月30日，召开第三次台胞台属代表大会，涂志清当选会长，吴晓弟、孔维能、顾学文当选副会长，顾学文兼秘书长。2005年10月24日，嘉善县台胞台属联谊会第四次代表大会召开，涂志清任会长，许建嘉、顾学文、王维中、曹龙观任副会长，顾学文兼秘书长。台胞台属联谊会成为党和政府联系台胞台属的桥梁和纽带。

台北嘉善同乡会 1992年8月，台北嘉善同乡会成立，朱鼎华担任会长。2001年，顾光裕担任会长。2002年5月25日，顾光裕因台湾“华航”事件罹难，台北嘉善同乡会暂停活动。2004年7月13日，台北嘉善同乡会正式恢复,会长由第二代嘉善籍台胞许汝明担任,开展善台两地交流交往活动。

嘉善县台湾同胞投资企业协会(简称台协) 2003年10月15日,晋亿实业等16家台资企业发起成立嘉善县台资企业协会(筹备组),蔡永龙任组长。11月28日,首届嘉善县台湾同胞投资企业协会会员大会召开,选举蔡永龙为会长,李茂春为常务副会长,阮连坤、陆建中、黄铭仁、蔡登录为副会长,马逢源为秘书长。首届单位会员126家,个人会员5人。2005年12月17日,嘉善县台湾同胞投资企业协会举行二届一次全体会员大会,选举李茂春为会长,阮连坤为常务副会长,陆建中、丁建中、李上达等为副会长,吕万杰为监事长,马逢源为秘书长。2007年10月20日,嘉善县台协举行三届一次临时理、监事会议,选举阮连坤为会长,陆建中、蔡登录为常务副会长,黄铭仁为监事长,副会长12人。台协在促进与政府部门之间沟通,引导外商投资,反映台商意见,为会员企业排忧解难,参与和支持嘉善经济建设和社会公益活动等方面开展大量服务性、建设性工作。

维护台胞台属合法权益　维护台胞台属的合法权益主要通过落实各项对台工作政策和为台胞台属排忧解难来体现。

1982年9月22日,中共嘉善县委转发省委批转省委对台工作小组、省委统战部《关于贯彻中央〔1981〕44号文件的试点工作座谈会议纪要》的通知,要求全县各公社(镇)党委、直属单位党组、党总支加快落实台属政策。至11月4日,对"文化大革命"期间的冤假错案落实政策43人,其中平反昭雪5人,纠错16人,给予经济上的补偿14340.40元;根据省委办公厅印发《关于处理精简下放遗留问题座谈会纪要》等文件的要求,为1962年下放农村的台属,粮户关系迁回城镇6人;退还41户台属被查抄的物资,分别归还原物和折价款12366.73元;归还被挤占的房产14户,29.5间,580平方米及2户3个窑墩,折价归还3604元;帮助5户台属找到在台亲人;为3户台属找到在美亲人线索;帮助下甸庙台属徐永源、凤桐窑厂台属吴德坚与在台亲属建立联系。是年,贯彻落实政治上"一视同仁"政策,台属入党2人,当选县人大代表1人,当选县妇代会代表1人,推荐为县政协委员4人,台属张在扬当选县人大代表并被举荐担任县政协副主席、嘉善一中副校长。1983年,建立台属资料档案,落实台属政策。是年,帮助台属解决原在外地的历史遗留问题2起。台办通过与有关部门协调,对魏塘镇南门街施善堃、西塘台属冯孝雄因撤销原处理后工作及经济待遇等没有及时解决的问题给予恢复其工作和原工资,并在经济上给予补助。对8户生活困难的台属一次性补助670元。1984年,与县处理私房改造遗留问题办公室联系,发还台属房产3户7间,168.94平方米。帮助解决西塘镇台属子女就学1人,魏塘镇罗星街台属子女工作调动2人,接待2位从美国绕道回乡的台胞,为1位教师与失散20多年的在台亲人建立联系。是年,县人大、政协换届中当选为县人大代表5人,台胞台属担任县政协委员8人,有4位台属分别被选为省、市人大代表。1985年,清理台属在"文化大革命"中的档案材料549件(3420页);解决久拖不决的台属周志汉工资补发,张元塄提高退休工资待遇问题;在有关部门支持下,发还台属房产14户、536.5平方米。是年,春节前夕,县委、县政协、统战部领导上门慰问高龄台属7户,为台属、台胞赠送年画慰问190户。台办定期不定期的对长期有病台属进行家访,对有困难的台属给予适当的经济补助;帮助解决去台上层人士徐思贤之女徐永源的粮油户口、子女就业和经济困难问题,对徐思贤父母坟墓进行修缮;帮助台属戴谷磬在新疆工作的女儿调回嘉善工作方便照顾老人;帮助2位台属分别在中国香港、美国会见在台亲人;协助侨眷居恩荣通过胞弟做通台胞徐永源父亲徐思贤的工作,使分离38年的父女建立联系。1986年10月,县台办在嘉善召开落实台属房产政策遗留问题会议,列出台房调查户数,对徐思贤、黄麟书两户房产通过调查,明确产权情况。年底,上门慰问高龄台属10户,全年走访台属、台胞40户次。会同公安、工业、商业局等部门为台属、台胞解决实事15件并为黄麟书户落实在土改中被没收的房屋产权。1987年,为去台人员黄麟书更改错划的逃亡地主成分,解决台属朱光汉查抄物资遗留问题,纠正和销毁台属陆云祥档案中的不实材料;为丁秀文户折价补偿77.1平方米,1927.5元;为台属办实事18件。

1988年，上门慰问高龄台属9户，走访台属、台胞100多户次。为台属解决实际困难、办实事11件，经济补助7户630元。是年，统战部和台办、侨办领导探望患病住院的台属黄永熙、张元塄。1989年，嘉善县台胞台属联谊会成立，嘉善县委、县府对台胞、台属的联谊、服务、帮困工作成为对台工作常态。1993年，发还去台人员万景贤私房产权393.4平方米，对已拆除的9间203平方米房屋，折价补偿；撤销对原去台人员徐思贤的刑事判决，发还房屋产权200平方米，已拆除的56平方米给予经济补偿；对台属钱静娴给予每月100元的生活费补助。为台胞联系购买商品房3套，帮助2户台属解决住房困难，为1名台属子女联系就业。1996年，走访慰问台胞台属，对来善省亲、商务的知名台胞逐一登门拜访。对遭受火灾的台属章明灿家庭送去慰问金1800元。全年走访台胞30余人次，台属20余户。为台胞江涛协查其在嘉兴建国路的房屋产权处理情况。解决台属子女升学就业问题9件。2002年，帮助大舜"台胞村"新落户台胞征用建房土地4亩。及时协调、处理台胞来信来访5起。2003年，为台胞、台属、台商办实事6件。2006年，县台办、县台联为台北嘉善同乡会提供50对涉台婚姻资料。2007年，慰问贫困台属8户，解决台属子女就业7户，为台商子女办理中、小学入学手续15人等。

2012年，台胞、台属代表自第六届政协会议(1984年)以台联界别参政议政，至第十三届政协，台联代表担任政协委员36人次。

联络联谊　20世纪80年代初期，台湾同胞开始绕道国外回嘉善探亲，也有台属绕道去台湾探亲。1982年嘉善县委、县政府贯彻《中共中央关于进一步落实去台人员在祖国大陆亲属政策的通知》精神，充实县对台工作小组。是年，下甸庙公社1位台属赴台湾探亲。1983年，全年接待台胞30人。

1984年，建立台属联络员组织，帮助台属与在台亲人建立联系，对台属进行逐户走访。每年在中秋、春节等节日召开台胞、台属茶话会开展互动，在圣诞、元旦与台胞和台北嘉善同乡会等组织互赠贺年卡。赠送《嘉善风姿》《嘉善文史》《嘉善县志》《嘉善投资》《银嘉善》等录像、照片等资料。1986年，回乡探亲台胞2人，在中国香港、美国会亲台胞2人。1987年，接待探亲台胞7人。1988年，接待回乡探亲台胞58批83人。是年8月30日，脚环标有台湾彰化县"85—149424"的信鸽降落在洪溪镇福善泾村村民家中，新闻媒体在电视上作了相关报道。统战部委托县体委、县信鸽协会及时致函台湾彰化县信鸽协会。10月29日台湾《联合报》用大幅版面以醒目标题《迷航信鸽稍信来》，副题《浙江嘉善县待为上宾，来函寻找失主，希望进一步交流，彰化信鸽分会也乐意让鸽子飞过来，飞过去》作报道，并影印刊出嘉善体委信鸽协会信件。引起彰化县政府、议员、县信鸽协会及2000多户信鸽户广泛关注。经双方沟通联系，在县台胞台属联谊会的协助下将已与嘉善本地信鸽产下2羽小鸽的台湾信鸽送返台湾。该事件对此后两地交流交往产生积极影响。

1993—1997年，海峡两岸交流交往因海峡两岸大、小"三通"(通邮、通航、通商)的实行及口岸的相互开放，嘉善与台湾同胞的商贸交流开始增加，嘉善和台湾双方的旅游活动也逐渐增多。到嘉善探亲、旅游和洽谈经贸的台胞1629人次，赴台探亲14人次。1995年7月，县围棋协会与台湾围棋协会在嘉善县实验小学举行"嘉诚杯"围棋赛。8月23日，回乡探亲的台北嘉善同乡会会长朱鼎华与新一届台联会理事长应镇浙及理事进行座谈。

1998—2002年，县台办、县开发区等组团赴台进行学术交流；嘉善旅游赴台交流团组在台湾的台北、高雄、台中等城市召开旅游推介会。

2003年7月15日，县台协创办嘉善县台商沙龙活动平台(每月15日、28日晚举行)。台商沙龙组织台协会员开展"以台引台""东引台资"活动，实施县政府招商引资"一号工程"。每年举办税收法规宣传咨询会、地税政策宣传介绍会、工商管理座谈会；邀请县国税、地税、外经、供电等局和嘉兴海关、商检等有关部门，与台商进行相关法律、政策的宣传、讲解、沟通和解答；邀请县领导及县级各部门负责人，举办经济形势报告会；围绕"服务企业、推动转型"，举办台资企业转型升级辅导讲座及各类政策宣介会；组织台商举办读书会、运动会、旅游、高尔夫球赛、辅导讲座等各类活动。2004年，知名台胞王文雄夫妇、港台媒体采访团到嘉善交流考察。是年,嘉善组织4个团组赴台交流考察,拜会台北嘉善同乡会和工商学术界人士,参观近百家台湾同业公会和企业,共发放宣传资料680多份。2005年,对台参观访问2个团组。接待台湾到嘉善交流团组和台胞、台属56批次、350多人次。2006年8月,台湾3所中学学生到嘉善高级中学举行"学子情深"两岸青少年夏令营活动。是年,台北嘉善同乡会会长许汝明2次专程到嘉善,探讨善台两地民间交流、经贸文化交流及学生双向交流。县台办接待到善交流团和台湾亲戚35批次、310多人次;古镇西塘、吴镇纪念馆等景点接待台湾同胞5万多人次;接待旅居巴西台湾同胞到嘉善考察37人;组织赴台湾交流考察5个团组。

2007年1月3日,举办"台商看嘉兴——嘉善行"活动,台湾知名画家施忠刚、美国麻省理工学院博士顾学雍等到嘉善进行交流考察,台商台胞136名参加。6月1日,举办"嘉台情,同胞心"活动,同乡会荣誉会长一行27名台胞到嘉善进行考察交流。是年,古镇西塘、吴镇纪念馆等旅游部门接待台湾同胞观光旅游5.3万人次,县台办、台联接待来善交流团和台湾亲戚19批40多人次。

经贸交流与合作　改革开放后,支持服务经济发展成为一项重要工作。1985年,资助台属王务农承包竹器业务。1987年,第一家台资企业"中兴木业"落户嘉善。是年,台资木业企业33家。1988年,有台属企业5家,企业总产值139100.13元,年税金1512.12元。1992年,为3家台资企业办理确认手续。1993年,新增台资企业16家,涉及行业有建材、化工、服装、化纤织物、电子、食品、橡塑、轻纺、雨具及"三产"等,总投资2511.71万美元,协议利用台资1050.77万美元。是年,接待台商经贸考察、洽谈8次;配合市台办办理台资企业确认书11家;为台商办理多次出入境手续21人,办理台商暂住证4人;办理台胞海峡两岸文书公证手续7人。全年走访台资企业8次。1995年11月,省内最大台商独资企业——晋亿实业有限公司落户嘉善经济开发区,首期投资7000万美元(1999年增资3600万美元)与总投资600万美元的台湾三永电炉公司、总投资500万美元的台湾友信机械公司、总投资600万美元的富善木业公司、总投资200万美元的鸿亿机械公司等一批台资企业,形成台商工业园区。是年,全县有台资企业32家,总投资9510.76万美元,协议利用台资7797.168万美元。1996年,为19名台资企业任职台商办理多次出入境手续,为2名台商办理暂住证,为5名台胞办理两岸文书公证手续,召开台胞台属座谈会6次。

1998—2002年,县台办、县开发区等组团17个,166人次赴台进行招商引资、经贸考察和学术交流。到嘉善考察、从事经贸活动的台湾同胞376批次,11500人次。其间,配合市台办、台胞为玉盛化工有限公司等6家台资企业办理台胞身份和台资企业确认手续。协同县公安局为在台资企业任职的台商办理多次出境手续5人和台商办理暂住证2人。协同公证处为台胞办理两岸文书公证手续6人。建立联系制度,每季度1~2次对现有台资企业了解情况,及时向县有关部门反映。1999年2月,经浙江省人民政府批准设立省级台商投资区并同时被命名为嘉善台商投资区,台资已经成为嘉善利用外资的主体。9月21日,台湾地区发生强烈地震,县主要领导走访慰问台资企业的投资者,县台办代表政府致电台北嘉善同乡会理事长表示慰问。2002年4月15日,台升家具有限公司正式签约落户嘉善,总投资1.05亿美元,是亚太第一,世界排名第三的家具生产集团。5月,晋亿实业有限公司在县经济开发区投资兴建"台湾螺丝城",占地650亩,并规划建设占地1000亩的"台湾螺丝城"二期园区。是年,全县有台资企业180家,项目总投资10.88亿美元,注册资本5.33亿美元,协议利用台资5.19亿美元。2002年,县台办举办"2002年中国嘉善·台商投资洽谈会",参加台商近200人,签约30个项目,总投资3亿多元人民币。至年底,有和新精冲有限公司、宝勋精密螺丝有限公司等一批科技含量高的紧固件生产及配套企业落户螺丝城,总投资1亿多美元。

2003年,新增75家台资企业,全县台资企业达229家,总投资13.08亿美元,注册资本6.54亿美元,协议利用台资6.22亿美元。在嘉兴市和浙江省县级(市、区)范围内引进台资名列前茅。是年,继江苏昆山、广东肇庆之后,嘉善成立大陆第三个县级台湾同胞投资企业协会。2004年3月中旬，县台办及相关部门帮助发生火灾事故的日东精密螺丝有限公司恢复生产，降低损失。5月12日，县台办协同县政法委、公安局根据《中华人民共和国台商投资企业保护法》规定，依法妥善解决民工家属与台资企业三和吉田（嘉兴）建材工业有限公司之间的矛盾和冲突。是年，中国两岸经贸关系发展促进会、台湾机械产业参访团、台湾永和国际青年商会考察团、台北浙江同乡会经贸考察团等到嘉善交流考察。制定和启动《嘉善县涉台突发事件处置预案》及时化解嘉芳化工、大田海洋食品等台资企业与外省市商贸纠纷。受理台胞、台属和台商诉求案件46件，协助解决43件。2006年，县政府组织赴台经贸考察团及企业的组织赴台产品展示促销团共5批次。是年，全县批准设立台资企业331家，总投资25.64亿美元，合同利用台资13.3亿美元，实际利用台资4.28亿美元，常住当地的台商有1100多人。

2007年3月，由6位台商捐资兴建的嘉善县台商会馆破土动工。是年，县台办为3家内外资企业申办赴台商务交流服务；嘉善县农业赴台考察团到台湾考察；3家企业赴台进行商务交流；修订《嘉善县涉台突发事件公共预案》，接受台商、台资企业投诉、诉求案35件，其中34件得到解决。2008年3月1日，台商捐资兴建的嘉善县台商会馆正式落成并举行开馆庆典仪式。会馆总投资2000余万元，占地4. 67公顷（70亩），总建筑面积近6000平方米，系全省第一家县级台商会馆。

第五章　中共平湖市（县）委统战工作（1949—2014年）

1929年3月，中共金山（浦南）县委在平湖建立第一个党组织——中共衙前支部，开启了中国共产党领导平湖人民与反动势力的斗争。中华人民共和国成立前夕，中共平湖地下党组织成功策反国民党平湖县长楼正华。1949年5月11日，平湖解放。

中华人民共和国成立后，县委统战工作遵照党的路线、方针和政策，团结、教育和组织社会各民主阶层、人民团体和各界人民群众实行民主改革、恢复和发展国民经济。在大规模社会主义建设时期，认真贯彻党的国民经济“调整、巩固、充实、提高”方针，引导和调动社会各方面积极因素，促进社会主义建设事业的发展。“文化大革命”时期，统战工作遭到严重干扰，工作被迫停止。

中共十一届三中全会后，统战工作在县委领导下围绕新时期、新阶段工作重心，认真拨乱反正，遵照党的“长期共存、互相监督、肝胆相照、荣辱与共”的方针，帮助工商联恢复工作，协调各民主党派建立组织，广泛吸收各民主党派、人民团体和无党派爱国人士参政议政，改进和发展中国共产党领导的多党合作和政治协商制度。

进入21世纪，平湖统战工作站在一个新的历史起点，进一步完善党政部门、党员领导干部与各民主党派、无党派人士的交友联系、对口联系、通报协商、民主监督等制度，积极推进中国特色社会主义民主政治和“两个文明”建设，不断壮大和发展爱国统一战线，努力服务经济社会全面协调可持续发展。

第一节　机　构

1951年5月，县委设立统一战线工作部（简称统战部），首任部长由县委委员、县长李坚兼任。1956年6月，统战部配专职副部长，主持统战部工作。1961年12月，地委决定，县委撤销统战部。1962年4月至1963年4月，统战工作由县委城镇工作部（简称城工部）兼管。1963年4月，恢复统战部。1964年

4月，撤销统战部建制并入宣传部，对外保留统战部名称，日常工作由一名副部长分管。1967年1月至1976年10月，受“文化大革命”干扰，县委被夺权，党的组织全面瘫痪。1979年4月，县委恢复统战部。1987年3月开始，统战部部长由一名县政协副主席兼任。1990年9月，统战部建立部务会议。1991年6月，平湖撤县设市(县级市)，县委统战部改称为市委统战部。2007年1月，市委调配一名市委常委担任统战部长。此后，统战部部长均由市委常委担任。

1984年11月，统战部设办公室。1997年6月，市委批准统战部职能配置、内设机构和人员编制方案，内设办公室、工商党派科、民族宗教科、台湾事务办公室、侨务办公室5个科室，对外挂市委、市政府民族宗教事务局，市委台湾工作办公室(市政府台湾事务办公室)，市政府侨务办公室的牌子；核定统战部编制13名(含民主党派、归侨侨眷联合会专职干部)。2002年7月起，市委统战部设办公室、工商党派科、海外统战科、民族宗教科4个职能科室，市委台湾工作办公室(市政府台湾事务办公室)、市政府侨务办公室、市民族宗教事务局、市归侨侨眷联合会与统战部合署办公。至2014年，统战部内设机构及合署办公机构不变。

中共平湖市(县)委统战部正副部长一览表

表8-5-1

姓　名	职　务	任职时间	备　注
李　坚	部　长	1951.05—1952.10	县委委员、县长
陈惠礼	部　长	1987.03—1990.05	县政协副主席
吕继村	部　长	1990.05—2003.03	市(县)委委员、市(县)政协副主席
王华根	部　长	2003.03—2007.01	市委委员、市政协副主席
姚田宝(女)	部　长	2007.01—	市委常委
孔庆东	副部长	1956.06—1957.10 1958.09—1959.11	—
李振东	副部长	1957.10—1958.09	—
扈仪泉	副部长	1959.11—1961.12 1963.04—1964.04	副县长
沈倡林	副部长	1979.04—1984.03	—
陈惠礼	副部长	1984.03—1987.03	—
张宗铨	副部长	1990.03—1995.08	—
汤照宝	副部长	1993.10—1995.08	—
马其中	副部长	1995.08—1997.12	—
沈　敏(女)	副部长	1995.08—2012.06	—
姜其美	副部长	1997.06—2001.12	—
冯玉明	副部长	2001.09—2005.04	—
黄永根	副部长	2005.04—2008.11	—
吕　强(女)	副部长	2005.04—2007.09	—
张永良	副部长	2009.07—	—
钟　菲(女)	副部长	2011.12—	—
杨永明	副部长	2012.06—	—
周　虹(女)	副部长	2012.06—	—

中共平湖市(县)委统战部部务会议成员名录(部长、副部长均为部务会议成员)

吴炎强(1990.09—1991.08)

张照兴(1992.01—1994.06)

王达钟(1995.08—2001.12)

第二节　多党合作和政治协商工作

【人民政协工作】

市(县)委统战部在政协工作中主要是协调做好历届政协界别设置、政协委员的产生等工作。1955年3月24日,中共嘉兴地委批准地委统战部《关于市、县人民委员会、政治协商会议人事安排意见》,确定平湖、吴兴等7个重点县首批成立政协地方委员会。1956年3月18日,根据《中国人民政治协商会议章程》规定和嘉兴地委意见,政协平湖县委员会建立。至2014年年底,历经12届。

县政协第一届委员会由中国共产党、新民主主义青年团、总工会、妇女联合会、合作社、农民、教育科技、医卫、工商、文艺、宗教、少数民族、社会人士14个界别组成。委员总数47人,党外人士占76.6%。

县政协第二届委员会未设合作社界别,新民主主义青年团更名为共产主义青年团,增设归侨界别,界别仍为14个。委员总数57人,党外人士占70.2%。

县政协第三届委员会的界别与第二届相同。委员总数57人,党外人士占70.2%。

县政协第四届委员会未设社会人士界别,增设特邀人士界别,界别仍为14个。委员总数91人,党外人士占74.7%。

县政协第五届委员会增设中国民主同盟、中国民主促进会、社会科学、农林界4个界别,未设农民界别,界别增至17个。委员总数121人,党外人士占75.2%。

县政协第六届委员会将文艺界更名为文艺新闻界,原工商界更名为工商经济界,增设中国农工民主党界别,共有界别18个。委员总数137人,党外人士占63.5%。

县政协第七届委员会将归侨界分设为侨联、台联两个界别,将工商经济界分设为工商联、经济界两个界别,将宗教、少数民族两个界别合并为民族宗教界,将教育界更名为教育体育界,共有界别19个,委员总数141人,党外人士占61.0%。

市政协第八届委员会增设社会福利和体育界,共有界别21个。委员总数149人,党外人士占60.4%。

市政协第九届委员会未设教育界、体育界、特邀人士3个界别,设教育体育界,共有界别19个。委员总数153人,党外人士占60.1%。

市政协第十届委员会未设教育体育界、社会福利界,另设教育界,增设特邀人士界别,界别仍为19个。委员总数185人,党外人士占62.2%。

市政协第十一届委员会的界别同上一届。委员总数216人,党外人士占61.6%。

市政协第十二届委员会将文艺新闻界更名为文艺体育新闻界,增设无党派人士界别,界别增至20个,委员总数218人,党外人士占61.5%。

历届市(县)政协委员界别构成情况表

表8-5-2　　单位:人

界别＼届次	一届	二届	三届	四届	五届	六届	七届	八届	九届	十届	十一届	十二届
中国共产党	5	9	10	8	10	10	8	9	13	10	17	18
中国民主同盟	—	—	—	—	1	3	3	3	4	5	5	5
中国民主促进会	—	—	—	—	1	5	5	5	6	6	7	7
中国农工民主党	—	—	—	—	—	3	3	4	5	5	6	6
无党派人士	—	—	—	—	—	—	—	—	—	—	—	5

续表8-5-2

界别＼届次	一届	二届	三届	四届	五届	六届	七届	八届	九届	十届	十一届	十二届
共青团	1	1	1	1	3	3	4	3	3	4	5	6
工会	2	3	3	4	4	4	5	5	5	6	7	6
妇联	1	1	1	1	3	3	3	4	4	4	7	6
农民	2	1	1	3	—	—	—	—	—	—	—	—
农业(农林)界	—	—	—	—	13	14	16	14	14	19	21	19
教育界	8	7	7	15	13	16	—	12	—	17	18	18
教育体育界	—	—	—	—	—	—	16	—	14	—	—	—
体育界	—	—	—	—	—	—	—	3	—	—	—	—
科技(科协)界	3	4	4	12	18	17	17	13	13	12	16	15
社会科学界	—	—	—	—	3	3	4	4	5	12	15	15
工商界	14	13	12	11	9	—	—	—	—	—	—	—
工商经济界	—	—	—	—	—	15	—	—	—	—	—	—
工商联	—	—	—	—	—	—	8	10	10	13	15	18
经济界	—	—	—	—	—	—	8	19	20	21	24	20
文化艺术界	1	2	2	4	5	—	—	—	—	—	—	—
文艺新闻界	—	—	—	—	—	5	9	8	8	9	9	—
文艺体育新闻界	—	—	—	—	—	—	—	—	—	—	—	9
医药卫生界	4	6	6	12	13	13	13	13	13	16	16	16
归侨侨眷港台属	—	1	1	5	11	—	—	—	—	—	—	—
侨联	—	—	—	—	—	13	6	6	6	6	7	7
台联	—	—	—	—	—	—	6	6	6	6	6	6
宗教界	2	2	2	1	2	2	—	—	—	—	—	—
少数民族界	1	1	1	1	1	2	—	—	—	—	—	—
宗教民族界	—	—	—	—	—	—	4	4	3	4	5	7
社会福利界	—	—	—	—	—	—	—	1	1	—	—	—
合作社	1	—	—	—	—	—	—	—	—	—	—	—
特邀(社会)人士	2	6	6	13	11	6	3	3		10	10	9
界别数	14	14	14	14	17	18	19	21	19	19	19	20

【民主党派和无党派人士工作】

中华人民共和国成立初期，境内没有民主党派组织，县委统战部根据县委的统一部署，组织社会各阶层爱国人士参加县各界人民代表会议，参与政治协商和重要事宜决策。1954年7月、1956年3月，先后召开县第一届人民代表大会和政协县第一届委员会会议(简称“两会”)，县委安排一定比例的各阶层爱国人士为人大代表，参与全县政务活动。20世纪80年代初，县委支持各民主党派发展成员、建立组织。1983—1986年，民进、民盟、农工党3个民主党派先后在平湖成立支部。县委遵照“长期共存、互相监督、肝胆相照、荣辱与共”的方针，团结各民主党派、无党派人士和工商联，坚持和完善中国共产党领导的多党合作和政治协商制度。

制度建设　中共十一届三中全会后，国家进入以实现四个现代化为中心的新的历史时期，统一战线工作也进入新的历史发展阶段。县委遵照中共中央新时期统战工作的性质和任务，结合平湖工作实际建立、完善中国共产党领导的多党合作和政治协商制度。1979年下半年，县委贯彻第十四次全国统战工作会议精神，建立与党外人士沟通的“重大问题民主协商会制度”和“重要情况通报会制度”。1986年4月，县委、县政府为深入贯彻邓小平关于《新时期的统一战线和人民政协的任务》的重要讲话精神，充分发挥人民政协团结各民主党派、无党派人士、工商联在建设四个现代化的社会主义强国，实现祖国和平统一大业中的特殊作用，印发《关于加强与县政协联系，支持政协履行职能的通知》，建立政府部门与县政协的对口联系制度，从政府层面就重大问题、重要事项的决策加强与县政协的协商与沟通。1988年1月，县委转发县委统战部《关于我县民主党派工作情况及意见的报告》，明确各级党组织要进一步发挥民主党派、无党派爱国人士在全县政治生活中的作用，建立县委、县政府每年不少于两次向县政协、各民主党派、群众团体、无党派爱国人士通报工作和统战部每季度召开一次民主党派负责人联席会议的制度，主动与民主党派就重大问题、重要决策沟通协商，并按照有关规定落实民主党派、无党派人士参加党的有关会议精神的传达贯彻和阅读相关文件的知情权。1989年12月，县政府印发《关于加强同县政协和民主党派合作与协商的通知》，就建立政府及政府部门同县政协和各民主党派的协商通报、对口联系、民主监督制度作出部署。1990年6—7月，县委贯彻《中共中央关于坚持和完善中国共产党领导的多党合作和政治协商制度的意见》，先后印发《关于批转〈中共平湖县政协党组关于进一步加强政治协商、民主监督的意见〉的通知》和《关于贯彻〈中共中央关于坚持和完善中国共产党领导的多党合作和政治协商制度的意见〉的通知》，就落实与民主党派合作共事和政治协商作出明确规定。是年12月，县政府印发《关于加强同县政协和民主党派合作与协商的通知》，就政府及政府部门进一步完善与县政协、民主党派、工商联的通报协商、对口联系制度，举荐民主党派、无党派人士担任县政府、县政协及政府部门领导职务等事项作出规定。1995年12月，市委印发《关于进一步学习和贯彻中共〔1989〕14号文件精神的补充意见》，要求全市各级党组织紧紧围绕加强和改善党的领导与发扬社会主义民主两条主线，在坚持党的领导的前提下，重视和支持民主党派、工商联开展工作；建立党员领导干部与党外代表人士交友联系制度；进一步做好党外人士的培养、选拔、举荐工作；充分发挥民主党派成员、无党派人士在经济建设和深化改革中的积极作用；充分发挥民主党派成员、无党派人士在市人大中的作用；重视和支持民主党派、工商联加强自身建设。

进入21世纪，市委、市政府进一步加强和完善与各民主党派、工商联和无党派人士的政治协商制度。2002年4月、2003年5月，市委办公室、市政府办公室、市政协办公室先后印发《关于加强市委、市政府与政协各专门委员会、民主党派对口联系的通知》和《关于进一步加强市委、市政府有关部门与政协各专门委员会、各民主党派对口联系的通知》两个文件，进一步规范和强化“对口联系”制度，推进民主协商和沟通联系工作向纵深发展。2004年6月，市委印发《关于进一步加强民主党派、工商联和无党派人士工作的意见》，就推进与党外人士合作共事，完善协商会、通报会、谈心交友、对口联系、特约监督等制度作出更加明确的规定，并建立重要内外事活动邀请党外人士参加的制度。2007年5月，市委办公室、市政府办公室、市政协办公室结合“两会”换届工作，再次印发《关于切实加强市级机关各部门与市政协专门委员会、市各民主党派对口联系工作的通知》，将“对口联系”制度作为完善党的民主协商，推进各部门务实工作的一项重要制度性措施，抓好落实。2009年10月，市委印发《关于加强人民政协工作的意见》，进一步规范党委、政府与各民主党派、工商联、无党派人士的政治协商、民主监督机制，并就拓宽民主党派、工商联和无党派人士参政议政渠道等方面提出具体要求，推进和完善人民政协履行职能的制度化、规范化和程序化建设，巩固和发展中国共产党领导的多党合作与政治协商制度。

党派队伍　市（县）委统战部关心、支持各民主党派在平湖发展成员，建立组织。20世纪80年代初，县委统战部协调、支持民进、民盟、农工党嘉兴市委在平湖发展成员,及时掌握因工作调动或退休到平湖的外县市民主党派人士情况,支持他们参与平湖的经济建设。1983—1986年,先后协助成立中国民主促进会平湖县支部委员会(民进平湖县支部)、中国民主同盟平湖县支部委员会(民盟平湖县支部)和中国农工民主党平湖县支部委员会(农工党平湖县支部),并在人员编制、干部配备、活动经费、办公用房以及各民主党派负责人阅读文件、参加会议的政治待遇等方面予以支持,提供保障。1987年,县委统战部对全县民主党派的组织发展、成员结构、工作活动等情况进行全面调查,并对进一步完善中国共产党领导的多党合作和政治协商制度,发挥民主党派作用,加强民主党派思想建设、组织建设等工作专题向县委作出报告。1987—1989年,针对民主党派班子年龄老化等问题,结合支部改选,支持各民主党派按照各自章程在比较优秀的中青年知识分子中吸收新成员,培养、选拔中青年代表人物进入领导班子,逐步实现新老交替,完成政治交接。至1989年,各民主党派共吸收新成员121人,其中民盟24人、民进62人、农工党35人。1990年,贯彻中共中央《关于坚持和完善中国共产党领导的多党合作和政治协商制度的意见》,县委和县委统战部先后举办各民主党派和有关团体负责人座谈会,传达学习文件精神,并组织专题辅导,支持各民主党派发挥参政党作用,自觉接受中国共产党的领导,发扬民主党派同中国共产党领导长期合作共事的优良传统,增强各民主党派成员的政治思想水平。县委统战部还结合文件贯彻,支持各民主党派加强自身建设,建立健全各项规章制度,严格按照发展程序和审批手续,有计划地稳步发展一批政治素质好,有一定代表性的年轻知识分子参加各民主党派组织。1991年,平湖撤县建市后,市委统战部结合民主党派队伍自身建设,注重加强对各民主党派的学习教育活动,每年利用暑假举办民主党派成员培训班,并形成制度。先后组织学习江泽民在庆祝中国共产党成立70周年大会上的讲话、中共十四大,以及邓小平南方谈话精神。1995—1999年,分别结合纪念抗日战争胜利50周年,香港、澳门回归祖国和中华人民共和国成立50周年,在各民主党派中组织开展回顾历史、继承革命传统的主题教育和爱国主义教育、国内外形势教育等活动。

进入21世纪,市委统战部进一步协助各民主党派加强思想建设、组织建设和制度建设。2000—2001年,在各民主党派中开展"建设一个怎样的参政党和怎样建设参政党"的讨论。2002—2003年,又结合贯彻中共十六大精神,在各民主党派中开展"与时俱进学理论,参政议政强自身"的主题教育活动,增强各民主党派、无党派人士的政治素质和参政议政能力。同时,在组织上进一步完善各民主党派基层队伍建设和班子建设,支持各民主党派加强对骨干的培养和考察。2001年,全市有民主党派组织3个,建有基层支部19个,其中民盟4个、民进9个、农工党6个;有3名民主党派骨干分别被选为民盟、民进、农工党嘉兴市委委员。2006年,农工党基层支部由原来的6个,调整为4个。至2009年,全市有民主党派组织3个、成员206人,其中民盟45人、民进90人、农工党71人;成员中具有大专以上学历的154人(研究生学历8人),占总数的74.8%;评为高级技术职称的71人、中级职称的106人,中、高知识分子占总数的85.9%;建有基层支部17个,其中民盟4个、民进9个、农工党4个。

2014年,全市有民主党派组织3个、成员240人,其中民盟59人,民进94人,农工党87人。

支持履职　1950—1953年,县委遵照《中国人民政治协商会议共同纲领》规定,支持工商联(筹)等社会团体和社会各界代表人士通过各界人民代表会议开展民主协商,履行代表职务,为社会稳定和国民经济的恢复发展发挥作用。1954—1966年,县委支持社会各界人大代表和政协委员,通过历届县人大、政协"两会"平台依法履职、参政议政。"文化大革命"期间,县人大、政协停止活动。中共十一届三中全会后,县人大、政协逐步恢复活动,县委鼓励和支持社会各界人大代表和政协委员依托"两会"平台,履行职务,发挥参政议政作用。1979—1983年,县委统战部遵照县委指示,邀请政协委员、各界人士,先后召开民主协商、情况通报、意见征求、专题座谈等各类会议28次,结合平湖实际,就全县经济建设等重大事项和县委重要工作部署进行座谈讨论,听取意见和建议。

20世纪80—90年代,县委、县政府结合民主党派组织在全县范围内的逐步建立与发展情况，团结各民主党派、无党派人士，加强合作共事，发挥在经济建设、社会管理和祖国统一大业中的作用。1984年，平湖县恢复人民代表大会和政治协商会议。县委统战部、组织部专题就县七届人大和县政协五届会议的人选安排事宜，邀请民主党派、无党派人士进行座谈协商，支持民主党派、无党派人士通过“两会”平台，参政议政。“两会”平台，成为民主党派、无党派人士提交提案、议案，建言献策，参政议政，履行职务的重要平台。是年，民主党派、无党派人士通过“两会”平台，提交议案4件、提案44件。1986年4月，县委、县政府建立与县政协的对口联系制度，以对口联系的形式，加强沟通，推进与县政协的合作与协商。是年，有24个政府部门与政协9个工作组建立对口联系。1987年，推出政府部门、司法机关聘请人大代表、政协委员、民主党派及无党派人士担任特约监督员的措施，加强外部监督。1988年1月，县委转发县委统战部《关于我县民主党派工作情况及意见的报告》，进一步建立起县委、县政府与各民主党派、群众团体、无党派人士的情况通报、民主协商制度。是年6月，县政府7个部门分别与3个民主党派组织建立对口联系制度。县委统战部协调并参与县政协各委组、各民主党派与联系局办负责人的对口联系会议，指导开展协商对话，促进对口联系工作的制度化、经常化。1989—1990年，贯彻中央〔1989〕14号文件，各级党委、政府的通报协商、对口联系制、特约监督员等制度不断完善。有31个政府部门与各民主党派、政协各专门委员会建立对口联系；监察、检察、审计、教育、卫生、工商和财税等政府部门和司法机关聘请20余名人大代表、政协委员、民主党派和无党派人士担任特约监督员；党委、政府邀请党外人士参加各类民主协商、情况通报、意见征求、专题座谈等会议30次。1994年6月，市委决定建立党政领导与民主党派、无党派人士的交友谈心制度，市委12名常委和党员副市长分别与19名民主党派负责人、无党派代表人士结对交友，开展谈心活动。此项制度，由市委统战部牵头，随市委、市政府领导的变动，及时进行调整。1990—1999年，市委、市政府、市委统战部召开民主党派、有关团体负责人民主协商会、情况通报会等88次，拓宽民主党派、有关团体的知情渠道，更好地履行参政议政职能。

进入21世纪，市委、市政府进一步巩固和完善与各民主党派、工商联、无党派人士的政治协商制度。2002年，市委、市政府各部门进一步落实与各民主党派、政协专门委员会的对口联系制度，开展对口联系活动的党委、政府部门增加到70个。2004年6月，市委印发《关于进一步加强民主党派、工商联和无党派人士工作的意见》，对协商会、通报会、谈心交友、对口联系、特约监督等制度作出更明确的规定，并建立重要外事活动邀请民主党派、工商联负责人和无党派人士参加的制度。至2007年，市委、市政府有关部门与各民主党派、政协专门委员会建立对口联系增加到85个。2008年，市委统战部根据市委的统一部署，就政府部门的对口联系制度执行情况，开展专题检查。至2009年，市委、市政府共召开各类协商会、座谈会86次。2012年2月，市委结针对“两会”换届后人事调整的实际情况，及时就市委、市政府主要领导的结对交友工作作出相应调整。明确市级15名党员领导与46名民主党派、工商联、无党派人士结对交友，开展谈心、加强沟通。是年，党外人士（含党外知识分子联谊会会员）通过“两会”平台，提交人大议案36件、政协提案133件（优秀提案8件），上报社情民意70条。2014年4月，市委召开全市政协工作会议，总结新时期人民政协在中国共产党领导下的多党合作与政治协商中的积极作用，支持和鼓励各民主党派、工商联和无党派人士在全市经济社会发展和“两个文明”建设中，积极履行参政议政职能，参与政治协商和民主监督。

30年间，市（县）委及统战部就地方大政方针、重大人事安排、党风廉政建设、深化机构改革、城乡发展规划、调整产业结构、创建文明城市、增进民生福祉、开展“五水共治”等方面召开各类民主协商会、情况通报会、意见征求会、专题座谈会230余次；各民主党派的人大代表共向浙江省、嘉兴市、平湖市提交议案、建议340余件；政协委员共向浙江省、嘉兴市、平湖市提交提案1550多件、社情民意286条。一些议案、提案和社情民意得到各级党委、政府及有关部门的重视和采纳，一些议案、提案和建议被转化为党政部门的决策思路和工作措施;各民主党派被聘为特约监督员或由政协委派担任的民主监督员220余人次。

30年间,民主党派组织及个人共组织开展各类调研、考察400余次,向市(县)人大、政协和市(县)委统战部报送调研考察报告110余篇;一批有情况、有分析、有建议的调研材料,被市(县)委统战部刊登在《平湖统战》刊物上,并以专报形式报各级党委、政府和有关部门,其中不少建议被采纳;撰写上报的《坚持科学发展,提升政府投资项目管理水平》《大力培育新兴产业,促进发展方式转变》《我市高中段教育布局的调查报告》等调研报告,被平湖市委评为优秀调研报告。

举荐任职　1950—1953年,县委遵照《中国人民政治协商会议共同纲领》精神,举荐安排一定比例的社会各阶层爱国人士参加县各界人民代表会议,共商国是。其间,先后召开会议7次,出席代表1206人次。其中工商、文教、医卫、宗教等界别的党外人士占代表总数的17.4%,县各界人民代表会议常务委员会中,党外人士占30%;党外人士被安排任县委土改委员会委员1名、县政府生产委员会专业委员5名、县农业水利局副局长1名。1954—1956年,县委统战部遵照中央关于在县、市、区人民代表大会中应当注意吸收各方面民主人士的指示和《共同纲领》精神,对县第一届人民代表大会、县第一届政协会议,以及出席省人大、省政协会议的党外代表和委员人选及比例等问题,组织调查,并自上而下、由内而外进行民主协商,形成方案报县委和地委审定。县一届人大代表共241人,无党派人士72人,占29.9%;县一届政协委员共47人,无党派人士36人,占76.6%;无党派人士当选省一届人代表2人、省一届政协委员1人。此后,历届人大、政协县委均按有关规定,举荐安排一定比例的无党派人士任人大代表和政协委员,形成惯例(见附表)。1956—1957年,县人委还先后安排党外人士任县手工业管理局、交通局、体委副局长(副主任)各1名;县第二届至第五届人民代表大会,党外人士当选副县长1人。

“文化大革命”期间,县人大、政协的正常工作被迫停止。

中共十一届三中全会后,县委贯彻中央一系列文件精神,拨乱反正,恢复对党外人士的举荐考察和选拔任用工作。1978—1989年,先后安排党外人士担任政府部门领导职务6人。全县工业、商业、供销、教育、卫生系统54个直属企事业单位中,党外人士担任正职的占10%,担任副职务的占20.9%。1983—1986年,民进、民盟和农工党等3个民主党派支部先后在平湖成立。县委结合各民主党派组织的发展情况,分别在县五届政协增设民盟、民进界别,县第六届政协增设农工党界别,举荐安排民主党派人士任职政治委员。1984年,全县举荐安排民主党派人士任职各级人大代表、政协委员19人;举荐安排无党派人士任职各级人大代表、政协委员226人。此后,举荐安排民主党派人士任职常态化(见表8-5-4)。1990年,县委贯彻中共中央《关于坚持和完善中国共产党领导的多党合作和政治协商制度的意见》,进一步加强民主党派、无党派人士的举荐安排工作。是年8月,县委要求全县各级党组织“积极举荐符合干部‘四化’(革命化、年轻化、知识化、专业化)条件、德才兼备的党外干部在政府部门和司法机关担任领导职务,支持他们的工作,发挥他们的专长”。至年底,无党派人士任副县长1人;党外人士任政府部门正职5人,占9.26%,副职23名,占20.91%。1991年4月,县委转发县委组织部、统战部《关于加强党外干部队伍建设的工作意见》,强调对党外干部要在政治上信任,工作上支持,生活上关心,待遇上一视同仁,并加强对党外后备干部的培养和考察,建立起具有思想素质好,有一定代表性的党外后备干部队伍。1995年,全市担任政府部门科级以上领导职务的民主党派和无党派人士有13人。市委还将培养选拔党外干部纳入干部队伍建设和人才工作的总体规划,由市委组织部、统战部具体实施。

进入21世纪,市委进一步完善和规范举荐安排民主党派和无党派人士任职工作,加大对党外干部的培养、选拔、交流使用和下派挂职锻炼力度。同时,加强对党外后备干部的考察、培养,建立党外后备干部数据库,做好人才储备。2002—2003年,市委统战部结合嘉兴、平湖两级人大、政协换届选举,加强对党外人士人大、政协代表、委员的举荐和考察，全市党外人士当选嘉兴、平湖两级人大代表51名，其中嘉兴市人大代表16人，平湖市人大代表35名；当选嘉兴、平湖两级政协委员129人，其中嘉兴市政协委员14人，平湖市政协委员115人。2002年，全市还形成了一支60人左右，层次结构合理的党外后备干部队伍。2009年，全市党外人士担任市人大、政协及政协专门委员会领导5人，其中人大常委会副主任1人、政协副主席2人、政协专门委员会副主任2人；担任市政府副市长1人；担任政府部门及司法机关副局（科）级领导11人，其中政府部门副职领导10人、检察院反贪局领导1人。2012年，全市党外人士担任市人大常委会副主任、副市长、政协副主席4人；举荐安排民主党派人士任职人大代表、政协委员54人；举荐安排党外知识分子联谊会会员任职人大代表、政协委员26人。2013年，市委统战部加强对党外干部、党外后备干部的培养工作，组织培训乡科级党外干部及党外后备干部40余人，并选派部分人员到镇（街道）及政府基础组织挂职锻炼。2014年，市委统战部进一步加强对党外代表人士队伍的动态管理，建立民主党派、少数民族、宗教界、非公有制经济、无党派、港澳台海外等党外代表人士数据库6支430人，党外后备干部人才库70人。至年底，全市有党外领导干部25人，其中副处级4人，正科级4人，副科级17人。

历届省人大、政协平湖籍党外人士代表、委员情况表

表8-5-3　　单位：人

年份	省人大				省政协			
	届次	平湖籍代表数	其中党外人士		届次	平湖籍委员数	其中党外人士	
			民主党派	无党派			民主党派	无党派
1954—1958	一	5	—	2	一	1	—	1
1958—1964	二	5	—	3	二	1	—	—
1964—1966	三	5	—	3	三	—	—	—
1977—1983	五	7	—	2	四	2	—	2
1983—1988	六	7+1	—	4	五	2	—	2
1988—1993	七	5	—	1	六	1	—	1
1993—1998	八	5	1	1	七	1	—	1
1998—2003	九	4	1	—	八	2	—	2
2003—2008	十	4	1	—	九	—	—	—
2008—2013	十一	4	1	—	十	1	—	1
2013—	十二	4	1	—	十一	1	—	1

说明：省第四届人民代表大会未召开大会；省第六届人民代表大会代表中1名代表系省级机关干部分配在平湖县参加选举；省政协九届无平湖籍委员，省政协三届因资料缺失未统计

历届嘉兴市人大、政协平湖籍党外人士代表、委员情况表

表8-5-4　　单位：人

年份	人大				政协			
	届次	平湖籍代表数	其中党外人士		届次	平湖籍委员数	其中党外人士	
			民主党派	无党派			民主党派	无党派
1983—1988	一	64	3	27	一	26	2	16
1988—1993	二	61	4	17	二	21	4	10

续表8-5-4

年份	人大				政协			
	届次	平湖籍代表数	其中党外人士		届次	平湖籍委员数	其中党外人士	
			民主党派	无党派			民主党派	无党派
1993—1998	三	55	4	14	三	19	4	10
1998—2003	四	49	4	9	四	19	5	9
2003—2007	五	49	3	13	五	22	5	9
2007—2012	六	51	4	10	六	21	5	9
2012—	七	51	5	12	七	19	7	7

平湖市(县)历届人大党外人士代表情况表

表8-5-5　单位:人

届次	任期	市(县)人大代表				市(县)人大常委			
		总数	民主党派人士	无党派人士	比例(%)	总数	民主党派人士	无党派人士	比例(%)
一	1954	241	0	72	29.9	—	—	—	—
二	1956	213	0	93	43.7	—	—	—	—
三	1958	216	0	80	37.0	—	—	—	—
四	1962	234	0	68	29.1	—	—	—	—
五	1963	236	0	95	40.3	—	—	—	—
六	1981	248	0	43	17.3	15	0	5	33.3
七	1984	289	4	96	34.6	15	1	4	33.3
八	1987	265	4	70	27.9	15	1	1	13.3
九	1990	285	4	78	28.8	17	1	2	17.6
十	1993	300	4	67	23.7	19	2	0	10.5
十一	1998	219	1	41	19.2	21	1	1	9.5
十二	2003	219	2	33	16.0	21	2	0	9.5
十三	2007	219	3	35	17.4	25	2	1	12.0
十四	2012	219	3	40	19.6	27	2	3	18.5

说明:1981年6月前未设县人大常委会

平湖市(县)历届政协党外人士委员情况表

表8-5-6　单位:人

届次	任期	市(县)政协委员				市(县)政协常委			
		总数	民主党派人士	无党派人士	比例(%)	总数	民主党派人士	无党派人士	比例(%)
一	1956	47	0	36	76.6	21	0	14	66.6
二	1962	57	0	40	70.2	23	0	15	65.2
三	1964	57	0	40	70.2	23	0	15	65.2

续表8-5-6

届次	任期	市(县)政协委员				市(县)政协常委			
		总数	民主党派人士	无党派人士	比例(%)	总数	民主党派人士	无党派人士	比例(%)
四	1981	91	6	62	74.7	28	6	12	64.3
五	1984	121	10	81	75.2	32	3	18	65.6
六	1987	137	26	61	63.5	29	9	13	75.9
七	1990	141	25	61	61.0	32	9	14	71.9
八	1993	149	22	68	60.4	32	8	14	68.8
九	1998	153	23	69	60.1	34	7	15	64.7
十	2003	185	27	88	62.2	35	8	14	62.9
十一	2007	216	31	102	61.6	39	8	16	61.5
十二	2012	218	39	95	61.5	41	10	15	61.0

平湖市(县)党外人士任副县(处)级职务情况表

表8-5-7　　单位:人

年份	人大			政府		政协		
	届次	副主任总数	党外人士数	副市(县)长总数	党外人士数	届次	副主席总数	党外人士数
1956	二	—	—	5	1	一	2	1
1958	三	—	—	3	1	—	—	—
1962	四	—	—	4	1	二	4	2
1964	五	—	—	4	1	三	4	2
1981	六	4	1	—	—	四	4	1
1984	七	3	1	—	—	五	6	1
1987	八	4	1	—	—	六	5	3
1990	九	3	1	5	1	七	5	3
1993	十	6	1	—	—	八	6	4
1998	十一	6	1	5	1	九	6	2
2003	十二	5	1	7	1	十	5	2
2007	十三	6	1	7	1	十一	5	2
2012	十四	6	1	7	1	十二	6	2

【民主党派组织和主要活动】

组织机构

1983年8月,嘉兴撤地建市以后,逐步在平湖县境内建立民主党派组织。至2014年,平湖市建有民进平湖市委员会、民盟平湖市总支委员会、农工党平湖市总支委员会等民主党派组织3个。

中国民主促进会平湖市委员会　1983年10月,召开民进平湖县第一次会员会议,选举产生民进平湖县第一届支部委员会,杜希范当选主任委员。民进平湖县支部主要由教育、文化和出版界中的中上层人士组成。1986年10月,民进平湖县支部升格为民进平湖县委员会。1991年6月,平湖撤县设市(县级市),民进平湖县委员会改称民进平湖市委员会。2011年5月,召开民进平湖市第七次会员大会,选举产生民进平湖市第七届委员会,顾玉峰当选主任委员。民进平湖市第七届委员会下设9个支部、3个工作组及1个青年工作委员会。至2014年,会员总数94人。

1983—2014年历届民进平湖市会员大会一览表

表8-5-8　　单位:人

召开时间	届　次	代表人数	当选主委	备　注
1983.10.16	成立大会	14	杜希范	县支部
1986.12.20	第一次	52	杜希范	县委会
1989.12.16	第二次	74	杜希范	县委会
1992.12.12	第三次	76	戚家琪	市委会
1997.7.10	第四次	78	戚家琪	市委会
2002.8.24	第五次	80	顾玉峰	市委会
2006.7.8	第六次	89	顾玉峰	市委会
2011.5.29	第七次	86	顾玉峰	市委会

中国民主同盟平湖市总支委员会　1984年8月,召开民盟平湖县第一次盟员会议,选举产生民盟平湖县第一届支部委员会,徐炳昇当选主任委员。民盟平湖县支部主要由教育、科技、文化界中的中上层人士组成。1991年6月,平湖撤县设市(县级市),民盟平湖县支部改称民盟平湖市支部。1998年10月,民盟平湖市支部委员会升格为民盟平湖市总支委员会。2011年6月,召开民盟平湖市第九次盟员大会,选举产生民盟平湖市第九届总支委员会,张洪琪当选主任委员。民盟平湖市第九届总支委员会下设5个支部。至2014年,盟员总数59人。

1984—2014年历届民盟平湖市盟员大会一览表

表8-5-9　　单位:人

召开时间	届　次	代表人数	当选主席	备　注
1984.08.27	第一次	9	徐炳昇	县支部
1987.05.16	第二次	16	徐炳昇	县支部
1990.03.10	第三次	24	李效刚	县支部
1993.01.08	第四次	27	成明磊(女)	市支部
1996.12.27	第五次	30	成明磊(女)	市支部
1998.11.22	第六次	34	成明磊(女)	市总支
2002.04.21	第七次	29	马明中	市总支
2006.05.21	第八次	42	马明中	市总支
2011.06.05	第九次	49	张洪琪	市总支

中国农工党平湖市总支委员会　1986年12月,召开农工党平湖县第一次党员会议,选举产生农工党平湖县第一届支部委员会,许锐志当选主任委员。农工党平湖县支部委员会主要由医药卫生界中的中上层人士组成,后又扩展到环境卫生、人口资源领域中的代表人士。1988年4月,农工党平湖县支部委员会升格为农工党平湖县总支委员会。1991年6月,平湖撤县设市(县级市),农工

党平湖县总支委员会改称农工党平湖市总支委员会。2011年5月,召开农工党平湖市第九次党员大会,选举产生农工党平湖市第九届总支委员会,胡跃奇当选主任委员。农工党平湖市第九届总支委员会下设4个支部。至2014年,农工党员总数87人。

1986—2014年历届农工党平湖市党员大会一览表

表8-5-10 单位:人

召开时间	届　次	代表人数	当选主委	备　注
1986.12.26	第一次	11	许锐志	县支部
1988.04.25	第二次	32	沈士华	县总支
1991.01.05	第三次	43	沈士华	县总支
1994.3.12	第四次	47	沈士华	市总支
1997.6.24	第五次	51	缪音多	市总支
2000.5.12	第六次	63	吕光在	市总支
2002.7.20	第七次	63	吕光在	市总支
2005.11.20	第八次	64	胡跃奇	市总支
2011.5.28	第九次	76	胡跃奇	市总支

说明:第四次农工党党员大会主委先空缺后由缪音多任主委

主要活动

平湖市各民主党派组织建立以后,按照各自章程的规定发展成员,健全班子,完善制度,加强自身队伍建设;按照中国共产党与各民主党派"长期共存、互相监督、肝胆相照、荣辱与共"的方针参与政治协商、民主监督,反映社情民意;发挥民主党派的各自特长,参与文化、教育、科技、医疗、法律咨询和慈善救助等社会服务。

自身建设　各民主党派建立后,以思想建设为核心、组织建设为基础、制度建设为保障,不断加强自身建设。民盟平湖市总支被民盟浙江省委会评为2001—2002年省级先进盟组织;民进平湖市委会被民进浙江省委会评为2002—2006年度先进集体;农工党平湖市总支被农工党浙江省委会评为2005—2007年度组织工作先进集体。

1983—1986年,平湖民进、民盟、农工党3个民主党派先后建立,按照"以协商确定的范围和对象为主,以大中城市为主,以有代表性的人士为主"的基本方针,有计划地发展成员、健全组织。至1989年底,民盟平湖县支部吸收盟员24名,民进平湖县委会吸收会员62名,农工党平湖县总支吸收党员35名。同时,通过召开学习会、组织生活会、"议政日"活动、纪念活动、参观考察以及举行报告会,开办培训班等多种形式进行学习讨论,提高成员的政治思想水平。1983—1989年,各民主党派围绕拨乱反正,落实党的各项政策,巩固和发展安定团结的政治局面,对各自成员进行教育。组织学习中共十二大、十三大文件,学习中共十二届六中全会《关于社会主义精神文明建设指导方针的决议》和十三届四中、五中全会精神。1987年,开展坚持四项基本原则、反对资产阶级自由化的教育,增强民主党派成员坚持四项基本原则的自觉性。1989年春夏之交发生在北京政治风波中,各民主党派、有关团体积极参加中共平湖县委统战部组织的座谈讨论,学习中共中央一系列重要指示和决策、决定,增强维护国家稳定的自觉性。1990年,贯彻中共中央《关于坚持和完善中国共产党领导的多党合作和政治协商制度的意见》,各民主党派负责人积极参加中共平湖县委、县委统战部召开的座谈会和专题辅导,学习领会文件精神,增强对社会主义政党制度的认识,进一步明确组织发展工作的指导思想,正确处理发展数量与成员质量的关系,注重政治素质、德才并重,严格按照发展程序、审批手续办事,有计划稳步地发展一批政治素质较好,有一定代表性的年轻知识分子参加各个民主党派组织。同时,结合换届工作,抓好政治交接,把素质好、能力强、年纪轻的优秀骨干青年吸收进班子,不断优化班子结构。换届后,3个民主党派组织成员中具有中高级技术职称和大专以上学历的,均占92%以上。1991年起,各民主党派参与市委统战部举办的暑假培训班,学习江泽民在庆祝中国共产党成立70周年大会上的讲话,中共十四大、十五大文件,邓小平视察南方重要谈话精神等,每年进行、形成制度。1995年,结合纪念抗日战争胜利50周年,各民主党派组织开展回顾历史、继承革命传统的主题教育活动,对民主党派成员进行爱国主义和多党合作传统宣传和教育。1996年,民进平湖市委会副主委朱莉莉出席民进中央召开的论文交流大会。1999年,围绕庆祝中华人民共和国成立50周年,澳门回归祖国"两件大事"和反对以美国为首的北约轰炸中国驻南使馆、反对李登辉的"两国论"斗争,各民主党派成员组织开展国内、国际形势教育和爱国主义教育。2000—2014年,围绕贯彻中共十六大、十七大、十八大和习近平系列重要讲话精神,进一步把政治理论学习放在突出位置,进一步完善学习、议事、民主生活会、班子谈心会、参政议政、表彰评比、信息宣传、档案管理等制度,推进党派组织规范化、科学化运作,提高工作效率。2001年,按照江泽民在庆祝中国共产党成立80周年大会上的讲话精神,各民主党派开展"建设一个怎样的参政党和怎样建设参政党"的讨论。2002年、2003年,结合贯彻中共十六大精神,在民主党派成员中开展"与时俱进学理论,参政议政强自身"的主题教育活动。2007年,平湖市社会主义学校成立,各民主党派的教育、培训工作更趋规范、系统。2008年,举办纪念中共中央"五一口号"发布60周年系列活动,进一步增强与中国共产党合作的自觉性。2010—2013年,各民主党派组织开展树立和践行社会主义核心价值体系主题教育活动,以建设中国特色社会主义道路教育活动为抓手,开展"筑同心"系列活动。2014年,市委统战部举办坚持和发展中国特色社会主义学习实践活动报告会,各民主党派和无党派人士约400人参加,市委常委、统战部部长姚田宝作《注重实效,创出特色—深入开展坚持和发展中国特色社会主义学习实践活动》主题报告,各民主党派及成员通过座谈讨论,进一步坚定走中国特色社会主义道路的信念,坚持与中国共产党在思想上同心同德、目标上同心同向、行动上同心同行。

参政议政　各民主党派和民主党派中的人大代表、政协委员围绕中共平湖市委、市政府中心工作,开展调研、建言献策,提交议案建议和提案,切实履行职能,充分发挥参政党的作用。

1983—2014年,民进平湖市委会中的会员当选嘉兴市人大代表6届9人次、平湖市(县)人大代表8届11人次;担任嘉兴市政协委员7届14人次、平湖市(县)政协委员9届77人次;向市、县(市)二级人大提交议案建议130件、向市、县(市)二级政协提交提案659件;开展调研考察170余次,报送社情民意109条。2002年,嘉兴市人大代表、市民进会员李永良在嘉兴四届人大五次会议上提出的《建议有关部门制止"引进上海垃圾"污染环境》的建议案,受到嘉兴和平湖两级市政府的重视,促成新埭镇有关村组受上海垃圾污染环境问题得到解决。民进平湖市委会报送的《设立物业法应立足我国国情》被转报省政协。2009年,民进平湖市委会提交的《我市高中段教育布局的调查报告》,得到中共平湖市委、市政府肯定,经协商论证后,市政府在南市区建造当湖高级中学。

1984—2014年,民盟平湖市总支委员会中的盟员当选省人大代表5届5人次、嘉兴市人大代表7届8人次、平湖市(县级)人大代表6届7人次,担任嘉兴市政协委员4届5人次、平湖市(县)政协委员9届63人次;向省、市、县(市)三级人大提交议案建议136件,向市、县(市)二级政协提交提案515件;开展调研考察140余次,报送社情民意81条。1992年,民盟平湖市总支提交的《亟需建立外资管理部门的调研报告》,被平湖市政府采纳。1999年,提交的《关于我市水利建设的调查与思考》,引起平湖水利部门重视,推进了水资源的合理开发利用。2006年,省人大代表、市民盟盟员徐卫卫在省十届人大三次会议上领衔提出的"关于尽快制定浙江省实施《中华人民共和国国家通用语言文字》的办法"的议案，被省政府采纳，并于2007年1月正式实施。民盟平湖市总支报送的《防止国有资产流失的几点建议》被转报省政协。

1986—2014年，农工党平湖市总支委员会中的党员当选嘉兴市人大代表6届10人次、平湖市（县）人大代表6届6人次；担任嘉兴市政协委员7届13人次、平湖市（县）政协委员8届69人次；被各级人大和政协评为优秀人大代表和政协委员的有160余人次；向市、县（市）二级人大提交议案建议66件、向市、县（市）二级政协提交提案378件，开展调研考有110余次，报送社情民意96条，其中一些议案、提案被评为优秀议案、提案，受到各级党委、政府的重视和采纳。2007年，农工党平湖市总支在市政协十一届一次会议上提交《关于加强乡村医生队伍建设，提高社区卫生服务水平》的集体提案，被市政府采纳，并被国家卫生部作为经济发达地区乡村医生养老保险的主推方案，在国家卫生部召开的研讨会上作经验介绍；报送的《警惕“五水共治”带来的二次污染的建议》，被转报到省政协；《关于加强对司法活动的法律监督的建议》，被农工党中央转报全国政协。2009年，提交的《进一步加强和健全农村合作医疗的调研报告》，被市政府采纳，印发《平湖市农村合作医疗管理办法》，颁布实施。

20世纪80年代初至2014年，各民主党派负责人参加各级党委、政府召开的民主协商会、情况通报会、意见征求会等120余次，就机关开展整党、干部廉洁自律、重大人事安排、政府机构改革、乍浦开发建设、国有企业改制、行政区划调整、开展“五水共治”以及历年全市（县）经济社会发展、中共平湖市委工作思路、历次市（县）国民经济和社会发展五年规划、历届中共平湖市党代会和政府工作报告（征求意见稿）等通报情况、征求意见、进行协商。1986年4月，中共平湖县委办公室、县政府办公室印发文件，建立“对口联系”制度，各民主党派、工商联、县政协9个工作组与24个政府部门建立对口联系。1987年2月，中共平湖县委召开对口联系局办负责人和各党派、工商联、政协各工作组负责人对口联系专题会议，进一步明确对口联系的划分、内容、方式、组织和协调等规定。1990年，中共平湖县委贯彻《中共中央关于坚持和完善中国共产党领导的多党合作和政治协商制度的意见》，进一步加强党外干部的举荐安排工作。至1994年，平湖全市担任科级以上政府和司法机关领导职务的共13人，其中民主党派成员7人、无党派人士6人。2014年，平湖全市担任科级以上政府和司法机关领导职务的共25人，其中民主党派成员13人、无党派人士12人。是年，民主党派参与挂钩部门召开的对口联系会议320余次，通报工作、征求意见，并就挂钩部门落实知识分子政策、贯彻科教兴市战略、推动基层文化建设、发展职业技术教育、完善农村合作医疗、提高公共卫生管理水平等重大决策进行对口协商。

民主监督 1989—2014年，各民主党派成员被聘为特约监督员、审计员、教育督导员等220余人次，其中民盟平湖市总支70余人次，民进平湖市委会80余人次，农工党平湖市总支70于人次。特约监督员在参与政府部门的行风建设、效能建设、廉政建设等各种监督检查、民主评议活动中，围绕中共平湖市委、市政府重大项目的规划建设、人民群众普遍关心的民生问题、市场物价执行情况、市容环境卫生情况、事业单位收费情况、农村耕地保护情况、破旧校舍改造情况、乡镇计划生育情况、城乡文化市场现状、行业不正之风治理、海涂水产基地规划、汽车客运中心迁建，以及对《中华人民共和国义务教育法》《中华人民共和国教师法》《中华人民共和国食品卫生法》《中华人民共和国环保法》《中华人民共和国劳动法》《中华人民共和国土地管理法》等法律法规的贯彻执行情况，开展执法大检查110余次。2010年，省人大代表、民盟平湖市总支委员徐卫卫，被省人民检察院聘为人民监督员。2011年，3个民主党派成员中获平湖市政协评选的“民主监督员先进个人”各2人。

社会服务 各民主党派注重发挥党派成员的业务专长，采取支教送教、医疗服务、科技咨询、扶贫帮困、慈善捐赠等方式，开展各项社会服务工作。

支教送教 1985年10月，民进平湖县委会与县政协联合创办协进职业技术学校（早期称“高中文化技术补习班”）。至2013年7月，向高等学校输送合格新生1700余人，培养中专人才1600余人，为本地企事业单位培训实用人才6400余人,为新农村建设培训综合型人才8000余人。1996年,协进学校被省教委评为省级"社会力量办学先进学校"。2002年,中国统计出版社将该校编入《共和国改革开放大纪实·教育卷》。此外,3个民主党派借助社会力量和社会资源,发挥自身优势开办各类培训班,为社会提供服务。民盟平湖市总支先后举办"会计进修班""暑期英语启蒙班""英语口语班""中级英(日)语班"等;民进平湖市委会先后举办"幼儿保育员培训班""书法美术班""音乐舞蹈班""儿童钢琴教学班""国画技法培训班"等;农工党平湖市总支先后举办"录像放映技术培训班""调音师业务培训班""家电维修培训班""钹子书培训班"等。民盟平湖市总支、民进平湖市委会坚持每年送教下基层活动,通过上示范课、对学生进行心理辅导、与教师进行教学改革探讨等方式,为基层提供教学咨询等服务,涉及平湖境内所有乡镇中小学,以及开发区幼儿园、民工子弟学校。2009—2014年,各民主党派响应市委统战部提出的"服务新农村建设""筑同心·送服务""同心·专家服务团"等"三进三送"活动,自觉做好服务工作,取得良好社会效益。2014年,民进平湖市委会被嘉兴市委统战部评为嘉兴市委统战部"同心·建功"先进集体。

医疗服务　1986年起,医卫界农工党员利用节假日休息时间,深入乡镇、社区、企业、学校、老年公寓等基层,为群众义诊、体检,提供医疗咨询,举办健康知识讲座,对乡镇卫生院进行业务辅导,为企业职工、学校师生、乡村干部建立健康档案等。2009年,农工党平湖市总支与中共当湖街道直属党总支联合创办"爱心驿站",坚持每月15日和16日下午及晚上,到驿站义务为群众提供医疗咨询和诊断服务。《嘉兴日报(平湖版)》《南湖晚报》和平湖电视台对此作采访报道。20世纪90年代中期开始,3个民主党派中的医务人员经常联合到乡镇、社区、企业、"教工之家"、老年公寓等单位,为群众进行医疗咨询和义诊服务活动。2004年起,每年重阳节、春节前后,3个民主党派联合组织有关人员到老年公寓开展"冬暖晚晴"医疗义诊和文艺演出活动。此外,3个民主党派的医务人员还开展"妇女保健讲座""优生优育讲座""青少年生理卫生讲座""冬季老人进补讲座""防止骨折疏松讲座"等各类卫生健康讲座。至2014年,共开展各类讲座近200次,收益群众1万余人。

科技咨询　1986年,民盟平湖县支部成立科技咨询服务工作站,为机关、团体、企事业单位和个人提供多学科、多层次、多形式、多渠道的科技咨询、智力开发和科技经营等服务,包括翻译外文资料、提供技术服务、设备检修、设计安装等,还免费为群众修理家电、提供科技咨询等。1986—1991年,民进会员潘时雍主持的市政协法律服务中心,共代理经济和民事案件121件,标的总额8440万元,结案80件,为当事人追回贷款2441万元,并利用自身优势,先后为企业、乡镇、社区、学校、机关和部队举办法律讲座120多场,听众2万余人次。1991年1月,农工党平湖市总支成立"平湖县咨询服务部",为群众提供医疗等咨询服务。农工党党员富建国发挥律师(市政府法律顾问)特长,关心挽救失足青少年,从法律上维护未成年人的健康成长,并作"如何预防青少年违法犯罪""维护妇女儿童合法权益"等几十个专题讲座。此外,3个民主党派还先后举办锅炉生产安全、家电维修、家庭教育、心理健康、古典诗词、钢笔书法、摄影知识、家庭养花等讲座。民进会员田懋清的"心理健康讲座"成为品牌讲座,在全国心理研讨会上作介绍。3个民主党派每年春节前夕,义务为村民写春联或上门送书画作品;每逢重大节庆,开展文艺节目下基层巡回演出等。2010年,民盟盟员张福观为繁荣平湖群众文化,带领文艺工作者组织、策划、举办形式多样、内容丰富的文艺活动160余场,被中共平湖市委、市政府授予市第七批有突出贡献的专业人才。

扶贫帮困　各民主党派热心社会公益事业,积极参与扶贫帮困和慈善捐助活动。1996年,民盟平湖市支部发动盟员捐款,支援内蒙古贫困地区建设。1998年,长江中下游地区遭受严重洪涝灾害,3个民主党派响应市委号召,向灾区捐款捐物8万余元。2001年,民进平湖市委会发动会员向国家西部地区贫困学生捐款;农工党平湖市总支响应农工党中央倡议,为内蒙古风沙区营造"农工世纪林”工程捐款。2008年，四川省汶川县发生强烈地震后，3个民主党派共捐款13万元；农工党员缪音多在四川省青川县乐安寺乡建造希望小学一座；2012年，农工党员殳跃飞向中国下一代教育基金会捐款100万元。缪音多、殳跃飞两人分别被农工党中央授予“抗震救灾优秀党员”和“社会服务先进个人”荣誉称号。2013年，民进平湖市委会与市政协设立“协进助学金”，至2014年“协进助学金”为品学兼优的贫困生47名提供助学金22.7万元。是年，三个民主党派个人为推进全市“五水共治”，共捐款4.4万余元。

【党外知识分子联谊会和主要活动】

平湖市党外知识分子联谊会（也称无党派人士联谊会，简称“市知联会”），是由全市各界有影响的中青年知识分子中的无党派人士为主，自愿组成的具有统战性、知识性、联谊性的社会团体，是市委、市政府联系党外知识分子的桥梁和纽带，也是全市党外知识分子开展联络联谊、服务社会和参政议政的平台。

组织机构　2009年2月，市知联会成立，召开第一次会员大会，选举产生市知联会第一届理事会。第一届理事会设理事11名，方卫东任会长，张杰、沈栋梁、许敏（女）任副会长，桂振中任秘书长；下设教育卫生、经济科技、社会法制与文体新闻等工作组4个，根据各自工作职责开展活动；首批会员51人，其中本科以上学历42人、大专学历9人，中高级以上职称43人，担任省政协委员1人、平湖市人大代表1人、平湖市政协委员17人。

2012年12月，成立全市首个知联会基层组织——钟埭街道（经济开发区）分会。2013年8月，全市8个镇、街道全部成立知联会分会，实现知联会基层组织全覆盖，分会会员共236人。

2014年8月，市知联会召开第二次会员大会，选举产生市知联会第二届理事会。第二届理事会设理事17名，方卫东连任会长，张杰、许敏（女）、董碧颖（女）、李昂、殳浩丞任副会长，汪潇云任秘书长；下设工作组不变，会员增至60人，其中本科以上学历59人、大专学历1人，高中级以上职称47人，担任嘉兴市人大代表3人、平湖市人大代表2人、平湖市政协委员22人。

主要活动　市知联会成立以后，注重加强自身队伍建设，积极履行参政议政、民主监督职能，并依托人才优势、知识优势、科技优势，主动服务经济、回报社会，努力为平湖市的经济社会发展发挥作用。2012—2014年，市知联会连续3年被省知联会评为“浙江省知联会工作先进集体”“浙江省优秀知联会”称号，会长方卫东被省知联会评为“2012年度浙江省知联之星”称号。

参政议政、民主监督　市知联会中的各级人大代表、政协委员深入基层、深入群众，加强调研，通过人大、政协“两会”平台及政府部门等渠道，主动参政议政、反映社情民意。2009—2014年，共提交议案15件、建议31件、提案94件，其中《关于要求市财政安排市级医疗单位公共卫生专项经费的建议》，得到市政府高度重视，市财政局划拨专项资金10万元，给市第一人民医院和市红十字医院落实公共卫生专项经费；《增加水环境监测点，建立向公众报告水环境状况机制的建议》，被市政府采纳，由政府有关部门具体予以监督落实。许多议案、提案还被市人大、市政协评为优秀议案、提案，会员先后被评为2013年度市政协“三好委员”8名。共收集反映社情民意104条，其中《关于大力发展我省混合所有制经济的建议》被转报省政协；《提高加油站计量器准确率》的社情民意，得到中石化平湖分公司的理解和支持，先后更新7个加油站35台（110枪）计量器，确保了加油量的准足，会员王春玲连续两年被评为平湖市政协社情民意信息工作先进个人。同时，围绕江南水乡生态型文化大市场建设、新居民子弟学校发展情况、基层卫生人才队伍建设、民营企业的“二次创业”、完善社区教育基地建设、加强对“五小”行业的长效管理等课题，组织专题调研20余个，其中《我市禁毒工作的现状与对策的调研报告》，被市委办《调查与研究》刊登；《推进民营企业“二次创业”，打造民营经济升级版的调研报告》，引起市领导的重视，并在具体实施中被采纳；《平湖蘑菇产业发展情况报告》，在国家和省级农业技术交流会上作了典型交流。

服务经济、回报社会　市知联会响应市委统战部发起组织的“岗位建功”“同心”活动，引导会员立足本职、发挥优势、服务经济、回报社会。2009—2014年,先后开展医疗咨询、教学培训、放映影片、爱心助学、专题讲座、文艺演出等活动6项。2009年,组织开展"慈善一日捐""千名干部帮千户"等活动,为贫困学生和孤寡老人捐资8万余元。此后,慈善募捐、扶贫帮困工作常态化,每年进行。2010年,组织会员每周前往"教工之家",为退休教师作老年医学保健专题讲座。2011年,组织会员参与"平湖市科普讲师团",为全市中、小学生和社会群众讲授科普知识,授课30余场次、2200余人。2012年,组织会员参与市委统战部组织的"三进三送"活动,针对新居民特殊群体的需求,在新居民集聚点举办电影放映周活动,播放有关新居民权益保护、卫生保健、相关法律法规等科教片。2013年,发挥会员的专业特长,参加市委统战部"同心·专家服务团"工作,并分别担任医卫服务团、法律服务团、教育服务团的团长,带领团员深入基层开展送医疗、送法律、送教育的"三下乡"活动,被评为"岗位之星""奉献之星"。2014年,结合市委、市政府"五水共治"专项活动,向全体会员发出争做"五水共治"的倡导者、参与者、实践者和监督者的倡议。会员为全市"五水共治"献计献策14条,为"五水共治"捐款1.5万元,并参与对3条具有代表性河流的视察,就加强源头治理、合理利用淤泥等提出意见和建议。是年,还组织开展"圆梦微心愿,汇聚正能量"活动,为港山港镇韩庙村的贫困群众捐资2万元;为开刀住院的小朋友筹集手术费数千元。

提升素质、优化队伍　市知联会始终把加强会员的思想建设、班子的组织建设和各项制度的规范化建设,作为提升会员素质、优化队伍管理的重要措施,充分发挥知联会组织在履行参政议政职能,服务经济、回报社会工作中的作用。2009—2014年,在加强思想建设方面。组织会员参加市委统战部、市社会主义学院举办的各类报告会、培训班、读书会以及瞻仰红色教育基地等主题教育活动,不断提高会员的政治理论水平,增强参与知联会工作的责任感和使命感;在加强组织建设方面。强化市知联会班子、基层分会和后备干部队伍建设,落实责任分工、注重德才兼备、优化年龄结构,切实提升班子的组织协调能力,增强会员的向心力、凝聚力和战斗力;在加强制度建设方面。建立健全学习、谈心、会议、调研、管理、组织分工、民主生活、信息报道、履职考核9项制度,推进知联会工作的规范化、程序化和科学化运行。

第三节　落实统战政策

【落实错划"右派分子"政策】

1957—1958年,全县在反右派斗争中被错划为"右派分子"(包括外地转入)共116人,其中县级机关18人,教育系统63人,商业、供销系统23人,工业、交通、手工业系统5人,文化、卫生系统6人,宗教界1人。1978年4月17日,县委遵照中共中共批转中央统战部和公安部《关于全部摘掉右派分子帽子的请示报告》和省、地委部署,成立县摘掉"右派分子"帽子办公室(简称"摘帽办")。各主管局也专门抽调人员,组成工作班子,着手对错划右派的摘帽、改正和安置工作。是年9月,县委贯彻《中央批准中央组织部、宣传部、统战部、公安部、民政部〈贯彻中央关于全部摘掉右派分子帽子决定的实施方案〉的通知》,召开县级机关和县属单位党员大会,就切实做好右派摘帽、改正和安置工作进行部署。全县对原错划右派的甄别、摘帽、改正和安置等工作进度加快。至1979年年底,全县原错划右派的116人中,得到改正113人,维持原结论3人。1983年1月,县委组织对原错划右派人员进行复审,进一步落实改正、安置政策。对维持原结论的3人,决定予以改正,落实相关政策;对已经死亡的29人,政治上发文改正,经济上按病故政策处理;对无业和下放农村的73人,予以安置,其中安置在全民单位61人、大集体单位3人,作退休处理8人,按月发放生活费1人;对因错划右派被开除党籍的13人,全部恢复党籍;对原被撤销科局级领导职务的9人,重新安排领导职务7人;重新安排家属工作2人。同时,根据中组部有关文件精神,对所有复查改正人员的个人档案材料进行清理。1984年7月,县摘帽办撤销。全县落实错划"右派分子"政策工作基本结束。

【落实原国民党起义、投诚人员政策】

1979年1月，县委贯彻中共中央批转中央统战部等6个部门《关于落实对国民党起义、投诚人员政策的请示报告》，召开常委扩大会议进行专题研究，就落实国民党起义、投诚人员政策问题作出部署。是年4月，县委统战部按照县委部署，采取查档、外调、座谈、访问等方式，分别对1948—1950年在外省（市）起义、投诚，后落户在平湖境内的人员和原国民党平湖县伪县长楼正华及部属的起义、投诚问题，进行调查。经查证核实，认定全县外省（市）调入落户在平湖的原国民党起义、投诚人员17人。1985年2月，县委统战部贯彻省委统战部《关于贯彻中央办公厅中办发〔1984〕17号文件的意见》和嘉兴市委统战部部署，对已认定为起义、投诚人员身份的17人，颁发《起义投诚人员证明书》。同时，按照发证工作与落实政策相结合的原则，对起义人员政策落实情况进行复查。全县起义、投诚人员17人中，因历次政治运动受错误处理的7人，视情况予以改正。其中被判刑撤销原判的2人，经济上给予一次性补助，每月发放生活费；私房被拆的1人，按价作出赔偿；被管制戴帽或强行离职的4人，予以平反纠正，强行离职的安排进乡镇企业。对经济确有困难的其余人员，按月发放生活费。对具有一定知名度的人员，在政治上予重视，其中安排为嘉兴市政协委员1人，安排为县政协委员2人。

对原国民党平湖县县长楼正华及部属的起义、投诚问题，县委统战部遵照中共中央批转中央统战部等六部门《关于落实对国民党起义、投诚人员政策的请示报告》和中央统战部等六部门《关于落实对国民党起义投诚人员政策的若干问题的说明》精神，组织内查外调、摸底考证。1980年12月，县委向省委作出《关于平湖县伪县长楼正华起义一案的情况报告》。1981年4月，省委批复同意平湖县委的报告。批复认定："楼正华在1948年7月至1949年5月任原国民党平湖县伪县长期间，接受我地下党指示，策动原国民党县总队第二、三中队和县政府、警察局部分人员起义。根据中共中央〔1979〕6号文件精神，对楼正华以及参与楼正华起义的相关人员，按起义投诚人员有关政策处理。"经多次核实，县委及统战部先后确认起义人员27人。至1986年12月，全县落实原国民党起义、投诚人员政策工作结束。

【落实原工商业者政策】

1980年2月，县委贯彻中共中央批转中央统战部等六部门《关于把原工商业者中的劳动者区别出来问题的请示报告》，建立县"三小"（小商、小贩、小手工业者）区别工作领导小组和办公室，由县委统战部牵头，组织开展对全县原工商业者"三小"区别工作。通过调查摸底，至1980年8月摸清全县1956年社会主义改造高潮时期和以前参加国营、公私合营企业的原工商业者（包括已退休、请长假、精简下放和死亡的）共622人。其中工业94人、商业405人、饮食服务业105人、交通运输业18人。经审核，区别为劳动者的393人，占总数的63.2%。其中职工7人、小商149人、小贩12人、小手工业者22人、小业主159人、其他劳动者44人。对区别出来的人员，及时落实相关政策和待遇，并根据他们的专业特长合理安排工作；在政治上，坚持一视同仁，被安排为人大代表和政协委员5人，有90%以上的人员，先后被吸收参加工会组织。同时，根据中共中央批转中央统战部等五部门《关于对原工商业者的若干具体政策的规定》等文件精神，妥善解决原工商业者的历史遗留问题。其中解决精简下放人员户粮关系的10户，恢复附加工资的121人；解决生活困难，由政府和原单位给予长期补助和生活补贴9人；甄别平反"文化大革命"前受错误处理的工商联人士6人；归还"文化大革命"中被查抄财物61人，存款5万元，对"文化大革命"中被打成反动资本家而去世的原工商业者平反昭雪，补发被扣工资；解决1975—1977年退休后死亡的子女顶替问题14人。此外，对部分原工商业者基本养老金低于全市企业退休人员基本养老金平均水平的，予以补足；对已故原工商业者无工作的配偶，按全市城镇或农村居民最低生活保障标准发给生活费。"三小"区别工作结束。

【落实知识分子政策】

1979年3月，县委遵照中央组织部《关于落实党的知识分子政策的几点意见》等文件精神,召开全县教育战线工作会议,对“文化大革命”期间遭受迫害的学校干部、教师进行平反,恢复名誉。同时,撤销为贯彻1971年全国教育工作会议纪要而下发的县委文件,当众销毁“文化大革命”期间冤、假、错案形成的不实材料11153份。1984年3月,县委贯彻中央组织部、宣传部、统战部《关于认真检查一次落实知识分子政策情况的通知》,成立落实知识分子政策领导小组和办公室,在全县组织开展落实知识分子政策复查工作。是年4月,县委召开专题会议就全县落实知识分子政策工作进行部署,并印发《平湖县落实知识分子政策(1985—1987)三年规划目标》。至1985年年底,全县落实知识分子政策173件,其中收回安排工作73人、办理退休22人、办理退职11人、给予定期生活补助5人、给予经济补偿5人、补发“文化大革命”中被扣发(减发)工资的34人,解决家属子女农转非并安排工作23人;解决因冤假错案造成的长期分居两地问题3户8人、调整工作岗位9人、清理个人档案2212人;原物归还或折价赔偿“文化大革命”中被查抄财物58人,领回被上海文物收购部门收购的查抄字画124件,并对查有实主的归还本人;对“文化大革命”中被没收、强占的私人房屋进行腾退或折价归还。落实知识分子政策工作基本结束。

【落实政协委员政策】

1983年9月,县委遵照全国政协《关于检查对政协委员政策落实情况的通知》精神,组织开展对全县省、市、县三级政协委员各类历史遗留问题调查和落实政策工作,并决定由县委统战部牵头,具体落实。其间,先后召开各类座谈会10余次,走访三级政协委员83人次,整理出各类历史遗留问题50余件。1984年2月,县委统战部召开有关部门负责人会议,就调查发现的各类历史遗留问题落实政策工作进行部署。是年11月,县委统战部组织开展对全县三级政协委员落实政策情况复查验收。分别召开座谈会20余次,走访三级政协委员139人次,并听取26个责任单位(系统)落实政协委员政策情况的汇报。经复查,全县有历史遗留问题的三级政协委员共47人,落实政策工作全部完成。其中归还被侵占私房17人636.53平方米;归还“文化大革命”中被查抄物资16人556件、存款2413.20元;平反改正错划右派3人;平反被错误开除公职1人,补发工资2350元;退还“四清”中不当赔款3人3500元;销毁“文化大革命”中被整不实材料,涉及17人。全县落实三级政协委员政策工作结束。

第四节　民族宗教工作

【民族工作】

基本情况　境内少数民族历来不多。清代有满族旗民随驻军居住乍浦镇,但不入民户。20世纪50年代初,少量回民由安徽迁入县城关镇经商、居住。中共十一届三中全会以后,随着社会主义市场经济的发展,人口流动加快,境内少数民族逐年增多。1964年,第二次全国人口普查,境内少数民族数据首次列入统计范围。此后,在历次全国人口普查中,少数民族数据均予准确统计(见附表)。

2014年,全市常住少数民族人口1672人,涉及少数民族28个。其中人数在百人以上的少数民族5个1261人。分别为:壮族620人,主要分布在独山港镇、新仓镇、广陈镇;土家族252人,主要分布在当湖镇、新埭镇;苗族142人,主要分布在新埭镇、当湖镇;布依族133人,主要分布在新埭镇、广陈镇;满族114人,主要分布在当湖镇、乍浦镇。流动人口中,有少数民族11899人,涉及少数民族40个。人数居前5位的民族有:土家族4062人、苗族2235人、壮族1589人、彝族760人、布依族728人。

平湖市(县)在籍少数民族人口一览表

表8-5-11　　单位:人

民族 \ 年份	1964	1982	1990	2000	2010
蒙古族	6	2	2	9	37
回 族	38	53	52	84	85
藏 族	—	—	3	11	4
苗 族	—	—	2	112	104
彝 族	—	—	—	9	26
壮 族	—	7	11	388	526
布依族	—	—	—	68	102
朝鲜族	1	1	1	15	30
满 族	—	3	5	34	85
侗 族	—	—	1	42	66
瑶 族	—	—	—	11	24
白 族	—	1	1	10	9
土家族	—	—	—	158	189
哈尼族	—	—	—	—	1
傣 族	—	—	—	3	2
黎 族	—	—	3	1	10
傈僳族	—	—	—	—	2
佤 族	—	—	—	—	1
畲 族	—	—	3	6	16
拉祜族	—	—	—	—	1
水 族	—	—	—	10	4
纳西族	—	—	—	—	2
土 族	—	—	—	2	2
达斡尔族	—	—	—	—	1
仫佬族	—	—	—	—	6
毛南族	—	—	—	—	7
仡佬族	—	—	—	9	12
高山族	—	—	—	—	4
合 计	45	67	84	982	1358

主要工作　20世纪50年代,县委、县政府针对境内少数民族人口数量少,居住相对集中的特点,注意在政治上予以关心,生活上予以照顾。1954年、1956年,召开第一届县人大、第一届县政协,县委遵照党的民族政策举荐安排少数民族人大代表,并在县政协专门设立"少数民族"界别,安排少数民族委员,保障少数民族代表、委员参与国家政治活动的权益。此项工作形成惯例,在历届县人大、政协均安排有少数民族代表、委员。回族代表人士何修吾先后担任3届县人大代表、5届县政协委员,回

族代表人士李庆德先后担任3届嘉兴市政协委员和1届县人大代表、6届市(县)政协委员。县政府针对境内少数民族以回族居多的实际,从尊重回民群众风俗习惯出发,规定回民职工每月享受政府副食品补贴,生活困难的给予适当补助,并在春节和回民节假日,落实回民的副食品供应。

"文化大革命"期间,党的民族政策受到严重干扰,少数民族的风俗习惯、宗教信仰被视为"四旧"批判、扫除。

中共十一届三中全会后,拨乱反正,党的民族政策得到全面恢复和落实。县委、县政府根据中央有关少数民族政策,恢复回民群众在伊斯兰开斋节放假一天的规定,回族实行土葬的习俗也得到保障和尊重。1981年,县委、县政府贯彻国务院人口普查领导小组、公安部、国家民族事务委员会《关于恢复或改正民族成分的处理原则通知》,县委统战部按照实事求是的原则,依法办理少数民族群众提交的更改民族成分申请,并为少数民族考生参加中、高考提供民族成分证明,落实少数民族考生的加分政策。1994年,市委统战部贯彻"全省培养选拔少数民族干部工作座谈会纪要",加强对少数民族骨干的培养、选拔工作,指导基层党委、部门做好培养、吸收少数民族骨干入党、入团和提干工作。1995年,市委统战部针对市棉纺厂在宁夏招录46名回族女工的情况,协调厂方按照回族风俗习惯,单独开办清真食堂,增进民族和谐。随着企业招收少数民族职工逐年增多,市委统战部、、市民族宗教事务局注重与公安、工商、民政等部门的联系沟通,协调用工企业尊重少数民族的风俗习惯,落实少数民族职工的福利待遇,及时化解影响民族团结的各类纠纷,切实保障和维护少数民族的合法权益。

进入21世纪,随着全县经济发展,境内少数民族人数逐年增多。市委统战部加大民族政策的宣传教育力度,进一步完善少数民族骨干的培养、使用制度,推进民族团结、和谐、进步。2003年3月,市委统战部、市民族宗教事务局贯彻《浙江省少数民族权益保障条例》,组织上街宣传2次、发放宣传资料3000余份,并多次举办座谈会传达学习条例,听取少数民族代表的意见和建议。是年8月,举办学习条例培训班,组织各镇、街道党委分管副书记、统战委员、村支部书记60余人参加培训,增强基层党政干部的民族意识、执法意识,依法维护少数民族的合法权益。2007年,成立市社会主义学校,少数民族骨干的培训工作,纳入学校的日常工作计划。是年,少数民族骨干参加党外人士培训班学习。2008—2010年,市委统战部、市民族宗教事务局贯彻省委统战部《少数民族低收入群众增收帮扶行动实施意见》,与温州市文成县富岙乡培头民族村进行结对帮扶,支持培头民族村发展生产脱贫致富,支持少数民族低收入群众实现增收。2年间,共提供帮扶经费10万元。

2013年,围绕"共同发展,共创美好"主题,组织开展"民族团结进步创建活动"。其间,深入村、社区和企业通过发放宣传手册、开展有奖竞答等形式,广泛宣传民族政策和民族知识,并组织全市镇(街道)、部门开展民族知识网络竞赛。2014年,进一步推进民族团结进步"三进"(进学校、进社区、进企业)工作。重点指导在市职业中专和育新小学2所少数民族学生较多的学校开展民族团结进步创建宣传活动。市职业中专先后组织民族文化知识竞赛8场次,参加学生3000余人。是年,少数民族人士当选平湖市人大代表1人、政协委员2人。

【宗教工作】

宗教沿革和宗教团体　境内宗教活动历史悠久。史料记载,佛教最早的寺院长福寺始建于梁天监十八年(519)。唐代佛教兴盛,境内有寺院12座。道教最早的佑圣道院始建于宋建炎年间(1127—1130)。元明时期,有道院6座。天主教、基督教于明末清初相继传入。20世纪30年代,境内有佛教寺院29座、庵68处、僧尼322人;道教道观2座、信徒126人;天主教有总堂、分堂10余所、信众895人;基督教有教堂6所,信众126人。抗战期爆发后,一些寺庙、道观毁于战乱,基督教、天主教教会活动停止。至新中国成立初期,境内寺庙荒废或改作他用,僧尼分到土地陆续还俗,佛教、道教活动散于民间,仅剩基督教、天主教尚有部分活动。全县有宗教神职人员22人,其中基督教11人、天主教11人,可统计信徒2337人,其中基督教586人、天主教1751人。

"文化大革命"期间,宗教活动被迫停止。

中共十一届三中全会以后，县委、县政府贯彻党的宗教信仰自由政策，支持爱国教会按照独立自主、自办教会的原则开展活动。1983年10月，成立县基督教三自爱国会。1993年9月，成立市佛教协会筹备委员会。1998年12月，成立市基督教协会。1999年9月，成立市天主教爱国会。2004年11月，成立市佛教协会。宗教团体的建立和完善，成为县委、县政府团结、教育宗教界人士，联系广大信教群众的重要组织。至2014年，境内建有市佛教协会、市基督教三自爱国会、市基督教协会和市天主教爱国会等宗教团体4个，宗教教教职人员92人，其中佛教62人（比丘33人、比丘尼3人、沙弥26人）、道教（道士）7人、基督教20人（牧师2人、教师1人、长老7人、传教士10人）、天主教3人（神甫1人，修女2人），可统计信徒7134人（不包括佛教、道教），其中基督教3080人、天主教3967人、伊斯兰教87人。

附：佛教协会、伊斯兰教会、天主教爱国运动委员会、基督教三自爱国运动委员会、基督教协会概况

佛教协会　1993年9月，成立市佛教协会筹备委员会。2004年11月17日，市佛教协会（筹）召开第一次代表大会，成立市佛教协会。会议通过《平湖佛教协会章程》和《寺院管理办法》，选举产生第一届理事会，会长释广能。2014年4月28日，市佛教协会召开第二次代表大会，选举产生第二届理事会，会长释广旭；原会长释广能被聘为名誉会长。

伊斯兰教　未建立宗教团体。1951年春，安徽省籍伊斯兰教阿訇李芳亭（回族）迁来平湖县城经商传教，并成立伊斯兰教会（为内部自治组织），有信教群众20人。因境内无清真寺，凡逢伊斯兰古尔邦节、开斋节等均前往上海、杭州或嘉兴市清真寺参加宗教活动。

天主教爱国运动委员会　1990年11月，召开县天主教第一次代表会议，成立县天主教堂务委员会（为宗教场所内部管理组织），主任裘志禹。1999年9月23日，召开市天主教第二次代表会议，会议决议将市天主教堂务委员会改建为市天主教爱国运动委员会（简称天主教爱国会），市天主教爱国会成立，裘志禹任主任。2007年12月，因裘志禹年事已高，由天主教杭州教区调入新的司铎，市天主教爱国会作相应调整，郭战元任主任。

基督教三自爱国运动委员会、基督教协会　1983年10月21日，召开县基督教第一次代表会议，成立县第一届基督教三自爱国运动委员会（简称基督教三自爱国会），主席卫惠芬（女）。1993年4月13日，召开市基督教第二次代表会议，选举产生第二届基督教三自爱国会，主席先后由卫惠芬（女）、丁泉甫担任。1998年12月17日，召开市基督教第三次代表会议，选举产生第三届基督教三自爱国会，主席龚玉英（女）。会议同时决定成立市基督教协会，龚玉英兼任会长。2003年12月5日，召开市基督教第四次代表会议，选举产生第四届基督教三自爱国会，主席龚玉英（女）。2014年4月28日，召开市基督教第五次代表大会，选举产生第五届基督教三自爱国会，主席周灵洁（女）。彭耀华（女）当选新一届基督教协会会长。

宗教政策和宗教事务　中华人民共和国成立初期，县委、县政府贯彻党的宗教信仰自由政策，依法保护公民正常宗教活动的权利，并在宗教界开展爱国主义、社会主义教育，引导宗教与社会主义社会相适应。同时，对宗教界代表人士按照争取、团结、教育的方针，在政治上作出适当安排。1950—1953年，县委遵照《中国人民政治协商会议共同纲领》的规定，推荐有一定影响的宗教界代表人士参加县各界人民代表会议，参与政治协商。1954—1956年，县委结合县一届人大、一届政协的人事安排工作，有针对性地安排天主教神甫等宗教界代表人士任人大代表和政协委员。此后，宗教界代表人士任职人大代表、政协委员工作形成惯例。1963年4月，县委统战部贯彻第七次全国宗教工作会议精神，组织天主教、基督教代表座谈学习，订立"平湖县天主教基督教爱国公约"，推动宗教活动自觉服从社会主义利益、自觉服从国家政策法令、自觉服从社会主义建设事业。

"文化大革命"期间，宗教场所被查封，教职人员被遣散，宗教活动停止。

中共十一届三中全会以后，县委、县政府贯彻落实党的宗教政策，妥善解决宗教遗留问题，协调建立宗教自治组织，逐步修复开放一批宗教活动场

所,公民的宗教信仰需求得到基本满足。1982年9月6—8日,县委统战部遵照中共中央《关于我国社会主义时期宗教问题的基本观点和基本政策》,召开全县宗教工作会议,就恢复宗教活动场所、落实宗教房产政策、加强宗教活动管理、建立爱国宗教组织等工作作出部署。会后,县委批转县委统战部《关于贯彻中央文件精神落实宗教政策的报告》,明确全县各级党组织要加强对宗教工作的领导,认真落实宗教遗留问题。1983年,县委统战部按照独立自主,自办教会的原则,协调建立县基督教三自爱国运动委员会,依托宗教组织加强自身管理。同时,在全县组织开展取缔邪教活动,依法取缔聚会点6个,收容审查骨干1人,教育转化一般人员391人。20世纪90年代,县委统战部加大依法管理宗教事务的力度。1991年3月,贯彻中共中央、国务院《关于进一步做好宗教工作若干问题的通知》,印发《平湖县宗教活动行政管理暂行规定》,对全县宗教场所及宗教活动进行规范。该规定被省委统战部《浙江统战工作》刊登,在全省各县(市)介绍推广。同时,针对农村一些地方出现利用宗教进行封建迷信活动,乱建小庙小庵蔓延的情况,市(县)委统战部在开展调查,掌握实情的基础上,采取疏堵结合的方法组织开展清理整治,非法乱建的小庙小庵全部拆除。1993年,贯彻《浙江省宗教活动管理规定》,全市宗教活动场所实行登记、审定和发证制度。经审核,全市登记发证宗教场所12个。是年11月,市委统战部召开有关部门和各乡镇分管领导会议,传达贯彻第十八次全国统战工作会议精神,就改革开放和现代化建设新形势下,全面正确地贯彻落实党的宗教政策,依法加强对宗教事务的管理等工作进行部署。1999年起,根据嘉兴市《宗教活动场所所年度检查要求及办法》,全市对已登记发证的宗教活动场所实行年检制度,推进场所管理规范化。

进入21世纪,全市深入贯彻《浙江省宗教事务条例》,进一步强化宗教事务管理。2001年,市委针对一些村镇滥建小庙小庵现象抬头的情况,印发《关于开展对小庙小庵进行集中整治的实施意见》,在全市开展“双整治”活动,全市共拆除或改作他用小庙小庵384只。2002年7月,市委召开全市宗教工作会议,明确各乡镇(街道)党委、政府的宗教工作职责和任务,成立宗教管理小组,完善宗教管理网络,推进宗教事务齐抓共管。市委统战部、市民族宗教事务局(简称民宗局)配合全市宗教工作会议,编印《宗教法律法规选编》1100余册,下发乡镇(街道)和有关部门学习掌握。2004年,市委统战部、市民宗局针对全市宗教活动规模大、场次多、人员杂的情况,将宗教场所安全管理百分制考核办法引入年检工作,采取现场查、听、考、评的方式,推进宗教场所安全管理与年检考核的有机结合。2005年,贯彻国务院《宗教事务条例》,组织各镇(街道)、有关部门分管领导、统战委员及民宗部门干部100余人,参加省和嘉兴市举办的学习《条例》培训班,并翻印《条例》宣传材料800余册分发给各镇(街道)、有关部门和市宗教工作协调小组成员学习。同时,为推进《条例》的深入贯彻,全市结合市委、市政府创建“平安平湖”的总体规划,组织开展“平安宗教活动场所”创建活动。2006年,全市被评为嘉兴市“平安宗教活动场所”12家。此后,“平安宗教活动场所”创建活动常态化。2010年,市委统战部、市民宗局响应国家宗教事务局、省民族宗教事务委员会关于创建国家、省级“和谐寺观教堂”的倡议,将“平安宗教活动场所”创建活动和创建国家、省级“和谐寺观教堂”活动,作为推进全市依法管理宗教事务的有效抓手,严格按照创建工作的要求和标准,引导各宗教活动场所参与评创活动。是年,经考评,市天主教爱国会、钟埭耶稣堂被评为全国首批“和谐寺观教堂”称号;钟埭耶稣堂、城西天主堂、报本禅寺被评为省级首批“和谐寺观教堂”称号。2011年,又有城关耶稣堂、小普陀观音禅院、南桥天主堂被评为省级“和谐寺观教堂”称号。同时,被评为嘉兴市三星级“平安宗教活动场所”16处、四星级“平安宗教活动场所”1处。2012—2014年,市委统战部、市民宗局进一步完善依法管理宗教事务措施,结合“六五”普法和“宗教政策法规学习月”活动,组织学习培训、开展专题辅导,强化属地管理,落实齐抓共管,推进宗教事务管理工作向基层镇(街道)、机关企事业单位延伸。同时,注意抓好宗教教职人员认定备案、宗教活动场所财务监管和宗教教职人员参保三项工作和宗教信息管理系统建设。2013年,完成市宗教信息管理系统建设。该项工作的做法被省宗教部门简报刊登。2014年,全市教职人员认定备案率100%;宗教活动场所财务监管率100%;应参保的教职人员参保率100%。

支持参与经济建设和社会慈善活动 20世纪80年代,县委统战部遵照新时期统战工作服务经济建设的总体思路,鼓励和支持宗教团体、宗教界人士参与经济建设。1982年3月,贯彻中共中央《关于我国社会主义时期宗教问题的基本观点和基本政策》的通知,引导全体信教和不信教群众把力量集中到建设现代化社会主义强国这个共同目标上来,鼓励支持宗教界人士勤劳致富,服务社会,提高自养能力。1988年3月,召开全县宗教界人士勤劳致富经验交流会。城北乡城西村宗教人士顾其明、黄姑镇水产村宗教人士沈宝根等7人,在会上介绍开办家庭畜牧场、承包鱼塘等带领群众共同致富,为全县出口创汇作贡献的经验。1990年,县委统战部再次召开全县宗教界人士勤劳致富经验交流会,汇聚全县从事种植、养殖、服装、饮食、海洋捕捞等行业的信教群众,交流勤劳致富经验,并推荐黄姑镇渔业村沈宝根出席1991年全省宗教界人士为"四化"服务经验交流会。

进入21世纪,市委统战部注意发挥宗教界人大代表、政协委员作用,通过人大、政协平台积极建言献策,关心支持平湖的经济和社会各项事业的发展。同时,鼓励和支持宗教团体、宗教界人士发扬爱国爱教、乐善好施的传统,参与扶贫帮困等社会慈善活动。1998—2014年,全县宗教团体、宗教界人士先后为长江中下游地区特大洪灾、抗击"非典"、四川汶川大地震、青海玉树和四川雅安地震等重大自然灾害,以及资助本市贫困学生完成学业、治疗白血病女孩、平湖康复中心筹建、新农村建设和"五水共治"等捐款、捐物共计200余万元。2010年,辖区报本禅寺、钟埭耶稣堂、城西天主堂被授予嘉兴市第二届"宗教慈善奖"。

宗教场所 20世纪50年代,境内寺庙、道观因年久失修荒废或改作他用,仅有基督教福音堂2处、耶稣堂1处、布道所5处和天主教教堂2处、分堂9处、祈祷所7处尚有活动。

"文化大革命"期间,宗教活动全部停止,场所关闭。

中共十一届三中全会以后,县委、县政府落实宗教房产政策,被占用的宗教房产逐步清退归还。1983年,县政府批准城西天主堂、城西耶酥堂、钟埭耶酥堂、新埭耶酥堂、新仓耶酥堂等宗教场所5处及临时聚会点3处对外开放。1992年,市政府批准修复报本禅寺,并于1993年1月对外开放。此后,又陆续修复、扩建或重建一批宗教活动场所对外开放,支持开展合法宗教活动。至2009年,全市共批准开放宗教活动场所17处,纳入管理民间信仰点2处,其中佛教6处、基督教6处、天主教5处。据统计,1984—2012年,全市归还宗教组织房屋产权1340平方米、土地近60亩、补偿经费300余万元,历史遗留的宗教房产政策问题全部得到解决,信教群众的宗教活动需求得到基本满足。

2014年,全市有登记开放的宗教活动场所21处,纳入管理的民间信仰场所1处。其中报本禅寺、法华禅寺、小普陀观音禅院、钱皇寺、海林寺、萃贞庵、普照寺、圆通禅寺、祝圣禅寺等佛教场所9处,平湖城隍庙道教场所1处,城关耶稣堂、钟埭耶稣堂、新埭耶稣堂、新仓耶稣堂、黄姑基督教聚会点、全塘基督教聚会点等基督教场所6处,城西天主堂、南桥天主堂、黄姑张家沼聚会点、新仓东木桥聚会点、林埭双庙聚会点等天主教场所5处。民间信仰场所为刘公祠。

平湖市历史上重要寺观教堂情况表

表8-5-12

名　称	教派	建造年代	地 点	场 所 概 况
长福寺	佛教	南朝梁天监十八年(519)	新埭泖浦塘东	平湖境内最早一所寺院,明嘉靖年间被倭寇毁,天启年间重建,平湖解放后一直为学校所用
德藏教寺	佛教	唐会昌二年(842)	县城东	寺前有双塔,"文化大革命"中被毁

续表 8-5-12

名　称	教派	建造年代	地 点	场 所 概 况
普照教寺	佛教	唐咸通年间（860—874）	广陈东	本名僧伽院，宋治平元年更名，改革开放后重新修葺，2011年对外开放
圆通教寺	佛教	后周显德五年（958）	钟埭东	本名宁国寺，宋治平元年更名，曾多次毁塌重建，改革开放后再次重建，2011年对外开放
西林寺	佛教	宋绍兴五年（1135）	县城西门外	明洪武年间坍塌
报本禅寺	佛教	明嘉靖四十五年（1566）	县城东南	本名报本塔院，1937年日军入侵时被毁，改革开放后重新规划修建，1993年对外开放
法华禅寺	佛教	明崇祯年间（1628—1644）	新仓北	俗称法华庵，1937年日军入侵时被毁，改革开放后重建，1999年对外开放
观音堂	佛教	（不祥）	县城内	1993年对外开放，现隶属报本禅寺
小普陀观音禅院	佛教	清乾隆十四年（1749）	乍浦外蒲山	本名中普陀禅院，清光绪年间重修并更名，1937年日军入侵时被毁，改革开放后重建，1997年对外开放
萃贞庵	佛教	清光绪十三年（1887）	新埭泖浦塘西	建后不久毁于战火，光绪三十年重建，平湖解放后改作他用，2006年对外开放
刘公祠	民间信仰	宋绍兴三十二年（1162）	新埭东南	俗称大蜡烛庙，为纪念南宋杭金名将刘锜而建，祠内有刘锜塑像和露天戏台，改革开放后重建，2007年对外开放
佑圣道院	道教	宋建炎年间（1127—1130）	广陈	平湖境内最早一所道院，清末道教衰落，平湖解放后已改作他用
城隍庙	道教	明宣德五年（1430）	县城东	平湖境内最大一所道院，清末道教衰落，平湖解放后部分建筑改作他用，2011年对外开放
城西天主堂	天主教	清光绪二十年（1894）	县城西北	20世纪30年代扩建，成为平湖最大教堂，“文化大革命”中被毁，改革开放后重建，1983年对外开放
南桥天主堂	天主教	清宣统二年（1910）	南桥新浜	又称新埭天主堂，“文化大革命”中，被改作他用，改革开放后重新修葺，1987年对外开放
城关耶稣堂	基督教	清光绪三十一年（1905）	县城内	本名黄家弄福音堂，也称城西耶稣堂，1983年对外开放。1993年因旧城改造迁至百花小区，1996年因新华路拓宽迁至松枫小区
钟埭耶稣堂	基督教	民国13年（1924）	钟埭	时属嘉兴，但在平湖城关设有布道所。归属平湖后，重新修葺，于1983年对外开放

第五节　经济领域统一战线工作

【中华人民共和国成立后经济领域统一战线工作】

恢复和发展国民经济　中华人民共和国成立初期，恢复和发展国民经济，成为统战工作的重要内容之一。县委、县政府及统战部根据中共七届二中全会关于对“私人资本主义经济，必须既利用又限制”的政策，注意引导和发挥私营经济人士的积极性，合理调整工商业促进国民经济的恢复和发展。

1949年，全县仅存工商企业1017家，县委、县政府协调县人民银行向工商企业发放贷款1000万元，解决私营工商业的资金短缺问题。1950年，县委、县政府按照“发展生产，繁荣经济，公私兼顾，劳资两利”的方针，采取合理调整公私关系、劳资关系，组织联购联营，发放贷款等措施，对私营工商业实行扶持政策，引导开展生产自救，支持他们恢复和发展生产；贯彻政务院《关于统一全国税法的决定》和《实施细则》，对工商企业分别按照营业额和所得额征收营业税和所得税，简化纳税手续，减轻工商企业税负。同时，采取组织联营、委托加工、经销代销、联购分销等形式，将他们纳入国家资本主义轨道。是年7月，县政府通过中粮公司对全县14家碾米厂采取委托加工方式予以扶持，将生产纳入国家计划。1951年8月，县政府批准康记等8家袜厂组成全县第一家私私联营企业群力棉针织厂。之后，又先后批准糖果、竹材、百货、腌鲜、磁麻、油酒、服装等13个行业组成联合经营机构。1952年，对酒坊9户、染坊16户实行委托加工，产品统购包销，国家统购包销白酒59.15%。是年12月，县委、县政府对私营商业采取“调整批零差率、降低起批点”等措施加以扶持，国营企业、供销合作社还让出部分零售业务，使私营工商业的经营状况得到迅速恢复和发展。

手工业和资本主义工商业的社会主义改造 1953—1955年，全县私营工商业(包括手工业)的社会主义改造全面展开。县委、县政府遵照党中央关于在工商界中有组织有准备、大张旗鼓地进行国家过渡时期总路线和对私营工商业利用、限制、改造政策及国家资本主义方针教育的指示精神，组织开展大规模宣传教育活动。通过宣传教育，有步骤地推进私营工商业的社会主义改造工作。1953年6月，县委统战部会同县政府工商科、税务局、城关镇政府以及县工商联，先后组织城关镇工商界人士200余人，分两批学习中共中央《关于利用、限制、改造资本主义工商业的意见》和过渡时期总路线学习和宣传提纲等文件资料。1954年，县工商联又组织全县工商界骨干300余人，进行集中培训。此后，县委统战部协调县工商联等相关部门，采取先骨干后一般，集中培训与分散学习相结合的方式，组织工商界人士进行学习培训。其间，对全县私营商业的社会主义改造同步展开。1953年下半年，结合国家对粮油实行统购统销的政策，对全县55户粮店进行改造，其中吸收为国家粮食代销店14户、转营其他业务29户、自谋出路11户、违纪处理1户。1954年6—9月，结合国家实行棉花统购统销，对全县15家棉布商店分别进行改造，其中改造为国营公司经销零售店13家、供销社经销店2家。1955年7月，县委、县政府开始对私营工业的社会主义改造，先后批准全县第一家公私合营企业大同棉针织厂和由7家轮运行组建的公私合营平湖轮船公司。9月，又批准明华电厂为公私合营平湖电厂。

1956年，全县私营工商业的社会主义改造进入高潮。1月19日，县委成立工商业改造领导小组，由县委常委王建庭任组长。1月21—23日，县委召开全县工商界人士代表会议，动员和引导私营工商业接受社会主义改造。城关镇47个行业中有40个行业在会上申请全行业公私合营。各乡镇代表也纷纷表态回去后要做好宣传，动员各自行业申请公私合营。1月24日，县委书记召集14名工商界代表人士座谈，要求他们把改造与发展生产、搞好经营结合起来，促使私营工商业的社会主义改造健康发展。2月4日，县委向地委上报《平湖县对资本主义工业进行社会主义改造工作的意见》，对化工、印刷、制革、冶坊、竹编、染坊、粮食等工业、手工业实行单独或分期合营，并按照“以大带小，以先进带落后”的原则，实施经济改组，合理调整布局。其中将批准为公私合营的印刷企业4户，并入地方国营平湖印刷厂，人员、设备统一安排；将漂染坊4户，并入公私合营平湖针织厂；将青布染坊4户合并，成立公私合营平湖印染厂；将新埭镇槽坊2家和乍浦镇酱酒作坊1家合并为公私合营平湖酒厂，迁至城关镇；全县私营米厂12家，分别批准为公私合营米厂，榨油厂1家，由国家接收，改为地方国营平湖榨油厂；单独改组锅厂、竹编厂、砖瓦厂3家，分别批准公私合营。为配合私营工商业的社会主义改造，是年上半年县委统战部组织私营工商业主及代理人249人(工业82人，商业167人)、工商业者家属32人、小业主70人进行学习培训，县妇联也组织工商业者家属80余人座谈学习。县委统战部、县妇联、县工商联还联合召开为期3天的全县工商业者家属和女工商业者代表会议，动员他们在社会主义改造运动中发挥积极作用。经过宣传教育和组织发动,绝大多数工商业者都表示愿意接受改造。一些骨干分子不仅自己带头,而且在同行业中现身说法,带动其他企业申请合营、搞好生产经营和清产核资等工作。少数有顾虑、怕改造的工商业主,经过教育、引导,也逐步消除了过虑。至年底,全县针织、冶坊、印染、竹编、制砖、制革、化工、印刷、油脂、电力、碾米等68个行业,完成社会主义改造的有66个,占全县资本主义工业总户数的97.06%;全县烟草、油酒、百货、食盐、煤炭、药品、木材、茶叶、文具纸张,以及饮食服务业等2748户私营商业,完成社会主义改造的有2669户,占全县私营商业总户数的97.13%。至此,全县私营工商业的社会主义改造基本完成。

引导全面建设社会主义　1956年,全国范围内对生产资料私有制的社会主义改造基本完成,进入全面建设社会主义的历史时期。9月15—27日,中共八大召开,确定把工作重心转移到社会主义建设上来。11月,县委遵照省委《关于当前传达与贯彻执行"八大"决议的通知》精神,分层次地组织全县党员、干部和广大群众传达学习中共八大文件,领会精神。县委统战部根据县委部署,协调县工商联(筹)组织工商界人士传达学习中共八大精神。1957年2月,县工商联召开第一次会员代表大会,通过《关于全县工商业者进一步发扬爱国主义精神,继续加强自我改造,积极为社会主义建设作出贡献的决议》(简称《决议》)。全县工商业者积极响应县工商联《决议》,在行业内开展社会主义劳动竞赛,并踊跃认购国家经济建设公债,为恢复和发展国民经济出力。一些私方人员与职工一样,在劳动竞赛中自觉把自己改造成为自食其力的劳动者。是年,工商界人士被评为年度先进工作者41人,优胜工作者32人;认购国家经济建设公债53176元,次年又认购77309元,占全县认购任务的24.2%。

1958年,县委、县政府贯彻中央"鼓足干劲,力争上游,多快好省地建设社会主义"的总路线,在全县开展"大跃进"、人民公社化运动。县委统战部协调县工商联在大办地方工业中,组织工商界人士投资90741元,为国家和地方经济建设尽责、出力。是年6月,县委统战部召开全县工商界代表人士座谈会,号召树立勤俭办企业的艰苦朴素作风,进一步开展增产节约运动。全县合营合作商业企业、商店积极参与。新埭镇公私合营糖坊私方代表提出的改进生产酱色的合理化建议,经试验省燃料、省材料、省人工,经济效益明显,试验成功后,年增产800多元。9月,县委统战部、县工商联贯彻省工商联"工商界参加劳动、贡献才能、加速自我改造汇报会议"精神,组织全县工商界人士开展技术革新、献计献技活动。城关镇工商界提出合理化建议、技术革新项目3591件,组织实施1006件。城关星火铁器合作工厂工人林则良创造发明的"空气压力抽水机""电动马达榔头",受到县委表彰,并于11月被县委推荐赴京出席全国青年社会主义建设积极分子代表大会。1959年7月,县委统战部、县工商联贯彻中共中央八届八中全会精神,在工商业者中继续开展社会主义劳动竞赛和增产节约运动。县工商联还召开执委扩大会议,鼓励工商界人士充分发挥各自业务经验和技术专长,争取为建设社会主义立功。其间,针织厂私方代表试制成功"自动落纱机"、印刷厂私方代表试制成功"半自动多头装订机"、棉百商店私方代表试制成功"土式起泥机"、乍浦镇私方代表试制成功"脚踏磨粉机"和"剪糖机"等,工效分别提出6~10倍。全年,全县工商界人士有2508人,提出合理化建议3841条;城关镇18家合作商店一年节约费用4312元;女私营工商业者俞惠英在社会主义劳动竞赛中成绩显著,被县政府推荐出席全国群英会。

1957—1959年,在全县开展社会主义劳动竞赛和"社会主义建设总路线""大跃进"人民公社化运动中,由于受全国范围"左"的错误影响,工商界等党外人士为社会主义建设的积极性受到挫伤,全县经济和人民生活出现严重困难。1961年1月,中共八届九中全会决定对国民经济实行"调整、巩固、充实、提高"的方针。其间,县委贯彻中央和省、地委指示精神,采取"和风细雨"的方式和"三自"(自己提出问题、自己分析问题、自己解决问题)、"三不"(不打棍子、不扣帽子、不抓辫子)原则,在工商界和党外人士中开展思想教育活动。是年2月,县委统战部、县政协召开有85名工商界和知识分子代表参加、历时9天的座谈,引导大家提高对国内外形势的认识,增强克服困难、坚定走社会主义道路的决心。

1962—1963年，县委统战部指导县工商联先后举办5期工商界骨干业务政治学习班，学习中共八届十中全会公报、决议，开展以爱国主义、国际主义和社会主义为主要内容的教育活动，全县工商界人士受教育面达95%以上。1964—1965年，县委根据中央有关统一战线工作的决定，结合城乡社会主义教育运动，建立政协平湖县政治学校，由副县长、县政协副主席薛士明任校长，组织对工商界人士和知识分子等党外人士系统进行爱国主义、国际主义和社会主义教育培训。其间，共培训工商界人士、知识分子代表140人，其中企业和合作商店经理、厂长等工商界人士91人、小商贩骨干14人、医卫界人士35人。

【改革开放后非公有制经济领域统一战线工作】

支持非公有制经济发展 1978年，中共十一届三中全会后，县委、县政府贯彻中央"以公有制为主体，多种经济成分共同发展的方针，通过宣传报道、政策引导等途径，支持、鼓励个体、私营经营者从事经商活动。县委统战部按照县委的统一部署，指导县工商联通过媒体宣传、组织培训、搭建服务平台等方式，引导、鼓励非公有制经济健康发展。1979年年底，全县批准个体工商经营户20户。20世纪80年代，随着改革开放的不断深入，全县非公有制经济得到迅速发展。至1989年年底，全县有个体经营户8789户、从业人员14553人、自有资金3629万元，私营企业82家，投资者124人，注册资金693万元。

1991年6月，平湖撤县设市后，市委、市政府按照中共十四大和邓小平南方谈话精神，把发展个体私营经济作为新的经济增长点，进一步加大对个私经济发展的支持力度。1991年8月，市政府召开全市个体私营经济管理工作会议，提出"发挥行政职能，改革管理体制""加强服务指导，引导个体、私营经济健康发展""改革财政包干制度，挖掘税收潜力"3项措施，加强对个体、私营经济的管理。1994—1995年，市委、市政府先后印发《关于鼓励个体、私营经济发展的若干意见》《关于鼓励个体、私营经济发展的若干补充意见》等3个扶持个体、私营经济发展的文件，从放宽经营范围、改善金融服务、解决用地瓶颈，实行公平税负等方面给予政策引导和扶持。1997—1999年，市委、市政府又连续下发《关于进一步加快个体私营经济发展若干政策意见》《关于进一步加快发展个体私营经济的若干意见》和《关于进一步加快发展个体私营经济的若干补充意见》等3个文件，就鼓励个体私营参与国有、集体企业改制，鼓励向工业小区集聚，改善金融服务，完善税收政策，支持开拓外向型经济，支持科技进步，支持引进人才，建立领导（干部）联系挂钩企业制度，强化服务管理等方面作出规定，为个体、私营经济进一步发展创造有利条件。至1999年，全市个体工商户发展到12904户、从业人员23134人、注册资金23674万元，私营企业发展到1566户、投资者2979人、注册资金56438万元。

进入21世纪，全市经济发展进入新的发展阶段。2000年，市委、市政府提出工业经济新一轮发展战略实施意见，就大力发展个体私营经济，推动集聚发展，形成块状特色经济提出要求。此后，一系列配套措施和政策出台。2004年5月，印发《关于激励创业和再创业促进民营经济快速发展的若干意见》，就扶持民营经济创业、激励再创业作出16项优惠政策。2008年，印发《关于优化民营经济发展政务环境若干意见》，就转变政府职能，优化服务环境，推进民营经济发展进行规范。2009年3月，印发《关于大力发展民营经济加快推进富民工程的实施意见》，就进一步加大对民营经济创业过程中的政策扶持，全面实施创业富民工程作出规定。2014年，印发《关于促进小微企业转型升级为规模以上企业的意见》，重点加强小微企业在转型升级过程中的税收优惠、收费减免、融资扶助、要素配置、社会保障等方面的政策扶持。至年底，全市有个体经营户39948家，从业人员92484人，私营企业8333家、从业人员超过20万人，有10家企业入围全国民营企业500强。

教育和培训

教育活动 1987年4月，县工商联恢复活动后，配合党委、政府，积极贯彻"团结、帮助、引导、教育"的方针，结合自身特点开展各类主题教育活动。1990年，统战部、工商联组织对《中共中央关于坚持和完善中国共产党领导的多党合作和政治协商制度

的意见》专题学习讨论。1999年,组织非公制经济人士开展“致富思源,富而思进”主题教育活动。2002年,通过典型引路,以点扩面方式在全市开展企业文化建设活动,新成达制衣有限公司总经理在省企业文化建设经验交流会作专题发言。2006年,在非公有制企业中开展社会主义荣辱观主题教育活动。2008年,开展以“自觉接受中国共产党领导,坚持走中国特色社会主义道路”为主题的政治交接教育活动,着力培养和造就一支爱国、敬业、守法的会员骨干队伍。2009年,开展“学习实践科学发展,应对国际金融危机”的主题教育活动,引导企业走科学发展道路,捕捉和把握发展机遇,共同应对金融危机。2011年,开展“践行社会主义核心价值观”主题教育活动,积极争做合格的社会主义事业建设者。2012年,开展“同心向着党”主题教育活动,自觉做到与党同心同行。2013年,开展理想信念教育实践活动,坚定非公有制经济人士对中国特色社会主义的信念。2014年,开展“民营企业家与中国梦”的主题讨论,引导非公有制经济人士忆成长、话梦想、有担当等。

培训工作　1991年7月,《中共中央批转中央统战部〈关于工商联若干问题的请示〉》文件下发后,统战部、工商联以私营企业、个体工商户、“三胞”投资企业和部分乡镇企业为主作为培训工作重点。组织非公有制经济人士参加省、市、县各级统战部和工商联举办的各类学习班、培训班、研讨班。1994年6月,推荐3名非公有制经济代表人士参加嘉兴市工商联与嘉兴市委党校联合举办的首期市场经济研讨班。同年11月,市工商联举办私营经济管理工作培训班,有20多位个私企业的管理人员参加。1999年,推荐7名年轻的厂长、经理到中央党校参加全国第5期非公经济高级实务学习班培训。

1999—2014年,统战部、工商联选送企业骨干参加中共中央党校和社会主义学院培训58人次。

2002年,举办“应对WTO机遇与挑战”研讨班,5家企业77人参加。2003年,举办“开拓国际市场”培训班,34家企业103人参加。2007,与上海交大海外教育学院联合举办“企业家EMBA课程”高级研修班,非公有制经济人士50人参加。与外经贸局联合举办“经贸政策形势”研讨班,110多名企业家参加。2008年,与团市委联合举办“青年创业创新发展”论坛,有80多家企业参加。2009年,为引导民营企业应对金融危机,与上海交大联合举办专题讲座,有140多家企业参加。2010年,组织90多名非公有制经济人士赴北大、香港理工大学、中央社会主义学员等高校参加培训。2011年,联合组织部、经贸局、党校等部门,认真制定年度培训计划,如与金健峰企业管理咨询公司联合举办“最新工伤事故处理实务与企业用工成本控制技巧”专题培训班,与财税局联合举办“企业涉税事项”培训班,与浙江大学举办”发展强、党建强“专题研修班等。全年共组织各类培训20多场,5000多人次参加。2012年,与市委组织部、经信局、团市委联合在浙江大学举办“平湖市新生代企业家传承与管理创新研修班”,40多名新生代企业家参加。2013年,先后组织115名非公有制经济人士赴香港理工大学、浙江大学、复旦大学、厦门大学、哈尔滨工业大学、中央社会主义学院举办“企业国际化发展战略”“二次创业”“中国(上海)自由贸易实验区与家乡发展”“两新组织党建”等各类培训班。针对部分骨干会员培养第二梯队人才的需要,组织一批年轻的企业家、非公经济新生代或“创二代”以及部分优秀中国特色社会主义事业建设者赴中央、省和嘉兴市党校和社会主义学院深造,系统学习科学理论、市场经济理论、现代企业管理知识等。

2014年,与有关部门合作,举办各类讲座、论坛和学习培训班。在浙江大学举办为期5天的“平湖市新生代企业家管理与传承创新研修班,新生代企业家43人参加。

联系服务

融资服务　1996年10月,市工商联成立民营企业互助会,把中小企业融资作为服务会员企业的一项重要工作。1999年9月,民营企业互助会变更为“中小企业贷款信用促进会”。2002年6月,更名为“中小企业贷款信用担保中心”。2005年2月,移交给市经贸局。10年间,共为123家企业担保贷款累计3.52亿元,有效缓解中小企业贷款难问题,受到市委好评,被称为“是一个创举”。

2005年2月,市委统战部协调市工商联开始搭建银企对接活动，继续为中小企业提供融资服务。2007年，与2家银行签订20亿元的授信协议。2009年，在银行和微小企业间架起一条长期合作的融资“绿色渠道“，全年为会员企业融资8800万元。在银行的支持下，发起组建市内首家小额贷款公司，为中小企业提供贷款366笔，共3.65亿元。2010年，与平湖工银村镇银行举办2次金融服务对接会，8家企业签订授信协议，总额1880万元。2011年，与多家银行举行对接活动，共签订授信协议12.613亿元。2012年，与邮政储蓄银行、平湖工银村镇银行举办金融服务对接会，落实信贷金额4500万元。2013年，与平安银行联合开展金融服务企业活动，通过“访企业、问需求”方式，为企业量身打造金融服务方案。

维权服务　2000—2014年，共提供维权服务和参加调处各类矛盾纠纷265件，切实维护会员企业的合法权益。

2000年4月，建立法律服务工作室，聘请市内知名律师担任总商会法律顾问，提供法律咨询，举办法律讲座等使维权服务常态化、规范化。2008年，及时出面并联系市劳动、公安、司法等部门为会员企业在生产经营中碰到劳资矛盾、债务纠纷、被乱摊派和乱收费等问题予以处理解决。是年，辅导《中华人民共和国劳动合同法》《中华人民共和国物权法》等法律知识讲座30多场次。2010年，举办“法律服务民营企业”系列活动，印发数百份《企业经营管理法律风险提示与建议》；举办“企业劳动争议案例解析及处理”专场法律讲座。2011年，与司法部门合作制定《“关于进一步推进法律进企业”活动实施方案》。2014年，与组织部、经信局、团市委联合举办“民间借贷危机下的法律风险防范与对策”主题论坛等。

用工服务　通过制定行规，协商出台行业指导性工价、建立企业在职职工名录库方式，防止职工无序流动。及时举办就业专题洽谈会，配合人事局组织企业在省内外参加人才招聘会。在外省市如贵州、山东等地建立校企合作劳动力培训基地，开展校企人才对接活动，建立引进外地产业工人的长效机制。开通“引进人才QQ群”，方便企业引进人才。2005—2014年，与市妇联、市劳动保障局共联合举办女性就业专场洽谈会10届，进场企业660家，提供岗位17600个，当场达成求职意向6400余人。

政策服务　邀请市经贸局宣讲有关外贸政策；邀请市环保局领导分析企业节能减排形势；邀请国税局解读新税法，并解答会员企业就依法纳税、财务处理、汇算清缴等问题。邀请财政局、科技局、商务局、轻信局领导就中小微企业扶持激励政策、高新技术申报等政策作解读。邀请银行、税务部门领导讲解金融形势和有关信贷、税收政策，以及市政府扶持企业发展、拓宽海外市场的补贴政策。邀请审计局领导作完善企业内部审计管理制度的辅导等。

信息服务　2009年，通过商会网站平台向会员企业发布科技动态、经贸政策、招商引资、人才引进、产品销售等信息400余条。2010年，开始搭建手机短信平台，发送短信5000多条，方便会员企业及时了解市场发展信息。

医疗服务　坚持为会员企业开展送医上门服务，进行健康检查诊疗、讲解预防疾病常识、发放卫生宣传资料、开展医疗咨询服务等，并为企业家建立医疗档案。2006年，聘请平湖市第一人民医院15名专家，担任24名总商会常执企业家的健康顾问，长期提供免费健康咨询和飞行体检治疗。2013年5月12日，邀请著名女性健康教育家郑瑞来平作女性健康讲座，400多名企业女性管理人员听讲。

创优活动　1997年，市委统战部、市工商联发动会员企业参加省工商联组织的全省非公有制经济“双文明企业”（物质文明、精神文明）和“优秀企业家”评比活动。1998年，平湖重型机械厂被评为首届浙江省非公有制经济“双文明企业”。2000年，新成达制衣有限公司总经理陶国健被评为首届浙江省“优秀私营企业家”。是年，景兴纸业股份有限公司董事长朱在龙被评为“全国跨世纪优秀包装企业家”。2003年，市委统战部、市工商联代表市委、市政府在全市非公有制经济人士中开展“争做优秀社会主义事业建设者”活动。2004年，在各镇街道和行业协会推荐、企业自荐基础上，经市委办、市府办和市级有关部门组成的评选领导小组评定，16名非公有制经济人士被评为市第一届优秀社会主义事业建设者；11名非公有制经济人士被评为嘉兴市第一届优秀社会主义事业建设者。多凌控股集团董事长张余林获“浙江省第一届中国特色社会主义事业建设者”称号;华城茂麓制衣有限公司董事长张祥林、乍浦实业股份有限公司董事长吴其法被农业部授予“第五批全国优秀乡镇企业家”称号;星阁建材集团董事长张保根被评为“浙江省优秀农民企业家”称号。2006年,景兴纸业集团董事长朱在龙在“2006世界包装大会”上被评为“中国杰出包装企业家”称号;华城茂麓制衣有限公司董事长张祥林荣获“2006浙商社会责任奖”。2007年,平湖市建立非公有制经济代表人士综合评价工作领导小组,同时建立市优秀社会主义事业建设者评选领导小组。是年,8名非公有制经济人士被评为市第二届优秀社会主义事业建设者称号;3人被评为嘉兴市第二届优秀社会主义事业建设者称号;景兴纸业集团董事长朱在龙被省工商联被评为浙江省第二届优秀中国特色社会主义事业建设者称号;华城实业投资集团被评为2007年度全省“双爱双评”先进单位。2008年,评选出2名嘉兴市、10名平湖市第三届优秀社会主义事业建设者,10人获“辉煌30年十大明星企业家”称号。华城实业投资集团工会被中华全国总工会授予“全国模范职工之家”称号;晨光电缆股份有限公司被评为2008年度全省“双爱双评”先进单位;浙江景兴纸业集团荣获“浙江省劳动关系和谐标兵企业”称号;新成达制衣有限公司获省民营企业参与社会主义新农村建设贡献奖;亿达生物科技有限公司董事长黄雪金获2008年度浙江新农村建设带头人“金牛奖”。2009年,平湖市被中国纺织工业协会授予“企业社会责任试点产业集群”称号,12家企业被新认定为国家级高新技术企业,2家企业获得2009年浙商创新大奖,2家企业被评为省专利示范企业。景兴纸业集团被评为2009年嘉兴市能源计量管理示范企业,被评为市2009年度金融诚信企业55家。2010年,新秀箱包、景兴纸业、晨光电缆和天一厨卫4家企业分获长三角榜样企业最佳品牌建设奖、社会责任奖、最佳转型奖和最具投资潜力奖。2011年,评选出3名嘉兴市、9名平湖市第四届优秀社会主义事业建设者。新秀箱包集团、依爱夫游戏装文化产业有限公司被评为嘉兴市“诚信守法示范企业”。是年,全市企业中获省级劳动关系和谐企业5家,嘉兴市级35家,平湖市级731家。4月,全国构建和谐劳动关系调研组对平湖市构建和谐劳动关系工作给予肯定。

参政议政

建言献策　建言献策是工商联的一项基本职能,也是非公有制经济人士参政议政的主要形式。非公有制经济人士中,担任省人大代表有1届1人次、嘉兴市人大代表有7届18人次、平湖市人大代表有14届173人次;担任省政协委员有3届3人次、嘉兴市政协委员有7届16人次、平湖市政协委员有12届188人次。

市(县)工商联负责人每年参加市(县)委、市(县)政府每年召开的政治协商会、情况通报会、意见征求会,围绕全市经济、社会发展,尤其是非公有制经济发展中的一些突出问题,提出意见、建议,向党委、政府建言献策。2005年5月,市委委托市政协和市工商联召开非公有制经济人士中的人大代表、政协委员约谈会。与会人员分别就企业发展、政策措施、政府服务、工商管理等方面发表意见。2006年,市工商联(总商会)建立主席、副主席(会长、副会长)开始实行参政议政轮流值班制度。不驻会的主席、副主席(会长、副会长)每月一次轮流值班,到工商联机关阅读文件、听取工作汇报、指导工作,参加当月市委、市政府召开的座谈会、通报会等政治协商活动。2008年4月,市人大常委会举办全市企业界人大代表培训班,就人民代表大会制度、人大代表职责进行专题辅导,增强经济界人士中人大代表的责任感和使命感。2009年,市工商联注重创建参政品牌,畅通参政渠道,通过建立企业家与党委、政府直接对话机制履行建言献策职责。

议案提案　1981—2014年,担任市(县)人大代表、政协委员的工商界人士,共提交议案建议510余件,提交提案490余件。其中,《关于制定扶持科技型民营企业优惠政策的建议》《关于加快我市私营经济发展的建议》《关于延伸服装企业产业链,加快建立服装强市步伐》《关于开展箱包工业废料绿色循环经济专业化研究的建议》《关于加强企业研发中心建设,提高自主创新能力》《实施企业家素质提升工程加快民营企业转型升级》《着力推进中小企业互助资金会建设》《加强新生代企业家培养，完善企业传承机制》等议案、提案，得到全部或部分采纳。2011年，在“中小企业百家服务行”活动中，向市政府办公室上报《关于频繁限电影响中小企业正常生产造成经济重大损失的情况专报》《平湖童车产业近期受蓄电池产业停产整治和关停影响严重的情况专报》的意见建议受到重视，并协助政府积极联系有关单位与企业进行协调。

1985年县政协五届二次会议至2014年市政协十二届三次会议期间，市(县)工商界先后22次在政协全体会议上作大会发言。在2006年市政协十届四次会议上作的《贴牌品牌双管齐下，强强联合营造名牌》的发言，被市委领导称之为“参在关键处，议在点子上”的好建议。

专题调研 1989年，市(县)工商联开始每年选择2至3个专题开展调研工作。1989年至1990年，着重对市场物价、副食品供应、集体商业存在的困难和问题进行调研。1990年提交的《关于商业系统的集体商业情况调查报告》得到县政府重视，不久批准成立“平湖县集体商业联营公司”并出台《关于扶持集体合同商业发展的若干规定》，起到扶持集体商业稳定发展的作用。1991—1996年，着重对外贸企业出口创汇、农资部门化肥与农药专营、重点项目技改、个私经济运行状况、外向型经济发展情况、二轻转制工作实施等情况进行调研。1995年，市委市政府相继出台进一步发展外向型经济若干意见的两个文件。1997年，提交的《关于全市外向型经济考察情况的汇报》引起市委市政府高度重视。至2002年，着重对国有和乡镇集体企业转制、个私经济发展瓶颈、小城镇建设、培养和发展社会中介组织、发挥民间商会在发展非公有制经济中的作用等问题进行调研。2002年，提交的《延伸服装企业产链，加速建立服装强市步伐》《加强行业自律，引导服装企业健康有序竞争》《创造条件走出去，优化环境引进来》等多篇调查报告，得到市委市政府领导的重视和采纳，并专程到商会听取经济界人士意见建议。2003—2009年，着重对民营企业开拓国际市场、转变经济增长方式、提高自主创新能力、服装企业品牌创建、优化民营经济发展环境、民营企业履行社会责任、企业研发中心建设等问题进行调研。2009年，撰写的《政府引导，政策扶持，加快我市传统产业转型提升》调研报告，获2007—2009年度全省工商联系统优秀调研成果二等奖。2010—2014年，着重对新生代企业家培养、浙商回归工作、推进“富民工程”、加强行业诚信自律、助推民营企业“二次创业”、推进工业企业“机器换人”、非公有制企业党建工作等情况进行调研。2011年，撰写的《平湖市中小企业综合性调研情况》调研报告，获2010—2011年度全省工商联系统优秀调研成果三等奖。2012年，提交的《平湖市小微企业“保生存、谋发展”的调研报告》被嘉兴市、平湖市“两办”以专刊供党委、政府领导参考决策，平湖市政府先后下发《转发市减免办“关于进一步减轻企业负担促进平湖经济平稳健康发展若干意见”的通知》《关于促进小微企业转型升级为规模以上企业的意见》。

服务社会和光彩事业 1994年后，市委、市政府支持和鼓励全市非公有制经济人士参与“光彩事业”与服务社会活动。

赈灾捐赠 1999年，平湖遭受特大洪涝灾害，全市非公有制经济人士响应市委号召，积极参与抗洪救灾活动。亚鑫实业股份有限公司、新成达制衣有限公司、多凌控股集团等14个企业捐资126万元，通联公司捐衣捐物价值30余万元支援受灾群众。2008年，四川省汶川发生大地震，全市非公有制企业和非公有制经济人士向灾区捐款3215万元，捐衣捐物价值700多万元。其中晨光电缆股份有限公司就向四川灾区捐款捐物2000万元。景兴纸业集团参与灾区重建工作，将一个包装纸生产项目落户四川广元，总投资2.4亿元；林埭商会通过建造希望小学方式，在灾区建立长效帮扶机制；伊思佳制衣有限公司在平湖慈善总会设立援助四川灾区的“伊思佳爱心助学帮困专项资金”。平湖承担救灾帐篷面料生产的民营企业，保质保量完成任务。浙江兴隆钢结构有限公司在援助灾区重建工作中，获浙江省“抗震救灾援建立功竞赛”集体二等功。此后，在青海玉树地震、甘肃舟曲泥石流灾害、四川雅安地震中，全市非公有制企业和非公制经济人士支援灾区建设680多万元。

帮困济贫　1994—2005年,全市工商联会员企业资助农村贫困户1173人,资助款348.86万元。华城茂麓制衣公司每月给金门村40名60岁以上老人发放养老金1.2万元;重型机械厂与当地80名60岁以上贫困老人结对,每年资助2万元;新成达制衣有限公司、林埭景丰纸业公司等企业,发动本企业员工捐款为多名重症员工治病;当湖商会发动会员企业为爱心合作社捐款11万元,帮助困难群众;景兴纸业股份有限公司捐资35万元与嘉兴学院、嘉兴职业技术学院34名特学生结对,帮助修满学业并提供就业岗位;伴宇集团、悦春毛衫公司等24家企业与120余名大、中、小学校特困生结对,每年资助20余万元;天一集团在安徽理工大学设立奖学金,每年资助3万元奖励优秀学生;黄姑镇商会11个会员企业出资220万元,建立“虎啸教育奖励基金”;2006年8月,市工商联与总工会、慈善总会联合举办“牵手莘莘学子”——平湖市金秋助学活动启动仪式,53家会员企业当场捐资35.42万元,与228名大、中、小学校困难学生结对助学。2007年,会员企业投入扶贫项目资金7000万元。2008年,扶贫济困资助20万元。2009—2014年,结对贫困学生、农村贫困户、扶贫助医共计1620多万元。2011年,参与“义行天下·浙商感恩行动”,走访困难群众731户,发放慰问金54万元。

产业扶贫　1996年,平湖重型机械厂投资200万元,帮助林埭镇两个经济薄弱村兴办企业。1997年至2006年,新成达制衣有限公司出资320万元,收购一家停产镇办企业;悦春毛衫公司与三久塑料厂共同出资50万元兴建农业园区,帮助当地农民共同富裕。2006年,市政府召开新农村建设工作会议,67名非公有制经济人士联合发出参与“千企联百村,共建新家园”活动倡议。当年,有512家企业与91个行政村结对签约,认捐资金3200多万元。2007年,投身新农村建设捐资572万元。2008年,有555家企业与108个行政村结对签约,认捐资金3236万元。2009年,有16名非公有制经济人士到集体经济薄弱的村或领导班子软弱的村担任党组织负责人,为村级经济谋思路、出主意、捐资金,改善农村面貌。2011年,围绕统筹城乡综合发展,引导非公有制企业参与美丽家乡建设,共捐资375.8万元。非公有制经济人士在当地帮困扶贫的同时,还把产业扶贫活动延伸到省外贫困地区。至2011年,投资外省扶贫项目9个,投入资金4.9亿元。

安置就业　市工商联每年2次组织230多家会员企业参加劳动、人事部门举办的招工活动。引导会员企业根据劳动力需求,推出就业岗位,吸纳下岗、扶业人员再就业。据不完全统计,市工商联会员企业先后吸纳下岗职工、失业人员达4000多人。2009年,面对国际金融危机,全市近2000家企业做到不裁减员工。伴宇实业股份有限公司,依靠科学管理手段“内生效益”,提供300多个就业岗位。

资助社会公益事业　1994—2009年,全市工商联会员企业为当地修桥铺路、建造校舍等社会公益事业捐款计6350多万元。非公有制企业和非公有制经济人士在积极参与光彩事业的行动中,新成达制衣有限公司、光大新型墙材有限公司被授予“长三角地区支持社会主义新农村建设示范企业”称号;景兴纸业集团董事长朱在龙获“2007浙商社会责任奖”和嘉兴市慈善个人奖;晨光电缆股份有限公司等4家企业获嘉兴市慈善集体奖;华城茂麓制衣有限公司董事长张祥林获嘉兴市慈善特别奖;星阁建材集团董事长张保根、多凌控股集团董事长张余林获嘉兴市慈善个人奖;27家工商联会员企家被市委、市政府授予“2006年度共建新家园贡献奖”;光大新型墙材有限公司董事长李光裕获嘉兴市2007年度“十佳慈善之星”称号和“2009浙商社会责任奖”。2010年,捐助社会公益事业项目11个,捐资87万元;2012年,捐助社会公益事业项目248个,捐资4266.36万元;2013年,捐助社会公益事业项目33个,捐资2805.07万元;2014年,完成浙商公益项目22个,捐资6.2亿元。

2014年,在“五水共治”专项活动中,非公有制企业和非公有制经济人士共捐资3721.3万元。工商联会员企业共向市慈善总会捐款达2400万元。

【工商联(总商会)】

1949年,平湖解放后,县委、县政府根据中共中央成立工商联的指示精神,着手筹建县工商联。1950年5月,县工商联筹备委员会成立,宋彭年当选主任委员。1957年2月,县工商联召开第一次会员代表大会,梁宗孟当选主任委员。1959年6月,县工商联召开第二次会员代表大会。“文化大革命”期间,县工商联停止活动。1987年4月,县政府根据中央关于“工商联要发展,要长期存在”的指示精神,决定恢复工商联。1989年10月,县工商联召开第三次会员代表大会,郭桂福当选主任委员。

1994年7月,市委根据《中国工商业联合会章程》规定,同意市工商联同时也称市商会,实行两块牌子,一套班子,工商联领导班子职务名称由主任委员、副主任委员改称会长、副会长。1997年9月,市工商联(商会)召开第五次会员代表大会,喻志良当选会长。同时,决定市商会更名为市总商会。

1957—2014年,工商联代表大会历经8届,建立镇(街道)商会9家,异地商会1家(平湖市温州商会)。市工商会员1489个,其中非公有制企业1385个,占总数的93%。

平湖市(县)工商联历届会员代表大会一览表

表8-5-13

时　间	届　次	会长(主席)	备　注
1957.02	县工商联第一次会员代表大会	梁宗孟	主任委员
1959.06	县工商联第二次会员代表大会	梁宗孟	主任委员
1989.10	县工商联第三次会员代表大会	郭桂福	主任委员
1992.11	市工商联第四次会员代表大会	郭桂福	主任委员
1997.09	市工商联(商会)第五次会员代表大会	喻志良	会长
2002.11	市工商联(总商会)第六次会员代表大会	喻志良	会长
2006.11	市工商联(总商会)第七次会员代表大会	朱在龙	会长
2011.11	市工商联(总商会)第八次会员代表大会	朱在龙	主席

第六节　港澳台侨工作

【港澳事务和侨务工作】

组织机构与涉侨团体

侨务办公室　1951年,侨务工作由县统战部兼管(1961年12月至1963年4月由县委城镇工作部兼管)。1964年12月,由县委宣传部兼管。“文化大革命”期间,侨务工作处于停止状态。

1979年5月,县革命委员会设立侨务办公室,归口县委统战部。1981年9月16日,更名为县人民政府侨务办公室。1991年6月,改称为市人民政府侨务办公室(简称侨办),不独立设置工作机构。侨办主任一般由一名副部长或市侨联主席、副主席兼任。

市归侨侨眷联合会(简称市侨联)　1985年10月,平湖市(县)归侨侨眷联合会成立。市(县)侨联与市(县)侨办、市(县)委统战部合署办公,配备1名侨联专职副主席兼任市(县)侨办副主任,主持日常侨务工作。

1986年,城关镇、乍浦镇、黄姑镇、新埭镇、黄山乡、胜利乡、林埭乡和7个县直属单位建立侨眷联合小组,推选侨眷联络员35人。2004年,18个社区成立统战工作协调小组,8个归侨侨眷人数较多的社区成立侨联小组。2007年12月,当湖街道成立归侨侨眷联合会。至此,全市形成由市侨联、街道侨联至社区侨联小组的侨务工作组织网络。2010年,当湖街道朝阳路社区被省侨联评为嘉兴地区唯一一家五星级侨界之家。

2014年,朝阳路社区被国侨办评为全国社区侨务工作“明星社区”,成为全省两个获此殊荣的基层“明星社区”之一。

1985—2014年平湖市(县)历届侨联代表大会情况表

表8-5-14

时　间	代表大会	主　席	秘书长	人　数
1985.10.28	第一次	沈士华	曹海雄	45
1988.10.25	第二次	沈士华	姚安金	60
1991.06.14	第三次	沈士华	王达钟	74
1996.11.08	第四次	吴龙骧	王达钟	64
2002.05.29	第五次	吴龙骧	方晓烈	90
2007.01	第六次	方晓烈	周　虹	100
2011.12	第七次	方晓烈	周　虹	100

市留学人员和家属联谊会(简称市留联会)　1998年,市侨联召开全市留学生家长会议,建立平湖市留学生家乡联谊小组。2003年11月28日,召开第一次会员代表大会,正式成立市留学人员家属联谊会,会长沈培忠。市留联会由市侨联主管,按会员居住地划分为6个小组。2007年,市留联会会员增加至113人。同年,召开会员大会,决定聘请名誉会长2人,增选副会长1人和理事2人,并根据留学人员所在国国别、地区及家属居住地,将会员分为12个小组;同时,设置法律咨询、医疗保健、文艺宣传3个服务小组。2009年7月2日,召开第二次会员代表大会,市留学人员家属联谊会更名为市留学人员和家属联谊会。会员增加至130余人,周虹(女)当选会长。2014年11月19日,召开第三次会员代表大会,会员增加至150余人。大会与市海外归国创业人员联谊会同时召开,整合两个联谊会的资源优势,实施“两块牌子,一套班子”的运行机制,汪维佳(女)当选会长。

市海外归国创业人员联谊会(简称市海创会)　2011年8月,市海创会成立暨第一次会员代表大会召开,会议选举产生第一届理事会,汪维佳(女)当选会长。2014年11月,市海创会第二次会员代表大会召开,会议选举产生第二届理事长,汪维佳(女)当选会长。

香港平湖同乡会　2004年8月,香港平湖同乡会(原名香港嘉兴同乡会平湖分会)成立大会在香港举行。会议选举产生第一届理事会,朱迪坤当选会长。2007年7月,香港平湖同乡会召开第二次会员大会。会议选举产生第二届理事会,王超当选会长。2014年12月,香港平湖同乡会召开第三次会员大会。会议选举产生第三届理事会,王超当选会长。

美国平湖同乡会　2010年1月,美国平湖同乡会成立,首届理事会由7名成员组成,朱锦涛当选会长。

基本侨港澳情况

基本侨情　1956年,全县开展第一次侨情调查。此后,侨情调查根据工作内容以不定期方式开展。1987年,旅居海外的华侨265户、1030人,归国华侨4户、19人,侨眷166户、609人。2009年,平湖开始进行全面的侨情普查工作。据统计,归侨5人,平湖籍华侨华人232人,出国留学人员302人(有48人回国创业),留学人员家属642人。

2013—2014年,全市开展全面系统的基本侨情调查,统计结果显示居住在海外的平湖籍涉侨人员1402人。其中,华侨382人,外籍华人458人,海外留学人员450人,其他涉侨人员(指以非正规渠道出国出境或以正规渠道出国出境但签证到期后滞留未归人员)18人。华侨主要分布于美国、日本、澳大利亚、加拿大等国家;外籍华人主要分布于美国、加拿大、日本、新加坡等国家。海外留学人员主要分布于美国、日本、加拿大、英国等国家和地区。平湖的涉侨人员共有1513户、3070人。其中,归侨5人,侨眷980人,归国留学人员281人,海外留学人员眷属1585人,其他涉侨人员眷属30人。在平湖的华侨14人,在平湖的外籍华人21人,侨资企业

105家。其中，第一产业2家，第二产业87家，第三产业16家。

港澳同胞情况 1987年，旅居港澳同胞173户、538人，港澳同胞亲属181户、682人。2009年，在平湖的港澳同胞94人。2014年，港澳同胞468人，港澳同胞眷属362人。

联络联谊

海外联络联谊 1979—2014年，市(县)统战部先后接待海外华侨、华人和留学人员、海外客商共4000多人次。接待的社团有巴西华人协会、日本木更津市商会、匈牙利华人国际投资集团、意大利佛罗伦萨商会、奥地利华人商会、北美中国学人联合会、新加坡马瑞迪集团、欧美华人协会、意大利华人华侨贸易总会、法国华人进出口商会、全德华人华侨联合总会、德国华贸促进总会、葡萄牙中华总商会、菲律宾中华总商会、挪威华人华侨联谊会、法国华商会、喀麦隆华人华侨工商总会、澳大利亚悉尼工商联合会、美国平湖同乡会等100多个及20多家世界500强企业等。

1980年，邀请美籍华人、美国机械工程师张西缘为平湖40多名科技人员作科技知识讲座。1993年，邀请加拿大华侨、土壤学博士张守敬为嘉兴和平湖55名农业科技者作农业科技讲座。此后又邀请教授博士如吴一鸣、屈明波、徐利军、张玉华、张颖婷、程斐婷、冯武威等为嘉兴和平湖的对口专业人员作经济、环保、医学、农业、教育等方面的讲座，并保持长期联系。

2004年，市委领导、市侨联主席、市留联会会长通过中央四台《想家的时候》春节专题节目，现场与海外平湖籍留学人员进行视频对话。2005年，市侨联主席方晓烈在出访英国、法国、德国、意大利等欧洲7国期间，拜访英国北伦敦浙江同乡会和法国浙江同乡会，并邀请法国、德国有关商会到平湖考察。

2011年5月，首位NBA华裔球星林书豪及家人回平湖探亲，市侨务部门陪同参观游览，且与其外婆资助的平湖中学20位贫困生见面，与平湖中学篮球队员传授球技，交流互动。当林书豪所在的领纽约尼克斯队取得NBA职业联赛五连胜时，市侨务部门致贺电、贺信，开展宣传报道，扩大平湖在海外的影响力。

2012—2014年，连续3年协助上级侨务部门，在平湖举办华裔青少年“寻根之旅”夏令营活动。其间，促成美国纽约平湖同乡会的成立；促成平湖东湖中学与美国纽约SUFFEN中学结为姐妹学校。2013年，市侨联副主席周虹赴澳大利亚、新西兰进行经贸考察，拜访2家商会，多家高新企业。2014年，在海外和国内分别建立长期交往的联系平台“侨之家”QQ群2个。

港澳联络联谊 1979—2014年，市(县)统战部和侨务部门先后接待香港嘉兴同乡会、香港平湖同乡会、香港中小企业协会、香港国际华商协进会等联谊组织。

1999年，市侨联副主席王达钟随嘉兴侨团赴澳门联谊交流，采访新华社澳门分社、澳门日报社和澳门归侨总会，参加澳门侨界的庆祝回归游行。此后，与澳门归侨总会保持经常性的联络联系。2007年，香港同胞孙元富、胡雅娟夫妇举行金婚庆典，市侨联制作题为《来自家乡的祝福》的DVD片表示庆贺。2012—2014年期间，促成香港平湖同乡会的成立。

参政议政

人大代表和政协委员 1956年12月，县二届人大当选人大代表的侨眷1人。1962年2月，在县政协第二届委员会开始增设“归侨华侨”界别，归侨李仙霞担任政协委员。此后，嘉兴和平湖的历届人大和政协中都有侨界代表人士当选人大代表、政协委员参政议政。1983年，归侨郑奋义被推荐担任政协浙江省第五届委员会委员。

至2014年，担任嘉兴市各届政协委员8人次；当选市(县)各届人大代表12人次；担任市(县)政协委员85人次。其中，归侨沈士华当选政协平湖市(县)第七、八、九届委员会副主席；侨眷方晓烈当选平湖市第十一、十二届委员会副主席。

调查研究 1981—2014年，调研130余次，形成调研报告66篇。除20余篇作为侨联集体提案、25篇作为市政协、市人大发言外，其余20余篇分别提供给市委、市政府或有关部门作决策参考，部分已转化为党政部门的工作措施。其中，《利用资源优势，发挥独特作用，为实施我市开放战略服务》《关于我市农业龙头企业建设的几点建议》《争创平湖对外贸易新优势的思路和办法》《推进社区服务业发展的对策和办法》《完善平湖海外新侨人才创业创新环境的思考》等调研报告,得到市委、市政府的肯定。市政协"三胞"联谊委员会《履行职责,服务经济》一文,在全省政协"三胞"联谊工作座谈会上作交流。市政协社会法制与港澳台侨联谊委员会的《善于强化我市劳动密集型企业劳资监管,构建和谐劳动关系的调研报告》经市委书记批示,得到全面贯彻落实。

1990—2007年,市侨界政协委员担任行政、司法等部门特约监督员,或由市政协统一委派担任民主监督员的80多人次。2011—2014年,被市政协评为民主监督员先进个人5人次。2008年,开展向企业员工、社区居民、农村村民送科技、送文化、送医疗服务的"三送下乡"活动,受惠群众达6000余人次。2009年7月,省侨办以《平湖市侨务部门注重发挥侨界专业人士优势,积极助推新农村建设》为题,通过简报向全省作介绍。至2014年,侨界政协委员报送社情民意106条,其中部分社情民意得到有关部门的落实。市侨联提出《切实为侨资民营企业减税让利》的建议助推支持全市民营企业发展相关政策的出台。

2014年,关于《"双非儿童"现象需引起重视》的社情民意被省政协采纳,并专报全国政协。这一时期,侨界政协委员获市政协"社情民意信息工作先进个人"15人次。

提案议案　至2014年,提交提案500余件,有22件被平湖市政协评为优秀提案。其中,《关于留学人员中聘任招商代理的建议》《应将〈归侨侨眷保护法〉列入普法宣讲内容》《关于"平湖实施放心早餐工程建设"提案实施后的再建议》被省侨联评为浙江省侨界优秀提案。

1982年,政协县四届二次会议期间,侨眷徐炳昇等委员提交的《关于成立落实侨房政策办公室,加快落实侨房政策》提案被县政府采纳,侨房政策得以全面落实。2006年,政协市十届四次会议期间,侨眷胡月田委员提交的《尽早恢复和开办政策性农业保险》提案被列入当年政府工作实事项目,并获得省政府批准列全省11个试点县之一。至年底,平湖在投保户数、缴纳数额及理赔工作等方面都列全省试点县第二位。2009年,政协嘉兴市六届三次会议期间,平湖市侨联副主席章志健提交的《关于全面推进我市"两分两换"工作若干建议》提案,被列为嘉兴市政协重点提案。2009年和2011年,市侨联被省侨联先后授予全省侨界2007—2008年度和2009—2010年度提(议)案工作先进单位称号。市侨联副主席周虹作为全省唯一先进集体代表在省侨联表彰大会上作典型发言。2010年后,每年都有涉侨提案提出。其中,2010年,市侨联关于《积极引进海外留学人员为家乡服务》的集体提案提交后得到时任市长的批示。为市委、市政府制定《关于加快高层次创新型人才引进培养的若干意见》中"吸引海外留学人才来平创业创新"的有关政策提供依据。

依法维护权益

涉侨法律法规宣传　1990年9月,七届全国人大常委会通过《中华人民共和国归侨侨眷权益保护法》(简称《归侨侨眷权益保护法》)颁布后,市(县)侨务部门编写宣讲提纲、《"保护法"问答20题》等宣传资料。在归侨侨眷中通过集中宣讲、专题讨论、知识竞赛、上门咨询等形式进行《归侨侨眷权益保护法》的宣传学习。市侨务部门向海外侨胞发信函征求贯彻实施《归侨侨眷权益保护法》的意见和建议;上门向侨资企业和侨属企业征求贯彻实施《归侨侨眷权益保护法》的意见建议;建立4个侨联小组的网络,制定"一帮一"结对走访制、来信来访反馈制、首问责任制和每月1天的《归侨侨眷权益保护法》咨询日等制度。在各乡镇、部门等分管统战工作的干部进行《归侨侨眷权益保护法》的宣传学习。通过集中培训、蹲点指导、学习交流、外出取经等形式结合《归侨侨眷权益保护法》内容,编写快板、老歌新词、越剧唱词等形式经常到归侨侨眷集中的乡镇、社区进行演出,向全社会进行《归侨侨眷权益保护法》的宣传学习。市侨务部门将《归侨侨眷权益保护法》小册子分送给市级领导、各乡镇和各部门领导学习;在普法活动中将《归侨侨眷权益保护法》宣讲资料提供给司法部门,作为会议材料发给参加普法培训的广大党员干部;邀请市委副书记在电视台作电视讲话等,以形成全社会维护归侨侨眷合法权益的共识。2002年，将编写的“省《归侨侨眷权益保护法》实施办法有关政策问答”，在《嘉兴日报(平湖版)》上分期刊登。2010年，在纪念《归侨侨眷权益保护法》颁布实施20年之际，市侨务部门组织侨界人士开展侨法宣传进社区活动，分发宣传小册子400多份，居民参与答题300多题次，发出奖品300多份，当场解答群众所提问题10多个。

落实政策 2000年，《归侨侨眷权益保护法》颁布10周年，市侨务部门配合嘉兴市人大常委会对平湖《归侨侨眷权益保护法》实施情况进行执法检查，落实政策切实维护归侨侨眷合法权益。如侨属刘某因退休协助其妻个体商店跑业务，曾被错误停发2年多退休金和停止医药费报销，为维护其合法权益，侨务部门按政策经多次联系协调使该问题得到解决。归侨沈某，在退休时没有得到按政策应享受100%的退休金，侨务部门向相关部门进行侨务政策宣传，并帮助找到原始档案，使问题得到解决。美籍华人何某在平湖一幢3层私房，因人为原因形成危房，造成不良影响。市侨务部门联系近10个部门，采取措施及时拨正修复。

至2014年，侨务部门开展“爱侨胞、护侨益、暖侨心”“依法护侨，为侨服务年”“为侨港资企业服务年”“侨联群众工作年”等一系列活动，推动依法维护权益工作。如侨眷邵某的私房，因城建改造拆迁，引发一些基本权益受到一定程度的侵犯。某侨资企业因人为因素，进入破产程序，并影响到另一家为其进行贷款担保的侨资企业，涉及侵权。市侨务部门以《归侨侨眷权益保护法》为依据，达成调解方案，使2家侨资企业走出困境。

排忧解难 从20世纪80年代末开始，侨务部门通过“为侨服务年”“作风建设年”“串百家门，访百户人，知百家情，暖百户心”等活动，结合走访制度、结对制度等，努力为侨界排忧解难办实事。市(县)侨务部门为国内外侨界人士解决侨汇建房、侨房落实、海外寻亲、申办低保、困难补助、重新就业、子女入学、工龄纠正、办理签证、涉外公证、侨企贷款、出国留学、回国定居等实事600余件。如某孤老侨眷脑中风，上门陪同去医院，联系外地亲戚，并连夜护理照顾。一名侨眷委托侨联帮助寻找失去联系多年的泰国胞弟，侨联副主席郑灿珠通过泰国母亲寻找，40多天后找到亲人并接通关系；一名高龄侨眷在房屋拆迁期间，其子女恰在国内探亲，便委托侨联帮助其办理住房拆迁全部手续，侨联副主席王达钟化时两个多月，从签约、公证、看房、付款、搬迁，做好全程服务。再如美国发生“9·11”事件、印度尼西亚发生大海啸、日本发生核泄漏、日本和新西兰发生地震、在美国纽约和新泽西州遭受飓风侵袭、越南发生打砸中资企业等事件时，市侨务部门都会及时打电话、发邮件了解当地平湖籍华侨华人、留学人员的安全情况，把情况转达给平湖亲属。

1997年平湖遭受特大台风灾害、1999年平湖遭受“6·30”特大洪水期间，市侨务部门都上门看望受灾企业，了解灾情，帮助开展生产自救，恢复生产；组织侨界医务人员下基层，为企业员工开展义诊等。进入21世纪，为侨企服务成为常态化。2008年起，每年开展牵线“侨爱工程”。其中浙江依爱夫纺织有限公司、浙江伴宇集团、中州重型机械有限公司于2009年被国侨办、省侨办授予“侨爱工程、惠泽桑梓”奖牌。2010年，市侨务部门开始将涉侨服务联系卡发放全市每个涉侨人员，每年开展“暖侨行动”，最大限度地服务侨界基层群众。2013年，市侨务部门协助政府做好新加坡侨眷的征迁工作；努力维护外商投资者在平湖的合法权益，做好侨属企业、外资企业和留学人员创办企业的服务工作。

2014年，开始与上海欧美同学会开展合作，邀请在新材料运用、新能源发电等多个专业领域的专家教授到平湖，为平湖企业做现场指导，解决技术难题，为企业转型升级提供服务。

服务地方经济

引资引智宣传 1986年3月，省政府调整嘉兴地区所属县的开放类型，平湖县被列为开放地区。1986年10月，县首家港资企业——浙江沪嘉商标织造有限公司批准成立。牵线引进外资，振兴平湖经济开始被提到侨务部门议事日程。

1990年7月，县侨联与县台联、县政府祖统委向全县“三胞”亲属发出《我为平湖开放尽责任，我为平湖经济作贡献》的倡议，发动全县归侨侨眷向海外亲友写信、邮寄资料宣传平湖，欢迎海外亲友回家乡考察访问，介绍投资信息和项目。1992年，市侨务部门按照市委提出的以外向型经济为龙头，发展平湖经济的决策部署，在全市归侨侨眷中开展“我能为外向型经济做什么”的讨论，并将有关部门提供的《平湖投资政策汇编》《乍浦开放区简介》以及《平湖——长三角的投资热土》《开放的平湖，希望的都市》碟片等资料寄送给海外侨胞。2000年起，每届省投资贸易洽谈会期间，市侨务部门都协助市外经贸部门在杭州、宁波等地办好“平湖投资环境说明会”，会后邀请部分侨胞、侨商到平投资考察。同时与市外经贸局、市招商局、平湖经济开发区等部门一起，主动为本地政府当好参谋，协助办好历次“平湖投资环境说明会”“平湖招商引资推介会”等活动。2003年，市侨联与省第一测绘院联合编制浙江省第一张县级市招商旅游地图。该图体现区位优势，突出招商重点，为国内外客商到平观光旅游、投资兴业提供方便。该图出版后先后发出6000多份。2004年平湖西瓜灯艺术节暨经贸洽谈会期间就发放2000多份。2006年，市侨联、市留学生家属联谊会、市政协学习和文史资料委员会共同编纂出版《平湖海外英才》一书，宣传叙述25名平湖籍海外留学人员努力拼搏、学有所成的经历。2011年，浙江电视台国际频道来平拍摄系列报道《杭州湾畔的海归创业创新之路》4个专题，宣传平湖海归人员创业创新的典型事例。该节目通过华文麒麟国际欧洲台、美洲台、亚洲台及美国埃可斯达有线网在欧洲、美洲、亚洲、大洋洲播出，进一步宣传推介平湖。2012年，浙江卫视经济生活频道来平拍摄浙江依爱夫游戏装文化产业有限公司的转型升级事迹。该企业的先进经验和典型事迹经“义行天下”栏目拍摄报道后，引起海内外侨商和浙商等群体对平湖的广泛关注。同时，市侨务部门主动在《中国统一战线》《情系中华》《钱江侨音》《中国日报》《人民政协报》《联谊报》《浙江侨声报》《嘉兴日报》，还在中国网、人民网、中新网、新浪网、星岛环球网等媒体上宣传侨商、海外留学人员在平湖创业的风采等。到平湖投资办厂，洽谈贸易，开展科技、文化等交流活动的海外人士逐年增多。2009年、2010年，市侨联两次被评为“全省侨联系统信息宣传工作先进集体”。

2014年，市侨联与市广播电视台联合策划与摄制12位海归企业家在平湖投资创业的发展成就为内容的《海归创业在平湖》系列宣传片。

落实引资引智　市(县)侨务部门在做好对外宣传、海外联谊和服务企业的同时，主动参与省内外重大对外招商活动，推出平湖投资环境及招商项目等内容。1991年平湖举办西瓜灯(艺术)节暨经贸洽谈会活动后，市侨务部门每年邀请数十名海外侨胞、海外社团和客商到平参加盛会，洽谈经贸和投资考察。邀请他们参加省人民政府、省外贸厅、省工商联、嘉兴市人民政府、嘉兴经济开发区等政府和部门举办的重大经贸活动，特别是每届省投资贸易洽谈会。市侨务部门发动在经济部门工作的归侨侨眷注意结合工作业务，了解收集有关部门和企业求合作合资意向的项目资料，并通过下基层调研，收集整理合资意向资料向有关部门或到平客商推荐。1995年，市侨务部门推荐给省侨务部门的20份合资意向资料中，有4个项目被省有关部门选中，作为浙江省赴美举办招商活动的推荐项目。是年，市侨联主席吴龙骧赴日本木更津市进行商务考察。1996年，经平湖市侨联和工商联邀请，日本东京、横滨、木更津等地的工商界人士44人到平湖考察。经市侨务部门引荐与有关部门进行经贸洽谈，签订4个合资项目，其中一个项目于当年10月份开工投产。至年底，先后有侨眷引荐的36名海外客商到平湖，与20多家企业洽谈合作项目，成功引进5家合资企业，合同利用外资160余万美元，并引进内资2150万元。是年，平湖籍留学人员、美国夏威夷江浙同乡会秘书长徐晓东回平湖投资的华威制衣有限公司，成为平湖第一家由留学人员创办的合资企业。此后，由市侨务部门邀请的海外社团和客商不断增多。2000年，借“省旅外乡贤联谊会”机会，邀请多名高科技人才到平湖考察，并与科委、开发区建立对口联系。2002年引荐10个国家和地区的海外社团及客商到平湖，与有关部门洽谈15个合作项目。旅居瑞典的平湖籍留学人员、瑞典佳佳纺织品贸易公司总经理汪维佳回家乡考察后，当即投资400万美元创办2家合资企业；2004年，邀请北美中国学人联合会国际交流中心考察团到平湖考察期间，最终决定投资一个高科技项目。2006年，经市侨务部门引荐，为嘉兴开发区引进一个由留美博士投资1200万美元的高科技项目。市侨务部门先后开展“百名侨商看平湖”“海外留学人员看平湖”“留日归国人士及新兴产业专家平湖行”“著名跨国公司驻华（沪）机构华侨华人经理人平湖行”“海外华侨华人专家平湖行”“上海市欧美同学会专家行”等招商引资、招才引资活动，进一步拓展平湖与海外高层次人才的联系交流。投资建筑面积约3万平方米的微电子科技总部，投资额2.5亿元人民币。2009年，市侨务部门和工商联一起组织部分企业家赴宁波参加浙洽会“海外高层次人才智力、技术项目对接合作洽谈”活动。是年，市侨务部门参加中英联合在上海举办的第三届国际农化、植保展览暨经贸洽谈会，成功邀请部分客商到平湖考察。2012年，由市侨务部门提出人选，市招商局代表市政府在6个国家的留学人员中聘请10名招商代理，借助招商代理和侨务网络向外发布招商信息，引进高科技项目。经向政府推荐，平湖籍侨胞、美经济分析师周祖涵等被聘为平湖市招商顾问。

1991—2014年，由市侨务部门牵线引进外资企业，共26家，合同利用外资5600多万美元。

服务侨、港资企业发展 20世纪90年代开始，到平湖投资创业的侨资企业不断增多，市侨务部门把在“三资”企业开展调研作为服务侨企发展的一项重要工作。先后形成《关于平湖市“三资”企业的现状和发展思考》《管理优势“优”，经营活动“活”》《当前招商引资中的一点思考》《提高利用外资质量，促进外向型经济发展》《关于拓宽招商引资渠道的几点建议》《要重视做好海外留学人员的联谊和服务工作》等调研报告，提供给市领导或有关部门作决策参考。1995年，市侨务部门协助平湖中侨服装公司在14天的时间内办妥所有审批手续。1999年，根据国务院侨办关于开展“为侨港资企业服务年”活动精神，市侨务部门确定重点联系企业，定期上门走访，了解一线实情，尽力协调解决一些生产经营和日常生产中的具体困难。如劳动用工紧缺、文化生活枯燥、劳资关系紧张、出口退税迟缓、电力供应紧缺，以及亲属安置、子女就读、签证办理、驾照领换、小额贷款、疾病医疗等问题。为解决外商及家属的就医问题，与中医院合作建立就医“绿色通道”。20世纪90年代末，由市外经贸局牵头，会同包括市侨办在内的44家涉侨部门汇编的《平湖市级机关有关部门服务外商投资企业承诺制度》正式出台，把“为侨港资企业服务年”推广至“为外资企业服务年”。市侨办多次被市作风建设年活动领导小组评为市级机关优质服务满意单位，在《平湖报》上公布通报。

进入21世纪，市侨务部门加大做好“亲商引商”服务工作，长期开展“三资”企业外方人士参与外商企业协会举办的政策咨询活动，包括税收政策、土地政策、外贸政策、环保政策、消防安全、交通法规等。加大对侨资企业的调研，发现新情况，解决新问题。2001年，先后形成多篇调研报告，如《关于延伸服装产业链问题的建设》《进一步做好招商引资宣传工作》《解决服装行业招工难问题之我见》《积极创造条件，吸引留学人员投身我市经济建设》等。此外，市侨务部门还举办涉外法律、商务礼仪、医疗保健讲座，组织青年企业家沙龙、海外留学人员沙龙、家族企业跨代对话等活动，开展“进侨企，送温暖”等亲商安商活动。

2014年，平湖市侨界企业先后为社会捐赠2360多万元人民币，其中仅“五水共治”就达515万元人民币。

【对台工作】

工作机构和涉台团体

市（县）委对台工作领导小组 1959年1月，县委成立对台工作领导小组，日常工作以统战部为主，宣传、组织、公安等部门协同配合。“文化大革命”期间，对台工作领导小组停止活动。1981年5月，县委恢复建立县委对台工作领导小组，下设办公室，办公室设在县委统战部。1991年6月，平湖撤县设市，县委对台工作领导小组改称市委对台工作领导小组。

市（县）人民政府台湾事务办公室 1986年8月，经县委批准，县委对台工作领导小组办公室对外又称为“县人民政府台湾事务办公室”，处理日常涉台事务。1991年9月，对台工作小组办公室更名为市委台湾工作办公室。市委台湾工作办公室与市人民政府台湾事务办公室实行一套班子两块牌子（简称市台办），与市委统战部合署办公。2005年

1月,市委决定办公室主任高配为正科级干部。

市(县)台属联谊会(简称市台联)　1988年7月,县第一次台属代表大会召开,至2014年12月共召开七次。其中,1999年11月召开第四次大会期间,将市台属联谊会更名为市台胞台属联谊会(仍简称市台联)。

台北平湖同乡会　1992年11月,台北平湖同乡会成立,至2014年12月共召开四次,先后由奚复一、谢宗玄、谢维克当选理事长。

市台资企业联谊会(简称市台商联谊会)　2003年12月,市台商联谊会成立。前四次会员大会每两年召开一次,以后改为三年召开一次。2012年2月,召开第五次会员大会,黄长发连续五届当选会长。

1988—2014年平湖市(县)历届台联代表大会一览表

表8-5-15

召开时间	届　次	代表人数	当选会长	秘书长
1988.7.13	第一次	72	李福中	黎冬白
1991.9.14	第二次	84	李福中	曹海雄
1994.12.20	第三次	97	李福中	周春法
1999.11.23	第四次	98	柯卫明	沈　敏(女)
2004.11.29	第五次	94	柯卫明	沈　敏(女)
2009.12.08	第六次	81	柯卫明	吕　强(女)
2014.12.29	第七次	70	柯卫明	吕　强(女)

联络联谊　1998—2014年,到平湖台胞数逐年增加,层次不断提高。先后接待中国国民党副主席江丙坤,台湾海基会原副董事长兼秘书长焦仁和、高孔廉,台湾第二春爱心基金会董事长、原台湾财政事务主管部门负责人、台湾地区监察机构负责人王建煊,原台湾地区民意代表、台北市"教育局局长"、台湾省"教育厅副厅长"、台湾地区立法机构最高顾问陈汉强以及原国民党中常委等台湾政要、商界高层精英、社会知名人士、大学教授等一批台胞。其间,平湖共接待台胞台商3600余人次,台属赴台探亲200余人次。

2008年开通赴台旅游至2014年,平湖赴台旅游5100余人次。2014年,平湖赴台各类团组76个,计667人次;台湾到平湖各类团组42个,1600余人次。

1980—1987年,做好联络工作是对台工作的重要内容之一。1980年,县委统战部会同县公安局对全县去台人员及其在平亲属情况进行调查摸底。协助台属撰写寻亲启事、家信和广播录音稿,通过有关媒体向海外传送,结果有4名台胞看到寻人启事后,与家乡亲人取得联系。1980年,台胞徐炳辉绕道美国返乡探亲,成为返乡探亲的第一人。徐炳辉主动提供12名平湖籍台胞信息,使在平湖的亲人取得联系。1982年,台胞沈元肇夫妇绕道美国回平探亲期间,提供6名平湖籍台胞信息。沈元肇返台后帮助4名台胞与家乡亲人取得联系。县委统战部和县公安局做好台属赴港会亲工作,共7批12人次;促成10多户两地亲人接上关系。特别是台湾工商界人士蔡辅庭,经两地亲人取得联系后,1983年取道日本回平定居,成为回平湖定居的第一人。至1987年年底,全县427户台属中,保持间接通讯联系的有205户,间接回平湖探亲台胞达到30人次。

1988—1997年,对台工作的重点是做好接待工作,扩大海峡两岸联谊交流。1988年,由市(县)委统战部、市(县)台办牵头,各乡镇和有关部门密切配合,成立民间团体,建立台属联络员制度(乡镇统战委员、台联理事、台属联络组长形成网络,及时掌握提供台胞回乡信息),采用多种形式做好接待联络联谊工作。1988年7月,县台属联谊会成立。是年,到平湖的台胞人数由1987年的13人增加到98

人。1989年，林埭卫生院医师朱康贤赴台奔丧，成为平湖因私赴台第一人。至此，海峡两岸开始由单向发展到双向交流。1991年4月，台北嘉兴同乡会率嘉兴所属各县同乡返乡观光团在平期间，受到县领导热情接待，陪同参观工厂、学校、乍浦港区等单位。6月，奚复一率台北平湖同乡会（筹）一行应邀参加平湖撤县设市庆典大会，并与社会各界进行广泛交流。9月，市海外联谊会成立。11月，台北平湖同乡会成立，两岸的交流交往更加密切。是年，台北嘉兴同乡会理事长张子良组织台胞返乡观光团到平湖，成为平湖接待的第一个台湾团组。1992年9月，台胞江九思率台北平湖同乡会（筹）一行专门到平湖，参加市海外联谊会成立大会，拜访平湖市台属联谊会。此后，每当清明前夕，台胞返乡人员较为集中，台北平湖同乡会都会提前告知市台联会，做好接待准备工作。10年间，接待回乡台胞总数达到1500余人次。

1998年12月，应台湾中小企业发展协进会邀请，组织平湖第一个赴台考察交流团组——轻工企业考察团，一行10人入岛进行经贸考察，开创平台两地团组双向交流。1999年，台联通过“串百家门、访百户人、知百家情、暖百户心”活动，关心台属、定居台胞包括涉台婚姻家庭的工作、生活，就住房拆迁、私房政策落实、养老安置、下岗再就业和生活补助等方面做好服务工作。市台办和市台联按照《平湖市涉台信访办理程序》，对涉台来信来访进行分类登记，对符合政策规定的事项，主动联系有关部门协调办理，办理情况及时反馈。按照首问责任制要求，所有涉台求助由第一经办人作为第一责任人，具体负责并全程跟踪处理。在台属企业景江宾馆内设立“平湖市台胞台属之家”，作为接待服务台胞台商的重要平台。

2000年，平湖西瓜灯艺术节期间，邀请台湾TVBS等电视台，台湾《联合报》《少年中国报》等报刊及有关媒体到平湖采访交流。多次安排市文联、市对外文化交流协会、平湖电视台、平湖报社等对口部门一起座谈交流，此后形成惯例。是年，台湾台商协会赴大陆投资考察团一行33人、台湾“中华农业交流协会”赴平湖农业考察团一行12人、台湾南投县农业访问团一行9人、台北浙江同乡会经贸考察团一行27人相继到平湖考察交流。2005年，平湖首次组成文化交流团赴台参加“2005台北灯节”活动（内地唯一参加台北灯节的城市），举办平湖西瓜灯艺术展和李叔同书法作品展，近12万人次台胞参观平湖展区。台湾《联合报》《中国时报》《中时晚报》《台湾日报》以及民视、人间卫视等17家新闻媒体对此作专题报道。2006年，先后接待台湾嘉义高中、嘉义协同中学、五权中学、台北县永平高中、清水高中、台北市卫理女中等中学的100多名师生组成的中学生夏令营到平开展交流。2008年，平湖西瓜灯艺术应邀参加由浙江省文化艺术交流促进会、台湾沈春池文教基金会、台湾孙中山纪念馆3方主办的“吴越天工——浙江民间艺术展”。2009年，组织文化交流团前往台湾，在高雄举办“李叔同故里——平湖书画赴台展”，展示李叔同16幅条屏佛经书法和当代40名平湖籍书画家的国画与书法佳作。展览期间，平湖书法家与台湾高雄多名书法家进行现场书法表演，切磋交流。是年，平湖市稚川实验中学与台北市龙门中学结成友好学校。2010年，市稚川实验中学30名师生首次赴台开展夏令营活动，与台北龙门中学进行教学交流和联谊活动。此后又组织市稚川实验中学和新华爱心高级中学多次赴台开展夏令营活动，进一步推动平台两地校际之间的合作交流。2011年后，市台办每年邀请台湾南投县有关乡村和社区居民代表数十人访平，开展“平湖·台湾—两岸邻里节”活动，参观考察平湖新农村建设等。市台办每年组织在平台胞台商参加嘉兴市“海峡两岸同胞裹粽子友谊比赛”。2013年8月，应台湾音乐舞蹈艺术家协会、台湾中华舞蹈会邀请，由新埭镇27名农民组成的龙旗龙伞舞蹈队，赴台参加2013台湾“阿里山杯”音乐舞蹈合唱盛典活动，“龙旗龙伞舞”获大赛音乐舞蹈类最高奖和组织金奖两项大奖。12月，在市李叔同音乐艺术研究会成立暨“芳草碧连天音乐会”上，邀请台湾艺术家李如玉等表演舞蹈“琉璃仙子”等节目。

2014年，平湖西瓜灯应邀赴台参加2014“马耀南投”元宵灯会，并进行现场雕刻表演和与台湾民众进行互动交流。

维护权益　1981—1987年，县委及对台工作领导小组根据中共中央《关于落实居住在祖国大陆台湾同胞政策的指示》和《关于进一步落实去台人员在祖国大陆亲属政策的通知》精神，把维护台胞台属合法权益提到议事日程。落实台属历史遗留问题75户111个。

1982年10月，回乡定居的台胞蔡辅庭被推荐增补为县政协委员。1988年，县委统战部、县台联促成海峡两地同胞20多户接上关系；协助邮局，通过调查走访、查阅资料，将32封写有"老地址""老门牌""老店号"的台胞信件，全部送到台属手中。此外，还为台胞寻找祖坟、继承财产、赴台探亲、办理两岸公证文书提供帮助等。1990年5月，定居台胞吴阿顺被推荐担任县政协委员。1991年，新恺制衣有限公司和幸福制衣有限公司两家台资企业首次落户平湖后，市台办主动上门做好台商身份和台资企业的认定工作。1994年和1997年，市台办与相关部门联系，组织一批进口发电机，为40多家"三资"企业提供45台(套)发电机，为企业解决用电紧缺面临停产的困境。1988年，市政府建立和健全外商(台商)投诉中心。此后，受理台商投诉620多起。1999年，台湾"九·二一"大地震后，市台办、市台联迅即走访慰问在平探亲台胞和台资企业中台商及台籍员工，并向台北平湖同乡会发出慰问电。想方设法与台北平湖同乡会取得联系，将在台亲人平安信息及时转达在平湖的台胞台属等。

2003年，"非典"疫情期间，市台联发动台属向台湾亲人写信、通电话、发电子邮件，向台湾亲属反映平湖对疫情的重视和采取的防治措施，解除顾虑。2005年6月，市台商联谊会与市司法局成立法律顾问团，为台商提供法律援助，畅通投诉渠道，依法维护合法权益。是年，就受理涉台案件19起，涉及金额80多万元。2007年，制定《平湖市涉台信访办理程序》，实行信访首问责任制。2008年，市政府推出"百名局长下基层送政策解难题"活动，市台办开展实施"台资企业走访月"活动，为台商在供电、用气、招工、融资等多个方面进行现场解答、限时办结，解决企业在世界金融危机大气候下面临的困难。是年，协调处理台商求助难题90余件。

2014年5月和9月，市台办开展"台企服务推进月"活动，深入开展"政策进台企"服务工作，提振台商投资兴业的信心。市台办协助总工会做好台资企业建立工会的工作，组建率达100%。

对台经贸　平湖对台招商引资工作始于20世纪80年代末。1988年3月，国务院批准平湖列入全国沿海经济开放区，享受开放区的各项优惠政策。平湖台资企业迎来发展良机。至2014年年底，共计引进台资企业130多家，实有台资企业83家，总投资1.97亿美元，合同利用台资6.9亿美元。

1988年，县台办和县台联与县侨联、县政协的祖统委针对投资考察的台胞台商逐年增多的情况，在全县"三胞"亲属中开展向海外亲友写一封信、提供一条经济信息、牵一个项目的"三个一"活动，介绍沿海开放区的各项优惠政策。1989年，平湖籍台胞盛连生、崔良潮、何其生、江九思等多名台胞或个人开始到平湖或带其他台商前来平湖洽谈投资事项。1990年，2家台资企业落户平湖(以港资名义进行投资)，投资额在10万美元左右。1991年，先后有浙江新恺制衣有限公司等2家服务制造产业的台资企业正式落户平湖。

1992年，平湖召开全市外向型经济工作会议后，市台办采取三项措施，一是继续宣传平湖的投资环境和优惠政策，提供鼓励台商投资有关产业的信息。二是主动参与对台的招商引资活动。三是参与接待台湾荣成纸业集团、台湾味丹集团、台湾利得国际开发公司、台湾亚洲水泥股份公司等重点台商。并与这些台湾大企业、大财团，以及行业同业公会、工商重点社团保持密切联系和沟通。并通过积极宣传贯彻全国人大常委会通过的《中华人民共和国台湾同胞投资保护法》、浙江省人大常委会通过的《浙江省台湾同胞投资保障条例》，加强与台资企业的联系，做好跟踪服务，尽力为他们解决生产经营和生活中的实际困难。此后，台商在平湖投资规模逐步扩大，并延伸产业链形成产业配套规模优势。投资项目领域从原来服务、灯具等轻纺工业发展到机械制造、电子设备、有色金属、精细化工、特种纺织、木材加工、仓储设备、农药化肥、花卉水果等各个行业。1994年，台胞周景强与其亲属合资创办平湖神州中医药保健品有限公司。1997年，台胞徐圣熙与平湖农药厂合资创办平湖恒丰农药有限公司。

进入21世纪,市台办和市台联除继续做好宣传接待,进一步优化服务,形成“亲商、安商”的良好氛围,组织各类招商活动,建立健全服务机制。

2005年7月,市台办建立台商例会制度,每月一次,开展政策宣讲,为台商提供政策等现场咨询。2013年,市台办贯彻落实创新驱动发展战略,制定《2013年“政策进台企”专题宣传活动方案》,以“走访+会议”“授课+答疑”“普及+专题”的模式,引导台企转型升级。先后邀请10个职能部门举办5个场次的政策专题宣讲、培训活动。之后,不少台资企业,如泽鑫精密锻造(平湖)有限公司、浙江欧迪恩传动科技股份有限公司等被评为“平湖市明星企业”。易信电热机械有限公司、川源(中国)机械有限公司等被评为“平湖市转型升级十强企业”,浙江欧迪恩传动科技股份有限公司、宜兰汽车配件有限公司等被评为“平湖市重点创新团队”等。这一时期,台湾的高新技术产业陆续登陆平湖,如金资电子科技有限公司、欧迪恩传动科技有限公司等光机电产业占据平湖突出位置。大型台资项目占有一定数量,如浙江荣成纸业有限公司、南六企业(平湖)有限公司、华阳电子科技(平湖)有限公司、联鑫综合服务(平湖)有限公司等投资额超过5000万美元。2013年,投资额达1.05亿美元的泽鑫精密锻造有限公司落户平湖。有30多家企业有不同程度的增资,且增资数额较大,如荣成纸业有限公司2次增资额达1.588亿美元。

第六章　中共海宁市(县)委统战工作(1949—2014年)

中共海宁县委的统战工作在解放战争期间就已开展。在中华人民共和国成立前夕,海宁地下党执行中共沪、杭地下党组织的指示,配合中国人民解放军南下开展工作。1949年5月7日,海宁解放。

中华人民共和国成立以后,县委统战工作贯彻党的路线、方针和政策,团结、组织全县广大人民群众、社会团体、各界民主人士恢复和发展国民经济建设,开展资本主义工商业社会主义改造和大规模社会主义建设。

“文化大革命”期间,党的统一战线政策遭到严重破坏,统战工作被迫停止。

中共十一届三中全会以后,统战工作贯彻党的工作重心向社会主义现代化建设转移的精神和“长期共存,互相监督,肝胆相照,荣辱与共”方针,拨乱反正,帮助工商联恢复工作、协调各民主党派建立组织,广泛吸收各民主党派、人民团体和无党派爱国人士参政议政,改进和发展中国共产党领导的多党合作和政治协商制度。

进入21世纪后,深入贯彻《中共中央关于坚持和完善中国共产党领导的多党合作和政治协商制度的意见》,建立健全党委、政府与各民主党派的情况通报制度,县委主要领导与党外人士的交友联系制度,政府部门与各民主党派、工商联的对口联系制度和党外特约监督员制度,不断推动制度创新、工作创新,服务全市经济建设转型、构建和谐社会。

第一节　机　构

1951年5月,县委设立统一战线工作部(简称统战部)。建部初期,部长先后由县长、县委副书记兼任,文案工作由县委秘书处兼办。1952年6月,配专职干部1名。1955年,统战部编制增至6人。1956年,县委决定各区(镇)委指定一个委员或党员干部兼任统战工作(委员),机关支部设统战委员,在县委统战部具体指导下工作,为全县统战工作的纵向系统。1967年,受“文化大革命”影响,县委及县委组织机构被迫停止工作。县革委会政工组隶属的群众运动办公室承担部分统战事务。1978年10月，统战部恢复工作。1979年，统战部编制增至8人。是年9月，县政府设立侨务办公室(简称侨办)，与统战部合署办公。1981年10月，县委成立对台工作小组，下设办公室(简称对台办)，与统战部合署办公。1986年，县政府成立台湾事务办公室(简称台办)，与县委对台办实行两块牌子、一套班子，与统战部合署办公。1987年2月，海宁撤县设市(县级)，县委统战部更名为市委统战部，县委对台办、县政府侨办、台办同时更名。1991年10月，统战部设置内设机构，设办公室、工商党派科。1992年4月，统战部增挂市政府民族宗教事务科牌子。1997年5月，市委、市政府内设机构改革，统战部设办公室、工商党派干部科2个职能科室，挂市委、市政府民族宗教事务局、市委对台办(市政府台办)、市政府侨办牌子。1998年12月21日，市编委明确市委对台办(市政府台办)为正科(局)级单位。1999年7月，市委、市政府民族宗教事务局改名为市民族宗教事务局。2002年，市委、市政府机构改革“三定”方案确定，统战部设办公室、工商党派干部科2个职能科室，机关编制11名；挂市民族宗教事务局、市委对台办(市政府台办)、市政府侨办牌子。2005年3月，市民族宗教事务局升格为正科级单位，列入政府工作部门序列，与统战部合署办公；4月，统战部内设宗教科；8月，统战部增设联络科，调整后，统战部内设办公室、工商党派干部科、宗教科、联络科4个职能科室。2006年3月，市侨办升格为正科级单位。2007年，统战部行政编制增至12人。2012年，市侨联按同级群团组织设置。2013年，统战部增设侨政科，增加股级职数1人，调整后，统战部内设办公室、工商党派干部科、宗教科、联络科、侨政科5个职能科室，股级职数5人。2014年，统战部内设办公室、工商党派干部科、宗教科、联络科、侨政科5个职能部门，市台办、市侨办、市民宗局、市侨联与统战部合署办公。

中共海宁市(县)委统战部正副部长一览表

表8-6-1

姓　名	职　务	任职时间	备　注
汪林村	部　长	1951.05—1953.08	县长(兼)
刘健民	部　长	1953.08—1954.04	县委副书记、县长(兼)
陈玉山	部　长	1978.10—1980.11	—
宋绍宗	部　长	1984.02—1987.06	市(县)政协副主席
石永芳	部　长	1987.06—1991.02	市政协副主席
顾克凡	部　长	1991.02—1995.05	市政协副主席
骆松康	部　长	1995.05—2003.01	市政协副主席
沈炳忠	部　长	2003.01—2006.12	市委常委
许国荣	部　长	2006.12—2012.09	市政协副主席
史丹夫	部　长	2012.09—	市政协副主席
于振华	副部长	1954.09—1960.02	—
邓梅卿	副部长	1960.02—1961.03	—
王绪生	副部长	1962.01—1967.12	—
朱锡扬	副部长	1978.10—1984.10	—
谈荣根	副部长	1984.10—1987.06	—
马煜芳	副部长	1987.06—1994.07	—
沈梅先	副部长	1987.12—1998.10	—

续表 8-6-1

姓　名	职　务	任职时间	备　注
范荣华	副部长	1994.03—2003.04	正局级
朱凤英	副部长	1998.10—2001.11	—
汤永清	副部长	2001.11—2014.03	2005.04 正局级
浦国仙	副部长	2002.12—2012.03	正局级
马国民	副部长	2004.03—2008.12	正局级
许建强	副部长	2011.10—2013.01	正局级
陆余良	副部长	2012.01—2014.09	正局级
宋新华	副部长	2013.01—	正局级
姚建忠	副部长	2013.05—	—
李明华	副部长	2014.03—	正局级
陈慧毓	副部长	2014.09—	正局级

第二节　多党合作和政治协商工作

【人民政协工作】

市(县)委统战部是党委主管统战工作的重要职能部门,在政协工作中主要是根据《中国人民政治协商会议章程》的规定,协调做好历届政协界别设置、政协委员的产生等工作。

1949年10月,第一届第一次各界人民代表会议召开。海宁县各界人民代表会议既是地方性的人民政治协商会议,也是县人民代表大会的雏形。至1954年7月,实行人民代表大会制度后,各界人民代表会议完成历史使命。其间,召开会议10次,更迭领导机构4次。1956年3月,中国人民政治协商会议海宁县委员会成立。至2014年12月,历经12届。

政协海宁县第一届委员会(1956.03—1962.02) 由中国共产党、总工会、农民、新民主主义青年团、妇女联合会、合作社、工商界、文艺界、科技界、教育界、医务界、宗教界、特邀人士13个界别组成,届初由53名委员组成。委员中,中共党员13名,占委员总数的24.52%;非中共党员40名,占75.48%。女委员8名,占15.09%。1957年3月增补委员20名(委员名单资料缺失),届末委员总数73名。

政协海宁县第二届委员会(1962.02—1963.12) 界别设置在第一届基础上作调整,将新民主主义青年团更名为共产主义青年团,增设少数民族、华侨2个界别,共15个界别。委员中,中共党员29名,占委员总数的35.77%;非中共党员52名,占64.20%。女委员11名,占13.50%。届末委员总数81名。

政协海宁县第三届委员会(1963.12—1967.12) 界别设置同第二届,共15个界别。委员中,中共党员26名,占委员总数的30.59%,非中共党员59名,占69.41%。女委员11名,占12.94%。届末委员总数85名。1967—1981年受"文化大革命"影响停止政协活动。

政协海宁县第四届委员会(1981.09—1984.08) 界别设置在第三届基础上作调整,未设合作社、华侨界别,增设手工业、体育界2个界别,仍为15个界别。届初委员141名,委员中,中共党员30名,占委员总数的21.27%;非中共党员111名,占78.37%。女委员35名,占24.82%。届末委员总数150名。

政协海宁市(县)第五届委员会(1984.08—1987.05) 界别设置在第四届基础上作调整,将文艺界、科技界、医务界分别更名为文学艺术界、科学技术界、医药卫生界,未设工商界、手工业界别,增设原工商业者和区别出来的劳动者及家属、社会科学界和归侨侨眷、台胞台属3个界别,共17个界别。届初委员180名,委员中,中共党员43名,占委员总数的23.88%;非中共党员137名,占76.12%。女委员39名,占21.66%。届末委员总数181名。

政协海宁市第六届委员会(1987.05—1990.05) 界别设置在第五届基础上作调整,将归侨侨眷、台胞台属分别更名为归侨侨眷联合会、台胞台属联谊会,未设农民、原工商业者和区别出来的劳动者及家属2个界别,增设农林界、工商业联合会,共17个界别。届初委员220名,委员中,中共党员86名,占委员总数的39.10%;非中共党员134名,占60.91%。民主党派委员21名,占9.54%。女委员48名,占21.81%。届末委员总数223人。

政协海宁市第七届委员会(1990.05—1993.04) 界别设置同第六届,共17个界别。届初委员223名,委员中,中共党员89名,占委员总数的39.91%;非中共党员134名,占60.09%。民主党派委员27名,占12.11%。女委员43名,占委员总数的19.28%。届末委员总数221人。

政协海宁市第八届委员会(1993.04—1998.03) 界别设置在第七届基础上作调整,增设科学技术协会、经济界、港澳人士界别,共20个界别。届初委员212名,委员中,中共党员80名,占委员总数的37.74%,非中共委员132名,占62.26%。民主党派委员32名,占15.69%。女委员39名,占18.40%。届末委员总数218人。

政协海宁市第九届委员会(1998.03—2003.03) 界别设置在第八届基础上作调整,将少数民族、宗教界合并为民族宗教界,将农林界变更为农业界,未设港澳人士界别,共18个界别。届初委员212名,委员中,中共党员85名,占委员总数40.09%,非中共委员127名,占59.91%。民主党派委员28名,占13.20%。女委员45名,占21.22%。届末委员总数220名。

政协海宁市第十届委员会(2003.03—2007.02) 界别设置同第九届,共18个界别。届初委员232名,委员中,中共党员93名,占委员总数的40.09%;非中共委员139名,占59.91%。民主党派委员31名,占13.36%。女委员49名,占21.12%。届末委员总数241人。

政协海宁市第十一届委员会(2007.02—2012.02) 界别设置在第十届基础上调整,将民族宗教界、特邀界分别更名为少数民族与宗教界、特别邀请人士,增设中国民主同盟、中国民主建国会、中国农工民主党、九三学社、无党派人士、社会福利与社会保障界6个界别,共24个界别。届初委员250名,委员中,中共党员94名,占委员总数的37.60%;非中共委员156名,占62.40%。民主党派委员24名,占9.6 %。女委员56名,占22.40%。届末委员总数259名。

政协海宁市第十二届委员会(2012.02—2014.12) 界别设置在第十一届基础上作调整,新增中国民主促进会1个界别,合并1个界别,将体育界并入文化艺术界,共24个界别。届初委员252名,委员中,中共党员89名,占委员总数的35.32%;非中共委员163名,占64.68 %。民主党派委员70名,占27.78%。女委员70名,占27.78%。至2014年12月底,委员总数258名。

1956年3月至2012年2月政协海宁市(县)历届委员会构成情况表

表8-6-2　　单位:人

界别＼届次	第一届	第二届	第三届	第四届	第五届	第六届	第七届	第八届	第九届	第十届	第十一届	第十二届
中共	4	10	12	17	13	16	17	19	21	27	16	24
民盟	—	—	—	—	—	—	—	—	—	—	6	8
民建	—	—	—	—	—	—	—	—	—	—	6	8
民进	—	—	—	—	—	—	—	—	—	—	—	5
农工党	—	—	—	—	—	—	—	—	—	—	6	8
九三学社	—	—	—	—	—	—	—	—	—	—	6	8

续表8-6-2

界别＼届次	第一届	第二届	第三届	第四届	第五届	第六届	第七届	第八届	第九届	第十届	第十一届	第十二届
无党派	—	—	—	—	—	—	—	—	—	—	6	8
工会	4	7	7	7	6	8	8	6	6	7	7	8
农民	2	4	5	3	10	—	—	—	—	—	—	—
共青团	1	1	1	2	4	5	6	5	6	6	6	7
妇联	1	1	1	4	5	7	7	6	7	6	6	6
合作社	1	1	6	—	—	—	—	—	—	—	—	—
工商联	17	23	18	18	17	18	18	14	19	22	28	25
科协	—	—	—	—	—	—	—	10	9	10	8	8
台联	—	—	—	—	17	21	17	14	13	13	12	11
侨联	—	1	1	—	14	20	18	14	13	13	13	13
文艺	2	3	3	6	6	6	6	6	7	7	7	13
体育	—	—	—	3	3	4	3	3	3	4	4	
科技	3	4	6	18	25	28	27	17	17	17	13	11
社科	—	—	—	—	2	4	3	3	4	6	9	9
经济	—	—	—	—	—	—	—	27	29	38	34	22
农业	—	—	—	—	—	9	22	14	14	14	11	12
教育	6	7	7	14	16	19	18	18	16	15	11	11
医卫	5	6	7	15	19	19	18	17	16	16	14	11
福利社保	—	—	—	—	—	—	—	—	—	—	5	9
宗教	3	3	2	4	4	5	5	4	4	5	6	7
少数民族	—	1	1	1	1	1	1	1				
特邀	4	9	8	36	20	33	27	16	16	15	19	6
届末总数（人数）	53	81	85	150	181	223	221	218	220	241	259	258

说明：第一届共青团名称为新民主主义青年团。第一届委员会到届末实有委员73名，1957年3月增补的20名委员名单资料缺失，无法具体统计细分。第四届手工业者2名。第五届原工商业者和区别出来的劳动者及家属17名。第八届港澳人士4名

【民主党派和无党派人士工作】

中国共产党领导的多党合作和政治协商制度是我国的一项基本政治制度。20世纪80年代中期，海宁市（县）委遵照中共中央《批转中央统战部〈关于新时期党对民主党派工作的方针任务的报告〉的通知》精神，支持各民主党派在海宁发展成员、建立组织，鼓励和支持民主党派、工商联、无党派人士参政议政、民主监督，参与政治协商，为海宁经济建设服务。

制度建设 1986—1989年，市（县）委统战部贯彻第十六次全国统战会议精神，按照新时期爱国统一战线的目标和任务，结合海宁民主党派组织建立和发展的实际，逐步建立与各民主党派、工商联和无党派人士的政治协商、合作共事制度。1990年4月，市委印发《关于贯彻落实〈中共中央关于坚持和完善中国共产党领导的多党合作和政治协商制度的意见〉的通知》，就市委与民主党派的协商内容、协商形式，充分发挥民主党派的参政党作用，中共基层组织与民主党派之间的联系形式，支持民主

党派加强自身建设等方面，作出明确规定。1994年7月、1995年12月，市委先后印发《关于进一步完善中国共产党领导的多党合作和政治协商制度的几点意见》和《关于进一步完善和规范同民主党派、工商联、无党派代表人士合作与协商制度的意见》，就市委、市政府与民主党派、工商联、无党派代表人士的合作与协商，中共基层组织与党外人士的合作以及相关保障制度的落实，作出具体规范。2004年4月，市委贯彻嘉兴市委《关于进一步加强民主党派、工商联和无党派代表人士工作的若干意见》，印发《关于进一步加强民主党派、工商联和无党派代表人士工作的意见》，并于同年12月，制定出台《海宁市政府有关部门与民主党派开展对口联系工作规则》，深化和完善市委、市政府主要领导与党外人士的结对交友和政府有关部门与民主党派、工商联的对口联系制度。2006年5月、2008年2月，市委遵照《中共中央关于进一步加强中国共产党领导的多党合作和政治协商制度建设的意见》《中共中央关于加强人民政协工作的意见》和《中共中央巩固和壮大新世纪新阶段统一战线的意见》等三个涉及统一战线工作的重要文件精神，结合海宁实际，分别印发《关于进一步加强中国共产党领导的多党合作和政治协商制度建设的实施意见》和《关于进一步巩固和壮大新世纪新阶段统一战线的实施意见》，进一步就海宁全市在新时期、新阶段全面贯彻落实党的统一战线工作的总体要求、工作重点和主要任务作出部署。2012年，市委印发《关于加强县级统一战线工作的实施意见》，再次就加强基层统战工作，明确分工、落实责任。2014年，全市进一步深化中共中央三个重要文件的贯彻，结合海宁实际，不断完善和推进中国共产党领导的多党合作和政治协商制度建设。

党派队伍　20世纪80年代中期，市委统战部遵照中央关于新时期党对民主党派工作的指示精神，支持各民主党派在海宁发展成员，建立组织。1986年8—12月，协助成立海宁市民盟、民建、农工党、九三学社4个直属小组。1987年9月，协调、支持民主党派4个直属小组改建为支部(支社)，成员从组建时的23人增加到50人，并在办公场所、干部配备、活动经费等方面给予支持，协助解决。此后，市委统战部注重在各民主党派自身建设，完善内部管理制度、提升班子成员素质等方面加强指导。1991年，贯彻中共中央《关于坚持和完善中国共产党领导的多党合作和政治协商制度的意见》，市委统战部设立工商党派科，配备党派专职干部，组织各民主党派支部(支社)、工商联负责人学习《意见》精神，采取举办统战理论培训班、开展党的统一战线常识测验活动、组织参加全国统战知识大奖赛、邀请浙沪教授作理论讲座、组织外出学习等方式，提升民主党派班子成员的素质，并从实际条件出发，帮助民主党派解决办公用房、交通工具、活动场所等实际困难，保证党派活动的正常开展。同时，在民主党派干部配备上予以关心和支持，分别于1992年、1996年，协助解决市九三学社、民盟专职干部各1人，并结合各民主党派支部(支社)首次换届工作，推荐具有一定素质、年轻的成员进入班子，协助各民主党派领导班子实现新老交替、政治交接。

进入21世纪，市委统战部进一步规范各民主党派、工商联、无党派人士的学习、培训和后备干部的选拔培养工作，关心、支持各民主党派、工商联组织加强自身建设。2000年12月，协助成立民进海宁直属小组。2003年，市委常委会决定，从当年度起为各民主党派每年增加办公经费1万元，一定三年不变，并结合市行政中心竣工启用，为各民主党派统一安排办公室、配备办公设备和用品，保障各民主党派正常开展工作。2004年，市委统战部会同市委组织部、市委党校建立主体培训班制度，并推荐党派骨干参加中央和省社会主义学院举办的培训班，进一步提升全市民主党派、工商联班子成员和骨干的政治理论素质。此后，培训工作常态化。2006年4—10月，组织各民主党派、知联会开展社会主义荣辱观教育活动；协助4个民主党派支部(支社)换届，选举产生新一届领导班子，并编辑出版《海宁市民主党派风采录》，收集图片80张，录入文字5万余字，回顾民主党派基层组织建立和发展的历程，展现各民主党派成员的风采，鼓励和激发民主党派成员在各自的岗位上敬业奉献，再创佳绩。民盟、民建、农工党海宁市支部分别改建为总支部委员会，九三学社海宁支社改建为九三学社海宁基层委员会，民进海宁市直属小组改建为支部。至此，全市共有民主党派组织5个，成员193人。2007年1月，成立海宁市社会主义学校，进一步有计划、有步骤地开展对党外干部以及民主党派、无党派人士的培训工作。2008—2009年，结合中国共产党“五一口号”发布60周年、中华人民共和国成立60周年暨多党合作制度确立60周年，分别举办座谈会，组织党外代表人士学习《中国的政党制度》白皮书，回顾历史、展望未来，增强对党的统一战线和多党合作、政治协商基本政治制度的认识。2010年7月，印发《关于在民主党派、工商联和无党派人士中树立和践行社会主义核心价值体系的指导意见》，开展系列学习实践活动。2011年，结合各民主党派换届工作，协助民进海宁市支部改建为总支部委员会；组织各民主党派以“同心”为主题，举办庆祝中国共产党建党90周年和辛亥革命100周年系列活动。通过召开各界人士纪念辛亥革命100周年座谈会、举办纪念辛亥革命100周年大型史迹展等活动，缅怀革命先驱所作出的历史功勋，引导民主党派人士树立起与中国共产党同心、同向、同行的信念。2012—2013年，分别在省、市社会主义学院（学校）举办培训班，组织培训民主党派、工商联、无党派代表人士35人，并对近5年来发展吸收的民主党派新成员40人进行培训。

2014年，印发《海宁市统一战线开展坚持和发展中国特色社会主义学习实践活动意见》，在全市各民主党派、工商联、知联会组织开展中国特色社会主义学习实践活动，推进各民主党派、工商联、知联会等组织的健康、稳定发展。是年1月，民建海宁市总支部委员会更名为民建海宁市基层委员会。至年底，全市共有民主党派基层组织5个、成员285人，其中民革、台盟各有成员1人，参加嘉兴市级组织活动。

支持履职 市（县）委坚持中国共产党领导的多党合作和政治协商制度，贯彻“长期共存、互相监督、肝胆相照、荣辱与共”的方针，支持各民主党派、工商联、无党派人士依法履行参政议政、民主监督职责。20世纪50—60年代，县委遵照《中国人民政治协商会议共同纲领》原则，支持社会各阶层爱国人士、工商联通过县各界人民代表会议和市（县）人民代表大会、政治协商会议等平台，参与市（县）重大事务的政治协商和重要事项的研究决策。20世纪80年代中期，随着各民主党派组织的建立与发展，市（县）支持各民主党派参政议政、民主监督，发挥参政党作用。1986年，县委贯彻第十六次全国统战工作会议作出的关于新时期统一战线的方针政策，加强与各民主党派、无党派代表人士的联系，先后召开协商会、座谈会、通报会3次，通报党和政府的大政方针、重要人事安排和有关政策精神，为参政议政，民主监督创造条件，提供方便。1987年2月，海宁撤县设市。1990年，市委贯彻《中共中央关于坚持和完善中国共产党领导的多党合作和政治协商制度的意见》，逐步建立和完善协商通报、对口联系等制度，并聘请党外代表人士担任特约监察员、检察员、审计员和教育监督员（简称“特约四员”），支持开展党外民主监督。是年7月，市委贯彻《中共中央关于加强统一战线工作的通知》，连续2次召开统战工作报告会，提出“各部门单位特别是统战工作任务较重的部门和单位，要把统战工作列入党组织的重要议事日程，明确一位负责同志分管；党委一、二把手要注意同分散在各地的政协委员、民主党派人士加强联系；政府各部门、各单位要自觉接受政协、各民主党派和各界人士的监督；民主党派成员、无党派知识分子较多的单位，应配备专职或兼职统战干事，并为民主党派、工商联开展活动创造必要的条件”的要求。1991—1992年，市委先后建立与各民主党派、无党派代表人士的定期联系协商制度和市委、市政府中共领导与党外人士的结对交友制度，并明确随着领导调整等人事变动及时调整结对名单。1994年8月，市委明确市教育局、工业局、卫生局、科委4个政府部门与4个民主党派分别建立对口联系制度，市委统战部协助做好各项沟通协调工作，指导各民主党派与对口联系部门开展活动。1995年8月，市委统战部印发《关于协助民主党派搞好专题调研的函》，要求各有关部门党委及下属各单位为民主党派开展专题调研提供支持和协助，并于1998年1月起，每年年初召开民主党派、无党派代表人士迎春座谈会，通报年度工作情况、征求新一年工作意见和建议；在制度上、工作上支持民主党派、无党派代表人士依法履行职务。

进入21世纪,市委统战部进一步加大对民主党派、工商联、无党派代表人士参政议政、民主监督的工作力度。2003年3月,建立每季一次的民主党派、工商联联席会议制度。2004年10月、12月,又先后印发《海宁市政府有关部门与民主党派开展对口联系工作规则》《海宁市党外特约监督员工作管理办法》,进一步规范政府有关部门与民主党派开展对口联系的工作方式;进一步明确特约监督员的职责、权利和义务,以及特约监督员的聘任程序,为民主党派、工商联、无党派代表人士履职交流提供平台,推进对口联系和"特约四员"工作的经常化、多样化,增强活动实效。2006年7月,市委统战部创新工作方法,召开民主党派、无党派人士议政会,邀请市长与民主党派、无党派人士面对面座谈交流,听取意见建议;编印《统战参阅》4期,专门刊登民主党派的调研成果,供有关领导和部门参阅。2009年3月,编辑出版民主党派、工商联建言献策《诤言集》。全书共收集自1988年以来民主党派、工商联成员在市政协大会上的专题发言120篇、优秀提案112篇,有关民主党派、工商联自身建设、参政议政、社会服务活动等风采图片28幅。2012年,刊发《诤言集》第二辑,为民主党派、工商联、无党派人士进一步提高参政议政水平、更好地发挥民主监督作用提供参考。2010年4月、2013年3月,市委办公室、市政府办公室先后印发《关于完善政府有关部门与民主党派、知联会对口联系的通知》《关于进一步健全市政府有关部门与民主党派、知联会对口联系制度的通知》,细化、深化对口联系的范围、内容和工作要求。至2014年,市委、市政府中共领导与党外代表人士31名结对交友;有18个政府部门与各民主党派、工商联、知联会建立对口联系制度,累计进行对口联系活动200余次;有53名民主党派、工商联、无党派人士在检察、监察、审计、教育、税务、旅游、药品食品监督等部门担任特约员;市委、市政府召开或委托市委有关部门召开协商会、通报会、座谈会累计151次(见表8-6-6)。民主党派、工商联、无党派人士依法履行参政议政、民主监督的职能得到充分发挥。

举荐任职　新中国成立初期,县委贯彻执行人民民主统一战线的方针政策,举荐安排社会各阶层爱国民主人士出任海宁县各界人民代表会议代表,参与全县恢复国民经济、巩固人民政权等重大事宜的协商。1949年10月至1954年7月,县各界人民代表会议共召开会议10次,均有一定比例的工商、民主人士出任会议代表(见表8-6-3);在常委委员中,非党人士占16%~26%,手工业者王介敏任第七次委员会副主任。1954年7月,召开海宁县首届人民代表大会。县委注意做好非中共代表的举荐安排工作。代表总数291人,其中非中共代表178人、占61.17%。1956年3月,建立政协海宁县委员会。县委按照统筹兼顾、合理安排的原则,落实社会各阶层人士任职政协委员。委员总数53人,其中工商联、文艺界、科技界、教育界、医卫界、宗教界以及特邀代表40人、占75.47%。此后,历届人大、政协均安排一定比例的党外人士任职人大代表和政协委员(见表8-6-4)。

20世纪80年代中期,随着民主党派组织在海宁的逐步建立和发展,举荐安排民主党派人士任职工作纳入市委重要议事日程。1990年4月,市委遵照《中共中央关于坚持和完善中国共产党领导的多党合作和政治协商制度的意见》精神,对党外人士的政治安排和政府部门的实职安排作出部署。是年,全市共有10名民主党派成员和无党派人士担任市人大、政府、政协领导职务,其中人大常委会副主任1人、副市长2人、政协副主席5人、政府局级领导2人。1991—1993年,市委统战部加大对党外干部的考察、选配力度,会同市委组织部对各部、委、办、局和市直单位推荐的54名党外人士进行考察,选配党外人士任职副市长1人、政府部门局级领导3人。1996年1月,市委统战部、组织部印发《关于对党外干部进行摸底调查的通知》,在全市组织开展党外干部基础调查。是年,先后调查政府部门(系统)29个、相当于副股级以上党外干部135人。经筛选,确定为党外后备干部26人。2000年8月,市委开拓思路,面向全市公开招考副局级领导干部。市委统战部、组织部走访乡镇和单位,考察谈话42人次。经考核,非党招考人员14人中,被录用为市教委副主任1人。在嘉兴市公开招考副处级领导干部中,市民建成员被录用就任市政府副市长1人。2002年5月,市委统战部、市委组织部、市妇联召开推荐党外和妇女后备干部工作会议，就加强党外和妇女后备干部的培养、考察进行专题研究。2004年3月，市委组织部、统战部印发《关于建立联席会议制度的实施意见》，确定每年专题研究党外干部工作不少于2次，并建立党外干部后备干部数据库。是年8月，统战部、组织部组织开展全市党外后备干部推荐考察，44个部门推荐产生后备干部人选51人，经筛选，确定党外后备干部44人，党外后备干部数占全市后备干部总数的22.8%。2006年，市委加大对党外干部的举荐任用力度，并在职级安排上有所突破。是年1月，举荐安排九三学社副主委孙浩彬为市科技局局长，为全市政府部门首个党外干部正职；举荐安排市人民法院副院长1人，实现司法机关领导班子党外干部配备的突破。2007年7月，经推荐考察，确定党外后备干部46人。此后，举荐安排党外人士任职工作常态化。至2014年，全市党外干部中共有副科（局）级以上领导干部29人，其中民主党派成员担任市人大常委会副主任1人，无党派人士担任市人民政府副市长1人，民主党派成员担任市政协副主席1人、副县级领导干部1人，正科（局）级领导干部5人（无党派人士2人），副科（局）级领导干部20人（无党派人士10人）。经推荐考察，确定德才兼备、具有较高学历和技术职称的党外干部后备干部62人。

1949—1953年海宁县各界人民代表会议工商、民主人士代表情况表

表8-6-3　　单位：人

会次	时间	代表总数	其中			
			工商人士	占(%)	民主人士	占(%)
1	1949.10—1950.04	180	20	11.11	9	5.00
2	1950.04—1950.10	180	20	11.11	9	5.00
3	1950.10—1951.05	180	20	11.11	9	5.00
4	1951.05—1951.07	180	20	11.11	9	5.00
5	1951.07—1951.12	233	39	16.74	8	3.43
6	1951.12—1952.09	247	23	9.31	7	2.83
7	1952.09—1953.02	288	24	8.33	9	3.13
8	1953.02—1953.05	288	24	8.33	9	3.13
9	1953.05—1953.10	288	24	8.33	9	3.13
10	1953.10—1954.07	288	24	8.33	9	3.13

说明：第五次会议应出席代表237人，实到233人，第六次会议应出席代表250人，实到247人，两数据按实到数记述

1954—2012年海宁市（县）历届人大非中共代表情况表

表8-6-4　　单位：人

届次	时间	代表总数	其中			
			非中共代表	占(%)	民主党派代表	占(%)
一	1954.07—1956.06	291	178	61.17	—	—
二	1956.12—1957.07	296	169	57.09	—	—
三	1958.06—1959.12	319	152	47.65	—	—
四	1962.02—1963.12	351	144	41.03	—	—
五	1963.12—1964.08	351	156	44.44	—	—
六	1981.09—1983.12	391	106	27.11	—	—

续表8-6-4

届次	时 间	代表总数	其中			
			非中共代表	占(%)	民主党派代表	占(%)
七	1984.08—1986.04	403	178	44.17	2	0.50
八	1987.05—1989.03	299	64	21.40	2	0.67
九	1990.05—1992.04	323	60	18.58	1	0.31
十	1993.04—1997.03	323	64	19.81	—	—
十一	1998.03—2002.03	253	48	18.98	—	—
十二	2003.03—2007.00	260	54	20.77	—	—
十三	2007.00—2012.02	261	51	19.54	3	1.15
十四	2012.02—	264	42	15.91	4	1.52

1984—2012年海宁市(县)历届政协民主党派委员情况表

表8-6-5　　单位:人

届次	时 间	合计	民盟		民建		民进		农工		九三	
			委员人数	其中常委	委员人数	其中常委	委员人数	其中常委	委员人数	其中常委	委员人数	其中常委
五	1984.08—1987.05	12	5	4	2	—	—	—	2	—	3	2
六	1987.05—1990.05	28	9	4	10	3	—	—	3	1	6	2
七	1990.05—1993.04	33	10	2	11	2	—	—	4	2	7	4
八	1993.04—1998.03	38	11	3	11	2	—	—	6	1	10	3
九	1998.03—2003.03	34	11	2	9	3	1	1	6	1	7	3
十	2003.03—2007.02	37	12	3	7	3	1	1	9	3	8	3
十一	2007.02—2012.02	55	14	4	11	3	4	2	13	4	13	4
十二	2012.02—	75	17	4	16	4	8	3	15	3	19	3

说明:第十二届时新增台盟盟员林志琴为政协常委

海宁市民主党派、工商联及无党派人士参政议政相关情况表

表8-6-6

类别/年份	参加通报会、座谈会、协商会及重大活动情况(次)	被聘请担任各类监督、监察员(人)	对口联系部门(个)	结对交友党外代表人士(人)	政协大会议政情况		
					提交政协提案(件)	其中重点或优秀提案(件)	大会发言(件)
1986	3	—	—	—	—	—	—
1987	4	—	—	—	—	—	—
1988	4	—	—	—	32	—	7
1989	4	—	—	—	1	—	9
1990	6	—	—	—	19	11	6
1991	4	—	—	16	18		14

续表8-6-6

类别 / 年份	参加通报会、座谈会、协商会及重大活动情况（次）	被聘请担任各类监督、监察员（人）	对口联系部门（个）	结对交友党外代表人士（人）	政协大会议政情况		
					提交政协提案（件）	其中重点或优秀提案（件）	大会发言（件）
1992	4	—	—	18	—		10
1993	4	—	—	18	—	3	11
1994	4	—	4	18	—	7	17
1995	5	—	4	19	—	6	12
1996	5	—	4	19	—	8	9
1997	5	24	4	19	—	5	9
1998	5	28	4	19	60	6	8
1999	7	21	4	20	62	7	10
2000	8	24	4	20	64	7	7
2001	9	24	4	20	69	9	12
2002	4	24	4	20	80	7	7
2003	6	18	4	23	78	7	9
2004	6	53	4	23	111	12	8
2005	7	53	8	23	123	17	9
2006	4	51	8	27	141	14	7
2007	3	53	8	28	156	14	12
2008	6	53	8	30	135	18	10
2009	5	51	8	30	131	13	9
2010	6	51	15	31	140	20	13
2011	5	51	15	31	146	14	8
2012	6	51	15	31	174	21	8
2013	6	51	18	30	169	15	8
2014	6	53	18	31	150	17	10
合计	151	—	—	—	—	258	259

说明：1.1988年、1990年、1991年政协提案仅为民盟数据。2.人大议案情况未统计，1992—1997年，政协提案统计不全

【民主党派组织和主要活动】

组织机构 1986年前，海宁境内无民主党派组织，部分民主党派虽成员活动，但其组织关系均为省、市相关民主党派。1986年8—12月，海宁建立民盟、民建、农工党、九三学社4个直属小组，成立时共有成员23名。1987年9月，各小组同时改建为支部（社），时有成员50人。2000年12月，民进海宁直属小组组建。2006年4至10月，民盟、民建、农工党海宁市支部分别改建为总支部委员会，九三学社海宁支社改建为九三学社海宁基层委员会，民进海宁市直属小组改建为支部。全市民主党派成员共193人。2011年5月，民进海宁市支部改建为总支部委员会。2014年1月，民建海宁市总支部委员会更名为民建海宁市基层委员会。至2014年年底，全市共有民主党派基层组织5个，党派成员285

人,其中民革、台盟各有成员1人,参加嘉兴市级组织活动。

中国民主同盟海宁市总支部委员会　1986年8月,经民盟嘉兴市委员会批准,设立海宁直属小组。民盟海宁直属小组主要由从事文化教育以及科学技术工作的高、中级知识分子组成。1987年9月,成立民盟海宁市支部委员会。2006年4月,改建为中国民主同盟海宁市总支部委员会,下设教育、综合2个支部和2个退休小组。2014年12月,海宁市共有民盟成员60人,主任委员为田耘。

民盟海宁市支部历届盟员大会一览表

表8-6-7　单位:人

届次	时间	主要议题	与会人数	选举结果		
				委员人数	主任委员	副主任委员
	1986.08.04	成立小组	7		蒋祖康担任组长	
一	1987.09.12	支部成立		5	蒋祖康	林汝岳、朱万祥
二	1990.01.23	支部换届	24	5	蒋祖康	林汝岳、朱万祥
三	1992.12.19	支部换届	26	6	蒋祖康	林汝岳、朱万祥
四	1997.01.28	支部换届	33	7	田耘	陈国健、吴振龙
五	2001.12.02	支部换届	38	7	田耘	吴振龙、蒋跃先

民盟海宁市总支历届盟员大会一览表

表8-6-8　单位:人

届次	时间	主要议题	与会人数	选举结果		
				委员人数	主任委员	副主任委员
一	2006.04.28	改建总支	45	7	田　耘	蒋跃先、诸有能、凌惠良
二	2011.04.08	总支换届	51	7	田　耘	凌惠良、蒋跃先、魏豪杰

中国民主建国会海宁市基层委员会　1986年12月,经中国民主建国会嘉兴市委员会批准设立海宁直属小组,主要由经济界人士组成。1987年9月,成立中国民主建国会海宁市支部委员会。2006年5月,改建为中国民主建国会海宁市总支部委员会,下设3个支部。2014年1月,更名为中国民主建国会海宁市基层委员会。2014年12月,有民建成员66人,主任委员为张敏华。

民建海宁市支部历届会员大会一览表

表8-6-9　单位:人

届次	时　间	主要议题	与会人数	选举结果			备　注
				委员人数	主任	副主任	
	1986.12.13	成立小组	8	—	许兆雄担任组长		—
一	1987.09.23	支部成立	8	3	许兆雄	—	—
二	1991.06.24	支部换届	23	5	许兆雄	金玉珊	—
三	1995.05.22	支部换届	34	6	许兆雄	金玉珊、姚海荣	1996.6增补委员郑国明
四	1997.09.19	支部换届	36	7	姚海荣	金玉珊、郑国明	2000.12增补委员吴伟强
五	2001.12.26	支部换届	41	7	姚海荣	吴伟强、郑国明	—

民建海宁市总支历届会员大会一览表

表8-6-10　　单位:人

届次	时　间	主要议题	与会人数	选举结果		
				委员人数	主任	副主任
一	2006.5.12	改建总支	45	7	姚海荣	吴伟强、郑国明、徐建华、张敏华
二	2011.5.18	总支换届	54	7	张敏华	徐建华、陈子强、苏跃锋

中国民主促进会海宁市总支部委员会　2000年12月,经民进嘉兴市委员会批准设立海宁直属小组,人员以从事教育文化出版工作的高中级知识分子为主。2006年5月,成立民进海宁市支部委员会。2011年5月,改建为中国民主促进会海宁市总支部委员会,下设2个支部。2014年12月,海宁市有民进成员23人,主任委员黄加平。

民进海宁市支部历届会员大会一览表

表8-6-11　　单位:人

届次	时　间	主要议题	与会人数	选举结果	
				委员人数	主　任
	2000.12.06	成立小组	6		黄加平担任组长
一	2006.05.16	改建为支部	9	3	黄加平
二	2011.05.27	改建为总支	16	5	主委黄加平,副主任孙建跃、许虎良

中国农工民主党海宁市总支部委员会　1986年10月,经农工党嘉兴市委员会批准设立海宁直属小组。1987年9月,成立农工党海宁市支部委员会,以医药卫生、人口资源和生态环境领域高中级知识分子为主。2006年5月,改建为中国农工民主党海宁市总支部委员会,下设中医院支部、人民医院支部、综合支部。2011年5月,调整为中医院支部、人民医院支部、综合一支部和综合二支部。2014年12月,海宁市有农工党党员66人,主任委员魏国强。

农工党海宁市支部历届党员大会一览表

表8-6-12　　单位:人

届次	时　间	主要议题	与会人数	选举结果		
				委员人数	主任委员	副主任委员
	1986.10.18	成立小组	5		朱炼之担任组长	
一	1987.09.25	支部成立	12	3	朱炼之	黄秀珍
二	1991.05.31	支部换届	22	5	朱炼之	朱霁青
三	1994.11.04	支部换届	29	7	朱炼之	朱霁青
四	1997.11.08	支部换届	37	7	朱霁青	曹建初、陈驿庠
五	2001.12.14	支部换届	40	7	戴跃明(2002.10免去主任委员)	曹建初(2002.10全面负责支部工作)、陈驿庠

农工党海宁市总支历届党员大会一览表

表8-6-13　　单位:人

届次	时　间	主要议题	与会人数	选举结果		
				委员人数	主任委员	副主任委员
一	2006.05.10	改建总支	43	7	魏国强	曹建初、段绿化、张伟成
二	2011.05.26	总支换届	49	9	魏国强	曹建初、张伟成、朱　炬

九三学社海宁基层委员会　1986年10月,经九三学社嘉兴市委员会批准设立海宁直属小组,以科学技术界高、中级知识分子为主。1987年9月,成立九三学社海宁支社。2006年4月,改建为九三学社海宁基层委员会,下设第一、第二、第三3个支社。2014年12月,海宁市有九三学社成员68人,主任委员孙浩彬。

九三学社海宁支社历届社员大会一览表

表8-6-14　　单位:人

届次	时　间	主要议题	与会人数	选举结果		
				委员人数	主任委员	副主任委员
	1986.10	成立小组	3		夏福祺担任组长	
一	1987.09	支社成立	9	3	夏福祺	
二	1991.06.14	支社换届	26	5	夏福祺	何　铮
三	1994.01.14	支社换届	30	6	唐生荣	何　铮、周建芬
四	1997.10.11	支社换届	32	7	张大同	周建芬、吴关炳
五	2001.11.30	支社换届	35	7	张大同	吴关炳、孙浩彬

九三学社海宁基层委员会历届社员大会一览表

表8-6-15　　单位:人

届次	时　间	主要议题	与会人数	选举结果		
				委员人数	主任	副主任
一	2006.04.30	改建基层委员会	44	7	孙浩彬	陈培玉、徐一兰、徐文杰
二	2011.05.31	基层委员会换届	56	9	孙浩彬	陈培玉、徐一兰、徐文杰

主要活动

海宁市各民主党派组织建立以后,按照各自章程的规定发展成员,健全班子,完善制度,加强自身队伍建设;按照中国共产党与各民主党派“长期共存、互相监督、肝胆相照、荣辱与共”的方针参与政治协商、民主监督,反映社情民意;发挥民主党派的各自特长,参与文化、教育、科技、医疗、法律咨询和慈善救助等社会服务。

自身建设　各民主党派组织通过组织参加各类培训、举办各种活动等形式,提升行使参政议政民主监督的能力和服务社会的意识和技能。各民主党派分别制定学习制度,开展本党派章程、史料的理论学习,并逐步建立完善各项规章制度,相继出台《学习制度》《会议议事制度》《参政议政信息调研制度》《谈心沟通制度》《表彰奖励制度》《财务管理制度》等,如民盟建立每月一次的组织生活制度;民建建立每月学习日制度,每年组织学习活动不少于10次;农工党坚持每季召开一次党员大会;九三学社坚持也建立相应的学习制度，认真学习时事政治。1987年9月，4个小组分别改建为支部（社），分别展开自身建设学习讨论会，增强参政党意识。1989年，民盟、民建、农工党、九三学社4个民主党派成员联合提出《要求中共海宁市委进一步关心、支持、帮助民主党派工作》的提案，得到市委领导的重视，落实解决有关建议，意见和要求。1990年1月，政协主席会议期间，各民主党派确定民主党派与党委、政府每年定期举行市级协商一次，各基层单位则视具体情况进行协商，市委统战部负责向市委汇报协调。1991年年初，各党派分别组织学习中共十三届七中全会公报和江泽民的讲话，学习李鹏关于制定十年规划和“八五”计划建议说明。是年，四个民主党派分别举行换届会议，选举产生新一届领导班子。1992年，各党派分别组织学习邓小平重要讲话的六个方面，坚持“一个中心，两个基本点”，建设具有中国特色的社会主义的基本路线。1994年年初，组织学习中共十四届三中全会通过的《中共中央关于建立社会主义市场经济体制若干问题的决定》。市委统战部组织各民主党派赴兰溪市学习民主党派工作。1995年，各民主党派组织学习中共十四届三中、四中全会精神，学习《邓小平文选》和江泽民在1995年新春茶话会上关于《为促进祖国统一大业的完成而继续奋斗》的重要讲话，并举行纪念反法西斯战争和抗日战争胜利50周年纪念活动。1997年，民建开展支部间交流学习，赴慈溪学习民建全国先进单位慈善支部先进经验；组织会员进行学习江泽民“七一”讲话测验。2003年，九三学社建立海宁九三学社网站，通过设立社务通报、组织活动等栏目展示自我风采，传递社务信息，拓宽交流平台。是年，各民主党派根据《中共海宁市委关于在全市开展中共十六大精神主题教育实施意见》的精神和各党派上级关于《认真学习〈“三个代表”重要思想学习纲要〉的通知》精神，结合实际，通过发放学习辅导资料，邀请党校讲师进行专题辅导，参加市委统战部组织的知识竞赛、演讲比赛和文艺汇演等活动，组织开展中共十六大精神主题教育活动。2005年，中国民主建国会、九三学社成立60周年，支部（社）分别开展各种形式的庆祝活动。6月，农工党支部与市委统战部联合承办“风雨同舟手拉手”文艺演出活动，纪念中国农工民主党成立75周年和农工民主党创始人邓演达100周年诞辰。活动由农工民主党浙江省委员会和上海市委会联合主办，18位国家一级演员为1000余位观众表演文艺节目。民盟发挥盟员特长，与市美术、书法、摄影协会等联合举办“潮乡情”书画摄影展，10名民盟成员的40幅作品参加展出。是年，民盟创办《海宁民盟》，介绍民盟工作，传递盟务信息，拓展交流平台。2006年12月，各民主党派基层组织领导参加海宁市委统战部举办读书会，研讨如何加强民主党派、工商联自身建设。是年，海宁市首部《海宁市民主党派风采录》编印出版。2007年，民盟、民建、民进、农工党、九三学社分别举行全体会议，传达嘉兴、海宁两级两会精神，组织学习胡锦涛“6.25”重要讲话精神，学习关于开展以坚持走中国特色社会主义政治发展道路为主题的政治交接学习教育活动的有关文件。是年，各民主党派分别组织召开中共十七大报告学习会。2007年，嘉兴市15个支部中海宁农工党支部以最高分获得嘉兴市委会开展的创建星际支部活动中的四星级支部称号。2008年4月，海宁市委统战部邀请各民主党派负责人、无党派代表人士召开纪念“五一口号”发布60周年座谈会，学习《中国的政党制度》白皮书，增刊《海宁统战信息》摘编各民主党派负责人讲话内容。2009年，海宁市委统战部编印出刊《民主党派、工商联建言献策诤言集》，对民主党派、工商联人士多年来参政议政情况进行收集整理、编印出刊。是年，各民主党派分别开展学习贯彻科学发展观活动。海宁市委统战部召开庆祝多党合作制度确立60周年座谈会。2010年，各民主党派分别深入开展树立践行社会主义核心价值体系活动。2011年5月，海宁市5个民主党派县级组织在嘉兴地区率先完成换届。6月，海宁市委统战部召开各界人士“与党同心”暨纪念建党90周年座谈会。邀请各民主党派正副主委、统战团体负责人等座谈交流。是年，各民主党派分别组织学习胡锦涛“七一”讲话。2012年2月，民盟海宁市总支组织学习《人民日报》《集中精力把两会精神贯彻好》《牢牢把握稳中求进的总基调》和《满怀信心迎接党的十八大》的评论员文章，要求盟员把思想统一到中央的决策部署上来，把智慧力量凝聚到实现海宁“转型发展，富民强市”的目标任务上来。11月，全市各民主党派、无党派代表人士参加海宁市委统战部组织集中收看中共十八大开幕式，收听胡锦涛代表第十七届中央委员会向大会作的报告。会后，各民主党派分别开展中共十八大精神学习活动。是月，海宁市召开各民主党派工商联负责人和无党派代表人士读书会，深入学习中共十八大精神，并赴绍兴县、云和县两地开展交流考察。2013年6月，民建海宁市总支开展“学会章 讲会章”活动，深入学习民建第十次全国代表大会审议通过的《中国民主建国会章程》。2014年4月，民进海宁市总支举行学习会，邀请市委党校常务副校长、市社会主义学校副校长顾炳甫作题为《自觉践行群众路线，做为民务实清廉的表率》辅导报告。2014年6月，九三学社对全体社员分别就“开展坚持和发展中国特色社会主义学习实践活动”“党风廉政建设”两个方面内容进行专题讲座。是年，各民主党派、工商联、知联会骨干参加市委统战部组织的赴兰溪市、义乌市学习交流活动。

参政议政　各民主党派自成立后，配合市委、市政府中心工作，深入开展调查研究，并通过党派成员中的人大代表、政协委员提交议案、提案等方式提出意见和建议，履行参政议政职责。1986—2014年，各民主党派政协委员提交政协提案1000余件，其中被评为重点优秀提案205件，大会发言171人次。其间，民盟撰写调研报告40余篇，民建撰写调研报告50余篇，民进撰写调研报告11篇。农工党撰写调研报告60余篇。九三学社撰写调研报告42篇。1988年，民盟盟员在市政协六届二次会上作题为“从社会公德谈到精神文明建设”的大会发言，对我市经济文明建设提出意见建议。1990年，民建海宁市支部向市委提出《关于开展海峡两岸经贸联络工作的几点建议》，从“引资先引人，引人先引心”等五方面进行阐述，得到市委的认同和采纳，促进“招商引资”“以台引台”工作的开展。1992年，农工党党员提出《关于“初保”工作的几点建议》，对海宁市推进初级卫生保健工作提出建议，促进相关工作的推进。1993年，九三学社社员《关于开通110报警》提案，促使嘉兴市加快开通“110”报警电话并增加“120”急救电话，以便全国同步。1995年，民盟撰写《进一步加强管理力度，巩固提高城市文明卫生水平》调研报告，被列入市政府常务会议十五个议题之一。1996年，民建会员大会发言《对海宁市博物馆、文化馆新馆建设及选址的几点看法》，为我市文化建设、两馆建设的选址以及建筑物的设计等方面提供建议。1998年，民进会员《正确全面理解素质教育 保证海宁教育健康发展》提案，针对海宁素质教育实际，提出有操作性建议。1999年，农工党党员作题为《加强防癌抗癌力度 提高人民健康水平》发言，引起市委、市政府对海宁市防癌抗癌工作重视。2000年，九三学社社员作题为《关于创造良好环境，促进我市民营科技企业发展的建议》大会发言，建议市委、市政府为海宁市民营科技企业的发展出台相关政策。2001年，农工党在政协嘉兴市四届四次会议上提出《关于加强农业信息工作，稳步推进农业产业结构调整的建议》对加快建立农业经济信息网络提出4点建议，直接促成海宁市于2001年7月率先成立农业农村经济信息中心。8月，《人民政协报》《联谊报》为此作专门报道。2002年，民盟盟员提交《学生体质下降应引起社会关注》的议案被嘉兴市人大评为优秀议案。农工党党员提交《关于加快我市城乡一体化发展的几点建议》相关内容被“嘉兴市城乡一体化发展规划纲要”部分专题规划和实施意见中采纳。2003年，九三学社完成市政协重点调研课题“海宁市实施新世纪人才工程的对策与研究”。民建撰写调研报告《关于中国加入世贸对海宁市产品结构调整的思考》入编2003年《嘉兴市各民主党派工商联参政议政成果汇编》。2004年，民建撰写《关于落实科学发展观的思考》调研报告，被中共海宁市委统战部评为海宁市统战系统调研成果一等奖。九三学社完成《海宁市综合竞争力研究》调研报告，获市领导的高度关注；提交的《关于创建海宁纺织材料国家高新技术产业基地的建议》促成海宁市2005年成功申报国家级高新技术产业基地。农工党荣获嘉兴市参政议政特别奖。2005年，九三学社提交《关于加强水资源保护促进可持续发展的建议》得到市政府的高度重视，为市政府出台水环境综合整治提供依据。促成编制《海宁市污水治理区域布局规划》，制定并下发

《关于切实加强水资源综合整治的实施意见》和《关于加强全市水环境整治和水资源保护重点工作的意见》,建立并完善水环境整治的政策规划体系,扎实推进水环境整治和水资源保护的各项工作。2006年,九三学社提交《抓住关键环节,提升区域自主创新能力》被嘉兴市政协列为重点提案。民进提交《关于在教育系统加强党外知识分子培养的建议》中的有关建议被市教育局列入教育局干部培养的具体措施。农工党提交《关于加快实施我市城乡供水一体化的几点建议》被市政府列为2006年政府实事工程。2007年,农工党、民盟、民建联合提出《关于对我市无社会基本养老保障、无政府固定补助的老年人发放生活补助的建议》被市政协列为"1号提案"。市委、市政府高度重视,把它作为市"作风建设年"活动破解难题之一,由市委领导领衔破解,市政府分管领导领办,制定出台《海宁市发放七十周岁以上老年人生活补助金实施办法》并于2008年1月起实施。民建提交《为建设新海宁的外来务工人员办实事》提案,助推市政府及时研究制定有关政策措施,首次将外来务工人员纳入大病医疗统筹范围,将外来务工人员子女教育纳入全市教育规划,并组建成立海宁新居民事务局。民进会员以"科技沙龙"为载体开展科技活动的建议获得市政府"金点子奖"一等奖。九三学社在政协会议联组讨论上发言《关于海宁市政府性投资项目建设管理的现状分析与建议》,市政协将这一专题确定为2007年度专项民主监督内容。九三学社参与完成《海宁市支柱产业技术发展方向研究》被省科学技术厅评为2007年度优秀调研报告一等奖;在嘉兴市人大会议上提交的《关于发展低碳经济的建议》议案被嘉兴市委刊物转载。2008年,民盟提交《关于设立"海宁市道路交通事故救助基金"》提案,被市政协列为"1号提案",市政府高度重视,组成专题调研组深入调研,结合实际,制定出台《海宁市道路交通事故社会救助基金管理暂行办法》,自2008年9月1日起施行。九三学社《关于加强自主创新,推进创新型城市建设的建议》被嘉兴市人大常委会评为优秀建议。2009年,民建与市工商联联合提交的《关于继续加大政策扶持力度,促进中小企业平稳较快发展的建议》被市政协列为"1号提案",市政府重视,对提案内容分条款落实到各职能部门,制定出台《关于加快引进培养创新型人才的实施意见》,加大补助扶持力度。民建提交人大建议《建议对全市40~70周岁人群进行大肠癌普查》被海宁市人民政府列入2010年实事工程。民建界别连续五年被海宁市政协评为优秀界别。2010年,农工党提交的《关于开展对全市企业参保职工进行健康体检的建议》,市政协列为1号提案重点督办,得到市政府高度重视,专门成立办理工作组织机构,截至2010年12月底,全市共有6.25万名参保职工参加体检。《关于推进供水管理体制改革,加快城乡供水一体化进程》提案,促成市政府《印发关于完善供排水管理体制全面实现城乡水务一体化实施意见的通知》,全面启动城乡水务管理体制改革,全市16个镇级水务企业移交水务集团管理,完成管理体制改革工作。民建《关于以"五个一"为抓手,合力推进社区居家养老民生工程全面落实》提案,促使市委、市政府把老龄事业纳入国民经济和社会发展全局,市政府制定出台《关于全面推进居家养老服务工作的实施意见》,有关部门还出台《海宁市城市社区居家养老服务工作实施细则》《海宁市农村(社区)居家养老服务工作试点实施方案》,推进养老服务社会化的发展。2011年,民进《充分发挥长安镇运河文化辐射功能优势,促进经济社会又好又快发展》的调研文章,经政协常委会专题协商后形成政协建议案,市委领导作出重要批示,市政府根据有关建议给于研究落实。民建完成的《关于鼓励和引导我市民间资本投资健康发展的调研报告》,被中共浙江省委统战部评为2011年全省统战理论政策研究优秀成果优秀奖。2012年,九三学社撰写的《海宁市居家养老相关调研的报告》《海宁市人口老龄化与养老问题调查及建议》,引起市委、市政府对养老服务体系建设的重视。农工党撰写《关于加强对设施农用地管理的几点建议》在政协大会作为专题发言,得到市委书记肯定。2012年,民建提交《关于逐步建立统一高效实用共享的医疗卫生信息系统,加快我市智慧医疗建设的建议》被市政协评为"最具影响力提案",为推进卫生信息化应用系统加快建设,逐步实现信息共享高效,努力缓解群众"看病难,看病贵"问题打下基础;

民进提交《关于出台海宁市外来务工人员积分入户政策的建议》助推新居民相关政策的出台,《海宁日报》2012年11月5日作专门报道;《关于加快形成全民参与的治水格局的建议》提案为市委、市政府出台《关于深入开展全民治水的决定》提供决策依据,在十一届四次会议上,被评为市政协十一届一次会议以来"最具影响力"提案。2013年,民进集体提案中"关于加大政府投资项目前期工作力度的建议",被政协列为重点提案,由政协主席和常务副市长领衔督办。农工党撰写《关于实施基本农药集中配送、保障粮食和农产品质量安全》提案,经市政府及有关部门认真采纳落实,研究出台《海宁市基本农药集中配送零差价销售和废弃农药包装物回收处理工作实施意见(试行)》提供依据,成为全省首创,得到省政府的充分肯定。

2014年,民进的集体提案《关于规范城市执法、优化社会管理的建议》,被政协确定为重点提案,由政协领导领衔督办,市委常委、分管副市长领头主办,并专门召开督办协商会,进行百名委员的民主评议,建议得到落实。农工党《关于进一步加强对食品安全监督管理的建议》集体提案,市政协列为重点提案督办,市委书记、分管副市长三次召开办公会议研究食品安全监管工作,使建议内容得到有效落实和全面实施。对学校食堂、食品生产企业、餐饮单位实施电子化监管和视频监控的工作举措为浙江首创。

1986—2014年海宁市各民主党派担任人大代表、政协委员情况表

表8-6-16　　单位:人

名称	省人大代表	嘉兴市人大代表	海宁市人大代表	省政协委员	海宁市政协	
					委员	常委
民盟	—	8	1	—	89	19
民建	—	9	1	4	81	18
民进	—	2	—	—	14	7
农工党	—	8	6	—	58	15
九三学社	2	11	4	—	73	19
合计	2	38	12	4	315	78

说明:民进数据2007—2014年

民主监督　1994年8月,市委办转发市委统战部《关于建立政府有关部门与民主党派对口联系的报告》的通知,教育局与民盟支部、工业局与民建支部、卫生局与农工党支部、科委与九三支社建立对口联系。1996年,各民主党派成员和党外人士担任特约监督员、特约审计员和特约教育督导员,以及特约文化市场监督员、出入境监督员16人,参加对四个部门的行风评议活动和视察活动。1998年,担任特邀监察员、检察监督员、审计员和教育督导员("特约四员")的28人。1999年7月,各民主党派"特约四员"参加市建筑市场规范执行情况抽检,实地检查"海宁市房地产综合开发公司"等7个建筑企业。8月,参加市重点工程项目抽查,查看"市信用联社综合楼""市伊桥粮仓"等工程。11月,对司法、民政、技监、旅游四个系统进行行风评议。2000年,参加"圩堤建设执法检查""农业减负执法检查""乡(镇)村道路建设执法检查""扫黄打非执法检查"以及行风评议明察暗访等活动。2001年,参加"市政府部门行政审批制度改革落实情况专项检查"、行风评议、代价券暗查等活动。2002年节庆前后,特邀监察员配合市监察局,对各商业网点进行明察暗访,对代价券使用进行执法检查。参与旅游系统"民主党派评议旅游行风年"活动,进行民主监督并督促整改。2004年,《海宁市政府有关部门与民主党派开展对口联系工作规则》和《海宁市党外特约监督员工作管理办法》的出台进一步明确特约监督员的职责、权利和义务，以及特约监督员的聘任程序，特约监督员的管理。2005年年底，“特约四员”增加到在14个政府部门和司法机关中担任党外特约监督人员，有53名民主党派和无党派人士受到聘请。2006年，党外特约监督员51人，主要参加监察局、审计局、检察院、规划建设局环保局等14个部门的行风评议等活动。2007年，党外特约监督员增加到53人，新增市委组织部共计15个部门，协助工商局走访评议放心店、协助环保局进行行风评议等民主监督工作。2008年，特约监督员增加到54人，协助国土局进行执法检查，和其他有关部门进行行风评议。2009年，中共海宁市委、海宁市人民政府关于批转《政协海宁市委员会关于建立民主监督员制度的意见》的通知，各民主党派共有51名代表人士被分成5个小组分别派驻17个部门开展民主监督工作，同时，其他的特约监察员4人，特约审计员5人，特约检察员7人，特约教育员7人，“四大员”23人，外加党风廉政建设巡视员1人。2012年，市政协调整部门民主监督员人选，人员总数和派驻单位数不变，为51人17个单位。

2014年，各民主监督员参加“五水共治”专项督查工作，实地查看市区和12个镇(街道)的33个村的48条河，发现河道漂浮物未及时清理等29个问题，全部督促整改到位。

岗位建功 2000年，民建海宁市支部在民建嘉兴市委开展的“争先创优”活动中被评为先进支部。2001年后，九三学社1人荣获全国优秀社员；1人荣获全省优秀社员；在本职岗位上，1人荣获全国科技进步工作先进个人，1人荣获省劳动模范称号，6人次荣获全省先进个人；获得省、嘉兴市和海宁市三级各类科技进步、农业丰收项目、金桥工程奖项53项。2003年，民建海宁市支部副主任吴伟强(时任副市长)获“抗击非典全国先进会员”称号，受到民建中央表彰，被中共浙江省委、省政府授予“浙江省抗击非典先进个人”称号。农工党荣获全国抗击非典先进集体，受到农工党中央表彰；获浙江省预治非典型肺炎工作先进集体，受到农工党浙江省委表彰。2005年，民盟海宁市支部被民盟浙江省委授予“民盟浙江省2003—2004年度先进盟组织”称号。9月，民盟海宁市支部被民盟中央授予“全国先进基层组织”称号。民建海宁市支部被民建浙江省委评为2001—2005年先进支部。是年，黄加平被民进浙江省委会评为民进浙江省社会服务先进个人；2007年，黄加平被民进浙江省委会评为民进浙江省2002—2006年度优秀会员。2007—2011年度，民进海宁市支部被民进省委会评为民进浙江省先进集体。2008年，民建海宁市总支被民建嘉兴市委评为先进基层组织。2008—2010年，民进海宁市支部被民进嘉兴市委会评为民进嘉兴市先进支部。2008年，九三学社海宁基层委员会被评为2003—2007年度省社会服务工作先进集体，2008获全国政治交接学习教育活动先进集体。2009年，民建海宁市总支在开展《以坚持走中国特色社会主义政展道路为主题的政治交接学习教育活动》中，受到民建嘉兴市委会作为“政治交接学教活动优秀基层组织”表彰。2009年，农工党海宁市总支获全国先进基层组织。2010年，民建海宁市总支被民建浙江省委评为2006—2010年先进基层组织称号。农工党获“五星级支部”称号，受到农工党嘉兴市委会表彰。朱正耀被中国农工民主党中央委员会授予2007—2009年度全党社会服务工作先进个人称号。2013年，九三学社获得九三学社浙江省委学习践行社会主义核心价值体系先进集体称号。民建海宁市总支被民建浙江省委评为2011—2013年先进基层组织。民进被评为民进嘉兴市先进集体。民进《走进社区、访贫问苦》获2012年度浙江省基层组织经典案例金点子奖。民建海宁市总支被中共嘉兴市委统战部评为嘉兴市统一战线“同心.建功”先进集体称号。民进《走进公安、体检警营生活》案例，获2013年度浙江省基层组织经典案例金点子奖。民盟海宁市总支被民盟浙江省委授予“2013—2014年度浙江省先进盟组织”称号。

社会服务 各民主党派积极发挥自身优势，通过举办医疗义诊、健康科普知识讲座和法律知识讲座等形式进行咨询活动300余场次，参与活动成员3000余人，受益群众9万余人次，发放各种宣传资料8万余份。通过参与各类扶贫帮困、助学结对、抗震救灾、五水共治等社会公益活动，为地方经济社会发展服务出资出力，各类捐款510余万元。1987年，民盟支部响应中央关于双增双节的号召，为市福利院残疾儿童赠送衣物138件,部分盟员参加为残疾人员作画义卖捐款活动。农工党组织医师赴农村培训乡村医生2个月,累计培训人员98人次,1988—1989年春秋两季组织中西医和护士上街开展保健咨询,为湖塘镇、祝场乡、硖石镇第三小学、硖石“教师之家”离退休教师咨询、义诊,接受服务1000余人次。1988年10月,民盟举办速成日语培训班,聘请专职教师授课,进行为期半年的学习培训,学员34人。1991年,民建筹建“海宁市民建咨询服务部”开展经济技术咨询工作。1996年5月至2014年5月,九三学社每年助残日为海宁市培智学校学生义务体检并赠送励志书籍、学习用品,受检学生1521人次。1996年,民盟邀请省歌舞总团民族乐团在海宁体训馆举办《爱中华、爱民族》校园民族音乐会,10所中小学近10000名学生观看演出。1998年,农工党组织医卫界的党派成员送医下乡,到地处较偏的黄湾乡开展义诊和医疗咨询等服务。民盟探索社会办学路子,与市职业高级中学联合创办书法、美术、摄影、吉他演奏提高班,推进学生的素质教学。1999年,九三学社牵头组织社省委叶育林、陈瑞副主委带领医疗服务专家组到海宁为500余人义诊。2000年,民进创办海宁开明补习学校,至2010年共招收学生2500人,为全市高复学生提供辅导。学校实行“困难学生补助制度”,对城镇双职工下岗家庭、纯农户家庭、单亲家庭等困难群体实行经济资助,补助困难家庭学生累计8万余元。2000年,民盟创办海宁紫薇补习学校,相继在硖石、斜桥、周王庙、丁桥、新仓等地举办美术、书法、民乐、电脑、舞蹈、手工制作等兴趣班,至2014年,受训学生达3万余人次。2003年,民建参与“山海帮扶协作工程”,资助丽水革命老区有线电视村村通工程1.5万元;农工党发起成立海宁市糖尿病康复研究会,多次邀请上海知名专家来海宁作专题讲座和开展咨询活动。是年,九三学社开展以关注弱势群体为重点,为下岗工人和失土农民再就业提供无偿技能培训,传授电脑操作技能知识,为企业举办现代企业管理制度与信息技术应用讲座,各类培训参训2500余人次。2004年、2010年、2011年、2013年,农工党分别组织党员到景宁畲族自治县开展助学支教、送医下乡活动,累计捐赠4.9万余元的计算机、书包等文体用品、赠送价值3万元的多媒体和音响设备,赠送1万余元的常规药品。农工党在硖石街道东山社区建立首个便民服务点,免费为社区居民提供医疗健康咨询和健康检查。2006年,民建与温州市文成县仰山乡签订三年扶贫结对协议,共捐资7万余元。民盟打造“倾听、服务、奉献、展示”服务品牌,将书画指导表演、书画作品捐赠、帮困助学结对、社情民意收集和课题调研座谈等五方面作为固定的活动内容,每年两次不定期组织开展活动。2008—2014年,九三学社社员为果农培训讲课77期,接受培训达2020余人次。2008年11月,农工党联合市人口与计划生育局、市新居民事务局,在尖山新区(黄湾镇)高点园区内现场开展“服务新居民、建设新海宁”义诊活动,接待外来务工人员876人次,发放宣传资料2600余份,发放常规药品4000余份。2009年,农工党与市中医院在硖石街道风和丽苑社区共同开设社区卫生服务站暨总支社会服务站,每月安排中高级职称党员专家医生到社会服务站义诊,实现社会服务定点化、常态化、规范化,成为全市示范卫生服务站。2010年5月,海宁市举行民主党派、统战团体与城镇社区结对启动仪式,明确20个城镇社区与民主党派、统战团体基层组织建立结对关系,各民主党派开展与结对社区的定点社会公益服务活动。从2011年开始,民进组织开展“三走进”活动,后改为“四走进”即走进社区、走进部门、走进企业、走进农村,积极组织会员参与社会实践,先后走进财政地税局、劳动保障局、公安局、城管执法局、教育局、监察局、住房建设局等政府职能部门,每次确定明确的主题,围绕主题进行民主协商。走进公安局围绕“科技强警”“城乡防控一体化建设”进行调研,并与民警一起参与巡防、处警、检查等工作,体验警营生活。走进社区,搜集社情民意,慰问贫困家庭;走进企业,了解企业困难,帮助解决问题;走进农村,了解农民现状,呼吁惠农政策。民进会员受海宁电视台邀请担任“海宁大讲坛”专题主讲,至2014年年底,举办“海宁历史人物的廉政故事”“海宁的民俗风情”“海宁的名门望族”“家风家训”“社会主义的核心价值观”等系列讲座60多讲。2011年,民建在海宁市高级中学设立“正大高考奖学、助学基金”,每年出资10万元,资助高考成绩优异而家庭条件困难的在校学生。2013年，农工党在景宁畲族自治县澄照乡中心小学设立3万元的“海宁耐特利尔励子奖学金”。党员个人与38位贫困学生助学结对。2014年4月，农工党增设党派社会服务点，在浙江峻德律师事务所设立法律援助工作站，3名律师常年为有关对象义务开展法律援助咨询等服务活动。同时富春骨伤中医馆社会服务点揭牌，安排3位中医专家党员每周各1次义诊，帮助患者解决挂专家号难的问题，为患者提供良好的就医环境。8月，九三学社海宁基层委员会助学资金正式启动。

【党外知识分子联谊会和主要活动】

组织机构　2006年1月，海宁市党外知识分子联谊会(简称市知联会)成立，召开市知联会第一次会员大会，审议并通过《海宁市党外知识分子联谊会章程》，选举产生市知联会首届理事会。理事会由23人组成，杨涤江任会长，朱海英、李宗荣、张建明、沈健、周小松5人任副会长，朱海英兼任秘书长。首届会员60人，其中无党派人士55人。市知联会是由全市有影响、有代表性的党外知识分子为主自愿组成的，具有统战性、知识性、联谊性的非营利性社会团体；是党委、政府联系党外知识分子的桥梁和纽带，也是广大党外知识分子进行交流、联谊的平台。内设教育、医卫、文艺、工商经济、社会科技5个组，分别由相关副会长兼任组长，各组按照各自职责开展活动。

2009年8月，召开市知联会第二次会员大会，听取和审议市知联会第一届理事会工作报告，选举产生第二届理事会。第二届理事会共23人，朱海英任会长，鲁枫、李宗荣、谈敬一、张建明、沈健、沈自洪6人任副会长，张建明兼任秘书长；共有会员67人。

2014年12月，召开市知联会第三次会员大会，听取和审议市知联会第二届理事会工作报告，选举产生第三届理事会。第三届理事会共66人，朱海英任会长，鲁枫、章小平、谈敬一、王志良、张建明、沈亚萍、蔡平、沈健、吴新立、沈自洪、吕正华、姚太谕、姚建忠、陈明锋、居海明、董伟明、金虎良、王晓忠18人任副会长，张建明兼任秘书长；共有会员449人。

2011年6月，贯彻省委统战部《关于加强党外知识分子联谊会建设的意见》，市知联会先后在各镇、街道以及党外知识分子比较集中的教育、医卫系统建立基层知联分会各1个。至2014年，市知联会建有镇、街道和教育、医卫行业分会14个，实现基层分会全覆盖；两级知联分会会员449人。

主要活动　市知联会成立以后，注重加强自身队伍建设，以联智、联情、联心为宗旨，围绕“强化学习，提高能力，增进友谊，凝聚力量，服务社会，扩大影响”的总体目标，深入基层、开展调研，依托党外知识分子的人才优势、专业优势和科技优势，在参政议政、民主监督，服务经济、回报社会等工作中，努力为海宁市经济社会又好又快发展发挥作用。

参政议政、民主监督　市知联会成员中的人大代表、政协委员，发挥自身的智力和专业优势，深入社会，深入基层，听取群众意见，组织课题调研，通过人大、政协“两会”平台和市委、市政府召开的各类情况通报会、征求意见会等渠道，就全市经济建设、民生工程等重大事项，建言献策，履行参政议政职能。2006—2014年，共撰写提交调研文章18篇，其中《有序开放 加强监管 促进海宁市民营医疗机构健康发展》的调研报告，获得2006年全市统战系统调研成果一等奖；2007年撰写的《改善村小体育场地和设施，促进教育均衡发展》和《全面实施农村薄弱学校改造工程》，分别被市政协编入《我为教育献一计》专刊、被列为市政府2008年“十件实事工程”之一。在市政协十一届、十二届大会期间，提交提案176件、大会发言14篇，其中关于《依法防范处理医患纠纷，努力促进社会和谐稳定的建议》等10个提案被评为优秀提案。

服务经济、回报社会　市知联会注意发挥会员的知识优势和专业特长，组织开展科技知识咨询服务、送教送医下乡、送文艺进校园和结对帮困、慈善募捐等社会公益活动，服务经济、回报社会。2006—2014年，开展教育、法律、医疗、农技知识等咨询和讲座40余次，参与各类社会活动480余人次，接待来访市民累计9400余人；开展送教下乡活动，举办讲座、公开课60余堂次，培训中小学教师1300余人；开展送医下乡活动，免费为市民和外来务工人员提供基本医疗、疑难病会诊、慢性病咨询等服务240余人,发放健康宣传资料500余份;开展送文艺进校园活动,分别组织作家、书画家23人到海宁市宏达学校、海宁市高级中学“紫微文学社”,现场辅导学生205人;开展结对帮困、慈善募捐活动,3名会员与袁花镇濮桥村的6名贫困学生结对,累计捐赠人民币5万元。2008年5月,四川汶川地震发生后,市知联会第一时间为灾区群众捐款捐物,有的会员还参加了献血和造血干细胞捐献登记活动。同时,组织参与服务群众献爱心活动,分别向贵州省毕节市捐款5000元,向青海省玉树地震灾区捐款1.33万元。

第三节　落实统战政策

【落实错划“右派分子”政策】

1957—1958年,在全国范围的反右派斗争中,海宁全县经省委、地委和县委批准“戴帽”的“右派分子”共141人(报省、地区批准的分别为1人、28人)。1959—1962年,县委遵照中央关于“右派摘帽”的指示精神,全县先后摘掉“右派分子”帽子75人。但是,这些人虽然摘掉了“右派分子”帽子,在政治身份上仍然没有得到根本改正,属于“摘掉帽子的右派分子”。

1978年10月,县委贯彻中共中央《批准中央统战部、公安部〈关于全部摘掉右派分子帽子的请示报告〉的通知》《批准中央组织部、中央宣传部、中央统战部、公安部、民政部〈贯彻中央关于全部摘掉右派分子帽子决定的实施方案〉》精神,成立县摘掉右派分子帽子工作领导小组及其办公室,并从县委统战部、组织部、宣传部及县公安局、教育局等部门抽调党员干部,组成专门班子,开展错划右派的复查、改正、安置等工作。经查阅档案、核实申诉证明、走访当事人和知情人等工作,至1979年10月,全县查明原划为“右派分子”的191人(含外地转入),予以改正190人。对改正人员的安置工作,除原在职的55人以外,应安置的117人、落实安置的116人,其中全民106人、集体10人(其中办理退休手续的8人,发给生活困难补助费的8人);在政治上予以恢复党籍18人、恢复干部身份4人。1981年6月,县委再次组织对原划“右派分子”的复查,最终确定全县原划为“右派分子”的192人,经复查予以改正的191人、不予改正的1人。1982年7月22日,全县错划右派改正安置工作结束。

【落实原国民党起义投诚人员政策】

1979年,县委贯彻中共中央批转中央统战部等6部门《关于落实对国民党起义、投诚人员政策的请示报告》精神,组织开展全县原国民党起义、投诚人员的调查摸底和落实政策工作。至1983年12月,全县查明原国民党起义、投诚人员56名(中校1人、中尉11人、士兵和一般人员44人)。依据有关规定,确定应落实政策的15人,分别予以落实工作、恢复政治身份。其中因追究历史问题而受处分,复查后撤销原处分,给予恢复工作的8人、恢复工资级别1人、恢复干部待遇的1人,撤销原审查结论、政治上给予平反的5人。同时,对原国民党县政府科长(秘书)3人和办事员3人,按有关政策予以处理。其中原国民党县政府主任秘书1人,经调查承认其为起义人员,鉴于其在宁波市第六中学教书,由宁波市给予落实政策,享受退休待遇;其余5人,按照“既往不咎”政策,分别作出处理。

1985年,贯彻省委统战部《关于贯彻中央办公厅中办发〔1984〕17号文件的意见》,进一步落实起义、投诚人员政策,对全县37名起义、投诚人员颁发“起义投诚人员证明书”。

【落实原工商业者政策】

1979年,县委统战部贯彻中共中央批转中央统战部和国家计委等6部门《关于把原工商业者中的劳动者区别出来问题的请示报告》,组织开展对全县1956年社会主义改造高潮时期和以前参加国营、公私合营企业的原工商业者的调查核实和区别工作。至1982年3月,查明全县有原工商业者1207人。经复查验收,区别为劳动者的有883人,占总数的73%。对区别出来劳动者,贯彻与本企业干部职工“一视同仁”的原则,全面落实政策。其中恢复干部和工人身份,调换干部、工人退休证的139人;按国务院文件规定调整退休费比例的97人，原请长假改办退职按月领取原工资40%的3人，1962年下放农村、按月发生活补助费的8人。同时，对在职的原工商业者153人，按照工会章程和自愿原则吸收加入工会组织，其中区别为劳动者的119人、加入工会116人，未区别的原工商业者34人、加入工会21人。原工商业者在职人员153人，通过协商、推荐、民主选举、组织任命，安排职务66人，占在职人数的43%。其中安排经理、厂长10人，股长、门市部主任25人，工厂管理员、财会干部31人；对于年老体弱不适宜参加体力劳动的人员予以调整工种。

【落实知识分子政策】

1977年11月，县委召开全县教育工作会议，部署教育战线的拨乱反正。决定撤销工宣队和贫管会，恢复校长负责制，恢复学校以教学为中心、教师起主导作用、课堂教学为基本形式以及考试考核、升留级、毕业升学等制度，并在教育界开展平反冤假错案，公正处理历史遗案，改善教师待遇，评选表彰优秀教师工作者，重视教师的进修，增加教育界在人大代表、政协委员中的名额，在全社会倡导尊师重教，增强教师的责任感和荣誉感。同时，在文化、科技和医疗卫生领域落实知识分子政策，县文化馆专业队伍得到加强，人员由8名增至16名。1978年4月，县委贯彻中共中央、国务院召开的全国科学大会和全国教育工作会议精神，召开常委会，对“文化大革命”期间迫害知识分子、破坏科研工作的罪行进行批判，决定筹建县农业科技、医疗科技、新能源新材料和电子技术等科研实体，并恢复海宁县越剧团，重新组建海宁县评弹团阵容。同年7月，县委决定撤销进驻医院的工宣队，恢复院长负责制，为被迫害致死的名中医平反昭雪，恢复有一般历史问题的老医疗骨干的名誉和职务，恢复医务人员的技术职称，严格执行技术考核制度，调动医疗卫生界知识分子的积极性。是年，创建县卫生学校。1982年，召开海宁市文学艺术界联合会(简称“文联”)第二次代表大会，恢复“文联”活动，支持文艺界知识分子在中国共产党的领导下，发展和繁荣社会主义文艺事业，发挥文学艺术团结人民、教育人民的作用。1983—1984年，县委、县政府贯彻中央组织部《关于认真检查一次落实知识分子政策情况的通知》精神，组织开展全县知识分子政策落实情况检查，并印发《关于充分发挥知识分子作用，加快我县社会主义现代化建设的决定》，清除左倾错误，在思想上、组织上，以及经济投入、人才培养和使用上作出具体规定，进一步发展壮大知识分子队伍。全县在落实知识分子政策工作中，处理历史遗留问题165人，清理档案1649件，归还被查抄物资11人，退还被占私房4户，补发被停发和扣发工资5541人，解决照顾子女就业的69人，解决煤气灶31个，解决住房困难户19人，解决夫妻分居8对，调整专业对口2人，落实因历史问题受处理和子女就业问题2人。

【落实政协委员政策】

1984年年初，县委遵照中央、省委和嘉兴市委关于认真做好落实政协委员政策工作的指示精神，由县政协、县委统战部组成专门班子，对各级政协委员提出的有关落实政策问题进行梳理。经逐一走访、调查核实，采取按人立户、按事记账、逐件落实的办法，凡按照政策规定可以解决的，解决一件，勾销一件；对有些不属于落实政策范围的要求，逐个作出解释。是年12月，县委统战部会同县政协组织政协委员和机关干部，组成8个组，对全县省、市、县三级政协委员落实政策情况进行复查和验收。至1985年12月，全县平反纠正“文化大革命”中被错误立案审查的45人，有关不实材料全部得到处理；发还“文化大革命”中被扣减工资的11人21442元；按1984年5月4日省委统战部、省劳动人事厅文件规定，恢复“文化大革命”中被扣减附加工资的5人；落实“文化大革命”中被挤占私房问题的22人2139.34平方米，其中归还原房1830.48平方米，折价308.86平方米计2412.86元；落实私房改造政策遗留问题的18人；原物归还或折价处理“文化大革命”中被查抄财物的问题42件42人；妥善安排“文化大革命”前担任行政职务的非党委员10人；改正要求复查的历史老案问题24件23人；落实“三小”区别政策的三级政协委员7人(1981年前全部解决)；解决“四清”及“文化大革命”初期经济方面的问题13件10人；恢复全民性质3人；落实本人及妻子、子女因政治牵连户口“农转非”及工作安排问题的27件25人。至此，全县落实政协委员政策工作基本完成。

第四节　民族宗教工作

【民族工作】

基本情况　海宁为汉族聚居地区，历史上少数民族甚少且散杂居住。据史料记载，明宣德年间(1426—1435)，有一些回族居民从福建迁入，定居境内盐官镇。1953年第一次全国人口普查时，全县有少数民族4个24人，其中回族21人、壮族1人、苗族1人，其他未识别民族1人。1964年第二次全国人口普查时，全县有少数民族4个54人，其中回族46人、满族3人、藏族1人、僮族4人。1982年第三次全国人口普查时，全县有少数民族5个87人，其中回族68人、壮族6人、朝鲜族5人、满族6人、畲族2人。

20世纪80年代中后期，海宁经济发展加速，经商人员激增，少数民族因通婚、经商、就业、人才引进等因素在海宁定居增多。1990年第四次全国人口普查时，全县有少数民族17个342人，其中壮族188人、回族90人、瑶族13人、彝族7人、畲族7人、蒙古族6人、满族6人、布依族4人、苗族3人、侗族3人、土家族3人、朝鲜族2人、佤族2人、藏族1人、白族1人、黎族1人，其他未识别民族5人；来自广西的壮族最多共188人，主要分布在长安乡、辛江乡、郭店乡、沈士乡和丰士乡的农村，其次是回族共90人，多数居住在盐官和硖石。2000年第五次全国人口普查时，全市有少数民族26个2333人，其中壮族654人、彝族538人、土家族397人、苗族239人、回族127人、瑶族59人、布依族49人、蒙古族46人、白族44人、畲族30人、侗族28人、满族27人、朝鲜族25人、黎族13人、仡佬族10人、藏族6人、佤族4人、维吾尔族3人、哈尼族3人、傣族3人、水族2人、锡伯族2人、普米族2人、俄罗斯族1人、傈僳族1人，其他未识别民族20人。2010年第六次全国人口普查时，全市常住的少数民族增加到25个1190人，约占当年总人数的0.18%，少数民族人口最多的依次是壮族、苗族、土家族、彝族、回族、满族，最少的毛南族1人。2014年，全市有常住少数民族27个2174人，其中壮族779人、苗族243人、土家族225人、彝族208人、回族145人、满族111人、蒙古族93人、布依族68人、侗族55人、畲族54人、瑶族50人、朝鲜族43人、白族31人、仡佬族17人、黎族14人、哈尼族6人、达斡尔族4人、傣族4人、土族4人、傈僳族3人、佤族3人、藏族2人、仫佬族2人、羌族2人、水族2人、锡伯族2人、毛南族1人、其他3人。

新居民中的少数民族也随着海宁工业企业和建筑业猛增、第三产业兴起、用工需求增加等因素，呈上升趋势。2009年，全市新居民增至30余万人，其中来自贵州、广西、云南、湖南、湖北等27个省(区)的少数民族37个13957人(男性7977人，女性5980人)。2011年6月30日，全市持居住证新居民中有少数民族29256人，占持证新居民总数的9.15%，其中人数相对较多的民族是彝族4551人、苗族3385人、壮族3588人、土家族2638人、回族1177人。2014年，全市持居住证新居民中有少数民族17087人，占持证新居民总数的4.92%，其中人数相对较多的民族是彝族4124人、苗族3372人、壮族2702人、土家族2053人、回族1041人。

主要工作　20世纪50—80年代，县委统战部、县民宗部门结合境内少数民族稀少的实际，侧重做好户籍登记和管理工作。对与当地汉族居民结婚的，保持民族身份，尊重风俗习惯，并按照有关规定在子女就业、升学等方面给予照顾。20世纪90年代以后，随着少数民族人口的逐年增加，市委、市政府确定一名副书记和副市长分管民族宗教工作，各镇(街道)也落实相应的分管领导，配合做好辖区少数民族工作，推进民族团结和谐。市委统战部、市民宗部门深化、细化党的各项民族政策的贯彻。在落实少数民族优惠政策方面，按照规定为少数民族考生出具中考、高考加分和学杂费补助证明，为符合条件的50余名对象办理民族变更手续，在重要民族节日对少数民族代表人士进行慰问，并设立少数民族特别费，用于扶贫济困；在保障和维护少数民族合法权益方面，注意加强民族政策宣传，妥善解决民族矛盾，对招收少数民族职工较多的企事业单位，设立少数民族联络员，及时了解情况，协调民族关系。同时，注意做好少数民族代表人士的人大代表、政协委员的举荐安排和少数民族骨干的培养和教育工作。回族人士李金山先后任海宁市第四届、五届、六届、七届、八届、九届、十届、十一届政协委员，韩茂顺先后任海宁市第八届、九届、十届、十二届政协委员。

进入21世纪，市委统战部、市民宗部门以宣传贯彻《浙江省少数民族权益保障条例》为契机，进一步完善少数民族权益保障工作，维护和发展平等、团结、互助的社会主义民族关系。2004年，海宁市教育局、物价局、财政局结合贯彻《浙江省少数民族权益保障条例》，印发《关于全面推行"一费制"加强义务教育收费管理的通知》，决定对少数民族小学生和初中生免交杂费；对列入"低保"家庭经济困难的少数民族学生，在义务教育阶段免收课本、作业本费和住宿费，高中阶段免收学费和代管费，减免费用由市财政予以足额补助；考上大中专院校的少数民族学生，由市财政一次性补助5000元，确保全市少数民族学生不因经济困难而辍学。市教育局全面落实少数民族学生升学优惠政策，对参加中考的少数民族学生实行降分录取，并印发《海宁市高中段学校招生优惠加分实施细则》，规定在高中段学校招生中可以享受优惠加分的政策类范围中，少数民族考生，可以得到加5分的分值，以有利于少数民族初中毕业生升入高中阶段的学习，确保少数民族高中阶段的普及教育工作。2006年，市委统战部、市民宗部门针对天通公司招用新疆于田县少数民族女工的实际，指导天通公司按照少数民族的有关政策，落实各项保障措施，并确定每年第四季度对少数民族用工单位进行监督检查。天通公司在工作中，注意在政治上、生活上关心新疆籍民工，经济待遇上从优，风俗习惯上尊重。为此，《民族报》于2009年5月，用一整版刊登《在海宁，有一群快乐的新疆姑娘》的专题通讯；《民族画报》于2009年11月，用整整8页刊登《新疆姑娘在海宁》的摄影报道。2010年8月，一名女工患乙型脑炎，天通公司送医院全力救治，并解决医药费、服务费和一次性补助75万元。12月，天通公司又为合同到期的新疆籍民工，购买返程车票送回新疆于田并追加合同补偿金30余万元。是年，天通公司被评为"浙江省第四次民族团结进步模范集体"，受到省政府的表彰。

2008年10月，市委统战部贯彻嘉兴市委统战部《关于开展少数民族低收入群众增收帮扶结对工作的通知》，成立结对帮扶领导小组，制定结对帮扶计划，明确工作职责，与温州市文成县黄坦镇新康村（少数民族聚居村）建立结对帮扶关系，并签订结对帮扶协议。其间，多次组织人员赴文成县结对帮扶村，与村干部座谈交流、了解情况，帮助他们理清发展思路。至2010年，共落实到位帮扶资金10万元。2009—2010年，市委统战部、市民宗部门坚持属地管理原则，依法管理民族事务，加强与新疆籍维吾尔族、柯尔克孜族民工相对集中的镇、街道、公司联系，促进民族团结。同时，进一步规范少数民族成分更改审核和少数民族考生加分审核手续，对少数民族经商人员遇到的生产经营及子女上学等问题给予帮助解决。2012年，市委、市政府贯彻国家关于加快少数民族地区人才培养步伐，振兴西部少数民族地区发展的决定，在海宁第一中学高中部开设"新疆班"，每年招收四年制高中班2个、学生100名。市委统战部、市民宗局、教育局、团委等有关部门加强对学校的指导，学校为"新疆班"配备较强的师资，并在食堂设置民族菜厅，为少数民族学生创造良好的学习和生活环境。是年11月，学校专门制作《海宁，我们的第二故乡》的录像，介绍"新疆班"的教学实况、教学成果以及学生丰富多彩的课余生活和融洽的师生关系，获得各级领导的赞誉。2013年春节，学校还为"新疆班"学生安排"春节九天乐"系列活动，共度新春佳节。至2014年，学校共招收"新疆班"三届6个班，有维吾尔、哈萨克、柯尔克孜等5个少数民族的近300名学生得到系统教育。

2013—2014年，市委统战部、市民宗局在少数民族人口较为集中的学校、社区，组织开展民族团结进步"三进"（进学校、进社区、进市场）和民族团结"和谐之家"创建活动，并开展微组织、微窗口、微热线、微平台的"四微"工作试点，探索加强各民族和睦相处的新方式、新路子。在民族团结"和谐之家"创建活动中，加强与城管部门的协调与联系，切实做好少数民族经商者的引导和管理，授予一家穆斯林餐厅“海宁市民族团结进步和谐之家匾额”,鼓励少数民族经商者积极参与民族团结创建活动;开展与武义县柳城畲族镇青坑村结对帮扶工作,提供帮扶资金10万元改善当地民生,并发动宗教团体募资5万元帮助民族村开展“五水共治”;协调在海宁紫微高级中学开设内地“新疆班”,采取挂钩海宁一中的模式,推进“新疆班”教育工作的深入发展。同时,注意尊重少数民族风俗习惯,维护少数民族合法权益,切实做好海宁籍嘉兴回民墓征迁工作。对全市161户常住回民家庭逐一进行电话询访,梳理出相关信息制成表格上报嘉兴,并成立专门的工作领导小组,上门对墓主家属做好签约政策解释工作,圆满完成海宁所有涉及墓地和备穴的家属签约工作。

【宗教工作】

宗教沿革和宗教团体　境内宗教历史悠久,佛教、道教、伊斯兰教、天主教、基督教五大宗教齐全,为嘉兴全市宗教种类最完整的县级市。据《海宁市志》记载,佛教最早的寺院惠力寺(俗名西寺),建于东晋宁康年间(373—375);最早的道院禹秦二王庙(即社庙,俗称土地堂)建于随大业年间(605—618)。历代寺庙遍布境内各乡镇。明洪武十五年曾设僧会司于盐官安国寺,掌管僧侣事务;设道会司于盐官葆真观,掌管道徒事务。天主教和基督教分别于明、清时期传入。史料记载:明末海盐县甪里堰一吴姓天主教徒,举家迁徙狮岭乡车幅浜村(1950年5月划归海宁县),嗣后乡民受其影响,远及石路、湖塘、谈桥等乡,信教者日增;清光绪二十六年(1900)基督教传入境内,先后建有硖石、斜桥、路仲、长安、袁花、马桥、盐官、芦湾、石塘头、周镇、太平乡、许港等12个教会,信众甚多。伊斯兰教于民国21年(1932)由回民迁徙定居传入,有教徒16人(主要居住在盐官地区,重要宗教活动分别赴杭州、嘉兴参加)。后境内宗教活动几经兴衰,至新中国成立初期,除少数基督教堂、天主教堂尚有宗教活动外,多数寺庙因年久失修只剩遗址或改作乡、村公务场所和学校,僧尼道士还俗,佛教、道教散于民间。1955—1960年,全县有天主教、基督教教职人员21人,可统计信徒(不包括佛教)2058人,其中道教65人、天主教1065人、基督教928人。

“文化大革命”期间,宗教工作受到严重冲击,宗教活动停止。

中共十一届三中全会以后,县委统战部贯彻党的宗教信仰自由政策,拨乱反正,一些基督教堂、天主教堂得到修复并对外开放,一些佛教寺院被修缮或重建,宗教活动逐步恢复。1981年成立县基督教“三自”爱国运动委员会,1996年先后成立市天主教爱国会、市佛教协会。宗教团体成为市委、市政府团结、教育宗教界人士,引导广大信教群众依法参与宗教活动的重要宗教组织。至1999年,全市有宗教团体3个,宗教教职人员32人,其中佛教5人、基督教26人、天主教1人,可统计信徒(不包括佛教)约6457人,其中基督教4658人、天主教1721人、伊斯兰教78人。

进入21世纪,全市宗教组织进一步健全和规范。2003—2005年,市佛教协会、市天主教“两会”、市基督教“两会”先后换届,选举产生新一届宗教领导班子。2009年4月,市道教协会成立。至此,全市已建立宗教团体4个,成为嘉兴全市宗教组织最齐全的县级市。至2010年,全市有宗教团体4个,宗教教职人员约149人,其中佛教100余人、道教11人、基督教29人、天主教5人,可统计信徒(不包括佛教)10550人,其中基督教8400人、天主教2863人。

2014年,全市有宗教团体4个,宗教教职人员57人,其中佛教26人、道教(道士)2人、基督教28人、天主教3人,可统计信徒(不包括佛教)16119人,其中基督教约1.1万人、天主教约4000人、道教1000余人、伊斯兰教60余人。

附:佛教协会、道教协会、伊斯兰教、天主教爱国会及基督教两会概况

市佛教协会　1996年,成立海宁市佛教协会筹备组,释觉醒任筹备组组长。后因觉醒法师去世,缺乏合适的会长人选,协会筹建工作暂缓。2000年3月,市佛教协会在硖石举行第一次代表会议,选举产生市佛教协会第一届理事会,释仁山任会长、释益方任副会长,陈文忠任秘书长。2003年6月,市佛教协会在硖石举行第二次代表会议,选举产生市佛教协会第二届理事会,释益方任会长、释

仁义任副会长，陈文忠任秘书长。2006年4月，市佛教协会在硖石举行第三次代表会议，选举产生市佛教协会第三届理事会，释仁义任会长(2006年12月后释通正任会长)，释通正、释宏法、释坤传、释慧缘任副会长(2007年4月和12月又分别增补释仁觉、陈河为副会长)，释通正任秘书长(2006年12月，由徐关芳接任)，礼聘释益方为名誉会长。2011年6月，市佛教协会在硖石举行第四次代表大会，出席代表55人，选举产生市佛教协会第四届理事会，释通正任会长，释仁觉、释宏法、释坤传、释慧缘、陈河任副会长，徐关芳任秘书长，礼聘释益方为名誉会长。2011年，市佛教协会被评为海宁市3A级社会团体，2013年被评为4A级社会团体。至2014年，协会下辖经批准开放的寺院16处，僧人及居士800余人。

市道教协会 1953年，道徒在盐官镇自行成立道教协会筹备会，设6个支会，27个小组，共有会员401人。因未获批准，于1957年停止活动，组织随之消失。2009年4月，成立市道教协会，在硖石召开第一次道教代表会议，选举产生市道教协会第一届理事会，理事13名，薛兰刚任会长，李天庆、陈强、张子法任副会长，陈浩明任秘书长。现有活动场所1处，在册道士及皈依弟子1000余人。

伊斯兰教 伊斯兰教亦称回教。民国21年(1932)由回民迁居盐官地区传入，有教徒16人。1950年后，陆续有回民迁入硖石镇。1990年，全市有信奉伊斯兰教者119人(包括回族90人)，其中盐官乡中新村65人、硖石镇37人、长安镇7人、许村镇3人、钱塘江镇2人、袁花镇、斜桥镇、郭店镇、庆云镇和许巷乡各1人。伊斯兰教以念、礼、斋、课、朝五功为活动中心内容，市内无活动场所，乡镇间信徒交往甚少，每逢重大节日，如开斋节、宰牲节(古尔邦节)等，各自赴杭州、嘉兴等地参加活动。1953—1990年，硖石镇由李金山任教长；1964—1990年，盐官乡由马阿毛负责教务活动。2000年，河南省商丘市宁陵县城关镇回族李真军在海宁海洲街道勤俭路55号开设穆斯林餐厅，经营清真餐饮，逐渐形成相对固定的信奉伊斯兰教的少数民族群体40余人。此后，经市民宗局同意，发展成为穆斯林宗教活动点，李金山为主持活动的阿訇。2011年，该活动点被授予“民族团结和谐之家”称号，此项创建工作被省委统战部评为创新奖。

市天主教爱国会 1996年7月，召开市天主教第一次代表会议，出席代表20名，成立市天主教爱国会、市天主教教务委员会(简称市天主教“两会”)。选举产生市天主教“两会”第一届领导班子，主任暂缺，孙秀华、施玉良、吴月新任市天主教“两会”副主任，沈舜华任市天主教“两会”秘书长。其中天主教海宁市教务委员会，主任委员暂缺，孙秀华、施玉良、吴月新为副主任委员，沈舜华为秘书长。

2003年10月，召开市天主教第二次代表会议。选举产生市天主教“两会”第二届委员会委员13名，施玉良任主任委员，徐再英、吴建新任副主任委员。其中天主教海宁市教务委员会由吴建新、张振荣、张维玉、姚付红四人组成，吴建新为主任。2005年12月，召开市天主教第三次代表会议。会议决定不再设立天主教海宁市教务委员会，海宁市天主教爱国会第三届委员会委员19名，吴建新任主任委员，施玉良任常务副主任委员，褚召辉、吴达明、罗福仙(兼秘书长)任副主任委员。2014年6月24日，市天主教第三届委员会经市民政局同意备案，其常委会由吴建新、李爱菊、吴达明、罗福仁、凌月英、沈明祥、施志坚等7人组成，吴建新任主任，吴达明任常务副主任，罗福仙任副主任兼秘书长，沈明祥、施志坚任副主任。市天主教“两会”下辖经批准的活动场所4处，信徒约4000人。

市基督教两会 1951年，成立县基督教三自革新运动筹备会。“文化大革命”中筹备会停止活动。1981年冬，成立县基督教三自爱国运动委员会，召开县基督教第一次代表会议，选举叶瑞山任主席、阮奉天任副主席。1986年，召开县基督教第二次代表会议，选举阮奉天任主席。1994年8月，召开市基督教第三次代表会议，选举产生市基督教三自爱国运动委员会第三届、市基督教协会第一届委员会(简称市基督教两会)。市基督教两会由17名委员组成，阮奉天任市基督教三自爱国运动委员会主席、市基督教协会会长，闻荣圣任市基督教三自爱国运动委员会副主席、市基督教协会副会长，李成义任市基督教三自爱国运动委员会秘书长、市基督教协会总干事。1999年11月，召开市基督教第四次代表会议，选举产生新一届委员会委员19名、协会常委7名，李成义任市基督教三自爱国运动委员会主席、市基督教协会会长，陈培汉任市基督教三自爱国运动委员会副主席兼秘书长、市基督教协会副会长兼总干事，冯路得任市基督教三自爱国运动委员会副主席、市基督教协会副会长。2005年1月，召开市基督教第五次代表会议，选举产生委员会委员19名、协会常委9名，李成义任市基督教三自爱国运动委员会主席、市基督教协会会长，陈培汉、沈继先任市基督教三自爱国运动委员会副主席、市基督教协会副会长，陈培汉兼市基督教三自爱国运动委员会秘书长和市基督教协会总干事。2014年，市基督教两会下辖经批准的活动场所12处，信徒约1.1万人。

宗教政策和宗教事务　海宁解放后，县委统战部贯彻党的宗教信教自由政策和中国宗教团体独立自主、自办教的原则，遵照省委、地委关于做好宗教领域统战工作的一系列指示精神，做好各类宗教活动的引导和管理。1951年11月，县委统战部遵照地委统战部关于对任何宗教及其活动，“以不发展，不禁止并以改造现有宗教为原则”“对于信教教徒，应看作是统一战线的重要对象”的指示精神，将海宁县耶稣基督教三自革新爱国委员会的神职人员，列为统战对象。同时，举荐安排硖石镇耶稣堂牧师叶瑞山为各界人民代表会议的代表，支持宗教界人士参与国事协商，发挥宗教界人士在维护社会稳定工作中的作用。20世纪50年代中期，县委统战部针对一些地方在“土改中菩萨被捣毁”的过激行为，以及“教堂被侵权”“寺庙失修，破旧不堪，佛事活动几乎停顿”等问题，组织开展调查，并向县委提作出“关于宗教和华侨的情况汇报”，提出“要制止干涉信教自由和占用其宗教活动场所”的建议。这一建议引起县委高度重视，在各地得到纠正。1960年春节前夕，召开宗教界神职人员座谈会，宣传党的宗教政策，进行爱国守法教育，并组织参观工农业生产展览会，引导、鼓励宗教界人士开展合法宗教活动。1962年起，农村佛教活动有所增多，一些寺庙香火旺盛。

“文化大革命”期间，佛道教活动被作为“封建余逆”禁止，宗教文物被作为“四旧”捣毁，天主教、基督教神职人员被作为“牛鬼蛇神”挂牌戴高帽批斗，党的宗教信仰自由政策受到严重干扰，正常宗教活动被迫停止。

中共十一届三中全会以后，县委统战部拨乱反正，全面落实宗教政策，协调支持恢复宗教组织，腾退归还被占用的宗教场所，合理布局逐步批准开放一批宗教活动场所，群众的宗教信仰需求基本得到满足(详见本节“宗教沿革和宗教团体”“宗教场所”子目)。1981年6月，县委统战部针对一些地方基督教家庭聚会增多，非法宗教活动抬头；一些地方出现“呼喊派”邪教活动的现象，向县委提交《海宁县基督教情况调查及今后意见》，在全县组织开展打击非法宗教活动整治。1983年5月，县委统战部、县公安局遵照中央、省(地)委关于“打击受国外反动宗教势力支配和资助的非法宗教组织”的指示，针对许巷、长安、丁桥卢湾、狮岭等地非法宗教聚会、串连活动蔓延，一些地方甚至出现传播邪教异端邪说，散布各种针对党和政府的反动宣传品等情况，召开全县宗教工作会议。多管齐下、营造声势、分工包干，收缴非法宣传品，全县非法宗教活动被有效遏止。1983—1988年，县(市)委统战部贯彻中共中央《关于我国社会主义时期宗教问题的基本观点和基本政策》，注意在加强宗教活动管理、做好宗教界人士团结教育、发动和支持宗教团体兴办社会公益事业等工作上抓好落实。其间，多次召开宗教界人士学习会、座谈会，传达文件精神、听取意见建议；支持县(市)基督教三自爱国会等宗教团体开办硖石箴言服装厂、福音点心店等社会福利企业，推进宗教组织自治自建；指导县(市)基督教三自爱国会在硖石、长安、斜桥、袁花、翁埠等地举办义工培训班共5期154人，引导和鼓励宗教信徒依法开展宗教活动。1993年，全市贯彻嘉兴市委统战部、市民宗局《关于加强全市佛教活动管理的意见》，对滥建的非法小庙宇依法予以拆除、取缔，对符合条件的宗教活动场所进行登记发证。是年，完成登记发证5处，天主教4处、佛教1处，依法拆除非法小庙宇185处。1996年，市委统战部、市民宗科在全市宗教活动场所推出年度检查(简称“年检”)制度，指导各宗教寺、堂、点开展自查总结，规范管理。

此后，宗教活动场所年检工作常态化，每年进行。1997年5月，市委、市政府进一步加强民族宗教工作，市民族宗教事务科升格为市民族宗教事务局。1999年3月，市委统战部、市民宗局贯彻《浙江省宗教事务条例》，举办宗教骨干培训班，组织全市17个宗教场所的43名宗教场所负责人，学习《浙江省宗教事务条例》。同时，建立完善全市宗教场所人事管理制度、活动管理制度、安全防火制度、财务管理制度、财产管理制度等的6项管理制度，增强宗教骨干的知法、懂法、守法意识，提升宗教场所管理水平。

进入21世纪，市委统战部、市民宗局进一步规范和完善宗教工作的各项管理制度，加强宗教界人士的教育培训，引导宗教与社会主义社会相适应。2001年，组织对全市17个宗教活动场所进行"年检"，进一步健全和规范宗教场所内部管理。2002年，针对一些地方以"发展旅游、搞活地方经济"为名，未经批准，非法占用农田建庙宇（民间信仰点）的情况，市委统战部、市民宗局坚持依法管理宗教事务，结合海宁宗教场所和民间信仰点的特点和现状，采取"堵疏结合、重在引导，因地制宜、有序推进，合理布局，规范建设"等措施，妥善解决寺院与小庙小庵、寺院与民间信仰点的布局和建设问题，初步形成一镇（街道）一寺，几个村一小庙，数量控制，适度为宜的工作格局。2004年2月15日，海宁市黄湾镇五丰村一批老年妇女在自行搭建的草棚内烧香，引发火灾，造成39人死亡、4人受伤的惨案。市委统战部、市民宗局遵照市委、市政府决定，在全市组织开展"反对封建迷信，倡导文明新风"主题教育活动。同时，协调公安、城建等部门和各乡镇政府对全市宗教活动场所的安全问题，进行地毯式排查，对检查发现的各类安全隐患，发出整改通知书，依法督促落实整改；对违反《海宁市佛教寺院监院管理办法》，安全责任不落实的寺院负责人，作出调整和处理；对基督教非法家庭聚会点，依法予以取缔，并对相关人员进行政策宣传和法规教育。其间，全市共拆除非法搭建的小庙小庵100余处。2005—2006年，组织全市各宗教场所开展创建"平安寺院""平安教会"活动。以创建活动为契机，进一步完善《宗教活动场所管理制度》，由市民宗局统一制作下发到各宗教场所上墙公布、规范管理。至2006年，全市共有惠力寺、硖石天主堂、袁花基督教堂等14处宗教活动场所被评为"平安寺院""平安教堂"。2007年，全市继续开展"平安宗教场所"创建活动。民宗局结合创建活动，印发《宗教活动场所规范化建设评比细则》，实行规范化建设评比，变宗教活动场所的集中年检为分散的常检。是年，惠力寺、觉皇寺、史山寺、硖石天主堂、硖石基督教堂、长安基督教堂、许村基督教堂7处宗教活动场所，被评为嘉兴市"平安寺院""平安教堂"；袁花崇教寺、盐官基督教堂、谈桥天主教堂等9处宗教活动场所，经过量化考核，作为全市第二批"平安寺院""平安教堂"上报嘉兴市考核验收；海宁市佛教协会印制的《制度汇编》资料，在嘉兴市召开的浙江省创建"平安宗教活动场所"现场会上，被作为会议材料下发，受到普遍好评。2008年，市委统战部、市民宗局结合"奥运"安保工作，印发《海宁市关于进一步加强依法管理宗教事务的实施意见》和《海宁市处置小群派突发事件应急预案》，并会同消防等部门印发《关于开展涉奥消防安全隐患排查整治百日攻坚活动的通知》，组织各宗教活动场所开展消防安全隐患自查和督查。是年，全市按照《嘉兴市创建"平安宗教活动场所"考核评分办法》，共有18处宗教活动场所被评为嘉兴市级"平安宗教活动场所"，"平安"创建达标率接近70%。2009年，市民宗局与市规划建设局、市安监局印发《关于转发"关于加强宗教活动场所建设工程安全监管工作的通知"的通知》，进一步推进"平安创建"工作。同时，围绕新中国成立60周年庆典活动，先后协调、支持市佛教协会编撰出版《海宁佛教》画册，举办"庆祝新中国成立60周年·共创和谐社会《梵音潮声》"摄影展，宣传海宁市佛教寺院改革开放以后的发展状况。市委统战部因此荣获2009年全省统战宣传重大创意活动奖。是年，除2处正在筹建中的宗教活动场所外，全市27处宗教活动场所全部通过考核，被评为嘉兴市"平安宗教活动场所"称号，"平安"创建达标率100%。2010年，遵照省委统战部、省民宗委关于创建"和谐寺观教堂"活动和嘉兴市委统战部、嘉兴市民宗局关于创建"星级平安宗教活动场所"的通知精神，全市"平安宗教场所"创建活动进一步深化。是年，全市宗教活动场推荐为首批省级“和谐寺观教堂”称号5处,通过省级验收,长安觉皇寺和硖石基督堂被省民宗委授予“创建活动”先进场所予以表彰;被评为嘉兴市第一批“三星级平安宗教活动场所”称号9处。此后,省、嘉兴市、海宁市三级“平安宗教场所”创建活动常态化。2011年,全市通过嘉兴市“星级场所”考评验收7处。2012年,市委统战部、市民宗局在全市逐步推进宗教教职人员社会保障工作,会同市人力资源和社会保障局、市财政局印发《关于做好宗教教职人员社会保障工作的实施意见》。是年,全市协调落实宗教教职人员参保56人;被嘉兴市评为“平安宗教场所”称号28处,达标率100%;通过省“和谐寺观教堂”和嘉兴市“星级平安宗教活动场所”考核验收2处。2013年,全市通过省“和谐寺观教堂”和嘉兴市“星级平安宗教活动场所”考核验收8处。

2014年,市委统战部、市民宗局深化依法管理宗教事务,印发《宗教活动场所消防安全工作指导意见》,举办佛教场所消防技能竞赛和灭火逃生大演练,开展宗教活动场所安全隐患“大排查、大整治”专项行动,组织发起信教群众文明进香倡议,规范、有序推进全市宗教活动场安全管理。同时,召开全市民间信仰场所管理工作会议,对登记开放的民间信仰场所负责人及属地镇、村分管领导进行专题培训,并建立民间信仰点数据库,探索和完善民间信仰场所管理工作。是年,全市宗教活动场所被评为嘉兴市“平安宗教活动场所”32处,达标率100%;被评为“省级和谐寺观教堂”和嘉兴市“三星级宗教活动场所”28处,达标率87%。

支持参与经济建设和社会慈善活动　市委统战部、市民宗局支持、鼓励宗教团体、宗教人士发扬乐善好施的传统,参与赈灾捐赠、扶贫帮困等慈善活动。2002年,全市组织开展“情系社会献爱心”活动,各宗教场所、宗教人士积极参与,工募集捐款3010元。2003年,国内一些地区发生“非典”疫情,市民宗局、市佛教协会发动各寺院开展献爱心慈善活动。其间,荐福寺组织僧人和佛教信徒参与义务献血8人,献爱心募款1530元。2006年,市民宗局联合各宗教团体向宗教界发出“结对助学”慈善捐款倡议。全市各宗教活动场所积极响应,第一次发放善款5000元,分别与许村、长安、盐官、袁花等镇的困难学生结成帮困助学对子,广福寺为困难家庭捐款2.5万余元。2008年5月,四川汶川发生8.0级特大地震,市委统战部、市民宗局向全市各宗教团体发出开展抗震救灾的紧急通知,发动各宗教活动场所、宗教界人士向四川汶川地震灾区奉献爱心。各宗教团体积极响应,共募集捐款21.86万元(其中市佛协11.1万元、市基督教三自爱国会9.5万元、市天主教爱国会1万元、盐官城隍庙0.26万元),还以宗教界特有的方式,举行各种超度祈福法会,为灾区群众祈福。是年,市民宗局牵线搭桥,市佛教协会第二次筹集资金1.2万元,落实与袁花镇龙联村贫困学生的“助学结对”工作。2009年8月,市佛教协会与袁花镇龙联村的12位贫困学生,举行“助学结对”仪式,给予每人1000~1200元不等的学习补助。广福寺、硖石天主教堂、硖石基督教堂等宗教场所被评为“嘉兴市第一届宗教慈善奖”。2010年,史山寺、觉皇寺、长安基督教堂等宗教场所被评为“嘉兴市第二届宗教慈善奖”。至2014年,全市宗教界在参与赈灾捐赠、扶贫帮困活动中,共募集捐款总计240余万元。

宗教场所　海宁历史上曾有寺庙院庵228座,其中佛寺43座、庵84座、庙67庙、佛院道院34座。至新中国成立初期,寺庙院庵除硖石镇西山广福寺保存相对较好、惠力寺尚存一殿,盐官小普陀寺尚剩一厢房外,有的破旧,有的只剩遗址;天主教堂、基督教堂尚有11所(天主堂7所、基督堂4所)。县委统战部贯彻党的宗教信仰自由政策,对历史悠久、具有一定影响的寺庙、教堂注意保护。20世纪50—60年代,一些寺庙因破旧不堪被拆除,一些寺庙被作为仓库、学校或政府使用。

“文化大革命”期间,全县除政府、学校占用的寺庙外,仅剩的寺庙教堂和佛像、寺内文物被作为“四旧”损毁。

中共十一届三中全会以后,落实宗教政策,被占用的寺庙教堂逐步清退归还,一些寺庙得到修复、重建,并陆续批准对外开放,支持开展正常宗教活动。1981年10月,县委统战部、县民宗部门批复开放斜桥镇基督教堂,要求当地政府劝阻家庭聚会,说服信徒去教堂参与正常宗教活动。1985—

1990年，先后批准长安教堂、狮岭车辐浜教堂、硖石教堂、谈桥施介教堂等天主教堂6个。1991年8月，市人民政府批准，广福寺作为海宁第一处佛教活动场所正式对外开放。1999年，市政府又决定按照“一次设计、分步实施、以寺养寺、逐步开放、不断完善”的原则修复硖石惠力寺，并将这一原则作为全市佛道教寺庙修复的模式予以推广。此后，市委统战部、市民宗部门按照宗教需求与合理布局兼顾的工作思路，对全市佛教寺庙和天主教、基督教教堂的分布状况进行调查，提出意见，一批历史悠久的寺庙教堂得到修建、扩建或重建。至2014年，全市共有批准开放的宗教活动场所32处，其中佛教15处，分别为广福寺、史山寺、惠力寺、药师寺、太平寺、小普陀禅寺、仲济禅寺、荐福寺、万寿寺、觉皇寺、兴福寺、林海寺、桧林寺、崇教寺、观音寺；天主教4处，分别为车福浜教堂、硖石教堂、谈桥教堂、长安教堂；基督教12处，分别为硖石教堂、许村教堂、盐官教堂、袁花教堂、斜桥教堂、长安教堂、翁埠教堂、花园教堂、周镇教堂、冯桥教堂、丁桥教堂、前进教堂；道教1处，盐官城隍庙。

海宁市宗教场所情况一览表

表8-6-17　　　　单位：人

教别	场所名称	负责人	信徒人数	教职人员	地　址	登记年份
基督教	硖石基督教堂	李成义	850	5	硖石街道海昌南路119号	1982
	长安基督教堂	朱正光	1152	3	长安镇辛江路57号	1982
	盐官基督教堂	黄丽云	553	1	盐官宁袁路2号	1994
	袁花基督教堂	冯路德	330	2	袁花镇荷溪街城隍弄8号	1991
	斜桥基督教堂	徐惠凤	431	1	斜桥镇工人路65号	1981
	许村基督教堂	沈继仙	555	4	许村镇联合街13号	1996
	翁埠基督教堂	马培根	350	4	许村镇翁埠村	1982
	花园基督教堂	郭田甫	487	5	许村镇花园村	1989
	周镇基督教堂	施玉鸣	350	2	周王庙镇水阁路2号	1996
	冯桥基督教堂	杜月萍	500	1	斜桥镇三联村	1990
	丁桥基督教堂	李高生	60	—	丁桥镇	2006
	前进基督教堂	莫禾根	—	—	许村前进	2012
天主教	硖石天主教堂	吴达明	965	2	硖石街道河东路2号	1993
	长安天主教堂	干新龙	420	2	长安镇辛江路35号	1993
	车辐浜天主教堂	沈明祥	1068	1	海昌街道金星村	1993
	谈桥天主教堂	施志坚	410	—	袁花镇承花村	1993
佛教	广福寺	释益方	—	10	硖石街道西山南麓	1993
	惠力禅寺	释怡藏	—	12	硖石街道西山南麓	1999
	荐福寺	释学彻	—	9	许村镇花园村	1999
	小普陀禅寺	释坤传	—	19	盐官大东门	2003
	袁花崇教禅寺	释慧缘	—	9	袁花镇城隍山	2003
	许村药师禅寺	释普亮	—	4	许村镇李家村	2003
	郭店桧林寺	释计慧	—	4	盐官镇郭店村	2003
	长安觉皇寺	释宏法	—	10	长安镇长郊社区	2003
	硖石史山寺	释通正	—	7	海昌街道双山村	2005

续表8-6-17

教别	场所名称	负责人	信徒人数	教职人员	地　　址	登记年份
佛教	丁桥太平寺	释本觉	—	2	丁桥利群村	2007
	安国寺	汤春甫	—	—	盐官东大门	建设中
	尖山观音寺	释法藏	—	3	黄湾镇镇尖山村	2007
	斜桥林海寺	释教正	—	5	斜桥镇斜桥村	2007
	斜桥仲济禅寺	释传灯	—	5	斜桥镇路仲里	2009
	长安万寿寺	释计清	—	5	长安镇鹿耳村	2010
	长安兴福寺	释自俊	—	3	长安镇兴福村	2012
道教	盐官城隍庙	薛兰刚	—	11	盐官风情街	2007

第五节　经济领域统一战线工作

【中华人民共和国成立后经济领域统一战线工作】

恢复和发展国民经济　中华人民共和国成立初期，恢复和发展国民经济，成为统战工作的重要内容之一。县委、县政府及统战部根据中共七届二中全会关于对“私人资本主义经济，必须既利用又限制”的政策，注意引导和发挥私营经济人士的积极性，合理调整工商业促进国民经济的恢复和发展。

1949年6月至1950年3月，县委、县政府针对全县出现四次大规模“涨价风”的现状，一方面对囤积居奇、哄抬物价、扰乱金融、追逐暴利的不法资本家，采取行政制裁、取缔私人金融投机钱庄、勒令投机粮商短期停业并予罚款等措施，依法加强管理。另一方面对私营工商业进行扶持，帮助处理好公私关系和劳资关系。采取在全县各私营工厂建立劳资协商会议，控制工资成本；由国营商业向私营工厂委托加工订货，提供原料；国有银行给予贷款等助其复工，减少职工失业；对私营商业则委托经销代销，恢复营业等措施，平抑物价、稳定市场，促使关系国计民生的长安丝厂、中丝三厂、碾米厂等恢复生产。经过调整扶植，全县私营商业、个体手工业和私营工业企业得到恢复和发展。

1951年年初，县委统战部按照县委统一部署，会同县政府工业部、手工业部、财贸部等部门派出驻厂干部指导富顺昌袜厂等6家私营企业建立职工代表大会制度，协调劳资关系，协商工资福利，实行民主管理。全县从“公私关系、劳资关系、产销关系”3个方面，对私营商业进行第一次调整。1月，长安镇的“王万顺铁店”“沈鸿兴钉店”“曹万兴钉店”“周顺兴铁号”和周镇乡的“吴大利铁店”等5家铁器店率先进行试点，组建全县首家私私联营长安镇铁工场。是年9月，县政府成立中国专卖事业公司嘉兴专卖处海宁分处，先后对卷烟、食盐、食糖、酒类等有关国计民生的主要副食品实行专卖，同时对烟糖行业的私营零售商实行全行业经销和代销。12月，长安镇政府投资5000元，将长安镇铁工场改为公私合营性质的铁工场，并由镇政府委派负责人管理。

1952年2月，县委、县政府在硖石镇抓示范典型，通过劳资协商，以“自愿参加、自愿入股”为原则，组织镇上15户篾竹生产者建立篾竹生产合作社。3月，组织8家小铁铺成立铁器生产合作社，并由县供销合作总社予以扶持，组织硖石镇铁器生产合作社生产农具。11月，针对私营零售商在经销和代销过程中出现的无利润可赚、私商积极性不高等负面因素，全县采取“扩大批零差价，使私营零售商有合理的利润；调整公私商业的经营范围，国营、供销社商业收缩零售业务，多做批发业务；取消对私商的各种不正当的限制，既给私商正当的经营条件，也防止其投机倒把活动”等措施，对私营商业进行第二次调整。至年底，全县共组建公私合营长安镇铁工场、硖石镇铁器生产合作社、硖石镇篾竹生产合作社、许村镇竹器生产合作社、许村镇铁器生产合作社等手工业合作组织5个;全县私营商业户数恢复到4122户,从业人员6500人;私营工厂达到148家;个体手工业户1936户,总产值549亿元(旧人民币),另有缫土丝、织土布及编织缝纫等农村家庭手工业(副业)户32744户,市场逐渐趋于平稳。

手工业和资本主义工商业的社会主义改造 1953年,县委、县政府根据中央关于对资本主义工商业实行"利用、限制、改造"的政策,有计划、有步骤地通过国家资本主义形式,逐步将资本主义私有制改造成为社会主义公有制。县委统战部组织私营工商业者学习贯彻党的过渡时期总路线和"一化三改造"(国家的社会主义工业化和对农业、手工业、私营工商业实行社会主义改造)的具体政策,引导私方人员认清形势、消除顾虑,参与资本主义工商业(包括手工业)的社会主义改造。10月,县委贯彻华东军政委员会、中共浙江省委《关于浙江省手工业情况与存在问题及今后对手工业工作的意见》精神,成立调查工作组,对全县手工业状况进行全面调查。12月初,县委召开全县干部大会,决定加快农业、手工业改造步伐。至年底,全县有手工业生产合作社6个、社员121人,生产合作小组1个、组员55人。未加入社、组的个体手工业者尚有858户、从业人员1071人。是年,全县国营商业进一步扩大对工业部门的加工订货、统购包销以及对农副产品的收购业务。

1954年,全县对私改造工作进一步深入,按照"大部不并,小部调整,先联后并,逐步改造"的原则,在对针织业、棉织业、制革业及粮油加工业等企业进行经济改组的同时,统战部的驻厂干部重点对硖石电厂和富顺昌袜厂的私方代理人做工作,鼓励他们发扬热心公益的传统,为民生谋利,率先带头书面申请公私合营。先后批准硖石电厂、富顺昌袜厂改组为公私合营企业,硖石电厂成为海宁全县公私合营工厂的第一家。全县有6家工厂成为高级形式(公私合营)的国家资本主义企业。是年2月,县委召开全县城镇工作干部会议,全面部署海宁的手工业合作化工作。3月28—31日,召开全县第一次手工业者代表会议,贯彻过渡时期总路线,明确提出关于手工业改造的任务。5月15日,县委成立供销手工业合作部,进一步加强对手工业合作化的领导和管理。下半年,供销手工业合作部贯彻落实全省手工业干部会议精神,组织开展以合作化为中心的增产运动,重新修订合作化运动发展规划,采取"由低到高,从小到大"的办法,先组织个体生产者组成合作小组,再逐步发展为合作社。同时,组织社(组)干部职工参加各种培训,扭转上半年组织发展停滞不前的状态。9月,县委、县政府执行国家对棉纱、棉布实行统购统销的政策,全县棉布行业的私营零售商也实行全行业的经销和代销。同时,采取先报批、后计划供肉的方式,对全县肉食行业实行计划管理。至年底,全县批发商业经营的比重,国营商业占82.62%,合作社商业占5.39%,私营商业仅占11.99%;国营商业呈平稳上升势头,1954年比1953年上升19.54%,比1952年上升28.3%;合作社商业也有所增长,1954年比1953年增长0.14%,比1952年增长2.9%;私营商业则大幅下滑,1954年比1953年下降19.68%,比1952年下降了25.40%。至年底,全县累计组建生产合作社18个、社员412人,合作组19个、组员188人。按行业划分:铁器业社(组)员149人,占总人数50%;竹器业社(组)员199人,占总人数的83.26%;木器业社(组)员183人,占总人数的65.12%。

1955年3月,县委成立对私改造办公室,加强对私改造工作的领导。商业局、供销合作社、硖石镇委以及县属各公司相继成立商改股(组),专门负责对私改造工作。全县其他行业的私营零售商陆续实行经销和代销,私营商业的社会主义改造进入初级程序。下半年,县委贯彻中央关于"统筹兼顾、全面安排""积极领导、稳步前进"的方针,进一步加强手工业改造的领导,在原有供销手工业合作部的基础上,县人委单独设立手工业管理科,各直属镇及区、乡均配备手工业专(兼)职干部。硖石镇还建立了手工业工作组、手工业劳动者协会,吸收手工业生产合作社(组)代表、分散户职工和业主代表共899名会员。12月18—20日,县委召开全县第二次手工业代表会议,就进一步推进全县手工业改造作出部署,区、镇及县供销社、银行、税务局共146名干部参加。至年底,全县手工业生产合作社达到49

个、社员1509人,合作小组20个、组员219人,占全县手工业从业人员的39.8%。是年冬,县委决定在硖石镇进行公私合营试点工作,首先在百货、纺织品公司所属的百货和棉布商店搞试点,在取得经验的基础上全面展开;县委统战部协调县工商联,引导全县私营企业响应全国工商联《告全国工商界书》的号召,主动接受社会主义改造,全县公私合营工业企业增至7家。

1956年春,全县资本主义工商业的社会主义改造进入高潮。1月17日,县委召开全县区、镇手工业工作会议,贯彻省委会议精神。同时,成立海宁县手工业合作联社(筹)。2月,县委贯彻中央关于"对私改造从原来国家资本主义的初级形式,推进到国家资本主义的高级形式"的决定,在全县范围掀起全行业公私合营的高潮。全县参加改造的私营商业共2818户,从业人员6930人,占私营商业的95%以上。其中直接过渡到国营商业的有195户,从业人员704人;过渡到地方国营的有1户,从业人员89人;实行公私合营的有73户,从业人员1871人;组成合作商店的有57户,从业人员1017人;组成自负盈亏的合作小组有7户,从业人员87人;组成自负盈亏的合作小组有2142户,从业人员2698人;此外,还有商业代购代销店135户,从业人员186人;维持原状的自营户208户,从业人员278人。全县共建立手工业生产合作社(小组)109个、社员4593人,占全县手工业从业人员总数的96%以上;当年工业产值628万元、占全县工业总产值的11.34%。至年底,全县36家私营工业全行业实现公私合营。在公私合营企业中,私方业主的资金作为股份,入股分红,付给定息;私方人员得到妥善安排,全县共安排正副经理53人,门市部主任155人,私方人员职务安排率达到78%;企业中的优秀职工得到提拔,德才出众者则成为公方代表。至此,全县工商业的社会主义改造基本完成。

引导全面建设社会主义　1956年,全县范围内对资本主义工商业的社会主义改造基本完成。县委、县政府领导全县人民进入全面建设社会主义的历史阶段。2月3—10日,县委在硖石镇召开第三次代表会议,就全县城乡社会主义改造和《海宁县1956—1962年农业发展纲要(草案)》作出决定。同时,针对市场出现的农民出售土副产品难,手工业品买难卖难,给城乡人民生产、生活带来不便等问题,决定放宽市场管理,恢复国家领导下的"自由市场",允许农民自产自销、公私商业下乡采购。至年底,全县开放自由市场29处,禽蛋、水产、蔬菜等商品货源充足,价格高于国家牌价15%左右,城乡人民生产、生活基本得到满足。

1957年1月上旬,县委召开全委会,传达贯彻中央八届二中全会精神,回顾总结过去7年的工作,联系海宁实际提出1957年的工作方针和任务。全委会讨论并通过《中共海宁县委关于开展增产节约运动的决议》,号召全体党员、干部和人民群众积极动员起来,按照"勤俭建国、勤俭办企业、勤俭办合作社、勤俭办一切事业"的方针,开展群众性的增产节约运动。11月25—30日,县委召开县、区、乡(镇)三级干部大会,全县乡镇干部、农业社主任和县级机关干部共700余人参加。会议总结近年来农业和农村工作经验教训,号召所有干部提高思想认识,加强调查研究,坚持群众路线的工作方法,发扬民主作风,克服主观主义、官僚主义,把工作重心转移到经济建设上来,调动各方面积极因素,把社会主义经济建设搞上去。通过深入开展增产节约运动和社会主义劳动竞赛,降低原材料消耗,节约成本,提高产品质量,提高劳动生产率和企业效益。至年底,全县私营工商业社会主义改造中的75家公私合营工业企业,有39家改为国营工厂,全县工业总产值达5387万元,比1952年增长近2倍,超额"一五"计划目标76.91%。

1957—1959年,由于"左"的错误及三年自然灾害的影响。1960年,全县经济出现严重困难,国民经济比例严重失调。

1961年,县委贯彻中央对国民经济实行"调整、巩固、充实、提高"的方针和《关于农村人民公社当前政策问题的紧急指示信》(即《十二条》),按照中央制定的"以农业为基础,以工业为主导"的发展国民经济总方针,对全县国民经济和各项社会事业进行全面调整。县委先后印发《关于县办工业整顿方案(草案)》和《关于整顿公社工业初步方案(草案)》,对县办工业中缺乏条件的工厂进行关、停、并、转,对社办工业贯彻"为农服务"的方针进行调整和整顿。是年，全县工、商、手工业、财贸等系统为农村修理农具125.9万件，支援肥料337.4吨、农药856吨，为7个生产大队建造仓库137座、农具修配站102个，培训农具修理能手362人。同时，调整企业所有制结构，将归口手工业联社的8家镇办企业和17家社办厂调整为25个手工业合作社(组)；把358户手工业者转为个体劳动者，手工业从业人员总计4532人。1963年7月，县委决定调整工业布局，缩短基建战线，对1958年膨胀起来的工厂进行调整。至年底，全县工厂从1958年的335家调整到139家。此后，全县工农业生产逐年恢复。1965年，全县工业总产值从1957年的5387万元，增加到7548万元，增长40.11%；农业总收入由1957年的3835万元，增加到6987万元，增长82.19%；财政总收入由1957年的1189万元，增加到2022.4万元，增长70.1%。

20世纪50年代，县委统战部支持成立县工商联，配合做好非公有制工商业者工作，发挥县工商联在发展生产、保障供给、稳定物价、征管税收和协调劳资关系等方面的作用。

【改革开放后非公有制经济领域统一战线工作】

支持非公有制经济发展　中共十一届三中全会以后，县委统战部贯彻中央“以公有制为主体，多种所有制经济共同发展”的方针，支持和鼓励发展个体、私营经济。1980年，全县一些个体工商户扩大经营规模，逐步发展成为私营工业。1982年，全县有城乡个体工业62户，从业人员69人。1987年10月，工商联创办海宁市工商经济开发公司，至1990年实现产值1200多万元，税利140万元。是年，全市(撤县建市)有城镇个体工业户239户，农村个体工业户(包括联户)7517户；城乡共有从业人员26886人，注册资金3575万元，工业总产值37480万元，上缴税金2039万元。全市登记注册的私营工厂有264家，其中独资76家、合伙经营188家，注册资金1234万元，从业人员3519人；建成投产的中外合资企业11家，年工业总产值2506万元；联营企业133家，年工业产值7.19亿元，占当年全市工业总产值的20.1%。1992年3月，市委批转市委统战部《关于对市工商联转变性质和职能问题的报告》，支持市工商联进一步发挥沟通、联系广大工商业者和非公有制经济代表人士的桥梁和纽带作用。1992年5月，市委、市政府印发《关于进一步加快改革开放和加速经济发展若干问题的决定》。1993年8月，市委印发《海宁市股份合作制企业试行办法》。12月，市委、市政府又印发《关于鼓励个体私营企业加快发展的若干规定》，规范和完善股份合作制企业管理，把发展个体私营企业作为全市经济发展的新的重要的增长点，鼓励非公有制经济进一步发展。是年11月，全市共有个体户18162户，注册资金1.03亿元，从业人员39383人；私营企业366家，注册资金2500万元。全市个体企业实现工业产值11.4亿元。同时，市委统战部重视举荐安排非公有制经济代表人士任职省、市、县(市)人大代表、政协委员工作，并遵照市委意见，在市政协增设“经济”界别，为非公有制经济人士提供工作议事平台，发挥他们在人大、政协的作用，推进非公有制经济发展。此项工作，在历届人大、政协人事安排中形成惯例。1994年1月，全市非公有制经济代表人士中，有嘉兴市人大代表2人，市人大常委会委员1人、代表1人；省政协委员1人，嘉兴市政协委员1人，市政协常委2人、委员5人。1997年10月，市委、市政府印发《关于进一步加快个体私营经济发展的若干意见》，进一步加强对个体私营经济的领导和管理，搞好指导和服务，鼓励引导个体私营经济上规模、上水平、上档次。

1998—2002年，市委统战部、市工商联对全市营业额9000万元以上的上规模民营企业经营情况开展调研，并成立海宁市非公有制经济维权服务中心，为非公有制企业提供各类法律维权服务，推进民营企业向规模经营发展。1998年6月，市委、市政府印发《关于加快发展我市个体私营等非公有制经济的若干意见》，就发展个体私营经济，解决困扰个体私营经济发展的瓶颈问题等事项，提出具体意见。市委统战部、市工商联组织开展全市私营企业情况调查，先后调查私营企业115家，并协调解决制约私营企业发展的资金短缺问题。是年，海宁中信实业银行与海宁皮革服装商会签订资产抵押担保贷款协议，为10家企业解决资产抵押贷款1800多万元；其他银行部门通过海宁乐清商会向企业发放贷款6000多万元。1999年7月，市委、市政府印发

《关于进一步促进个体私营经济发展的若干意见》,就全市个体私营经济上规模、上水平、增效益,推动国民经济再上台阶提出意见。2000年和2001年,卡森、天通、富邦、宏达、鸿翔等企业排名进入全国工商联会员企业500强。2001年1月18日,“天通股份”在上海证券交易所正式挂牌上市,个人股占44.5%,成为国内首家自然人直接控股的上市公司。2004年,市委统战部协调市工商联在全市民营经济人士中开展“争做社会主义事业建设者”活动。是年,评出海宁市首届“2003—2004年度优秀社会主义事业建设者”21人,嘉兴市级首届优秀社会主义事业建设者10人,并在嘉兴、海宁三级干部大会上表彰。浙江卡森实业有限公司董事长朱张金获首届“浙江省优秀社会主义事业建设者”称号。2006年,市委统战部协调市工商联开展走访“百家企业”活动,深入民营企业开展调查,其中《关于建设皮革服装品牌工业园,提升皮革产业升级的建议》的调研报告,引起市委书记高度重视,批示经贸局会同有关部门研究落实。此后,皮革服装品牌工业园一期538亩地块开发项目,进入实施阶段。同时,实施走出去请进来战略,拓展对外交流和合作。先后邀请香港商会、江西抚州、安徽、山东、黑龙江等兄弟县市工商代表团到海宁考察、交流,增强民营企业参与国际国内市场竞争的意识。是年,市委统战部进一步完善市政协工商联界别的人员比例,新一届省、市(县)人大代表、政协委员中,有非公有制经济企业负责人71人。2007年,结合国家宏观调控政策,加强与各大银行的沟通联系,先后为中小企业解决融资贷款2700万元,缓解中小企业融资难问题。2008—2009年,组织开展调研,举办一系列论坛、研讨会、专题讲座等活动,就改善民营经济发展环境、促进民营经济又好又快发展等问题进行探讨。先后撰写《加快推进实施提升民营企业家素质工程,促进民营经济又好又快发展》《关于进一步改善我市民营企业生存发展环境的意见建议》《关于继续加大政策扶持力度,促进中小企业平稳发展的建议》等调研文章,供市委、市政府决策参考。2008年,市外经贸局印发《关于支持和鼓励民营企业实施“走出去,引进来”发展系列服务的实施意见》。2009年,市委、市政府印发《关于促进企业又好又快发展的政策意见》,市委统战部、市工商联会同政协经科委举办“创业创新、促进民营经济健康持续发展”论坛和“保增长、促转型企业金融合作发展”研讨会,会同中信银行海宁市支行邀请国务院专家到海宁举办“金融危机下的中国经济——解读中央经济工作会议精神”专题讲座,增强应对金融危机能力。是年3月5日,市委印发《关于加快推动经济转型升级,努力走在科学发展前列的意见》,市委统战部积极为非公有制企业融资牵线搭桥,协调市商业银行、交通银行、工商银行,提供贷款额度9000万元。2010年,组织开展“进企业、送政策”活动,银行、国税、地税等政府部门围绕中小企业融资平台建设、税收和扶持企业发展等政策提供上门服务;组织20名新生代管理者赴国家行政管理学院参加“2010年中国民营经济形势分析与预测高峰论坛暨首届红色管理与民营企业发展论坛”。是年,全市有民营工业企业2.2万余家,工业总产值1206.4亿元;港澳台资外资独资、合资企业245家,工业总产值311.68亿元;全市个体私营商业17936户,从业人员29289人,有限责任公司、股份制、中外、港澳台合资或独资的商贸企业984家。2011年,组织44名新生代企业家赴浙江大学“企业传承和管理创新”高级研修政学习;举办“融入‘两年’建设,给力海宁经济”海宁市民营企业发展座谈会,交流企业发展、转型升级的新思路。2012—2013年,先后举办“支持中小企业健康发展”和“推进二次创业,实现科学发展”座谈会,市委书记和有关部门就“传统行业转型升级”“服务业发展”“新兴产业扶持”“企业融资”以及民营企业“二次创业”等问题,进行点评和解答。市政府印发《关于促进我市小型微型企业健康发展的若干意见》,加大对小微企业的扶持力度,支持小微企业创新创业。组织开展“进百家企业,助转型发展”走访活动,走访企业150余家,形成《浅述破解马桥KS经编发展瓶颈的途径和措施》等调研报告6篇。

2014年,市委统战部、市工商联组织开展“联系基层商会、走访百家企业”活动和以非公有制企业党建工作为抓手,引导开展争创优秀社会主义事业建设活动。先后组织走访企业107家,会同市发改局、经信局等部门召开要素改革座谈会4次,并撰写

《关于行业协会商会有效承接政府职能转移的建议》调研报告，上报市委、市政府，供决策参考；邀请全国工商联副秘书长王忠明为非公经济人士作“我国宏观经济运行态势及政策解析”专题辅导报告，全市有夏鼎等10位企业家获“海宁市优秀社会主义事业建设者”称号。是年，全市共有在册各类私营企业16183家，注册资本（出资金额）1055.87亿元，从业人员196294人；共有在册个体工商户44166户，资金数额32.58亿元，从业人员88404人。

落实非公有制经济人士政策 1979年，县委统战部贯彻中共中央批转中央统战部和国家计委等6部门《关于把原工商业者中的劳动者区别出来问题的请示报告》，组织开展对全县1956年社会主义改造高潮时期和以前参加国营、公私合营企业的原工商业者的调查核实和区别工作。至1982年3月，查明全县有原工商业者1207人。经复查验收，区别为劳动者的有883人，占总数的73%。对区别出来劳动者，贯彻与本企业干部职工“一视同仁”的原则，全面落实政策。其中恢复干部和工人身份，调换干部、工人退休证的139人；按国务院〔1978〕104号文件规定调整退休费比例的97人，原请长假改办退职按月领取原工资40%的3人，1962年下放农村、按月发生活补助费的8人。同时，对在职的原工商业者153人，按照工会章程和自愿原则吸收加入工会组织，其中区别为劳动者的119人、加入工会116人，未区别的原工商业者34人、加入工会21人。原工商业者在职人员153人，通过协商、推荐、民主选举、组织任命，安排职务66人，占在职人数的43%。其中安排经理、厂长10人，股长、门市部主任25人，工厂管理员、财会干部31人；对于年老体弱不适宜参加体力劳动的人员予以调整工种。

教育培训 1956—1960年，县委统战部、县工商联开办工商界政治学校9期，学员588人次。

1996年，市工商联配合海宁市财政局，对会员企业会计从业人员进行会计电算化和再教育培训200多人次；帮助报名参加全国会计资格考试54人。1997年5月，邀请杭州大学市场营销研究中心客座副教授章瑞华作“营销公关、策划、营谈判，怎样做一个合格的营销人员”等内容的讲课，听取讲座的会员企业58家。

2000年9月，在市委统战部的协调下市工商联组织10家民营企业参加在金华举行的首届浙江民营企业科技洽谈会，协议项目投资金额达1300万元。是年，海宁市工商业联合会被评为优秀组织奖。2001年4月，邀请海宁市副市长徐辉、海宁市财政局副局长蒋钰明、浙江省外经贸学院副院长肖玲凤教授为全市120名非公有制经济代表人士授课。10月，海宁市工商联与乡企局联合举办会员企业职员规定学历培训班，参加人员42人。并对会计、工程、统计、经济四个类别的非公有制企业人员开展职称申报工作，共申报高级职称7人、中级职称30人、初级职称35人。2001年，组织7家企业到杭州参加“百名海外博士浙江行暨高新科技洽谈会”活动，先后邀请8位博士（4位是海宁籍博士）到海宁考察，与有关企业洽谈合作。2002年4月，与中共海宁市委统战部、市委党校联合举办全市非公有制经济人士培训班，邀请浙江省外贸厅WTO研究中心主任、上海外贸学院教授为民营企业家讲授“中国加入WTO后企业对策”“企业投资”等课程，参加培训班的企业家120人。6月，与中共海宁市委宣传部联合举办首届“海宁市企业信誉论坛”，在全市工商业主中开展“诚实立身、信誉兴业”主题教育活动，浙江宏达经编股份等5家企业负责人在论坛上发言。2003年9月，与温州亚美信企业顾问有限公司联合举办《企业现场管理实务和案例》专题讲座，邀请中国管理科学学会理事周士良到海宁讲课，各会员企业120多人参加。2004年6月，与海宁市工商局联合举办《民营企业二次创业面临的机遇和挑战》专题讲座，全市民企150余家参加。11月，与海宁市工商局、海宁市总工会联合举办海宁市首届民企管理高层论坛，主题为“关爱员工、实现双赢”。中共海宁市委、市政府领导和有关部门负责人以及企业家60多人出席论坛，有10余人作专题演讲。是年，组织首批非公有制企业人士30人赴中央党校参加民营经济理论和实务高级培训班；召开缅怀邓小平的丰功伟绩坚定走中国特色社会主义道路座谈会，企业界近60人参加。

2005年，市委统战部、市工商联组织首批民营企业女性经营管理者9人赴中央党校参加民营企业家“贤内助”“女企业家”培训班。2006年，组织非公有制企业人士11人赴中央党校参加民营经济理论和实务高级培训班。邀请著名企业家——华立集团主席汪力成作《民营企业自主创新与核心竞争力》专题报告。是年,会同香港贸易发展局举办香港贸易研讨会,参加人员为当地企业,包括从事外贸,出口生产的民营企业及服务业的相关机构,研讨内容涉及地产、会计、法律、贸易、银行等。2006年,海宁市工商联荣获中央党校、全国工商业联合会授予"全国民营经济理论培训组织先进单位"称号。2007年,组织非公有制企业人士10人赴中央党校参加民营经济理论和实务高级培训班。2008年,参与组建海宁市企业经营管理者学院,开办首届EMBA企业总裁班。11月,非公有制企业人士5人参加由嘉兴市工商联组织的中央社会主义学院学习培训。会同中信银行邀请国务院专家举办《金融危机下的中国经济——解读中央经济工作会议精神》专题讲座。2009年,积极会同海宁市政协经科委联合举办"保增长、促转型企业金融合作发展"研讨会。

2010年,组织全市新生代管理者20人赴国家行政学院培训,组织部分企业参加郎咸平教授作"郎眼看世界"大型专题讲座;协助海宁市企业经营管理者学院组织"兴海工程"企业负责人赴清华大学培训46人;邀请湖州丝绸之路集团董事长凌兰芳就《企业转型升级的路径和方法》作专题讲座;组织会员企业参加台湾健峰集团"健全体制、超越巅峰"企业管理培训班80余家。2011年,与浙江大学合作举办企业传承与管理创新高级研修班;组织民营经济代表人士4人赴中央社会主义学院参加培训;组织企业参加房产公司举办的论坛,听取知名经济学家茅于轼作的"2011中国海宁财富影响力经济论坛"和叶檀博士"2011海宁民企总裁发展论坛"。2012年,与海宁市经信局联合举办"民营企业债务风险及危机防范"论坛,邀请浙江大学教授、国内知名法律专家沈志坤主讲;邀请浙江大学经济学博导贾生华主讲《把脉宏观经济走向,引领产业投资方向》的专题报告会。组织民营经济代表人士赴中央社会主义学院参加培训4人;邀请雅莹集团董事长张华明作"品牌战略管理"讲座,组织民营企业家赴香港理工大学研修14人。2013年,市委统战部、市工商联与组织部、党校、经信局培训形成互动机制,组织企业家报名参加海宁市金融投资与工商管理总裁研修班;组织民营经济代表人士赴香港理工大学研习3人;组织非公经济人士5人赴中央社会主义学院培训。2014年,市委统战部、市工商联组织民营经济代表人士6人赴中央社会主义学院学习和5人参加香港理工大学参加研修班。是年,多次组织会员参加商会网、培训机构举办的论坛和培训班。邀请全国工商联副秘书长王忠明为海宁工商联执委和基层商会代表作《我国宏观经济运行态势及政策解析》的专题辅导报告。

联络服务　1989至1990年两次组织会员(富顺昌袜厂、海宁绸厂等企业)参加华东六省一市工商联合办的商品交易会。

1991年,市委统战部、市工商联先后与多家银行协调,为会员企业融资3000万元。1993年,为丰士二轻机电厂与上海金山县工商联商场达成购销协议,供给对方扬谷扇500台;为海宁百货公司交电采购供应站购进三角牌吊扇600台,并为部分皮件厂推销皮件服装总值10万余元。利用《海宁工商》会刊,不定期介绍海宁地方产品,扩大产品影响。

1994—1997年,先后邀请江、浙、沪12县(市)工商联50余位领导到海宁参加联谊活动。先后接待黑龙江、陕西、山东、上海、香港的进出口商会及省内兄弟工商联组织的非公有制企业考察团等参观考察和联谊活动。参与"长三角"地区交流与合作,先后组织民企管理者赴上海、江苏、内蒙古等地考察工业园区建设与特色产业的发展经验300余人次。1996年,海宁市工商企业咨询所建立。

1998—1999年,邀请96家皮革企业参加外经委组织的北美裘皮产品推广会。银行通过海宁市工商联直属商会海宁乐清皮革商会,向会员企业发放贷款6000多万元。海宁皮革服装商会与中信银行签订资产抵押担保贷款协议,为10多家企业进行资产抵押贷款1800多万元。

2000年,在市委统战部的支持协调下,海宁市非公有制经济维权服务中心成立。是年,组织民营企业赴金华参加浙江省首届民企科技洽谈会10家。其中,2家企业分别与浙江大学和杭州应用工程学院签订项目技术合作协议,项目投资金额达1300万元。2001年组织企业赴杭州参加“百名海外博士浙江行暨高新科技洽谈会活动”,并签订两项合作意向协议。2002年组织会员企业参加中外各类投资说明会和交易会,企业参加“英国投资说明会”和“德国石荷州投资洽谈会”。2003年与海宁市人才交流中心联合组织36家企业参加嘉兴市赴武汉人才招聘活动;与安徽省和县劳务部门合作,为企业引进熟练技工近500人;与海宁市人事局、劳动局联合举办海宁市非公有制企业人才劳动力招聘会,有59家企业进场,应聘620人。2004年9月,组织斯威特制衣有限公司、胜宇布艺有限公司等企业赴阿联酋迪拜市购置商铺,对外开展商品交流。协助民营企业从安徽招聘人才300余人。2005年,会同海宁市妇联、总工会等部门联合举办人才劳动力招聘会。2006年、2007年,共为中小企业解决融资贷款2700万元。2006年,配合尖山新区赴温州乐清、台州等地开展招商引资和推介活动。2007年,组织企业家赴新疆、内蒙古、云南等中西部地区考察投资环境和投资项目,37人参加。是年,市委统战部、市工商联会同中共海宁市委组织部、市人事局赴重庆召开海宁市人才专场招聘会。

2008—2014年,市工商联会同海宁市劳动局、市妇联开展企业劳动市场专场招聘会,2000多家企业达成就业意向共15000多人次。

2008年,组织赴徐州招商推介及投资考察活动,民营企业参加该活动10家。2010年与招商银行联合举办“离岸金融”推介会,为外贸企业讲解国际业务知识和风险防范措施。利用商会平台,组织企业参加“浙江民营资本与海外对接洽谈会”。是年,组织12家劳动密集型企业赴江苏泗阳考察投资。2012年5月20日,组织参加在武汉召开的海宁市2012湖北招商推介座谈会;5月23—24日,组织在杭州召开的2012商会大会暨商会投资博览会,60余名企业家参加;6月20日在乌鲁木齐召开的海宁市2012新疆招商推介座谈会,共邀请50余位浙江籍企业家参加,在湖北招商推介会上就单轨城际交通设备项目达成意向;组织基层商会与中国邮政储蓄银行海宁支行、工商银行海宁支行交流座谈,并签订合作协议,两家银行承诺授信额度15个亿、100家企业;许村商会为企业与杭州联合银行等多个商业银行牵线搭桥,达成合作项目5个,意向融资金额3000多万元;马桥商会把浙商银行引入园区为企业解决融资问题,达成合作项目2个,意向融资金额1200万元;盐官商会协助企业与浦发银行、民生银行、浙商银行合作,召开银企推介会,拜访会员企业,为会员企业解决融资难问题,意向融资金额4500万元。2013年,举办“海外侨商进区入园嘉兴行”海宁投资发展推介会和“温商海宁行”活动,向32位海外侨商和63位温州籍浙商介绍本市的经济社会发展情况,做好项目的跟踪服务。

2014年,与海宁市总工会、团市委、妇联等群团组织联合举办要素市场化配置综合配套改革政策宣讲会。分别在湖南召开浙商交流会及在江苏、河北开展“以商引商”活动,为海宁市招商引资工作牵线搭桥。此外,共组织会员企业,前往江苏、上海、大连、台湾等地及新加坡、泰国、俄罗斯、美国等国家学习考察11次。

建言献策　统战部、工商联鼓励、支持工商联人士代表积极参政议政、建言献策。1956年、1960年,工商联首任会长倪绍先分别出席全国工商联第二、三次代表大会建言献策。1991—1993年,海宁市工商界当选和担任各级人大和政协职务的有嘉兴市人大代表2人,海宁市人大常委1人,代表1人;省政协委员1人,嘉兴市政协委员1人、海宁市政协常委2人,委员5人。

1994—1997年,海宁市工商联人大代表和政协委员在人大、政协会议上发言9次,提交议案、提案55件,其中被市政协评为优秀提案5件。1995年、1996年,海宁市工商联根据全市发展非公有制经济的新形势,提出“加速培育个私经济的四条意见”,撰写《当前民企发展面临的新情况和新问题》《转变增长方式,提升产业层次,促进我市优势产业可持续发展》等提案,引起市委、市政府高度关注。

1998—2002年,递交提案、议案71件,社情民意23件,大会发言5次,其中《加速发展个私经济,发挥多种所有制成份作用,共同振兴海宁经济》等6件提案被评为优秀提案,优秀社情民意4件。2003—2006年,递交的提案、议案涉及的内容广泛,数量较多,有105件,社情民意30件,大会发言4次。其中被市政协评为优秀提案12件,优秀社情民意7件。

工商联界别团体提案《科学调配 有序用电 共度电荒难关的建议》被海宁市政协十二届二次会议列为重点提案,同时被评为优秀团体提案。4年撰写各类调研报告12篇。2007—2011年,海宁市工商联界别先后提交《加快实施品牌战略步伐,全面提升产业集群核心竞争力》、《关于我市鼓励和引导民间投资健康发展的几点意见》等6份集体提案和150多件个人提案,其中被评为优秀委员36人,优秀提案18件,工商联界别团体提案《关于继续加大政策扶持力度,促进中小企业平稳发展的建议》被市政协十一届三次会议列为一号提案,同时评为优秀团体提案。

2012—2014年,海宁市工商联界别共提交提案69件,其中集体提案4件,个人提案65件。提交的《进一步扶持和促进我市小微型企业的健康发展》《顺应要素市场化配置改革,提升印染行业发展的建议》等6件提案被评为优秀提案。《关于进一步推进我市民营企业'二次创业'的建议》《扶持和促进我市小微型企业的健康发展的几点意见》等3件提案被评为重点提案。

光彩事业和创优活动 1994年,中央统战部、全国工商联发起"光彩事业"活动,全市非公有制经济人士积极响应,涌现一批先进典型。大明皮革制衣实业公司为地方教育、东西大道建设,扶贫济困等捐款12万多元,捐资25.6万元修复洪福桥;科同纺织厂为公益事业捐款5万余元,帮助10余家个私企业拆借资金100多万元。1998年,海宁天通电子股份有限公司董事长潘广通和私企海龙化学有限责任公司经理徐龙观获市政府授予的1997—1998年度"海宁市劳动模范"称号,成为海宁历史上首次被评为劳动模范的私营企业主。是年,会员支援灾区人民,共捐款捐物折合人民币120万元。1999年海宁发生"6·30"洪涝灾害,有13家会员企业捐款7万余元。海宁市福士利皮皮革制品出资150万元兴建郭店镇文化娱乐活动中心。组织7位非公有制经济代表人士对父母下岗或因病致贫而学习生活困难的13名中小学特困生捐资助学3年共2.8万元,海宁乐清皮革商会向教委捐助2万元,华城房产资助4名大学生2.7万余元。在"为贫困地区儿童慈善一日捐"活动中,一大批会员企业纷纷响应共募集3.25万元。是年,22家私营会员企业被列入海宁市委、市政府表彰的1998年度"百强个私大户"行列,5家私营会员企业被海宁市委、市政府评为1998年度纳税大户。海宁长虹皮件厂被国家税务总局评为全国个私企业纳税百强企业。卡森、天通、蒙努、富邦、宏达、鸿翔等排名进入"全国民企500强"。

2000年,结合"爱心献功臣"活动,发动部分会员企业与两户特困复退军人捐助结对。会员与妇联、法院、农行共同捐助因病致贫困难农户1万元。至2001年底全市非公有制经济人士在扶贫帮困、结对助学、修桥铺路、文化体育等公益事业及大型的社会募捐慈善活动中捐款金额达2400万元。

2002—2014年,对原工商业者中低于全市企业退休人员平均工资水平的99人给予补发。发挥每年财政拨款2万元及工商联互助基金作用,开展对老工商界人士的走访和慰问,对生活困难的给予经济补助。

2002年,与海宁市总工会等单位联合举办海宁市扶贫帮困献爱心文艺晚会,现场49位非公有制企业高管个人捐款16.9万元。2003年开始,海宁市级开始开展省、嘉兴市、海宁市三级优秀中国特色社会主义事业建设者推荐、评定、表彰工作。2004年,浙江海利得新材料股份有限公司董事长高利民、洁华控股股份有限公司董事长钱怡松等11人被评为海宁市第一届"优秀社会主义建设者"称号。2005年,18位民营企业家发出倡议,引导和鼓励企业投身新农村建设和民企联村关爱"三农"活动,森桥集团、宏达控股分别与黄湾镇和许村镇各村签订联村协议,为资助村文化中心、标准厂房的建设捐助45万元和50万元;全市会员企业为村文化活动中心建设、修桥铺路等公益事业捐款970余万元。2006年,民营企业家为社会公益事业捐款780万元。是年,海宁新家园房地产开发有限公司董事长吕金祥、海宁市粤海彩印有限公司董事长叶建明等12人被评为海宁市第二届"优秀社会主义建设者"称号。2007年,为爱心助学慈善事业捐款970万元。是年,有28家企业开始签订冠名慈善基金协议,每年约定捐赠1140万元。天通控股、卡森实业等10家企业出资1.2亿元成立"十项留本冠名爱心慈善基金",该基金以助医、助学、助困为内容是嘉兴市首家创立的爱心基金。同年，卡森集团董事长朱张金获全国青年“五四”奖章，蒙努集团岳姚祥获“浙商创新奖”称号；8名民营企业家获2005年度海宁“十佳”优秀企业家称号。2008年，组织工商联界别政协委员开展“倾听民声、服务群众”主题活动，募捐2.5万元帮助培智学校改善办学条件。汶川地震后，全市民营企业家捐款1870余万元。是年，上峰化工有限公司董事长李兰花被全国妇联授予“全国三八红旗手”称号。卡森集团董事长朱张金被评为“浙商十佳风云人物”称号。天通公司董事长潘广通、宏达集团董事长沈国甫代表浙江省民营企业家出席在南京和韩国召开的世界华商大会。同年，海宁市大元运输有限责任公司董事长应利康、浙江超达经编有限公司董事长章宝阳等10人被评为海宁市第三届“优秀社会主义建设者”称号。2010年，组织机关开展“两优三服务”专项活动，开展挂村结对、扶贫帮困等活动，先后与盐官会龙村、新星村结对，扶持资金5万元。是年，浙江万方经编有限公司总经理毛伟华、海宁金茂五金有限公司董事长褚才国等10人被评为海宁市第四届“优秀社会主义建设者”称号。同年首次开展全市基层商会先进单位评比表彰活动，评选出4个先进单位。2011年初，总商会会员安正集团开展爱心活动，设立安正慈善爱心基金，爱心基金约定安正时尚集团股份有限公司每年向市慈善总会捐赠50万元，时间5年。4月25日，浙江群大饲料有限公司总经理朱福康为海宁培智学校捐赠电脑4台。7月初，海宁正大税务师事务所签约设立奖学与助学相结合的海宁市高级中学“正大教育基金”，奖励成绩优秀高中段学生、资助家庭贫困学生完成高中段学业，签约5年每年支付基金款10万元人民币。是年，全市基层商会先进单位评比表彰活动，评选出4个先进单位。2012年，全市基层商会先进单位评比表彰活动，评选出5个先进单位。2013年协助做好“两富同行”企业虚拟岗位的认领工作，全年会员企业认领虚拟岗位1431个，金额2246.67万元，实际到账1379个，金额2165.03万元。是年，全市基层商会先进单位评比表彰活动，评选出5个先进单位。

2014年，市委统战部、市工商联积极鼓励和引导民营企业参与“五水共治”和美丽乡村建设等社会公益事业，动员企业捐款投身家乡环境建设，收到企业捐款3800多万元。全市基层商会先进单位评比表彰活动，评选出5个先进单位。是年，海宁光华化工有限公司董事长、浙江美大实业股份有限公司总经理夏鼎等10人获海宁市第五届“优秀社会主义建设者”称号。2003—2014年，共评选出五届海宁市 “优秀社会主义建设者”53人；姚岳良、陶有福何秀珍 等19名企业家被评为嘉兴市一至四届优秀建设者；朱张金、沈国甫、潘建清3名企业家分别被评为浙江省一至三届优秀建设者称号。

【工商业联合会(总商会)】

海宁商会组织起步较早，历史较长，晚清时硖石就有行业商会。清宣统元年(1909)，沪杭铁路通车，海宁设立5个车站镇(硖石站、斜桥站、周王庙站、长安站、许村站)，清宣统二年(1910)，硖石镇工商界人士徐申如组建硖石镇商会。民国2年(1913)，袁花镇、斜桥镇相继建立商会，民国3年(1914)，海宁县商会在县城盐官镇成立。

1949年5月7日，海宁解放，5月31日，原海宁县商会改建为海宁县工商业联合会，简称“工商联”。1951年春，县人民政府组织工商登记，改组各镇商会组织，成立硖石、长安、斜桥、袁花、盐官、许村6个镇的工商联。各镇按行业分别建立同业公会，区辖的小集镇建立28个工商组。同业公会与工商组的人员为镇工商联会员。

1955年9月26日，全县工商界第一次会员代表会议在硖石镇召开，人民团体和商会组织性质的海宁县工商业联合会(简称工商联)成立，倪绍先任首任会长。内设行政秘书、组织宣教、业务辅导三个股。1966年，“文化大革命”开始，县、镇工商联中止活动。1986年4月，县工商联组织恢复，会员92人。

1991年，工商联转变职能成为具有统一战线性质的人民团体和民间商会。1991—2014年，海宁市工商联(总商会)共建立行业协会2家、直属商会6家、异地商会3家、基层商会14家(含村级商会1家)，会员数2635户(人)，各行业协会、商会业务指导归口市工商联。

海宁市工商联(总商会)行业协会、商会、异地商会、基层商会一览表

表8-6-18　　　　单位:人

名称		建立时间	会员数
协　会	海宁市卷烟业同业公会(已注销)	1992.06	140
	海宁市制锁行业协会(已注销)	1995.05	15
直属商会	海宁乐清皮革商会(海宁温州商会)	1996.09 (2010.09更名)	48
	海宁市皮革服装商会	1997.01	108
	海宁市皮具箱包商会	2006. 09	116
	海宁市新生代创业联谊会	2012.12	92
	海宁市皮革原料商会	2013.10	152
	海宁市创业者联盟会	2014.08	510
异地商会	绍兴县轻纺城海宁商会	2007.01	200
	乌鲁木齐海宁商会	2012.06	68
	贵阳海宁商会	2013.11	65
基层商会	海宁市丁桥商会	2009.03	92
	海宁市许村商会	2009.06	174
	海宁市斜桥商会	2009.06	97
	海宁市长安商会	2009.07 (2012.11与高新区商会合并)	106
	海宁市盐官商会	2009.08	84
	海宁市海洲商会	2009.11	48
	海宁市袁花商会	2009.12	114
	海宁市周王庙商会	2009.12	76
	海宁市硖石商会	2009.12	56
	海宁市马桥商会	2009.12	141
	海宁市海昌商会	2010.01	95
	海宁经济开发区商会	2011.9	139
	海宁市尖山新区(黄湾镇)商会	2011.10	61
	海宁市长安(高新区)商会	2012.11	91
	海宁市高丰商会(第一个村级商会)	2013.10	51

2006年,海宁市工商联挂牌海宁市总商会。至2014年,设市工商联直属行业协(商)会、商会、异地商会、基层商会共25家(2个行业协会已注销)。市工商联(总商会)内设办公室、工商经济科。

海宁市工商联(总商会)历届代表大会一览表

表8-6-19　　　　单位:人

届次	时　间	代表人数	会长(主任委员)	备　注
一届	1955.09	121	倪绍先	—
二届	1958.05	153	倪绍先	—

续表 8-6-19

届次	时　间	代表人数	会长(主任委员)	备　注
三届	1960.04	210	倪绍先	“文化大革命”期间停止工作。1986年12月11日,许兆雄任主委
四届	1991.01	143	许兆雄 凌吉祥	凌吉祥1992.4起任主委
五届	1994.01	175	林树迢	改称为会长
六届	1997.10	170	林树迢 鲍迎建	鲍迎建2000.12起任会长
七届	2002.12	150	鲍迎建	—
八届	2006.10	266	鲍迎建 鲁　枫	鲁枫2009.8任会长
九届	2011.11	294	鲁　枫	—

第六节　港澳台侨工作

【港澳事务和侨务工作】

侨务机构和涉侨社团

海宁市人民政府侨务办公室　中华人民共和国成立至1978年期间,侨务工作由海宁县委统战部负责。1979年9月18日,海宁县人民政府侨务办公室成立,与县委统战部合署办公。1987年,海宁撤县设市,海宁县人民政府侨务办公室更名为海宁市人民政府侨务办公室。1980年1月至1993年4月,朱顺康任侨务办公室副主任。1993年4月至1999年12月,陈政初任侨务办公室副主任。1999年12月至2006年3月,张群任侨务办公室副主任。2006年3月,海宁市人民政府侨务办公室升格为正科(局)级单位。2003年5月至2012年4月,浦国仙任海宁市人民政府侨务办公室主任。2012年4月至2014年9月,陆余良任侨务办公室主任。2014年9月起,陈慧毓任侨务办公室主任。

海宁市归侨侨眷联合会　1985年7月16日,海宁首次归侨侨眷代表大会在硖石召开,成立海宁县归侨侨眷联合会(简称“侨联”)。会议听取首届侨联筹备工作报告,通过海宁县侨联章程,选举产生第一届侨联委员会,设主席1人、副主席2人(秘书长由副主席兼任)、委员6人,白福年任主席,朱顺康、钱理华任副主席,朱顺康兼秘书长。

1988年12月19—20日,海宁市第二次归侨侨眷代表大会在硖石召开。大会选举产生第二届侨联委员会,委员11人,白福年任主席,朱顺康、陈培汉任副主席,朱顺康兼任秘书长。

1994年1月20日,海宁市第三次归侨侨眷代表大会在硖石召开。大会选举产生第三届侨联委员会,委员11人,白福年任主席,陈政初、陈培汉任副主席,陈政初兼任秘书长。

1999年5月20—21日,海宁市第四次归侨侨眷代表大会在硖石召开,会议讨论确定今后五年的任务和目标,选举产生第四届侨联委员会,委员11人,白福年任主席,道书萃任副主席,张群任秘书长。

2004年6月22日,海宁市第五次归侨侨眷代表大会在硖石召开。大会选举产生第五届侨联委员会,委员15人,道书萃任主席,周利昌、张群任副主席,张群兼任秘书长。2007年1月3日,召开海宁市侨联五届四次全委会,改选黄永华、汪莉薇任副主席,黄永华兼任秘书长。

2009年5月8日,海宁市第六次归侨侨眷代表大会在硖石召开,70名正式代表和45名特邀代表参加会议。大会选举产生第六届侨联委员会,委员17人,黄永华任主席,汪莉薇、查雪梅、俞国屏、周仁仁任副主席,汪莉薇兼任秘书长。

2012年12月底,海宁市委出台《关于加强和改进新时期侨联工作的意见》,海宁市侨联按同级群团组织设置。2013年6月6日,召开海宁市侨联六届九次全委会,改选陆余良任主席,黄永华任秘书长。

海宁市海外联谊会　1995年9月10日,海宁市召开海外联谊会(简称“海联会”)成立大会。海联会成为海宁各界人士同港澳台同胞、华侨华人及社团之间联谊交流合作的社会团体。会议听取首届海联会筹备工作报告,通过海宁市海联会章程,选举产生第一届理事会17人,设会长1人、副会长2人、秘书长1人、理事13人。骆松康为会长,沈梅先、范荣华为副会长。查济民、查良镛、沈雪康、钱满程、陆致远、顾克凡、李汝南7人被聘为名誉会长,冯肇华等15位港台同胞、海外侨胞被聘为名誉理事。

2003年8月29日,市海外联谊会召开第二次会员大会,选举产生第二届理事会,沈炳忠当选为会长。2008年8月,因人事调整,经申请,市民政局同意海宁市海外联谊会实行法人变更,法人代表由沈炳忠变更为许国荣。

海宁市留学人员和家属联谊会　2003年6月,海宁市召开首次留学人员家属代表大会,成立市留学人员家属联谊会(简称“留联会”)。会议听取首届留联会筹备工作报告,通过海宁市留联会章程,选举产生第一届留联会理事会,设会长1人、副会长2人、秘书长1人、理事11人,浦国仙当选为会长。该会是留学人员及家属组成的群众团体组织,其宗旨是:团结和组织留学人员及其家属,加强联系,交流信息,增进友谊,弘扬民族文化,努力为祖国统一大业和海宁的繁荣昌盛作贡献。2009年5月27日,海宁市留学人员家属联谊会第二次会员代表大会召开,海宁市留学人员家属联谊会更名为海宁市留学人员和家属联谊会。会议选举产生第二届留联会理事会,理事15人,姚建忠当选为会长。

2014年11月15日,海宁市留学人员和家属联谊会第三次会员代表大会召开。会议选举产生第三届理事会,理事17人,钱心禹当选会长。

香港嘉兴同乡会海宁分会　2004年7月,香港嘉兴同乡会海宁分会成立,会议选举产生香港嘉兴同乡会海宁分会首届理事会,设会长1人、副会长7人、理事10人,周利春当选会长。该会宗旨是:组织和促进海宁在香港的同乡之间相互联系,倾叙乡谊,交流各方面的经验,达到团结互助等目的,通过同乡会经常和海宁各有关部门和社会团体的互相联系而达到沟通情况,增加故乡和乡亲间水乳交融之情。

2006年9月21日,香港嘉兴同乡会海宁分会召开第二届全体会议,选举产生第二届理事会,姚汝源当选会长。

美国海宁留学生同乡会　2006年2月,成立美国海宁留学生同乡会,设会长1人、副会长6人。该会宗旨是:促进同乡留学生之间的交流和联系,协助解决学习生活等困难,促进同乡会与当地社团间的交流与联系,陈新华当选会长。

日本海宁留学生同乡会　2006年5月,成立日本海宁留学生同乡会,设会长1人、副会长5人。该会宗旨是:促进同乡留学生之间的交流和联系,协助解决学习生活等困难,促进同乡会与当地社团间的交流与联系,高伟俊当选为会长。

海宁市海外归国创业人员联谊会　2011年12月,海宁市海外归国创业人员联谊会(简称“海创会”)成立大会暨第一次会员大会召开,会议审议通过海创会章程,选举产生首届理事会,设会长1人、副会长3人、秘书长1人、理事5人。该会宗旨是:汇聚海归资源,连接海内外,服务社会、共同发展,加强归国华侨华人、留学人员之间的交流互动,动员社会力量援助、辅助海归人士以多种形式创业,组织会员互助,为海归创业者搭建综合、实效、多元、个性的创业平台服务。孙沈良当选会长。

基层侨联组织　2013年11月底,13个镇(街道)、盐官景区管委会的基层侨联组织建设全部完成,设立5个基层侨联分会和7个基层侨联小组,在嘉兴市率先实现基层侨联组织全覆盖。12月,经省侨联“示范性基层侨联”考核验收,硖石街道侨联分会和海洲街道侨联分会被省侨联命名为“省第三批示范性基层侨联”。2014年5月,市委统战部下发《海宁市基层侨联组织和社区侨务工作站规范化建设的实施意见》,市侨办、市侨联组织召开由各镇、街道分管领导和基层侨联主席、秘书长参加的市基层侨联组织和社区侨务工作站规范化建设现场推进会,推广硖石街道侨联分会和海洲街道侨联分会成功创建“第三批省级示范性基层侨联”的成功经验和做法,进一步加强基层侨联组织规范化建设。

基本侨港澳情况

基本侨情　1956年,县委统战部对海宁籍华侨华人情况进行首次调查，调查显示海宁的侨情特点是华侨总量少分布面广。海宁籍华侨华人数和分布地区是：英国1人、美国6人、日本2人、印度2人、印度尼西亚4人、缅甸3人、比利时1人、西德1人；归侨3人。1962年，县委统战部再次对侨情进行调查。

1966年“文化大革命”至1979年期间，没有作较大范围的侨情调查。

1982年，县侨办开展侨情调查。调查结果显示，全县有华侨华人676人，分布在25个国家和地区；归侨3人，侨眷102户、347人。1987年，旅居海外的华侨480户、1601人，归国华侨3户、17人，侨眷219户、828人。此后，1990年、1998年、1999年、2003年先后4次组织开展全市性侨情普查工作。2006年3月22日，市委统战部根据省委统战部和省侨联通知，结合海宁实际开展全市侨情调查工作，统计显示留学生家庭191户，留学生家属869人；归侨家庭3户，归侨3人；留学人员191人。2009年，调查统计结果显示全市有华侨华人789人，留学人员196人；留学生家属874人；归侨家庭3户，归侨3人。至2012年全市有华侨华人803人、留学人员250人，分布在29个国家和地区，其中美国560人，加拿大122人，印度尼西亚13人，澳大利亚93人，英国80人，日本80人，韩国16人，德国25人，新加坡59人，新西兰22人。留学生家庭250户，留学生家属750人。

2013年10月至2014年6月，按省委、省政府统一部署要求开展基本侨情调查工作。经调查统计，全市涉侨家庭1280户，涉侨总人数2725人，其中归侨侨眷801人(归侨3人)、海外留学生家属1546人、归国留学生230人；海外总人数1727人，分布在美国、日本、澳大利亚、加拿大、英国、新加坡等33个国家和地区，其中华侨434人、华人507人、海外留学生517人；海外重点人士115人，市内侨资企业115家。2014年，海宁市侨联被评为省基本侨情调查工作先进单位。

港澳同胞情况　1956年，县委统战部对海宁籍港澳同胞情况进行首次调查，调查显示海宁籍香港和澳门同胞分别为122人和1人。1987年，旅居港澳同胞448户、1129人，港澳同胞亲属318户、1184人。2009年调查统计结果港澳同胞184人。2013年10月至2014年6月，按省委、省政府统一部署要求开展的港澳同胞情况调查工作显示，有港澳同胞834人，港澳同胞眷属351人。

联络联谊

海外联络联谊　20世纪80年代，随着改革开放的深入，侨务部门开始接待大批“三胞”到大陆，祭祖上坟、探亲访友。1986年9月19日，联络接待华裔加拿大籍研究国学大师王国维的学生叶嘉莹偕王国维次子王登明等一行到海宁王国维故居瞻仰。2001年9月21日，中秋观潮佳节期间，英国、美国等50余名摄影家组成的“世界摄影家看钱江——杭州之约”采风团应邀道海宁采风和海宁摄影家研讨摄影技艺、交流观感。2001年2月9日，新西兰总理克拉克和外交部长等政要出席新西兰奥克兰市举办的亚洲元宵灯展灯会开幕式，硖石镇组织13盏精品灯参展。11月20—29日，由浙江省对外文化交流协会主办的“浙江民间文艺艺术展”在希腊雅典举行，硖石灯彩有大型聚宝盆、12生肖、走马灯等29盏精品灯参展。侨居美国的海宁名人虞尔昌及其后代美籍华人虞祖忆在海宁丰士小学设立虞尔昌奖学金，长期捐款助学助教。2003年12月，虞祖忆专程回海宁参加“纪念虞尔昌先生百年诞辰”活动，陪同兄长同济大学教授虞润身重访丰士小学，每年“六一”儿童节为丰士小学颁发奖学金。2005年始，市侨办每年深入到侨属家庭和侨资企业，进行慰问、联谊、排忧解难等。同时，市侨办坚持每年向海外华侨华人寄贺卡近200份，定制发放新年挂历2000多份。市侨办每年组织开展“海宁市海外博士论坛”活动，邀请海宁籍海外博士就科技、教育、金融等专题作讲座。首届海外博士论坛由日本国家专家级工程师、在上海创立管丽环境技术有限公司的海宁籍归国孙跃平等就环境科学进行专题讲座。至2014年末，市侨办共开设海外博士论坛10届18场次。其间，有海宁籍旅美科学家天文学博士赵军辉主讲《天文学前沿》专题；海宁籍留美博士、美国核星公司副总裁郑卫国作“求学、就业、创业、创新”主题的专题访谈；海宁籍留美归国博士黄水龙为本市高中生作题为“爱心、立志、奉献、和谐”讲座；海宁籍留美硕士孙晓良主讲“借鉴国外先进理念，推进我市科技创新”；海宁籍留美医学博士、心血管病专家、北京协和医院客座教授周延廷到森桥医院

（现康华医院前身）进行医学交流；海宁籍美国物理学博士、华尔街超高额金融证券交易操盘手的俞志明主讲的金融证券；留美博士后动物药品专家陈贵才和留美双硕士金属表面技术专家孙沈良以“学会永不放弃”和“如何走上成功之路”两个专题的高中生励志教育等等。2007年，海宁市“海外博士论坛”被省侨办评为“创新奖”三等奖。2009年，日本海宁留学生同乡会和浙大校友会组织在日本的主要成员，原美国旧金山市副市长李摩西等20人到海宁访问。2010年，接待法国侨领陈克威一行到海宁观潮；接待来自美国、德国、加拿大等国家和地区的24名查氏寻亲团团聚故乡海宁，寻根省亲、参观查氏工业园、查济民故居、金庸旧居、徐志摩故居、盐官景区和中国皮革城等。

港澳联络联谊　1982年元宵节前后，香港举办灯彩盛会，海宁组织500多盏硖石灯彩参展，其中龙舟竞渡、雷峰塔、品字亭、孔雀开屏等精品获港胞盛赞。香港《大公报》为此作《硖石灯名扬中外》专题报道。1992年12月3日，查良镛（金庸）首次回到阔别50多年的故乡探亲访友。此后，金庸多次回海宁，参观访问，文学艺术研讨，陪亲朋好友观海宁大潮。1997年9月19日，查济民发起并陪同科学家杨振宁夫妇、金庸及其子媳、美籍华人简悦威夫妇，原香港大法官夫妇、香港大公报主编夫妇以及国内专家学者等30多名来自海内外知名人士到海宁观潮。

1997年香港回归和1999年澳门回归，市委统战部和侨务部门组织开展历史讲座、知识测验、讲演会、故事会、灯会和迎灯巡游等多种形式的侨务宣教活动。1999年澳门回归，开展“知我香港、爱我香港”知识竞赛和“一国两制、百年梦圆”大型图片展和“庆澳门回归，面向新世纪、建设新海宁”文艺晚会等。2005年1月，“情系故里潮乡行”活动，被省委统战部评为创新奖。2月，在香港尖沙咀新世界中心举办“辉映香江、情连潮乡 ”2005 海宁硖石灯彩展活动，参观者5万余人次。2006年4月15日，香港嘉兴同乡会一行45人在会长周利春率领下应邀到海宁参观考察。是年，香港书法艺术交流会在海宁钱君匋艺术馆举办，展出的百余件作品无偿献赠给海宁。2007年6月27日，市委统战部举办庆祝香港回归十周年暨查济民、查良镛（两查）爱国情怀座谈会，50多人参加。2008年3月，为纪念查济民逝世一周年，市委、市政府举办《查济民》画册首发式。查济民的夫人刘璧如及子女、生前好友，北京大学、清华大学、浙江大学等7所知名大学的相关领导和专家，省、市和兄弟省市的领导近100人出席画册首发式。 是年9月，市委市政府举办“浙江海宁金庸小说国际学术研讨会”和金庸书院奠基仪式。金庸及夫人应邀回海宁参加学术研讨会，并为金庸书院奠基。2009年，在香港举办香港嘉兴同乡会海宁分会成立5周年庆祝活动。是年，编辑出版《超越优异的人生故事——海宁学子域外风采录》；在《海宁统战信息》（月刊简报）中开设“港澳台海外”专栏。2010年9月22日，坐落在盐官历史古镇的“金庸书院”落成，占地面积4385平方米。

2014年4月12日，市委、市政府成功举办查济民先生100周年诞辰纪念活动。查氏亲属以及中国纺织工业联合会名誉会长杜钰洲、会长王天凯，诺贝尔物理学奖得主、清华大学高等研究院教授杨振宁，中国航天科技集团高级顾问孙家栋，清华大学生命科学院院长施一公，中国新闻社社长刘北宪，清华大学、浙江大学、西安交通大学和中科大等国内15所知名大学领导近100人应邀出席纪念活动、参观查济民生平和事迹陈列展、参加纪念查济民先生诞辰100周年座谈会，共忆查济民一生爱国爱港爱乡情怀。

依法维护权益

涉侨法律法规宣传　1990年，《中华人民共和国归侨侨眷权益保护法》（简称《归侨侨眷权益保护法》）颁布，市侨办在归侨侨眷中组织学习宣传。1993年，市侨务部门利用各种途径宣传学习贯彻《归侨侨眷权益保护法》和《浙江省实施〈中华人民共和国归侨侨眷权益保护法〉办法》（简称《实施办法》），依法支持和保护归侨侨眷合法权益。1995年，开展纪念《归侨侨眷权益保护法》颁布五周年宣教活动。1996—2000年，市侨办多次组织广大归侨侨眷开展“两法”学习、宣传等活动。2001年，市委统战部、市侨办通知各乡镇、市级机关各部门党组织，积极发动各界人士参加统一战线知识竞赛，普及《归侨侨眷权益保护法》和《实施办法》等相关法律法规。2004年9月，市委统战部、市侨办邀请平湖市委统战部王达钟作《中华人民共和国归侨侨眷权益保护法实施办法》讲座，市级机关涉侨部门有关领导以及市侨联委员、市留联会理事参加。2007年，认真贯彻落实《浙江省华侨权益保障暂行规定》，翻印300多册，利用会议培训等形式发放宣传；组织全市统战干部培训班，邀请省、市专家领导讲授侨务工作有关政策、法规等基本知识，组织学员到侨务工作重点镇袁花镇，深入袁花镇新袁村和查氏企业，切身感受侨务工作的重要性。2008年，组织侨法宣传册、《浙江省华侨权益保障暂行规定》等进党校活动，利用党校培训等形式宣传发放宣传资料近100册。是年，市侨联会同市司法局、市普法办公室联合举办海宁市侨法知识竞赛，宣传党的侨务政策和侨务法律法规，全市共3000余人参与。

落实政策 1979—1987年，海宁侨务工作的主要任务是全面落实侨务政策。1979年4月，中共海宁县委召开全县第一次侨务工作会议，107人参加，历时4天。会议提出，要认真学习，坚决贯彻侨务工作会议精神；要调查研究，摸清侨情；要落实政策，把江青反革命集团破坏造成的问题逐步解决；四是要全党动手，发动各个部门共同来贯彻执行党的侨务政策，挽回侨心。会上为遭受江青反革命集团迫害的侨眷、县土特产公司干部朱风楣宣布平反，落实政策，会后向全县30个公社(镇)作传达宣传贯彻。1979年10月，对在江青反革命集团横行时被抄家的18户，落实退还11户；被拆掉房屋7户，落实退赔4户。1981年，根据国务院侨办、中共中央组织部、公安部联合下发《关于善始善终地复查、纠正归侨、侨眷中冤、假、错案工作的通知》，海宁县召开会议进行部署，县组织、人事、公安、侨办等有关部门抽调人员去文教、卫生等11个重点单位进行调查，截至1987年底，共清理完600多份归侨、侨眷的详细原始资料和调查资料。1982年，专门成立落实私房政策办公室，对侨房政策优先落实。1985年12月，县统战系统对历史原因被查抄财物和没收或挤占房屋的有425户，基本上归还被查抄的财物，清退被挤占的住房。至1987年底，落实侨房政策90户，9613平方米。

排忧解难 1956年12月，县委统战部印发海宁第一份维权文件《关于做好本县侨务工作的意见》，要求县人民银行将侨汇从速送到侨眷手里，同时要注意保密，防止冒领、盗窃、敲诈、强借等不良事件；对归侨和侨眷的量才录用、依法依规改变侨眷的地主富农成分，侨眷的物资供应，侨眷的生活困难，侨眷子女就业就学等具体问题，提出相应措施。1962年，县委统战部副部长王绪生在政协常务委员会上作"关于侨务工作的发言"，强调保护和争取侨汇，维护侨益。

1979年4月，县委召开全县第一次侨务工作会议，重点强调要维护侨属应有的地位与待遇，落实子女入学、旧房拆迁、"农转非"、生活困难、来信求助等方面提出的合理要求。

1980—2014年，每年通过举办春节慰问、茶话会或恳谈会、政策解读、为侨办实事送温暖等系列活动。其间，妥善处理来信来访210余件，协助办理实事40余件。2003年，协调处理印度尼西亚华侨祖坟动迁事宜1件。2004年，协助解决侨资企业与当地村民民事纠纷2起，为1户侨眷协调处理住处周边危房修整事宜，会同市建设局为1名美国华侨私房政策问题进行多次协调进行处理。2005年起，开展"基层统战对象走访月活动"；协助处理侨资企业涉及投资中土地出让纠纷事宜。2008年，开展"走侨企、访侨眷、听呼声、解难题"活动，组织10名侨联政协委员分4个小组共走访归侨、侨眷和留学生等4个家庭和浙江天畅塑胶有限公司、海宁宏图经编有限公司等侨资企业，深入了解民意和侨企难题，形成2份民意调查报送市有关部门协调解决。2013年，市侨办陪同省侨办陈安副主任走访慰问86岁高龄缅甸困难归侨和重点侨企浙江司必林糖果有限公司。是年，市侨办人员陪同省人民政府咨询委员会主任章猛进到海宁天通控股股份有限公司进行2013"浙商之春"走访慰问活动。

2014年，协调处理俄罗斯浙江商会常务副会长在长安镇投资土地事宜的信访件。是年，完成市侨办职责权力清单、责任清单和市行政服务中心便民服务网的涉侨类行政审批事项的疏理报送，提高服务效率。

参政议政 统战部(市、县委)认真推选积极鼓励支持侨界人士代表参加人大、政协会议，建言献策、参政议政。

人大代表与政协委员 侨界人士代表经选举

或推荐担任各级人大代表、政协委员，以提交议案、提案等为主要方式实现参政议政。从二届政协至十二届政协，侨界人士担任政协委员参政议政的有120人次，多人次当选人大代表。

1962年2月，华侨宋兰仙担任政协海宁县第二届委员会委员。1963年12月，宋芝仙担任政协海宁县第三届委员会委员。1981年9月，归侨侨眷钱理华担任政协海宁县第四届委员会常务委员。1983年4月，归侨白福年当选为浙江省第六届人大代表。1984年8月，政协海宁县第五届委员会委员新增归侨侨眷界别，方富庆等14名归侨侨眷担任政协委员。其中，郭世扬、钱理华为常务委员。1987年5月，政协海宁市第六届委员会设立归侨侨眷联合会界别，方富庆等20名归侨侨眷联合会会员任政协海宁市第六届委员会委员。其中，白福年任政协副主席，陈培汉、郭世扬任政协常务委员。1988年6月，周利昌任政协嘉兴市第二届政协委员。1990年5月，王家鸣等18名归侨侨眷联合会会员任政协海宁市第七届委员会委员。其中，白福年任政协副主席，陈培汉担任政协常务委员。1993年4月，王家鸣等15名归侨侨眷联合会会员任政协海宁市第八届委员会委员，其中白福年任政协副主席，陈培汉、道书萃任政协常务委员；5月，周利昌任政协嘉兴市第三届政协委员。1998年3月，周利昌、查美寅任政协嘉兴市第四届政协委员；王家鸣等13名归侨侨眷联合会会员任政协海宁市第九届委员会委员。其中，道书萃任政协常务委员。2003年3月，丁旭初等13名归侨侨眷联合会会员任政协海宁县第十届委员会委员，其中道书萃任政协常务委员；4月，朱铭峰、查美寅、周利春任政协嘉兴市第五届委员会委员。2007年2月，许顺发等13名归侨侨眷联合会会员任政协海宁市第十一届委员会委员。其中，道书萃任政协常务委员；4月，丁旭初、周利春任政协嘉兴市第六届委员会委员，查雪梅、姚汝源任政协嘉兴市第六届委员会港澳特邀委员。2011年12月，丁旭初、周利春任政协嘉兴市第七届委员会委员，吴惠云、查雪梅、姚汝源任政协嘉兴市第六届委员会港澳特邀委员。2012年2月，孙跃平等13名归侨侨眷联合会会员任政协海宁市第十二届委员会委员，其中周仁仁、钱心禹任政协常务委员。

建言献策参政议政　侨界政协委员认真开展调研，以提案、社情民意和大会发言等形式建言献策、参政议政。政协从第七届委员会开始评选优秀提案后，侨联界别有20余件提案被评为“优秀提案”。

1988年4月，在政协海宁市第六届委员会第二次会议期间，朱凤楣等3人同科技界别委员作题为《调动侨界的积极性，为发展外向型经济服务》大会发言。1989年3月，第三次会议期间，侨联界别委员陈培汉作《做好侨务工作为促进早日实现祖国统一大业服务》发言。1990年，道书萃的《关于发展海宁丝绸工业的几点思考》、朱凤楣的《建议市政府制订海宁市外伤投资企业地方法规》被评为政协海宁市第七届委员会优秀提案。1991年4月，在政协海宁市第七届委员会第二次会议期间，白福年作题为《发挥优势献计出力》大会发言。1992年4月第三次会议期间，朱凤楣作《关于兴办中外合资企业的建议》大会发言。1993年4月，在政协海宁市第八届委员会第一次会议期间，王家鸣作题为《谈谈关于如何办好合资企业的几点体会和建议》大会发言。1994年4月，第二次会议期间陈培汉作《关于贯彻执行〈归侨侨眷权益保护法〉的建议》大会发言。1995年，朱凤楣提出的《关于当前外商投资企业存在的问题和建议》被评为政协海宁市第八届委员会第二次会议以来优秀提案。1996年，朱凤楣提出《深化供销社改革并强化其为农服务机制》建议被评为政协海宁市第八届委员会第三次会议以来优秀提案。1997年3月第五次会议期间，白福年作《迎香港回归，增爱国热情，促海宁振兴》大会发言。1998年，朱凤楣提出《关于加强外商投资企业服务、管理和监督的几点建议》被评为政协海宁市第八届委员会第五次会议以来优秀提案。1997年，白福年提出《关于设立海宁市急救中心和120急救电话的建议》被评为政协海宁市第八届委员会第四次会议以来优秀提案。1999年3月在政协海宁市第九届委员会第二次会议期间，道书萃作《充分发挥海外留学人员在“科技兴市”中的积极作用》大会发言。1999年，陈培汉提出《关于要求解决福利院大龄孤儿就业和住房问题》的建议被评为政协海宁市第九届委员会第一次会议以来优秀提案。2001年3月，第四次会议期间，白福年作《创造良好投资环境，促进我市外向型经济更快发展》大会发言。2001年，市政协九届四次会议上，陈培汉的《关注青少年光顾网吧机网吧管理经营秩序工作》、白福年的《关于创造良好投资环境，促进我市外向型经济发展的建议》被评为重点提案。2002年，白福年《关于创造良好投资环境，促进我市外向型经济发展的建议》被评为政协海宁市第九届委员会第四次会议优秀提案。2003年3月，在政协海宁市第十届委员会第一次会议期间，道书萃作题为《发挥海外留学人才优势，推进海宁新一轮经济发展》大会发言。2005年3月，第三次会议期间夏海泳作《充分发挥海外留学人员的优势，努力为海宁经济社会发展服务》发言。2006年，丁旭初提出的《加大对中小企业扶持力度，拓宽民营经济发展领域》的建议被评为政协海宁市第十届委员会第三次会议以来优秀提案等。2007年2月政协海宁市第十一届一次会议期间，侨联界别委员作《整合海宁人文资源，传承潮乡历史文脉》大会发言。2008年1月第二次会议期间，侨联界别委员作《积极发挥侨界作用促进海宁经济又好又快发展》大会发言。2009年2月第三次会议期间，侨联界别委员作《充分发挥名人效应，着力提升城市品位》大会发言。2010年3月第四次会议期间，侨联界别委员作《优化投资环境，创新服务机制，促进侨港台资经济快速发展》大会发言。2011年2月第五次会议期间，侨联界别委员作《重宣传，强服务，促引资，最大限度心音留学生回国创业》发言。2011年，汪莉薇提出的《关于做好在海宁的港澳同胞和华侨参加社会保险的建议》被评为十一届四次会议以来优秀提案。2012年2月在政协海宁市第十二届一次会议期间，侨联界别委员作《加快海外人才引进，促进经济转型升级》大会发言。2013年1月第二次会议期间，侨联界别委员作《支持浙商创业创新，促进海宁经济发展》大会发言。

2014年1月，第三次会议期间，侨联界别委员作《海宁市侨港资企业转型发展的对策建议》大会发言。

引资引智服务地方经济

海外引资引智　20世纪90年代前，吸收侨汇是引资支持国家建设的重要形式之一。1956年，经统计全年吸收侨汇8993元。至1990年，侨汇引进已达147.87万元。是年12月2日，县委发出《关于建立华侨企业公司的通知》，集资创办集体华侨企业公司(1990年改为华侨企业经营部)。

20世纪90年代后，引资引智服务地方经济社会发展开始成为侨务工作的一项重要内容。1990—1995年，引进外资1577.57万美元，29家企业。1993年观潮期间，牵线搭桥海宁与外商签订合资项目16个，总投资1908.5万美元，注册资本1351.2万美元，协议利用外资950.89万美元。1994年，举办“一节两会”，即“中国国际钱江(海宁)观潮节”和“(海宁)全国皮革服装展销会”“海宁家纺展销会”并形成传统。是年，邀请东南亚著名华商，如新加坡同乐餐饮集团、印尼维查雅集团、印中友协的代表及港澳客商考察海宁投资环境与参加海宁农博会。

1995—2000年，全市新增“三资”企业30家，增资1751万美元。2005年，海宁市留学人员创业园在市科创中心挂牌成立。2006年，海宁海新纺织有限公司被浙江省人民政府侨务办公室评为“2003－2005年度浙江省百家优秀侨资企业”。

2007年始，市侨办不定期邀请嘉兴市海关海宁办事处和嘉兴市商检海宁办事处专职人员举办海关和商检知识讲座，进行侨资企业进出口业务培训；邀请国税局、地税局、科技局、环保局等政府有关部门负责人进行政策宣讲、解答和互动；邀请驻海宁各银行负责人进行金融政策座谈等。同时，每年召开重点侨资企业座谈会，组织参观考察学习、进行政策宣讲解读和听取企业家的意见建议等，帮助协调解决困难和问题。是年，海宁司必林糖果有限公司和新海新纺织有限公司获“2006—2007年度浙江省优秀侨资企业”称号。

2008年5月四川汶川大地震，海宁的侨界人士和侨资企业捐款达131万余元。2009年11月，市侨办在“2009浙江杭州国际人才交流与合作大会”期间，邀请12名海外留学博士到海宁参加“2009海外高层次留学人员交流洽谈会”，留学博士携带20多个高新创业项目与各镇(街道)、开发区及相关企业负责人交流洽谈。12月，来自沪、杭50多名海外高层次回国人才应邀参加“海外人才海宁行暨项目推介会”，分别在生物医药、环保、金融制造等方面进行直接商谈。2010年，在海宁籍留学人员中开展

"我为海宁经济社会发展添光彩"活动。6月,来自美国、英国和加拿大等地29位海外华人协会会长和国外知名的大企业、大学、金融行业和科研机构的专家应邀到海宁参加"潮乡精英引领计划"交流活动。8月,收到"五个一"倡议的信息反馈,其内容或涉及海宁市的文化设施建设,或提供引资引智的线索建议,或对海宁企业的转型升级献策。9月,协同市人才办在海洲大饭店举办海宁民营资本与海外智力对接洽谈会暨特色产业海外高层次人才交流大会。美国、日本、加拿大等国家和地区共达200多名海外精英等,携带130多个科技项目,与海宁23家民营企业达成35个科技项目的合作意向,许多是新能源和新材料等高科技热门项目。2011年2月,日本海宁同乡会副会长的孙跃平,积极响应人才回归创业计划,在海宁尖山开发区成立海宁管丽科技新材料有限公司,将管道开挖修复项目方面相关零部件配套材料生产基地设到海宁。12月,海宁市海外归国创业人员联谊会(简称"海创会")成立,发展会员25个。市侨办聘请海宁市优秀企业家潘建清、任有法、姚岳良、陈克训、沈国甫5人为"海归"人才创业导师。2012年,经整顿规范改革开放后引进的631家侨资企业后,至2012年年底,有侨资企业89家,引进外资57301万美元,营业收入110.8亿元人民币、纳税6.4亿元人民币。

2014年,侨界政协委员为"五水共治"和美丽乡村建设捐款577100元,其中南非浙江总商会会长殷春祥(海宁籍)捐款50万元;海创会组织会员捐款30000元,开展与海宁高级中学10名优秀高一学生助学结对活动直至高三毕业,邀请担任助学导师5人。是年,吸引海外高科技人才回归入住创业达67人。

港澳引资引智　1980年5月,香港知名实业家查济民捐款人民币2万元和集资3万元在海宁市袁花乡创办袁花公社新伟侨联皮革厂。1986年3月,查济民投资15万美元创办袁花纺织有限公司。1987年,查济民又投资创办海新纺织有限公司。至1989年,引进资金1923万美元,创汇64.1万美元。1992年,查济民在袁花镇中心小学捐资20万元设立以其父亲命名的奖学金——"查子琴奖学金"。查良镛捐资在袁花镇中心小学建造金庸图书馆。1994年,查济民捐款100万元为海宁高级中学建"查济民图书馆",捐款40万元为袁花镇中心小学造教学大楼——子琴楼。1995年,查济民投资1430万美元创办海宁纺织综合企业有限公司。2000年4月,查济民在袁花投资4400万美元创办海宁市最大的外资项目——海宁新高纤维有限公司。2005年,查济民在袁花投资2600万美元兴建生产差别化纤维和非织造布的"海宁新能纺织公司"。2008年,查氏集团与海宁政府签约,投资1.5亿美元在城南新区建造五星级酒店。2014年,香港查氏集团在袁花工业园举办敬老爱老"红包"发放仪式,为新袁村60周岁及以上575名老人分发"红包",总计16.29万元。

【对台工作】

组织机构和社会团体

组织机构　1959年4月前,对台工作由统战部直接管理。1959年4月4日,县委成立对台工作组,与县委统战部合署办公,主要任务是调查台属台情并进行"和平解放台湾"的宣传。"文化大革命"期间停止工作。1981年10月27日,县委重建对台工作组下设办公室与统战部合署办公。1983年,县人民政府设立台湾同胞接待室。1986年8月始,县委对台工作领导小组办公室与县人民政府新设台湾事务办公室实行"一套班子,两块牌子"。1997年5月,海宁市委设台湾工作办公室(海宁市人民政府台湾事务办公室),1998年12月,明确为正科(局)级机构。2000年,明确挂市委台湾工作办公室(市政府台湾事务办公室)牌子与海宁市委统战部合署办公。2005年4月,市台办升格为正科(局)级单位,"组织、指导、管理、协调"海宁市的涉台事务工作。

海宁市台胞台属联谊会(简称"台联")　海宁市台胞台属联谊会是一个由去台人员在海宁的亲属组成的社会团体,致力于协助政府对台工作部门开展两岸交流、交往和联谊工作,在开展对台宣传、联络沟通、招商引资和接待互信等涉台层面的工作中起着不可或缺的积极作用。1986年4月22日,海宁市台胞台属联谊会成立。首任会长为原台北故宫博物馆首任馆长蒋復璁的堂侄,时任海宁市政协副主席的蒋祖康。

1986—2014年海宁市台联历届换届情况表

表8-6-20　　单位:人

届　次	年　份	会　长	理事会人数
第一届	1986.04.22	蒋祖康	11
第二届	1989.05.20	蒋祖康	12
第三届	1993.01.06	蒋祖康	14
第四届	1998.03.25	蒋祖康	15
第五届	2003.12.19	林文宏	13
第六届	2009.06.05	金明浩	13
第七届	2014.11.25	金明浩	13

海宁黄埔军校同学会(简称"黄联会")　1985年,海宁黄埔军校同学会联络组成立,有会员16人,隶属嘉兴市黄埔军校同学会,组长林振江,海宁市政协委员。其宗旨是:发扬黄埔精神,联络同学感情,促进祖国统一,致力振兴中华。1998年6月30日,"变更登记为社会团体,是致力于祖国统一事业的爱国群众团体。2000年4月5日,变更登记为社会团体法人。每年6月16日定为海宁起会日。2000年,有会员12人,至2014年尚有2人。

嘉兴市台湾同胞投资企业协会海宁市联谊会(简称台商联谊会)　2004年7月20日,嘉兴市台湾同胞投资企业协会海宁市联谊会成立,由在海宁地区投资的台资企业和进行经贸活动的台商、台胞组成,二年一届,每月联谊活动一次,两年一次台资企业运动会。其宗旨是:联络到海宁办厂、经商的台商,维护他们的合法权益,促进和吸收更多的台商来海宁观光、投资,交流两岸经济信息,举办各种有益经济及社会的活动,并提供台商急难救助和其他相关的咨询服务。

2004—2014年嘉兴台协海宁市联谊会历届情况一览表

表8-6-21　　单位:人

届　次	年　份	会　长	会员数
第一届	2004.07	蔡金坤(浙江鑫红机械有限公司董事长)	17
第二届	2005.07	施坤煌(浙江得伟染织有限公司董事长)	19
第三届	2007.05	谢睿邦(浙江雅昌染织有限公司董事长)	20
第四届	2009.05	黄顺鑫(浙江显昱纤维织染有限公司总经理)	21
第五届	2011.05	周锦华(海宁棋华照明有限公司总经理)	23
第六届	2013.05	陈永建(世桦科技纺织(海宁)有限公司董事长)	22

台北海宁同乡会　20世纪50年代,海宁籍军公教及工商界人士去台,散居岛内各地。在顾达一、程森士以及杨安之、潘士浩、陆雪塘、查良鑑、吴学文等联络动议下,印制同乡会通讯录,发起春节团拜联欢等较为松散的联络联谊活动,为台北市浙江省海宁县同乡会的正式成立打下基础。

1985年6月,筹备成立台北市浙江省海宁县同乡会。9月22日,在台北市中山堂召开成立大会,选举产生第一届理监事,首任会长顾凌云,原国民党海宁县党部书记长程森士为总干事。海宁县同乡会由海宁籍旅台乡亲自发组织而成,旨在联络在台海宁籍乡亲,勿忘乡情。两岸恢复往来后,积极为海宁与台湾两地的联络联谊作贡献。

1988年2月,由李如南任总编辑的《海宁同乡会讯》出版。1991年11月,李如南接任同乡会会长,程森士继续担任同乡会总干事。张海鳌担任《会讯》总编辑。1996年11月,张海鳌接任同乡会会长,时任台湾大学副教授查重传接任同乡会总干事,《会讯》总编辑一职改由杨欣泉担任。2001年,"同乡会"更名"同乡联谊会"。2004年,倪胤超接任联谊会理事长。2005年恢复"台北海宁同乡会"名称。

2014年,台北市印刷商业同业公会理事长陆兆友接任台北海宁同乡会理事长。

维护台胞台属合法权益

落实政策　1978—1980年,县委对台工作小组的工作主要是拨乱反正、落实政策。通过及时处理来信来访,保护台胞台属的合法权益。其间,纠正冤假错案34起,及时解决31户台胞台属住房困难。1979年2月,海宁县发文对被错划为"右派分子"经县委批准改正的人员恢复工资待遇。1980年,硖石镇海宁水泥厂冯炳章在台母亲唐祥芬是首例从台湾回硖石定居,市委统战部协调落实房产、解决其子女就业等问题。

参政议政　海宁的台眷属参政议政从20世纪70年代末开始。1978年至1981年,台属中当选为县人大代表5人,推举为政协委员30人。著名中医、台属朱炼之曾担任县人大常委会副主任,原工商业者,台属许兆雄当选为副县长。在1981年召开的海宁县人大和政协会议中,"三胞"亲属中有44人,分别当选为人大代表和政协委员,其中台属蒋祖康当选为政协副主席。1981年12月,县政协召开首次"三胞"亲属座谈会,征求意见。此后,县人大代表、县政协委员中,"三胞"亲属都保持相应的比例。台属朱炼之当选为省人大代表,许兆雄、汤虎观为省政协委员。

1981年9月,四届政协中设立"台属"工作组。1984年8月,五届政协设"祖国统一工作组"。1987年5月,六届政协开始设置"台联"界别。1995年3月,八届政协第十次会议在专门委员会中增设"祖国统一联谊委员会"。1998年4月,九届政协在专门委员会中以"三胞亲属联谊委员会"代替"祖国统一联谊委员会(香港已回归)。2005年1月,十届政协常委会第十二次会议决定专委会合并为4个,其中"社会法制和三胞联谊委员会"活动组中有"侨台界活动组"。

四届政协侨台界参加政协视察组调查考察有关"三胞"亲属政策的落实及台企发展情况并提出了《关于进一步吸收台资的建议》《关于海宁市未来地下管网建设的建议》等意见建议。四届政协侨台界代表积极参政议政,提交提案,其中被评为"优秀提案"的有20多件,如蒋祖康的提案《反对形式主义,坚持实事求是传统的建议》《关于重视名人文化开发建设的建议》《切实保持失业工人再就业的建议》等。

交流交往联谊活动　1983—1987年,旅居台湾的少数海宁籍同胞开始从中国港澳地区和美国、日本绕道到海宁探亲。1984年,嘉兴市建立台联小组和台属联络员制度,开始在春节、中秋、国庆等重大节日举办台属联谊活动,并将活动情况通过台属告知在台亲人。1983年,两位台胞开启经第三地回乡探亲先例后,赴大陆探亲的台胞逐年增多。1984—1986年,回乡探亲的台胞分别为7人、12人、21人。1987年11月2日,台湾当局开放台胞赴大陆探亲后,回乡探亲台胞剧增。1986年4月22日,海宁县台胞台属联谊会成立,海宁、台湾两地民间家书往来(经第三地)更趋频繁。

1988—2005年,台北同乡会编辑出版《海宁同乡会讯》(简称《会讯》),每年4期。《会讯》增进了相互了解,进一步推进海峡两岸交流。

1990年10月2—7日,应海宁市台联邀请,以台北市海宁同乡会名誉理事张方正为团长的台北市"海宁同乡会探亲观潮团"一行20人,首次组团到故乡探亲,并参加观潮节和市政府召开的"台资外资投资座谈会"等活动。1991年4月26日,应嘉兴市市长周洪昌邀请,嘉兴旅台同乡会一行40余人回乡探亲并考察(共38人,其中海宁籍乡亲10人25日下午先行到达),市委书记赵宗英、市长王似熊接待全体乡亲。旅台乡亲孙尚志回台后以《今日海宁市政风貌》为题作专门介绍。1992年,市台办首次召开台北《海宁同乡会讯》撰稿人座谈会。1994年8月,海宁市台办、海宁文联王国维研究会组织召开海峡两岸王国维学术研讨会,京、沪、港、台等地40余位专家教授与会,收到学术论文17篇,《人民日报》等报刊和电视台作专题播报。9月,在佛学研究享有盛名的海宁籍高僧印顺法师（一行4人）时隔64年后回海宁探望故土。

1995年2月5日，由海宁市台办、文联鼎力协助，台北海宁同乡会主办的"海峡两岸当代海宁书画家作品展"在台北中山堂画廊举办，时任台湾"海基会"副理事长焦仁和、东吴大学董事长王绍堉、知名政要蒋彦士夫妇等台湾知名人士参观展出，蒋纬国送了花篮。同年9月10日，由海宁市台办、海宁文联举办的"海峡两岸海宁人'爱我家乡书画展'"在海宁米谷画廊展出，汪道涵会长题词"书画为舟，载誉两岸"。海峡两岸关系协会会长汪道涵、省台办主任马光武和中共海宁市委、市政府、市人大常委会、市政协领导观看展出，参加开幕式还有台胞团组30余人。当天晚上，参加书画展开幕式的30余位台胞和海宁文艺界人士在海宁剧院进行联谊演出，观众1000余人。

1996年4月，台北同乡会张海鳌、程森士等回海宁探亲扫墓，市委书记沈雪康，市长钱满程会见宴请贵宾合影留念。9月，台湾知名政要洪秀柱到海宁观潮。台北同乡会6年间5次组团回乡探亲、考察，捐资助学、提供台湾农桑科技资料、推动11家台资企业投资海宁。1998年12月，以海宁市副市长戴雪根为团长的农业考察团一行9人，首次赴台湾进行为期10天的农业考察，与台方中华亚太流通发展协会共同举办"两岸企业联谊会"。

2001年6月，经省台办批准，由台湾台南师范学院22名师生组成的"中华21世纪文化交流协会台南学生交流访问团"到海宁交流访问，参观海宁市实验幼儿园和宏达实验学校，进行教育观摩和研讨。2002年，台湾蒋仲苓到海宁观潮。7月，台北海宁同乡会张海鳌夫妇携一家三代12人回祖籍地拜访。2003年，蒋（章）孝严偕夫人等6人和此后台中市浙江同乡会12人到海宁考察。2004年2月，市委常委、宣传部部长率团携海宁灯彩赴台参加元宵节"高雄灯会"。7月，在市委统战部的统筹下，市台办、市侨办联合举办"情系故里潮乡行"活动，台北浙江海宁同乡会理事长倪胤超、北京兢诚国际律师事务所首席代理查竞传、台湾中联炉石处理资源化股份有限公司副总裁金崇仁等20位旅台乡亲应邀参加活动。9月，徐忠国一行在省台办交流处陪同下到海宁参访。是年，开始一年一度由市政协市委统战部主办中秋晚会和迎春联欢会以及元宵节活动等。2005年9月，首届"海宁杯"高尔夫球邀请赛在海宁尖山新区开赛，来自全国各地的30名台商参加比赛。2006年7月，两岸中学生夏令营"学子情深"开营，台湾30名师生与海宁高级中学、一中、南苑中学师生交流互动。10月，"海峡情——台湾著名画家包容女士师生画展"在海宁徐邦达艺术馆开幕。12月，应台湾"僧伽林文教基金会"邀请，以海宁市佛教协会副会长释宏法为团长的海宁市佛教参访团一行8人赴台参访考察。是年，蒋方智怡参访海宁；台湾宜兰传统艺术中心成员副研究员刘筱芬一行4人来海宁考察硖石灯彩。2007年3月，市台办组织218盏硖石灯彩应邀赴台湾高雄市参加为期25天的元宵灯会。台湾东森电视台和《民生报》等媒体广为宣传，前往参观的台胞61万多人次。11月10—12日，北京大学、清华大学、北京师范大学、中国人民大学和海宁市政府联合承办的"纪念王国维诞辰130周年暨国际学术研讨会"在海宁召开，来自日本、中国香港、台湾、北京、上海、杭州等地专家学者以及王国维家属100余人与会。新华社、中央电视台、《文艺报》等数十家媒体作报导。

2008年9月，"2008中国国际钱江（海宁）观潮节"期间，台北海宁同乡会会长倪胤超带领27位台湾同胞回家乡考察。8月，海宁市市长沈利农率团赴台考察，拜会台北海宁同乡会乡亲。2009年2月，台湾大学、台北大学、辅仁大学、东海大学、淡江大学等10多所大学的300名学生到海宁交流和参观。6月30日至7月7日，海宁市经贸考察团一行5人，在副市长沈向宏率领下到台北看望台北同乡会乡亲。8月，台湾嘉义高级中学到海宁与海宁高级中学和海宁一中师生交流互动，此后，每两年交流一次成为惯例。9月，"皮革城杯"2009世界速度轮滑锦标赛在海宁市体育馆隆重开幕。40多个国家和地区的400多名运动员齐聚海宁，中华台北队组织50名运动员参加比赛并以8枚金牌的成绩居金牌榜第三位。

2010年8月，"徐志摩、郁达夫文学之旅"在台湾东吴大学博士吕正惠带领下一行42人到海宁参观徐志摩故居并进行学术交流研讨。2011年，市人大常委会主任徐辉带队赴台交流，参加海宁台资企业在台公司的庆典，进行项目洽谈，拜访台北海宁同乡会。是年9月，海宁籍陈凯炜被台湾中原大学土木工程学系录取，这是海宁第一个赴台就读大学的海宁学子。2012年6月，市政协主席张炜芬带团到台湾进行史学文化交流，拜访海宁籍台胞印顺法师生前修行所在地“福严精舍”，开展两地佛教文化交流。2013年6月，市委副书记周红霞带团赴台进行农业交流考察，学习考察台湾精细化农业基地和专业合作社。9月22日，台湾知名人士许荣淑、台北市政府顾问王彩霞率参观考察团一行25人到海宁观潮，省台办副厅级巡视员王洪兴、海宁市台办副主任姚建忠进行接待。11月，副市长胡燕子应邀率队赴台参加亚洲轮滑联合会会议，代表海宁向大会申办2014年第16届亚洲轮滑锦标赛并申办成功。是年，观潮节期间，连战及夫人连方瑀(祖籍海宁)一行23人到海宁观潮并参观徐志摩故居、王国维故居、金庸书院，应邀为盐官古城题词。市领导林毅、戴锋、周红霞和市委统战部部长史丹夫陪同参观。2014年9月中秋之夜，海宁市区南关厢灯展设立台湾灯展馆，参观者近千人。是年，组织对台高尔夫球邀请赛、对台轮滑赛。

2014年，到海宁经贸考察、交流、采访、旅游、探亲的台胞达16034人次；海宁居民赴台探亲、居留、旅游2473人次。从2011年第1位学子赴台求学开始至2014年，海宁共16人赴台就读高校，其中大学15人，研究生1人。

服务台企和对台经贸活动　1988年7月，由市委统战部和市台办牵线搭桥，台胞葛珊宝投入20.26万美元与市华侨企业公司成功合办“顺利园饭店”。1990年，市政府邀台北海宁同乡会20人到海宁参加台资外资座谈会。此后台北海宁同乡会组织台北工商界来海宁考察投资和购物环境，经贸活动逐年增多。1991年，海宁发展台属企业9家，年产值417万，上缴税金34万元。1992年10月20—23日，台北海宁同乡会工商界考察团8人到海宁考察投资环境。至1996年，由台北海宁同乡会牵线引进海宁的台资企业共11家。1993年5月，台湾机器同业公会47人到海宁考察相关工业企业。1994年4月4日，在海宁市委宣传部、海宁市台办与台中长欣企业有限公司董事长曹明欣的共同努力下，《台中晚报》专版刊登《浙江海宁市观光旅游胜地投资开发乐土》(副标题《欢迎台湾工商界人士前往观光旅游投资开发加强合作交流共创未来》)系统介绍海宁的投资环境。1995年6月，浙江吉恩仕服装集团公司与台湾周旻宪在海宁签订合资经营海宁吉昌纸制品有限公司，公司投资总额400万元人民币，注册资本300万元。12月，海宁第一次注册台商独资企业2家，总投资56万美元。

2001年9月，由中国针织工业协会主办，海宁市经编协会、台湾经编联谊会承办的首届海峡两岸经编产业发展研讨会在海宁举行，海峡两岸70多个经编企业代表和有关部门人员240余人参加研讨会，其中台湾企业15家29人。中国皮都科技工业园与台北市商业会就加强双方经贸合作与交流签署协议书。同月，应台湾中华经贸发展协会邀请，以市政府副市长沈光明为团长的浙江省贸促会海宁经编工业考察团一行11人，赴台湾进行为期10天的经贸考察和招商活动。12月，2001年海峡两岸家用纺织品合作研讨会在海宁举行，副省长叶荣宝、巴音朝鲁等两岸300多位代表出席研讨会(台湾代表34人)。2006年2月，台湾推动两岸经贸联谊会16人到尖山新区考察投资环境。5月，第二届中国海宁·海峡两岸IT产业论坛在海宁举行。论坛由台湾区电机电子工业同业公会、海宁市人民政府、中国台商发展促进协会主办，海宁市台商联谊会、海宁经济开发区共同协办。是年，举办台资企业与政府有关部门恳谈会，帮助解决发展中的实际问题；组织台商出游嘉兴和海宁新老景点；为台商子女就学提供服务。2008年8月，海宁市市长沈利农率经贸考察团赴台考察。10月，世界台商联合总会的大陆台商工作委员会吕春霖等4人到海宁考察。是年，台湾嘉义县和高雄市先后组团到海宁考察工、农业。2009年11月9日，海宁市第一次组织经贸交流团组，也是嘉兴地区第一次以座谈会的形式在台湾公开进行经贸交流活动，交流团共21人，由市政府副市长许煜威带队参加首次在台北举行的第四届海峡两岸经编研讨会。12月，由“台北对外贸易发展协会”组织的11家台湾农产品企业亮相海宁首届农博会。2010年12月，13家台湾农业企业的优质农产品参展海宁市第二届农博会。同月，在海宁市台办和市司法局共同努力下，海宁市台资企业律师服务团成立。有9名律师被选为律师团成员，台办和司法局制定《海宁市台资企业律师服务团工作规程》，为台资企业发展创造良好服务环境。

2011年6月27、28日，海宁市人大常委会主任徐辉和市台办主任浦国仙一行赴台参加海宁台资企业在台母公司30周年厂庆，徐辉等利用台湾许多企业家云集的机会为海宁招商引资，先后与6家企业恳谈。

第七章 中共海盐县委统战工作（1949—2014年）

1949年5月7日，海盐县解放。1951年10月，中共海盐县委设立统一战线工作部（简称统战部）。统战部在县委的直接领导下，遵照中共中央一系列指示精神，团结社会各民主阶层、人民团体和各界人民群众恢复和发展国民经济，组织开展资本主义工商业的社会主义改造。在大规模建设社会主义时期，统战工作围绕中央关于国民经济“调整、巩固、充实、提高”的方针，引导和调动社会各方面积极因素，积极投身社会主义建设事业。“文化大革命”期间，党的统战工作受到严重冲击，组织陷于瘫痪，工作被迫停止。

中共十一届三中全会以后，统战工作拨乱反正，遵照中国共产党与各民主党派“长期共存、互相监督、肝胆相照、荣辱与共”的方针，帮助工商联恢复工作，协调各民主党派建立组织，发挥各民主党派、人民团体和无党派爱国人士参政议政和民主监督作用，改进和发展中国共产党领导的多党合作和政治协商制度。

进入21世纪，县委统战工作以经济建设为中心，以统一祖国、振兴中华为总目标，团结引导各民主党派、人民团体和无党派爱国人士广泛参与经济建设和社会主义“两个文明”建设，丰富和发展党的统一战线。

第一节 机 构

1951年10月，中共海盐县委设立统一战线工作部（简称统战部），首任部长徐永三（县长兼任），配文书1名负责日常工作。1954年9月，统战部撤销，先后由县财贸部和宣传部兼管统战工作。1958年11月，海盐县建制撤销，县委各部委工作划入海宁县。1961年10月，恢复海盐县建制（未设统战部，统战工作由县委宣传部兼管）。“文化大革命”期间，县委工作受到冲击，县委各机构工作瘫痪。1981年9月，县委复设统战部。1983年1月、11月，县政府先后设立台湾同胞接待站、宗教事务办公室，与统战部合署办公。1984年2月，县委任命杨生夫为县委统战部部长。同年3月，县委设立对台工作小组办公室、县政府设立侨务办公室（简称“侨办”），均与统战部合署办公。1986年8月，县政府台湾同胞接待站更名为台湾事务办公室（简称“台办”）。1997年6月，县政府台湾事务办公室改称为县委台湾工作办公室，宗教事务办公室改称为县委、县政府民族宗教事务局，与县委统战部合署办公。1999年7月，县委、县政府民族宗教事务局更名为县民族宗教事务局，列入政府序列，与县委统战部合署办公。2004年2月，县民族宗教事务局由原股级单位升格为副科级单位。2005年，县民族宗教事务局升格为正科级单位。至2014年，县委统战部挂县委台湾工作办公室，县政府侨务办公室、民族宗教事务局牌子，合署办公。

内设机构 1993年7月，建立部务会。1994年，内设办公室、宗教科。1998年4月，增设党派科。2005年10月，增设综合科。2007年4月，统战部在编8人。2014年，内设办公室、党派科和综合科，编制8人。

中共海盐县委统战部正副部长一览表

表8-7-1

姓　名	职　务	任职时间	备　注
徐永三	部　长	1951.10—1953.10	海盐县长兼任
杨生夫	部　长	1984.02—1993.04	1987.05—1993.04任县政协副主席
许　琳	部　长	1993.04—2003.03	县政协副主席
朱蓓华	部　长	2003.03—2012.02	县政协副主席
郑其良	部　长	2012.02—	县政协副主席
支延龄	副部长	1989.01—1993.04	—
刘炳龙	副部长	1993.11—1998.04	—
周灿苗	副部长	1996.10—2003.05	—
徐浏华	副部长	1998.09—2000.11	—
王　蕾	副部长	2001.07—2003.01	—
阮立雄	副部长	2002.11—2004.3	—
黄兴国	副部长	2003.05—2006.12	—
王琪妹	副部长	2004.03—	—
华　民	副部长	2005.05—2014.09	—
周根明	副部长	2006.12—2011.11	—
徐　敏	副部长	2007.06—	—
詹　华	副部长	2012.02—2014.09	—
蒋菊斌	副部长	2014.09—	—
夏红平	副部长	2014.09—	—

海盐县侨办、台办、民宗局正副主任(局长)一览表

表8-7-2

组织机构	姓　名	职　务	任职时间
县人民政府侨务办公室	张国华	主　任	1988.01—1993.08
	许　琳	主　任	1993.08—2003.07
	朱蓓华	主　任	2003.07—2007.08
	王琪妹	主　任	2007.10—
	杨生夫	副主任	1988.01—1993.08
	汤仁宝	副主任	1993.08—2004.04
	王琪妹	副主任	2004.04—2007.10
	杨美芳	副主任	2007.10—2014.12
海盐县人民政府台湾事务办公室	杨生夫	主　任	1988.01—19930.08
	许　琳	主　任	1993.08—1998.05

续表8-7-2

组织机构	姓　名	职　务	任职时间
海盐县人民政府台湾事务办公室	周灿苗	主　任	1998.05—2003.05
	朱蓓华	主　任	2003.07—2007.06
	徐　敏	主　任	2007.06—
	胡观良	副主任	1988.01—1993.08
	汤仁宝	副主任	1993.08—2004.04
	颜玉其	副主任	1998.05—2003.05
	黄兴国	副主任	2003.05—2006.12
	富守中	副主任	2005.09—2010.05
	杨美芳	副主任	2010.05—
海盐县民族宗教事务局	徐浏华	局　长	1999.07—2000.12
	张　尧	局　长	2000.12—2004.02
	张　尧	局长(副科级)	2004.02—2005.05
	王琪妹	局　长	2005.05—2007.09
	周根明	局　长	2007.11—2011.11
	詹　华	局　长	2012.02—2014.09
	蒋菊斌	局　长	2014.09—
	王月明	副局长	2010.05—

第二节　多党合作和政治协商工作

【人民政协工作】

人民政协工作是党的统一战线的一个重要部分。中共海盐县委统战部根据《中国人民政治协商会议章程》的规定，协调做好历届政协界别设置、政协委员的产生等工作。

1949年11月3—5日，建立海盐县各界人民代表会议并召开第一次会议。会议所设立的常务委员会，成为县各界人民代表会议闭幕期间的常设机构。作为过渡形式的县各界人民代表会议，既是县人民代表大会的雏形又是全县各界人民群众参政议政的政治协商组织，即统一战线组织。至1953年，县各界人民代表会议先后召开8次。1954年7月，县首届人民代表大会召开，县各界人民代表会议完成历史使命。至1983年初，再未建立政治协商组织。1983年5月，政协海盐县第一届委员会全体会议召开，成立政协海盐县委员会(简称“政协”)。

1983年5月至2012年2月，政协历经8届，委员以界别为单位构成。

第一届政协委员会(1983年5月至1987年5月) 政协第一届海盐县委员会由18个界别构成，届初有委员115人。委员中无党派民主人士82人，占71.3%，民主党派人士1人，占0.9%，中共党员32人，占27.8%。

第二届政协委员(1987年5月至1990年5月) 政协第二届海盐县委员会由17个界别构成，与上届比减少农民界别。委员总数128人，比一届政协增加13人，增长11.3%。委员中，中共党员44人，占34.4%。民主党派和无党派民主人士80人，占

62.5%;妇女23人,占18%。上届继续留任82人,占64.1%;新进委员46人,占35.9%。委员中具有各种专业技术职称有38人,占总数29.6%。委员中年龄最大的84岁,最小的19岁。大中专文化程度以上学历77人,占委员总数60.2%。

第三届政协委员会(1990年5月至1993年4月) 政协第三届海盐县委员会由16个界别构成,与上届比减少少数民族界别。本届委员137人,比上届增加9人。委员中,中共党员54人,占39.4%。民主党派人士21人,占15.3%。无党派民主人士62人,占45.3%。妇女24人,占17.5%。委员中具有中级职称46人,占8.8%。文化程度大中专以上学历99人,比上届多22人。委员平均年龄51.1岁,比上届下降1.2岁。

第四届政协委员会(1993年4月至1998年3月) 政协第三届海盐县委员会由17个界别组成,其中科技界分工业科技和农业科技,与上届比增加经济界别。委员155人,比上届增加18人。委员中,中共党员60人,占38.7%。民主党派和无党派人士95人,占61.3%。女委员26人,占16.8%。上届委员中留任63人,占40.64%。新进委员92人,占59.36%。委员文化程度大专以上学历51人,占32.9%,具有中高级职称68人,占总数的43.87%。委员平均年龄47.3岁,比上届下降3.8岁。

第五届政协委员会(1998年3月至2003年3月) 政协第五届海盐县委员会界别数、委员人数与上届持平,增加农业,减少体育界别。县五届政协委员集中了社会各界知名人士,吸纳民主党派、工商联新一代领导人。在155名委员中,有中共党员61人,占39.35%,民主党派和无党派人士94人,占60.65%。女委员和新增委员分别为22人、97人,占委员总数14.19%和62.58%。委员平均年龄45.10,比上届略有下降。具有中高级技术职称11人。委员中,高中以上文化程度其128人,其中大专以上学历82人。

第六届政协委员会(2003年3月至2007年2月) 政协第六届海盐县委员会由17个界别构成,有委员180名,其中,中共党员71人,占39.4%。党外人士109人,占60.6%。其中民主党派人士21人,占11.7%。女委员36人,占20%。上届委员留任78人,占43.3%,新进委员102人,占56.7%。委员中文化程度大专以上学历110人,占61.1%,其中大学47人,大学学历比例逐年上升。委员中,具有高级职称的有21人,比上届增加10人。委员平均年龄43.58岁,比上届下降1.52岁。

第七届政协委员会(2007年2月至2012年2月) 政协第七届海盐县委员会设21个界别,与上届相比增加民盟、民进、农工党、无党派人士、社会福利和社会保障等5个界别,文化艺术新闻界合并为文化艺术(新闻)界。共青团、侨联、社会法制、卫生界分别更名为共青团(青联)、侨(留)联、社会科学、医药卫生界。委员211人,比上届增加31人,其中,中共党员84人,占39.8%。非中共人士127人,占60.2%。民主党派30人,占14.2%。女委员48人,占22.7%,比上届增加12人。委员中留任107人,占50.7%。新进委员104人,占49.3%。本届委员中文化程度比六届有所提高,具有高中以上学历有195人,占92.4%,高于六届近5个百分点,其中大专学历63人,占29.9%,大学以上学历95人,占45%,具有高级职称有41人,占19.4%。委员平均年龄为43.7%,与上届基本持平。

第八届政协委员会(2012年2月—　　) 政协第八届海盐县委员会设22个界别,与上届相比增加九三学社界别。委员213人,比上届增加2人。党内外比例:中共85人,占39%。非中共人士128人,占60.1%,其中民主党派37人,占17.4%。委员中女性44人,占20.7%。继续留任108人,占50.7%。新委员105人,占49.3%。具有高中以上文化程度的委员有199人,占93.4%。其中大专学历50人,占23.5%,大学以上学历123人,占57.7%。中高级职称107人,占50.2%。平均年龄43.5岁。

1983年5月—2012年2月政协海盐县历届委员会构成情况表

表8-7-3　　单位：人

界别＼届次	第一届	第二届	第三届	第四届	第五届	第六届	第七届	第八届
中国共产党	9	11	12	4	8	7	16	16
县工会	5	3	4	4	4	4	4	4
县妇联	3	4	3	4	4	4	4	4
共青团(青联)	3	3	4	4	3	3	4	4
农 民	2	—	—	—	—	—	—	—
科技界	14	23	24	29[1]	16	19	18	18
经济界	—	—	—	23	18	25	28	28
工商界	11	16	18	16	16	22	25	27
农业界	—	—	—	—	15	18	18	18
教育界	15	11	13	13	10	13	10	10
医药卫生界	15	14	11	12	13	12	10	10
文化艺术界(新闻出版)	5	7	7	9	15	17	23	22
体育界	1	1	1	1	—	—	—	—
社会法制界(社会科学)	4	3	3	2	4	5	5	5
社会福利与社会保障界	—	—	—	—	—	—	6	6
归侨侨眷(留联)	7	16	9	5	4	4	8	8
台胞台属	8		11	5	3	3	6	5
民主党派	—	—	—	—	—	—	15	17
无党派人士	—	—	—	—	—	—	4	5
宗教界	2	2	1	2	2	2	3	2
少数民族	1	1	—	—	—	—	—	—
特邀人士	10	13	16	22	20	22	12	12
委员总数	115	128	137	155	155	180	211	213

说明：其中第四届科技界中，工业科技界17人，农业科技界12人

【民主党派和无党派人士工作】

中华人民共和国成立初期，县委贯彻《中国人民政治协商会议共同纲领》，支持社会各阶层爱国人士、工商联参加县各界人民代表会议，参与政府重要决策和重大事务协商。1949年11月，县各界人民代表会议制度建立以后，县委在历次会议期间注意举荐一定比例的社会各阶层人士，参加人民代表会议，共商国是。1956年12月29日，县委印发《关于加强统一战线工作意见》，在制度上进一步落实社会各阶层人士参与政治协商的政策。

“文化大革命”期间，党的统一战线工作受到严重干扰，工作被迫停止。

中共十一届三中全会以后，统一战线工作拨乱反正，逐步得到恢复。1987年6月至2010年6月，县委统战部协调、支持建立县民盟、民进、农工、九三学社4个民主党派县支部(社)，贯彻中国共产党领导的多党合作和政治协商制度进入新的历史阶段。

制度建设　20世纪80年代初，县委统战部针对县内尚无民主党派组织的实际情况，在贯彻党的政治协商制度，落实党外人士参政议政工作中，重点做好社会各界爱国人士、海外侨胞和党外知识分子的组织协调工作。1986年4月，县委印发《批转县政协〈关于进一步发挥政协职能作用的报告〉的通知》，就进一步发挥县政协团结党外人士的桥梁作用，推进政治协商和民主监督的制度化、经常化作出规定。1987年6—7月，民盟、民进两个民主党派海盐县支部建立后，县委统战部贯彻中共中央批转中央统战部《关于新时期党对民主党派工作的方针任务的报告》，加强与各民主党派的沟通与联系，指导、协调政治协商。1989年，县政府和县政协分别印发《关于加强县政府同县政协和民主党派合作与协商的通知》《关于政治协商和民主监督暂行规定》，就县政府与县政协、各民主党派的合作与协商作出六条规定，并就县政协开展政治协商和民主监督的内容、形式、程序、要求和办法等作出规定。1990年，县委、县政府贯彻中共中央《关于坚持和完善中国共产党领导的多党合作和政治协商制度的意见》，印发《关于贯彻中共中央〈意见〉的通知》，提出："做好推荐举贤工作，充分发挥政协和民主党派参政议政、民主监督作用；加强与政协和民主党派的联系，做好重大事宜的情况通报和专业性问题的对口协商工作；政府及有关部门的中共党员干部，要与民主党派、非中共人士建立良好的合作共事关系，充分发挥他们在政府工作中的作用；政府及有关部门在开展监察审计、工商、税收、财务、物价及清理整顿公司等检查时，可邀请政协和民主党派参加；政府及有关部门要支持政协各委员会和民主党派开展经济、科技、教育、文化、卫生等方面的咨询服务，为他们创造条件，提供方便"等五点意见，坚持和完善中国共产党领导的多党合作和政治协商制度。1993年10月，县委办印发《转发县委统战部〈关于党政领导与民主党派党外人士建立对口联系制度的报告〉的通知》，建立县委常委、正副县长与民主党派和党外人士建立交友联系制度、情况通报制度和民主协商制度。

进入21世纪，县委、县政府进一步规范和完善与各民主党派、工商联和无党派代表人士的合作和政治协商制度。2004年，县委印发《关于建立民主党派、工商联和无党派代表人士工作制度的实施办法》《海盐县特约人员管理办法》，建立党委、政府有关部门与各民主党派主委联席会议制度、特邀人员制度、对口联系制度、学习调研和通报会制度。2007年，县委贯彻中共中央《进一步加强中国共产党领导的多党合作和政治协商制度的意见》，印发《关于进一步加强中国共产党领导的多党合作和政治协商制度的实施意见》，进一步完善党委、政府有关部门与各民主党、工商联和无党派人士的对口联系、特约人员制度和党政领导与民主党派、无党派人士的交友谈心制度。2008年，县委统战部建立县领导与民主党派"新年协商制度"，规定每年春节后的第一个工作日，县委主要领导约谈各民主党派负责人，听取意见建议，并现场办公帮助解决困难或问题。2010年，县委进一步完善党政领导和相关部门的协商、通报、谈心交友、对口联系、新年约谈等制度，拓宽各民主党派、工商联、无党派人士参政议政渠道。县政协遵照中共十八大提出的关于"开展基层民主协商"的精神，印发《关于进一步推进基层民主协商工作的意见》，在澉浦镇开展试点，探索基层民主协商在镇(街道)联络室的实践。

2014年，县委印发《关于加强结构性干部队伍建设的实施意见》，强化对党外干部的考察和培养，促进干部队伍更趋合理。

党派队伍　20世纪80年代中期，县委统战部遵照中央关于新时期爱国统一战线"要密切联系党外各界人士，进一步巩固中国共产党同党外人士的联盟"的指示精神，支持各民主党派在海盐建立组织、发展成员。1987年5—6月，县委统战部协助建立民进、民盟、农工党3个民主党派海盐支部，并在干部配备、办公场所、活动经费等方面给予支持，协助解决。1991年6月，协助建立九三学社海盐秦山活动小组。此后，县委统战部注重在加强各民主党派自身建设、内部制度、成员发展以及换届中的新老更替、人事调整、班子建设等方面的指导。1997年，结合各民主党派换届，支持各民主党派按照各自章程做好对班子成员的选拔、考察和新老更替工作。换届后，新的领导班子共20人、平均年龄44岁，在人员结构、年龄结构和文化层次等方面更加合理。2014年，全县有民主党派总支(支社)委员会4个，成员183人(详见本章第五节“民主党派工作”)。

支持履职 1951年,县委统战部贯彻嘉兴地委于6月、7月两次召开统战工作会议提出的关于“巩固和发展统一战线组织,团结与推动各界人民完成党和政府各项政策、法令和工作任务”的精神,举荐安排一定比例的社会各阶层民主人士参加各界人民代表会议,参与民主协商、依法履职。1954年7月、1983年5月,海盐县首届人民代表大会、政协海盐县第一届委员会召开,县委统战部举荐安排民主党派、工商联、无党派人士任职人大代表、政协委员,支持通过人大、政协“两会”平台,依法履职、参政议政。1987年,先后召开由民主党派主要负责人参加的各界人士座谈会、协商会,就全县“两个文明”建设、县党代会工作报告、人大和政协换届过程中的人事安排以及出席省人大的代表人选等事宜,进行协商、征求意见。此后,县委、县政府在重大事项、重要人士安排等决策前,均举办通报会、协商会、座谈会听取意见和建议,发挥党外人士依法履行参政议政的职能。1990年,县委、县政府贯彻中共中央《关于坚持和完善中国共产党领导的多党合作和政治协商制度的意见》,进一步规范和完善与民主党派、工商联、无党派人士的沟通联系、政治协商和党外监督制度,从制度上保障党外人士依法履职、参政议政和民主监督的职能。1992年,县委、政府及有关部门举办有党外人士参加的各类通报会7次、座谈会2次,组织参与社会调查6次。1993年,县委、县政府建立党政主要领导与民主党派、无党派人士的交友谈心制度和党政机关有关部门与各民主党派的对口联系制度,加强沟通联系、听取意见建议,支持和鼓励民主党派发挥参政党作用。党政主要领导的交友谈心制度,随领导更换或变动每年作出调整。是年,县委常委、正副县长13人与民主党派、无党派人士13人结对交友,县教育局、卫生局等10个政府部门与民主党派建立对口联系制度。1995—1998年,县委、县政府围绕政府工作报告、贯彻中共十四届五中全会精神、全县国民经济发展规划、反腐创廉以及农业、环保、科技文化、“菜篮子”工程等情况,举办各类座谈会、情况通报会等,每年不少于4次;县监察局聘请民主党派成员担任特邀监察员6人。1998年,县委、县政府主要领导13人与各民主党派负责人13人,建立一对一交友联系制度。

进入21世纪,县委、县政府及相关部门的对口联系、交友谈心制度进一步规范,民主协商、党外监督制度进一步巩固和完善。2000年,县委、县政府举办各类座谈会、征求意见会5次;在县五届三次政协会议上,各民主党派、工商联成员大会发言8个,占大会发言总数38%,提交集体提案4件,个人26件、占总数21%。2004年,县委统战部聘请约监督员24名,其中民主党派人士18名,被县监察、审计、建设、教育4个部门聘为特约监督员、行风监督员;民盟1名盟员参与县政协对政府职能部门的民主评议工作。2007—2009年,县委、县政府主要领导14人与23名民主党派、无党派人士结对交友;14名民主党派人士被市、县21个党政部门聘为特约监督员、行风监督员,4人被县政协委聘为民主监督员;在县政协七届一次会议上,民盟关于《加快我县港口建设,实现海河联运的建议》的书面发言,得到县政府的重视和采纳,并由相关部门编制海河联运总体规划,启动航道改造工程。2010年,县委统战部进一步拓宽各民主党派、工商联、无党派人士参政议政渠道,举办情况通报会、座谈协商会4次,征求意见会3次,召开民主党派正副主委联席会3次,民主党派与对口联系部门开展活动4次,党外特约监督人员向政府职能部门提出意见、建议10余条;在“两会”上提交议案、提案、意见建议130余条。2012—2013年,县委、县政府有15名中共领导与30名民主党派、无党派人士谈心交友;县政府有8个职能部门与民主党派建立对口联系制度,开展对口联系8次;各民主党派、工商联、无党派人士有30名政协委员担任相关部门的特邀监督员,参与专项审计、行风评议、效能建设等活动。2014年,县委、县政府就全县经济社会发展情况、重要人事安排等召开通报会、协商会4次;围绕“五水共治”、“三改一拆”、人大政府工作报告等,召开征求意见会3次。

1987—2014年,海盐民主党派成立27年间,县委、县政府坚持和完善中国共产党领导的多党合作和政治协商制度,召开各类协商会、情况通报会、谈心会、座谈会90余次;组织各民主党派参与全县性重大问题社会调查40余次;县政府有关部门与各民主党派开展对口联系活动200余次;各民主党派在历次政协会议上作大会集体发言、提交集体提案共186件;民主党派人士60余名被县政协聘为民主监督员,参与专项审计、行风评议、效能建设督查等活动。

举荐任职　中华人民共和国成立初期,县委统战部遵照《中国人民政治协商会议共同纲领》和中央人民政府颁布的《县各界人民代表会议组织通则》规定,举荐安排社会各界民主人士参加县各界人民代表会议。1949年11月,县各界人民代表会议第一次会议共有代表100人,其中工商界人士5人、开明绅士5人。此后,历次会议均举荐安排一定比例的社会各界民主人士参加(详见"海盐县各界人民代表会议组成情况"表)。1951年10月,县各界人民代表会议第五次会议选举产生的常务委员会(协商委员会)委员37人,有工商界人士4人、文教界人士2人、爱国民主人士1人。其中工商界人士被选为常务委员会副主任1人。1952年8月,县各界人民代表会议第七次会议选举产生常务委员会委员(协商委员会)委员27人,有工商界人士4人、文教界人士2人。其中工商界人士被选为常务委员会副主任1人,并推荐出席省二届一次各界人民代表会议。在落实政治安排的同时,县委统战部注意做好社会各界人士的实职安排。1950—1952年,先后推荐社会各界人士90余人到嘉兴师范学校进修,并安排到中国人民银行海盐支行、供销合作总社、公安局、文化馆、学校等单位任职。1955年12月,县委确定县管民主人士10人。其中工商界2人、文教界4人、医务界2人、科技界2人。1956年增加到19人,并根据他们的特长由县委组织部门适当予以实职安排。

1954年7月,海盐县首届人民代表大会召开。县委遵照中共中央批准中央统战部关于县、市以上地方各级人民代表大会制实行安排民主人士和人民代表大会制实行后人民民主统一战线组织问题的补充意见"》和省委《批转省委统战部关于在各级人民代表大会中、政府委员中安排民主人士比例的报告》精神,在筹备召开县第一届人民代表大会时,统筹兼顾、合理安排人大代表名额,其中民主人士12人、小资产阶级代表25人,分别占代表总数的6.28%、13.08%。1983年5月,政协海盐县第一届委员会召开,县委统战部举荐安排民主党派、工商联、无党派人士任职人大代表、政协委员,支持依法履职、参政议政。此后,历届人大、政协均安排一定比例的民主党派、工商联、无党派人士任职人大代表、政协委员。1956—1966年,民主人士中先后有11人当选县人民委员会委员,其中担任副县长1人。

"文化大革命"期间,党的统战工作受到严重干扰,举荐安排工作被迫停止。

中共十一届三中全会以后,县委统战部贯彻中共中央批转中央统战部《关于新时期党对民主党派工作的方针任务的报告》和中国共产党与各民主党派"长期共存,互相监督,肝胆相照,荣辱与共"的方针,恢复民主党派、工商联、无党派人士的政治安排和实职安排工作。1984年,县委统战部对县政协二届委员会人选进行调整,新增委员45人,占二届委员128人总数的35.2%,重点解决科技人员、党派成员和台属委员的名额。1986年,县政协有民主党派委员5人。1987年,增加到35名(民盟10人、民进11人、农工民主党14人)。1988年,推荐民主党派人士为省政协第六届委员会委员1人;在县政协二届二次会议上,增加民进会员为县政协副主席1人,增选民主党派人士为县常委会委员1人。1989年,县委统战部结合县人大、县政府、县政协换届,举荐安排党外人士县人大常委会副主任1人、委员3人,选配县政府党外副县长1人,安排县政协党外人士副主席3人、常委19人。1993年,全县民主党派、无党派人士当选县人大代表66人,占代表总数的24%,县人大常委会委员3人,占18.75%;任职政府副局级领导干部5人;当选政协委员77人,占委员总数的49.68%,副主席3人,占50%,常委22人,占68.75%。1995年,县委统战部、组织部拓宽选拔党外干部的视野和举贤荐能的渠道,加强对党外人士的培养、选拔和考察,新增政府部门党外副局级领导4人。是年,在政府46个部门中有党外实职领导9人。1996年1月,推荐党外人士任职文化副县长1人。同时,加强后备干部的培养、选拔工作,新增党外后备干部15人,增补县政协委员4人。1999年,党外后备干部增加到40人,其中民主党派16人、无党派24人，逐步建立起一支多层次、高素质、梯形结构的党外后备干部队伍。2003年，各民主党派、工商联人士任职省、市、县各级人大代表、政协委员63人，其中县人大常委会副主任、政协副主席2人。2007年，县委统战部进一步做好党外干部培养、选拔工作。是年，全县党外人士中被提拔为副处级领导1人、科级（局）领导2人，任职副科级以上领导干部16人；在市、县两级人大和政协换届中，民主党派人士当选市人大代表2人、市政协委员3人，县人大代表1人、县政协委员30人。2013年，县委统战部创新思路，采取挂职锻炼、导师帮带、关心关爱、推干荐才、提拔使用和监督引导等措施，全县实职安排工作进一步发展。是年，提拔正科级党外干部到检察院任职1人，推荐副处级后备干部3人，并按照结构性干部培养要求，建好党外后备人才库，推荐党外干部挂职锻炼9人。

2014年，全县民主党派、无党派人士当选市人大代表4人、市政协委员5人，县人大代表3人、县政协委员40人，任职县处级领导职务3人、科局级领导职务5人。

1949年11月至1953年3月海盐县各界人民代表会议组成情况表

表8-7-4　　单位：人

会议次序	会议时间	代表总数	其中								
			工人	农民	党政军干部	文教	青年	妇女	工商	开明绅士	其他
1	1949.11	100	30	25	10	10	10	5	5	5	—
2	1950.03	106	14	60	7	6	4	2	11	2	—
3	1950.10	134	16	60	19	12	—	2	18	2	—
4	1951.03	162	16	66	18	19	6	6	29	2	—
5	1951.10	218	32	85	25	29	5	15	22	3	2
6	1952.04	216	28	83	26	14	1	16	16	4	28
7	1952.08	195	23	88	15	14	5	16	12	4	18
8	1953.03	194	20	78	23	15	2	22	18	2	14

1987—2012年海盐县历届政协一次会议民主党派委员情况表

表8-7-5　　单位：人

届　次	年　份	委员总数（人）	其中	
			民主党派	占%
第一届	1983.05	115	1	0.9
第二届	1987.05	128	6	4.7
第三届	1990.05	137	21	15.3
第四届	1993.04	155	17	11
第五届	1998.03	155	19	12.3
第六届	2003.03	180	21	11.7
第七届	2007.02	211	30	14.2
第八届	2012.02	213	37	17.4

海盐县历届政协民主党派提案情况表

表8-7-6　　单位:件

届次＼提案	提案总数	其中					备注
		大会发言	集体提案	个人提案	重点提案	优秀提案	
第一届(1983.05—1987.05)	403	—	—	—	—	—	数据摘自1985年、2005年版《县志》
第二届(1987.05—1990.05)	301	22	—	—	—	—	摘自2005年版《县志》
第三届(1990.05—1993.04)	327	16	—	—	—	—	同上
第四届(1993.04—1998.03)	486	40	—	—	—	—	同上
第五届(1998.03—2003.03)	738	104	58	680	36	80	同上
第六届(2003.03—2007.02)	1085	79	32	1053	43	88	摘自2005年版《县志》《县年鉴》
第七届(2007.02—2012.02)	1166	60	96	1070	80	90	摘自《县年鉴》和县政协提供
第八届(2012.02—)	815	24	133	682	58	67	同上

说明:1993年5月,嘉兴市政协三届一次会议开始,每年开展优秀提案评选、表彰活动。1995年4月,嘉兴市政协三届三次会议开始,提案委员会每年选择若干件党委、政府的重要工作和人民群众关注的热点问题的提案作为重点提案,开展专题调研,跟踪督办

【民主党派组织和主要活动】

组织机构

1987年以前,县内未有民主党派基层组织,仅有民盟、民进、农工党成员13人,分别参加相关民主党派嘉兴市地方组织活动。1987年6月至2010年7月,相继建立民盟海盐县小组、民进海盐县支部、农工党海盐支部、九三学社秦山活动组等民主党派组织4个。

中国民主同盟海盐县总支委员会　1987年6月20日,成立民盟嘉兴市委海盐县小组,有盟员8名。同年12月30日,召开民盟海盐县第一次全体盟员会议,选举产生民盟海盐县第一届支部委员会,汪士弘任主委,应子勋、郑铁年任副主委。2000年4月,民盟海盐县支部升格为总支委员会,朱锡君任主委。1987年6月至1996年10月,选举产生支部委员会4届;2000年11月至2011年6月,选举产生总支委员4届。2014年,民盟海盐县总支委员会,高海华为主委,周小军、卜雪芬为副主委,有盟员46名。总支下设海盐中学、元济中学、文化科技、经济综合等基层支部4个。

民盟海盐县支部(总支)组织沿革一览表

表8-7-7　　单位:人

届　次	时　间	主　委	人　数
第一届支部委员会	1987.12.30	汪士弘	10
第二届支部委员会	1990.03.17	应子勋	18

续表8-7-7

届　次	时　间	主　委	人　数
第三届支部委员会	1992.12.26	应子勋	18
第四届支部委员会	1996.10.24	何成穆	24
第一届总支委员会	2000.11.07	朱锡君	31
第二届总支委员会	2003.11.25	朱锡君	34
第三届总支委员会	2006.06.30	朱锡君	35
第四届总支委员会	2011.06.25	高海华	41

中国民主促进会海盐县总支委员会　1983年3月，原海盐县评弹团虞雄伯、费美美（女）经民进浙江省委批准加入中国民主促进会，成为县内最早的民进会员。1987年6月25日，民进海盐县支部（筹）召开第一次全体会员会议，选举产生民进海盐县支部委员会，潘海鹏任主委，虞雄伯、李柏元任副主委。次日，民进海盐县支部成立。1997年11月，民进海盐县支部升格为民进海盐县总支委员会，沈建明为总支主委，陆其祥、陆李松为副主委，朱秋萍、陈振荣、沈丽萍、怀兆麒为委员。1987年6月—2011年6月，共选举产生民进海盐县支部4届和民进海盐县总支委员会5届。至2014年，民进海盐县总支有会员61名，陆其祥为主委，邱月亮、张建根为副主委。总支下设武原中学、元济高级中学、向阳小学、职业中学、文化等基层支部5个。

民进海盐县支部（总支）组织沿革一览表

表8-7-8　　单位：人

届　次	时　间	主　委	人　数
第一届支部委员会	1987.06.25	潘海鹏	10
第二届支部委员会	1990.03.03	潘海鹏	21
第三届支部委员会	1992.11.18	潘海鹏	22
第四届支部委员会	1995.06.21	潘海鹏	31
第一届总支委员会	1997.11.20	沈建明	35
第二届总支委员会	2000.11.07	沈建明	39
第三届总支委员会	2003.10.30	沈建明	44
第四届总支委员会	2006.06.30	沈建明	47
第五届总支委员会	2011.06.25	陆其祥	55

中国农工党海盐县总支委员会　1987年5月，成立农工党海盐县支部委员会筹建领导小组。7月23日，召开农工党海盐县第一次全体党员大会，选举产生农工党海盐县第一届支部委员会，程剑兴为主委，邵祝三为副主委，吕明为委员。2000年5月，农工党海盐县支部升格为农工党海盐县总支委员会，孙敏冠为主任委员，王恺萍、蔡乾荣为副主任委员。1987年7月至2011年6月，共选举产生农工党海盐县支部4届、农工党海盐县总支委员会4届。至2014年，农工党海盐县总支有党员55人，董雪明为总支主委，徐刘根、张健为副主委。下设基层支部4个。

农工党海盐县支部(总支)组织沿革一览表

表8-7-9　　单位:人

届　次	时　间	主　委	人　数
第一届支部委员会	1987.07.23	程剑兴	13
第二届支部委员会	1991.06.23	程剑兴	25
第三届支部委员会	1995.06.21	程剑兴	27
第四届支部委员会	1997.11.20	孙敏冠	27
第一届总支委员会	2000.11.7	孙敏冠	34
第二届总支委员会	2003.11.25	孙敏冠	37
第三届总支委员会	2006.06.30	孙敏冠	38
第四届总支委员会	2011.06.25	董雪明	45

九三学社海盐支社　1991年6月,成立九三学社嘉兴市委会海盐县秦山活动组,直属于九三学社嘉兴市委会综合一支社。2010年6月,县内共共有九三学社社员8人。7月23日,召开九三学社海盐县第一次社员大会,选举产生九三学社海盐县支社第一届委员会,黄健任主委。2010—2014年,九三学社海盐县支社共选举产生2届委员会。至2014年年底,九三学社海盐支社共有社员21人,黄健任主委,张青春为副主委,周拯晔、朱周平为委员。

九三学社海盐县支社组织沿革一览表

表8-7-10　　单位:人

届　次	时　间	主　委	人　数
第一届支社委员会	2010.07.23	黄　健	8
第二届支社委员会	2011.06.25	黄　健	10

主要活动

海盐县各民主党派组织建立以后,按照各自章程的规定发展成员,健全班子,完善制度,加强自身队伍建设;按照中国共产党与各民主党派"长期共存、互相监督、肝胆相照、荣辱与共"的方针参与政治协商、民主监督,反映社情民意,履行参政党职能;发挥民主党派的各自特长,参与文化、教育、科技、医疗咨询和慈善救助等社会服务。

自身建设　各民主党派注意结合各个不同时期工作中心,加强党派成员的政治理论、法律法规和中央、省、市有关文件的学习交流;通过参加中共海盐县委、县委统战部、中共海盐县委党校(社会主义学院)组织的各类理论学习、培训,提升党派成员的政治素质、业务素质。同时,发挥党派成员的特长,开展文化(文艺)创作、学术交流,参与各类调研和民间活动,增强党派自身队伍建设。1987—1992年,各民主党参加由省、市民主党派组织的基层干部、中共嘉兴市委党校(社会主义学院)理论学习和培训15人次。1989年,中共中央《关于坚持和完善中国共产党领导的多党合作和政治协商制度的意见》下发后,各民主党派及时组织学习,提升贯彻落实中国共产党领导的多党合作和政治协商制度重要性的认识,自觉履行参政党职能。1993—2000年,各民主党派组织班子成员60余人,集中学习中共十四大文件和江泽民《为促进祖国统一大业完成而继续奋斗》重要讲话精神,并组织党派成员参与《浙江日报》主办的学习中共十五大知识竞赛活动。2001—2010年,各民主党派将学习贯彻江泽民《大力加强统一战线工作,为完成新世纪宏伟任务服务》重要讲话,与学习践行社会主义核心价值体系、贯彻县委统战工作会议精神结合起来，加深对中国共产党领导的多党合作和民主协商制度的认识，增强参政意识，提高全体成员政治素质。其间，中共海盐县委、县政府、县政协、县委统战部先后组织民主党派正副主委、党外实职干部参加的情况通报会、廉政建设报告会、读书会35次，选派民主党派基层干部、新会员（党员、社员）参加省、市、县社会主义学院学习、培训30余人。2011—2013年，召开各民主党派负责人专题座谈会学习贯彻中共中央十八大、十八届一中、二中全会精神，组织党派成员开展“同心·感恩”“同心·建功”活动，参与纪念辛亥革命100周年知识竞赛、书画展。其间，县委统战部举办党外干部培训班6期，全县各民主党派总支（支社）委员、党外实职干部、党外后备干部、党外知识分子联谊会的部分理事共40余人参加培训。2014年，各民主党派、无党派人士学习贯彻中共十八届三中、四中全会精神，开展“坚持和发展中国特色社会主义学习实践”和“基层组织建设年”活动，不断推进民主党派队伍健康有序发展。1987—2014年，各民主党派成员获全国、省、市、县各类荣誉称号207余人次，其中民盟海盐县支部（总支）60余人次，民进海盐县支部（总支）108人次，农工党海盐县支部（总支）39人次。

参政议政　1987—2014年，民盟海盐县支部（总支）盟员中当选嘉兴市人大代表和政协委员共10人，担任县政协委员11人；民进海盐县支部（总支）会员中当选（担任）省、市、县人大代表和政协委员共23人，其中当选县人大常委会副主任1人、委员1人，担任县政协常委2人；农工党海盐县支部（总支）党员中当选省人大代表1人、嘉兴市人大代表9人，担任县政协委员39人，其中副主席3人、常委11人、副秘书长1人；2010—2014年，九三学社海盐支社社员中当选市人大代表4人次、县人大代表1人，担任市政协委员2人次、其中常委1人，担任县政协委员6人、其中常委2人。1987—2014年，全县各民主党派集体和个人向各级人大、政协提交议案、提案和社情民意等729件。其中民盟海盐县支部（总支）被市、县人大、政协评为优秀议案（建议）、提案和调研报告28件（篇），民进海盐县支部（总支）被省、市、县政协评为优秀提案、调研课题25件（篇），农工党海盐县支部（总支）被市、县政协评为优秀提案41件，九三学社海盐支社被市人大、市政协评为优秀议案（建议）、提案及调研报告9件（篇）。

民盟海盐县支部（总支），1997年《关于严格控制公费出国出境考察的建议》，被评为县政协优秀提案；《关于反腐倡廉的几点建议》被列入市、县两级政协大会发言材料；副主委朱锡君提交的《加强资源保护，退田还湖，还其本来面目》，被评为嘉兴市政协1999年度优秀提案；2002年《关于加强对青少年上网吧的管理》被评为优秀提案，并在县政协作大会发言；2007年《加快我县港口建设，实现海河联运的建议》被评为县政协优秀提案，在政协全会上发言；《关于政府实事工程立项前应广泛征求人民群众意见的建议》，被评为优秀提案；2014年集体提案《关于加快我县生猪养殖业转型发展的建议》，被为评优秀提案。

民进海盐县支部（总支），1992年《关于重点办好县职业中学的建议》，得到县领导高度重视；1994年、1997年县支部中的省政协委员提交的《核电应急公路急待修建》《国策教育与保障妇女权益应统一起来》，被省政协评为优秀提案；2013年支部主委陆其祥提交的《建议允许建筑物或构筑物为载体的附属设备和配套设施进行增值税进项税抵扣》的社情民意，被民进省委会评为三等奖，上报民进中央。

农工党海盐县总支，2004年农工党员许永良撰写的《关于医院内医用废弃物的无害化处理》，被嘉兴市政协评为优秀提案；2010年集体提案《关于加快县城“城中村”改造的建议》、个人提案《关于加快我县社区卫生服务用房标准建设的建议》，被县政协评为优秀提案；2014年，农工党员董雪明《关于扶持我省家庭农场健康发展的建议》，被县政协评为优秀社情民意，并被全国政协报送国务院。

九三学社海盐支社，2011年个人提案《关于要求尽快对秦山核电厂前区进行核电服务关联产业规划的建议》，被市政协评为优秀提案；2014年，社员反映的《加快创新科技园平台建设，构筑新型产业培育基地》的社情民意，被县政协评为年度优秀调研报告。

民主监督　1989—2014年,民盟、民进、农工党和九三学社4个民主党派海盐县支部(总支)中的盟员(会员、党员、社员),分别被县政府各部门聘为特邀监察员、行风监督员、民主评议员等188人次。其中民盟海盐县支部(总支)43人次、民进海盐县支部(总支)59人次(其中被授予县监察工作先进个人1人)、农工党海盐县支部(总支)有77人次、九三学社海盐支社9人次。通过参与县纪委、县监察局组织的治理整顿检查、行风督察、民主评议等活动,履行民主监督职能。同时,建立与县政府各部门的对口联系制度,参与政府部门的内部监督、效能建设和社会工作的座谈等活动,提出意见和建议,推进政府部门的廉政、清正、勤政建设。

服务社会　各民主党派注意发挥自身专业特长,牵线搭桥为当地经济社会发展服务,开展文化、教育、医疗义诊咨询服务和培训,积极服务社会。

民盟海盐支部(总支),发挥盟员海外关系优势,1952年通过盟员郑铁年牵线搭桥,协助40年前去台湾断绝音信的海盐台属3户找到亲人、促成来大陆探亲5人次。发挥盟员技术和专业特长,1996年与县高教自考办联办实用英语中专业余辅导班,为全县涉外宾馆、旅游服务业培训专业人才。2008—2009年,盟员徐子祥为有关部门(单位)作"人文海盐"讲座36次,编印《我与海盐的故事》一书,为全县几十所中学作《我的家乡——海盐县》专题讲座。2013年,组织盟员考察美丽乡村建设、农业骨干龙头企业,征集意见建议,帮助解决实际困难。2014年,帮助浙江鼎欣钢管制造有限公司在功能完善、设备更新、清洁能源利用等三个方面实现转型升级。1987—1014年,组织盟员每年春节前、节假日深入乡镇,为群众书写春联1800多幅。

民进海盐支部(总支),发挥会员文化、艺术和体育专长,1987年组织会员以评弹形式参与普法教育、到县老干部局辅导书法、绘画。1989—1991年,每年暑期为农村体育教师举办培训班,每期30余人;利用业余时间,帮助粮食局、乡镇企业局、建设银行、二轻公司、工具厂等单位开展职工体育活动;派出5名专家为全县中小学教师举办数学、自然、函数、书法篆刻和少儿"三棋"培训。2005年,组织教师会员利用节假日,为机关、社区、学校体育健身、竞赛活动等提供义务辅导。78岁老会员虞雄伯长期义务为市民传授太极拳,2010年被评为嘉兴市"平民英雄"。2013年,组织会员与张乐平纪念馆、宋庆龄陵园管理处(上海)联合举办爱心助学公益活动,捐赠书画作品12幅、义卖筹款3万余元,为品学兼优困难学生提供资助。

农工党支部(总支)发挥医务界党员占多数,且大都具有较高专业知识的优势,组织农工党员利用节假日,深入企业、社区、农村开展健康体检、"送卫生下乡"多种社会医疗咨询服务。1987—2014年,共开展医疗义诊咨询服务150余场次,举办健康卫生讲座28次,为县健康讲师团授课11次,受惠群众8000余人次;为砖瓦厂、县蚕种场、中学教师、留学生群体、敬老院、大桥建设工地、县信用联社、海盐星辰工具厂、嘉兴南排工程公司、浙江华诚金属有限公司、浙江虎溪水泥有限公司、嘉湖纸业有限公司、嘉兴兴欣标准件热处理有限公司等单位干部、职工和教师进行健康体检20余次4300余人。同时,还为县广播电台、电视台"健康与卫生"专题节目组织稿件。2014年8月,县人民医院外科医生浦国明捐献造血干细胞挽救北京1名3岁幼儿,受到社会各界热议。

九三学社海盐支社,教育、引导社员发扬九三学社爱国、民主、科学的优良传统,2011年、2014年,分别参与"嘉兴九三科普巡回讲座"、县政协"送科普"下乡界别活动。2012年,九三学社海盐支社获浙江省九三学社"学习践行社会主义核心价值体系先进集体"。

扶贫帮困、慈善捐赠　各民主党派积极响应政府号召,积极参与扶贫帮困献爱心、慈善捐款等活动。

民盟海盐县支部(总支),1987—2012年,分别为内蒙古受灾地区捐款1000余元、为龙泉市竹垟畲族乡捐款500元、为汶川地震灾区捐款4000余元、开展慈善捐款1.2万元,向嘉兴植物园"政协林"捐款4.26万元,教师盟员还参与县教育工会组织的爱心结对捐款活动。2013—2014年,为抗洪救灾、"五水共治"共捐款18150元。

民进海盐县支部(总支),1987—2014年,向灾区捐款、义卖,扶贫帮困、慈善捐款共39.39万元。1998年,为长江特大洪灾捐款1700元、衣物100余件；2005年，为县慈善总会、宁夏灾区捐款捐物，女会员参与县妇联组织的“妇女·儿童解困金”筹措活动，分别结对资助困难老人10名和贫困学生2名；2008年5月，向四川汶川地震灾区捐款3.29万元；2011年，向县慈善总会和灾区人民捐款捐物28万元，走访慰问海盐益智托管所，赠送轮椅5台、慰问金3600元；2012年，会员任凭捐献国画作品2件，参与爱心义拍得善款5.9万元，注入“关爱基金”用于帮扶低收入家庭青少年；会员陈月祥获民进甘肃省委颁发的“情系西部、爱心助学”荣誉证书；2014年，会员陈月祥为“五水共治”捐款10万余元，并担任两条河道的“河长”。

农工党支部（总支），1987—2012年，赈灾、慈善捐款9.68万余元，捐物370余件。1991年，组织农工党员赴沈荡开展赈灾义诊，所得款项转交浙南洪涝灾区人民；1994—2008年，为汶川大地震捐款4.149万元，农工党员参加灾区服务医疗队3人，其中老党员封友道作画义卖，得款1.3万元全部捐赠灾区人民；1994年，帮助贫困地区失学儿童重返校门，爱心捐款1000余元、捐物数十件；1998—1999年，为长江、嫩江、松花江特大洪灾捐款4300余元、衣物100余件，参加支援灾区医疗队3人；2006年，参与“我为南湖争光辉”“送温暖、献爱心”活动捐款7500元；2012—2014年，连续3年与澉浦镇六里小学2名学生结对助学，25名农工党员向社会捐款1.85万元，其中农工党员韩飞认捐陕西汉中1名小学生每月300元。

九三学社海盐支社，2010—2014年，参与“五水共治”捐款1.13万元，结对助学在校大学生1人，主委黄健捐赠“褚辅成奖学金”300元。2014年，参与于城镇吕冢村“联村治污水，结对做慈善”活动；会同县交通运输局上门走访困难家庭6户，分别送上慰问金500元和慰问品（2桶食用油）；开展“随手公益送温暖”，向贫困地区捐赠衣被155件（条），支社被九三学社省委会评为2012—2013年全省社会服务先进集体。

【党外知识分子联谊会和主要活动】

组织机构　2009年12月18日，海盐县党外知识分子联谊会（简称“知联会”）成立，召开第一次会员大会，审议通过县知联会章程，选举产生知联会首届理事会。理事会由29人组成，副县长马小平任会长，高海华、朱晓轩、查鹤贤、徐阿毛、何惠、钟军芬任副会长，高海华兼任秘书长。县知联会是由全县党外知识分子为主自愿组成的，具有统战性、知识性、联谊性的非营利性社会团体，是党委、政府联系党外知识分子的桥梁和纽带，也是广大党外知识分子进行交流、联谊的平台。首批会员65人，其中女会员20人，平均年龄41岁；下设文教、医卫、科技、财经和社发5个组，各组按照各自职责、结合实际情况组织开展日常活动。

2011年，县知联会中有科级及以上党外知识分子15名，其中县人大常委会副主任1人、副县长1人；担任各级人大代表和政协委员的会员23人，占会员总数的36.5%，其中担任省人大代表1人，嘉兴市政协委员4人，县人大代表3人，县政协常委5人，县政协委员17人。2012年8月17日，县知联会召开理事会，同意高海华不再担任知联会副会长和秘书长，增补陆蔚红、张云东、陈其荣为副会长，陆蔚红兼任秘书长。2013年6月28日，县知联会成立全县首家基层分会——开发区（西塘桥街道）知联分会。是年11月，全县9个镇（街道）全部建立基层分会，实现基层知联会全覆盖。

主要活动　县知联会成立以后，结合全省党外知识分子坚持和发展中国特色社会主义学习实践活动，组织全县党外知识分子学习贯彻中共十八大和习近平系列重要讲话精神，打造“同心”品牌，倾力“同心”实践，增强“同心”思想，通过政协提案、政策宣讲、科技支农、义诊咨询等方式，主动参政议政、服务社会。先后建立“同心·服务基地”8个、“同心·服务团”5个，开展科技、教育、文化、卫生、农业、法律等服务活动近30场，参加人数500多人次。同时，与浙江大学党委统战部联合举办党外知识分子培训班，邀请省委统战部党外知识分子处处长林金德和省政府参事、浙江大学管理学院EMBA教育中心主任贲圣林教授作专题辅导报告，培训县知联会、县各民主党派及工商界骨干130人。2010年1月，县知联会组织会员单位和会员参与慈善募捐、扶贫帮困等社会公益活动。参加县慈善总会和县红十字会组织的慈善捐款2万余元；下属5个组分别与海盐高级中学高一年段5名贫困学生结对，为期三年，每年资助经费不少于1000元。2012年，县知联会与浙江大学党外知识分子联谊会举行“同心·知联服务”对接启动仪式暨服务基地授牌仪式，浙大知联会与县知联会、县农经局、县人民医院分别签订建立“校地共建同心合作”“同心·农业技术知联服务基地”和“同心·医疗卫生知联服务基地”协议书，浙大专家分别到县教师进修学校、县人民医院、农业龙头企业等地，通过开设讲座、义诊服务、交流技术等方式，为海盐县送来科技服务；“农业技术服务团”组织专家深入到田间，现场指导“菲特”台风后的生产自救，使农户灾后恢复生产工作；“教育文化服务团”在百步镇颐养院开展了“送文化、送体育”活动；“同心·法律服务团”向行知小学送上真皮篮球、护膝护腕等体育用品，为低年级学生送上台灯、书包、画笔、图书等学习物品，实现了新居民学生的“微心愿”。2013年，贯彻县督查考评办《2013年度各镇(街道)和县级机关部门(单位)工作目标责任制考核办法》，将“知联会基层分会建设情况”纳入考核内容，按照“合心、合智、合力”的目标要求，在全县各镇(街道)开展党外知识分子基层组织创建工作，先后组织科技、教育、文化、卫生、法律等服务活动23场(次)，参加服务会员375人(次)，服务企业50余家。是年春节前夕，县知联会理事20余人，开展感恩“三老”、慰问“两户”活动，走访老革命、老党员、老模范、帮困助学对象12名，慰问城乡贫困户10户，发放慰问金和物品2万余元。

2011—2014年，会员中的人大代表、政协委员围绕企业转型升级、社会保障、环境治理等热点、焦点问题开展调研，形成一批有质量、有针对性的调研文章，其中《发展先进文化，提升社会公德》《对海盐县引进海外高层次人才工作的几点思考》分别入选第四届、第五届苏浙沪知联会文集；《全面加强污水染治理，切实改善生态环境》获全县党政系统优秀调研成果三等奖。会员朱沈良获全国县(市)科技进步考核先进个人，沈金良和倪永明被评为全国第六次人口普查工作浙江省先进个人。县知联会连续两年被省委统战部评为“浙江省优秀知联会”，授予“浙江省优秀同心·知联服务基地”称号；被市委统战部评为嘉兴市统一战线“同心·建功”先进集体；会长马小平获浙江省知联会“奉献之星”荣誉称号。

第三节　落实统战政策

【落实错划“右派分子”政策】

1957—1959年，在全国“反右派斗争”和“整风”运动中，海盐县划了一批“右派分子”。1959年10月，县委(1958年11月至1961年12月，海盐县撤消建制，并入海宁、平湖县)根据中央指示精神，对部分“右派分子”开展摘帽工作。至1964年，全县共摘掉“右派分子”帽子58人。1972—1977年，全县又陆续摘掉“右派分子”帽子12人。

1978年5月，县委贯彻中共中央《批准中央统战部、公安部〈关于全部摘掉右派分子帽子的请示报告〉的通知》，成立县摘掉“右派分子”帽子领导小组，全县全部摘掉“右派分子”帽子。是年12月，县委贯彻中共中央《批准中央组织部、中央宣传部、中央统战部、公安部、民政部〈贯彻中央关于全部摘掉右派分子帽子决定的实施方案〉》，印发《同意县摘帽小组〈关于对摘掉右派帽子人员的安置工作的意见〉的通知》，决定对全县1957—1958年整风反右斗争中被错划为“右派分子”的112人全部摘帽平反。同时，组织开展对错划右派的甄别、改正和安置工作。通过一段时间的内查外调，逐个查对核实，全县被错划右派的112人中，已转外地22人，外地转入22人，已故13人，实有99人；属安置范围的56人中，除由外地安排的2人，犯有新罪不做安排的2人外，需在县内落实政策的共52人。其中重新安排工作40人(教育系统20人、工交系统4人、邮电局1人、农业系统3人、供销商业系统7人、手工业系统3名、夺煤指挥部2人)，办理退休的1人，在社会救济中解决11人。

1980年，县委根据中央、省委和地委指示精神，开展对错划右派的复查工作。经复查，改正错划右派5人；因右派言论而划为“中右分子”在政治上给予恢复名誉15人；因“同情右派”而被开除公职的教师予以平反，安排工作1人；右派恢复政治名誉，补发原工资，给予生活出路2人；“反社会主义分子”在政治上恢复名誉，安排回原单位工作1人。1985年1月14日，县委印发《关于落实政策工作情况汇报》，强调要不断清除“左”的影响，用最大的务实精神，最大的魄力，抓紧落实政策工作，并提出一年为期，基本解决的要求。是年，恢复错划“右派分子”的干部身份1人，工龄连续计算，并给予一次性生活困难补助500元；落实错划右派家属子女户粮关系问题2人，本人办理退休手续。至此，全县右派摘帽和改正工作全部结束。

【落实原国民党起义、投诚人员政策】

“爱国一家、既往不咎、一视同仁、量才录用、妥善安置”。这是中共对起义投诚的原国民党军政人员的一项重要政策。海盐解放后，这项政策一度没有完全落实。特别是“文化大革命”中，这项政策受到严重破坏。居住在县境内的11名原国民党起义投诚人员曾遭受迫害和歧视。

1979—1983年，县委贯彻中共中央批转中央统战部等6部门《关于落实对国民党起义、投诚人员政策的请示报告》，中央统战部等6部门《关于落实对原国民党起义、投诚人员政策若干问题的说明》和中央办公厅转发中央统战部等六部门《关于解决落实起义、投诚人员政策工作中遗留问题的报告》等文件精神，组织开展对原国民党起义、投诚人员的复查、落实政策工作。至1983年，全县查明原国民党起义、投诚人员5人，其中少校1人、中尉2人、班长1人、士兵1人。1985年，县委贯彻省委统战部《关于贯彻中央办公厅中办发〔1984〕17号文件的意见》和嘉兴市委统战部“关于在全市组织开展起义、投诚人员核实发证工作”的通知精神，对全县原国民党起义、投诚人员颁发“起义投诚人员证明书”。

1986—1997年，县委统战部先后受理原国民党起义、投诚人员的申诉7人（含外地转入和原籍海盐的）。经调查核实，根据党的有关政策予以重新认定、发证。其中被判处有期徒刑的，由人民法院撤销改正，恢复干部身份，重新安排工作，经济上给予补助；丧失工作能力的，办理退职退休手续；家属受株连的予以落实有关政策。

【落实原工商业者政策】

1980年4月，县委贯彻中共中央批转中央统战部等六个部门《关于把原工商业者中的劳动者区别出来问题的请示报告》，组织开展对全县原工商业者“三小”（小商、小贩和小手工业者）的调查核实和区别工作。经调查审核，全县在1956—1958年社会主义改造高潮中参加国营、公私合营的原工商业者共34户391人，涉及商业、供销、工业、手工业、医药、交通6个行业。审批后，区别为劳动者的238人；全县原小商、小贩和小手工业者共254人，从原工商业者中区别开来，明确其劳动者身份。对区别出来的劳动者的政治、生活、福利等待遇，按照有关政策逐步予以落实。

1981年，县委遵照中央关于“全部摘掉右派分子帽子”和“做好摘掉右派帽子人员的安置工作”的决定，对整风运动、反右派斗争中被定为右派的原工商业者20人，分期分批全部摘掉帽子；对“文化大革命”期间遭受批斗、迫害的资本家和资方代理人员，在区别为劳动者后，县落实政策办公室下发文件、发布通告，在政治上恢复名誉；对部分原担任政府、人民团体、工商界厂长、经理等职务的，予以恢复职务；对历史上和“文化大革命”中被查抄的财物、占用的房屋，予以返还或折价处理。

1984年，县委贯彻中央办公厅、国务院办公厅转发中央统战部等五部门《关于处理六十年代初期原工商业者被精简下放农村问题的请示报告》，对全县六十年代初从国营、公私合营企业中，被动员精简下放农村的资本家、资本家代理人及有定息的其他工商业者，由所在企业按月发给不低于20元（外加副食品补贴）的生活费。这些人员去世后，参照企业职工去世后的办法，发给丧葬补助费和亲属抚恤费；被落实政策的人员，享受职工规定范围的医药费；在落实政策过程中，富亭、澉浦供销社和商业系统所涉的资本家及代理人7人，全部按规定给予落实。

1985年，县委落实政策办公室、县委统战部继续抓好历史老案的处理工作。对1954年被错定为“不法商人”判有期徒刑的原工商业者1人，经复查属于错案,县人民法院于7月27日发文,撤销原判、宣告无罪,并落实经济政策。

1986年,县委落实政策办公室、县委统战部遵照中央文件精神,对1956年公私合营时,资方人员的资产被赎买后算为私股的,每年按私股在企业全部资产中所占份额发给年息5%固定股息;对公私合营时工商业人士1956年1月至1966年9月(原定7年,后延至10年),由于"文化大革命"后中断发放的定息,按有关规定全部发还。

【落实人大代表、政协委员政策】

1983年,县委贯彻中共中央办公厅《转发中央统战部〈关于当前落实政策的情况和今后工作意见的报告〉的通知》,组织开展落实大代表、政协委员政策工作。经县落实政策领导小组、县统战部走访、排查,查明涉及需落实政策的省、县人大代表、政协委员131人,其中历史老案9件,需解决政策问题63人37件,被占私房、留有政治尾巴、被减发工资和"文化大革命"期间被查抄财物遗留问题等68个,其他问题5件。经查证,至1984年全县先后落实政策问题49人94件。其中腾空退还被占用私房56间845平方米;退还"文化大革命"中被查抄的金银首饰、书画等财物12户912件,原物查无下落,又有查证的财物,进行适当补偿,折价退还7028元;发还被扣工资2人6358元。1985年,经复查,依据国务院《关于安置老弱病残干部的暂行办法》《关于工人退休、退职的暂行办法》,落实县政协委员的退休待遇问题3人。同时,全面解决部分文艺界人士"文化大革命"时期被扣压的工资待遇问题。全县集中性落实人大代表、政协委员政策工作基本完成。

【落实知识分子政策】

1983年,县委遵照中央组织部《关于落实党的知识分子政策的几点意见》,结合中央、省委关于做好错划右派的复查、改正工作的指示精神,清理落实(包括错划右派摘帽、改正)知识分子政策663人。1984年6月,县委贯彻中央组织部《关于认真检查落实知识分子政策情况的通知》和省委《印发省委常委整党检查的通知》,在全县抽调干部39人,成立检查小组13个,组织开展落实知识分子政策情况大检查。经查,全县有机关、教师、医卫、农技、工商界、爱国人士等知识分子2561人,先后复查、清理和落实中华人民共和国成立以来历次运动造成的历史老案,平反、纠正"文化大革命"中冤假错案和历史遗留问题等知识分子1833人。各级党委、政府尊重知识、尊重人才,选拔优秀中青年知识分子担任各级领导职务137人,其中担任县级领导职务13人,担任部、委、办、局级领导职务31人,进入县属企业领导班子20余人。

【纠正"文化大革命"期间冤假错案】

1978年3月,县委贯彻中央、省委和地委有关纠正、落实"文化大革命"期间冤假错案的指示精神,建立由县委副书记分管、县委组织部等7人组成的"落实政策领导小组",对全县干部群众在"文化大革命"中受审查、抄家、迫害的情况进行调查。6—8月,县落实政策办公室先后3次召开各单位负责人、专职人员会议,贯彻地委落实政策工作会议精神,交流情况,部署落实政策工作。同时,抽调专职干部42人、成立专门工作小组8个,负责全县落实政策工作的组织和协调,并明确落实政策对象的所在单位为责任单位,具体负责做好落实政策工。至1986年,全县清退"文化大革命"中被查抄的原物4105户、5万余件,折价退还人民币30余万元(其中金银及其制品17万余元);平反落实知识分子等统战对象冤假错案763人,补发工资47677元、退还补偿款1230元、发还折价赔偿款8700元;根据省委组织部、劳动人事厅《关于纠正冤假错案善后工作中退职问题和工资问题的补充规定》,复查纠正因冤假错案造成的工资级别明显偏低问题的40余人。至此,全县涉及"文化大革命"期间统战对象的冤假错案和政策落实工作基本结束。

第四节　民族宗教工作

【民族工作】

基本情况　海盐县为汉族为主的地区,历史上少数民族人口极少。1953年第一次全国人口普查时,全县未有少数民族显示。1964年第二次全国人口普查时,全县有少数民族2个3人,其中蒙古族2人(武原镇)、朝鲜族1人(西塘桥镇)。1982年第三次全国人口普查时,全县有少数民族5个9人,其中回族1人(横港)、苗族1人(通元)、布依族1人(沈荡)、朝鲜族1人(西塘桥)、达斡尔族5人(武原3人、澉浦2人)。

1990年第四次全国人口普查时,全县有少数民族14个241人,其中蒙古族6人、回族34人、苗族21人、壮族1人、布依族2人、朝鲜族6人、满族76人、白族1人、土家族73人、哈尼族2人、东乡族8人、土族2人、达斡尔族8人、畲族1人。

2000年第五次全国人口普查时,全县少数民族增加到686人,其中蒙古族9人、回族57人、藏族2人、维吾尔族2人、苗族85人、彝族32人、壮族30人、布依族11人、朝鲜族6人、满族127人、侗族17人、瑶族3人、白族10人、土家族260人、哈尼族4人、傣族2人、畲族2人、仡佬族11人、其他14人、未识别2人。

2010年第六次全国人口普查时,全县少数民族增加到34个2336人。其中少数民族人口数最多的为苗族569人、土家族529人;少数民族人口数在100人以上的有7个,分别为苗族、土家族、彝族、回族、满族、壮族和布依族。

2014年,全县有常住(在籍)少数民族33个1230人,其中人数较多的分别为满族260人、土家族251人、苗族145人,常住少数民族主要集中在武原街道(795人)。是年,全县在企业打工或从事商业零售、餐饮、娱乐等工作的少数民族有4503人。

海盐县部分年间常住(在籍)少数民族情况表

表8-7-11　　　　单位:人

民族 \ 年份	1964年	1982年	2000年	2005年	2010年	2014年
蒙古族	2	—	9	33	63	76
回族	—	1	57	55	83	101
藏族	—	—	2	—	—	4
维吾尔族	—	—	2	—	1	1
苗族	—	1	85	42	90	145
彝族	—	3	32	11	29	44
壮族	—	—	30	29	64	93
布依族	—	1	11	6	24	39
土族	—	—	—	1	1	1
朝鲜族	1	1	6	12	10	10
满族	—	—	127	155	204	260
达斡尔族	—	5	—	13	19	19
黎族	—	—	—	10	8	10
傈僳族	—	—	—	6	2	2
佤族	—	—	—	2	1	2
仫佬族	—	—	—	3	3	4
侗族	—	—	17	12	18	33
瑶族	—	—	3	3	11	20
白族	—	—	10	11	22	39

续表8-7-11

民族 \ 年份	1964年	1982年	2000年	2005年	2010年	2014年
土家族	—	—	260	115	189	251
哈尼族	—	—	4	2	7	16
傣族	—	—	2	1	3	6
畲族	—	—	2	4	12	18
仡佬族	—	—	11	6	2	11
东乡族	—	—	—	1	1	1
鄂温克族	—	—	—	4	4	4
拉祜族	—	—	—	1	1	1
羌族	—	—	—	1	1	2
纳西族	—	—	—	—	—	3
水族	—	—	—	—	1	5
锡伯族	—	—	—	—	6	4
景颇族	—	—	—	—	1	2
其他	—	—	14	—	—	3
未识别	—	—	2	—	—	—
合计	3	9	686	539	881	1230

说明：本表数据摘自《海盐县年鉴》

主要工作　20世纪80年代，境内少数民族不足10人，均系工作、婚姻等原因迁入。改革开放后，随着社会经济发展，流动人口大量增加，特别是秦山核电一期、二期、三期建设并投入运行，外来少数民族人口逐年递增。县委统战部、县民宗局注意掌握全县少数民族的变化情况，并配合公安户籍部门做好人口登记管理工作。

进入21世纪，县委统战部、县民宗局针对境内少数民族逐年增多的实际，协调公安、民政、劳动、教育等部门在解决少数民族就业、子女入学等方面予以倾斜；对少数民族集中的乡镇和企业加大民族政策的宣传力度，引导尊重民族习俗、加强民族团结，在工作、生活等方面予以照顾。2001—2007年，落实少数民族考生加分政策，依法为少数民族考生参加中、高考办理变更民族成分手续、出具证明。此后，少数民族考生加分和民族成分变更工作常态化(据统计，2001—2014年共办理民族成分变更审核75人，出具高考加分证明55人)。2005年，组织开展民族宗教工作调查摸底，在调研的基础上，结合民族宗教工作实际，制定《海盐县大规模民族宗教突发性事件处置预案》。2006—2007年，在全县范围组织开展少数民族普查，建立起全县少数民族数据库。经调查，全县有少数民族常住人口606人。主要集中在武原镇，有少数民族29个427人，其中满族157人。同时，重视企业大规模集中招收少数民族用工的现象，指导用工单位落实民族政策、维护少数民族合法权益。是年，有来自全国20个省(市)、自治区，涉及29个少数民族的1536名职工在全县63家企业(单位)中打工或从事商业零售、餐饮、娱乐、个体作坊、农业劳动。其中从事服装、玩具加工的新疆籍维吾尔族女工444人。县委统战部、县民宗局根据少数民族生活习惯、文化程度、宗教信仰等差异，深入企业，指导制定相关管理制度，给少数民族务工人员提供一个安全有序的生产、生活环境，融洽民族关系，化解民族矛盾。县公安局派出所民警、县职教中心老师还上门给少数民族务工人员照相做暂住证、开展技能培训。县民宗局撰写的《对我县企业招用少数民族职工情况的分析与思考》，获省统战系统调研文章三等奖、嘉兴市统战系统调研文章二等奖。2008年，依法管理民族事务，加强与少数民族所在乡镇、用工单位的沟通联系，及时掌握少数民族居民和务工人员信息工作常态化。县委统战部、民宗局不定期走访乡镇和企业，听取意见和建议，协调解决民族工作中遇到的问题，推进民族团结和谐。2010年，县委统战部注重民族工作动态管理，按照属地管理的原则，进一步加强与少数民族集中的乡镇和企业的联系，从生活上、工作上关心少数民族，协调解决实际困难。是年春节，协调解决少数民族外来务工人员返乡过节的车辆、团购票务和工薪结算等事务。2012年，全县开展"民族团结进步创建"活动，在县城主要街道挂出宣传横幅，并采取举办专题会议、培训班和基层走访等措施，加强党的民族理论和民族政策的宣传。2013年，进一步规范民族宗教事务管理，全县各镇、街道相继成立民族宗教工作领导小组，签订民族宗教事务工作目标责任书。同时，在全县组织开展少数民族困难家庭情况排查，落实贫困少数民族学生助学金2名，帮助他们完成学业。2014年，结合"民族团结进步创建"活动，在全县6所中小学校举办民族团结进步主题班会，并组织开展民族知识展板巡回展、民族知识竞赛和民族知识黑板报比赛，增强师生的民族团结意识，营造民族和谐、团结进步的氛围。

【宗教工作】

宗教沿革和宗教团体 境内宗教历史悠久，佛教、道教、天主教、基督教等活动齐全。据史料记载，佛教自三国吴赤乌(238—251)传入海盐。唐代日趋兴盛，通元镇的通玄寺(现称法喜寺)得度者不减1500众。至宋代，全县已有寺庵36处。元代、明代及清代前期，寺庵增多，香火不绝。《海盐县志》载，清光绪年间全县有寺庵94处。晚清至民国时期，佛教逐渐衰退，寺庵毁多建少。

道教据旧志载，晋代已活动，历代建有宫观道院不少。《浙江新志》载称，民国16年(1927)境内有道教教徒(道士)175人。新中国成立后道教活动渐止。

天主教、基督教分别于明末清初传入县域。据史料记载，明嘉庆二十八年(1549)天主教吴姓传教士在横港车辐浜一带(今海宁狮岭乡)传教。清同治十一年(1872)，天主教会在横港车辐浜一带建教堂、神父用房18间，时有神父、修女各3人，下辖横港、茶院、太平、武原、石泉、沈荡、茶院及海宁部分教堂等10个。至民国36年(1947)，全县有天主教总堂一所、分堂四所，教徒752人。基督教活动始于光绪二十九年(1903)，由中华基督教会(长老会)嘉兴区委派美籍传教士花茅生、范桂芳到武原镇传教。至民国36年(1947)，全县有基督教教徒200余人。

中华人民共和国成立初期，佛教、道教寺庙庵堂和道观大都破旧或另作他用，僧尼、道士还俗，从事农业生产，佛教活动散于民间，道教活动渐止；天主教尚有狮岭、横港、茶院、太平、泾埭等教堂6处，至1958年除狮岭乡车幅浜教堂尚有活动外，其余分堂神父离去，活动终止；基督教尚有堂、点4处，活动正常，至1958年活动逐渐减少。

"文化大革命"期间，宗教活动停止。

中共十一届三中全会以后，县委统战部贯彻党的宗教信仰自由政策，境内一些佛教寺庙、天主教堂、基督教堂陆续得到修复、扩建或腾退归还，并批准对外开放，宗教活动逐步恢复。至1993年，全县有宗教教职人员12人，其中佛教6人、基督教6人；可统计宗教信徒(不包括佛教)2800余人，其中基督教2500余人，天主教300人左右。2000年，全县有宗教教职人员27人，其中佛教14人、基督教13人；可统计宗教信徒(不包括佛教)2270余人，其中天主教约280人、基督教1992人。2005年，全县有宗教教职人员25人，其中佛教22人、基督教3人(牧师2人、传道员1人)；可统计宗教信徒(不包括佛教)3150余人，其中天主教150人左右、基督教约3000人。2009年11月，县委统战部协调并批复成立县佛教协会。佛教协会的成立，成为县委、县政府团结、教育佛教界人士，联系广大信教群众的桥梁。是年，全县有宗教团体1个；宗教教职人员22人，其中佛教19人、基督教3人(牧师2人、传道员1人)；可统计宗教信徒(不包括佛教)3100余人，其中天主教100余人、基督教3000余人。

2014年,全县有佛教协会、基督教三自爱国会等宗教团体2个;宗教教职人员42人,其中佛教33人、基督教9人(牧师3人、教师1人、长老5人);可统计宗教信徒(不包括佛教)3070余人,其中天主教约70人、基督教3000余人。

附:佛教协会、基督教三自爱国运动委员会等宗教团体概况

佛教协会　20世纪30年代,成立佛教组织"一莲社",为境内首个佛教组织,主持人陈云孙。民国36年(1947)4月,成立中国佛教会浙江省海盐支会,下设4办事处。中华人民共和国成立后,"一莲社"、中国佛教会浙江省海盐支会停止活动。2009年11月25日,成立海盐县佛教协会,召开佛教协会第一次代表会议,制定《海盐县佛教协会章程》,选举产生县佛教协会第一届理事会,天宁寺晓明法师为会长,释净念、释普文(女,2013年免职)、释常心(2013年增补)为副会长,夏关明、黄云妹(女)陆连法先后担任秘书长职务。

基督教三自爱国运动委员会　1985年12月,海盐县基督教三自爱国会筹备小组在武原镇海盐基督教堂召开海盐县基督教信徒代表大会,成立海盐县基督教三自爱国运动委员会,选举张耀宗牧师任主席;各堂建立堂务委员会,管理本教堂宗教事务。1991年,县基督教三自爱国会换届,选举张耀宗任主席、高道根任副主席、刘跃军为秘书长,余文军为副秘书长。换届后,组织活动处于停止状态。

宗教政策和宗教事务　中华人民共和国成立初期,县委统战部遵照地委关于"进行广泛宗教宣传",对宗教界人士"应看作统战的重要对象""加强领导与认真培养"的指示精神,加强对党的宗教政策宣传和教育;对全县宗教活动状况和宗教界人士的人数、政治态度、经济生活等情况进行调查;对宗教场所,特别对名胜古迹、著名寺庙、尼庵、道观等做好保护;对老弱僧尼适当给予救济照顾,并注意团结、引导宗教界人士参与国家政治活动。1951年10月县各界人民代表会议、1956年县第二届人民代表大会代表中,均安排宗教界代表1人。同时,遵照《中华人民共和国宪法》关于"公民有宗教信仰自由""国家保护正常的宗教活动"以及中国"宗教团体和宗教事务不受外国势力的支配"的规定,依法保护公民宗教信仰自由、打击反动会道门等非法宗教活动。1951年10月至1955年9月,县委成立县宗教领导小组,由一位副县长任组长,在全县开展取缔宗教反动势力行动。各乡镇、街道先后召开退道、控诉大会,动员道徒登记退道;召开基督教徒大会,开展"三自革新"运动,揭露境外反动宗教势力渗透阴谋;开展打击天主教反动势力行动,依法逮捕披着天主教外衣的反革命分子和刑事犯罪分子。其间,全县共召开教徒和群众大会6次,召集神职人员座谈会1次,受教育群众3万余人,约占全县总人口的1.5%,其中教徒(成年)300人左右,约占教徒总数的49%;有9名教徒自动检举和揭发隐藏在教内的反动分子;有39名教徒与4名神职人员联合表态拥护政府采取的果断措施。至1955年年底,境内非法宗教组织基本肃清。

"文化大革命"期间,党的宗教信仰自由政策受到严重干扰,宗教活动场所关闭、民间宗教活动停止。

中共十一届三中全会以后,党的宗教信仰自由政策得到恢复和落实。1983—1987年,县委统战部贯彻中央、省委和嘉兴市委的指示精神,对宗教界人士在"文化大革命"期间的冤假错案进行平反,对"文化大革命"中给宗教人士的不实之词予以销毁,并妥善处理一批历史遗留问题。1983年5月,宗教界委员在县政协第一届第一次会议上提交的《关于要求政府开放教堂,成立县基督教三自运动爱国委员会,恢复教徒正常的礼拜宗教生活》的提案,得到县委、县人大、县政府和县政协领导和有关部门的关注和支持。县委统战部会同县委宣传部、县政协切实做好相关部门的协调工作,教堂归还问题得到妥善解决,县政府又根据有关政策拨款进行修缮。是年,先后开放武原、沈荡两处教堂和澉浦聚会点,制定《工作细则》,建立堂务委员会,订立各项规章制度,并对2处教堂、4名职业人员进行定期、定额生活困难补助。1985年1月,县宗教事务办公室召开全县宗教会议,传达学习党的宗教信仰自由政策,介绍了基督教三自爱国会走三自爱国道路的体会。是年清明节,云岫庵修缮一新,重塑佛像,各地香客达万人。1993年10月,县政府又拨款重修千佛阁,

并批准对外开放。是年，全县批准开放宗教活动场所5处，其中基督教4处、佛教1处，全县有受洗礼基督教信徒2500人、天主教信徒300余人。1999年，天宁寺制定10个方面59条内部管理制度，县基督教三自爱国会制定《海盐教会试行规章（征求稿）》，宗教场所的内部管理逐步规范，人民群众的宗教信仰活动得到基本满足。

进入21世纪，县委、县政府全面贯彻落实国务院《宗教事务条例》，结合海盐县工作实际，切实推进宗教事务管理的规范化。2001年，县委统战部进一步规范宗教活动场所管理，指导各宗教场所建立和完善各项规章制度，制定预防和制止宗教活动场所突发事件的应急预案，严格佛教场所500人以上法会、基督教场所100人以上培灵会的审批手续。同时，做好宗教场所管理人员的培训工作，举办基督教堂务委员以上成员政策法规培训班1期40人。2003—2004年，县委统战部、县民宗局针对一些乡镇非法塔建小庙小庵、封建迷信抬头的现象，结合全县农村“双整治”工作，组织开展非法塔建小庙小庵整治工作。其间，依法取缔非法塔建的小庙小庵和封建迷信场所153处，拆除存在严重消防隐患的违法建筑178处，查处从事迷信活动的巫婆、神汉255人，制止和查处借宗教名义散布非法言论和资料的恶性事件2起。2005年，进一步规范宗教活动场所内部管理，指导全县各宗教活动场所制定完善涉及人事、财务、会计、治安、消防、卫生、文物保护7项制度，并组织检查和培训，推进各项制度的落实。是年，组织开展专项检查12次，发现、整改消防隐患28处（条），举办消防知识培训5次。2006—2007年，依法管理宗教事务，结合开展创建“平安寺院”“平安教堂”活动和宗教活动场所登记换证工作，指导和督促宗教活动场所完善八项制度，规范场所内部管理，推进宗教与社会主义社会相适应。同时，积极探索农村统战（民宗）工作新模式，指导各地建立适应农村工作实际的统战（民宗）工作网络。2007年，全县有105个村明确并落实分管统战工作的村干部，实现统战（民宗）工作网络全覆盖；依法审批、协助做好宗教场所举办的大型宗教活动6起，制止非法宗教活动2起，查处非法宗教聚会3起，拆除迷信场所35处，收回或转作他用房屋147处；举办基督教堂委会成员法律法规知识培训班1期53人；天宁寺、云岫庵、海盐教堂被评为嘉兴市第一批“平安宗教活动场所”。此后，“平安宗教”创建活动每年进行评比和表彰。2008年，围绕“迎奥运”中心工作，在全县宗教界推出开展一次“迎奥运、促进和谐”迎为主题的讨论活动，组织一次镇村民宗干部法律法规培训，举办一次民族宗教法律法规知识竞赛，召开一次平安宗教场所表彰会，开展一次公益募捐等“五个一”活动，营造宗教界团结和谐的氛围，推进宗教场所规范健康发展。全县被评为嘉兴市第二批“平安宗教活动场所”4个、县级“平安宗教活动场所”8个。2009—2010年，结合传达贯彻《浙江省宗教事务条例》，采取举办全县宗教界爱国爱教学习会、宗教场所安全和财务管理培训班、邀请专业人士讲课以及编印民宗专报等方式，加强条例等宗教政策法规的宣传，指导宗教活动场所加强内部安全和财务管理。同时，推出“平安宗教”创建工作星级化评比，将创建活动引向深入。二年间，编印民宗专报5期，举办宗教场所会计、出纳、安全管理员培训班1期70余人，选送宗教人士赴佛学院和市教会学习、培训4人（其中佛教3人、基督教1人），认定基督教教职人员8人，全县10个寺院全部实施会计代理制度；被评为市级“平安宗教”活动场所2个、县级“平安宗教”活动场所4个；天宁禅寺、县基督教堂被评为嘉兴市第一批“三星级平安宗教活动场所”。2012年，引导宗教场所进一步深化“平安宗教”创建活动，巩固创建活动成果；组织开展全县宗教场所安全大检查，对检查发现的安全隐患和问题予以通报，并督促制定整改方案限期整改。是年，举办宗教界人士培训班1期120余人；全县被评为市级“平安宗教”活动场所11个，其中被评为嘉兴市“三星级平安宗教活动场所”和浙江省“和谐寺观教堂”4个。

2014年，贯彻全省“三改一拆”涉及宗教领域违法建筑处置工作会议精神，组织开展宗教领域违法建筑整治，全县拆除非法烧香点5处，并通过省检查组的抽查验收。是年，被评为省级“和谐寺观教堂”8个、市级“平安宗教”活动场所13个、县级“平安宗教”活动场所15个，县民宗局被评为2013年“海盐县平安创建工作先进集体”。

支持参与经济建议和社会慈善活动　县委统战部遵照中央关于统战工作服务经济建设、服务祖国统一大业的指示精神,支持宗教场所、宗教界人士参与全县经济建设,引导和鼓励宗教场所、宗教界人士发扬乐善好施的传统,参与赈灾募捐、扶贫帮困等社会慈善救助活动。1998年,国内长江、嫩江、松花江流域遭受历史罕见特大洪涝灾害。灾情发生后,县委统战部在全县宗教界组织开展“献爱心募捐”活动。其间,全县宗教团体和宗教界人士共捐款15234元。2001年,全县宗教界响应国家“情系西部献爱心”活动,发动佛教、基督教等宗教场所和宗教界人士,开展慈善捐赠,为云、贵地区建设希望小学捐款6000元,支援西部教育事业。同时,参与“扶贫助学献真情”活动,县宗教界与武原镇建新社区建立“帮困结对”关系,每年募款6000元资助贫困家庭学生完成学业。2008年,四川汶川地震灾害发生后,全县各民主党派、工商联、无党派、侨台界、宗教界等踊跃参与“赈灾捐款弘善事”活动。宗教界共捐款13.39万元,其中为汶川地震灾区捐款7.7万元。2010年,组织各宗教场所参与扶贫、助学、修桥、修路等公益慈善活动,各宗教场所和宗教人士共捐款15万元。云岫庵、法喜寺、沈荡基督教堂等3个宗教场所获嘉兴市第二届宗教慈善奖。2013年起,县宗教界又与秦山镇许油村“结对扶贫”,每年年终或“八一”建军节上门慰问贫困家庭、贫困老党员和老退伍兵。通元镇法喜禅寺结对帮扶贫困学生1名,送去慰问品和慰问金。

2014年,县宗教界将“五水共治”定位为泽被当代和后世的公益慈善行动。县佛教协会向各宗教活动场所和信教群众发出倡议,开展河道保洁、环境绿化、宗教放生等活动,各寺院为“五水共治”捐款10万元。

宗教场所　中华人民共和国成立初期,境内有佛教寺庙几十所,除颇具影响的天宁禅寺、福业院、禅悦寺、云岫庵外,多数为小庙小庵;天主教有教堂6处,分布在狮岭、横港、茶院、太平、泾埭、武原等乡镇;基督教有活动堂(点)4处,分布在武原、沈荡、澉浦和城郊(聚会点)。20世纪50—60年代,寺庙、教堂有的因年久失修破旧损毁,有的被单位占用,从事宗教活动场所不多。

“文化大革命”期间,宗教场所关闭、活动停止。

20世纪80年代初,县委、县政府贯彻落实党的宗教信仰自由政策,寺庙、教堂被占用的予以腾退归还,损毁严重的陆续修缮、重建,依法批准对外开放,境内宗教活动逐步恢复。1980—1983年,县政府先后将天宁寺千佛阁和云岫庵列为县重点文物保护单位,进行修缮、落实保护。县委统战部、县民宗局按照合理布局、逐步开放的原则,对全县宗教活动场所进行登记,并逐步批准对外开放。1985年,省文物局、县政府拨款30万元对千佛阁进行全面整修。1994年,又对武原基督教堂进行重建。至1996年,全县先后批准开放云岫庵、天宁寺等佛教活动场所2处,武原、沈荡、澉浦、横港等基督教堂4个及长岸聚会点1处。2001—2002年,又先后批准开放惠泉寺、法喜寺等佛教场所2处。2004年,本着“尊重历史,面对现实,顾全大局,力求解决”的原则,云岫庵由南北湖风景区管委会移交给佛教界管理。至2005年,全县经批准开放的宗教活动场所10处,其中佛教寺庙4处、基督教堂4个、基督教聚会点2处。2006年以后,逐年批准开放一批宗教活动场所。至2012年,全县有批准开放的宗教活动场所14处,其中佛教寺庙8处、基督教堂4个、基督教聚会点2处。

2014年,全县批准开放天宁寺、云岫庵、惠泉寺、法喜寺、金粟寺、觉林寺、金观音寺、禅悦寺、灵野寺、相国寺等佛教活动场所10处,海盐教堂、沈荡教堂、澉浦教堂、横港教堂等基督教堂4个、聚会点2处。

第五节　经济领域统一战线工作

【中华人民共和国成立后经济领域统一战线工作】

恢复和发展国民经济　中华人民共和国成立初期,恢复和发展国民经济,成为统战工作的重要内容之一。县委、县政府及统战部根据中共七届二中全会关于对“私人资本主义经济,必须既利用又限制”的政策,注意引导和发挥私营经济人士的积极性，合理调整工商业促进国民经济的恢复和发展。

1949年，全县有小型私营工业企业7家、职工138人，手工业者1273人；私营商业832个，主要集中在武原、沈荡两镇，其中武原有600余个。20世纪50年代，县委统战部支持成立县工商联，依托县工商联社会团体引导私营企业和个体经营者投身恢复和发展国民经济。

1952年3月，县委贯彻中共中央《关于在城市中限期展开大规模的坚决彻底的“五反”斗争的指示》，成立“五反”办公室，在全县工商界组织开展“五反”宣传教育，要求私营工商业主自觉清除“五毒”，自觉纳税，为全县经济服务。其间，部分工商界人士对开展“五反”认识模糊，思想上产生悲观情绪，经营上出现消极状态，致使1—9月全县私营工商业营业额比1951年同期下降46.75%，对税收也带来一定影响。针对上述情况，县委组织工商界人士学习中央关于开展“五反”运动的意义和政策，重申政府严格执行《中国人民政治协商会议共同纲领》关于“保护工人、农民、小资产阶级和民族资产阶级的经济利益及其私有财产”的规定，明确只要遵守国家法令法规，合法经营、合法获利，就有发展前途，打消私营工商业者的顾虑，调动了经营积极性，全县经营状况得到改善。1952年11月至1953年3月，营业额比1952年1—9月增加15.98%。

1952年11月10—11日，县长兼县委统战部部长徐永三在全县职工与工商界代表会议上，进一步宣传党和国家有关税收制度和政策，鼓励职工代表做好老板工作，按期完成纳税任务；动员工商界代表积极带头缴纳爱国税，并在镇与镇之间组织开展纳税挑应战活动。各镇也相继召开会议，开展各种形式的宣传教育活动。武原镇镇长在全镇工商界会议上作税收工作“取之于民、用之于民”的宣传，激发工商界缴纳爱国税的热情。当月11—21日的10天内，全县收到税款898190600元（旧币），超额完成24190600元（旧币）。年末，全县有手工业生产合作社1个；个体手工业604户、1626人；纳税工商户900户左右。

手工业和资本主义工商业的社会主义改造

1953年，全县资本主义工商业（包括手工业）的社会主义改造全面展开。12月，县委贯彻中共中央“过渡时期总路线和总任务”，建立县委商改办公室（简称商改办）。遵照中央关于经过国家资本主义改造资本主义工商业的方针，决定先在全县棉布行业作商改试点，总结经验后再行铺开。1954年年初，商改办有计划、有步骤、有区别地选择商店8家（批购、经销6家，加工、订货2家）为国家资本主义商店，先行开展资本主义工商业的社会主义改造。是年10月12日，县委召开第二次商改工作会议，传达地委第二次商改会议精神，对全县棉布商改造工作进行总结。改造前，全县有棉布零售商29户，摊贩5户，从业人员52人。改造后，全县转为经销店性质的坐商20户，凭证批购的摊贩4户，退休1户，转入农业2户，放弃经营7户。棉布业商改试点取得初步成效。通过商改，职工的社会主义觉悟得到提高，对资方经营管理的监督得到改善，干部的政策和经验水平明显增强，为以后的商改工作奠定了基础。1955年，全县纯商业户有1028户、从业人员1561人。其中商业大户36户、从业人员228人；小商小贩992户、从业人员1333人。

1955年12月至1956年1月，县委贯彻地委商改办“全区合作化试点工作会议”和地委宣传部《关于在全区大张旗鼓开展私营工商业进行社会主义改造的宣传教育的意见（草案）》精神，由县委宣传部、财贸部牵头，工、青、妇等群团组织配合，在全县开展宣传教育工作。同时，组成工作组赴沈荡开展合作化改造试点。第一批试点为饮服、烟纸、酒酱、食盐等4个行业，成立3个合作商店，自1955年12月17日至1956年1月11日基本完成。第二批为棉布、百货、竹器、砖灰、陶瓷、理发、茶馆等7个行业，成立4个合作商店，自1956年1月11日至2月5日基本结束。两批7个合作商店的户数占全镇商业（包括饮食、服务）总户数的46%，既处理好政策问题，也对商业网点作出较大调整。1956年3月2日，县委召开全县工商界大会，逐户宣布批准改造，全县工商业社会主义改造进入高潮。至年底，全县私营小型工业企业酱园3家、印刷厂1家实行公私合营；私营商业1164户、从业人员1884人，改造为公私合营34户、391人，合作商店37户、626人，合作小组1010个、1270人；组成手工业高级形式合作社28个、968

人,合作小组13个、148人,低级形式合作社2个、24人,合作小组5个、36人。至此,全县工商业社会主义改造基本完成。

引导全面建设社会主义　在基本完成资本主义工商业的社会主义改造后,全国进入全面建设社会主义新的历史时期。1957年2月,县委、县人委召开全县城镇工作会议。县委统战部要求私方人员正确认识和对待有职有权问题,加强学习、努力改造、提高思想觉悟,不断密切共事关系,把自己改造成名符其实的社会主义建设劳动者。3—11月,县委先后召开第二届工商联会员代表会议和合作商店经理会计联席会议,并印发《关于加强对公私合营商店领导,配调公方代表的意见》,就公私合营、私私合营工作中贯彻"量才使用,适当照顾"政策,落实人事安排等事宜进行部署。是年,全县安排私方人员担任公私合营企业正副经理21人,担任门市部主任11人,提拔轮船公司私方代表担任航管站副站长1人;小商小贩走合作道路的占全县私营商业的80%,其中组织合作商店的670余人,占全县私营商业从业人员的28%,占小商贩的36%;全县实现商业零售总额1712万元(包括饮食业),较1952年增长33.5%;全县运输社(除30吨以上大船并入嘉兴地区国营运输公司外)共有自摇船158艘1909吨、农货船50艘400吨、其他农副船3424艘18.9万吨,为1952年的10倍;全县建立邮电支局3个、邮电所6个,市话、农话装机从1952年的63户和5户增加到1957年的114户和98户,县邮电部门完成邮政业务总量11.49万元,电讯业务收入7.96万元,其中函件计费业务量增至44. 99万元,为1949年的2倍多。

1958年3—5月,由于工农业生产连续滑坡。1961—1962年,县委、县政府贯彻中央关于国民经济"调整、巩固、充实、提高"的方针,国民经济得到逐步恢复。同时,县委、县政府认真贯彻落实国务院《关于在精简工作中妥善安置资产阶级工商业者的规定》《关于对资产阶级工商业者退休问题的补充规定》和中共中央《关于调整非党高级知识分子和部分民主人士副食品供应问题的通知》,对公私合营高潮期间和以前参加公私合营的资本家及代理人和有定息的其他私方人员,妥善做好相关人员(包括配偶)的安置、工资(包括高薪部分)和退休福利等工作,对于生活确有困难的,根据情况酌情给予补助;对工商界私方人员中的非党高级知识分子和民主人士,在政治上关心,生活上照顾。至1962年全县实现工业总产值6251万元,按可比价计算,较1957年增长3.6%;社会商品零售总额2730万元,较1957年增长50.9%;全县财政收入651万元,较1957年增长13.1%;全县银行和信用社年末存款余额539万元,接近1957年水平。全县恢复经济工作取得初步成效。

1963—1965年,县委、县政府继续贯彻中央"八字"方针,加强以农业为基础、工业为主导发展国民经济总方针的宣传,加强综合平衡和协调发展,并组织全县私方人员328人、小商小贩1322人开展"三个主义"(爱国主义、国际主义、社会主义)教育和"八字方针"(调整、巩固、充实、提高)学习,引导他们投入反浪费、增产节约运动。1965年12月,县委又结合传达贯彻中央、省和地委统战会议精神,在统战工作中落实对党外人士的"松一松"方针和"政治上关心、经济上有所放宽"的政策,并在春节期间对全县国营商业、供销社的职工和私方人员250余人,给以生活困难补助4300余元(包括19人拿股息)。这对缓和党外人士的紧张情绪,巩固和发展统一战线,起到了很好作用,全县工农业生产得到较快恢复和发展。至1965年,全县工农业总产值12167万元,出现了粮、棉、油、畜全面增产的局面;农业总产值达6804.52万元,比1957年增长53.2%,比1961年增长110.5%;粮、豆总产量2.5亿斤,比1957年增长36%,比1961年增长54%;棉花、油菜籽、生猪总产量和饲养量分别为479万千克、431万千克和30.9万头,分别比1957年增长3.22倍、34.4%和1.63倍。

1966年,"文化大革命"开始。其间,县工商联停止活动。

【改革开放后非公有制经济领域统一战线工作】

支持非公有制经济发展　1978年,中共十一届三中全会后,县委统战部贯彻中央"以公有制为主体,多种所有制经济共同发展"的方针,鼓励和支持个体经营者、私营企业发展生产,参与社会经济建设。1984年6月，县委统战部会同有关部门遵照县委、县政府的统一部署，指导、协调武原、沈荡、西塘桥、澉浦、通元等5个主要集镇分别召开个体劳动者代表大会，成立个体劳动者协会分会。7月，召开全县第一次个体劳动者代表大会，以乡镇为单位建立大组18个，以村为单位建立小组222个，鼓励和支持乡镇、村个体劳动者加强自我管理。至1986年，全县有在册企业8509家(户)，其中个体户6119户，占总数的71.91%。1988年，县委统战部协调企业积极引进外资，建立“三资”企业。全县第一家港商合资企业元盛电子电器有限公司登记注册。1989年9月，县工商联恢复活动。县委统战部指导工商联发挥桥梁作用，吸收非公有制经济企业和非公有制经济人士进入工商联组织。1990年6月，县委统战部协调工商联组织全县14家企业、28名代表参加在福州举办的“华东六省一市工商联第四届商品交易会”，引导非公有制经济企业参与“商交会”活动。是年，县工商联会员单位发展到96家，其中非公有制经济会员6家。至1993年，全县登记在册工商企业14088家，其中国营企业539家、集体企业3518家、私营企业169家、个体工商户7923户，其他企业139个。1994年，县委统战部、县工商联组织非公有制经济企业和非公有制经济人士参与全县“夺十杯、争百强、树千杰、评万户”活动；并在工商联设立妇女工作委员会，召开非公有制女会员座谈会，鼓励非公有制女会员为全县经济建设作贡献。同时，注意加强对非公有制经济代表人士的教育培养工作。是年，选派非公有制经济代表参加市委党校、省社会主义学院举办的经济理论研讨班5人；表彰参加嘉兴市“我为嘉兴添锦绣”活动成绩突出的私营企业6家、个体工商户6户；全县非公有制经济企业解决就业1989人。1995—1999年，县委统战部加强对全县非公有制经济发展状况调查，协调县工商联组织全县非公有制经济代表人士投身“光彩事业”活动。先后组织全县非公有制经济抽样调查和109家私营企业基础调查，形成《强化服务、优化环境，促进私营企业持续健康发展》《私营企业的愿望与要求》《海盐乡镇统战工作的现状与对策》《努力加强党外干部工作》等一批调研材料，供县委、县政府决策参考，其中《私营企业的愿望与要求》被省政府《每日要讯》采用。1999年，全县非公有制经济企业在“光彩事业”活动中，投入扶贫帮困、公益事业建设资金60万元，解决职工下岗再就业500余人。

进入21世纪，县委、县政府进一步加强对非公有制经济的支持力度，引导、鼓励非公有制经济人士参与社会活动，促进全县非公有制经济健康稳步发展。2000年，县委统战部、县工商联在全县非公有制企业中开展“致富思源、富而思进”教育活动，引导非公有制经济向纵深发展。是年，全县核准非公有制独资企业140家；登记在册各类工商企业18835家，其中私营企业1101家、个体工商户15238户。2002年，海盐诚诚实业有限公司获第二届浙江省非公有制经济“双文明企业”称号。2004年7月，县委统战部、县工商联在全县非公有制企业中开展“优秀社会主义事业建设者”评选活动，评选活动每两年一次。2005年，评选产生县级“优秀社会主义事业建设者”称号20人，其中被评为嘉兴市“优秀社会主义建设者”称号11人，相关事迹入选《嘉兴市优秀社会主义建设者之歌》文集。是年，全县非公有制企业、非公有制人士为“光彩事业”扶贫帮困、慈善捐款150余万元。2007—2008年，县委统战部按照“充分尊重、广泛联系、加强团结、热情帮助、积极引导”方针，加大对非公企业的服务和引导，组织开展非公有制经济人士综合评价工作，努力做好非公有制经济领域统战工作。其间，先后组织民营企业12家，参加嘉兴市外办、外经委、工商联组织的德国、美国投资说明会；组织民营企业家5名，参加嘉兴市工商联组团赴美、欧等地商务考察；完成非公有制经济人士综合评价工作110人。2009年，县委统战部继续做好“优秀社会主义事业建设者”评选和非公有制经济人士培训工作。是年，推荐省第三届“优秀社会主义事业建设者”1人、市第三届“优秀社会主义建设者”3人；组织非公有制经济人士参加“现代化企业管理”培训120余人；在2009浙商大会上浙江海利控股集团有限公司被列入浙商全国500强，并获浙商创新奖。2011—2012年，县委统战部、县工商联开拓思路，成立非公有制企业“新生代创业联谊会”。县工商联还向全县非公有制经济人士发出《深入发展和谐劳动关系倡议书》，推进非公有制企业内部劳动关系和谐。其间,安排非公有制经济人士赴中央社会主义学院培训5人,组织新生代创业联谊会员赴浙江富通集团参观学习30余人;为25家非公有制企业引进人才50余人,协调解决海盐化纤有限公司融资3000万元;被评为2009—2010年度星级劳动关系和谐企业101家,其中五星级34家、四星级27家、三星级40家。

2014年,县委统战部在开展党员先锋指数考评工作中,个私党总支被评为五星级党员2人、四星级党员19人、三星级党员5人;在解决小微企业融资工作中,协调县信用联社解决小微企业177家、贷款6310万元;在开展诚信经营户评比活动中,被评为海盐县"诚信民营企业""诚信工商户"50户,获市级表彰20家;在鼓励民营企业解决就业再就业工作中,全县195家非公有制企业推出主业岗位4800个、达成就业意想1800人,100余家非公有制企业与浙江树人大学建立校企合作平台,落实毕业生就业实习500余人。

落实非公有制经济人士政策　1980年4月,县委贯彻中共中央批转中央统战部等六部门《关于把原工商业者中的劳动者区别出来问题的请示报告》,组织开展对全县原工商业者"三小"(小商、小贩和小手工业者)的调查核实和区别工作。经调查审核,全县在1956—1958年社会主义改造高潮中参加国营、公私合营的原工商业者共34户391人(含死亡、退休、退职和精简下放的),涉及商业、供销、工业、手工业、医药、交通6个行业。审批后,区别为劳动者的238人;全县原小商、小贩和小手工业者共254人,从原工商业者中区别开来,明确其劳动者身份。对区别出来的劳动者的政治、生活、福利等待遇,按照有关政策逐步予以落实。

1981年,县委遵照中央关于"全部摘掉右派分子帽子"和"做好摘掉右派帽子人员的安置工作"的决定,对整风运动、反右派斗争中被定为"右派"的原工商业者20人,分期分批全部摘掉帽子;对"文化大革命"期间遭受批斗、迫害的资本家和资方代理人员,在区别为劳动者后,县落实政策办公室下发文件、发布通告,在政治上恢复名誉;对部分原担任政府、人民团体、工商界厂长、经理等职务的,予以恢复职务;对历史上和"文化大革命"中被查抄的财物、占用的房屋,予以返还或折价处理。

1984年,县委贯彻中央办公厅、国务院办公厅转发中央统战部等五部门《关于处理六十年代初期原工商业者被精简下放农村问题的请示报告》,对全县60年代初从国营、公私合营企业中,被动员精简下放农村的资本家、资本家代理人及有定息的其他工商业者,由所在企业按月发给不低于20元(外加副食品补贴)的生活费;这些人员去世后,参照企业职工去世后的办法,发给丧葬补助费和亲属抚恤费;被落实政策的人员,享受职工规定范围的医药费;对富亭、澉浦供销社和商业系统所涉的资本家及代理人7人,全部按政策给予落实。

1985年,县委落实政策办公室、县委统战部继续抓好历史老案的处理工作。对在1954年被错定为"不法商人"判有期徒刑的原工商业者1人,经复查属于错案,县人民法院于7月27日发文,撤销原判、宣告无罪,并落实经济政策。

1986年,县委落实政策办公室、县委统战部对1956年公私合营时,资方人员的资产被赎买后算为私股的,每年按私股在企业全部资产中所占份额发给年息5%固定股息;对公私合营时工商业人士1956年1月至1966年9月(原定7年,后延至10年),由于"文化大革命"后中断发放的定息,按有关规定全部发还。

教育培训　1950—1952年,县政府推荐工商界人士去嘉兴师范学校学习进修及到银行、供销社、公安局、文化馆、学校等任职90余人。1954—1955年,组织工商界骨干参加省政校、嘉兴地区政校培训。1956年10月,组织全县工商业者参加嘉兴地区第二期工商界政治讲习班学习培训19人,其中公私合营私方人员14人。1963年,召开私方经理、厂长、门市部主任、一般人员等类型的座谈会和个别交谈等形式,教育帮助私方工商业者提高认识自觉投入反浪费、增产节约运动。

1991年1月15日,海盐县工商联恢复后,为配合开展宣传教育和培训工作,创办《海盐工商》月刊。1994年,县委统战部、县工商联先后选派1名领导、5名非公有制经济代表人士,参加省工商联、党校和省社会主义学院培训班、理论研讨班。1997年,选派私营企业者海盐舞台设备厂厂长黄鹤鸣等

3人参加省、市工商联举办的非公有制经济积极分子培训班。1999年11月23—26日，省工商联在杭州举办国际贸易实务与风险防范培训班，县工商联选派海塘电子接插件厂，新美服装厂等有外贸业务的厂家参加培训。2002年，县工商联委托海盐明日企业管理咨询服务有限公司举办4期"新世纪经济发展论坛"高级培训班，800余人参加。

2002—2005年，先后举办"新世纪经济发展论坛""现代企业5S管理""企业如何做好仓库管理"等培训班11期，参加培训1500余人。在全县民营经济工作会议上，海盐县华帅特塑料电器有限公司董事长殷根华代表18位非公有制经济代表人士向全县民营经济人士发出"争做优秀社会主义事业建设者"的倡议；选派8位工商联执常委中的民营经济代表人士赴中央党校参加"民营经济理论与实务高级培训班"；举办4期培训班，邀请浙大等3名教授作专题报告，受训500余人次；选送18名青年企业经营管理者参加高级工商管理研修班学习；与团县委合办在民营经济人士中开展"创业正当年，奉献为海盐"为主题的联谊活动。

2006年1月，邀请上海学津企业管理咨询有限公司专任培训师王仁锋作题为"赢在执行"专题报告，全县企业主和中层以上管理人员130多人参加培训。5月，县工商联在海盐宾馆举办企业税收筹划与合理避税培训班，邀请厦门大学（管理会计）博士，中国注册会计师、中国注册评估师许金叶作企业税收筹划与合理避税专题讲座。7月，组织6位非公有制经济代表人士赴中央党校培训。11月，邀请国内培训业坐标人物，亚洲培训名师姜岚昕来海盐举办"信念是铸就无坚不摧团队的力量"大型演讲会、"企业超常规增长战略"总裁培训班，900余名班组长以上企业中层管理人员、130余名企业（副总经理）分别参加培训。2009年5月，县工商联、县经贸局、县委党校联合举办现代企业管理培训讲座，邀请省中小企业创业指导老师、省管理咨询协会副秘书长张焕澄老师进行专题讲座。全县企业高管、管理人员参加培训120多人。

2011—2012年，县工商联会同县发改局、经贸局联合组织企业上市知识专题培训。全县10多家企业高管及有关人员40余人参加培训。先后选送4名和12名新生代会员参加中央社会主义学院、香港理工大学业务培训。组织参观亚威朗光电（中国）有限公司等企业。邀请亚洲开发银行主管、清洁能源专家周爱明就有关清洁能源产业政策作专题讲座。2012年，《海盐工商》改为季刊。

2013年，举办"企业绩效与薪酬总裁高峰论坛"，企业高管120多人参加。组织企业参加"上海自贸区专题讲座"等，选送11名非公有制经济人士赴香港理工大学、中央社会主义学院学习培训。

2014年，举办"加强企业组织能力建设，促进企业可持续发展"等讲座8次，分别选送2名青年企业家和5名非公有制经济人士赴上海财经大学、中央社会主义学院参加新生代企业家培训班。是年4月，组织全体会员赴浙江友邦集成吊顶股份有限公司参观学习；8月，邀请县人民法院有关领导作企业法律风险防范专题讲座；10月，新生代联谊会36名会员赴杭州、海宁两地，分别参观浙商博物馆，听取知名电商企业介绍，并与海宁市新生代互动交流。是年，县工商联搭建网络平台，组建新生代创业联谊会微信群和QQ群，畅通联系渠道，促进互相交流。至年底，《海盐工商》共出刊249期。

联系服务 1990年12月，经县计经委批准正式创办科技型企业海盐县化学清洗防腐维修站。1993年，组织部分非公企业参加在江西南昌市举办的华东六省一市工商联商品交易会；与有关部门一起参与一年两次全县夏季、冬季城乡物资交流会。1999年，县工商联选派代表参加省工商联举办"国际贸易实务与风险防范"培训班。是年，受理企业职称评定工作10多家。2006年，组织对年产值2亿元以上列入民营企业500强中的一星饲料集团公司、华明化纤厂、海利实业公司规模企业进行调研。7月，由会长、书记带班组织有关行业商会和工办领导，工商联部分人员，并邀请县经贸局领导，专程赴省民营经济较发达，行业商会工作走在前列的温州参观考察。2009年，县工商联召开九届六次常委会，下发《关于"加大力度，助推民企转型升级"活动的意见》。响应县委"千名干部下企业"活动部署。举办涉税工作、现代企业管理、劳动用工、实用法律知识、企业标准化战略、知识产权保护和运用等专题培训和讲座。是年8月，县工商联（总商会）会同县普法办、县司法局联合举办"送法律到企业,用法律保增长"实用法律知识讲座,全县近百名企业高管、经营管理人员参加。

2010—2012年,县工商联与工商银行海盐支行签署支持海盐成长型中小企业发展合作协议,推荐年度成长型中小企业,工商银行积极支持被推荐企业的发展,优先向其提供各类适合的金融服务和产品,在三年内向全县成长型中小企业提供不少于15亿元的贷款授信;与中国邮政储蓄银行海盐县支行举行战略合作协议以及银企合作的签字仪式,6家企业获得1979万元的授信贷款。2012年,贯彻落实县委《关于开展"五百一千"进村入企业走访服务活动意见》精神,宣传新政策新举措,走访非公有制企业106家、农户20家。

2013—2014年,县工商联与理工学校、商贸学校联合组织召开海盐县理工学校毕业生实习生推介会,138家企业和单位与620名毕业生和实习生进行对接,达成实习和用工意向,初步落实就业实习意向500多人。

2014年,县工商联机关干部到联系村整治河道,并向全县非公经济人士发出"百企联百村,合力治百河"的倡议书,270家民营企业认领总长度72828.78米,150条河道(河段)的治理工作,49名企业负责人担任河长;各基层商会收到五水共治专项捐款480万元;在"五水共治"工作会议上百步商会112家会员企业认捐资金155万元。

建言献策　1991—2014年,县工商联及会员中的人大代表、政协委员参与县政协和有关部门民主评议和民主监督,撰写提案、议案、意见建议等1350多件;参与国土、环保、公安、银行系统、市场秩序等20多个部门行风监督、民主评议并担任廉政执法监督员(行风监督员)50多人次。

1992年,县工商联为解决全县个体理发、修理等行业收费混乱情况撰写提案,受到个体工商户好评。1995年,县商会会员、石泉并升灯泡实业有限公司经理顾水荣《关于重建跃进桥》的提案得到县领导重视并组织实施,该提案被县政协评为优秀提案。1998年,县工商联有3名干部被聘任为土管、交警、环保、财税等部门廉政执法监督员,参加行风评议、廉政执法监督局活动。

1999—2000年,县委统战部、县工商联联合开展私营经济调研,对109家私企进行普查,抽调15家作重点调查。在县政协五届二次大会上作《进一步重视非公有制经济发展》的发言。《重视我县经济界人士带资金去外地办厂现象》的发言和提案被县政协评为优秀提案。《强化服务,优化环境,促进私营经济持续健康发展》的调研材料,获省工商联首届优秀调研成果二等奖。2001年,非公有制经济代表人士中的人大代表、政协委员在"两会"期间撰写议案、提案共10余件。

1999年,全县工商界人士有9人当选市、县两级人大代表,17人担任县政协委员。2003—2009年,担任省、市、县各级人大代表中工商界人士共有10名,83名非公有制经济人士当选新一届人大代表或政协委员,其中县人大常委会委员、政协常委各1人,省、市、县各级政协委员32人。有8人当选市人大代表,4人为市政协委员。在县六届四次政协大会上,工商联系统政协委员提交提案59件,人大代表提交提案10件。

2011年,工商界人大代表提交意见建议32件,政协委员提交提案85件,工商联提供交集体提案3件。其中《关于引导支持我县民营企业加大科技与创新投入的建议》被评为优秀提案。有6件被列为重点提案。2012年,县工商联界别有67名非公有制经济人士担任县第八届政协委员,占委员部数的31.5%;51人当选县十四届人大代表,占代表总数24.2%;2名代表和5名委员分别当选县十四届人大常委和县八届政协常委;6名市人大代表、5名市政协委员出席嘉兴市"两会"。

2014年"两会"期间,工商界中的人大代表64人次共提交建议44件,约占28.8%;政协委员94人次提交提案86件,约占全部提案的33%。县工商联(总商会)向大会提交《关于鼓励引导民营企业参与美丽乡村建设的建议》等集体提案6件。

创优活动　1995年,在县委统战部、县工商联组织开展的五好经营户评创和市十佳个体工商户评选活动中。黄鹤鸣等3人被评为市十佳私人企业家和他十佳个体工商户;沈福观等12名个体工商户在县委召开的全县三级干部大会上受到表彰。1999—2002年,县工商联发动会员企业参加省工商联，省工商局等八个部门在全省开展的“双文明企业”（非公有制企业）的评比工作，经推选考核，海盐诚诚实业公司被评为浙江省非公有制经济“双文明企业”。并于2000年受到省工商联、科委、工商局、技术监督局、国家税务局、地方税务局联合发文表彰。公司董事长蒋琏珍获“21世纪商界女性精英人物50名”称号。全国工商联对1999年上规模民营企业进行500强排名活动，浙江一星饲料集团有限公司、海盐海松塑胶有限公司、绢纺实业有限公司入围；县工商联两次被省工商联评为宣传思想工作先进单位。在嘉兴市工商联召开的第四届会员代表大会，朱胜良当选市工商联副会长。2007年4月21日，海盐县总商会会员企业——浙江嘉兴中达集团有限责任公司的“中达”图案商标被浙江省工商局授予“中国驰名商标”铜牌，成为海盐历史上获得的首个中国驰名商标。

2005—2013年，县委统战部、县工商联在对200余名非公有制经济代表人士综合评价中评选出42位民营经济人士为“优秀社会主义事业建设者”称号，其中金惠明被评为省级优秀社会主义事业建设者称号；马雪明等14人为市级优秀社会主义事业建设者称号；沈家华、黄忠明等28人先后被县政府授予“海盐县优秀社会主义事业建设者”称号。在县工商联九届十次常委扩大会议上，工商联执委会向全县非公有制经济人士发出《深入发展和谐劳动关系倡议书》。2009—2010年度被评为星级劳动关系和谐企业101家，其中五星级34家、四星级27家、三星级40家。

2014年，在嘉兴市第三届“十大风云人物”和第三批“南湖百杰”系列评选活动中，方光明、时沈祥、许明曙等3人获嘉兴市第三届“十大回归浙商风云人物”称号，金达创业董事长任维明等8人获“南湖百杰”杰出人物称号；陈子彦、宋雅丹分别获得“市十大科技创新风云人物”“市十大女性创业新秀风云人物”称号。是年，县工商联被评为2014年度浙江省“五好”工商联，并获得市级“先进集体”称号。

社会公益和光彩事业 1994年，全国民营企业家联名提出发起光彩事业行动倡议。县工商联引导全县非公有经济人士参与光彩事业。

1998—2002年，全县非公经济人士共捐助200余万元。有30余家会员企业结对贫困学生40余人。安排3000余名下岗工人再就业。

1998年，长江、松花江等流域发生特大洪灾，县工商联会员企业和非公有制经济人士捐助捐物38万余元，其中，海盐诚诚实业有限公司蒋琏珍向灾区捐款捐物12万余元，被省工商联授予“1998年度抗洪救灾捐赠先进个人”称号。2000年11月，海盐县工商联《强化服务、优化环境，促进私营经济持续健康发展》一文获全省工商联第二届优秀调研成果奖二等奖。在典型引路、先进示范作用下，会员整体素质不断提高，越来越多的非公有制经济代表人士自觉投身于光彩事业之中。“致富不忘国家，努力回报祖国”，童可贵带头与石泉杜家村一贫困学生结对扶贫，不少企业会员为城镇下岗职工再就业提供许多就业岗位。是年，接纳下岗职工再就业人数达500人左右。在慰问孤寡、捐资助学、修桥筑路等公益事业活动中，非公有制企业主参与资金达60万元。

进入21世纪，以“光彩事业推动工作宣传年”为契机，贯彻“自觉自愿、量力而行、互惠互利、义利兼顾”的基本原则，进一步扩大“光彩事业”的社会影响。2003—2005年，在县工商联召开捐款动员会上，工商联执委成员带头捐款，会长朱胜良共捐款40万元。会员企业在参与爱心行动、慈善基金和公益事业等共捐助189万元。与14位贫困学生结对，资助从小学到初中的全部学费。华帅特塑料电器有限公司在实验中学设立奖学金，同时资助百步镇五丰村公益事业，共捐助10余万元。2005年，秦山镇庆丰村一农户发生火灾，18名非公有制经济人士半小时内自发捐款2.15万元。是年，金达股份有限公司董事长任维明在四川苍溪县捐资40万筹建一所金达希望小学，出资25万元购置750套桌凳和教学办公用品。公司还每年捐助5万元人民币用于改善教育设施。并倡议建立一个500万元希望基金，用于支持金达希望小学的基础建设、贫困学生助学金、优秀学生奖学金和优秀教师奖励基金。并提出“森林计划”，以“植万棵树，换一片绿”为口号，植树5200棵。

2007年，858家非公有制企业向县慈善总会捐款464万元,资助新农村建设资金296.5万元。2008年,四川汶川大地震后,全县非公经济人士捐款424万元、捐物折合23万元,帮助灾区人民重建家园。2009年,非公经济人士与村企结对104个,资助近千万元,安置农村劳动力6300人;参与慈善捐款活动,有37家企业建立冠名捐助,其中海利集团捐助83万元。2010年,非公有制经济人士奉献爱心,向青海玉树地震灾区捐款近百万元;浙江新蒙吉明照明有限公司在四川广元市(汶川地震灾区)浙江工业园区投资3.6亿元,建立新的太阳能生产基地;沈荡商会向贵州毕节贫困地区饮水工程捐助2万元。2013年4月10日,县工商联深入开展进村入企走访活动,海盐温州商会会长、海盐华辰线材制品有限公司董事长严国强与西塘桥街道刘庄村签订村企共建结对协议,资助5万元用于发展村集体经济,由部分企业出资2万~3万元,为刘庄村添置文体活动设施,丰富村民文体生活,为村农业合作社拓展农产品销售渠道。

2007—2014年,海利控股集团董事长方光明捐赠金额达1343万元。先后获首届"浙江省慈善奖"、首届"浙江省光彩之星"等称号。2003年,海盐县慈善总会成立,海利集团作为创始单位加入,在全县先后设立中小学生爱心午餐工程、爱老敬老工程、海利助困基金以及海利帮你圆大学梦等几个慈善项目。其中,"海利中小学生爱心午餐"工程获浙江慈善优秀项目奖。慈善专项设立后,方光明资助贫困人群、孤寡老人4000多人次;资助贫困大学生圆200多人;为3700多名中小学校贫困学生提供爱心午餐。

2014年,全县共有329家企业参与支持新农村建设。其中赞助慈善、教育、文化等各类捐款捐物401.38万元;出资修桥铺路580米,桥梁1座;赞助农村文化活动61.25万元;民企参与流转土地面积2602.82亩,参与农业有效投资5310万元,参与建设粮食生产功能区或现代农业园区8个。在响应"百企联百村,合力治百河"行动倡议中,专项捐款超过480万元,认领河道150条(段),有270人担任"河长"。是年12月,在省委统战部召开的浙江省光彩事业促进会表彰大会上,海盐县工商联主席、海利控股集团董事长方光明被授予"浙江省光彩事业贡献奖",也是嘉兴市唯一获得者。

【工商联(总商会)】

1951年1月16日,县工商联筹备会成立。21日,接管旧县商会。1956年2月21—25日,召开县首届工商业联合会会员代表大会,县工商联成立。大会选举产生第一届委员会,委员64人,陈福禄为主任委员。1956年4月,沈荡、西塘、通元3镇成立分会;石泉、钦城、角里、澉浦4处设立办事处,其余长川坝等15个乡村设立小组。1957年2月,海盐县工商联召开第二次会员代表大会,选举陈震东为主任委员。下设秘书室、辅导股、组宣股,下辖沈荡、西塘、通元3个分会和澉浦、六里、石泉,于城4个办事处,共有机关干部21人。1958年9月,海盐县工商联召开第三次会员代表大会,杨占峰当选为主任委员。11月,海盐县建制撤销。12月7日,县工商业联合会停止办公,并入海宁县工商业联合会。1961年10月,海盐县恢复建制。1962年5月,召开海盐县工商联第四届会员代表大会,选举沈国荣为主任委员。

1966年6月,"文化大革命"开始,县工商联停止活动。

1988年8月,海盐县工商联组织恢复并建立筹备小组。1989年9月,正式挂牌并对外办公。1991年3月,海盐县工商联第五次会员代表大会召开,会议选举徐德钰为主席。1994年3月,在第六次会员代表会上增挂"海盐县商会"牌子。3月16日,在全省工商联系统率先组建县工商联妇女工作委员会。是年底,成立县工商联武原镇分会,至2006年10月,全县8个镇和经济开发区大桥新区先后成立基层商会。1999年9月中旬,组建全县第一个行业性商会——石泉镇灯泡业商会。2003年初,县工商联会同县外经贸局,组建成立海盐县标准件同业商会,为县工商联第四家基层行业协会。2009年2月28日,海盐县第一个异地商会—海盐县温州商会成立,选举产生第一届理事18名,严国强当选会长,副会长10名,秘书长1名,首批会员51家。2010年12月,县新生代创业联谊会成立,并选举产生第一届理事会,姚华当选第一届理事会会长。2011年,县委统战部批转县工商联《关于做好镇(街道)商会换届工作的实施意见)做好新一届商会领导班子考察推荐和换届工作。在沈荡镇商会换届试点基础上,各基层商会顺利换届。是年11月23日,县工商联(总商会)第十次会员代表大会召开,会议选举产生新一届执委会领导班子,方光明为主席(会长)。1956—2014年,县工商联共召开10次会员代表大会。

2014年,县工商联(总商会)有会员企业1200个,镇(街道)、区基层商会9个,行业商会(协会)10个,异地商会1个(温州海盐商会)。

海盐县工商联会员代表大会一览表

表8-7-12 单位:人

届　数	日　期	主任委员(会长)	会员数
第一次会员代表大会	1956.02.21—25	陈福禄	64
第二次会员代表大会	1957.02.25—28	陈震东	67
第三次会员代表大会	1958.09.18—20	杨占峰	70
第四次会员代表大会	1962.05.17—20	沈国荣	66
第五次会员代表大会	1991.03.22—24	徐德钰	207
第六次会员代表大会	1994.03.17—18	徐德钰	438
第七次会员代表大会	1997.11.27—28	童可贵	456
第八次会员代表大会	2002.12.5—6	朱胜良	471
第九次会员代表大会	2006.10.20—21	朱胜良	535
第十次会员代表大会	2011.11.23—24	方光明	866

第六节　港澳台侨工作

【港澳事务和侨务工作】

侨务机构和涉侨团体

海盐县侨务办公室　1984年3月,县人民政府侨务办公室成立(简称县侨办),在县委统战部挂牌,主管全县侨务、港澳事务工作。县侨办成立初期,侨务工作由县委统战部部长兼管。1988年1月,副县长张国华兼任县侨办主任。1993年8月至2014年12月,侨办主任职务分别由县委统战部部长许琳、朱蓓华和副部长王琪妹兼任。

海盐县归侨侨眷联合会　1985年11月,海盐县归侨侨眷联合会(简称“县侨联”)成立,县侨联是在党和政府团结、联系侨界人士中起桥梁和纽带作用的社团组织。至2014年,海盐县归侨侨眷联合会召开七次代表大会,选举产生县侨联第一届至第七届委员会。

海盐县基层“侨联”组织　1983年4月,澉浦镇建立海盐县也是嘉兴市首个基层侨联组织。2005年12月,武原镇归侨侨眷(台胞台属)联谊会成立。至2014年年底,全县9个镇(街道)实现基层侨联组织全覆盖。

海盐县留学人员和家属联谊会　1999年9月,海盐县建立留学人员家属联谊小组。2003年11月海盐县首届留学人员家属联谊会(简称“县留联会”)成立,会长庞乐明。2009年11月,县留联会召开第二次代表大会,选举汤向群为会长。2011年11月,县留联会召开第三次代表大会。会议通过留联会更名,将“海盐县留学人员家属联谊会”更名为“海盐县留学人员和家属联谊会”,选举张再生为会长。

香港海盐同乡会　2004年4月23日,香港海盐同乡会成立。会议选举徐忠伟为会长,周寒芬为秘书长(兼),唐耿梅波为名誉会长。2007年12月19日,香港海盐同乡会换届,第二届由15名理事组成,会长、名誉会长分别为徐忠伟和唐耿梅波,秘书长林伟华。2010年11月25日,香港海盐同乡会换届,由14名理事组成,会长程奇、名誉会长唐耿梅波、徐忠伟,秘书长林伟华。同乡会的建立成为两地增进交流沟通、促进社会经济发展的平台。

海盐县归侨侨眷联合会历次代表大会一览表

表8-7-13　　单位:人

日　期	届　数	主　席	委员(副主席)
1985.11.28	第一次代表大会	郑铁年	7人
1989.12.04	第二次代表大会	郑铁年	7人
1993.09.16	第三次代表大会	郑铁年	9人
1998.09.02	第四次代表大会	沈宝荣	7人
2003.11.05	第五次代表大会	蔡　晟	7人
2007.01.05	第六次代表大会	金亚春	7人
2011.11.29	第七次代表大会	曹晓明	7人

基本侨港澳情况

基本侨情　1700多年前的晋光熙年间,南洋、印度一带的外国商人开始到县域内澉浦镇进行贸易活动。北宋间,澉浦海港形成后,澉浦成为南北交往,对外贸易的重镇。宋室南渡后,澉浦成了京都杭城的畿辅之地,是南宋王朝对外通商的重要口岸,护卫朝廷的军事重镇。清后期,澉浦人赴沪经商务工者渐多,部分人转而去外国海轮上做船员,进而定居境外,成为海盐澉浦人首批出国的侨民。此后通过介绍、提携,出国或赴港赴台者日盛。20世纪50年代后,外出出境、移居海外渐止。

1981—1984年,全县公民申请出境和公派出国542人,涉及12个国家和地区;旅居海外人员726人,分布在21个国家和地区。1983年,据统计,海外侨胞有54户,外籍华人34人,侨眷60户。

1986年,全县有华侨、外籍华人55户、160人,侨眷63户。1987年,旅居海外的华侨71户、357人,归国华侨6户、23人,侨眷63户、281人。1991—1995年,海外探亲、自费去日留学、劳务输出去日本打工等341人。1994年3—5月,全县侨情调查显示,海盐华侨华人共134户、550人,侨眷亲属210户、1146人,分布在18个国家和地区。1997年,改革开放后,全县开展对移居海外、境外的新移民进行调查。统计结果显示有新移民61户、122人(包括留学生),其中去海外定居的有40户、45人。2001年9—11月,县侨办开展较为广泛的海外留学人员调查,调查显示全县留学人员69人,其中男性为多,1989年后出国的占82.6%,分布于12个国家和地区。2003年6月,开展海外留学生情况调查,建立完善留学生人员档案。2005年,海盐县澉浦镇被列为全省侨情调查试点。经调查,澉浦镇(含南北湖风景区)有户籍的直系侨眷100户,侨眷497人,涉澉浦籍华侨19人,外籍华人66人;有海外留学人员家属14户,海外留学人员23人,分布在5个国家和地区。侨情呈三大变化:老一代侨胞年龄趋于老化,人数日趋减少;海外侨胞由原老一代转变为新生一代和改革开放后出国的一代同胞为主,改革开放后出国人员不断增加。

2013年10月至2014年6月,全县展开基本侨情调查,参与调查的涉侨家庭850户。至2014年底,统计结果显示全县海外华侨华人有702人,海外留学人员309人,侨眷1051人,留学人员家属731人,归国留学人员124人,其他涉侨人员12人,重点人士82人;侨资企业28家,海外社团2家。

港澳同胞基本情况　1983年,据统计香港同胞89户、港属103户。1986年,全县有旅港澳同胞40户、415人,港澳眷属104户。1987年,旅居港澳同胞103户、535人,港澳同胞亲属104户、450人。2004年,海盐在香港的同胞有120户500余人,大多为中小企业主或打工者,又以武原、澉浦镇居多。

2013年10月—2014年6月，全县展开港澳同胞情况调查，统计结果显示，港澳同胞1256人，港澳同胞眷属667人。

联络联谊

海外联络联谊 1986年，开始接待海外华侨回乡探亲工作，做好联络联谊工作。1995年6月，日本福岛县富冈町友好访问团到海盐访问。海盐县长与富冈町町长正式签署《中华人民共和国浙江省海盐县和日本国福岛县富冈町缔结友好交流关系协议书》。1996—2000年，县统战部、侨办走访、接待华侨、华人，向海外侨胞、留学生、新移民寄发圣诞、贺年卡和贺信1100多份。

2002—2005年，走访、慰问、接待归侨、侨眷等530多人次，团组7个。圣诞、春节期间，县侨办、侨联向海内外华侨、华人、留学生寄发圣诞卡、贺年卡720余张。

2003年，海盐县留学人员家属联谊会成立，产生首届留联会理事会。2004年，到海盐观光旅游、投资考察的有德国创新协会主席胡允庆带领的商务考察团。

2008年4月，县侨办接待世界著名刑侦专家、美籍华人李昌钰到海盐访问，县委、政府主要领导会见李昌钰并陪同参观考察杭州湾跨海大桥、浙江隆祥电子科技有限公司、县公安局。其间，李昌钰为全县公安干警作刑事调查技术及案件作实例演讲。

2009—2014年，县侨办、侨联走访慰问侨眷、留学人员家庭190余户次，接待回乡考察的海外侨胞和侨商共1300余人次。

2011年，县委统战部和县侨办在春节、中秋等传统节日期间，走访慰问侨界重点人士50余人次。2012年4月5日，英国上海华人华侨联合会副会长、英国上海商会副会长、英国浙江联谊会顾问严根琴一家3人到海盐参观访问。

2014年，接待回乡考察的海外侨胞和侨商70余人。有加拿大魁北克大学终身教授卢焕章携儿女；瑞典华侨、现任瑞典瑞京华人协会常务理事的徐旋夫妇；罗马尼亚侨商项云彬。

港澳联络联谊 1986年，开始接待港澳同胞回乡探亲工作，做好联络联谊活动。2004年，香港海盐同乡会成立后，县委书记、副书记等先后赴香港与同乡会加强联络沟通。2005年4月，香港海盐同乡会成立一周年，县有关领导与统战部领导受邀赴香港庆典，与同乡会成员交流沟通，并为家乡慈善事业作出贡献的徐星海颁发“慈善之星”奖牌。2008年10月，香港海盐同乡会访问团22人到海盐访问，成员包括香港海盐同乡会名誉会长唐耿梅波、会长徐忠伟、新西兰华人协会副会长吴可为等。徐忠伟赠送一镌刻“乡情永固“的铜盘以作纪念。2011年清明节期间，县委统战部和县侨办接待香港海盐同乡会11人探亲。2014年，香港海盐同乡会名誉会长唐耿梅波女士一家到海盐探亲考察。是年10月，县侨联组团赴香港访问拜会重点人士，参加香港海盐同乡会成立10周年庆典活动。

宣传工作

港澳宣传工作 1986年，县侨办邀请回海盐探亲的香港同胞参观海盐的工厂、风景区，介绍海盐工农业生产形势。1997年，香港回归。县侨办邀请侨眷、退休教师陶洪勋多次义务宣讲香港特区基本法和有关香港知识，宣讲24场，受教育的学生、教职员工、机关干部共5787人次。是年，与县文化局、文联、政协书画组联合举办“迎回归、颂祖国”书画展，展出作品100幅，展期20天，评出获奖作品18幅。2000年，澉浦镇侨（台）联编印《家乡之声》简报，宣传家乡投资环境、投资政策和风土人情等，每期寄送给港澳台同胞和港澳眷属。《家乡之声》从办刊初期的每期550份增加到2014年的每期1380份，共出刊199期14万余份。

海外侨务宣传 1991—1992年，组织学习、宣传《中华人民共和国归侨侨眷权益保护法》（简称《归侨侨眷保护法》），发动全县归侨侨眷开展“一封家信活动”，向海外亲人写信宣传海盐新面貌。1993年，在侨眷中开展“三个一活动”，即写好一封信、提供一条信息、介绍一个项目。是年，向海外亲友寄发信件、宣传资料200多份，介绍海盐投资环境，宣传海盐对外优惠政策。1995年，开展《归侨侨眷权益保护法》颁布5周年宣传纪念活动，在电视台播放宣传标语；利用《海盐报》报道执法检查情况，刊登侨务知识问答；利用宣传柜窗，举办侨务成果展览;发动侨眷参加省侨办等单位举办的《飞跃杯》侨务知识竞赛,75位归侨侨眷参赛。

2003—2005年,县侨办和侨联开展"侨联群众工作年"活动,"进侨乡、访侨户、察侨情、解侨难",对全县的侨情进行普查,并召开归侨侨眷和留学生家长代表座谈会。先后2次组织留学人员家属免费体检120多人次。澉浦镇侨联被省侨联评为2003年浙江省"侨联群众工作年"先进集体称号。2005年,县侨办、台办编辑的《海盐人》侨务报正式出刊,全年出刊5期,发放7500份。

2006年,出生海盐的著名华人地质学家卢焕章被评为"浙江省百名留学英才",并应邀参加"走进浙江·高层次留学人才为国服务志愿团"系列活动。其事迹被《浙江留学英才》一书收录。2011年,县侨联协助嘉兴市侨联编制出版《嘉兴海外英才》(第二册),并与多位海外海盐籍博士和专家沟通联系,有3位博士入选。是年8月,县侨联吴利佳参加省侨联系统"弘扬侨联精神,争做时代先锋"主题演讲比赛,获得一等奖。10月,在德国法兰克福国际书展上,由海盐籍华侨黄永军主办的英国新经典出版社与中国国际出版集团合作,举行《历史的轨迹:中国共产党为什么能?》英文版首发仪式。2012年,黄永军应邀在"中英建立大使级外交关系40周年"庆典上作演讲。

2014年,在"中国梦·侨联情"暨浙江省侨界"最美现象"演讲比赛中由海盐侨办选送的《一块流动的石头》演讲获得三等奖。至年底出刊《海盐人》侨务报累计41期,发放3万余份。

参政议政

侨界人士以担任政协委员、当选人大代表提交提案、议案、意见建议等为主要形式参政议政。

1983年5月,县政协首届会议上,侨界人士担任政协委员有7人。是年,侨眷林水章当选为嘉兴市首届政协委员与县政协常委。1986年7月,林水章当选县第七届人大代表并出席浙江省第三次归侨侨眷代表大会。1987年—1998年,在浙江省第八届人民代表大会和县政协第二至五次会议上,侨界人士当选省人大代表1人;当选县政协委员26人次。1998年3月,侨眷蔡晟当选嘉兴市第十一届人大代表。

1999—2014年,侨界代表与台胞、港澳同胞代表一起提交的提案被评为优秀、重点提案的27件。1999年,侨界政协委员在县政协五届二次会议上积极参政议政,提交提案2件,在调研的基础上提出14条省人大有关《中华人民共和国归侨侨眷权益保护法》修改意见和建议。是年,县侨办、侨联获嘉兴市侨务、侨联工作先进集体。2003年,推荐2名侨界代表和3名政协委员参加"两会"。侨界人士有4人担任县政协第六届委员。2006年,在县"两会"期间,侨界政协委员共提交涉及城市交通管理建设、环境保护、公共卫生等方面提案、议案18件。2007—2012年,海盐县侨、港澳界人士有9名当选为嘉兴市政协第六、七届委员。有8名侨(留)界人士当选县政协七届委员。在"两会"期间,侨界政协委员提交提案17件。其中,张再生提交的"关于应对人口老龄化,推进居家养老服务的建议"被列为重点提案和优秀提案。2011年,赵荣华提交的"关于抓好城乡环境卫生一体化建设,建立清洁卫生长效机制的建议""拆除新桥北路与东西大道环岛的建议"被评为优秀、重点双重提案。2012年初,在县政协八届会议上,经协商,侨(留)界有8人担任新一届政协委员,8名政协委员在年会上提交提案32件,集体提案1件。个人有2件被评为优秀提案,其中侨台组赵荣华"关于加大力度治理规模养殖场粪便污染的建议"获得优秀提案。2013年,社会法制与港澳台侨委员会,侨台组赵荣华提交的"关于建设人民群众所希望的美丽乡村的建议""关于采取措施,加强文保点保护的建议"同时被评为优秀、重点提案。

2014年,县侨界政协委员共提交提案28件,社情民意21件,开展调研课题1个,其中,赵荣华"关于修复澉浦古城墙问题的建议"为优秀提案;张再生"关于农村秸秆焚烧问题的几点建议",陈子彦"关于加大行政执法力度,禁止焚烧秸秆的建议""关于开展亩产论英雄大讨论,促进工业经济转型升级的建议"均为重点提案。是年,撰写完成《连接空港,融入沪杭,开通海盐往返沪杭机场直达公交的建议》的调研文章。

依法维护权益

1978—1987年,全县落实政策8件33人。平反历史冤假错案6件。为在“文化大革命”中受到批斗和错误处理的侨眷平反8人，被开除、处理回家的，予以解决就业；因年迈体弱，失去劳动能力的，经批准粮户关系转为非农业；解决侨属中因生活困难和住房、子女农转非问题18件。因涉及“海外关系”和其他问题而遭受迫害或被错判刑的侨眷全部予以纠正和平反。

1991—1992年，组织学习、宣传《中华人民共和国归侨侨眷权益保护法》(简称《归侨侨眷权益保护法》)，向海外亲友寄发信件、宣传资料共200多份。

1995年，开展《归侨侨眷权益保护法》颁布5周年宣传纪念活动，在电视台播放宣传标语；利用《海盐报》报道执法检查情况，刊登侨务知识问答；利用宣传柜窗，举办侨务成果展览；发动侨眷参加省侨办等单位举办的“飞跃杯”侨务知识竞赛，归侨侨眷75人参赛。

1995—2014年，县侨办、侨联接待海外侨胞、侨眷来信来访并受理、办理涉及搬迁、征迁、建房、迁坟手续、投资纠纷，代办户口、土地转让，户籍证明、协办出国护照落实出境人员退休金和子女就学等120余人次。

1996年，在专项治理活动中，县侨办妥善处理全县涉侨坟墓14座。2007年，县侨办开展《归侨侨眷权益保护法》和《浙江省华侨权益保障条例》宣传，编印《归侨侨眷权益保护法》知识手册300册，深入重点侨资料企业开展送《归侨侨眷权益保护法》活动；参加全省《归侨侨眷权益保护法》宣传周活动，制作宣传图板进企业、进社区；向来访侨眷、留学人员家属宣传《归侨侨眷权益保护法》知识，开展《归侨侨眷权益保护法》有奖知识竞赛，参赛市民500人次。2009年，县侨办开展“走侨企、解侨忧、办实事”活动，推荐浙江美林房地产有限公司等5家侨资侨属企业加入市侨商会；落实浙江伟博化工科技有限公司到位资金300万美元。2010年，侨务部门按规定与有关部门衔接，调处农村“两新”工程建设、“两分两换”过程中涉及侨胞侨眷祖屋征迁、侨胞侨眷民房5件，其中征迁1件、搬迁4件。2013年，县侨办、侨联依法为侨胞侨眷提供服务20人次，为6名华侨及侨眷出具侨民身份证明。

2014年，县侨办、侨联接待海外侨胞、侨眷来信来访10件，为3名华侨及眷属出身份证明，依法为侨胞侨眷提供服务16人次。与台办开展侨资台资企业服务月活动中受理企业求助24件。是年，县、镇(街道)两级侨务部门走访慰问侨胞侨眷、留学人员家庭50余户，走访、联系、服务侨资和留学归国人员创办企业30多家。

引资引智

港澳引资引智 1980年9月，澉浦港胞徐星海携夫人到海盐探亲期间，为县棉纺厂推销棉纱32支300件。1984年，澉浦长山村侨眷卢金法主动与香港开设毛纺厂的外甥联系，为乡针织厂解决紧缺羊毛原料9吨。全县全年争取外汇79173元，比上一年增长27.6%。1988年3月，元通电声厂与香港达盛贸易公司合资(元通出资45万元，港方出资15万元)兴办主要生产扬声器的元盛电子电器有限公司合同在元通乡签字，成为县内首家与港商合资企业。1989—1993年，全县批准港资企业24家，总投资2246.7万美元，合同利用外资455.67万美元，澉浦籍香港同胞步仁甫一人投资3家企业。1992年11月，县委、县政府在深圳首次举办“海盐县经济合作贸易洽谈会”，香港、台湾、澳门地区，以及珠海、深圳等地190余名宾客参加经济洽谈。1994年3月，澉浦籍旅港同胞祭华德出资20万美元，分别与海盐羊毛衫厂、第三橡胶厂合资兴办“嘉兴爱博制衣有限公司”“嘉兴振达汽配制造有限公司”。10月，海盐县组团赴香港参加“94嘉兴(香港)投资贸易洽谈会”。签订项目11个，总投资2303万美元。1999年，中秋茶话会上，县领导向到海盐观光的嘉兴旅港同乡会推荐县招商项目2个，达成合资项目1个，总投资20万元，注册资金17万美元，外方出资48%。2004年，县侨办牵线接待香港金龙科技集团董事局主席胡国赞一行、香港海盐同乡会林建忠一行、嘉兴市南开天使投资有限公司董事长徐燦(港胞)一行等到海盐考察。是年，香港海盐同乡会林建忠与西塘桥镇签订500万港元的投资意向。

海外引资引智 1989—1993年，由侨眷牵线6家外资，总投资280.228万美元，合同利用外资66.95万美元。1993—1999年，由侨务部门或经侨眷直接或间接参与引进项目27个，总投资1025.46万元，协议利用外资619.24万元。1994年,全县有侨属企业8家,注册资金196.34万元,在新批41家“三资”企业中,由侨办牵线引进6家,引进外资总额729万美元。其中,澉浦宏达制衣厂引进10万美元办起中外合资企业——嘉兴宏达服装有限公司,全年产值380万元,实现利税62万元,出口创汇200万元,职工人均创利税8857万元。该企业被评为年度澉浦镇先进企业。

2000年6月,县侨办派员赴澳大利亚经贸考察,考察团中的2家企业分别与澳方达成总投资800万元美元,外资500万美元贸易合作意向;促成海盐运动衣厂与澳大利亚金燕君合资的新燕服装有限公司的成立。2003年,全县有侨资企业76家,占全县引进外资企业总数55.6%;投资总额49225.45万美元,占全县引进外资总额的68.3%。从业人员27456人,其中归侨侨眷163人。76家侨资企业中,注册资金在500万美元以上有21家,50—500万美元的有30家。是年,侨资企业浙江通元织造有限公司被推荐为浙江省侨商投资企业协会首批会员企业之一。2004年,县侨办接待德国创新协会主席胡允庆带领的商务考察团等。2007年,县侨办牵线搭桥,开展招商引资工作,引进浙江伟博化工科技有限公司、浙江隆祥电子科技有限公司、浙江英科水墨材料有限公司等2个外资项目、1个内资项目,总投资2925万美元。2008年9月,赵荣华赴京参加中国侨商会第三次会员大会并荣膺委员。2009年3月,嘉兴市侨商会成立,赵荣华、林尔良当选为市侨商会副会长,海盐县特种纤维织造厂等4单位为首批会员企业。是年7月、11月,在全国第八次归侨侨眷代表大会、浙江省第八次归侨侨眷代表大会和嘉兴市第五次归侨侨眷代表大会上,澉浦镇侨联主席赵荣华和县侨联被评为“全国归侨侨眷先进个人”“浙江省侨界十佳提名奖”及“嘉兴市侨联工作先进集体”称号。2012年,全县引进海外高层次人才23人,其中9人入选“创新嘉兴·精英引领计划”。

2014年,县侨办配合县人社局携手上海市欧美同学会、上海市留学人员联合会组织开展“智赢海盐”精英创业大赛,推动海内外人才项目落户海盐。有47位海内外高层次人才携项目参赛,涉及核电关联、装备制造、电子信息、节能环保等多个领域,评出金奖10个、银奖20个。其中有5个获奖项目与海盐企业、创业科技园当场签约落实。9月,海盐籍文化出版界名人、加拿大华侨黄永军回乡注册成立浙江耀之文化传播有限公司。

【对台工作】

工作机构　1983年1月,县台湾同胞接待站设立。1984年3月,县委对台工作小组办公室成立,在县委统战部挂牌。1986年8月,更名为县政府台湾事务办公室。1997年6月,改称为县委台湾工作办公室。至2014年年底,县委台湾工作办公室(县人民政府台湾事务办公室)在县委统战部挂牌。

1987年,海盐县台胞台属联谊筹建小组成立,协商产生县台联首届理事会理事11人。1988年12月,建立海盐县台胞台属联谊会(以下简称“县台联”)至2011年11月,召开6次台胞台属代表大会。

海盐县台胞台属联谊会一览表

表8-7-14　　单位:人

日　期	届　数	会　长	理事(副会长)
1988.12	第一届代表大会	韦君嘉	11
1993.09	第二届代表大会	韦君嘉	10
1999.09	第三届代表大会	赵贵生	7
2003.11	第四届代表大会	赵荣华	7
2006.12	第五届代表大会	赵荣华	7
2011.11	第六次代表大会	赵荣华	7

维护台胞台属合法权益 1956—1957年，县对台工作组开展对在台国民党人员及其家属亲友的调查工作。1957年11月，统计数据显示，全县在台人员约百余人，其中党政军学等界人士55人。12月，县委对台工作组发出开展对台工作意见，提出“争取和平为贵”“爱国一家，爱国不分先后”“相见以诚，不挖墙角，不搞阴谋诡计”3个原则，加强宣传，做好在台人员及其家属亲友调查登记工作。

1983—2014年，台胞中当选嘉兴市人大代表1人、政协委员9人；担任县政协委员49人。1985—1986年，县委统战部对涉台人员、台属亲友历史老案进行复查平反，并落实有关政策涉及8人，平反国民党起义投诚人员冤假错案，认定、发证11人；清退“文化大革命”查抄财物，退还原物4900余件，退还变价、折价和补偿款31万余元；归还4户台属房产18间480平方米，发还折价赔偿款8700元；帮助解决一位身边无子女、又借住别人房子的台属老人，拨款2000余元单独为其建房20余平方米。

1987—1988年，在子女入托、升学、就业、住房、户粮关系、看病就医、农转非及政策遗留问题等方面为台属、台胞解忧排难。其间，推选台属韦君嘉为浙江省政协第六届委员，并担任海盐县政协第二、三届副主席。1987年，落实台属房产政策3户345平方米，发还折价赔偿款5400元。是年，台湾当局开放民众赴大陆探亲后，县委统战部为台属回乡探亲和寻根问祖人员解决交通工具等提供方便11人。1994年，县委统战部为台湾政界人士陈耀生回乡探亲祭母提供方便，妥善落实。是年，通过港澳、侨情调查，全县登记在册台属242户、1250人(港澳台同胞亲属230户、1047人)。1995年，县委统战部、县台办，会同县外经委调查走访10多家“三资”企业，了解企业生产经营情况及听取改善投资环境的意见和建议。为帮助解决台资企业“星辉制衣有限公司”的投资纠纷问题，多次走访有关法律部门，参加县长召开的协调会议，提出妥善解决办法，切实维护台胞在大陆的权益。1997—1998年，确认周某某的国民党起义人员身份，发给起义人员证书；落实特赦人员徐止善10多年未解决的祖遗产房屋政策。1998年，贯彻执行《浙江省台湾同胞投资保障条例》(简称《条例》)进行自查，配合县人大做好《条例》执法检查，分别召开台资企业，涉台工作座谈会，走访台资企业4家，为斯米克集团投资的两家企业因经营不善导致合资双方发生纠纷进行调解达成共识。2006年，妥善协调处理嘉兴聚阳服装公司与周边村民因排污费的补助问题引起的纠纷。

2008—2013年，县台办为台胞子女入托、入学出具证明和教育部门联系具体入学事宜等办妥6名；接待回乡探亲与访问的台胞300余人次；组织因公经贸、教育、医卫、文化等赴台考察交流团组10批93人。2008年春节前夕，妥善解决台属李俊涉及旧城区拆迁赔偿问题。澉浦台联2009年、2012年两次组织台属赴台访问、旅游114人。2010年，县台办会同有关部门帮助3家台资企业列入用电保护企业名单，保障正常生产；县台办和县交警大队组织台商专场交通法规培训与理论考试10余人。2012年，县台办组织在盐台资企业负责人与人力资源管理人员集中学习《中华人民共和国劳动合同法》《中华人民共和国就业促进法》《中华人民共和国社会保障法》《中华人民共和国劳动争议仲裁法》等相关法规、政策与务实管理知识。2013年，受金融危机和欧债危机冲击，台资企业受到不同程度影响。县台办多次召开台资企业负责人恳谈会，走访企业，提增企业信心，及时收集信息和呼声，形成《全球金融危机冲击下在盐台资企业现状及主要困难和建议》报告提交给政府领导，协调相关部门帮助解决实际问题。

2014年，县台办共走访台资企业30家，受理并依法予以办理、落实涉及台资企业厂房搬迁、员工宿舍用电价格、厂区污水管道埋设、劳资纠纷、子女入学等方面的求助24件。

联络联谊 1986—2005年，县台办共接待到海盐探亲、经商、旅游的台胞1160余人次，并建立联络员制度，为台胞、台属办理出入境手续、户口、健康证、就业证、暂住证等提供咨询和帮助。1986年，通过调查访问，全县有1949年10月1日前去台湾人员94户380人，台属98户，台胞以武原、澉浦两镇为主。是年7月，台胞俞忠均(原六里长河村)转道日本从上海入境回乡探亲，受到嘉兴市统战部和海盐县委统战部热情接待，是相隔40年后县内及澉浦地区第一位回乡台胞。12月，县委统战部、县台办在武原镇召开首届台胞台属代表会议,韦君嘉当选会长。

1987年11月,海峡两岸交流开放,县台办先后接待返乡探亲77人,为过去9年间总数的3倍多。

1988—1993年,联络接待回乡探亲台胞380多人次。1989年,接待台胞84人回乡探亲,为台胞组织观看《海盐风貌》电视录像片和参观活动。1990年,接待回乡探亲台胞128人,其中首次接待台北海盐同乡会会长张邦兴等。1991年,接待探亲台胞102人次,并第一次接待团队规模级别的台湾观光团。

1994年,台情调查显示,全县有台胞亲属230户1047人。1996年4月,原台湾石油公司董事长陈耀生携夫人一起从台湾回到他阔别半个多世纪的家乡——澉浦。1998年4月,嘉兴台北同乡会会长江九思在市台办的陪同下到海盐拜访海盐台联会副会长兼秘书长马飞熊。11月,台北嘉兴同乡会在会长江九恩的率领下,组成建筑、农业、投资综合考察团到海盐实地考察黄沙坞及秦山湾海涂、罗氏沼虾培育场、县农场、菜篮子基地等。2000年,接待台胞50人次,其中台湾中小企业发展协进会理事长陈良助等。是年,海盐县与台湾开展两岸交流活动,县长武亮靓率团共7人赴台湾开展经贸考察交流。

2000—2005年,组织因公赴台交流团7个62人,促进海盐与台湾两地经贸、城建、文化等方面的交流与合作。2001年,应台湾中小企业发展协进会的邀请,县政府组团(共10人),于10月8—17日,赴台湾参加“浙台两地建材工业研讨会”并开展交流考察活动,参观在海盐投资设厂的罗马瓷砖、聚阳实业、祥正电机、诚毅、精斌企业、元群建材、俊良贸易7家股份公司,会见公司的董事长、总经理;拜访台湾民间组织螺丝贸易联谊会、台湾建筑经营协会、台北建筑人联谊会;举行5次企业界人士座谈会;看望台北海盐同乡会理事长张邦兴及部分乡亲等。2002年,接待台胞150余人并协助台湾元群建材(海盐)有限公司接待台胞集体团组1个100余人。2003年7月,海盐县有17名台商应邀参加嘉兴市台洽会并成功签署由台湾罗马瓷砖工业股份有限公司投资设立的独资企业“罗马科技发展有限公司”项目协议。2004年,嘉兴市台湾同胞投资企业协会海盐县联谊会(简称县台商联谊会)和台北海盐县澉浦联谊会成立。2005年10月,与县台商联谊会联合承办“台商看嘉兴——海盐行”活动,来自全市各县(市、区)的台商和亲属相聚海盐100多人。

2007年5月,“嘉台情　同胞心”嘉兴籍台湾同胞故乡行访问团一行30人到海盐参观访问,访问团参观游览南北湖风景区载青别墅、云岫庵、杭州湾跨海大桥、海盐书画院等。2009年,海盐县台胞台属联谊会会长赵荣华组织澉浦镇的台属赴台,访问在台乡亲,成为两岸开放以来嘉兴市首个由基层群众团体组织的民间赴台访问团。2010年,县台办、台联负责人接待台北海盐同乡会会长张邦兴到海盐考察,并陪同考察海盐友邦现代农业投资开发有限公司的大棚蔬菜种植基地。2011年,海盐县首个三产服务业代表团赴台考察交流。在台期间,代表团考察台北仕林、西门町夜市、诚品书店、竹子湖农家乐,台中走马濑休闲观光农场、台南官庙农场和九份古镇、内湖软体产业园区、以及台中中台禅寺、高雄佛光山等宗教旅游文化区;拜会“中华国际观光协会”,访问在海盐投资兴业的—嘉兴聚阳服装有限公司、嘉兴丰建五金制品有限公司、海盐新享亿服装有限公司在台北、台南的总部;探望台商朋友及台北海盐同乡会乡亲。6月,县农村土地流转规模经营协会组织14家农业龙头企业、农民专业合作社、家庭农场负责人自费组团赴台湾考察现代农业。考察团在台期间先后实地考察高雄当地四家休闲农场、汉光果菜生产合作社、兰花生物科技园区、阿里山茶行、台湾西螺果菜批发市场等农业企业和组织,就开展农业经营合作进行深入交流与探讨。11月,海盐县召开第六届台胞台属代表会议,赵荣华继续当选会长。2013年3月,台湾知名人士胡筑生携亲属一行7人到海盐通元镇寻根访祖。

2014年,县台办联合县台商联谊会组织近30名在盐工作生活的台商、台籍干部及家属开展“海盐美丽乡村.台商踏春体验活动”;邀请海外侨商、台商考察团45人、嘉兴地区40余名台商参加海盐县旅游招商项目推介会和恳谈会。是年5月,台属郁起真、郁起明兄弟两再次专程来到故乡海盐,为县台办(侨办)送上锦旗,对县台办、侨办的帮助表示感谢。

经贸交流与合作　1990年7月,台商余汉林在海盐投资设立县内第一家台资企业——浙江汉华装饰布有限公司，注册资金16.34万美元。1992年，到海盐进行考察的台胞逐渐增多。是年，成立台资企业3家，其中吸收台资171万美元，是1990年、1991年两年总和的6倍多。至1995年，全县登记注册的台资企业达22家，项目总投资2962.5万美元。1997年年底，台资企业增加到26家，总投资3081.56万美元，协议利用台资2420.99万美元。1999年6月，在全县范围内开展台属企业调查。全县有台属企业7家，注册资金300万元，总资产5400万元，年产值（销售额）9250万元，上缴税金340余万元。2001年，新批台商投资企业7家。至年底，实有台商投资企业36家，总投资1.2亿美元，注册资金6200万美元，合同利用台资8700万美元，其中总投资1000万美元以上5家，独资企业9家。2003年年底，全县有台资企业29家，总投资9176.1万美元。2004年9月，召开嘉兴市台湾投资企业协会海盐联谊会成立大会，选举产生第一届领导班子。嘉兴市台湾同胞投资企业协会副会长、浙江荣联陶瓷工业有限公司董事长黄瓘杰任海盐台商联谊会理事长。海盐台商联谊会的宗旨和主要任务是：联络台商，维护台商合法权益，促使更多的台商到海盐观光、投资；交流盐台两地经济资讯，举办经贸交流活动；联络感情，增进友谊。协会成立后在海盐注册的台资企业有28家，批准台资项目6个，合同利用外资2255万美元，实际到位311万美元。常驻海盐的台商和台商企业骨干近百人。是年，县联谊会充分发挥其独特优势，广泛联系在海盐台胞台属，积极向他们宣传海盐良好投资和人文环境，全年接待回乡台胞15批50余人次，并为40多人办理户口、健康证、就业证、暂住证等。

2005年底，全县有台资企业25家，主要为服装、紧固件行业，总投资10932.66万美元，合同利用台资6442.24万美元；台属企业7家，总投资5400万元。是年9月，在嘉兴市台资企业协会海盐县联谊会周年庆典会期间，举办“台商看嘉兴——海盐行”活动中，全市各县（市、区）100多位台商和亲友相聚海盐，共话友谊。2007年1月，嘉兴市台协海盐县联谊会召开换届会议，会议选举产生海盐县台资企业联谊会第二届理事会，陈建利当选会长。11月20日，海盐（东莞）台商投资恳谈会在广东东莞国际会展酒店举行。恳谈会由海盐县委、县政府主办，海盐县台办、县招商局、县经济开发区承办，在东莞的近30家台资企业的嘉宾出席恳谈会。2008年1月，县委县政府举行海盐县台商外商新春酒会，在盐投资兴业的台资企业全体台干、外资企业负责人及外籍人员、县台商联谊会顾问单位负责人等150多人参加。2009年，海盐县台商联谊会举行换届选举工作会议。陈建利当选海盐县台商联谊会第3届理事会会长，余存森、林颜斌、富守中当选副会长，富守中兼任秘书长。是年12月，在嘉兴市第五次台胞台属代表大会上，县台联、澉浦镇台联受到表彰；赵荣华获市台联工作先进个人称号；嘉兴市恒锋工具有限公司、浙江汉华装饰布有限公司获市十佳台属企业称号。2010年4月，县台联在宁波北仑召开台商投资说明会，并首次对外推出台商工业园，来自宁波地区近20家台资企业参加；台商独资企业嘉兴市美可泰科技有限公司成为首家正式落户西塘桥镇台商工业园的台资企业，公司注册资金2亿元人民币，总投资3亿元人民币，生产各种高档金属门窗锁及五金件，预计2014年投产。9月，海盐（厦门）台商投资农业说明会在厦门市举办，县农经局就农业投资环境及重点农业投资项目作详细介绍，会议邀请台湾客商56人参加。是年，县内首个文化团组和经贸与农业考察团赴台考察与交流，分别拜会台北文化产业委员会，考察新竹光电科技园、台南官田农会，拜会海盐4家台资企业在台总公司，达成相关合作项目。2011年5月，海盐（漳州）台商投资农业说明会在福建漳州举行。县农经局等单位与福建台商企业签订投资项目协议，各项签约总投资额达9300万元。2013年3月，县台商联谊会举行换届选举工作会议，余存森当选海盐县台商联谊会第四届理事会会长。4月，县政府、县政协、县委统战部率有关部门领导和企业赴台湾交流考察，重点考察台湾循环经济发展与生态环境保护。就台湾可宁卫公司与通元镇合作共建浙江通元循环经济产业园项目进行深入洽谈，签定“合作投资协议书”。9月，台湾蔬果花卉产业科技发展协会秘书长谢武雄携台湾圣保生物科技股份有限公司董事长胡宗雄来海盐考察洽谈投资合作项目——巴西蘑菇原生种菌株培育生产基地,实地考察南北湖风景区阁老山一带,并签订有关项目合作协议。12月,县经济开发区管委会与台商独资晋正投资有限公司签订钢贸物流项目投资协议,该项目总投资5000万美元,合同外资3000万美元,项目位于海盐经济开发区,将建设4个公用内河件杂货码头、仓储、物流、交易中心等。

2014年,在北京召开的第二届全国机械工业劳动模范表彰大会上,海盐台属企业——恒锋工具股份有限公司员工周姚娟被授予全国机械工业劳动模范称号。该企业曾获得海盐县科技进步一等奖,被授予“突出贡献工业企业”“技术创新工业企业”“节能减排先进工业企业”“走新型工业化道路优胜企业”等称号。董事长陈尔容荣获县十佳优秀企业家称号。是年,县台办完成在盐台资企业中台籍青年干部、常住台商(台干)基本情况摸底调查;开展“走访台资企业、排查台商求助”为主要内容的台资企业服务月活动;走访台资企业19家,受理台资企业求助14件;联合县农经局承办“海峡两岸现代农业论坛”,与台湾企业签订《百步镇农业观光园区技术合作协议》和《南北湖现代科技农业体验园区合作协议》,并邀请境外学者在“海峡两岸现代农业论坛”上作“新科技农业产业发展”等专题讲座。

第八章　中共桐乡市(县)委统战工作(1949—2014年)

中共桐乡市委统战工作早在中华人民共和国成立以前就已开始。中华人民共和国成立前夕,中共桐乡地下党组织对国民党桐乡县主要人物成功进行策反,1949年5月4日桐乡县和平解放。次日,崇德县解放。

20世纪50年代初期,桐乡、崇德县委统战工作遵循党中央确定的路线、方针和政策,团结、教育、组织社会各民主阶层、人民团体和各界人民,恢复和发展国民经济,组织工商界人士参与资本主义工商业的社会主义改造。大规模建设社会主义时期,贯彻国民经济“调整、巩固、充实、提高”方针,引导和调动社会各方面积极因素,促进社会主义建设事业的发展。“文化大革命”期间,桐乡县委统战工作受到严重干扰,工作被迫停止。

中共十一届三中全会后,统一战线工作在县委领导下,拨乱反正,根据党中央提出的“长期共存、互相监督、肝胆相照、荣辱与共”的方针,帮助工商联恢复工作,协调各民主党派建立组织,广泛吸收各民主党派、人民团体和无党派爱国人士参政议政,改进和发展中国共产党领导的多党合作和政治协商制度。

进入21世纪,围绕以经济建设为中心,开拓创新,坚持和完善中国共产党领导的多党合作和政治协商制度,广泛参与经济建设、政治建设、文化建设、社会建设和生态文明建设,丰富和发展党的统一战线。

第一节　机　构

1951年,中共崇德、桐乡两县县委先后建立统一战线工作部(简称统战部)。1952年两县统战部撤销,1954年恢复。1958年11月,国务院决定撤销崇德县建制,崇德、桐乡两县合并称桐乡县,中共桐乡县委设统战部。1961年6月,县委统战部撤销,工作划归宣传部。1978年1月,县委复设统战部。1981年8月,设立中共桐乡县委对台工作领导小组办公室(对外称桐乡县人民政府台湾事务办公室,简称县台办),与统战部合署办公。1982年5月,设立桐乡县人民政府侨务办公室(简称县侨办),与统战部合署办公。1987年9月,经县委批准建立统战部部务会议,由正副部长等组成。1988年2月,统战部内设办公室、工商党派干部科、民族宗教科。1991年11月,县委决定对台工作领导小组办公室更名为中共桐乡县委台湾工作办公室(对外称人民政府台湾事务办公室,简称县台办),实行一套班子、两块牌子，与统战部合署办公。1993年3月，经国务院批准，撤县建市撤销桐乡县建制，建立桐乡市（县级），县委统战部更名为市委统战部，县委台湾工作办公室（人民政府台湾事务办公室）、县人民政府侨务办公室同时更名。1997年4月，设立市委、市人民政府民族宗教事务局，与统战部合署办公。1998年9月，市委台湾工作办公室（人民政府台湾事务办公室）升格为一级局。1999年7月，市委、市人民政府民族宗教事务局更名为市人民政府民族宗教事务局。2002年1月，市委台湾工作办公室（人民政府台湾事务办公室）内设联络接待科。2005年10月，市民族宗教事务局升格为一级局，列政府机构序列，内设民族宗教科。2008年4月，市委台湾工作办公室（人民政府台湾事务办公室）增设经济科。2013年8月，市委统战部增设党派工作联络室。

2014年12月，统战部设办公室、工商党派干部科和党派工作联络室；市民族宗教事务局列政府机构序列，内设民族宗教科；市委台湾工作办公室（人民政府台湾事务办公室）内设联络接待科和经济科；市民宗局、市台办、市侨办归口统战部，与市委统战部合署办公。

中共桐乡市（县）委统战部历任正副部长一览表

表8-8-1

市（县）	姓　名	职　务	任职时间	备　注
崇德县	赵可增	县委委员（分管）	1951—1955.08	部长（缺位）
	刘春桢	县财贸部长（分管）		
	薛士明	负责人	1955.08—1955.10	部长（缺位）
	刘春桢	县城工委书记（分管）	1956	部长（缺位）
桐乡县	韩永安	部长（兼）	1951.05—1952.10	—
	杜守矩	县委委员（分管）	1954—1956.06	部长（缺位）
	魏传鲁	县委委员（分管）		
	魏传鲁	县委常委（分管）	1956.06—1958.11	部长（缺位）
桐乡市（县）	陈茂昌	部长	1981.10—1984.2	县政协副主席
	姚积禔	部长	1984.02—1988.12	县政协副主席
	唐士尧	部长	1988.12—1992.06	
	蓝新亚	部长	1992.04—1998.01	市政协副主席
	张鑫权	部长	1998.01—2003.04	市政协副主席
	张林洪	部长	2003.04—2008.01	市委常委
	沈济贤	部长	2008.01—2012.01	市委常委
	潘家春	部长	2012.01—	市委常委
	郭林江	常务副部长	2004.03—2007.04	—
	慎建法	常务副部长	2007.04—2011.12	—
	张锦英（女）	常务副部长	2011.12—	—
	万连芳	副部长	1959.11—1961.02	—
	周连科	副部长	1978.01—1981.10	—
	唐士尧	副部长	1985.06—1988.12	—
	张菊炎	副部长	1987.08—1995.10	—
	汪品浩	副部长	1992.03—1999.07	—

续表8-8-1

市(县)	姓　名	职　务	任职时间	备　注
桐乡市(县)	居奇雄	副部长	1995.10—2005.03	—
	施建芬	副部长	1995.10—2004.03	—
	陆炳云	副部长	1999.09—2013.05	—
	黄建兴	副部长	1999.09—2006.12	—
	李建芳	副部长	2003.06—2010.09	—
	唐汉昌	副部长	2006.12—2011.12	—
	王　群	副部长	2010.11—2012.09	—
	沈柏明	副部长	2011.12—2014.05	—
	吕忠飞	副部长	2013.01—	—
	金雪明	副部长	2013.01—	—

第二节　多党合作和政治协商工作

【人民政协工作】

人民政协工作是党的统一战线的一个重要部分。桐乡市(县)委统战部协调做好历届政协的界别设置、政协委员的产生等工作。

1949年,桐乡、崇德先后建立各界人民代表会议,履行两县人民参政议政政治协商和代行人民代表大会的职权。1949年10月至1953年5月,桐乡县共召开各界人民代表会议10次;1950年3月至1953年1月,崇德县共召开各界人民代表会议7次。

1954年7月,桐乡、崇德两县正式建立人民代表大会制度,各界人民代表会议完成历史使命。1958年11月,崇德、桐乡两县合并,设立桐乡县。1983年5月,桐乡县成立县政协筹备小组。1984年7月,成立中国人民政治协商会议浙江省桐乡县委员会。

1984年7月至2012年2月,政协历经8届,委员以界别为单位构成。

政协第一届桐乡县委员会(1984年7月至1987年5月)　政协第一届桐乡县委员会由16个界别构成,届初有委员116名。中共党员32名,占27.59%。民主党派和无党派人士84名,占72.41%;妇女19名,占16.38%。委员中中年人占多数,年龄最大的83岁,最小的22岁。文化程度大中专以上学历56名,占48.28%。

政协第二届桐乡县委员会(1987年5月至1990年5月)　政协第二届桐乡县委员会由15个界别构成,与上届比减少台联界别。届初有委员149名,比上届增加17名。本届委员中,中共党员47名,占31.54%;民主党派和无党派人士102名,占68.46%。妇女24名,占16.10%。上届留任87名,占58.4%,新进62名,占41.6%。委员平均年龄51.8岁,比上届下降2岁。委员文化程度大专以上学历51名,占34.23%。具有各种专业技术职称的有36名,占24.16%。

政协第三届桐乡县委员会(1990年5月至1993年4月)　政协第三届桐乡县委员会由15个界别构成,和上届界别相同。届初有委员155名,比上届换届时增加6名。本届委员中,中共党员56名,占36.13%。民主党派和无党派人士99名,占63.87%。上届委员中继续留任的108名,占69.68%;新进委员47名,占30.32%。委员平均年龄50.7岁,比上届下降1.1岁。委员文化程度大专以上学历的53名,占34.19%,具有高、中级职称57名,占总数的36.77%。

政协第四届桐乡市委员会(1993年4月至1998年2月)　政协第四届桐乡市委员会由17个界别构成,与上届相比,减设科技界别,增加台联、科协、经济界3个界别。届初有委员182名,比上届增加18

名。本届委员中,中共党员72名,占39.56%。民主党派和无党派人士110名,占60.44%,妇女29名,占15.93%。上届委员中留任的103名,占56.59%,新进委员79名,占43.41%。委员平均年龄48.43岁,比上届下降2.27岁。委员文化程度大专以上学历的72名,占39.6%,具有高、中级职称65名,占总数的35.71%。

政协第五届桐乡市委员会(1998年2月至2003年3月) 中国人民政治协商会议第五届桐乡市委员会由17个界别构成,界别数、界别名称与上届相同。届初有委员184名比上届增加2名。上届留任59名,占32.07%,新进125名,占67.93%。委员平均年龄45.17岁,比上届下降3.26岁,委员中大专以上学历的81名,占44.02%;具有高、中级职称75名,占总数的40.76%。

政协第六届桐乡市委员会(2003年3月至2007年2月) 政协第六届桐乡市委员会由18个界别构成,与上届相比增设科技界别,届初有委员221名,比上届增加37名。本届委员中,中共党员86名,占38.9%。民主党派和无党派人士135名,占61.1%。妇女54名,占24.4%。上届留任86名,占38.91%,新进135名,占61.1%。委员平均年龄48.9岁,比上届增加3.8岁。委员中大专以上学历的124名,占56.1%;具有高、中级职称86名,占总数的38.9%。

政协第七届桐乡市委员会(2007年2月至2012年2月) 政协第七届桐乡市委员会由18个界别构成,界别数、界别名称与上届相同。届初有委员254名,比上届增加33名。本届委员中,中共党员101名,占39.8%。民主党派和无党派人士153名,占60.2%。妇女63名,占24.8%。上届留任110名,占43.3%,新进145名,占57.09%。委员平均年龄42.2岁,比上届下降6.7岁。委员中大专以上学历的182名,占71.65%;具有高、中级职称122名,占总数的48.03%,其中具有高级职称41名,占16.14%。

政协第八届桐乡市委员会(2012年2月—) 政协第八届桐乡市委员会由18个界别构成,界别数、界别名称与上届相同。届初有委员259名,比上届增加5名。本届委员中,中共党员103名,占39.8%。民主党派和无党派人士156名,占60.2%。妇女77名,占29.73%。上届留任95名,占36.68%,新进164名占63.3%。委员平均年龄42.5岁,比上届提高0.3岁。委员中大专以上学历的209名,占80.7%;具有高、中级职称104名,占总数的40.1%,其中具有高级职称48名,占18.5%。

1984年7月至2012年2月政协桐乡市(县)历届委员会构成情况表

表8-8-2　　　　单位:人

界别＼届次	第一届	第二届	第三届	第四届	第五届	第六届	第七届	第八届
中国共产党	11	15	15	18	18	22	23	25
工会	5	5	7	8	7	8	10	10
青年团(青联)	2	2	3	3	5	6	9	11
妇女联合会	5	6	7	7	6	8	9	10
工商联	2	9	9	12	13	20	24	24
台联	10	—	—	12	8	8	9	9
侨联	4	13	13	12	8	10	10	10
科协	—	—	—	16	16	9	10	10
科技界	19	15	15	—	—	9	9	10
经济界	—	—	—	16	31	38	43	40
农业界	4	11	12	14	16	18	21	21
教育界	17	20	19	18	14	16	19	19
医药卫生界	8	10	10	10	8	10	11	11

续表8-8-2

界别＼届次	第一届	第二届	第三届	第四届	第五届	第六届	第七届	第八届
文学艺术界	5	8	8	8	5	7	9	9
体育界	3	3	3	3	3	3	3	2
新闻界	1	3	2	2	2	3	4	4
民族宗教界	4	4	4	5	5	5	7	7
特邀人士	16	25	28	18	19	21	24	27
总数(人)	116	149	155	182	184	221	254	259

【民主党派和无党派人士工作】

中华人民共和国成立初期，崇德、桐乡两县县委贯彻《中国人民政治协商会议共同纲领》，组织各阶层爱国人士和工商联参加县各界人民代表会议，参与两县重大事务的政治协商和重要事项的决策。1954年，人民代表大会制度建立后，在历届县、乡、镇选举中，均安排一定比例的各阶层爱国人士为人大代表，参与政务活动。“文化大革命”期间，统一战线工作受到严重干扰，工作停止。1986年12月—1988年9月，县委统战部协调和支持建立民进、民盟、民建、农工、民革、九三学社等6个民主党派桐乡县支部(社)，贯彻落实中国共产党领导的多党合作和政治协商制度进入新的阶段。

制度建设　1986—1988年，县委贯彻中共中央批转中央统战部《关于新时期党对民主党派工作的方针任务的报告》，在协调各民主党派建立组织的同时，与各民主党派建立季谈会联系制度，加强重大事务、重要事项的事前沟通，主动征求各方面人士的意见、建议。1990—1994年，市(县)委、市(县)政府贯彻中共中央《关于坚持和完善中国共产党领导的多党合作和政治协商制度的意见》，结合桐乡实际印发实施意见和“加强同民主党派联系”的通知，建立各级党委同民主党派和无党派人士的协商座谈制度、党政领导与民主党派负责人联系交友制度、政府及其有关部门与民主党派对口联系制度，并根据人事调动情况，及时调整交友名单，为民主党派、无党派人士参政议政创造条件。1997年初，制定政治协商计划，明确协商内容和要求，进一步完善党政领导与民主党派负责人的联系交友制度；党政有关部门建立“特约四员”(监察员、检察员、审计员、教育督导员)制度，接受各民主党派和无党派人士的监督。1999年，贯彻全国、全省统战部长会议精神，印发《乡镇、部门统战工作任务和重点》文件，统战部建立与各民主党派、工商联负责人定期交流联系制度，每季一次，以座谈会、通报会、交流会等形式，从制度上保障和落实与党外人士的情况通报、信息沟通。2002年，市委印发《关于加强统一战线工作的若干意见》，进一步完善通报协商、谈心交友、对口联系和“特约四员”(教育督导员、特约审计员、纪检监督员、交通执法员)制度，提升民主党派、无党派人士履行参政议政、民主监督职能。2006年3月，市委贯彻中共中央《关于进一步加强中国共产党领导的多党合作和政治协商制度建设的意见》和省委、嘉兴市委贯彻中发〔2005〕5号文件的实施意见，在广泛征求意见的基础上，印发《中共桐乡市委关于进一步加强中国共产党领导的多党合作和政治协商制度建设的实施意见》，从进一步提高对中国共产党领导的多党合作和政治协商制度重要性的认识、进一步完善共产党同各民主党派政治协商制度、充分发挥民主党派人士的参政议政作用、充分发挥民主党派的民主监督作用、加强和完善中国共产党同党外人士的合作共事、进一步支持民主党派自身建设、加强和改善中国共产党对多党合作和政治协商的领导等七个方面，对桐乡市进一步加强中国共产党领导的多党合作和政治协商制度建设提出新要求。2012年8月，市委印发《关于加强新时期统一战线工作的意见》，就深化多党合作和政治协商的制度化、规范化、程序化，着力提升参政党建设的科学化水平提出意见。2014年，市委、市政府印发《加强监督员队伍管理的实施办法》,进一步完善民主党派、无党派人士特约监督员聘任制度,支持党外人士履行监督职能。市委统战部与组织部建立联席会议机制,定期交流、研究党外干部队伍建设工作。

党派队伍 20世纪80年代中期,县(市)委统战部关心、支持民主党派在桐乡建立基层组织。1986年12月,结合贯彻中共中央批转中央统战部《关于新时期党对民主党派工作的方针任务的报告》,协助筹建民进桐乡县支部,并在组织建设、人员配备、经费保障等方面予以关心支持。至1988年9月,民进、民盟、民建、农工党、民革、九三学社6个民主党派桐乡县支部(社)全部建立。1989年12月,贯彻中共中央《关于坚持和完善中国共产党领导的多党合作和政治协商制度的意见》(简称《意见》),组织民主党派各支部(社)、工商联负责人学习《意见》精神,统一思想、统一认识,坚持和完善中国共产党领导的爱国统一战线。1990年,指导协助各民主党派加强自身建设,按照各自章程推进民主党派领导班子新老更替。是年,民主党派领导班子引进新人4人,发展民主党派成员2人。1997年,结合各民主党派、工商联换届,举办座谈会组织学习中共十五大会议精神和江泽民的报告,支持各民主党派独立自主地做好班子成员人选的考察和新老更替工作。原民主党派、工商联班子成员68人,保留33人,新进25人。换届后民主党派支部委员31人,平均年龄由上届55岁降至40岁;正副主委14人,平均年龄由上届57.1岁降至48.3岁;工商联(商会)第七届执委会37人,非公有制经济代表人士22人,其中常委4人,副会长3人,平均年龄从上届班子的51岁降至42岁。1999年,贯彻全国、全省统战部长会议精神,举办中共中央《关于坚持和完善中国共产党领导的多党合作和政治协商制度的意见》颁发10周年座谈会,组织开展统战理论教育和"三讲三比"教育活动,指导各民主党派完善管理制度、加强组织建设。是年,加强统战信息交流,报送信息39条,编印《统战工作情况》6期、《统战情况反映》6期。2002年,配合做好各民主党派换届中人员培养等工作,协助成立党派联合办公室,加强各民主党派间的联络。是年,6个民主党派支部委员34人,新进18名,占53%;正、副主委16人,新调整、提拔10人,占62.5%;输送新任党派支部委员到嘉兴社会主义学院进修10人。2003年10月19—21日,举办专题培训班,邀请全国政协常委、浙江省政协副主席、中国农工民主党浙江省主委徐鸿道、上海市委党校教授王公龙,作多党合作和国内外形势辅导报告,并围绕市委、市政府中心工作和桐乡经济社会发展中的热点、难点问题,指导民主党派、无党派代表人士开展调研,各民主党派骨干及党外代表人士200多人参加培训。2006—2008年,围绕贯彻中共中央《关于进一步加强中国共产党领导的多党合作和政治协商制度建设的意见》、贯彻落实中共十七大精神、纪念中共中央发布"五一口号"60周年等,组织各民主党派、党外干部采取学习座谈、专题辅导、教育培训、征文比赛等形式,加深对多党合作和政治协商制度建设重要性和必要性的认识。2013年,印发《关于深化统一战线"同心·建功"活动的意见》,组织开展各类"同心"系列服务活动和教育培训。全年各"同心·服务团"共开展各类活动68次,服务群众8200余人次;举办各类培训班6期,培训民主党派、知联会骨干450余人次。

2014年,开展坚持和发展中国特色社会主义学习实践活动,组织民主党派和无党派人士参加中共十八大、十八届三中全会精神和习近平系列讲话,以及市委理论中心组"桐乡大讲堂"学习;加强后备干部队伍建设,会同市委组织部、市社会主义学校举办党外干部(人士)管理与能力提升培训班,并列入市委主体班次,首次采取异地联合办学模式,赴省社会主义学院开展培训;强化党外干部基层锻炼,采取岗位交流、驻村、"一线成长工程"锻炼、赴外地挂职等多种形式,帮助党外干部积累实际工作经验。同时,举办知识竞赛、征文比赛、"一人一个好建议"、"五水共治"环境整治、"精品提案"评选等活动。是年,系统培训党外干部和党外后备干部50人,党外干部选派到一线岗位7人,选派驻村锻炼4人,全市参与挂职锻炼干部中党外人士占15.5%;全市民主党派人士被评为2012年至2013年度优秀政协委员11名,获优秀社情民意信息员等称号4人。

支持履职 1986—1987年,县委、县政府结合民主党派桐乡基层组织建设,采取谈心交友和对口联系等方式，推进与民主党派、无党派代表人士的合作与政治协商。1989年，贯彻中央“政治协商、民主监督”暂行规定，落实各民主党派主要负责人参加县政协常委会会议。同时，邀请民主党派、无党派人士参加各类座谈会、协商会、通气会8次，聘请担任特邀监察员、廉政监督员和执法监督员23名，通报情况、征求意见、接受监督，支持他们参政议政。此后，邀(聘)请民主党派、无党派人士参加党委、政府有关会议，担任政府部门特约监督(察)员工作形成惯例，每年组织、补充调整。1991年，进一步落实县委、县政府主要领导与民主党派、无党派人士的“谈心交友”制度和“季谈会”“双月座谈会”制度，县委9名常委与22名民主党派负责人交“朋友”，了解情况、听取意见、支持履职；各民主党派通过各类座谈会建言献策，针对县委“八五”规划建议稿提出建设性意见60余条；党政主要领导的谈心交友制度随人事变动情况，每年作出调整。1993年，桐乡撤县建市后，市委专门就市第九次党代会的召开多次组织民主党派负责人座谈，征求意见，并邀请列席党代会开(闭)幕式。是年，聘请民主党派、无党派人士“特约四员”增加到34人，邀请民主党派、工商联负责人参加专题座谈会2次，通报经济工作、市级机构人事调整、廉政自律等方面情况并征求意见。1994年，市委、市政府印发《关于贯彻实施中共中发〔1989〕14号文件的规定》《关于在政府工作中进一步加强同民主党派联系的通知》，从制度上进一步完善与民主党派、无党派人士合作共事，畅通民主党派、无党派人士反映意见建议的渠道。1997年，市委、市政府召开涉及重大人事变动、“政府工作报告”、党性党风教育等内容的座谈会、协商会、通气会7次；各民主党派结合桐乡经济建设实际，开展调研，写出调研报告6篇，对市委、市政府加快改革开放和市级机构人事调整、廉政自律、工农业生产、金融秩序等方面工作提出建议17条，并向市人大、政协“两会”提交各类议案、提案78件，提交调查报告5篇。1999年，市委统战部组织各民主党派、工商联围绕市委、市政府中心工作开展调研，听取意见建议，支持履职。是年，市委、市政府召开座谈会、通报会8次，民主党派、工商联提出建设性意见47条，撰写调研报告5篇，通过市人大、市政协“两会”平台提交各类议案、提案96件、发言2人。2000年以后，市委、市政府邀请民主党派、无党派人士参加重要会议、重大活动和座谈会、通气会、协商会以及担任特约“四员”等更趋制度化，各类会议、活动稳中有升；民主党派、无党派人士开展调研、建言献策、参政议政意识增强(见附表)。2000—2003年，民主党派向市委、市政府提交的《创建绿色基地——关于我市农产品开发提升的建议》《城中村存在的问题和几条建议》《加强新农村规划力度，促进新农村建设步伐》《抓住重点、理顺关系，加强外来人口管理的建议》等调研报告，受到相关部门的重视和采纳。2004年，各民主党派、工商联通过人大、政协平台提交议案10件、提案116件，在市委、市政府召开的各类协商通报会、座谈会上提出意见建议90条；完成调查报告6篇，其中《用城市经营的理念建设好城市》《关于我市农村剩余劳动力转移的对策建议》2个调查报告，在政协全会上作专题发言；对口联系、“特约四员”制度进一步落实，市委组织部、市检察院、市效能办调整或增加特约人员，民主监督工作增强。2005年，市政府5个职能部门分别与6个民主党派和工商联建立对口联系制度，就共同关心的问题，沟通情况、交流思想、征求意见、保持联系。此项活动每年结合工作实际，作适当调整，监督落实。至2012年，与6个民主党派和工商联建立对口联系制度的政府职能部门增加到12个。

2014年，市委、市政府就市十三次党代会第三次会议工作报告和2014年政府工作报告等内容，召开民主党派、无党派人士座谈会、情况通报会和征求意见会6次。市委统战部组织各民主党派、知联会负责人就“五水共治”和旧城改造工作开展调研，并实地考察乌镇镇凤仙小区城镇生活污水治理、横港村农村生活污水治理、陈庄村东邱港“清三河”(清黑河、臭河、垃圾河)工程现场以及梧桐街道城南村牛桥头组、复兴社区东牛组和西牛组拆迁等情况，听取相关工作汇报。各民主党派、无党派人士就提高群众参与度，提升老百姓爱水、护水意识，封堵各类污染源，杜绝污染现象，注重资金运用实效，落实长效管理等方面工作提出意见和建议。是年，各民主党派向市委、市政府提交的《桐乡个体经营户调查报告》《完善污水治理工作提升环保工程效益》《依法防范和化解专业市场矛盾多发的思考》《防范医患矛盾维护医疗机构正常秩序和医务人员安全》《用"三治"建设引领新社区管理》等调研材料，被有关部门采纳。市工商联作的《加大新生代培养，再创桐乡经济新辉煌》专题调研，在市政协常委会上作重点发言。

举荐任职 1983年，配合有关部门推荐党外代表人士任职省、市人大代表、政协委员26人；结合县政协筹建工作，在县级机构改革中，推荐党外人士担任县人大、政协副主席5人。1990年，贯彻中共中央《关于坚持和完善中国共产党领导的多党合作和政治协商制度的意见》，结合县人大、政协换届，加强与各民主党派沟通，做好民主党派、无党派人士候选人的考察、举荐工作。是年，县十届人大常委会中民主党派任副主任1人，占20%，党外人士任常委会2人，占10.5%；县三届政协委员中党外人士99人，占63.87%，常委中党外人士22人，占66.67%，正副主席中党外人士4人，占57.14%；县政府中党外人士任副县长1人。1993年，党外人士任职市府和司法、监察、教育、农林、土管等部门以及市文联副职领导7人。同时，会同市委组织部对政府各部门的党外人士进行调查、筛选，确定副局级党外后备干部16人。1994年，结合市十一届人大、四届政协换届，会同市委组织部做好民主党派和党外人士举荐工作，党外人士当选市人大代表49人，占人大代表总数的15.26%，其中市人大常委会副主任1人、委员2人；民主党派人士任市四届政协委员30人。1997年，市委统战部、组织部加强党外后备干部队伍建设和党外干部培养，选送党外副局级以上干部和党派骨干参加嘉兴市委党校培训14人。

2000年以后，培养选拔和举荐任用党外干部工作进一步深入。8—9月，市委贯彻省委、嘉兴市委"培养选拔党外干部工作会议"精神，统战部会同组织、人事部门创新举措，采取宣传发动、报名初审、笔试、面试、组织考察等方式，公开选拔市科委、教委、审计局、统计局、环保局、卫生局6个单位副局级非中共党员领导干部6人。至年底，全市非党干部比例大幅上升，科级实职干部达到10人，县处级实职达到2人，具有大专以上文化程度10人，平均年龄38.5岁。2001年，民主党派人士当选嘉兴市人大代表1人、政协委员1人；担任桐乡市政协委员6人（常委1人）。2002—2003年，嘉兴市、桐乡市两级人大、政协换届选举，市委统战部加强组织考察，做好党外人士人大代表候选人举荐工作，党外人士当选嘉兴市、桐乡市两级人大代表7人。同时，加强调研，完善政协界别设置和委员结构，制定政协换届人事安排总体方案，完成两级政协委员人事安排241人。2004年，经过考察协商，增补市政协委员6人。2007年，贯彻省委统战部《关于政协换届人事安排有关事项的通知》和嘉兴市委统战部相关文件精神，做好市政协换届中候选人提名、考察和推荐等工作。同时，按照"数量适当、结构合理、素质较高"的原则，建立和充实全市无党派代表人士后备人才库。是年，新提拔党外副局级干部2人，全市副科级以上党外干部增至14人。2012年，按照政协委员、政协常委会组成人员中，非中共人士不低于60%和65%的比例，落实市八届政协的人事安排。首次实施副科级党外干部初始提名人选"公推比选"，28人党外干部通过民主公推、组织提名、量分初选、个人陈述等四个环节，确定提拔对象进行考察4人。2013年，拓宽党外干部任职范围，首次安排党外干部担任政府部门主要领导、检察院副检察长等职，全市配备党外领导干部的镇（街道）达到1/3，党外干部任职政府部门12人；通过竞争性选拔、组织推选等形式，提拔使用党外领导干部11人，其中正科级领导干部2人，全市党外领导干部数达25人；加强党外后备干部队伍建设，经过民主推荐、组织考察、专题研究，确定党外后备干部75人，占全市后备干部总数的15.2%。

2014年，全市民主党派、无党派人士共有市人大代表62人，其中副主任1人，副县级领导干部1人，人大常委会委员2人；任政协委员179人（省政协委员1人、嘉兴市政协委员22人、桐乡市政协委员156人），其中副主席1人、常委26人；在政府、司法部门中任副市长1人，检察院副检察长1人，任部、委、办、局领导21人（正职3人）。

桐乡市民主党派、工商联及无党派人士参政议政相关情况表

表8-8-3

内容 年份	参加重要会议、重大活动(次)	参加通报会、座谈会、协商会(次)	提出意见建议(条)	被聘请担任各类监督、监察员(人)	撰写调研文章		人大、政协“两会”		
					总数(篇)	其中被党委、政府及有关部门采纳(篇)	人大议案(件)	政协提案(件)	其中重点或优秀提案(件)
2000	7	9	119	16	3	2	89		3
2001	7	6	51	15	3	1	134		2
2002	6	7	100	29	4	1	6	94	7
2003	6	6	100	30	6	3	4	139	9
2004	9	6	90	30	6	4	10	116	10
2005	8	9	100	30	8	6	10	142	13
2006	10	8	100	30	6	4	11	119	14
2007	11	6	161	32	6	5	14	127	11
2008	12	8	100	32	5	4	10	108	9
2009	10	9	100	32	7	5	12	118	10
2010	8	9	150	32	6	3	11	111	5
2011	8	5	100	24	10	4	6	106	5
2012	6	8	100	24	11	5	4	134	8
2013	8	10	120	21	6	5	7	126	7
2014	13	6	109	26	8	7	6	141	9
合计	129	250	1600	403	95	59	1915		122

说明：参加重要会议、重大活动和通报会、座谈会、协商会，指市委、市政府组织的会议和活动；数据来源《桐乡年鉴》

【民主党派组织和主要活动】

组织机构

1987年之前，桐乡境内虽有民主党派人士参加各种活动，但尚未成立相应的民主党派组织。1986年12月，筹建民进桐乡县支部，九三学社在桐乡发展社员。1987年11月至1988年9月，先后成立民盟桐乡县支部、农工党桐乡县支部、民建桐乡县支部、九三学社桐乡县支社、民进桐乡县支部、民革桐乡县支部6个民主党派组织。

中国国民党革命委员会桐乡市总支委员会 1988年9月10日，成立民革桐乡县支部委员会，王乐群任主任委员。2007年11月30日，民革桐乡县支部委员会升格为民革桐乡市总支委员会，朱立群任主任委员，下设一支部、二支部、三支部等基层支部3个。截至2014年年底，民革桐乡市总支委员会共有党员35人，朱立群任主任委员，徐剑东、朱莉韵任副主任委员。

中国民主同盟桐乡市基层委员会 1987年10月17日，成立民盟桐乡县支部委员会，方志祥任主任委员。1995年1月18日，民盟桐乡县支部委员会升格为民盟桐乡市总支委员会，方志祥任主任委员。2014年10月30日，民盟桐乡市总支委员会升格为民盟桐乡市基层委员会，费玉林任主任委员，下设教育一、教育二、教育三、综合、医卫等基层支部5个。截至2014年年底，民盟桐乡市基层委员会有盟员64人，费玉林任主任委员，曾正君、张军任副主任委员。

中国民主建国会桐乡市总支委员会 1987年11月18日，成立民建桐乡县支部委员会，施德森任主任委员。2004年7月3日，民建桐乡县支部委员会升格为民建桐乡市总支委员会，张建华为主任委员，下设第一、第二、第三、退休等基层支部4个。截至2014年底，民建桐乡市总支委员会共有会员59人，张建华为主任委员，钟华、黄少明为副主任委员。

中国民主促进会桐乡市总支委员会　1986年12月27日开始筹建，1987年12月1日，成立民进桐乡县支部委员会，王启明任主任。1997年8月25日，民进桐乡县支部委员会升格为民进桐乡市总支委员会，姚利剑为总支主任，下设桐高一中、科教文卫、职教（濮院）、崇福等基层支部4个。截至2014年年底，民进桐乡市总支委员会有会员58名，沈顺华为总支主任，施如玉、陈汉强为副主任。

中国农工民主党桐乡市总支委员会　1987年11月17日，成立农工党桐乡县支部委员会，高云飞任主委。2004年6月19日，农工党桐乡县支部委员会升格为农工党桐乡市总支委员会，董建林任主委，下设一支部、二支部、三支部、四支部、五支部等基层支部5个。截至2014年，农工党桐乡市总支委员会有党员68名，许亦农为主委，沈冰梅、陈东晓、皇立新为副主委。

九三学社桐乡市基层委员会　1986年，九三学社在桐乡发展社员。1987年11月28日，成立九三学社桐乡县支社，戚恭昌为主委。2004年6月，九三学社桐乡县支社升格为九三学社桐乡市基层委员会，徐锦松为主委，下设一支部、二支部、三支部等基层支部3个。截至2014年年底，九三学社桐乡市基层委员会共有社员59名。是年，卫瑞良任主委，陈铁、叶青云、马卫琴任副主委。

主要活动

桐乡市（县）各民主党派成立以后，按照各自章程的规定发展成员，健全班子，完善制度，加强自身队伍建设；按照中国共产党与各民主党派“长期共存、互相监督、肝胆相照、荣辱与共”的方针参与政治协商、民主监督，反映社情民意，履行参政党职能；发挥民主党派的各自特长，参与文化、教育、科技、医疗咨询和慈善救助等社会服务。

自身建设　1987—2002年，各民主党派成员参加浙江省、嘉兴市、桐乡市社会主义学院（校）或各级各类培训班719人次，其中新成员及骨干培训班学员600多人次，系统学习统一战线和多党合作基本理论、科学发展观。同时，各民主党派制定组织生活、组织发展、参政议政、信息工作等规章制度，保证组织活动的经常化、规范化、制度化。2003年8月，民主党派成员在市委党校集中听取“三个代表”重要思想的辅导报告。10月，召开民主党派领导班子培训班，邀请上海市委党校王公龙博士和全国政协常委、省政协副主席、农工民主党主委徐鸿道作国内外形势分析和多党合作理论等专题讲座，接受培训200多人。选送4名党派骨干到嘉兴培训，参加省、嘉兴市组织的“三个代表”重要思想和中共十六大精神知识竞赛。民建支部参赛的《我心中的十六大》《我会在政治文明建设中的作用在何方》演讲，分获嘉兴市级二等奖、三等奖。2008年，各民主党派组织学习中共十七大和十七届三中全会精神，开展以坚持走中国特色社会主义政治发展道路为主题的政治交接学习教育活动，九三学社桐乡市基层委员会获得社省委授予的先进集体称号。2010年，各民主党派总支在全体民主党派成员中开展社会主义核心价值体系学习教育活动，参加成员289名。7月，在市社会主义学校举办全市各民主党派成员学习会，特邀杭州市委党校周奋进教授作社会主义核心价值体系专题辅导报告。2012年11月8日，各民主党派总支组织全体人员收看中共十八大开幕式、组织座谈讨论。11月15日，各民主党派负责人参加统战部召开的学习中共十八大精神专题座谈会。2013年，开展对民主党派、知联会班子成员与骨干的教育培训，先后举办党外人士学习中共十八大精神培训班、纪念中共中央发布“五一口号”65周年学习会和贯彻落实中共十八届三中全会精神学习会，培训党外人士500余人次。安排党外代表人士参加“桐乡大讲堂”学习，与中共桐乡市领导干部共同学习理论知识。全年参加“桐乡大讲堂”学习的党外代表人士224人次。

2014年，民主党派和无党派人士开展坚持和发展中国特色社会主义学习实践活动，组织知识竞赛、征文比赛、“一人一个好建议”、“五水共治”环境整治、“精品提案”评选等活动。全体党外领导干部参加中共十八大和十八届三中全会精神和习近平总书记系列讲话精神学习会；240多名党外代表人士参加以坚持和发展中国特色社会主义学习实践活动为内容的专题学习和培训;继续安排党外代表人士参加中共桐乡市委理论中心组“桐乡大讲堂”学习,全年累计参加学习的党外代表人士100余人次。

参政议政　各民主党派人士代表以人大代表、政协委员身份向大会提交议案、提案、意见建议及担任政府实职兼任督导员、特约审计员、特约监察员、行风监督员等主要方式行使参政议政民主监督职能。

1987—1990年,桐乡县二届政协会议期间,农工民主党桐乡支部在一至三次会议上提交提案391件。九三学社在一至四届桐乡市政协全会上提交提案58件,大会发言7次。1991年,民建桐乡支部人员中有嘉兴市人大代表和政协委员各1人,县政协委员5人。在桐乡县政协会议上提出《关于我县桑苗产供销情况亟待治理》的建议被《浙江民建》刊物转载,并由民建嘉兴市委出席省政协全会的委员列为提案,提案引起县政府的重视,拨款12万元在灵安镇扩建19间房屋规范桑苗交易市场。1994年,民主党派人员担任市教育局兼职督导员4人。每年年底或年初开展1~2次活动,向聘任单位通报工作思路、打算,征求意见和建议。1995年上半年参与教育局的教育督导评估,对5所学校进行督导。民建桐乡支部担任特约审计员3人、特约监察员1人、土管局行风监督员1人,与市领导联谊交友3人,支部还与计经委、外经委、财税局建立对口联系制度的方式行使民主监督。1997年,各民主党派参与协商会、通报会7次,提出意见建议47条,形成调研报告6篇,开展科技、医疗咨询12次。在“两会”上,6个党派共提交提案78件、调查报告5篇。2001年,30多名民主党派成员担任市委、市政府各有关职能部门的特约审计员、纪检监察员、教育督导员、交通执法监察员、干部教育监督员、行风评议员和人民监督员。6个民主党派组织与政府5个部门开展对口联系活动。2002年,各民主党派向市委、市政府提交调查报告4篇,向市委、市政府各有关部门反映社情民意200多条;向市政协五届五次全体会议提交提案77件和人大议案6件;有7名党派成员被政协评为提案积极分子。九三学社主委徐锦松提交的《关于搞好蔬菜上市前农药残留量检测,使市民吃上放心菜》获优秀提案,桐乡电视台新闻栏目对此作专题报道。2003年,各民主党派向市委、市政府提交调查报告6篇,如《加强公共卫生体系建设,保障人民群众身体健康的建议》《抓住重点,理顺关系,加强外来人口管理的建议》以及关于残疾人与福利企业为专题的调查报告等。在市委、市政府召开的各类座谈会、通报会、协商会上提出意见建议100多条。在“两会”上提交政协提案115件和人大议案4件,有9件提案被政协评为重点提案和优秀提案。如九三学社提交的重点提案《户增一头羊、年增五千万元——羊年做好羊文章》,引起市政协领导重视并亲自督办;市政协第六届一次会议上提交的《关于加强农村人才资源开发、加快万名农民素质培训工程》的提案,被市政府列入“实事工程”,《人民政协报》《联谊报》《省政协提案动态》等专刊作专题报道。是年,邀请新闻媒体到农经局进行提案回访,桐乡电视台新闻栏目作专题报道。2005年,各民主党派向市委、市政府提交《全面推行建筑节能、加快建设节约型社会》《发展品牌经济、提升桐乡经济竞争力》《加强市区新建农民住宅小区管理》《在城区实行地下管道档案管理》等调查报告6篇。在市委、市政府召开的各类座谈会、通报会、协商会上提出意见建议100多条;在市政协六届三次全体会议和市十三届人大三次会议上提交提案118件、人大议案10件,其中有11件提案被市政协评为重点提案或优秀提案。2006年6月10日的《联谊报》和8月24日的《人民政协报》刊登民革朱立群在桐乡市政协常委会上作的《加强诚信建设,促进人文桐乡发展》发言稿。2007年,各民主党派向市委、市政府提交调查报告有民革总支撰写的《二手车市场的调查分析》、民进总支撰写的《我市外来务工人员子女教育的现状和建议》、民进总支撰写的《关于加强基层民主法治、推进和谐农村建设》、九三学社撰写的《关于我市生态市建设的问题、难点及对策措施》、农工民主党总支撰写的《关于我市食品药品安全状况与对策》等6篇。在市委、市政府召开的各类座谈会、通报会、协商会上提出意见建议130多条。在市政协七届一次和市十四届人大一次会议期间,各民主党派提交提案110件、人大议案14件,其中11件提案被市政协评为重点提案或优秀提案。2007—2010年，各民主党派人员担任市委、市政府各有关职能部门的特约审计员、纪检监察员、教育督导员、交通执法监察员、干部教育监督员、行风评议员和人民监督员等行使民主监督职能。6个民主党派组织与12个政府职能部门开展对口联系，发挥参政议政和民主监督作用。2012年，各民主党派提交调查报告11篇，其中，民盟总支撰写的《壮大村集体经济的思考》、民革总支撰写的《因势利导，多管齐下，促进快递服务业健康有序发展》、九三学社撰写的《关于我市经济薄弱村的转型发展》、民进总支撰写的《培育特色旅游精品、打造乡村旅游胜地，促进石门乡村特色旅游发展》以及农工民主党总支撰写的《加强公共卫生服务体系建设的思考》等调查报告得到市委、市政府领导和对口部门的肯定。是年，组织全市民主党派负责人到市新居民局和新居民学校进行专题调研，为参政议政、民主监督、建言献策提供知情平台。2013年，各民主党派参加市委统战部组织的调研考察乌镇国际旅游区、崇福小城市建设以及农业系统党外人士座谈会等活动；各民主党派开展调查研究，确定打造“森林桐乡”，突出“兴林富民”建设，建设“美丽乡村”重视农药包装废弃物的处理问题、关于农村土地流转形式和使用、关于河道管理和保护、积极推动都市现代农业发展、强化市供销社在“三农”服务工作中的作用、如何扩大投入，促进企业转型升级等7个热点、难点问题作为重点调研课题，形成《推动都市现代农业跨越发展的思考与对策建议》《扩大有效投入，促进转型升级》等调研报告。“两会”期间，各民主党派共向各级政协、人大提交提案议案共计111件，其中有7件提案被评为2013年度重点和优秀提案。是年，协调相关部门聘请民主党派担任特约审计员、教育督导员、交通执法监督员等，参与政府及工作部门的民主监督。

2014年，各民主党派组织专题调研“五水共治”、旧城改造等工作。两会期间，各民主党派共提出提案议案131件，建议10条。是年，配合市纪委制定出台《加强监督员队伍管理的实施办法》，完善民主党派特约监督员聘任制度，对监督员队伍实施动态管理，实行统一选派，统一管理。

1984年7月至2012年2月桐乡市(县)各民主党派人士担任政协委员情况表

表8-8-4　　单位：人

界别 \ 届次	第一届	第二届	第三届	第四届	第五届	第六届	第七届	第八届
中国国民党革命委员会	3	5	5	5	3	4	7	8
中国民主同盟	2	3	3	3	4	6	6	14
中国民主建国会	4	6	5	6	3	4	9	14
中国民主促进会	2	5	4	5	5	5	6	10
中国农工民主党	2	6	7	5	3	5	8	9
九三学社	6	5	5	6	7	5	7	10
合计人数	19	30	29	30	25	29	43	65

1991—2010年桐乡市各民主党派建言献策参政议政情况表

表8-8-5　　单位：人

分　类		民革	民盟	民建	民进	农工	九三	合计数
当选人大代表	省级	—	—	—	1	—	—	1
	嘉兴市	1	5	4	3	3	3	19
	桐乡市	4	3	1	2	1	1	12

续表8-8-5

分　类			民革	民盟	民建	民进	农工	九三	合计数
当选政协委员	省级		1	—	—	—	—	—	1
	嘉兴市	委员	5	4	6	8	6	7	46
		常委	—	—	—	2	—	2	4
	桐乡市	委员	29	16	19	25	31	21	141
		常委	8	10	2	2	13	3	38
向各级人大、政协提交议案、提案(件)			343	400	254	258	255	260	1770
被列入重点或优秀提案(件)			30	28	4	4	17	20	103
撰写调研报告(篇)			38	43	20	7	20	5	133
被聘为特约“四员”(名)			10	10	—	7	31	8	66

服务社会　1987年,农工民主党桐乡支部医务界的成员组成医疗队到民合乡开展义务咨询医疗服务,参加咨询服务人员46人次,对乡村医生进行专业辅导。1987—1990年,民盟桐乡支部参与合办业余学校2所,共7个班级,学生255人,义务为幼儿和少儿体检158人次。1988年8月6日,九三学社桐乡支社社员徐剑正(气象专业),在浙江省第一个提前48小时准确预报出8号台风正面袭击浙北地区,将台风造成的损失降到最低限度。1993年,各民主党派写出调研报告材料126份,开展医疗、科技咨询45次,接受咨询对象3300人次。民盟桐乡支部开展医疗咨询服务2次,接受咨询人员160人,为幼儿少年体检4次,接收人员2000人左右。民盟桐乡总支连续5次被民盟嘉兴市委评为地区市级先进总支。九三学社杨育民委员等发表的6篇医学论文获全国优秀论文奖。1997年,农工民主党支部各组结合“3·15”国际消费者权益保护日、科普日、老年节,上街开展义务咨询,350名老人、儿童参加咨询活动。全年为敬老院老人及儿童开展医疗咨询服务3次。民革桐乡支部配合对台办和台联会接待台胞100人次左右,有6位民革党员的亲属来大陆探亲,其中不仅有第一代,还有第二代和第三代。是年,民革党员出境会亲3人。民建会员配合各政府部门主办或协办业务培训班(讲座)等27次,受培训者2820人次,撰写各类专业文章11篇;主办或协办会计财务等培训班40次,受训人数3342人次;撰写各类文章14篇,向省以上提供摄影作品5件,在抗洪救灾中捐款1350元,衣服59件。1999年12月,全市6个民主党派成员中的农业、科技、医疗、法律等专家到乌镇、龙翔街道开展文化、科技、卫生“三下乡”送服务活动,发放农业、法律、食品卫生等科技书籍4000多册,接受咨询3500多人次。是年,九三学社桐乡支社副主委袁道厚两度出国,促进中日、中韩友好交流;农业医卫组举办培训班10次,培训人数达1000余人次,举办讲座5次,听讲350人次;为梧桐敬老院义务体检45人次,科技咨询16人次,计900人次。九三学社桐乡支社农业界的科技人员长期关注“三农”,撰写农业科技论文,参与效益农业项目建设。至2001年,有2人获省、厅级科技进步奖2项,在全国性刊物上发表论文3篇,省级刊物上发表论文9篇,地市级刊物上发表论文6篇。社员杨承禹受市农经局委托编辑《效益农业50例》5000册,供农村干部、种养业专业户学习参考。

2000年,民盟桐乡总支全年为防洪工程、伤残老师捐款5700元;老年节为民服务1次;举办“人身损伤技术处理”培训班1期20名;司法鉴定对外咨询服务85人次。民进桐乡总支发挥本会人才优势,坚持下乡支教,桐乡四中教师张伟去屠甸带教青年教师,促进英语教学;凤鸣小学教师姚利剑去河山小学、灵安小学、梧桐完小听课指导、作讲座、上观摩课。民进会员在各级刊物上发表文章14篇,其中获嘉兴市级奖6篇,桐乡市级奖7篇。会员陈汉强在年度考核评比中被评为桐乡市职教先进工作者，另有7人被评为校级先进个人。九三学社桐乡支社副主委袁道厚在新加坡举办的第五届国际刻字艺术会上，展出作品1件，西泠印社出版《袁道厚篆刻》印集1册。支社农业组与梧桐镇同心村结对联系，建立优良新桑品种苗繁育基地和杭白菊无公害基地，利用第二届菊花节之机，研制开发第一代菊花香酒，获得创新奖第一名。农业、医卫组自办、合办短期培训班8个，培训人数700人次。举办专业知识讲座7次，听讲人数达121人次，开展科技咨询13次，170人次。为董家茭白牵线搭桥，邀请3名日本客商来基地考察并签订茭白出口日本的商贸协议，出口茭白1个集装箱。帮助市民政局编辑出版《三峡移民生产生活指南》一书，指导三峡移民在桐乡安家落户。农业、医卫组全年自办合办短期培训班9个800人次。举办专业知识讲座4次，听讲人数320人次。开展科技咨询3次，接受250人次咨询。长期开展智力支农5人。2002年，民革桐乡支部参与投资120万美元的“嘉兴乔治·阿玛尼服饰有限公司”（港资）入桐乡经济开发区落户工作。是年，农工党桐乡支部开展义务医疗咨询，组织8人小组，在敬老院、濮院羊毛衫市场为91名老人义务体检，建立健康档案。民盟桐乡总支开展送医下乡4次，接受医疗咨询100多人次，为重病教师夏玲珠捐款800元，为贫困地区捐衣60多件。民建桐乡支部向社会捐款捐物，其中捐款4950多元，支部副主委黄少明，向中国少年基金会一次性捐款1350元。九三学社桐乡支部举办农技专业知识讲座5次，科技咨询6次，接受培训和咨询1500多人次。九三社员徐永仙、吴水明、徐锦松等，与梧桐街道同心村结对联系，为农民繁育品种桑苗1000万株，增加农民总收入100多万元；为该村推广大棚养蚕新技术，共建多功能大棚30只，成为全省大棚养蚕和桐乡大棚养蚕示范现场。2003年10月，全市各民主党派首次开展科技、文化、卫生“三下乡”活动。此后，每年10月的“三下乡”活动成为惯例。2004年10月，全市6个民主党派开展科技、文化、卫生“三下乡”服务活动，抽调高级农艺师、专家医师、书画家20多名到乌镇、石门等地为群众就农业技术、医疗卫生、法律服务、书法写作等进行现场咨询和技术指导，发放科普书籍1000多册，接受咨询和义诊2000多人。2007年5月11日，邀请省农科院植物保护和微生物研究所所长、首席专家俞晓平，中国计量学院、浙江大学专家、教授，以及桐乡市农经局、市科技局等有关领导等26人参加在龙翔街道召开的“董家茭白可持续发展研讨会”，为董家茭白产业的发展出谋献策。10月，由市委统战部牵头，组织全市6个民主党派人员中的农业、科技、医疗等专家到屠甸镇、龙翔街道开展文化、科技、医卫“三下乡”服务活动，发放科技书籍2000多册，接受咨询2500多人次。是年，各民主党派举办科技等专业知识讲座12次，科技咨询10次，医疗咨询6次，义务体检3次，接受培训、咨询2500多人次。九三学社社员继续与龙翔街道董家村无公害茭白基地结对联系，从产品、技术、病虫害防治等方面给予指导。民革、民建等6个总支热心社会公益事业。据统计，共向市慈善总会、新农村建设、结对助学，扶贫捐资82万元。2008年5月12日，四川汶川发生地震，全市各民主党派积极捐款计51.4万元。农工党桐乡总支被农工党嘉兴市委会评为抗震救灾先进集体，民建会员沈金木被评为全国抗震救灾先进个人。九三学社桐乡基层委员会继续与龙翔街道董家村无公害茭白基地结对联系，从提升产品、技术辅导、病虫害防治等方面给予指导。10月29日，九三学社桐乡基层委员会在董家村“科技兴农服务基地”正式挂牌。是年，全市6个民主党派人员中的农业、科技、医疗等专家到高桥镇、凤鸣街道开展文化、科技、卫生“三下乡”服务活动，发放农业、法律、食品等科技书籍3000多册，接受咨询2500多人次。各民主党派举办科技等专业知识讲座26次、科技咨询11次、医疗咨询21次、义务体检5次，接受培训、咨询4500多人次。

2012年8月，在全市各民主党派和党外人士中组建法律、经济、农业、医疗、教育、文体6个“同心·服务团”，75名专业人才参加。在崇福、濮院、石门、高桥、梧桐、屠甸等镇（街道）设立“同心·服务基地”。8月19日举行“同心·服务团”启动仪式，开展以“服务企业、服务基层”为主要内容的“双服务”活动。2013年，召开桐乡市深化“同心·建功”活动暨“同心·服务团”成立一周年座谈会。各“同心·服务团”主动履行社会服务职能，围绕“五水共治”“三改一拆”等中心工作,开展送法律、送科技、送健康、送文化、送教育等活动。

2014年,“同心·服务团”总人数由组建时的75人增加到110人。8月21日,召开桐乡市“同心·服务团”二周年总结会议。2年多时间,“同心·法律服务团”共接受群众法律咨询47人次,免费提供法律援助11人次,走访企业193家次,担任企业法律顾问46家;“同心·经济服务团”共义务解答各类经济咨询1000余次,开展财经法律法规辅导培训15次,帮助30余家企业规范建账,办理个转企工商登记45户,指导500余家企业成功转换小会计准则,撰写调研报告2篇,发放各类宣传资料4000余份;“同心·农业服务团”延续九三学社桐乡基层委员会的传统,为龙翔街道董家茭白基地的发展献计献策,使董家茭白亩产从2000余元提高到10000余元;“同心·医疗服务团”为1000余名患者提供医疗服务,培训医务人员200余人次。“同心·教育服务团”开展大型活动51次,接受服务的学生及家长达7000余人次。“同心·文体服务团”开展书画、戏曲、武术、图书等下乡活动,参与传统文化保护,为弘扬传统文化和人文名城建设作贡献。

【党外知识分子联谊会和主要活动】

组织机构　2008年10月21日,桐乡市党外知识分子联谊会(简称市知联会)成立,召开第一次会员大会,审议通过《市知联会章程》,选举产生市知联会首届理事会理事,市人大常委会副主任吴娟芬任会长,陈炳荣、徐佩珠、朱政华、吕德坤任副会长,褚万根任秘书长。首批会员50人。市知联会是由有影响、有代表性的党外知识分子为主自愿组成的,具有统战性、知识性、联谊性的非营利性社会团体;是党委、政府联系党外知识分子的桥梁和纽带,也是广大党外知识分子进行交流、联谊的平台。内设组织建设、宣传教育、公益维权、发展交流、后勤保障5个职能工作委员会,协调联谊会内部事务;下设5个活动小组,配正副组长,各小组结合自身情况组织开展日常活动。

2013年12月18日,召开第二次会员大会,参加会员63人,会议审议并通过《桐乡市党外知识分子联谊会第一届理事会工作报告》和《第二届桐乡市党外知识分子联谊会章程(草案)》,选举产生市知联会第二届领导班子,吴娟芬任会长,陈炳荣、朱政华、徐佩珠、吕德坤、褚万根任副会长,张丽敏任秘书长。第二届联谊会有会员63人,其中无党派代表人士62人、中共专职干部1人。会员以高学历、中高级职称和担任中层以上职务的党外代表人士为主,平均年龄39.7岁。其中具有大专以上学历62人(研究生2人、大学本科47人、大专13人),占98%;具有中级以上职称56人(高级18人、中级38人),占88.9%;副局级以上干部9人,各级人大代表、政协委员25人;来自各镇(街道)、市级有关部门29人,中小学校10人,医院11人,中介机构1人,非公经济代表人士12人。

2010年9月26日,成立市知联会首家镇级分会崇福镇分会,共有会员25人。同时,召开第一次分会会员会议,审议通过《市知联会崇福镇分会章程》,选举产生分会会长、副会长、秘书长和理事。至2013年,市知联会成立镇(街道)分会12个,市、镇(街道)两级知联会共有会员322人,实现全市镇(街道)分会组织全覆盖。

主要工作　2008年10月,市知联会成立以后,结合工作实际建立和完善各项工作机制和会长会议、理事会会议、小组活动等制度,注意在医卫、科技、教育、中介等领域发挥作用。2009年,建立“会员之家”,将组织架构、工作制度、年度计划、学习心得和荣誉上墙,成为联络会员、服务会员的固定场所。2010年,开拓办会思路,创办《桐乡知联》会刊,交流知联会及其会员服务桐乡改革发展、稳定和谐的信息。2013年,组织会员及会员企业开展“合作共建,结对帮贫”活动,以捐资助学、帮贫助困、慈善救济、困难慰问等形式,捐资160余万元;参与“我为‘森林桐乡’添份绿”主题植树护林活动,在春晖校园内种下一片红枫林,在屠甸镇捐款植树。2011—2013年,涌现出一批有社会影响力的行业领头人,市知联会连续三年被省委统战部授予“浙江省知联会工作先进集体”,副会长吕德坤被省委统战部授予“浙江省知联会工作先进个人”称号。2014年,发挥工作特长和专业优势,指导各镇(街道)知联分会,参与全市“大整治、大转型、大招商”工作和“美丽幸福新桐乡”大讨论活动,做好项目引入的协调联系，向市委宣传部及相关部门报送各类意见58条；参与“五水共治”调研工作，向所在地镇（街道）党委、政府提出关于农村污水治理等课题的调研意见和建议，并捐款40多万元；参与全市“三改一拆”、转型升级过程中重点难点问题的研究和矛盾化解工作，指导和帮助农民解决猪棚、鸭棚拆除后转型发展，解决收入增长问题；围绕国内电子商务市场前景和趋势，在洲泉、崇福、河山等地举办电子商务创业培训班10余次、1000余人次，推动企业经营管理人员转变经营理念，拓宽经营思路和渠道。崇福、龙翔、高桥、凤鸣等镇（街道）知联分会还参与党委、政府组织的“三治”建设，引导民众社会公德、职业道德、家庭美德和个人品德养成，提升文明素养。

7年间，市知联会注重发挥自身专业优势，结合全市开展的“四联四强”走访服务活动，在崇福镇、龙翔街道等地设置科普（农技）宣传、医疗保健、普法宣传、文化生活等项目，开展“联群众送服务”活动，同时，组织专家进社区、下农村，参与凤鸣街道、高桥镇、乌镇镇和濮院镇等地医疗、卫生和科技“三下乡”服务活动，为当地群众提供医疗、养殖、法律咨询等服务，共赠送各类资料、宣传品10000多份，服务群众4000余人；《桐乡知联》编撰会刊9期。

7年间，担任人大代表和政协委员的市知联会会员围绕转变经济发展方式、推进新农村建设、资源节约型和环境友好型社会建设等重大问题，开展调研、建言献策，为党委、政府科学决策提供依据，共提出建议、提案120多件，调研报告被有关部门采纳30多份。

第三节　落实统战政策

【落实错划“右派分子”政策】

1978年下半年，县委贯彻中央〔1978〕11号、55号文件精神，成立摘掉“右派分子”帽子领导小组和办公室，在全县开展全部摘掉右派分子帽子、安置和错划改正工作。至1979年年底，查明全县原划“右派分子”159人，经复查批准改正154人，占96.86%；安置因错划右派失去工作的人员112人（本县99人）；家属子女从农村抽调回城恢复户粮或安置工作的15人；对原错划“右派”被开除党籍的，除不符合党员条件的3人和不具备转正条件的1人外，恢复党籍30人；安置外省、外县迁入的摘帽改正人员11人，其中全民9人，集体2人。同时，经统战、组织等部门推荐、考察，安排摘帽改正人员任公社书记1人，县法院副院长1人，完全中学副校长1人，检察院科长1人，剧团团长1人，股所级10人，提升为工程师1人。县教育局安排摘帽改正人员担任教师55人，其中担任领导职务10人。1983年，对尚未改正的5人错划“右派分子”进行复议，重新做出改正结论，并对家属子女11人，从农村抽回恢复户粮。全县右派摘帽改正工作结束。

【落实原国民党起义、投诚人员政策】

1983—1984年，县委贯彻中共中央办公厅〔82〕41号文件，确定一名副书记分管组成专门工作班子，开展对原国民党起义、投诚人员复查、落实政策工作。经调查、取证、核实，全县原国民党桐乡县政府人员共261人。1985年，对起义、投诚人员颁发“起义投诚人员证明书”，进一步落实党对起义、投诚人员的政策。2002年，为1名原国民党起义、投诚人员解决生活定期补助。

【落实原工商业者政策】

1979年11月，县委统战部执行中共中央批转中央统战部等六个部门《关于把原工商业者中的劳动者区别出来问题的请示报告》，开展对全县原工商业者“三小”区别工作。至1980年年底，查明全县原工商业者1001人，区别为劳动者764人。其中职工21人，其他劳动者144人，小商贩345人，小手工业者18人，小业主236人，占总人数的76.3%。同时，根据党的有关政策，对“文化大革命”期间强加的诬陷不实之词，予以推倒，含冤致死的予以平反昭雪，补发1966年3季度定息和过去应领未领定息12000余元；落实“文化大革命”中部分被取消或扣减高薪的原工商业者政策，补发工资；复查纠正被错判的原工商业者1人，另外还解决被精简下放原工商业者生活费和医药费6人；对1975—1977年退休或死亡后的原工商业者子女没有补员的原工商业者子女20人;发还1959年为兴办县畜牧场向工商界小商贩筹集投资款72000余元。至1984年,全县原工商业者高薪、扣发工资、查抄等有关政策问题全面落实,"三小"区别工作结束。

【纠正"文化大革命"期间冤假错案】

1972年,县委贯彻中共中央文件,让大批干部出来重新工作,充实各级领导班子。1977年开始,县委结合清查工作,逐步调整充实各级领导班子,恢复群众团体,对部分冤假错案进行平反,落实干部政策、知识分子政策和统战政策。1981年,开展对去台人员在祖国大陆亲属的落实政策工作。1982年3—10月,全县落实"文化大革命"中被侵占的台属私房13户1053平方米。其中被接管查封的4户316平方米,被单位挤占的1户28.8平方米,被市建拆去的4户233.5平方米,被拆改造的2户323.2平方米,因某种原因献房的2户151.5平方米。同时,解决"文化大革命"前台属私房遗留问题21户2038平方米。其中私房改造中无自留房的9户625平方米,被拆的2户310平方米,代管的1户320.6平方米,被占的6户652.4平方米,空关房屋被改造的2户80平方米,某种原因献房的1户50平方米。至1985年,全县纠正台属冤假错案14人,归还"文化大革命"中被查抄财物48户,落实私房政策37户。

1984年,县委贯彻中央办公厅转发中央统战部、全国政协机关党组《关于妥善处理"文化大革命"中查抄财物遗留问题的意见》和省委办公厅《关于抓紧处理"文化大革命"中查抄财物遗留问题的通知》,开展清退处理"文化大革命"中被查抄财物工作。至年底,乌镇镇清退处理"文化大革命"中被查抄财物894户(人)35019件(发还原物937件,发还变价财物34082件55534.87元),其中政协委员2户,统战对象48户,全部发还。对无户主查考的财物6105件,予以上缴处理。其中上缴县文化局保管1949件,变价处理上缴县财政局代管4155件6631.75元。同时,对"文化大革命"中被查封房屋的452户816间19671平方米,全部归还原主,并发还租金1316.06元。其中政协委员2户136.39平方米,其他统战对象31户2908.55平方米。清退处理"文化大革命"中被查抄财物工作结束。同年,县委印发《全县落实政策工作会议纪要》就落实干部政策工作作出部署。至年底,全县在"文化大革命"中被立案审查的干部案件788件,彻底平反。

第四节　民族宗教工作

【民族工作】

基本情况　1964年,县人口普查办公室在第二次全国人口普查期间,首次将境内少数民族列入统计范围。是年,全县有少数民族4个27人。其中回族17人,苗族4人,壮族1人,满族5人。主要分布在崇福镇、濮院镇和灵安公社。1982年第三次全国人口普查,全县有少数民族4个22人。其中回族17人,布依族1人,满族3人、傣族1人。主要分布在崇福镇和炉头镇。1990年第四次全国人口普查,全县有少数民族17个408人。少数民族人口相对较多的为壮族152人;其次为土家族55人,苗族40人,回族36人,彝族36人,分布在全县33个乡镇。相对集中的为梧桐镇24人,乌镇镇18人,石门镇17人,大麻乡21人,民合乡28人,新生乡20人,濮院乡16人,梧桐乡13人,钱林乡24人,河山乡16人,羔羊乡19人,晚村乡31人,永秀乡14人,上市乡30人,芝村乡19人。

进入21世纪,随着经济社会的快速发展,外来务工、经商以及婚嫁的少数民族逐年增加。2000年第五次全国人口普查,全市有少数民族23个4993人。其中1000人以上的少数民族有苗族1812人,土家族1596人。主要分布在全市24个乡镇,相对集中的为梧桐镇775人,炉头镇192人,濮院镇439人,石门镇386人,河山镇504人,大麻镇198人,羔羊乡337人,永秀乡271人,虎啸乡270人,芝村乡372人。2010年第六次全国人口普查,全市有少数民族38个11523人。其中1000人以上的少数民族有土家族4290人,苗族3028人,壮族1379人。主要分布在全市12个镇、街道,其中梧桐街道3932人,龙翔街道213人,凤鸣街道606人,濮院镇472人,乌镇镇2477人,屠甸镇281人,石门镇347人,河山镇237人,洲泉镇817人,大麻镇243人,崇福镇1829人,高桥镇69人。

2014年，全市有少数民族46个29214人。其中常住少数民族33个2798人，新居民少数民族44个26416人。常住少数民族人口相对较多的为土家族744人，其次为壮族508人和苗族434人。新居民少数民族人口相对较多的为土家族8790人，其次为苗族5461人、壮族3350人和彝族3345人。分布在全市12个镇、街道和振东新区及桐乡经济开发区。常住少数民族人口相对集中的为梧桐街道588人，其次为濮院镇318人、乌镇镇309人。新居民少数民族人口相对集中的为濮院镇5666人，其次多为梧桐街道5571人和洲泉镇3258人。

主要工作 20世纪80年代，境内少数民族不足百人。各级政府部门主要做好户籍登记和管理工作。1999年，贯彻落实《城市民族工作条例》，统战部、民宗局协调有关部门为少数民族参与当地生产和工作创造条件，在维护少数民族合法权益，解决子女入学、民族成分申报认定和生活困难等实际问题上予以关心和照顾。

进入21世纪，境内少数民族逐渐增多。民族工作的重点逐步转入加强对少数民族人才培养和人大代表、政协委员的举荐任职等方面。在日常工作、生活上，注意尊重民族习俗、加强民族团结，并在解决少数民族就业、子女入学等方面予以倾斜。2002年，为少数民族群众办理民族成分变更4人，为少数民族子女参加高考出具证明，并于年终对贫困少数民族进行走访慰问。2004年，结合《中华人民共和国民族区域自治法》颁布实施20周年，开展少数民族流动人员调查，协调解决少数民族子女就学费用减免工作。2005年，围绕宣传贯彻《浙江省少数民族权益保障条例》，进一步做好少数民族子女就学费用减免、升学考分优待等工作，促进民族团结。2008—2010年，为少数民族群众办理民族成分变更36人，出具考生学分优惠证明40余人次。2011年4月，省人大常委会民族华侨委员会调研组到濮院镇调研民族工作，并就城市民族工作的重点、难点，外来少数民族的管理情况、城市民族工作的主要经验做法、存在问题及对策、《浙江省少数民族权益保障条例》的贯彻执行等情况进行交流和探讨。2012年6—8月，组织开展全市少数民族基本情况调查，形成较为完善的村、组、社区和基层派出所、新居民事务所少数民族情况调查资料，首次在各镇（街道）、振东新区建立常住和新居民少数民族群众数据库，查明全市常住少数民族32个2461人，新居民少数民族43个22800余人。同时，完善全市各界少数民族代表人士、机关事业单位及有关大型企业中层以上人员后备干部数据库，落实少数民族代表人士任职洲泉镇纪委副书记、嘉兴市人大代表、经济开发区骨干和巨石集团企业中层干部等8人。2013年，在嘉兴全市率先推出民族团结进步进学校、进社区、进企业“三进”工作试点。濮院镇推出民族团结进步“进市场”工作模式，以“四个一”（建立一处民族文化、政策宣传室，编印一本民族知识、民族政策宣传手册，制作一批宣传展板，举办一次集中上街宣传）为载体，开展民族团结进步政策宣传；以“四加强”（加强就业培训服务、加强子女就学服务、加强困难帮扶服务、加强业余文化服务）为着力点，做好服务少数民族工作；以“四有”（有维权专业队、有法律咨询点、有维权受理点、有纠纷调处点）为保障，落实少数民族居民维权；以“四同”（同展、同唱、同演、同赛）为抓手，增进民族和谐友谊。乌镇镇以民族团结进步“进景区”为主题，建立“乌镇一家亲民族驿站”，发挥少数民族群众骨干联络员、指导员、信息员、宣传员、调解员作用，促进民族和睦相处、和衷共济、和谐发展，为建设世界知名旅游城市凝聚力量。

2014年，全市少数民族人士中，当选嘉兴及桐乡两级人大代表各1人，桐乡市党代表1人，担任桐乡市八届政协委员2人；办理少数民族群众成分变更11人，高考加分确认32人。同时，在石门路学校举办“民族团结手拉手，兄弟姐妹一家亲”民族文艺宣传汇演活动，丰富民族文化生活。

【宗教工作】

宗教沿革和宗教团体 境内宗教历史悠久，佛教、道教、伊斯兰教、天主教、基督教五大宗教齐全。佛教于南北朝时期传入，梁天监二年（503）境内建有密云寺、普静寺、福田寺（俗称石佛寺）、北广寺、崇福寺、祇园寺、福严寺等寺院，唐宋时期又建普慈教寺、广法寺、演教寺、寂照寺、龙翔寺、广福教院，佛教活动兴盛。道教自唐代传入，唐裴晋公舍建造的乌镇佑圣宫是境内最早的道教宫观,后道教渐盛;至民国初期,境内共有道观22座。基督教于清光绪十九年(1893)传入,由美国南长老会的基督教传教士毕来斯到桐乡县城,建教堂传教。天主教于光绪二十七年(1901)传入乌镇,教会设于河西官弄,信教者最多时有数百人。伊斯兰教则随着回族商人来桐乡经商而传入。民国后期,日军入侵,宗教活动滞于连年战乱。中华人民共和国成立初期,佛教尚存僧人分得土地,从事农业生产,个别年老僧人耕种寺庙闲地,居住寺内;道士多数改行,从事工农业生产或商业;基督教、天主教或分散民间,或转移别处传教。20世纪50年代,境内有基督教教堂8处,信徒保持在300人左右。1954年,桐乡县成立基督教三自爱国运动委员会。

"文化大革命"期间,宗教活动中断。

20世纪80年代以后,宗教活动逐步恢复。1982年6月9日,恢复县基督教三自爱国运动委员会。1989年10月3日,成立县基督教协会(与基督教三自爱国运动委员会统称基督教"两会")。1990年8月,成立县佛教协会筹备会。址设福严寺,与福严寺一套班子,两块牌子。至1990年,全县建有佛教协会(筹)、基督教两会等宗教团体3个,有宗教教职人员120人,其中佛教89人、基督教31人;可统计信徒(含外地及流动信徒,不包括佛教)3074人,其中基督教2720人、天主教350余人(以渔民居多,历史上习惯在嘉兴、海宁等地参与天主教堂活动)。1993年8月,正式成立桐乡市佛教协会(简称市佛协)。

进入21世纪,宗教组织和宗教活动进一步规范。2001年至2014年,全市有市佛教协会、市基督教"两会"等宗教团体3个;有宗教场所民主管理组织25个,其中寺院管理委员会12个、基督教堂务委员会11个、天主教堂务委员会2个;有宗教教职人员179人,其中佛教141人(比丘77人、沙弥64人)、基督教37人、天主教1人;可统计信徒3950余人(不包括佛教),其中基督教3500人、天主教450余人、伊斯兰教穆斯林(无固定宗教活动场所)最多时近百人。

附:佛教协会、基督教两会、宗教场所民主管理组织概况

佛教协会　1986年8月,成立县佛教协会筹备会,址设福严寺。1993年8月,成立桐乡市佛教协会(简称市佛协),召开市佛协第一次代表会议,参加代表130人,选举产生第一届理事会理事24人,释悟道任会长(兼),释开先任常务副会长主持工作,释云空、王惠芬任副会长,聘请丰一吟为名誉会长。1998年7月,召开市佛协第二次代表会议,参加代表88人,选举产生第二届理事会理事28人,常务理事9人。释悟道任会长(兼),释开先任常务副会长,释云空、王惠芬、王春芳任副会长。2011年8月,召开市佛协第三次代表会议,参加代表47人,选举产生第三届理事会理事25人,常务理事13人。释开先任名誉会长,释乘心任会长,释智能(演教寺监院)、释了意、释果荣、释延海为副会长。2014年,市佛协第三届理事会尚在任期内。

基督教两会　1954年,桐乡县成立基督教三自爱国运动委员会(简称县基督教三自爱国会),主席杨步道。1958年后,县基督教三自爱国会活动中断

20世纪80年代,贯彻落实宗教政策,基督教活动逐步恢复。1982年3月,召开县基督教三自爱国会第二次代表会议,参加代表25人。是年6月,县基督教三自爱国会正式恢复,杨步道为名誉主席,章赞舫为主席。1986年增补纪履善为基督教三自爱国会主席。1989年10月,成立县基督教协会(与基督教三自爱国会统称基督教两会),赵冰潄为协会会长,王爱娜为副会长(王爱娜离任后,由骆安得任副会长)。2001年,增补陈定通为市基督教三自爱国会副主席、协会副会长。2004年4月,召开市基督教两会第三次代表会议,参加代表91人,选举产生第三届市基督教两会班子。陈定通当选为基督教三自爱国会主席、基督教协会会长(兼)。2009年4月,召开市基督教两会第四次代表会议,选举产生第四届基督教两会委员35人,沈月珠当选市基督教三自爱国会主席,陈定通当选基督教协会会长。2013年7月,经市民宗局推荐考察,并报送嘉兴市民宗局同意备案,市基督教两会增补郑计寿牧师为桐乡市基督教三自爱国运动委员会常务委员会副主席、市基督教协会常务副会长。2014年9月,召开市基督教两会第五次代表会议,参加代表105人,选举产生第五届基督教两会委员37人,

沈月珠当选基督教三自爱国会名誉主席，王爱兴为主席，陈定通当选基督教协会名誉顾问，郑计寿为协会会长。

宗教场所民主管理组织 20世纪80年代，全县逐步建立健全宗教场所民主管理组织。1982年9月，基督教桐乡堂成立全县基督教第一个堂务委员会；1993年，桐乡福严寺成立全市佛教第一个寺院管理委员会；1995年，桐乡天主教堂成立全市天主教第一个堂务委员会。此后，全市宗教场所按照批准一个、成立一个的原则，均建立场所民主管理组织。

宗教政策和宗教事务 新中国成立初期，宗教工作由县人民政府管理，正常宗教活动得到国家宗教政策保护。其间，佛教活动除少数寺庙尚有佛事活动外，基本流传于民间；基督教活动在崇德、桐乡两县的基督教堂和基督教聚会点常有开展，石门、崇福两教堂及碓坊桥聚会点，因教牧人员不适应形势或缺乏教牧人员而停止活动。1957年，桐乡县成立基督教三自爱国学习会，学习会主席杨步道，秘书章赞舫，每季在桐乡教堂活动一次，学习时事政治，并吸收各教堂主要负责人参加，由县政府民政科派员辅导。

"文化大革命"期间，宗教工作受到冲击，各项工作被迫停止。

十一届三中全会以后，贯彻党的宗教信仰自由政策，依法管理宗教事务，坚持独立自主自办原则，引导宗教与社会主义社会相适应，人民群众的宗教信仰需求得到基本满足。1982年，贯彻中共中央《关于我国社会主义时期宗教问题的基本观点和基本政策》，协助恢复爱国宗教组织，支持开展合法宗教活动。同时，加强与有关部门联系，协调落实宗教房屋政策。1983年，崇福、屠甸、石门腾退宗教房屋3处300平方米，石门、乌镇两地折价补偿被拆除教堂房产226平方米5520元。1984—1990年，全市妥善处理一批宗教历史遗留问题，宗教房产政策基本落实，宗教界人士中的冤假错案得到平反。同时，协调恢复、建立爱国宗教团体2个，批准开放基督教活动场所8堂4点，佛教寺庙1所，宗教活动基本恢复正常。

20世纪90年代，逐步完善宗教管理事务。1992年，县政府印发《桐乡县宗教活动暂行管理条例》，建立宗教工作联席会议制度，规范宗教活动行政管理，全县22个乡镇、5个重点宗教活动场所成立宗教行政管理小组。同时，在宗教界人士中组织开展爱国爱教，坚持独立自主、自办教会方针的学习教育活动，指导、协助办好骨干培训班，增强抵御境外敌对宗教势力渗透和地下宗教干扰的能力。是年，宗教界人士在嘉兴市、桐乡县人大、政协任职5人。此后，举荐宗教界人士任职工作常态化，职数保持稳定略有增加。1997年，举荐宗教界人士任嘉兴市政协委员1人，任桐乡市政协委员2人，其中常委1人。

21世纪开始，进一步规范宗教管理事务。2003年，实行宗教活动场所年检制度，引导开展"五好场所""五好信徒"评比和"平安寺院""平安教堂"创建等活动。是年，年检年审宗教活动场所21处，评出"五好场所"13处，"五好信徒"297人。2004年，举荐宗教界人士任嘉兴市政协委员1人，任桐乡市政协委员3人，其中常委1人。2005年，评出"五好场所"9处，表彰"五好信徒"344人；指导、协调任期到届的场所班子完成换届选举9个。2007年，组织宗教骨干政策、法律法规知识学习培训9批次500余人；指导任期到届的基督教堂管理班子完成换届选举3个；协调落实佛教协会办公用房迁建、石佛寺扩建用地，并走访慰问生活困难的宗教教职人员55人。是年，宗教界人士任嘉兴市政协六届委员1人，任桐乡市政协七届委员4人，任桐乡市第二届青联委员1人；福严寺、桐乡基督教堂被确定为嘉兴市"平安寺院""平安教堂"创建工作示范点。2010年，围绕上海世博会安保工作，开展宗教界保平安、消防安全工作"四个能力"（检查和整改火灾隐患能力、扑救初期火灾能力、组织引导人员疏散逃生能力、消防安全知识宣传教育培训能力）等活动；会同市劳动和社会保障局出台《关于桐乡市宗教教职人员社会保障工作实施的通知》，在自愿基础上完成首批宗教界教职骨干人员社会养老及医疗保险参保手续52人。同时，引导宗教界参与省"和谐寺观教堂"、嘉兴市"星级平安宗教活动场所"评创活动。至年底，全市24处宗教活动场所全部达到嘉兴、桐乡两级"平安宗教活动场所"创建标准。被评为嘉兴市首批"三星级平安宗教活动场所"10处，评为桐乡市2009年度"五好宗教活动场所"称号9处，表扬"五好宗教活动场所”14处、桐乡市级“五好信徒”60人、场所级“五好信徒”519人。福严寺、桐乡基督教堂被评为全省首批“创建和谐寺观教堂活动先进场所”“和谐寺观教堂”称号。2011年,全面推广宗教场所“和谐寺观教堂”创建活动,创建率列嘉兴市首位。是年,新增省级“和谐寺观教堂”称号2处,新增嘉兴市级“三星级平安宗教活动场所”称号3处。2013年,做好全市宗教界人士学习贯彻工作,会同市社会主义学校举办宗教界十八大精神专题报告会,建立全省首个宗教反邪教警示教育基地;加强宗教工作信息化管理,完成宗教信息管理系统建设,全市宗教团体、活动场所、教职人员的相关信息,录入管理系统信息库;完善宗教教职人员社会保障工作,对以宗教场所为缴费单位的备案教职人员的养老保险、基本医疗保险部分由市财政补贴25%。是年,市天主教堂、新生基督教堂、大麻基督教堂被评为省级“和谐寺观教堂”称号。

2014年,配备专职民宗干部,建立村、社区民宗联络员网络,开展不同层面业务培训,实现全市基层民宗工作协调小组全覆盖,依法管理宗教事务;开展省级“星级宗教活动场所”创建工作,桐乡市天主教堂、新生基督教堂、大麻基督教堂、亭桥基督教堂被评为“三星级平安宗教活动场所”称号,福严寺被评为第二届全国创建“和谐寺观教堂”先进集体称号;继续实施宗教教职人员养老保险、基本医疗保险财政补贴25%,2013年、2014年两年间落实补助经费71251元。同时,在全市宗教界开展以爱国主义为主题的“寻梦中国·正言正行”教育实践活动,结合反邪教宣传举办爱国爱教培训班,培训宗教界骨干200余人。

支持参与经济建设和社会慈善活动　20世纪90年代起,结合改革开放深入,引导和支持宗教团体、宗教界人士参与经济建设和社会慈善活动。1992年,支持爱国宗教团体创办以自养为目的的服务企业,参与赈灾捐赠等社会公益事业。1998年,组织全市宗教界开展向长江、嫩江、松花江流域特大洪涝灾区“献爱心、赈灾捐款”活动,全市佛教、基督教、天主教团体捐款27547元,其中信众个人捐款2070元。2002年,宗教界向社会捐款2.5万余元,其中捐赠桐乡慈善基金会1.2万元,捐资助学8000元。2006年,宗教场所向贫困地区、贫困家庭捐款9.95万元。有3名教职人员长期隐姓埋名为22名贫困学生捐款、资助2.8万元,1名教职人员向敬老院一次性捐赠棉被100条。2008—2009年,全市宗教界为雪灾地区及汶川大地震、地方修桥铺路、扶贫济困、结对助学、照顾孤寡等,向社会公益及慈善机构捐款160多万元。2010年,组织宗教界开展“百家场所百家情、心系社会献爱心”活动,为玉树地震灾区、扶贫济困、结对助学、照顾孤寡等,向社会公益及慈善机构捐款40多万元。乌镇基督教堂、福严寺、香海寺获得嘉兴市第二届宗教慈善奖。2013年8月、2014年10月,组织宗教团体、宗教活动场所负责人参加“宗教界人士看桐乡”活动,参观重点民营企业、市博物馆、市植物园及乌镇镇上塔庙港“五水共治”现场等,向宗教界人士介绍桐乡经济社会发展概况,激发爱国之情。是年,宗教界开展“五水共治·宗教助力”活动,捐款12.7万元、认领清理河道10.3公里、植树2000余棵。

宗教活动场所　新中国成立初期,崇德、桐乡两县有佛教寺庙近百所,除少数具有深厚文化底蕴的寺庙外,多数为小庙小庵;基督教堂8处,分布在梧桐、濮院、崇福、屠甸、亭桥、乌镇、堆坊桥、石门等地;耶稣聚会点1处,在乌镇西栅。20世纪50—60年代,一些寺庙因年久失修被拆除,一些寺庙被作粮库等使用,有佛事活动的寺庙所剩无几。“文化大革命”期间,寺庙、教堂等基本被毁。

20世纪80年代,落实宗教政策,被占的寺庙、教堂房产逐步清退归还。同时,合理布局,修缮、重建并批准开放一批宗教活动场所,支持开展合法宗教活动。1984—1990年,先后批准开放乌镇、屠甸、濮院、崇福、炉头、亭桥、梧桐、石门等基督教堂8个,新生、庙牌、洲泉、大麻等基督教活动点4个;批准开放福严寺为佛教活动场所。1995年2月,桐乡天主教堂依法登记对外开放。1997—1999年,办理登记、批准开放宗教活动场所17处,其中佛教寺院5处,基督教堂点11处,天主教堂1处。境内伊斯兰教未设活动场所。2000年10月,在市区茅盾东路异地迁建桐乡基督教堂,主体建筑923平方米、附属建筑432平方米,2001年5月竣工迁入使用。至2001年,全市批准开放宗教活动场所21处,其中佛教寺院9处、基督教堂点11处、天主教堂1处。2005年10月，梧桐天主教堂依法登记对外开放。此后，逐年批准开放一批宗教活动场所。至2011年，全市批准开放宗教活动场所24处，其中佛教寺院11处、基督教堂11处（不含基督教以堂带点4处）、天主教堂2处。

2014年，全市批准开放福严寺、凤鸣寺、演教寺、慈云寺、双庆寺、寂照寺、石佛寺（福田寺）、德政寺、崇庆寺、香海寺、龙翔寺、祇园寺等佛教场所12处，桐乡教堂、崇福教堂、亭桥教堂、炉头教堂、乌镇教堂、濮院教堂、周家兜教堂、屠甸教堂、新生教堂、洲泉教堂、大麻教堂等基督教堂11处，梧桐天主教堂、桐乡市天主教堂等天主教堂2处。

第五节　经济领域统一战线工作

【中华人民共和国成立后经济领域统一战线工作】

恢复和发展国民经济　中华人民共和国成立初期，恢复和发展国民经济，成为统战工作的重要内容之一。县委、县政府及统战部根据中共七届二中全会关于对“私人资本主义经济，必须既利用又限制”的政策，注意引导和发挥私营经济人士的积极性，合理调整工商业促进国民经济的恢复和发展。

1950年6月，桐乡、崇德县（简称两县）贯彻中共七届三中全会决议和毛泽东在会上所作的《为争取国家经济状况的基本好转而斗争》的报告以及省委、地委有关指示，开始第一次工商业调整。采取扩大委托加工、计划订货、统购促销和联营、联产、联销业务等措施，调整国营经济和私营经济的关系，扶持私营工业、个体手工业恢复生产；按照“劳资两利”原则和“既要保障劳动者的合法权益，又要使资方获得正当利润”的精神，调整劳资关系，促使劳资关系逐渐趋向缓和；调整产销关系，引导不适应国民经济需要、生产过剩的行业、产品及时转产。其间，崇德县批准无发展前途的私商转变经营项目50余户。是年，两县私营商业的经营状况明显好转，经营户由歇业多转变为开业多，职工由失业多转变为从业多。崇福镇申请歇业的商店4月前有124户，至9月减至2户；申请复业或创业的商店7月只有3户，至9月剧增到35户。

1951年4—11月，两县执行中财委《私营企业重估财产调整办法》和《私营企业暂行条例施行办法》，对私营商业进行财产重估、全面登记，核发营业许可证。两县共登记私营商业户6267户，从业人员10679人，资本总额269万元。

1952年1月，两县遵照省、地委的部署，开展“五反”运动。3月，两县县委成立“五反”办公室，开展工商登记，税源普查，按工商户的资金、规模，划分大户、中户、小户和无职工户，并根据群众检举和工商、税务部门掌握的工商户违法情节轻重、违法所得多少、政治态度好坏等情况，进行工商户分类。其间，桐乡县查补偷漏税款69206元，崇德县处理抬高物价、掺杂冒牌投机案件7件，其中移交法院处理1件。是年下半年，经过“五反”，私商经营消极，业务下降，出现私有商业萎缩过快，在社会商品零售额中的比重和占有份额急速下降的局面。桐乡县1—10月社会商品零售额与上年同期相比，国营增长228.6%，合作社增长301%，而私营却下降了22.7%。6月28日，两县县委执行地委指示，暂停“五反”运动。12月，贯彻中央第二次工商业调整指示，两县调整商业经营范围和品种，国营和供销社商业退出100多种零售商品给私商经营；调整银行贷款种类和额度，对私商开展小额、短期信用贷款，额度从1951年的2.05万元增加到1952年的26万元；调整税负和征税方法，营业税从1952年的136.7万元调到1953年的131万元，所得税从122.7万元调到73.2万元，并对负担过重的私商纳税户给予退税，对小商户，给予免征税，桐乡县当年给854户私商退税56424元，鼓励私商积极经营。两县各级党组织和政府部门协调工、青、妇等群团组织，巩固和完善劳资协商队伍和组织体系，发挥协商作用，改善劳资关系，共商经营办法，共担经营责任。

手工业和资本主义工商业的社会主义改造　1953年，全县资本主义工商业（包括手工业）的社会主义改造全面展开。

手工业的社会主义改造　1953年，两县“积极领导，稳定推进”手工业的社会主义改造。至年底，两县参加手工业社、组的人数占从业总人数的94.2%,年总产值占全部手工业总产值的94.7%。1954年4—5月,两县县委设立供销手工业部,两县政府设立手工业管理科,各镇建立手工业改造工作组,加强对手工业改造的领导。6月,两县实施对粮、棉、油统购统销,完成对私营棉布商的社会主义改造。桐乡县棉布业国营、供销社和私商营业额比例,由改造前的16.4∶54.5∶29.1,转变为改造后的11.7∶46∶42.3,私营棉布商店营业状况迅速好转,企业转亏为盈。7月,两县贯彻中央《关于加强市场管理和改造私营商业的指示》,实行第二阶段全行业私私合营、公私合营,小商小贩则组织合作商店、合作小组,个别直接过渡为国营公司或供销合作社门市部。8月,两县建立商改办公室,各镇建立商改工作组,对城镇和农村商改工作作出分工,供销社负责农村私商改造工作,各大镇召开镇委扩大会议,党支部书记和商改工作组全体人员参加,研究所在镇的商改工作。至1955年12月,崇福、梧桐、石门、濮院、乌镇、洲泉等镇的百货、烟酒、南北货、茶叶、新药、文具纸张、图书、食盐8个行业的1121户私商,全面实行经销、代销;两县手工业社、组增加到55个,社(组)员1086人,经营盈余45058元,比1954年增长122%。

私营工业的社会主义改造　1955年12月,两县实施私营工业的社会主义改造。22日,桐乡县委印发《对私营工厂实行国家资本主义方案(草案)》,决定对已具备公私合营条件的屠甸仁和油坊、乌镇冶坊和需改造为公私合营的乌镇造船厂、酒酱酿造厂实施公私合营,对产销不正常、还不具备公私合营条件的公大加工厂、乌镇印刷厂,不实行公私合营。27日,崇德县委印发《关于对私营工厂实行公私合营的方案》,决定对担任国家加工任务,已成为国家资本主义的油脂加工厂3家、碾米厂1家和精洗麻厂1家,对照私营工业企业实行公私合营的条件,分批实行公私合营。

私营工商业的社会主义改造　1956年,两县私营工商业的社会主义改造进入高潮。工业方面,乌镇造船厂完成私方资产的核资定股,成为公私合营企业。3月,两县根据私方提出申请的先后、企业基础的好坏,采取"先易后难,相同行业集中办理"的方法,对私营工业企业进行财产估价、债权债务清理和国家赎买,实行公私合营。对已实行公私合营的企业,两县按照"以大带小,以先进带落后"的原则,调整企业的分布及规模。分别对洲泉北公和油坊、振和加工酿造厂,乌镇新光铁厂、联合印刷厂及屠甸源泰协酒厂等5家企业进行同行撤并,将公私合营乌镇联合印刷厂迁至梧桐镇与公私合营梧桐印刷厂合并,建成桐乡印刷厂。将乌镇联合制革厂迁至海宁县硖石镇,增开乌镇联合布厂。合营企业由政府主管部门派代表负责,私方人员按照"量才录用,适当照顾"原则安排职务,共同负责经营管理。对核定的资方私股,付给年息5%的定息(至1966年10月停止付息,公私合营工业企业全部转为地方国营企业),取代原"四马分肥"。至年底,两县公私合营工业企业调整为17家(桐乡县10家,崇德县7家),年产值714.60万元,比1952年22家私营工业企业的年产值增长105.7%。手工业的社会主义改造基本完成。桐乡县成立手工业合作社、组74个1950人,占全县集镇从业人数的92%;崇德县成立手工业合作社、组70个1398人,占全县集镇从业人数的97.4%。两县农村手工业者在农业合作化过程中,逐步组成农业生产合作社的副(工)业组,从事副业生产,享受社员待遇。商业方面,两县按照"利用、限制、改造"私营商业的方针,对资本在2000元及以上、雇工4人及以上的私营商业实行全行业公私合营;对小商业以合作为主,少数直接过渡,个别实行经销、代销。对转为公私合营的私商进行清产核资,实行国家赎买,付给私方年息5%(至1966年10月停息)。私方人员按照"量才录用,适当照顾"原则,分别安排国营商业公司、供销合作社及公私合营商店领导职务80余名。工资采取多种形式,公私合营商业实行固定月薪;合作商店实行基本工资加奖励;服务行业实行拆账工资或计件工资;合作小组则自负盈亏。6月,崇德县批准改造私营商业户1831户,占私商总数的91.3%。其中公私合营48户,合作商店20个220户,合作小组89个923户,代购代销329户,经销及自营282户,直接过渡到国营商业29户。10月,桐乡县私营商业直接过渡为国营、供销社门市部的占1.8%,公私合营的占5.4%,合作商店占29.6%,合作小组占49.3%,保持原有形式的占13.9%。至年底，两县私营商业转为国营、供销社、公私合营、合作社、组的占95%。

在实施私营工商业社会主义改造的同时，两县采取扩大、合并、新设、迁移等办法，逐步调整城镇商业网点分布，新设商业网点2066个，其中服务网点884个。同时，发动小商小贩自愿到附近农村设点经营。至1956年底，两县改造农村私商3741户7438人，占两县农村私商总数的97%。商改后，两县基层供销社和合作社商店在农村共设下伸店153个、职工205人，代销烟酒、糖果及日用小百货。

引导参与社会主义建设 1953—1957年，两县在国民经济得到恢复和发展的基础上，开始执行发展国民经济第一个五年计划。县委、县政府开展中国共产党过渡时期总路线的宣传和教育，统一思想、统一认识，引导私营工商业者积极为实现过渡时期总路线而努力。

1956年，两县在私营工商业的社会主义改造基本完成后，在行业内组织开展社会主义劳动竞赛活动。经过改造后商业职工积极参与，涌现出一大批先进工作（生产）者，商业经营业绩不断上升。至1957年底，两县合计全社会商品零售总额3565万元、农副产品收购2169万元，分别比1952年增长29.6%和10.7%。交通运输和邮电事业也发展迅速。其中交通运输：1952年有客轮2艘、座位100个，1957年增加到客轮10艘、座位703个，客运量从每年7.30万人次增加到50.19万人次，增长5.87倍；货运量1952年为10.27万吨，1956年两县分别建立木帆船运输合作社，1957年达14.24万吨，增长38.66%。邮电事业：1953年，两县建立邮电局，到1957年共设立邮电机构25处。邮电业务收入从1952年的7.25万元增加到1957年的15.25万元，增长1.1倍；报刊发行量从1952年的5800份增加到1957年的1.73万份；邮路总长度从1952年的272公里增加到1957年的1826.5千米，增长5.7倍；电话交换机容量从1952年的290门，增加到1957年的465门，增长60%。两县手工业系统在开展劳动竞赛和增产节约运动中，克服过去“同行是冤家”、“技术私有”等思想，行业内长期形成的经商陋习逐渐消除，生产能力提升。梧桐镇14个手工业社、组，完成产值49.84万元，实现销售收入39.18万元，分别比1955年增长62.9%和46.5%，企业盈利3.68万元。崇德县各手工业社、组，利用积累资金添置车床1台、内燃机2台、发电机1座，生产条件得到改善，逐步实现生产工具的半机械化。

“一五”期间。两县工农业生产总值累计36330万元，年平均增长3.07%，其中工业年平均增长9.76%。工业产值占工农业总产值的比重，从1952年的15.49%提高到1957年的20.76%。两县五种主要工业品产量大幅增加。1957年，年产白厂丝57吨、木制农船311艘、铁锅9万只、白酒505吨、食用油1988吨，比1952年分别增加39%、5.3倍、50%、15.8倍和57.9%；产品质量也显著提高，白厂丝、铁锅正品率分别达99.5%和90.33%，菜籽出油率达到32.6%。两县具有区域特色的工业格局基本形成。至1957年初步形成以食品工业为主，机械、电子、纺织、造纸、皮革工业等为辅的工业结构；全民所有制工业企业达39家，集体工业企业达129家，个体私营企业降至676家。当年，两县共实现工业总产值2394万元，其中国有经济1838万元，集体经济503万元，个私经济53万元，比1953年增加368万元，其中国有经济增加1111万元，集体经济增加489万元，个私经济则减少了1232万元。两县商业贸易呈现较好发展势头。社会商品零售额年平均增长6.72%，1957年比1952年增长38.42%；农副产品收购总值年平均增长4.51%，1957年比1952年增长24.7%。1957年，主要农副产品收购量为络麻5100吨、大麻137吨、晒红烟1929吨、蚕茧2734吨、小湖羊皮134149张、菊花596吨、生猪45147头。

1958—1960年，全县经济比例关系失调，人民生活遇到很大困难。1961年起，县委、县政府执行中央关于国民经济“调整、巩固、充实、提高”的方针，整顿工业、加强农业，农村务工劳力归队，纠正“一平二调”，工业贯彻“鞍钢宪法”，改善和加强生产经营管理，推进经济效益提高。同时，调整农业、工商业经营管理体制，调减农业税收，对蚕桑、畜牧生产实行奖励政策，进行农田电力排灌和圩区建设，开展各行各业大力支援农业，农业生产得到复苏。至1962年，全县工农业总产值9003万元，比1957年增长13.35%，其中农业产值5597万元，超过1957年水平，粮食总产量比1957年增加35735吨；

工业总产值3406万元,比1957年增加1012万元。社会商品零售总额5803万元,预算内财政收入1533万元,比1957年分别增长52.36%和43.94%。

1963—1965年,全县继续贯彻中央"八字"方针,加强综合平衡,促进国民经济各业协调发展。农业生产在抓粮食稳定增产的同时,大力恢复和发展蚕桑、畜牧生产。至1965年,全县工农业总产值10736万元,社会商品零售总额6311万元,比1962年分别增加1733万元、508万元。

【改革开放后非公有制经济领域统一战线工作】

支持非公有制经济发展　1979年,县委、县政府贯彻中共十一届三中全会精神,解放思想,为恢复、保护和鼓励个体、私营经济健康发展,逐步取消一些限制性规定。之后,全县个体私营工厂逐步增加。1985年,县委、县政府先后举办发展家庭工业经验交流会,召开个体劳动者代表大会,引导发展个体经济发展。至年底,全县有城乡个体工业693户,从业人员1833人。1990年,全县轻纺加工和修配服务业发展迅速,个体工业增至2157户,从业人员5443人,年产值3448万元。1992年2月,县委批转统战部对县工商联转变性质和职能问题的报告,支持县工商联发挥沟通、联系广大工商业者和非公有制经济代表人士的桥梁和纽带作用。1993—1994年,市委统战部推荐一批个体私营经济代表人士为人大代表、政协委员和工商联常执委,各大镇确定了非公有制经济代表人士联络员,支持他们参政议政,参加各种社会活动。1994年,桐乡市非公有制经济代表人士中,有嘉兴市政协委员1人,桐乡市人大代表1人、政协委员7人,嘉兴市工商联常委1人、执委1人,桐乡市工商联(以下简称市工商联)常执委9人,其中被嘉兴市评为1993年度先进工作者2人。1999年,市委统战部组织市工商联对全市年产值100万元以上的非公有制企业和部分非公有制经济代表人士情况开展调查,汇总非公有制企业大户157家,写出《关于桐乡市"百户"非公有制企业基本情况的调查与思考》;发动各民主党派开展非公有制经济发展现状专题调研,写出调查报告9篇,并通过《统战情况反映》转发《关于发展杭白菊的几点建议》《大力发展桐乡特色农业、积极推进农业现代化建设》《关于对国有改制试点企业回头看的建议》等调查报告6篇,供市委、市政府决策参考。同时,指导市工商联贯彻"团结、引导、教育、服务"的方针,加强与非公有制经济企业的联系,调整会员结构。至年底,市工商联有会员347个,其中国营企业36家、集体企业152家、合资企业13家、私营企业51家、个体工商户95户,非公有制经济会员占总数的45.82%。

进入21世纪,县委、县政府进一步增强对非公经济的支持力度,加强调研,引导和支持非公经济人士参与社会活动、开展参政议政、促进非公有制经济健康发展。2004年,市委统战部、市工商联召开工作会议,9名民营企业家在会上发起"争做社会主义事业建设者"的倡议,在全市民营经济人士中开展"争做社会主义事业建设者"活动。是年,评出桐乡市"2003—2004年度优秀社会主义事业建设者"称号19人(民营企业家17人、个体工商户2人),嘉兴市级优秀社会主义事业建设者称号12人,获奖人员分别在嘉兴市和桐乡市三级干部大会上表彰,陈士良获得"浙江省优秀社会主义事业建设者"称号。2007年,组织开展2006年度产值2亿元以上规模民营企业、2007年度非公有制经济代表人士和新社会阶层情况"三项"调查。是年,完成规模民营企业调查32家、副会长以上非公有制经济代表人士8人,桐昆集团、浙江新凤鸣化纤有限公司、凤鸣合纤有限公司等3家企业,进入全国民营企业500强。2008年,组织开展新社会阶层代表人士评估工作。完成首批非公经济代表人士综合评价133人,形成数据库,实行动态管理。市工商联集中发展一批非公经济商会会员,调动基层商会积极性,并在九届二次执委会上,对2006—2007年度基层商会先进单位和先进工作者进行表彰,增补常委8人和执委6人。

2010年,市委统战部、市工商联协调建设银行为210家民营企业融资,确定授信企业13家,授信额度2.25亿元,为非公有制经济企业排忧解难。同时,拓展商会网络,组建崇福镇五丰村商会,实现嘉兴全市村级商会零的突破。2011年,举办第三期《生产经理科学管理实战》高级研修班,开展"法律服务民营企业"专项活动,抓好非公有制企业创先争优工作,并在恒基建设集团有限公司设立"统战文化进企业实践基地”，为企业转型升级，实现发展强、党建强，引导非公企业坚定党的领导和中国特色社会主义道路。

2013—2014年，在全市非公经济人士中开展以“四信”（信念、信任、信心、信誉）为主要内容的理想信念教育实践活动，把“与党同心”的思想、“义利兼顾”的理念和个人品德修养有机结合起来，完善优秀民营企业家培养机制，并重点指导树立桐昆集团、华友钴业、恒基建设、铭龙控股、嘉名控股等5家企业和温州商会为开展教育实践活动的先进典型，推进协会、商会规范化建设；组织开展嘉兴市“最具社会责任感企业及企业家”推荐评选和优秀社会主义事业建设者评比工作，鼓励非公经济人士参与光彩事业和新农村建设。同时，组织优秀建设者8名参加中央社会主义学院培训、民营企业家3名赴香港理工大学研修、企业经营者35名参加全省企业管理名师论坛、企业负责人200多名参加桐乡商界论坛，引导非公经济人士提升能力素质；聘请资深律师7人、公证员1人，成立法律服务中心，维护民营企业的合法权益，为企业发展提供法律保障；引导非公企业主动承担社会责任，参与全市“五水共治”，捐款5886.70万元。

落实非公有制经济人士政策 1979年11月，县委统战部执行中共中央批转中央统战部等六个部门《关于把原工商业者中的劳动者区别出来问题的请示报告》，开展对全县原工商业者“三小”区别工作。至1980年底，查明全县原工商业者1001人，区别为劳动者764人（职工21人，其他劳动者144人，小商贩345人，小手工业者18人，小业主236人），占总人数的76.3%。同时，根据党的有关政策，对“文化大革命”期间的不实之词，予以推倒；落实“文化大革命”中被取消或扣减高薪的原工商业者政策4人，补发工资5900元；复查纠正被错判的原工商业者1人，解决被精简下放原工商业者生活费和医药费6人；补员招工1975—1977年退休或死亡后子女没有补员的原工商业者子女20人；发还1959年为兴办县畜牧场向工商界小商贩筹集投资款72000余元。至1984年，全县原工商业者高薪、扣发工资、查抄等政策问题全面落实，“三小”区别工作结束。

教育培训 1996年6月27—28日，市委统战部会同市工商联、市工商局在桐乡市委党校举办全市第一期非公有制经济代表人士培训班，进行中共十四届五中全会理论辅导和工商、税务法规等内容的培训辅导，参加人员38人。1998年6月29—30日，市委统战部会同市工商联、市工商局举办全市第二期非公有制经济代表人士培训班，进行中共十五大精神、国际国内经济形势、工商及税收法规等内容的辅导和座谈讨论，参加人员51人。2000年6月28日至29日，举办第三期非公有制经济代表人士培训班，进行市场经济理论、企业管理、企业技术创新为主要内容的培训，全市非公有制企业147家的代表人士参加。

2003年，组织企业家和基层商会领导14人参加培训，举办全市基层商会会长赴中央党校集中学习7天。2004年，组织企业家赴中央党校学习6人；组织企业家和有关部门领导赴新西兰、澳大利亚学习考察14人；组织企业家赴欧洲学习考察6人。全年参加培训和论坛的共有600多人次。

2005年6月，市工商联、经贸局、工商局联合举办“班组长管理实务与案例”专题讲座，邀请生产现场管理专家周士量授课，全市近20家企业参加培训120多人。11月，联合举办“赢在中层”专题讲座，由时代光华培训管理学院桐乡教学中心承办，邀请时代光华发展公司总裁方永飞作演讲，450人参加。是年，工商联协助有关部门举办经济论坛《当前国家宏观政策取向与对策措施》企业家论坛、《推进中小企业发展战略》论坛、《浙商（桐乡）人才战略与企业发展》论坛和一次《人力资源管理》专题讲座。邀请国内外知名专家、讲师和企业家作演讲。

2007年，邀请全国著名财税管理专家、浙江财经学院博士生导师刘初旺就《2007年最新税收政策与企业如何合理化避税》举办专题讲座，全市会员企业近130名财务人员参加培训；邀请资深生产管理专家陈良杰作“如何做一名出色的一线管理干部”专题讲座，近100名生产管理人员参加培训。组织2名企业经营者赴中央党校参加理论培训；落实1名企业经营者参加清华大学总裁班学习；选送1名领导干部赴省工商联 参加政治和业务学习。是年，市工商联被评为2007年度省工商联系统宣传教育工作先进单位。

2009年,市委统战部、市工商联通过举办企业经营者论坛、选送优秀建设者赴中央社会主义学院学习、开设为期4个月的生产经理高级研修班。是年,市工商联连续第三年被评为全省工商联系统宣传工作优秀单位。2010年3月,举办第二期生产经理高级研修班和企业所得税操作实务与策划技巧讲座。11月,市工商联委托咨询公司在市委党校举办为期2天的讲座,讲解2010年企业所得税汇算清缴操作实务与策划技巧,110名企业财务人员参加培训。是年,组织4名优秀建设者和非公经济人士参加中央社会主义学院培训,选送1名企业经营者赴香港理工大学学习。2013年,市委统战部、市工商联、经信局、党校联合举办全市50强企业高管综合研修班、"百企千亿工程"企业综合管理知识高级研修班、两新组织"党务红领"培训班、第五期生产经理科学管理实战高级研修班、第三期《桐乡论坛》,企业中高级管理人员517人次参加。组织发动青年企业家赴香港理工大学、优秀建设者赴中央社会主义学院、会员企业参加上海自贸区与嘉兴发展专题讲座等学习培训19人次。

2014年,组织优秀建设者参加中央社会主义学院培训8人、企业家赴香港理工大学研修3人、企业经营者参加全省企业管理名师论坛35人、企业家参加嘉兴市工商联举办的当前经济形势分析报告会15人。举办桐乡商界论坛,邀请浙江大学孙家良教授作《当前宏观经济运行环境、趋势与企业发展对策分析》专题辅导,全市200多名企业负责人参加。

联系服务　1988年起,市工商联与会员及省内外100多个县(市)工商联一直保持横向联系和交流。每年组织私营企业参加华东六省一市举办的工商联商品交易大会。1993年10月,组织企业参加全国工商联在北京举办的大型商品展销会,达成几十万元的交易额。7月,推荐燕君羊毛衫厂厂长范剑平、永秀永生丝棉厂厂长陆路平参加省工商联组团访问香港,进行贸易洽谈。1999年10月,市工商联会同工商局等5个部门,推荐桐乡电声总厂为浙江省非公有制经济第二届"双文明企业"。11月,推荐灵安天女稀土永磁材料有限公司、桐昆集团等企业3名涉外企业管理人员去杭州参加国际经贸实务与风险防范培训。全年出刊《桐乡工商》4期。2000年8月8日,成立"桐乡市非公有制经济维权服务中心"和"桐乡市工商联法律服务室",为会员提供法律咨询。

2002年6月,全国工商联八届十次常委会在嘉兴召开期间,发放宣传桐乡资料1000多份。邀请香港厂主联合会常务理事、香港国际大班有限公司王廷毅先生来桐乡举办"中东经济形势分析和机遇"演讲会;组织有关会员企业参加英国投资局在上海召开的英国投资研讨会;在第四次非公有制经济人士培训班上,尝试与杭州临界企业管理咨询有限公司合作;与浙江开发律师事务所签订合作协议;组织执委参加希望集团总经理刘永好报告会。是年,引进内资项目屠甸花木基地1个,总投资1000万元;引进中外合资项目新型装饰材料1个,总投资155万美元。2003年6月,嘉兴市工商联、工商银行嘉兴分行联合下发《关于加强合作共同推进中小企业发展的会谈备忘录》扩大融资,首批推荐中小企业9家。

2004年,市工商联组织近20家企业参加省工商联举办的"浙江与海外发展论坛—浙江民营企业与跨国公司对话"活动。邀请3位上海客商参加2004(上海)桐乡投资环境说明和新闻恳谈会。全年出刊6期简报为会员提供有关政策、法规、科技、经贸等信息;帮助会员企业联系民工468人(外地民工268人、本地200人),安排就业150人(下岗失业人员2人。成功举办"企业现场管理实务和案例""管理者思想风暴"培训班和两次企业家论坛,论坛邀请兽王集团董事长姜华和省工商联副会长、华立集团董事局主席汪力成企业家出席交流。2007年11月,市工商联与外经贸局联合组织全市家居建材行业20多家企业参加"美国中国家居建材采购中心推介会",与外商达成合作意向的企业7家。

2009年4月,市工商联与工商银行桐乡支行进行沟通,走访温州商会、台州商会,确定7家企业,落实贷款授信额度7000万元;6月,为12家中小企业确定首批授信额度6700万元。2010年2月,市工商联联合建设银行向210家企业发放信贷需求调查问卷。经过筛选,确定授信企业13家,授信额度22495万元。5月,市工商联与嘉兴银行桐乡支行合作,分别在桐乡乐清商会、台州商会设立金融咨询服务点。至11月底，在工商联的牵线下，与嘉兴银行桐乡支行合作的商会有桐乡乐清商会、台州商会、温州商会和毛衫染整商会等，建立信贷关系企业68户，授信金额14205万元。2013年5月，在全市组织开展“十万浙商进百区”活动（动员和组织约10万名浙商，与浙江省100个左右的各类产业集聚区、开发区、园区、重点城区开展项目考察、对接洽谈，为争取促成1000个以上投资项目落户本省），组织大型活动1场，邀请浙商1200人次，落实签约项目数11个；组织开展摸底调查，据统计，全市在外投资经商有636家；着手筹建北京市桐乡商会和杭州市桐乡商会。全年组织活动19场次，参与浙商1247人次，累计签约项目共12个，投资额为41.806亿元，其中签订投资合同10个，投资额为40.406亿元。

2014年，组织行业协会商会、异地商会、基层商会分别赴张家港、宜兴、吴江、桐庐等地学习考察；组织14名企业家赴山东省威海市、荣成市学习考察；参观荣成经济开发区高端产业园、中小高新企业、农业产业项目庄园经济；参加2014年海峡两岸海洋食品博览会开幕式暨中韩边贸城开业庆典；组织15名工商界委员走进浙江传媒学院桐乡校区召开与企业融合发展座谈会，并达成企业文化建设、学生实习就业等多项合作意向。

创优活动　2003年，桐乡市级开始开展省、嘉兴市、桐乡市三级优秀中国特色社会主义事业建设者推荐、评定、表彰工作。2003—2004年为第一届，桐乡市健民过滤材料有限公司董事长兼总经理尤健明、浙江巨匠建设有限公司董事长兼总经理吕耀能等17名企业家被评为优秀建设者；2005—2006年为第二届，浙江华友钴镍材料有限公司董事长兼总经理陈雪华、浙江恒基建设发展有限公司董事长兼总经理吕德坤等9名企业家被评为优秀建设者称号。2007年，开展由全国工商联部署的2006年度产值2亿元以上规模民营企业调查，完成32家企业的调查；桐昆集团、浙江新凤鸣化纤有限公司、凤鸣合纤有限公司3家企业进入全国民营企业500强。是年，开展全市基层商会2006—2007年度先进单位和先进工作者评比表彰活动，评选出6个先进单位和18名先进工作者。2007—2008年为第三届评优活动，嘉兴恒美服饰有限公司总经理钟志新、浙江天女集团制漆有限公司董事长姚珄铭等7名企业家被评为优秀建设者称号；2009—2011年为第四届，浙江汇丰经编针织有限公司董事长沈年福、浙江浅秋针织服饰有限公司总经理高海松等8名企业家被评为优秀建设者称号。4届共评出优秀建设者称号50人。陈士良、张毓强、沈耿亮等23名企业家分别被评为嘉兴市一至四届优秀建设者称号。陈士良、张毓强、庄奎龙3名企业家分别被评为浙江省一至三届优秀建设者称号。

2014年，与司法局联合成立民营企业法律服务中心，聘请7名资深律师和1名公证员组成服务团；推动成立首个桐乡市温州商会人民调解委员会，助推“法治、德治、自治”三位一体社会治理模式改革；参加嘉兴市“最具社会责任感企业及企业家”的评选活动，推荐最具社会责任感企业家1人、社会责任感优秀企业家2人、最具社会责任感企业2家、社会责任感优秀企业1家；推荐1名企业家参加浙江电视台“义行天下”典型报道。在全市非公有制经济人士中开展第五届（2012—2014年度）桐乡市优秀中国特色社会主义事业建设者评选活动，8名非公有制经济人士当选。

建言献策　桐乡历届政协会议期间，工商联代表担任政协委员建言献策参政议政的有113人次。1994年，工商界政协委员滕柏根提交的《建议表彰、鼓励个体私营经济》提案被评为优秀提案、吴关庆的《粮食要上去切勿让农民吃亏》提案被列为重点提案。1995—1997年，范文汉的《严格查处假冒伪劣产品》、吴关庆的《抑制暴利现象的建议》、松朝祥的《协调发展第三产业》、沈建学的《加强村级政权建设》提案被列入政协重点提案。1997年8月，市工商联调查走访10多家个体私营企业和代表人士，形成《制约我市个私经济发展的情况反映》的调研报告，市委高度重视转发给各部门参阅。是年，有6名会员担任桐乡市政协委员，其中2人担任市政协常委，2人担任嘉兴市政协委员，1人当选为省政协委员；1人当选为桐乡市人民代表，1人当选为省人民代表；13人当选为嘉兴市工商联代表，其中当选为嘉兴市工商联执委的有3人；3人当选为省工商联代表；在政协会议上，市工商联5名非公有制经济界委员提交提案7件。2001年,在政协桐乡市五届四次会议上,工商联领导班子中的21名政协委员有11名委员建言献策,提交提案34件。2005年,在政协六届三次会议上工商界别的政协委员提交提案24件,其中团体提案3件,联名提案5件。《加强毛衫及相关企业的税收管理》《营造良好的投资环境》被政协评为优秀提案;《对污染企业进行定期和不定期核查,加大污染治理监管力度》被政协列为重点提案;"加强行业组织建设,服务经济发展大局"在大会上作重点发言。是年,完成《做大做强块状经济,促进桐乡经济发展》《做大做优小企业,实现工业经济稳定增长》两篇调研文章。其中,在市政协常委上作专题发言1篇,获得2005年度优秀调研成果三等奖1篇。2007年,在政协桐乡七届一次会议上提交个人提案14件,联名提案3件,有31人次以不同方式提出提案和建议。2011年,在七届政协五次会议上,工商界委员提出"走出去"战略、有序用电、城市管理、接轨沪杭等意见建议,提交团体提案3件、联名提案2件、个人提案8件。6月,工商联与有关银行合作,赴融资相对活跃的宁波市象山县就基层商会互助资金会运作进行专题调研;10月,起草《基层商会建立互助基金会的工作方案》。2013年,工商联以《政协提案》《勤政周记》《政协社情民意》等形式,向市委、市政府反映企业的呼声和要求,有10多篇得到了市委、市政府主要领导的批示。八届二次政协会议期间,组织工商联界别委员提交各类提案22件,其中团体提案1件,联名提案6件,个人提案15件,提案数量位居其他界别前列。是年,组织邀请安监局、国税局以及政协经科委等部门参加第四次工商联界别活动。

2014年,市政协八届三次会议期间,工商界政协委员围绕社会民生关注的热点问题共提交各类提案26件,其中联名提案8件,个人提案18件;召开全市协会商会和执委企业分片座谈会共征集意见建议22条;开展新生代企业家培养、民营企业文化建设、协会商会党组织建设3个方面专题调研;完成全国上规模民营企业调查表和全国民营企业社会责任调查各27份、全国工商联民营企业第十一次抽样检查51份、全国工商联民营企业"两个健康"调查52份,省工商联中国民营企业500强党建状况调研3份以及桐乡市民营企业传承调查100份等各类调查;陪同全国工商联党组书记全哲珠、副主席黄小祥和徐冠巨等领导调研小微企业发展情况、商会建设情况、会员发展和管理情况;陪同省工商联副主席黄正强、潘建璋、尹健等进行调研,走访。

光彩事业 20世纪50年代,工商联成立后就开始捐款捐物支持抗美援朝和国家建设。1986—1987年,全市非公有制企业捐助慈善事业、希望工程、抗震救灾等财物、资金780万元。1997年,工商联代表在市政协四届五次会议上作题为《以光彩事业为契机,做好非公有制经济代表人士思想政治工作》的发言。首次对非公有制经济会员开展"光彩事业"的宣传。是年,市工商联副会长、燕君羊毛衫厂厂长范剑平捐赠价值17.7万元的羊毛衫给淳安县贫困山区。1998年,长江、嫩江、松花江流域发生特大洪灾,市工商联组织非公有制企业开展"献爱心、赈灾捐款"活动,全市非公有制企业会员捐款捐物折合人民币125万元。

2000年年初,桐乡城东制革厂在嘉兴市光彩事业促进会成立大会上作经验介绍,有9位热心于光彩事业的业主担任嘉兴市光彩事业促进会理事,4位个私业主受大会表彰。8月,5位非公有制经济会员资助7名贫困生上大学。12月28日,全省县(市)级第一家光彩事业促进会桐乡市光彩事业促进会成立,并启动"百户结对扶贫工程"。2001年9月20—21日,市工商联、光彩事业促进会组织全市161名非公有制经济代表人士在桐乡一院进行免费健康检查,建立健康档案。12月28日,聘请桐乡一院、二院、中医院等全市5家医院26名专家医生担任市工商联会员企业及爱心人士的健康顾问。是年,全市参与"百户结对扶贫工程"的企业有115家,受助人数161人,扶贫结对金额31.55万元,如期完成"百户结对扶贫工程"。其中,经市工商联直接牵线搭桥的8名个私业主帮扶大学生10人。2002年1月,市工商联向全体会员发出开展"扶贫帮困献爱心"活动公开信,会员企业共捐款300多万元作为市慈善总会启动资金。桐乡市乐清商会会长梁银友等5名企业主结对帮扶5名贫困大学生,每年资助3000~5000元,直至大学毕业。12月,光彩事业促进会召开成立两周年理事年会,表彰先进集体30个,先进个人15人。

2005年12月28日，市光彩事业促进会第二次会员代表大会召开，全市82名代表出席大会。大会选举产生新一届理事会理事32人，理事单位7个；二届一次理事会产生会长1人、副会长11人、秘书长1名；企业家会长从原来的5人增加到8人；26个光彩事业先进集体和22名先进企业家受表彰。是年，37名企业家结对资助45名贫困大学生，资助总额100万元；参与“十村示范、百村整治”工程活动；桐昆集团、浙江天女集团有限公司等15家民营企业向全市民营企业发出倡议，开展联村、结对、帮扶活动及完善社会基础、文化设施等公益事业项目。2007年初，组织各基层商会动员企业家参与2007年的结对助学活动，有11名企业家结对资助11名贫困大学生；全市民营企业和企业家捐款或冠名基金超过2000万元。是年，温州商会会长陈飞与梧桐街道一户贫困家庭的白血病患者结对资助，每年资助6000元医药费。2008年5月，四川汶川特大地震发生后，市光彩事业促进会组织会员企业为四川地震灾区踊跃捐款，全市非公企业为地震灾区捐款2200万元。7月，在省委统战部、省农办、省工商联联合召开的全省民营企业参与社会主义新农村建设经验交流暨表彰会上，市工商联和桐昆集团分别获“组织引导民营企业参与社会主义新农村建设优秀组织奖”和“全省民营企业参与社会主义新农村建设贡献奖”。8月，组织第九次结对助学活动，召开结对资助贫困大学生座谈会，9名企业家与10名贫困学生结对，每年资助5000元直至大学毕业。对历年的助学工作进行跟踪服务，据统计，2000年后，有64名企业家与74名贫困学生结对，累计资助201人次，资助金额86万余元。12月，省委统战部、工商联、光彩会对11年来的光彩事业工作进行表彰，桐乡市获组织奖。是年，工商联与市农办、组织部、宣传部联合开展第三次“百家企业共建新农村”活动。2009年，市工商联继续开展百企扶百户、集资建房等活动，做好历年助学对象的跟踪服务，确保前三年的受助对象能及时拿到助学金并组织第十次结对助学活动，有9名企业家结对资助10名贫困大学生，提供每人每学年5000元的助学金直到大学毕业。

2000—2011年，市委统战部、市光彩事业促进会、工商联每年暑假组织发动非公有制经济人士捐资助学，召开结对助学座谈会。期间，有95名企业家与106名贫困大学生结对，资助295人次、135万元。2010年，第三届光彩事业促进会换届，选举产生新一届理事会，新增理事11人，大会表彰两年中积极投身扶贫、帮困、助残、悬赏和资助社会公益事业、慈善事业的36家光彩事业先进企业和34名先进企业家。

2012年8月，开展第十三次结对助学活动，组织11名企业家资助11名贫困学生。10月，开展第七次“爱心人士”健康体检，176人参加体检。12月，开展第五次光彩事业先进企业和先进企业家评比，在执委扩大会议和光促会理事年会上表彰先进企业37家，先进企业家35人。全年为浙商回归公益事业捐款3075万元。2013年，市光彩事业促进会开展结对助学征文活动，收集学生征文8篇，企业征文6篇。组织开展第14次结对助学活动，有10名企业家主动结对资助10名贫困大学生。对历年结对且尚未毕业的受助学生进行跟踪回访，协调帮助5人落实资助款。

2014年，组织开展第15次结对助学活动，10名企业家结对资助10名贫困大学生。在“五水共治”活动中民营企业家认捐治水资金5886.70万元。

【工商联(总商会)】

1949年7月，开始组建崇德县工商联(筹)。1951年5月，桐乡县筹组工商联。1951年11月，崇德县工商联成立。1958年5月13日，桐乡县工商联在“桐乡县工商界自我改造跃进大会”上选举成立，陈国雄当选为主任委员。1959年5月，桐乡县工商联召开第二次会员代表大会，范文汉当选为主任委员。1961年7月，桐乡县工商联召开第三次会员大会，范文汉当选为主任委员，吴公寿为秘书长。1965年，桐乡县工商联召开第四次会员代表大会，范文汉当选为主任委员。“文化大革命”期间，工商联停止活动。1986年，桐乡县工商联全面恢复活动。1989年7月，桐乡县工商联召开第五次会员代表大会，选举产生第五届执行委员39人，施有义当选为主任委员。1992年12月28至29日，桐乡县工商联召开第六次会员代表大会，选举产生第六届执行委员34人,施有义当选为主任委员。

1994年7月,成立桐乡市商会与桐乡市工商联实行两块牌子,一套班子。1997年5月12日,市工商联召开第七届会员代表大会,参加会员146人,选举产生新一届领导班子。37名领导班子成员中,非公有制经济代表人士22人,其中任副会长的3人、任常委的4人、任执委的15人。是年,市工商联吸收新会员10家,其中国营企业1家、集体企业2家、私营企业1家、个体工商户6户。到年底,有会员325家,其中国营企业36家,集体企业152家,合资企业13家,私营企业48家,个体工商户76户,非公有制经济会员占总数的42.15%。2000年8月29日,桐乡市第一家基层商会—乌镇商会成立,并选举产生乌镇商会第一届理事会。是年,工商联(商会)吸收新会员119个,其中集体企业3家,非公有制经济116个。至年底,共有企业会员370家,团体会员3家,个人会员96家,会员总数达469家。非公有制经济企业会员占会员总数的93.1%。

2001年2月10日,桐乡市第一个异地商会——桐乡市乐清商会,在濮院镇举行成立大会,选举产生了第一届理事会,梁银友当选会长。是年7月16日,桐乡市工商联合职业介绍所成立。11月16日,桐乡市第二家异地商会——台州商会,在新世纪大酒店召开成立大会,选举产生第一届理事50人,黄仙桃当选会长,副会长16人,秘书长1人(副会长兼),常务理事8人,首批会员128个。

2005年10月26日,桐乡市第二家行业商会—桐乡市毛纺织原料商会,在银园大酒店正式成立,首批企业会员37家。年内,大麻镇、龙翔街道、凤鸣街道、石门镇、同福乡、高桥镇6个基层商会完成换届,选举产生新一届商会班子,并吸收新会员单位32个,会员总数916个。2006年11月19日,桐乡市第三家异地商会——桐乡市温州商会正式成立,陈飞当选会长,首届会员279人。11月23日,桐乡市台州商会第二届会员大会召开,黄仙桃再次当选会长。是年,全市12个镇乡街道完成商会换届工作。

2010年1月,市工商联九届四次执委(扩大)会议召开,会上增补4名常委、7名执委,执委总数达到84人。11月30日,桐乡经济开发区商会召开成立大会,会议选举产生桐乡经济开发区商会第一届理事会,朱文清当选会长。开发区内33个民营企业人士参加会议。

2011年5月,龙翔街道商会、乌镇镇商会通过嘉兴市工商联考核验收。至此,全市有9个镇(街道)商会被嘉兴市工商联、总商会评为先进基层商会。全年新增会员587个,会员总数达到2133个,比2010年增长38%。是年6月16日,桐乡市安徽商会第一次会员代表大会召开,选举产生第一届理事会,刘应杰当选会长,首批会员222个。

2012年4月1日,市工商业联合会(总商会)第十次会员代表大会在桐乡召开。全市各镇(街道)、行业、异地商会和直属会员的300名代表参加会议。会议选举产生115名执委组成的第十届执行委员会,陈炳荣当选为主席(会长)。8月底,全市12个镇(街道)商会换届工作全部完成。11月28日,全市第四家行业商会——桐乡市经编商会成立,选举产生第一届理事会,朱建华当选会长。

2013年11月25日,市新生代(青年)企业家创业联谊会成立,大会选举产生联谊会第一届理事会,王纯当选会长,首批会员72个。联谊会聘请四套班子相关领导和四个部门主要领导分别为联谊会顾问和名誉会长。联谊会向全市新生代青年企业家发出了"同心同向同发展,创业创新创未来"倡议。

2014年,桐乡市杭州商会、桐乡市濮院毛衫成长企业联合会、桐乡市印刷行业协会、桐乡市鞋业协会、桐乡市崇福镇芝村村商会5个协会商会成立;桐乡市乐清商会、桐乡市皮毛行业协会、桐乡市温州商会、桐乡市安徽商会4个协会商会完成换届;市光彩事业促进会和总商会以及工商联业务主管的21家协会商会完成年检审核工作。建立中共桐乡市电子商务行业联合委员会(二级党委),协会商会吸收为工商联(总商会)团体会员。

第六节　港澳台侨工作

【港澳事务和侨务工作】

侨务机构　20世纪50年代,桐乡、崇德县的侨务工作由人民委员会兼管。70年代起由县委统战部兼管(一度因统战部撤销,由宣传部兼管)。1982年5月,县人民政府成立侨务办公室与县委统战部合署办公。1985年10月16日,桐乡县首届侨眷代表大会在梧桐镇召开,大会选举产生侨联委员会,何水兴当选侨联主席。1990年8月,桐乡县委明确县侨联机构级别与青、妇等人民团体相同。桐乡开始具有专门从事侨务工作的部门和机构。

基本侨港澳情况

基本侨情　1987年,旅居海外的华侨273户、816人,归国华侨3户、8人,侨眷204户、400人。1990年,全县开展基本侨情的系统调查,统计结果显示,在海外的华侨华人共201户519人(原籍桐乡县的有103户、412人,主要分布见表8-8-6)。侨眷213户、888人,分布在全县10个镇、21个乡。其中与海外亲属有联系的164户。从事科研活动的知识界242人,经济企业界有156人。其家眷在桐乡的184户、727人,分布在全县11个镇、14个乡。其中与海外亲属有联系的135户。

1997年8—10月,市侨办会同侨联开展以新移民为重点的侨情调查,建立侨情档案。据调查桐乡市新移民19人,留学生转新移民47人,留学生26人,合计98人。2005年,桐乡全市有侨胞924人,侨眷2500多人。2006年,对全市侨资企业进行调查,共有侨资企业204家,总投资7.9亿美元。

2013年10月至2014年10月,在全市范围内开展基本侨情调查。调查结果显示全市有涉侨家庭1277户,海外华侨华人949人,海外留学人员445人;归侨侨眷977人,海外留学人员眷属1151人。

港澳同胞情况　1987年,旅居港澳同胞245户、806人,港澳同胞亲属278户、596人。1990年,全县开展调查,统计结果显示全县在香港、澳门的同胞有237户、711人(其中香港232户、700人,澳门5户、11人)。港澳同胞离乡去港澳的时间大多在20世纪40年代至80年代。1997年8—10月,移居香港6人。2013年10月至2014年10月,在全市范围内开展基本港澳情况调查。调查结果显示,全市有港澳同胞434人,港澳同胞眷属304人。

1990年桐乡县海外华侨、华人分布情况表

表8-8-6　单位:人

侨居国	美国	日本	加拿大	新加坡	瑞士	澳大利亚	巴西	联邦德国	挪威	菲律宾	印度尼西亚	缅甸	马来西亚	阿根廷	越南	比利时	法国	苏联	巴基斯坦	泰国
人	298	41	33	25	5	28	21	3	8	5	13	4	5	1	7	4	2	3	3	10
户	116	17	13	12	2	10	9	1	2	4	1	1	2	1	2	2	1	1	1	3

2014年桐乡市港澳同胞及海外华侨、华人分布情况表

表8-8-7

序号	国家(地区)	华侨	外籍华人	港澳同胞	留学人员	海外(总数)	海外重点人士	归国留学人员
1	美国	125	332	0	117	574	107	40
2	加拿大	36	47	0	65	148	10	25
3	澳大利亚	42	50	0	53	145	4	42
4	日本	68	8	0	44	120	11	62
5	新加波	19	35	0	22	76	7	22
6	德国	24	25	0	22	71	9	12
7	英国	18	6	0	46	70	8	96
8	新西兰	18	8	0	3	29	0	12

续表8-8-7

序号	国家(地区)	华侨	外籍华人	港澳同胞	留学人员	海外(总数)	海外重点人士	归国留学人员
9	韩国	0	0	0	21	21	1	24
10	法国	7	5	0	8	20	2	7
11	阿联酋	14	1	0	0	15	1	0
12	西班牙	2	3	0	7	12	2	4
13	巴西	5	6	0	0	11	0	0
14	荷兰	2	1	0	8	11	6	6
15	比利时	5	3	0	0	8	2	3
16	马来西亚	3	1	0	4	8	0	17
17	俄罗斯	3	0	0	4	7	0	4
18	乌克兰	3	2	0	2	7	0	15
19	印尼	3	3	0	0	6	0	2
20	泰国	3	1	0	1	5	0	1
21	丹麦	3	1	0	0	4	0	0
22	意大利	0	0	0	3	3	0	5
23	朝鲜	2	0	0	0	2	0	0
24	菲律宾	2	0	0	0	2	0	0
25	奥地利	1	0	0	1	2	0	0
26	匈牙利	1	0	0	0	1	0	0
27	阿根廷	1	0	0	0	1	0	0
28	爱尔兰	0	0	0	1	1	0	2
29	瑞士	1	0	0	0	1	0	0
30	中国香港	0	0	130	12	142	5	6
31	中国澳门	0	0	9	1	10	1	3
32	冰岛	0	0	0	0	0	0	1
33	罗马尼亚	0	0	0	0	0	0	1
34	叙利亚	0	0	0	0	0	0	1
35	芬兰	0	0	0	0	0	0	1
	总计	411	538	139	445	1533	176	414

联络联谊

海外联络联谊　1980—1990年，市侨务部门共接待回乡探亲、访友、旅游观光、洽谈贸易的华侨华人47人次。1998年，市留学人员家属联谊会成立。1999年11月6日，桐乡市首届菊花节开幕，市侨办受市委、市政府领导委托邀请美国全美苏浙同乡总会会长朱元忠、美国东南地区上海联谊会会长李俊禹专程到桐乡参加首届菊花节。

2002年7月，经市侨办牵线组织，桐乡君匋艺术院沈伯鸿携弟子桐乡凤鸣小学图画教师陆国强受新加坡华侨中学校长许永正邀请，赴新加坡进行为期25天的艺术交流活动并出席新加坡全国中学生美术作品展览开幕式。是年，在新加坡大会堂和华侨中学讲学厅分别举行中国水墨画专题讲座并与当地艺术团体、艺术流派等合作大幅中堂画“葡萄图”赠给新加坡总理吴作栋。

2004年，经市侨办牵线，美国旧金山中华艺术协会特意聘请桐乡美术界协会主席沈佰鸿、副主席陈蜀平为该协会会员，并邀请君甸艺术院书画家赴美国进行文化交流。全年，市侨办接待西班牙华人访问团、日本经济专家西口敏宏教授等10个团组233人次。2005年，共接待海外重要团组有美国加州大学访问团、德国亚洲太平洋经济协会考察团、法中文化协会参议组等。2006年，邀请美国著名华人企业和社会活动家、美国北加州中国和平统一促进会名誉会长方李邦琴率领的“海外游子吟”到桐乡访问；协助桐乡市文化艺术交流团成功访问美国。全年，接待海外侨胞13批143人次，接待海外团组47批372人次。其中，重要的人员与团组有印尼著名侨领洪贵仁、新加坡著名儒商周颖南、香港科技大学校长朱经武及美西华人学会参访团等。

2009年，向侨联委员、留联理事、侨界政协委员等重点人士赠送《浙江侨务声报》《钱江侨音》等报刊，扩大侨务宣传面。邀请桐乡市河山籍旅新加坡博士沈汉明接受浙江卫视国际频道《我和我的祖国》栏目组专访。旅新加坡留学生吕一翔创建的AniMaKer动画制作软件，获《海峡时报》主办的“新加坡”IT研发者奖。

2010年5月23日，由5名归国留学生发起的桐乡市归国留学人员俱乐部在市科创中心成立，会员31个。会议通过《桐乡市归国留学人员俱乐部章程》，选举产生吕晓强等9名首届班子成员，聘请日籍华人浙江华旭光电科技有限公司总经理朱国良为名誉主任，市委统战部、市人事局、市科技局、市侨办为顾问单位。会后，举行桐乡市归国留学人员创业服务中心揭牌仪式。6月29—30日，中华海外联谊会常务理事、联合国经济发展合作项目首席顾问、全球和平及环保基金会中国项目总协调人赖尚龙率海外知名华裔代表人士组成的中华海外联谊会海外理事考察团访问桐乡，45名团员分别来自美国、意大利、奥地利等10多个国家和地区。是年，成立桐乡市海外联谊会；慰问美国、新加坡、加拿大等回乡考察人员；向管坤良、沈汉明、朱永官等20名为桐乡作出积极贡献的海内外人士颁发创业发展奖、科技贡献奖、海外英才奖、友好使者奖；市侨务部门协助接待日本胎内市访问团到桐乡考察教育及旅游观光；协助市广电台制作2期《留学热》专题节目；推荐5名桐乡籍海外人士入编《嘉兴海外英才》；与市人大代表工委、市政协社法三胞委、市摄影家协会及烟草专卖局联合举办“侨声杯”摄影比赛；侨务部门的《桐乡邀海内外人士探讨转型升级方向》等多篇通讯报道被省、市侨网和中国新闻网转载报道。全年接待海外宾客18批115人次。2011年，协助建立新西兰嘉兴同乡会；积极联络海外英才厉良、钟凤鸣、陆钧祥3名博士，收集信息资料编入《嘉兴海外英才》第2辑；协助举办桐乡市海外高层次人才恳谈会，中国新闻网、浙江省侨联网等媒体录用转载相关报道。全年接待海外来宾20批132人次，有捷克华人青年联合会宗伟勇、巴西中国经济贸易促进会陈捷、美中投资协会董祝安等海外侨领和专家；邀请接待北美中国半导体协会考察巨石集团和市科创中心，参观在孵科技企业。2013年，澳大利亚海外联谊会成立。

2014年6月14日，邀请意大利侨领吴青阳率领的意大利顶级时尚服装品牌设计师中国访问团一行到桐乡市参观考察浙江中辉皮革有限公司、崇福皮草市场以及浙江浅秋针织服饰有限公司、浙江圣地服饰有限公司。访问团在考察期间举行意大利时尚服装品牌设计师对接交流会，全市40多家企业代表与设计师互动交流。接待的海外华侨华人有美国北卡罗来纳州立大学终身教授朱幼兰，美国标准普尔公司高管陆均祥，澳籍华人知名画家姚迪雄，新加坡国立大学医学教授沈汉明，全日本华人书法家协会主席晋鸥，原全国政协委员、澳门皇都酒店董事长王孝行，浙江省政协常委、澳门苏浙沪同乡会副理事长王孝仁一行等；接待的海外到访团组有海外华校校董、法国华人经贸协会、澳大利亚教育团组等。成立“梧桐侨心苑”，开设公众微信平台，为留学生家属开展英语培训活动。

港澳联络联谊　1980—1990年，市侨务部门共接待回乡探亲、访友、旅游观光、洽谈贸易的港澳同胞298人次。1991年，共接待香港同胞26人。接待的主要社团是到桐乡探亲、访问、扫墓的旅港同乡会参观团。1997年，市侨办、市侨联牵头并参与组织庆祝香港回归系列活动。举办香港问题与香港基本法辅导讲座18场次，听众8000余人；制作迎香港回归图片巡回展出;与高级中学联办中学生"迎香港回归·抒爱国豪情"作文比赛;迎香港回归知识竞赛;走访慰问回乡探亲的香港同胞;6月1日,在市政府大门西侧设立迎香港回归倒计时牌;6月30日,市侨办工作人员与市电视台联合录制播放迎香港回归系列活动专题知识问答宣传活动。1999年11月6日,香港奔龙实业有限公司董事长潘明中等专程到桐乡参加首届菊花节。11月15日,市委宣传部、统战部、市侨办联合发出《关于认真搞好迎接澳门回归庆祝活动的通知》,市侨办牵头并参与组织10项系列庆祝澳门回归活动。主要活动有:市侨办人员到乡镇、机关、学校举办澳门问题与澳门基本法辅导课12场,听众5000余人;制作迎澳门回归图片组织巡回展出,观众超万人;在全市范围组织迎澳门回归知识竞赛;与高级中学联办中学生"迎澳门回归·抒爱国豪情"作文比赛;11月20日,在市政府大厅设立迎澳门回归倒计日牌;12月17日下午,举行桐乡市各界人士迎澳门回归庆祝会等。2004年10月24日,在香港举行香港·嘉兴同乡会桐乡分会成立仪式。桐乡市党政代表团,嘉兴市市委统战部部长马健到香港祝贺。出席仪式的还有香港同乡会及嘉兴地区兄弟县市同乡会领导,在桐乡的港资企业代表70多人。会议推选首届理事7人,会长袁沅,副会长戴海根、徐岩、钟向东,秘书长周建红。2006年,组织赴香港慰问香港嘉兴同乡会桐乡分会。接待中华海外联谊会港澳名誉理事访问团。2008年1月6日,香港嘉兴同乡会桐乡分会在香港旺角新世纪广场举行换届庆典,袁沅当选为第二届理事会会长。5月30日,市侨办邀请桐乡籍旅港新生代考察团8名成员回乡考察。2014年,接待的港澳同胞香港桐乡同乡会名誉会长甘成。是年,与香港嘉兴桐乡分会开展联谊活动3次。

参政议政

侨界人士代表经选举或推荐担任各级人大代表、政协委员及政府部门实职实现参政议政。

1983年,归侨侨眷当选浙江省人大代表3人。1984年第一届政协至2012年第八届,侨界人士以政协委员身份参加会议参政议政的共80人次。在历届政协会议上,委员以提案、社情民意和大会发言等形式建言献策,参政议政。侨界居奇雄、阮志凌、何水兴等8名委员先后作"各方重视,拓展侨务""迎接香港回归,促进祖国统一大业""加快中心城镇建设面临的问题和对策""就当前社会上几个热门话题谈几个看法"等13个重点课题的大会发言。侨联与民族宗教局等部门向政协第十八次常委会提交的《关于宗教文化与和谐桐乡的思考》调研报告(提案)被高度重视。配合市政协换届,推荐侨界政协委员11人,其中嘉兴市级1人、桐乡市级10人。新推荐委员9人,留任2人。2001年,市侨办主任、政协委员居奇雄撰写的《桐乡市海外招商引资的现状与对策》调查报告得到嘉兴市委、桐乡市委领导的重视和肯定。2008年,侨界政协委员在政协七届一次全会上提交提案15件,其中涉侨提案2件。主要有侨界政协委员钱维钧的"加快中心城镇建设面临的问题和对策"、沈湘"深化产权制度改革'放活'小微企业""鼓励留学人员服务桐乡""加强引资引智环境建设"等提案。

2014年,侨联政协委员周煜涛等6名委员提交涉及经济社会发展等内容的提案6件。

依法维护权益

1979年,统战部配合有关部门开展侨界拨乱反正工作。1982年,侨务部门对历次政治运动,尤其是"文化大革命"中涉及归侨、侨眷的政策问题,逐个进行调查,纠正冤假错案21人,落实私房政策49户,清退"文化大革命"中被查抄物资1107件。是年,完成侨眷"海外关系"档案清理工作,落实侨眷私房政策问题11户,计940.15平方米。1982—1990年,处理好来信来访成为维护归侨、侨眷权益的主要工作。9年中共收到来信200余件,接待来访100人次。内容涉及工作调动、就业、户口迁移、农转非户口、住房及办理出境探亲手续等。1983年,配合有关部门落实"文化大革命"期间错案3件,发还查抄财物30户,清理有所谓"海外关系"的干部职工档案材料50多份,落实11户侨眷"文化大革命"前及"文化大革命"中的私房政策问题,退还私房面积共939平方米。1985年,县侨办、侨联帮助5名海内外侨胞(印度尼西亚、韩国、日本)寻找到失散30多年的亲人。

1992年,开展侨资企业确认工作,取得确认证书36家;办理侨资照顾亲属"农转非"户口3人。

2002年5月，对桐乡市贯彻实施《浙江省实施〈中华人民共和国归侨侨眷权益保护法〉办法》情况进行检查，处理来信来访21件，解决率87%以上，为侨胞办实事11件。2004年，受理并处理侨务信访7件，为侨胞侨属办实事5件。如妥善处理影响较大的旅美华人潘氏祖坟搬迁、新加坡华侨丁万里的祖房拆迁等问题。2006年，配合上级侨办开展为侨服务活动，邀请省侨资企业法律顾问团上门服务。2009年，全年调处来信2件，帮助解决石门镇1名侨眷享受民政求助和城镇低保待遇。

2014年，先后组织开展“送健康暖侨心”活动；归国留学人员交流互动活动；侨界人士考察浙商回归重点项目活动和对困难侨眷、归侨、侨留联班子、侨商会成员的集中大走访活动；妥善处理濮院镇涉侨房屋拆迁中美籍华人朱幼兰祖房的动迁；妥善处理美籍华人朱幼兰购买坟墓的诉求问题。

引资引智

海外引资引智 1991年，媒介经济服务11人，项目有皮革、电子元件、玩具、服装、皮鞋等。全年侨汇共计413119.14元（人民币）。1992年，创侨汇652305元（建筑侨汇162601元），比1991年增加37%。全县个人外币存款达81.9万美元。全年设立中外合资企业27家，其中日本4家、意大利1家、美国1家、侨资1家。共成功引进合资项目7个，总投资266.39万美元，引进外资72.07万美元（县侨办自身引进项目2个）。1993年，经市侨务部门牵线搭桥有5家企业协议引进外资167.36美元。1994年，侨眷钱维钧牵线在美国的亲戚到崇德投资6万美元，与崇德丝厂合作创办皇后时装有限公司。1994年6月，由叶国钦率团，美国西雅图叶氏财团一行5人到桐乡考察，桐乡市侨办、市外经委相关领导陪同叶国钦一行对崇福、石门、屠甸、濮院、乌镇、市经济开发区等进行考察，并在市经济开发区投资创办独资企业美利泰格医疗设备有限公司。

2001年11月，市侨办牵头组织第三届中国·桐乡菊花节新项目“海外学子情系菊乡”活动。应邀出席该活动的均为桐乡籍海外高层次留学人才，有获美国“麦克阿瑟天才奖”的第一位华人、美国密执安大学终身教授管坤良，被中科院列为“海外杰出人才”的澳大利亚生态环境专家朱永官，正在悉心从事杭白菊抗癌科研的新加坡国立大学医学院助理教授沈汉明，德国西门子公司输配电力集团纽伦堡总部高级技术主管软件专家居凯，比利时动力集团上海代表处商业发展经理朱明亮，加州第一银行副总经理的杨霞女士等。是年，全省首家县级留学人员创业园在桐乡外商投资区奠基，旅日留学人员潘德荣入园创办桐乡市海外高层次留学人才回乡创业首家高新技术企业浙江光基科技有限公司。2002年，市侨务部门共组织招商、投资考察、项目推荐17次，分发各类招商资料250份。推荐聘任美籍华人杨霞、留日博士吴冬青为桐乡招商代理人。出台《桐乡市人民政府关于鼓励海外留学人员为桐乡服务的若干意见》。旅美博士富明华投资创办的三力电机（桐乡）有限公司属高新科技企业。旅美博士吴冬青投资的“桐乡奥纳斯皮塑制品有限公司”实到外资10万美元。全年推荐大项目3个，中小项目5个，成功项目3个，协议引进外资160万美元，实际引进外资40万美元。2003年，市侨办为乡镇部门牵线搭桥，引进外商经贸团组8个，接待外商102人次，联络、接待美籍华人石丰荣对乌镇旅游饭店的投资商洽等，全年引进签协项目4个，协议利用外资480万美元，实到外资30.5万美元。市侨办先后接待六大洲13个国家16家华文报社负责人组织的访华团及美国杰出华裔企业家、欧美华人与企业家等投资考察团和访问团9个。2004年，经侨务部门牵线，由旅德华人罗斯操办，桐乡市政府经贸考察团于6月中旬参与德国经济“中国节”经贸活动；市侨办组织招商动员，对外宣传、投资介绍、项目洽谈等活动8次，分发各类招商资料270多份，牵线搭桥项目5个，签约项目2个，协议利用外资100多万美元，实到外资30万美元。是年，欧美华人创业园启动，总投资3000万美元。佳美电子（桐乡）有限公司（注册资金1180万美元）引进数名技术专家落户桐乡，首批高科技产品上市。

2005年2月28日，新加坡国立大学医学院沈汉明在新加坡举办的首届“辅助与替代医学国际大会”上，首次公布《菊花茶具有抗癌功能》研究报告。参加大会的有中西医科学家、药剂师500多人，由此产生的影响和效应使桐乡菊农增收800多万元。4月底，沈汉明率新加坡杭白菊考察团到桐乡进行经贸科技洽谈。经侨办牵线，沈汉明率领课题组开始对桐乡杭白菊进行医学研究。是年，接待外商团组8批，介绍投资项目5个，引入外资103万美元，成功引进日商独资桐乡华兴工艺制品有限公司项目。2006年，桐乡双箭橡胶有限公司、嘉兴三珍斋有限公司获“浙江省百家优秀侨资企业”荣誉称号，同时被推荐为浙江省侨商投资企业协会首届会员。是年，推荐旅新加坡博士沈汉明参加浙江省留学英才回国服务志愿团活动，朱永官、管坤良、沈汉明等3名海外学子获“浙江省留学英才奖”。全年合同利用外资800万美元，实际利用外资120万美元。2010年，协助推荐沈汉明等9名海外华侨华人、邀请大润发中国区发展部到桐乡考察商贸用地，商谈合作机会；邀请日本奥野制药株式会社与经济开发区商谈投资项目。举办“东盟十国贸易团桐乡经贸合作恳谈会，邀请海外人士共同探讨转型升级方向。2012年，市侨办与金融办、人民银行、银监办联合举办“海外人才讲坛——金融·经济”活动，邀请美国通用汽车资本公司经济资本部主任陆钧祥与全市金融系统领导进行业务交流。与市委组织部、人力社保局、科技局等部门合作，为引进海外人才、资金牵线搭桥，推进“金凤凰”计划实施。

2014年5月，市侨办会同市科技局、人才办联络接待美国北卡州立大学博士徐矗、上海岩芯电子科技有限公司总经理黄建明、苏州东安新高能源科技有限公司总经理彭惠新、上海轩浦净化科技有限公司总经理袁东日等一批海内外高层次人才，就项目落地进行洽谈。9月，桐乡市濮院镇举办首期由原范思哲总设计师莫拉罗主讲的高级服装师培训班，全市毛衫、皮草企业的设计师(企业家)30余人参加。

港澳引资引智　1999年10月14日，香港嘉兴同乡会观光考察团团长、同乡会会长袁培元一行到桐乡考察巨石玻纤集团公司、参观茅盾故居和濮院羊毛衫市场。25日，香港著名实业家查济民首次到桐乡考察绢纺行业。2002年，港商投资的“凤凰城”商住楼开发项目，协议投资80万美元，实际到位30万美元。2010年，邀请香港嘉兴同乡会桐乡分会成员参加在香港举办的服务业项目推介会。

【对台工作】

对台工作机构和社团组织

工作机构　1959年7月，桐乡县委成立对台工作组。1981年8月，桐乡县委成立对台工作领导小组办公室与县委统战部合署办公。1991年11月，桐乡县委对台工作领导小组办公室更名为县委台湾工作办公室(对外称县人民政府台湾事务办公室)与县委统战部合署办公。1998年9月，桐乡市委台湾工作办公室(市人民政府台湾事务办公室)升格为市委一级局机构。2002年1月，市委台湾工作办公室(市人民政府台湾事务办公室)内设联络接待科。2008年4月，增设经济科。2014年12月，桐乡市委台湾工作办公室(市人民政府台湾事务办公室)内设联络接待科、经济科。

桐乡市(县)台胞台属联谊会　1988年5月27—28日，桐乡县首届台胞台属代表会议在梧桐镇召开，选举产生理事会成员13人，朱其成当选会长。1992年9月至2014年12月，桐乡市(县)台胞台属第二、第三、第四、第五、第六次代表会议先后在梧桐镇(街道)召开，选举产生历届理事会成员，徐以杠、居奇雄、徐以杭、吴晓平分别当选会长。

桐乡市(县)旅台同乡联谊会　1990年冬，桐乡籍沈志宏、陈秉钺等联络在台乡亲百余人，在台北成立桐乡县旅台同乡联谊会，选举产生首届名誉理事长1人，理监事会成员11人，朱季玉当选为名誉理事长，朱炳圻当选理事长。1993年，桐乡市(县)旅台同乡联谊会在台北举行第二人次代表会议，沈志宏当选为理事长，朱炳圻出任监事。1996年，桐乡市旅台同乡联谊会在台北举行第三次代表会议，选举产生新一届理监事会成员，沈志宏当选为名誉理事长，朱保强当选为理事长。

嘉兴市台湾同胞投资企业协会桐乡市联谊会　2004年9月，首届会员代表会议在桐乡市银圆大酒店召开，会议选举产生理监事会成员12人，周忠达当选为会长。2006年9月至2014年12月，嘉兴市台湾同胞投资企业协会桐乡市联谊会第二、第三、第四、第五次代表会议先后在梧桐街道召开，选举并产生历届理监事会成员，周忠达均当选为会长。

桐乡市(县)台胞台属联谊会、嘉兴市台湾同胞投资企业协会桐乡市联谊会历届会议一览表

表8-8-8　　单位:人

分类	届　次	日　期	代表(人)	理监事会(人)	会　长
桐乡市(县)台胞台属联谊会	一	1988.05	60	13	朱其成
	二	1992.09	72	17	徐以杠
	三	1998.06	88	15	居奇雄
	四	2002.06	82	17	徐以杭
	五	2006.11	84	16	吴晓平
	六	2010.12	70	20	
嘉兴市台湾同胞投资企业协会桐乡市联谊会	一	2004.09	25	12	周忠达
	二	2006.09	36	17	
	三	2008.09	53	21	
	四	2010.09	50	21	
	五	2013.09	48	21	

维护台胞台属合法权益　1962年,对台工作组对桐乡籍在台现职人员、在桐台湾籍同胞,以及原国民党起义、投诚和被俘人员开展调查,通过档案查阅与实地调查,形成上报在台现职人员材料9份、台湾籍同胞材料1份、原国民党起义、投诚和被俘人员材料14份,充实原有重点材料6份。1980年,平反冤假错案2起,发还查抄财物8户。对桐乡县1户台胞的户粮、住房及工作进行妥善安置。1982年1月至10月,全县92户台属政策全部落实。其中房产政策34户共3091平方米。1983年3月至10月底,落实涉及台属政策事项101个。对台属困难户给予一次性生活补助13户。解决私房被拆要求调换同等旧房的1户,计100平方米;腾退原房1户,计50平方米;协商房屋折价款1户,计260平方米;维修损坏的腾退房1户。1981—1985年,纠正台属中的冤假错案14人,归还“文化大革命”中被查抄的财物48户,落实私房政策37户。

1993—1994年,为台资企业办理台胞投资者确认手续22家;协助台商办理出入境手续11人;为台商办理暂住证6人。1998年7月,桐乡市台办与市人大教科文卫工委联合对贯彻《浙江省台湾同胞投资保障条例》进行执法检查,抽查6个重点部门,走访台资企业6家。

2000年元旦、春节期间,走访慰问在桐乡探亲、定居台胞陈秉铖、夏周云、席元舲、余东成以及在桐乡台商周忠达、陈松海,巫义信,重点台属夏云翔、曹正汉和黄埔军校同学杨崇津、蒋肇英等。2001年,市台办会同市外经委、市乡镇企业局2次到桐乡高科电子有限公司、桐乡宝岛羽绒制品有限公司、嘉兴上富塑胶制品有限公司、嘉兴宏麟皮化有限公司等7家台资企业(公司)调查走访,调研《中华人民共和国台湾同胞投资法》《浙江省台湾同胞投资保障条例》贯彻落实情况,形成《关于贯彻台湾同胞投资保护法自查情况汇报》材料。2003年6月,市人大教科文卫工作委员会,市台办联合检查《浙江省台湾同胞投资保障条例》贯彻实施以及市台办、市经济开发区、市公安局、市财税局、市工商局等部门联合解决台商实际困难等情况,撰写关于桐乡市海峡针织羊毛有限公司遗留问题处理建议的调查报告,向政府相关部门提出对台资企业引导管理和“以台引台”的建议。2005年,召开全市依法维护台资企业合法权益工作会议,制定实施《桐乡市涉台突发事件应急处置预案》。市政府办公室、开发区等部门妥善解决3家台资企业涉及10户农民房的拆迁遗留问题。分别解决定居台胞、台属的定期补助和养女户籍2人。受理承办全国、省、市三级人大转交的关于台胞探亲自住房信访1件、办妥年老台胞在台领取养老金手续1人。

2010年,桐乡市台界人士担任嘉兴市政协委员2人,桐乡市政协委员6人(1人担任常委)。台联界政协委员撰写提案和社情民意16件。是年,桐乡市台办获2010年度全省对台工作先进单位、嘉兴市对台工作综合先进单位等称号。2011年3月30日,市台办、市总工会、台协桐乡市联谊会共同发起嘉兴市首创的台企文化建设创评活动启动仪式在波力科技复材用品有限公司举行。11个台资企业在台商中秋晚会上受表彰。全年帮助台属办理赴台探亲手续12人,接待台胞130余人次,组织台属联谊会开展活动8次,召开台属座谈会6次。桐乡市台界人士担任嘉兴市人大代表1人,嘉兴市政协委员2人,桐乡市政协委员9人,撰写提案和社情民意18件。推进桐乡台资企业组建工会工作,台资企业组建工会39个。2012年,开展台胞台属登记统计,全市有台属127户,在台桐乡籍同胞479人,婚嫁去台的桐乡籍配偶16人。是年,桐乡市台界人士担任嘉兴市人大代表1人,嘉兴市政协委员2人,桐乡市政协委员9人。2013年,市台办为5名桐乡籍学生赴台就学、2名赴台交流学生提供帮助。全年办理台属赴台探亲手续8名,接待台胞219余人次。

2014年,市台办加强与桐乡籍台胞配偶和台胞台属及在台乡亲的联络工作,共接到来信和求助40余人次,内容涉及房产继承、寻亲、求学、赴台探亲、财产公证、房屋拆迁等,均得到圆满办结。

联络联谊　1977—1983年,先后接待台北回乡定居的查翼如和到桐乡探亲的唐祥芬及陆节余女士等,协助台属赴台探亲2名。1988年5月,县委统战部、县台办在梧桐镇召开桐乡市首届台胞台属代表会议,朱其成当选为会长。1989年,全县有台胞407户、1150人,台属417户,1688人,台胞以梧桐、濮院、崇福三镇为主。是年,全县有380户台属与台湾亲人有通讯联系,占台属总户数的92%。1991年4月,台北桐乡旅台同乡联谊会一行17人,组团返乡探亲扫墓。同月,嘉兴旅台同乡会,由张子良带领一行33人,到桐乡参观考察。是年,接待的还有平湖籍原国民党少将高参黄家桢、原国民党平湖县自卫大队副队长徐善涛等。全年接待回乡探亲、参观、洽谈贸易的台胞共251人,比1990年上升10%。1993年,市台办配合公安部门协助台属赴台探亲访友4人。是年,市政协常委、九三学社桐乡支社副主委、中国书协会员袁道厚创作的国画经台湾大汉书艺术协会评定在台湾展出。

2000年年初,市台办、台联向旅居在台湾的桐乡籍台胞寄发贺卡120份,向旅台乡亲团拜会发送慰问信1件,走访慰问在桐乡台商、回乡定居台胞及黄埔军校同学36人,邀请夏岩梅等5名台胞台属参加市委、市政府举办的迎春团拜会。由市台办直接接待或参与市委、市政府及有关部门共同接待的台湾等团组15批363人。7月16—25日,应台湾中小企业协进会理事长陈良助的邀请,桐乡市中小企业经贸考察团一行9人赴台湾进行经贸考察与学习交流。考察团考察台湾利华羊毛工业股份有限公司、匹欧匹实业有限公司、霖宏科技股份有限公司等8个企业(公司);参观台湾新竹高新科技园区、自然科学博物馆等;拜会台北、高雄浙江同乡会和台北桐乡旅台同乡联谊会。是年,到访的团组有台北及高雄浙江同乡会经贸考察团等。接待回乡探亲台胞35人次,台属及黄埔军校同学到访25人次,处理台胞、台属、台商来信各1件。2001年9月23—25日,由国台办主办,桐乡市政府承办的全国台协会长座谈会在桐乡市钱塘新世纪大酒店隆重举行。出席这次会议的有国台办常务副主任李炳才,浙江省副省长巴音朝鲁,民政部、国台办、浙江省台办、嘉兴市政府的领导以及有关人员18人,全国62个台资企业协会的会长、副会长和秘书长64人,各省、市、区及有关地、市台办主任、副主任等78人,桐乡市委、市人大常委会、市政府、市政协的领导以及各乡镇和有关部门的主要领导出席。

2002年1月22日,台湾中天电视台与《劲晚报》两家新闻媒体应浙江省人民政府台湾事务办公室邀请到桐乡采访。其间,在濮院采访岳飞后代著名民间画家岳石尘。是年,共接待台湾大学生访问团、台湾快乐农家之友协会、中华两岸经贸科技文化交流协会、台湾工业总会经贸考察团等36批次298人次。全年组织3个经贸团赴台湾交流考察。2003年,接待台湾同胞27批,215人次,其中有已故世界围棋名家应昌期之子应明皓、台北桐乡旅台同乡联谊会总干事陈秉钺、台湾苗栗县原县长何智辉夫妇等知名人士。促成纪念革命先驱宋教仁诞辰

120周年暨“两岸诗、书、画、印联展”赴台展览。全年组织赴台考察交流6个团组。

2004年9月，成立嘉兴市台湾同胞投资企业协会桐乡市联谊会。2006年8月2—6日，由省旅游局、嘉兴市政府主办，嘉兴市旅游局、桐乡市人民政府承办的“2006心手相连——浙台旅游业高峰论坛”在乌镇举行。嘉兴市、桐乡市主要领导和台湾旅游界有关人士出席开幕式。来自台湾六大旅游联合体、部分航空公司和媒体的200多名代表与浙江省内旅游单位一起探讨两地旅游合作方式以及两岸旅游业发展的新趋势。11月24日，桐乡市第五届台胞、台属代表会议在梧桐大酒店召开，正式代表84名。是年，组织经贸交流团组3批24人次，参观考察台湾一批高新技术工业园区；组织企业非因公赴台3人次，台属获准赴台5人次。全年接待台湾同胞26批256人次，会同有关部门接待台胞1200余人。

2009年，开展一系列的联络接待工作。3月17、18日，以中国国民党嘉义县党部主任委员陈明振为团长的嘉义县访问团一行21人到桐乡参访考察。访问团参观乌镇西栅景区和桐乡市容市貌、考察桐乡经济开发区、巨石集团有限公司、台资企业奇男子五金制品（浙江）有限公司等。4月29日，台湾云林县县长苏治芬一行15人，在国台办、省台办等有关领导陪同下到桐乡访问。5月4日，中国国民党荣誉主席吴伯雄一行到桐乡考察，并参观乌镇景区。5月26日，台湾政治大学教育硕士陈汉强和台湾政治大学民族学系教授、台北艺术大学大众传播系教授、美国印第安纳大学民俗学硕士阮昌锐到桐乡考察。7月13—15日，台湾纺织业拓展会秘书长黄伟基一行5人到桐乡考察毛衫行业，在濮院羊毛衫品牌中心进行学术交流。8月18—20日，台湾东森电视台旗下大陆旅游节目《萍水相逢》栏目组，在桐乡进行拍摄活动。8月26日，台湾海基会副理事长兼秘书长高孔廉一行36人到桐乡考察。9月25日，台中市东海大学校友会一行16人到桐乡参观访问。11月21日，150多位在嘉兴市投资、工作和生活的台商及眷属子女参加“台商看嘉兴——桐乡行”活动。11月22日，台湾东方高尔夫国际集团一行20人，在董事长潘方仁率领下到桐乡考察。12月15日，以台湾三重市市长李乾龙为团长的一行17人到桐访问。是年，民革桐乡总支17名民革党员赴台观光与交流。桐乡东讯环保节能科技有限公司董事长潘炉平与台湾大学新能源中心就共同成立台湾大学亚泰（桐乡）新能源科学研究院签订合作协议。桐昆集团股份有限公司2名高层管理人员赴台开展商务活动。全年直接接待海外宾客42批、528人次。组织赴台考察团4个，组织赴台人员9批42人，公民赴台旅游1150人；接待台湾人士4批次，到桐乡台胞5.24万余人次，其中旅游5.2万人次；与台胞及在台亲友交流300多人次；组织台属联谊会开展活动4次，召开台属座谈会5次。

2012年4月12日，台湾高雄市林园区里长联谊会访问团一行36人在里长联谊会主席、中门里里长林本源的率领下到桐乡访问交流。访问团参观乌镇西栅景区，并与社区居民进行座谈交流。5月2日，桐乡籍台胞缪立生一行8人到故乡桐乡探亲访友；6月5日，中国国民党中央委员宜兰市议员蔡文益一行4人到桐乡访问。8月28日，桐乡市首个以民间交流为主体，促进两岸民众交流的“两岸民间交流基地”在洲泉镇东田村举行授牌典礼。是年，组织赴台交流项目3个，访台26人。指导企业赴台商务活动9家16人，赴台交流学生4人。组织台商会员企业邀请有关部门作政策、法规讲座8次。2013年3月4日市台办组织举办新春联谊会，在桐150多名台商及眷属参加活动。3月中旬，邀请台湾世合新农村发展有限公司到桐乡访问，与桐乡市雅达国际健康产业园发展有限公司进行养生产业交流活动。6月，市台办会同市农经局联合举办桐台两地农业管理知识培训班，邀请台湾中兴大学农学博士黄泮宫到桐乡授课，桐乡市农技推广人员、农业龙头企业、农民专业合作社、种养大户、休闲观光农业经营主体负责人共130余人参加培训。9月初，市台办组团赴台进行休闲观光农业及旅游招商考察。10月29日，台湾财团法人农渔会联合信息中心到桐乡访问，与石门湾现代农业示范区签订农业交流合作、共促农业发展合作意向书。台湾当局原秘书长钟平四率领的参访团一行23人，到桐乡参加“中华同心”排舞邀请赛，并获金奖。是年，到桐乡参访的还有世界台商协会会长吕春森、国民党青工总会访问团、台湾原上校桐乡籍第二代台胞夏怡萍和台湾南投县水里乡上安村、郡坑村共33名村民代表及桐乡旅台同乡联谊会总干事陈秉钺的儿子陈国平等。接待台湾南投县水里乡33名居民到桐乡开展“两岸邻里节”活动。全年组织赴台交流项目5个39人,指导企业赴台商务活动4家5人,赴台交流学生5人,其中攻读研究生3人。组织台资会员企业例会7次。全市举办台属联谊活动15次(含镇、街道),召开台属座谈会2次,走访台属及台属企业30余次。

2014年,桐乡市组织5个团组赴台湾交流考察,其中有市长盛勇军率领的桐乡市经贸考察团、市委副书记蒋惠玲为团长的桐乡市农业考察团。是年,市台办组织3批企业家赴台从事商务活动。重点接待的访问团有中国国民党副主席、嘉义市市长黄敏惠率领的嘉义市考察访问团,台湾宜兰县议员林棋山率领的经贸考察团,海协会会长陈云林率领的海峡两岸书画家交流团等。组织开展第四届两岸邻里节桐乡站的活动,邀请南投县鹿谷乡的20多位基层民众到市桐乡市参访交流,鹿谷乡竹林村与桐乡市元丰村结为友好村。

经贸交流和合作　1990年,设立台商合资企业7家,涉及制鞋、制革、制衣、床上用品、塑料制品、毛毯等项目,总投资为517万美元,直接引进台资117万美元,其中3家由台属牵线引进。全年接待台商166人次,台属引进资金办私营工商业的13家。1991年,接待到桐乡洽谈贸易、考察投资环境的台商57人,比1990年上升30%,其中洽谈成交的有皮革、皮鞋、丝棉被、丝绸服装等产品,成交额1200万美元,比1990年上升2倍以上。1993年,接待台胞419人,其中到桐乡洽谈合资进行贸易活动的台商有303人次,占台胞总数的72%。新设台资企业12家,总投资642.76万美元,协议利用台资200.35万美元,台办参与经贸洽谈15次,为经济部门和企业提供经贸洽谈信息5次,提供台商名单10余次,陪同重点台商考察洽谈5次。达成合资成功的4家,引进台资45万美元。濮院镇台属夏云翔联络朋友到桐乡投资两家合资企业,引进台资25万美元。是年,桐乡市台属企业有16家,就业人数160余人,总产值约640万元,上缴税金27万元。

1988—1994年,全市创办台资合资企业23家,1家独资企业。共计总投资2136万美元,注册资金1590万美元,协议引进台资596万美元。至1994年底,桐乡市台属个体、私营企业逐渐发展,据统计,有20余家,总产值达800余万元,创税利约100万元。是年,走访台资企业15家。1997年,市台办利用台胞探亲、经商等机会,直接参与接待台胞96人次。

2004年,邀请上海台商参加2004年(上海)桐乡投资环境说明和新闻恳谈会,帮助长鑫企业有限公司、福春机械有限公司等分别在桐乡经济开发区和石门投资建立嘉兴长联机械有限公司。全年立项台资项目23个,合同利用台资9795万美元。促成在桐乡落户3个台资项目。成立嘉兴市台湾同胞投资企业协会桐乡市联谊会。组织赴台湾考察交流8个团组。2005年,召开台商座谈会2次,举办较大规模台商联谊活动2次,听取意见建议20多条,提供投资信息6条,落实台资项目1个,协助1个乡镇引进增资项目150万美元。

2009年,市台办贯彻“东引台资”战略,协助有关部门,在珠三角实施驻点招商,并与上海、广州、深圳、东莞、昆山等地台协进行联络合作。市长朱海平等先后拜访深圳台协会长黄明智、常务副会长叶俊晖等。市外经贸局领导专赴深圳出席台协理监事会,介绍桐乡投资环境。市台办赴长三角拜访12位台协会长,赴昆山邀请20名台商,举行桐昆经贸合作恳谈会。8月31日,市政府在深圳召开“2009桐乡投资环境说明会暨项目推荐会”,邀请深圳台协会长黄明智等80多名台商参加,市外经贸局为投资环境及项目推荐作说明,达成新能源项目意向1个。市经济开发区在虎门召开对台经贸合作洽谈会,至年底落户桐乡台资企业86家,总投资5.44亿美元,合同利用台资2.72亿美元,其中,新落户台资企业4家,增资1家,共引进台资10885万美元,注册资金5520万美元。在桐乡常住台商200余人。是年,桐乡市共组织旅游、科技、农业3个赴台交流项目,成行22人,指导赴台项目2个,33人,协助2名企业家赴台进行经贸活动。7月25日,举办2009江浙沪台协·桐乡市经贸恳谈会。应邀出席恳谈会的有江浙沪台协会长及嘉宾50多人,全国台企联会长张汉文、浙江省台办副主任林呈生、市委市政府主要领导到会祝贺。10月11—18日，副市长张江琳率团赴台经贸交流代表桐乡市政府与台湾大学新能源中心签订科技合作协议书。11月23日，台湾大学新能源研究中心主任黄秉均一行到桐考察投资环境。11月29日，台湾高雄农业参访团一行21人到桐乡考察。是年，会同市外经贸局、经济开发区举办“港台客商相约桐乡”活动。2010年8月，成立“桐乡市台商服务中心”，发放《台资企业服务需求反馈表》，收集意见、建议30多条，配合市政府做好“百名台商相约桐乡”活动。至年底，落户桐乡台资企业91家，总投资6.04亿美元，合同利用台资3.37亿美元。全市有台属企业9家，年内新创办1家。

2014年，市台办在全市开展“大招商”活动中，组织台商协会理监事以上人员及企业赴石门专题考察，宣传石门湾农业平台的投资环境；赴上海市台协开展对台农业招商宣传专题活动；对今日集团的台湾兰花项目、福建晋江台商协会的休闲观光项目和桐乡台商赖志荣的台湾水果园等重点项目进行合作洽谈；台湾水果园项目、休闲观光农业项目达成合作协议。9月，兰花项目签约合同投资4亿元；高桥镇引进台湾帝凯农业鲜花项目落户。是年，组织开展以“服务台企转型发展、深化桐台产业合作”为主题的走访服务月活动，先后走访台企39家，举办座谈会、培训会4场次，征集意见建议27条，协调解决21条。

后　记

2014年6月，市委统战部部务会议决定编写一部嘉兴统战的志书。鉴于嘉兴统战工作自新中国成立以来经历了中共嘉兴地委、嘉兴市委的史实，定名为《嘉兴统战志》，并成立《嘉兴统战志》编纂委员会和编辑部。

《嘉兴统战志》是一部记录嘉兴市（地）统战工作全貌的志书。全书除概述、大事记外，共设机构队伍、统战工作会议和落实统战政策、多党合作和政治协商工作、民族宗教工作、经济领域统一战线工作、港澳台和海外统一战线工作、民主党派和工商联、各县（市、区）委统战工作8篇35章129万字，具有存史、资政、育人的价值。

《嘉兴统战志》在编写阶段，编辑部以篇章形式印发初稿并多次召开座谈会，征求对志书的意见和建议，数易其稿，补充完善。经过六年多时间的努力，2020年9月志书分别送浙江省委统战部、嘉兴市地方志办公室和方志出版社初审，后经反复修改，逐字斟酌，精雕细刻，于2021年9月定稿付印。

《嘉兴统战志》在编写过程中，得到浙江省委统战部、湖州市委统战部、湖州市委组织部、嘉兴市人大、嘉兴市政协、嘉兴市委组织部、嘉兴市地方志办公室、嘉兴市统计局等有关部门的指导和支持以及各县（市、区）委统战部、市本级统战系统各部门领导的关心、帮助。期间，还得到嘉兴市档案馆、湖州市档案馆、嘉兴市各县（市、区）档案馆的支持和协助，在此一并表示感谢！

修志是一项系统性、政策性、综合性极强的工作，涉及大量的统战史料，由于历史原因，有些资料已经散失，加之我们编辑水平有限，志书中疏漏和错误难免，敬请各界批评指正。

《嘉兴统战志》编辑部

2021年9月